日本新劇全史　第一巻（明治〜終戦）

装幀＝唐仁原教久
デザイン＝藤井紗和（ＨＢスタジオ）

# 日本新劇全史

## 第一巻

◉明治～終戦◉

大笹吉雄

白水社

# はじめに

全八巻の白水社版『日本現代演劇史』の完結が平成十三（二〇〇一）年、全五巻の中央公論新社版『新日本現代演劇史』のそれが平成二十二（二〇一〇）年だった。二つのシリーズで対象にしたのは、能狂言と文楽、現代の人形劇と児童劇、地方回りの大衆演劇などを除いた明治時代から昭和四十七（一九七二）年までの東京におけるすべての分野の演劇だった。演劇史からは普通は除外される宝塚歌劇団や松竹歌劇団も扱った。近現代約百年の、こういう総合的な演劇史は今のところ類書はない。

『新日本現代演劇史』に収めた以後の演劇史は、いろいろな事情で執筆を諦めた。ところが最近になってこれでよかったのかと思いはじめ、その気持ちが次第に強くなった。とは言え、ああいう総合的な演劇史は、書くどころか、記録を調べるだけでも体力的に無理だろう。しかし、何とかしたい。方法はないか。

あれこれ思案しているうちに思いついたのが、総合的な演劇史が手にあまるとすれば、ひとつのジャンルに限ってはどうかという案だった。その演劇の、昭和四十八年以後昭和の終わりまでの通史となれば、もしかしたら今からでも間に合うのではないか。

では実際に、多種の演劇の中から何を選ぶか。

わたしの場合、現代演劇としての新劇以外にはあり得ない。しかし、この用語を使うと、昨今は演劇関係者の中からでさえあらぬ抵抗を受けかねない。現代演劇に関しては、ジャーナリズムは長い歴史を持つ劇団の公演を新劇と呼び、比較的若い集団の舞台を小劇場と呼びならわすのが今は一般的である。演劇史的には歌舞伎の次に新派が生まれ、新派の後に新劇が来て、新劇から小劇場になるという根拠のない「進歩史観」が闊歩していて、現代演劇と言えば小劇場を指すのがほぼ常態になっている。

そういう中で、わたしはかねてから新劇とは別の現代演劇という意味で、小劇場という用語を使うのは誤用だとの立場を取っている。このことを分かっていただくために、『「小劇場」について』という拙文をまず再録する。平成九（一九九七）年の十月に東京の初台に新国立劇場が開場し、その定員四百五十ほどの小劇場を「ＴＨＥ　ＰＩＴ」と呼ぶが、平成十年の十月にこの小劇場で開催された「ＴＨＥ　ＰＩＴ　フェスティバル」のパンフレットのために書いた文章である。

小劇場という言葉がわが国の演劇史、あるいは法制史に初登場したのは、明治二十三（一八九〇）年の八月だった。このことは明治政府の演劇政策と関係がある。

徳川幕府と異なって、明治政府は演劇の社会的な影響力を民衆教化の一手段として利用することを思いつき、次々と演劇改良政策を打ち出していった。その一つが警視総監と東京府知事の連名で、明治十五（一八八二）年二月に布達された「劇場取締規則」である。

第一条に劇場の数を十に限るとしたのをはじめ、劇場を経営しようとする者や俳優は、警視庁に申し出て免許鑑札を受けること、演劇を興行しようとする者は初日の一週間前に台本を警視庁に届けて許可を受けること、といった十八条から成っていた。

これが改正されたのが明治二十三年の八月で、この時にはじめて大劇場と小劇場という言葉が登場した。すなわち、「劇場ヲ分ケテ大劇場小劇場ノ二種トシ、従来ノ劇場ヲ大劇場、道化踊場ヲ小劇場ト称シ、大劇場ハ十八ケ所、小劇場ハ十二ケ所」云々というもので、徳川時代から小芝居とも宮地芝居とも、緞帳芝居ともおでこ芝居とも呼ばれていた官許以外の二流の芝居を興行していた劇場を、小劇場として制度的に認めたのである。浅草の宮戸座や常盤座、門前仲町の深川座、神田三崎町の三崎座、日本橋中洲の真砂座などで、小劇場は規模として小さく、建物として貧しく、そこの出し物や俳優は、芸術的に、あるいは制作費的に、収入的に、大劇場より劣るという理解だった。

こういう小劇場観は以後も消えることはなかったが、明治四十二（一九〇九）年の自由劇場の旗揚げ前後から、別の「小劇場」の考え方がヨーロッパからはいってきた。近代劇運動にともなってのものである。

ヨーロッパでも日本と同じく、劇場経営は長く免許制だった。が、十九世紀の半ばから廃止され、企業の自由経営が認められるようになった。そのために人気俳優を中心とする商業主義的な巧みに作られた芝居、「ウェルメイドプレイ」が大劇場を風靡した。娯楽本位の「お芝居」ばかりになったのである。

この風潮に反発し、統一された演出のもとに演技のアンサンブルに重点を置き、観客との親和感を大事にしつつ、人生の問題をリアルに描いていこうとする動きが出てきた。この目的を果たすためには大劇場より小さな空間、小劇場の方が適切だから、こう考える演劇人はそろってこちらを拠点にして、持続的な運動をはじめた。小劇場運動がこれである。

そのはじまりは一八八七年の、フランスのアントワーヌの自由劇場だとされる。次いでドイツのブラームが一八八九年に自由舞台を起こしてイプセンの『幽霊』を上演し、イギリスではグラインが一八九一年に独立劇場を創立、一八九八年にはロシアのスタニスラフスキーとダンチェンコが、モスクワ芸術座を発足させた。小山内《おさない》薫と二代目の市川左団次が提携したわが国の自由劇場は、その名称からもわかるごとく、また、旗揚げにイプセンの戯曲『ジョン・ガブリエル・ボルクマン』を選んだように、こういうヨーロッパの小劇場運動、近代劇運動の直輸入だった。そしてこれが新劇の誕生を告げるのである。アントワーヌに遅れること、二十年。

前述のように、小劇場という言葉は、低級な劇場とそこの舞台という意味で使われはじめた。が、ヨーロッパの小劇場運動が伝わって、その刺激のもとに新劇が生まれ、新劇運動が開始されると、小劇場という言葉はそれにともなうものとして使われる頻度が高まって、かならずしも「低級」ということを意味しなくなった。それを決定づけたのが、大正十三（一九二四）年の六月に創設された築地小劇場である。

築地小劇場はその名の劇場と劇団から構成されていたが、劇場としてはラインハルトの室内劇場をモデルにしたごとく、主としてヨーロッパの小劇場運動の影響下に生まれた。規模としては定員が約五百の小劇場で、理念的にはここでの活動を「演劇の実験室」と位置づけていた。小さな劇場での演劇の実験。その持続的な運動を小劇場運動と呼び、同時にそれは近代劇運動であり、新劇運動でもあった。そして新劇はその内部での活動の再活性化を意識した時、いつも「小劇場」への志向を強める。戦後の代表例が文学座のアトリエ公演であり、それに類する各劇団の、たとえば俳優座のラボ公演や、劇団昴のザ・サードステージのような小さな空間での公演である。

つまり、「小劇場」という言葉と考え方は、新劇と一体だというのが歴史的な認識である。換言すれば、昨今のごとく、新劇とは別の現代演劇という意味で使うのは誤用なので、もしそういう演劇があるとすれば、歴史的な文脈を持つ「小劇場」という言葉を当てず、ニュートラルな命名をすべきだというのが私見である。

ちなみに、小劇場は規模的に定員が五百以下とするのが世界的な通例で、新国立劇場のＴＨＥ　ＰＩＴも例外ではない。だから、その劇場でのフェスティバルが「小劇場フェスティバル」なのであって、別の意味があるわけではない。

劇作家で演出家の野田秀樹が主宰するNODA・MAPの舞台は、ジャーナリズム流の解釈では新劇ではないので、小劇場なのだろう。が、NODA・MAPの拠点劇場は中劇場が普通だから、NODA・MAPの舞台は「中劇場に拠る小劇場」という何のことか意味不明な言い方をしなければならない。ちなみに、劇場の規模として千人以上の観客収容人員の劇場を大劇場、五百人以下を小劇場、その間を中劇場と呼ぶのが世界的な慣例だが、劇場の規模と、芸術的な意味を含む小劇場という用語をNODA・MAPに当てはめれば、明らかにこういう無理が生じる。が、知ってか知らずか、これに対してジャーナリズムも小劇場論者も口を閉ざしたままである。

では、新劇とは何か。

とりあえず『広辞苑』(第六版)を見れば「①新しい演劇」の次に②として「日本で、ヨーロッパ近代劇の影響下に成立した、近代的な理念と方法を持つ演劇。文芸協会・自由劇場に始まり、築地小劇場でその基礎を確立。以後、新協劇団・新築地劇団・文学座・俳優座・民芸などが受けつぐ。既成の歌舞伎劇・新派劇に対していう」とある。

これでもいいようなものながら、もう一歩踏み込んだ言い方はないか。ましてや新劇という用語を用いて世に言う小劇場をも含ませるとすれば、もう少し積極的な規定ができないか。

そこでわたしは以下のごとく考えることにした。

わが国ではじめて近代劇のあり方を体系としてまとめた岸田國士《くにお》は、劇的対話を駆使した戯曲の演出である非商業的な演劇である新劇のスタイルについて、「悲劇、喜劇、悲喜劇、笑劇、思想劇、心理劇、社会劇、風刺劇、史劇、神秘劇、夢幻劇、浪漫劇、写実劇、象徴劇、表現派劇、詩劇、散文劇、野外劇、立ち回り劇、翻訳劇その他」すべてあり得るとした。こういう考えを表明したのは一九二〇年代だったから、「その他」には以後姿を現すアントナン・アルトー流の残酷劇やサミュエル・ベケットなどの不条理演劇、ハイナー・ミュラー風の舞台や一九九〇年代のわが国の「静かな演劇」を含め、今後も出現するだろうもろもろの演劇スタイルも、もちろん入る。

この当時、岸田國士の目には西洋の「昨日の演劇」である写実劇も日本ではまだ成立していないと映っていたが、写実の基礎を成す劇的対話が「自然な会話」と混同されてきたところに、わが国の写実劇の大きな病根があると考えた。「現実の整理」を経ない劇的対話は、あり得ない。これを強調した上で、岸田はドラマツルギーについてこう述べる。

「もともとこの写実といふことが、既に現実の模写ではないのであるから、現実整理の筆を更に現実修正の域に押し進めることは、作者の趣味、才能によつて如何なる程度までも許さるべきである。現実修正は更に現実変形、現実拡大、現実様式化に押し進めることもできる訳である。ただその根柢に、その核心に、飽くまでも実人生の姿が潜められてゐなければならないことは、文芸の本質から云つて当然なことである」(「舞台の言葉」『岸田國士全集』岩波書店　第十九巻)

現実整理から現実様式化まで、作者の趣味や才能によってのさまざまなドラマツルギーの発露が、前述のような多様な演劇のスタイルになる。この観点に立てば野田秀樹の作る舞台は現実変形だと見てよく、鈴木忠志の演出舞台は現実様式化だと考えていいということになる。その意味でこれらは新劇の範囲にある。では、こういう見方で端的にまとめればどうなるか。

新劇とは非商業的な方向の中で、創作劇か翻訳劇かを問わず、「劇」という芸術形式に対する革新を持続的に目指す演劇。

ここでは新劇をこう規定して述べていく。

本書はこういう演劇の、明治時代から昭和の終わりにいたるまでの通史である。

# 目次

## 第十五章　新築地劇団　421

# 第一章　翻案劇から翻訳劇へ

## 新演劇の誕生

新政府が慶応を明治と改元し、一世一元の制を定めた一八六八年十月以前を前近代と呼んで以後を近代とすれば、前近代と異なる近代の演劇的な大きな変化は、西洋種を仕込んだ翻案ものや、翻訳劇の多発である。この背景には日本が公式に外国に対して窓を開き、富国強兵、殖産興業、脱亜入欧を国策にしたという事情がある。前二者はともかく、脱亜入欧とはいろいろな意味で遅れた「アジア」を脱し、日本が進んだ「西欧」の仲間入りをすることで、そのために明治時代の初頭は多方面に改良の波が押し寄せた。文字、婦人、衣服、飲食、家屋、教育、小説、宗教、学校、風俗、官吏、束髪、湯屋といった各語の下に「改良」を付けた言葉が熟語として通用した。演劇もまた例外ではない。

当時は演劇と言えば歌舞伎を意味していたが、明治十六（一八八三）年に東京の日比谷に落成した鹿鳴館に象徴される欧化主義の延長線上に、明治十九年八月に政府の御用機関として設立された演劇改良会がある。初代の総理大臣伊藤博文の女婿、末松謙澄《けんちょう》が提唱したこの会は、当然ながら伊藤系の各界有力者や演劇改良論者が網羅された。井上馨、依田学海、矢野龍渓、福地桜痴、森有礼《ありのり》、渋沢栄一らがその主な会員で、伊藤博文、大隈重信、大倉喜八郎、西園寺《さいおんじ》公望《きんもち》、三井養之助、千葉勝五郎らが賛成者として名を連ねていた。

改良会の主な目的は優れた実作を生み出すこと、劇作家の地位を向上させること、新しい劇場を建築するということだったが、実質的にはほとんど何もしないままに消滅した。しかし、ここに名を挙げた福地と千葉が手を携えて明治二十二年に東京の木挽町（現在の東銀座）に歌舞伎座を建て、渋沢栄一が中心になって明治四十四年に宮城前に帝劇こと帝国劇場を新築した。この動きは演劇改良会の余波だったと見てもいい。二つの劇場は姿を変えて前者は松竹の劇場として、後者は東宝のそれとして同じ場所に現存している。

さて、明治初期の劇界の詳細な動きは他書に譲り、ここでは角度を変えて新劇誕生の前史をたどる。文芸協会が芝の紅葉館で発会式を挙行した明治三十九年二月までの、主な翻案ものや翻訳劇を年代順に挙げていって、適宜解説を加えるという方法である。文芸協会の発会式をひとつの目安にするのは、この団体がもっとも早く新劇を担うからである。

**明治五年十一月**　『西国《さいこく》立志編』（サミュエル・スマイルズ作、中村正直訳、佐橋富三郎翻案・脚色）の競演。京都四条北側の劇場がその第三編を『其粉色陶器交易《そのいろどりとうきのこうえき》』と題して、四条南側の劇場がその第十二編を『鞋補童教学《くつなおしわらべのおしえ》』と題してそれぞれ関西歌舞伎の一座が上演。歌舞伎が現代劇として生き残るために、明治の風俗を写実に描こうとした散切《ざんぎり》狂言の嚆矢で、同時に翻案もののそれに当たる。『西国立志編』はこの前年に刊行され、ベストセラーになっていた。

**明治十二年二月**　『人間萬事金世中《にんげんばんじかねのよのなか》』（リットン作、福地桜痴訳、河竹黙阿弥脚色）。東京・新富座で九代目市川団十郎、五代目尾上菊五郎、初代市川左団次らの一座が上演。三人は「団菊左」と呼ばれた明治を代表する歌舞伎俳優。新富座は明治五年に興行師の十二代目守田勘弥が森田座の後身として新富町に建てた大劇場で、これ以後、都心に劇場を自由に建てられるようになった先例。いわゆる劇場解放。江戸幕府は一八四〇年代の「天保の改革」で浅草・猿若町へ中村座、市村座、森田座を移転させ、この町の外での劇場の建築を不許可とした。これら公認以外の劇場の芝居を小芝居と呼んで、差別したのは前述した。俳優をはじめとする演劇関係者も、この町に住むのを強要された。

**明治十八年五月**　『何桜彼桜銭世中《さくらどきぜにのよのなか》』。大阪・戎《えびす》座で中村宗十郎一座が上演。チャールズ・ラムの『シェイクスピア物語』から宇田川文海が大阪朝日新聞に翻案掲載したものを、勝諺蔵《げんぞう》が脚色した『ヴェニスの商人』。シェイクスピア戯曲の初上演。中村宗十郎は大阪で演劇改良を中心的に推進した歌舞伎俳優で、その写実の主張や芸風は、川上音二郎らにも強い影響を与えた。

**明治二十年二月**　『南洋嫁嶋月』。京都・坂井座で「改良演劇」と称して歌舞伎俳優らが上演した『ロビンソン・クルーソー』（ダニエル・デフォー作）を翻案した新聞小説『田中鶴吉伝』を講釈師の山崎琴昇が脚色したもので、川上音二郎も出演した。そこで明治期の演劇史に大きな足跡を残した川上音二郎に、ここで少し触れておく。

文久四（一八六四）年一月、博多生まれの音二郎は少年時代に家出をして上京し、さまざまな職業を転々とした後に自由民権運動に共鳴、板垣退助らが明治十四年に創設したわが国初の近代政党たる自由党に加わって、「自由童子」と名乗って盛んに政談演説をした。が、政府攻撃の過激な演説のためにしばしば処罰・投獄され、検挙百七十余回、入獄二十余回に及んだという。明治二十一年に大阪の落語家曾呂利新左衛門の弟分になり、浮世亭○○《まるまる》という名で寄席に出て、高座から政治を風刺した演説やオッペケペー節を歌って人気を得た。オッペケペー節は「権利幸福嫌いな人に、自由湯をば飲ましたい、オッペケペオッペケペッポーペッポーポー……と歌い出す演歌で、やがて音二郎は大阪の俄師らと一緒に「滑稽演劇」と銘打つ即興の喜劇を演じるようになった。とは言え、まだ俳優ではない。この間に中村宗十郎の舞台に接してその写実芸に魅せられて接近、宗十郎の紹介で坂井座の舞台を踏むという行く立てになる。

**明治二十二年五月**『谷間姫百合《たにまのひめゆり》』（B・M・クレー作、末松謙澄訳）。春木座で家橘《かきつ》当時の十五代目市村羽左衛門《うざえもん》や初代市川猿之助らの一座が上演。

**明治二十四年二月**『経国美談』。大阪・堺の卯の日座で川上音二郎一座が「書生芝居」の旗揚げとして『板垣君遭難実記』とともに上演。『経国美談』は政治家の矢野龍渓が明治十六年に前編を、翌年に後編を刊行した政治小説で、古代ギリシア勃興期のテーベの史実を借りてわが国の民権と国権の伸長を図ろうとしたもの。この小説を『斎武義士自由の旗揚』と題して翻案上演した。後者は明治十五年に板垣退助が岐阜で暴漢に刺された事件を仕組んだもので、「改良演劇」を名乗ったこの一座に藤沢浅二郎や青柳捨三郎らがいた。彼らはやがて鑑札を受けて俳優になったが、この動きを促したのが明治二十一年十二月の、大阪・新町座での「大日本壮士改良演劇会」と名乗っての、角藤定憲《すどうさだのり》一座の「壮士芝居」の旗揚げだった。歌舞伎俳優以外の俳優の誕生で、角藤もまた中村宗十郎の写実芸に惹かれていた。壮士芝居以前に自由民権運動は民権講談や政治講談という形で一部の芸能と結びはじめていたが、より影響力の大きい芝居と提携してはどうかと思案したのが「東洋のルソー」と称せられた思想家の中江兆民で、兆民の勧めで角藤は芝居をはじめた。明治期に生まれた歌舞伎以外のはじめての芝居、壮士芝居や書生芝居は、そのルーツに政治がからんでいたのがもっとも大きな特色である。

その「書生芝居」の川上一座は明治二十四年六月に東京・鳥越の中村座に進出して『板垣君遭難実記』などを上演、大入りに沸いたのみならず、九代目団十郎や五代目菊五郎らが見物したほか、十二代目守田勘弥が川上を訪ね、持ち小屋の新富座での公演を打診するという事態になった。新しい芝居、新演劇が認知されるきっかけになり、川上一座は隆々たる勢力を誇るようになっていく。芳町の芸者奴《やっこ》（のちの川上貞奴）がはじめて音二郎の舞台を見たのもこの時だった。やがて二人の付き合いがはじまり、二年後の十月に結婚する。奴は伊藤博文が水揚げしていて、この関係からも音二郎の交際範囲が政財界に広がっていった。川上一座は歌舞伎以外の、現実をより写実に描きたいという新しい芝居の台風の目のような存在になり、以後しばらくは川上の動向が新しい風を巻き起こしていく。

## 川上音二郎の活躍

**明治二十四（一八九一）年七月**　『舞扇恨之刃《まいおうぎうらみのやいば》』（ヴィクトリアン・サルドゥ作『ラ・トスカ』の福地桜痴による翻案もの）。歌舞伎座で初代市川猿之助らの歌舞伎俳優の一座が上演。フランス戯曲の翻案第一号。

**明治二十六年一月**　『巨魁来《きょかいきたる》』（ボアスゴベ作『パントン・レッグ』を黒岩涙香が翻訳し、竹芝信三が脚色）。川上一座が鳥越座（旧中村座）で上演。しかし、初日を前に川上音二郎は姿をくらまし、演劇視察と称して神戸から単身フランスへ渡った。この洋行には伊藤博文の側近の金子堅太郎の助力があり、奴も費用の一部を出した。パリでは名女優サラ・ベルナールの舞台も見たし、音二郎自身の言うところによると、国立音楽演劇学校にも入学した。帰国は四月末。

**明治二十七年七月**　『又々意外』。東京・浅草座での川上一座の出し物で、音二郎がパリで見た『オイディプス王』（ソフォクレス作）の翻案もの。川上一座の一月の同座での『意外』も二月の同座での『又意外』も、フランス種だと言われる。フランスがらみのことで言えば、客席を暗くして暗転で舞台装置を転換するという演出は、音二郎がパリの劇場で見て日本ではじめて試みた。なお、劇場が電気の照明になったのは明治二十二年十一月に開場した歌舞伎座が最初で、これ以後夜間の興行が本格化した。照明を主に自然光に頼るしかなかった前近代の劇場は、昼興行しかなかった。

**明治二十七年八月**　『日清戦争』。東京・浅草座で川上一座が上演。日清の間に戦端が開かれたのは八月一日で、川上一座のこの舞台は同月三十一日が初日。以後、堰を切ったように日清戦争劇が続出したが、松本伸子《しんこ》の『明治演劇論史』によれば、藤沢浅二郎作とされる『日清戦争』は川上がパリで見た『ミシェル・ストロゴフ』（ジュール・ベルヌ作、アドルフ・デネリー脚色）と、『北京占領』（アドルフ・デネリー作）を下敷きにした翻案ものだという。

川上がパリにあった頃、シャトレ座、ポルト・サンマルタン座、シャトー・ドオー劇場などのスペクタクル演劇を得意とする劇場は、さかんに戦争劇を上演し、大仕掛けな戦闘場面を背景に『フランス万歳』、『祖国万歳』が勇壮に唱えられて、国のため、正義のためには死をも厭わない勇敢な登場人物が大いに称賛されていた。（中略）それから一年も経つかたたぬかの中に、日本は朝鮮の内政に深く関わり、結局、清国との間に戦端が開かれることになった。川上の印象に鮮やかだった『フランス万歳』、『世界第一等国フランス』などの台詞が、そのまま日本に置き換えられるような雰囲気が巷に醸し出され、戦捷の報道は大衆に快い民族主義的な自覚と誇りを与えずにはおかなかったことだろう。川上の脳裡に、シャトレ座の観客達の歓呼の声が蘇り、彼はパリの戦争劇を日本の戦意高揚劇に写し直すことに車輪となった。川上にとってそれは、フランスとか英国とか、或いはロシアという国名を日本に替え、皇帝、ツァーとする処を天皇陛下と直すだけの、単純な仕事のように思えたかも知れないし、西洋産の愛国心をそのまま日本に移入させることに、むしろ意義を感じていたのかも知れない。ともかく、八月三十一日の初日から浅草座に観客が溢れ、舞台の上の日本軍大勝利に喚声があがった時、川上の意識の中では、『日清戦争』が実は翻案劇であるという事実は比重を失っていたことだろう。（『明治演劇論史』）

『日清戦争』は四十日間続演という大ヒットになり、この間、軍人を含む多くの外国人も観劇した。続出した日清戦争劇の中に九代目市川団十郎や五代目尾上菊五郎らも出演した十月の歌舞伎座の『海陸連勝日章旗《あさひのみはた》』（福地桜痴作）もあった。が、照明に凝ったり爆竹を使ったり、医者を楽屋に控えさせてのケガを承知の肉弾戦を展開して近代戦を迫真的に再現した『日清戦争』の敵ではなく、歌舞伎の現代劇としてのあり方に黄色い信号をともすだけの結果になった。

**明治二十八年五月**　『因果《いんが》燈籠《どうろう》』（ヴィクトル・ユゴーの小説を森田思軒が『幻影』と題して翻案して報知新聞に連載したものの広岡柳香脚色による舞台化）。川上一座の歌舞伎座への初登場の出し物の一つで、同時に日清戦争劇『威《い》海衛《かいえい》陥落《かんらく》』（藤沢浅二郎作）を上演。新演劇の威力を社会的に知らしめ、九代目市川団十郎をして舞台を削り直さなければ、歌舞伎座には出演しないと言わしめた大入りの公演。

これに先立ち川上は朝鮮半島に渡って実戦を目にし、前年十二月の市村座で『川上音二郎戦地見聞日記』を上演していた。ルポルタージュ演劇の走りとも言うべき舞台で、企画者としての川上の力量がよく分かる。角藤定憲日に一歩遅れての出発とは言え、短期間に角藤一座の影を薄くさせたのは、川上のこの企画力だった。『戦地見聞日記』は上野公園で野外劇としても上演され、皇太子が台覧した。なお、初の天覧劇は明治二十年の四月に井上馨邸の茶室開きの余興という名目で挙行され、花道付きの仮設舞台で九代目市川団十郎の弁慶、初代市川左団次の富樫、四代目中村福助（のちの五代目中村歌右衛門）の義経というキャストの『勧進帳』などが上演された。歌舞伎俳優の社会的な地位、つまりは演劇のそれを上げたイベントで、演劇改良会が音頭を取ったほとんど唯一の事業だった。

**明治二十八年十月**　『指物師名人長次』（モーパッサン作『親殺し』を三遊亭円朝が翻案して口演したものの劇化）。新富座で五代目尾上菊五郎らが上演。

**同年同月**　『紳士の賊』（リットン作、岩崎舜花《しゅんか》翻案）。市村座で角藤一座が上演。

**明治二十九年九月**　『瞽使者《めくらししゃ》』（ジュール・ヴェルヌ作、森田思軒訳『ミシェル・ストロゴフ』と『喀真心冷熱《うそかまことかこころのれいねつ》』〈尾崎紅葉訳『デカメロン』〉より構成）。東京・川上座で川上一座が上演。川上座は新演劇専門の劇場として神田・三崎町に総坪数二百余坪、定員千人余のレンガ造り三階建ての川上が建てた洋風の劇場で、この年の六月に開場式を挙げていた。歌舞伎劇場とは別の空間で新演劇を上演したいという川上の志向に注目したいが、やがて経営難で人手に渡り、明治三十四年に改良座と改称した後、同三十六年四月の火事で全焼した。

**明治三十年一月**　『八十日間世界一周』（ジュール・ヴェルヌ作、井上勤訳）。川上座で川上一座が上演。

**同年五月**　『鉄世界』（ジュール・ヴェルヌ作、森田思軒訳『インド王妃よりの五億フラン』）。川上座で川上一座が上演。

**同年十月**　『夏小袖』（モリエール作『守銭奴』の翻案もの）。真砂座で伊井蓉峰一座が『金色慾』と題して上演。尾崎紅葉が明治二十四年に読売新聞に連載した小説体の翻案の劇化。初演から児島文衛のおそのが大評判で、その後『夏小袖』のタイトルで続演された。

伊井蓉峰は演劇改良会に名を連ねた父の友人依田学海に声をかけられ、学海が指導した「男女合同改良演劇」の済美館に加わって、明治二十四年十一月の浅草・吾妻座で初舞台を踏んだ。出し物は『政党美談淑女操《せいとうびだんしゅくじょのみさお》』（依田学海作）その他で、この時に芳町の元芸者だった千歳米坡《ちとせべいは》ら六人が女優としてデビューした。女性の役を女性が演じるわが国初の女優の登場で、女形に替えて女優を登用すべしというのは学海も関係した演劇改良会の意見だったから、これもその残照だと見ていいだろう。が、済美館は内紛で一回の公演で姿を消した。伊井蓉峰は芸名が「いい容貌」のもじりだと言われたような典型的な二枚目で、やがて新派を支える大黒柱の一本になる。

**明治三十一年八月**　『三恐悦』（長田秋濤《おさだしゅうとう》のフランス喜劇の翻案もの）と『又意外』。川上音二郎が歌舞伎座を借りての興行で（一説には劇場の企画）、伊井蓉峰と山口定雄、大阪の喜多村緑郎以外の川上、藤沢浅二郎、高田実、佐藤歳三、水野好美、小織《さおり》桂一郎、河合武雄ら、各座の座長クラスを糾合した新演劇の俳優の合同公演だった。『三恐悦』は劇界と文学者の交流を意図した藤沢の主張で選ばれたものの極端な不評で、二日目から出幕にならなかった。

「それより先に代議士に立候補して落選して惨敗し、この興行で失敗を重ねた川上は、川上座創設以来の債務にも追われ、自暴自棄となってヨット型のボート〝日本丸〟を購入、妻貞奴と姪、愛犬を同伴、築地河岸から〝南洋探検〟という狂人染みた航海に乗り出した。結局、二百十日の暴風雨に遭遇、挫折して神戸へ辿り着き、劇団員の諫言でこの暴挙を中止するという付録までついた」（松竹株式会社『歌舞伎座百年史・本文篇上巻』）

**同年九月**　『待則甘露《まてばかんろ》』（デュマ・フィス作『モンテクリスト』を竹芝瓢三が脚色）と『夏小袖』。歌舞伎座を伊井一座が借りての公演。川上一座より好評だった。

ところで、西下した川上夫妻を待っていたのは不思議な出会いと運命だった。欧米巡演に発つのである。日本の演劇、日本の劇団の最初の海外公演だから、このことに触れておく。

明治三十二年二月の南座出演中に、川上は面会を申し込まれて櫛引弓人という男と会った。櫛引はアメリカの東海岸に持っている家屋付きの日本庭園が名所になっていて、ここで余興として日本の手踊りや手品、軽業や太神楽を見せていると話し、日本の新演劇をアメリカ人に紹介してはどうかと提案した。川上はかねて海外公演を考えていたから話はとんとん拍子でまとまり、川上夫妻以下数人の門弟と事務方、衣装方、床山、道具方それぞれ一人、囃方二人の計十九人の渡米が決まった。神戸を出発したのが四月三十一日で、五月二十一日にサンフランシスコに着いた。

着いて川上が驚いたのは、当地の新聞が貞奴のことを「日本のエレン・テリー」だの「芸者の親玉」だのと書き立てていたことと、川上への言及がほとんどなかったことだった。そこで目端の利く川上は早速妻を女優にしようと思いつき、芸者時代に芸の素養のあった奴は、言われるままに舞台に立った。女優川上貞奴の誕生。

サンフランシスコからシアトル、さらにタコマ、ポートランドを巡演し、大陸を横断してシカゴに着いた。ここではイギリスの名優ヘンリー・アーヴィングが『ヴェニスの商人』を公演していた。ある日それを観た川上は一夜漬けで日本版を仕立て上げて、アーヴィングの拠る隣の劇場に掛けた。言わば『ヴェニスの商人』の日英競演で、アーヴィングはその早業に驚嘆したのみならず、川上のためにロンドンの劇場への紹介状を書いてくれた。

旅の途中で二人の若い座員が死ぬという非運に見舞われながらも一座の評判は高く、ボストン、ワシントン、ニューヨークと巡演し、明治三十三年四月末にニューヨークからイギリスに向かった。五月にロンドンの劇場で開演するやここでも大好評で迎えられ、評判は海を越えてフランスに届いた。折からパリでは万国博覧会が開かれていて、ダンサーで興行師のロイ・フラーがその目玉にしようと川上に声をかけた。川上一座は好評のうちにロンドン公演を打ち上げると、六月にパリに着いた。以後、十一月三日の千秋楽まで、一座はパリで長期公演をした。この間に貞奴はパリの社交界にデビューして「マダム・サダヤッコ」として親しまれた。国際的に名を知られた初の日本女性である。

当時、ヨーロッパではジャポニズムが旋風を巻き起こしていたとは言うものの、貞奴の持て囃され方は日本ではとても考えられないほどだった。たとえば作家のアンドレ・ジイドは貞奴に魅せられたあまり劇場に六回も通って長い劇評を書いたし、ピカソは貞奴のパステル画を描き、彫刻家のロダンも絶賛した。多くのマスコミもサラ・ベルナールやエレン・テリーと肩を並べる女優として、貞奴を扱った。貞奴の踊る『娘道成寺』をはさんだ『芸者と武士』や『袈裟』といった出し物の関係上、アメリカでもヨーロッパでも一座の芝居は歌舞伎だと受け取られていたが、はじめてそれを目にした多くの人に強い印象を残したのである。一行が神戸に帰着したのは二十世紀の最初の日、明治三十四年の一月一日だった。

**明治三十四年一月**　『チャルス第二世英国革命史』(『チャールズ二世』を岩崎舜花・並木萍水《ひょうすい》・花房柳外が脚色)。川上音二郎の帰国第一弾として大阪・朝日座で『洋行中の悲劇』との二本立てで上演。これは新演劇の俳優の大合同とも言うべく、川上以下、中野信近、岩尾慶三郎、高田実、村田正雄、福井茂兵衛、藤沢浅二郎、秋月桂太郎、佐藤歳三、小織桂一郎、木村周平、喜多村緑郎らが顔を合わせた。座員の死を山場に仕組んだ『洋行中の悲劇』には、貞奴も出たらしい(「らしい」と言うのは新聞に出演の予告記事が出たものの、出演したとのそれが見当たらないからである)。舞台の書き割りを洋画にし、洋楽を使ったのが目新しかった。

**同年二月**　『武士的教育』(A・トマス作『アリゾナ』などイギリスの戯曲三本からエピソードを選んで脚色したもの)。東京・市村座で川上一座が上演。

この後、川上はロイ・フラーとの契約があってヨーロッパ巡演に出発した。ということは、最初の巡演がいろいろな面で好調だった証しである。簡単に触れておく。

前回同様の出し物でフランス、ドイツ、オーストリア、イタリア、スペイン、ハンガリー、ポーランド、そしてロシアと巡演し、ロシアではやがてロシア・アヴァンギャルドの演劇面でのリーダーになる演出家のメイエルホリドも観劇し、暗示的な、象徴的な未知の身体の動きに触れたことが、ビオメカニハという独自の身体メソッドを編み出す一因になった。川上夫妻や藤沢浅二郎ら一行二十人の中に、東京専門学校(のちの早稲田大学)の出身で、中央新聞に劇評を書いていた土《ど》肥《ひ》春曙《しゅんしょ》が演劇視察と称して加わっていた。土肥はやがて文芸協会の中心的な俳優になる。一行の帰国は明治三十五年八月の末。

**明治三十四年七月**　『該撤奇談《しいざるきだん》・自由太刀余波鋭鋒《じゆうのたちなごりのきれあじ》』(坪内逍遥訳、畠山古瓶脚色)。伊井一座が明治座で上演。『ジュリアス・シーザー』の坪内逍遥による翻訳は明治十七年に刊行された。シェイクスピアの戯曲の初全訳。前月に東京市会議長星亨《とおる》が、東京市役所で伊庭《いば》想太郎に刺殺された事件を当て込んでの上演で、ブルータス一人がシーザーを殺すのは当て込みが強すぎるとして、多くの人間がシーザーを刺した。

**明治三十五年九月**　『闇と光』（シェイクスピア作『リア王』の高安月郊《げっこう》による翻案）。京都・南座で福井茂兵衛《もへえ》、村田正雄らの一座が上演。東京で演劇改良会が発足したような動きが京都でもあった。演劇改良を意図した京都の文化人や知識人、興行の近代化を図ろうとする松竹、俳優側から福井茂兵衛、財界・官界が一体になって、京都演劇改良会が組織されたのがこの年の四月だった。会長は京都電鉄の創設者高木文平で、松竹兄弟の白井松次郎・大谷竹次郎のほかに、劇作家の高安月郊や島華水京大教授らが名を連ね、五条警察署長の長井田淳がバックアップした。東京とは違って演劇関係者が中心部にいたこの会はある程度の実績を上げたのが特色で、『闇と光』はこの流れの中から誕生した。翻案ながら『リア王』の本邦初演。

ついでに松竹のことに触れておく。

松竹の基盤は京都で、大谷栄吉が新京極の阪井座の金主になり、その興行責任者としての仕打ちに双子の息子の弟、大谷竹次郎を就かせたのが明治二十八年十二月だった。やがて白井家の養子になっていた白井松次郎も芝居に関わるようになり、二人は提携して歌舞伎と新演劇の興行を手掛けて劇場を次々と買収していき、明治三十五年一月に京都に松竹合名会社を創立した。兄弟の名前から「松」と「竹」を一字ずつ取っての命名で、当初は「まつたけ」と読んでいた。やがて全国の劇場をチェーン化すべく名古屋以西を白井、東を大谷の担当として、大阪・道頓堀の劇場をチェーン化するかたわら、明治四十三年二月に新富座を直営として東京進出の第一歩をしるした。

以後、東京の劇場を次々とチェーン化、歌舞伎の殿堂歌舞伎座を直営としたのは大正三（一九一四）年の十二月だった。この結果、その劇場に出演する俳優を間接的に松竹が掌握することになり、独立した劇場としての帝劇と専属契約を結んでいた一部の歌舞伎俳優と帝劇女優（後述）を除く全歌舞伎俳優、この時点で新派として定着していた芝居の全俳優、大阪生まれの喜劇の集団である曾我廼家《そがのや》一派、そして人形浄瑠璃の文楽と、松竹が商業演劇関係のすべての俳優や芸人を傘下に収めた。

また、松竹が明治座を買収したのは大正八年の十二月、市村座の経営を任されたのが昭和三（一九二八）年の一月で、昭和四年の十二月からは帝劇も十年契約で松竹の経営になったから、昭和七年に東宝の母胎のひとつになる株式会社東京宝塚劇場が設立されるまで、東京の商業劇場とそれに関係する全俳優は、松竹の独占状態になった。したがって日本の伝統演劇と言われる歌舞伎、新派、文楽は、松竹が一手に経営して現在にいたるということになる（ただし、一九六三年に松竹は文楽を手放し、以後は公益財団法人文楽協会が文楽を経営している。また、一九三一年に松竹を離脱した歌舞伎俳優が中心になって、前進座を創立したという例外がある）。

**同年十月**　『紅葉《もみじ》御殿』。大阪・朝日座で秋月桂太郎、山田九州男《くすお》（女優の山田五十鈴《いすず》の父）、高田実、木下吉之助らが上演。『ハムレット』の翻案劇で、その本邦初演。京都演劇改良会の推薦作のひとつ。ハムレットは葉村清、オフィーリアは折江、ガートルードは軽子という名前だった。歌舞伎によくある御家騒動ものという解釈の上演。

**同年十一月**　『偐紫《にせむらさき》』（モリエール作『タルチュフ』の島華水による翻案もの）。京都・夷谷座でタルチュフならぬ垂井朝風を村田正雄が演じたほか、福井茂兵衛、井上正夫らの出演。京都演劇改良会の企画で、タルチュフの性格に注目しての上演だった。

**明治三十六年二月**　『オセロ』（シェイクスピア作、江見水蔭翻案）。明治座で川上一座が上演。翻案ながら『オセロ』の本邦初演。原作のキプロスを台湾に移し、川上は室鷲《むろ》郎という名のオセロを、貞奴は鞆音《ともね》のデスデモーナを、高田実が伊屋剛蔵のイヤーゴを、藤沢浅二郎が勝芳雄のキャシオーを演じた。大道具を洋画家に描かせ、照明には西洋仕込みの色電灯を使い、舞台正面に白木のプロセニアムを取り付けて花道は使わなかったから、近代のリアリズム演劇向きの劇場空間に近くなった。先に建てた川上座もこういう志向の劇場だったが、川上はこの『オセロ』を正劇運動の第一弾だと位置づけていた。「正劇」という用語はすでに森鷗外が演劇改良の方針を批判した意見（一八八九年の「演劇改良論者の偏見に驚く」）で使っていたが、純せりふ劇、対話劇という意味をはっきりさせ、それを演劇運動にともなう用語として使ったのは、川上がはじめてだった。この裏には川上らが洋行していた間の、新演劇の変質という問題があった。

当時は劇場というと舞台が横長の花道付きの歌舞伎劇場しかなかったから、新演劇もここでの公演が常態だった。が、そのうちに新演劇は二派に分かれはじめた。伊井蓉峰、喜多村緑郎、河合武雄といった歌舞伎好きの一派と（河合は歌舞伎俳優の息子）、洋行の体験者である川上音二郎一派である。ことに前者はしばしば歌舞伎狂言を出し物にもしたし、喜多村や河合は女形でもあって、歌舞伎の芸に近づくことで演技的な向上を図った。歌舞伎の音楽である下座《げざ》を使い、柝《き》を打って幕を開け閉めし、見得を切る演技も珍しくなくなり、花道の七三を歌舞伎同様の演技の見せ場にもした。つまり、前述の三人を中心に、音楽入りの第二歌舞伎としての新派の様式を、着々と作りつつあったのである。対する川上は歌舞伎劇場に拘らなかった。というよりも、川上座がそうであり、『オセロ』の明治座をそうしたように、歌舞伎劇場を離れる志向を強めて行き、晩年には大阪に純洋風の帝国座を建てる。『オセロ』の開演に際してこういう川上が強調したのが、俳優に踊りは不用だという説だった。演劇（ドラマ）と舞踊は別の芸術なのだから、それぞれの専門家に任せるべきだ。そのためには本格的な俳優養成所が必要だ―というのが川上の意見で、例としてフランスの国立音楽演劇学校の制度とカリキュラムを時事新報に示している（白河宣力編著『川上音二郎・貞奴―新聞にみる人物像』参照）。つまり、この考えの延長線上に「正劇」が位置する。川上が目指していたのは新劇と新劇俳優のあり方だったと言っていい。なお、『オセロ』公演中の十八日、五代目尾上菊五郎が脳溢血で死去した。五十八歳。

**同年六月**　『マーチャント・オブ・ヴェニス』「法廷の場」のみ（シェイクスピア作、土肥春曙訳）。川上一座が明治座で東京市養育院寄付の慈善興行として上演。この時の一番目として上演された『江戸城明渡』（高安月郊作）が問題化した。舞台を見た五代目中村芝翫《しかん》（のちの五代目中村歌右衛門）や八代目市川高麗蔵《こまぞう》（のちの七代目松本幸四郎）らが、川上の俳優には踊りは不用だとの意見を踏まえて、新俳優は歴史上の人物を表現するだけの品位に欠け、結局は書生の素人芝居に終わったのは踊りの素養がないのが原因だと新聞紙上で感想を述べた。これを読んだ川上が芝翫と高麗蔵宛の手紙を時事新報に寄せ、同様の脚本を選んで模範演技を示してほしいと要請した。が、これを手緩いとした高田実や福井茂兵衛らが連名で、『江戸城明渡』か歌舞伎俳優の選んだ脚本で新旧の俳優による競演という立ち合い演劇を申し込んだ。結局は歌舞伎側からやんわりと拒否されたが、これを機に歌舞伎を旧劇と呼び、新演劇を新派という風潮が一般化した。しかし、わたしは新演劇と新派を区別した方がいいと考えている。前述のごとく、ことに川上の志向が新派の様式とはなじまないからで、これ以後もこの一派の舞台に新演劇という呼称を当てる。

**同年七月**　『サッフォー』（ドーデ作、翻案者不詳）。横浜・喜楽座で川上一座が上演。『マーチャント・オブ・ヴェニス』と同時上演で、前者は川上貞奴がサッフォというあだ名の浜村佐保子を演じた。

九月十三日に九代目市川団十郎が尿毒症に急性肺炎を併発して死去、六十四歳。二十日の葬儀では門弟総代初代市川左団次の弔辞をはじめ、川上音二郎が伊藤博文のそれを代読した。

**同年十月**　『浮かれ胡弓』と『狐の裁判』（巌谷小波《さざなみ》編『世界お伽噺』より）。本郷座で川上一座が上演。巌谷小波や久留島《くるしま》武彦らの後援を得ての児童劇という新分野を開いた公演。ことに貞奴主演の前者の評判がよくて、以後、女優が少年に扮するのが児童劇の伝統になった。

**同年十一月**　『ハムレット』（シェイクスピア作、土肥春曙・山岸荷葉翻案）。本郷座で川上一座が上演。藤沢浅二郎のハムレットならぬ葉村年丸、貞奴のオフィーリアならぬ織江、川上がクローディアスならぬ葉村蔵人を演じたが、この時大評判になったのは、川上が劇場を借りて断行した五箇条の興行改革だった。

一、開演を五時半、終演を十時とし、その間に三十分の休憩時間を取ること。
一、観劇料を従来の三分の一に下げ、すべて切符制にすること。
一、飲食は食堂とロビーと芝居茶屋に限り、客席でのそれを禁止すること。
一、劇場付きの人力車請負人を指定して予約制にすること。
一、舞台装置は洋画家に一任すること。

これらが実行されたこともあって劇場は大入りだった。長く念願とされた興行改革の第一歩。洋画家山本芳翠の装置も好評だった。ただし、俳優の役の解釈が浅く、シェイクスピアの原作とは別物だという批評も出た。長谷川天渓は「吾人は所謂『正劇』なるものも俳優の頭脳を改造するにあらずんば、長久の幸運を保ち難からむことを憂ふ」と書いた（『太陽』同年十二月号）。

明治三十七年二月に日露戦争が勃発し、日清戦争時と同様、各劇場に日露戦争劇がかかった。川上一座も五月の本郷座で川上の見聞による『戦況報告』を上演したが、かつての『日清戦争』のごとき世間の耳目を集めた舞台は生まれなかった。ひとつにはこの戦争を契機に映画——はじめは活動写真と呼んでいた——の興行が本格化して、戦争の実写が次々と公開されたからである。演劇は即時の記録性で映画に負ける。新しいメディアの記念すべき登場だった。世界の大国を相手に戦争中の八月七日、初代市川左団次が胃ガンで死去した。六十一歳。「団菊左」の他界によって、歌舞伎界は世代交替を余儀なくされた。日露戦争が終結したのは翌年の九月。

**同年九月**　『フランチェスカの恋』（ダンテ原作、松居松葉翻案）。本郷座で高田実、河合武雄、藤沢浅二郎らが上演。

**同年十一月**　『ロメオとジュリエット』（シェイクスピア作、小山内薫翻案）。真砂座で伊井一座が上演。このころ小山内は伊井一座の文芸委員だった。小山内と伊井を結びつけたのは森鷗外で、ある翻訳を介して鷗外の知遇を得た小山内は、この関係で雑誌『歌舞伎』の編集長で鷗外の実弟の三木竹二を知り、伊井蓉峰の三木の紹介で伊井一座に入った。直接演劇に関わる小山内のスタートはここからで、この年の七月に『サッフォー』（ドーデ作、渡辺霞亭翻案）を演出——この用語はまだなかった——したのが初仕事である。ロメオを粂雄、ジュリエットを百合枝とした小山内の翻案は実質的には翻訳に近く、『ロミオとジュリエット』の本邦初演だった。その後一時退座したものの復座して、『己が罪』(菊池幽芳原作)の演出を最後に伊井一座から身を引いた(明治四十年十月)。それからが雑俳仲間の二代目市川左団次と提携しての、自由劇場の旗揚げになる。このころ新派は第一次の黄金時代を迎えていた。

## 晩年の川上音二郎

**明治三十八(一九〇五)年一月** 『エルナニ』(ヴィクトル・ユゴー原作、松居松葉翻案)。明治座で二代目市川莚升《えんしょう》(のちの二代目市川左団次)一座が上演。『里見八犬伝』の世界に移し替えての舞台。莚升にとって初の西洋種という意味では記念すべき公演だった。が、不評。

**同年二月** 『王冠』(フランソワ・コッペー作、長田秋濤翻案)。明治座で川上一座が上演。松本伸子(『明治演劇論史』)によると原作をかなりいじったもので、ユゴーの『笑う男』の一部を継ぎ足した。

**同年同月** 『マクベス』(シェイクスピア作、島華水翻案)。舞台を朝鮮に移し、小織桂一郎がマクベス役を、喜多村緑郎がマクベス夫人役に扮した。京都演劇改良会の息の掛かった公演で、この結果『リア王』『ハムレット』『マクベス』と、シェイクスピアの四大悲劇のうちの三本までが、関西での初演になった。

**同年三月** 『瑞西《すいつる》義民伝』(シラー作『ウィリアム・テル』を巌谷小波が徳川時代に話を移した翻案もの)。明治座で市川莚升一座が上演。同じ劇場で三か月も翻案ものが上演されたのは異例だが、秋に左団次を襲名する莚升の西洋ものへの挑戦は、自分がオーナーである明治座での、川上一座の繰り返しての翻案ものの上演に刺激された結果でもあった。やがて二人は親交を結ぶ。

**明治三十九年二月** 『モンナ・ヴァンナ』(メーテルリンク作、山岸荷葉訳)。明治座で川上一座が上演。

九月の明治座で市川莚升は二代目市川左団次襲名披露の公演を開催、関係筋にそれぞれ謝礼を払った後に、一万円の剰余金が出た。川上に洋行熱を煽られたことや、ブレーンの松居松葉(のち松翁)がパリにいたこともあって見聞を広めるために洋行を決意、左団次は十二月に横浜からヨーロッパに発った。一か月の船旅でマルセイユに着くと、松居松葉が待っていた。二人がヨーロッパからアメリカを経て帰国したのは明治四十年の八月七日だった。この間、左団次はロンドンで俳優学校で学んだほか、各国で観劇を重ねた。この経験が自由劇場の旗揚げにいたる一因になる。

**同年十月** 『祖国』(サルドゥ作、田口掬汀《きくてい》翻案)。明治座で川上一座が上演。川上夫妻は脇に回り、ヒロインは河合武雄が演じた。この公演後に川上は病気で倒れたこともあって俳優を廃業し、興行師になった。

以上、文芸協会が発会式を持つまでの主な翻案ものや翻訳劇を列記したが、川上音二郎が手掛けた舞台がいかに多かったかがよく分かるだろう。この間に劇界の様子も変化した。

では川上の仕事をどう評価すべきか。

松本伸子はこう述べている。


川上の上演した西洋演劇は、何れも、泰西の名作をそのまゝ紹介したものとは言えなかったし、翻案としても中途半端で、ほとんどが話の進行を表面的に書き移したという程度のものだったと言えよう。（中略）

川上が「オセロ」「ハムレット」を上演した明治三十六年の暮れに、（長谷川）天渓は『太陽』の文芸時評に『劇界の新面目』と題して次のように書いている。

「殊に喜ぶべきは（註・川上音次郎《ママ》の興行方法の改革とお伽芝居の試みとに加えて）、一度ならず、二度ならず、西劇を翻案して、之を演じたるに在り。吾人はその翻案のしかたに感服するものにあらざれども、わが国の演劇上、大に慶すべき現象といはざるべからず。（中略）西洋の傑作をへたに焼き直して、わが劇壇の寂莫を破らむとするは、いづれかと云へば、戯曲界、ならびに劇界の恥辱也。されど、この恥辱は、演劇の進歩せむとする現象にして進歩の途上、必ず経ざるべからざる境遇也。吾人が現在を謳歌せずして、未来を謳歌するは、此を以て也」

泰西の名作が相次いで、翻訳上演される、というのは、確かに我が国の劇界向上に資することに違いない。その意味で、また、明治三十六年十二月という時点で、天渓が川上の試みを我が劇壇の輝かしい未来への手がかりと取ったのは、決して不思議ではなかったと思われる。しかし、明治三十八年四月、同じ『太陽』に掲載された大町桂月の「発狂せる劇壇」は僅か一年半ばかりの間に、天渓の抱いたような期待がもろくも崩れ去ったことを示しており、むしろ、西洋種の演劇に対する拒絶反応のようなものが現われていたことが窺えるのである。

「予輩は劇壇の活動を悦ぶものなりと雖も、手当り次第の活動は之れを好まず。殊に西洋物を演ずるに当りて、何等の用意もなく、研究もなく、只管《ひたすら》新奇を名として、観者を呼ばむとするが如きは、最も好まざる所なり。（中略）試に両三年来演ぜられたる西洋劇を看よ。シェークスピアの作にては「オセロ」「リヤ王」「マクベス」「ハムレット」の四大悲劇は悉く演ぜられ、「フランチェスカ」「エルナニ」「ウィルヘム・テル」「王冠」等は、或は旧派により、或は新派に依りて演ぜられたり。去れど一考せよ。是れ等の劇は、果して日本人に適したるものなりや否や。日本人は是れ等の劇を解釈し得るや否や。是れ等の劇は、能く邦人の情操を動かし得るや否や。一歩を進むれば、俳優其の人は果して是れ等の劇を解し得たるや否や。固より原作を研究したる人は、其の何等の意味を含有するかを解したるべく、復た其の美をも認め得べし。されど俳優の目的は、小数の観者を喜ばせむが為にあらずして、大多数の邦人に、西洋劇の何物たるかを告げむとするに在り。されば原作は勝手放第に改作翻案せられて、皆なこれ荒廃せる宮殿の如し」

この一文が書かれた時期を思うと、西洋崇拝とか、西洋模倣に対する国民感情としての反発も無視出来ないのだが、それにしても、西洋演劇移入の端緒が開かれそうな気配でいながら、結局は、いくつかの名作の翻案がなされ、それが上演されたという、いかにも単発的な事件として終ったのは、やはり川上の上演方法に責めが帰せられるように思われる。桂月の指摘の通り、彼は西洋物を舞台に上すという事だけに熱心で、如何に上すかという事には用意も研究も足りなかった。(『明治演劇論史』)

ここに指摘されているような一面は確かにあったとわたしも思う。しかし、歌舞伎以外の演劇を社会的に認めさせた第一の功労者は川上音二郎だし、手掛けた翻案ものや翻訳劇の多くは大入りだったから、どういう形であれ多くの人々に「西洋」の香りをかがせたことも間違いない。歌舞伎の発祥がそうであるように、珍しいもの、新奇なものを見たいという人間の欲求が、演劇を生み、それを支える。貞奴を本格的な女優に育てたのみならず、座内に数人の女優を抱えていて、女優の存在と魅力を知らしめたのも川上の功績だと考えていい。暗転という演出や、照明や舞台装置に西洋式を導入したのも見逃せない。が、知識層の中に川上流の翻案に対して次第に抵抗感や違和感を持つ人が増えていったのも事実で、西洋の戯曲は翻訳で紹介すべきだという動きが起こる。そしてこれが新劇の誕生を促すのである。つまり、先に列記したような翻案ものは、結果的に新劇を生む反面教師になった。知識層の手掛ける翻訳劇としての新劇、この点がこれまで触れてきたような演劇のあり方と基本的に違う。が、話をここへ移す前に、その後の川上と左団次のことに言及しておく。まず川上のこと。

川上の洋行と帝国座の建設を、大阪毎日新聞が報じたのは明治三十九年十一月三日だった。

北浜銀行の岩下清周氏が発起となり川上音二郎を興行主として洋式の大劇場を当地(注=大阪)に建設すべしとの事

は予て噂に上り居りしが今度いよ〳〵その計画熟し発起人は云ふ迄もなく岩下氏、また同氏を通じて伊藤（博文）侯、栗野（慎一郎）大使、金子（賢太郎）男爵等諸氏の参助を得総坪数四百六十坪高さ四十八尺の洋式劇場を建設し帝国座と命名する事となりこの設計は辰野（金吾）博士、工事は大林組が請負て来る十二月中に着手するといふなほ川上のいふ所によれば場内には貴顕席を始め外国の貴賓の観覧席を設け一般の観覧席はすべて椅子を用ゐ、桟敷の二階三階は千人、下は二千五百人を着席せしむる計画のよしにてこの舞台の大道具は天地左右へ機械にて取除こと〻為し従来の如く演芸中道具の後ろにて鉄槌の音をさせるなどの不都合なからしめる筈なるが今回川上の洋行は専ら欧米の各劇場に就いて取調をなし帝国座の内部に用ふべき装飾品及び舞台に使用する一切の道具類購入のためにて劇場落成の上は唱導者の名義にて専ら同座の興行を司るべし云々果して事実となりて表はれんには東京の大劇場計画に先んじ梨園の一大曙光なるべし（白川宣力編著『川上音二郎・貞奴』より）

ただし、劇場の落成は大幅にずれ込む。

角藤定憲が明治四十年一月二十日に神戸で病死した。まだ三十九歳だった。

川上は劇場視察を主目的に、同年七月二十七日に貞奴ら七人のメンバーとともにパリを目指して神戸を発った。神戸へ帰着したのは翌年の五月十二日で、二代目市川左団次が出迎えた。

上京した川上が企画したのが革新興行だった。製作費の合理化を図って第一軍と第二軍と称する劇団を作り、それぞれの出し物で全国を巡演するというものである。二代目左団次を中心とする歌舞伎俳優の一座が第一軍で、九月の明治座で『維新前後』（岡本綺堂《きどう》作）などを、第二軍は川上貞奴や佐藤歳三らのグループで、同月の本郷座で『唖の旅行』（益田太郎冠者作）などを上演した。その後第一軍は名古屋、神戸、広島などを巡演した。左団次が川上の革新軍に加わったのは、川上とは盟友という間柄であった上に、父譲りの持ち小屋、明治座の経営に行き詰まっていたという事情もあった。

図らずもこのことが、その後の左団次に大きな実りをもたらした。『維新前後』での岡本綺堂との出会いが『修禅寺物語』（岡本綺堂作）の上演につながり（明治四十四年五月明治座）、この成功で二人の関係が緊密になって、大正時代に『鳥辺山心中』や『番長皿屋敷』といったヒット作を送り出す。綺堂と左団次提携の舞台が、新歌舞伎という歌舞伎の新しい分野を開いた。これらは歌舞伎のレパートリーとして定着して、今もしばしば日の目を見ている。

この革新興行と重なる形で進んでいたのが、帝国女優養成所の設立だった。

## 帝国劇場と帝国女優養成所

前述のように、演劇改良会の目的のひとつに新劇場の建築があった。これが課題として浮上したのは、幕末からの数次にわたる欧米への使節団の、彼の地での接待のされ方にあった。必ず劇場に招待されて、しかるべきプログラムを鑑賞するのがお定まりのコースだったことから、新しい日本にふさわしい新しい劇場を持ちたい、持つべきだと、だれもが考えたのである。にもかかわらず、国立劇場や帝室劇場の設立という動きは微弱かつ長つづきせず、新富座や歌舞伎座のように民間人が新劇場を建てた。これらの劇場は外国からの貴賓を迎えるたびごとに国立劇場ないしは帝室劇場の役目を果たすことになったが、日露戦争に勝って日本が列強の仲間入りをすると、にわかに政財界に新劇場待望の声が高くなった。折りも折り、明治三十九年二月の歌舞伎座で開催されたイギリスのコンノート公アーサー殿下歓迎の観劇会で、不祥事が起きた。午後九時予定の開演時間が一時間以上も遅れた上に途中で数度の停電があり、主賓が午前零時半過ぎに途中退席したのである。

招待観劇会の失態は深刻に受け止められた。「一等国に相応しい劇場建築を急げ」という声は、この一夜の出来事によって、にわかに共通認識になったといっていいだろう。ステータス・シンボルとしての劇場づくりへ、作業は、これより急ピッチで展開する。

『渋沢栄一日記』によると、観劇会の一か月後に渋沢は帝劇の設計を担当する建築家、横河民輔と早くも意見を交換し、その後も西園寺公望、林薫・外務大臣ら要路推進派、福沢（諭吉）系の関係者と頻繁に行き来している。六月九日、（帝劇の）創立仮事務所を設け、十月十八日に第一回発起人会、十二月三十日に第一回創立委員会を開くという進捗状況だった。翌一九〇七年（明治四十年）二月二十八日、東京商業会議所で創立総会を開き、渋沢を取締役会長に、西野恵之助を専務取締役に選出した。他に取締役は大倉喜八郎、福沢桃介、田中常徳、益田太郎（注＝劇作家としてのペンネームは益田太郎冠者）、日比翁助、手塚猛昌、監査役に浅野総一郎（浅野セメント）、村井吉兵衛（タバコの村井兄弟商会）という顔触れだった。

こうして帝室劇場ではなく、帝国劇場株式会社が誕生した。（中略）いずれにしても興行界の人間を完全に排除し、創立主唱者に伊藤（博文）、西園寺、林という政官界のトップを据え、取締役を財界主流で固めた布陣は、帝劇が外賓接遇の劇場であり、あわせて興行界に新風を吹き込もうという決意を表明してもいた。

資本金は百二十万円、劇場敷地は坂本公園説、あるいは築地説もあったようだが、西野専務が丸の内を強力に推して、有楽町一丁目の三菱の所有地を借り受けることに決まった。

会社設立後も打つ手は迅速だった。一九〇七年（明治四十年）九月、女優養成を決め、翌〇八年（明治四十一年）三月には設計担当の横河民輔を欧米の劇場視察に派遣、六月には欧米巡業から帰国したばかりの川上音二郎を招いて劇談会を催すなど、開業に向け準備は着々と進められた。

開業へ向けて帝劇の作業が進行中の一九〇八年十二月一日、帝劇建設予定地にほど近い数寄屋橋にわが国で最初の洋式劇場、有楽座が開場した。敷地八百五十坪、建坪二百五十八坪、やはり横河の設計になるルネサンス式洋風建築で、舞台は間口六間、奥行き四間、オーケストラ・ピットを持つ劇場だった。定員千二十五人は両桟敷を除いてすべて椅子席、これも日本で最初だった。（嶺隆『帝国劇場開幕』）

一言触れておけば、有楽座は名目が「高等演芸場」だったから、開場当時は演劇劇場とはみなさないのが一般的だ。やがて新劇団の拠点になる。

ところで、川上貞奴を所長とする帝国女優養成所は、渋沢栄一や大倉喜八郎らの助力を得て、明治四十一年九月に芝桜田本郷町に設立された。おそらくは六月の川上音二郎との劇談会で大枠が決められたのだろう。百人を越す応募者の中から十人余を入所させたが、ジャーナリズムが川上夫妻が少女たちを食い物にするだろうと中傷記事を書き立てる中で、ほとんど坪内逍遥だけが女優養成の難しさに同情を寄せた。

満十六歳以上二十五歳までの高等小学校の卒業者または同程度の学力を持った者と応募資格を限り、修業期間を二年、月謝は無料、入所に際しては二名の保証人を必要とした。カリキュラムに和洋音楽や和洋舞踊があったほかに歴史や脚本解読があり、女役者の市川九女八《くめはち》が指導する歌舞伎の演技のレッスンがあった。せりふ劇、歌舞劇、そして歌舞伎を演じられるように修業させるのがこの養成所の特色だった。帝国女優養成所は開業準備が進行中の帝国劇場に明治四十二年七月に吸収されて帝国劇場付属技芸学校と改称し、したがって森律子、河村菊枝、初瀬浪子、村田嘉久子《かくこ》らの第一期生は、いわゆる帝劇女優として卒業し、明治四十四年三月の開場後は女優劇を手掛けるかたわら、六代目尾上梅幸ら専属の歌舞伎俳優と歌舞伎の出し物を共演した。新派とも新劇とも違う帝劇女優のカラーである。

その後川上は明治四十二年に俳優に復帰して舞台に立った。一方、大阪・北浜の帝国座は岩下清周が建築に消極的になり、すべて川上の責任で工事が行われることになって、川上は金策に東奔西走した。開場したのは明治四十三年の二月で、パリのオペラ座をモデルにしたレンガ造り三階建ての劇場の舞台正面にはプロセニアムが設置され、花道は普段は平場に伏せてあり、必要に応じて迫り上げられるようになっていた。観客をして外国へ行ったような気がすると言わしめた劇場である。

この劇場でも川上は『ボンドマン』（ホールケン作、松居松葉口訳）や『椿姫』（デュマ・フィス作、田口掬汀翻案）のような西洋種をしばしば掛けた。そして明治四十四年十月にイプセンの『人民の敵』を上演すべく準備に着手した。が、持病の盲腸炎から腹膜炎を起こし、さらに脳膜炎を併発して十一月十一日の早朝に没した。今から見ればまだ四十七歳という若さで、まさに風雲児と呼ぶにふさわしい男は波瀾の生涯を閉じた。角藤定憲につづく川上音二郎の死で、明治期に生まれた新演劇はその時代のうちで姿を消した。以後は新派がどういう展開をしていったかだが、前述のごとく、本書ではこのジャンルは扱わない。

一方、二代目市川左団次のそれから。

洋行帰りの左団次が川上に次いで興行改革を試みたのは、『袈裟と盛遠』（松居松葉作）や『ヴェニスの商人』（シェイクスピア作、坪内逍遥訳）などを出した明治四十一年一月の明治座だった。松居松葉や主事で劇評家の岡鬼太郎らと相談して、芝居茶屋の廃止や観客の世話をする出方の解雇などを決めて、実行に移した。ところが初日に桟敷の観客が騒ぎを起こし、警察の手を借りなければ収拾できない事態になって、次の興行から旧に復さなければならなかった。興行改革は失敗し、これらが完全に実行されるのは帝劇の開場まで待たなければならなくなった。なお、この時は九代目市川団十郎の娘が二人、姉が市川翠扇、妹が市川旭梅と名乗って出演したほか――旭梅が左団次のシャイロックを相手にポーシャを演じた――、八代目河原崎権之助の娘が河原崎紫扇を、左団次の妹も初代市川松蔦《しょうちょう》を名乗って女優として舞台に立った。左団次の洋行体験が女優を登用させたと言っていい。

その後前述の川上革新興行に加わって巡演し、明治四十二年九月の明治座で岡鬼太《おにた》郎《ろう》の脚色で古劇の『毛抜』を復活上演した。今も人気の高い出し物だが、この二か月後に小山内薫と手を組んで、左団次は自由劇場を旗揚げした。この俳優の動向もまた、目まぐるしいものだったと言っていい。

# 第二章　文芸協会

## 坪内逍遥と朗読術

舞台の、歌舞伎の脚本は演劇関係者、狂言作者が単独または複数で執筆するのが、江戸時代の習わしだった。ところが演劇改良の声の高まりとともに部外者がそれを担当しようという動きが起こり、もっとも早く手を染めた一人が、明治二十二（一八八九）年に金融業者の千葉勝五郎と提携して木挽町に歌舞伎座を新築した福地桜痴《おうち》だった。桜痴はこの劇場の専属になった九代目市川団十郎の座付き作者として、数々の歌舞伎脚本を書いた。その代表作に『春日局《かすがのつぼね》』（明治二十四年初演）や『侠客春雨傘』（明治三十年初演）などがあるが、『春日局』初演の年に、無名の詩人が上演をまったく考慮に入れず、胸のうちの熱い思いを吐露したとの「序」をつけて、「劇詩」を自費出版した。北村透谷作『蓬萊曲』。

透谷自身の人生の懊悩が刻み込まれた『蓬萊曲』は、その執筆動機を含めて近代戯曲の第一号とも言うべき位置を占めた。『蓬萊曲』に刺激されて、透谷と親しかった島崎藤村が『悲曲　琵琶法師』や『ハムレット』の模倣作『朱門のうれひ』を発表したのは明治二十六年で、幸田露伴作『有福詩人』（明治二十七年）を加えてのこういう一連の劇詩によって、従来なかった文学としての戯曲の系譜が誕生した。が、それだからこそ、これらの戯曲は演劇の現場に何の影響ももたらさず、また、長く上演されもしなかった。

舞台にかけられることを前提にしての演劇部外者の戯曲の中で、もっとも大きな反響を呼んだのは坪内逍遥の『桐一《きりひと》葉《は》』（明治二十七年十一月から翌年九月にかけて『早稲田文学』に連載）だった。

現在の美濃加茂市に生まれた逍遥は、一家で移住した名古屋で歌舞伎好きの少年として育った。同時に貸本屋に出入りして江戸戯作類を耽読した。やがて官立愛知外国語学校（のち愛知英語学校）に進んで米人教師のシェイクスピアの講義を聴き、エロキューションの教授を受けた。以後、歌舞伎、江戸戯作類、シェイクスピアの三点は、逍遥の生涯を渾然一体となって貫いた。
明治九年九月に逍遥は東京開成学校普通科に入学、同期に生涯の盟友となる高田早苗がいた。上京とともにせっせと劇場に通いはじめた逍遥は、九代目市川団十郎や五代目尾上菊五郎の写実的な芸に惹かれた。明治十年四月に東京開成学校は東京大学と改称、同十六年に東大文学部を卒業した逍遥は、高田早苗の勧めで前年に創立された東京専門学校（のちの早稲田大学）の講師になった。そして同十八年に文学改良の第一歩として評論『小説神髄』と小説『当世書生気質《かたぎ》』を発表し、ここに理論と実作を平行させる逍遥独自の道を拓いた。

立ち消えになった演劇改良会につづいて明治二十一年七月に日本演芸矯風会が設立され、これには改良会に批判的だった逍遥や高田早苗も文芸委員として名を連ねた。が、その無能さに飽き足らず、逍遥、早苗、岡倉天心らの若手が内部機構の改革を図って、翌年の九月に日本演芸協会を発足させた。宮内大臣の土方《ひじかた》元久（築地小劇場を建てた土方与志《よし》の祖父）が会長に就き、森鷗外、尾崎紅葉、河竹黙阿弥らも文芸委員として参加したこの会は、文芸委員の新作上演を図ること、脚本の公募を掲げたところに特色があった。しかし、容易に新脚本を得られず、これが命取りになって日本演芸協会も何もすることなく姿を消した。とは言え、この会に関係しはじめてから、逍遥は深く演劇に関わるようになった。

若き日の逍遥がシェイクスピア戯曲のエロキューションを学んだのは前述したが、九代目団十郎の舞台に接してその影響下に朗読術はある形を整えていき、逍遥の主唱で明治二十三年九月に東京専門学校に文学科が新設されると、逍遥は英文学史やシェイクスピアを講じる一方、有志の学生を集めて朗読研究会を設け、朗読術の実践を試みはじめた。土肥春曙や水口薇陽《みなくちびよう》はその会員で、金子筑水、永井空外らとともに文学科の第一期生だった。

明治二十四年十月に逍遥が主宰者となって『早稲田文学』を創刊すると（明治三十三年に廃刊）、同二十六年十月から翌年の四月まで同誌に演劇論のさきがけとなった『我が邦《くに》の史劇』を連載し、その実践作として発表したのが大坂冬の陣に材を取り、九代目団十郎や五代目菊五郎に当てて書いた『桐一葉』だった。上演を視野に入れた逍遥流の演劇改良の第一歩で、劇作を目指す後続の世代に多大の影響を及ぼした。が、劇界はこれを黙殺した。

『桐一葉』はやがて朗読研究会のテキストになったが、明治二十九年に早稲田中学が創立され、逍遥は専門学校の教授とともに中学の教頭をも兼任したので、次第に朗読研究会に関わる時間が取れなくなった。『早稲田文学』の廃刊もこれが原因だった。

## 易風会《えきふうかい》から文芸協会へ

意気込んで発表した『桐一葉』に対する劇界の冷淡な反応も一因になって、逍遥の関心は新舞踊や新舞踊劇に移った。その産物として一端のワグナーの影響下に『新楽劇論』とその実践作『新曲浦島』を早稲田大学出版部（東京専門学校は明治三十五〈一九〇二〉年に早稲田大学と改称）から刊行したのは、明治三十七年の十一月だった。折から日露戦争中だったが、『新楽劇論』にはこの情勢が反映していた。日清・日露の二度の対外戦争は、日本および日本人という意識を国民に植え付ける契機になったが、戦争によるナショナリズムの高揚をバックに、日本の演劇を現在において代表するという意味と、国民のための演劇との二重の意味を込めて、国劇としての新舞踊劇を提唱したのが『新楽劇論』だった。かつての能楽や歌舞伎に替わる新しい国劇を作るのが、日露戦争後に文明国の仲間入りをする日本の義務だというのが逍遥の考えで、かつての国劇の特質が楽劇性にあったのを踏まえ、この長所を生かして、わが国古来の「振事《ふりごと》」本位に新楽劇を興すのが国劇刷新の方法だと逍遥は唱え、その実践作の『新曲浦島』には長唄、常磐津、竹本、清元、一中《いっちゅう》、民謡、雅楽、謡曲などの邦楽に、洋楽の要素も取り入れられた。音楽的な規模としては空前だった。

国民との関係で演劇のあり方を探る逍遥の姿勢は、以後一貫して貫かれた。やがての文芸協会が不特定多数の観客、国民を想定し、そのために大劇場主義に拠ったのはここに背景がある。国民の趣味性の向上を図るのが、演劇運動に関わる逍遥の念願だった。

発表時に黙殺した『桐一葉』を歌舞伎が初演したのは、『新楽劇論』の刊行に先立つ明治三十七年三月の東京座だが、すでに前年のうちに九代目団十郎も五代目菊五郎も他界していた。そのために歌舞伎の危機が叫ばれていて、『桐一葉』が日の目を見たのも、逍遥の名で客を呼ぼうという劇場側の思惑があった。八月には初代市川左団次も死去する。が、上演された『桐一葉』は逍遥を落胆させた。敬愛する団菊を想定しての執筆だけに、手掛けた若手俳優との力の差を痛感させられたのである。ほぼ同時期の川上音二郎の正劇も、逍遥を満足させるにはいたらなかった。つまり、新旧の既成俳優による劇界刷新のむずかしさを、突き付けられる結果になった。『新楽劇論』起稿の裏には、既成の劇界への逍遥の絶望もあったのである。

逍遥が学校業務に忙殺されて朗読研究会は中断したが、明治三十五年には土肥や水口らによって第二次の研究会が開始され、これには東儀鉄笛《てってき》が土肥や水口とともに幹事になり、正宗白鳥《まさむねはくちょう》や中村吉蔵、巌谷小波らも会に出入りした。雅楽の家の東儀は宮内省を辞して早大の講師に就いたころ、白鳥は前年に文学科を卒業し、批評活動をはじめていた。春雨と名乗っていた吉蔵はまだ学生で、自作が新聞の懸賞小説に第一席で入選して、注目を浴びていたころである。

朗読研究会の会員は、テキストになっていた逍遥の史劇を全文暗誦していたほどで、こうなるとしきりに実演を望んだ。逍遥はこれを抑えていたが、劇界刷新のことを急いだ土肥や東儀は、一方的に実演の話を押し進めた。逍遥もついに我を折って朗読研究会を易風会と改称すると、明治三十八年の四月の末に、神楽坂の貸席で公開の場を持った。出し物は近松半二ら作『妹背《いもせ》山婦女庭訓《やまおんなていきん》』「山の段」を永井空外が歌舞伎式の調子を壊して書き直した雅劇と称する『妹山背山』で、テキストだった逍遥の史劇を避けたのは、会員の多くが歌舞伎風のせりふ回しに慣れて、新鮮さを欠くという逍遥の判断によっていた。発表は好評だった。

当時はまた素人芝居の流行期で、明治二十年代には尾崎紅葉、川上眉山、巌谷小波、広津柳浪ら硯友社のそれが文士劇の名で行われたし、易風会の試演会の直後、五月十一日には岡鬼太郎、伊坂梅雪、杉贋阿弥《がんあみ》ら劇評家の若葉会が、歌舞伎座で旗揚げ公演を開催した。易風会の会員はこの若葉会の動きに刺激されて、三年あまりのイギリス・ドイツ留学中、劇場通いをつづけていた島村抱月が同年九月に帰国するや、抱月を迎えた金子筑水や東儀鉄笛、『早稲田文学』の同人で都新聞（現・東京新聞）の劇評を担当していた伊原敏郎（青々園）らが協議を重ね、易風会は文芸協会へと発展的に解消した。

この前後を逍遥はこう書いている。

彼等は、島村を主なる立案者として、大がかりな一協会を組織し、特別会員よりは寄附を、普通会員よりは会費を徴するといふ細則まで定め、また其多端な革新事業のめい〳〵の分担までも定めてさうして私が悉く賛諾するものと予定し、且つ私を会長に推して、報告に来た。漸く健康を復しかけてゐたので、これから専らかねての宿願たる新舞踊劇の振興に全力を注がうとしてゐた際なので、私は非常に困つた。（中略）けれども其時はもう遅かつた。騎虎の勢ひ、如何ともしがたい事情があつたので、中止させるわけにもゆかず、かといつて自信がなくては会長になれるものでない。そこで、指導と後援と出来る限度に於ての脚本の提供だけをする代りに、少なくとも向ふ一二年間は会長を断る、是非やるなら別人を戴いたらよからうと刎ねた結果、島村、東儀らは高田（早苗）学長に悃請し、同氏の口添へで私の全く与り知らぬ間に、大隈伯（重信・早大の創立者）をかつぎ上げてしまつた。それを聞いた時に、私は全く困つた。此、いはゞ、向ふ見ずの大仕事が、大隈伯の名で着手されることは、私自身が公然責任に当る以上に、辛いことであつた。けれどもさうきまつてしまつた以上は、どうかうもしやふがない。私は腹をするゐた。いよ〳〵難局となつたら、全責任を負ふまでだと思つた。（「文芸協会研究所創立まで」『逍遥選集』第十二巻）

## 前期文芸協会

文芸協会の発会式は明治三十九（一九〇六）年二月十七日に、芝の高級料亭・紅葉館で開催され、発会の辞を抱月が、健康上の理由で欠席した大隈重信の演説を逍遥が代読した後余興として『妹山背山』の再演、『新曲浦島』の前曲（長唄）の演奏、逍遥作『沓手鳥孤城落月《ほととぎすこじようのらくげつ》』「糒倉《ほしいいぐら》の場」一幕の初演、そして喜劇『誕生日』（巌谷小波作）などが披露された。中でも『孤城落月』の水口薇陽の淀の方が好評だった。華族、学者、実業家、貴婦人ら約二百人ほどの招待客の中に、やがて自由劇場をスタートさせる小山内薫や二代目市川左団次、初代市川団子（のち二代目市川猿之助から初代市川猿翁）らもいた。

会則の第一条に文学、美術、演芸の改善と進歩、そして普及を図るとあったように、文芸協会は演劇はむろん哲学、宗教、教育、雅楽、洋楽、講談、落語までをも手掛けるべき対象としていた。つまり、総合的な文化機関として意図されており、社交機関としての倶楽部や、演劇学校の創設なども謳っていた。

第一回演芸部大会と称しての一般公演は同年十一月十日に歌舞伎座で持たれ、土肥春曙のポーシャ、水口薇陽のアントーニオ、武山芦洲のバッサーニオ、東儀鉄笛のシャイロックといった配役の『ヴェニスの商人』「法廷の場」（坪内逍遥訳）、水口の片桐且元、土肥の木村重成という『桐一葉』（片桐邸奥書院と長良堤）、そして歌劇『常闇《とこやみ》』（坪内逍遥作、東儀鉄笛作曲）が上演された。すべて逍遥の創作か翻訳で、中で天の岩戸伝説をモチーフとした『常闇』が注目された。

これは前年三月の『露営の夢』（北村季晴作・作曲、歌舞伎座）、この年六月の楽苑会の『羽衣』（小松耕輔作詞・作曲、神田ＹＭＣＡ）に次いでの三番目の創作オペラの上演で、オーケストラやコーラスの人員を加えると、出演者が百二十人を超える大掛かりな舞台だった。そのために公演自体は好評だったにもかかわらず、大欠損だった。さらには前述の事業がすべて順調に運ぶはずがなく、今後は演劇と『早稲田文学』の刊行（同年一月再刊）のみと文芸協会は活動の範囲を絞った。

丸一年後の明治四十年十一月に第二回演芸部大会を四日間本郷座で開催し、『大極殿』（杉谷代水作）、『ハムレット』（シェイクスピア作、坪内逍遥訳）、『新曲浦島』が上演された。『大極殿』はかつて日本演芸協会のために逍遥が構想していた蘇我入鹿誅戮の材を杉谷に与えたもの、五幕八場という『ハムレット』はこれまでのものの中でもっとも場数が多く、声と容姿のいい土肥のタイトル・ロールが絶賛された。そしてこの時、歌舞伎とも新演劇とも新派とも違う演技の感触を、多くの観客が享受した。同時に二回の大会を通して客席の雰囲気が従来のそれとは一変して、いわゆるお芝居気分が払拭された。劇場全体の雰囲気がどこか新しかったのである。

本格的な上演としてはわが国初の『ハムレット』は、女優の経験のあるアメリカ人の早稲田の英語の女教師が演技指導をした。が、総ざらいの日にはじめて稽古を見た逍遥は、しぐさやせりふ回しを日本式に改めさせた。日本人が演じれば日本風になるのは当然で、国柄に合ったシェイクスピアの受容があっていいというのが逍遥の主張だった。換言すれば、「西洋」の直輸入とは一線を画した。ここが自由劇場との大きな相違点になる。

二回の出し物を見ても分かるように、前期の文芸協会は演劇改良の影が強く、歌舞伎と絶縁するものではなかった。新しい女形はその象徴だったが、土肥と東儀を除く「文士俳優」はこれ限りで協会を去った。さらには資金難のために翌年は大会が開けず、演劇研究所の設立案を立てただけだった。苦慮した抱月らは明治四十二年の二月に今後の方策を逍遥に嘆願陳情し、これを受けて逍遥は、悲壮な覚悟で直接指導に乗り出した。

### 後期文芸協会

手初めに逍遥は演劇研究所の敷地として自宅内の土地を無償で協会に提供し、建築資金の不足分として邸宅の一部を売ってそれに当てた。そして明治四十二（一九〇九）年四月に研究生の試験を実施、逍遥邸付近の民家を借りて、五月一日に仮研究所として始業式を挙行した。修業年限は二年、単なる俳優養成ではなく演劇研究を並行させたのが特色で、したがって俳優志望者だけが入所を志願したのではない。試験科目は口頭試験、英語、朗読、作文で、入所金が三円、月謝も同額だった。

開所時に十二人、日ならずしての追加試験で四人が合格、計十六人（うち女性は三人）の研究生で授業がはじまった。仮研究所時代からの研究生の中に武田正憲、林和《やわら》、佐々木積《つもる》（女優夏川静江の義父）、松井須磨子、山川浦路（上山草人《かみやまそうじん》の妻）らがいた。

研究生の定員は二十五人だったので、欠員が出ると臨時試験を行って随時入所させた。暑中休暇中に林千歳、森英治郎、横川唯治（のちに芸名を山田隆弥と改名）、上山草人らが入所、この年の後半には河竹繁俊（当時は市村姓、河竹黙阿弥家の養嗣子となって河竹姓）、吉田幸三郎、加藤精一（女優の加藤道子の父）らも籍を置いた。

逍遥が研究所の監督に、東儀が主事に就いたほか、授業を金子筑水（芸術論）、伊原敏郎（国劇史）、島村抱月（英会話、近世劇）、土肥春曙（朗読・話術）、小早川精太郎（狂言）、東儀鉄笛（写生・声楽）、坪内逍遥（実際心理・シェイクスピア劇）が担当した。抱月は「近世写実劇」の代表作として、イプセンの『人形の家』を英訳本で講義した。

研究所はわが国初の男女共学の俳優養成所だったので、逍遥は男女の交際に人一倍気を使った。解散時には三期までの入所者が八十一人に達していたが、このうちの二十一人が風紀問題で退所になった。最後の一人が島村抱月と不倫の関係になった松井須磨子。

九月の二学期から新築の逍遥邸内の新校舎に移った。ここには舞台付きの稽古場もあった。同時にカリキュラムが変更されて、邦舞（藤間勘八）が追加された上に立ち回りの創始者市川升六が擬闘を教え、やがて二代目市川左団次の案内役として欧米を回遊して帰国した松居松葉（のち松翁）が講師に招かれて、実習にかかった。邦舞や擬闘が加えられたのは逍遥の要請で、演劇研究所は新しい国劇の創造を最終的な目的にしていた。

明くる明治四十三年の三月から、内輪の試演会が開始された。土肥春曙指導の『ハムレット』第三幕や東儀鉄笛指導の『ヴェニスの商人』「法廷の場」などで、このうち西野恵之助帝劇専務が内見していたのがきっかけで、『ハムレット』は翌年に帝劇で上演される運びになる。

第一期生の卒業間近の明治四十四年二月、文芸協会の組織が変わって逍遥が会長に就いた。そして五月の一週間、三月に開場したばかりの帝劇で『ハムレット』（シェイクスピア作、坪内逍遥訳・指導）が上演された。五幕十二場の完全上演で、土肥春曙のハムレット、東儀鉄笛のクローディアスと墓掘り男、加藤精一のポローニアス、森英治郎のホレーショー、林和のレーヤチーズ、山川浦路のガートルード、松井須磨子のオフィーリアといった配役で、帝劇は寄付名義で二千円の出演料を協会に払った。折紙付きの土肥のハムレットは言うまでもなく、オフィーリアでデビューした松井須磨子も女優問題にひとつの解決をつけたと好評だったが、とりわけ絶賛されたのは東儀の墓掘り男で、その好演はのちのちまでも語り伝えられる「伝説」になった。女形を交えた前回とは違い、この『ハムレット』は歌舞伎や新演劇や新派とは別の舞台作りを多くの観客に納得させた。帝劇という器もよく似合った。ただし、一年半前の自由劇場の旗揚げ公演『ジョン・ガブリエル・ボルクマン』（イプセン作）と比較して、やや古風だという印象を若者や知識層に与えた。このために逍遥が意図したシェイクスピア戯曲の連続上演は勢いをそがれることになったが、自由劇場の舞台とともに、後期文芸協会も新劇の誕生を告げたと言って間違いではない。

『ハムレット』は一期生の卒業公演でもあったが、ここに素人を俳優にする逍遥の狙いは一応の結実を見た。十五人に減っていた第一期の卒業生は、協会から百円の年俸を支給された。年俸が保証された俳優は戦前はむろん、戦後も例外中の例外に属する。彼らにとって文芸協会は生活の場になったわけで、その意味で玄人の俳優になった。また、新たに入所した二期生の中に、沢田正二郎、倉橋仙太郎、金井謹之助、中井哲、和泉房江、都郷《とごう》道子らがいた。中退したが、宮部静子もその後新劇女優として活躍した。

帝劇公演の後、松竹との契約が成立して、『ハムレット』は大阪の角座《かどざ》でも七月に一週間上演された。新劇団初の地方巡演の形になるが、大阪から帰京すると感情的なもつれで上山草人と妻の山川浦路、草人の喧嘩相手の林和が退団した。約一年後、草人は近代劇協会を創立して浦路はここの主演女優に収まるが、浦路が退団したことで、松井須磨子は文芸協会の一枚看板的な存在になった。

逍遥が私財を投じて建築中だった私演場（小劇場）が研究所の裏に完成し、九月にここで試演が行われた。研究所で抱月がテキストにしていた『人形の家』（イプセン作、島村抱月訳）の第一幕と第三幕の上演と、逍遥作の新舞踊三種（『寒山拾得』『お七吉三』『鉢かつぎ姫』）というプログラムだった。『人形の家』は抱月と、この時から協会入りした中村吉蔵の演出だった（もっとも演出という用語はまだなく、舞台監督と称した）。二人とも欧米でこの舞台を観ていたが、戯曲解釈はともかくも、具体的な演技指導までは手が回らず、稽古を見守るだけだった。舞台成果は新舞踊の方がよかったが、松井須磨子のノーラ、土肥春曙のヘルメル、森英治郎のランク、東儀鉄笛のクログスタットといったキャストの『人形の家』が、俄然評判になった。

そのあまりの評判に帝劇での次回公演が『オセロ』（シェイクスピア作）と決まり、稽古に入っていたにもかかわらず、劇場側の要請で『人形の家』につき替えられて十一月末からの一週間、同じスタッフとキャストで『人形の家』は全幕通しで帝劇の舞台にかけられた。と、試演を上回る評判を呼び、ことに松井須磨子の自然な演技が注目されて、新劇女優という存在が「市民権」を得るきっかけになった。近代女優の第一号が川上貞奴であったにしろ、貞奴は女優であるとともに芸人でもあった。対する須磨子には芸人の雰囲気がまるでなかった。この二人の女優の資質の違いは大きい。歌舞伎や新演劇や新派は花柳界との深い関係を持続するが、新劇は原則的にここと切れる。新劇はわが国ではじめてのそういう演劇なのである。

帝劇で上演された『人形の家』は、賛否両論を呼ぶ社会現象としても注目された。夫や子供を捨てて家を出て行くノーラの生き方に倫理学者や女子教育の関係者が強く反発する一方、偶然にも私演場での試演の九月に女性解放運動の拠点になる青鞜社の機関紙『青鞜』が創刊されたが、これに拠る平塚らいてうらがノーラを熱烈に支持して、わが国の女性解放運動にひとつの弾みをつけたのである。つまり、一本の舞台が世論を二分した。こういう演劇もこれまでになかった。換言すれば、社会や人の生き方を左右する演劇のあることを、『人形の家』は告げていた。これもまた演劇の、まったく新しい要素だった。なお、『人形の家』は翌年三月の一週間、『ヴェニスの商人』「法廷の場」との併演で大阪・中座でも上演された。

ところで、わずか二年の訓練しか受けていない松井須磨子が高い「商品価値」を生んだこと、国劇の概念とは異なるところで文芸協会の舞台が注目されたこと、その活動が社会的な秩序を脅かしかねない大事件になったこと、これらは逍遥の想定範囲を大きく超えた。

三つ目の点を補足すれば、逍遥が会長に就任した翌月の明治四十四年三月、逍遥名で「文芸協会組織一新の趣意」が出て、中に「芸術によりて故《いたず》らに現社会の基礎を危うせんとするが如きは、本協会の取らざる所」との一文があった。逍遥に即して見る限り、協会がこういう方向に向かうはずはなかったが、この一文を加えたところに、同年一月に明治天皇の暗殺を図ったとして社会主義者の幸徳秋水ら十二名が処刑された大逆事件の影響の一端が窺える。それが今『人形の家』が新思想の鼓吹と受け取られ、その担い手として協会がクローズアップされたのである。これに輪をかけるようにして、第三回公演の『故郷』(ズーダーマン作、島村抱月訳・指導)が新劇初の上演禁止問題を起こした。

## 『故郷』の上演禁止問題

戦前はあらゆる表現活動に検閲があり、また、思想の自由はなかった。戯曲や脚本への統制・検閲は明治十五(一八八二)年二月に布達された全十八条の「劇場取締規則」に基づいているが、東京の場合、そのうち表現の統制・検閲に関わる条項は以下の通り。東京の場合と断るのは、検閲が府県ごとに別々に行われていたからである。

第六条　演劇を興行せんとする時ハ少なくとも一週間前に仕組帳を副へ警視庁に届るを得、許可を受くべし。且興行の始終とも前以て同庁及所轄警察署へ届出づべし。

第八条　警視庁ハ委員をして時々演劇を臨検せしむ。場内にハ常に其席を設くべし。

第九条　興行中取締の為巡査二名以上の臨場を請求すべし。但一切の費用は座主之ヲ支出するものとす。
第十条　仕組帳外の所作を演ずべからず。
第十七条　演劇の所作仕組帳外に出るか若《も》しくハ猥褻に渉り又ハ公安を妨害ありと認むる時ハ第八条に記したる臨検官吏に於て一時興行を停止することあるべし。

つまり、開演前に上演台本を警視庁に届け出て検閲を受けること、開演中は臨検席で担当警官が舞台を注視していて、台本指定以外の所作をしたりせりふを言ったりした場合は、ただちに舞台進行を中止することができた。明治二十三年八月には「演劇脚本ハ二周日以前ニ本庁ノ検査ヲ受ケ、興行日数時間及ビ観覧料等ヲ詳記上報」などと一部が改正され、さらに明治三十三年十一月に「勧善懲悪の主旨に背戻するもの、台詞、所作等にして猥褻又は惨酷に渉るもの、政談に紛はしきもの、前項目に該当せざると雖も、台詞、所作に於て、公安若しくは風俗を害するの虞あるものゝ一に該当するものは興行するを得ず」と改められた。条例がきわめて抽象的だったために拡大解釈が可能だったが、こういうシステムの中で『故郷』が問題になった。

父親の勧める結婚を嫌って家出したマグダが、オペラ歌手として成功して帰郷する。が、その時からマグダと父親の道徳観が対立し、父親は怒りのあまりマグダを射殺しようとして卒中で死ぬというのが『故郷』のあら筋で、抱月の演出は原作通り父親とマグダが対立したまま幕にしていた。明治四十五年五月に有楽座での十日間の公演だったが、五千円の製作費は前売りだけでそれを超える大当たりで、須磨子のマグダも絶賛された。が、公演終了直後に、内務省から今後の公演を禁止するとの内示が出た。娘が親に従わないのは、国民道徳の根本を説いた教育勅語に反するというのが理由だった。

大阪公演を予定していた協会は、この報に慌てた。のみならず、上演禁止は各界に大きな反響を呼んで、脚本検閲や興行取締に関する議論が続出したが、協会の経済問題もあって苦慮した抱月は、結末を改作して禁止を免れることにした。マグダが良心の呵責に苦しみ、悔悟して泣くという幕切れである。が、抱月の妥協は芸術が政治に屈したとして、きわめて評判が悪かった。

手を入れた『故郷』は同年六月に大阪で十日間、京都で六日間の公演の後、七月に名古屋でも十日間公演の予定だった。が、明治天皇御不例のために、名古屋は三日間の公演に終わった。天皇の崩御は七月三十日。

この長期の巡業中に須磨子をめぐって抱月と東儀の間に確執が生じ、抱月と須磨子の恋愛問題が表面化した。抱月は家庭的に恵まれず、須磨子もまた二度の離婚を経験していた。

ここにいたって逍遥も手をこまねいているわけにはいかず、自費で抱月を関西旅行に発たせる一方――早大から出た形にした――、第四回と第五回公演に松居松葉を起用した。『二十世紀』（バーナード・ショー作、松居松葉訳・監督、大正元〈一九一二〉年十一月の有楽座で十日間）と、『思ひ出（アルト・ハイデルベルヒ）』（マイエルフェルステル作、松居訳・監督、大正二年二月の有楽座で十六日間）。後者は土肥の公子カールに須磨子のその恋人ケティーというキャストで、二週間の公演予定が好評で、二日間日延べした。しかし、これらが抱月の仕事に比べて通俗的だと低い評価を受けたことが抱月派を奮い立たせ、協会の内紛を広げていった。加えて一期生を中心に東儀や土肥に対する芸術上、人格上の不信任という感情問題もあった。その結果、逍遥は幹部の組織替えを強行せざるを得なかった。

大正二年のはじめに帰京していた抱月は、『思ひ出』を切符を買って観劇したほど協会との関係が冷えていたが、協会の内部騒動は一向に収まらず、五月の初旬に抱月は辞表を提出し、同月末には松井須磨子が諭旨退所になった。六月に須磨子退所を萬朝報《よろずちょうほう》がスクープするや、マスコミがいっせいに協会の内紛と抱月・須磨子の恋愛問題を書き立てた。この騒ぎが早大文科の存亡にまで及ぼうという勢いに接して、逍遥はかねて準備の『ジュリアス・シーザー』（シェイクスピア作、坪内逍遥訳、松居松葉監督）を六月末から一週間、帝劇で公演するや、急転直下に文芸協会は解散した。加藤精一のシーザー、東儀のアントニー、土肥のブルータスというキャストだった。

逍遥の残務整理は見事だった。土肥や東儀をはじめ一、二期の卒業生には手当金を、他の関係者には物品を与え、いろいろな整理に二万円を要したが、逍遥は土地や建物を処分してそれに当てた。私演場は松竹からの引取りの話を断って未練を断ち切るように取り壊すと、劇界からも身を引いた。

その後の逍遥に少し触れると、昭和三（一九二八）年にシェイクスピアの全戯曲の翻訳を終えた。日本人初の個人全訳だった。そして同年、『シェークスピア全集』の完成と逍遥の古希の賀を記念して、外観をシェイクスピア時代のフォーチュン座に模した演劇博物館が早大構内に落成した。これは今貴重な共有財産になっている。昭和八年からは『新修シェークスピア全集』の改訳に着手、これは逍遥が没した三か月後、昭和十年五月の配本で完了した。一言触れておくと、逍遥は「シェークスピア」と表記したが、ここでは例外を除いて「シェイクスピア」に統一している。

文芸協会が国民を観客に想定し、大劇場主義の立場に立って、スタッフや俳優が演劇に関わることで生計を立てることを目的にし、実行したのは、注目されていい。戦前戦後を通じてこれを実現させた新劇団は、きわめて少ない。また、素人を玄人にという方針のもと、男女の俳優養成を軌道に乗せた功績も大きい。その後の新劇団はこの路線を踏襲している。坪内逍遥が理想とした新しい国劇の創造も、今もなお意味を失ったとは思えない。というよりも、今後の課題として残されていると言えようか。

# 第三章　自由劇場

## 無形劇場

小山内薫が新しい演劇集団を創設して、既成の劇壇と切れたところで演劇運動を起こすことを公表したのは、明治四十二（一九〇九）年の『歌舞伎』と『演芸画報』のともに一月号でだった。前者の文章は「無形劇場の計画に就いて」と題され、後者のそれは「俳優D君へ」というタイトルだった。D君とは初代市川団子を指す（のちの二代目市川猿之助こと初代市川猿翁）。

前者によれば、はじめグループの名称を「独立劇場」にしようとしていて、西洋近代の一幕ものを手掛けて旗を揚げるつもりだった。

後者ではこう述べている。

斯くして日本の劇壇に、脚本に於いても演技に於いても、「真の翻訳時代」というものを興したいと思っている——新時代の演劇的創作はそれから先の話だ。

（中略）

僕が職業的俳優を守立てて行くという説は、実行の上から大分世の識者に危まれているようだ。これは尤な話だ。僕自身だって決して世の識者以上に今の俳優に望をかけている者ではない。今の俳優に望をかけていないからこそ、劇場という立派な組織を離れて、こんな貧しい計画も立てているのだ。僕が役者を守立てるという意味は、「役者を素人にする」というところにあるのだ。

今日の劇壇に於ける急務は一方に於いては「素人を役者にする事」と一方に於いては「役者を素人にする事」だ。T

博士（注＝坪内逍遥）やSH氏（注＝島村抱月）は第一の事業に志があるらしい。僕等は第二の事業に従事しようというのだ。第二の事業と第一の事業とは寧ろ平行して進んで行くべきもので、決して相衝突すべきものではないと思う。現今の俳優に愛想を尽している程度は第一の事業に志す者も第二の事業に従事する者も、同じでなければならぬ。

僕が現今の俳優にも千人に一人やそこらは真面目な者があると言ったのは、「素人になろう」という志のある俳優のあるのを意味したつもりだった――D君、君も確その一人だったね。

脚本に対する理解力に至っては、そういう真面目な俳優でも、まだなかなか足りぬと思う。そういう方面は真面目な文学者や劇評家の助を借りて、だんだんに進んで行こうではないか。

就いては会の相談役というような者を十人ばかり拵えた。脚本の撰択から、上場の方法まで、総てこの十人ばかりの人に相談する事にした。どうだ。これには異議があるまい。この中には俳優もいる、劇評家もいる、画家もいる、小説家もいる、美術家もいる。（『小山内薫演劇論全集』第一巻）

間もなく発表された自由劇場の規約には、顧問として伊原青々園、岩野泡鳴、長谷川天渓、徳田秋声、岡田三郎助、和田英作、田山花袋、柳田国男、山崎紫紅、正宗白鳥、島崎藤村ら十七名の名が挙げられていた。この大部分は小山内の編集発行人で明治四十年十月に創刊された第一次『新思潮』の同人でもあり、また、イプセン会（後述）のメンバーでもあった。

文芸協会の「素人を玄人に」という俳優養成の方針に対して、自由劇場は玄人の俳優を素人にするのを目指した。これは二代目市川左団次をはじめプロの俳優と提携しての運動を想定していたからだが、この方向に小山内が自信を持ったのは、洋行帰りの左団次が明治四十一年一月の明治座で上演した『袈裟と盛遠』（松居松葉作）と『ヴェニスの商人』「法廷の場」（シェイクスピア作、坪内逍遥訳）を観て、左団次がすっかり歌舞伎俳優の垢を落として、「新人」になったと確信したからだった。が、やがては歌舞伎俳優の芸質が、近代劇の創造とはマッチしないことが明らかになる。

無形劇場とは劇場を持たず、既成の劇壇と無縁のところで、非商業主義的な、実験的な、芸術的な演劇活動を展開していこうとするもので、これらの文章を発表するまで、小山内はドイツの自由舞台やイギリスの独立劇場など、各国の無形劇場紹介のペンをせっせと執った。自由劇場という名称はこういう動きの先駆をなしたフランスのアンドレ・アントワーヌのそれにならったもので、フランスの自由劇場は一八八七（明治二十二）年に始動したから、わが国のそれは二十年程遅れてのスタートだということになる。つまり、小山内と左団次の自由劇場はヨーロッパの近代劇運動の直輸入版だった。小山内はまた、洋行帰りの左団次を三日にあげず訪問して、左団次の欧米での見聞録に耳を傾けた。同じ雑俳の師匠についていたことから、二人は早くから懇意だった。

ところで、わが国でのイプセンへの関心は、その訃報（一九〇六年）が伝えられた直後から一気に高まった。この前年に国木田独歩を中心に、島崎藤村、柳田国男、田山花袋、正宗白鳥、岩野泡鳴、長谷川天渓、柳川春葉、小山内薫らが参加した龍土会は自然主義文学の母胎になったが、イプセンの死をきっかけに集まって食事をするだけではつまらないと、熱心なイプセン研究家だった柳田国男の提唱で、作品研究を目的にイプセン会（当時の名称はイブセン会）が誕生した。現在では「民俗学の父」として有名な柳田国男は、龍土会の生まれる前年に大審院判事柳田直平の養子になったが、それまでは旧姓の松岡国男で新体詩人として知られていた。

『幽霊』をテキストにした第一回の会合は明治四十年の二月に一ツ橋の学士会館で開かれ、会の研究内容は『新思潮』に連載された。翌年三月の同誌の終刊とともにこの会も消滅したが、その間『幽霊』のほかに『ヘッダ・ガブラー』、『野鴨』、『小さいエヨルフ』がテキストになった。

イプセン会の会員で、自由劇場の顧問に就いた島崎藤村は英訳本でイプセンの戯曲を何本か読んでいたことと、フローベルを知ったことが自然主義作家としてのデビューを用意させたが、自由劇場が『ジョン・ガブリエル・ボルクマン』でその活動を開始したのは、藤村の推薦が大きな要因だったと言われる。出し物が決まると、小山内は師の森鷗外に翻訳を頼んだ。

留学先のドイツから帰国したころの鷗外は啓蒙精神が旺盛で、西洋の近代戯曲の翻訳もその表れのひとつだった。自由劇場旗揚げまでに鷗外はカルデロン、レッシング、イプセン、シュニッツラー、ヴェデキント、ズーダーマン、ハウプトマン、メーテルリンク、ストリンドベリ、ワイルドなどの戯曲を二十編近く訳していた。一方でメーテルリンクやハウプトマン、ゴーリキーなどについての評論も書き、こういう紹介や訳業は、草創期の新劇にとって非常に大きな力になった。ある時期まで、森鷗外は西洋の近代戯曲の「窓口」とも言うべき存在で、初期の新劇がロシアや北欧の戯曲紹介に傾きがちだったのは、森鷗外の影響だと言ってもあながち過言ではない。

このころ、小山内は偶然手にしたゴードン・クレイグの『演劇の芸術』という文章を読んで、演出家中心主義のクレイグの演劇観に刺激を受けた。もっとも、「演劇美術問答」と題してのその紹介文に明らかなように（明治四十年八月『歌舞伎』八十八号)、小山内はクレイグの説を鵜呑みにしたのではないが、従来わが国にはなかった演出という概念とその仕事内容、あるいは舞台創造の場における演出家の位置についてのイメージを持つきっかけになった点で、クレイグの理論を知ったのは演出家小山内薫の誕生にとって大きな意味を持った。

## 旗揚げ

明治四十二(一九〇九)年十一月二十七日、有楽座で自由劇場の旗揚げ公演『ジョン・ガブリエル・ボルクマン』(イプセン作、森鷗外訳、小山内主事)の幕が開いた。小山内が二十八歳、左団次が二十九歳。公演は通常二日間で、公演とは言わず「試演」と称した。

開演に先立って、小山内は幕外に立って「わたしどもが自由劇場を興した目的は、生きたいからであります」と挨拶した。この言葉が知識人、文化人、学生を主流とした観客の胸に強く響いた。その一人だった谷崎潤一郎はこの日ほど小山内が輝いていた時はなかったと回想したが(『青春物語』)、だれもが感じた「新しい光」という印象が、従来のどの劇場、どの劇団とも自由劇場を画然と分けた。

なお、小山内の足跡に即して見ると、自由劇場の旗揚げ以前、小山内は新派の俳優、藤沢浅二郎が明治四十一年十一月に、神楽坂の牛込高等演芸館の中に私費で設けた東京俳優養成所の講師になっていた。川上音二郎夫妻の帝国女優養成所からの申し入れで、ここは男優のみの養成を目指した(ただし、明治四十三年に東京俳優学校と改称して以後は男女の俳優養成になった)。

第一回の入所者の中に田中栄三、上山草人、諸口十九《もろぐちつづや》、稲富寛、岩田祐吉、日疋重亮《ひびきじゆうすけ》などがいた。修養年限は三年で、小山内のほかに川村花菱《かりよう》、東儀鉄笛、桝本清、巌谷小波、前沢清助(松井須磨子の二度目の夫)らが授業を担当した。

小山内は開所以来三年間、西洋の近代劇をテキストに脚本概説を講義したが、小山内や桝本の影響からほとんどの生徒が既成の劇壇に身を置くことを避け、新しい演劇の試演会を熱望するようになった。その熱に押される形で明治四十二年の四月に第一回の試演会が高等演芸館で開催され、小山内は『革命の鐘』(ゲオルク・エンゲル作、吉田白甲訳)を演出した。十一月にも同じ場所で二回目の試演会があり、小山内は『明星』系の青年歌人として知られ、その後身とも言える『スバル』の同人でもあった吉井勇の『浅草観音堂』を演出した。これが吉井の戯曲初上演だが、自由劇場の初日はこの終演後わずか四日だった。

この試演会が発展して、新進劇作家の創作を上演・試演するのを目的に、明治四十四年一月に東京俳優学校内に設けられたのが試演劇場だった。月末の一日だけ「試演」と称する公演を一月から十一月までの間に高等演芸館で五回持ち、藤沢や川村や桝本らの指導で『牛肉と馬鈴薯』（国木田独歩作）、『青年と女優』（楠山正雄作）、『穴』（山本染瓦のちの有三作）、『海峡の午前』（秋田雨雀作）、『人買と小桜丸』（国枝史郎作）などが上演された。五回目は一期の卒業生を除いた田辺若男や勝見庸太郎らの二、三期生のみの参加で開かれたが、会の終了後間もなく学校が解散し、試演劇場も自然消滅した。

さて、自由劇場に話を戻す。

これは俳優も観客も会員になるのが建前で、俳優は参加費を払ってメンバーになり、観客も島崎藤村が一番だったように、自分のナンバーを持った。つまり、文芸協会が不特定多数の観客を想定していて、その意味で開かれた集団だったのに対して、自由劇場は閉じられた組織で、方向性としては小劇場主義に立っていた。俳優は自由劇場以外の場所で生計の道を立てたから、所属団体から年俸をもらった文芸協会とは異なる。新劇草創期のこの二つの集団は、いろいろな面で対照的な存在だったと言っていい。

当初の予定では『ボルクマン』の稽古を三、四か月はするはずだった。が、印刷の手違いで台本の完成が遅れ、稽古をはじめたのは十一月になっていた。しかも左団次の持ち小屋、明治座の普通興行の合間を縫っての稽古だった。回を重ねるにしたがって、稽古不足を指摘されるようになる。

配役はイプセンの容貌を模したメイクアップの左団次のボルクマン、沢村宗之助のグンヒルド、市川団子のエルハルト、市川莚若（のちの二代目市川松蔦）のエルラ、市川左升のフォルダル、河原崎紫扇のウィルトン夫人などで、女形と女優の混成だった。この女形の存在も、自由劇場のネックになる。近代演劇の要求するリアリズムとは齟齬を生じるからである。

舞台は圧倒的とも言える好評だったが、中での異色は次のような劇評だった。

「私は此の劇を見て居る間、役者などと云ふものは殆ど眼中に無かつた。（中略）兎に角役者はこれで沢山である。私は芸の巧拙は知らない、又それに就て云ふことを好まないが、最と拙くても可い位に思つて居たから、是丈《これだけ》上手に演つて貰へたら申分はない。それにしても役者なんと云ふものは取るに足らない。劇はどこまでも脚本のことである。役者の芸なんぞ大層に云ふな」（森田草平「俳優無用論」『自由劇場』）

これまでの劇評は俳優の芸評専一で、作家や脚本についてはほとんど言及しなかった。ここではそれが見事に逆転しているわけで、大きく見れば森田風が新劇評の主流になる。劇評においても新しい風が吹くのだが、この極端な劇評は、ある意味で自由劇場運動の本質を突いていた。「真の翻訳時代を興す」ことを目的にした自由劇場は、演劇運動というよりも、戯曲の紹介に重点を置く、あるいは置かざるを得ない、一種の立体的な疑似文学運動になるからである。いや、以後も長い間、新劇運動の実態がこういう位相にあったと言っても、さほど過言ではないだろう。

第二回の試演は明治四十三年の五月に有楽座で持たれ、『出発前半時間』（ヴェデキント作、森鷗外訳）、『生田川』（森鷗外作）、『犬（結婚申し込み）』（チェーホフ作、小山内薫訳）が上演され、この回から六代目市川寿美蔵《すみぞう》（のちの三代目市川寿海）と三代目坂東秀調《しゅうちょう》が参加した。中で注目されたのは『静』（森鷗外作、明治四十二年）に次ぐ現代語で書かれた史劇の第二弾『生田川』で、観劇した劇作志望の長田秀雄は『スバル』の仲間たちと、「これからは史劇も現代語で書くのだね」と話し合った。

## 『夜の宿（どん底）』の初演

第三回試演はこの明治四十三（一九一〇）年の十二月二、三日の両日、十二時開演のマチネーとして有楽座で行われた。『夜の宿』（ゴーリキー作、小山内薫訳）と『夢助と僧と』（吉井勇作）の二本立て。

今では『どん底』のタイトルで知られる『夜の宿』を取り上げるに際して、小山内は和辻哲郎にドイツ語訳—『夜の宿』はドイツ語訳の表題——の下訳を頼んだ。和辻や谷崎潤一郎らが小山内を師として第二次『新思潮』を創刊（明治四十三年九月）していた関係からで、小山内は和辻訳に手を加えた上に、英訳や仏訳を参照して台本を作り、『三田文学』の十一月号に発表した。同誌はこの年の五月に森鷗外と上田敏を顧問に、永井荷風の編集担当で創刊されていた。

稽古は戯曲の載った雑誌を俳優に渡してはじまったが、このころの小山内はまだ具体的な演技指導はできず、せりふの間違いなどを注意するだけだった。

配役は市川左団次のペーペル、市川猿之助（十月に団子改め二代目市川猿之助を襲名）の錠前屋クレーシチ、市川吉松の木賃宿の主人、坂東秀調のその妻ワシリーサ、市川莚若のその妹ナターシャ、市川寿美蔵のサーチン、初代中村又五郎の帽子屋ブブノフ、二代目市川荒次郎の男爵、市川左喜之助のクワシニャー、市川左升のルカその他だったが、秀調などは地方を巡演していた関係から初日の数日前にはじめて合流するありさまで、稽古不足が現実になった。装置は旗揚げ以来北蓮蔵、岡田三郎助（小山内の妹で劇作家・小説家の岡田八千代の夫君）、和田英作らの洋画家が担当した。

本邦初演の舞台を観て、和辻哲郎はこう書いた。

先づ幕が開く。眼の前に穢ない地下室が展開する。見物は、この地下室が有楽座の脚燈の向ふにある狭い一室に過ぎないといふ事を、常に頭に置いてゐるのであらうか。否、彼らは直ちに眼の前に人生の一角を見やうとするであらう。それが先づ（翻訳劇の）第一の象徴である。次に見物は、この地下室が露西亜の木賃宿であるといふことを意識する。そして彼らの聴覚は聞き覚えのある（二代目市川）荒次郎と左喜之助の声に襲はれる。見物はその声に依つて現はさるゝ語が日本語であるといふ事を意識してゐる。しかしこれらの意識は忽ち意識下に沈んでしまつて、見物の頭の中に往来するものは、落ぶれたる木賃宿の『人間』である。その『人間』の有する思想感情である。その人間の扮装、動作などは、それが日本でなくて露西亜であるといふ暗示を、常に見物の意識の底にもたらしながら、表面では唯人間としての表情を以てのみ見物の頭を襲ふてゐる。こゝが翻訳劇の象徴である。見物はこの劇を味ふために、劇中の人物が露西亜人であるといふことを常に考へてゐる必要はない。しかしそのことは常に意識下にひそんでゐて、必要ある毎に浮んでくる。

翻訳劇役者の演技は先づ第一に、如何にしてこれらの事を滑らかに意識下に追ひ込むべきか、如何にして平穏に持続的に且特別なる刺激を与ふる事なくして、これらのことを暗示すべきか、といふ所に要点が存してゐる。（「自由劇場所感」『自由劇場』）

日本人の生活と遊離した翻訳劇は、こういう目に支えられて定着して行く。

明治四十四年六月の有楽座での第四回試演は、長田秀雄の初戯曲でイプセン模倣作の『歓楽の鬼』、秋田雨雀の『第一の暁』、吉井勇の『河内屋与兵衛』に、メーテルリンクの『奇蹟』（森鷗外訳）の四本が上演された。何らかの意味で小山内と関係のあった新進作家の一幕ものがずらりと並び、島崎藤村は「秋田君の題にあるやうに新しい芝居の『第一の暁』らしくも感じ」たと述べた（「演劇雑感」『自由劇場』）。が、欠損つづきということもあって、左団次には明治座の経営がそろそろ重荷になりつつあった。

試演から公演と名称を変えた五回目は十月の帝劇で二日間開催され、『寂しき人々』（ハウプトマン作、森鷗外訳）が上演された。しかし、これは旗揚げ以来の不評に終わった。和辻哲郎は「役者が誰も彼もみんな柄にない役ばかりをつとめなければならなかつたから」（「自由劇場の演技」『自由劇場』）だと指摘し、当時演劇評論家として活躍していた夏目漱石門下の小宮豊隆は、「自分は三幕目の終り迄しか見なかつた。三幕が済んで、我慢し切れなくなつて立つた。四幕五幕を面白かつたと言ふ人が多いが、惜しい事をしたとも思はない」（「寂しき人々」『演劇論叢』）と切り捨てた。和辻はまた、女形による近代劇上演の無理を言い、森鷗外の翻訳にも文学的な価値は高いが、せりふとしてはこなれていないとクレームをつけた。

自由劇場の行方に注意信号が灯ったのだが、翌年の四月に帝劇で持たれた第六回公演は――『道成寺』（郡《こおり》虎彦作）と『タンタジールの死』（メーテルリンク作、小山内薫訳）――芸術的にも経済的にも大失敗で、ついに左団次は自由劇場と明治座という二つの経済的負担に耐えられず、七月に新派の伊井蓉峰に劇場を四万円で売る契約をし、大正と改元していた九月には、歌舞伎俳優として一門とともにいち早く松竹の専属になった。その第一弾は十月の明治座で持たれ、プログラムは『真田幸村』（山崎紫紅作）、『安宅関』、『犠牲』（ストリンドベリ作、小山内薫訳、原題は『死の前に』）、『慶安太平記』というもので、大谷竹次郎の譲歩で自由劇場の出し物とすべきストリンドベリの戯曲が普通興行に並んだことで、自由劇場の影が一段と薄くなった。

この年小山内は土曜劇場の顧問にも就き、三月の有楽座での第一回公演の出し物のひとつ『一瞬間の心持』（ヴィトレック作、小山内薫訳）を演出した。毎月土曜日の公演で、第一回公演は五回持たれた。

東京俳優学校の閉校後（明治四十四年十一月）、同校主事の川村花菱が有楽座支配人の新免弥《しんめんや》継《つぎ》と創設した劇場専属の劇団が土曜劇場で、土曜日ごとにその月の演目を上演していくシステムを採った。出演俳優は当然、東京俳優学校の出身者が中心だった。

自由劇場の第六回試演中の四月も小山内は土曜劇場に関係していて、四本の出し物の内の二本、『暮れがた』（久保田万太郎作）と『猛者《もさ》』（シュニッツラー作、森鷗外訳）を演出した。前者は久保田万太郎戯曲の初上演。

五月の第三回公演を終えると、新免弥継が出し物を翻訳劇に限ると主張し、自作を含む創作劇上演にこだわる川村花菱と意見が対立した揚げ句、川村は身を引いた。

川村に替わってその後を顧問として引き継いだのが小山内で、六月を変則的に栗島狭衣《さごろも》一派の文士劇と合同して「演劇倶楽部」第一回として十日間の公演を持った。そして七月の第四回公演の後、八、九月は明治天皇御不例のため休演、元号が大正と改まった年（一九一二）の十月の第五回公演は『街《ちまた》の子』（シュミット・ボン作、森鷗外訳、小山内薫演出）を出し、十一月に第六回公演として『群盲』（メーテルリンク作、小山内薫訳・演出）などを上演した後、演劇研究のために外遊することになった小山内のために十一月末の二日間、「小山内薫氏外遊送別演劇」として『僧房夢』（ハウプトマン作、森鷗外訳、小山内演出）を上演した。この時は小山内が以前手掛けた『革命の鐘』（ゲオルク・エンゲル作）を併演する予定だったが、上演禁止になった。大逆事件の余波のひとつだったろうか。

十二月十五日に小山内は外遊の途についたが、十二月二十四日から三日間『父親』（ストリンドベリ作、上田敏訳）と『伝聞』（グレゴリー夫人作、土曜劇場訳）を上演すると、土曜劇場は新免弥継の鶴の一声で解散した。そのことを小山内は田中栄三らが出した手紙でベルリンで知ったが、不入りゆえの解散だったとは言え、同じ劇場で土曜日ごとに同一の出し物を上演するという試みは、戦後の俳優座の日曜劇場を先取りした実験的で野心的な試演だった。

## 小山内薫の第一次外遊

小山内の外遊費用は顧問をしていた中山太陽堂から出たが、十二月に日本を発った小山内は、ロシア、ドイツ、ノルウェー、オーストリア、イギリス、フランスなどを歴訪し、大正二（一九一三）年の八月初旬に帰国した。この観劇旅行で小山内がもっとも感銘を受けたのは、スタニスラフスキーらが演出家として活躍していたモスクワ芸術座の舞台で、そのいくつかは観客席から克明な記録を取って持って帰った。後年、小山内も創立に関わった築地小劇場の劇団員が、「小山内の虎の巻」と呼んだノートである。

敬意を表して自由劇場の資料を届けた返礼として、モスクワではスタニスラフスキー家の年越しの行事に招待された。小山内はチェーホフ夫人だったオリガ・クニッペルらと歓談し、その日の宴の様子を『桜の園』の舞踏会のようだと思い、「この人達は自分の家でやっていたことと、まったく同じことを舞台の上でやっているのだ」と今さらのように感じ入った（「ロシアの年越し」『小山内薫演劇論全集』第三巻）。

小山内はまた商社の支店長夫人としてモスクワで暮らしていた東山千栄子宅に滞在したが、これが運命的な出会いになるとも知らず、東山は演劇、音楽、文学とはじめてロシアの地で接して、昂揚した生活を送っていた。帰国後、三十を過ぎてから、東山千栄子は築地小劇場に加入する。

日本への帰路の途中、小山内の問題意識に変化が起きた。戯曲紹介の時代は終わり、これからはそれを裏打ちする技芸の時代になるというもので、小山内は帰国するや一介の俳優として舞台に立つべく、自由劇場の旗揚げ時に参加を予定していた新派の河合武雄が、松居松葉の指導で新劇研究団として創立準備を進めていた公衆劇団に加わると、稽古をはじめた。が、これはさすがに周囲の反対で身を引くと、「『演劇』というものが、若し『戯曲』というものに対立し得るだけの値打のある芸術ならば、私共はその芸術を捉まえなければならない。（中略）私が通知状に書いた『技芸の時代に入る』という意味は略前述の次第である」（「『自由劇場』の口上」『小山内薫演劇論全集』第一巻）という文章を発表して、『夜の宿』の再演に着手した。

つまり、小山内が観劇旅行で見たものは、演劇が文学から自立している姿だった。そのための方法を求めて演劇行脚に出たものの、得たものは翻訳劇への疑問だった。「あの人たちは家でやっていることと同じことを舞台の上でやっている」にもかかわらず、翻訳劇はむろんそうではないからである。「私は西洋を少しばかり歩いて来たが、自分が求めに行った『解決』は殆ど一つも得られずに、得ようとも思わなかった多くの『疑い』を背負って帰って来た」（同）との小山内の言葉は、このことを指している。小山内は言わば出発点に戻されたわけで、しかも西洋の近代戯曲を上演していくという限り、残された唯一の方法は「西洋」のコピーに徹する以外にあり得なかった。『夜の宿』はかつて手掛け、モスクワで観て来た。かくて帰朝後の第一弾が『夜の宿』の再演になり、モスクワ芸術座の演出をコピーするということになった。

従来の二日間を三日間にした大正二年十月の帝劇での第七回公演『夜の宿』（ゴーリキー作）は、スタニスラフスキーの演出にしたがってサーチンを重視して左団次を起用し、帝劇入りした沢村宗之助の演じたナースチャを二代目市川松蔦（明治四十五年一月市川莚若改め二代目市川松蔦襲名）に当て、ナターシャに帝劇女優香川玉枝を、ペーペルに市川猿之助を、男爵に市川寿美蔵を配し、ルカは使徒ではなく乞食坊主に設定を変えた。幕を開けるや大好評で、『寂しき人々』を観るに耐えないと途中退場した小宮豊隆も、「舞台を見るに及んで、私は小山内君が『見て来た』といふ事を感じた。慥かに『見て来た』、『能く見て来た』といふ事を感じた。洋行したといふ人が、誰も未だ何んにも『見て来て』ゐないのに、小山内君は慥かに『能く見て来た人』である。（中略）要するに自由劇場の『夜の宿』は、役者で成功するよりも、小山内君で成功した」（「夜の宿」『新小説』十二月号）と小山内を褒めた。が、こういう評言は小山内にとって、ありがた迷惑でもあったろう。演出家としてのオリジナリティーがないのをことさら強調されているに等しかったからである。大正三年の十月に有楽座で四日間もたれた第八回公演に『星の世界へ』（レオニード・アンドレーエフ作、小山内薫訳・演出）を選んだのは、未見で未紹介のこの戯曲を手掛けることで、小山内が演出家としての創造力、オリジナリティーを問う意味が含まれていたに相違ない。が、今度は小宮豊隆は舞台を、小山内を全面的に否定した。

小宮が劇評でもっとも問題にしたのは、小山内がなぜこの「愚作」を選んだのかということだった。その上で舞台監督論、演出家論を展開して、こう述べた。

舞台監督は役者に於いて世界を考へる芸術家である。（中略）更に厳密に云へば、舞台監督は「舞台」に於いて世界を考へる、人の集団と音と色と線と空気と光との綜合より成立つ処のものを自家の表現機関とする。同時に舞台監督が「舞台」化するものは戯曲であるが故に、舞台監督は戯曲の精神に透徹して是を完《まっ》き貌《かたち》に於いて翫賞し完き価値に於いて値《あたひ》づける力を持っていなければならない。換言すれば、然して最も理想的に云へば、舞台監督は其《その》完全なる意味に於て戯曲家であり音楽家であり画家であり彫刻家であり最後に多くの人間に対する洞察力と操縦力とを持った心理学者《サイコロジスト》でなければならない。（「アンドレイエフの『星の世界へ』」『新小説』十一月号）

小山内はこういう演出家ではないばかりか、模倣はできても創造は駄目だと小宮は言い、さらに翌月の同誌でもああいう脚本は選ばずにおくか、選んだ以上はもっと統一ある舞台にしなければならなかったのに、できる自信もなくていろいろな脚本に手を出すのは不聡明で横着だと、小山内を責めた（「劇壇近事・断片」）。

無能だとされた小山内は、小宮の批判を想定して、舞台監督についての考えをアフォリズム風の文章にまとめた。その核心は「舞台監督に必要なものは白熱的の直覚である。与えられた戯曲に透徹する手段は、批評でもなければ、解剖でもない。真に戯曲を透徹して、真に戯曲を動かす生きた力は、詩人的の直覚でなければならない」（「模型舞台の前で」『小山内薫演劇論全集』第一巻）というものだった。

これにも小宮豊隆が論点の曖昧さを衝いた（「小山内薫君に与ふ」『新小説』大正四年三月号）。問題点のひとつは、舞台監督が戯曲をどこまで理解できるかということで、小山内が「絶対真理的に摑む事は終に不可能」だから、戯曲に透徹する手段としては「詩人的な直覚」が要求されるとしたのに対して、小宮はこれを機械的に解釈して、戯曲の精神を摑まえないで舞台監督があれもこれもといろいろな戯曲を取り上げるのは、舞台監督が芸術家ではなく、職人だからできるのだと息巻いた。

しかし、冷静に考えれば、これは小山内の言い分に理があった。ひとつの芸術作品を一から十まで完全に（絶対真理的に）他者が理解することなどあり得ず、だから理解のための「詩人的な直覚」が要求されるのである。この点で二者の立場が異なった裏には、小山内の側に戯曲を踏まえてなおかつ別に、劇作家とは違った演出家の世界があると考えていたことである。これが小山内の「外遊土産」だったわけで、この時点で自信を持ってその考えに徹していれば、演出家の仕事、戯曲と舞台、演劇と文学といった関係性への理解が、飛躍的に高まったと思われる。が、こういう方向を取ることなく、小山内は小宮が言うほど『星の世界へ』は駄作ではないとの作品論を展開し、これを選んだ自分にとっての必然性を主張した（「小宮豊隆君に呈す」『新小説』三月号）。

これにも小宮が再反論を発表し、ささいな誤認をあげつらった上、次号で『星の世界へ』の作品論を書くと文章を締めくくった（「小山内薫君に与ふ」『新小説』四月号）。が、なぜか小宮はそれを書かなかった。戯曲の評価が論争の起点だっただけに、小宮の態度は不誠実だったと言うほかはない。

## 消滅とそれから

第八回公演を終えた後、自由劇場の活動が鈍化した。ひとつの素因はこのころ続出した新劇団が西洋の近代戯曲を片っ端から上演して、手付かずの劇作家や戯曲が少なくなったということと、そうして手掛けた結果が低レベルに止まり、観客を失望させつづけたことである。

この反動として歌舞伎が息を吹き返したが、中でも市村座に拠った若き日の六代目尾上菊五郎と初代中村吉右衛門の活躍が、熱い支持を受けはじめていた。翻訳劇への疑問から、演劇として自立している歌舞伎への再評価の気運を高めた小山内は、永井荷風と図って大正四（一九一五）年の一月に吉井勇、木下杢太郎、長田秀雄、楠山正雄、河竹繁俊、久保田万太郎らを同人に『三田文学』の中に古劇研究会を設け、江戸末期の世話狂言の研究をはじめた。その趣旨を日本の「真に美しい点」や「真に優れた点」を知って、「その上に新国民劇の基礎を置きたい」からだと小山内は述べた（『世話狂言の研究』序文）。この考えは小宮豊隆との論争の過程で、翻訳劇が最終の目的ではなく、日本の新国民劇の演出だと再説される（「小宮豊隆君に呈す」）。「翻訳時代を興す」という自由劇場の目的が変わりつつあったわけで、最終的には小山内は、築地小劇場時代に国劇の創造が目的だと口にする。

小宮との論争はそれとして、『星の世界へ』は失敗だったと小山内も自認していた。そこで小山内は実際活動から手を引き、一から出直すために書斎での系統だった読書、研究室での装置や音響効果の研究、学校での俳優教育、それを経てからの舞台創造という決意を対話体の文章にまとめた（「小さき新しき劇場へ」『演芸画報』大正五年三月号）。小山内は音楽と舞踊で「人間を作る」ことが目標だと述べ、この考えがジャック・ダルクローズに拠っていることを明かしている。小山内は外遊時にダルクローズの学校をも訪問見学していた。

ダルクローズはウィーン生まれのスイスの音楽教育家・作曲家で、運動を通じて音楽を学び経験するという音楽学習の方法のひとつであるリトミックを発展させたが、このころ身体訓練の補助線として、そしてリズムによる精神の鍛錬方法として、ダルクローズのメソッドは世界中の注目を浴びていた。が、書斎に籠もるという舌の根も乾かないうちに新劇場を旗揚げしたのは、小山内の性格の弱さでもあり、この考えをすぐにも実践できる人材が小山内の周辺にいたからでもある。

新劇場創設の直接的なきっかけは、土曜劇場の解散後、小劇団の地方回りや、一世を風靡したマジシャン松旭斎天勝《しょうきょくさいてんかつ》の一座に出ていた田中栄三や諸口十九らを、「正道」に戻そうということだった。一方、小山内の幼少からの友人で、『星の世界へ』の劇中歌の作曲を依頼した山田耕筰が、ドイツ留学からの帰国以来三菱財閥の総帥、岩崎小弥太が組織した東京フィルハーモニー会の管弦楽部の主席指揮者に就任し、日本における初の交響楽運動を開始していた。が、この年の春に管弦楽部は解散し、岩崎家からの援助も打ち切られた山田は東京フィルハーモニー会の赤坂伝馬町にあった練習所を耕筰楽堂と名付け、ここに籠もって食うや食わずの生活をしながら作曲にいそしんでいた。ここに転がり込んだのが帝劇歌劇部——オペラを上演すべく明治四十四(一九一一)年八月に設置された——を指導者ジョバンニ・ヴィットリオ・ローシーと対立して追われた石井漠《ばく》で、石井は山田と組んで舞踊詩運動を起こそうと計画していた。そこで小山内は山田と協力し、演劇と舞踊をともに手掛ける研究的な劇団、新劇場創設に至るのである。

劇団の事務所は耕筰楽堂の中に置かれ、新劇場は歌舞伎でも新派でもないある新しい演劇を作るという趣旨が発表された。これはこのまま小山内が築地小劇場時代に再説するが、耕筰楽堂内に演劇学校を設けるプランは、実際活動が先行して見送りになった。

旗揚げ公演は大正五年六月に帝劇で三日間行われ、『浅草観音堂』(吉井勇作)と『稲妻』(ストリンドベリ作、森鷗外訳)、それに舞踊詩と題する『日記の一頁』(山田耕筰作)と『ものがたり』(メンデルスゾーン曲、山田耕筰作)が上演された。前者は田中栄三、諸口十九、東屋《あずまや》三郎、生方《うぶかた》賢一郎、木村修吉郎、林千歳、音羽かね子らの出演で、舞踊詩は石井漠が踊った。この時の縁から東屋と生方はのちに築地小劇場に参加するが、定員千七百人の劇場に初日は招待客を含めても百七十九人の観客しかなかったように、極端な不入りに終わった。本郷座に移った六月の第二回公演も、折からアジア人としてはじめてノーベル文学賞を受けたインドのタゴールが来日中で、これに合わせて『チトラ』(タゴール作、小山内薫訳)や

『飢渇』(長田秀雄作)、新舞踊劇と称した『明闇』(落合浪雄作、山田耕筰作曲・振付)を上演したもののまたもや不入り、二回の公演で小山内と山田は三千円の借金をかかえ、新劇場は実質的に幕を閉じた(厳密には試演と称する会を翌年の二月までに二回持った)。小山内が演劇以外に舞踊や音楽への関心を示したのは、後年の国劇志向を思えば興味深い。また、創作舞踊の祖としての石井漠を世に出したのが、新劇場のせめてもの功績と言える。

ほとんど八方ふさがりの状態の中、歌舞伎を再評価した小山内は田村成義の市村座に近づき、大正七年にこの劇場の幕内顧問になった。市村座は六代目尾上菊五郎と初代中村吉右衛門の活躍で全盛期にあったが、小山内がここに籍を置いたのは、写実に秀でた菊五郎と新劇を手掛ける意図があった。が、ここでも志を得られず、大正九年の三月に小山内は市村座から身を引いた。この前年の九月、大谷竹次郎の後援を得て、自由劇場の九回目の公演として『信仰』(ブリュウ作、小山内薫訳)を帝劇で上演した。しかし、非常な不評だった。そもそも劇団としての賞味期限が切れていた。結果的にこれが自由劇場の最後である。

これからの新劇史に関係するので、その後の小山内と市川左団次の足跡をいくつか補足しておく。

市村座と入れ替わる形で、小山内は創立された松竹キネマ合名社の理事兼撮影所長兼俳優学校の校長になった。が、敬遠されて同年十一月に別に設立された松竹キネマ研究所の所長に就任、十二月にその第一回作品『路上の霊魂』(小山内薫原案、村田実監督)の軽井沢での撮影に、総指揮と出演のために参加した。ところが急病で一か月あまり軽井沢で療養するうちに、左団次の新計画が発表された(無声映画『路上の霊魂』は生前の小山内の姿が見られる唯一の資料)。

大正十年一月、左団次は日本橋の料亭に岡本綺堂、永井荷風、岡鬼太郎、松居松葉、池田大伍らと一門の俳優を招いて、別興行で新劇を上演するよりも、毎月会を開いて上演作品の推挙を仰ぎ、それを普通興行として上演していきたいとの考えを述べた。つまりは自由劇場の自然解消である。

これが集まりの日にちなんで七草会と命名された左団次の脚本審議会で、結局は小山内もこれを受け入れ、軽井沢から帰京した三月の明治座で——同座は大正五年十二月に伊井蓉峰から松竹が買い取り、昭和二十(一九四五)年三月の東京大空襲で全焼するまで松竹が経営していた——七草会推薦の『俊寛』(倉田百三作)や『夜網誰白魚《よるのあみたれかしらうお》』(永井荷風作)を演出した。その演出助手を務めたのがまだ学生の土方与志だった。

一方の市川左団次。

松竹の援助のもとに左団次が現代劇女優養成所を開所したのは、大正十年の十月だった。小山内も審査委員として審査て応じたのである。

の場に立ち会ったが、二百名を超す応募者の中から選ばれた六人の中に、山本安英《やすえ》がいた。ふと手にした新聞の広告を見て応じたのである。

小山内薫、土方与志、岡鬼太郎、永井荷風らの授業を二か月受けた後、山本安英は帝劇で上演された『第一の世界』（小山内薫作、小山内・土方演出）の娘敏子で初舞台を踏んだ。せりふの数が六十七ある大役である。が、養成所はどういうわけか、翌年の春に解散した。家庭に戻っていた山本のところに、やがて小山内と土方から新劇団参加への声が掛かった。築地小劇場である。

# 第四章　友達座

## 土方与志

土方与志は宮内大臣や日本演芸協会の会長を務めた伯爵久元の息、久明の長男として生まれた。が、生後三か月の時、父がピストル自殺した。土方は中学時代にこれを知ったが、このことが貴族の常道を踏ませず、土方に演劇を選ばさせた。学習院高等学科に進学したころ、土方はクラスメートと友達座という劇団を作った。近衛秀麿、三島通陽《みちはる》（のちの劇作家・劇評家の章道）、岩村英武・和雄の兄弟らがメンバーで、まず三島家二階の百畳くらいの大広間で、数回の試演をした。通陽の妹の三島梅子も熱心な観客の一人だった。

高等学科三年在学中の大正七（一九一八）年十一月、土方は婚約中の三島梅子と結婚したが、式はまことにあわただしかった。大流行のスペイン風邪で久元が重態になり――島村抱月もこの風邪で没した――、息のあるうちに結婚式をすませようとしたためである。時に梅子は十六歳、学習院中等学部の三年だった。祖父の死で土方は爵位を継承した。

土方は翌年、東京帝国大学文学部に進んだ。同時に舞台の実際を研究しようと自邸洋館の地階の一部を改造して土方模型舞台研究所を作り、岩村和雄や東京美術学校の学生だった伊藤熹朔《きさく》らとともに、装置や照明の研究をした。そのうちに遠山静雄や和田精らも加わった。彼らはやがて築地小劇場その他に関係する。

本格的に演劇研究に取り組みはじめた土方は、友達座の女優不足を解消しようと新聞や雑誌に女優募集の広告を出した。これが宮内省で問題になった。貴族が芝居をやるのはいかがなものかというもので、この結果土方、近衛、三島以外の貴族の子弟が友達座を去り、研究会という範囲でしか演劇活動ができなくなった。そこで友達座が単なる劇団ではなく、芸術一般を研究する団体たることを明確にしようと友達会と改称して同人誌を出すかたわら、応募の野中花子（俳優座の女優、野中マリ子の母）をヒロインに、『タンタジールの死』（メーテルリンク作）の上演準備にかかった。演出を担当した土方は、その進行過程で二人の人物の知遇を得た。一人は近衛秀麿の紹介による山田耕筰で、山田はこの公演のために作曲した。もう一人が翻訳した小山内薫で、土方は小山内を自宅に訪ね、翻訳使用の許可を得た。

大正八年の十二月に、『タンタジールの死』が、川上貞奴のパトロンで、福沢諭吉の養子になった実業家福沢桃介の屋敷内の丸太小屋風の福沢舞台で一日だけ上演され、わざわざこれを観た小山内は、自由劇場の舞台よりもいいと褒めた。が、一方で貴族の道楽だという声も出て、土方は改めて演出の勉強に取り組もうと小山内に弟子入りを申し出た。

折しも明治座の『俊寛』（倉田百三作）上演準備中だった小山内は、土方にこの装置を考案することという課題を出し、その結果を見て弟子にした。土方にアドルフ・アッピア式の装置を担当させて明治座公演の演出助手に起用した時、土方は二十三歳になろうとしていた。以後、新劇・商業演劇の区別を問わず、演劇研究に渡欧した大正十一年の十一月まで、土方は小山内演出の助手を務めた。そして関東大震災後に帰国するや（大正十二年十二月）、二人の間でにわかに築地小劇場の構想がまとまるのである。

# 第五章　芸術座

## 逍遥対抱月

島村抱月と松井須磨子の恋愛問題が、文芸協会を解散に追い込んだ大きな要因だったことは間違いない。が、その裏にシェイクスピア好きの坪内逍遥と、西洋の近代戯曲に関心のあった島村抱月との間に芸術観や演劇観の相違があり、世代の対立や衝突といった様相をも呈したことから、早稲田派の若手文士は協会を追われた抱月の擁護に立ち上がった。その熱情が抱月をかつぎ上げての芸術座の結成に至ったとすれば、抱月の立場は文芸協会発足時の逍遥のそれとよく似ていた。大正二（一九一三）年の文芸協会崩壊の結果、芸術座、舞台協会、無名会という文芸協会直系の三つの劇団が誕生したが、まず最初に芸術座について書く。

**七月三日**　「芸術座」創立発起人会を清風亭に開く、之れは（早大）文科校友有志の内、前会（注＝抱月が文芸協会の幹事を免ぜられたことを巡り、抱月支持派の早大出身の青年文士数十名の六月九日の清風亭での会合）の出席者に多少の増減を加へた人々が先づ前来の続きとして集会し、其の後の成行を委員から聞いた上、会の性質を変じて私を其の中に加へ、其のまゝ新劇団創立発起人会としたのである。そして其の中から幹事を選出し団体の名を「芸術座」として、幹事をして之れが組織の任に当らしめることに議定して散会した。これで芸術座組織の準備は定まつたのである。（島村抱月「『芸術座』創立覚書」『早稲田文学』同年九月号）

前日に文芸協会最後の公演『ジュリアス・シーザー』（シェイクスピア作）が終演し、五日後には逍遥が会長辞任を公表するという時期だった。

同時に決められた会則に「新劇運動及び之れに関する諸種の新芸術運動を研究し、之れが発展を図る事」「劇場美術及び劇場設備の研究改善を期する事」「主として新劇を研究し年五回定期上演をなし、其の他臨時上演及び諸演芸の経営をなす事」「劇に関する新技芸家を養成する事」と芸術座の目的及び事業が列記され、抱月が幹事長に就任したほか、秋田雨雀、片上天弦、川村花菱、吉江喬松、相馬御風《ぎょふう》、中村吉蔵、仲木貞一、楠山正雄、倉橋仙太郎、松井須磨子、水谷竹紫、島村民蔵、人見円吉らが幹事になった。芸術座は当初合議制を採っていたが、幹事のだれもが劇界の事情に疎かったので、試演劇場などの経験を持つ川村花菱が主として対外的な交渉に当たった。

その花菱は試演劇場に先立って、新時代劇協会に関係している。そこでこの劇団に少し触れる。

## 新時代劇協会

新時代劇協会は新派俳優の井上正夫と、東京俳優学校の講師だった桝本清が有楽座の新免弥継支配人を説いて結成した劇場の専属劇団で、劇団創設のきっかけは井上の自由劇場への対抗意識だった。

新派内部で相当の地位と人気を得ていた井上が新派を脱して新劇団に関わったのは、伊井蓉峰一座で同じ釜の飯を食っていた小山内薫が自由劇場を興し、驚異的な反響を惹起したことへの競争心にほかならなかった。

が、井上には二代目市川左団次にとっての小山内のようなブレーンがなく、一人悶々とした日を送るうち、俳優養成に着手した藤沢浅二郎を介して桝本を知った。井上にとって桝本はもう一人の小山内薫たるべき人で、新免支配人を巻き込んで急遽新時代劇協会が発足した。

旗揚げ公演は明治四十三（一九一〇）年の十一月に有楽座で十五日間という、新劇としては破格の長期間にわたって持たれ、『秋の悲（『ドン・ファンの息子』改題）』（ホゼ・エチエガライ作、桝本清翻案）、『馬盗坊《うまどろぼう》』（バーナード・ショー作、森鷗外訳）、『熊』（チェーホフ作、川村花菱訳）の三本が井上をはじめ小堀誠、藤村秀夫らの新派俳優に、岩田祐吉ら東京俳優学校の出身者が加わって上演された。演出は桝本で、女性の役は女優と女形の混成だった。が、観客が八人という日があったごとくに散々の不入りに終わった。

これにめげずに第二回が翌四十四年の二月にやはり十五日間の公演として開催され、本邦初演の『検察官』（ゴーゴリ作、楠山正雄訳）と『第一人者』（真山青果作）が上演された。前者は井上正夫のフレスタコフで、後者は真山青果の初戯曲である。しかし、これも評判にならなかった。その二か月後に八日間の公演として第三回目が持たれ、『痴人と死と』（ホフマンスタール作、森鷗外訳）と『鈴の音（ベルス）』（シャトリアン作、桝本清訳）が上演され、井上主演の後者が好評を博したものの経済的に破綻して、新時代劇協会はこれを最後に解散し、井上は新派に舞い戻った。ただし、井上正夫の新しい演劇への関心は以後も衰えず、初代水谷八重子や花柳《はなやぎ》章太郎らに大きな影響を与えたのみならず、昭和十年代に北條秀司や八木隆一郎らと提携して、新派と新劇の間を行く中間演劇の領域を拓いた。この路線上に昭和十七（一九四二）年に文化座が誕生するが、かくのごとく井上正夫は新派の革新児だったのである。

## 『復活』の大当たり

芸術座は旗揚げに際して五十円以上の寄付者を特別会員、年額六円の納入者を会員とする規約を発表した。が、第一回分に応じた会員は二百三十名余だったから、有楽座を十日間借りる劇場費にも足らなかった。しかし、これ以上に抱月を悩ましたのは、創立に参加した文芸協会演劇研究所二期生出身の沢田正二郎、倉橋仙太郎、中井哲や、三期生――卒業前に協会が解散したので卒業できなかったが――の笹本甲午や波多譲らの男優と松井須磨子の仲がはじめからぎくしゃくしていたことで、旗揚げ公演の初日が九月十九日と迫った十日に、抱月は解散を含めて芸術座の今後をどうしようかという手紙を、経営担当の水谷竹紫宛に出したほどだった。

その後ともかく妥協が成立、芸術座は表面的には華々しいスタートを切った。予定通り大正二年九月の十日間、メーテルリンクの『内部』（秋田雨雀訳、中村吉蔵監督）と『モンナ・ヴァンナ』（島村抱月訳・監督）の二本立てで有楽座の幕を開けたのである。抱月のメーテルリンク好きがこれらの戯曲を選ばせた。

旗揚げ公演は舞台成果は今ひとつながら、須磨子目当ての客が多くて前方の席から切符が売れ、毎日満員つづきだった。『モンナ・ヴァンナ』でプリンチヴァルを演じた沢田正二郎がはやくも頭角を現したほか、初代水谷八重子が『内部』の子役として八歳の初舞台を踏んだ。早大で片上天弦や相馬御風らと同期だった義兄の水谷竹紫が芸術座に関係していた線からの参加で、昭和五十四（一九七九）年十月に没するまでの、八重子の長い女優生活のはじまりだった。

経済的には大成功だった旗揚げは、清算すると千円の赤字が出た。これは劇団結成以来三か月間の諸費用を、十日の公演収入で賄おうとしたためだった。川村花菱は抱月の素人計算に驚いたがそのままにしておくわけにもいかず、中村吉蔵が奔走して十月に大阪の近松座で最初の地方公演を持った。そしてこの時、須磨子と男優たちとの対立が抜き差しならないものになった。『内部』の母親の役には出たくないと須磨子がごねたのが原因で、ついには公演中止の声さえ出た。これに対して秋田雨雀が母親に扮して舞台に出ると決意を述べた。抱月の反省を促す提案だった。が、抱月は動こうとせず、須磨子は旅館でふて寝をしていた。その夜、雨雀は鼻下の髭を剃ってはじめての女形として舞台に立った。ここに至って早稲田の青年文士たちの抱月への信頼は地に落ちた。

　大阪から神戸を回って帰京したが、芸術座はほとんど解散寸前だったばかりでなく、裏で劇団を支えつづけた川村花菱がある失策を責められて、退座した。そういう劇団に手を差し伸べたのが藤山雷太（注＝財界の大立者で帝劇創設の発起人）で、その斡旋で十二月に帝劇で名物の女優劇の間に割り込み、臨時出演として二十五日間『サロメ』（ワイルド作、中村吉蔵訳・監督、ローシー演技指導）を上演した。松井須磨子のサロメ、沢田正二郎のヨカナーン、倉橋仙太郎のユダヤ王その他で、劇場側から上演時間を一時間と決められていたので、実質的な演出者だったローシーが戯曲をどんどんカットした。これを糺した抱月にローシーは台本を床に叩きつけて、「演劇は脚本ではない」と怒鳴った。帝国劇場をヨーロッパ式の帝室劇場だと思い込んで来日したこのイタリア人は、この劇場でパントマイムをはじめて紹介・上演していた。

　『サロメ』で一息ついた芸術座は、第二回公演に『海の夫人』（イプセン作、島村抱月訳・監督）と『熊』（チェーホフ作、楠山政雄訳）を大正三年一月に十五日間、有楽座に掛けた。『人形の家』以来の抱月の女性問題への関心がイプセン晩年の象徴主義的なこの戯曲を選ばせたが、寒いさなかの夏の芝居だったこともあってひどい不入りに終わり、その上に評判も悪かった。芸術座は芸術的にも経済的にもどん底状態になったのである。

　この苦境を救ったのが新潮社を創立した佐藤義亮《ぎりょう》で、相馬御風の訴えに応えて千円を抱月に提供し、解散を免れた芸術座が第三回公演に取り上げたのが『復活』（トルストイ原作、アンリ・バタイユ脚色、島村抱月訳・監督）だった。これは三月末の六日間帝劇で日の目を見て、俄然大当たりした。

　従来の通説は『復活』の選択と大ヒットから、ここにいわゆる芸術座の二元の道、大衆好みの出し物を大劇場で上演して収益を上げ、それを元に一方で純芸術的な出し物を小劇場で手掛けて劇団活動の活性化と維持を図る方法が確立したというものだが、抱月はもっと早くにこのことを考えていたのが先年分かった。演劇研究のためにロンドンにいた坪内士行宛の、明治四十五（一九一二）年四月十八日付けの抱月の未発表書簡の存在が明らかになったからである（坪内士行「抱月先生の書簡について・未発表書簡三通」『学宛』昭和五十二年五月号）

　これによれば、抱月が劇団の経済的基盤を固めるかたわら、芸術的な方面への配慮を欠かせないと考えはじめたのは『人形の家』が社会的な反響を巻き起こした直後で、『海の夫人』の失敗を経ての『復活』の大当たりに接して、芸術座の経営方法として、改めてこれを肝に銘じたということになる。

『復活』は文字通り芸術座を復活させたが、その稽古中に松井須磨子と衝突した沢田正二郎、倉橋仙太郎ら十一人の俳優と、秋田雨雀が劇団を去った。そこで抱月は舞台協会（後述）の横川唯治《ただはる》の参加を請うて須磨子のカチューシャに対する公爵ネフリュードフを演じさせ、文芸協会一期生の武田正憲らにも声を掛けて、英国留学中に二度観ていた『復活』の稽古をつづけた。

かつて抱月が観た舞台には、劇中歌が挿入されていた。そこでこの趣向を取り入れて、「カチューシャ　かわいや　別れの辛さ　せめて淡雪とけぬ間と　神に願いを　ララ　かけましょか」という『カチューシャの唄』の第一節を抱月が、以下を早大校歌『都の西北』の作詞者相馬御風に書かせると、抱月の書生だった中山晋平に作曲させた。

曲作りに悩んだ晋平は「ララ」という囃子言葉を入れて「ヨナ抜き音階」で完成させたが、オペラ以外で大人の女性がドレミファ音階の歌を大勢の人前で披露したのは、この時がほとんど最初だった。また、『復活』を貫く「人道主義」は大正期の時代精神になっていくが、それを掲げるトルストイの魅力に加えて女優のそれ、さらには須磨子の歌う西洋式の歌も、『復活』を大当たりさせた要因だったと思われる。須磨子の歌は明治期に開始された西洋式の音楽教育の一種の実りでもあったのだが、まず学生街で歌われはじめた『カチューシャの唄』は、ほどなく学生が帰郷しても歌ったことから全国的に愛唱された。流行歌の鼻祖である。須磨子の扮装を真似てカチューシャ髪がはやり、カチューシャの名を付けた櫛やかんざしやリボンや指輪が売り出されもした。新劇が主題歌を持ったのも、広くファッションに影響を及ぼしたのも、『復活』がはじめてだった。

舞台も須磨子もおおむね好評だったが、その一方で劇中歌の評判が悪く、新劇を堕落させたと非難された。小山内薫がその急先鋒だった。『復活』の影に隠れて併演の芸術座初の創作劇『嘲笑』（中村吉蔵作・監督）は、人の口の端にのぼらなかった。しかし、『嘲笑』などの中村吉蔵の世の中の底辺を凝視した社会劇は、やがて芸術座の、松井須磨子の売り物になる。ただし、『復活』を挟んで翌年にかけて、芸術座の幹事たちは須磨子への不信を表明して次々と身を引き、合議制で出発した芸術座は抱月・須磨子一座に変じた。

## 職業としての新劇俳優

抱月は年頭、芸術座の遠大な計画を述べていた。

今年の新劇団は、一種の淘汰時代であらうと思はれる。そして此の淘汰は種々な理由といふ中にも、一番多く経済上の理由から来るに違ひない。（中略）自分の関係してゐる芸術座なども今年は経済的基礎の確立と云ふ事に一番多くの力を用ひ度いと思つてゐる。元来芸術座を始めた時には、一方に此経済的基礎の必要を感じたから劇場経営を一面の事業とし、他面に劇団経営と云ふ事を加へて、両方から進んで行きたいと計画したのであるが、親戚の資本家に不幸があつたりなぞしてまだ思ふやうに運ばないのである。併し近き将来に於ては、何等かの形に於て理想に近い小又中劇場の経営と云ふ事を是非実現したいと計画してゐるのである。（中略）今一つは此劇場附属の研究所を何処かへ建てゝ平常の稽古と共に、広く劇に関する研究をして、新しい俳優をも其処から出して行くやうにしたいのである。そして此演劇学校を段々拡張して、文学、音楽それから出来るなら絵画、彫刻等の造形美術にまで及んで、それを一の文芸大学に綜合して見たいと云ふ考を持つてゐる。（「今年の劇壇と芸術座の事業」『演芸画報』大正三年二月号）

これを見れば分かるように、抱月は文芸協会発足時の夢を捨てたわけではなかった。それだけに経済的な裏付けを得ての、劇団活動の維持が是非とも必要だったのである。別に言えば、長いスパンのビジョンがあり、その実現のための戦略を練っていた。

帝劇の打ち上げ後、芸術座は『復活』、『嘲笑』、『熊』、『サロメ』による四月の大阪を振り出しとする京都、神戸、長野、富山、金沢、岐阜などへの長期の巡業に出た。旅から帰京すると七月の三日間、福沢舞台で初の研究劇公演として『ヒヤシンス・ハルヴェー』（グレゴリー夫人作、仲木貞一訳）、『死の踊』（ヴェデキント作、島村民蔵訳）、『復讐』（島村抱月作）を手掛けた。『復讐』は松井須磨子、田中介二、勝見庸太郎の出演だった。そしてこの直後の七月十八日から四日間、上野で開かれていた大正博覧会の演芸場で五十銭という低料金で昼夜二回『復活』を上演、毎日札止めの盛況で莫大な収益を得ると、博覧会終了後の演芸場解体に際してその古材を安く買い、小劇場を含む演劇研究所たる芸術倶楽部の建設を目指した。裏から見れば、そのための博覧会への出演だった。

設計図ができたのは、十月の帝劇での六日間の第四回公演の時だった。出し物は社会劇『剃刀』（中村吉蔵作）と『クレオパトラ』（シェイクスピア作、島村抱月改修・監督）。須磨子のために『アントニーとクレオパトラ』を改修し、須磨子のクレオパトラに中井哲のアントニー、武田正憲のシーザーといった『クレオパトラ』の不評に対して、田辺若男の理髪師為吉と須磨子の妻お鹿が柄に合ったと『剃刀』が好評、この舞台は芸術座が上演した創作劇中三百三十五回の最高の上演記録を残すにいたる。貧しい理髪師の妻が似合うようでは、クレオパトラが不評だったのも頷ける。

この公演終了後に芸術倶楽部が着工された。が、大正四（一九一五）年二月の大風で倒壊、場所を牛込の横寺町九番地に移して再建することになり、増額した建築費捻出のためにこの年いっぱい、芸術座は巡業に継ぐ巡業だった。

まず一月から『剃刀』と『復活』を持って諏訪を振り出しに北信を回り、京阪から中国地方を経て九州に入り、博多、長崎、鹿児島、宮崎を巡演した。この旅から帰った四月の帝劇で五日間『飯』（中村吉蔵作）と『その前夜』（ツルゲーネフ原作、楠山正雄訳・脚色）、『サロメ』（ワイルド作）を上演した。『その前夜』の舞台化はこれを翻訳（明治四十一年）していた相馬御風の提案。この時代のロシア文学への関心は、二葉亭四迷が翻訳したツルゲーネフの『猟人日記』の一篇、『あひゞき』（明治二十一年）が起点だった。

『その前夜』にも「いのち短かし恋せよ乙女　紅き唇あせぬ間に　あつき血しおのひえぬ間に　明日のいのちのないものを」という『ゴンドラの唄』（吉井勇作詞、中山晋平作曲）が劇中歌として挿入された。が、『カチューシャの唄』ほど流行せず、舞台の評判も『復活』には及ばなかった。とは言え、小山内薫系の吉井が芸術座の活動に協力したのは、小山内が批判した『復活』への共感が下地だった。このことからも、インテリの間にも『復活』の支持派が相当にいたことが想像される。

芸術座は五月から京阪神と名古屋を回り、さらに北陸と信州を巡演し、芸術倶楽部が完成した八月に事務所を清風亭から移すために一旦帰京、その月のうちに東北・北海道へ旅立った。そして九月の末に帰京するとそのまま台湾へ渡り、さらに招待を受けて朝鮮へ行った（明治四十三年八月日韓併合）。その後満州（現・中国東北部）を一巡、ロシアのウラジオストックを経て帰京したのは十二月二十五日だった。この長期の巡業に若き日の柳永二郎《やなぎえいじろう》（注＝のち新派の重鎮）も加わっていたが、入座直後の柳クラスで日給三円、須磨子が十五円、中井哲や武田正憲らの幹部が十円、それに純益の配分があり、旅を終えるや柳は三百何十円かの給料をもらってびっくりした。小学校の教員の月給が五十円の時代である。抱月の努力で、芸術座は新劇俳優を職業として成立させていたことになる。現在でも舞台活動だけでは生活していけないのが新劇だとすれば、芸術座の事業はほとんど「奇跡」だったと言える。

落成した芸術倶楽部は洋風の二階建てで、一階に劇団事務所や応接間、縦四間横七間の舞台とキャパが三百人（ベンチを並べることも、薄べりを敷いて座布団の寄席式にすることもできた）の小劇場、楽屋、大道具置き場、台所、風呂場、便所、女中部屋などが、表二階に大小三つの貸室と客席、裏二階に抱月・須磨子の居間と書斎、板の間の踊りの稽古場と須磨子の内弟子の部屋があった。坪内逍遥が私費で建てた私演場という小劇場に次ぐ芸術倶楽部は、劇団が自己資金で建てたはじめての小劇場でもあった。

前述のごとく、抱月は倶楽部を核に総合的な芸術大学に発展させたいと考えていた。その一環として倶楽部の完成と同時に男女の研究生を募集して演劇学校を開校し、巡業中の九月に中村吉蔵に委任して授業をはじめた。が、実際には巡業つづきで文芸協会でのような授業ができず、生徒を旅に同行させて旅館で朝から授業や実習をすることもあった。そのために学校としての制度が崩れて立ち消え同然になっていったが、この学校の異色として、朱双雲と玄哲という外国人が在籍していたことがある。中国への帰国後、朱双雲は上海の新劇学校の教師になって近代劇を指導し、玄哲も朝鮮の近代劇運動に貢献した。

もっとも、こういう例は芸術座が最初ではなく、文芸協会の二期生には陸鏡若という中国人がいた。これ以前に陸は藤沢浅二郎の東京俳優学校に入り、新しい劇作術や演技を勉強していた。当時、中国には京劇式の歌舞劇しかなかったから、日本で接した対話を主とする純せりふ劇は新鮮な衝撃で、新派や新劇の魅力に触れた陸は帰国後、会話による新演劇、話劇の成立に尽力した。つまり、新派や初期の新劇は、中国や朝鮮の近代劇の誕生に直接的な影響を与えたのである。

ところで、せっかく持った芸術倶楽部で、芸術座はしばらく公演できなかった。建築費の増額による借金の返済に追われて、巡業を強いられたからである。

大正五年一月、翻訳劇から創作劇へとの抱月の方針に添い、芸術座は大阪の浪花座で三本の創作劇、中村吉蔵の『与論』と『真人間』、それに『清盛と仏御前』(島村抱月作)を初演した。『真人間』は吉蔵がはじめて須磨子に当て書きしたもの、『清盛と仏御前』は抱月の旧作『平清盛』(明治四十四年)の改作で、退座した武田正憲と入れ替わりに復座した沢田正二郎が清盛に、須磨子が仏御前に、研究生の三好栄子が祇王に扮した。が、芸術座初の創作史劇は不評だった。

三月に同じ出し物で帝劇で六日間の第六回公演を開催したが、この時に警視庁警保局から『真人間』にクレームがついた。日露戦争の戦争未亡人である主人公が、貞女の世評とは裏腹に堕胎の罪を犯していたとの設定が穏当ではないというもので、タイトルも『お葉』と改題させられた上に、ヒロインは密猟者の寡婦と改作させられた。大阪で上演を許された戯曲が東京で不可だったのは、府県別に脚本検閲が行われ、統一基準がないせいだった。

帝劇公演を終えた四月、芸術座ははじめて浅草に進出して「新劇普及興行」と銘打つと、五十銭と二十銭という低料金で、常盤座で一日三回の十日間、『復活』（トルストイ原作）と『サロメ』（ワイルド作）を上演した。芸術座と根岸興行経営の常盤座との間を取り持ったのは、文芸協会にも在籍していて、当時この劇場の奥役のような仕事をしていた上山草人で、ちゃんとした新劇団が浅草に出たのは、これが最初だった。それだけに小山内薫をはじめとして、芸術座にはまたも新劇の堕落だと激しい非難が加えられた。浅草という繁華街が一段低く見られていたのが主因である。

浅草は江戸時代から、浅草寺や吉原を中心に庶民の一大遊興地だったが、明治六年の太政官布告によって、芝や上野とともに公園地に指定された。明治十七年の区画整理で浅草公園は六地区——すぐに七地区——に分けられ、六区と呼ばれた興行街はその第六区という意味だった。浅草名物だった高さ約六十七メートルの八角形の十二階こと凌雲閣が建てられたのは、明治二十三年だった。前後して遊園地の花屋敷や水族館がオープンした。

区画整理によって従来の奥山の見世物が取り払われ、その代地になったのが六区で、いち早く人気を呼んだ玉乗りの青木をはじめ、続々と安い入場料の見世物小屋や種々の芸能の貧弱な小屋が立ち並んで、浅草はいよいよ大衆の娯楽場として殷賑を極めるようになった。これに拍車をかけたのが活動写真と言われていたころの映画館の開館で、浅草はまだ見世物の一種と見られていたころの映画の一大中心地になった。浅草初の映画常設館である電気館の開場は、明治三十六年だった。

が、それだけに、一応名の通った芸人は浅草に出るのを恥とした。浅草の劇場に出演するのを「浅草に落ちる」と言ったり、浅草をホームグラウンドとする俳優を「公園の役者」と呼んだりしたのは、江戸時代風に言うと小芝居の聖地たる浅草への蔑視観の反映で、芸術座の動向に対する小山内薫の次のような批判にも、こういう浅草への蔑視観が背後にあった。

日本の「新しい芝居」よ。哀れな日本の「新しい芝居」よ。

（中略）

『復活』で味をしめた芸術座が二元の道を説き出してから（注＝事実はこうではないのは前述）、お前は本当に見じめな目を見始めたのだ。お前はやがて浅草の六区へ連れて行かれた。お前は大阪俄や活動写真と一緒に陳列された。そして、あの埃だらけな、外から見通しな野天のような舞台で、薄暗い醜い光の中で、臭い息と噎せるような烟の籠った空気の中で、耳も聾になりそうな騒がしい物音と人声の中で、八公熊公の前にお前の姿を晒さなければならなくなった。（「新

劇復興の為に」『新演芸』大正六年一月号『小山内薫演劇論全集』第一巻より）

芸術座はその後明治座でも特別公演として『復活』と『サロメ』を上演し、五月には大森阿仁子の児童遊園協会のための寄付公演として、小笠原長幹伯爵邸の庭園で野外劇『オイディプス王』（ソフォクレス作、中村吉蔵訳補。当時の表記は『エヂポス王』）をマチネーで手掛けた。かつての洋行中、中村吉蔵がアメリカでギリシア悲劇の復活公演をいくつか観ていたことが誘い水になった。

須磨子の王妃、沢田正二郎のオイディプスというこの舞台は、稽古が大変だった。抱月とともに吉蔵も演出を担当したが、吉蔵によれば、十分の稽古が二時間にも三時間にも感じられたというほど、二人の「心と心との取っ組み合い」だった（「沢田正二郎評伝」『演劇独語』）。

この熱情が、東北地方への巡業から帰京しての七月に五日間、はじめて芸術倶楽部で行われた二回目の研究劇公演に実った。『闇の力』（トルストイ作、林久男訳、島村抱月監督）。

かつて自由劇場の『ジョン・ガブリエル・ボルクマン』を評して「役者の芸なぞ大層に云ふな」と見得を切った森田草平が「役者の芸」に頭を下げたのをはじめ、後年、芸術座最高だったと回顧されるような充実した舞台になった。田辺若男のピョートル、松井須磨子のアニッシャ、沢田正二郎のニキータ、花柳はるみと三好栄子の一日替わりのマリンカ、中井哲のマトリョーナなどで、初代水谷八重子もアニッシャの娘の役で二回目の芸術座の舞台に出た。前年の巡業中、ハルビンで買ったロシアの外套や帽子、ルパシカやバラライカといった衣装や小道具が大いに役だったほか、俳優の内面を凝視した抱月の演出がセンセーションを巻き起こし、芸術座の二元の道が机上の空論ではないことを証明した。ただし、ピョートル殺し、嬰児殺し、銀行批判などが刺激が強すぎるとの当局の判断で一般公演は不許可、『扉を開け放して』（スゥトロ作、島田青峰訳）との併演だった。

## 民衆芸術論をめぐって

大正五（一九一六）年九月、芸術座は帝劇で五日間、第七回公演として『爆発』（中村吉蔵作）と『アンナ・カレーニナ』（トルストイ原作、松居松葉脚色）を上演した。松葉がフランスで観てきた舞台を元に脚色した『アンナ・カレーニナ』は好評で、ロシアものは芸術座の十八番になった。この時も初代水谷八重子は須磨子のアンナの息子セルジーを演じ、抱月の勧めで「初舞台披露」のタイトルも付いた。女優になるのを決意したのがこの時で、八重子は竹久夢二の美人画を手ぬぐいに染めると、記念に後援者に配った。竹久夢二は抱月に才能を認められて画家になった関係から、喜んで筆を執った。『アンナ・カレーニナ』は集客も評判もよかったが、俳優の昇給などもあって劇団経営は楽ではなく、芸術座は以後も浅草に出た（十月常盤座。大正六年一月同座）。そして三度目の常盤座出演と同時期に、前述の小山内の批判にも応える形で抱月は「民衆芸術としての演劇」（『早稲田文学』大正六年二月号）を発表した。

　抱月は民衆を多数であること、富において貧弱であること、知識において低級であることと規定し、「民衆と芸術との関係問題は今の私の仕事、芸術座の当事者としての私の仕事に取っては最も痛切な問題」だとして、次のように述べた。

　芸術の味ひそのものには二つはない。所在に新しき人生の火花を見せる。この点がなければ芸術ではない。従って民衆もしくは無智階級と然らざるものとの間にこの味ひの高下の区別をつけることは不可能である。もしこの間に高下の区別をつけたらそれは芸術と芸術に非ざるものとの区別になって了ふ。（中略）芸術に二つはない。たゞその芸術の方法もしくは材料の上に修養もあれば進歩もあり得るのである。（中略）かゝる意味で一種の中間劇が発生するのは決して純粋芸術を阻害したものでも何でもないと信ずる。私の関係してゐる芸術座ではもと〳〵二つの道を歩くといふ宣言に立つてゐる。出来ることなら一方に於ては教化といふ名を用ひず、相手を眼中におかずして造り得る演劇をやって見たいと思ふ。乍然《しかしながら》、それは嘗ても云つた如く経済基礎を離れて不可能のことで、私が書斎に閉じ籠って書きたいものを書き《(ママ)》いてゐる、人が読んで呉れなければ読んで呉れなくなつてもよいといふ気分でやることは演劇では事実においては出来ない相談である。そこで止むを得ず一寸にはそれを成し遂げられるゝやうに経済基礎を立てようと思って見物を眼中に置く芝居をさせてゐる。この見物を眼中におく芝居と眼中におかない芝居との数の釣り合などは今のところ問題にはならない。（中略）尚序でに一言しておくべきは芸術座の浅草における普及興行である。この興行が前に云つた経済問題と直接干《(ママ)》係を持つてゐることは論を俟たない。それと同時にたゞ経済基礎をつくるがためにはいかなる真似をしてもよいとは私は決していはない。それは私の良心の許さないところである。成るべく多数の民衆を集めると同時に成るべく多数の芸術的分子をもその中に保留しておきたいといふのが私の苦心である。であるから、もし、浅草に於ける芸術座の芝居が非難せられるなら、それは同じ芝居が帝劇に於て演ぜられたる場合にも芸術倶楽部に於て演ぜられたる場合にも同じやうに非難せられなくてはならない。（中略）殊に近時の浅草はその群衆の性質が昔しの玉乗り時代とは全然一変して居る。東京に於て上は貴族から下は職工労働者に至るまであらゆる者が入り込んで平等に取り扱はれてゐる一大平民国はこの浅草である。私はむしろ将来においてこの浅草があらゆる平民運動の発源地となることを予想し又希望してゐる。

抱月の一文が掲載された『早稲田文学』は民衆芸術の特集号であり、この年から大正八年ごろまで劇壇や文壇で盛んに論議された民衆芸術を巡る動きは、抱月の文章を口述筆記した本間久雄が火をつけていた。本間の「民衆芸術の意義及び価値」（『早稲田文学』大正五年八月号）がこれである。

本間久雄はロマン・ロランの『民衆劇論』などに一見依拠したかの形を採って、あらゆる芸術の中で民衆芸術たるべくもっともふさわしいのは演劇および演劇類似の芸術だとして、民衆のためとは労働者階級の人々のためという意味だから、彼らによく鑑賞され理解されるために、「民衆芸術の最好典型は、最も普遍性を帯びた、そして通俗的な、非専門的な演劇であって、而も如上教化運動としての価値があるものでなければならない」と提言した。

本間の民衆観は一言で言えば衆愚であり、ここにこの提言が教化臭を帯びた根があった。これに対して芸術座という劇団名の命名者であり、わが国初の社会主義的文芸誌『火鞭《かべん》』の発刊（明治三十八年）に関わったり、大杉栄らの『近代思想』の創刊（大正一年）にも参加した安成貞雄《やすなり》が同じ月の読売新聞に「君は貴族か平民か、本間久雄君に問ふ」と題して二度にわたって筆を執り、本間の教化主義的な発想と、芸術を「民衆芸術」と「高級芸術」に二分し、その一方を民衆に与えるという本間の視点とその階級性を問うたことから民衆芸術論争がはじまったが、抱月の一文の発表は、安成の批判に本間が応じ、再度安成が本間批判をした後だった。「芸術に二つはない」とした抱月の見解は言わば安成の本間批判を踏まえたものでもあったわけだが、この前後から文芸界に民衆芸術論が輩出したのは、まさに時代の要請だった。大正デモクラシーと呼ばれた民主主義的な風潮の、昂揚期にさしかかっていたのである。

平民や公衆などに替わって民衆という言葉が一般になじむようになったのは、雑誌『中央公論』が大正三年四月号に「民衆の勢力によって時局を解決せんとする風潮を論ず」という特集を組んだころからだったが、実質的には民衆演劇論だった本間久雄の一文が、なぜ「民衆芸術」という一般的な名辞を冠せられていたのか。

このころの民衆芸術論研究の第一人者だった曽田秀彦によれば、本間が未読のロマン・ロランの『民衆劇論』を民衆芸術論だと早合点したのが原因だとし、その源流を坪内逍遥の国劇論に求めた（「『民衆芸術論』の一視点」『文芸研究』第2号）。

文芸協会は国民一般を観客とし、逍遥の国劇論は新時代の日本の演劇という意味と、国民のための演劇という意味がこめられていたが、大正デモクラシーの昂揚とともに「国民」が「民衆」にすり替わるのはしごく自然なことだから、この指摘は当を得ていると考えられる。同時に、逍遥から本間に至る早稲田派の論考に教化臭がつきまとった理由も、社会的な効用に重きを置いた逍遥流の演劇観のせいだった。が、こういう教化臭を払拭すべくあらわれたのが、ロマン・ロランの『民衆劇論』を『民衆芸術論』と題して大正六年六月に翻訳・刊行し、全面的にこれに拠ったかに見せた大杉栄の「新しき世界の為めの新しき芸術」（『早稲田文学』同年十月号）という民衆芸術論だった。

論争の場に登場した大杉のこの論は、ロランのそれを再構成したようなものだったので、従来の研究者の把握もそうだった。が、曽田がその説を否定して、大杉独自のものだったことを明らかにした（「大杉栄とロマン・ロラン——『憎悪』と『調和』の美学」『文芸研究』第31号）。曽田によれば、大杉がロランをはなれて強調したのは、芸術運動に先立っての社会運動だった。すなわち、大杉はこう書いた。

ファウストは云つた。「始めに行為あり」と。

斯くしてロマン・ロランは、其の民衆芸術の結論として、芸術的運動と共に、と云ふよりも寧ろそれに先立つて、社会的運動に従はなければならないと断言した。

然るに、翻つて我が日本での民衆芸術論者を見るに、此の点に於て果してどれ程の用意があり又覚悟があるか。少なくとも又、果してこの点に考へ及んだ事すらあるか。

この大杉の主張をきっかけに、新興の労働者階級は自分の芸術を持つべきであり、創造する力を持っていること、それは階級闘争を経て発揮されるという考えが次第に勢力を得ていった。これに拍車をかけたのがロシア十月革命で（大正六年）、労働者によるソビエト政権樹立の事実は民衆への視点に階級という認識が重なって、やがて後者に重点が移った。民衆芸術論争の最終期には平林初之輔が「民衆芸術の理論と実際」（『新潮』大正十年八月号）を発表し、同じく平林が「第四階級の文学」（『文章世界』大正九年九月号）で「第三階級の文化に対して第四階級の文化を樹立すること」と書いたころから、民衆という言葉は無産階級あるいはプロレタリアートの意味になって、階級文学・プロレタリアート芸術論への道を拓く。

さて、芸術座は民衆芸術論議が盛んになりはじめた大正六年三月の八日間、新富座で初の髷もの『お艶と新助』（谷崎潤一郎作『お艶殺し』より谷崎精二脚色）を松井須磨子・沢田正二郎のコンビで手掛けた。が、下座音楽を廃してせりふを素で言ったこの舞台はきわめて評判が悪かった上に、不入りだった。加えて公演中に須磨子と男優間にまたもめごとが起こり、終演と同時に沢田らは再度脱退すると、一か月後に同じ劇場で新国劇を旗揚げした。併演の『オイディプス王』（ソフォクレス作）は沢田のタイトルロールに沢みや子の王妃だった。他に須磨子主演の『ポーラ（第二タンカレイ夫人）』（アーサー・ピネロ作、島村抱月訳）。

なお、やがて「沢正《さわしょう》」と愛称で呼ばれるようになる沢田正二郎の新国劇は、剣劇という新しい分野を拓くとともに商業演劇の一画を占める堂々たる大劇団に成長するが、それゆえに本書では取り上げない（新国劇については拙著『日本現代演劇史・明治・大正篇』参照）。

さて、新富座公演の後、芸術座は信州から伊勢を巡り、その後大連へ渡って満州や朝鮮を巡演、山陽・山陰・四国を回って秋口に帰京すると、抱月は新派に脚本を提供していた川村花菱に協力を求め、武田正憲を再入座させると十月末から七日間、明治座で『生ける屍』（トルストイ作、島村抱月・川村花菱訳補）と『帽子ピン』（中村吉蔵作）を上演した。前者には「行こか、戻ろか、北極光《オーロラ》の下を、露西亜は北国、はてしらず……」（北原白秋作詞、中山晋平作曲）の『さすらひの唄』が劇中歌として挿入され、それなりに歌われるとともに興行的にも成功した。そして大正七年の一月にははじめて松竹と提携すると京都・南座を振り出しに『生ける屍』と『剃刀』（中村吉蔵作）による半年以上の巡業に出て、七月には川尻清潭の斡旋で松竹と契約した。一年契約の内容は松竹が毎月芸術座の公演を十五日間買い切ること、残りは芸術座の自由で、松竹が十五日以上買い切る時は日割りでそれだけ払い足すこと、一日の出演料は百五十円となっていた。芸術座の経済的基礎はここに固まり、抱月は足かけ六年間の芸術座の足跡を報告書として後援者に送った。これによれば演目は三十三、公演日数は八百八十日、一回ないしは数回の公演を持ったのは東京、大阪、京都、神戸、名古屋、福岡、岡山、尾道、広島、呉、倉敷、笠岡、徳山、福山、柳井津、三田尻、新川、山口、下関、門司、小倉、八幡、直方、佐賀、長崎、佐世保、久留米、大牟田、熊本、鹿児島、唐津、武雄、筑前徳島、柳川、若津、隈府、山鹿、人吉、八代、川内、加治木、都城、宮崎、延岡、佐伯、中津、大分、臼杵、別府、豊後高田、行橋、飯塚、伊田、豊後杵築、中間、蘆屋、添田、大里、宇美、筑前若松、松山、高松、琴平、丸亀、観音寺、西条、今治、宇和島、八幡浜、大洲、石見太田、大社、今市、木次、平田、松江、米子、鳥取、倉吉、豊岡、宮津、新舞鶴、明石、和歌山、大垣、大津、奈良、伊賀上野、伊勢神戸、桑名、四日市、山田、松阪、津、中津川、瀬戸、尾張一宮、津島、長浜、岐阜、豊橋、浜松、静岡、岡崎、島田、江尻、鎌倉、大磯、小田原、横浜、横須賀、福井、金沢、富山、高岡、高田、柏崎、三条、長岡、新潟、秋田、長野、須坂、上諏訪、伊那、飯田、松本、松代、中込、丸子、大屋、臼田、小諸、上田、穂高、甲府、鶴岡、若松、新庄、郡山、酒田、米沢、福島、飯坂、前橋、高崎、弘前、青森、盛岡、仙台、石巻、栃木、宇都宮、足利、桐生、佐野、足尾、水戸、山形、函館、小樽、札幌、旭川、釧路、釜山、龍山、京城（注＝現ソウル）、馬山、木浦、大邸、太田、光州、元山、群山、鎮南浦、仁川、平壌、安東県、本渓湖、奉天、長春、ハルビン、撫順、遼陽、営口、大連、旅順、浦塩、基隆、台北、嘉義、新竹、台中、台南、打狗というロシアや朝鮮、満州や台湾を含む百九十五の町の名を挙げている。つまり、歌舞伎や新派以外の芝居、新劇にはじめて接した観客が全国各地にいたわけで、そういう人々に『復活』などが何の影響ももたらさなかったとは考えにくい。洋装の女性をはじめて見た人も多かったに相違ないのである。

報告書と同時に抱月は本間久雄、川村花菱、中村吉蔵、楠山正雄、秋田雨雀、長田秀雄に依頼して、手当を払って新たに脚本部を設置した。早稲田派の中に小山内系の長田を加えたのが、抱月の苦心の人選だった。

松竹との初の提携公演は、河合武雄の公衆劇団との合同で九月の歌舞伎座で十二日間開催された。懸案の『沈鐘』（ハウプトマン作、楠山正雄訳）を芸術座が上演し、須磨子は公衆劇団の『神主の娘』（ハンキン作『最後のドムラン家』を松居松葉が翻案・監督）にも加入して、河合のヒロインの妹を演じた。

公衆劇団は松居松葉を世話役に、井上正夫に次ぐ新派俳優の新劇活動を目的に女形の河合武雄を軸に結成され、大正二年の十月に帝劇で二十日間、『マクベスの稽古』（ベアリング作、松居松葉訳）、『茶を作る家』（松居松葉作）、『エレクトラ』（ホフマンスタール作、松居松葉訳）、『女がた』（森鷗外作）を上演して旗揚げしていた。松竹が新劇公演に手を染めた最初で、河合のほかに小織桂一郎や初代英《はなぶさ》太郎らに、東京俳優学校出の田中栄三や岩田祐吉らが一座していた。

旗揚げの売り物は『エレクトラ』で、韻文によるギリシア悲劇の大作だけに、上演を知った新劇人は目を丸くした。ホフマンスタールと手紙をやりとりしてこの舞台に賭けた松葉は、演技指導を帝劇のローシーに頼み、約二か月間、西洋式のクラシック演技の基本訓練を俳優たちに受けさせた。田中栄三によれば、河合のエレクトラは「男でもなければ女でもない、唯、復讐の歓喜そのものの肉魂を見るよう」だったが（『新劇その昔』）、一般的には不評で、翌年の四月に本郷座で五日間、第二回公演として『富士の麓』（松居松葉作）や『名画』（小山内薫作）などを上演した後、芸術座との合同まで中断していた。そしてこれが公衆劇団の最後になった。

合同公演で芸術座が『沈鐘』を出したように、抱月は松竹の意のままにはならなかった。が、妖精界と人間界との交流を描いたこの戯曲はすこぶる人間的な松井須磨子の持ち味と合わず、客の入りは薄かった。

ただし、『沈鐘』に関して一言触れておくと、登張《とばり》竹風との共訳で泉鏡花がその完訳を出していた（明治四十一年）。鏡花の唯一の西洋文学の翻訳で、その夢幻的な作風は鏡花に大きな影響を与えた。『夜叉ケ池』（大正二年）、『海神別荘』（同年）、『天守物語』（大正六年）といった鏡花の代表的な戯曲は『沈鐘』の影響下に書かれたもので、作者が上演を熱望していた。が、『海神別荘』を伊井蓉峰や河合武雄らが手掛けた以外（大正五年七月本郷座）、『夜叉ケ池』も『天守物語』も、鏡花の生前にはついに日の目を見なかった。

## 抱月の急死と須磨子の後追い心中

芸術座が三回目の研究劇公演を五日間芸術倶楽部で持ったのは、歌舞伎座公演直後の大正七（一九一八）年十月だった。『誘惑』（長田秀雄作）と『死と其前後』（有島武郎作）。後者は有島が妻の死をモチーフにしたもの。

『死と其前後』で妻に扮した松井須磨子は、せりふに詰まるほど演じながらよく泣いた。弟の里見弴《とん》と一緒に、毎日のように稽古場に姿を見せた有島も、泣きながら演じる須磨子を見て涙を流した。舞台はすこぶる好評で、『誘惑』で牧師を演じた新加入の畑中蓼坡《りょうは》も注目された。

畑中はこの年の五月に十余年ぶりにアメリカから帰国し、これが日本での初舞台だった。畑中はアメリカで移民相手の素人芝居を興行したり、ニューヨークのアルビーニー演劇学校で俳優の勉強もしていたが、帰国して俳優になれとの同郷・高知県の小説家田村松魚の助言にしたがい、田村の紹介で舞台主任として芸術座に籍を置いた。須磨子にドーラン化粧を教えたのが畑中で、抱月が畑中を重用したのは、アメリカ公演を計画していたからである。

松竹との提携二回目の公演は、十一月の明治座で二十日間持たれ、芸術座・歌舞伎劇合同として『緑の朝（春曙夢）』（ダヌンチオ作、小山内薫訳）を上演した。松井須磨子、中井哲、沢みや子らと、二代目市川猿之助や六代目市川寿美蔵らの若手歌舞伎俳優との共演だった。抱月はその演出をライバルである不遇時代の小山内に依頼し、その協力を得て新展開を図ろうとした。が、小山内は稽古に一度立ち会ったきりで、舞台稽古まで現れなかった。しかもあれほど非難した劇中歌も作詞し、中山晋平が作曲した。が、これが小山内の芸術座での最初で最後の仕事になった。抱月が急死したためである。

前月下旬からスペイン風邪と言われた悪性の感冒が大流行だった。これにかかって須磨子が寝込み、『緑の朝』の稽古ができずにあせりを抱月に訴えた。が、風邪が抱月に伝染ると、須磨子はウソのように元気になった。抱月の風邪は長引いた。医者の診察を二回受けたが心配はいらないとの話で、寝ている抱月に須磨子は舞台のことをあれこれと質問し、抱月はいちいち受け答えした。

十一月四日の午後、出て行くのを渋る須磨子を抱月は劇場に送り出した。しかし、明治座では大道具の用意ができなかった上に、他の劇場と掛け持ちの歌舞伎俳優の顔が揃わず、『緑の朝』の稽古は五本の出し物の最後に回され、終わったのは初日の午前二時だった。その間、芸術倶楽部からたびたび電話がかかってきたが、その相手がボヤというあだ名の雑用係で、さっぱり要領を得なかった。そして稽古が終わるや否や、須磨子は抱月の危篤を知らされた。肝を潰して芸術倶楽部に帰った時には、抱月の顔には白い布が掛けられていた。抱月は自分は危篤だとボヤに告げたが、一人で留守を守っていたボヤはそれが何のことか分からなかった。享年四十七。

五日、抱月急死の知らせを受けて、弔問客が芸術倶楽部に詰めかけた。楠山正雄に要請されて坪内逍遥も姿を見せた。抱月と和解の形になったのである。松竹の大谷竹次郎も弔問に来て、初日を一日延ばすと告げた。夕方に島村夫人が三人の子供を連れて来た。須磨子は一言二言挨拶すると、稽古に劇場へ向かった。

六日、『緑の朝』の初日。恋人の遺体を前に須磨子の歌う劇中歌（小山内薫作詞）は、須磨子の現実そのものだった。

　そさまの手にある、花輪を見れば、わたしやほろほろ、気が沈む。
　わしの住家へ、そさまが来やる、恋し可愛に、ひかされて。
　そさま恋しや、可愛やそさま、わたしや心も、かれがれに。
　そさまの名を呼びや、呼ぶ名につれて、わしの心に、まざまざと。

抱月死後、芸術座は大揺れに揺れた。七日には松井須磨子を芸術座の座長にすること、中村吉蔵を脚本部の主任にして芸術座の事務を統率すること、脚本部は座長の委嘱を受けて芸術および実行方向の事務を処理するという芸術座宣言が出されたが、支柱を欠いた動揺は大きく、さらに金銭問題や感情問題が絡んで、内部的に収拾がつきがたくなった。十二月に『生ける屍』と『帽子ピン』（中村吉蔵作）で横浜と横須賀を巡演した後、松竹との提携第三回公演は『肉店』（中村吉蔵作）と『カルメン』（メリメ原作、川村花菱脚色）と決まったものの、十二月三十日には脚本部解体、芸術座の松竹直営という事態になった。

大正八年一月元日、横川唯治、森英治郎、加藤精一らの客演を得ての、有楽座公演の幕が開いた。その四日目、有楽座の後の東海道巡演では須磨子は『肉店』には出ないと言いはじめた。それを聞いて作者の吉蔵が須磨子の楽屋で説得したが、須磨子は聞く耳を持たなかった。

やがて『カルメン』が開演した。その二幕目から須磨子の様子がおかしくなり、それが次第に昂じてきた。


三幕目の山の場で、ひとりでトランプ占いをするところがあるが、須磨子はトランプを手にして、じっと中天に眼を向けて、いつまでも黙っていた。もう独白《どくはく》にかかってもいいと思うのに、ひどく間《ま》をはずして、うつろな表情で考えていた。

私は、はらはらしながら、腰をうかして、注意に行こうかと思っていると、須磨子はようよう気がついたらしく、

「あの人は、来るか来ないか……」

と、トランプを切って、じっとその札をみつめながら、

「ああ、来る！　来る！　きっと来る……」

ぐっと歯をくいしばるようにして独白したが、その調子が、熱と殺気にみちて、凄いほど力強いものだった。

須磨子はまた、じっと天の一角を見つめて、なんにもしずに考えていた。

きっかけを渡さないので、相手の役者は出られないで、舞台に穴があきそうになるまで、須磨子は独り舞台を楽しむように歩いていた。（川村花菱『随筆　松井須磨子』）

これが須磨子の最後の舞台で、『肉店』も『カルメン』も須磨子は殺される役だった。

その夜、芸術倶楽部に帰った須磨子は、夜明けに大道具置き場の梁に緋ぢりめんのしごきを掛けると、首を吊った。五日は抱月の命日だった。享年三十二。須磨子の死で公演は四日で打ち止め、芸術座もまたたく間に解体した。

須磨子の遺書は坪内逍遥宛、伊原青々園宛、実兄宛の三通あった。いずれも抱月との合葬を訴えていたが、容れられなかった。芸術倶楽部は間もなくアパートに改造され、独身時代の滝沢修もここに住んだことがあったが、太平洋戦争末期の米軍の空襲で焼失した。

なお、須磨子の遺産について、松本克平《かっぺい》はこう書いている。

須磨子が相当の金を持っているという噂がたったのは抱月の死んだ時からである。島村家へ養育費として約七千円の金を出して、芸術倶楽部と電話を買い取ったということに原因している。そのうち彼女の財産を計算するような、物好きも出てきたほどであった。その金額は三万円と推定されていた。（中略）ところでここに、須磨子が死んでから四十五年経った今、彼女の遺産七万円という新しい説が出てきたのである。『新劇』一〇二号、一〇三号掲載の尾崎宏次筆『須磨子の家』がそれである。尾崎はその中で、須磨子の郷里に、彼女の義兄七沢清助翁（八十八歳）を訪ねた折の翁の談話を、こう書いている。

……須磨子が死んだときに、赤坂の兄（小林益蔵）のところに、生前の須磨子があずけておいたものがあるというので、みんなで、その金庫をあけた。……金庫をあけてみると、須磨子の貯金通帳と公債がでてきた。フランス公債もあったな。それらを全部たすと、そのときの金で七万円あった。ちょっと驚いた。その金は、けっきょく、（小林）放蔵という兄がみんな持ちだしてしまったよ。……

公債や国債は値段は額面以下とふんでも須磨子一人で七万円は多すぎると言わざるをえない。当時三万円と噂されていた遺産が、あけて見たら驚く勿れ七万円あったというのである。この四万円の開きは何を意味しているか。また、七沢翁の記憶は確かか、或いは怪しいか、果たしてどっちであろう。ところで私はこの七万円説を採りたいのである。私は繰返し断片的にふれてきたように、須磨子の遺産は

須磨子の貯金＋須磨子名義の抱月の貯金＝抱月死後の須磨子の貯金

という説を持してきた。ましてフランス公債もまじっていたという。（中略）日本橋の株屋生まれの芸術座女優だった明石澄子の談によれば、須磨子は株もいくらかやっていたという。だが、須磨子と外国公債という線よりも、欧米巡演を計画していた抱月と外国公債という線の方が妥当性があると思う。すると須磨子名義の不動産の中には、抱月のものが含まれているのではないかという推理は、十分成り立つのである。他の公債然り、現金また然りである。さらにこの七万円説を採ることによって、松竹との契約による芸術座改組の折、抱月が自分名義を須磨子名義に書き替えたという

内部の噂や、「経済は一緒にした」という中村吉蔵の片言もうなずけるのである。さらに、欧米巡演と劇場建設資金の目当てがあると言った抱月の言葉もうなずける。つまり、二人の財産を合わせると、中劇場が建築出来るだけの資金になるということである。(「須磨子の遺書と遺産」『日本新劇史・新劇貧乏物語』)

三万円にしろ七万円にしろ、現在の貨幣価値では数億円から十数億円になる。これだけの金を新劇に関係することだけで残したのだから、芸術座の足跡はまさに「奇跡」だったと言っていい。

ところで、芸術座の解散でたちまち生活問題に直面したのは座員だった。そのうち中井哲や経営部の山室貫一らが中村吉蔵と相談し、新芸術座を結成して松竹の手で巡演することになり、大正八年三月に有楽座で『肉店』と『カルメン』で旗を揚げた。帝劇歌劇部出身の中山歌子を中心に、松井須磨子追悼が触れ込みだった。また、『カルメン』の踊り子の一人として、岡田嘉子が初舞台を踏んだ。嘉子の父が娘の身柄を吉蔵に預けていた縁である。

幹部の田辺若男は須磨子を利用しての劇団結成に賛成しかねて、同じ月に浅草の七声歌劇団に参加した。浅草オペラが上げ潮に乗っていたころである。が、新芸術座が関西巡演から帰京し、九月の『カルメン』などによる東北・北海道巡演に声を掛けられて合流し、旅に出た。が、このころには須磨子追悼の効果も薄れ、解散同様になった年の暮れに脱退者の出た新国劇から助勢を請われ、中村吉蔵、中井哲、田辺若男、沢みや子らがここへの参加を決めたので、新芸術座は姿を消した。

大正十三年二月、島村夫人から芸術座名を譲り受けた水谷竹紫と初代水谷八重子が、牛込会館で第二次芸術座を旗揚げした。竹紫の主事で、大谷竹次郎と城戸《きど》四郎が相談役、ということは、松竹の息がかかっていたということになる。『ドモ又の死』(有島武郎作、水谷竹紫監督)や『人形の家』(イプセン作、島村抱月訳、青山杉作監督)といったプログラムで、友田恭助、東屋三郎、田村秋子らの八重子の新劇仲間も客演し、友田は八重子のノーラに対してヘルマーを演じた。

四月の牛込会館での第二回公演にも東屋や田村、それに汐見洋らが客演し、『軍人礼讃(『武器と人と』改題)』(バーナード・ショー作、坪内逍遥・市川又彦共訳、青山杉作監督)や『科学食糧会社』(藤井真澄作、水谷竹紫監督)などを、二の替わりに『殴られるあいつ』(アンドレーエフ作、吉田甲子太郎訳、青山杉作監督)や『山法師』(坪内士行作、水谷竹紫監督)などを上演し、それぞれの公演に八重子は『藤娘』と『お夏狂乱』(坪内逍遥作)を踊った。このころ築地小劇場の結成が進み、青山、友田、東屋、汐見、田村らはこれを最後にその創立に参加した。初代水谷八重子も同様と見られていたが、新劇よりも広い観客層に魅力を感じ、芸術座に賭けた。

六月の第三回公演から、山の手の発展策として箱根土地会社（のちの西武不動産）が渋谷・道玄坂の百軒店に開場した聚落座《しゅうらくざ》という近代的な劇場を拠点にしはじめて、八重子のチルチル、松井きよみのミチル、根本淳の犬、金平軍之助の猫といったキャストで『青い鳥』（メーテルリンク作、楠山正雄訳、水谷竹紫監督）を上演、二の替わりに『大尉の娘』（中内蝶二作、落合浪雄脚色、水谷竹紫監督）などを出した。二の替わりを加えて二十日間の公演で、高まる八重子の大衆的な人気がこれを支えた。

以後、八月から十一月まで、第二次芸術座は聚楽座で毎月の公演を持った。が、十二月にこの劇場が映画館になったので八重子の松竹出演となり、大阪の浪花座で井上正夫と『大尉の娘』を共演した。それからは八重子の井上一座への出演が増えたが、『サロメ』（ワイルド作、中村吉蔵訳）や『篠原一座』（邦枝完二作）で松井須磨子の七周年追善興行を浅草の松竹座で開催した翌月、八重子は単身で松竹との専属契約を結んだ（大正十四年三月）。その結果八重子は新派合同への参加が増え、伊井蓉峰、喜多村緑郎、花柳章太郎らと一座して、新派芸の修行に励んだ。が、一方で新劇への未練を残し、昭和二（一九二七）年の十一月から昭和二十年の二月まで、芸術座の名による劇団活動を継続的に行った。しかし、戦争状態の深刻化からこの時一時舞台からの引退を決意、芸術座を解散した。

戦後、初代水谷八重子は劇団を結成しなかったが、芸術座の名称は持っていた。それが劇場名として復活したのが東宝の芸術座（昭和三十二年開場、平成十七〈二〇〇五〉年閉館）で、東宝重役で劇作家、演出家の菊田一夫の劇場名にしたいとの申し入れを、八重子が了承したものである。この劇場の代表作が森光子主演の小説家林芙美子の評伝劇たる『放浪記』（菊田一夫脚本・演出、昭和三十六年初演）で、島村抱月の演劇の「夢」は、ある意味で『放浪記』として実現したと言えるかも知れない。

なお、水谷八重子の松竹入りで、残された形になった金平軍之助と浅野慎二郎が結成したのが近代劇場。ここでこの劇団に簡単に触れておく。

大正十四年の五月に築地同志会館で『青春』（マックス・ハルベ作、文芸部訳）や『親鸞』（田島淳作）などを五日間上演して第一歩をしるし、六月に同じ会場で第二回公演として五日間『かわいそうなファン』（マルティネス・シュルラ作、永田寛定訳）や『奇蹟』（菊池寛作）を、九月に同じ会場で第三回公演として五日間『西の人気男』（シング作、松村みね子訳）や『夏の日の恋』（久米正雄作）などを上演した。十月中旬の二日間は長野県の上田劇場で初の地方公演を持ち、『夏の日の恋』その他を上演した。

第四回公演は十二月初旬の二日間、帝国ホテル演芸場で『梅雨の頃』（正宗白鳥作）や『哀しき三人の悲劇』（高田保作・演出）を上演、年が明けるとなぜか臨時公演と称して遊園地の中の劇場などで七回の公演を持った後、大正十五年六月末の二日間、国民新聞社講堂で創立一周年記念の第五回公演として『リリオム』（モルナール作、鈴木善太郎訳、長谷部孝演出）を手掛けた。金平軍之助のリリオムに佐々木勝子のユリイというコンビで、これが近代劇場のピークだったろうか。

昭和二年五月初旬の三日間、第九回公演として『春の陰影』（三宅やす子作）などを上演した後は翌年の二月まで、飛び飛びに臨時公演を持って姿を消した。その後昭和十五年に金平は近代劇場を再興した。これは吉本興業と提携して、戦時中の移動演劇の一翼を担った。

# 第六章　舞台協会

## 運動意識のない集まり

文芸協会の解散後、芸術座に次いで活動を開始したのが横川唯治（のちの山田隆弥）、森英治郎、加藤精一、佐々木積、吉田幸三郎らの文芸協会演劇研究所の一期生に、金井謹之助、和泉房江、林千歳らの二期生、宮部静子、小牧淑らの三期生らが結成した舞台協会で、大正二（一九一三）年十一月末の三日間、帝劇で『悪魔の弟子』（バーナード・ショー作、舞台協会訳）と『負けたる人』（フォン・ショルツ作、森鷗外訳）の二本立てでスタートした。中心になったのは一期生で、研究所在籍中から、目黒の大地主である吉田の家に集まって遊んでいた仲間が芝居をつづけようと話し合って誕生したような劇団だから、立ち上げに際してのことさらな主義や主張もなかった。漠然と芸術的なもの、西洋の戯曲を……というくらいのことを思っていたに過ぎない。劇団名はイギリスのステージ・ソサエティーから吉田が採り、事務所も吉田の地所内の家作に置いた。

第二回公演は翌年十月の五日間有楽座で開催され、『馭者ヘンシェル』（ハウプトマン作、秦豊吉訳）と『首陀羅《しゅだら》』（ストリンドベリ作、森鷗外訳）が上演された。が、経済的援助をしてきた吉田幸三郎がこれ限りで手を引いたので、事務所を幽霊屋敷と呼ばれていた渋谷・桜ヶ丘の洋館に移して組織を変更、この時から小宮豊隆が指導に当たった。帝劇の表を取り仕切っていた高屋福子と加藤が顔見知りだったことから高屋を通じて小宮に依頼したもので、小宮は大正四年五月末に三日間、帝劇で持たれた第三回公演にストリンドベリの『父』を訳して演出し、『ヴェニスの商人』「法廷の場」（シェイクスピア作、坪内逍遥訳）と併演された。後者は森英治郎のシャイロックに帝劇専属女優森律子のポーシャ、小牧淑のアントニーといった配役だったが、問題になったのは前者だった。自由劇場の『星の世界へ』（アンドレーエフ作）を巡って小宮と論争した小山内薫が『父』の劇評を書き、小宮の翻訳を槍玉に挙げたのである。

小山内は『父』の上田敏訳（明治四十年）と比較して、小宮訳のこなれの悪さや誤訳を指摘した上で、「近頃での悪台帳」だと決めつけた（「舞台協会の『父』」『演芸画報』七月号）。これに対して小宮が真正面から反論して（「小山内君の『父』の批評に応ふ」同誌八・九月号）論争再現の形になったが、今回は翻訳をめぐっての問題提起だったにもかかわらず、何らかの形で劇界にプラスになるような副産物はなかった。多くの論争が同様である。

この時に東屋《あずまや》三郎がデビューした。西園寺公望の秘書だったこともある光妙寺三郎と女優一号の千歳米坡《ちとせべいは》との間に生まれ、父の死後は西園寺家に引き取られて育ったから、実父は西園寺公望だという説もある。

舞台協会は三回の公演で経済的に行き詰まり、横川は小宮の反対を押し切って松竹の本郷座の村田赤太郎と提携すると、十一月の同座に『思ひ出（アルト・ハイデルベルヒ）』（マイエルフェルステル作、松居松葉訳）を掛けた。横川唯治の公子カール、三井光子のケティー、森英治郎の博士ユットナー、加藤精一の国務卿といったキャストで、のちの加藤夫人の三井光子という芸名は、新劇人は貧しいのでせめても……と、三井・三菱の意を込めていた。が、これが非常な不入りで、同人は巨額の負債を負った。加藤精一は故郷に持っていた山を一山七十円宛に売って、借金の返済に当てた。この結果、舞台協会は単独での公演が不可能になり、大正五年の一月に根岸興行の持ち小屋である赤坂の演伎座で、近代劇協会と合同公演した。これは近代劇協会の項で触れる。

演伎座公演を終えると佐々木積はハルビンに渡って陸軍の軍属としてロシア語の通訳になり、加藤精一、横川唯治、森英治郎、金井謹之助らは川上貞奴らの新派三角同盟一座の地方巡業に加わった。この一座の文芸部に山本有三がいたことから、旅の間に有三と親しくなった舞台協会のメンバーが、新派と手を切った山本有三を擁して再挙を試みたのが、大正六年三月末の二日間、赤坂見附のローヤル館で持った『その妹』（武者小路実篤作、山本有三演出）の初演だった。『債鬼』（ストリンドベリ作、森鷗外訳）との併演。

ローヤル館は帝劇歌劇部が洋劇部と改称した後、大正五年五月の解散にともなって帝劇を去ったジョバンニ・ヴィットリオ・ローシーが弁慶橋畔の映画館、萬歳館を買収改修してオープンしたオペレッタ常設館で、同年十月に『天国と地獄』（オッフェンバッハ作曲）でオープンしていた。経営につまずいて翌年二月の『椿姫』（ヴェルディ作曲）でオペレッタ常設館としては閉館、ローシーは失意のうちにアメリカに向かったが、ローヤル館はわが国では個人が私費で建てた三番目の劇場だった。このローヤル館で働いていた歌手が浅草の劇場に出演し、ここでオペレッタを中心に浅草オペラが隆盛になる。

が、この舞台も評判にならず、経済的にも不成功で、大正七年五月に有楽座で三日間、第六回公演として『白耳義《ベルギー》の悲哀』（アンドレーエフ作、松居松葉訳）や『人の一生（四幕のうち第二幕『恋愛と貧困』一幕）』（アンドレーエフ作、森鷗外訳）などを上演したもののにっちもさっちも行かなくなり、加藤、横川、森英治郎らは帝劇と契約してその女優劇に加わった。第一次舞台協会の最後である。

## 第二次舞台協会

劇団に強い執着を持つ横川唯治は前述の高屋福子に近づくと山田隆弥と改名し——後年、さらに隆也としたが隆弥に統一——、伊藤松雄と手を組んで東屋三郎、三井光子、森英治郎夫人の森美樹子らを糾合すると舞台協会を再興し、大正十（一九二一）年九月の三日間、有楽座で研究劇として『死と其前後』（有島武郎作、伊藤松雄監督）と『ピグマリオン』（シュミット・ボン作、伊藤松雄訳・監督）を上演した。これが好評だったので同月末に二日間同座で再演、十一月に帝劇で『出家とその弟子』（倉田百三作）を出すことにした。これを機にハルビンから帰国した佐々木積をはじめ森英治郎、岡田嘉子も合流して劇団の態勢が整った。『出家とその弟子』は当時ベストセラーの戯曲で、創作劇場が第一回公演として大正八年八月に有楽座で初演していた。

創作劇場は飯塚友一郎の主事、邦枝完二の脚本部主任、林幹の主座という組織で発足し、『出家とその弟子』は林幹が親鸞を、踏路社（後述）解散後に参加した村田実の唯円、音羽かね子のかへでという配役で、邦枝が演出した。親鸞ブームに火を点けた話題作だったので、集客がよかった。

同年十二月に七日間、有楽座で第二回公演として谷崎潤一郎の戯曲『春の海辺』と『十五夜物語』、それに『地獄へ落ちた写楽』（邦枝完二作）を上演、第三回公演は大正九年六月に市村座で五日間、『指鬘外道《しまんげどう》』（伊藤白蓮作）と『長沢兼子』（生田長江作、邦枝完二監督）を上演した。が、後者が芳川伯爵の若夫人鎌子がお抱え運転手と駆け落ちして、千葉市の近郊で鉄道心中した事件をモデルにしているとして突如、二日目に上演禁止になった。創作劇場の最後である。飯塚友一郎はその後室内劇と称し、自宅の座敷を劇場にして大正十年三月から翌年四月までの間に四回の試演会を持ち、『老船長の幻覚』（有島武郎作）や『その妹』（武者小路実篤作）などを上演した。

ところで、佐々木積の親鸞、林幹の善鸞、山田隆弥の唯円、抜擢の岡田嘉子のかへでという配役で上演された舞台協会の『出家とその弟子』も好評で、わけてもかへでは岡田の出世役になった。そこで岡田の売り込みに十二月の有楽座で四日間再演し、追い打ちをかけるように大正十一年一月末の八日間、有楽座で『思ひ出（アルト・ハイデルベルヒ）』（マイェルフェルステル作、松居松葉訳、伊藤松雄監督）や『生命《いのち》の冠』（山本有三作）を上演した。かつて手ひどい傷を負った前者は山田のカールに岡田のケティー。

三月の帝劇で第十一回公演として八日間、『父の心配』（倉田百三作）や『死の前（犠牲）』（ストリンドベリ作、成瀬無極訳）を手掛けた後、四月から五月にかけて約二か月間、『出家とその弟子』による名古屋、岡山、京都、金沢、広島、大阪などへの巡演があり、帰京するや六月の七日間、有楽座で『三浦製糸場主』（久米正雄作、宇野四郎監督）などを上演した。八月には同座で七日間、岡田のチルチル、佐々木積の義理の娘に当たる夏川静江のミチルで『青い鳥』（メーテルリンク作、若月紫蘭訳、伊藤松雄監督）を上演し、同月の下旬から再度の『出家とその弟子』による長野、富山、福井、新潟などへの巡演に発った。

このころには岡田嘉子は舞台協会の看板女優というのみならず、新劇界の花形女優になっていたが、私生活では一度結婚にしくじった後、『思ひ出』のころから山田隆弥の愛人でもあった。が、芝居作りの方法を巡って山田と対立するようになり、十一月に十日間、有楽座で上演された『カラマーゾフの兄弟』（ドストエフスキー原作、ジャック・コポー脚色、伊藤松雄訳・監督）には岡田は出演しなかった。

この時の巡演と有楽座公演が興行的に不振で、劇団は経営が困難になった。その上に外遊予定の伊藤松雄がこれを限りに退団し、森英治郎も劇団と一線を画するようになって存続に赤信号が灯ったころ、田中栄三から映画出演の話が舞い込んだ。

東京俳優学校出身の田中は、このころ日活の向島撮影所で監督をしていた。田中監督の映画『京屋襟店』の試写が十一月二十五日にあり、それを見終えた俳優たちが俳優部屋へ引き上げ、田中らが次の仕事の本読みをはじめようとすると、国際活映（国活）へ移籍するので本読みは開けないとの話になった。いわゆる引き抜きである。これをきっかけに所内は大混乱になり、急遽その夜、築地の待合で常務や専務を交えて善後策を協議した。

咄嗟の場合で皆な好い案が出なかった。私は舞台協会の全員を入れて臨時に二、三本撮ることを提案した。一同賛成したので、その夜私はアパートに帰ると、直ぐ隣室の小村隆彦——舞台協会のマネージャー——に会って頼んだ。小村は翌朝山田隆弥と高屋福子女史のＯＫを取ってくれた。その夜高屋女史の家に、後藤常務が契約書と金を持って来て、急転直下話がきまった。十二月一日から二月末日までの三ヵ月間に、舞台協会の全員が出演して三本撮ること、この出演料として日活が金一万円を出すこと、という簡単な契約だった。山田隆弥、森英治郎、佐々木積、東屋三郎、岡田嘉子、夏川静江、六条波子、石川真澄、室町歌江、東八重子《あずま》その他の女優に男優十五六人の一座で一本三千三百円の出演料では当時としても少し安過ぎた。（田中栄三『新劇その昔』）

一本目は山田の扮する若い僧と岡田の骨董屋の娘が駆け落ちして、雪の山中で心中するという『出家とその弟子』の評判を意識した『髑髏《どくろ》の舞』（田中栄三原作・脚色・監督）で、むろん無声映画、助監督が溝口健二だった。

残りの二本を撮影した後、新文芸協会名で大正十二年七月の十日間、有楽座で『ジュリアス・シーザー』（シェイクスピア作、坪内逍遥訳）と『茶を作る家』（松居松葉作）を上演したり、八月には浅草の公園劇場で『復活』（トルストイ原作）などを手掛けたが、九月一日の関東大震災で下町の劇場はすべて焼失、そこで十二月の三日間、第十八回公演として帝国ホテル演芸場で『生命の冠』（山本有三作）や『野島先生の夢』（武者小路実篤作）を上演し、翌大正十三年には二月、三月、五月と矢継ぎ早に公演した。が、六月に築地小劇場が始動すると話題はここに集中し、加えて夏川静江が築地小劇場の『狼』（ロマン・ロラン作）や『人造人間』（カール・チャペック兄弟作）に特別出演するという動きに接した劇団首脳部は加藤精一や森英治郎らを呼び戻すと、新国劇を脱退した文芸協会出身の金井謹之助や田中介二と合流して同志座を結成、同年九月末から五日間、七月に落成初開場した数寄屋橋そばの有楽座改め邦楽座（現・有楽町マリオン内丸の内ピカデリー）で旗揚げした。『熊谷蓮生坊』（山本有三作）、『勝利者と敗北者』（ゴールスワージー作、山田松太郎訳）、『玄朴と長英』（真山青果作）などのプログラムで、とりわけ田中の玄朴、金井の長英による『玄朴と長英』が好評だった。

大正二年に新派の座付き作者になって以来、真山青果は亭々生という名で多くの脚本を書いてきたが、この年の九月の『中央公論』に発表した『玄朴と長英』は新派の作者との世評に反発して書いたと言われ、これが青果の文壇復帰第一作になった。しかし、同志座の旗揚げは興行的には不振で、邦楽座の後は地方を回り、十二月の浅草・常盤座で『高野の義人』（中里介山原作、清見陸郎脚色）を、二の替わりに『天保水滸伝』（行友李風作）を出してほどなく、同志座は解散した。

この後山田隆弥、佐々木積、夏川静江は東亜キネマの専属になり、山田と別れた岡田嘉子は日活京都の現代劇部に籍を置いた。岡田の第一作は『街の手品師』（森岩雄脚本、村田実監督）という大正十四年二月封切りの映画で、この成功で岡田は日活を背負うスターになった。

一方、舞台協会に愛着を持つ山田隆弥は佐々木積、六条波子、金平軍之助らと第二十五回公演として、板垣退助の嫡系に当たる板垣守正の『自由党異変』を大正十五年四月に帝国ホテル演芸場で上演したものの失敗、舞台協会はピリオドを打った。

# 第七章　無名会と新文芸協会

## 無名会

無名会は文芸協会の幕内主任だった池田大伍を中心に、協会幹部の東儀鉄笛や土肥春曙、演劇研究所二期生の秋元千代子や都郷道子、三期生の大村敦らが参加して、大正三（一九一四）年一月の帝劇で六日間、『オセロ』（シェイクスピア作、池田大伍訳・監督）を上演して活動を開始した。東儀のオセロ、土肥のイヤーゴ、秋元のデスデモーナ、東辰夫のキャシオ、都郷のエミリアといったキャスト。

『オセロ』は文芸協会以来の懸案の出し物だから、その後身を自負していた。逍遥がもっとも親しみを感じていたのが無名会で、劇団名も逍遥がつけたが、芸術座や舞台協会に一歩遅れての旗揚げは、首脳部に文芸協会への愛着が強く、気持ちの整理がなかなかつかなかったためである。

第二回公演を同年三月の有楽座で十二日間開催して『瀧口時頼』（池田大伍作・監督）と『若き葡萄の花咲く頃』（ビョルソン作、島村民蔵訳、池田監督）を上演、第三回公演を同年五月の有楽座で七日間持って『箇人惟然坊《こじんいねんぼう》』（沼波瓊音《ぬなみけいおん》作）などを、同年七月の有楽座の十日間を第四回公演として『武器と人と』（バーナード・ショー作）を出し、同年九月末の五日間、帝劇で無名会と帝劇洋劇部との合同興行の第五回公演として、喜歌劇『カーニバルの夜』や『霊験（聖者の泉）』（シング作、坪内逍遥翻案、池田大伍監督）を上演した。

矢継ぎ早だったが、この第五回公演以下同年十一月の帝劇での第六回公演から翌年一月の有楽座での十日間の第八回公演まで帝劇洋劇部との合同で、『名立《なだち》崩れ』（岡本綺堂作）などを手掛けた。中でも『箇人惟然坊』のタイトルロールを演じた東儀鉄笛が好評だったが、春曙との二枚看板が健全だったのは、第五回公演までだった。川上音二郎一座に合流しての欧米巡業中に梅毒に罹っていた春曙が長い潜伏期間を経て発病し、大正三年の十月に舞台からの引退を余儀なくされたのである。翌年三月二日に土肥春曙は四十五歳で他界した。

鉄笛と春曙がいたとは言え、もともと無名会は若者層に人気がなく、鉄笛一人になるとそれに拍車がかかった。帝劇洋劇部との合同公演は、劇団の延命策でもあった。

大正四年三月の有楽座での十日間の第八回公演は、帝劇洋劇部に加えて帝劇女優との合同公演として『出雲崎の遊女』（岡本綺堂作）などを上演し、四月の同座での十日間の第九回公演から翌大正五年一月の同座での十日間の第十四回公演まで、帝劇女優や帝劇洋劇部との合同公演になった。この間池田大伍とともに無名会を支えたのが、逍遥の養子（のち離縁）坪内士行だった。

## 坪内士行

幼少から舞踊を収めた士行は早大英文科卒業後、演劇研究に渡米してハーバード大学で学び、さらにイギリスに渡って故ヘンリー・アービングの息子、ローレンス・アービングの知遇を得て、その一座に入った。折から日本の軍事探偵が活躍する『タイフーン』（ウォーカー・ホワイトサイド作）の上演準備をしていたローレンスは士行を厚遇、『タイフーン』のロンドン公演に先立って地方巡演に発ち、その間に『タイフーン』の稽古をすべく士行を同行して、士行は『罪と罰』（ドストエフスキー原作、ローレンス・アービング翻案・演出）などで舞台を踏んだ。

『タイフーン』は一九一三（大正二）年四月にロンドン公演の初日を迎えた。士行は週十ポンドの高給を得てキタムラという大役を演じ、幕を開けるや大当たりで、一座は劇場を替えつつ百五十日間も打ちつづけた。さらに一座は『タイフーン』を持って地方巡演からカナダに発ったが、士行は最初の地方巡演で一座を退座、第一次世界大戦が勃発したため、一九一五年の六月に帰国した。

帰朝するや鉄笛から協力を求められた士行は、無名会第十二回公演のひとつの出し物『村の祭』（スタンレー・ホートン作）を訳して演出したのをはじめ、十三、十四回公演にもつづけて関係した後、大正五年六月の有楽座での十日間の第十六回公演に、『マクベス』（シェイクスピア作、坪内逍遥訳）を演出した。これは東京毎日新聞社主催で「沙翁三百年」と銘打たれ、鉄笛のマクベス、客演の加藤精一のダンカンとマクダフ、大村敦のバンコー、帝劇女優香川玉枝のマクベス夫人といったキャストだった。

同年九月の有楽座での十日間の公演は無名会が単独で持ち、『罪と罰』（ドストエフスキー原作、ローレンス・アービング脚色、坪内士行訳・監督）他を第十七回公演として上演した。同年十二月一日から十日までの有楽座での第十八回公演も単独で開催、『夜の潮（ナンの悲劇）』（メエスフィードル作、坪内士行訳）などを上演したものの、同月十八日から二十八日までの第十九回公演は「臨時出演」と称しての、実質的には帝劇女優劇の師走公演だった。出し物のひとつ『沓手鳥孤城落月《ほととぎすこじょうのらくげつ》』（坪内逍遥作）は淀君（初瀬浪子）をはじめ主要な役は帝劇女優が演じ、鉄笛は氏家内膳を付き合うという役回りだった。

大正六年四月の有楽座での七日間の第十九回公演は無名会と帝劇女優の合同で持ち、『西郷と豚姫』（池田大伍作）を初演した。当時のタイトルは『西郷とお玉』で、鉄笛の西郷に川田芳子のお玉だった。そして同年五月に同座で七日間の「臨時公演」と称する公演を持ち、結核予防劇『回《めぐ》る春』（久米正雄作、小山内薫舞台監督）を上演して、これを限りに無名会は姿を消した。第二回公演から経営を担当していた関屋親次が国活こと国際活映株式会社に関係して背任横領の罪に問われ、収監されたのが主因である。が、それでなくても劇団としての活力は衰退の一方だったから、解散は時間の問題だった。

解散後、鉄笛は逍遥と相談して松竹に入社、九月の新富座公演から新派に参加し、翌月の明治座での「川上貞奴引退記念興行」の『アイーダ』（アントニオ・キスランツォーニ作、松居松葉訳）では、エチオピア王アモナスロに扮した。が、次第に新派の水と合わなくなって大正八年の九月に身を引くと、同九年二月に新文芸協会を旗揚げした。

## 新文芸協会

新文芸協会発足の下地は、大正七（一九一八）年二月の帝劇公演『ハムレット』（シェイクスピア作、坪内士行改修・監督）の成功だった。士行の主演で、東儀鉄笛や沢村宗十郎らが帝劇女優を補導した。

ここ（『ハムレット』上演）に至るまでの、早稲田の同窓生諸君や、先輩後輩の奔走助力は、涙なしでは思い出されぬが、特に水谷竹紫と、帝劇の専務であった山本久三郎両氏の努力斡旋は大したものであった。竹紫は私側の参謀総長兼実務総長として、山本専務は専務で、女優その他帝劇専属の俳優の融通に力を貸してくれられたばかりか、『ハムレット』一本興行では力弱いと案じて、専属俳優中特殊な人気を持っている沢村宗十郎を主演者とし、又、女優中での筆頭と目されていた森律子をこれに配して、福地桜痴の傑作『(俠客)春雨傘』を二番目狂言に据えるという、万全の策を立ててくれられた。ハムレットと春雨傘という奇妙な取り合わせは、案外好劇家の反抗的好奇心を引いたのでもあろうか、とにかく初日から満員、大入り大当りであったのは事実である。（坪内士行『越しかた九十年』）

士行のハムレットは好評で、オフィーリアを村田嘉久子、ガートルードを河村菊江が演じたほか、水口薇陽がクローディアスに、東儀鉄笛がポローニアスと墓掘りに、加藤精一がレーヤチーズに、森英治郎がホレーショーにと、芸術座以外の元文芸協会の俳優が一堂に会し、しかも評判がよかったので、新しく劇団を結成しようという話になった。

そこで水谷竹紫が中心になってその秋にも劇団を創設すべく準備に着手、新文芸協会という劇団名も決めたものの、五月に士行が重症の黄疸のために三か月も病床に伏すというアクシデントがあって、座員の確保が困難になった。生活に追われた舞台協会のメンバーが帝劇と契約したこともあり（前述）、計画が流れた。この時の構想からは規模が小さくなったものの、鉄笛の新文芸協会はこれを引き継いだものだった。

鉄笛を軸に、加藤精一、加藤に師事していた岡田嘉子、森英治郎、横川唯治、大村敦、秋元千代子らが参加し、財界人から資金を集めた新文芸協会は、大正九年二月末から二週間、明治座で第一回公演を持った。二年前に初演された『円光』（生田長江作）と『法難』（坪内逍遥作・監督）というプログラムで、とりわけ逍遥が再出発の鉄笛のために書き下ろした安房・小松原での日蓮の法難を描いた後者が評判を呼んで、大当たりした。

この後『法難』と『三浦製糸場主』（久米正雄作）という出し物で横浜を皮切りに関西・中国地方を巡演し、新文芸協会は各地で大当たりを取る好調だった。が、旅を終えると森英治郎が退団した。そこで研究生の岡田嘉子を座員に昇格させたりして劇団の組織を再編し、十月まで九州その他を巡演した。このため第二回公演を持てたのは大正十年二月の有楽座での五日間で、実質的には舞台協会のプロデュースだったこの時は、『翻弄』（久米正雄作）、『順番』（菊池寛作）、『街の子《ちまた》』（シュミット・ボン作、森鷗外訳）という出し物だった。そして翌月、歌舞伎座で二十日間の長期公演を開催し、「日蓮上人生誕七百年記念」と銘打った『佐渡』（田中智学作）を上演した。これも鉄笛が北条氏のために佐渡に流された日蓮に扮したが、予想外の不入りだった。宣伝臭が強すぎたのと、趣向の変わらなさのためだった。しかし、あえて『佐渡』による関西への巡演に出たが、旅先で経済的に行き詰まり、新文芸協会は解散した。

東儀鉄笛という新劇俳優の草分けが脳出血のために没したのは大正十四年二月四日、五十五歳だった。作曲家としての鉄笛の代表作に早大校歌『都の西北』がある。また加藤精一は田中智学の後援で国民劇研究会を創設し、やがて日蓮主義の宣伝劇を上演する国柱文芸会の仕事をはじめた。これは関東大震災時までつづいた。

# 第八章　近代劇協会

## 『ファウスト』の本邦初演

文芸協会から退会させられた上山草人とその妻の山川浦路が一枚噛んで生まれたのが、近代劇協会というちょっと特異な劇団だった。発足のきっかけは柴田勝衛（のち読売新聞編集局長）と伊庭孝が『演劇評論』と題する雑誌を創刊したことで、演劇に対する二人の熱意が柴田の大学時代の同級生、杉村敏夫を巻き込み、文芸協会入りを果たせなかった杉村が不遇の上山夫妻に手を差し伸べる形で、近代劇協会が誕生した。

上山草人の芸名「草人」はカカシや田舎者を意味する俳号で、芸名に因んだ「かゝしや」という化粧品店を草人は芝の日陰町で営んでいた。その「かゝしや」に近代劇協会の看板が掲げられたのは明治四十五（一九一二）年五月の末、旗揚げは九月中旬の有楽座で『ヘッダ・ガブラー』（イプセン作、千葉掬香《きっこう》訳）と決めていた。翻訳者の千葉が伊庭の親戚筋に当たる上に有楽座の大株主だったから、いろいろと都合がよかった。

浦路のヘッダ、草人のレェーヴボルグ、伊庭のブラック判事と配役を一応決めたものの、テスマン役の男優とテヤ役の女優のあてはなかった。気がかりなまま稽古に入り、そのうち草人が東京美術学校時代の級友に目をつけて、嫌がるのを無理にテスマン役に起用した。が、女優は見つからなかった。そこで女優募集の広告を出して数人を採用したが、テヤには向かない。切羽詰まった草人は父方の従兄弟から女優にして面倒を見てくれと身柄を託されていた元芸者をテヤに決めて、一条汐路という芸名をつけた。女性の役は女優でというのが近代劇協会の方針だった。

予定の旗揚げは明治天皇の崩御で延期され、劇場の都合もあって元号が大正と改まった十月末の三日間、有楽座で持たれた。伊庭演出の『ヘッダ・ガブラー』はイプセン・ブームの余波もあって幕を開けるや連日の満員で、二日間の日延べになった。大成功と見えただけに決算で収支トントンと分かるや同人の落胆は大きく、間もなく柴田と杉村が手を引き、一条汐路も旗揚げだけで脱退すると、フリーの新劇女優になった。

第二回公演は大正二（一九一三）年の三月末の五日間帝劇で開催され、『ファウスト』（ゲーテ作、森鷗外訳、伊庭孝監督）が本邦初演された。これはひょんなことから日の目を見た。

第二回公演には当初『モンナ・ヴァンナ』（メーテルリンク作）を予定し、その準備中に坪内逍遥と森鷗外が近代劇協会の顧問に就いた。そこで伊庭や草人らが鷗外を訪ねて翻訳を依頼すると、鷗外が『ファウスト』を訳したばかりなので、これを手掛けてはどうかと口を切った。『ファウスト』と聞いて喜び勇んだ伊庭たちが、急遽予定を変えて取り組むことになったのである。

鷗外が『ファウスト』を訳していたのには背景があった。

第二次桂太郎内閣は、大逆事件後の反動政策の一環として、明治四十四年五月に文芸奨励の名を借りた文芸統制の下心を秘めた文芸委員会を文部省内に設置したが、島村抱月らと翻訳特別委員になった鷗外は、委員会から『ファウスト』の翻訳を依頼され、訳し終えていたのである。伊庭たちが鷗外に近づいたのは、その意味で絶好のタイミングだった。

こうして大作を手にした草人は、山本久三郎帝劇専務に上演を持ちかけて賛意を得た。伊庭は台本整理や、劇中の音楽や舞踊の準備に取りかかった。伊庭はピアノやヴァイオリン、チェロや三味線を弾きこなし、英仏独伊など数か国語に通じた上に梵語まで読んだ才人で、その素養が大いに役だった。が、またしても問題はグレートヘン役の女優がいないことだった。そこでふたたび血眼の女優捜しの果てに、草人があるカフェーで美少女を見つけた。少女を口説いて女優になるのを承知させると衣川《きぬがわ》孔雀という芸名を付け、草人はその日のうちに愛人にした。草人と親しかった谷崎潤一郎の回想によれば、草人は「かゝしや」の二階の八畳に大きな特製の寝具を敷き、長い枕を置いて自分が真ん中に、左右に浦路と孔雀を抱いて寝たという（「上山草人のこと」『谷崎潤一郎全集』第十七巻）。これがやがて問題になる。

『ファウスト』というので特等二円から四等二十五銭まで、五段階に分けた切符がよく売れた。草人のファウスト、伊庭のメフィストフェレス、山川浦路のマルテと魔女、衣川孔雀のグレートヘンといったキャストで、ローシー振付のダンス・シーンには沢モリノ、中山歌子ら帝劇歌劇部の一期生が出演し、背景図案を新帰朝の画家石井柏亭が担当、竹内平吉がオーケストラを指揮し、劇中歌を清水金太郎が作曲した。舞台は比較的好評だったが、東北人の草人のせりふが訛っていると、一部で面白おかしく囁かれた。

五日間で一万円という記録破りの収益を上げた帝劇公演の勢いに乗じて、五月に大阪の帝国座で十日間再演した。その後伊庭は独断で京都帝大の講堂で、随行していた帝劇オーケストラの演奏会を開いた。当日間近にこのことを知らされた草人は、請われるままに不快な気持ちで孔雀とともに会に出たが、このころから同人間の意思の疎通を欠くようになった。

## 伊庭孝の離反

帰京すると、森鷗外に頼んでいた『マクベス』の翻訳が完成していた。ただし、シェイクスピアの戯曲をはじめて翻訳する鷗外は、その権威である逍遥の校閲を仰ぐこと、序文をもらうことといった条件を付けていたので、上山草人が逍遥に鷗外の原稿を見せた。逍遥は約三十箇所に付箋を付けて、朱筆で意見をしたためた。多くは誤訳の指摘で、鷗外はこれに従って訳を正した。

協会は配役未定のまま稽古に入った。そのさなか、草人と孔雀のスキャンダルをある赤新聞が報じはじめ、草人はこれを劇団を専有しようとする伊庭の差し金だと思い込んだ。誤解だと分かった後も記事差し止めを伊庭に頼んだものの、伊庭は軽くあしらっていた。怒った草人はある日稽古台本を伊庭の足元に叩きつけると、一緒に仕事はできないと宣言した。伊庭は大正二年七月十日に協会を脱退、以後、近代劇協会は上山草人の主宰になった。と言うよりも、公演ごとにいろいろな俳優が出入りしたので、実質的には草人のプロデュース体と言うに近い形になった。

第三回公演の『マクベス』(上山草人舞台監督)は、九月末の五日間、帝劇で上演された。山川浦路のマクベス夫人、衣川孔雀のマグダフ夫人以外は、マクベスの加藤精一をはじめほとんどの役を臨時参加の俳優が演じた。文芸協会はすでに解散、芸術座の旗揚げとほぼ同時期で、公演は九分の入りだった。

この後、松井須磨子の向こうを張って孔雀にノーラを演じさせるべく鷗外の新訳『ノラ』(イプセン作)を得ると、草人がシャイロックに扮する『ヴェニスの商人』(坪内逍遥訳)一幕と、浦路のための『秋夕夢』(ダヌンチオ作、森鷗外訳)を付けて、十一月に大阪の近松座で五日間の第四回公演を開演した。が、劇場の地の利が悪い上に氷雨にたたられ、不入りに終わった。

それから岡山へ回ったが経済的に失敗で、身動きができなくなった。やっと十二月の半ばを過ぎて尾道で開演したもののこれも不入りで、千秋楽に浦路と孔雀を残して一座は解散した。

再起した草人が有楽座で十日間の第五回公演を持ったのは、大正三年の四月。『ノラ』ほかの出し物で、孔雀のノーラが好評だった。翌月、三十人余の座員を募ると翌年一月の下旬まで、近代劇協会は中国、九州、朝鮮、満州、台湾を回る巡演に出た。その間、鹿児島での公演から『ノラ』や『故郷』（ズーダーマン作）といった出し物に『復活』（トルストイ原作）を加え、抱月に無断で浦路のカチューシャで旅をつづけた。

この事実を知った抱月は驚いた。ほぼ同様のコースでの、芸術座の『復活』巡演を予定していたからである。抱月は早速草人を相手に、興行権侵害の訴えを起こした。が、年を越しても裁判が決着しなかったのは、『復活』が創作劇ではないことから、著作権・上演権が明瞭ではないところにあった。裁判が抱月と草人の和解で終結したのは、大正四年の初夏だった。この時には近代劇協会の巡演はとっくに終わっていたが、この旅から帰京すると、草人は企画の才を買われて根岸興行部に入り、奥役のような顧問のような、劇団や俳優のマネージメントを担当するようになった。芸術座の浅草公演を草人が仲介したのは前述した。

## 『桜の園』の本邦初演

根岸興行部入りした上山草人の初仕事は、都新聞（現・東京新聞）に連載中の、十五代目市村羽左衛門の恋愛をモチーフにした『役者の妻』（伊原青々園作）を劇化し、根岸の持ち小屋たる赤坂の演伎座で上演する企画だった。上演に際して伊庭孝が劇団に復帰し、伊庭の関係から沢田正二郎も近代劇協会に合流したが、ここに至るまでの沢田と伊庭の動きに少し触れる。

『復活』稽古中に芸術座を脱退した沢田や倉橋仙太郎や秋田雨雀らは、沢田と早稲田で同級だった宇野浩二が発起人の一人だった特異なアマチュア劇団、美術劇場に合流した。この劇団は大正三（一九一四）年四月に有楽座に進出して『平和祭』（ハウプトマン作）や『埋れた春』（秋田雨雀作）などを上演したが、この時には劇団を立ち上げた画学生らは出演せず、宇野も開演前に手を引いたので、美術劇場はまるで芸術座の脱退組の劇団のようになった。が、高利貸から借金して幕を開けたものの大の付く不入りで、沢田らはそれから長く借金取りに追い回された。

その後沢田や雨雀らは、新時代劇協会を再興しようとする桝本清と提携し、同年九月に「新時代劇協会復興公演・美術劇場合同」と謳って有楽座で『牛乳屋の兄弟』（久米正雄作）や『和泉家染物店』（木下杢太郎作）などを上演したものの経済的にはかばかしくなく、十一月に元新派俳優の興行師竹内一郎のプロデュースで、雨雀と桝本を舞台監督として『牛乳屋の兄弟』などによる北海道巡演に発った。が、北海道から東北地方にかけての四か月余の巡演は興行師に食い物にされた上に不入りつづきで、第二次新時代劇協会は旅先で解散した。

この巡演の間、音楽関係のマネージメントをしていた塚田左一が興したPM公演社（PMはPlay and Music Performance Companyの略称）に演出家として招かれた伊庭孝との約束を守るべく、沢田正二郎は一時帰京すると本郷座の舞台に出た（バーナード・ショー作、伊庭孝訳補『チョコレート兵隊《『武器と人と』》』ほか。大正三年十一月）。時事新報記者、そして料亭の女将という経歴の下山京子の初舞台がこの時だが、ここでの沢田と伊庭の出会いが、やがての草人を含めた三人の提携を促す。ＰＭ公演社はこの一回の公演で終わった。

さて、近代劇協会を脱退した伊庭が新しく結成したのが新劇社で、大正二年十月に七日間、有楽座で『出発前半時間』（ヴェデキント作、森鷗外訳）と『チョコレート兵隊』を手掛けて活動を開始した。参集したのは武田正憲、近代劇協会から引き抜いた玉村歌路や奥村博史（注＝奥村は平塚らいてうの若きツバメとして知られた画家でもあった）、土曜劇場で活躍した酒井米子、文芸協会演劇研究所一期生の五十嵐芳野、勝見庸太郎らだった。が、そもそも劇界とは無関係だった伊庭だけに、こういうメンバーを集めるのに金にものを言わせた。新劇俳優がギャラに執着しはじめたのは、新劇社以来だと自認するほど強引だった（伊庭孝「新劇社の思ひ出」『新演芸』大正十四年一月号）。伊庭はまた俳優としても出演したが、そのきびきびした演技が好評だった。

第二回公演は翌大正三年一月に十日間の予定で有楽座で開演した。伊庭の自由翻案による『社会の礎』（イプセン原作）と『馬盗坊』（バーナード・ショー作、森鷗外訳）というプログラム。が、ひどい不入りで予定日数を消化できず、八日間で打ち切った。こういう処置は新劇史上はじめてだったが、それからのＰＭ公演社でも伊庭はつまずき、言わば尻尾を巻いて近代劇協会に復帰した。伊庭の関係から沢田や下山京子も加わったので、従来の上山草人、山川浦路、衣川孔雀に彼らが参加した新陣容で、第六回公演として大正四年三月末から十五日間、赤坂の演伎座に掛けたのが『役者の妻』（伊原青々園作）で、これは『サロメ』（ワイルド作、森鷗外訳）を劇中劇に組み込んでいた。沢田正二郎の羽左衛門をモデルにした玉川彦四郎とヨカナーン、下山京子の女優梅屋明石とサロメ、浦路の女将お袖と王妃ヘロデアス、旗揚げ以来二度目の出演になった一条汐路の彦四郎の妻お吉、衣川孔雀の芸者といったキャストで、観劇した谷崎潤一郎は、孔雀の酔態のうまさに舌を巻いた。

原作の評判もあってこの通俗劇は大当たりした。これに味を占めた近代劇協会は以後、通俗劇と翻訳劇という二本立ての方針を採った。すなわち、同年七月の十日間、同座での第七回公演は『金色夜叉《こんじきやしゃ》』（尾崎紅葉原作、協会脚色）、『死の捷利』（ソログウブ作、昇曙夢《のぼりしょむ》訳）、『能因法師』（岡本綺堂作）という出し物で、『金色夜叉』は一条汐路のお宮に、伊庭孝の貫一だった。

　この終演が七月十日、今では信じかねるのだが、同月の二十六日から六日間、第八回公演として帝劇で『桜の園』（チェーホフ作、伊東六郎訳、小山内薫監督）を本邦初演した。ところが草人も伊庭も少しも稽古に熱を入れず、演出の小山内は舞台稽古の日に怒りを爆発させて帰ってしまった。山川浦路のラネーフスカヤ、衣川孔雀のアーニャ、一条汐路のワーリャ、沢田正二郎のガーエフ、栗島狭衣のロパーヒン、伊庭孝のトロフィーモフ、白井寿美代のシャルロッタ、玉村歌路のドゥニャーシャ、藤村秀夫のエピホードフ、上山草人のフィールスといったキャストだったが、非常な不入りに終わった。草人は礼に安物の反物を持って小山内を訪ねたが、それがかえって小山内を不愉快にさせた。

　沢田はこの後芸術座に復帰し、伊庭はほどなく退団して浅草オペラの草分けになった（浅草オペラについては拙著『日本現代演劇史―大正・昭和初期篇』を参照）。孔雀は草人と別れて行方をくらまして結婚し、一条汐路は劇団を作って一回公演したものの、大損をして新劇界から消えた。近代劇協会そのものも存続があやうくなり、大正五年一月の十日間、舞台協会との合同で演伎座で『銀笛』（小杉天外作）を上演した後、二年半も舞台活動から遠ざからざるを得なかった。友人を俳優にしてくれと草人に頼んだのがきっかけで、谷崎潤一郎が草人と親しくなったのがこのころである。

## 解散と上山草人のハリウッド入り

　借金取りに追い回されていた上山草人が再起したのは大正七（一九一八）年の六月で、第十一回公演として『ヴェニスの商人』（シェイクスピア作、生田長江訳、上山草人監督）と『犠牲』（ストリンドベリ作、小山内薫訳、上山草人監督）を有楽座で十日間上演した。観劇した谷崎はシャイロックを演じる草人のうまさに驚いたが、明石潮のバッサーニオ、臨時参加の加藤精一のアントーニオ、山川浦路のポーシャのほか、浦路の妹の上山珊瑚がジェシカに、伊沢蘭奢がネリッサに扮して初舞台を踏んだ。女優願望を募らせた揚げ句、蘭奢は夫や愛児と別れての近代劇協会入りだった。しかし、この公演も入りが薄く、同年九月の十日間、第十二回公演として同座に『信西』（谷崎潤一郎作）や『ウィンダミヤ夫人の扇』（ワイルド作、谷崎潤一郎・佐藤春夫・沢田貞爾訳）を出した時も、同様だった。

　大正八年の一月末から七日間、神戸・新開地の聚楽館で『リア王』（シェイクスピア作、坪内逍遥訳、上山草人監督）などを上演した。草人のリア、浦路のゴネリル、蘭奢のリーガン、珊瑚のコーデリヤといった配役で、翻訳劇としては本邦初演だったが、興行的には成功せず、草人はいよいよ借金で首が回らなくなった。

そういう夫妻に同情し、渡米させて打開策を図らせてやろうと手を差し伸べたのが伊沢蘭奢のパトロンでもある雑誌『中外』の社長内藤民治で、その気になった草人夫妻は同年二月の有楽座で五日間、「上山草人・山川浦路訪米記念公演」と銘打ち、第十三回公演として『リア王』を再演した。舞台成果はもう一つだったが、さすがにこれは盛況だった。

こうして草人は近代劇協会を解散すると、その月のうちにホノルルに発ち、彼の地で日本人相手の芝居を打って蓄えを作り、サンフランシスコに渡った。渡米費用は内藤民治が用意した。

草人はやがてロスアンジェルスに居を構え、劇団を作って在留邦人相手の巡演などをしていたが、英語を駆使しての浦路の売り込みが功を奏し、ハリウッドのエキストラになった。ちょうど早川雪洲がスターのころで、ハリウッドには第二の雪洲を目指す百人余の日本人がひしめいていた。

折しもダグラス・フェアバンクスが『バグダッドの盗賊』の制作に際してモンゴルの王子役を探していると耳にした草人は、そのオーディションを受けた。

一九二三（大正十二）年夏のこのオーディションには、近代劇協会の公演で共演した南部邦彦も応募していたが、ダグラス・フェアバンクスは凝ったメーキャップと扮装の草人に一目惚れし、草人を採った。以後、草人は雪洲に次ぐスターの地位を得て三十九本のハリウッド映画に出演し、「ソージン」を略した「ジン」という愛称でアメリカの大衆に愛された。が、トーキー時代になったハリウッドに不安を感じ、かつ、松竹からの迎えもあって、一九二九（昭和四）年の十二月に帰国した。しかし、浦路はアメリカに残った。

日本の土を踏んだ草人は凱旋将軍のような歓迎を受け、昭和五（一九三〇）年の正月から全国の松竹座で『モンゴルの王子』を上演し、異常なセンセーションを巻き起こした。そして翌年に松竹蒲田に入社、以後、長く映画界で活躍した。上山草人が腸閉塞手術後に容体が悪化して没したのは昭和二十九年七月二十八日、七十歳だった。

なお、山川浦路は化粧品のセールスなどで生計を立てていたが、昭和二十二年の十一月三十日に脳溢血で他界した。享年六十二。

# 第九章　新劇協会

## 『青い鳥』の本邦初演

芸術座解散直後の大正八（一九一九）年三月に、その座員だった畑中蓼坡が結成したのが新劇協会で、長田秀雄が命名したこの劇団は、同年六月の有楽座で三日間、『轢死』（長田秀雄作）と長田の提案による『叔父ワーニャ』（チェーホフ作、瀬沼夏葉訳）を上演して旗を揚げた。本邦初演の後者は須川友耕のワーニャ、上山珊瑚のソーニャ、畑中のアーストロフ、伊沢蘭奢のテレーナ、生方賢一郎のセレブリャーコフといったキャストで、珊瑚と蘭奢が加わったのは、近代劇協会の解散後、上山草人が二人の身柄を畑中に預けていたからである。また、この時に秋田雨雀の紹介で早稲田の学生が応援に来たが、その中に友田恭助がいた。友田はどちらの出し物にも軽い役で出演した。演出は二本とも畑中。

裕福な家庭に育った友田は幼少のころからの芝居好きで、ある年の夏、茅ヶ崎の別荘で一つ年上の土方与志と知り合うと、二人が中心になってアマチュアの演劇グループを立ち上げ、近隣の老人たちに歌舞伎の真似ごとなどを披露するようになった。やがて蒲田の友田家の地所内にヨシズ張りの「劇場」を作り、そのこけら落としに土方の書いた戯曲を上演した。ここでの公演は友田が早大に進学し、新劇協会でデビューした後の大正九年まで毎夏あった。土方が築地小劇場を興すに際し、真っ先に友田に声をかけたのはこういう関係からだった。

旗揚げ公演は好評で、経済的にも黒字だったが、第二回公演はなぜか民衆座と称し、本邦初演の『青い鳥』（メーテルリンク作、楠山正雄訳、畑中蓼坡監督）を大正九年二月の七日間、有楽座に出した。画家の岡本帰一の装置と衣装、三木露風作歌、山田耕筰作曲、石井漠舞踊振付というスタッフで、初代水谷八重子のチルチル、夏川静江のミチル、柳とし子の母さんのチル、奥村博史の父さんのチル、友田恭助の犬、吾妻光（のちの大佛《おさらぎ》次郎夫人）の光、港武者之輔（のちのユーモア作家益田甫）のパンその他のキャスト。

この舞台はモスクワ芸術座やラインハルト演出の『青い鳥』を見ていた小山内薫も絶賛したごとく、大好評だった。が、これを夏に神戸で再演した後、劇団の活動が中断した。畑中が新設の国活という映画会社に監督として就職したのが原因である。国活の撮影所長は桝本清で、その関係で井上正夫が引き抜かれていた。畑中の初仕事は井上の第一回主演作『寒椿』（大正十年四月封切）を撮ることで、井上の相手役に起用したのが初代水谷八重子だった。人の繋がりがいろいろなところで錯綜するのは、新劇にしろ映画にしろ、関わる人間が少数だったからである。

## 友田恭助

畑中が新劇界を去ったので、友田恭助は独力で師走会という劇団を作り、初代水谷八重子や夏川静江らに早稲田の学生を集めると、椿山荘の隣の空き地で大正九（一九二〇）年十二月に一日だけ、野外劇として『現代男』（ハンキン原作、坪内逍遥翻案）などを上演して第一歩をしるした。第二回を同地で同十年の四月に一日だけ持って『ギオゲネスの誘惑』（シュミット・ボン作、森鷗外訳）ほかを上演、この時からわかもの座と改称した。

同年六月の二日間、第三回として丸の内の鉄道協会講堂に進出して『アラビア人の天幕』（ダンセニー作、松村みね子訳、土方与志監督）ほかダンセニーの戯曲三本を並べ、同年十一月の同講堂での四日間の第四回には、『幽霊』（イプセン作、森鷗外訳、青山杉作演出）を手掛けた。友田のオズワルドに水谷八重子のレジーネで、舞台を見た東儀鉄笛から友田は新劇でやっていけると太鼓判を押された。演出担当の青山は踏路社（後述）の『幽霊』（大正七年四月）で牧師マンデルスを演じていたほか、先の『青い鳥』では同窓の友田の演技を指導していた。その線からの手伝いだった。

その後わかもの座は大正十二年三月の二日間、報知講堂で『青春』（マックス・ハルベ作）を上演、第六回の『熱風』（ストリンドベリ作）の稽古に入ったころに明治座で演劇通話会の試演があり、八重子がこれに出たことから友田がそれを見に行って、『大尉の娘』（中内蝶二作）の露子を演じた田村秋子と出会った。後年、二人は結婚する。

演劇通話会は秋子の父、田村西男たちの芝居のアマチュアグループだが、わかもの座はほどなくの関東大震災で解消し、友田や田村秋子や青山らは水谷八重子の第二次芸術座を経て、築地小劇場に参加した。

## 再興新劇協会と岸田國士《くにお》

国活を退社し、浅草の常盤座に出ていた畑中蓼坡に新劇協会の再興を促したのは、国民新聞が後援するので、もう一度新劇をやらないかという奥村博史の申し出だった。国民新聞が建設中の青山会館の寄付興行という企画で、当時同紙の記者だった山高しげり（のちに地婦連の会長や参議院議員）が平塚らいてうとの関係から、この仕事に奔走していた。前述のごとく、奥村は平塚らいてうの若きツバメだった。また、予定の出し物の『デュポン家の三人娘』（ブリュー作、佐々木本郎訳）が同紙に連載され、その原稿料も劇団活動の資金になった。

大正十二（一九二三）年八月の三日間、第三回公演は有楽座で持たれた。が、これには奥村以外の以前のメンバーは出なかった。畑中の身勝手な転身が反感を買っていたのである。反省を強いられた畑中の、新劇をやり抜こうという意志がこの劇団を支えた。なお、有楽座は大正九年九月に帝劇が併合していた。

関東大震災後の同年十二月の三日間、渋谷・道玄坂の九頭竜女学校講堂で第四回公演として『西の人気男』（シング作、松村みね子訳）と『犠牲』（ストリンドベリ作、小山内薫訳）を上演、この時から伊沢蘭奢が復帰し、畑中から手紙をもらった友田も加わり、前者のマホンを演じた。友田の新劇協会での最後の舞台だ。二本とも畑中の演出、以下、演出者名の記載がないのは、畑中演出を指す。

第五回公演（大正十三年二月の帝国ホテル演芸場で二日間）は御橋公《みはしこう》のマホンで『西の人気男』を再演、一部配役を変えての『犠牲』を併演した。つづく五月の同じ場所での五日間の第六回公演は、「劇団創立五周年記念」と謳って『桜の園』（チェーホフ作、訳者不明）を上演した。伊沢蘭奢のラネーフスカヤ、夏川静江のアーニャ、浜地良子のワーリャ、御橋公のガーエフ、畑中蓼坡のロパーヒン、小野宮吉のトロフィーモフ、一色久子のシャルロッタ、岩間百合子のドゥニャーシャ、奥村博史のフィルスといった配役で、パリ遊学中に巡演して来たモスクワ芸術座の『桜の園』（スタニスラフスキー演出）を見ていた岸田國士は、非常に面白く見た、この劇団の首脳を信頼すると書いた（「『桜の園』の懐ひ出と印象」『演劇新潮』同年六月号）。

震災後の劇場不足から新劇協会がつづけて使った帝国ホテル演芸場は、東京・日本橋の三越デパートの六階にある三越劇場を一回り小さくしたような劇場だったが、ほどなく岸田と新劇協会は具体的な関係を持った。第七回公演（同年十月の三日間、帝国ホテル演芸場）の出し物のひとつとして、岸田の戯曲第二作『チロルの秋』が『帰去来』（久米正雄作）や『人生の幸福』（正宗白鳥作）とともに、上演されたのである。岸田の戯曲の初上演で、時に岸田國士三十三歳だった。

幼少からフランス語に親しんでいた岸田は大正九年に念願のパリに着き、演出家のジャック・コポーが主宰するヴィユ・コロンビエ座に出入りするかたわらヴィユ・コロンビエ学校で演劇について学びはじめ、コポーから大きな影響を受けた。やがてピトエフ一座とも親しくなるとともに巡演して来たモスクワ芸術座を含めての種々の観劇体験の果てに、パリでひとつの演劇観を養った。簡単に言えば、演劇の生命は俳優にある。が、俳優を本当に生かすのはいい戯曲であり、いい戯曲があってはじめていい舞台が生まれる。そこで戯曲の本質を知ることがいい舞台を作ることに通じる――というものだった（岸田については拙著『最後の岸田國士論』参照）。

ある日岸田はピトエフから、日本の戯曲を上演したいと言われたのをきっかけにフランス語で書いたのが『黄色い微笑』で、父の訃報に接して帰国してほどなく、持ち帰ったこれを改題翻訳した『古い玩具《おもちゃ》』を親友の豊島与志雄に見せたところ、豊島に演劇に詳しい山本有三を紹介された。

岸田と一緒に食事をしながら原稿を読んだ山本は、最近読んだ戯曲で一番面白いと感想を述べ、雑誌『改造』にでも推薦しようと話した。が、それから間もなくの関東大震災で岸田は忘れるともなくこのことを忘れ、生計の道を立てる一方、山本宅で開かれていた文学者の会合に出入りしはじめた。そしてその席で新しい演劇雑誌の創刊を知った。『演劇新潮』である。

この雑誌は大正十二年の暮れに大正十三年一月号を創刊号として新潮社から出た。池田大伍、岡本綺堂、小山内薫、菊池寛、久保田万太郎、久米正雄、谷崎潤一郎、中村吉蔵、山本有三らが同人として名をつらね、震災後の劇壇復興を促すべく創刊されたが、山本有三が編集主任に就いたことから、岸田の初戯曲『古い玩具』は同誌の三月号に掲載された。

この関係から岸田は毎号のように評論や劇評を同誌に寄せ、戯曲の第二作『チロルの秋』も九月号に掲載された。こういう一連の活躍で岸田は新進作家としての確固たる地歩を築くが、その岸田の前にあったのは、極めて貧しいと思う劇壇情勢だった。「大正戯曲時代」と言われたほどにも多くの作家が戯曲を書き、総合雑誌が争うようにそれらを掲載していたにもかかわらず、戯曲とは何か、近代劇の本質とは何か、問おうとするものはだれもいなかった。岸田國士が精力的に演劇論、戯曲論を書きはじめたのは、こういう事情が背景にあった。結果的に岸田國士は、わが国で初の近代劇論を大系としてまとめるのである。が、活躍の舞台が『演劇新潮』だったので、これまた結果的に、岸田は小山内薫を中心とする築地小劇場派と対立する（後述）。

ところで、上演された『チロルの秋』は、ほとんど評判にならなかった。注目されたのは『人生の幸福』で、このことで正宗白鳥は劇作家として第一線に立った。関東大震災という不条理な天災を経た人心は、のちの用語で言えば実存の不安を描いた白鳥の戯曲と、共鳴するところがあったのである。が、評判の割には入りが薄かった。

好評の『人生の幸福』は十二月の五日間、築地小劇場の裏に位置した同志会館で持たれた第八回公演に、『閻魔の眼玉』（岩野泡鳴作）などと再演された。岸田國士はこの時に『人生の幸福』をはじめて見て、面白かったけれども無条件には感服しないとした上で、創作戯曲に日の目を当てているのは新劇協会だけだと、この劇団の特色に言及した。築地小劇場は旗揚げ以来二年間は、翻訳ものしか上演しないと宣言しての活動をつづけていたからである。

開演に際しての毎月の定期公演との公約は、第九回（大正十四年一月・同志会館）、第十回（同年二月・同志会館）と持てただけで中断した。観客の少なさゆえである。なお、第九回公演の出し物のひとつに横光利一の初戯曲『喰はされたもの』があった。

横光が注目されたのは『蠅』と『日輪』の発表以来で（ともに大正十二年）、翌年十月には横光も同人として加わった『文芸時代』が創刊された。翌月の『世紀』誌上で千葉亀雄が横光をはじめ川端康成、片岡鉄兵、今《こん》東光、菅《すが》忠雄、中河与一らの作品を論じた「新感覚派の誕生」という文芸評論を発表したことから彼らは新感覚派と命名され、この時代の新しい文学潮流を形成していく。舞台としては注目されなかった『チロルの秋』はそういう彼らの関心を引き、岸田國士は菅忠雄の勧誘を受けて、『文芸時代』の第二号から同人になった。

さて、新劇協会は大正十四年五月に新宿園内の白鳥座で、臨時公演として正宗白鳥の『ある心の影』と『梅雨の頃』を上演した後、半年余も公演を持てなかった。第十一回公演を開いたのは大正十五年一月の三日間、帝国ホテル演芸場。『死の舞踏』（ストリンドベリ作、山本有三訳）と『真似』（菊池寛作）というプログラムだったがこの組み合わせが悪評で、ことに前者は失敗だと断じられた。菊池寛の戯曲を取り上げたのは、築地小劇場の翻訳劇専一上演に反発した劇作家としての菊池寛が、築地への対抗上新劇協会に肩入れして、このころから資金的な援助をしはじめたことと関係がある。

同年三月、四月、六月と帝国ホテル演芸場でつづけざまに公演を持ち、『男と女と男』（横光利一作）や三度目の『西の人気男』（シング作）や『歓迎されぬ男』（正宗白鳥作）などを手掛けたものの相変わらず観客は来ず、同年八月に帝国ホテル演芸場で十日間、第十五回公演として『本牧《ほんもく》夜話』（谷崎潤一郎作）と『最後の女』（正宗白鳥作）を上演し終えると劇団の経営がいよいよ逼迫、遂に畑中蓼坡は菊池寛に全面的な援助を頼んだ。

## 文藝春秋社の劇団経営

そもそも畑中蓼坡と菊池寛との関係は、畑中が国活の監督として、菊池の小説『真珠夫人』の映画化を交渉したことにはじまった。加えて菊池のアンチ築地小劇場の感情もあり、菊池は創立した文藝春秋社の劇団経営に乗り出した。雑誌『文藝春秋』は大正十二（一九二三）年一月号を以て創刊され、当初は菊池の私的な雑誌色が強かった。が、そのうち菊池が友人と呼んだ芥川龍之介、久米正雄、小島政二郎、山本有三らや、若い知人と言った川端康成や横光利一、直木三十五たちの同誌上での活躍によって、一般文芸誌として大きな力を持つようになっていた。菊池はまた返品率が五割を越え、大正十四年六月号で廃刊していた『演劇新潮』を引き継ぐと、三宅周太郎を編集長に、同十五年四月号から文藝春秋社の刊行物として復刊した。

文藝春秋社経営の第一回公演、通算第十六回は大正十五年十一月の一週間、帝国ホテル演芸場で開催された。これに先立ち『演劇新潮』の同年十一月号に「『新劇協会』の経営に就いて」という次のような広告が載った。

「新劇界の志士」畑中蓼坡君を主脳とする新劇協会が多年経済的迫害の中に、我が新劇の為めに、独力奮闘を続けて来たことは周知の事実である。其の業績も相当見るべきものがあつたにも拘はらず、常に完成の一歩前で身動きができなくなつてゐたのは誠に遺憾である。そこで、我社は、一つは此の劇団の健全な成長を輔け、一方、今日、新劇の舞台的不振が痛嘆されてゐる折柄、進んで之に礎石を与へる為め、新劇協会の経営を快諾し、更に目覚ましい活躍を期待することになつた。

それが為めに、特に本社は、劇壇の新進、岸田國士、関口次郎、高田保、横光利一、三宅周太郎の諸氏に委嘱し、此の劇団の上演目録選定、並に、舞台指揮を一任することにした。

作者が演出するという新方針のもと『記念祭』（チェーホフ作、米川正夫訳、横光利一舞台監督）、『鴉』（関口次郎作・舞台監督）、『勇しき主婦』（村山知義作・舞台監督）、『盗電』（金子洋文作、岸田國士舞台監督）が上演された。『勇ましき主婦』は『演劇新潮』から新作の依頼を受けた村山が、ベルリン留学時代の下宿の体験を書いたもので、勇ましき主婦をフリー・ランサーとも言うべき花柳はるみが、冴えない運送会社の書記を畑中が、その妻を伊沢蘭奢が、日本人留学生を第二次芸術座で初舞台を踏んだ三島雅夫が、彼が恋するユダヤ娘を宮部静子が演じ、エロチックな描写とともに、西洋人は解剖学用の人体模型のような化粧を、日本人はことさら顔を黄色く塗り、目を吊り上げて頭髪をポマードでぴったりしておくといった演出で、注目を浴びた。

第十七回公演、文藝春秋社経営の第二回は昭和二（一九二七）年二月末の十日間、帝国ホテル演芸場で開催され、『光秀と紹巴』（正宗白鳥作、関口次郎演出）や『乳』（菊池寛作・演出）などが上演され、前者の畑中の光秀が一世一代だと絶賛された。この公演から菊池寛に招かれて市川小太夫や、文楽の太夫や映画俳優といったキャリアのある伊志井寛《かん》が加わり、花柳はるみも引きつづき出て、伊沢蘭奢と共演した。

そして同年四月の帝国ホテル演芸場での十日間の第十八回公演、文藝春秋社経営の第三回から『葉桜』（岸田國士作・演出）の装置と、『クノック』（ジュール・ロマン作）の翻訳と演出と装置とを担当して、新劇協会に加入した岩田豊雄がデビューした。この時には久保田万太郎の『短夜』（久保田演出）も上演されたので、やがて築地座から文学座へと行を共にする岸田、岩田、久保田の初顔合わせになった。『葉桜』は客演の初代水谷八重子と伊沢蘭奢の共演だった。

## 岩田豊雄のデビュー

小説家としてのペンネームを獅子文六という岩田豊雄は、幼少からの芝居好きに加えて学業に興味を失ったことから、二十八歳の夏に母が頓死するや、絹貿易商だった父の遺産で翌大正十一（一九二二）年の春に渡仏した。岸田より約二年後だった。

岸田と違って目的があっての渡仏ではなかったが、やがてフランス演劇の研究を思い立つとしきりに劇場に出入りして、ほぼ岸田と重なる観劇体験をした。が、パリでは二人は出会わなかった。

大正十四年の夏に帰国した岩田は、フランスで刺激を受けた戯曲を翻訳したり演劇評論に手を染めたりしていたが、その中に白水社から刊行した『クノック』（昭和二年）があり、これが縁で岸田の知遇を得た。新劇協会への加入と『クノック』の演出の提案も岸田で、はじめての演出を岩田が気楽に引き受けたのは、パリで見たルイ・ジュヴェの演出をコピーすればいいと考えていたからだった。伊志井寛をタイトルロールにした『クノック』は、優れた喜劇が少ない中で、見本にすべきだと好評を博した。

終演後ほどなく、相変わらずの観客の少なさに業を煮やした菊池寛が自ら企画し、創作劇四本を並べて翌五月の帝劇で五日間、第十九回、文藝春秋社経営四回目の公演を持った。不入りだったら経営から手を引くと宣言しての開演で、『温室の前』（岸田國士作・演出）、『真似』（菊池寛作、横光利一演出）、『嘉門と七郎右衛門』（山本有三作、関口次郎演出）、『女優宣伝業』（関口次郎作、岩田豊雄演出）という出し物、畑中蓼坡、奥村博史、生方賢一郎、市川小太夫、伊志井寛、伊沢蘭奢、花柳はるみら劇団員の総出演だった。しかし、興行成績は奮わず、この回限りで市川小太夫は退団した。宣言通り菊池寛がこれで手を引きはしなかったが、その後に問題が起きた。

次回公演に上演が決まり、築地小劇場を脱退した細川ちか子を新たに加えて、岩田の演出で木読みまでしていた『商船テナシティ』（シャルル・ヴィルドラック作）に菊池寛がクレームをつけて、創作劇に替えるようにと命じたのである。畑中から知らされた岩田は稽古が進んでいる出し物を、経営者の鶴の一声で変更させられてはかなわないと、これに耳を貸さなかった。が、それでは劇団がつぶれると言われた岩田は、即座に退団した。これが引き金になってか、菊池寛も新劇協会を投げ出したので、文藝春秋社の劇団経営は四回で終わった。

## 伊沢蘭奢の死

帝国ホテル演芸場で六月に十日間、第二十回公演として『人生の幸福』（正宗白鳥作）を再演し、『牝鳥《めんどり》』（金子洋文作・演出）と『我家の平和』（クールトリーヌ作、岸田國士訳・演出）を併演、これを最後に岸田も劇団と手を切った。つまりは劇団としての影が薄くなって行く中で、昭和三（一九二八）年一月の帝国ホテル演芸場で十日間持たれた第二十二回公演が、珍しく当たった。フランスの女優サラ・ベルナールのヒット作の翻案『マダムX』（アレクサンドル・ビゾン原作、仲木貞一翻案・脚色、川口松太郎演出）である。

夫（畑中蓼坡）の冷酷さに耐え兼ねたマダムXこと江藤蘭子（伊沢蘭奢）が二人の子供を残して家出し、満州で倫落の女になる。ここで蘭子は福田（伊志井寛）という悪漢と同棲する。二十三年後、蘭子の夫が検事総長になっているのを知った福田は、恐喝しようとして蘭子に射殺される。蘭子は裁判にかけられるが、その弁護士が実の息子（伊志井の二役）だった……。

蘭奢はチフスで病んで切ったという設定の断髪で演じ、多くの観客を魅了した。当時モガことモダンガールや、モボことモダンボーイが流行の尖端でもあった。

この時は『盗人』（前田河《まえだ》広一郎《こう》作、川口松太郎演出）と『地下鉄サム』（金子洋文脚色・演出）が併演され、後者の主演者でもあった伊志井寛は、これを最後に新派に移った。以前から伊志井に目をつけていた喜多村緑郎が呼んだのである。以後、伊志井寛は新派の二枚目として昭和四十七年四月に他界するまで、長く活躍した。

ヒットした『マダムX』は三月一日から四十日間、浅草の公園劇場で再演・続演された。ただし、これは公園劇場系の諸口十九《もろぐちつづや》一座などとの合同公演だった。つづく五月の一週間、第二十四回公演として邦楽座で『黙禱』（前田河広一郎作、金子洋文演出）を上演した。これも映画との併演という変則だったが、このころ前田河や金子など、労農芸術家連盟のメンバーが新劇協会に関わっているのは、菊池寛の手から離れた後、畑中が金子に社会的なモチーフの戯曲を取り上げていきたいと申し入れたのがきっかけだった。この終演ほどなくの六月八日、伊沢蘭奢が脳溢血で急死した。まだ三十八歳という若さで、松井須磨子に次ぐと言われただけに、その短すぎる女優人生をだれもが惜しんだ。関口次郎は『桜の園』のラネーフスカヤを代表作に挙げている。

　蘭奢の死で畑中蓼坡は劇団の解散を考えた。が、一周忌の追善興行を終えてやめたらと忠告され、十一月に三日間、本郷座で第二十五回公演として『明君行状記』（真山青果作、鈴木氏亨監督）や『手を』（前田河広一郎作）などを上演、つづいて昭和四年一月の一週間、武蔵野館ヴォードビルの第二回として映画と併演で『勇ましき主婦』（村山知義作・演出）を再演した後、六月の一週間、帝国ホテル演芸場で「伊沢蘭奢一周年忌・劇団創立十周年記念」と銘打って、『クレオパトラ』（前田河広一郎作）と『海に生きる人々』（葉山嘉樹原作、金子洋文脚色・演出）を出した。第二十六回公演で、花柳はるみが主演した前者は、もともと蘭奢を想定し、蘭奢が演じたいと言っていた素材だった。後者はプロレタリア文学運動に自信をもたらした労働者出身の作家の小説で、岸田國士や岩田豊雄が関係していたころとは劇団が変わっているのがよく分かる。が、これを最後に畑中蓼坡は新劇協会を解散して新国劇に入り、花柳はるみも女優をやめた。畑中が左翼演劇運動に進むと思い込んでいた金子は、畑中の転進に驚き、怒った。

　新劇協会は築地小劇場の陰になってあまり注目されないが、もしこの劇団がなかったら、岸田國士や岩田豊雄らは演劇界への具体的な足掛かりを持てなかったろう。これだけでも大きな意味を持ったとしなければならず、加えて伊沢蘭奢という女優を育て、劇作家としての正宗白鳥に焦点を当てた功績がある。新劇史上、見逃せない劇団のひとつだと言っていい。

## 喜劇座

　新劇協会を退団した岩田豊雄は、後につづいた岸田國士や関口次郎と一緒に昭和二（一九二七）年の秋に自宅に新劇研究所を開設、俳優養成に着手した。生徒の中にのちの女優の毛利菊枝や、劇作家で演出家の田中千禾夫《ちかお》らがいた。研究所は三人の指導者が演技指導に自信をなくし、翌年に閉鎖された。が、岩田や関口は騙すようなことになった生徒らに同情的で、一度でも公演させたいと思っていた矢先、長田秀雄がある金持ちの息子が劇団を作りたがっているという話を関口にした。渡りに船と岩田が喜劇座と名をつけると、生徒をここに吸収した。

旗揚げ（昭和三年三月、帝国ホテル演芸場）には岩田がフランスで見て来た『御意に任す』（ピランデルロ作、岩田豊雄訳・演出・装置）と『可児《かに》君の面会日』（岸田國士作、関口次郎演出）が上演されたが、注目すべきは前者の演出だった。洋服に和服を交ぜ、ことに毛利の演じるフローラ夫人の喪服が当たった――と岩田が回想している（『新劇と私』）。外面的に西洋人を模倣しようとした同時期の翻訳劇の演出を思えば画期的だが、そのうち金持ちの息子が雲隠れして、喜劇座は一回の公演で終わった。

一方、同年十月に岸田國士は第一書房から雑誌『悲劇喜劇』を創刊し、その編集を担当した。『演劇新潮』が前年八月に廃刊になったのを引き継ぐ形で出したもので、出版元の第一書房は、昭和二年の六月から『近代劇全集』の刊行を開始、岸田は翻訳を通して出版社と懇意だった。ただし、『悲劇喜劇』は十号を出して廃刊になり（昭和四年七月）、同年の九月には岸田國士は初の長編小説『由利旗江』を朝日新聞に連載しはじめた。早川書房が刊行している現在の『悲劇喜劇』は、岸田が創刊した後身誌である。

# 第十章　とりで社・踏路社・研究座など

## 村田実と演劇雑誌『とりで』

文芸協会や自由劇場など、既存の集団を激しく非難し、ほとんどそのことのみによって存在を知られたのがとりで社で、十八歳の村田実が主宰した。

父が大日本図書株式会社の重役で、生家が洋紙問屋という恵まれた環境で育った村田は、芸術教育を軽視する当時の教育制度に反発して上級学校へは進まず、絵を習ったり帝劇文芸部の給仕になって劇場に出入りしているうちに、ゴードン・クレイグの舞台写真集を見て衝撃を受けた。同じころ、大日本図書から小山内薫の『近代劇五曲』が出版され（大正二年二月）、これを通じて小山内の知遇を得ると、村田は新劇に関わる決心をした。

その村田の周囲にいたのが岸田辰弥、宇野四郎、伊藤道郎《みちお》といった村田の東京高等師範附属中学校の先輩やクラスメートで、彼らがとりで社を結成する。岸田辰弥は画家劉生の弟で、のちにオペラ俳優から宝塚少女歌劇団の演出家になり、宇野はのちに帝劇の演出家に、舞台美術家の伊藤熹朔と演出家で俳優の千田是也《せんだこれや》の長兄である伊藤道郎は、のちに世界的な舞踊家になる。当時の道郎は声楽志望で、東京音楽学校入学のために柴田環《たまき》（のちの三浦環）に師事していた関係から、師の出演した帝劇歌劇部の第二回公演『釈迦』（松居松葉作、明治四十五年六月）のコーラスボーイに引っ張り出されたりしていた。ここでの中途半端な体験がドイツでの勉強を思い立たせ、とりで社が第一回の試演会を開いた翌月、道郎はドイツへ出発した。それゆえとりで社の記録に道郎の名はないが、結成当時は村田とともに中心部にいて、稽古は当初伊藤家で行われていた。

築地精養軒のホールで一日だけの第一回試演会を持ったのは大正元（一九一二）年十月で、芳原要二や内田鞠子（のちに青山杉作夫人になって万里子と改名）らの出演、『室の内』（メーテルリンク作、橘満寿治訳）と『舞姫ダアヤ』（長田幹彦作）が上演された。これに先立ち九月付けで演劇雑誌『とりで』が創刊され、その巻頭に目黒真澄こと村田実の訳したゴードン・クレイグの「俳優と超―人形」という論文が載った。小山内もクレイグから影響を受けたが、とりで社の関係者はその比ではなく、第一号の「Editorial Note.」には同人名で次のような一文が載った。

○社会劇／などゝ云つて其処等にうろ〳〵して居る熊公八公が何だか六づかしい事を舞台上で並べ立てられるのは真平御免です。（中略）
○写実劇／となると一層悪辣です。（中略）
○能楽／が私共の気分により親しい感じを与へます。（中略）
○劇も絵／と同じで然るべきと思ひます。私は筋で威嚇したり文句で説教される芝居はもう飽き飽きしました。場面の一瞬間一瞬間が統一した美しい絵になつて居ればそれで充分だと思ひます。（中略）斯う云ふ様な考で
○とりで試演会
を催したいのです。従つて筋に重きを置かずにデザインに注意するのであります。

『室の内』の装置は書き割りが主流の当時、ダークグリーンの布を張っただけの象徴的なものだった。能楽への親近感をはじめ象徴主義への傾きはクレイグに拠っていて、『とりで』第二号（十二月発行）でそれがいよいよはっきりした。

演劇は文学の壮麗なる披露と云ふようなものではない。力ある美術である。
例え戯曲家と云ふ小文学者の言語を用ひたとて、それは単に材料としてである。絵具としてである。（中略）であるからどこまでも戯曲家なるものは演劇の上では全々無視してもかまわない。唯演劇美術家一個の尊い芸術でなくてはならないのだ。（中略）俳優は、どこまでも、人形でなくてはならない。演劇美術家の創造した型によつて動く超―人形でなくてはならない。舞台監督の思ふまゝにうごく彫刻でなくてはならない。（村田実「演劇美術の為めに」）

とりで社が注目されたのは、こういう過激な演劇論を展開していた雑誌のためだった。しかし、村田のクレイグへの心酔にもやがて陰りが見えはじめ、『とりで』第七号（昭和二年九月発行）の村田の「演劇の没理想主義」には、こうある。

僕の努力は無益であった。僕は演劇を美術にしようとつとめたのである。しかし僕の努力は無益であった。僕はクレエグの主張をもっと徹底させて考へて見た。舞台監督即美術家論を容認しようとつとめた。音楽における曲譜を演劇に要求した。しかしながら演劇用の曲譜の要求は単に理想にすぎなかつた。

一年ほどの間の急変で、『とりで』は第八号（同年十月発行）で終刊したらしい。第二回の試演会は高踏的な雑誌を出し終えた二か月後に、前回とはすっかり形を変えて開催された。有楽座で三日間『幻の海』（イェーツ作、仲木貞一訳）と『ウォーレン夫人の職業』（バーナード・ショー作、村田実訳・監督）を上演。芳原要二、岸田辰弥、村田実、花田菊恵（のち偉子《ひでこ》と改名）、南部邦彦らの出演で、名称を村田実一座と改め、入場券をとりで社興行部が扱い、とりで連という後援会を組織しての開演だった。

第三回の試演会は大正三年の三月に福沢舞台で一日だけ持たれ、『カンディダ』（バーナード・ショー作、村田実訳・監督）が上演された。村田や正邦宏、のちに新派へ行った木下八百子らの出演。

公演に先立って出された挨拶状は、次のようなものだった。

もとより素人の浅芸加ふるに未だ若年の私達で御座ゐますから到底御機嫌に適ふやうにも存じませんが只御客様方の私達を「一人前の役者にしてやらう」といふ御思召と、私達の真面目なる努力を御買ひ下さる御恵みにより幸に御笑覧の栄を賜へば望外の仕合せと存じます。（松本克平『日本新劇史』より）

昂然と天を睨んでいたような旗揚げの気合は、どこにもない。とりで社の最後である。

その足跡は何ほどのこともないが、演出家絶対論は近代演劇のひとつの極北を示したと言える。解散後村田はまず演技の修行のために前述のPM公演社の本郷座の舞台に立ち、次に第二次新時代劇協会の北海道・東北巡演に合流（前述）、これが旅先で解散すると、大正四年五月の三崎座での第三次新時代劇協会の旗揚げに参加し、『銀の箱』（ゴールズワージー作、吉村〈河竹〉繁俊訳）などに出演し、ここでやがて一緒に踏路社を結成する青山杉作と出会った。が、翌月の同座での第二回公演（シュニッツラー作、森鷗外訳『恋愛三昧』ほか）で、第三次新時代劇協会は解散した。目の回るような離合集散だった。

## 踏路社

新潟県の由緒ある寺の跡取りに生まれた杉作は、早大在学中に大学の創立記念日の学生演劇に出演した時、青山杉作という芸名を名乗った。この舞台は大学の先輩、日疋重亮《ひびきじゆうすけ》の演出で、青山は日疋に褒められた。これが契機で二、三の劇団に出演し、大正三（一九一四）年には内田鞠子と結婚した。その後日疋のいた第三次新時代劇協会に加わって、ここで村田実と出会うのである。

このころには芝居に関係していることが親元に知れて廃嫡され、大学も中退して、自活しなければならなかった。そして第三次新時代劇協会の解散後、大正五年一月の演伎座での近代劇協会と舞台協会の合同公演（『銀笛』他）に臨時雇いとして参加し、ここで木村修吉郎（当時は修郎）と知り合った。木村は竹馬の友の東屋三郎が舞台協会のメンバーだったことから、東屋の後を追ってこの劇団に入っていた。

こうして青山を中継点として三人が出会い、新しい劇団を作ろうとの話がまとまって、踏路社が発足した。「演劇の本道を踏む」という意味で木村が踏路社と命名して理事に就き、準備金も木村のポケットマネーを当てた。俳優は村田が岸田辰弥を、青山が夫人を、木村が舞台協会の三井光子を借りる、というようにそれぞれのつてで集め、さらに人材不足を補うために、村田が上智大学の学生で病気休職中の陸軍少尉、関口存男《つぎお》を連れて来た。後年、関口はドイツ語学者になるが、ヨーロッパの演劇運動にも通じていたので、ドイツの室内劇運動などに倣って、リアリズムを基調とする方針を立てた。私演と称する第一回公演を大正六年二月に芸術倶楽部で二日間持ち、『画家とその弟子』（長与善郎作）を上演した。青山も村田も俳優として舞台に立ち、プログラムに「演出者　踏路社」と明記した。

現在の「演出」を意味する用語は当時は「舞台監督」が一般的で——本著では「監督」としている——踏路社以前にも「演出」と書いた例がなくはないが、「演出者」との表記は異例だった。踏路社は全部で五回の公演を持ったが、そのうちの三回がこの表記で、残る二回が「舞台監督」である。とすれば、これには何らかの意図があったと解するのが妥当だろう。前述のように「舞台監督」という用語で演出を理解し、その絶対化を唱えた村田実が一枚嚙んでいたのを思えば、演出という仕事を強調したい劇団の姿勢の現れと考えていいのかも知れない。

リアリズムという方針は演技にも装置にも徹底され、八畳の部屋は本物の畳を八枚真四角に敷き、壁も真四角に取り付けた。こういう「自然な芝居」が好意的に受け入れられ、出演料なしの計算とは言え、旗揚げ公演は五十円余の収益があった。

これに勢いを得た同人は、芳原要二や帝劇歌劇部にいた花房静子らを加え、同年六月に同じ劇場で二日間、『悪夢』（武者小路実篤作）を掛けた。そしてこの時、スカイ・ドームと呼んでいたホリゾントを使った。東京の劇場での初使用だが、これには次のごとき背景があった。

旗揚げ公演の終了後、青山はあるグループに頼まれて大阪・道頓堀のアシベ倶楽部（のちアシベ劇場）で演出したが、ここにルント・ホリゾントまがいのものがあった。知識としては知っていたが目にしたのは最初で、その効果を目の当たりにした青山が『悪夢』の戸外の場面に使うのを提案し、木と竹で大きな籠状の骨組みを舞台一杯に作ると、これに布を張って泥絵具を塗った。つまり、クッペル・ホリゾントまがいのものに豆電球の星を吊った。が、舞台を明るくすれば野原の木の影が空に映る。これを気にして十燭光くらいの暗い明かりで全幕を通した。この劇団のリアリズム志向がよく窺えるが、これが新劇初のホリゾントの効果で、観劇した岸田劉生は「絵を見るような芝居だ」との感想を述べた。この公演も「演出者　踏路社」の表記。

同年九月の同じ劇場での二日間の第三回私演に、『春の眼覚め』（ヴェデキント作、野上豊一郎訳、演出者　踏路社）を取り上げた。外国文学の研究と紹介のグループ近代芸術社の若月紫蘭の申し入れで、近代芸術社の主催だった。花房静子のヴェンドラ、村田実のモーリッツ、青山杉作の教師フリーゲントート、岸田辰弥の仮面の人といったキャストで、のちの舞台美術家吉田謙吉もロベルトに扮し、客演の花柳はるみはイルゼを演じた。

青少年の性を描いた本邦初演の『春の眼覚め』は、大入りだった。これまで踏路社をアマチュア扱いしていた警察はこれに驚き、係の警官を派遣して舞台を監視、翌朝責任者の神楽坂署への出頭を命じた。上演禁止を覚悟して出頭した木村修吉郎が、会員組織の二日間の私演だし、戯曲は発売禁止になっていないと訴えると、挑発しないようにとの注意だけで事なきを得た。

十二月の同じ劇場での第四回は一日に切り詰め『マリア・マグダレーナ』（ヘッベル作、吹田順助訳、青山杉作監督）を上演、公演後に岸田辰弥が退団した。踏路社は全員が装置を作り、小道具集めに駆け回ったが、岸田が何もしなかったためにメンバーの不満が爆発、追い出されたのである。岸田は大正八年十月から宝塚少女歌劇に関係したが、その代表作が宝塚レビューのスタイルを決めた『モン・パリ』（昭和二年）である。

大正七年四月の二日間、芸術倶楽部で第五回の私演を持ち、『幽霊』（イプセン作、森鷗外訳、関口存男監督）を上演した。踏路社のリアリズムが頂点に達したと言われた舞台で、村田実のオズワルド、桂久子のアルヴィング、青山の牧師マンデルス、客演の東屋三郎のエングストランドといったキャストだった。

踏路社のもっとも熱心な観客の一人が土方与志だったが、この劇団の魅力をこう書いている。

> 新劇の創始者というと、文芸協会、自由劇場が挙げられるが、私は、最も芸術的な意義から「とりで社」（大正元年）「踏路社」（大正六年）を逸することはできない。
>
> 青山先生は故村田実、関口存男氏らとともにその創立者だった。それは当時において、最も純粋な、演劇創造に良心的な実験的小劇場運動だった。牛込の「芸術倶楽部」での「踏路社」の私演を見ることは、そのころ「新劇ファン」の一人だった私にとって一番大きな感激だった。ほとんど畏敬の心をもって観劇した。（「青山杉作先生のこと」『演出者の道』）

青山も関係した土方与志と小山内薫による築地小劇場の創立は、ある意味で踏路社の後を襲ったものだったと言っていいが、次回公演の『死の舞踏』（ストリンドベリ作）の稽古に入ったころ、村田の中学の先輩で、映画評論家として活躍する一方、天活《てんかつ》という映画会社に入社して純映画劇運動を展開していた帰山教正《かえりやまのりまさ》が――映画という言葉を作って普及させたのが帰山――、踏路社に映画出演の話を持ち込んだ。村田を中心にこれを検討した結果、総意で受諾、同人たちが生活に困っていたからである。こうして完成したのが『生の輝き』や『深山《みやま》の乙女』といった映画で（二本とも帰山の原作・脚色・監督、大正八年九月封切）、ヒロインに花柳はるみが起用された。

この成功から映画芸術協会というプロダクションを作り、帰山と踏路社の同人は十本あまりの映画を撮った。が、次第に仕事が尻すぼみになり、関東大震災で被災するや、協会は解散した。この途中で村田は踏路社を抜け、小山内薫を頼って松竹キネマに入社すると、小山内の指導で松竹キネマ研究所の第一回作品『路上の霊魂』（牛原虚彦脚色・大正十年四月封切）を監督した。以後、映画人として巨匠と呼ばれる第一号の監督になった。一方、青山は協会の解散後、土方に懇願されて築地小劇場に参加した。

## 研究座

慶応義塾大学の出身者を中心に、それゆえに金持ちの息子たちのお道楽芝居と見られていたのが研究座で、西条軍之助、石川治、香取新、十三代目守田勘弥を同人として、鈴木善太郎の舞台監督、渡平民の脚本主任で、『谷の影』(シング作、渡平民訳)や『小しんと焉馬』(吉井勇作)などを出し物に、大正九(一九二〇)年四月の二日間、有楽座で第一回公演を持った。研究座が主として有楽座を使ったのはここの支配人の久米秀治が慶応の出身者だったからで、汐見洋(当時は蓊《しげる》)も第一回公演から加わっていた。

第二回公演を同年十月に二日間明治座で開き、この時から参加した邦枝完二の『金井工作所』や『火あそび』(ストリンドベリ作、楠山正雄訳)、『お露と新三郎』(国枝史郎作)などを上演した。『お露と新三郎』は国枝が伝奇作家としての活躍をはじめる前の戯曲である。

大正十年の二月に有楽座で四日間持った第三回公演には『どん底』(ゴーリキー作、昇曙夢訳)と『地獄へ落ちた写楽』(邦枝完二作)を取り上げ、同年七月の同座で開催した四日間の第四回公演には、長与善郎の大作『項羽と劉邦』(邦枝完二監督)を上演した。経済的に恵まれていた研究座ならではの舞台で、韓信などを演じた汐見が好評だった。西条軍之助の項羽、石川治の劉邦、上山珊瑚の虞美人といったキャストだった。ただし、登場人物の心理の掘り下げが不足で、やや通俗的だと評された。

ふさわしい女優がいるからというので企画されたのが、大正十一年三月の三日間、有楽座での第六回公演に取り上げられた『地霊(『ルル』第一部)』(ヴェデキント作、楠山正雄訳、邦枝完二監督)だった。自称ルルという触れ込みの花柳はるみが、生田葵山の紹介で研究座に入座したのである。妖艶さに欠けると言われたものの、花柳はるみならではのルルだった。

花柳はるみは同年七月の有楽座での三日間の第七回公演、「チェーホフ研究劇」にも出演して、本邦初演の『かもめ』(楠山正雄訳)のアルカージナに扮した。ニーナは客演の初代水谷八重子、トレープレフに汐見、マーシャに宮部静子、ドールンに西条といったキャストで、演出はもう一本の出し物『路を辿りて』(チェーホフ作)の訳者、野口柾夫が担当した。出演者の中でもっとも好評を博したのは、八重子だった。

花柳はるみと水谷八重子は第八回公演(同年十一月の二日間、丸の内保険協会)の『痴人と死と』(ホフマンスタール作、森鷗外訳)や、第九回公演(大正十二年二月の三日間、有楽座)の『鴨(『野鴨』)』(イプセン作、森田草平訳)でも共演した。『野鴨』

では花柳の母に八重子はその娘のヘドウィックという役。花柳は第八回公演の『債鬼』（ストリンドベリ作、森鷗外訳）がことに好評だった。

　第九回公演は小山内薫が演出したが、プログラムの「舞台監督」という表記とは違い、ポスターには「小山内薫演出」とあった。小山内が「演出」という用語を使った最初で、これを見て小山内が出演すると勘違いした人がいたほど、当時この用語は珍しかった。やがての築地小劇場が手垢にまみれた「舞台監督」という表記に替えて「演出」に統一するヒントになったのが、この時だったかも知れない。築地小劇場には何よりも新しさが求められていたからである。

　このころになると研究座はひとつの新劇団として認められるようになっていたが、関東大震災のために活動の中断を余儀なくされた。やっと再開したのが大正十四年一月の帝国ホテル演芸場での一週間の第十回公演で、『沈鐘』（ハウプトマン作、楠山正雄訳、野口柾夫監督）を出した。石川治のハインリットに谷崎玲子のラウテンデラインというコンビだった。研究座の最後の公演だが、これに先立ち汐見と石川は水谷八重子の第二次芸術座に加わって、前年四月の第二回公演の『軍人礼讃（『武器と人と』）』などに出演していた。汐見が汐見洋と改名するのはこの第二次芸術座の公演からだが、ほどなく小山内薫の引きで築地小劇場に参加した。青山杉作もまた土方の線からここに合流したのは前述したが、大正十三年六月に始動する築地小劇場の俳優は、言わばいろいろな劇団からのピックアップメンバーだったということになる。見方によれば、研究座は、そこへの有力な人材提供のプールのひとつだったと言えるかも知れない。

# 第十一章　築地小劇場

## 国民文芸会と「演劇の民衆化」

大正五（一九一六）年ころからの民衆芸術をめぐる動きは前述したが、次いで起こったのが「演劇の民衆化」という問題で、これを中心的に推進したのが国民文芸会だった。

わが国初の政党内閣である原敬内閣（大正七年九月成立）のもとに国民文芸会が発会したのは、大正八年の四月だった。床次《とこなみ》竹次郎内相が相談役に就任し、逓相や外相、文相や陸相といった大臣をはじめ、岡鬼太郎、小山内薫、久保田万太郎、久米正雄、田中純、吉井勇らの文学者、侯爵で貴族院議員の小村欣一、東京地方裁判所部長判事の三宅正太郎、鈴木商店関東総支配人の長崎英造、玄文社の結城礼一郎、医学博士の伊丹繁ら、さまざまな分野の二百余名が会員になった。国民生活の諸問題が思想問題の色彩を帯びはじめた現在、各階級を通じてもっとも親しまれ、また、影響力の大きいのが演劇だから、まず劇壇の刷新を図り、順次他の文学芸術に広げていくというのが国民文芸会設立の趣旨だった。演劇面に限って見れば、大正版の演劇改良会だと言っていい。ただし、明治期のそれが演劇の高尚化を意図し、その意味で演劇を大衆から引き離そうとしたのに対して、国民文芸会は上から「演劇の民衆化」を図ろうとしたのが特色で、官民一体で取り組もうとした裏には、「民衆」をどう掌握するかの政略的な問題があった。

このころには政局が緊迫するごとに、民衆が国会議事堂に押しかける光景は珍しいことではなくなっていた。加えて吉野作造をはじめとする進歩的なジャーナリズムの言説は民衆の政治参加への欲望を促し、大正八年には普通選挙期成同盟会が活動を再開、普選運動は急速な高まりを見せていた。一方、社会主義運動も息を吹き返したが、一九一七（大正六）年のツァーを倒したロシア二月革命が社会主義者の背中を強く押すとともに、ソビエト政権の誕生を告げた同年の十月革命が、彼らをさらに勇気づけた。大正八年七月以降の米騒動は、支配層にロシア革命を思わせる動きとして大きなショックを与えたが、原内閣の発足は米騒動の余燼のくすぶるさなかだった。さらには日本も参戦していた第一次世界大戦が、ロシアのロマノフ王朝崩壊以後はデモクラシーの戦いだと言われはじめ、ロシアにつづいてドイツにも革命の波が波及して、翌年十一月にはウィルヘルム二世がオランダに亡命、共和制が宣言された。その翌日の十一日に、四年四か月にわたった第一次世界大戦が、ドイツの敗北で幕を閉じた。

こういう情勢の中で国民文芸会が組織され、「演劇の民衆化」が唱えられたが、その背後にあったのは明治期の「改良」に代わっての、「改造」というイデーだった。もっとも大きく俯瞰すれば、第一次世界大戦後の世界の「改造」だった。講和会議がそれである。これを頂点にさまざまな「改造」の動きがあったが、そのひとつに大正八年四月に改造社から『改造』という総合雑誌が創刊されたことがあり、創刊号には安部磯雄の「労働者改造の急務」や、与謝野晶子の「女子改造の基礎的考察」という論文が載った。北一輝は「国家改造案原理大綱」（のちの『日本改造法案大綱』）を脱稿し、パリ平和会議で日本の外交の遅れを痛感した政界人や言論人は、帰国するや大日本改造同盟会を結成した。また、同年八月の友愛会結成七周年大会で挨拶に立った創立者の鈴木文治は、「日本は今まさに世界の日本に移らんとする過渡期にさいしてあらゆるものの改造を要します。吾々としてはまず友愛会の改造をもって日本改造の第一歩にしなければならないと思います」と述べ、大正九年末には東京市長後藤新平が東京市改造計画を作成した。官民一体となっての国民文芸会の「演劇改善」もこういう流れの一環で、その裏にあったのは、前述のごとき社会情勢を踏まえての、原敬内閣の民衆対策という側面だった。

米騒動をきっかけに発足したこの内閣の政策のひとつに、教育の改善があった。画期的な高等教育機関の増設がはかられる一方、文部省は従来の通俗教育という呼び方を社会教育と改め、大正十三年に社会教育課を設置すると、各府県に専任社会教育主事を置いて国民教化に乗り出した。国民文芸会はそういう内閣の内相が関与していたから、その政策が反映しないはずがない。演劇刷新を目的とする国民文芸会が対象にしたのは歌舞伎や新派などの多くの観客を集める大劇場の演劇で、芸術座解散後の衰退期であったとは言え新劇が対象にならなかったのは、マスとしての民衆の教化を第一の目的としていたからだ。

では、国民文芸会は、あるいはその会員は、大劇場の実態をどう見ていたか。

田中純はこう書いている。

日本の今日の大劇場の演劇が、果して社会の多数《マス》の所有物であるか否かは、また別個の新しい問題である。事実を言へば、今日の演劇は、小数の資本家や俳優の所有である。社会の多数は、それに対して可なり多くの不満を感じて居ながら、それを適当に表白して、資本家に強要することが出来ないために、不満足ながらも、資本家の巧妙な商策に引きづられて、たゞ諦めて居るのである。若し、さうした機会さへ与へられゝば、社会の多数は、何時でもその要求するところを主張するに違ひない。また、資本家や俳優にしても、さうした要求を知る機会を得さへすれば、恐らく喜んでその要求に従ふであらう。最も重要な点は、如何にしてその民衆の要求を表白する機会を作るかと云ふ点にある。

私は、さうした意味から、今日の劇壇に、一種の仲介的作用を持つて居る団体の存立することを必要だと思ふと共に、さうした団体の意見が、常に深い民衆的自覚の上に組立てられて居らねばならないことを思ふものである。（「小劇場運動と劇壇のデモクラシイ」『新潮』大正八年七月号）

この一文が載った『新潮』は「国民文芸会の意義如何」という副題の付いた「演劇革新の実際運動」という特集を組んでいたが、国民文芸会から興行師や俳優が排除されていたのはこういう考えに基づいてのことで、興行師や俳優に独占されている大劇場の演劇を民衆に解放しようとしたところにこの会のデモクラシー性があり、「演劇の民衆化」が云々された所以があった。しかし、国民文芸会のあり方や運動については、強い疑念も表明された。秋田雨雀は前掲の『新潮』の特集に「国民文芸会と日本演劇の諸問題」という一文を寄せて、国民文芸会に内務大臣が関与している限り、直接間接に内閣の政治的意見を反映させようとするだろう。国民文芸会もその意見に妥協するだろうと述べ、日本の芸術は国民のものだが、日本の政治は国民のものではないことに大方の注意を喚起した。

さて、国民文芸会の最初の事業が大正八年六月の新富座の新派公演『夜明前』（小山内薫作）で、これには久保田万太郎、長田秀雄、吉井勇が補筆した。が、評判は悪かった。また、「演劇の民衆化」が唱えられるや敏感に反応したのが興行師で、松竹は「さかえ日」と称する日を設けて、労働者に劇場を解放した。

松竹の白井松次郎が主催者になり、林府知事の後援を得て、今度大阪に「さかえ日」なる観劇方法が開催されました。是は、一般労働者諸君に、至極低廉な場代で以て入場観覧せしめて、一種の慰安法を講じたいと云ふ趣意で出来たものです。其の第一回は七月一日に、浪花座に於て（二代目中村）鴈治郎（三代目中村）梅玉両氏一座に依て開場されました。

（中略）尚松竹では、今後毎月一回若しくは二回宛、此の催しを引続き実行するさうです。（『演芸画報』大正八年八月号「消息」のうち）

この日は二代目実川延若一座出演の中座、曾我廼家十郎一座出演の角座、沢田正二郎らの新国劇出演の弁天座が一斉に「さかえ日」を催したが、中でも弁天座はすべて無料の入場者で埋まった。

不評の『夜明前』の上演から三か月後、国民文芸会は懸賞脚本の募集要綱を発表した。芸術的に優れた脚本（甲）、社会教育の作興に資する脚本（乙）、子供のための脚本（丙）の三種があり、締め切りまでに六百一本の応募があった。予想以上の応募作で審査が手間取り、入選発表は翌年の二月になった。結果は「丙」の一本のみ入選で、「甲」も「乙」も入選作がなかった。このうち「甲」の選外佳作の『辱《けが》されし村』（西田鷹正作）が『美かりし村』と改題され、長田秀雄の改訂を経て河合武雄の主演で明治座で上演された（大正九年十月）。が、ほとんど反響を呼ばなかった。なお、国民文芸会が母胎になって、大正八年十一月に雑誌『人間』が玄文社から創刊された。が、四号で玄文社の手を離れて人間社の時代になると、『人間』は大正文壇の典型的な文芸誌になっていった。そのきっかけを作ったことが、国民文芸会の功績のひとつだと言えるかも知れない。

国民文芸会が改めて社会の耳目を集めたのは、その中心人物の小村欣一が「演劇改善」の問題提起をしたことによる。「社会的に見た我劇界の諸問題」（『週刊朝日』大正十一年五月七日号）という一文。ここで小村は以下のような問題点を指摘した。

①脚本第一主義
②上演時間短縮
③連中制度の全廃
④観劇料金の引き下げ
⑤幼児の入場制限
⑥検閲制度の再考
⑦女優養成

これを踏み台に国民文芸会は七月二十八日に上演時間短縮問題についての会合を開き、理事が警視総監を訪問して意見書を出すことを決定、八月七日に国民文芸会と劇作家協会（大正九年五月結成。国民文芸会の文士側メンバーは劇作家協会の会員でもあったので、この二つの団体は相互に補完するような形で運動を展開した）の「演劇改善」実行委員が堀田貢警視総監を訪ね、意見書を提出した後に懇談した。その場で警視総監から警視庁令改正の研究に着手するとの回答を得たが、同じ日に会津東山では松竹の大谷竹次郎、帝劇の山本久三郎、市村座の田村寿二郎《としじろう》がこの動きに対する興行者側の態度を協議・相談していた。その後十二月八日に警視総監官邸で国民文芸会、劇作家協会、興行者側が顔を合わせて「演劇改善」の合同協議会が開かれ——この時は警視総監は赤池濃に交替していた——、上演時間短縮、観覧料低減、検閲制度改善について討議に入った。が、上演時間短縮については当初から文士側と興行者側とに深刻な対立があった上に、小劇場の公園劇場（常盤興行）の小泉丑治が文士側についたために大劇場総攻撃の観を呈し——田村寿二郎は海外旅行中で欠席——、観覧料問題でも議論が紛糾して議題はすべて結論が出ず、問題を特別委員に付託するのがやっと決まっただけだった。

協議会の終了後、赤池総監や小村欣一を中心に懇談が持たれ、幼児入場制限を加えた四つの問題についての四分科会を設け、今回の出席者の中から文士側の委員を警視総監が指名し、興行者側は松竹、帝劇、市村座、公園劇場の幹部が互選で四分科会に参加し、該当官庁や警視庁からも委員を出すことが決まった。文士側の委員は次の通り。

時間短縮問題委員＝小山内薫、灰野庄平、近藤経一、長崎英造、岡本綺堂、伊原青々園、長田英雄
観覧料低減および連中制度全廃問題委員＝福地信世、吉井勇、渡辺鉄蔵、田中純、佐藤紅緑、里見弴、山本有三、山崎紫紅
検閲制度改善問題委員＝三宅周太郎、中村吉蔵、久米正雄、池田大伍、菊池寛、岡鬼太郎
幼児入場禁止問題委員＝久保田万太郎、結城礼一郎、仲木貞一、藤沢清造

「演劇改善」の第一回の分科会として時間短縮問題と観覧料低減・連中制度全廃問題の二つの委員会が開かれたのは十二月二十一日だったが、興行者側はいずれも大問題として即答を避けて進展を見ず、二十六日の文士側と興行者側との二度目の合同会議の席で、赤池濃警視総監が上演時間と連中制度についての改正案を提出した。上演時間は六時間以内、一脚本で六時間を超える時は八時間以内、年二回の例外興行を認め終演は午後十一時以内というもので、連中制度については観劇勧誘を目的とする切符の配布は絶対禁止という内容だった。この案がこの会議で決定し、翌大正十二年二月一日からの実施を内定した。警視庁令第十五号の第五十八条と同六十条の条文改正となったのである。そして予定通り実施された。が、改善五項目のうち二つに決着をつけた形で、演劇改善運動は実質的に終わりを告げた。ただし、その討議の過程

で新たな問題が生じた。国立劇場設立運動がそれで、これも「演劇の民衆化」に端を発した動きだった。

## 国立劇場設立運動と小劇場運動論

国立劇場設立に向かって最初に具体的に取り組んだのは、文芸協会演劇研究所三期生の笹本甲午《こうご》だった。笹本はオペラをはじめとして新しい芸能を開花させていた浅草の民衆を対象に、低料金で芸術的な演劇を提供するには、営利を目的としない国立劇場を建設するのが一番だと思いついた。その提唱に際して同郷佐賀県の名士で貴族院の有力者であり、芸能界のパトロンとしても知られる小笠原長幹伯爵を訪ねて、相談した。小笠原伯に請願書を貴族院と衆議院の議員に送ること、劇界が結束して請願することと教えられた笹本は、自分で請願書を書いて高田保や小生夢坊《こいけむぼう》など、浅草の演劇人の賛成を求めた。都新聞（現・東京新聞）が笹本の請願とその反響をこう報じている。

現代の我国劇場の組織と構成及び劇場当事者の態度と提供しつゝある演劇の内容とに不満だとあつて笹本甲午氏は今議会に国立劇場建設に関する請願書を提出したが貴族院は柳原義光伯が衆議院は鳩山一郎氏（注＝戦後に首相）が紹介する事となり其採択通過を期すべく運動を起した氏は語る「芸術も娯楽も改造されて文学彫刻絵画音楽凡てが現代化されて居るのに独り演劇ばかり依然として改造されないのは歯痒い事で市民の娯楽機関も亦民衆的でない組織になつてゐるから此際単純な営利事業でない経営の国立劇場を建設する事を希望して此請願を出した」と（大正十年三月十六日号）

この記事が出た三日後、鳩山一郎が笹本甲午を請願者として、「国立劇場請願ノ件」を衆議院で報告する運びになった。請願の趣旨はこうだった。

本請願ノ要旨ハ欧米諸国ニ於テハ宮廷劇場又ハ国立劇場ノ存スル在リト雖モ我ガ国ニハ丸ノ内帝国劇場アルノミニシテ遠来ノ外賓ヲ慰ムルニ足ル設備ナキヲ遺憾トス且演劇ハ道徳的並芸術的社会的ニ与フル感化甚大ナリ依テ速ニ国家経営ノ大演劇場ヲ設立セラレタシト謂フニ存リ（『44帝国議会衆議院請願表』より）

鳩山一郎の報告は国政レベルに組み込まれたが、その裏にはこの年の三月から九月までの皇太子裕仁（のちの昭和天皇）

の欧米外遊と、接待のされ方という問題があった。

演劇の価値が認められ、その社会的存在意義まで肯定されるようになつた今日、未だ宮廷劇場乃至、国立劇場と云つたものゝ建設を見ないのは、欧米諸国に対しても内心わが日本の自負心を傷つけられること少くない。動機が奈辺に在るかは別問題として、先きの議会に於いて、鳩山一郎氏等によつて国立劇場の建築を請願されたことは、とにかく悦ぶべき企画と称せざるを得ない。聴く処によると、議会でもその必要を痛感し、既に書類は内務省社会局の手へ廻つて目下それぞれ考究中であると云ふ。早い話が、畏《かしこ》くもわが東宮殿下が欧州御訪問に際しても、各国凡てが宮廷劇場又は国立劇場にお招きしつゝある。若し伝ふる如く、英吉利《いぎりす》の皇太子殿下が明年或は明年後に御光臨さるゝやうなことのあつた場合、一体どこの劇場へこの貴賓を迎へ奉る心算《つもり》であらうか。国家が演劇を保護してその向上進歩を図らしめる手段の奈何《いか》に正当であるかは云ふまでもなく、一面に於いてかくの如き国交上の政治的な意味から云つても、一日も速かに建設さるゝべきものである。（「演芸消息」『演芸画報』大正十年八月号）

認識としては明治時代の演劇改良時と一向に変わらなかったわけで、国立劇場建設発議のそもそも明治三（一八七〇）年から十年間、フランスに留学して帰国した西園寺公望が光明寺三郎や十二代目守田勘弥に接触して、国立劇場の必要性を説いたことだった。新富座や歌舞伎座、帝国劇場といった劇場は、それぞれの開場の時点で国立劇場的な役目を果たしてきていたが、たまたま笹本甲午の請願と皇太子の外遊が重なった結果、笹本の趣旨とはすり替わる形で国立劇場の設立がひとつの懸案になったのである。前述の「演芸消息」が載った『演芸画報』は「国立劇場論」と題する特集を組んでいたが、問題に火を点けた笹本はこの特集に先立つ八月二十一日に脳脊髄膜炎で没していた。享年二十七。

民間で国立劇場問題が注目されるにいたったのは、前述の大正十一（一九二二）年の年末に持たれた「演劇改善」第一回分科会の観覧料および連中制度問題委員会での山本有三の発言が契機で、議論百出してまとまりがつきそうにないのに業を煮やした山本が、解決するには国立劇場か帝室劇場を建てるしかないと提言したことだった。これが翌年の一月三十日に開かれた劇作家協会の会合で、俄然問題になった。

劇作家協会が主となつて今度代議士永井柳太郎氏の手に依つて国立劇場建築を建議すると云ふ協議会が卅日の午後六

時から京橋尾張町カフェーライオンの三階に開かれた。
来会者は中村吉蔵、秋田雨雀氏を筆頭に二十六名、岡本綺堂氏を議長にして、小山内薫、山本有三両氏が劇場設立の趣意を説明したのに対し、中村吉蔵、秋田雨雀、金子洋文の三氏が之に極力反対し、結局は会全体の決議として請願するか或は一部有志としてやるかと問題は紛糾に紛糾を重ね中には瀬戸英一君の如きは八時半に奮然立って退席する等あはやナイフ飛び、フォーク散る迄の激論に入った、右に就き中村吉蔵氏は曰く「国立劇場は要するに芸術の新しい運動を妨害する、即ち政治社会両状態が、今の様では官僚、資本家階級の手先になり易い、あゝした者《(ママ)》が建設されれば軍国主義、誤られし愛国主義の宣伝の要具にされはせまいか現に国粋会とか大和民労会のあるが如くに、又一方国家の目下の財政から云っても多大の経費を失する余裕があるまい」と因《ちなみ》に同氏等は今回の事が動機となって本当の芸術家の真面目を持する上に止むを得ず同協会を脱退する意向がある。（「読売新聞」大正十二年一月三十一日号）

劇作家協会としては建議を可決し、反対者は自由意志に任すとの提案が承認され、国立劇場建設に関する決議文ならびに建議案を起草することに決定した。これに対して反対論者は積極的に論陣を張り、たとえば秋田雨雀は読売新聞の同年二月一日から三日まで「国立劇場設立請願に反対す」という文章を三回書き、中村吉蔵も「国立劇場設立運動者に問ふ」という一文を同紙の同年二月十四日号に発表した。同様の趣旨なので、雨雀のものの一部を引用しておく。

民衆は今や明瞭な意志を持ってゐる、政府も亦意志を持ってゐる。そしてこの二つの意志は到底融和することの出来ないものだ。一つは保存で他は創造だからだ。（中略）
私はまた今回の提議者の中に漠然とした主張者を見た。その人達は国立劇場には大した期待を持ってゐないが、劇場のある方が、ないよりはいいと言ふ。またある人は政府によって従来の劇場以上の大劇場が生まれたならば、新しい試みも出来るではないかといふ。小劇場であらうが、大劇場であらうが、それが国立劇場である以上は政府の管理内にあることは無論である。さういふ大劇場で演ぜられるものから、今日の国家、今日の支配階級、今日の特権階級の要求するもの以外に、新しい試みが生み出されやうとは、どうして考へられやう？

これに対して賛成者からの反論はなかった。中で岡本綺堂門下の劇作家で国民文芸会の会員だった小林宗吉が、反対論者はコミュニズムの立場からのようだとして、もしそうなら日本の既設機関すべてに反対でなくてはならないとして、こうつづけた。

たとへコミユニズムの上に建てられた政府にしても、何にしても政治となつたら必ず、何等かの形に於て強権は伴ふものだといふことである。此の世に怠慢な人間性が続く限り、人間の邪悪が残される限り何処まで行つても各人は絶対の自由は得られやしない。官憲々々と云ふが、果して労農政府は日本の官憲以上の圧迫を民衆に加へてゐないだらうか、これはたしかに問題だ。（中略）

理想的に、真の国立劇場は民衆の苦闘の中からこそ生れなければならないとしても、それが一体いつの事だらう。日本の今日の民衆がどれ丈自覚し確な意志と能力とを有してゐるのだらう。

実際問題から見て、目下の日本国家が果して巨額の費用を要する国立劇場の建設を可能ならしめるか、これは自分達もさう楽観的に考へてはゐない。しかし、設立したいといふ意志は誰よりも持つてゐるものである。（小林宗吉「国立劇場建設問題と国民文芸会の立場」「都新聞」大正十二年二月二十・二十二日号）

が、同日の読売新聞に推進派の小村欣一の、国立劇場設立の予算案を今度の議会に提出するのは時期尚早だという談話が出たようにこの問題の見通しに陰りが見えはじめ、ほどなくの関東大震災がこの動きを止めた。

深く思想に関わっていた「演劇の民衆化」の動向や国立劇場設立に関する動きの中から、もうひとつの問題が派生した。今必要なのは大劇場か小劇場かという議論である。

## 小劇場運動をめぐって

芸術座の解散と国民文芸会の設立が、多くの新劇人に新劇運動のある転換点だと感じさせたが、この動きの中から生まれたもうひとつの問題が、秋田雨雀を中心とする小劇場運動の提唱だった。

芸術座の解散直後に『文章世界』は「芸術座の解散と新劇の前途」という特集を組んだが（大正八年三月号）、これに「新劇運動に対する二つの希望」と題する一文を寄せた秋田雨雀は、まずはじめに「真面目な小劇場を起すこと」と書いた。つづいて国民文芸会がその設立の目的を理解してもらうために五月七日に帝国ホテルで開いた劇作家招待会の席上でも、議論百出の中で雨雀は小劇場の必要性を主張した。これに対して『新潮』が「国民文芸会の意義如何」との副題を付けて「演劇革新の実際運動」という特集を組んだ時に（同年七月号）、国民文芸会の理事田中純は雨雀を念頭に「小劇場運動と劇壇のデモクラシイ」という文章を寄せて、以下のように批判した。

小劇場運動の論議に於て、最も滑稽なことの一つは、さうした運動を主張する人が、大抵自らデモクラシイの使徒だと思つて居るらしいことである。私は、その一例として、お気の毒だが、秋田雨雀君を槍玉に挙げるが、同君は先日或る会合の席で、吾々が大劇場の革新に力を尽くすことは、要するに社会の資本家を擁護することになると言ひ、更に、その代りに小劇場の運動を助るが可いと明言した。資本家を擁護してならないと云ふ同君は、無論デモクラシイの賛成者に相違ないが、その同君は、一体、小劇場の運動をデモクラシイの運動とでも思つて居るのだらうか？

しかし、私から見れば、小劇場の運動くらゐ、非デモクラチックなものはないだらうと思ふ。小劇場の観客は、既に述べた通りに、非常に少数の選ばれたる人々でなければならないと云ふ約束を持つて居る。彼等は、その知識に於て、その頭脳に於て、社会の少数者であり、貴族でなければならないばかりでなく、その財力に於ても亦、少数者であり、貴族でなければならない。三千人の観客を容れ得る大劇場と、三百人の観客をしか容れることの出来ない小劇場と、何れが観客の負担力が大きいかくらゐは、小学校の生徒にだつて解る道理である。（中略）

だから、小劇場の運動は、それが或る人々に取つてどれだけ必要なものであらうとも、演劇界の全体から見れば、常にその傍流として進むべきものであつて、それが劇界の主流となることは出来ない。劇界の主流は、何時の時代に於ても、社会の大多数の嗜好によつて保持せられ、指導せらるべき運命を持つて居るのである。つまり、社会の多数が持つて居る演劇こそ、劇壇の主流となるべきである。だから、今日の大劇場を敵《かたき》として、それに代るべき小劇場を興すことが、演劇の革新であると考へるやうな考へ方は、その考へ方自らの中に既に幾多の矛盾があり、演劇の理想論としても、むしろ無意味な主張である。（田中純「小劇場運動と劇壇のデモクラシイ」）

槍玉に挙げられた秋田雨雀の小劇場論の特色は、真の民衆劇場誕生までの一過程として小劇場を考えようとしていたことだ。

……日本演劇の全体の進んで行く道については私は二つのものを要求したいと考へるのである。それは
一、小劇場
一、民衆劇場
の運動である。殊にこの第二の民衆劇場といふものに達する一つの階段として、又必然にそこを通らなければならぬ小劇場の運動は、目下最も必要のものと私は考へてゐる。今日小劇場の運動を主張するのは、先づ今日の劇場の見物や、今日の劇場経営者の手から従来のすべてを一旦奪ひ取ってしまって、真個の人類の正しい要求によって生れたものとしたいといふ欲望からである。何時か田中純君が小劇場の主張者の中に民衆運動の賛成者のあるといふことは矛盾である。つまり、小劇場といふものは民衆運動に反対の傾向を持ってゐると言はれたのを見て、一寸驚いた位であった。（中略）

要するに小劇場の運動は殊に正しい民衆——民衆といふことを口真似に言ふのを私は恥辱に思ふ。——の生活及びその思想を民衆自身が表現するために従来の演劇の伝統から脱しようとする運動、若しくは伝統の《（ママ）》に対する反抗運動であると思ふ。この心持が真個に理解されなければヨーロッパ近代の演劇運動は全く理解の出来ないわけである。

次に、真個の意味の民衆劇場の運動、大劇場の運動はこの第一の小劇場の運動の精神の必然に歩いて行く結果として現はれて来るものであって、決してこの二つは矛盾するのではない。（中略）

そこで、この民衆劇場の運動は従来の劇場の改良や或ひは脚本の改善によって行はれるやうに思ふ人もあるやうであるが、私はこれに対して全く反対の意見を持ってゐる。今日の劇場資本家や、今日の劇場関係者が的になるものならば私達は何も心配しないのである。又今日の劇場組織がこの民衆運動を究め得るならば何も心配しないのである。そこで正しい意味の民衆劇場の運動はどうしても「価値顚倒」が行はれる時でなければならぬ。今日の民衆運動が、若し其方向に向って進んでゐないものとすれば全く意味をなさないものである。近頃、大きな劇場資本家がいゝ俳優にいゝ芝居をやらせて、安い料金で一般の人々に見せてやることを計画してゐるといふ。併し、夫《（それ）》がどれ丈根本的な運動であるか疑はしいと思ふ。要するに真個の大劇場の運動は、先づ小劇場の運動からこそ生れて来るべき筈のものである。（秋田雨雀「小劇場大劇場の問題」『新潮』大正九年四月号）

大正十二（一九二三）年は小劇場議論の最隆盛期で、二つの雑誌が同時に小劇場特集を組んだ。『新潮』の「現下の新劇運動と小劇場問題」と、『演芸画報』の「最近勃興しつゝある小劇場運動」がそれである（ともに六月号）。同時にこのこ

ろになって見えてきたことのひとつは、第一次世界大戦の結果としてのヨーロッパの没落とアメリカの台頭という地殻変動を反映して、従来専らヨーロッパの小劇場運動に目を向けていた演劇人が、アメリカのそれに関心を寄せはじめたことだった。アメリカの小劇場の動向はH・モダウェル、コンスタンス・D・マッケイ、K・マクゴワンといった評論家や演劇史家によって次々と著作にまとめられていったが、それらの小劇場論は菊岡進一郎訳モダウェル『現代の劇場』（大正九年刊）や渡平民訳マッケイら『欧米演劇史潮』（同十年刊）などによって紹介され、わが国の一部の識者に知られはじめた。ことにアメリカの小劇場が自宅や倉庫を改造して自らの劇場にしたような「貧しさ」が、わが国の新劇人にヨーロッパのそれより身近に感じさせたという要因もあった。雨雀も紹介されはじめたアメリカの小劇場を視野に入れていた一人で、近代の小劇場史を振り返った時に、アントワーヌの自由劇場（一八八七年）やストリンドベリの室内劇場（一八八八年）、モスクワ芸術座（一八九八年）やイギリスの独立劇場（一八九一年）と列記した後、ラインハルトやコポーの小劇場運動をカットして、アメリカのそれに言い及んだのである（「小劇場及び民衆劇場運動に就て」『批評』大正十一年六月号）。そして小劇場は演劇の実験室であり研究室であり、芸術至上主義の殿堂だという多くの小劇場主義者の理解とは異なり、雨雀の、演劇の民衆化の一方法としての小劇場という考えが孤立して見えたのは、小さなコミュニティー・シアターを志向するアメリカの小劇場運動の波に雨雀のそれがいち早く洗われはじめていたためだと思われる。

## 小劇場の実態

ところで、『新潮』の小劇場特集には三島章道の「日本の小劇場に就いて」という一文が載っていて、その中で三島はこのころの東京小劇場、研究座、わかもの座、青騎手小劇場、丹青座、先駆座、国柱文芸会、労働劇団などに触れている。このうち研究座、わかもの座、国柱文芸会には言及したので、後述する労働劇団以外の小劇場を紹介する。

東京小劇場は前身を室内劇と称した。創立者の一人である飯塚友一郎は大正八（一九一九）年に創作劇場（前述）を結成していた。室内劇は飯塚が益田甫と一緒に興した新劇の研究団体で、第一回試演として大正十年三月の一日だけ、飯塚邸内の座敷で『扉を開け放して』（アルフレッド・スウトロ作）と『寡婦』（スタンレー・ホートン作）を上演した。演劇と日常生活が乖離しているのを問題視して、真の生活を表現しようと十畳ほどの日本間を舞台として使った。第二回を同年十一月に同じ場所で持って『老船長の幻覚』（有島武郎作）と『三角』（益田甫作）を上演、翌年二月の第三回も飯塚邸で『その妹』（武者小路実篤作）を手掛け、初代水谷八重子が静子を演じた。二か月後の第四回も同邸で持たれ、芸術座出身の宮部静子らを加えて『彼女の夫』（谷崎潤一郎作）を上演するかたわら、水谷八重子が『藤娘』を踊った。益田はこれらに出演したほか演出や装置も担当したが、この後室内劇を東京小劇場と改称して、その第一回公演を大正十二年の三月に三日間持った。「小劇場」と名乗ったのは小劇場論者の飯塚の意識の反映で、反商業主義を設立の趣旨として謳った。森英治郎やその夫人の出雲美樹子らの出演による『愛なき人々』（谷崎潤一郎作）が出し物で、借りる劇場がなくて飯塚邸での上演だったが、東京小劇場はこれ一回で終わったらしい。

青騎手小劇場は近代劇協会（前述）の経営実務を担当し、白樺演劇社の創立に加わった岩淵甚四郎が主宰した。そこでまず白樺演劇社について書く。

これは雑誌『白樺』の同人たちが創立した劇団で、結成のいきさつは長与善郎、犬養健、近藤経一らの若手が、自分たちの見たい芝居を上演しようということにあった。が、先立つのは資金だったが、大口の寄付者として長与が有島武郎に当たったところ、千円を提供してくれた。俳優は公募の素人を採用し、実務を担当したのが岩淵で、初の試演会が大正八年七月の一日だけローヤル館で持たれ、『二つの心』（武者小路実篤作）と『パリアス』（ストリンドベリ作、森鷗外訳）が上演された。第一回公演を二か月後の有楽座で三日間開催し、『兄妹』（ゲーテ作、関口存男訳）と『稲妻』（ストリンドベリ作、森鷗外訳）を出した。その後数回の公演を持ち、大正十年六月の二日間「最後の試演会」と称して本郷の追分青年会館で『小曲』（武者小路実篤作）と『山の宿』（長与善郎作）を上演して、十月に解散した。

岩淵甚四郎がここの二期生と大正九年十月に結成したのが青騎手小劇場で、同年十一月に丸の内の保険協会講堂で第一回試演会として『画家と村長』（武者小路実篤作）と『パリアス』などを上演した。大正十年四月に同じ場所で第二回試演会を開催して『白鳥の歌』（チェーホフ作）と『債鬼』（ストリンドベリ作、森鷗外訳）を上演、その後関西を巡演して気を吐いた。同年十月に『仲間』（ストリンドベリ作、楠山正雄訳）などによる第三回試演会を持った後、大正十一年六月に丸の内鉄道協会で第四回試演会として『挑戦者と被挑戦者』（岩淵甚四郎作）と『ペリカン』（ストリンドベリ作）を上演して、解散した。

創作劇場の解散後、林幹が中心になって結成したのが丹青座で、大正十一年八月に一週間、有楽座で『人間親鸞』（石丸梧平作、村田実監督）を上演して旗揚げした。親鸞を林が演じ、創作劇場での関係から村田が法善に扮した。第二回公演は大正十二年五月に三日間、駿河台下の中央仏教会館で『科学食糧会社』（藤井真澄作）と『その妹』（武者小路実篤作）を上演した。『科学食糧会社』は表現主義を採った創作もののひとつだが、滑稽に失して失敗だとの評が出た中、村田実が演じたボーイが好評だった。

築地小劇場の始動が評判を呼んでいた大正十三年六月の一週間、なぜか国民劇と改称して牛込会館で第三回公演『日本第一の智者』（藤井真澄作）や「漫画喜劇三巻」と称する『シグスとマギー』などを上演し、第四回公演も創生劇を名乗って大正十五年七月の三日間、「同愛会五周年記念演劇会」として国民新聞講堂で『選挙と路行く人』（伊藤忞《つとむ》作、村山知義演出）や『源三郎のこゝろもち』（花夢二作、林幹演出）などを上演し、前者には石川治や千田是也も出演した。第五回公演も「創生劇ページェント」として同年九月の一日だけ、日比谷公園の新音楽堂で『レ・ミゼラブル』（ヴィクトル・ユゴー原作、久米正雄脚色）と『地蔵経の由来』（久米正雄作）などを上演、前者のジャン・ヴァルジャンを林幹が演じたが、これが丹青座から国民劇、さらに創生劇と改称してきたこの集団の最後だった。

先駆座はこの名でよりも土蔵劇場として知られたが、立ち上げたのは新宿の中村屋の創業者、相馬愛蔵である。芝居好きの愛蔵夫妻を中心に、中村屋の二階で「土の会」という脚本朗読会が毎週土曜日に開かれていた。これが蒿じて芝居の真似ごとをするようになったころ、愛蔵は麹町平河町の子爵邸を購入した。ここに土蔵があったのでこれ幸いと三間に五間の広さの室内を中央から仕切り、半分を舞台に、残りの半分を客席にして、舞台には三尺のプロセニアムを取り付けて照明器具を仕込み、劇場にした。小劇場運動のパイオニアを自負して劇団名を先駆座とし、「土の会」の中心メンバーだった秋田雨雀をはじめ、雨雀のところに出入りしていた佐々木孝丸、雨雀と佐々木を結び付けた詩人の佐藤青夜（誠也）、一時踏路社に関係した川添利基、佐々木とともに大正十年十月に再刊された雑誌『種蒔く人』の同人だった柳瀬正夢《まさむ》（美術を担当）、俳優の河原侃二《かんじ》らが先駆座の同人として名を連ねた。

第一回の試演会は大正十二年四月の二日間、土蔵劇場で開催され、表現派風の『手投弾』（秋田雨雀作）と『火遊び』（ストリンドベリ作）を上演した。演出は川添利基。観客はすべて会員組織で、佐々木孝丸は観劇した有島武郎からコメディアンの素質があると褒められて、俳優になる決心をした。ただし、同人に女性がいなかったので、相馬家の娘やその学友を拝み倒して出演させた。

土蔵を劇場にした相馬愛蔵の意図はともかく、先駆座の同人にはアメリカの小劇場運動の知識があった。佐藤青夜は取材の新聞記者に魚の倉庫を改造したボストン近郊プロヴィンスタウンの波止場劇場のことを話した。その意味では、土蔵劇場とアメリカの小劇場はダブルイメージされていた。が、土蔵劇場は九月一日の関東大震災で倒壊したので、ここでの公演は一回で終わった。その割に名が知られたのは、珍しくて印象に残ったからだろう。

第二回の試演会は大正十三年四月の二日間、早稲田スコット・ホールで持たれて『仲間同士』(ストリンドベリ作)、『水車小屋』(秋田雨雀作)、『運まかせ』(アナトール・フランス作)が上演され、「土の会」に顔を見せていた花柳はるみや仲島淇三《きぞう》(のちの仲沢清太郎)らも出演した。『運まかせ』は「アナトール・フランス生誕八十年記念」と謳っての上演で、フランスは雑誌『種蒔く人』の特別寄稿家の一人でもあった。演出は川添。

このころの新劇団は多少関係ある作家や批評家は劇場に顔を見せれば無料招待するのが習慣だったが——現在も変わらない——、佐々木がこれに反対して、有料にした。雨雀が「行き過ぎた」と注意したが、佐々木は強引に押し通した。

第三回試演会は翌大正十四年五月の二日間、万世橋アーケードで開かれ、『アイヌ族の滅亡』(秋田雨雀作)、『エチル・ガソリン』(長谷川如是閑作)、『鯨』(ユージン・オニール作)が上演された。前述の波止場劇場からアメリカ現代演劇最大の功労者であるオニールが育っていったので、その戯曲の上演はアメリカの小劇場との関連で注意したいが、これが先駆座最後の公演になった。この試演会初日の日記に雨雀は「佐々木孝丸の態度が生意気な感じをあたえる。あの男はあの態度を改めない限りいっしょに仕事をする気にはなれない」(『秋田雨雀日記』第一巻)と書いたが、世代の違いを含む二人の感情的な行き違いが、先駆座を崩壊させたと思われる。数ある小劇場の中でも一際ユニークだったので、その短命が惜しまれる。

なお、築地小劇場の開場に際して一役演じることになる大学の演劇研究会について、ちょっと触れる。

最初に組織されたのは慶応演劇研究会で、発足が大正九年の二月だった。演劇一切の研究を目的に慶応関係者のみならず一般にも窓口を開いていて、小山内薫を会長に、久保田万太郎らが顧問に就き、松居松葉、秋田雨雀、久米正雄、小宮豊隆、岡本綺堂、伊原青々園らを講師とし、彼らによる演劇講座と、会員相互の研究発表が柱だった。築地小劇場の開場に先立ち、小山内が一種の舌禍事件を起こすのはこの研究会主催の演劇講演会でだった。大正十年一月には中村吉蔵を会長に早稲田演劇研究会が誕生し、仲木貞一、秋田雨雀、長田秀雄、島村民蔵、池田大伍、川村花菱、東儀鉄笛らを講師とする演劇講座と、会員四百人の観劇連盟を組織して選んだ舞台を総見し、その後に合評会を持つ活動をつづけた。同年二月には東京帝国大学に帝大演劇研究会が発足した。これは同人による試演を行ったのが特色だった(やがて禁止される)。同年二以後、各種の学校に同様の研究会が作られていったが、演劇の現場とアカデミズムが提携しはじめたのも、このころのことだった。

小山内薫の小劇場論と民衆演劇論

見てきたように、築地小劇場の開場に先立って、小劇場論や小劇場運動論が盛んになった。この波に乗って、土方与志とともに築地小劇場を創立した小山内薫も、それを書いた。同時に、「演劇の民衆化」を意図した国民文芸会に関わって以来、小山内の民衆観に変化が起きた。これを明確に表明したのが『新演芸』の「芝居合評会」での発言で（大正十一年八月号）、小山内は「島村抱月氏が浅草で芝居をやったのにひどく反対したのは僕です。しかし、今はそう思っていません」と口にした。

この民衆観の変化が築地小劇場のモットーにも反映するが、小山内の小劇場論も築地小劇場の創立理念と深く関わる。そこでまずそれを見ておく。「小劇場と大劇場」と題された一文。

これは『新演芸』の「演劇講座」のひとつとして書かれたもので（大正十一年六・七月号）、小山内は冒頭、日本の演劇を一歩でも前へ進めるためには興行師を全滅するか彼らと絶縁するしかなく、小劇場の建設もアンチ・コマーシャリズム（非商業主義）を出発点にしなければ意味がないとした上で、わが国でも制度的に言われてきた大劇場・小劇場とは意味内容が違うのだとのただし書きをつけて、ヨーロッパの大劇場――彼の地で大劇場と言えば祝祭劇場にいたるラインハルトの試みしかなかった――と小劇場の歴史と意味するところを述べた。

先ず「小劇場」の歴史から、申し上げる事にしますが、一体この「小劇場」というものの出来て来た理由は何処にあるのか、「小劇場」の raison d'être（存在の理由）は何にあるのかと申しますと、先ず第一が、舞台と見物席とを近いものにする――即ち、役者と見物とを親密な関係に置くというところから起って来ています。（中略）第二には、普通の劇場ではやれそうもない商売向きでない戯曲を心配なしに演ずるという事、第三には、上演目録を作って、それを一日変りに演ずる制度（即ち、同一の狂言を毎日続けてやらないという制度）と（注＝レパートリー・システムのこと）、見物に座席の予約をさせるという制度（即ち、選ばれた見物を集める制度）を置くという事、第四には、いろいろ変った舞台装置をして見る一種の舞台研究室にするという事――先ず、大体そういった理由から生れて来たのが「小劇場」の運動なのです。

それ故、「小劇場」というものは、「非営業的」であるというのが、その第一の要素で、見物を大勢呼ぼうとか、大儲けをしようとかいう事は、全然考慮に入れていないのであります。詞を代えて言えば、「小劇場」というものは、「劇に対する愛」から起ったもので、「利益に対する愛」から起ったものではないのであります。（中略）それ故、見物席も少ないのが普通で、先ず七八十から三四百が留まりになっています。そして、この種の劇場に集まって来て、働いている連中は、役者でも、戯曲作家でも、舞台装置家でも、電気技師でも、舞台監督でも、そんな同じ芸術的な動機と感激を持っているのです。簡めて言えば、「小劇場」というものは常に芸術としての劇の「研究室」でなければならないのです。それが、「小劇場」というものの最も重大な任務なのです。（『小山内薫演劇論全集』第二巻）

文中、小山内はアメリカでの小劇場運動にも少し触れたが、それはヨーロッパの亜流とされてさほど重きを置かれなかった。小山内のキャリアを思えば無理もない。が、小山内の視野にもアメリカの新しい動きがあったことはあったのである。

もうひとつの小山内の民衆演劇論とも言うべきものは、『演芸画報』が「演劇民衆化問題」の特集を組んだ時（大正十二年五月号）に寄稿した「平民と演劇」で、世代的に「民衆」と言うより「平民」と呼んだ方がぴたりとすると断った上で、以下のように述べた。


演劇が貴族や富豪の専有物であってはならない事は明かなことである。絵画や彫刻や音楽は兎に角、演劇は平民一般の所有物でなければならない。（中略）

平民の為の演劇を、単にモッブにアッピイルする芸術だと思っている人がある。

ところが、モッブ、アッピイルは資本家（商業的興行師）の目的であって、平民芸術の目標ではない。

それが真に平民の力となり、真に平民の意志となり、真に平民の感情となる演劇であったら、もうそれだけで、それは立派な芸術である、若しそれが単にモッブにアッピイルする演劇であったら、それは芸術の堕落である。

モッブ、アッピイル（前受け）の結果は、興行師の懐を肥やすことだけである。

平民は興行師に金を絞られる為に存在している者ではない。

平民はモッブではない。（中略）

真の平民劇は宮殿の中で演ぜられても、平民劇であらねばならない。

浅草公園で演ぜられている劇と、市内の劇場で演ぜられている劇とに何等かの相違がないとすれば、吾人は日本の演劇の全部が平民劇であるか、或は全部が平民劇でないかの疑問に到達するわけである。

そうして、私は市内の劇場に真の平民劇が見られないように、浅草公園にも真の平民劇はまだ生れて来ていないと信ずるのである。

要は脚本である。

脚本に真個の平民劇が生れて、それが不当な干渉なしに演ぜられるまでは、いくら観劇料を安くしても、いくら大勢見物を収容しても、それは真の平民の為の演劇にはならないのである。


こう書いた二か月前の三月に、小山内は商業演劇に絶望して松竹から身を退いていた。小山内は演劇との関わりを一から やり直そうとしていたのである。

## 土方与志と労働劇団

小山内薫の弟子として、このころ土方は松竹の大劇場演劇に関係していた。一方、当時は歌舞伎の若手俳優が新劇研究の一座を組んで創作戯曲を積極的に取り上げていたが、その中に二代目市川猿之助（のち初代市川猿翁）の春秋座があった。春秋座は大正九（一九二〇）年十月の新富座で、『法成寺物語《ほうじょうじ》』（谷崎潤一郎作）や『父帰る』（菊池寛作）などを手掛けて第一回公演を行った。中でも『父帰る』が圧倒的な好評で、猿之助が有望な新人だと認められるとともに、劇作家としての菊池寛にもスポットが当たった。その第三回公演の出し物の一本として有楽座で『幽霊』（イプセン作、森鷗外訳）を出すことになり（大正十一年十一月）、その演出の仕事が小山内を通して土方に来た（記録では小山内との共同演出になっているが小山内は名目のみ）。土方は影響も受け、尊敬していた踏路社の青山杉作を牧師マンデルスに起用したいと思っていたが興行者に容れられず、ネームヴァリューということで東儀鉄笛を押し付けられた。この辺りを土方はこう書いている。

私の、再三、再四の要求にもかかわらず、東儀鉄笛氏を無理矢理に押しつけてしまった。私は、すでに老いて、形式主義的な同氏の演技に満足し得なかった。それのみならず、こうしたことに対する演出者の無権利を悲しみ、興行者に対する憤りに苦しんだ。

こんなふうにしてやつぎばやに、なんの脈絡もなく、商業劇場の仕事におわれていた。劇壇の表裏も少しわかってきた。興行資本の横暴、根強くはびこった劇界内部の封建的組織、階級、下積みになっている人々の希望のない、浮かぶ瀬のない生活、門閥や家柄のいい人の傲慢な態度、無内容なばかばかしいそしてどんらんな生活、俳優相互間のあつれきなど、その醜さ、みじめさというようなものに眼を被いたくなるような機会に出会うことがしばしばあった。

しかのみならず、いわゆる、ひいき客といわれるものの芸術に対する無理解や、鼻もちのならない態度など、心に「洋服」を着ている私には（注＝商業演劇に関係するに際して、土方は山田耕筰から和服で楽屋出入りするなと注意されていた）、堪えられないことが多々あった。（土方与志「自伝」『演出者の道』）

土方もまた商業演劇に愛想が尽きていたわけで、そういう中で一際鮮やかに思い出すのが、かつて見た労働劇団の舞台だった。

労働者作家平沢計七の率いる労働劇団は、大正九年十二月に南葛飾郡（現都下江東区）大島町の五の橋館での試演（平沢計七作『失業』）の成功を機に結成の運びになり、旅廻りの俳優らを集めて翌年二月に同じ場所で旗揚げした。平沢作の『女の社長』や『血の賞与』などを三日に分けて上演したが、平沢が小山内薫を劇作の師匠にしていたことから、小山内は土方や村田実を引き連れてこの旗揚げ公演を見た。土方にとってこの日の観劇は甚大なショックで、舞台と労働者を主体とする客席との熱い交流を目の当たりにして、「私の長く演劇に求めていたもの、劇場にみたいと思っていたものに行き当った喜びを、ふかく味わった」（土方「自伝」）

商業演劇に絶望した土方は、日本を離れ、よい演劇のある外国へ行こうと考えはじめ、どこへということもなく、やがては家族も呼び寄せるつもりで、大正十一年の十一月に神戸からフランス船の客になって日本を発った。

## 土方与志の外遊と関東大震災

土方のパリ到着は大正十一（一九二二）年十二月の二十日ころで、早速の劇場回りがはじまった。当時のパリはロシア革命後初のモスクワ芸術座の巡演があり、ジャック・コポー、ルイ・ジュヴェ、リュネ・ポー、ガストン・バティー、ジャン・コクトーらが大活躍していた。つまり、岸田國士や岩田豊雄らと同じパリの屋根の下にいた。が、土方にはあまり魅力的ではなかったらしく、一九二三年の秋からベルリン大学で演劇科が開講されると聞いた土方は、やがてパリからベルリンに移り住んだ。

ベルリンで土方は自然主義演劇の育成者の一人カール・ハイネからドイツ劇団史や演出理論を教わるかたわら、ラインハルト系のドイツ座の若手演出家アルトゥール・ライヒから演出の実際を学んだ。当時のベルリンは表現主義演劇の最盛期で、モスクワ芸術座のリアルな芝居作りに不満だった土方は、ゲオルク・カイザーやエルンスト・トラーやカール・チャペック兄弟らの戯曲に魅力を感じて劇場に通い、演劇シーズン終了後はイギリスやスカンジナビアに遊んでベルリンに戻ったが、そうしたある日に関東大震災を報じる新聞を読んだ。それには富士山も吹き飛んだとあり、家族も財産も失ったと観念した土方は、自活の道を探してドイツ座のエキストラに採用された。が、そのうち詳しいニュースや友人や知人の手紙に接し、日本に帰る決心をした。どういう方法で帰国しようかと思案の最中、ソビエト政府が地震で帰国する日本人のために団体を組めば自国内の通過を認めると知り——日本とソビエト連邦の間にはまだ国交がなかった——、土方は帰国団体に加わってモスクワ経由でシベリア鉄道の客になり、朝鮮を経て大阪にたどり着いたのが大正十二年の年末だった。

その途中、モスクワでのメイエルホリド座での観劇が、土方に大きなショックを与えた。土方が見たのはマルセル・マルチネの戯曲『夜』を上演台本にして、トレチャコフが改作した『大地は逆立つ』というメイエルホリド演出の舞台。この舞台と労働者を主体とする客席との熱い交流が、土方に平沢計七の労働劇団を想起させた。と同時に、ここ何年間かの演出の研究一切が、一夜の観劇体験に及ばないと土方をして嘆じさせた。が、土方が帰国した時には、関東大震災の白色テロで平沢計七は殺されていた。

## 風雲告げる開場前後

土方与志は帰国した翌日、関東大震災で下阪していた小山内薫を訪ねた。外遊に発つ前、土方は小山内と帰朝したら演劇学校を設立しようと話し合っていた。が、焼土となった東京では向こう五年間、木造建築平屋建てのバラックならすぐに許可されるとの情報をベルリンで得ていた土方は、残った外遊費を当てて小劇場を建て、ここに付属する劇団を作るのを決意して、シベリア鉄道の車中でゆっくりプランを練っていた。土方はその案を小山内に話して一度帰京、家族の無事を確かめると大正十三（一九二四）年の一月三日、大阪・天王寺に再度小山内を訪ねて具体的な検討に入った。

その結果、後述のような陣容が決まるが、被災の跡も生々しい街を三十余か所も歩き回った揚げ句に築地に約二百四十坪の土地を借り、ここを劇場の建築場とした。ラインハルトの室内劇場をモデルにして定員が約五百人、漆喰の粗面に外装・内装ともに灰色一色に塗ったゴシック・ロマネスク様式で、正面入り口の壁に装飾としてひとつだけ築地小劇場のシンボル、ぶどうの房を掲げた。これを劇場のマークにと発案したのも土方だった。

ぶどうの房は緞帳にも付けられたが、劇場正面の三つのアーチのうち左手の二つが出入り口で、右手のひとつは同じアーチで囲まれた壁、ここに公演のポスターを貼った。左手のアーチをくぐる前に三段の階段があり、一度平になってさらに五段の階段を上がるとロビーだった。ロビーへ上がる途中の右手が切符売場で、ロビーの右手の突き当たりに和菓子屋・喜津弥《きつね》の経営する休憩室兼喫煙室があった（開場当時はまだ喜津弥はなく、カフェーのメゾン鴻の巣の出店があった）。が、ロビーは幅が二メートルほどしかなかったので、夏場の公演では幕間《まくあい》に観客が往来に出て次の幕の開くのを待ったりした。

劇場の右手、建物の半ばに楽屋口があり、入ってすぐ左手が事務所、右手に一号楽屋と二号楽屋、少し離れて三号楽屋や楽屋風呂があり――風呂はひとつだったので戸口の柱に表に「男子入浴中」裏に「女子入浴中」と書いた札を掛けて使ったが、混浴も割合平気だったらしい――、舞台上手の袖に大道具や小道具の製作場や大道具のたまりや小道具部屋、小道具部屋の上に衣裳部の部屋、舞台下手に効果部の場所があった。舞台の前中央部にプロンプター・ボックスがあり、客席にはベンチを並べた。そして上手最後部に臨官席があり、ここに警官が詰めて舞台を監視した。

劇場の設備については和田精がこう書いている。


直径四十尺、深さ二十四尺、高さ四十尺の鉄骨コンクリイトのクッペルホリゾントは先づ置かれた。

それに取り囲まれた舞台は、四つのセクションによつて、前後任意の位置に於て、六尺までの深さに下げ得られる。

三十三尺のプロセニアムの前方には、同じ幅の数段の楷段《（ママ）》が置かれて、舞台は観客席に連絡して居る。

プロセニアムの両側は斜めに観客席に突出されて、各に二個の大アーチを設け、ここから多数の群衆を登場させ得る。

観客席の前部数列の座席を徹去《（ママ）》すれば、平らな前舞台が観客席の中に作られる。

更にプロセニアムの階段に続く舞台の第一のセクションを徹去《（ママ）》することによつて、観客席は逆にプロセニアムの内部にまで及ぼすことが出来る。

これ等の設備は、吾々が演出する多形式の演劇に対して充分のフレキシビリテイを示すものであつて、殊にクッペルホリゾントは最も正緻な写実の舞台に対して、適当な光線の使用によつて深味のある光のある、無限の空といふ素晴しい幻影を起さしめる、尚雲の動きや星の輝きなども任意に現はし得るのである。(和田精「築地小劇場の設備」パンフレット『築地小劇場』創刊号)

わが国初の個人が建てた新劇の常設劇場として、築地小劇場は画期的な設備を備えていた。建物と設備を含めて十二、三万円の出費だったが、そのすべてを土方が負担した。普通の一戸建が千円で建てられた時代である。劇場を建てた時、土方はまだ二十六歳だった。

劇場用地に縄が張りめぐらされた四月二十六日前後になって新聞が築地小劇場建設のことを報じはじめ、五月一日には築地小劇場創立の、次のような挨拶状が関係方面に配られた。

私共同人は此度築地小劇場の建設に着手致しました。六月中旬、同劇場竣工と同時に、毎月五日間づゝ四回、築地小劇場定期演出として、責任ある公演を致します。

私共は演劇の多角的な要素とその使命を感じ、芸術の創造と鑑賞との自由の為に、出来得る限りの設備の完全を期して設計致しました此の小劇場に於て、商業主義の仲介者を排して、私共一同真摯なる研究と努力の結果を発表したいと思ひます。

猶俳優の養成及び一般戯曲、演出の研究機関等を同劇場内に並置致します。

何卒吾々一同の微力に対して、親しき御批判と御鞭撻を仰ぎたいと思ひます。(『近代文学評論大系』第九巻)

最後に同人として友田恭助、小山内薫、和田精、浅利鶴雄、汐見洋、土方与志の名がイロハ順に列記された。

新聞と並行して雑誌も築地小劇場のことを取り上げはじめたが、中でも『演劇新潮』が五月五日に開いた「演劇新潮談話会」が、かなりの意味を持っていたと思われる。掲載されたのは同誌の六月号で、帝劇の山本久三郎が国家の補助もなく、会員組織で劇場を維持することもできないので失敗するだろうと予想したり、久米正雄が芸術的な芝居は築地小劇場で、それ以外は他の劇場で行われるようになるだろうと期待したりする中で、菊池寛が「同人雑誌だね、あれは」と切り捨てるように発言している。

いろいろな議論が高まるさなか、慶大演劇研究会主催の「築地小劇場演劇研究会」が五月二十日に同大の大ホールで開かれ、土方らの話の後に小山内薫が「築地小劇場と私」と題して講演し、日本の既成作家の創作は自作をふくめて演出欲をそそられないので、築地小劇場では今後二年間、日本の戯曲は上演しないと口にした。このころは「大正戯曲時代」と言われるほどの戯曲の量産時代で、作家という作家がだれもかれもがそれを書き、『中央公論』や『改造』といった総合雑誌が競って戯曲を掲載していたから、小山内の発言に劇作家が猛反発した。六月三日に開かれた『演劇新潮』の「演劇新潮談話会」（七月号掲載）は出席した劇作家の反築地、反小山内の感情が沸騰し、ことに菊池寛と山本有三のそれが際立った。菊池は「仮に僕等のものをやってくれるといっても、やって貰ひたくないね。此方から願ひ下げだ。僕と小山内君などとは演劇に対する考が丸切り違ふんだから」と語り、山本も「あそこの役者はこれから修業して行く人達と思ふが、外国の芝居を一生懸命二年間修業した所で、是からの吾々の芝居を作り上げる役には余り立つまいと思ふ」と発言している。

この二人が小山内の宣言にことに強いリアクションを示したのには、背景があった。

小山内の小劇場論たる「小劇場と大劇場」は前に見たが、その中で小山内は世界の芸術の流れから見るとリアリズムは破滅しているにもかかわらず、日本では劇作家は必ずリアリズムでなければならず、演劇はそうでなければならないと考えている菊池寛のような気の毒な作家がかなり高い地位を保っていると、菊池寛を非難したことがあったのである。

この裏には新しもの好きの小山内が、第一次世界大戦後のヨーロッパで吹き荒れていた未来派、ダダイズム、表現主義、構成主義などの思潮に関心を持ち、小山内を中心とする同人雑誌『劇と評論』の創刊号（大正十一年六月）から、小山内はゲオルク・カイザーの表現派戯曲『朝から夜中まで』を五回にわたって紹介し、同誌の大正十二年一月号にもハーゼン・クレーフェルの『人間』を翻訳して解説していた。築地小劇場の第一回公演の出し物のひとつ、ラインハルト・ゲーリングの『海戦』も伊藤武雄の翻訳でこの雑誌の同年六月号に掲載され、小山内指導の第一次『劇と評論』（同年九月号まで）は、わが国での本格的な表現派戯曲の紹介に大きな役目を果たすのである。

菊池寛の演劇に対する考えが小山内とは違うという発言はこういう文脈で見なければならず、山本有三もまた雑誌『新潮』が表現主義の特集を組んだ時に寄せた一文「反動的芸術」（大正十年七月号）で、やたらと主義主張を振り回して、芸術としてはどれもこれも低級だと一刀両断にしていた。その意味で二人ながら、小山内とは別の角度から演劇を、芸術をとらえていたと言っていい。ともかく小山内の創作戯曲排除宣言をめぐって劇壇が築地派と反築地派に二分され、劇作家同士が火花を散らす状態になったのである。したがって『演劇新潮』で山本有三の手によってデビューした岸田國士も反築地派と見なされて、好むと好まざるとにかかわらず、小山内と対立する立場に立った。

築地小劇場の開場はこういう一種騒然とした状態の中でのことで、開場後もしばらくつづく。記述の関係からこれを先に述べる。

小山内も同人だった『演劇新潮』の攻撃を受けて、小山内が出席した七月七日に開かれた『演劇新潮』八月号のための「演劇談話会」で、両者が正面衝突した。この時には小山内が「築地小劇場宣言」とも言うべき文章を用意していて、その一読後に会が開始された。築地小劇場の方針がはじめて示されたものなので、まずこれを再録する。

A　演劇の為に
築地小劇場は――総ての劇場がそうであるように――演劇の為に存在する。

築地小劇場は演劇の為に存在する。そして、戯曲の為には存在しない。

戯曲は文学である。文学の為に存在する機関は新聞である、雑誌である、単行本である――印刷である。

文学の為に存在するものは劇場ではない。

戯曲――即ち文学――を味わうには、閑寂な書斎ほど好いところはない。

劇場は演劇を提供する機関である。

劇場は戯曲を紹介する場所ではない。

築地小劇場は演劇の為に戯曲を求める。戯曲の為に戯曲は求めない。

築地小劇場は演劇として価値のあるものを提供したいと祈願している。築地小劇場が使用する戯曲の価値は、文学の批評に任して置く。

築地小劇場の価値は、それが提供する演劇の価値である。それが使用する戯曲の価値ではない。
B　未来の為に
築地小劇場は「未来」の為に存在する。

未来の戯曲家の為に、未来の演出家の為に、未来の俳優の為に――未来の日本演劇の為に存在する。

築地小劇場は現在使用している戯曲の為に、現在働いている演出家の為に、現在舞台を踏んでいる俳優の為に、存在しているのではない――一語にして言えば、吾々の為に存在しているのではない。

吾々の後から来る者の為に存在しているのである――若し、それが吾々の為なら、今の吾々ではない、未来の吾々の為に存在しているのである。

築地小劇場が或時期の間西洋の戯曲をのみ使用するのは、新奇を好むからではない、西洋崇拝からではない、日本の戯曲に対する絶望からではない。

築地小劇場は未来の日本戯曲の為に未来の劇術を作り上げようと努力しているのである。

現在の日本戯曲は――殊に既成作家のそれは――大抵、歌舞伎劇と新派劇が持つ写実的訓練とで演出の解決がつくのである。その証拠には、少しく新知識を仕入れた歌舞伎俳優や新派俳優が、然程《さほど》の困難もなくそれを演出して、しかも多大な成功を見せているではないか。

吾人が待ち望む未来の日本戯曲は、歌舞伎劇や新派劇では解決の出来ないものでなければならぬ。

吾人はそれらの為に、吾人の新しい劇術を用意しなければならぬ。

歌舞伎の伝統をして、歌舞伎の伝統たらしめよ。

新派劇の伝統をして、新派劇の伝統たらしめよ。

それらの伝統の継承者をして、その継承者たらしめよ。

築地小劇場の使命は、それらの伝統から全く離れることである。

離れる為には、それらの伝統が何であるかを知悉しなければならぬ。

その意味に於いて、吾人は歌舞伎劇の研究をも、新派劇の検査をも決して怠るものではない。

今はその道程である。

道程を許さぬとあれば、やむを得ない、許す人にだけ見て貰おう。

要は未来の為である。

築地小劇場は現在の築地小劇場の為に存在しているのではない。未来の築地小劇場の為に存在しているのである。

C　民衆の為に

築地小劇場は文学者の為に存在しているのではない。所謂劇壇の為に存在しているのではない。特権階級の為に存在しているのではない。

築地小劇場は演劇を糧とするあらゆる民衆の為に存在しているのである。民衆を喜ばせ、民衆に力を与え、民衆に命を注ぐ為に存在しているのである。

築地小劇場は吾人にとっての研究機関であるには違いない。併しそれは唯吾人にとってのみ言われることで、一般民衆に対して言われることではない。

（どんな劇場でも、当事者にとっての研究機関でないものがあろうか。若しあれば、それは嘘の劇場である）

一般民衆に対して、築地小劇場は飽くまでも演劇の発表機関である、提供機関である。

築地小劇場はあらゆる民衆を迎える「芝居小屋」である。

築地小劇場は日本の劇壇に孤立するものではない。帝国劇場や歌舞伎座や本郷座や松竹座に対立するものである。

（『小山内薫演劇論全集』第二巻）

この「宣言」には小山内の小劇場論や民衆観の変化が反映しているのがよく分かるが、これを聞いた菊池寛の「今のを聞くと脚本家とか劇場とかは現在のものを相手にしないで、民衆だけは現在のものを相手にする、他の者は凡て現在の者を相手にしないで民衆だけは現在の者を相手にするのはをかしいですね……」という発言にはじまる「談話会」の中に、以下のようなやりとりがある。なお、今回は土方与志と岸田國士も同席していた。

**小山内**　菊池君は堂々たる信条と云ふことを言はれたが、日本に今ある芝居、新派劇歌舞伎劇以外の劇術を造ると云ふことだけでも随分立派な方針だと思ふ。

**菊池**　消極的なものでも理想があらうと思ふ。

**小山内**　併し、実際の仕事ですから……。

**菊池**　実際の仕事なら尚ほ方針がないなら嘘だと思ふ。歌舞伎劇でないものと新派劇でないものをと云ふ消極的な宣言だ。何処へ行くかと言へばぼんやり新派劇でないもの歌舞伎劇でないものと云ふだけで、サムシングもないのは心細い。歌舞伎劇でない新派劇でないものと言へば、それはどう云ふものですか。それではちつとも分らない。それをはつきりさせたいと思ふ。

**小山内**　それだから僕等は今それを造つて居るのです、その道程を歩いて居るのです。その道程が許されなければ仕方がない。併し、第一回の演出にしても第二回にしても極一部ではありませうが、少くとも歌舞伎劇でもない、新派劇

でもない或ものがあつたと信じますね。（注＝築地小劇場の第二回までの公演終了後に談話会が持たれた）

**小山内**　兎に角西洋の芝居ばかりを築地小劇場でやるのぢやないといふことは明かに言ひます。創作の方でも既成作家といふやうな言葉を使つたので、或は仮想敵視したと思はれたかも知れないが僕自身をも含んで居るのだから構はないと思つてゐるのです。若し僕がこだはつて居たとすれば、或はそれは僕のヒステリーであつたかも知れない。僕は諸君が現在に満足して居ると思つたのです。若しさうでなければ結構です。そこで皆さんの中でこれは君の方でやつてみて呉れないかと言はれゝば、僕は嬉んで引受けますよ、さうでせう、土方君。

**土方**　それはさうです。

**山本**　僕等の方でも殊更敵意を持つて攻撃した訳ではありません。僕等としての偽らない批評をし、併せて築地小劇場に希望を述べた訳なんですから、同様誤解のないやうにして戴きたいと思ひます。それで今夜は小劇場の方と逢つて話をした方がお互いに了解する所もあらうと思つて、招待した次第なのです。

**小山内**　一体諸君は築地小劇場を打潰す積りであるか、又は守立てゝ呉れる積りであるか。守り立てゝ呉れる積りならば、どんな忠言でも聞きますと、斯う言はうと思つてけふは出て来たのです。

これらの発言はのちに意味を持つ。

## 築地小劇場の始動

築地小劇場は大正十三（一九二四）年の六月十三日を招待日とし、十四日から一般公演の幕を開けて活動を開始した。発足当時の陣容は以下の通り。

演出部＝小山内薫　土方与志　宮崎正五郎（助手）
演技部＝友田恭助　河原侃二　青山杉作　東屋三郎　汐見洋
（研究生）千田是也　山本安英《やすえ》　田村秋子　丸山定夫　竹内良作（のち良一）　藤輪和正（のち欣司）　小野宮吉
（客演）夏川静江　小堀誠
舞台装置部＝溝口三郎　渋谷修　小松栄　宮田政雄

大道具部＝荒井金太郎
小道具部＝米沢参
効果部＝和田精　八代康
照明部＝岩村和雄　佐後屋岩雄　高島勝之助
（嘱託）神尾甲三（のち耕三）
衣裳部＝土方梅子　掛替花子
文芸部＝小山内薫　北村喜八　高橋邦太郎　伊藤圀夫《くにお》（千田是也）
経営部＝浅利鶴雄　松田粂太郎
宣伝部＝吉田謙吉

このうち吉田謙吉は装置部を、和田精は照明部を兼ね、経営部の浅利鶴雄は開場後間もなく病気のために身を引いたので、替わって小山内の知人で中山太陽堂の千早正寛が、経営主任として入った。松田は土方家の書生で、本名で文芸部に名を連ねた千田是也は、『築地小劇場』というパンフレットの編集もした。

演出部と効果部は築地小劇場がはじめて独立させたセクションで、大道具の通称長谷川の次郎さんこと荒井金太郎は、帝劇からスカウトしたそこの大道具製作主任だった。衣裳部にはチーフとして土方与志夫人の梅子が就いた。わが国初の新劇の衣裳部で、衣裳は梅子たちの手造りだった。同時に梅子は洋服を着たことのない女優たちのために、着方やマナーの指導もした。そういう環境での翻訳劇専一宣言だったが、三月末に引っ詰め髪に銘仙の着物、メリンスの花模様の帯に日和下駄という普段着ではじめて土方邸での稽古を見た田村秋子は、こういうエピソードを伝えている。

ずっと、土方邸で集まってけいこしてたんですけど、一度見学したあと、あたしは、小山内先生に意見されるまで、稽古場には出ていかなかったんです。女優になるのをやめようと思って。『海戦』のおけいこがすむと、みんなダルクローズの体操の基本をやるんです。それもみんな海水着でやるんです（注＝岩村和雄の指導）。何しろまだ大正時代でしょ、その頃は。海へ入るんだって大人の女の人ではジュバンに腰巻、しかも丸髷《まるまげ》で入ってる人だってたくさんいた時代です（笑）。その時代は海水着は着ているにしても、陸の上、芝生で裸でやるんですもの。山本安英さんは勇敢にやってるんですよ。あたしは、そんなかっこうを見て、「なんて偉い人たちなんだろう。あたしには出来ない。肌を人の前にさらすなんてことは、あたしにはとても出来ない。もうあしたから来ますまい」と覚悟を決めて、あたしはそのダルクローズを見てたんですよ。（中略）ダルクローズがすむと、あとでみなさん、バス・ルームに行くんです。シャワーがシャッと出るんですよ。そんなこともあたしには初めての経験ですし、ご不浄っていえば腰掛けてする西洋式のもので、すべて生活様式が違うんですよ。（中略）そして、お風呂から出ると先生のうちの化粧部屋へ行くんですが、そこには、いろんな化粧水がいっぱいある。それをふりかけて頭をきれいにして、蝶ネクタイをして、食堂に集まるんですよ。あたしは、ますます萎縮しちゃって、こういう全然、生活の違う人たちとあたしは、どうせうまく行くはずはないと思っちゃったんですよ。食事になると、これがまた、みんな西洋式なんですよ。ちゃんと西洋料理が順序を追って出るんですよ。先生がドイツへいらしってたからでしょうか、ビールが二本分ぐらい入る、こんな大きなジョッキがあるでしょ。ああいうジョッキにビールを注いで、ドイツ語でもって、こう、なんだか乾杯みたいなことをやってね、グゥーッと飲んじゃって（笑）、そのあとは音楽になり、レコードをかけて踊っちゃうんですよ。（田村秋子・小山祐士『一人の女優が歩んだ道』）

田村は築地関係の男性はみんな西洋人みたいだったと回想しているが、大震災の半年後の土方家の生活は、こうだった。彼らには一般の日本人よりもずっと、「西洋」が身近だったのである。

劇場の運営は六人の同人による共同責任制を取り、予想される月々の欠損は同人が一定の責任額を出しあって、それらを超えた時は土方が補助するとの言い合わせがあった。が、実際は予想以上の赤字つづきで同人費などは問題にならず、結局は土方一人がすべてを負担するようになった。

レパートリー・システムを目指していた築地小劇場は、毎週の土曜日から五日間を公演に当てて月四回、つまり一か月のうち二十日間を常打ちしようとしていて、早くから第五回までの次のようなスケジュールを公表していた。

第一回公演＝六月十四日〜十八日毎夕六時開演
『海戦』（ゲーリング作、伊藤武雄訳、土方与志演出）
『白鳥の歌』（チェーホフ作、浅利鶴雄訳、小山内薫演出）
『休みの日』（エミール・マゾー作、小山内薫訳・演出）
第二回公演＝六月二十一日〜二十五日毎夕六時開演

『白鳥の歌』続演
『狼』（ロマン・ロラン作、高橋邦太郎訳、土方演出）
第三回公演＝六月二十八日〜七月二日毎夕六時開演
『海戦』『白鳥の歌』『休みの日』を再演
第四回公演＝七月五日〜九日毎夕六時開演
『白鳥の歌』と『狼』を再演
第五回公演＝七月十二日〜十六日毎夕七時開演
『人造人間』（カール・チャペック兄弟作、宇賀伊津緒訳、土方演出）
新派の小堀誠を客演として迎えた事情を、浅利鶴雄がこう明かしている。

『海戦』のキャストには築地小劇場の同人俳優と新人が問題なく起用されたが、小山内演出作品の主役については、それらに溶けこめる心情と伎倆を予め備える腕達者の芸人がどうしても欲しいと先生が突然主張し出したので、困惑した僕は、かつて慶応義塾の学生演劇青年であった先輩油屋（東屋三郎）と汐見に相談をもちかけて、その縁に添って新派俳優小堀誠を口説きにかかり、小山内薫を高く評価する本人の頭の新しさと、お互いの心意気などもあり、案外容易に彼の暫定的獲得に成功した。（浅利鶴雄「老人の回想」『悲劇喜劇』昭和四十八年六月号）

『白鳥の歌』や『休みの日』に小堀の客演を請うたことは（もっとも第一回公演の『白鳥の歌』には出演しなかったらしい）、旗揚げの旗色をある意味で曖昧にして築地攻撃のひとつの材料にもしたが、俳優の中では例外的に貧しかった丸山定夫は、地方回りのオペレッタの一座に身を置いたのが芸能界入りの第一歩だった。やがて本格的なオペラを目指し、浅草オペラで鳴らした大津賀八郎が広島で主宰していた青い鳥劇団に加入、関東大震災後は大津賀も合流した柳田貞一中心の根岸歌劇団の巡業に参加した。が、巡業隊は北海道で解散した。この巡業中に丸山はエノケンこと榎本健一という親友を得たが、解散で帰京して知ったのが築地小劇場の創設で、丸山は直接土方を訪ねて研究生に採用された。劇場が落成すると、丸山は足掛け三年間その第一号楽屋に住みついたが、丸山が築地小劇場の研究生になったと知って、根岸歌劇団の巡業に加わっていた水品春樹も、丸山に斡旋を頼んで小山内の面接試験を受け、七月から築地の演出部に籍を置いた。水品はやがて職掌としての舞台監督を確立し、また最も早く築地小劇場史を著した。

丸山や青山杉作が加わった時には第一回公演の配役が決まっていたので、丸山は開幕を告げるドラを打ち鳴らし、青山は『海戦』の陰の声を担当した。ドラで開幕を知らせたのはラインハルトの室内劇場にならったものだが、これはぶどうのマークとともに築地の観客には思い出深いものになった。劇場の中に青空を現出して観客を驚嘆させたクッペル・ホリゾントは当初白色だったが、照明効果に問題が生じ、間もなく灰色に塗り替えられた。

開場前に一騒ぎあったが、開場後もそれに優るとも劣らない話題を集めた。とりわけ表現派の本格的な初上演だった『海戦』が、観客を驚かせた。

……今まで見たこともない激しい芝居だった。せりふは早いテンポで弾丸のように飛び交い、水兵たちは狂気のように暴れた。軍艦の砲塔がデフォルメされて飾られた背後には、初めて観客の前に姿を現わしたホリゾントが、青い光を受けて五月の海の輝きを示していた。この単純な装置が、吉田謙吉の最初の仕事であった。

肉体にむち打ち、心身を燃やすとでも形容したいような俳優たちの熱演で、すさまじい興奮が巻き起こされた。芝居は前兆のおびえに始まる。死の恐怖、快楽の回想、不安な眠り、戦争への反発、謀反人の摘発と、雑多な芝居が早い足取りで進展したあげく、司令室に訴えに行こうとした途端に敵艦発見となる。続いて起こる戦闘、発射、爆発、轟音、狂気、歌、祈り、破壊と死、真赤に染まったホリゾントの前に飛び散った砲塔の残骸、生き残った水兵は瀕死のうめきで「戦闘は継続する」という。ヒューマニスティックな反戦意識で貫かれた単純な芝居であった。そしてその魅力は、新鮮そのもののような演出からわいてきたもので、その演出の重点は早いテンポのせりふにあった。（浅野時一郎『私の築地小劇場』）

賛否を含めて『海戦』の反響の大きさに比べれば、他の二本のそれは穏やかだった。中での異色は山本有三による『休みの日』の誤訳の指摘で、岸田國士の協力のもと、山本は「お前は俺たちに随分きわどいことを話したものだぜ」というような意味を「果物は熟した汁の多いやつばかり狙って食べた」と訳した翻訳がある。築地小劇場で上演中の『休みの日』だが、これはほんの一例で、どれくらいの誤訳があるかわからない。こういう翻訳劇をこれから二年間も見せられるとすれば、劇場へ行く観客こそ迷惑至極だ――というもっともなものだった（山本有三「築地小劇場の反省を促す」『演劇新潮』大正十三年七月号)。これに対して小山内が翌月の同誌の「演劇新潮談話会」で、手掛けたことのないフランスの芝居を研究したくて取り上げたが、フランス語の原本が見つからなくて英語から訳した。これによればああ訳したようにしか訳せないと弁明したが、後年、フランス語の原本を読んで小山内訳と照合した俳優で演出家の芥川比呂志は、「これでは批判したほうが当り前だと思わないわけには行かない。よほど乱暴な英訳から訳したのであろう」(「マゾーを読みながら」『悲劇喜劇』昭和四十七年十一月号)と書いた。が、小山内は再演でも初演時の訳を直さなかった。

この『休みの日』を、日本に着いた二日後に観劇したフランス人の感想がある。細かい注文を付けながらも「兎も角、あれだけの脚本をあれだけに演りこなす舞台監督、及俳優諸君の技量については、大に認めなければならない」とあった(ルイ・カアン「仏人の見たる『休みの日』」『演劇新潮』大正十三年七月号)。築地小劇場の舞台を考える上で、ひとつの参考になるだろう。なお、五日間五回の公演で千四百人余の入場者数だったたから、話題のわりには集客がよくなかった。以後も同じような状態がつづき、観客の少なさが築地小劇場のひとつのネックになっていく。

## 青山杉作の演出家デビュー

第二回公演は前述の通り、『白鳥の歌』(チェーホフ作)の続演と『狼』(ロマン・ロラン作)だった。小山内薫がロマン・ロランの影響を強く受けていたのはその小劇場論や民衆演劇論に明らかで、また、「民衆の為に」という築地小劇場のモットーにもその影がある。だからドレフュス事件に触発されてロランが書いたフランス革命に材を求めた民衆劇たる『狼』は、女優がいないという築地小劇場のウィーク・ポイントを勘考して男ばかりの戯曲を選んだとの事情を含めて、ある意味で自然な流れだった。が、この戯曲の選択を岸田國士が激しく責めた。岸田の「演劇の価値は戯曲のそれによって根本的に左右される」という演劇観や戯曲論は前述したが、岸田はまさにこの点、ロランの戯曲は報告、説明、主張、詠嘆、教訓のほかに何もなく、戯曲として本質的な欠陥を持っている。にもかかわらず、これを『白鳥の歌』とともに選ぶ鑑識眼を疑う——としたのである(岸田國士「ロマン・ローランの戯曲——築地小劇場の『狼』」『演劇新潮』大正十三年八月号)。が、一般的には築地初登場の青山や小堀の演技が好評だったし、『狼』は若い世代に影響を与えた。

第三回公演は旗揚げ公演の出し物を返し、第四回公演は第二回公演のプログラムを当てた。ただし、『白鳥の歌』は汐見洋に替わって小堀誠が演じ、これを最後に小堀は築地小劇場から身を引いた。

七月十二日からの第五回公演ははじめての一本立て興行で、土方がヨーロッパで興味を持った『人造人間』を演出した。

山本安英の初登場で、これは人間が作った人造人間が人間を襲うというSF近未来劇である。記録では宮田政雄の装置となっているが、吉田謙吉は自分が担当したとこう書いている。

舞台装置はぼくが担当することになり、すでに「海戦」の上演中から、そのプランの打合せにはいっていたが、その打合せのおり、土方さんの、セットに対しての注文が、正面の大扉が鋸歯のようにかみ合わされて閉ざされると、それがそのまま前方に倒れかかり、しかもその上をロボットのむれが、どやどやと踏みつけてわっと出てくるようにしたいという、なんとしても難しい注文だ。こんにちなら、ベニヤの合板などの材料も、容易に手に入れることもそんなに苦労もしないことだろうが、当時はすべて、布張りないし紙張りの張物一辺倒の大道具製作によらなければならなかった。

そこで、具体的なプランをひくまえに、まず土方さんの演出意図を、大道具の次郎さん（注＝荒井金太郎のこと）にぶちまけながら、可能か不可能かを、打診してみることにした。といっても、ぼくとしては内心、なんとしてもこの注文どおりに製作してもらおう、と腹にきめていたことであった。というのは最初に土方さんからこの注文をきいたとき、「なんとか考えます」と、きっぱりいった手前もあったからだった。するとこれをきくなり、はたして次郎さんは、「そんなむりなことができるか、そりゃトノサマの考えることだ」

とにべもない返事だった。（中略）

他の部分の打合せがすすんだころになって、タイミングをみはからい、次郎さんにその大扉の仕掛けのはなしを、軽く打ち出してみると、

「やるよ、やらなきゃしょうがねえ」

と言葉ではそういいながらも、いささかの不服気は感じられなかった。

次郎さんはまずその大扉の上手・下手に、客席からは、めだたぬ程度の丸太をたてた。それを軸にして、前方に大扉を倒していく仕掛けを、ものの見事に考えてくれた。舞台稽古の日に、その仕掛けがうまくいき、その場の演技がすすむにつれて、その仕掛けがたんに演出者の遊びなどでは微塵もなく、その演出意図の拠りどころをはっきり知ることができた。ぼくはこのことがあって以来、土方与志演出の場合はことごとにといってよいほどムリな注文も、かならずとおすことにしようと、ひそかにかたく、わが心の隅に、埋蔵しておくことにした。（吉田謙吉『築地小劇場の時代　その苦闘と抵抗と』）

帝劇からの荒井金太郎のスカウトが築地小劇場にとって大きな意味を持っていたことが分かると同時に、築地小劇場で演出という仕事が確立される様子もよく分かる。

七月十六日からの第六回公演は、当初予定になかった一幕もの三本を並べた。『天鵞絨《びろうど》の薔薇』（エドワード・ノブローク作、小山内薫訳・演出）、『死せる生』（ゲオルク・ヒルシュフェルト作、小山内薫訳・演出）、『新夫婦』（ビョルンスチョルネ・ビョルンソン作、小山内薫訳・演出）。

この戯曲の選択が、築地の熱心な観客だった浅野時一郎に意外な感じを与えた。と言うのも、ノブロークの戯曲は三部作のうちのひとつで、他のひとつ『織匠の家』は小山内の訳・演出で大正十一年十一月の本郷座で新派の一座が出していたし、『新夫婦』もまた小山内の訳で明治四十五（一九一二）年六月の帝劇で女優劇公演として上演されていたから、商業演劇と築地小劇場とは一線を画していると見ていた浅野の目には、ちょっと違うと見えたのである。あるいは依然として増えない観客の増員策だったか。第二回公演が約九百人、第三回公演が六百九十人弱、第四回公演が約六百三十人、第五回公演が七百四十人弱と、想定以下の観客をしか築地小劇場は集められていなかった。が、仮にそういう戦略があったにせよ、第六回公演も五百三十八人の観客しかなかった。一日に約百人の計算になるから、劇場はがらがらの状態だったと言っていい。これが研究生の卒業公演でもあった。

七月二十六日からの第七回公演は第五回公演の、八月二日からの第八回公演は第六回公演の出しものを再演した。そして八月九日からの第九回公演を夏季臨時公演として、これまでいろいろな劇団が手掛けてきた『思ひ出』（マイエルフェルステル作、松居松葉訳、土方与志演出）を掛けた。観客増加対策だったと思われる。はじめての十日間の公演でもあり、これ以後は十日間公演が原則になった。田村秋子のケティー、友田恭助のハインリッヒ、青山杉作のユットナー博士といったキャストで、この共演がきっかけで友田と田村は翌年の三月に結婚する。

その田村がこう語っている。

土方先生の、ここはこういうふうにしてくれ、ああいうふうにしてくれ、という注文がとっさにあたしには出来ないんです。そういう時には青山先生が「こうすればそれが出るんだ」ということを、手とり足どりで教えて下さるわけなんですよ。あたしなんか、なんにもわからずに研究生になったので、せりふの言い回し方から、メーキャップまで青山先生に教わったんです。青山先生は、舞台のソデのところに立っていて下すって、オーケストラの指揮棒をふるように、手を、上下左右に動かしながら、リズムをとって下さるんです。舞台に出ているあたしたちは、青山先生の、その手の動きを感じると、せりふの抑揚が、とてもなめらかにいくし全然経験のない役者にはそういうふうにして下さると、とても助かるわけですよ。（田村秋子・小山祐士『一人の女優の歩んだ道』）

感情を形にして振り付けるという青山の指導は、翻訳劇の場合は西洋の映画が手本だった。まだ映画が舞台をそのまま撮ったような作り方だったので、無声映画を見てこういう時にはこんな表情、あんな場合はあんな様子ということを映画俳優から学び、それを外国人を演じる日本の俳優に青山が伝授した。日本独特の翻訳劇調が生まれた背景がここにあるが、学生客を当て込んだ『思ひ出』は、夏休みで多くの学生が帰郷したため思惑がはずれた。

秋を迎えるころ、築地小劇場は秋から翌年の冬までをシーズンと考えるヨーロッパ流の演劇シーズンの模索に入り——平成九（一九九七）年十月に開場した新国立劇場がこの方式を採用している——、第一弾として表現主義の中心人物、ゲオルク・カイザーの『瓦斯・第一部』（黒田礼士訳、土方与志演出）を九月二日に開演した。第十回公演である。

カイザーはこれがわが国でのデビューだったが、警視庁保安課の検閲官の手によって、築地の上演台本が大カットされた最初になった。ことにガス爆発で肉親を死なせた労働者たちが悲痛な訴えをする第四幕が、集中的にカットされた。のちに日活で大河内伝次郎とコンビを組み、「姐御《あねご》女優」としてスクリーンで大活躍した伏見直江が、山本安英扮する母の娘として、カットのための無言で築地での初舞台を踏んだのがこの時だった。旅回りの一座にいた伏見が父の死で河合武雄を頼って上京、河合の紹介で小山内を訪ね、研究生として採用された経緯がある。字の読めなかった伏見直江に文字を教えたのが小山内である。

十日間十回の公演で一日平均二百人ほどの観客が来たが、そのほとんどが男性の、長髪の学生だった。女性客が少ないのが築地小劇場の特色のひとつだったが、終演後、美術部は溝口三郎が残ったほかは有名無実だとして解散、今後は装置の製作は荒井金太郎が請け負って、デザイナーはその時の適任者に依頼することになった。

大阪から東京に戻った小山内は、九月十五日からの第十一回公演に自由劇場の旗揚げ公演で演出した『ジョン・ガブリエル・ボルクマン』（イプセン作、森鷗外訳）を出した。青山杉作のボルクマン、田村秋子のグンヒルド、友田恭助のエルハルト、山本安英のエルラ、吉野光枝のウィルトン夫人、汐見洋のフォルダル、伏見直江のフリイダという配役で、山本と田村が柄になくて失敗だと言われた一方で青山と汐見が好評、「いつもながら」という形容で装置（溝口三郎）が褒められた。築地小劇場は装置と照明（岩村和雄）がいいというのが定評になった。

十月一日からの第十二回公演『地平線の彼方へ』（ユージン・オニール作、田中総一郎・北村喜八共訳）で、青山杉作が演出家としてデビューした。以後、築地小劇場は小山内薫、土方与志、そして青山杉作という三人の演出家制を採る。小山内が古典を、土方が前衛作品を、青山がどちらかと言えば中間的な、現在の言葉で言えばエンターテイメントに属するものをというのが、暗黙の了解になる。デビューの青山の演出はもっと潑剌とありたいと言われたが、このころから丸山定夫がかなり大きな役を演じるようになった。

十月十五日からの第十三回公演は、一部の上演を加えると通算五回目になる『夜の宿』（ゴーリキー作、小山内薫訳）を小山内が演出した。何よりも集客を狙っての出し物だったろうが、ある程度は成果を挙げて、はじめて三千を超える観客を集めた。主なキャストはルカに丸山、ペーペルに千田是也、木賃宿の主人に東屋三郎、その妻のワシリーサに室町歌江、妻の妹のナターシャに山本安英、錠前屋に二代目河原崎長十郎――左団次一座の座員だったから小山内とも親しく、「出させて下さい」と申し出ての押しかけ出演だった――、その妻アンナに若宮美子、ナースチャに花柳はるみ、韃靼人に洪海星、サーチンに青山杉作などで、否定的な批評もあったが、岸田國士はこう評した。


築地小劇場の『夜の宿』を観て「これは佳い」と思つた、「本もの」だと思つた。

第一に脚本が佳い、第二に「演出者」の理解が行届いてゐる、第三に翻訳が立派だ、第四に俳優が真面目だ。

第一については論ずる余地はない。第二についても今更意外だとは思はない。第四については、今度だけさうだといふのではなく、今度のものにそれが極めて役立つてゐると云ふまでだ。処で第三の問題だ。

『夜の宿』の成功を全然翻訳の価値に帰することは「演出者」に対して必ずしも礼を失することにはなるまい。少くとも、今日までの上演目録を通じて、最も成績を挙げ得た『夜の宿』は、今日まで最も等閑に附せられてゐた如く見える翻訳の点で一頭地を抜いたものであることを注意したい。

築地小劇場の出発点は、先づ現在の俳優を利用し得べき優れた外国物の戯曲を、優れた翻訳によつて上演し「どうだ、芝居といふものは、これくらゐ面白くなければならないで《ママ》」といふ一事を教へてくれるに在ると思ふ。（「都新聞」十一月二日号）

このころから女優の数がかなり増えたが、中でも花柳はるみの参加は、女優不足の築地小劇場にとっては大きな戦力だった。当時の劇場員の月給は五十円、三十円、二十円の三ランクあり（研究生が二十円）、エキストラが稽古日を含めて一公演十円だった。五十円は普通のサラリーマン並の月給である。また、この公演から入場料が一円五十銭に値下げされた。なお、韃靼人を演じた洪海星は、やがて朝鮮の近代劇運動に大きな功績を残した。

第十四回公演の『作者を探す六人の登場人物』（ルイジ・ピランデルロ作、本田満津二訳、土方与志演出）が会員制による試演という形を取らざるを得なくなり、『夜の宿』公演中にその旨を記したチラシが入場者に配られた。もっとも、会員制とは言え、ロビーに置かれたノートに住所・氏名・職業を書けばよかったのだが、これが逆に観劇意欲を高めたのか、三日間の試演会は客足が順調だった。

父親が父違いの娘を買うという設定が問題だとして一般公演が許されなかった『作者を探す六人の登場人物』は、イタリアの劇作家ピランデルロのわが国へのデビューだったが、一九二一（大正十）年のローマでの初演は失敗、二三年のパリでのピトエフ一座の公演が大成功して、ピランデルロは一躍世界に知られるようになった。

演出家と俳優たちが芝居の稽古をしている。そこへ六人の喪服の奇妙な人物が登場し、自分たちは作者に見捨てられた登場人物で、自分たちの悲劇を上演してくれる新しい作者を探していると言う……とはじまる『作者を探す六人の登場人物』は、演劇上のリアリズムを大胆に覆した実験作で、パリ公演一年後の本邦初演は、世界との同時代性をよく示している。築地小劇場はこれを意識したはじめての集団だった。

十一月一日からの第十五回公演に『恋愛三昧』（シュニッツラー作、森鷗外訳、青山杉作演出）を出し、同月十五日からの第十六回公演はストリンドベリの戯曲を二本並べた。『一人舞台』（森鷗外訳）と『稲妻』（森鷗外訳）。演出はともに小山内薫。このころは表現主義の先駆者としてのストリンドベリへの関心が高く、新潮社が大正十二年に『ストリンドベルク小説全集』と『ストリンドベルク戯曲全集』の刊行を開始、翌年には岩波書店が『ストリンドベルク全集』を出版しはじめた。が、観客は二千人台と少なかった。それが急増したのが十二月五日から二十日までの第十七回公演の、映画版が封切られていた『朝から夜中まで』（ゲオルク・カイザー作、北村喜八訳、土方与志演出）だった。

### 村山知義のデビュー

築地小劇場での『朝から夜中まで』の上演予定を知り、舞台装置には自信があるので担当させてほしいと土方宛に手紙を出して、それが容れられて装置と衣装を任されたのが村山知義で、これが村山の演劇界へのデビューになった。時に二十三歳。

早くに父に死なれた村山は、中学時代から文才や画才を発揮していた。が、東京帝大に入学したもののヘブライ語のほか出たいと思う講座もなく、ベルリン大学への留学の夢を募らせた。中学の同級生、和達知男がドイツへ留学したのも刺激になった。村山が大学を中退し、出版社勤めの母の借金でヨーロッパに向かったのが大正十一（一九二二）年の一月、ロンドンまでの特別三等の船賃が四百八十円だった。

ベルリンに着いた村山が和達に相談したところ、哲学科ならラテン語を学ぶ必要があると言われて大学入学を断念、和達とともに音楽会や舞踊会や展覧会などを見て回るという、通貨マルクの暴落で日本では思いもしない優雅な生活を送るうち、村山は表現派や野獣派や未来派の絵画に関心を持った。同時にバレエのテクニックを否定し、身体を見直して新しい感覚と感情を表現しようという「新しい舞踊《ノイエ・タンツ》」に惹かれ、村山はダンサーになろうと心に決めた。

和達の影響で演劇劇場にも出入りして、多様な舞台にも接した。が、美術は学ぶべきことは学び尽くした気になって、滞独中に描いた作品を日本へ持ち帰って世間を驚かせたいと、一年後の大正十二年一月に帰国した。

五月に神田・神保町の画材店で布切れやブリキなどの具体物で構成した初の個展を開いた。未来派や野獣派への関心が高まっていた折り、未来派美術協会の柳瀬正夢、尾形亀之助、高見沢仲太郎（のちの『のらくろ』の作者田河水泡）らが個展を見に来た。そして意気投合した柳瀬や尾形らとともに村山は七月に前衛美術団体マヴォを結成、同月末から八月にかけて浅草・伝法院の大本堂でマヴォの第一回展覧会を開いた。

高見沢仲太郎もやがてマヴォの同人になったが、九月一日の関東大震災が村山たちの背中を押した。震災を契機に破壊的で新奇な芸術を歓迎する風潮が生じ、マヴォにショーウィンドーや壁面の装飾や、看板や建築設計を依頼するところが増えてきた。小説家の吉行エイスケ夫人あぐりのために市ケ谷駅前に三角形の三階建ての美容院を設計したり、二代目市川猿之助が銀座裏に開店した「バー・さる」の室内装飾を請け負ったりした。

勢いに乗って村山や萩原恭次郎らの編集発行人で同人雑誌『マヴォ』が出たのは大正十三年の七月で、これはアヴァンギャルド芸術の本格的な出現として注目された。約一年間つづいたこの雑誌の主要人物として、村山は「前衛」の名をほしいままにしていた。その意味では土方与志と共通項があったと言える。

その村山が手掛けた『朝から夜中まで』の構成派の装置は、戯曲の全場面を一杯道具で処理すべく、救世軍の会堂を中心に組まれた軍艦のような三階建ての構築物で、必要なところが部分照明で照らされて場面を変えた。客席に入った観客は舞台が剥き出しになっていて、そこに巨大な装置が組まれているのに目を見張った。ある銀行の出納係が平穏な生活を捨ててパラダイスを追い求めるが、求めたパラダイスは真のそれではなかったという「魂の巡礼」の『朝から夜中まで』は、村山の装置とともに出納係を演じた千田是也が注目された。特有の、異様な力を持つ魂を叫び上げる表現派俳優との評価である。

ところで、千田是也という芸名は関東大震災のデマによる朝鮮人虐殺事件と関係があって、自宅近くの千駄ケ谷で朝鮮人つまりコレアンに間違われ、自警団に暴行されかかったことに由来する。つまり、千駄ヶ谷のコレアンの意だ。

兄の伊藤熹朔が土方模型舞台研究所に関係していたことから千田も出入りしはじめ、ここに集う人たちに感化されて演出家を志望、それには上級学校に進学せねばと、ツテを頼って早大独文科の聴講生にもぐりこんだ。

大正十二年の四月から早稲田に通いはじめたものの、大震災で通学の意欲をすっかりなくした。その千田に築地小劇場設立の動きを知らせたのは建築の仕事をしていた次兄の伊藤鉄衛《かなえ》で、震災で傷んだ土方家の修理を頼まれて通ううちに、劇場建設の話を耳にした。やがて模型舞台研究所のあった土方家の地下室に劇場設立事務所がオープンし、千田是也は毎日ここへ顔を見せはじめた。俳優になる気のなかった千田がその気になったのは、ここで最初に会ったのが友田恭助や汐見洋や東屋三郎だったからだが、十六日間の興行だった『朝から夜中まで』は、はじめて四千人を超える観客を集めた。

つづく第十八回公演は二十三日から二十九日まで「子供の日」と題するマチネーで『遠くの羊飼（七場のパントマイム）』（オランド・ハズスン作）、『蝙蝠座の印象』（小山内薫・岩村和雄演出）、『そら豆の煮えるまで』（スチュアート・ウォーカー作、小山内薫訳・演出）、舞踊『おもちゃの兵隊』（岩村和雄振付）の四本を並べた。子供たちへのクリスマス・プレゼントという趣旨で、『そら豆の煮えるまで』の少年に扮して及川道子が初舞台を踏んだ。また、『おもちゃの兵隊』の兵隊の一人になって、病気のために一度身を引いていた浅利鶴雄が「三田英児」という芸名で俳優として復帰し、これで大正十三年の活動を終えた。パンフレットの『築地小劇場』第二巻第一号には「築地小劇場昨年の為事《しごと》に対する批評」という特集に寄せた中村吉蔵、正宗白鳥、秋田雨雀らの一文が載っているが、このうち川端康成のそれを再録する。

大正十三年中で、築地小劇場以外の芝居を見たのは、唯の二度しかない。（中略）ところが、築地小劇場へは、いつも期待を抱いて行く。私達の見たい芝居はここだけだと思つて行く。（中略）遠くに旅行してゐない限りは必ず見物する。この事実だけで、私の築地小劇場観は十分なのではあるまいか。

## 若手の不満と組織の変更

「子供の日」の番組は大正十四（一九二五）年一月三日から七日まで、十二時半開演のマチネーとして再演された。これに先立ち一日から十日までの第十九回公演に『ジュリアス・シーザー』（シェイクスピア作、坪内逍遥訳、小山内薫・土方与志演出）が毎夕六時開演で出た（十日までの予定が二日日延べになった）。『朝から夜中まで』が十二月二十日まで十六日間、「子供の日」が十二月二十三日から二十七日までと、翌年の一月三日から七日まで、『ジュリアス・シーザー』が一月一日から十二日までというスケジュールで、多くの俳優がこれらすべての舞台に出演したから、身体的に相当ハードだったに違いない。

『ジュリアス・シーザー』はシーザーとオクタヴィアス・シーザーに汐見洋、アントニアスに千田是也、ブルータスに青山杉作、カシアスに小野宮吉というキャストで、装置は召集解除で除隊した伊藤熹朔が担当した。入隊のために築地小劇場の旗揚げに参加できなかった伊藤熹朔の、築地での初仕事である。ただし、五幕十八場という多場面の芝居のセットを各場面写実的に作ったので、――当時はこれが普通だったから場面転換に時間がかかった――、築地初のシェイクスピア劇は上演時間が六時間という長丁場になった。俳優の中では青山がもっとも好評だったが、兵隊に扮する多くのエキストラの中に、滝沢修がいた。資産家の鉱山主を父に、七人兄弟の三男だった滝沢は、関東大震災で父の事業が打撃を受けて高校進学を断念、友人の勧めで昨年夏の築地の演劇講習会に参加したのが、築地との出会いだった。講習会への参加は滝沢十八歳の夏である。

一月十五日からの第二十回公演は『幽霊』（イプセン作、森鷗外訳、土方与志演出）。表現派を得意としていた土方が、リアリズムの踏路社の舞台に感銘を受けた戯曲を演出したのだから、感慨深いものがあったろう。評判はよかった。山本安英の未亡人に友田恭助の息子、小野宮吉の牧師、東屋三郎の指物師というキャストで、二十代でアルヴィング未亡人を演じた山本安英が、このころから頭角を現した。

二月一日からの第二十一回公演は小山内薫が『桜の園』（チェーホフ作、米川正夫訳）を演出した。『夜の宿』同様、小山内がモスクワ芸術座の舞台を見て記録してきた虎の巻と呼ばれたノートにしたがっての演出で、花柳はるみのラネーフスカヤ、若宮美子のアーニャ、山本安英のワーリャ、小野宮吉のガーエフ、横田儔《とう》のロパーヒン、千田是也のトロフィーモフ、田村秋子のシャルロッタ、丸山定夫のエピホードフ、生方賢一郎のピイシチク、汐見洋のフィールスという配役だった。

十日までの予定だったが客足がよく、五日間の日延べになった。四千二十二人の入場者。ただ、途中でロパーヒンの横田が病気で倒れ、東屋三郎が代役に立った。

近代劇協会、新劇協会につづく三度目の『桜の園』を見た水木京太は、一個の纏まった舞台として、近来これほど芸術的魅力に捉えられたことはなかったと評し、山本のワーリャを第一の出来とした（『演劇新潮』三月号）。花柳はるみは身持ちがいいとは言えないというラネーフスカヤの一面は適役ながら、品格に欠けるというのがもっぱらの評で、田村の引退に言及する評もあった。友田との結婚後は女優活動を慎んでほしいという友田の家からの申し入れで、田村はしぶしぶ従う気になっていた。友田との結婚式は小山内夫妻の媒酌で翌三月に挙行され、以後、田村の出演は減った。客員の形になったのである。結婚は友田恭助二十七歳、田村秋子十九歳の春。

二月十八日からの第二十二回公演は、千田是也に替わって丸山定夫の主演で『瓦斯・第一部』（カイザー作）を再演。この時のエキストラを機に滝沢修は正式に試験を受けて研究生に採用された。伊達信や島田敬一が研究生になったのもこの時だった。

岸輝子（当時は根岸輝子）や村瀬幸子（当時はさち子）が初舞台を踏んだ三月一日からの第二十三回公演『寂しき人々』（ハウプトマン作、森鷗外訳、小山内薫演出）の後、三月十五日からの第二十四回公演に『皇帝ジョーンズ』（オニール作、本田満津二訳、青山杉作演出）が出た。成り上がりの黒人の皇帝が家来の反乱に会い、森林へ逃げ込んだ揚げ句に反徒に殺されるまでを皇帝の幻想を交えて描いたものだが、皇帝が殺されるという展開に警視庁からクレームがついて――むろん天皇を連想させるからである――、舞台では皇帝を酋長として、千田是也が蛇のように身をくねらせて熱演した。舞台効果として欠かせないトムトムという太鼓の音は、録音器のない時代だから三時間近い上演中、暗転の間も休むことなく和田精が舞台裏でドラムを叩いた。

ついでに音楽のことに触れておけば、築地は必要に応じて学生バンドに頼んだり、銀座の映画館の楽士を雇って演奏させていた。またこの公演から一足先にデビューしていた岸輝子や村瀬幸子の同期生、滝沢修、伊達信、島田敬一、東山千栄子が兵士や奴隷や淑女になって初舞台を踏んだ。中での異色は東山千栄子で、小山内の第一次外遊時に小山内がモスクワで東山の世話になったのは前に書いたが、彼の地で芸術に開眼した東山がビジネスマンの夫とともに一時帰国中にロシア十月革命が起こり、そのまま日本に居着いた。が、夫は仕事に忙殺され、子供のいない有閑夫人の東山は、毎日が退屈で仕方がなかった。やがて築地小劇場が開場すると、旧知の小山内が関係しているとあって熱心に観劇に通っていたが、ついに女優になろうと小山内に相談し、三十も半ばを過ぎて研究生の試験を受けて、採用された。夫はギャラをもらわないことを条件に、女優になるのを承知した。年齢的にも境遇的にも、東山の女優としてのスタートは異例中の異例だった。

この公演中にひとつのトラブルが生じた。主演の千田是也が次回公演として稽古をはじめた『検察官』（ゴーゴリ作）の台本を演出の小山内に突き返すと、築地をやめると宣言して帰宅するという事件を起こしたのだ。退団云々は土方らの説得で撤回されたが、「役を蹴った」罰として千田は一か月の出演停止処分を受けた。築地小劇場では空前絶後の出来事だったが、千田のこういう行動の裏には築地小劇場と実社会との関係、あるいは芸術観に関わる問題があった。

千田によれば、築地のメンバーは青山杉作を中心に友田恭助、田村秋子、竹内良作、河原侃二が集まり、汐見洋、東屋三郎、生方賢一郎らは小山内とお茶屋やバーで呑むという付き合いをしていて、千田は主に小野宮吉や電気部にいた八代康と交際し、自ら「硬派」と称して前述の二組を「軟派」として軽蔑していたという。この三つのグループのどれにも属していないのが丸山定夫や山本安英だった。

千田の行動はこういう人脈とも無関係ではなく、『海戦』や『狼』や『人造人間』などに魅力を感じていた千田は、自然主義や象徴主義の戯曲に足踏みすることにいらつきはじめた。

そんな不満や疑いをもつ者は、はじめほんの少数だったが、（大正十三年の）秋になって新しい研究生が大勢はいってくると、私たちの考えに共鳴するものがぐんと増えて来た。その夏にもたれた築地の演劇講習会に出ていた横田儔や木村太郎や原田理一、新劇協会から抜けて来た降松《くだまつ》秋彦や小杉義男など、みんな『海戦』や『狼』や『人造人間』に感激して築地に飛び込（ママ）んだ連中だった。

やがてこの新らしい研究生のための研究会や基本訓練が毎朝もたれるようになったが、講義や練習のちゃんとしたシステムが出来ていたわけではないし、小山内先生をはじめ講師連中はみんな多忙で休講ばかりつづくし、いきおい、毎朝の研究は、私たちをも含めた若い連中の自由討論会みたいなものになって行った。そうなると、どうしても築地で現にやっている芝居のことが中心の話題になるし、討論に加わる連中の大部分が表現派びいき、前衛派びいきなので、その秋に築地がやったイプセンの『ボルクマン』だのシュニッツレルの『恋愛三昧』だのストリンドベリの『稲妻』だのに攻撃が集中し、その演出者や演技者までがこきおろされるようになった。（中略）

ともあれ、この無鉄砲な若い連中の悪たれ口は、開場以来、築地のあちこちに出来てきていたしこりを明るみに出し、劇場員全体のざっくばらんな話合いの場、討論の場を開いた点、有名無実になりつつあった、創立当時からの同人制を改めて、ここで働く者全体の合議制に移って行く機運を促した点では、まんざら無意味ではなかったようだ。（「千田是也演劇自伝 7」『テアトロ』昭和三十五年十一月号）

若手の動きに促されての全体会議はこの年のはじめから二月にかけてしばしば持たれ、その結果創立以来の組織が改められた。もっとも早く築地小劇場史を著した水品春樹は、こう書いている。

従来、同人会議によつて一切の活動が行なはれて来たのを、劇場員全部の会議によりすべてを運行することにきまつたのである。新しい組織の形は、演出部（小山内・土方・青山）、文芸部（北村・高橋）、経営部主任（千早）を常務委員とし、これに全劇場員からの代表二名（互選で三ケ月交替、第一期東屋三郎・小野宮吉）を加へた演出会議といふものを持つこととなつた。そして時機に応じそのときの演出に関係ある装置者、照明家、効果部員、俳優らがこれに加はるといふことにした。かくしてこの演出会議によつて決定された事項ならびにそれの実行を、監督し批判し是正して行くのが全劇場員の任務とされるに至つた。もちろん演出会議の常務委員も全劇場員会議では平の議員であり、この会議の遂行と整理は全劇場員より選ばれた議長がこれを司ることとなつて、第一期の議長には小山内薫が選ばれた。また研究生は研究生間の互選により代表者二名を全劇場員会議へおくると同時に、研究生間の自治を計るものとした（第一期八代康・原田理一）。以上のやうな制度に改められて、演出題目、演出計画、経営方針の一切が全劇場員会議の協定により、出発することとなつた。（水品春樹「築地小劇場史」『新劇去来』）

これまで述べてきた歩みの裏にはこういうことがあり、また、『皇帝ジョーンズ』を最後に照明の岩村和雄が退団したのも、舞踊の研究に専心したいという理由のほかに、頻繁に持たれた全劇場員会議の不慣れゆえの、あるいは悪平等ゆえの混乱も一因だったと思われる。開かれるたびに全劇場員会議は混乱を重ね、劇場の運営に支障をきたすようになったために、岩村の退団後ほどなく組織をもう一度改めて、演出家三人と文芸部長と経営主任の五人が演出会議を作り、ここが演目選定、劇場運営、人事の統括を司る「最高行政機関」になった。

四月一日からの第二十五回公演は汐見洋のフレスタコフで『検察官』（ゴーゴリ作、米川正夫訳、小山内薫演出）。大詰めの総出の無言の紳士役に演出家や文芸部員が毎日交替で出ることになって、「内村喜与作」という芸名が作られた。土方与志、青山杉作、北村喜八の合成名で、小山内も出た。が、自分が演出した大勢の人間が流れるように動いて行き、活人画になって極まるというテンポに一人合わず、小山内の出演は一回で終わった。

公演中に錠前屋の妻を演じていた吉野光枝が倒れ、コロープキン（竹内良作）の妻に扮していた岸輝子が代役した。岸によれば、その時のちょっとしたせりふの言い回しを東屋三郎が褒めたことから、間もなく岸は東屋と結婚した。

三ちゃんは砂土原町の橋本伯爵邸内に居候《いそうろう》していたので、私も居候になりました。（中略）私達の庭には見事な桜の大木が数本あったので、私は『桜の園』と呼んでいた。三ちゃんは毎日朝風呂に入り、プレスしたズボンをはき、身につける物一つ一つに香水をつけて、最後に帽子の裏にシューシューと香水をかけると、手袋とステッキを持って、スパッチをかけた靴で昼頃出て行きます。銀座の不二屋でビールを呑みながら勉強するんです。あなたと遊んであげられないから、友達と遊びなさいという。私はテニスの選手の大学生をステッキボーイにして、テニス、ラグビー、野球、冬はスキーにと遊び回っていた。（岸輝子『夢のきりぬき』）

千田是也はこういう日常生活を送っていた劇場員を「軟派」と呼んだ。東屋と死別した後、岸は千田と「再婚」する。縁とはこういうものかも知れない。

## 治安維持法と日本共産党の結成

大正十四（一九二五）年四月十五日からの第二十六回公演『虫の生活』（カール・チャペック兄弟作、北村喜八訳、土方与志演出）上演さなかの二十二日に、治安維持法が公布された。

国内の治安維持の対策を治安当局に新たに認識させたのは、大正七年夏の米騒動だった。治安維持の中枢に位置する内務省は米騒動の社会的背景にも配慮して、社会運動や労働運動を弾圧するだけではなく、その一定の部分を合法的に体制内化する方がより得策だという対処をした。これに対して司法省は厳罰主義を採り、八月中旬から検事の陣頭指揮で検挙活動を行った。検事が内務省警保局所管の司法警察を動員して大量検挙するのは米騒動ではじまって、治安維持法体制下ではこれがパターンになった。

米騒動への内務省と司法省との対処の相違は、従来の治安体制が新事態の処理に十分機能できないことを露呈して、司法権を中核にした刑事立法を目指そうという動きが起きた。大正九年一月の森戸事件は、司法省の治安対策を明瞭に示した最初の事件だった。

これは東京帝大経済学部助教授の森戸辰男が、同学部の機関誌に発表した「クロポトキンの社会思想の研究」という論文が新聞紙法違反だとして、司法当局から森戸と雑誌の編集人大内兵衛同学部助教授が起訴された事件で、裁判の結果森戸の禁固刑と罰金が確定したが、この事件は内務省が扱ってきた出版警察領域に司法官僚が乗り出してきたことを意味していた。森戸事件をきっかけに原敬内閣は思想統制に積極的に取り組むが——国民文芸会がその色彩を帯びていたのは前述した——、政治警察たる特別高等警察、略して特高警察あるいは特高のはじまりになった警視庁の特別高等課（明治四十四年八月設置）と並んで、検察・裁判所という司法権によっても思想を取り締まる方針が示された。

森戸事件と同年に内務省は各国の過激主義取締法の調査に着手、司法省もその立法化を進めた結果、大正十一年二月の第四十五帝国議会に過激社会運動取締法案が提出された。が、この法案は立法技術上の未熟な点が多くて廃案になったものの、翌年六月の第一次日本共産党事件の摘発は、それまで司法官僚にくらべて消極的だった内務官僚をして、類似の取締立法作成を促した。

非合法組織として日本共産党が結成されたのは、大正十一年の七月だった。初代委員長に就いた堺利彦のほか、結成およびその直後の主な党員は市川正一、国領五一郎、野坂参三、徳田球一、山本懸蔵、渡辺政之輔、川内唯彦、高瀬清、荒畑寒村、山川均、近藤栄蔵、佐野学、鍋山貞親らで、同年十一月にモスクワで開催されたコミンテルン（国際共産党）第四回大会に高瀬と川内を派遣して日本共産党の成立を報告し、大会はこれを承認、日本共産党コミンテルン日本支部として正式に認められた。また、この大会で片山潜がコミンテルン執行委員会幹部会員に選出された。

補足すると、コミンテルンと各国の共産党との関係は以下の通り。

各国の党は、日本共産党コミンテルン日本支部というように、一律に××共産党××支部という名称を名乗らなければならなかった。これは、ボルシェヴィキが、政権を奪取した翌年、ほぼ一党独裁制をしき終ったところで、ロシア社会民主労働党ボルシェヴィキ派という名称を、ロシア共産党と改名したことにならうものだった。もちろんロシア共産党も、コミンテルン・ロシア支部なのである。しかし、これは形式上のことであって、実質的には、ロシア共産党のほうがヘゲモニーをもって、コミンテルンを動かした。（中略）

コミンテルンに加入しようとする組織は、まず民主集中制の原則を承認し、コミンテルン執行委員会の決議は無条件に実行することを約束しなければならなかった。いったん各国の党が正規の手続きをへて決定したことでも、コミンテルンがその決定をくつがえせば、それに従わねばならなかった。コミンテルンの決定、決議、通達などは、すべて各国の党機関紙に発表することを義務づけ、それを通して、各国の下部党員にまで、直接のコミュニケートができるようにはかられた。（中略）

そして、コミンテルン全体の目的は、次のように明確に設定された。

「資本主義の打倒、すべての階級を完全に廃止し、共産主義の第一段階たる社会主義を実現するであろうプロレタリアート独裁と国際ソビエト共和国の樹立をただ一つの目的として追求する」

そして、その目的実現のためには、「武装闘争を含む一切の有効な手段」をとるとしていた。（立花隆『日本共産党の研究』）

この日本共産党のあり方は、新劇運動が共産主義運動の影響を受けるようになるとさまざまな波紋を描いていくが、誕生したばかりの日本共産党は「佐野学が党の書類を一労働者にあずけたところ、それが警視庁のスパイだった」（日本共産党編『日本共産党の五十年』）ことが発端で大正十二年六月に堺、市川、徳田、野坂らが検挙された（第一次日本共産党事件という）。この事件は当局の意識的なマスコミ操作で「主義者」を国賊視する風潮を生み、それからほどなくの関東大震災はデマでその風潮が一気に爆発、朝鮮人殺害事件、大杉栄虐殺事件、亀戸事件という白色テロを惹起して、亀戸署では渡辺政之輔が指導していた南葛労働会所属の組合活動家とともに、純労働組合代表の劇作家でもある平沢計七らが軍隊によって虐殺された。一方、震災を機に共産党結成は早すぎたとの判断が第一次共産党事件の被告たちの間に広まり、大正十四年二月に第一次共産党は解散した。ただし、規定によってコミンテルンはこれを認めず、以後、党の再建運動が展開されたのは後述する。

関東大震災は新しい治安立法を作成しようとしていた動きを促進して、どさくさまぎれに九月七日に緊急勅令として公布施行されたいわゆる治安維持令が治安維持法の直接的なさきがけになって、第一次共産党が解散した同年同月、加藤高明を首班とする護憲三派内閣が治安維持法を第五十帝国議会に提出し、四月二十二日に公布、五月十二日に施行された。日本共産党を中心とする非合法革命運動に取り締まりの目的と対象を絞った治安維持法の第一条は、「国体ヲ変革シ又ハ私有財産制度ヲ否認スルコトヲ目的トシテ結社ヲ組織シ又ハ情ヲ知リテ之ニ加入シタル者ハ十年以下ノ懲役又ハ禁錮ニ処ス」というもので、昭和三（一九二八）年の第二次共産党の三・一五大検挙後にこの一条は改定されて、国体すなわち天皇制の変革を目的とする結社の場合と、私有財産制度否認を目的とする結社の場合とに分けられ、前者の指導者は死刑または無期もしくは五年以上の刑に引き上げられた。

築地開場後一年になろうとするこの時期は劇場の外でこういう渦が巻きはじめていて、やがてそれは劇場の中へ及ぶのである。なお、大正十三年度の活躍に対して、土方与志が四月に国民文芸会賞を受賞した。築地小劇場の経済的な負担を一身に背負う土方は、一年間に二十万円という巨費をつぎ込んでいた。

## 千田是也の退団

大正十四（一九二五）年五月一日からの第二十七回公演は本邦初演の『三人姉妹』（チェーホフ作、米川正夫訳、小山内薫演出）。山本安英のオリガ、花柳はるみのマーシャ、若宮美子のイリーナ、（谷崎龍子のナターシャ、東屋三郎のクルイギン、小野宮吉のヴェルシーニン、汐見洋のトゥゼンバッハ、千田是也のサリョーヌイ、丸山定夫のチェプトゥイキン、友田恭助のフェードチク、生方賢一郎のアンドレー、東山千栄子の乳母といったキャストで、溝口三郎が写実的に装置を組み、白樺は長野県から本物を取り寄せた。全体としては不評の中、山本や小野や丸山が好評だった。

十五日からの第二十八回公演は青少年の性を描いた『春の目ざめ』（ヴェデキント作、野上豊一郎訳、青山杉作演出）を取り上げた。友田恭助のモリッツ、竹内良作のメルヒオル、山本安英のヴェンドラなどで、大詰めに登場する仮面の紳士役は内村喜与作の名で小山内が演じた。せりふ覚えが悪いというのが定評だった友田は『幽霊』以来の久々の大役だったが、今度もプロンプターの水品春樹に世話を焼かせ、そのため以後友田にあまりいい役がつかなくなった。田村秋子はヴェンドラの母親役で出演予定の谷崎龍子の急病で、小山内の勧めで代役した。久しぶりの舞台だった。が、モチーフがモチーフなだけに検閲でまたも台本を大幅にカットされた。にもかかわらず入場者は三千人を超え、『三人姉妹』より多かった。返本率が三割を超えるようになった『演劇新潮』が、この月の六月号で廃刊になった。

六月一日からの第二十九回公演は『爛酔《らんすい》』(ストリンドベリ作、舟木重信訳、土方与志演出)で、村山知義が再度装置を担当した。村山はしきりに築地入りを打診していた。

十五日からの第三十回公演は、第二次芸術座が汐見洋の主演で『殴られるあいつ』というタイトルで上演したアンドレーエフの戯曲を『横っ面をはられる彼』(熊沢復六・北村喜八共訳、青山杉作演出)と改題して、汐見の主演で出した。が、これが盗訳問題を起こした。

『殴られるあいつ』というタイトルの上演台本は、吉田甲子太郎《きねたろう》が英訳から重訳していた。築地のそれはロシア語のできる熊沢が一枚噛んで、ロシア語から直訳するのが売りだった。が、吉田訳をも「参照」したのが問題を起こし、吉田が盗訳だとして新聞に寄稿した(東京朝日新聞六月十九日号)。北村が反論したものの吉田は納得しなかった。かつての小山内の誤訳とは違って微妙な部分もあるにはあったが、翻訳劇専一方針だっただけに二度も翻訳でつまずいたのは、劇場側の脇が甘かったと言うしかない。この舞台を最後に竹内良作が退団したのは、共演の若宮美子と感情的なもつれを生じたのが原因で、竹内はドイツ遊学後に竹内良一と改名して、活躍の場を映画に移した。また、熊沢復六はほどなく築地の文芸部入りした。

第三十一回公演には当初トラーの戦争犠牲者の物語『ヒンケマン』を、非公開で上演する予定だった。が、条件付きの上演なら許可するというその条件が不可能だと判断して断念し(「叫びの戯曲」『小山内薫演劇論全集』第二巻参照)、替わりにハーゼンクレーフェルの『決定』を小山内演出で上演すべく稽古に入った。が、吉田謙吉デザインの大道具もできあがった初日の二、三日前に、警視庁から上演禁止の通達が来た。この時は併演の『母の愛』(ストリンドベリ作、楠山正雄訳、小山内演出)と、小堀誠に替わって丸山定夫のムートンで再演の『休みの日』(マゾー作、小山内訳・演出)の準備もできていたので、急いで『決定』に替わる出し物を見つけなければならなくなった。

小山内は「純粋な叫びの戯曲」を取り上げたいとアウグスト・シュトランムの七本のそれを読破して、『牧場の花嫁』に決めた。

私は早速筆記者を前に置いて『牧場の花嫁』の口訳にかかった。実に急訳にして窮訳である。為事は二日に亙ったが、費した時間は僅に五時間だ。併しその翻訳の出来上がった時は六月二十八日で、予定の初日までには僅二日しか準備の時間がなかった。そこで、経営部に懇願して、やっと初日を三日に延ばして貰った。

台帳の謄写複製は経営部々員の必死な努力に依って、二十九日の朝までに完了された。その日の午後一時にはもう本読が行われた。稽古は直ぐその日から始まった。

一方、私は吉田謙吉君を促して、舞台装置の「変形」に取りかかった（注＝時間的にも製作的にも新規の装置は作れず、『決定』のそれを使い回すことにした）。明快で機敏な吉田君の頭脳は、忽ちこの新しい戯曲の核心を摑んで、とても「変形」とは思われない程の適確で自由な新しい舞台が、見る間に展開されて行った。

稽古は猛烈に進行した。俳優達は字義通りに血みどろになった。

こうして、やっと（七月）三日の午後七時に、私達は諸君に目見えることが出来たのだ。（「叫びの戯曲」『小山内薫演劇論全集』第二巻）

上演時間が二十分ほどの『牧場の花嫁』は千田是也、伏見直江、小杉義男、青山杉作、岸輝子らの出演だったが、好評というわけにはいかなかった。

ところで、千田是也によれば、このころ、つまり六月末か七月はじめに、劇団員は他の劇団への無断出演や勝手な退団をしないという契約書を劇場側と取り交わすことになった。契約すれば千田の場合は月給が三十円から五十円に昇給することになっていた。が、「芸術坊や」の千田は築地との、土方与志とのつながりが一片の契約書に置き換えられることに抵抗を感じ、契約を断って無給でいいから無契約で働きたいと申し入れ、土方とも話し合った。

あらためて脱退すると力んでみせるのも、もうばかばかしくなっていたし、ほかにこれと思う劇団もないので、私は、そのまま築地にのこった。処理に困るから、あまり堅苦しいことは云わずに、「契約書」ぬきで取っておきたまえと千早（正寛）氏に云われるままに、五十円也の月給も頂戴していたが、それ以来私は築地に対しても、土方先生に対してもすっかり心をとざしてしまった。（中略）

いったんそう決めるとすっかりさばさばして、私はいうところの「軟派」の役者さんとも、小山内先生や青山先生とも楽な気持でつきあえるようになった。ただどうも、土方先生とだけは、可愛さあまって憎さ百倍というわけか、それ以来ひどく気まずくなり、やむを得ない用事以外には、口もきかなくなってしまった。(「千田是也演劇自伝・7」『テアトロ』昭和三十六年十一月号)

七月十七日よりの第三十二回公演『熱風』(ストリンドベリ作、楠山正雄訳、青山杉作演出)と『ジュリー嬢(令嬢ジュリー)』(ストリンドベリ作、楠山訳、土方与志演出)はこういう雰囲気の中で持たれ、山本安英のジュリーに対する千田のジャンは好評だった。

公演終了後夏休みになったが、その間の八月十三日にわが国初のラジオ・ドラマを、築地小劇場がユニット出演して放送した。

NHKすなわち日本放送協会の前身たる社団法人東京放送局(JOAK)が芝浦で試験放送を開始したのはこの年の三月一日だったが、七月十二日からは芝・愛宕山で本放送をはじめ、開始後三か月にして聴取契約数が十万を突破したように、ラジオはたちまち新メディアの寵児になった。

一年目は東京・大阪(JOBK)・名古屋(JOCK)と三局が独立して放送したが、大正十五年八月にこれらが統合され、社団法人日本放送協会として逓信省の監督下に入った。築地がラジオ・ドラマを放送するまでは、これに類するものは歌舞伎や新派の脚本を放送向きに手を入れた「放送舞台劇」しかなかったが、聴覚のみに訴える独自のラジオ・ドラマがあるはずだとの考えから、八月に小山内、久保田万太郎、長田秀雄らによって東京放送局内にラジオ劇研究会が組織され、ラジオ・ドラマという名称の命名者である小山内が英国の放送劇『椿事』(リチャード・ヒューズ作)を『炭坑の中』と改題して、自ら指揮して電波に乗せた。むろん、生放送である。

放送二日後の十五、十六日の二日間、築地は初の野外劇として日比谷公園の音楽堂で『狼』(ロマン・ロラン作)を上演し、初日は八千人、雨にたたられた二日目も四千人と多くの観客を集め、その後はじめての地方公演として名古屋の松坂屋ホールで『海戦』(ゲーリング作)、『母の愛』(ストリンドベリ作)、『犬』(チェーホフ作)を、宝塚中劇場でマチネーに『牧場の花嫁』(シュトランム作)と『犬』と『海戦』を、ソワレに『横っ面をはられる彼』(アンドレーエフ作)を上演した。が、この地方公演中に三田英児こと浅利鶴雄と若宮美子が恋の逃避行を演じ、ジャーナリズムを騒がせて築地を除名された。

帰京するとこれまで一日と十五日を初日にして毎月十日間二本の公演をしてきたやり方を改め、第一と第三の金曜日を初日に、毎月の土曜と日曜はマチネーを加えることになった。すなわち九月の第一回マチネーに『海戦』と『クラウディウス』（カイザー作、北村喜八訳、土方与志演出）を出し、夜に第三十三回公演として『人間』（ハーゼンクレーフェル作、小山内薫訳・演出）を上演した。小山内はこれを手掛けるために同じ作者の『決定』を下準備として公演しようとして、前述のごとく上演禁止になっていた。それだけに張り切って取り組んだが、墓穴を出た主人公（千田是也）が自分の首の入った袋を下げて社会を遍歴するというドラマが観客に受けず、演出にも失敗した。表現主義の戯曲を系統立てて上演していく小山内の企画はこれでつぶれ、以後小山内は二度とこういう戯曲に手をつけなかった。なお、この時にも小山内の誤訳・悪訳を宮森麻太郎が指摘した。（「小山内君訳『人間』を評す」「東京日日新聞」十一月一日号）

十月の第二回マチネーにチェーホフの一幕もの三本をすべて小山内の演出で出し（米川正夫訳『熊』、築地小劇場訳『白鳥の歌』、小山内薫訳『犬』）、夜の第三十四回公演に『ペリカン』（ストリンドベリ作、伊藤武雄訳、青山杉作演出）を上演した。久しぶりに友田の母親役で田村秋子が出演したが、舞台が好評だったわりには観客が千四百人余と少なかった。

十月後半の第三十五回公演は『叔父ワーニャ』（チェーホフ作、米川正夫訳、小山内薫演出）。再演の時（昭和三年一月）は『伯父ワーニャ』と表記された。原戯曲に明確な指定はないが、ワーニャは死んだソーニャの母の兄か弟かという問題で、今では「伯父」の表記が定着している。舞台は賛否両論だった。

マチネーの『熊』の女地主と『叔父ワーニャ』のエレーナを最後に、花柳はるみが築地を去った。はるみの最初の恋人と新しい恋人である詩人の中野秀人（政治家の中野正剛の弟）とのごたごたが原因で、やがて「戸をたたく座」を結成すると黒木照と改名して、石川治のジャンを相手に『ジュリー嬢』（ストリンドベリ作、楠山正雄訳）のヒロインなどを演じたが（大正十五年一月・三和会館）、「戸をたたく座」はこの一回の公演で終わった。

舟橋聖一の回想では（「私の会ったひと」「朝日新聞」昭和三十九年二月二十六日号）、その後花柳はるみは黒木照名で研劇協会という劇団が大正十五年四月に牛込会館で『画像』（豊島与志雄作）や『骨』（舟橋聖一作）などを上演した時に、出演した。後者は舟橋戯曲の初上演だったが、その装置を村山知義が担当していたためか、村山が創立した心座の第四回公演（同年九月）と第五回公演（昭和二年五月）に花柳はるみの名で客演したが、前述のようにこれと前後して新劇協会に加入して、昭和四年六月の解散までこの劇団の舞台に立った後、女優をやめた。

十月三十日からの第三十六回公演に、丸山定夫のストックマンで『社会の敵（民衆の敵）』（イプセン作、楠山正雄訳、土方与志演出）を出した。その装置を担当した吉田謙吉は、土方との共同創案で建築現場の丸太を使った構成舞台を組んだ。

丸太組み舞台として一躍有名になったもので、その後いろいろな舞台で転用された。

十一月の第三回マチネーは『恋愛三昧』（シュニッツラー作）を竹内良作に替わって滝沢修の主演で再演し、同月半ばからの第三十七回公演にまたも『夜の宿』（ゴーリキー作）を掛けた。前回とのキャストの異動は退団した室町歌江に替わっての谷崎龍子のワシリーサ、横田儔のクレシチ、伏見直江のアンナ、田村秋子のナースチャ、岸輝子のクワシニャー、島田敬一のゾーブなどで、第三幕でペーペル（千田是也）を逮捕に来る警部の役で、薄田《すすきだ》研二がデビューした。細川ちか子（当時は知歌子）や帝劇女優出身の高橋とよ（当時は豊子）と同期で、『社会の敵』が千八百人余の集客しかなかったのにくらべて、『夜の宿』は三千八百六十人の観客を集めた。

十一月末からの第三十八回公演はピランデルロの第二弾『各人各説』（北村喜八訳、土方与志演出）だった。


……奇想天外、煙に巻かれた芝居であった。（中略）スキャンダルらしいものが発展するが、せりふはごちゃごちゃと修辞ばかりが多くて、その役者も不慣れで――いや、事によると不慣れらしく見せたのかもしれない、何しろこの芝居の中では、見るもの聞くものに信用できなくなってしまうので――渋滞感もひどいし、いいかげんうんざりしかけたころ、突如女が――田村秋子さんだった――金切り声で叫ぶ、と、途端に幕がおりるという段取りもあった。

プログラムを明るくなった光の下で読むと、「合唱的な幕間劇のある」という言葉が目についたので、これから歌でも始まるのかと思って廊下にも出ないでいると、あちらこちらで大声で議論が始まった。客がやってるんだか、役者がやってるんだかわからない。叫んだり、喧嘩みたいに怒鳴ったりするので、ああやっぱりこれも芝居の一部だなと思っていると、先刻舞台にいた人まで客席へ出て来て騒いでいるのに気がついた。騒ぎの中で二幕目のあくしらせがある。

二幕目がはじまったらしい。らしいというのは、いっこうに芝居が進行しないからである。進行しないのではない。もうだれにも何がなんだかわからないように、作者はごちゃごちゃにしてしまっているのだ。その舞台で、突然二人の主人公らしい男女が激しい恋情を爆発させて、抱擁し合って退場する。途端にまたたいへんな騒ぎが廊下や客席で始まった。もう芝居なんていうもんじゃない。（浅野時一郎『私の築地小劇場』）

中心をなくした世界を描くピランデルロの先駆性と、そういう舞台に接した観客の驚きがよく分かる（これは十二月に第四回マチネーとして再演された）。東山千栄子、丸山定夫、友田恭助、千田是也、東屋三郎、滝沢修らの出演で、細川ちか子が初舞台を踏んだ（当時は知歌子だったが「ちか子」で統一）。ただし、幕間劇は二日目から禁止された。

この年度（大正十四年度）の掉尾を飾ったのは十二月のマチネーを入れて十七日間、クリスマス・プレゼントの第二弾として小山内・土方・青山の共同演出で上演された『青い鳥』（メーテルリンク作、楠山正雄訳）だった。十四歳の及川道子のチルチル、七代目沢村宗十郎と帝劇女優河村菊江の息子河村匡章《まさあき》のミチル、つまり女の子が男の子を、男の子が女の子を演じた『青い鳥』で、劇団員総出演のこの舞台は好評だった。六千人余の観客のうち、千百人余が子供だった。

明けて大正十五年の一月元日から十七日まで、第四十回公演として大抜擢の薄田研二のシャイロック、山本安英のポーシャ、汐見洋のバッサーニオ、千田是也のアントニオ、岸輝子のネリッサ、客演の夏川静江のジェシカといった配役の『ヴェニスの商人』（シェイクスピア作、小山内薫訳、土方与志演出）を上演したが、これが千田是也の築地最後の舞台になった。

千田は土方との関係が冷えるにつれ、家に籠もってソビエト演劇に関する文献を読み漁りはじめた。同時にドイツに留学していて、土方と一緒に帰国した辻恒彦が東大出身の社会科学研究者の行人会のメンバーだったことからソビエトの演劇を理解するための予備知識として、マルクス主義やロシアの共産党に関する入門書を辻に選んでもらって読んだり、日本の無産者運動の話を聞くようになった。揚げ句に小野宮吉や八代康らと辻を囲んで、『共産党宣言』や『国家と革命』などの読書会を持ったりした。

同時に私は、当時浦和高校にいた佐野碩《せき》や太田慶太郎（谷一）や大河内信威（小川信一）とも急に親しくなりだした。みんな築地のファンで、うちの近所に下宿していた太田君を通じて、なんとなく知りあっていたが、その頃この連中も――多分大河内君が早くから山川均のところなどに出入りしていた影響もあろう――左翼づいていたのでいっしょに議論しあったり、研究会をもったりする機会が多くなって来たのである。（中略）辻君に連れていってもらって、上野の桜木町の「新人会」（注＝大正七年十二月に東京帝大生の赤松克麿や麻生久らを中心に結成された思想団体）の合宿に行き、林房雄や中野重治や大間知篤三などに紹介されたのも多分この期間だったと思う。（「千田是也演劇自伝・7」『テアトロ』昭和三十六年十一月号）

こうして築地をやめる決心を固め、両親に演劇の勉強のためにドイツへ行かせてくれと頼んで了承を得て、千田是也は退団した。思想問題でもっとも早く築地を去ったのが千田だった。

『役《えん》の行者』の上演

『ヴェニスの商人』と並行して第五回マチネーには『狼』（ロマン・ロラン作）を出し、つづく大正十五（一九二六）年一月二十日からの第四十一回公演にもロランの『愛と死との戯れ』（片山敏彦訳、土方与志演出）を上演した。これにはロランの「生誕六十周年記念」と銘打たれていて、千葉亀雄、高村光太郎、本間久雄、小山内薫、片山敏彦らが毎夜、開幕前にロランについて講演した。

一月二十九日からの第四十二回公演は『タンタジールの死』（メーテルリンク作、小山内薫訳、青山杉作演出）と『群盲』（メーテルリンク作、小山内薫訳・演出）で、二月十二日からの第四十三回公演に山本安英のオリガ、田村秋子のマーシャ、伏見直江のイリーナ、高橋とよ（当時豊子）のナターシャで『三人姉妹』（チェーホフ作、米川正夫訳、小山内薫演出）を再演した。初演にくらべて百三十人ほど観客が増え、二千九百二十七人を動員した。二月十三日からの第六回マチネーは『春の目ざめ』（ヴァデキント作）の再演――ただし滝沢修のモリッツに友田恭助のメルヒオールというキャストで、内村喜与作名の仮面の人は小山内が演じた――というようにレパートリー制を意識した公演態勢を敷いた。そして三月五日からの第四十四回公演に山本安英のヒロインで『聖ジョウン』（バーナード・ショー作、北村喜八訳、土方与志演出）を出した後、同月二十一日からの第四十五回公演に、初の創作戯曲として坪内逍遥の『役《えん》の行者』（小山内薫演出）を初演した。

小山内はその上演を早くに決めていたと思われるが、これを表に出さずに観客に上演希望の創作戯曲と作者名を公募したのは、機関誌『築地小劇場』の大正十四年十二月一日発行の第二巻第十二号だった。その結果が発表されたのは第三巻第二号で、上位五位までの劇作家名と戯曲は、次のようだった。

岸田國士（38票）＝古い玩具（12）、紙風船（10）、チロルの秋（8）、ぶらんこ（5）、命を弄ぶ男ふたり（2）、葉桜（1）

武者小路実篤（34票）＝愛慾（7）、桃源にて（6）、その妹（6）、人間萬歳（4）、楠正成（2）、或る日の一休（2）、わしも知らない（2）、その他

谷崎潤一郎（22票）＝愛すればこそ（8）、愛なき人々（3）、お国と五平（3）、永遠の偶像（2）、マンドリンを弾く男（2）、その他

山本有三（20票）＝生命の冠（6）、海彦山彦（3）、嬰児殺し（2）、同志の人々（2）、指鬘縁起《しまんえんぎ》（2）、津村教授（2）、

その他
有島武郎（14票）＝ドモ又の死（9）、死とその前後（5）
以下、劇作家として秋田雨雀、菊池寛、久保田万太郎、鈴木泉三郎、小山内薫までが十位だが、「大正戯曲時代」と言われたにもかかわらず、アンケート結果を見ても分かるようにほとんどが小品ばかりで、貧しいとの印象を否定しがたい。二年間は翻訳劇のみという小山内の宣言が劇作家の猛反発を巻き起こしたのは前述したが、小山内の言葉にももっともな点があったのである。アンケート結果を発表した同じ号には『役の行者』の上演予告が掲載されたが、この戯曲はアンケートに挙げられなかったのみか、坪内逍遥（『義時の最期』）は泉鏡花（『山吹』）や岡本綺堂（『出雲崎の遊女』）らとともに、一票しか投じられていなかった。つまり、アンケートは一種のカムフラージュで、その結果にかかわらず『役の行者』の上演が決まっていたと思われる。ではなぜ逍遥の、しかも『役の行者』だったのか。
ひとつには土方与志が指摘するこういうことがあった。

一番大きな問題は、創作に何をやるかということ。最初に創作劇をやるなら慎重にやらなければならないと考えた。当時、坪内、小山内の両先生が劇界の重鎮でしたが、お二人が仕事の上でお会いにならないのですよ。学閥みたいなもの、両先生の場合は早稲田、慶応、これもなにか気になりました。とにかくこのお二人に一緒に仕事をして戴けたらと考えました。丁度『役の行者』をフランスでやるという時に私に手伝いにこないかという話もあって（注＝結局は実現しなかった）、前に研究したこともある。外の劇団ではまだやってない。同じやるなら両先生の握手ということで『役の行者』をやったらと意見を出したら、皆が賛成したんです。（戸板康二編『対談　日本新劇史』）

これを見れば『役の行者』の上演は土方の提案だったようだが、小山内の内的な欲求もこの戯曲の上演を目指していた。開幕直前に小山内は「『役の行者』の演出に就いて」という一文を発表したが、その中に次のようなくだりがある。

私達はこの二年近く外国劇ばかりやって来た。
それは将来の国劇を樹立する為には何の役にも立たないように言われた。（中略）
併し、私達は聊か信ずるところがあった。自分達のやることを決して無意義だとは思わなかった。単に将来の国劇を作り上げる準備としても、決して無益だとは思わなかった。そう信じたればこそ、四面楚歌の内に、この二年近くを予定通り外国劇ばかり演じ続けて来たのである。

私達のプランが間違っていたか、難者の意見が正しかったか。

おのづからそれの決定せられる時が来た。(『小山内薫演劇論全集』第二巻)

注意すべきは「将来の国劇の創造」に関連して『役の行者』の上演が触れられていることで、それのみかこの文脈では、築地小劇場の創立自体がその理想のもとに行われたというように読める。が、小山内が「国劇」を云々するのは、これが最初ではない。

小山内の演劇観に決定的な変化をもたらしたのは、前述のように第一次の外遊だった。西洋の舞台の、戯曲からの自立の様に衝撃を受けたのである。その結果、歌舞伎再評価の気持ちが高まり、大正四年一月に永井荷風らと一緒に『三田文学』の中に「古劇研究会」を作った。研究内容は随時同誌に掲載されたが、第一回に河竹黙阿弥の『三人吉三』を取り上げた時、小山内は会の姿勢を次のように表明した。


吾等は何が故に今更らしく日本の古劇を研究しようとするのであるか。吾等は吾等の生れた国の真に美しい点が知りたいからである。吾等の生れた国の真に優れた点が知りたいからである。約めて言へば真に日本たる所以を知りたいからである——それらを十分知つた上で、その上に新国民劇の基礎を置きたいからである。(小山内薫「日本古劇の研究私見」『三田文学』大正四年二月号)

逍遥の専用だった、あるいは逍遥系の文学者がしきりに唱えていた「新しい国劇」という考えがこの時点から小山内に生じていたが、これも前述の『星の世界へ』(アンドレーエフ作)をめぐる小宮豊隆との論争の過程で、自由劇場の目的は「日本の新国民劇の演出にある」(小山内薫「小宮豊隆君に呈す」のち「解嘲」と改題。『新小説』大正四年三月号)と再説され、翌年の新劇場の創設に際しては「新劇場は歌舞伎劇にも非ず新派劇にも非ざる『或新しき演劇』を将来の日本に作り出さむとする研究的劇団」だとの趣旨が発表された。この言葉は築地小劇場の発足に際してもほとんどそのまま小山内が口にしたが、築地小劇場の第一回地方公演時の「国劇の将来」という講演の結論は、以下のごときものだった。

それでは、この滅び行く歌舞伎劇に代るものはなんでありましょうか。新派劇は到底更生の見込みはありません。剣劇（注＝新国劇が創造）はどうでしょう。それも勿論長くは続きますまい。又長く続かせてはならない種類の芝居です。先ず今のところでは歌舞伎劇から出発した新歌舞伎劇――そう言ったものが当分は続いて行くだろうと思いますが、それとてもいつまで続くかは問題です。

それで、日本の国劇は将来どうなるかと言うと、これらのものとは全く別な或種の新しい芝居が生れて来なければならないと思います。それは歌舞伎劇でもなく、新派劇でもなく、世界の演劇的伝統を基礎とし、同時に日本の伝統を現代化した或新しい芝居であろうと思われます。私の言うことは甚だ朦朧としておりますが、その朦朧としているものは、既に日本の劇壇の一角で著々《ママ》その形を現そうとしております。それがどこから生れて来るか、今それがどこで産苦に会っているか、それは申し上げません。皆さんの明察に任せようと思います。（『小山内薫演劇論全集』第二巻）

前述のように、『演劇新潮』の「演劇談話会」で菊池寛に「歌舞伎劇でないものと新派劇でないものをと云ふ消極的な宣言だ。何処へ行くかと言へばぼんやり新派劇でならないもの歌舞伎劇でないものと云ふだけで、サムシングもないのは心細い」と詰め寄られた小山内だったが、ここではそれを「国劇」だと口にしていて、その創造集団として築地小劇場を位置づけていた。

ところで、『役の行者』は当初三月二十一日から四月四日までの公演予定で、初日を開けるや小山内は次のような文章を書いた。

私達が築地小劇場を始める時に、「歌舞伎劇でもなく、新派劇でもないものを作り出そうとする計画だ」と言った。すると、文壇の或読者は、「そんな曖昧模糊たる目標に信頼することは出来ない」と言った。

今度の演出は、その「曖昧模糊たる目標」への第一歩である。私達は既にその「目標」に向って公然諸君の目の前で歩き出した。歩きだしたのは確と目ざす所があるからである。しかも、私達はまだその「目標」に何等の名称を附することは出来ないのである。

「吾等の歩みを見よ」

それより外に、私達の詞はない。(中略)

私達が私達の理想とする国劇を樹立する為に、先ず何よりも敵として戦わなければならない相手は「伝統的な国劇」である。即ち歌舞伎劇である。

歌舞伎劇の精神は「型」である。「型」及び「型の変形」以外に歌舞伎劇はないと言っても過言ではない。

(中略)

私達は先ずこの「伝統」と戦わなければならない。「型」を破壊しなければならない。そうして「伝統」を離れ、「型」を無視して、全く別に新しい自由な「私達の劇芸術」を作らなければならない。この二年間、外国の劇ばかり演じ続けて来たのも、一つにはその基礎的作戦であった。

私が今度の演出について、特に強く働かせたのは、この意志であった。

「歌舞伎を離れよ。」

「伝統を無視せよ。」

「踊るな。動け。」

「歌うな。語れ。」

私はこう絶叫し続けた。

詞の組織に可なり多くの歌舞伎味を利用しておられる『役の行者』の作者は、私のこの意志には反対であるかも知れない。併し、若しそうであるにしても、どうかこの一事だけ許して貰いたい――私達の目標の為に。私達の野心の為に。私達の希望の為に。(『役の行者』の第一夜を終えて」『小山内薫演劇論全集』第二巻)

これが築地小劇場が『役の行者』を初の創作劇として取り上げた理由だが、見てきたように、「国劇」という概念は古劇研究会からこの時点まで、小山内の内部で一本の細い糸としてずっとつながっていたのである。歌舞伎味を強く残す『役の行者』は、それゆえにこの糸に引っ掛かったと言っていい。

さて、築地小劇場初の創作劇ということで、築地は久々に各方面から注目された。『演芸画報』は五月号に小山内薫、坪内逍遥、中村吉蔵、仲木貞一、安陪豊らの寄稿で特集を組み、『演劇新潮』も五月号で岡栄一郎、菊池寛、高田保、北村喜八、宇野四郎、関口次郎、藤沢清造、三宅周太郎というメンバーでの「劇壇春秋・芝居合評会」を持った。このうち

『演芸画報』の秋田雨雀の「ピリニヤーク氏の日本演劇観――『役の行者』其他を観て」という一文を再録する。ボリス・ピリニヤークはこの春に来日したソビエトの作家。

私は築地の『役の行者』の演出に対しては人事ならず心配してゐたのでした。それは日本に於ける唯一の小劇場の移植的事業が、創作的方面に着手する最初の試みであつたからです。私はピリニヤーク氏に日本の演劇の革命運動の例証として示すべき何物もその時はなかつたのです。たつた一つのものは築地の小劇場だつたのです。私は可なりな恐怖をいだいて小劇場へピリニヤーク一行を導いたのです。『役の行者』は驚くべき成功だつたのです。この芝居は思想としては私達の生活には直接関係あるものとはいへないとしても、単に日本の演劇の技術的方面から言つても特筆すべきものだと思ひました。近来の創作劇でこれほど成功したものはなかつたといつてい丶のです。全く比較すべきものを持つてゐないのです。そして私はこの成功の一大理由を小劇場の実験室的要素に帰したのでした。ピリニヤーク氏は『役の行者』の思想的方面には一言も批評を試みなかつたけれども、舞台効果の方面の統一に関しては言葉を極めて感嘆してゐました。

アクチュアリティーを別にすると、『役の行者』の人間と自然界との闘争というテーマも、古伝説に拠ったその伝奇的な劇作術も、その結果としての古典的な風格も、当時の戯曲の中では比類のない大きなドラマだった。舞台は好評で一週間の日延べになり、七千五百余人の観客を集めた創作劇上演の第一弾は、華々しい成功だった。伊藤熹朔の装置、和田精の効果に、老女（行者の母）に東山千栄子、青虫に滝沢修、爺に東屋三郎、比豆知に山本安英、江布利に藤井悦子、婆に谷崎龍子、韓国《からくに》の広足《ひろたり》に汐見洋、前鬼に小杉義男、後鬼に高橋とよ、一言主《ひとことぬし》に薄田研二、女怪のちに美女に岸輝子、役の行者に青山杉作というキャストだった。

## 久保栄のデビュー

『役の行者』と並行的に第七回のマチネーとして『一人舞台』（ストリンドベリ作・再演）、『煙草の害に就て』（チェーホフ作、熊沢復六訳）、『牧場の花嫁』（シュトランム作・再演）をすべて小山内演出で掛けた。『煙草の害に就て』は汐見洋が演じたほか、岸輝子、伏見直江、滝沢修、青山杉作らの出演だった。

大正十五（一九二六）年四月十六日からの第四十六回公演『ホオゼ』（カール・シュテルンハイム作、土方与志演出）の翻訳を担当して、久保栄が劇界にデビューした。衆人環視の中で小市民マスケ（丸山定夫）の妻（伏見直江）が腰巻きを落とすというショッキングな出来ごとを発端とする喜劇で、他に小野宮吉、島田敬一、田村秋子らの出演だった。

村山知義のデビューで触れたが、滞独中に村山を劇場通いに連れ出した和達知男は、一高時代からの久保栄の親友だった。久保と村山と和達は一高の同期入学で、久保が大正十年にドイツ留学のために離日した和達と文通をつづけるうちに、和達の帰国後、二人で小劇場運動をはじめる話で合意した。が、ベルリンで肺結核を病んだ和達は帰朝後間もない大正十四年の十一月に没し、この計画が流れた。久保が東京帝大独文科三年に在学中のことだった。

一方、一高在学中から表現主義の研究に着手していた久保は、その戯曲を取り上げて小劇場運動を展開しはじめた築地小劇場に無関心であるはずがなく、土方と同時期にベルリンにいた高校・大学を通じての友人池谷信三郎を介して、和達の協力を得て翻訳した『ホオゼ』を大正十四年の夏に築地小劇場に提出していた。

これが上演に向かって動きはじめたのが翌大正十五年の正月からで、二月一日に久保は池谷に伴われて劇場を訪ね、千早正寛や青山杉作らに会って『ホオゼ』の地方公演と出版（同年四月原始社刊）の話を聞き、『ホオゼ』の稽古中の三月十日に土方と初対面——初訪問時は土方は旅行中だった——、同月二十三日から月末までの宝塚・名古屋公演に久保も随行し、築地小劇場での公演終了後の五月に久保は文芸部に籍を置いた。

この『ホオゼ』と四月三十日からの第四十七回公演『ミシェル・オオクレエル』（シャルル・ヴィルドラック作、内藤濯《あろう》訳、青山演出）、そして五月十四日からの第四十八回公演『闇の力』（トルストイ作、米川正夫訳、小山内演出）上演中に第八回マチネーとして『長男の権利』（マーレェ作、小山内訳・演出）と築地初の仮面劇『砂時計』（イエーツ作、小山内訳・演出）を上演した。『ミシェル・オオクレエル』は作者のヴィルドラックが来日した記念の上演で、築地はヴィルドラックに名誉会員の会員章を贈った。が、二度目の大役ミシェルに起用された滝沢修は二日目から急病で倒れ、青山が代役した。舞台を見たヴィルドラックはあらゆるものがヴィユ・コロンビエ座を連想させると感想を述べた。『闇の力』では丸山定夫と高橋豊子（のちとよ）が好評、ピョートル（友田恭助）の二番目の娘を演じた伏見直江は、これを最後に築地をやめて帝キネに移った。また、四月いっぱいの『長男の権利』を終えると、小野宮吉が千田是也の後を追って退団した。千田・小野ラインはやがて築地を揺るがす震源になる。

六月の第四十九回公演は『朝から夜中まで』（カイザー作）を再演、同月の第九回マチネーに『人造人間』（チャペック兄弟作)を再演した後、第五十回公演には『役の行者』に次ぐ創作劇として藤森成吉の『犠牲』を取り上げて稽古に入ろうとした六月十五日の午後、モデルの有島武郎の心中事件――大正十二年六月に人妻と軽井沢の別荘で心中――が生々し過ぎると警視庁から上演禁止を通告された。そこで予定を早めて七月一日から十七日まで(十三日までの予定を日延べした)、武者小路実篤の『愛慾』(土方与志演出)と小山内薫の『奈落』(小山内演出)を上演した。前者は女たらしの俳優の兄(薄田研二)に、美貌で浮気な妻(山本安英)を奪われやしないかとの心配と嫉妬に悩まされた画家の弟(友田恭助)が妻を殺害するという武者小路のもうひとつの代表作で、野中英治を演じて友田が長いスランプを脱した。「尼僧」という印象を与えていた山本も、表現の幅が意外に広いと注目された。ただ、『愛慾』の小野寺を演じていた島田敬一が病気で倒れて伊達信に替わったが、舞台は好評で入場者が五千人を超えた。

七月の第十回マチネーは滝沢修と山本安英のコンビでまた『アルト・ハイデルベルヒ(思ひ出)』(マイエルフェルステル作、青山杉作演出)を出し、これとダブって一日から十三日までの第五十一回公演に『愛と詩と国家奉仕について』(アレクサンドル・プロオク作、黒田辰男訳、土方与志演出)、『心にもなき悲劇役者』(チェーホフ作、熊沢復六訳、小山内薫演出)、『陽気な死』(ニコライ・エフレイノフ作、高倉輝訳、青山杉作演出)という一幕もの三本を並べた。『陽気な死』では退団した千田是也の、切符を売って渡欧費の一部にしたいとの申し出を劇場側が承知して、千田はもう一度出演した。この後築地小劇場は夏休みに入り、二度にわたる長期の地方巡演に出た。

## プロレタリア戯曲の上演

『愛慾』(武者小路実篤作)や『犬』(チェーホフ作)などによる大正十五(一九二六)年八月の地方巡演は静岡を皮切りに沼津、浜松、岐阜、名古屋を回り、九月半ばから十月にかけては『横っ面をはられる彼』(アンドレーエフ作)や『海戦』(ゲーリング作)や『馬盗坊』(バーナード・ショー作)などを持って下関、福岡、熊本、呉、広島、京都、名古屋、静岡、岡山、大阪と回った(大阪公演はロマン・ロラン作『狼』)。杉村春子がはじめて築地小劇場の舞台を見たのはこの時の広島公演で、『横っ面をはられる彼』では「土方先生も地方巡業だから人数が足りないらしくて、ボーイさんになって出ていらした。岸輝子さんも出ていらした。岸さんは頭を刈り上げちゃってね。頭を刈った女の人を見たのははじめてですよ。びっくりしたなあ、あの時は。その時分、ポイントといって、後ろを剃り上げて三角にしていましたね。みんな西洋人かと思いましたよ」(杉村春子・小山祐士『女優の一生』)と語っている。

旅から帰った十月二十二日から第五十二回公演として『横っ面をはられる彼』（アンドレーエフ作、北村喜八訳、青山杉作演出）を再演し、十一月五日から十七日間、第五十三回公演、三度目の創作劇に『大塩平八郎』（中村吉蔵作、小山内薫演出）を掛けた。この上演を決めた時、小山内は中村吉蔵から前年九月の新橋演舞場で沢田正二郎主演の新国劇がこれを手掛けたと聞かされるまで、気づかなかった。築地としては初の髷ものである。小山内はこう書いた。

> 俳優は言ふ迄もなく髷物は始めてゞす。刀も始めて持つた連中です。（中略）たゞ、初めの中は、われ〳〵には髷物などをやることは不可能だ。徒《いたずら》に見物の失笑を買ふ許《ばか》りだとおもつてゐましたがやつた後になつて考へてみると——多少の自惚を許して貰へば、思ひの外おかしくなかつた。将来も続けてやつて行く希望を持てる様になつた。やはり、日本人は日本人でお辞儀を一つするにしても、歌舞伎の様にうまくは行かないが、西洋風の握手よりは自然である。平凡極まる様な感想だが、しみじみと今度、さう思ひました。（「『大塩平八郎』の演出」『演劇新潮』大正十五年十二月号）

装置は画家の木村荘八がはじめて担当、絵画的なそれが好評だった。が、大塩に扮した薄田研二は毀誉褒貶さまざまで、中には心座に関係していた舟橋聖一の「第一口が廻らない。吃る。つかへる。飛ばす。従って前の方の客にさへ、其の謂ふ台詞は、頗る明瞭を欠いた」（「史劇大塩平八郎を看る」『演芸画報』同年十二月号）という批評もあった。二千八百四十七人の入場者。

十一月初旬から十二月の中旬までの第十一回マチネーは『ヴィクトリア勲章のオフレエアティ』（バーナード・ショー作、劇場文芸部訳、土方与志演出）と『馬盗坊』（バーナード・ショー作、森鷗外訳、土方演出）で、楠田清（のち劇作家）、岸輝子、吉野光枝、東山千栄子、汐見洋、丸山定夫、洪海星らの出演だった。次いで十一月二十六日からの第五十四回公演として日の目を見たのが、築地小劇場初のプロレタリア演劇と言われた『夜』（マルセル・マルチネ作、劇場文芸部訳編、土方与志演出）だった。築地小劇場で今回のみ……という条件で上演が許された。「劇場文芸部訳編」とあるのは、佐々木孝丸の翻訳を改編したものだからである。

土方がドイツからの帰国の途中、モスクワで『夜』をトレチャコフが改作したメイエルホリド演出の『大地は逆立つ』を見て感激したのは前述したが、この体験を踏まえると同時に、トランク劇場がこの年の二月から活動しはじめていたというプロレタリア演劇の動向も、土方らの頭の中にあったろう。さらには青野季吉の「築地の『夜』を観て」という劇評（『演劇新潮』昭和二年一月号）によれば、青野らが上演を強要したものでもあるようだ。

初日は二十人にも足らなかった観客は尻上がりに増え、十日間で二千八百八十六人を動員した。通説では大カットと言われる検閲の様子を、金星堂の社会文芸叢書の第一編として『夜』を翻訳・刊行した佐々木孝丸が、演劇評論家茨木憲の問い合わせに答えてこう明かしている。

初め原作のままでは到底上演出来ないだろうというので、単行本の全文のままを警視庁の検閲にもって行き「内閲」を求めたところ、ズタズタに赤鉛筆を引かれたので、その赤線を全部削除しては全く意味が通じなくなります。それで演出の土方と訳者の小生と、今メキシコにいる佐野碩（注＝詳細は後述）と三人で、削られた個所を何とか意味が通じるようにツジツマを合せながら、原文の言葉を出来るだけやわらかな言葉に書き直した上で、改めて正式に検閲へ提出したわけです。従って、検閲台本は大した傷も受けず返却されて来たのでした。（茨木憲「築地小劇場の検閲台本」『テアトロ』昭和四十年九月号）

その結果、検閲でカットされたのは第二幕第二場の「俺達の頭の上におっかぶさっている者を根こそぎ取ってしまわなきゃ何も出来やしないんだ」というせりふの一か所だったが、この時の観客はいつもと一変して、はじめて劇場へ来た人が多かった。七十歳の百姓女を演じた山本安英が「……とにかく観客は大へんな興奮で、或る日なんぞは客席のいすを持ち上げて――たしかすえつけてあるいすとすえつけてないいすが築地小劇場にありまして　そのすえつけてないほうのいすを持ち上げて騒いだ」と語っている。（「座談会　新劇の歴史・8」『テアトロ』昭和三十二年五月号）

この公演終了の翌日、十二月六日から三日間、佐野碩や佐々木孝丸、村山知義や青野季吉、千田是也や小野宮吉らを創立同人とする前衛座が築地小劇場で第一回公演の『解放されたドン・キホーテ』（ルナチャルスキー作、千田是也・辻恒彦共訳、佐野碩演出）を上演した。時代の尖端を行っていたかに見えた築地小劇場の動向が一歩さがった感じを与えるようになったのは、前衛座をはじめとするプロレタリア演劇、左翼演劇の新しい動きのためだった。

## 改題の強要

大正十五（一九二六）年十二月十日からの第五十五回公演は『人物のゐる街の風景』（北村小松作、小山内薫演出）と『息子』（小山内薫作・演出）、『生命の王』（武者小路実篤作、青山杉作演出）の三本。北村小松は小山内の弟子で、築地がはじめて世に送った新人。アイルランド劇からの翻案で小山内の代表作のひとつの『息子』は、大正十二年三月の帝劇で歌舞伎の一座が初演して好評だったもので、築地では丸山定夫の老爺、伊達信の息子、滝沢修の捕吏というキャスト。小山内が写実芸の模範にしたいと願った六代目尾上菊五郎が息子を演じた自作を選んだ意図や、『生命の王』にも歌舞伎の立ち回りが取り入れられていたことは、翌年の第一弾に小山内の改作による近松門左衛門作『国性爺《こくせんや》合戦《かっせん》』の上演を予定していた――という文脈で見るべきだろう。「新しい国劇の樹立」という目標が小山内個人の関心を超えて築地小劇場全体のものになっていたのは、この年度を振り返り、次年度の抱負を語った北村喜八の以下の文章によく示されている。

> 芸術的使命としては、現代生活に何等の交渉も有たない古い誤った伝統を否定して、新しい時代にふさわしい劇芸術をつくることであり、文化的使命としては、世界の勝れた劇詩人の作品によって、我々の生活を豊かにし文化戦線に立つ新しい作家の新しい世界観《ウエルトアンシヤウク》によって、我々の生活を潑溂たらしめることである。そこに築地小劇場の意向がある。そして、その結果として、新劇の社会的地位を高め、新劇を日本演劇の主流とし、新しい国劇を樹立したいと思ふ野心はある。（「築地小劇場の今年――国劇の樹立へ！　新劇の一般化へ！」『演劇新潮』大正十六〈昭和二〉年一月号）

「新劇の一般化へ」との方針のもと、築地小劇場はこの後、帝劇への出張公演を持つはずだった。が、十二月二十五日の大正天皇の崩御で中止になった。

一週間の昭和元年が慌ただしく過ぎた昭和二（一九二七）年の元日から四日まで、劇場側の厚意で築地小劇場ははじめて帝劇での公演を持った。『熱風』（ストリンドベリ作、楠山正雄訳、青山杉作演出）、『休みの日』（エミール・マゾー作、小山内薫訳・演出）、『平行』（カイザー作、北村喜八・久保栄訳、土方与志演出）という出し物で、小山内は帝劇への進出を研究室での結果を市場に出すのだと語った。入場料は三円、二円、八十銭と、通常の一円五十銭より高かった。『平行』だけが新作だが、帝劇公演実現の裏には上演予定の『国性爺合戦』が、小山内の台本完成が遅れて延期になった事情もあった。

この帝劇公演をかつての劇団員、千田是也がこう評した。

めまぐるしい多種多様の（出し物の）中から、純真な観客は何を自分達の生活の指針として摘み上げればよいのか？何を「空気のやうに呼吸して生き、食料のやうに摂取して栄養を受け」（小山内氏、築地パンフレット臨時号）て行けばよいのだらうか？

入場料を払つて漠然と集つて来る観客に、その無統制な趣味性に迎合して、演劇類を無批判に切り売りしてゐる築地――少くとも現在の築地――は商業主義以外の何ものであらうか？

「精神の食料」「生活の指針」を民衆に供給しやうと云ふ凡ゆる高等な努力――乃至空想――にも関はらず、大資本独宰《ママ》の今日に於て、「経営難」と云ふ最も卑劣（？）な迫害のために、心ならずも俗化して行かなければならない築地――然かも一段の俗化は一期の小康を与へ、やがて来る「経営難」は次の一段の俗化を強要する――世間体と標語の前に赤面し顰縮《ママ》しつつも、慢性的俗化没落の過程を辿らないでは居られないのだ。おゝ、築地よ！　今こそ目覚め、且つ敢然として起つの時ではなからうか？　やはり、出直す必要があるのでは無いだらうか。そしてこの新しい勇敢な出発の首途に僕は同志佐々木の新劇の進むべき道を示した次の言葉を捧げる。

「コムマシヤリズムより脱却するためには、コムマシヤリズムと云ふものが如何なる基礎の上に立つてゐるかを見極める事。云ひかへれば、現在の社会制度が如何なる根強い力を芸術の上にまで及ぼしてゐるかをハッキリ自覚する事。（佐々木孝丸、雑誌『無名座』第八号）」（「『平行』を観る　築地小劇場とコンマアシヤリズムの話」『文芸戦線』昭和二年二月号）

当時の言葉で言うと「左傾」した千田是也と、その立場からの築地への観点がよく分かるが、築地小劇場をコマーシャリズムと敵対するものとして立ち上げたのが小山内薫だから、千田の批判をどう思ったろうか。が、この年はじめての築地小劇場での公演も、こういう目にさらされなければならなかった。一月六日からの第五十六回公演『検察官』（ゴーゴリ作、米川正夫訳、小山内薫演出）を中野重治がこう評した。

しからばゴーゴリはいかなる意図のもとに『検察官』を書いたか。現在われわれにたいして『検察官』の持つ意味はいかなる意味か。

おもうに彼は、彼の当時におけるロシヤの批判として、したがつてまたそのもとにある狡猾《こうかい》な商人と無知の農民とにたいする批判としてそれを書いた。しかしわれわれが見のがしてならないことは、当時ロシヤにおいて真実に革命的な階級すなわちプロレタリアートがなおいまだ産出されていなかつたという一事だ。そのゆえに当時の社会にたいする批判は、彼において、痛烈な罵倒となり骨をさす諷刺とならざるをえなかつたのである。既存の社会体制にたいしては批判の大鎌を振わなければならず、しかもその大鎌が真になんぴとによつて振わるべきかがなおいまだ不分明であつたそのとき、彼はその大鎌を最も尖端的な詩人として、知識人としてふるつたのである。

そしていうまでもなく現在はゴーゴリの時代ではない。われわれはわれわれの前に真実に革命的な階級を、そのますます台頭し、みずからを昂揚し、結晶し、驀進《ばくしん》し行く過程において見るのである。『検察官』の書かれた意図と『検察官』が現在のわれわれにたいして持つ意味とは、おそらく右の観点に立って初めて理解されるであろう。

ゴーゴリをば、『検察官』をば、築地小劇場は曲解した。あたかもかつてゴーリキーの『どん底』を曲解したごとくに。またあたかもマルチネの『夜』を曲解したごとくに。そしてその限りにおいて築地小劇場は、その上演脚本および演出のあらゆる新しさ、あらゆる革命的表面性にもかかわらず、真に一歩の前進をも前進しているものではない。

（「『検察官』の上演に関連して」『中野重治全集』第九巻）

こう書いた中野は大正十四（一九二五）年の夏に林房雄の紹介で新人会に入り、同年十月には林房雄、久板栄二郎、鹿《か》地亘《じわたる》らと東大内に社会文芸研究会を創設、翌年の二月には林房雄、千田是也、佐々木孝丸、葉山嘉樹らとマル芸ことマルクス主義芸術研究会を設立し、同年十一月には日本プロレタリア芸術連盟の中央委員に選ばれていた。『検察官』評を書いたのは昭和二年三月に東大を卒業する直前、中野重治二十五歳の時だったが、築地小劇場との関係で言えば、マルクス主義芸術研究会に参加していた千田是也や小野宮吉からの、薄田研二、島田敬一、久保栄など、築地の若手に対するそういう方向への加担を促すはたらきかけもしばらく前からあったのである。

こういう批判にさらされはじめていたとは言え、築地の活動は依然として目まぐるしいほどで、『検察官』と同時期に第十二回マチネーとしてチェーホフの一幕もの三本、『熊』（米川正夫訳）、『心にもなき悲劇役者』（熊沢復六訳）、『記念祭』（熊沢訳）を小山内の演出で出し、『検察官』の後は六回目の地方公演として一月末から一か月間、『愛慾』や『ホエゼ』を持って静岡、京都、岡山、広島、熊本、門司、福岡、長崎、大阪を巡演した。そして本拠の築地小劇場では、以下のような公演を持った。

第五十七回＝『悪魔の弟子』（バーナード・ショー作、中川龍一訳、土方与志演出）。一月二十四日から十四日間。

第五十八回＝『マクベス』（シェイクスピア作、森鷗外訳、青山杉作演出）。二月十一日から十七日間。

第十三回マチネー＝『長い帰りの航路』（ユージン・オニール作、北村喜八訳・演出）、『朝飯前』（オニール作、本田満津二訳、青山杉作演出）、『鯨』（オニール作、北村訳・演出）。二月五日から三月六日までの土、日曜日。

第十四回マチネー＝『ホオゼ』（シュテルンハイム作、久保栄訳、土方与志演出）。三月十二日から四月二十四日までの土、日曜日。

第五十九回＝『桜の園』（チェーホフ作、米川正夫訳、小山内薫演出）。三月四日から十七日間。

矢継ぎ早の公演だった。一、二の俳優の例を上げれば、東山千栄子は『熊』のポポーワ、『検察官』の市長の妻、『悪魔の弟子』のウィリアム叔父の妻、『マクベス』のマクベス夫人、『朝飯前』のローランド夫人、『桜の園』のラネーフスカヤ、丸山定夫は『検察官』の病院監督、『悪魔の弟子』の長男、『マクベス』のマクベス、『鯨』のキイニイ、『桜の園』のロパーヒンに扮するという具合だった。東山は三か月の間に六役で、丸山も五役である。今ではとうてい考えられない。

オニール作品で北村喜八が演出家としてデビューし、中川龍一もこのころ文芸部入りしていた。第二十六回公演の『虫の生活』（カール・チャペック兄弟作）を最後に心座に移籍していた村瀬幸子も、『検察官』から客演の形で築地に再登場した。新劇協会から加入の御橋公や、三浦洋平、仁木独人、月野道代といった新人も、舞台での活躍をはじめていた。

再演の『桜の園』は東山千栄子が初役でラネーフスカヤを演じた。この時はさほど評判にはならなかったものの、やがてラネーフスカヤは俳優座時代の東山最大の当たり役になった。なお、『桜の園』は集客がよくて一週間の日延べになり、五千三百七十二人の入場者があった。また、この公演中に金融恐慌がはじまった。

四月一日からの第六十回公演は『法成寺物語』（谷崎潤一郎作）と『柿の種』（北村小松作）。演出はともに青山杉作。『柿の種』は原題を『猿から貰った柿の種』というが、上演台本を警視庁に提出したところ、三月二十八日に上演禁止が伝えられた。それからを水品春樹がこう書いている。

種々折衝の結果『柿の種』と改題され、内容もズタズタに切りさいなまれ満身創痍を負つて許可されたのである。折角の社会批判を示す科白は全部官憲に掠奪されて終つて、残つたものは単なる動く活人画にすぎなかつた。役者（注＝

薄田研二の猿、友田恭助の蟹、村瀬幸子の蟹の娘、小杉義男の栗など）はやけくそになつて舞台にはね返つた。（「築地小劇場史」『新劇去来』）

社会的な弱者（蟹）が強者（猿）に掠奪されるという『猿から貰った柿の種』の改題やカットについては、雑誌『劇と評論』が五月号で「『柿の種』と検閲」という特集を組み、作者を含めて正宗白鳥、高橋邦太郎、北村喜八、小山内薫らが寄稿した。中で白鳥は「北村小松君の新作は、作意があまりに露骨なのだから、官憲の注意を惹いたのも無理がない。芸術の上から見ても、この作風は膚浅である。（中略）同じ思想を発表するにも、官憲に直ぐ目をつけられるやうなのは、取扱ひ方が芸術的に浅いためである」と書いた。

同時上演の谷崎作品は、大正九（一九二〇）年十月に二代目市川猿之助の春秋座が新富座で初演していた。藤原道長（友田恭助）や仏工定朝（薄田研二）などの登場する王朝もので、『息子』同様に歌舞伎俳優が手掛けていたことに注意したい。

つづく十五日からの第六十一回公演『何が彼女をそうさせたか』（藤森成吉作、土方与志演出）も、タイトルを『彼女』と改題された（ただし、パンフレットは『猿から貰った柿の種』も『何が彼女をそうさせたか』もそのまま）。

藤森は自作の上演に際して機関誌『築地小劇場』に「自分の好いてゐる人に好かれるやうな気もちだ」と率直に喜びを表明したが、約一年前の『犠牲』の上演禁止を思い返してもいただろう。劇評をひとつ。

すみ子と呼ぶ少女が、子供芝居の俳優から出発して、慈悲を看板のものもらひ養育園、上流家庭の小間使、ビワの師匠の家の女中、（キリスト教婦人収容所の）天使館へ《ママ》と暗から暗へと流浪して、遂に救はれ難い破滅のふちに陥る。その何も知らないすみ子の可憐な人生に対象して、社会と環境の不合理な欠陥一切を暴露し、不幸な人々が、わけもなく落ち行く運命の姿を描破せんとしたのが作の内容である。ゲオルグ・カイザアの『朝から夜半まで《ママ》』を思はせるやうなそのすみ子といふ少女をほとんどモノドラマ的に取扱つたものである。

由来写実主義に徹した作品を演出者の土方与志氏が又思ひきつた写実演出を選び、一歩場外の実生活と隣り合つてもゐさうにまで思はせてゐる点、効果ある計画である。（中略）

（中略）中心人物すみ子は山本安英氏の役で、由来性格操縦に特別の技能を有する人であるが、こゝでも演出者の取

扱ひに非常に忠実に最後の場面まで絞りだしていった様である。（「朝日新聞」昭和二年四月二十日号）

当時はこのタイトルが流行語にもなるほどの問題作だったが、杉村春子が初舞台を踏んだのもこれだった。広島市で建築資材を扱う店を経営していた義父が劇場の株を持っていたことから、杉村は幼少のころから芝居に親しんでいた。声がよく、三浦環などのステージを見て声楽家に憧れ、女学校を卒業すると上野の音楽学校を受験した。が、失敗して翌年もう一度受験したもののまたも落ち、広島に帰って心満たされない日々を送っていた。

ところが、思いもかけないことに、わたしは学校の音楽の先生になることになったんです。わたしの女学校時代のピアノの先生が病気におなりになってね、相当期間レッスンをなさることができなくなったので、先生のお勤めの学校でわたしがかわりに音楽を受け持つことになったんです。広島女学校というミッション・スクール。そこで、一年生から、五年生までの生徒にピアノと歌を教えたんですよ。（杉村春子・小山祐士『女優の一生』）

やがて前述のごとく築地小劇場の広島公演を見て築地入りの決意を固め、上京して土方の試験を受けた。土方からは広島訛りが強いので使いものになるかどうか分からないが、職まで捨てて来たのだから三年ほど、せりふなしの覚悟でいてごらんと言われた。杉村が十八歳の時で、滝蓮子、丘みづほ、伊藤晃一らとほぼ同期である。

三年ほど舞台には出られないと言われた杉村が天使園の助手として丘みづほとともに初舞台を踏んだのは、オルガンで賛美歌を弾く役があり、音楽に素養のある杉村がこれに起用されたからである。また、芸術座以来のベテラン田辺若男も築地入りした。

## 経営難の重圧

『何が彼女をそうさせたか』は昭和二（一九二七）年四月二十四日に千秋楽を迎え、その三日後の二十七日から五月一日までの五日間の昼夜二回、築地小劇場は「民衆の中へ」という方針にのっとり、はじめて浅草の松竹座で『夜の宿（どん底）』（ゴーリキー作）を上演した。が、浅草で開拓した新しい観客は少なかった。これを名古屋の御園座に持って行って三日間公演し、これとは別に七回目の地方公演として五月四日に大阪の朝日新聞講堂で『復讐の神』（ショロム・アッシュ作、清野暢一郎訳、土方与志演出）、『鯨』（オニール作、北村喜八訳・演出）、『犬（求婚）』（チェーホフ作、小山内薫訳・演出）を上演した。第六十二回公演の『愛慾』（武者小路実篤作）が五月十三日から十日間、第十五回マチネーの『復讐の神』（ショロム・アッシュ作）と『心の劇場』（ニコライ・エゥレイノフ作、高倉輝訳、吉田謙吉演出）を五月十四日から六月十二日までの土、日曜日に公演し、五月二十七日から十日間、第六十三回公演『毛猿』（オニール作、北村喜八訳、土方与志演出）を再演という過密なスケジュールをこなし、六月十一日から十六日間、第六十四回公演として『リリオム』（モルナール作、小山内薫訳、青山杉作演出）を出した。友田恭助のリリオムと山本安英のユリアというコンビ、また、三年間せりふなしと言われた杉村春子がはじめてせりふをもらった。

これを追いかけるように六月十八日から七月二十四日までの土、日曜日に第十六回マチネーとして『郭公《かっこう》』（ジャネット・マークス作、北村喜八訳・演出）、『秋の火』（グスターフ・ウィド作、小山内薫訳・演出）、『現実を覗く』（バーナード・ショー作、北村喜八訳・演出）を掛けた。そしてその間の六月二十日、創立三周年を記念する祝賀会を豊島園で開いた。劇団員と招待客を前に小山内と土方が挨拶し、つづいて千早正寛が次のような経営報告をした。

築地は近頃見物が増へたので物質的にも恵まれて来たやうに思はれる方もおられるやうですが、予約席といふもののない今のやり方では、前売が絶無といってもよいので雨や風の日などの客の薄さといったらお話のほかです。それに月ごとにマチネエと夜の二回の公演があるので、演出費も相当多額にのぼるのです。然も演出は回一回と費用が嵩んで行く傾向があり、時日を経るにつれ経費は膨張してゆく一方です。築地の俳優は極めて薄給で働いてゐる。全く食ふや食はずで奮闘してゐるといっても、現在では人件費だけでも三千七百円から支出してをります。それに税金が約一千円かかって、その上に演出費がかかるのです。すなわち大道具製作費、小道具借料、衣裳製作及借料、かつら、靴借料、電気費用、効果部費用、舞台装置考案料、脚本使用料が加はるのです。それに宣伝費、経営費がかかるのです。なかなか儲る所の騒ぎぢやありません。如何にして欠損を少くし得るかといふことに腐心してをるのです。夏が来れば暑いといはれます。冬になれば寒いといはれます。満三年を迎へて嬉しい中に、私一人かういつた愚痴をこぼさねばならぬといふことは実際なさけないと思ひますが、どうにも仕方がないのです。どうか築地を愛好して下さる皆様に一人でも多くお客様をおつれ下さるやうお願ひ申上げます。（水品春樹『築地小劇場史』『新劇去来』より）

千早正寛の作成した三年間の公演成績によれば、約五百人定員の劇場で一日平均三百人以上の観客を集めたのは七公演、二百五十人から三百人までが七公演で、これまでの六十三回の公演のうち客席が半分以上埋まったのは、わずかに十四公演に過ぎなかった。

七月一日から十七日までの第六十五回公演は小山内薫作・演出の『三人と三人』と『第一の世界』と『シネマトグラフ』で、これと並行して昭和キネマ株式会社の製作で築地小劇場は発声映画にユニット出演した。無声映画時代から小山内が映画に関係していたのは前述したが、ラジオ・ドラマ同様、小山内の新しいものへの関心がいかに強く、持続していたかの証しだろう。

貿易商の皆川芳造がアメリカ製の「物言うフィルム」であるフォノフィルムを輸入して一般公開したのは、大正十四(一九二五)年七月だった。が、あまり反響がなかったもののこのフィルムの出現を機に、各国で発声映画の実験が行われるようになった。アメリカでその製作を学んで来た皆川が日本製トーキーを製作すべく昭和二年に設立したのが昭和キネマで、ここでの初の映画劇『黎明』(佐藤雪夫原作、小山内薫・木村一衛脚色、小山内監督、吉田謙吉装置、山田耕筰作曲)に築地の劇団員が総出演した。が、この映画劇は試写は行われたが発声不良で、一般公開は見送られた。そのために欠損を少しでも埋めようとの目的は不発に終わった。

映画撮影中の七月十二日、労働農民党を母胎に結成された検閲制度改正期成同盟の発会式が神楽坂倶楽部で挙行され、出版や上演・上映の自由、出版法、新聞紙法、興行法、興行取締規則などの改正に止まらず、検閲制度そのものの徹底的な改革に向かって戦うとの創立総会宣言を出した。築地小劇場は降松秋彦と吉田謙吉を委員として、文芸家協会、編輯者協会、文藝春秋社、日本漫画家連盟、劇と評論社、日本プロレタリア芸術連盟、労農芸術家連盟、雑誌協会、マルクス書房、労働農民新聞社、無産者新聞社、水平新聞社など、三十八団体とともにこの同盟に加入した。

同じころ、小山内は来日中のソビエトの国立美術院委員デ・アルキンの「日本の演劇に関する一露人看客の意見」(『改造』七月号)に触発されて、「デ・アルキン氏の日本演劇観」という文章を発表した(『小山内薫演劇論全集』第三巻収載)。二、三異議を唱えつつも、全体としては現代ヨーロッパ演劇の大半が文学や絵画や音楽に従属しているのに反し、歌舞伎は演劇として自立しているという意見に共感を寄せた。

正宗白鳥は『中央公論』の「演芸時評」で小山内の一文を取り上げて、こう書いた。

……演劇に関して新しい見解を持して、劇壇に革命を起さんとした新時代の才人も、歌舞伎に対して熱烈なる反逆を試みんとする意気は、次第に薄らいだやうである。小山内薫氏の如きはその重なる一人である。デ・アルキン氏の日本演劇観についての小山内氏の感想（七月十八日の読売新聞所載）を読んでも、氏が最早昔の氏でないことが感じられる。氏の劇壇に於ける長い努力もさしたる効果を奏しなかったので、日本演劇の前途について夢見てゐた若い昔の夢も、年齢の進むとともに消失せて、徳川時代の日本人を祖先とする日本人らしく、歌舞伎劇にせめてもの不朽の芸術美を認めて、安逸を貪らうといふ気になるのではあるまいか。（「錦絵美術謳歌を嗤ふ」『正宗白鳥全集』新潮社版第五巻）

白鳥の目に著しいと映った小山内の変化は、言うまでもなくその国劇志向がそうさせたもので、小山内はこの秋に『国性爺合戦』を上演すべく準備しはじめていた。

## 秋田雨雀と小山内薫の訪ソ

昭和二（一九二七）年七月二十二日からの第六十六回公演は一幕もの五本を並べた。わが国の狂言を連想させるとしてドイツ中世の謝肉祭狂言二本（ともにハンス・ザックス作、久保栄訳、吉田謙吉演出『馬鹿の治療』と『ひどい煙』）、青山杉作演出の武者小路実篤の『二つの心』と『三和尚』、それに「佐々木孝丸へ」という献辞のある前田河広一郎の『陸のつきる処』（北村喜八演出）。

雑誌『文芸戦線』の同人、前田河広一郎の戯曲を取り上げたところにも築地小劇場の変化があるが、この公演を終えると恒例の夏休みになり、劇団員は二班に分れて八、九回目の地方巡演に出た。

第一班は土方与志、降松秋彦、友田恭助、薄田研二、島田敬一、三浦洋平、田村秋子、杉村春子らの十七名で、八月一日から九月初旬まで、『愛慾』（武者小路実篤作）と『熊』（チェーホフ作）を持って鎌倉、盛岡、小樽、旭川、函館、青森、秋田、新潟、長野、松本、甲府を回った。その間の八月二十二日、降松は前日築地小劇場が公演した青森歌舞伎座でのプロレタリア劇場公演禁止批判演説会に出席した。

水品春樹、宮崎正五郎、東屋三郎、丸山定夫、伊達信、仁木独人、山本安英、吉野光枝ら十七名の第二班は、八月いっぱい『長男の権利』（マーレェ作）、『息子』（小山内薫作）、『犬』（チェーホフ作）を持って鎌倉、横須賀、大磯、沼津、北条、保田、水戸、福島、仙台、山形を巡演したが、ひどい不入りつづきで山形で立ち往生するありさまだった。

秋のシーズンは九月十六日からの第六十七回公演『悪魔』（モルナール作、小山内薫訳・演出）と『莫迦《ばか》』（ピランデルロ作、高橋邦太郎訳、北村喜八演出）で開け、九月二十四日から十月二十三日までの土、日曜日の第十七回マチネーは、「秋田雨雀氏渡露記念公演」として雨雀の『埋れた春』（青山杉作演出）、『国境の夜』（小山内薫演出）、『手投弾』（土方与志演出）を上演した。

　雨雀の訪ソについては「国賓待遇の招待」というのが通説だったが、そうではない。詳細は拙著『日本現代演劇史　大正・昭和初期篇』（白水社刊）の「秋田雨雀、小山内薫らの訪ソ」と題した文節を参照していただきたいが、雨雀自身が行きたいと思い立っての自費での訪ソで、ソビエトに入れば招待並の待遇を受けたというのが真相のようだ。

　秋田雨雀は九月三十日に東京を発って、十月十三日にモスクワに着いた。その雨雀が出発した日から十月九日まで、築地小劇場は第六十八回公演として『ブルジョア・シッペル』（カール・シュテルンハイム作、久保栄訳、青山杉作演出）を上演した。貧しい私生児のシッペル（友田恭助）を主人公に、有産階級の生活を風刺した喜劇である。そしてこの方向を一歩進め、十月十四日からの第六十九回公演に、「ソヴエート社会喜劇」と銘打って『空気饅頭』（ロマショーフ作、昇曙夢訳、土方与志演出）を上演した。革命後のロシア社会の変化を真正面から描いた新しい喜劇で、東屋三郎、岸輝子、洪海星、友田恭助、月野道代、伊達信、御橋公、薄田研二、田辺若男、及川道子、仁木独人、小杉義男、村瀬幸子、丸山定夫、丘みづほ、東山千栄子、汐見洋、高橋豊子（のちとよ）、杉村春子、吉野光枝、島田敬一、楠田清、三浦洋平らほぼ劇団員総出演のこの舞台は好評、ことに土方の演出が称賛された。

　この公演終了三日後の十月二十六日から三十日まで、築地小劇場は二回目の帝劇公演を行った。『緑の鸚鵡』（シュニッツラー作、北村喜八訳・演出）、『田舎をんな』（ツルゲーネフ作、小山内薫訳、青山杉作演出）、『役の行者』（坪内逍遥作、小山内薫演出）という欲張った出し物だった。

　帝劇公演の千秋楽の三十日は、ソビエトの対外文化連絡協会から革命十周年記念祭に招待された小山内薫の送別デーとして舞台で送別会が開かれ、小山内は十一月十二日に訪ソの旅に発った。小山内の場合は旅費、滞在費、観劇料、通訳の費用など、すべてソビエト持ちだった。

　ところで、小山内を送り出した築地を取り巻く環境は、次第に厳しくなっていた。ひとつは夏の公演を終えたころ、地主の籾山半三郎が劇場主である土方を相手に土地返還の訴訟を起こしたことだった。運動の共鳴者として土地を貸したのではない籾山は、築地が籾山の思うような営業成績を上げないことにしびれを切らしての提訴で、三か月の地代を滞納したのがきっかけだった。

二つ目は劇場の経営難の一助の意味もあって、土方一家が夏に四谷の一階に三間、二階に二間という小さな借家に引っ越したことである。これまでにも土方は明治天皇からの下賜品を含む美術品を運営費に当てるために、二度にわたって売り立てていた。が、むろん不足で、小石川の土地を切り売りしたのだった。そして三つ目は思想に関わっていた。

築地を脱退した千田是也は前述のごとくマルクス主義芸術研究会（マル芸）に入り、つづいて小野宮吉と八代康も参加した。やがて主に小野と八代が築地に働きかけた結果、若い劇団員を中心に久保栄言うところの「青年築地派」が形成されて（「小山内薫」『久保栄全集』第七巻参照）、分派活動を開始した。さらには築地が夏休みに入るその間を利用して、若手を中心にシンクレアの『プリンス・ハーゲン』を上演しようという気運もあった。

この計画は降松秋彦に阻止されたが、小山内流の芸術至上主義に劇団員のすべてが納得していたのではなく、既述の演目を見ても分かるように、次第に社会派的な傾向を強めていた。千田是也は昭和二年の四月の末にドイツに発ったが、築地小劇場の周辺では、いわゆる左翼演劇が台頭しはじめていたのである。

## 築地小劇場の方向性

こういう問題がくすぶりはじめていた帝劇公演中の昭和二（一九二七）年十月二十八日に、土方は楽屋で開かれた委員会で、今のままなら一切の出費を絶って執行部を辞任したいと申し出た。小山内薫、青山杉作、北村喜八、千早正寛らの執行委員と各部代表とで年内に原案を作ってもらい、それが納得できれば出費をつづけるが、できなければ委員会から身を引くというものだった。が、小山内はほどなく訪ソの旅に発ち、劇団は十一月五日から二班に分かれて丸一か月の巡演に出た。チェーホフの『叔父ワーニャ』と『熊』を持っての一班は名古屋、静岡、沼津、大阪、和歌山、京都、山口、門司、若松、福岡、長崎、熊本、鹿児島、広島を回り、『海戦』（ゲーリング作）と『狼』（ロマン・ロラン作）による第二班は仙台、福島、山形、盛岡、青森、弘前、函館、札幌、小樽、秋田、新潟、金沢、富山、松本、上諏訪、甲府と回った。このため土方の申し入れへの対案をまとめ切れず、棚上げのまま十二月二十一日から二十九日まで、二回目の浅草出張公演として公園劇場で東京で三度目の『海戦』（ゲーリング作）や『奈落』（小山内薫作・演出）、北村小松がカイザーの『平行』を翻案した『質屋と花嫁と紳士』を上演した。その公演中の二十六日に、小山内薫がすっかりやつれて下関に帰国第一歩をしるした。そこでソビエト滞在中の小山内に少し触れる。

小山内のモスクワ入りは革命十周年記念祭から半月遅れの十一月二十四日で、翌月の十三日にモスクワを発つまで、スタニスラフスキーと旧交を温め、メイエルホリドを私邸に訪ね、足しげく劇場に通ったりしたほかに、「日本演劇とその将来」と題して講演したりした。この内容は秋田雨雀によって「日本の将来の演劇は東洋のあらゆる芸術伝統を総合し、さらに西洋の演劇の伝統を取り入れ、そこから新しい芸術を創造していかなければならない。そしてその主体となるのは歌舞伎のスチールだ」と伝えられたが、これまでに見てきたように、こういう発想はソビエトで突然生まれたのではない。

ことに小山内が感激したのは、革命後の新しい労働者演劇の形式だったシイニャヤ・ブルーザ（青服劇団）で、トランクひとつを持ってどこにでも芝居を出前して回って大歓迎される様子に接して、激しく心を揺さぶられた。「民衆劇場」の理想の形を見たのだろう。

革命後は建設に向かう時代に合わないとチェーホフの戯曲が上演禁止になっていたことにも驚いたが、同時にこれ以外の「古い芝居」がたくさん日の目を見ていたことにも驚いた。やがて問題になる築地小劇場のあり方に関して、小山内が「アカデミック・シアター」を主張した根拠がこの辺にもあったと思われる。

だれもが健康状態を心配するような弱った体で小山内が帰国した前後から、土方の申し入れをめぐる動きが急になった。久保栄はこう書いている。

土方が委員会に、一応、出資を絶ちたいと申し出た話も、未発表のままに洩れていたので、前の会議制が崩れて以来、劇場の経済方面のことは何も聞かされず、出しものその他についても何んの発言権も持たなかった平劇場員の間に気分の動揺が起り、またそれを利用して、みんなを一つ方向に組織しようとする者が出て来たのは、この秋の府県会の選挙にはじめて普選法（注＝普通選挙法）が適用されたというような状勢のなかでは当然のことであった。これももう紙の黄ばんだ謄写刷りの「大会記録」について確めると、劇場員と見習生との有志が、稽古後の楽屋で懇談会をひらいて、劇場の経済状態を公開してもらおうというふうなことから、そのころらしく、芸術綱領（テーゼ）の作成とか、レパートリーの選定方針の確立とか、契約書の破棄とか、全劇場員会議の再開とかといったような案を出しあって、その促進のために実行委員を挙げたのが、十二月のなかば過ぎで、この集まりが、浅草に出演中、そこの楽屋で、委員会と各部代表とを除いた劇場員の総会の形に発展し、何度か会合を重ねるうちに、さらに範囲をひろげて選んだ実行委員が劇場の幹部に当って、詳しく聴いて来た経済問題を報告され（注＝現在までの費消額は現金が八万円、借財十一万円と発表されたの

は二十九日）、それにもとづいて、いっそう活潑な意見の交換が行われるというようなな
かへ、小山内は見違えるほどやつれて帰って来るし、土方も、留守の委員会に提出された新組織案が、数字の上で不正確でもあり、意に満たなくもあったのを理由に、正式に委員の辞任を発表するというふうにして（注＝土方の執行部辞任は三十日）、昭和二年が暮れていったのである。（「小山内薫」『久保栄全集』第七巻）

明けて昭和三（一九二八）年は一月一日から十六日まで「小山内薫訪露帰朝記念特別公演」と銘打って『空気饅頭』（ロマショーフ作、昇曙夢訳、土方与志演出）を再演し、二十日から二月五日まで『伯父ワーニャ』（チェーホフ作、米川正夫訳、小山内薫演出）を再演した。が、小山内が病床にあったため、稽古は舞台監督の水品春樹が小山内の指示を受けて担当したが、初演とは違って汐見洋がワーニャに扮して東屋三郎がセレブリャーコフになり、東山千栄子が乳母からエレーナに移り、乳母には杉村春子が起用された。この間、築地の組織に関する会議がたびたび持たれたもののラチがあかず、新組織成立までの経済一切を土方に保証してもらうのを全員が希望し、土方はこれに応えた。健康を害して自宅にこもりがちの小山内は劇場からの報告と劇場員大会の速記録を通して情勢をつかみ、代表委員会宛に手紙で脱退を申し出たのはこのころだった。小山内慰留に友田恭助が動いたが、その友田もこう議論が多くては今後やっていけないと、築地脱退を口にした。二人の脱退の申し入れは周囲の慰留で撤回され、外部に洩れることもなかった。

大揺れのさなかの二月十日から二十六日まで、日曜日は昼夜二回公演で『想恋記』（藤森成吉作、青山杉作演出）と『痔《こしら》へられた男』（前田河広一郎作、土方与志演出）を第七十二回公演として上演した。前者は『怪談牡丹燈籠』（三遊亭円朝作）となった中国の怪異小説の新脚色だが評判が悪く、アメリカの炭鉱争議をバックに日本人労働者が活躍する後者が好評だった。

病状が快方に向かうや小山内は劇場に姿を見せ、小山内を中心に議論が進められた。小山内の案は三人の演出家を除外して各部から正確な按分比例で委員を選び直すというもので、この主張が通って改選が行われ、新委員に小山内薫、土方与志、青山杉作、友田恭助、水品春樹、久保栄、北村喜八、汐見洋、吉田謙吉、東山千栄子、松田粂太郎、土方梅子、八代康、南建真、小宮譲二が選ばれ（南と小宮は研究生）、このメンバーによる組織委員会が築地小劇場の代表機関になった。

組織委員会の最初の仕事は三月二十日がイプセンの生誕百年に当たることから、小山内、土方、青山の三演出家に三月いっぱい、その代表作を連続公演してもらうというものだった。この案にしたがって一日から十日まで『ノラ』（森鷗外訳、

青山杉作演出）を丸山定夫のヘルメル、村瀬幸子のノラで出し、十一日から二十日まで『幽霊』（森鷗外訳、土方与志演出）を山本安英と友田恭助の母子で上演、二十六日から三十日までは三回目の帝劇公演として『ペール・ギュント』（楠山正雄訳、小山内・土方・青山演出）を初演した。『ペール・ギュント』は演出を主人公の青年時代、中年時代、老年時代に分けてそれぞれ青山、土方、小山内が分担し、装置も伊藤熹朔、吉田謙吉、溝口三郎が分担、近衛秀麿指揮の新交響楽団（ＮＨＫ交響楽団の前身）が音楽を担当し、岩村和雄が舞踊を指導して岩村舞踊研究所が舞踊を担当するという大掛かりな舞台だった。土方、近衛、岩村はかつての学習院時代の友達座の仲間で、ペール・ギュントに丸山定夫、オーゼに東山千栄子、ソルベージに山本安英というキャストだった。小山内は当初、イプセン最後の作品『私たち死んだものが目覚めたら』を演出希望していたが、記念公演の進行中に帝劇から月末の劇場を提供したいとの申し入れがあり、出し物を『ペール・ギュント』に変更しての急ごしらえだった。しかも『幽霊』上演中に小山内が人事不省になり、築地は中心人物の「健康」という不安材料を抱え込んだ。

　このことはともかくとして、イプセンの記念公演は評判になって地方からの巡演希望が相次いだので、四月に『幽霊』で名古屋、京都、大阪を回る班を送り出し、本拠では四月七日から十九日まで、第七十五回公演として『委任状《マンダアト》』（ニコライ・エルドマン作、八住利雄訳、土方与志演出）を上演した（日曜日は昼夜）。その終演翌々日には村山知義、佐々木孝丸、佐野碩らの左翼劇場が『進水式』（村山作・演出）と『やっぱり奴隷だ』（村山作・演出）、『嵐』（鹿地亘作、佐野碩演出）という出し物で築地小劇場で第一回公演を持った。いよいよ本格的な左翼演劇の活動が開始されたわけだが、『ペール・ギュント』の興行的な成功から帝劇が月末の四日間を進んで提供しようということになって、四月二十六日から二十九日まで、四回目の帝劇公演として『ヴィリアム・テル』（フリードリッヒ・シラー作、関口存男訳、土方与志・青山杉作演出）を上演した。薄田研二のタイトル・ロール。

　五月は『春の目ざめ』（ヴェデキント作）の三演につづいてゴーリキーの生誕六十年を祝して『夜の宿』を三演し、創立四周年を迎えた六月は「移転改築御名残興行」と銘打って十三日から二十四日まで（日曜日は昼夜）、『二人のオリイフェル』（カイザー作、久保栄訳、土方与志演出）を上演した。

　劇場の地主とのもめごとは前述したが、これはひとまずさておいて、関東大震災の復興計画がまとまって区画整理がはじまり、劇場の替地を指定されたのがきっかけで三十メートルほど都電通り寄りの隣接地に移ることになって――現在は都電は廃止された――、床を剥がして土台を切り離し、建物をそのまま引いて行くことになった。移転改築のための三万数千円は、土方が負担した。

創立四周年と移転改築を記念して『二人のオリイフェル』上演中のロビーに創立以来の上演台本や舞台写真やポスターなどを展示し、機関誌『築地小劇場』の七月号（第五巻第三号）も創立四周年記念として秋田雨雀、藤森成吉、八田元夫、北村小松らに寄稿を仰いだ。その中から舟橋聖一の一文を引く。

……今日、更めてふり返って見て、就中考へさせられることは「劇場人」といふものの存在を明かに示したことである。「劇場人」といふものは、たしかに、「築地小劇場」以前には見ることが出来なかつたものである。

私は、内部の細い事を知つてゐない。けれども、たとへば、伊藤熹朔君や、吉田謙吉君のやうな、傑れた「劇場人」を、この四年間に生んだことは、先づ第一に数へなければならない「築地小劇場」の手柄であらうと思ふ。

そして今日では、遂に「劇場人でなければ、演劇運動は不可能である」といふ処にまで進んで来て、遂に生半可な、文人気質などが、劇場から、ドシ〳〵追放されてゆくやうになつたことを思ふと、私は頗る欣快にたえない。演劇運動に於て、文学者流の見苦しい失敗と逃亡は、実にこの四年間に於て、実証せらるるに到つたのではないか。（「築地小劇場断片」前掲書）

劇場が移転改築にかかったために七月七日から十五日まで、帝国ホテル演芸場で『思ひ出』（マイエルフェルステル作、松居松葉訳、青山杉作演出）を友田のハインリッヒと田村のケティーという思い出深いコンビで上演した。そして同月の二十六日から三十日まで、「坪内逍遥氏沙翁戯曲全訳完成記念」と銘打って、帝劇での五回目の公演として『真夏の夜の夢』（シェイクスピア作、坪内逍遥訳、小山内薫・土方与志・青山杉作演出）を出した。浅野時一郎は帝劇公演の中ではこれが一番よかったと、こう書いている。

曲はメンデルスゾーン作曲で、演奏は近衛秀麿の指揮する新響（注＝新響交響楽団）が再びボックスへはいった。新響はその年一月から予約演奏会を始めていた、当時唯一の交響楽団であった。合唱指揮松平佐登子、舞踊は岩村舞踊研究所といういつもの協力メンバーで、装置は吉田（謙吉）、演出は三人の共同になっていた。三幕にわたるアゼンスの森の場面は、回り舞台をグルグル回しにして見せた。どの幕もオーケストラの伴奏にのって、有名な序曲から、スケルツォ、妖精のマーチ、ノクターン、最後の結婚行進曲、職人の踊りまで、にぎやかにおもしろかった。『ペエル・ギュント』よりも音楽との結びつきが一段とよくできていた。『真夏の夜の夢』の日本での上演はこれが最初であり、ラインハルトのドイツ映画が封切られたのは八年もあとのことであるから、珍しく楽しく見物した。（『私の築地小劇場』）

ライサンダーに伊達信、デメトリアスに楠田清、ハーミヤに山本安英、ヘレナに高橋豊子（のちとよ）、クインスに汐見洋、スナッグに小杉義男、ボトムに御橋公、フルウトに友田恭助、スナウトに薄田研二、オーベロンに丸山定夫、タイテーニアに東山千栄子、パックに村瀬幸子といったキャストで、楽劇性が豊かだった作りに注意したい。また、逍遥のシェイクスピア戯曲全訳記念の一環として早大校内に外形をシェイクスピア時代のフォーチュン座に模した演劇博物館が竣工したのは、三か月後の十月だった。

帝劇公演終演後は『伯父ワーニャ』（チェーホフ作）を持って東北・北海道を八月五日から二十日まで巡演する一班と、『法成寺物語』（谷崎潤一郎作）と『三和尚』（武者小路実篤作）で同月十日から十八日まで関西地方と名古屋を回る一班に分かれて旅に出た。それから十月までほぼ二か月公演がなかったのは、移転改築に加えて前からの課題の解決がつかなかったからである。

夏は暑く冬は寒いというのが定評だった劇場の改築の主眼が冷暖房装置の改良と設置だったが、その効果がほとんど感じられなかったのにくらべて、改築された劇場がはっきり変わった点が二つあった。一つは壁の色で、外壁は茜色に、内壁は緑に塗り替えられた。もう一つは客席の改造にともなって座席がＡＢＣの三ランクに分けられたことで、客席中央舞台寄りの一人一脚の椅子で番号が付いた指定制の百六十八席のＡ席が二円五十銭、その前後の百五十席のＢ席が一円五十銭、八十四席のＣ席が九十九銭になり、約五百人の収容人員が百人ほど減った。

ところで、懸案の組織替えだが、この年の上半期に小山内のもとへ提出された謄写刷りの「組織委員提出テーゼ集録」が原形のまま『久保栄全集』第十二巻の「附録」として収載されているので、ここから三演出家のものを再録しておく。

小山内薫

私は劇場を二種に分ける。

一つが政治劇場《ポリチカルシアタ》で、他が芸術劇場《アカデミカルシアタ》である。私は築地をアカデミカルシアタとして、存在させたい。私達はまだ本質的に演劇というものを摑んでいない。それをやるには学問的芸術的の自由を保留して置かなければならない。政治劇場にはその自由が許されない。

土方与志

一、現状勢の下に最善の技能と活動力をもつ劇団となること、

一、既往の観劇大衆並に新らしい《ママ》観客を獲得すること、

一、一部智識階級其他をのみ目標とした、日本の近代劇運動の整理。

一、過去の演劇の研究。

青山杉作

アカデミックシヤターであること、

（我等の演劇の並びに劇術の帰趣を示さること、）

「現在の世界資本主義の発展段階はその究極にまでのぼりつめた所の帝国主義の段階である」と書きはじめる八代康のものまで含めて、この「集録」からは築地小劇場が「思想上の混成旅団である」ことがよく分かる。と同時に、マルクス主義が徐々に力を得ていたことをうかがわせるが、テーゼ案が出揃った九月八日に工事中の劇場で総会が開かれ、小山内と土方から新組織案の原案が示された。さらに十二日の総会で具体案が提示されて、十か月にわたった組織形態と運動の方向性についての検討に一応のピリオドを打った。組織形態としては築地小劇場を劇場部と劇団部に二分し、劇場部は土方を主事とする雇用関係として経営部の大半のメンバー（土方、松田粂太郎、神尾耕三他）と照明部（神尾、高島勝之助、佐後屋岩雄）と大道具部（荒井金太郎、橋本正義、山口清次郎）がこれに属し、劇団部は小山内を主事とする共同運営として、主事の下に諮問機関が置かれた。第一諮問委員に青山杉作、土方与志、北村喜八、友田恭助が、第二諮問委員に和田精、汐見洋、水品春樹、久保栄、東山千栄子、土方梅子が委嘱され、劇団部には演出部、演技部、効果部、文芸部、衣裳部、経営部（千早正寛、蔦見英）、小道具部が属し、美術部（吉田謙吉、伊藤熹朔、溝口三郎、松永津志馬）は嘱託になり、運動の方針としてはアカデミカル・シアターと規定された。方針としては小山内の主張が一応通ったわけである。

『国性爺合戦』の上演

移転改築した劇場は前述のごとき変化に加え、松屋から贈られたグレイのビロード地にブドウの房の付いた緞帳が新たに設置された。そして移転改築落成記念として昭和三（一九二八）年十月十一日から三十日まで二十日間上演されたのが、以前から懸案の『国性爺合戦』（近松門左衛門原作、小山内薫改作、土方与志演出）だった。

小山内の改作は「梅檀女道行《せんだんじよみちゆき》」をカットして原作の構成をなぞり、詞章を口語調のせりふにした簡素なもので、その意図を「内容は飽くまでも正徳時代のものにして置いて、演出だけを人形浄瑠璃からも歌舞伎劇からも（勿論、それの利用はあるとして）離れた全く新しい形式のものにして見たいといふところにあつたからです。従つて、この演出の目標は内容的であるよりは外観的であるべき筈です。新しい Spectacle としての試み、吾々の意志はそこにあるのです。殊に音楽の利用については、古今東西を論ぜず混用して、甚しい不調和の内に或調和を見出だしたいのです。演出は全体として、勿論西洋的ではありませんが、また純日本的でもありますまい。併し必ず『東洋的』でなければならないとは思つてゐます」（「国性爺合戦改作追記」『築地小劇場』第五巻第五号）と述べた。演出の土方も前掲誌収載の「『国性爺合戦』の上演に際して」という一文で、「舞台上の技巧は、演戯、音楽、舞踊、トリック等の、多様な手法を多量に用いなければならない。しかも、出来るだけ、近代の舞台技巧を、生のまま用ゆる事を避けて、これを背後に利用し、見た目には、何処までも、東洋的な単純と、稚拙とを失はない様にしなければならない」と書いた。

その小山内の近松観だが、従来の小山内の著作年表や資料集になぜか未収のものがあり、ここにうかがうことができる。読売新聞に四回書いた「病間雑記」がそれで（昭和三年五月二十三日号〜二十六日号まで）、こう述べている。

小山内は『松蘿玉液《しょうらぎょくえき》』に収められている正岡子規の近松論に賛意を表し、近松作品は幼稚だから、歌舞伎でも人形芝居でも上演されるのは近世の改作ものばかりだという論旨を肯定する。ことに世の学者が迷信的に崇拝する道行の名文なるものも、子規は脱帽していないのが面白いという。

小山内が「梅檀女道行」をカットした論拠がこの辺にあろうが、にもかかわらず『国性爺合戦』を選んだのは、正徳五（一七一五）年十一月に大坂・竹本座で開演するや、十七か月間続演という空前の大当たりを取ったことと無関係ではなかったろう。前掲の土方の一文には、日本の古劇から学ぶべきは「民衆との呼吸の応酬によつて、発達、完成された」点にあるとの箇所がある。つまり、『国性爺合戦』が「民衆劇」として成り立った、その成立の仕方を研究しようとしたのではなかったか。そのために小山内の改作もあえて内容を変えなかったのではあるまいか。

かつての「民衆劇」としての『国性爺合戦』への関心とともに、この物語が日中両国にわたって展開される特殊性も、小山内や土方の興味をかき立てたと思われる。新しい国劇の形式を模索していた小山内にとって、人形芝居や歌舞伎のスタイルを利用すると同時に、それらそのままではない形式を探るという意味で、『国性爺合戦』のいろいろな面での広がりは「実験」のための恰好の素材だったに相違ない。前にも触れたが、歌舞伎をはじめ他のジャンルの俳優が手をつけていた『息子』(小山内薫作)や『大塩平八郎』(中村吉蔵作)や『法成寺物語』(谷崎潤一郎作)などを取り上げたのも、『国性爺合戦』上演のための準備の一環だったとも考えられる。

さて、実際の舞台はどうだったか。

序幕は唐の皇帝の宮廷で女御たちが踊っていて、観客に外観的な演出を印象づける。つづく第二場では梅と桜の花合戦や皇后の腹を裂いて胎児を取り出すといった大芝居が繰り広げられ、千里ケ竹の虎退治では、メイエルホリドが『検察官』の演出で試みた周囲のドアから登場人物が一斉に出て覗くという演出法を竹薮から出て来る韃靼兵に応用し、第四幕の九仙山《きうせんざん》にこもっている呉三桂が国性爺軍と韃靼軍との合戦の様子を見る場面や、韃靼軍が谷に落ちるというシーンではジャワの影絵を利用するとともに、賑やかな中国の雑技が展開された。

小山内の改作台本には開幕から大詰めまで、「韃靼風のmarch」、「支那風のmarch」、「日本風のmarch」等々多くの音楽の指定があり、第三幕第二場の「獅子ケ城々内の大広間」ではト書に「花道を用ふ」とある。錦祥女《きんしょうじょ》を演じた田村秋子は小山内の指示で三代目中村時蔵にその型を習って舞台に活かし、京劇風の立ち回りは市川升六の猛訓練を劇団員が揃って受けた。歌舞伎の要素を東洋の種々の劇術の中に採り入れて、それらの原型とは別の次元で集大成しようとしたのである。新しい国劇誕生への大きな第一歩を踏み出したわけだが、注目すべきはこの時点で、岸田國士の「演劇一般講話」などに集約されるせりふ(白)と仕草(科)を重視する「純粋演劇」派と、坪内逍遥経由での小山内の楽劇性を加味した「国劇」派とに新劇界が二分されていたことである。同じく新劇の指導者とは言え、歌舞伎にシンパシーを感じていた小山内薫と、それを拒絶反応のように忌避していた岸田國士とでは演劇的な志向が違う。作者の才能次第で現実整理のみならず、「現実修正、現実変形、現実拡大、現実様式化」のドラマ作りを認めていた岸田の「純粋演劇」派が事実問題として勢力を拡大して行くが、現在でもこの二つの流れの中に新劇のあり方があるというのが私見である。(詳細は拙著『最後の岸田國士論』参照)

なお、『国性爺合戦』のスタッフ・キャストは思宗烈皇帝＝東屋三郎、華清夫人＝東山千栄子、李踏天＝御橋公、呉三桂＝友田恭助、柳歌君＝高橋とよ、栴檀皇女＝月野道代、和藤内＝丸山定夫、小睦＝村瀬幸子、老一官＝汐見洋、その

妻＝山本安英、甘輝＝薄田研二、虎＝三浦洋平、韃靼王＝洪海星、錦祥女＝田村秋子、装置＝吉田謙吉、振付＝岩村和雄、作曲＝長沼清一、効果＝和田精、照明＝神尾耕三、影絵および仕掛け＝伊藤熹朔。

スペクタクル劇から一転して、十一月五日から二十五日までの第八十回公演は『たのむ』（里見弴作、土方与志演出）と『大寺学校』（久保田万太郎作、青山杉作演出）を上演した。この選択には劇団員から反発が出たが、幕を開けるやまれなほどの好評で、たとえば伊原青々園は「先月の『国性爺』は未成品だったが今度は二つとも見事な芸術品だった」（「都新聞」昭和三年十一月三日号）と評した。とりわけ『大寺学校』の汐見の光長正弘と友田の大平三平の評判がよく、それまで翻訳劇しか演じられないと思い込んでいた友田が、この舞台で創作劇に開眼した。

内部から反発があったこの二本の戯曲の選択は、それなりの意味があったと思われる。一つは『たのむ』が六代目尾上菊五郎のために書かれながらも未上演だったということ、もう一つは『大寺学校』の作者が新派に深く関わっていたことである。つまり、築地小劇場発足時の「歌舞伎でも新派でもない演技術」を探る上で、歌舞伎の世話ものとも新派の写実芸とも違う新劇のリアルな演技の探求が試みられ、それが評価されたということ。この芽が友田や田村が関係するやがての築地座で大きく伸びて行くのである。

## 小山内薫の死

絶賛の公演の後、昭和三（一九二八）年十二月五日から二十三日までの十九日間、第八十一回公演として『晩春騒夜』（上田文子作、北村喜八演出）と『当世立志伝』（北村寿夫作、土方与志演出）が出た。

国語学者上田万年の娘文子のちの円地文子は、幼時から歌舞伎に親しんでいたことや、ある時に聞いた小山内の講演に感銘を受けたことなどから劇作を目指しはじめ、雑誌『歌舞伎』の懸賞脚本に応じた『ふるさと』が、岡本綺堂と小山内薫の選で当選したのが作家活動のデビューになった（同誌大正十五年十月号）。以後、いわば小山内の弟子として戯曲を発表しつづけ、小山内の縁から築地小劇場でその一つが日の目を見ることになったのである。また、『当世立志伝』は『検察官』の流れにあると言われた社会風刺劇だったが、築地小劇場にとっての思いもしないできごとが、この公演終了直後に起きた。

十二月二十五日は息子徹の誕生日とクリスマスを祝って小山内は自宅で昼食を取り、それから病身をいたわるために、四谷左門町と築地の間を四十五分もかけて走るいつものハイヤーとは別の車に乗って築地に出掛けた。劇場では来年二月にまた上演予定の『桜の園』（チェーホフ作）の装置を溝口三郎と打ち合わせ、土方担当の三月の出し物についても意見交換した後――土方がプロレタリア作家のものをより多く上演していきたいと言ったのに対して、作劇上優れたものなら賛成だと小山内が答えたと伝えられるのがこの時である――、『晩春騒夜』の作者上田文子の招待を受けて、再度車で日本橋の偕楽園（注＝谷崎潤一郎の親友が経営する中華料理屋）に向かった。ここで上田をはじめ北村喜八、友田恭助、山本安英、村瀬幸子らの舞台関係者と会食したが、その宴半ばに小山内は激しい発作を起こして急死した。家族の希望で小山内の死はその日は伏せられ、二十六日の午前六時に一斉に新聞社に通達されたが、死因は動脈硬化からきた心臓麻痺との発表とは違い、動脈瘤の破裂だった。享年四十七。奇しくもライバルの島村抱月と同じ行年だった。

この前日には兵役を解除になった滝沢修の歓迎と、思想上の問題がからんで退団する伊達信の送別を兼ねた忘年会が銀座裏のカフェで行われ、小山内もフォークで卓を叩いて合唱に加わっていた。劇団部の十二月の分配金が支払えず、小山内は新潮社の文学全集に収められる自作の印税を前借りして一時立て替えることにして、そのために駆け回っていた千早正寛が調達してきた金をみんなに分けたのもこの日だった。また、同じ日、小山内は「舌代」という以下のような文章を書いた。絶筆である。

○観客諸君に懇願いたします。
○日本唯一の新劇常設館である築地小劇場を支持して下さい。
○改築以来の成績は左の通りです。
（十月）国性爺合戦　――
（十一月）たのむ、大寺学校　――
（十二月）晩春騒夜　当世立志伝　――
○いづれも欠損でした。
○当劇場は営利劇場ではありませんから、決して多きを望みません。せめて一晩平均三百人の観客がほしいと思ひます。
○この劇場の為事に少しでも同情をお持ちのお方はまだこの劇場の存在を御存知ない御友人、御親戚御知人に御吹聴を願ひます。
○一人のお方が唯一人のお知合をお誘ひ下すつても劇場の観客は百人が二百人になり、二百人が四百人になります。

○観客諸君に懇願いたします。
○日本唯一の新劇常設館である築地小劇場を支持して下さい。

引用文の上の—には一日平均観客数が、下のそれには一日平均収入が書きこまれるはずだった。
土方を葬儀委員長とする築地小劇場葬と告別式は二十八日の午後劇場で行われ、久保栄の起草した追悼文を青山杉作が読んだ。その中に次のような件りがある。

その晩年築地小劇場に拠って後は、半生の間に蓄へられた該博な知識と豊富な経験とを傾倒し、永遠の若さと尽きざる精力とを以て、内外の名作を演出せられる事四十五篇、エリザベス朝の古典より世界大戦後の新傾向まで包含して剰すところ無く、今や先生畢生の念願たる国劇樹立の緒に就かんとする時、溘焉《こうえん》として世を去られたのであります。

小山内の仕事は非常に多岐にわたり、詩人、劇作家、小説家、評論家、翻訳家、演出家、映画監督、ラジオ・ドラマのディレクター、大学講師、編集者といった肩書がすべて該当する存在だった。反面、仕事の実質において長く残るものは少ないが、中でまず挙げるべきは演出家としてのそれだろう。百五十本弱の作品を手掛けるかたわら、十冊の演劇論書を著して小山内が拓いて行った舞台創造のシステムは、その後の新劇に受け継がれた。その意味で小山内薫を「新劇の父」と呼んでいい。

## 築地小劇場の分裂

明けて昭和四（一九二九）年、築地小劇場は一月一日から二十日まで、生前に小山内が立てた予定通り、第八十二回公演として『忠義』（ジョン・メイスフィルド作、小山内薫訳、小山内薫・青山杉作演出）を掛けた。あの「舌代」が劇場のロビーに貼り出されたのがこの時である。
『忠義』は言わば翻訳劇の『忠臣蔵』で、二代目市川左団次一座が大正十（一九二一）年五月の明治座で小山内演出で初演していた。築地版はキラを演じた丸山定夫が絶賛されたが、この開演直後から小山内を失った築地の混乱が激しくなった。

三日の午後、劇場の女優部屋で今後の方針に関する委員会が開かれた。小山内の死がだれの上にものしかかり、口をきく者がない。その沈黙を破って久保栄が土方に、土方一人で築地小劇場を経営してもらえないかと聞いたところ、土方与志は大意こう答えた。

一時出資をやめたのはルーズな経営方針に飽き足らなかったためで、今後も負担に耐えられるだけの力はあるつもりだ。その代り安心してやっていけるように現在のメンバーをある程度切り捨てることを許してもらいたい。（久保栄「新劇　その劇団　その俳優」『演芸画報』昭和十年一月号より）

四日、合評会の席上小山内の代わりに土方、青山、北村喜八、友田恭助の四人が暫定的に主事代理に就くことが決まり、劇団部の新組織は三か月後に決定となったが、久保栄によると、前日の土方のメンバーをある程度切るという話がなぜか洩れていて劇団員の話題になり、とりわけ技術の低い俳優が騒ぎ立てていたという。土方への反感が渦を巻きはじめていたのである。

『忠義』の後小山内の追悼として『夜の宿』（ゴーリキー作）の大阪・京都公演と『桜の園』（チェーホフ作）の名古屋公演を一月末に持ち、二月二日から二十一日までの第八十三回公演を「小山内薫追悼公演」として『桜の園』（米川正夫訳、小山内薫演出）の幕を開けた。三宅周太郎は「東山千栄子のラネエフスカヤ夫人が満点に近い立派な出来だ。この人の一番の当り芸であらう。汐見のフイルスも同じく立派で、『大寺学校』の光長よりもうまい」（「東京日日新聞」昭和四年二月十六日号）と評し、舞台も好評大入りで二十四日まで三日間日延べしたが、その収益は昨年度の欠損の穴埋めや、小山内の葬儀の支払いに充当しなければならなかった。また、「虎の巻」と呼んで小山内が大事にしていた演出手帳が、通夜の前後に紛失するという奇怪なできごともあった。そしてますます大きな問題になったのが、土方の人員整理発言だった。

築地小劇場に限らず、劇団の内紛の真相は藪の中のことが多い。分裂にいたる築地の過程もいまだに不明な点が多いが、さまざまな資料を参照すれば、以下のようであったらしい。

土方の発言をきっかけに築地小劇場は土方派と反土方派に二分され、両派のかけひきが盛んになった。いち早く内紛を報じた東京日日新聞の二月二十六日号によれば、土方派に久保栄、丸山定夫、薄田研二、島田敬一、山本安英らが、反土方派に青山杉作、北村喜八、汐見洋、友田恭助、東屋三郎、東山千栄子、千早正寛、和田精らが属していたが、島田が一月末の巡業中に土方から規定以上の前借りをしたのが火に油を注ぐ形になって——土方によれば島田の身内に不幸があったからだという——、二月十二日に自治会なる組織が結成された。

まづ闘争の火ぶたを切つたものは、土方氏の蔭にかくれ金銭問題にからんで専横を振舞つたといはれる男優某氏に膺懲してその反省を促すものと称し去る十二日同劇場の若き俳優小杉義男、滝沢修、三浦洋平、新見勇、楠田清、志水辰三郎、伊藤晃一および故小山内氏の秘書であつた土橋慶三氏等が自治会なるものを組織して同劇場の楽屋内に前記某氏に対する暴状糺弾の公開状をはり出したのに端を発してゐるが、自治会はなほ進んで過般の小山内氏の劇場葬に関しての土方氏の独裁行為およびその経費の問題についても土方氏を詰問せんといきまいてゐる。(「東京日日新聞」前掲号)

劇場維持費や劇団運営費をずっと負担してきた土方を思えば、ここで指摘されている金銭問題などは論外に思える。いちゃもんをつけていると見えるところに感情問題がからんでいたと考えた方がよさそうだが、自治会が組織される前に滝沢、三浦、楠田、新見、山川幸世——水品春樹と吉田謙吉の紹介で前年の昭和三年九月に演出部研究生として築地入り——らが左翼劇場の指導下に一つのグループを作り、フラクション活動をはじめてもいたらしい。が、自治会が結成される前に、このフラクションは一応解体されたという。いずれにしてもさまざまな問題がからまりあって、築地小劇場は混乱の度を深めていった。

自治会が掲げた島田敬一への「糾弾」は二月二十三日に島田への引責自決要求案の提出となり、島田は二十六日に築地小劇場を除名された。除名者が出たのははじめてである。

この日にもう一つ問題が起きたのは、土方与志の演出で三月に上演と決まって稽古に入っていた『妖僧ラスプーチン』(アレクセイ・トルストイ/シチェゴオレフ合作)の台本が、検閲のためにズタズタにカットされて返却されてきたために上演不能と判断せざるを得なくなったが、上演できない戯曲を選んだのは苦しい経営を一層困難にするばかりだとの土方攻撃の声が一部に生じたことだった。そこで三月五日から二十四日まで、小山内の追悼を謳って第八十四回公演として『夜の宿』(ゴーリキー作、小山内薫訳・演出、青山杉作演技指導)を再演した。これが結果的に劇場と劇団が一体だった築地小劇場の最後の公演になったが、前年に喀血した土方は出し物が『夜の宿』に代わって休む時間が持てたので、自宅で療養していた。『土方梅子自伝』によればある夜伊藤晃一が訪ねて来て、「劇団の総会で、先生に除名勧告しよう、と発言している人がいるのですが、明日あたり、そんな事を言ってくる人があるかもしれません」と土方に話した。ことここにいたって土方は自ら劇団を去ることを決め、劇場部の仕事に専念するためとの理由を付けて劇団部脱退届を提出した。これを受けて三月九日に総会が開かれ、築地小劇場は新組織になった。東京朝日新聞はこう伝えている。

……即ち新組織は同劇場創立の中心人物にして、経営に演出に常に努力ををしまなかった土方与志氏の病気療養を名にした劇団部退団を率直に承認し小山内薫氏死去後臨時施設された土方、青山、北村、友田四君の主事代理委員会を解散、新たに主事に青山杉作、副主事に北村喜八氏を推し各部から代表委員を選出して代表委員会を組織し、右委員会議に執行権を与へて、経営、演出その他劇団部一切の要件を処理せしめることになつた。

その代表委員は青山、北村正副主事のほかに演出部（水品春樹）効果部（和田精）演技部（汐見、小杉、東山、岸〈輝子〉、友田、清水《ママ》、少宮《ママ》）小道具部（坂田一郎）諸氏でこの外に企画部（千早正寛）宣伝部（高橋邦太郎）庶務部（土橋慶三）の諸氏が主任に選ばれ、代表委員会と呼応して劇団部内に活動することゝなつたのである。新組織の内容は右の通りであるが従来の文芸、美術、衣しやう、大道具、装置等は全部嘱託制になり、臨機専門家に依嘱してそれらの運行を期さうとして居るがこれがために従来築地の舞台の異色、吉田謙吉、伊藤熹朔、溝口三郎、松永津志馬諸氏の舞台装置や神尾耕三氏の照明等直接関係として今後期待することが出来ないかも知れぬ状態となつた。

文芸部に新進翻訳家久保栄、熊沢復六諸氏の去つたことも同様さびしいことには相違ない。

とにかく小劇場の創立者であり終始運命をともにして来た土方与志氏が今後劇団部には全然無関係者となり、氏が出資者の故で建物経営に関する劇場部の主事としてのみ残り、仮に劇団部から演出を依頼されたとしても一嘱託員として参加するに過ぎないことになつたのは同劇場の歴史を通じて、余りにもさびし過ぎる現象である。（昭和四年三月十日号）

一言で言えば、土方の築地小劇場での芸術的生命を断つのが新組織の狙いだったが、それほどまでにも土方への反発が激しかったということになる。内部の収拾策とは別に、小山内薫の死とほとんどつづいた沢田正二郎の死去（昭和四年三月四日）によって、土方のところへ中村吉蔵から新国劇と築地小劇場の合同の話が持ち込まれたり、社会民主党（大正十五年十二月結成）の「宣伝劇団」にならないかとの打診があったり、土方自身左翼劇場に今後の協力と援助を訴えたりしたが、いずれも討議されないままになった。そして三月二十六日に東京朝日新聞は丸山定夫、薄田研二、伊藤晃一、山本安英、高橋豊子（当時）、細川ちか子ら六人の脱退を報じた（注＝丸山・細川、伊藤・高橋は当時夫婦だった。また、細川ちか子は第七十五回公演の『委任状《マンダアト》』以来築地に復帰していた）。これに先立ち会議の連続に嫌気がさした友田恭助は、客員身分だった田村秋子と一緒に築地小劇場から身を引いた。

土方与志、吉田謙吉、久保栄、熊沢復六、神尾耕三を糾合して、前述脱退の六人が新築地劇団の創立声明書を発表したのは、四月五日のことだった。ここに築地小劇場ははっきりと分裂したのである。残留者は青山杉作、北村喜八、水品春樹、新見勇、楠田清、岸輝子、村瀬幸子、東山千栄子、三浦洋平、月野道代、滝沢修、滝蓮子、杉村春子、志水辰三郎、汐見洋、御橋公、洪海星、小宮譲二、東屋三郎、小杉義男、和田精、坂田一郎、高橋邦太郎、嵯峨旻、大川大三、澄川久、土橋慶三、千早正寛、山川幸世ら三十五人。

久保栄によれば、六人の脱退者が出て新築地劇団を結成する間に調停者が出て、「従来の劇団部と青山中心の第二部をつくって、それぞれ経済を独立させ、演技者には自発的に所属を選ばせようというところまで話が進んだのに、青山にその決心がつかなかったため」（「小山内薫」『久保栄全集』第七巻）に不調に終わったという。

約四年半の間に本拠を中心に八十四回の公演を持ち、日本の戯曲二十七本、ロシアのものを十九本、ドイツ十七本、イギリスおよびアイルランドのもの十三本、アメリカ九本、スウェーデン七本、ノルウェー六本、フランス五本、ベルギー三本、イタリア三本等計百十七本の戯曲を上演した築地小劇場の歴史的意義の一つは、近代インテリゲンチャによる演劇運動としての新劇を純粋にかつ広く知らしめたことであり、新劇に対する「尊敬」の念を一般的に惹起したということである。たとえば戦後、自分の娘が新劇女優になった岸田國士は「新劇というものが出来てから、役者の社会的地位というか、信用がいくらか向上したことは事実である」（「女優の親」『芸術新潮』昭和二十八年九月号）と書いている。このほかに築地小劇場の功績としては、演劇界で長く活躍する多くの演出家や俳優、舞台美術家や翻訳家や劇作家などを輩出したこと、照明や効果や衣装や装置を含む舞台創造全体の水準を飛躍的に高めたこと、演出や舞台監督のシステムを編み出したこと、パンフレットによる啓蒙活動に力を入れたこと、世界の演劇の流れと同時代性を感じさせ、世界に開かれた演劇の窓だったこと、井上ひさしへとつづく楽劇性を重んじる国劇の水脈を開いたことなどが数えられる。そして何よりも感銘を受けるのは、何十年も後になって、愛情溢れる克明な全記録を書かせるような観客を持ったことである（浅野時一郎とその著作『私の築地小劇場』）。一個の劇場として、これは十分誇るに足ることではなかろうか。

# 第十二章　築地小劇場分裂後

## 劇団築地小劇場

昭和四（一九二九）年四月五日に、土方与志や久保栄を擁した丸山定夫や山本安英ら六人の俳優が新築地劇団の創立声明書を発表して、築地小劇場は分裂した。残留組は八月末からの本郷座での『阿片戦争』（江馬修作）と『吼えろ支那』（トレチャコフ作）以来、正式に劇団築地小劇場を名乗りはじめる。それまでの残留組の公演は第二次の築地小劇場という理解で、公演回数も創立以来の通算で数えていた。が、第一次の築地小劇場との活動の区別がつきにくいので、ここでは第二次の公演を便宜的に劇団築地小劇場として扱うことにする。

さて、劇団築地小劇場は四月三日から十日まで、邦楽座出張公演として映画『メトロポリス』などと併演で『人造人間の恋』（北村喜八作、青山杉作演出）を東屋三郎、汐見洋、岸輝子、村瀬幸子らの出演で上演した後、十一日から三十日まで築地小劇場で『カラマーゾフの兄弟』（ドストエフスキー原作、ジャック・コポー脚色、北村喜八訳、青山杉作演出）を出した。これは分裂前からの予定の出し物であったらしく、長男ドミトリーの婚約者カチェリーナに抜擢された杉村春子は、こう語っている。

**小山**　昭和四年四月に上演した第一回公演（注＝劇団築地小劇場としてのという意味）の青山杉作演出の『カラマゾフの兄弟』では、主役をつけられましたね。

**杉村**　ええ。それも田村（秋子）さんがおやりになるはずだったのを……

**小山**　はじめて主役がついたときどうでした。ぼくは、演技の面では、どういうことも感じなかったけれど、あの舞台の東山（千栄子）さんと杉村さんは、印象に残っているんですけれどね。

**杉村**　どうでしたもこうでしたもないわ。わたし『カラマゾフ』など読んだこともないんですものね。「やれ」と言われたもんですから、やれと言われればなんでもうれしいですわね。「それではちょっと本を読ましてください」と言ったら、「そんなちょっと読むなんというようなものではない」と言われて。（中略）よくまあやったと思いますね。震えっぱなしに震えて、なんのことやらわからないでやったんですからね。（杉村春子・小山祐士『女優の一生』）

小山内在世中の築地小劇場の出し物には脚色ものがなく、これを一つの見識だと思っていた浅野時一郎は、小山内没後すぐの脚色ものの登場に「信仰」を裏切られたような気持ちになった。主なキャストは杉村以外に淫蕩な父のフョードルに東屋三郎、ドミトリーに滝沢修、次男のイワンに汐見洋、三男アリョーシャに嵯峨旻、下男スメルジャコフに楠田清、ドミトリーの愛人グルシェンカに東山千栄子、長老ゾシマに内村喜与作こと青山杉作らで、ゾシマはともかく、日本人には気質的に無理な人物ばかりだと評された。

この間に関西公演の計画を進め、五月六日に大阪の中之島公会堂で、七、八日に神戸のキリスト教青年会館で、九、十日に京都市公会堂で、十一、十二日に名古屋の新守座で汐見洋の主演で『朝から夜中まで』（カイザー作、北村喜八訳、北村・青山杉作共同演出）を上演した。

帰京すると新築地劇団が旗揚げ公演を終えた直後の五月十八日から築地小劇場で『ブブス先生』（アレクセイ・ファイコ作、八住利雄訳、青山・北村演出）を開演し、二十九日までの予定を好評のために六月二日まで延長した。ソビエトでメイエルホリドの演出が評判になっていた舞台で、装置を担当した村山知義はこう評した。

この戯曲は、支配階級の鼻持ならぬ利己主義と、小市民の性根もなくフラフラし、利用される姿と、そして最後に、勝利したプロレタリアートのほゝえましい寛大さを描いてゐる。この戯曲が、サヴェート《ママ》・ロシアで、このまゝ演出されることは正しく、また、日本の自覚した労働者の前で演じられることは正しい。だが、ブブス先生と同じ層の人間を観客とする築地小劇場は、是非とも最後を改作して演じなければならぬ。即ち、ブブス先生は最後の瞬間において奮然として、支配階級と共に縛られる事を自発的に要求するのである。

演出会議でかう演出されることが一応決定されながら（注＝村山も出席した）、ズルズルベッタリに、原作通りに上演されたことは、観客ばかりでなく、築地小劇場それ自身が、ブブス先生的要素に支配されてゐることを明らかに物語っ

てゐる。（中略）

とまれ、築地小劇場が、かういふ進歩的な戯曲を選んだことは賞讃されなければならぬ。今後、経営難にかこつけて、チェホフなどに逆戻りしないことを望む。（「東京日日新聞」昭和四年五月二十九日号）

このころ村山知義は左翼演劇運動、プロレタリア演劇運動の中心部にいた。この批評はそういう立場で書かれたもので、劇団築地小劇場は左翼劇場（後述）の影響を受けて次第に路線を変えて行く。

六月八日から二十六日まで築地小劇場で持たれた通算第八十七回公演は、『磔《はりつけ》茂左衛門』（藤森成吉作、青山杉作・北村喜八演出）だった。

これは左翼劇場の旗揚げ公演に選ばれて稽古に入っていたにもかかわらず、情勢の変化という理由で上演禁止になったいわく付のものだった。左翼劇場は禁止、劇団築地小劇場は許可という対処の相違に、当局の「評価」がある。

新派の井上正夫一座が大正十五（一九二六）年六月に初演した『磔茂左衛門』の劇団築地小劇場での上演に際して、作者は戯曲に五、六箇所のカットや補綴をした。全幕全場面が上演されたのはこれが最初で、ホリゾントをバックに黒々と磔柱が立つ終景が観客に深い感銘を与えた。茂左衛門には小杉義男が扮し、井上とは違って農民の一人という感じが却っていいという評が出た。

次いで七月六日から二十五日まで、第八十八回公演として築地小劇場で『故郷』（明石鉄也原作、北村喜八脚色、青山杉作演出）と『母《おふくろ》』（ゴーリキー作、八住利雄脚色、北村喜八演出）を上演した。『故郷』は雑誌『改造』の懸賞当選小説で、京都学連事件をモチーフにしていた。あたかもプロレタリア芸術運動の興隆期だったからいかにも時宜を得ていたが、これ以上に注目されたのが新築地劇団が六月末に高田保の脚色で帝劇で上演していて競演になった『母』で、こうなった事情を八住はこう書いている。

村田春海君からその訳書『母』をもらつたのは、四月のはじめだつたと思ひます。第一部第二部とも読んだのは、五月のはじめだつたと思ひます――読んで脚色して見やうかと、二三の友人に話したのはすぐその後でした。

原稿用紙で二百四五十枚になる組立てを二つ作りました。どちらにしやうかと迷つてゐる中に、商売の翻訳の方が忙しくなつてそのまゝずい分長い間打ち棄てゝおきました。

その中に新築地劇団が高田保氏に『母』の脚色をたのんで、六月末の帝劇の興業《ママ》に出すことに決定したと云ふことを聞きました。

その前に僕は、僕達のやってゐる雑誌『劇場街』（注＝久保栄を編集・発行人に昭和四年六月創刊）に『母』の脚色をやらうと思ってゐると云ふ予告を出しておいたんです。僕は困りました。迷った揚句、よき先輩高田保氏の脚色が出来る以上、僕なんかのは当然存在理由を失ふものとしなければならないと考へました。それで、中止することにきめたのです。

（中略）

ところが或る日突然、土橋慶三氏の訪問をうけ、（劇団）築地小劇場が七月公演に同じく『母』をやりたい意企をもつてゐると云ふことを聞きました。

――僕は自分の脚色を止めることにきめてはゐたものの、そのまゝ『脚色者』としての僕が消えてしまふつもりはなかつたのです。暇になり次第『母』の代りに何か見つけて脚色をしたいとは思ってゐたのです。その他いろ〳〵理由もあります。が、とも角機会が出来た以上、再び前の計画を復活させることにきめました。で、僕でよかつたらやつて見ますと返事をしたのです。

ところが困つたことには、僕があらかじめ作つておいた組立《ママ》は一晩の芝居です。が、築地小劇場の七月興行は二本立で、『母』の前にやはり小説から脚色した『故郷』がつくと云ふのです。僕は又困りました。全然、はじめから組立てを変へてしまわねばなりません。原稿用紙にして、百枚ほど減らさねばなりません。それに検閲台本作成の期日や何かで、あます所正味僅かに四日間しかなかつたのです。

家へかへり、僕は夢中で書きなぐりました。そして漸く期日に間に合はせました。（「『母』の脚色について」『築地小劇場』第六巻第七号）

『母』は血の日曜日事件、戦艦ポチョムキンの水兵の反乱、ペテルブルグに最初のソビエト成立――といった革命への動きが顕著になった明治三十八（一九〇五）年を控えて、無知な母が、息子への愛と汚辱に満ちた生活への反省が次第にプロレタリアートの意識を獲得していく過程をリアリスティックに書いていて、その意味ではプロレタリア演劇へと傾斜して行く新築地劇団や劇団築地小劇場にとっては格好の素材で、だからこそ競演にもなった。が、当然新築地劇団と比較されての舞台は総体に見劣りがすると言われた中で、滝沢修のパアヴェルが新築地の丸山定夫よりいいという評があった。

母は岸輝子が演じた。

八住利雄の弁を引用した『築地小劇場』には、蔵原惟人《これひと》や小野宮吉らのプロレタリア芸術派の人物が寄稿している。中から蔵原の一文を再録する。

> 築地小劇場が分裂してから、二つの築地は夫々《それぞれ》独自の活動を活発に続けてゐる。かうして日本の新劇団に、（劇団）築地小劇場、新築地劇団、心座（後述）、新劇協会、左翼劇場（後述）と云ふ五つの比較的大きなグループが形成されたわけだ。そして現在の所では明確にプロレタリヤ演劇を標榜してゐるのはひとり左翼劇場のみであるが、しかし残りの四つの劇団のいづれも多かれ少かれ左傾化しつゝあるか、乃至《ないし》は左翼化しようとしてゐる。（中略）
>
> しかしかう云つたからと云つて、決してこれ等の劇団は今直ちに左翼の政治的組織に結びつかなければならないと云ふことを意味するゐ《（ママ）》ものではない。それは望ましいことである。しかしそれは現在の状態では殆んど不可能なことに属する。また仮令形式的に結びつき得たとてそれは何にもならない。劇場に自らの力で、自らの芸術的実践によつて、彼がプロレタリヤの味方であることを実証しなければならない。
>
> またそれは決して一つのプロレタリヤ的な劇場、例へば左翼劇場に合同しなければならないと云ふことを意味するものではない。左翼劇場が如何に左翼的で、革命的であらうとも、プロレタリヤ演劇は決して一つの劇場の一手販売ではない。（中略）
>
> 問題は各劇場がプロレタリヤ劇場としての自己の力と弱点とをはつきりと認識して、それを相互に批判し成長せしめることにあるのだ。但しこの際各劇場の特長は決してこれを抹殺し平均してしまふのではなくて、寧ろそれを新しく生かしてゆくことが必要である。大衆は決して単色ではない。それは種々なる演劇的形式を受入れ得るまでに多彩である。唯この多彩の蔭にプロレタリヤ的なイデオロギーを解消してならないことは云ふを俟たない。
>
> かくてわが国の新劇団が今までの行きがかりと反感とを捨てゝ、相互にその役割と範囲とを理解し互ひに提携してゆく所に、わが国新劇のプロレタリヤ演劇への将来の素晴らしい発展を見ることが出来る。そしてそれが為に現在最も緊急に必要なのはこれ等の新劇団のすべてを網羅し、相互に批判し助け合ふ所の、新劇連盟の如き組織である。（「プロレタリヤ演劇へ」『築地小劇場』前掲誌）

やがてこの提唱は意味を持つ。

ところで、『母』の公演中に、劇団築地小劇場が築地小劇場を離れることが観客に知らされていた。地主との間にもめごとがあり、このトラブルで劇場が取り壊されるというのが観客に知らされた理由だった。が、その後も劇場はそうならなかった。劇場は土方与志の管理下にあり、土方は新築地劇団の関係者だから、劇団築地小劇場を追い出すための一種の策動があったらしい。が、今となっては詳細は不明だ。

追い出しの策動と松竹からのアプローチの前後関係も分からないが、劇団築地小劇場が松竹の持ち小屋本郷座で『阿片戦争』（江馬修作、村山知義改補・演出・装置）と『吼えろ支那』（トレチャコフ作、大隅俊雄訳、北村喜八補修・演出）を上演したのは、八月三十一日から九月四日までだった。前述のように正式な劇団築地小劇場の旗揚げで、築地小劇場からの脱退後、松竹が身柄を預かっていた友田恭助・田村秋子夫妻がこの公演から参加した。松竹が劇団築地小劇場に手を伸ばしたのは、今後左翼演劇が「商売」になるとの判断によった。

「劇団・築地小劇場」が本郷座で、トレチャコフの『吼えろ支那』（昭和四年八月）をやるについて、五郎さん（注＝友田恭助の本名）とあたしを客演として入れる様にと、松竹が「劇団・築地小劇場」に条件としてだしたのね。それで『吼えろ支那』の本読みの時だったわ、あたし達二人、本郷座の本家茶屋に行ったの。本家茶屋というのは、まあ、いってみれば相撲茶屋の様なものなのね。ここで二人共、一時間半ぐらい待たされたかしら。二階では、「劇団・築地小劇場」の総会が開かれていた為で、あたし達の耳には、結局入らずじまいだったけど、きっと二人を公演に参加させるべきかどうかで、もめていたんだろうと思うわ。「劇団・築地小劇場」の主事で、『吼えろ支那』の演出をされた北村喜八さんは板ばさみで、階段を降りたり昇ったりしていたわ。でも、とにかく、『吼えろ支那』への出演がきまったのよ。
（田村秋子・伴田英司『友田恭助のこと』。注＝伴田英司は友田・田村夫妻の息子）

『阿片戦争』は一八四〇（天保十一）年から四二年までイギリスと中国との間で戦われ、負けた中国側が香港島の割譲をはじめ莫大な戦費賠償などを承認させせられた歴史的事件を素材にしていた。一方の『吼えろ支那』は一九二六年当時の国民革命運動を描いた元来はトレチャコフの詩だった。時代は違うがともに中国を舞台にしていて、中国および中国の民衆側から歴史を見ていた。公演は松竹の思惑通りの、あるいはそれ以上の大入りだった。

この公演が始まっておどろいた事は――本郷座というのは、本郷・春木町にあったの――観客の列が延々と、ひと停留所先の神田明神の辺まで続いた事なのよ。この時ばかりは、本当に考えさせられたわ。今でもどうして、あの芝居にあんなにも沢山のお客が押しかけたのかわからないわ。（中略）まあ、そんな状態の中で、初日の舞台があいたのよ。お客の熱っぽさといったものが場内に溢れていて、本当に役者の方が圧倒されそうになるくらいだった。あたしと五郎さんは、（『吼えろ支那』の）夫妻の苦力《クーリー》の役だったけど、これは芝居の上では、いわゆる善玉なのね。大きな英国船が港についていて、船の上には英国船員とか白人の船客、そして、下には荷役人足の苦力たちといった対立した形での芝居なの。結局、トラブルが起きて、五郎さんのやった苦力は泣き叫びながら連れて行かれて殺され、そこへ女房役のあたしが飛び出して来て、かつて白人からもらって首にかけていたロザリオをひきちぎって、白人めがけて投げつけて、絶叫するといったものだったわ。場内は、大変な興奮でね。あたしはまあ、それまでに役者として、舞台の途中であんなに拍手喝采を受けた事はなかった。でも、お客は熱狂するけど、思ったわね。あたしの役はほんの二つ三つの台詞をいうだけよ、それよりも舞台にせっかく出ていても、芝居を通しての役者のよろこびといったものは、何一つないのよ。善玉ならお客は拍手喝采、悪玉なら何が何でも観客はやっつけるといった、いってみれば、あまりに単純な反応に、あたしの気持は、観客のもり上がる気持とは反対に、冷えびえしたものになっていくだけだったわね。それで、これがはたして本物の芝居といえるかどうか、とても疑わしい気持で一杯になると同時に、こうした芝居が、これから新劇の世界を支配するとなると、あたしは一体、どうしたらいいのかしらと考えこんだわ。（田村秋子・伴田英司・前掲書）

『阿片戦争』は「江馬修作、村山知義改補」と明記されていたが、事実はほとんど村山の創作だった。「『阿片戦争』の上演に際して」という村山の一文によれば（『築地小劇場』第六巻第八号）、原作を「改補」して残ったのは二場のみである。こうなったのは阿片戦争の戯曲化に際して捉えるべきモメントに関する意見の相違、戯曲の様式についての意見の違い、経済上、時間上の制限だと村山は言う。事実、五幕十三場が四幕八場に短縮された。しかし、経済的あるいは時間上の制限はともかく、前の二つを理由にするなら江馬とは別の戯曲を書き下ろすのが筋だろう。そうしないで江馬のそれを言わば呑んでかかったところにこのころの村山の自信があった。この直前の六月末に左翼劇場が同じく中国を舞台にした村山作の『暴力団記』を初演して、圧倒的な好評を博していたからである。

なお、この公演のパンフレットに左翼劇場の佐野碩が「『築地』及び『新築地』の将来について」という文章を載せ、末尾に「新興劇団協議会」とも言うべき組織の設立を提唱している。蔵原惟人につづくこの提唱は左翼劇場が中心になって実現に向かい、十月に左翼劇場、劇団築地小劇場、新築地劇団、心座の参加で新興劇団協議会が結成された。この辺のことはまた後述する。

さて、松竹と提携しての本郷座での二回目の公演は九月二十七日から十月一日まで持たれ、『炭坑夫』(ル・メルテン作、佐野碩訳、青山杉作・北村喜八演出)と、『森林』(オストロフキー作、熊沢復六訳、青山・北村演出)が上演された。村山に次いで佐野碩が関係したことに注意すべきで、『森林』には友田が引き続いて出演し、狂言回し役の喜劇俳優を演じて代表作の一つにした。二代目河原崎長十郎がロシアで見て来たメイエルホリドの演出を参考にしていた。松竹と提携してからも入場料はさほど変わらず二回とも二円、一円五十銭、九十銭、そして第一回の最低料金が七十銭、第二回のそれが五十銭だった。

十月八日から二十三日まで、本郷座の新派の興行の中に入って『テラコヤ』(マーカス翻案、田中総一郎訳、青山杉作演出)を出した。文楽や歌舞伎でおなじみの『寺子屋』の翻案もので、友田恭助のマツオウ、汐見洋のガンゾウ、田村秋子のトナアミ夫人、東山千栄子のチエヨウ夫人、御橋公のゲンバといった配役だった。そしてこの間の十七日から三十日まで、浅草松竹座と新宿松竹座で映画との併演で『サム』(カスパー・ハウザー作、北村喜八改補・演出)を掛けた。滝沢修のサムで、帝国主義戦争によって命や財産を奪われ、生活一切の犠牲を強いるのはだれかというテーマの「時代錯誤時代」の「新社会喜劇」だった。またこの月から村山知義と八住利雄が劇団築地小劇場の文芸部顧問になった。

さらにこの十月には秦豊吉訳のレマルク作『西部戦線異状なし』が中央公論社から刊行され、『母』に次いで劇団築地小劇場と新築地劇団の競演になった。両劇団の対抗意識がピークに達したのがこのころである。

劇団築地小劇場は『建設の都市へ』(ロマショーフ作、八住利雄訳、青山・北村演出)と二本立てで十一月二十二日から十二月三日まで本郷座で上演し——十二月一日までの予定が反響が大きくて二日間日延べ——、新築地劇団は『西部戦線異状なし』一本で十一月二十七日から三十日まで帝劇で上演した。新築地の公演は後述するとして、劇団築地小劇場のは村山知義の脚色で、村山と北村喜八の演出だった。そして両劇団に左翼劇場からの応援があった。ただ、パウル役の滝沢修が舞台稽古で重傷を負い、左翼劇場の伊達信が一夜漬けの代役に立つ騒ぎがあった。他にパウルの母に杉村春子、パウルの姉に岸輝子、ケムメリッヒに嵯峨旻、ケムメリッヒの母に東山千栄子、チャアデンに友田恭助、地方裁判所長に汐見洋、貯蓄銀行重役に東屋三郎といったキャストで、装置は伊藤熹朔だった。

村山知義によれば、共同演出の北村は稽古にも立ち合わず、何の役にも立たなかったという。舞台稽古の様子をこう書いている。


午前五時、初日の朝。

五幕十五場ある『西部戦線異状なし』の舞台稽古がまだ三幕一場にかかった所だ。昨日の朝の正午から続け様だから、これで十七時間だ。（中略）

――舞台出来ましたア。

ドラが鳴る。ゾロゾロと出て来た皆は、この一晩のうちにゲッソリ痩せてしまったように見える。

――行こう！

稽古が初《ママ》まる。

三幕一場では同じ塹壕の中での三日間が連続的に演じられる。

一日目。新兵がビクついている。死の恐怖に関する会話。（中略）

三日目。ここは冒険である。舞台の上で白兵戦をやろうというのである。私にとっても初めての経験だし、昔の壮士芝居ならいざ知らず、新劇初《ママ》まって以来のむずかしい仕事だ。

しかもこの本郷座は舞台機構が悪い。照明器具が足りない。スチームが使えない。花火が経済上並びに衛生上の関係からあまり使えない。（中略）

だが、初《ママ》まる。砲声。泣いている新兵。たった一つ手に這入ったパン。嘔吐。塹壕病の発作。爆発。敵襲。仏軍が跳び込む。白兵戦。死。遠くの唸り声――

――そこん所、小返し！

また初めからやり直し。爆発。発狂。敵襲――

――待って！　小返し！

またやり直し。（中略）

砲声。泣いている新兵。主役のT君（注＝滝沢修）が「犬の尻尾一本這入るすきもない」砲火の間をくぐって、やっとパン一ト塊手に入れて戻って来る。高い台の上から塹壕に飛び込む。と、どうした事だ。妙な唸り声をあげて立ちすくみ、よろけた。脇腹を押さえて倒れた。飛びおりた途端に剣の柄《つか》で肋骨を突いたのだ。

——医者だ！　医者だ！

ちょっとでも動かすと激痛がするらしい。唇がただ細かくふるえている。

肋膜にでもなった日には。

医者は仲々来ない。（中略）

そのあとの第五幕第二場、つまり大詰の幕切れにパウルの大事な一人芝居があるのだ。

砲弾で土が大きくえぐられた深い穴を横から見たところである。独逸兵が突撃し、仏兵が逃げて行く、その途中にパウルが脚を打たれ、穴の中にころがり落ちる。そこへ一人のフランス兵が落ちてくる。パウルは銃剣を抜き、気違いのように突き刺す。刺された男は喘鳴を初《（ママ）》める。外へ出ようとしてヘルメットを持ち上げると、忽ち弾丸にはねとばされてしまう。だんだん朝になる。（中略）パウルはヂリヂリ寄って行く。フランス兵は眼を開く。パウルはその額をなでてやる。フランス兵は口を開ける。パウルは穴の底にたまった水を、ハンカチでこして、飲ませてやる。やがて彼は死んでしまう。既に夜である。ここで脚本にはこう書いてある。

パウル　おい君、俺はちっとも、君を殺そうとは思っていなかったんだ。（中略）君はただ敵という観念だったんだ。今になって俺は初めてわかった。君だってやっぱり俺と同じような人間だっていうことが。俺は君の手擲弾と、銃剣とを考えていた。それが今俺は君の細君を思い、君の顔を考え、君と俺達との共通のものを考えているのだ。何故もっと早く、俺達に教えてくれる人がいなかったのか。（中略）

　だんだん明るくなる。

パウル　おい、兄弟、俺達は二人を打ち砕いたものに対して戦おう。兄弟。俺は君に約束する。戦争は二度と再びあってはならない！　二度と再びあってはならない！

　パウルはフランス兵の屍を掻き抱く。

轟然たる爆発。

一面の火と土砂。

タイトル　一九一七年十一月十七日。

司令部報告。西部戦線異状なし。報告すべき件なし。

ここでこの芝居は終る。

この大事な一人芝居はしかも検閲によって、ベタベタ、あちこち、完膚なきまでにカットされている。意味さえ通らない。この最後をどうまくやり繰りして、大団円の感動に持ち上げることができるか?――その方策が私には全くついていない。(中略)

さて最後の長いパウルの独白を私は声を出さずに、口だけパクパクさせて、パントマイムでするという新しいやり方でやってのけた。すると客は、ここは言葉をいえないのだ、とわかってくれて、「わかったぞ!」「戦争反対!」「戦争は二度とするな!」という大きな声があがった。(村山知義『演劇的自伝』第三巻)

検閲でカットされた部分をパントマイムで演じるという苦肉の策は以後しばらく行われ、果ては客席にサクラを入れて、俳優に代わって叫ばせるというやり方まで考案された。『西部戦線異状なし』は一場面すべてのほか三十五箇所、四百二十四行のカットだった。

この公演の招待などを除いた観客数は一万六千三百三十九人、うち単行本と同じ一円五十銭の最高の入場料を払った観客が六千七百六十九人と一番多く、三十銭の労働者券の利用者は二千四十一人だった。総収入は一万七千八百九円三十八銭、うち劇場費その他を支払った劇団の所得が九千二百円余、人件費・演出費などの総支出が七千七円あまりで千円の利益をあげた。

この公演時には、滝沢の負傷のほかに、もう一つのアクシデントがあった。左翼劇場とのもめごとである。「築地小劇場が左翼から絶縁」との見出しで、東京日日新聞はこう伝えている。

昨秋新興劇団協議会が設立されてから新興劇界における築地、新築地、左翼劇場、心座などの活動めざましく新興階級の演劇戦線は統一されたかの感があつたが三日まで本郷座で『西部戦線異状なし』を上演し近ごろ異例の十二日間長期興行大入りの成績を続けた築地小劇場は対左翼劇場との問題から新興劇団協議会を追はれようとして孤立せねばならぬ危機に直面するに至つた、事の起りは築地分裂後残留組と呼ばれて甚だ苦境に陥つてゐた築地小劇場が松竹に拾はれて間もなく左翼劇場の提唱で新興劇団協議会を設立することゝなり築地小劇場も新築地劇団、心座などと加盟して昨年十月十三日新興劇団協議会が生れた、ところが去る九月本郷座進出の第一回公演『吼えろ支那』が圧倒的な成功ををさめてから築地に対して松竹の態度はにはかに積極的な興行政策をとるやうになり築地側もまた甘んじて松竹の庇護の下に公演を続けとかく新興劇団協議会を無視した行動をとるやうになつたのでその都度左翼劇場から築地の反省を促していたが今回『西部戦線異状なし』の公演のラク近くになり、築地の嘱託である左翼劇場の村山知義、山内公の両氏をボイコットしようとしたので遂に左翼劇場では今後一切築地の援助を中止して挑戦的態度をとる事に決定した、三日夜この通告に接した築地側では近く劇団全員の総会を開いて対策を講じる模様であるがなほこの事のため同夜は西部戦線劇を一時間遅れて開幕した（昭和四年十二月四日号）

松竹との提携で羽振りのよくなった劇団築地小劇場がこの公演を機に労働者券の発行を独占しようとしたり、新興劇団協議会を無視してエキストラの団体、葡萄会を組織して、左翼劇場をしりぞけようとしたことも左翼劇場側を刺激した。こういうことが重なって両者の間に感情的な対立も生まれ、千秋楽の三日は村山への上演料その他の交渉が長引いて開演が遅れたのみか、終演後に劇団築地小劇場の「反動的演劇行為」を責める宣言を持った左翼劇場の組織部長、成田梅吉が劇場の楽屋で北村喜八と面談中に、反発した葡萄会のメンバーに殴打されて血を流す事件が起きて、問題をさらにこじれさせた。

成田が持参した宣言は「村山知義、山内公を本日限り貴劇団嘱託の職より辞任させます、理由―右両君が貴劇団に対して今後労力を提供し続けることは階級的に無意義であります」という東京左翼劇場執行委員会名のものだった（左翼劇場は正式には東京左翼劇場と称したが、普通は左翼劇場と呼ばれていた。ここでもこれに倣う）。三日に徹夜で行われた劇団築地小劇場と左翼劇場の話し合いはラチが明かず、四日の午後二時から左翼劇場の代表者をまじえて本郷座の別館で再開されたが、四時ごろになっても意見がまとまらないまま、所轄署から秘密集会だとして解散を命じられた。この席上問題化したのが前掲の宣言で、執行委員会名での通告こそ新興劇団協議会を無視するものだと劇団築地小劇場が左翼劇場にサカネジを食らわせた。

結局は左翼劇場がこの過誤を認め、両劇団の関係は三日以前と同様という一札を劇団築地小劇場に送付することを五日の臨時執行委員会で決定したが、七日の東京日日新聞の「岐路に立つ築地（中）」という記事によれば、左翼劇場がこういう誤りを犯したのは、劇団築地小劇場が北村喜八、土橋慶三、滝沢修、新見勇らの左派と、青山杉作、和田精、汐見洋、東山千栄子らの右派に二分されているにもかかわらず、交渉の相手に左派とのみ関係を持ち、劇団全体を閑却していたからだという。ほどなく青山らが脱退する下地があったわけである。これが現実になったのが映画との併演で新宿と浅草の松竹座で『都会覗き絵』(北村喜八作、青山杉作演出)を五日から十八日まで上演した直後の十二月十九日のことで、右派の青山杉作、汐見洋、御橋公、和田精、志水辰三郎、大川大三、東山千栄子の七人が劇団に脱退を通告した。ただし、脱退組が新集団を結成する予定は当初なかった。

明けて昭和五年、劇界に一つの変化があった。前年末に経営難に音をあげた帝劇が松竹の軍門に下り、松竹の東京劇界制覇が成ったのである。これは新興劇壇にも影響した。

一月三十一日から二月九日まで劇団築地小劇場は本郷座で『旅路の終り』(アル・シイ・シェリフ作、北村喜八・ポウル・ケイト訳、青山杉作演出)と『瓦斯マスク』(トレチャコフ作、八住利雄訳、北村喜八演出)を上演した。これには松竹の斡旋で脱退組の青山や汐見らも協力したが、劇団築地小劇場の本郷座公演はこれが最後になった。新築地劇団の動きを含めて、東京日日新聞はこの経緯をこう報じている。

小劇場「築地」のいはゆる「実験室」から街頭の大劇場へ進出した両築地劇団のうち新築地は初め帝劇の舞台に活躍し劇団築地小劇場は本郷座を根城として互に新興劇団として左翼演劇的活動をつゞけてゐた、然るに昨年末帝劇は松竹の経営に移つてその後一度も新築地のために舞台を貸さず、よつてかれ等もまた本郷座で公演するの止むなきに至つたがその本郷座もこの四月からは映画劇場となつて両築地は芝居をしたくも劇場がないといふ状態に置かれてつひにはかれ等の生活にまで脅威を及ぼすに至つた

新築地は最近復活した小劇場「築地」で公演をつゞけてゐるものゝ(注意=事情は後述)一度大劇場へ進出した新築地にしてみれば今さら再び小劇場に立てこもるのはかれ等の本意でないことは明白であり、一方かれら《ママ》に対する松竹の態度は最近やうやく消極的に傾き市村座なら貸してもよい程度のことはいつてゐるらしいが、両築地の観客を迎へるにはひどく不利益で足場の悪い市村座出演を両劇団がよろこばないことは事実である。それにしても最近の松竹が両劇団に対してかく冷淡な態度をとる様になつたのはある筋からの内命によるものといはれてゐるが、事実新興劇団としての両築地が例へば日比谷公会堂、飛行館等で公演せんとする場合の如きも所轄署が「大道具を使つてはならん」等の無理をいふと伝へられてゐる

かくして今やあらゆる劇場を封鎖されたといつてよい両劇団のうち築地側の劇団員はいよいよ生活的に苦境に陥り、つひには築地で最も尖鋭的俳優と目されてゐた滝沢修その他の連中が某プロダクションの反動的映画『××のために』に出演し新興劇団協議会の物議をかもしたと伝へられてゐる。（昭和五年四月二日号）

物議を醸した「反動映画」に出た滝沢修は左翼劇場へ移籍する意を固め、滝沢をはじめ山川幸世、北川源之助の連名で「反動的劇団『築地小劇場』を脱退する」という声明書が発表されたのは、五月十八日だった。同日、新興劇団協議会は劇団築地小劇場を除名する声明書を出し、協議会が除名を決議して散会した直後に、劇団築地小劇場の協議会脱退の書面が届いた。

それからしばらく公演がなかった。活動再開は半年後の六月三十日から七月三日までの市村座での公演で、『勇敢なる兵卒シュベイクの冒険』（エルマー・グリン作、八住利雄訳編、北村喜八演出）を手掛けた。新見勇、東屋三郎、小杉義男、月野道代、三浦洋平、岸輝子、杉村春子、村瀬幸子らの出演で、浅野時一郎はこういう感想を書いた。

シュペイク《（ママ）》はユダヤ人でボヘミヤ生れである。チェコ国民として兵隊にとられ、低能という理由で除隊になったが、第一次大戦が起ったので召集される。そしてとてつもない、しかしどこか理に叶った言動を繰返し、意外な事態を惹起するところが面白い。結局あっさり銃を棄てて、労働者農民の国ロシアへ捕虜となって行くのだった。

シュペイク《（ママ）》は小杉勇が演った。持味によく適っている。磔茂左衛門ほどではないが、ユーモアがあってこの人物らしい。ところが周りが薄手であった。人員不足なので何役も兼ねる人がある。それが東屋三郎とか三浦洋平とか個性の強い俳優で、役名を変えて何度も出て来る。これは興醒めだった。

この公演はよほど無理をして強行したのだろうか。表飾りも淋しく、入口から客席へ入っても人気も少ないような気がした。プログラムは三つ折の小さいのをくれた。パンフレットは売っていない。ずっと後でこの時出演した俳優と知合いになったので、この最後の公演のパンフレットはないだろうかと、私の持っている劇団築地小劇場のパンフレットを一応見せたのだが、いやこれだけでしょう、あの時はなかったと思う、という事だった。（『続　私の築地小劇場』）

この後八月七日から二十日まで、映画の間に『西部戦線異状なし』を浅草と新宿の松竹座で上演したが、これが劇団築地小劇場の最後の公演だった。初演当時の大成功をいたずらに忍ばせるような舞台だった上に、脚色者村山知義に無断上演だったのに加えて勝手にカットしていたので、左翼劇場から抗議を受けて詫証文を書くというみじめな事態になった。

小山内薫の衣鉢を継ごうとした劇団築地小劇場は、小山内の存命中は予想もしなかったような政治的な波にもまれ、小山内没後はその波に一層翻弄されて遭難したような終局を迎えた。松竹座での公演後も劇団の形態は維持していたが、小杉義男が、東屋三郎が……と脱退者がつづき、冬になるころには自然消滅していた。

## 劇団新東京など

『勇敢なる兵卒シュベイクの冒険』公演の直前、劇団築地小劇場を脱退した青山杉作、汐見洋、志水辰三郎、南建真（注＝大川大三）、藤輪和正、東山千栄子らは、友田恭助と田村秋子を誘うと劇団新東京を結成し、昭和五（一九三〇）年四月に開場したばかりの東劇こと東京劇場で六月二十七日から三十日まで、『幻の部屋』（北村寿夫《ひさお》作、青山杉作演出）と『フィガロの結婚』（ボーマルシェ作、関口存男改修、青山杉作演出、弘田滝太郎音楽、青山圭男振付、和田精効果、篠原一照明、松永志津馬装置）を上演して旗を揚げた。面白くていい芝居を作るという漠然とした目標を掲げての出発で、小山内時代からの築地小劇場の熱心な観客で、やがて汐見や友田と親しくなった松坂屋の宣伝部勤務の大江良太郎が劇団経営を担当した。

いきなり松竹の大劇場での旗揚げには、伏線があった。汐見、御橋、友田、田村、東山といった俳優に目をつけた松竹が、大阪・浪花座の四月公演の中幕に彼らに『色気ばかりは別物だ』（ラビッシュ作、関口存男訳補、青山杉作演出）を演じさせたことがあり、その感触と『フィガロの結婚』での旗揚げという話題性から松竹が後押しすることになったもので、その橋渡しをしたのが築地小劇場創立時の同人の一人で、このころ大谷竹次郎松竹社長の秘書をしていた浅利鶴雄だった。『フィガロの結婚』は踏路社時代からの青山の仲間である関口の自由脚色で、フィガロに友田、スザンナに田村、汐見の伯爵、御橋のバジリオ、東山のロジーナ、白瀬喬子ことのちの新派女優の竹内京子のケルビーノ、藤輪和正ことのちの藤輪欣司のバルトロといったキャストで、開演するや大入りがつづいた。

第二回公演は十二月十八日から三十一日まで東劇で持たれ、『恐怖時代』（谷崎潤一郎作、青山杉作演出）と『正方形』（カタエフ作、八住利雄編、青山演出）が上演された。谷崎の戯曲は『中央公論』の大正五（一九一六）年三月号に発表されたが、長いト書の中に血みどろの幻想を書いたと谷崎が言うそのト書が問題になって、雑誌が発禁になった。その後ト書をカットして改作され、新東京が採ったのはこちらだが、「死にいたるエロス」というテーマが異色だし、次々と殺人が繰り広げられるから、観劇した久保田万太郎は時代に迎合していると顔をしかめた。一口に「エロ・グロ・ナンセンス」と言われた風潮が蔓延していたからである。が、観客の入りは薄かった。

第三回公演は昭和六年一月二十四日から二十九日まで新宿の新歌舞伎座（のちの新宿第一劇場）で開催され、『罌粟《けし》はなぜ紅い』（宇野千代原作、八住利雄脚色、青山杉作演出）と『ドン・ファン』（モリエール作、関口存男訳補、青山演出）が上演された。前者は新聞小説で、後者は汐見のドン・ファンテノリオに友田のスガナレル、東山のエルヴィーヌに清川玉枝のマチェリーヌといった配役だったが、評判が悪かった上に経済的にも暗礁に乗り上げ、さらに加えて松竹も手を引いた。

二月は十四日に恵泉女学園主催の公演として日比谷公会堂で一日二回、『青い鳥』（メーテルリンク作、楠山正雄訳、青山演出）を上演した。舞踊座や新東京管絃楽団が協力し、大山澄子のチルチル、増島嘉寿子のミチル、石川治のとうさんのチル、月野道代のかあさんのチル、友田の犬、田村の猫、志水辰三郎のパン、南建真の火、汐見のおじいさんのチル、滝蓮子のおばあさんのチル、東山の妖女などのキャストだった。

四月は四、五の両日、朝日講堂で『晴れた朝』（キンテエロ兄弟作、高橋邦太郎訳、青山演出）と『街のルンペン』（下村千秋原作、八住利雄脚色、青山演出）を上演した。後者は東京朝日新聞の連載小説だったが汐見が病気で倒れ、友田の奮闘公演のようになった。一人劇団経営に汗を流す友田を見かねて、大江良太郎が正式に文芸部入りしたのがこの時で、また『街のルンペン』は友田、田村、東山らの出演で同月二十三日から二十九日まで、映画との併演で浅草松竹座でも上演された。

新東京でもっとも出来がよかったと言われる『トパーズ』（マルセル・パニョル作、永戸《えいと》俊雄・松尾邦之助訳、青山演出）は、六月二十五日から二十八日まで帝国ホテル演芸場で上演された。劇評を一つ。

トパーズは友田恭助氏の役で性格表現に特別な技能を持って居る氏にして久しぶりに巧妙な演技を見せられた。利欲の前の貴婦人クルーア夫人は東山千栄子氏の役で一見日本人ばなれした容姿の全面を巧に動かして、社会的な立場ではいがんに過ぎない存在を大きく現《（ママ）》して大出来。御橋公氏の市議カステロ・ベナック氏は非常な努力らしいが前記二役との対立関係において人物上の不足が目立つ、練習不足だらう（「東京朝日新聞」昭和五年六月二十八日号）

製作費が二千円から二千五百円くらいかかったのに対して収入は千八百円。だからギャラは払えなかった。

劇団〝新東京〟の収穫となれば、この第五回公演ぐらいなもので、あと誇るに足る足跡を残していない。新秋九月、やはり帝国ホテルの演芸場で、アレクセイ・ファイコ作〝冒険家エフグラフ〟を八住利雄君が翻案した〝東京と理髪師〟を最後に、一年と三カ月、六回の公演を記録しただけの短命で、同劇団の名は消えてしまった。

劇団の同人は、生活の保証されている人が多かったし、それに、大正中期後の第二次新劇運動で評価を高めた身とて、一応プライドを持っていた。しかも、築地小劇場晩年の理論闘争につくづく疲れ果てていたため、同人会を持っても、エゴイズムの殻に閉じこもり、顧みて他を言うばかり……。胸襟を開いて堅く手を握る雰囲気の醸成など、望むべくもなかった。これでは、行く手に道標を建てられる筈がない。故人の覇気を云々するのではないが、長患い後の汐見洋、闘魂を燃えつくした感すらあった。

忘れもしない。残暑のきびしい九月末日、築地川に添《（ママ）》う京橋図書館の一室で、〝新東京〟同人会を開いた。例によって話は堂々めぐり……。踏ン切りがつかない。痺れを切らして、「では、解散ということにしては?」の動議が出た。その帰り、友田恭助・田村秋子夫妻と私は、赤い夕陽の水面を染める川岸の道を新橋駅まで歩いた。それでも話が尽きず、蒲田の友田家へ同行した。それにしても、線路添《（ママ）》いに川崎へ向い、新潟鉄工場から左に折れる同家への道を、その後に私は、幾度通い続けたことか?（大江良太郎『家』）

大江の友田家通いがつづくうちに築地座結成の気運が醸成されるが、劇団の解散動議もだれが言い出すともなく出たというし、解散と決まると、それまでばらばらだったメンバーの気持ちが一つになって意気投合という雰囲気の中で解散したというところに、いろいろと中途半端だった新東京の本質があった。

解散後、青山杉作、汐見洋、御橋公、石川治、志水辰三郎、東山千栄子、滝蓮子、清川玉枝らは劇団東京を結成し、昭和六年十一月に帝国ホテル演芸場で『楽しき葡萄畑』（ツックマイヤー作、青山演出）を上演、翌年一月に同じ場所で『桜の園』（チェーホフ作、青山演出）を手掛けたものの、劇団東京はこの二回の公演で終わった。

この後東山は独力で東山千栄子試演会を昭和九年二月に仁寿《じんじゅ》講堂で開催し、ＰＣＬ映画（注＝東宝の前身のひとつの映画会社）で活躍していた丸山定夫や奥村博史らの協力を得ると、『愛する』（ポール・ジェラルディ作）と『花婿』（ピロオ作）を上演した。ともに青山杉作の演出だった。が、名前を冠しての試演会ではスター・システムに間違えられる懸念があると、青山以下北村喜八、竹下英一を演出部に、安東英男を文芸部に、奥村博史、三浦洋平、十朱久雄（注＝女優の十朱幸代の父）、岸輝子、杉村春子らを演技部に招いて自由舞台という劇団を作り、昭和十年七月に仁寿講堂で『煩わしき若者たち』（ロビンソン作、青山演出）などで旗を揚げた。十月の第二回公演では『近衛兵』（モルナール作、青山演出）などを上演したが、経営難のために自由舞台もこれ限りで解散した。東山千栄子にとっては昭和十九年の俳優座の結成まで、落ち着かない日々がつづいた。

# 第十三章　プロレタリア演劇前史

## キリスト教と社会主義

これからプロレタリア演劇とも左翼演劇とも言われた政治的な演劇の流れを見て行くが、この問題は言うまでもなく、左翼思想の日本への移入とその受容に関わっている。そこで最初に社会主義の移入・浸透と、その影響の概略を述べる。が、このテーマに関する研究はそれこそ枚挙に暇がないから、わが国の初期社会主義の特色に照らして、二つの方向からのスケッチにとどめる。一つはキリスト教の影響であり、もう一つは自由民権運動に端を発する自由党左派の動向である。ではまず前者から。

日本にキリスト教伝道の道が拓かれたのは、安政五（一八五八）年に日米修好通商条約が締結された時だった。翌年五月に初の伝道者が長崎に来航したのをはじめ、宣教師がぼちぼち日本の土を踏むようになり、アメリカのプロテスタントの宣教医ヘボン夫妻が神奈川に来たのも、この年の十月だった。ヘボン来日の翌月には植村正久がその手から洗礼を受けることになるアメリカのプロテスタントの宣教師ブラウンが弟子のミス・ギターとともに神奈川に着き、文久元（一八六一）年十一月にはアメリカのプロテスタントの宣教師バラ夫妻も神奈川に来航した。

来日したヘボンは布教活動のかたわら施療所を設けて医療活動を行ったり、ヘボン式ローマ字を創案することになる『和英語林集成』を編んだりしたが、西洋音楽の移入や新体詩の生成に少なからぬ貢献をしたのは、賛美歌とその翻訳だった。

来日当初ヘボンやブラウンは住まいとして神奈川の成仏寺を借りていたが、やがてここでピアノの伴奏で賛美歌が歌われるようになり、日本人の参会者が増えはじめると、賛美歌の翻訳が喫緊の課題になった。植村正久らの訳で『新撰賛美歌』が刊行されたのは明治二十一（一八八八）年で、ここで試みられた八・六、八・八、八・七といった新しい音数律の影響は島崎藤村にも及び、藤村初の詩集『若菜集』（明治三十年刊）収載の次の詩句は『若菜集』唯一の八・六調だというばかりでなく、植村正久訳『新撰賛美歌』の「借用」だった。

ゆふぐれしづかに
ゆめみんとて
よのわづらひより
しばしのがる（島崎藤村『逃げ水』）

ゆふぐれしづかに
いのりせんとて
よのわづらひより
しばしのがる（植村正久訳）

後述のように、藤村もキリスト教と無縁ではなかった。

もう一つヘボンの仕事で書き落とせないのは、教育者としての側面である。ヘボンは文久三（一八六三）年にのちにヘボン塾になる英語の手ほどきをはじめ、ヘボン夫人も同年、横浜に女塾を開いた。キリスト教による女子教育の嚆矢で、明治三年にはミス・ギターも横浜のヘボン施療所で女子教育に着手した。フェリス女学院の元である。明治七年には青山学院大学になる女子小学校、翌年に神戸女学院になる神戸ホームと各地にミッションスクールが設立されて、キリスト教系女学校は初期の日本の女子教育を一手に担った。ヘボン塾も明治二十年に開校した明治学院（現・明治学院大学）の一つの核になったが、女子系のミッションスクールの中で文芸界と深い関係があったのが、明治十八年に木村熊二が創立した明治女学校だった。

アメリカで宣教師の資格を得て帰国した木村熊二は、明治二十一年、十七歳の島崎藤村にその手で洗礼を受けさせた。藤村は前年に英語を学びに明治学院に入学して同二十四年に卒業すると、巌本善治が主宰した『女学雑誌』（同十八年創刊）に翻訳を寄稿するようになった。巌本もかつて木村から受洗し、創立と同時に明治女学校の教員に迎えられていた。

巌本が同校の校長に就くとともに、同二十五年十月に藤村が英文科の教師として明治女学校に勤務しはじめるのはこういう縁にもよるのだが、藤村が北村透谷と知り合うのも巌本の紹介によった。藤村は『女学雑誌』に載った透谷の評論「厭世詩家と女性」(同二十五年二月)に衝撃を受けて透谷の影響下に入っていたが、その北村透谷もキリスト者だった。

自由民権運動に深く関わったものの挫折を余儀なくされた透谷は、クリスチャンの年上の女性石坂ミナとの恋愛も一つの触媒になってキリスト教に接近し、十九歳の時に洗礼を受けた。藤村と同じ会派で藤村より三か月ほど早かったが、明治二十一年十一月に数寄屋橋教会の会堂でミナとキリスト教式の結婚式を挙げ、『楚囚之詩』を自費出版した同二十二年から『女学雑誌』に評論を投書しはじめて、これが同誌に載るようになった。また、同年の十月に透谷はキリスト教クエーカー派の翻訳者兼通訳者に採用されたが、キリスト教諸派の中でも積極的な社会行動で知られるこの派の主張は、自由民権運動に身を投じたような透谷の内面に響くものがあったことから、十一月にはこの派の加藤万治《かずはる》とキリスト教的な反戦運動の組織日本平和会を創設すると、同二十五年三月から機関誌『平和』を創刊、透谷はその編集者・主筆として翌年五月に終刊になるまで、健筆を振るった。『平和』はわが国初の反戦平和運動の機関誌である。この間、透谷は『女学雑誌』への投稿の一方劇詩『蓬萊曲』を自費出版したが(同二十四年)、これは『楚囚之詩』とともに詩人バイロンの影響が強かった。浪漫主義者バイロンの詩は自由民権運動時代の青年に愛唱されると同時に、ギリシア独立戦争でギリシア軍に参加したようなバイロンの情熱が、政治に関心のある青年の心を捉えていた。

ところで、明治二十六年一月に島崎藤村は教え子との恋愛問題を起こして明治女学校を退職し、藤村に替わって北村透谷が同校に勤務することになったが、その月末に創刊されたのが『文学界』で、これは『女学雑誌』の流れを汲んでいた。その過程に少し触れる。

新時代の女性の啓蒙を目指した『女学雑誌』の出版元や刊行時期の変遷は措く。巌本善治が主宰するのは第三十号から第五百二十三号までで、その間の三百二十号(明治二十五年六月)から三百四十号(同二十六年三月)までは白表紙の星野天知(注=当時明治女学校教員のキリスト者)主宰の一般青年男女向けの文芸や社会改良論を中心とする甲の巻と、赤表紙の女学生を対象とする乙の巻を交互に発行、二者合わせて週刊になった。透谷が盛んに投稿していたのは白表紙の『女学雑誌』が刊行された前後だったが、このころにはキリスト教プロテスタントの婦人雑誌というよりは、文芸雑誌的な性格を強めていた。

一方、星野天知の編集で『女学生』という雑誌が明治二十三年に創刊された。これは各地のプロテスタント系の女学校を加盟校とし、在校生の作文を中心に載せていたが、夏季号以外は北村透谷や島崎藤村や星野天知、天知と同じ教会で同時に受洗した平田禿木《とくぼく》らの執筆で、純文芸誌の観を呈していた。この『女学生』と白表紙の『女学雑誌』の文芸欄が合同の形で同二十六年一月に創刊されたのが『文学界』だった。つまり、わが国の初期浪漫主義運動の代表誌たる『文学界』（注＝現在の同名の文芸誌とは別）は、『女学生』と『女学雑誌』、明治女学校という三つの要素を背景にして生まれたので、創刊当時の同人は北村透谷、島崎藤村、星野天知・夕影《せきえい》兄弟、平田禿木、戸川秋骨の六人であり、星野夕影以外はいずれもキリスト教の洗礼を受け、明治学院に学んだか明治女学校に関係するかしていた。同時に透谷と天知以外はのちにみな棄教したが、当時の文壇を代表した硯友社の作家にはないキリスト教的憧憬や理想や情熱や形而上的性格は、次第に多くの青年男女の心を揺さぶるようになった。

藤村が透谷の劇詩にならって『悲曲　琵琶法師』を発表したのは『文学界』の創刊号から五月号にかけてであり、『若菜集』に収録される浪漫的な多くの詩も同誌に発表された。その詩は与謝野晶子にも大きな影響をおよぼすと同時に、後年社会主義者になる青年の心にも火を点けていた。わが国のプロレタリア文学雑誌の先駆『火鞭』（明治三十八年創刊）の編集に関係した白柳《しらやなぎ》秀湖がその一人だし、禿木が樋口一葉を「発見」し、『大つごもり』や『たけくらべ』を掲載したのも『文学界』だった。白柳秀湖は藤村の詩集を抱いて寝たと当時を回想しているが（「藤村氏の詩及び小説と初期の社会主義運動」『明治文学全集』第八十四巻収載）、初期の社会主義運動に浪漫主義が流れ込んでいたのは確かで、その浪漫主義の形成に大きな影を投げかけていたのが、キリスト教もしくはキリスト教的な精神だった。

## 熊本バンド・同志社・アメリカ体験

ヘボンやバラやブラウンを中心に植村正久らの横浜バンドと呼ばれる教徒の結社ができたのに対して、九州にもこれに匹敵する結社があった。すなわち、熊本バンド。

明治四（一八七一）年十月に熊本洋学校が開校し、ブラウンらと一緒に来日し、明治初期のわが国の行政、立法、教育などの制度の制定に大きく参与した宣教師フルベッキの紹介で、サンフランシスコ要塞勤務だった砲兵大尉ジェーンズが来日して同校の教師になった。熊本藩主が洋学校の教師に武人を望んだためである。敬虔なクリスチャンだったジェーンズはしばらく宗教には言及しなかったが、洋学校の開校から三年後、生徒たちが英語を解するようになったころから、毎日曜日に自宅で有志の生徒たちに聖書の講義をするようになり、ジェーンズの感化を受けた三十五人の生徒が同九年一月に熊本郊外の花岡山に集まって「奉教趣意書」を朗読・署名し、入信を誓った（木下順二作『風浪』に熊本洋学校開校当時から花岡山に至る過程の一端が描かれている）。熊本バンドがこうしてできたが、その中に海老名弾正、徳富蘇峰（当時猪一郎）、小崎《こざき》弘道、横井時雄（横井小楠の息子）、浮田和民らがいた。

　熊本バンドの誕生という教育者にとっては想定外のできごとのために熊本洋学校は同年中に閉鎖されたが、これを見たジェーンズは熊本バンドのメンバーを新島襄の同志社に託し、彼らは同志社の第一回卒業生になった。

同志社を興した新島襄は、天保十四（一八四三）年に江戸の上州安中藩邸で生まれた。漢学を学ぶかたわら蘭学を学び、やがて海外渡航を夢見るとともにアメリカの歴史や世界小史を読んで、好奇心をかき立てられた。中でももっとも心を打たれたのは漢訳聖書で知った神の天地創造と、神が「天の父」と呼ばれていることだった。

　こうして日本脱出を計画しはじめた新島襄は、周到な用意をして元治元（一八六四）年に国禁を犯して函館からアメリカ船で日本を脱出、中国を経て翌年ボストンに着いた。

新島は船長夫妻の援助を得てアーモスト大学に入り、ここでのちに学長になるシーリー教授からキリスト教的感化を受けた。この時すでに受洗していた新島は大学卒業後アンドーヴァー神学校に入って明治七年七月に修了、牧師の資格を得るとともに日本でキリスト教主義大学設立の希望を抱いて同年十一月に帰国、翌年十一月に京都に同志社英学校（同志社大学の前身）を開いた。熊本バンドのメンバーが同志社に入学したのは同九年九月に校舎が完成して間もなくだったが、社会主義との関連からその中の何人かの仕事を述べる。

　明治十二年に同志社を卒業した小崎は翌年植村正久らと東京基督教青年会を設立し、その事業の一環として同年十一月にキリスト教主義の総合誌『六合《りくごう》雑誌』を創刊して、編集長になった。この雑誌はキリスト教主義に立つとは言え学術、文学、政治、社会などの分野にわたる啓蒙的評論をも多く載せたが、その明治十四年四月二十日号に掲載された小崎の「近世社会党ノ原因ヲ論ス」という一文が、わが国におけるある程度まとまったマルクスの主張や活動について論じた最初の文献になった。

　小崎のマルクスへの関心は、「爾国《みくに》を来らせ給え、爾意の天になるごとく地にもなさせ給え」というキリスト者の祈りと、ここに発するキリスト者のさまざまな社会的な実践活動にマルクスとの共通点を見たことだったが、このころの行動的なキリスト者もおおむね同様の考えを持ち、それゆえに社会主義に近づき、社会主義者と行を共にすることが多かった。明治三十一年十月に結成された社会主義研究会の会長になり、前年七月に発足した労働組合期成会の評議員として活躍した村井知至《ともよし》も同志社出身のクリスチャンであり、また新島襄と同じくアンドーヴァー神学校で学ぶとともに社会主義に共鳴し、同校で机を並べていたのがのちにコミンテルン入りする片山潜だった。

明治二十三年一月の新島襄の死去にともない小崎弘道は同志社社長として京都に赴任、『六合雑誌』の編集責任者の任を下りた。この後を襲ったのが熊本バンド出身の横井時雄だったが、このころイエスの神性や三位一体論を否定するプロテスタントの一派たるユニテリアン主義をはじめとするいわゆる「新神学」が移入され、小崎、横井、海老名弾正など熊本バンドのメンバーが多かれ少なかれ「新神学」に関心を寄せた。中で極端に「新神学」に走ったのが彼らの仲間の一人だった金森通倫で、こういう人々が活発に論陣を張った結果、『六合雑誌』は一時ユニテリアニズムの機関誌のごとき観を呈した。同時にこのころから同志社出身の大西祝《はじめ》がキリスト教評論陣のホープとして『六合雑誌』に寄稿しはじめ、やがてその編集に参与した。

同誌がユニテリアン協会の機関誌『宗教』と合併した明治三十一年に大西は哲学研究のためにドイツへ留学、翌年には新島襄から受洗して母校同志社の教壇に立っていた安部磯雄が東京専門学校（のちの早稲田大学）に着任して、『六合雑誌』の主筆になった。その安部に協力して同誌の編集を手伝った一人が安部と同志社時代の学友だった村井知至で、村井が会長だった社会主義研究会には安部は片山潜らとともにその設立に関わり、明治三十三年一月末に社会主義研究会が学術団体から実践活動を中心にすべく社会主義協会と改称すると、安部磯雄はその会長に選ばれた。その安部もまた、アメリカのハートフォード神学校で学んでいた。

主筆になる以前から安部は『六合雑誌』に寄稿していたが、のちにコミンテルンの執行委員になり、昭和八（一九三三）年十一月にモスクワで客死した片山潜の論壇へのデビューも、『六合雑誌』にほかならなかった。

生地岡山県から上京して働きながら苦学していた片山潜が――このころ片山は千田是也の父伊藤為吉の世話になった――、渡米を思い立ったのはアメリカへ渡った友人の一人が「貧乏でも勉強ができるところだ」と手紙で知らせてきたのがきっかけで、明治十七年二十五歳の時に渡米、二年後にキリスト教に入信し、やがて社会主義者になった。

片山の帰国はエール大学神学部を卒業した明治二十九年だったが、片山や安部や村井がアメリカで学んでいた時期は、明治二十一年にキリスト教社会主義の団体が産声をあげたように、社会的キリスト教が一世を風靡していた。彼らはその風を帯びて故国の土を踏んだのである。

帰国した片山潜は小石川の砲兵工廠に近い神田三崎町に家を借りると、組合派の宣教師グリーン博士から毎月二十五円のサポートを得て、尊敬していたイギリスの社会改良家キングスレーの名を採ったキングスレー館という労働学校の先駆を開き、ここを根拠に社会改良の事業をはじめた。その一つに幼稚園の経営があったが、その共働者は伊藤為吉の次男の鉄衛《かなえ》、つまり千田是也の兄であり、為吉夫婦もキリスト者だったのみならず、明治二十八年九月にプロテスタントの一教派である救世軍が日本にも伝えられて日本救世軍が創設されると十一月にこれに参加し、翌年日本人として初の救世軍士官になった同志社出身の山室軍平の雌伏時代の世話もみていた。キリスト者にはならなかったが、千田是也がプロレタリア演劇に関係する一因は、こういう家庭環境にもあったと思われる。

片山がキングスレー館を開設した明治三十年はわが国の労働運動が本格化しはじめた時であり、これを促したのは高野房太郎、沢田半之助、城常《じょう》太郎というアメリカ帰りの青年だった。

高野はサンフランシスコの商店などで働くうちに労働問題に関心を持つようになり、明治二十三年に沢田や城らとサンフランシスコで職工義友会を組織して労働問題の研究をはじめた。同二十七年にアメリカ労働総同盟（AFL）の会長ゴンパースに日本の労働事情をしるした手紙を送り、同年の秋ニューヨークにゴンパースを訪ねた。その熱意に打たれたゴンパースは帰国する高野をAFLの日本オルグに任命し、高野は日清戦争のさなかに帰国した。

戦争後の社会的な矛盾の拡大からストライキの波が高まってはいたが、いざ運動に着手しようにもどこから手をつければいいのか分からなかった。そうこうするうちに思い出したのが、帰国して東京にいる沢田と城のことだった。沢田は洋服職人、城は靴職人として働いていたが、高野は二人を誘って職工義友会を再建すると、労働問題に関心のある印刷会社の社長佐久間貞一を講師にして明治三十年四月に神田でわが国初の労働問題演説会を開き、用意していたパンフレット『職工諸君に寄す』を参会者に配った。そこには二年後に予定されていた外国人の内地雑居、外資導入という事態を踏まえ、日本の労働者の自己防衛手段としての労働組合への結束が唱えられ、労働組合の重要な働きとしての共済活動などが記されていた。

二回目の労働問題演説会が六月末に神田キリスト教青年会館で開かれた後、労働組合を作る母胎としての労働組合期成会を設けようということになって、七月に発起人会を開いて規約を決め、八月の第一回例会で高野房太郎を幹事長、片山潜を幹事に選んで労働組合期成会は正式に発足した。

期成会への入会者はみるみる増えて十一月には千人を突破した。が、その大部分がいわゆる鉄工だったことからそのための組合を組織しようということになって、十二月に砲兵工廠を中心とする約千二百人の鉄工が高野や片山の指導で鉄工組合を結成し、同時にわが国初の本格的な労働運動雑誌たる『労働世界』が期成会の機関誌として創刊され、片山が主筆になった。次いで明治三十一年四月に組織されたのが日本鉄道会社（現・JR各社の前身の一つ）の矯正会で、これがごく初期の労働劇と関連があった。翌年の七月に埼玉県大宮町（現・さいたま市）の末吉座で、坂井一座が日本鉄道会社大宮工場職工の総見のもと、高松豊治郎の原案による『国家《みくに》の光職工錦《しょっこうにしき》』（原題『二大発明国家の光職工錦』）を上演したのがこれである。

　このことを発掘したのは俳優座の俳優だった松本克平で、松本の『日本社会主義演劇史』によって概略を述べれば……。渡航の夢が破れて鐘ケ淵紡績の職工になったものの機械に接触して左腕を切断した高松は、労働災害の悲惨さを痛感して労働者保護の法律の勉強の必要を感じ、明治二十七年に明治法律学校（のちの明治大学）に入り、やがてステテコ踊りで知られる三遊亭円遊の弟子になると、上野の鈴本亭の前座を勤めたりしていた。法律学校卒業後は鉱山関係に就職するため生地の福島県に帰郷したが、ここで労働問題の遊説に来た片山潜の話を聞いて感銘を受け、労働問題期成会の運動に積極的に関わって、片山に協力して演説に落語や講談の話術を取り入れ、労働者に面白おかしく話しかけた。

　一方、明治十六年に創業した日本鉄道会社のうち、大宮工場は最大の規模を誇るとともに日鉄職工の牙城だった。その日鉄の機関手が労働問題期成会の指導で同三十一年二月初旬に秘密裏に我党待遇改善期成大同盟会を結成したが、これが会社側に知れて首謀者十人が解雇されるや、同月二十四日に機関手四百人がストライキに突入し、五日間にわたって上野～青森間の列車の運休・遅延が相次いだ。鉄道ストの嚆矢である。

　争議は三月に大同盟会の要求貫徹で終結し、四月に大同盟会は解散して矯正会が結成された。翌年六月に大宮工場で解雇問題が再発して反対闘争がはじまると、七月に末吉座で馘首反対の演説会が開催され、その時に首切り反対闘争を軸とする『国家の光職工錦』が上演された。スタイルは当然歌舞伎仕立てだったが、こういう動きのあった大宮に十一歳になったばかりの平沢計七が移り住んだ。平沢の父が大宮工場の職工になったからである。平沢はのちの労働劇団の主宰者で、時に明治三十二年三月だった。

　さて、もう一人の熊本バンドのメンバー徳富蘇峰。

　同志社に学んだ蘇峰の文名が確定したのは、上京して『将来之日本』を刊行した明治十九年だった。日清戦争後に日本主義に急転換する前の蘇峰は平民主義者で、その主張は翌二十年二月に民友社を興し、主筆として創刊した『国民之友』に盛られた。自由民権運動時代の「破壊」の時代は過ぎ、「再生」の時を迎えているとの認識が蘇峰にあって、歴史の変革の主体は青年であり、階級的には平民だとして、デモクラシーの訳語としての平民主義を唱えるとともに、歴史の変動を持てる階級と持たざる階級の衝突から起こると説いた。やがて腕力・武力に対する富の勝利が平民主義第一著の勝利であり、富に対する生産力の勝利が平民主義第二著の勝利だと考えを一歩進めた蘇峰は、この延長線上でストライキ礼讃を唱えるとともに、中江兆民の弟子酒井雄三郎のパリからの社会主義運動に関するレポートを『国民之友』に掲載し、蘇峰が明治二十三年二月に創刊した国民新聞とともに、『国民之友』は社会主義という文字と思想をもっとも早く伝播させた。これに替わって社会主義を一層広めたのが前に触れた『六合雑誌』で、その中心人物が片山潜だった。明治三十三年の秋に片山は第二インターナショナルの本部員になったが、社会主義の最初のドアを開けたのがキリスト者だった事情は、以上のごとくだった。

## 中江兆民と幸徳秋水

社会主義移入のもう一つのルート、自由民権運動を闘った自由党左派の動向を、中江兆民から幸徳秋水へという人脈に沿って見ることにする。まず中江兆民。

兆民や秋水がともに土佐藩人だったのは偶然ではない。土佐は自由民権運動の牙城だったからである。

土佐は明治維新の功藩ではあったが、薩摩や長州に比べればその役割は脇役的なものだった。加えて明治六（一八七三）年十月に西郷隆盛が参議などの役職を辞すと、土佐藩出身の板垣退助をはじめとする有力分子も野に下って、政界の中心部から遠ざかった。

参議を辞職した板垣は行を共にした土佐藩出身の元参議後藤象二郎や佐賀藩出身の副島種臣《そえじまたねおみ》や江藤新平らと明治七年一月に愛国公党本誓署名式を行ったが、その直後に高知県士族武市熊吉らが右大臣岩倉具視《ともみ》を暗殺しようと襲撃した事件が起き、このグループと愛国公党が通じているとの嫌疑を受けて、党の結成は頓挫した。一方、同じ月に板垣、後藤、副島、江藤ら八人が民選議院設立建白書を左院に提出したが、これが民権運動の発端になった。が、メンバーの一人江藤新平は二月の佐賀の乱と呼ばれた佐賀藩士の暴動に加わって敗れ、四月に処刑という憂き目を見たが、その三日前の四月十日に板垣らは高知に立志社を興した。自由党の母胎である。

立志社の創立は政治運動を活性化させ、各地に同様の結社ができた。明治八年二月には立志社の呼びかけで各地の自由民権結社を糾合した愛国社が大阪で創設されたものの、これはまもなく解散させられた。また、同月同地で板垣、木戸孝允、大久保利通が会合して政治改革の進め方で一致を見たが（大阪会議）、その結果木戸が参議に任じられ、四月には政府から漸次立憲政体を立てるとの詔書が出た。これと引き換えのように反政府運動取締のための讒謗律《ざんぼうりつ》・新聞紙条例が定められたのは六月の末だった。

西郷隆盛らによる西南戦争が終結したのは明治十年九月末で、このことで武力による政治改革の不可能性が明らかになった。その結果、西郷に替わって政治青年の熱い視線を浴びるようになったのが板垣退助で、高知は自由民権の「聖地」になり、ここに三重の栗原亮一、越前の杉田定一、福岡の頭山満、福島の河野広中らが集まった。

明治十年四月、愛国社再興の議が決し、杉田定一、栗原亮一、植木枝盛《えもり》らの立志社社員が趣意書を携えて各地を遊説したが、同十三年三月の大阪での愛国社第四回大会に際して河野広中らを代表として国会期正同盟を結成し、同月中に国会開設の請願書を太政官に提出した。が、受理されなかったのみか、こういう動きを封じるために政府は四月五日に集会条例を定め、政治集会・結社は事前に警察署の許可を必要とすることなどを決めた。

明治十四年十月、同二十三年に国会開設の詔書が発せられ、国会規正同盟は存続の意味を失った。そこで政党の結成を急ぎ、詔書が発せられた六日後に東京で自由党結成会議を開いて党の盟約や規則などを決め、十一月に板垣が総理に就任した。わが国の政党の嚆矢だが、翌年六月に自由党の機関紙として自由新聞が創刊され、中江兆民は招かれて田口卯吉らとともに社説掛に就いた。ここにはじめて兆民が土佐の自由民権運動と結びついた。

土佐藩の下級武士の子に生まれた兆民は、学才を認められて慶応元（一八六五）年、十七歳の時に土佐藩留学生として長崎派遣を命じられ、ここでフランス学を学んだ。これが運命的な出会いになる。

やがて江戸遊学を希望しはじめ、たまたま長崎に来た後藤象二郎に嘆願して、江戸までの船賃二十五両の援助を受けると外国船で上京し、江戸でもフランス学を学んだ。

明治四年、政府は外務卿岩倉具視を全権大使とする欧米使節団の派遣を決め、留学生五十余名を同行させることになった。これを知った兆民は一計を案じて大蔵卿大久保利通の知遇を得て、まんまと留学生に採用された。

兆民は大使一行と横浜を発ち、翌年アメリカを経てフランスに着いた。当時フランスは普仏戦争の敗戦からパリ・コミューンの成立・消滅という第三共和制の初期にあり、兆民は目まぐるしい政変を目の当たりにした。このことが兆民の思想形成に影響しないはずがなかった。

フランスではパリ留学中に西園寺公望と親交を結ぶが、帰国後の兆民は東京の自宅に仏蘭西学舎（のちの仏学塾）を開くかたわら、明治十四年に一生関係しつづける新聞の仕事に初着手した。帰国した西園寺公望と図って同年三月に創刊された日刊紙・東洋自由新聞がそれで、西園寺が社長、兆民が主筆だった。同紙は当然フランス流の自由・平等・博愛主義を唱えたが、フランス流の急進的な思想の流布と、華族中の新人西園寺公望がこれに関係していることの影響を恐れた政府は、勅命で西園寺を退社させた。ために東洋自由新聞は一か月ほどで廃刊になり、兆民は翌年の二月に仏学塾から半月刊の『政理叢談』（のち『欧米政理叢談』と改題）を出しはじめた。その第二号から兆民は漢文で訳解したルソーの『民約論』を『民約訳解』と題して連載しはじめ、間もなく中江兆民は「東洋のルソー」と呼ばれるようになった。

『三酔人経綸問答』を刊行した明治二十年、兆民は一つの波乱に見舞われた。このころ政情騒がしく、政府の弾圧で自由党は同十七年十月に解党していたものの、政党圧迫は旧自由党員の憤激を買って、一例に加波山事件（同年九月）に見るように、旧自由党員は各地で政府転覆の武力行動を起こしていた。明治二十年には旧自由党以下の各党に大同団結の動きが出て来て、これを背後に三大事件（注＝祖税軽減、言論集会の自由、外交失策の挽回）の建白書提出の運びになり、兆民はそれを代筆した。また、このために各地の代表が続々と上京、その騒然たる様子に慌てた政府は十二月二十六日に保安条例を公布して、危険とみなす人物約六百人を東京から追放したが、その中には兆民もいた。

下阪した兆民は翌明治二十一年一月に栗原亮一らと東雲《しののめ》新聞を創刊して主筆になったが、幸徳秋水が兆民を頼ってその書生になったのは、この年の十一月だった。

土佐・中村生まれの幸徳も自由民権の空気の中で成長し、保安条例で東京追放になった一人だった。幸徳が中江家に住み込んだのは同郷の先輩で自由民権運動に没頭していた横田金馬の紹介によったが、その横田は兆民の示唆を受けて角藤《すどう》定憲《さだのり》らと手を組むと、自由民権思想鼓吹のための壮士芝居を興そうとしていた。角藤自作の政治小説『豪胆之書生』と東海散士の『佳人之奇遇』をつきまぜた『耐忍之《こらえの》書生貞操佳人《しょせいていそうのかじん》』と、大阪事件——明治十八年十一月に自由党左派大井憲太郎らの朝鮮独立運動に対する武力援助計画が事前に発覚して失敗した事件——をテーマに栗原亮一がまとめた新作が旗揚げに用意され、角藤や横田はその稽古に余念がなかった。が、旗揚げ直前に警視庁から後者の上演禁止処分が通告され、横田が兆民の紹介状を持って関係方面を奔走した結果、時代背景を変えることで当局の許可を得た。『勤王美談上野曙《うえののあけぼの》』がこれだった。

この中に勤王の志士国野民平（横田金馬）が白州で幕吏（角藤定憲）と対決して、幕府（注＝伊藤博文内閣）の横暴を批判する場面があった。栗原亮一の脚本はまるで新聞論調のように堅苦しく、そこで横田に無理やり頼まれて、幸徳が筆を執ったのが「獄舎の場」で、こうしてこの二作が日の目を見た。明治二十一年十二月、大阪・新町座での大日本壮士改良演劇会と称した角藤定憲一座の旗揚げで、これが近代における歌舞伎以外の演劇の誕生時である。

壮士芝居の推移はここでは措くが、明治二十二年二月十一日の紀元節の日に大日本帝国憲法が発布され、国事犯が大赦になって兆民も東京追放を解除された。翌年七月の第一回衆議院議員選挙に兆民は大阪から立候補して議員になったが、国会のあり方に失望して「アルコール中毒の為め評決の数に加はり兼ね候に付き辞職仕候」という異例の議員辞退の届けを出して国会を去ったり、いろいろな新聞・雑誌によって政府批判をつづけていたが、明治三十四年に食道ガンと診断され、医師から余命一年半と告げられた。そこで兆民は一気に『一年有半』を書き上げると原稿を幸徳に渡して出版を依頼、九月に博文館から刊行されるやベストセラーになった。兆民はつづいて『続一年有半』を脱稿して十月に同じ出版社から刊行されたが、その二か月後に五十五歳で他界した。

その兆民を幸徳秋水はクロポトキンとともに「先生」と呼んだが、幸徳は中江兆民の思想を正確に受け継いだというのではなかった。兆民の政治的な思想が立憲君主制であったのに対して、幸徳のそれは共和制だったからである。では、幸徳はどのようにして革命家になったか。

幸徳は兆民の口利きで自由新聞に入社し、ロイター通信社から送られて来る外電の翻訳係になったが、この仕事は幸徳が国際的な視野を養うのに役立った。

日清戦争後の社会的な矛盾の拡大から社会問題が人の口の端にのぼりはじめた明治三十年四月、社会問題研究会が発会した。普通選挙同盟の中村太八郎、東洋社会党の樽井藤吉、軍備全廃論者西村玄道が幹事で、評議員には兆民門下の酒井雄三郎、石川半山、政治家の鳩山和夫、経済学者の田口卯吉、労働運動家の佐久間貞一や片山潜、評論家の三宅雪嶺といった進歩的と見られていた人々が顔を並べた。幸徳は中央新聞の記者時代だったが、石川半山に誘われてこの会に入った。が、看板倒れでほとんど何もしないうちに、郷里の松本に帰った中村が、同郷の弁護士で会員だった木下尚江《なおえ》とともに県会議員選挙に関して疑獄事件に連座して二人が拘引される事件が起き、社会問題研究会は自然消滅した。

明治三十一年一月に第三次伊藤博文内閣が成立して中央新聞が政府寄りになると、幸徳は二月に退社して萬《よろず》朝報社に入社した。同年十一月の同紙に書いた「社会腐敗の原因及其救治」を読んだ村井知至と片山潜連名の葉書で社会主義研究会への入会を勧誘された幸徳は、十一月二十日の第二回の会合からここに籍を置いた。

幸徳が入社したころの萬朝報は十三万部という全国一の売り上げを誇る大衆新聞で、内村鑑三をはじめとする多くの知識人がこれに関わっていた。内村のことにも少し触れる。

内村は明治十年に札幌農学校に入学した。「少年よ、大志を抱け」という言葉で知られるクラーク博士は一年前に札幌を去っていたが、その影響は強く、のちの北海道大学の生みの親たる佐藤昌介以下の第一期生は、クラークが札幌を去るにあたって起草した「イエスを信ずる者の誓約」に全員が署名していた。これが札幌バンドである。

第二期生の内村はそういう雰囲気の中に入学してきて、第一期生から誓約書への署名を強要され、しぶしぶながら同意した。恐る恐るキリスト教に近づいたのだが、その後アメリカをキリスト教の「聖地」として憧れはじめ、明治十七年に渡米して新島襄も学んだアーモスト大学に入り、シーリー学長の庇護を受けてキリスト者に回心した。アーモスト大学を卒業してハートフォード神学校に学んだ内村は同二十一年に帰国、教会から独立してキリスト教信仰の確立に努めた。

明治二十四年一月、内村は第一高等中学校不敬事件を起こした。前年から嘱託教員として第一高等中学校（現・東大教養学部の前身）に勤めていたが、倫理講堂での教育勅語奉読会で、天皇親書の署名に最敬礼しなかったことから問題化したのがこの事件で、結局内村は二月に依願退職になった。著作活動が花開くのはこれ以降で、萬朝報に招かれたのは明治三十年の一月だった。

内村や幸徳が萬朝報に入社した前後から本格的な労働問題が起きはじめ、ストライキが頻発した。これに労働組合結成の動きが重なって、驚いた政府は明治三十一年に工場法案を議会に提出する用意があると表明する一方、同三十三年二月の足尾鉱毒事件——古河市兵衛が政府から払い下げを受けた足尾銅山は、採掘料が増えるにつれて流れ出る悪水による鉱毒の被害も大きくなり、一大公害問題になっていた。が、古河と密接に結び付いていた明治政府は、この問題に長く取り組んでいた代議士田中正造や被害者の声に耳を貸そうとしなかったので、被害地三十四か村の惨状を直接大臣に訴えに数千の農民が上京しようとしたところ、阻止しようとした憲兵や巡査と衝突し、被害民の指導者五十余人が凶徒嘯聚《しょうしゅ》罪に問われた事件。この直後に田中正造は長年所属していた憲政本党を脱党し、党利党略との邪推を受けない立場からこの問題に取り組んだ——の翌月、治安警察法を公布した。これは政治集会、結社、デモなどを取り締まりの対象としたのみならず、労働者の団結権やストライキ権の制限も規定していた。が、皮肉なことに日本の労働運動が社会主義を意識しはじめ、それが大衆の中に根を下ろすようになったのは、治安警察法の実施以後のことだった。

明治三十一年十月に社会主義研究会が発会し、同三十三年一月末にそれが社会主義協会になったのは前述したが、それらに関係していた幸徳は同三十四年四月九日号の萬朝報紙上に「我は社会主義者也」を発表して信ずるところを述べ、同月『二十世紀の怪物・帝国主義』を刊行、翌月、安部磯雄、片山潜、木下尚江、萬朝報の記者西川光二郎、『労働世界』の記者河上清らとともに社会民主党を結成した。わが国初の社会主義政党で、安部が会長に、片山と木下が幹事に就いた。が、治安警察法によって即日結成禁止になったものの、かくあることを予想した責任者があらかじめ関係印刷物を各地の新聞社に送っていたので、結党当日の二月二十日付けの萬朝報や毎日新聞（注＝現在の同名の新聞とは別）、『労働世界』などに安部磯雄執筆の宣言や党の綱領が掲載され、世間の耳目をそば立たせた。

ここで木下尚江にも触れておく。

信州松本の下級武士の家に生まれた木下は、小学校時代を自由民権運動のさなかに過ごし、松本中学校時代には「クロムウェルの木下」と呼ばれる少年になった。国王を裁く法律を学びたいというのが上京の理由だったが、東京専門学校卒業後は故郷の新聞の記者になって活発な言論活動を展開するうち、妹の勧めでキリスト教に接し、明治二十六年、二十六歳の時に洗礼を受けた。弁護士登録をしたのもこの年だった。

社会問題研究会への参加や前述の疑獄事件を経た後明治三十二年に毎日新聞に入社、ほどなく幸徳秋水と知り合った。以後、木下は廃娼運動や普通選挙運動、足尾鉱毒問題などに積極的に取り組んで、社会主義的キリスト教徒として、社会民主党の結党に参加するにいたるのである。

ところで、社会民主党の結党につづいて社会平民党の結党が企てられたもののこれも禁止、そこでノンセクトの社会改良団体として明治三十四年の七月、萬朝報社内に誕生したのが理想団だった。これは社長の黒岩涙香以下幸徳秋水、堺利彦、内村鑑三といった社の幹部が顔を並べ、安部磯雄、片山潜、木下尚江らが参加していた。明治三十二年に萬朝報社に入社した堺は、幸徳らを知って社会主義に関心を持ち、このころには社会主義者としての決意を持つにいたっていた。

理想団で幸徳や堺や内村は盛んに論陣を張ったが、黒岩はほとんど何もしなかった。この姿勢の違いが両者の決裂に発展するが、この年の十二月に田中正造が足尾鉱毒問題を明治天皇に直訴する大事件が起き、これに幸徳が一枚嚙んだ。田中の直訴状を幸徳が代筆したのである。が、明治天皇への直訴に対して田中は麴町警察署に一晩留置されただけで、翌日無罪放免になった。当局は田中正造を「狂人」として扱い、その結果田中の言動の一切が、社会からも「狂人」として無視された。

明治三十六年七月、二つの社会主義論が出た。幸徳秋水の『社会主義神髄』と片山潜の『我社会主義』。刊行されるやたちまち広い読者層を摑んだ前者は、マルクスの余剰価値説に言及しつつ、社会主義の「四個の要件」として「土地資本の公有」「生産の公共的経営」「社会的収入の分配」「社会の収入の大半を個人の私有に帰すること」を挙げ、社会主義の具体的「政策」の特徴は平和主義・合法主義・議会主義だと説いていた。一方、『我社会主義』は平明な啓蒙書として資本主義から社会主義への道を説いたが、片山が強調したのは労働者階級の資本家階級に対する闘争を通じて社会主義が実現するということであり、そのための団結の重要さだった。つまり、明治期を代表する二つの社会主義論は、幸徳が社会主義をもたらす主体を「志士・仁人」としていたのに対して、片山が労働者とその組織体としての労働組合をつねに意識していたという点において、際立った対照を見せていた。幸徳の社会主義はその考えの変化の前から、大衆から遊離しがちな傾向を内包していたのである。が、その名文ゆえに、青年に与えた影響は『社会主義神髄』の方が大きかった。

このころ、中国への権益をめぐってロシアとの対立が先鋭化し、日本国内は「ロシア討つべし」との声が高まっていた。平和主義を社会主義の特色としていた幸徳をはじめとする社会主義者や内村鑑三は非戦論を唱え、萬朝報紙上で論陣を張った。が、政府の圧迫に屈した同紙が突如開戦論に転じたために、幸徳、堺、内村は十月に萬朝報社を退社した。

## ユゴーと「社会の罪」

社会および社会主義という言葉はこうして人口に膾炙したが、社会という翻訳語を広める上でもう一つ大きく寄与したのは、ヴィクトル・ユゴーの文学だった。

明治十五（一八八二）年、板垣退助は自由党関係者にさまざまな反響を残して外遊したが、その外遊先でユゴーに会った。ユゴーはナポレオン三世の圧政と闘った自由の戦士として尊敬されていたが、ユゴーと会見した板垣は、自由主義を教えて広める手段として、自分の小説をはじめ政治小説を読ませるのがいいとユゴーから聞かされ、おびただしい小説を土産に帰国した。

板垣の持ち帰ったユゴーの小説は自由党の新聞などに訳載されたが、ユゴーの紹介者の名をほしいままにしたのは森田思軒の訳業で、『探偵ユベール』や『懐旧』等を通して、ユゴーは明治二十年代の文学にもっとも大きな影響を与えた文学者の一人になると同時に、その文学を介して、社会のあり方を多くの人に考えさせないではおかなかった。

この社会悪とか罪悪感の変化とかいふことが明治の文学につよく浮び出すのは明治二十七八年戦役（注＝日清戦争）の直後のことで、文学史上、観念小説とか、深刻小説、悲惨小説とよばれてゐるのがそれに当りますが、これをひつくるめて、ひろく社会対個人の問題として考へられるやうになつたのは、ユーゴオの文学に教へられたところが大にあります（ロシア文学、殊にドウスエーフスキイの『罪と罰』などのことも考へられますが）。そこで、ユーゴオの紹介に心をつくした森田思軒の努力といふものが忘れてはならぬものとなります、（中略）。思軒文学の直接の弟子としては原抱一庵（『闇中政治家』）くらゐのものですが、間接にその思想（注＝「社会の罪」という考え方）の糸につながるところは、（川上）眉山、（泉）鏡花、（樋口）一葉と、なかなかひろいものがあり、明治文学の社会化といふことに根深い働きをしてをる。

（中略）

　かうして『社会の罪』といふ観念が文学に結びつくに至つて、社会主義文学の出現にはもう一歩だといふほど近づいたやうな気がします。このとき起つたのが二十七八年の戦争で、これが前にも申したやうに、大きな社会的動揺を引き起し、文学の方からいへば、その社会思想をぐつと押し進める結果になりました。これは何といつてもユーゴオの「社会の罪」と戦争の影響によつたものです。時勢に敏感な民友社が文壇一流の人々を動員して大々的に社会小説の叢書を出さうとしたのは、その反映であります。不幸にしてこの計画は全体としては実現されませんでしたが、動員された作家個々は、後にその作品に、或は大きく、或は小さくその腹案らしい社会思想を写し出していつたあとが見られるのは面白いことであります、（柳田泉「社会主義文学の勃興と展開」『明治文学全集』第八十三巻）

文中の社会小説の叢書の発刊計画とは、「社会、人間、生活、時勢」などの題目に着眼してそのような小説を社会小説と規定し、斎藤緑雨、広津柳浪、幸田露伴、尾崎紅葉などの作品を刊行しようとした計画で、文壇が社会小説に注目したのはこれが最初だった。同時に社会小説とは何かをめぐって諸種の新聞・雑誌で論争が起き、その過程で文学と社会の関係に文学者が目を向けるようになっていった。ドストエフスキーの『罪と罰』をもっとも早く紹介・翻訳した内田魯庵の『くれの廿八日』（明治三十一年）が社会小説の代表作と目されたが、ユゴーへの関心も持続されて、同二十八年には民友社から人見一太郎の評伝『ユーゴー』が、同三十一年には同社から森田思軒訳『ユーゴー小品』が刊行され、同三十五年から翌年にかけて黒岩涙香の翻案による『噫《ああ》無情』が萬朝報に連載されて、ユゴーと『レ・ミゼラブル』は日本中に浸透した。

　目をドラマに転ずれば、イプセンの戯曲はまず社会劇として紹介されたが（高安月郊訳『イプセン作社会劇』明治三十四年十月、『社会（民衆）の敵』と『人形の家』を収載）、その社会劇という概念は社会小説に促されたと考えられる。そしてそれは主として中村吉蔵によって、大正期の劇壇に引き継がれていくことになる。

## 週刊平民新聞の創刊

萬朝報社を退社した幸徳秋水と堺利彦は、明治三十六（一九〇三）年十一月に有楽町三丁目に平民社を創立すると、週刊平民新聞を創刊した。編集発行人を堺、印刷名義人を幸徳とするこの新聞は創刊号に「宣言」を載せ、結党を禁じられた社会民主党の主張を承けて、「吾人既に多数人類の完全なる自由、平等、博愛を以て理想とす、故に之を実現するの手段も、亦《ま》た国法の許す範囲に於て多数人類の与論を喚起し、多数人類の一致協同を得るに在らざる可らず、夫の暴力に訴へて快を一時に取るが如きは、吾人絶対に之を非認す」と、ドイツ流の議会政策的社会民主主義を掲示していた。

週刊平民新聞の同人に安部磯雄、木下尚江がいて、寄稿者に村井知至、田岡嶺雲、斎藤緑雨、田添鉄二、杉村楚人冠、白柳秀湖、山口孤剣、中里介山らがいた。当初社員は幸徳と堺のほか二人だったが、間もなく萬朝報社を退社した石川半山と西川光二郎が加わって編集に携わった。石川も海老名弾正から受洗していた。

幸徳と堺は週刊平民新聞でも非戦論を貫き、明治三十七年二月に日露戦争がはじまるや、改めてその立場を鮮明にした。三月十三日号の同紙に幸徳が発表した「与露国社会党書《ろこくしゃかいとうにあたうるのしょ》」がその一つで、ここで幸徳は「諸君よ、今や日露両国の政府はおのおのその帝国的欲望を達せんがために、みだりに兵火の端を開けり。しかれども社会主義者の眼中には人種の別なく、地域の別なく、国籍の別なし。諸君とわれらとは同志なり、兄弟なり、姉妹なり、断じて闘うべきの理あるなし。諸君の敵は日本人にあらず、じつにいまのいわゆる愛国主義なり、軍国主義なり。われらの敵は露人にあらず、しかしてまた実にいまのいわゆる愛国主義なり、軍国主義なり。しかり愛国主義と軍国主義とは諸君とわれらとの共通の敵なり。世界万国の社会主義者が共通の敵なり」と論じ、「諸君が暴虐の政府に苦しめられ、深刻なる偵吏に追われて、わが大主義のために刻苦するの時、三千里外、はるかに満腔の同情をもって諸君の健在と成功を祈れる、数千の同志、兄弟、姉妹あることを記せよ」（「露国社会党に与うるの書」『現代日本思想大系』第十五巻収載）と結ばれていた。

このメッセージは国際的な反響を呼んで、欧州各国の社会党が翻訳して機関紙に掲載したのみならず、ロシア社会民主労働党（注＝ロシア共産党の前身）の手元にこれが着くや、レーニンが妥協的だとして脱退した後の党機関紙『イスクラ』編集部、つまりメンシェヴィキはただちに回答文を載せ、これは英訳されてアメリカを通じて平民社に届いた。が、週刊平民新聞が平和革命を唱えていたのに対しては不同意を示し、「力に対しては力を、暴に抗するには暴を」としていた。

日本ではまだだれも暴力革命を考えてはいなかったが、交戦国同士の熱いメッセージの交換は、極めて異例な「事件」だった。

## 木下尚江と片山潜

ここで木下尚江の『火の柱』と、片山潜の動向について述べておく。

木下尚江はその過激な天皇制批判によって第一級の危険人物と見なされていたが、キリスト教社会主義者で非戦運動家篠田長二を主人公とする小説『火の柱』（明治三十七年一月から三月まで毎日新聞に連載）に着手したのは、「日本のモーゼ」を書こうという意欲とともに文壇文学への反発があった。結果的に『火の柱』はもっとも成功した最初の社会主義小説になった。つづいて尚江は『良人《おっと》の自白』を毎日新聞に連載し（同年八月から十一月）、これらはともに平民社から単行本として刊行されて大きな反響を呼んだが、『火の柱』が青年修養会によって脚色・上演されているので、このことを書く。

青年修養会は足尾鉱毒問題への抗議運動の中から生まれた。

明治三十四（一九〇一）年十一月、田中正造は毎日新聞の島田三郎と木下尚江に図って名流婦人の鉱毒地見学を実施したが、農民の悲惨な生活を知った婦人たちは、農民を救済すべく鉱毒地救済婦人会を結成すると、同月発会式を兼ねた演説会を神田キリスト教青年会館で開いた。これに安部磯雄、巌本善治、島田三郎、木下尚江らが登壇して農民の惨状と救済を訴えたが、一方で鉱毒地救済婦人会は学生に対して、冬休みの鉱毒地視察を呼びかけて、これに応じた学生の視察が十二月にあった。この学生たちが同月末に神田キリスト教青年会館で報告演説会を開き、席上明治法律学校の学生である大亦楠太郎《おおまたくすのきたろう》が市内各地で路傍演説を行い、義援金を集めて被害民に贈ることを提案し、早速実行に移された。かたわら島田三郎の提案で鉱毒問題解決期成同盟同志会が結成されて運動は第二の段階に入って学生鉱毒救済会は解散したが、その中の有志によって青年修養会が組織され、明治三十五年五月に発会式を挙げた。この時にも木下尚江が演説したが、青年修養会は翌年には足尾銅山鉱業停止意見発表演説会をはじめ十回の有料演説会を開いた。

青年修養会は学生が中心だったが、田中正造や木下尚江をはじめ安部磯雄、片山潜、島田三郎、高松豊治郎、浮田和民、巌本善治、海老名弾正らの著名人も参加していて、尚江の意見にしたがって演説のほかに余興を加えようということになり、同三十七年の新年会から学生演劇をしはじめた。そして四月の春季茶話会に上演されたのが連載を終えたばかりの『火の柱』だった。

この時脚色を手伝うとともに出演もした岡千代彦は、呑気楼三昧こと高松豊治郎に次ぐ政治落語の先駆者だったが、この学生演劇は明治三十九年一月の平民社新年会の余興に幸田露伴の喜劇『術競べ』を手掛け、それからほどなくの同月二十一日に、医師の加藤時次郎らが社会改良を目指して結成した直行団の一周年記念会にユゴーの『レ・ミゼラブル』を脚色・上演、その直後に芝居で社会主義を鼓吹しようと尚江の『良人の告白』を脚色・上演してプロを目指したものの、挫折した。しかし、明治期に社会主義宣伝のための職業劇団結成の動きがあったことは、記憶されていいだろう。

話を片山潜に転ずれば、運動のリーダーとしての「親分肌」に欠けていたので、社会主義者の中でも片山はどちらかと言えば軽んじられていたが、幸徳や堺が週刊平民新聞を創刊するや、世の関心はますますこちらに傾いていった。そこで片山は明治三十七年夏に予定されていたアムステルダムでの第二インターナショナルに出席するのを主目的に、前年の暮れにひとまずアメリカに出発した。片山のキングスレー館に置かれていた社会主義協会の本部は、平民社に移された。滞米中に日露の開戦を知った片山は、両国の労働者階級が戦争の原因である資本主義政府に反対してともに結集することが必要だとの確信をいだき、予定通り第二インターナショナル第六回大会にたった一人の日本代表として出席すべく、オランダに渡った。

二十五か国四百余人の代表を集めたこの大会では、片山はロシアの代表プレハーノフ――ロシア代表団中社会革命党の代表が三十一人、社会民主労働党は六人、しかもそのうちレーニンを支持するボルシェヴィキは二人だった――とともに副議長に選ばれ、交戦中の日露の代表が固い握手を交わして満堂の拍手を浴びた。この大会で片山潜の名前は世界中の社会主義者に強い印象を残し、やがて第三インターナショナル（コミンテルン）入りしたように、国際的な社会主義運動の檜舞台に片山を押し上げたのである。

### 平民社の解散

片山が国際的な注目を浴びようとしていたころ、週刊平民新聞は弾圧の中で苦しい闘いを闘っていた。日露開戦直後の議会で戦争遂行のための六千万円の増税案が通過するや、週刊平民新聞は三月末に「嗚呼《ああ》増税！」という社説を掲げて政府と議会を糾弾したが、このため同紙は発禁起訴され、編集発行人の堺利彦は軽禁錮二か月の判決を受けて、明治三十七（一九〇四）年四月に巣鴨監獄に入った。社会主義者最初の入獄と言われる。

日露両軍の戦闘が最高潮に達したころ、八月七日付けの週刊平民新聞はトルストイの「日露戦争論」をほとんど全紙をあげて全訳掲載し、読者に深い感銘を与えた。が、トルストイが戦争の原因を個人の堕落に帰して悔い改めよと呼びかけていたのに対して、幸徳秋水は同紙の次号に「トルストイ翁の非戦論を評す」を載せて、戦争は列国の帝国主義的競争の結果だとして、トルストイの説に服しない所以を説いた。そしてほとんどその直後の雑誌『明星』の九月号に、与謝野晶子が「旅順口包囲軍の中に在る弟を歎きて」という角書きをつけて、『君死にたまふこと勿れ』を発表した。

ところで、週刊平民新聞の経済状態は逼迫し、堺が下獄したころから全員無給になって、非常準備金にも手がつけられはじめた。加えて政府の迫害が激化し、十一月六日付けの同紙に書いた石川三四郎の「小学教師に告ぐ」が朝憲紊乱に問われて起訴された。この号に次ぐ第五十三号は創刊一周年記念に当たり、記念号にふさわしい企画を検討中に、小島龍太郎からマルクスの『共産党宣言』を邦訳してはとの提案があり、たちまち衆議一決した。

翻訳は堺と幸徳が担当したが、ともにドイツ語が読めずに英語からの重訳になり、また、第三章を欠いていた。「ブルジョワジー」の訳語に困り、「紳士閥」としたのはこの時以来のことである。が、『共産党宣言』の載った号は即日発禁に加えて告発され、十六日には社会主義協会にも解散命令が出た。

この第五十三号の件で堺と幸徳、編集・発行人の西川光二郎が罰金八十円の刑を受けたが——裁判の過程で学術研究の資料としてなら掲載も可ということが明らかになり、これを逆手に取って「法律の許可のもとに」と断って、堺利彦が『共産党宣言』の全訳を発表したのが明治三十九年三月の雑誌『社会主義研究』の創刊号だった——、たび重なる弾圧に自発的に週刊平民新聞の廃刊を決め、明治三十九年一月二十九日発行の最終号たる第六十四号は、マルクスが新ライン新聞をつぶされた時のヒソミにならって全紙を赤インクで刷った。また、この最終号の第二面には聖職者ガポンらによる「血の日曜日事件」が「露国革命の火」と題して掲載され、若い社会主義者の血を騒がせた。

さて、週刊平民新聞は廃刊になったが裁判は残り、幸徳秋水は禁錮五か月の刑を受けて明治三十八年二月に巣鴨監獄へ入った。が、この間、平民社の活動が中断したわけではない。平民社に手を差し伸べてきたのは医師の加藤時次郎だった。

加藤が直行団を結成し、月刊誌『直言』をその機関誌にしたのは前述したが、週刊平民新聞の廃刊に接し、『直言』の発行権を平民社に提供すると申し出て来たのである。これを受けて平民社同人が月刊を週刊に改めて、『直言』を日本社会主義の中央機関紙に昇格させるや、週刊平民新聞の終刊号第六十四号を発行した一月二十九日の一週間後になる二月五日に、通算第六十五号を新しい『直言』の創刊号として世に出した。つまり、機関紙を一度も休刊せずに継続させる離れ業を見せたのである。

腸結核を病んでいた幸徳秋水は、すっかりやつれて七月末に出獄した。獄中で幸徳はクロポトキンの著作を読んで「過激なる無政府主義者」として出獄したと言われるが、健康がすぐれずにすぐに寝込んだ。

日露戦争は六月にアメリカのルーズベルト大統領が調停に乗り出し、収束の方向に向かっていた。が、連戦連勝の新聞報道で戦争に勝ったと信じていた国民は、講和条約の内容を知るや憤激の声を上げはじめた。九月三日から四日にかけて講和条約破棄・戦争継続を決議する市民大会が全国各地で開かれ、志士たちは五日に東京の日比谷公園で開く全国大会に参加すべく、続々と上京した。そしてこの日、ポーツマス条約が調印されて日露戦争は終わったが、日比谷公園の講和反対国民大会はいわゆる日比谷焼き打ち事件を惹起して、翌六日にかけて東京は無政府状態になった。政府は六日に戒厳令を敷いて事態を鎮静したが、その直後の十日の『直言』第三十二号の「政府の猛省を促す」という社説のために、『直言』は無期限発行停止を命じられた。これに経営困難が重なって、九月末に幸徳と同時期に下獄していた西川光二郎が出獄すると、同人たちが相談の結果『直言』の廃刊を決定、十月に平民社も解散した。しかし、平民社の解散は、外的要因だけが原因ではなかった。

非戦論を掲げて結集した平民社は、戦争中こそこの旗印のもとに結束が保てたが、終戦を迎えて本格的に社会主義運動に取り組む段階になると、メンバーの意見の相違が目立つようになった。それが明瞭になるのは『直言』後に再刊された二つの社会主義の機関紙で、一つはキリスト教的社会主義の旗を掲げて木下尚江、安部磯夫、石川三四郎らが十一月十日に発刊した『新紀元』で、もう一つは同月二十日に西川光二郎、山口孤剣らが創刊した『光』だった。後者は堺利彦や幸徳秋水が応援したが、ここに社会主義陣営と見られていたグループは、キリスト者と唯物論者に二分した。そしてその間の十四日、幸徳は渡米すべく横浜を発った。資金は主に加藤時次郎が提供し、加藤は滞米中幸徳に毎月五十円送金することも約束していた。

## 日本社会党の結成

明治三十八（一九〇五）年九月の第二次『直言』と入れ替わるように同じ月に世に出たのが、プロレタリア文学雑誌の先駆と言われる『火鞭』だった。これは白柳秀湖、山口孤剣、中里介山、安部磯雄、原霞外ら、平民社に集まっていた社会主義的青年文学者の結社火鞭会の機関誌として発刊され、彼らが編集した。その創刊号に社会劇会の中心人物原霞外が「寄席芸人の社会的地位」という一文を寄せ、寄席の改革を訴えるかたわら講釈の修業をはじめて、講談界の重鎮伊藤痴遊の賛同を得ると、新しい政治講談を新派講談と名付けて十月に牛込の石本亭で会を開き、プロとしての第一歩をしるした。プロと断るのは社会劇会での余興とは違い、遊芸人の鑑札を受け、入場料を取っての活動だったからである。

原にしろ白柳にしろまだ早稲田の政治科の学生だったが、新派講談が旗を揚げた月に島村抱月が欧州遊学から帰国、文芸協会結成の動きが急展開して翌年二月に発会式を持つ。その協会の手掛ける分野に落語や講談まで入っていたのは、原霞外らの動きに刺激されたとも思われる。が、このことはともかく、講釈師に転身した原は正式に痴遊の弟子になって芸の修業に励んだが、ほどなく「社会主義伝道」の困難さにぶつかった。

警視庁の調査では当時社会主義者の数は約二万五千人とされ、うち東京が一万四千人、次いで栃木、神奈川、東北に多いとされていた。社会主義者は支持者を核に全国遊説や「伝道演芸」を行っていたが、その「伝道演芸」には原霞外の講談、宮崎滔天《とうてん》や一心亭辰雄（のちの講釈師服部伸《しん》）らの浪花節、岡千代彦の落語、添田唖蝉坊《あぜんぼう》の演歌などがあった。原霞外はこの年の十二月に滔天と組んで横須賀の席亭に出演したが、くだらぬ滑稽をしゃべっている時には笑って聴いているものの、労働者の悲境を説き資本家の横暴を語りはじめるとそっぽを向く労働者の「無神経無感覚」に悩むことになったのである。

こういう事態に困惑した岩本無縫は講釈師を廃業して元の新聞記者に戻ったが、この時原の前に現れたのが新式話術の大谷新（のちの講釈師大谷《おおや》内《うち》越山）で、その熱に打たれて原霞外は局面打開を図っていった。同時に桃中軒雲右衛門をはじめとする浪花節の人気が高まってきたことと――明治四十年六月の雲右衛門の本郷座出演によって浪花節はいわば市民権を得た――、一心亭辰雄や宮崎滔天の影響もあって、やがて原霞外は浪曲師になった。日の目を見たわが国初の社会主義政党日本社会党の結成は、原霞外が浪曲師になる半年ほど前のことだった。

明治三十九年一月に桂太郎内閣に替わって、西園寺公望内閣が成立した。この内閣は社会主義運動に対して宥和策を採ったことから、雑誌『光』に拠っていたマルクス派の社会主義者が一月半ばに、西川光二郎・樋口伝の名前で瀬踏み的に日本平民党の結社届けを出した。

これが受理されたので堺利彦らの名前で「国法の範囲内で社会主義を主張す」る日本社会党の結成届けを出し、これもまた受理された。そこで二月に加藤時次郎が木挽町で経営する平民病院で両党の合同大会を開き、ここに日本社会党という社会主義政党が日の目を見ることになったのである。主席代議員は三十五名で、帰国ほどなくの片山潜をはじめ堺利彦、西川光二郎、加藤時次郎、樋口伝、岡千代彦、森近運平、山口孤剣、田添鉄二ら十三名を評議員に選び、後日この中から堺、西川、森近が常任幹事に互選された。当初党員数は二百人に満たなかった。

日本社会党が最初に手掛けた大衆運動は、電車賃値上げ反対運動だった。現在の都電の前身の電車事業は三つの私立会社が受け持っていたが、これらを合併して東京鉄道会社にするとともに、運賃を三銭均一から五銭均一に値上げすると三月に発表されるや、日本社会党は山路愛山らの国家社会党（明治三十八年八月結成）などと共闘で反対運動を起こすことを決め、連日の値上げ反対の演説会を開いた末に三月十一日と十五日の両日、日比谷公園で市民大会を開催した。騒動が持ち上がったのは二回目の市民大会の散会後で、千数百人の会衆が電車会社や市役所を襲った。電車事件がこれで、その結果西川光二郎、山口孤剣、岡千代彦、大杉栄ら十名の日本社会党員が検挙され、凶徒嘯聚罪で起訴された。

後述の関係からここで大杉栄に触れておくと、文学を志望したものの職業軍人だった父の反対にあい、妥協案として好きな語学を選んだ大杉は、明治三十五年に上京して外国語学校へ入るための予備校とも言うべき中学校に通うかたわら、フランス語学校に籍を置いた。

翌年大杉は外国語学校に入学したが、その間にキリスト教に惹かれて海老名弾正の本郷教会に通い、洗礼を受けた。時を同じくして読みはじめた萬朝報から大きな影響を受けるとともに堺利彦や幸徳秋水の萬朝報社からの退社を知り、この二人による週刊平民新聞の発刊を知った。大杉はことに幸徳の文章を愛読していたが、こうして週刊平民新聞の熱心な読者になった大杉は、明治三十六年の暮れころから平民社に出入りしはじめ、その仕事を手伝うようになった。そして同三十八年七月に外国語学校仏文科を卒業して就職活動をつづけていたが、電車事件で東京監獄に入れられたのは、そういう時だった。同三十九年六月に保釈になって堺家にころがりこんだ大杉は、間もなく堺の先妻の妹である年上の堀保子と結婚した。二十一歳。

この最初の入獄中に大杉はエスペラント語を習得し——大杉のいわゆる「一犯一語」、入獄のたびに外国語を一つずつマスターする特技がこの時はじまる——、日本エスペラント協会の設立に加わるとともに、日本初のエスペラント語の学校を開いたり、この運動を通じて張継や景梅九らの中国革命を志向する中国人留学生とも知り合った。

ところで、日本社会党は電車事件で有力な活動家を奪われ、残るは堺利彦と森近運平の二人ぐらいになった。しかも党の関係者は多くが職工や書生で、近代産業に従事する労働者は皆無だった。社会主義がこういうところにしか支持基盤がなかった中に幸徳秋水が帰国して、一波瀾起こす。そこで滞米中の幸徳に話を移す。

著述家として知られていた幸徳はたちまち在留邦人に歓迎され、邦字新聞に寄稿したり、アメリカの社会主義者やロシアの亡命者らと交流するうち、次第に第二インターナショナル的な思考から離れはじめた。そういう時、幸徳の住むサンフランシスコが大地震に見舞われた。一九〇六（明治三十九）年四月。地震のために街は一時無政府状態になり、これにインスピレーションを得た幸徳は、六月に在米日本人の社会主義者五十数名とロシアのエス・エルの党名そのままの社会革命党を結党し、これを置き土産にアメリカを去った。

同年六月に帰国した幸徳は、神田の錦輝館で開かれた日本社会党主催の演説会に出て、「世界革命の潮流」と題して帰国第一声を上げた。この中で幸徳は世界の社会党は革命党だと規定し、第二インターナショナルの改良主義、ドイツ社会民主党の議会政策を批判して、アナルコサンジカリズムの直接行動論、分けてもロシア第一革命のゼネストの教訓を強調した。

この演説は大きな反響を呼び、普通選挙の実現か、ゼネストで一挙に体制を覆すかという運動の基本的な方針をめぐって、激論が巻き起こった。一方、堺利彦を中心に運動の機関紙が『光』と『新紀元』に分裂していることへの反省が生じ、二派の合同の動きが強まりつつあった時、ある金主が現れて機関紙の日刊化が話題になりはじめ、秋に大久保百人町の借家に幸徳が居を定めると、堺や西川らがここに集い、平民社の再建と日刊新聞の発行準備に着手した。が、木下尚江はこの動きから遠ざかり、人はキリスト教と社会主義の二人の主人に仕えることはできないと、社会主義運動から身を引いた。十三号を数えた『新紀元』の終刊は十一月だった。

この年の年末、幸徳のアメリカでの「置き土産」が大騒ぎを起こした。

オークランドの社会革命党員、岩佐作太郎らは隣町のバークレーの下宿屋に移って本部をここに置き、宣伝活動の一環として機関誌『革命』を創刊した。その英文欄に「大統領を……オバースロー」するとあったのが、大騒ぎのきっかけだった。

当時アメリカでは日本人移民排斥運動が広がっていたが、その材料を探していた俗流新聞がこの記事に飛びつき、「ジャップ・アナキスト、大統領の暗殺を企てる」と騒ぎ立てた。そのために岩佐らは市民のリンチに合わんばかりの事態になったが、「オバースロー」は「転覆」の意で「暗殺」ではないとの連邦最高裁判事の談話が出て、やっと事態は収まった。が、その波紋が日本に及んだ。

サンフランシスコの日本領事が『革命』を入手、外務省に送った報告で「オバースロー」を「ミカド・王・大統領ノ一類ヲ挙ゲテコレヲ殲滅セント欲ス」と改変されていたのである。

日本政府は、サンフランシスコ総領事の打電で、事件の発生を知った外務省の通報を受けて、明治四十年一月四日、オークランドで発行されている雑誌『革命』第一号を国内と植民地で発行・頒布を禁止する措置をとり、横浜の税関でおさえて、国民の眼にふれないようにした。その背後関係を疑う警視庁のスパイが、幸徳秋水をたずねて、さぐりを入れたが、内務省警保局の極秘文書「排日問題ト日本社会党ニツイテ」(明治四十年一月八日)に、秋水の回答が記録されている。(中略)

秋水の「ケッシテ米国大統領ヲ暗殺セヨトハイワザルベシ」という推測は、アメリカ連邦最高裁判事の冷静な見解と、客観的に一致していたのである。しかし、たとえミカドの「転覆」であったにしても、ミカド自身の権力が、絶対にゆるすところではない。取り締まりにあたる内務省警保局は、「在米国桑港本邦社会主義者ト連絡ヲ保チ、内外相応ジテ運動セント計画シツツアリタルコトハ、推測スルニカタカラズ」という報告書を政府関係機関に配った。そのときから、注意人物の幸徳秋水が、危地に立たされていたのである。(神崎清『実録　幸徳秋水』)

なお、後述の関係上、荒畑寒村と管野《かんの》須賀子のことに少し触れておく。

週刊平民新聞の創刊号以来の読者だった荒畑寒村はやがて平民社に出入りしはじめ、その解散式に先立って堺利彦の紹介で和歌山県田辺の牟婁《むろ》新報の記者になるべく離京したが、ここで管野須賀子を知って二人は愛し合うようになった。寒村より六つ年上の管野須賀子は大阪の小新聞の記者をしていたころにキリスト教系の婦人団体に近づき、その団体が主催した演説会で木下尚江の話を聴いて社会主義に関心を持ち、上京の折りには平民社をも訪ねていたが、やはり堺の斡旋で明治三十九年二月に牟婁新報に入社、寒村と机を並べるようになるのである。牟婁新報の社長兼主筆の毛利清雅は社会主義者で、和歌山県出身の大亦楠太郎らも投稿なり寄稿なりで同紙と関係していた。

同年四月、電車事件で人手を失った堺から呼び戻されて荒畑寒村は上京、一か月後に管野須賀子も同紙を退社、年末に上京すると丸の内の毎日電報の社会部に就職した。荒畑寒村との結婚の諒解を堺から得たのもこの時だった。

## 直接行動か議会政策か

明治四十(一九〇七)年一月十五日、日刊平民新聞が創刊された。前年の十二月末には『光』も廃刊、『新紀元』と

『光』に二分していた社会主義陣営はこの新聞に結集した。

日刊平民新聞の社屋は新富座と細い横丁を隔てた元の芝居茶屋を借りたもので、創刊に約三十人が出資、六十人ほどが寄稿を約束し、堺利彦、幸徳秋水、石川三四郎、西川光二郎、荒畑寒村、原霞外、岡千代彦、山川均らが編集部に籍を置いた。ここで新顔の山川均に触れておく。

故郷倉敷から京都に出て同志社で学んだ山川は、新島襄精神の感化を受けた。明治三十年に上京し、同郷の先輩秋山定輔家に寄宿し、ここで守田有秋を知った。

同志社時代に『国民之友』や『六合雑誌』を介して社会主義に関心を持ちはじめた山川は、守田らと青年の抗議を投げつけ、その覚醒を促すために出版物を出そうと明治三十三年三月に小冊子『青年の福音』を刊行、ほとんど完売したので四月、五月と千部ずつ出した。が、第三号に宮中の婚儀を扱い、それに反対した守田の書いた「人生の大惨劇」が不敬罪に問われ、二人は三年五か月の重禁錮刑を受けた。同三十七年六月に仮出獄した山川は週刊平民新聞が出ているのを知って平民社を訪ねて幸徳秋水の知遇を得たが、若い「不敬漢」に身の置きどころがなくて帰郷、義兄の薬種店で働きはじめた。が、毎日が意に満たず、日本社会党の結成を知るや早速入党を申し込んだが、同年秋に幸徳から党の機関紙として日刊新聞を出すので編集部員として推薦したとの手紙が舞い込むや、同三十九年の暮れに上京、日刊平民新聞の発刊準備を手伝うようになったのである。

その日刊平民新聞の第二号が出たのは二十日だった。日刊といいながらそうならなかったのは経済的な理由のためで、前途多難を思わせた。そして創刊一か月にもならない明治四十年二月四日、足尾の同志から平民社に一通の電報が届いた。足尾銅山の暴動を伝えるものだった。ことの重大さを認めた平民社は西川光二郎を特派員として足尾に派遣、西川が足尾に着いた翌日の六日から暴動は全山に波及して、足尾銅山は無警察状態になった。

鉱毒問題を起こしていた足尾銅山は日露戦争後には日本一の産出量になっていたが、労働条件は劣悪だった。これを改善しようと立ち上がったのが夕張炭鉱で労働運動を行っていた南助松と永岡鶴蔵で、二人は前年十二月に大日本労働至誠会足尾支部を組織して、ストの準備をしていた。そのさいちゅうの四日、突発的に職員と坑夫が衝突し、これが導火線になって翌日にかけて暴動になった。

東京に伝わるや古河鉱業本社は日刊平民新聞の社会主義者の扇動によると発表し、古河鉱業の副社長から西園寺公望内閣の内務大臣になっていた原敬は寺内正毅陸軍大臣と協議、出兵を促すとともに至誠会幹部の逮捕を命じ、東京府下の社会主義者をも取り締まった。

六日に南や永岡らが逮捕され、これを坑夫が知って鎮静化に向かっていた暴動は逆に悪化、坑夫三千六百人がダイナマイトで監視所を爆破、鉱業所長に重傷を負わせ、日光警察署を目指して押し寄せる事態になった。これに対して高崎連隊の三個中隊と騎馬憲兵一小隊が足尾に向かって出動し、七日の午後四時足尾全山に戒厳令を布いてやっと暴動を鎮圧したが、幸徳秋水が日本社会党の運動方針を修正する「余が思想の変化」を日刊平民新聞に発表したのは、足尾銅山の暴動の動きと重なっていた二月五日のことだった。

この一文で幸徳は議会主義を放棄し、直接行動、つまり労働者のゼネストを方針とすることを訴えた。これに対して堺利彦と田添鉄二が反対意見を表明し、どちらとも決着を見ないうちに、日本社会党は予定通り二月十七日に錦輝館で第二回大会を開いた。

この大会では党則の改正が議題になっていて、まず第一条の「本党は国法の下に社会主義を主張す」とあったのを満場一致で「本党は社会主義の実行を目的とす」と改めた。次いで新評議員や幹事を選び、最後に堺が宣言および決議の評議会案を上程・説明したが、幸徳と田添が論争して議論が紛糾した。田添が評議会案が「議会政策＝普通選挙運動」は「党員の随意運動」とするとあったのに対して、「議会政策を以て有力なる運動方法の一なりと認む」の一項を加える修正案を出し、幸徳は「議会政策の無能を認め」の文字を挿入せよと主張して対立、三時間の議論を経ての採決の結果、評議会案二十八票、幸徳案二十二票、田添案二票になった。評議会案自体幸徳の考えをある程度容れたものだったから、実質的には直接行動派が勝ったと言える。

後年、この時のことを山川均はこう回顧している。

この大会によって、社会主義者の普選運動は事実上終りを告げ、ついに再び取り上げられなかった。（中略）議会政策か直接行動かという問題は、もともと戦術上の問題だが、実際運動のないところに戦術はなかった。そこでこの戦術上の問題も、当時はただ観念上の問題として論争されたにすぎなかった。直接行動論は、労働者の組織された直接行動の威力をたたえたが、それでは、どこにそういう組織された力があり、そして社会主義運動は、それとどのようなつながりを持っていたかといえば、なんにもなかった。（中略）
このように直接行動論は、実践運動と現実の社会勢力からまるきり遊離していたという意味で、それは観念的だった。

しかし観念的といえば、議会政策論にしても、五十歩百歩であった。（中略）このように、直接行動論にしても、議会政策論にしても、それは大衆の組織や大衆の運動という根をもっていなかった。なんら大衆とつながりがなく、大衆的な組織や大衆的な運動観念すらもなかった者にとっては革命の手段として直接行動を採用することも、議会政策を破れゾウリのごとく捨て去ることも、まことに容易簡単なことだった。そこで「革命的な」人々は、革命を成就するためにではなくて自分がより革命的であることに満足するために、より革命的であるかのように見える直接行動論を謳歌した。そして議会政策論者に、彼らの最大の軽べつの記号である「改良主義者」の烙印をおした——少くとも私はそうだったと思う。（『山川均自伝』）

後年から見てこれがもっとも妥当な見解だったと思われるが、社会党大会の決議に戦慄した政府は二月十九日の日刊平民新聞に幸徳の発言が掲載されるやこれを発禁・起訴した上に、二十二日に日本社会党の解散命令を出した。が、日刊平民新聞は平民社の発行だったからその後も出てはいたが、四月十四日の第七十五号で発禁になった。その間に同紙は急速に直接行動論の影響下に入った。

## 山県有朋の謀略

日刊平民新聞の廃刊後、直接行動派の一員だった森近運平が明治四十（一九〇七）年六月一日に大阪で半月刊の大阪平民新聞を創刊した。資金を提供したのは明治三十四年以来、大阪で滑稽新聞を発行していた宮武外骨《みやたけがいこつ》である。その翌日、議会政策派の片山潜が西川光二郎や田添鉄二らと図って週刊社会新聞を発刊した。これははじめから直接行動派を敵対視していて、二派の対立をますます激化させた。

この明治四十年という年は明治年間の最高を記録したと言われるほどストや争議が頻発したが、二月の足尾銅山の暴動がまだ記憶に新しかった六月四日、賃上げ運動中の坑夫を解雇したことから住友財閥が経営する愛媛県の別子《べっし》銅山のストが暴動化し、六日に軍隊が出動して鎮圧する騒動が起きた。大阪平民新聞が労働者の実力行使を止むなしとしたのに対して、社会新聞は懐疑的と対照的な反応を示した。

こういうぎくしゃくした関係のさなかの八月一日から十日間、東京・九段坂下のユニバサリスト教会で社会主義夏季講習会が開かれた。毎回八十人ほどが参加した講習会の講師と講義内容は、田添鉄二の「社会主義史」、片山潜の「労働組合の発達」、西川光二郎の「同盟罷工の話」、堺利彦の「社会主義の起源」、山川均の「社会主義の経済論」、幸徳秋水の「道徳論」というものだったが、両派は自己宣伝に終始して、対立・決裂が決定的になった。これは組織にもおよび、八月末に片山、西川、田添が幹事になって社会主義同志会を結成して社会新聞を機関紙にすると、九月はじめに幸徳らの直接行動派は金曜会を組織して、大阪平民新聞を機関紙化した。

十一月には大阪平民新聞が全国紙化されて日本平民新聞になったり、大杉栄が巣鴨監獄から出獄したりしたが、病気療養のために帰省途中の幸徳が大阪に立ち寄った十一月三日の天長節の朝、アメリカで騒動が持ち上がった。サンフランシスコの日本領事館の玄関ポーチに『ザ・テロリズム』第一巻第一号と称するビラが貼られているのを、館員が見つけた。「日本皇帝、睦仁君にあたう」と題されたこれに、「我徒は暗殺主義の実行を期す」とあったのである。

文面に肝を潰した領事代理が外務省に速報を送り、情報を伝えられた内務省は新聞紙条例によって『ザ・テロリズム』の日本国内と植民地での発売・頒布を禁じ、紙冊を押収した。が、実際にはこのビラはわが国の社会主義者にもかなりの数が郵送され、幸徳も受け取っていた。領事館の懸命の探索にもかかわらず、結局犯人は不明に終わった。

この調査中、英米留学の旅に出ていた国家主義者の東京帝国大学教授高橋作衛が、サンフランシスコに着いた。調査に協力した高橋は、『ザ・テロリズム』などと一緒にさまざまな情報を同僚の穂積陳重《のぶしげ》教授に密送した。この中で高橋は伝聞資料として岩佐作太郎らの社会革命党と幸徳との関係に触れていたが、内容を知って驚愕した穂積は弟の東大教授穂積八束《やつか》を通じて、これを元老の山県有朋に提出した。ここに山県による西園寺内閣の倒閣と、社会主義鎮圧の謀略が進められていくことになる。

### 赤旗事件

明治四十一（一九〇八）年一月、警察の干渉で貸席で金曜会を開けなくなった直接行動派の社会主義者は、第十九回例会を熊谷千代三郎が経営する平民書房の二階で持ち、十七日の夜に同じ所で二十回目の例会を開いた。この時は六十人ほどの聴衆を前に守田有秋が講演したが、途中で臨監の警官によって中止・解散を命じられ、司会の山川均が一旦閉会を宣した後、後刻ここで茶話会を開くと告げた。そこで聴衆は会場を出て町を一回りし、ふたたび平民書房に集まって来た。その聴衆に堺が、今度は入り口で警官によって住所氏名を書くのを強要されたので、参会者が三分の二ほどに減った。が、アメリカの恐慌の話をしていると、また警官が解散を命じた。が、素直に出て行く者はなく、各所で揉み合いがはじまった末にだれかが電灯を消したために、警官と聴衆との乱闘になった。揚げ句の果てに堺利彦、大杉栄、山川均は本富士署に連行・留置され、二月七日の公判で三人は軽禁錮一か月半の宣告を受け、巣鴨監獄に収監された。

これが金曜会屋上演説事件の概要だが、この三人が出獄した三月には荒畑寒村も大阪日報を退社して帰京——寒村は前年十月に堺の斡旋で大阪日報の記者になっていた——、淀橋の柏木に居を定めた。寒村と管野須賀子の結婚生活にはすでにヒビが入っていて、二人は別居した。

一方、議会政策派の動きを追うと、社会新聞の経営をめぐって片山潜と西川光二郎が対立して二月に社会主義同志会は分裂、西川は三月に東京社会新聞を創刊した。田添鉄二は片山と行を共にすることを選び、従来の社会主義運動の反省を踏まえて今後の発展のためには「統一組織秩序ある運動」「中央本部と地方との密なる連絡」「無政府主義者の排斥」などを訴え、これを片山が受け入れて社会新聞がその旨を公表した四日後の三月十九日、肺結核で三十二歳の生涯を閉じた。田添鉄二も郷里で洗礼を受けていて、葬儀は熊本の教会で行われた。

田添を失ったのは議会政策派には大打撃で、社会新聞は四月二十六日発行の第四十三号以後週刊から月刊に追い込まれ、五月二十日には日本平民新聞が廃刊になった。それからほどなく赤旗事件が起きた。

六月十八日、一年二か月を仙台監獄で過ごした山口孤剣が出獄した。山口はこの間の分派争いに無関係だったから、石川三四郎が中心になって、中立の立場で各派合同の山口孤剣出獄歓迎会を二十二日に錦輝館二階の広間で開いた。

歓迎会は予想以上の盛会で、軟派も硬派もさすがにこの日ばかりは、なごやかに山口君を迎えて慰労《いろう》したのである。歓迎の代表演説や主賓の謝辞など型の如くあった後、数番の余興があって最後に痴遊《ちゆう》伊藤仁太郎君の新講談『来島恒喜の大隈外相襲撃』も終り、いよいよ閉会の間際《まぎわ》になって突如、会場の一隅に二旒（注＝実際は三旒）の赤旗がひるがえり一団の青年が革命歌をうたい出した。司会者の石川君が迷惑そうに、しかしまた遠慮がちに中止を申入れたが聞かばこそ、私たちは思うがままに赤旗をふりまわして、無政府主義万歳を絶叫《ぜっきょう》して場外に進出した。私が便所に入って少し手《て》間《ま》どっていると、外でワーッという喚声《かんせい》があがったので慌《あわ》てて旗をかざして飛出すが早いか、待ち構《かま》えていた数人の巡査は猛然として私の上に殺到《さっとう》した。（中略）

……堺さんが後年これについて書いたものによると、堺さんは山川君とともに渦中に飛込んで双方をなだめ、旗を巻いて預かることに折合《おりあい》をつけた。「然し、そこから少し離れた向こうの通りには、やはり今一つの赤旗を中心に、一群の男女と二、三人の巡査が盛んにモミあつてゐた。私はまた飛込んで行つて、その巡査をなだめた。あちらでも旗を巻いて持つて行くことに話が出来たのだからと、ヤットの事で彼らを説きふせた。然し騒ぎはそれで止まらなかつた。巻いた旗がふたたび自然にほぐれた。巡査らは又それに飛びかかつた。結局、数人の男女が巡査にひきずられて行つた。私は仕方なく、山川氏と二人で帰りかけると、やはりまた警官がやつて来て二人をも引張つた」のである。（中略）
やがて帽子を飛ばし、衣服は破れ、素足になった私たちは高手籠手《たかてこて》に縛《いまし》められて拘引されてしまった。（中略）結局、錦町警察署の留置場にほうり込まれたのは堺、山川、大杉、森岡（永治）、宇都宮（卓爾）、村木（源次郎）、百瀬（晋）、佐藤（悟）、及び私の外、管野須賀子、大須賀里子、神川松子、小暮レイ子の四婦人である。（荒畑寒村『寒村自伝』）

これが言うところの赤旗事件。公判廷で裁判長が被告らが無政府主義者かどうかを問うと、堺と山川を除く全員がそうだと答えた。が、荒畑寒村は前掲書で、意識的なアナーキストは大杉栄だけだったと述べている。
八月下旬の裁判の結果、大杉が重禁錮二年半、堺、山川、森岡が同二年、宇都宮と荒畑が同一年半、村木、百瀬が同一年、佐藤が同六か月、小暮、大須賀が執行猶予、管野と神川が無罪だった。山川がただちに控訴したほか佐藤がもう一つの事件にかかわって控訴したが、有罪判決を受けた者は判決を容れて下獄した。この時には西園寺内閣は倒れて第二次桂太郎内閣になっていたが（明治四十一年七月）、佐藤悟が犯人だとされたもう一つの事件は、二年前のアメリカ・オークランドでの『革命』第一号の「ミカド・大統領のオーバースロー」騒ぎと同様の経路をたどって、支配層の社会主義への恐怖心を煽っていった。

## 弾圧の強化

佐藤悟が犯人とされたもう一つの事件は、赤旗事件の関係者が入れられていた留置場の壁に、何かで刻まれた次のような漢詩の一部が見つかったのがきっかけだった。

「一刀両断天王首
落日光寒巴黎《パリ》城」

もともとはフランス革命でのルイ十六世の末路を謳った漢詩の一部で、元は「君主首」だった。これを幸徳が「帝王首」と改作したのを若い社会主義者たちが愛唱していたが、いつの間にか「天王首」になったらしい。犯人とされた十九歳の佐藤は罪状否認のまま赤旗事件とは別に不敬罪で起訴され、九月に禁錮三年九か月、罰金百五十円、監視六か月の判決が確定した。が、真犯人は不明である。

赤旗事件では当局の取り調べの苛酷さに、何人かの被告が「復仇」の念に燃えた。とりわけ管野須賀子にそれが強く、これが大逆事件を誘引する一つの伏線になった。

前にちょっと触れたように、赤旗事件の約一週間後の明治四十一（一九〇八）年七月四日、西園寺公望内閣が総辞職した。後ろで糸を引いていたのは山県有朋だった。同月十四日に成立した第二次桂太郎内閣は、山県系の人事で固められた保守反動の官僚軍閥内閣で、政綱中に社会主義運動の弾圧を謳っていた。そういう折りの八月十五日、東京地方裁判所で赤旗事件の第一回公判が開かれ、上京した幸徳秋水が姿を見せた。

病気療養のかたわら、幸徳は土佐中村でクロポトキンの『麵麭《パン》の略取』を翻訳していた。赤旗事件は守田有秋からの電報で知ったが翻訳を途中で投げ出せず、全訳を急いだ。その訳稿を持って幸徳が上京すべく土佐の下田港から高知行きの小汽船に乗ったのは、七月二十一日だった。

高知から大阪に出た幸徳は船で紀州・新宮の医師大石誠之助を訪ねて半月ほど滞在、それから伊勢神宮に参拝して、名古屋の親戚の家に身を寄せた。八月十一日の夜行で名古屋を発って翌朝国府津駅に着き、箱根越えに山路をたどって林泉寺の住職、内山愚童を訪ねて二泊した。愚童は社会主義者だった。

この幸徳の上京経路は大逆事件の共同謀議に結びつけられるが、東京に着いた幸徳は守田が用意した柏木の借家に住み、ここに平民社の表札を掲げた。柏木平民社である。

八月二十九日に赤旗事件の判決公判が開かれて前述のごとき判決が出たが――控訴した山川均は間もなくそれを取り下げて、堺たちに一足遅れて千葉監獄入りした――、東京監獄から出た管野須賀子は山川均と結婚していた柏木の大須賀里子の下宿先に身を寄せた。柏木平民社の近くで、管野は時々ここに姿を見せた。赤旗事件の法廷での管野の凜とした姿勢に好感を持っていた幸徳は、ほどなく管野と男女の関係になった。幸徳には夫人がいたから、お互いに不倫の恋である。

ところで、桂内閣の弾圧は強くなる一方で、電車事件の凶徒嘯聚罪で一審・二審と無罪になった西川光二郎は控訴判決が確定して八月に一年の実刑で入獄し、九月には東京社会新聞が廃刊、十月には八月に高畠素之らが創刊した月刊の社会主義文学雑誌『東北評論』が廃刊になった。社会主義者の言論機関としては、残るは片山潜らの社会新聞のみになった。

こういう波は柏木平民社にもおよび、警察に脅かされた家主が幸徳に立ち退きを求め、幸徳は十月に巣鴨に移り、ここの平屋四間の家に平民社の表札を掛けた。巣鴨平民社。

この引っ越しを内山愚童が手伝ったが、同時に内山は幸徳に用件を持って来ていた。赤旗事件の入獄記念に『無政府共産』と題する秘密出版物を出すので、その題字を頼みたいというものだった。出版社に警視庁の手が回り、『麵麭の略取』の刊行にメドが立たなくなっていた幸徳は、警察の目を避けたいとの思いがあってこの話を受けなかった。が、秘密出版物にこだわった愚童は『入獄記念・無政府共産』という無署名のパンフレットを作るとこれを持って十月末に巣鴨平民社に現れ、読者名簿を頼りに各地の運動のリーダー格にこれを送った。その中の一人、愛知県・亀崎鉄工所の宮下太吉は、秘密パンフレットの「天子なきの自由国」という表現にインスピレーションを得るとともに、その内奥に反天皇感情の火を灯させた。

## 大逆事件

宮下が秘密のパンフレットを受け取った直後の明治四十一（一九〇八）年十一月十日、関西巡行にでかける途中の明治天皇が東海道線の大府駅をお召し列車で通過した。宮下は歓迎の群衆に秘密パンフレットを配ったが、その無反応に落胆した。大逆事件の『宮下太吉予審調書』によれば、立派な社会主義を実行し、皇室に信仰にも近い思いを寄せる大衆を目覚めさせるために、天子に爆弾を投げて人間であることを知らしめる決心をしたという。

宮下のメモは、急速にラジカルになってゆく。『国民百科辞典』から爆弾の材料たるケイカンセキ、メンカヤク、などを写しとってゆくのである。そして一九〇八年（明治四十一）の当用日記には、いつ書きこんだものかは不明だが、「皇室」の上段に、「寄生虫の集合体、革命のときは皆殺す」とか、「軍管区表」のところに、「社会の害物」と書き、「貨幣明細表」の上段に、「新社会には不必要」といった、およそ夢想的な、単純な「無政府共産」の論法が書きこまれているのである（『大逆事件証拠物写』）。宮下にはほとんど理論の持ちあわせはなかった。（飛鳥井雅道『幸徳秋水』）

が、夢想的だったのは宮下一人ではなかった。幸徳もそうなっていったのである。巣鴨平民社では幸徳を軸に、毎日のように東京暴動を思わせる革命放談が行われていた。ただし、皇室へ危害を加える話は出なかったし、幸徳にその気はなかった。そしてこの間の十二月、幸徳は千部限定で『麵麭の略取』を秘密出版した。奥付は「明治四十二年一月三十日」

となっていたが、発禁が目に見えていたのでわざと納本を遅らせると、その間にほとんどの部数を配り終えていた。

この明治四十二年は幸徳の女性スキャンダルがパッと広がった年でもあって、まず一月に幸徳の同志岡野辰之介が、巣鴨平民社にお手伝い代わりに住まわせていた妹に幸徳が手を出したと乗り込んで来て、このことを土佐中村の幸徳の妻千代子に知らせた。千代子は同月半ばに上京して巣鴨平民社に住み込んだが、二月末には管野須賀子につきまとっていた坂本清馬がこのことで幸徳と衝突し、全国流浪の旅に発った。のちに坂本の旅を当局は大逆計画のオルグとしたが、前年の秋に毎日電報をクビになり、肺結核の病状が進みつつあった管野須賀子が、幸徳の経済的な援助で鎌倉の寺で療養しはじめたのもこの月だった。幸徳が千代子と離婚したのが三月、この月の半ばに千駄ケ谷の家に移って平民社の表札を掛けると、幸徳は管野と同棲した。千駄ケ谷平民社である。

言論弾圧のもと、幸徳が管野を発行兼編集人に、社会主義者の読書クラブである愛人社の植木職人古河力作を印刷人として『自由思想』の第一号を千駄ケ谷平民社から出したのは、五月の末だった。が、発禁になって管野は新聞紙条例違反で告発され、六月の第二号も発禁・押収された。二号つづいての発禁・押収は千駄ケ谷平民社から継続発行の能力を奪った。

二月に一度巣鴨平民社を訪ねて来て、要人の暗殺計画を告げて爆裂弾の製法を教えてほしいと幸徳に申し入れていた宮下太吉から、「爆弾の製法が分かったので計画を実行する」という手紙を幸徳が受け取ったのは『自由思想』の創刊の日だった。六月には亀崎鉄工所から長野県の官営明科《あかしな》製材所に転勤することになった宮下が途中千駄ケ谷平民社に一泊して目的地へ発って行ったが、この時天皇暗殺の相談を幸徳や管野に持ちかけた。幸徳が態度を保留したのに対して管野は賛成し、さらに新村忠雄と古河力作は信頼できる、この二人ならやるだろうと宮下に暗に推薦した。新村は幸徳に心酔していた無政府主義者。その後宮下はさまざまなツテを頼り、爆弾製造に着手した。

一方、管野須賀子は七月十日に新聞紙条例違反事件の判決が東京地方裁判所から出て百円の罰金を言い渡され、『自由思想』も発禁になった。十五日には同誌の発売後頒布の理由で千駄ケ谷平民社は東京地裁の検事の家宅捜索を受けて著者名簿や会計簿などが押収され、管野は東京監獄の未決監に投獄された。八月七日には『自由思想』第二号の新聞紙条例違反事件の公判があり、十日に管野は百四十円、幸徳は七十円の罰金刑に処せられた。が、検事は刑が軽すぎると控訴した。

この前後から幸徳と管野のスキャンダルが広がって、最後まで幸徳についていた山手青年倶楽部のメンバーも幸徳から去って行ったが、これを幸徳から知らされた管野須賀子は、東京監獄から千葉監獄の荒畑寒村宛に幸徳との結婚を知らせ、荒畑との離婚を確認させるための手紙を出した。荒畑は「主義の名によって快諾した」旨の返事を書いたが、実際は違った。幸徳への復讐を心に誓っていたのである。

九月一日に管野は東京地裁で罰金四百円の重罰を受け、保釈で千駄ケ谷平民社に帰った。ここには手不足のために帰京していた新村がいて、支配層への「報復の鬼」（神崎清）と化した管野から天皇の暗殺計画を持ち掛けられ、新村も幸徳も管野に同調した。十月二十六日には韓国統監と枢密院議長を兼ねていた伊藤博文がロシアの蔵相との会談のためにハルピン駅に着いた時、韓国人安重根に射殺される事件が起きたが、宮下太吉が明科の裏山で爆裂弾の試験に成功したのは、その直後の十一月三日だった。

明治四十三年一月一日、大晦日に上京した宮下を交えて、幸徳、管野、新村が、宮下が持参した爆弾の空の容器の投擲を千駄ケ谷平民社で試みた。同月下旬、古河力作が正月につづいて姿を見せ、管野、新村の三人で天皇暗殺の実行方法を協議したが、この時に幸徳を除外する話がまとまった。二月末には東京控訴院から『自由思想』の新聞紙条例違反事件の控訴棄却の判決が出て、それからほどなくの三月上旬に、同じ控訴院から『自由思想』の発禁後頒布の罪での控訴棄却の判決が出た。弁護人が大審院へ控訴したが、勝訴の見込みはまるでなかった。ということは、無収入・無資産の管野だけでも合計六百四十円の過重の罰金を払わなくてはならなくなるということで、幸徳にしろ管野にしろ、手かせ足かせの状態というに等しかった。

そういう時、幸徳が経済的なサポートを受けていた印刷会社の社長小泉三申《さんしん》から『通俗日本戦国史』の執筆を頼まれた幸徳は、罰金のこともあって承知すると、千駄ケ谷平民社をたたんで三月二十二日に管野と一緒に小泉の定宿である湯河原温泉の旅館に移り、四月半ばには『自由思想』の控訴を取り下げた。が、資金難のために小泉が声をかけてくれた幸徳の仕事が中断、迷った揚げ句管野は幸徳と離婚して、換金刑として百日の服役の道を選び、入獄準備のために五月に帰京した。

同月十七日の管野の入獄の前日、最後の打ち合わせに古河力作と新村忠雄が管野の下宿に集まった。宮下太吉も来るはずだったが姿を見せず、不参の理由を信州から来た新村が女のせいだと言った。管野はこの話に驚いたが、入獄の前に天皇の馬車への投弾順を決めておこうということになって、管野が作ったクジを新村を宮下の代理としてそれぞれ引いた。結果は管野、古河、新村、宮下の順だった。これだけが明治天皇暗殺計画の最後の共同謀議だと言われる。

片や二月に千葉監獄を出た荒畑寒村は一度大阪に行き、ここでピストルと実弾を入手した。これを持って上京すると幸徳と管野に復讐すべく、湯河原の旅館を訪ねた。が、二人ともに不在だった。
こういうことのあったころ、信州・明科でも一つの事態が進行していた。

五月一七日のこと、明科駐在所の小野寺巡査が、警邏の際、工場スパイの結城三郎から、汽罐職工であった新田融が、宮下に頼まれて、用途不明の小さいブリキ罐を製作したという情報を得て、これを松本警察署長小西警視に報告した。

当時、新田は不在であったが、五月一九日、彼が旅行先から帰って来たところを、スパイの結城三郎がつれ出し、埴科屋という料理屋につれこんで、酒肴を供し、宮下の一件を聞き出そうとしたが、最初、新田は口を緘してなかなか事実を語らない。

ようやく、本年（注＝明治四十三年）四月二五、六日ごろ、宮下に頼まれ、長さ二寸、径一寸位のブリキ罐二五個を製造し、一個は不充分であったので廃棄し二四個を渡したこと、また、昨年一〇月下旬頃、何処からか薬研を持って来て、赤色の薬品を粉末にしていたこと。宮下がこれはたいへん危険なものであると新田につげたことなどを喋った。（中略）

一方、中村、小野寺両巡査は熱心に捜査をつづけた結果、宮下が、新田のほか、同所の汽罐取扱職工清水太市郎と親しいこと、宮下は清水の妻と姦通しているのではないかという噂を聞き、同人を取調べることになった。

五月二五日午前六時、松本警察は清水太市郎の住所におもむき、宮下から物品をあずかっているそうだが、もはや隠し立てしても詮ないことだから、事実を正直に話すようにと達したところ、清水はたいへん驚き恐怖した模様で、「実はそのことを西山製材所長に報告しようと思っていますので、所長に報告してからでないと申上げられません」と答えたが、警察官は、この際、真実の申立をした方がお前の利益であることを諭したところ、清水は宮下について驚くべき事実を告白した。

（中略）

清水太市郎の陳述によって、宮下が新村、古河、管野等と大逆罪をおこなわんと謀議した事があきらかになってきたので、長野地方裁判所の三家検事正はその報告をもたらして五月二七日上京し、はたして清水の供述どおりとすれば、爆発物の材料もあり、できた爆裂弾もあることから、刑法第七三条（大逆罪）の犯罪であるとおもい松室検事総長の指揮を仰いだ。

検事総長は、考えた上、清水太市郎の陳述だけでは、まだ刑法第七三条として起訴すべき程度ではないが、まず爆発物取締罰則違反として一応捜査すべしということになり、即日、東京地方裁判所の検事小原直に、長野地方裁判所検事事務取扱を命ずという辞令を交付し、長野地方裁判所に出張させ、長野地裁の次席検事和田良平とともに被告人の取調にあたらせた。

五月二五日の午後四時、新村忠雄は自宅を捜索され、拘引状によって屋代署へ同行をもとめられ、松本警察署に送られた。その際、古河力作から新村にあてた手紙、幸徳のハガキなどが押収された。

兄の新村善兵衛は、弟が拘引されたことを、湯河原の幸徳、新宮の大石にあて連絡しようとしてハガキを投函しようとするところを検挙され、屋代署に留置、翌早朝松本警察署に護送された。（絲屋寿雄『管野すが』）

これが明科事件をきっかけとする大逆事件の検挙の開始で、五月三十一日には事犯が天皇に危害を加える目的とみなされる以上事件は大審院の特別権限に属し、捜査もまた検挙総長が担当することになるので、明科事件を長野地裁から松室致《いたる》検事総長に送致する手続きが取られた。被告人として送致されたのは宮下太吉、新村忠雄、管野須賀子（注＝名前は「すが」とも）、古河力作、新村善兵衛、新田融、幸徳秋水の七名だった。

明けて六月一日、幸徳は湯河原で逮捕されて東京に移され、翌日市ケ谷の東京監獄の未決監の独房に収監された。捜査は司法省民刑局長と大審院検事を兼任する平沼騏一郎を中心に、社会主義者を取り調べることに同意した桂内閣の行政権が影を落とす政治的なものとして、進められていくことになった。

## 大逆事件の公判と文学的反映

幸徳逮捕をスクープして大逆事件検挙の第一報となったのは、やまと新聞夕刊（明治四十三年六月一日号）の「社会主義者一網に打尽されんとす―幸徳秋水捕えらる！　一味大陰謀の露顕」というセンセーショナルな記事だった。一時関係者を前記七名に限定して捜査打ち切りに動いたものの、その後拡大方針に転じた当局は、十月までに七名のほか医師大石誠之助、農業森近運平、無職奥宮健之、僧侶高木顕明、薬種売買および雑貨商成石勘三郎、新聞記者松尾卯一太、活版文選職坂本清馬、僧侶内山愚童ら十九人を起訴した。

この六月当時、東京朝日新聞社の校正係だった石川啄木は、小樽在住時に西川光二郎の演説を聴いて社会主義に関心を持ち、大逆事件の報道に接してより関心を深めていった。翌年一月に大逆事件の判決が出るや、啄木はその記録を整理して『日本無政府主義者陰謀事件経過及び附帯現象』という綴りを作ったが、その中で明治四十三年中の出来ごととして、文部省が全国の図書館に訓令を出して社会主義に関する書籍の閲覧を厳禁したり、堺利彦著『通俗社会主義』、木下尚江著『良人の自白』、西川光二郎著『普通選挙の話』、幸徳秋水著『社会主義神髄』などが発禁になったと書いた。また、八月二十三日付けの東京朝日新聞に載った魚住折蘆の「自己主張の思想としての自然主義」への反論として、「時代閉塞の現状」を書いた。そしてこの一文を書いて間もなく、啄木は次のような歌を詠んだ。

つね日頃好みて言ひし革命の語をつゝしみて秋に入れりけり
地図の上朝鮮国にくろぐろと墨をぬりつゝ秋風を聴く

ところで、大逆事件の大審院での公判は十二月十日に開始され、百余人の傍聴人は厳重な身体検査を経て入廷を許された。正面に裁判長以下六人の陪席判事が並び、検察側は松室致や平沼騏一郎らが着席、弁護人席には今村力三郎や平出修《ひらいでしゅう》ら十一人の弁護士が着席した。その前に二十六人の被告。

大逆罪は大日本帝国下における最高・最悪の犯罪で、大審院の特別権限に属して一審にして終審、死刑か無罪しかないものだった。公判は裁判長が氏名点呼したのみで公開を禁止、今後も公開しないと宣言して、傍聴人や新聞記者を追い出した。十日に次いで十二日から十六日まで、二日休んで十九日から二十四日まで、連日公判廷を開いて被告の事実審理を終えた。

二十五日は終日検事の論告があり、最後に松室致検事総長が被告全員に死刑を求刑した。二十七日から二十九日まで弁護人による弁護があったが、管野須賀子や新村忠雄を感激させたのは、若手の平出修の弁論だった。平出は明治三十三年に東京新詩社（注＝前年十一月に与謝野鉄幹によって創始された詩歌を中心とした文学結社）に入ってここの機関誌『明星』に短歌や評論を発表していた文学青年で、やがて同人になった。第一次『明星』が明治四十一年十一月に廃刊になるや石川啄木や吉井勇らと翌年一月に『スバル』を創刊、平出は発行所を自宅に置いた。啄木もまた東京新詩社の会合に出たり『明星』に歌を発表したりしていて、『スバル』創刊に際しては発行名義人になった。つまり、平出修と石川啄木は歌仲間だったわけで、この関係から啄木は大逆事件関係の資料を平出から借りて読んだ。啄木は世の多くの人よりも、大逆事件の真相をはるかによく知り得る立場にあったのである。

大逆事件の判決公判は明治四十四年一月十八日に大審院の第一号大法廷で開かれ、幸徳秋水、管野須賀子、森近運平、宮下太吉、新村忠雄、古河力作、松尾卯一太、内山愚童ら二十四人に死刑の、新田融に懲役十一年の、新村善兵衛に懲役八年の宣告が言い渡された。その翌日特赦が発表されて十二人が無期に減刑され、懲役の二人を加えた十四人が千葉、秋田、諫早の監獄に収監された。

死刑判決の日から一週間後の二十四日、幸徳秋水以下十人が東京監獄内の絞首台の露と消えた。幸徳秋水四十一歳。幸徳は獄中で『基督抹殺論』を書きあげていて、刑死一週間後の二月一日に出版された。管野須賀子は一人別に二十五日に死刑になった。三十一歳。十二人の社会主義者の刑死を知ったバーナード・ショーは、「日本は今や明らかに欧米列国に伍する文明国になった。その証拠に十二人の無政府主義者を死刑に処したではないか」と痛烈な皮肉を口にした。

平出修を介して大逆事件の真相に迫り得た石川啄木は、『日本無政府主義者陰謀事件経過及び附帯現象』という綴りのほかに、幸徳が平出に送付した陳情書を平出から借りて写し取り、これを活用して構成した『A LETTER FROM PRISON』を書いた。『ココアのひと匙』という次の詩も、こういう啄木ならではのものである。

われは知る、テロリストの
かなしき心を――
言葉とおこなひとを分ちがたき
ただひとつの心を
奪はれたる言葉のかはりに
おこなひをもて語らむとする心を
われとわがからだを敵に擲げつくる心を――
しかして　そは真面目にして熱心なる人の　常に有つかなしみなり。
はてしなき議論の後の
冷めたるココアのひと匙を啜りて
そのうすにがき舌触りに
われは知る、テロリストの

かなしき、　かなしき心を。

大逆事件の文学的な反映は、石川啄木のものだけではなかった。平野謙によれば、次のようである。

……神崎清編著の大逆事件記録『獄中手記』はほとんど奇蹟にちかい貴重なドキュメントである。その記録の解説のなかで、神崎清は大逆事件の文学的反映についても語っているが、多年博捜のすえになったものだけに、私など訓えられるところ多大であった。そこで神崎のしるした作家と作品の名をあげてみるならば――

徳富蘆花の『謀判論』、三宅雪嶺の『五恩論』、木下尚江の『神・人間・自由』、石川啄木の『日本無政府主義者陰謀事件及び付帯《ママ》現象』『墓碑名』、森鷗外の『沈黙の塔』『食堂』、平出修の『逆徒』『計画』『畜生道』、与謝野鉄幹の『大石誠之助の死』、佐藤春夫の『やまい』、永井荷風の『散柳窓夕栄』、正宗白鳥の『危険人物』、沖野岩三郎の『宿命』、秋田雨雀の『第一の暁』『森林の犠牲』、武藤直治の『甦らぬ朝』、池亭吉の『罪の祟』、尾崎士郎の『獄中より』『獄中の暗影』『伝説』『蜜柑の皮』などを、神崎はあげている。大逆事件関係の作品リストはほとんどここにつくされている、といっていい。ただ啄木の『時代閉塞の現状』や荷風の『花火』に言及していない点や木下杢太郎の『和泉屋染物店』が落ちているのは、カキンというべきであろうか。その後、本多秋五によって武者小路実篤の『桃色の部屋』が、吉田精一によって田山花袋の『トコヨゴヨミ』が発掘された。さらに、私の心おぼえをつけくわえるなら、里見弴の『雪の夜店』や小林多喜二の『東倶知安行』や田山花袋の『残雪』なども一応あげておくべきだろう。荒正人によれば、宇野浩二にもたしか敗戦前に大逆事件に取材した作品があった由だが、その作品名も発表年月もさだかでない。（中略）そして、それら総体を、大逆事件後の社会主義者のゆきくれたすがたを私小説ふうに描いた荒畑寒村の『逃避者』などと比較するならば、双方の芸術上のプラスマイナスもより瞭然とするはずである。なお、吉田精一の示教によれば、小栗風葉の反軍小説『下士官』の結末も、一種の大逆を示唆しているという。（「『種蒔く人』以前」『明治文学全集』第八十四巻）

このうち『第一の暁』と『和泉屋染物店』は戯曲である。

## 売文社の創設

大逆事件は社会主義と社会主義者への恐怖感を一般人に植えつける上で、支配層にとっては願ってもない機会になった。それを狙ってフレームアップもされたが、そういう中で身動きできなくなったのは、むろん社会主義者たちだった。彼らにとっての「冬の時代」のはじまりで、犯罪に関する新聞記事の紋切り型が、「いずれ社会主義者か不逞鮮人なるべし」というものになった。

堺利彦が千葉監獄から出獄したのは、大逆事件の検挙がはじまった三か月後、明治四十三（一九一〇）年の九月で、このころには社会主義者を取り巻く環境が一変していた。在監中に堺は生業として売文業を思いついていたが、これを実行しようと二、三の新聞に広告を出すと、同年の大晦日に四谷南寺町に売文社を創設した。

広告といふものはエライもので、売文社は（翌年の）一月一日からお客があッた。イの一番は帝国大学の学生さんで、英文倫理学書の一部分を反訳せよといふのであッた。二番さんは或出版社で、是は独逸文の写真の画解を反訳せよと云ふのであッた。それから或友人の御世話で、耶蘇教の女学校の卒業論文の代作もやッた。或博士の処で法律書の反訳もやらせて貰ッた。或地方からは短篇小説の代作をも依頼して来た。小学校新築落成の祝辞の注文も来た。

こんな風で売文社も大ぶん物に成りかけて居たが、一月の末から二月にかけては、小生の家は例の大逆事件に関聯して、引くりかへる様な混雑であッた（注＝堺らは十二人の刑死者の確認や遺骸の引き取りに忙殺された）。

三月になッてから、売文社は一人の女事務員を得た。それは田島梅子君であッた。其外に社員といふ程の者は無かッたけれど、大杉栄、荒畑寒村等の諸君は、自ら「売文社技手」と称して居た。そして小生は「売文社々長」と肩書した大きな名刺なんど拵へた。（中略）

三月の末から、小生は意外の好機会を得て、中国、九州、四国、神戸、大阪、紀伊と云ふ順序で、ザット西部日本を一周する旅行をした。それは外でも無い、逆徒らの留守宅を歴訪したのであッた。売文社の商売は是でチョット頓座《ママ》したが、五月から又少し広告を出した見た。広告を出すと必ず幾らかお客がある。遣方に依ッては、確かに是は商売になると思はれた。

九月になッて売文社は一発展を為した。従来の家は余りに出入が不便であッたので、今の四谷左門町十三番地に引越した。是より先、田島梅子君は病に罹り、九月五日遂に死んだが、今度は其の未亡人（！）たる岡野辰之助君が、売文社の番頭役に就任した。それから又、高畠素之君が京都から上ッて来て、有力なる技手の一人となッた。（堺利彦『売文

集』「序」より）

売文社は堺のパーソナリティーの産物だったが、「冬の時代」にこういうメンバーが顔を合わせていたここは、彼らが生活の資を得ていたというにとどまらず、やがての社会主義復活の足掛かりになった。

売文社の翻訳は堺と荒畑が英語を、大杉がフランス語を、高畠がドイツ語を担当し、原稿料は日本文と英文和訳の四百字が五十銭、仏独文和訳は六十銭だったから、下級官吏の月給が十七円から二十円だった当時、仮に日本文五十枚の注文があればこれ以上の収入があることになるので、商売としてはそう悪くはなかった。が、毎月そういうわけにもいかず、堺は生計を立てるために『楽天囚人』、ルソーの『懺悔録』の抄訳『赤裸の人』、『売文集』と次々と著作を刊行した。

この『売文集』の巻頭に「巻頭の飾」なる章があって、「僕今回『売文集』と題する僕の文集を発行して当座の生活費を得んと欲す。就いては平生多少の知遇を忝うせる友人先輩諸君の一文一筆を得て其の巻頭を飾り、大いに読者を釣るの餌と為さんと欲す。貴下に於かれても若し僕の此の窮を憐み、訓戒、批評、譏刺、嘲笑、悪言、罵詈、讃美、推奨、過褒、諛辞、何なりとも御寄贈下さらば幸甚の至に堪へず」という堺の求めに応じた六十二人の文章が収まっている。中には三宅雪嶺の「本年六月廿八日はルソー誕生後満二百年に相当するに就ては、堺君の主唱となりて紀念《（ママ）》式を挙ぐるの適当なりとす」というたった二行のものもあるが、三宅をはじめ主な寄稿者は小川芋銭、上司《かみつかさ》小剣、小泉策太郎、秋田清、山口孤剣、中里介山、石川三四郎、杉村楚人冠、島村抱月、平出修、加藤時次郎、岩野泡鳴、伊藤痴遊、片山潜、安部磯雄、徳富蘆花、山崎今朝弥、久津見蕨村、木下尚江、西川光二郎、守田有秋、田岡嶺雲、伊井蓉峰、今村力三郎、斯波《しば》貞吉、笹川臨風、松居松葉、白柳秀湖、高島米峰、土肥春曙と多彩・多岐にわたっている。もちろん堺の人柄もあるが、「冬の時代」に社会主義者の著作にこれだけの顔触れが並んだのは、記憶されていいだろう。このうち片山潜の一文は東京監獄から出されていたが、明治四十五年一月に東京市電ストを指揮して検挙されていたからである。大逆事件前後の片山の動きに少し触れる。

片山は社会新聞を明治四十一年十月に再刊して毎月一回発行し、普通選挙と労働者の団結を説きつづけた。が、第二次桂太郎内閣は同四十四年八月に同紙を発行不能に追い込んだ。

その年末に起きたのが東京市電のストだった。この時は第二次西園寺公望内閣に代わっていたが、大晦日にはじまったストは翌年の一月二日までつづき、労働者は慰労手当金の増額を勝ち取った。が、片山はストを扇動したとして一月半ばに治安警察法違反で検挙され、重禁錮五か月を言い渡された五月末に千葉監獄に下獄した。

片山が明治天皇の崩御による大赦令で出獄したのは元号が大正と改まった九月の末で、その二年後の大正三（一九一四）年の九月初旬、生活的にも運動的にも行き詰まった片山は、四回目の渡米のために横浜を発って、二度と日本に帰らなかった。片山グループの解体である。

売文社を拠点にする堺独自の活動は大正三年一月に『へちまの花』を創刊、翌年九月に『へちまの花』を『新社会』と改題発行とつづけられるが、社会主義復活の時期を待つという堺の主張と、進んで時期を作れという大杉や荒畑の考えが対立しつつあった中で、「出撃の時期」について大杉に最後の踏ん切りをつけさせたのが、明治四十五年六月に神田のキリスト教青年会館で開かれた「ルソー生誕二百年記念会」だったと大沢正道が指摘している（大沢著『大杉栄研究』参照）。赤旗事件以来もっとも気心の知れた同士だった大杉と荒畑寒村は、九月創刊を目指して新しい雑誌の刊行準備に着手した。が、明治天皇の崩御があって刊行が遅れ、『近代思想』と題された雑誌の刊行は大正元年の十月だった。が、その前に、キリスト教と社会主義に関して、もう一つ触れておきたいことがある。中村吉蔵の社会劇についてである。

## 中村吉蔵と新社会劇団

中村吉蔵には春雨と名乗っていた時代があり、このころは熱心なキリスト者だった。明治三十二（一八九九）年に上京して東京専門学校（のちの早大）に通っていたが、同三十四年二月に大阪毎日新聞の懸賞に応募した小説『無花果《いちじく》』が第一席で入選し、一躍新進作家として注目を浴びた。

『無花果』を頂点とする春雨時代に六十余編の小説を書いたが、藤木宏幸の「『牧師の家』研究」（『芸術学』第六号）によればこれらは大きく二分でき、一つは深刻小説あるいは悲惨小説で、もう一つはキリスト教的なカラーの強いものになるという。が、両者に共通のものがあり、それが社会の底辺で働く労働者や、社会から疎外された弱者を見つめる眼差しだったという。

明治三十六年に早大を卒業、クリスチャンの女性と結婚した中村吉蔵は『旧約バイブル物語』といった聖書物語を刊行する一方、海老名弾正の本郷教会の機関誌に評論を書きはじめ、次第に小説に飽き足らなさを覚えるようになった。文学上の悩みと人生上の煩悶が重なり——仲人の手違いで吉蔵は夫人が再婚と知らず結婚した——、吉蔵は牧師としての修練を目的に明治三十九年に渡米した。が、滞米中にイプセンの戯曲を読んだりした吉蔵はキリスト教に懐疑を抱くようになり、同四十一年にイギリスに渡ってバーナード・ショーと会った時には、ショーから留学の目的を聞かれるや、演劇の研究と答えるまでに変化していた。イギリスからドイツに渡り、ヨーロッパ各地を回って明治四十二年に帰国、帰国第一作として翌年二月から四月まで東京朝日新聞に連載した戯曲『牧師の家』は、春雨から劇作家中村吉蔵の誕生を告げるとともに、吉蔵の棄教、背教の告白録でもあった。

『牧師の家』は当時輩出したイプセン模倣作の一つだったが――イプセン模倣作の代表的なものに岩野泡鳴作『焔の舌』（明治三十九年）、佐野天聲作『大農』（同四十年）、真山青果作『第一人者』（同）と『生まれざりしならば』（同四十一年）、佐藤紅緑作『廃馬』（同四十二年）、長田秀雄作『歓楽の鬼』（同四十三年）、永井荷風作『わくらば』（同四十四年）、林和《やわら》作『湖上の歌』（同）、佐藤紅緑作『日の出』（同四十五年）などがある――、新聞連載が終わるや否や、新社会劇団という劇団が四月の末に東京座で上演した。

この劇団を計画したのは長沢林太郎という興行師で、『牧師の家』のほかに、新聞の三面記事にヒントを得た新作を伊原青々園に頼んだ。そして青々園の紹介状を持って吉蔵を訪ねた長沢は、『牧師の家』の上演許可を得るとともに、吉蔵を劇団の座付き作者にした。歌舞伎はむろん、新派の社会劇とも違うという意味で新社会劇という概念を案出したのは吉蔵で、『牧師の家』はその実践作でもあった。

歌舞伎俳優のほかはオーディションで選んだほとんど素人の出演者という混成劇団だった新社会劇団の舞台は――土肥春曙の演出でヒロインは中尾鶯夢が演じた――、さほど批評は悪くなかったもののさんざんの不入り、五月の大阪、六月の京都公演も同様で、京都公演を終えると解散した。

その復活に動いたのは松竹に入社した中尾鶯夢で、大谷竹次郎を説得して松竹の後援で新社会劇団を再組織し、理事中尾、脚本主任中村吉蔵、舞台主任土肥春曙、興行担当松竹という布陣で九月に第二回公演の稽古に入った。『勝利』（アーサー・ピネロ作、土肥春曙翻案）と『波』（中村吉蔵作）という出し物で、前回の反省から観客は会員制で確保し、女形を排して女優を採用すべく、新聞に女優募集の広告を出した。これに応じた一人がのちの小説家の田村俊子で、俊子は以前に毎日派文士劇に出た経験があった。この文士劇は東京毎日新聞演劇会の通称で、俳優鑑札を取得した岡本綺堂や岡鬼太郎らの出演で、明治三十九年十二月から同四十一年十二月まで、明治座や新富座で計六回開かれた。演劇改良の遠い残響の一つである。新社会劇団では俊子は花房露子という芸名で、新派俳優などを相手に『波』のヒロインを演じたが（同四十三年十月本郷座）、これも極端な不入りで新社会劇団は消滅した。

以後、中村吉蔵が文芸協会に関係し、芸術座に関わったのは前述したが、その芸術座時代に吉蔵の社会劇が開花した。『剃刀』（大正三年）、『飯』（同四年）、『真人間』（同五年）、『爆発』（同）などがそれで、とりわけ『剃刀』は松井須磨子や田辺若男の好演を得て、芸術座の上演した創作劇中三百三十五回という最高の記録を残した。

中村吉蔵は社会主義には近寄らなかった。が、社会主義文学、プロレタリア文学と言えるものがなかった時代に、社会の底辺で生きる人間を見つめ、社会劇と称した舞台を提供しつづけたのは、プロレタリア文学やプロレタリア演劇への、地下水脈になったのは確かだったと思われる。

## 『近代思想』の創刊

明治天皇の崩御によって、大杉栄と荒畑寒村による新雑誌、『近代思想』の創刊が大正元（一九一二）年十月にずれた。内容は大杉栄の評論「本能と創造」、荒畑寒村の小説『怠惰者』や寒村訳のロシア生まれのアメリカのアナキスト、エマ・ゴールドマンの評論「近代劇論・上」、堺利彦の人物評「大杉と荒畑」、近代劇協会の創立メンバーである伊庭孝の対話『本当に瞞されてゐる男』などで、菊判三十二ページ、定価十銭、三千部の小雑誌である。が、『近代思想』が文芸誌としての体裁をそなえ、さらに哲学や科学への広い目配りを欠かさなかったところに、政治主義的な明治社会主義とは異なる大正社会主義の出発のあり方があると大沢正道は指摘する（『大杉栄研究』）。やがて『近代思想』が新しい読者を獲得するにつれ、原稿料なしに加え、この雑誌に原稿を書けば警察にマークされる「実害」があったにもかかわらず、大杉や荒畑以外に三十人近い寄稿者をこの雑誌は持った。前掲書で大沢はそれをこう整理している。


売文社―社会主義系＝堺利彦、高畠素之、小原慎三、橋浦時雄、徳永保之助、荒川義英。

早稲田大学系＝安成貞雄・二郎兄弟、土岐善麿（当時哀果）、若山牧水、佐藤緑葉、山本飼山、相馬御風、生方敏郎。

慶応大学系＝和気律次郎。

近代劇協会系＝伊庭孝、上山草人、仲木貞一、小山内薫。

その他＝上司小剣、久津見蕨村、岩野泡鳴、筒井吉久、石川啄木（遺稿）など。


仲木貞一と小山内薫を近代劇協会系とするのは適切ではなかろうが、早大系が群を抜いて多いのは、安成貞雄、土岐善麿、佐藤緑葉、若山牧水が早大英文科の同級生かつ回覧雑誌の仲間であり、大杉が一時徴兵逃れに早大英文科に籍を置き、その大杉の替わりに荒畑が聴講に通った因縁もあったからである。安成二郎が「豊葦原《とよあしはら》瑞穂の国に生まれ来て米が食へぬとはうそのような話」という長く親しまれた歌を発表したのも、同誌だった。その兄の安成貞雄は芸術座という劇団名の名づけ親だが、『近代思想』の「文学偏重」をよく示しているのは、大正二年一月にメゾン鴻の巣で第一回の会を開き、以後六月まで毎月一回、十月の第七回で終わった近代思想社小集に正客として招かれたメンバーで、馬場孤蝶、生田長江、岩野泡鳴、内田魯庵、島村抱月、相馬御風、久津見蕨村、平出修、長谷川天渓といったごとく、そのほとんどが文学者だったことである。

## 民衆の台頭

民衆による憲政擁護運動で第三次桂太郎内閣が倒れ、大正二（一九一三）年二月に第一次山本権兵衛《ごんのひょうえ》内閣が成立した。世に言う「大正政変」で、民衆運動に押されて内閣が総辞職したのは明治憲法下ではこの時のみ、民衆が政治の舞台に登場し、それをある程度動かすのが暫くつづいた。

第一次山本権兵衛内閣は行政整理と官製改革に着手して、一万人以上の人員整理を行うとともに、六月に陸海軍大臣の現役制を廃止した。

こういう改革を進めていたころ、にわかに中国情勢があわただしくなった。七月に袁世凱の独裁に抗して第二革命が起きたのである。この時の革命軍には多くの大陸浪人をはじめ、のちに『敵中横断三百里』（昭和五年）などの大衆児童文学作品を書いた山中峯太郎も軍籍を捨てて参加したが、革命派の形成は不利で、八月に孫文らは日本に亡命して来て九月には革命が失敗、十月には日本やイギリスやドイツなどが中華民国政府を承認し、その直後に袁世凱は正式に大総統に就任した。この間、袁世凱軍による日本軍人などに対する暴行事件が続発すると、山本内閣の「軟弱外交」を攻撃する声が高まった。九月初旬に東京・日比谷公園で対支問題国民大会が開催されると約三万人の民衆が集まって中国出兵要望を決議し、次いで外務省に押しかけた。ことあらば民衆が騒動を起こすのが、いわば日常化していたのである。

政界地図が目まぐるしく塗り替えられていた大正三年一月、各紙は外電としてドイツのシーメンス・シュッケルト電気会社の東京支店社員が、日本海軍の高官に贈賄していた証拠が出たと報じた。シーメンス事件と呼ばれる汚職事件の発端だった。さらに二月にはイギリスのヴィッカース社から海軍の高官が収賄していたことが発覚し、海軍汚職事件は拡大した。下火になりかけた憲政擁護運動を中心的に推進してきた憲政擁護会は、二月初旬に時局有志大会を開いて薩閥根絶・海軍郭清を決議し、第三次桂太郎内閣が倒れた一年後になる二月十日に、立憲同志会などが衆議院に山本内閣弾劾決議案を上程した。が、決議案は政友会によって否決されたが、これが日比谷公園での内閣弾劾国民大会に参加していた数万の民衆に伝わると、民衆は議会を包囲し、次いで政府系の新聞社に押しかけた。結局は軍隊が出動して騒ぎを収めたが、第一次山本権兵衛内閣はシーメンス事件が命取りになって、三月二十日に総辞職した。この後元老会議が後継首相選びに着手したものの難航し、第二次大隈重信内閣が成立したのは四月半ばだった。

労働運動に目を転じると、明治天皇崩御の直後、八月一日に鈴木文治らによって会員十五名の友愛会（のちの日本労働総同盟）が結成されていた。当時労働組合は、欧文植字工組合の欧文会だけだった。それに一つを加えた友愛会の中心人物鈴木文治も、幼少のころに受洗していた。

鈴木は中学時代に同郷（宮城県）だった関係もあって高校生の吉野作造と知り合い、以後二人の交遊は変わることなくつづいた。明治四十二年七月に東大を卒業した鈴木は、東大出の法学士としては異例の印刷会社に就職したが、翌年には転じて東京朝日新聞の社会部記者になった。そのころ鈴木がもっとも興味を持ったのはスラム街の「探訪」で、その見聞から救済事業の興隆を図ろうと、救世軍の山室軍平らを会員とする浮浪人研究会を作って月一回例会を開き、鈴木が世話役になった。が、ある失策と社内事情が重なって新聞社から身を引くと、明治四十四年十一月に三田四国町の惟一館《いいっかん》に本拠を置く統一キリスト教弘道会の幹事になった。この会は安部磯雄を会長として機関誌『六合雑誌』を出していて、鈴木は編集をも手伝った。

惟一館付近には芝浦製作所や日本電気など多くの工場があったことから、鈴木文治は工場に通う労働者を対象に人事相談所を設け、やがて毎月十五日に通俗講話会を開いた。

こういう活動をつづけるうちに鈴木を中心とするグループができて、大正と元号が改まったばかりの八月一日、惟一館に集まった鈴木以下電気工、機械工、畳職人、巡査など十四人が友愛会を結成した。会の名はイギリスの労働者が親睦や共済などの目的のために組織したフレンドリー・ソサエティーを訳して鈴木がつけたもので、イギリス流の労働運動を範とし、会費五銭で鈴木文治が会長に就いた。鈴木が東大生時代に講義を聴いて感銘を受けた桑田熊蔵東大教授と、浮浪人研究会の同人で救済事業の権威の小河滋次郎が顧問に、統一キリスト教会に属し、陸軍大学教授だった内藤濯《あろう》、浮浪人研究会の同人だった子爵五島義光らが評議員に、安部磯雄早大教授が隠れた顧問に就いた。やがて労働問題に理解のある経営陣も評議員に連なり、財界の大御所渋沢栄一も友愛会を後援したというように、鈴木文治は当初から学者や名士や財界人などと積極的に関係を持った。鈴木文治の言い方にならえば労働者が「賤民」視され、資本家の厳しい監視下に置かれていた当時の情勢を思えば、こういう人々が関係した友愛会は社会的な信用を得て、労働者が安心して加入でき、危険団体視されることなく活動できた。

十五人だった会員は年末には二百六十人を数えるにいたり、メンバーも近代的な工場に勤める熟練労働者が多くなった。最初の支部が川崎に設置された大正二年の六月には会員数が二千人を越えるようになっていて、はじめて労働争議に直面したのも支部ができた直後だった。外資系の日本蓄音器商会に勤める川崎支部の会員が、同社の争議を鈴木に持ち込んだのである。同社の東京営業所では堺利彦が翻訳係をやっていたが、労働者が選んだのは堺ではなく鈴木だった。調停に当たった鈴木はそれに一応成功し、鈴木文治と友愛会の名をより広く知らしめた。創立一周年には本部を改組して貯金・法律・医療・体育・娯楽・出版の各部を置き、同三年には関東・関西・九州・北海道・満州の各地に支部を設置、会員数も三千を越えた。新聞形式の機関紙『友愛新報』が月刊誌の『労働及産業』に衣替えされたのもこの年の十一月だった。鈴木自身予想もしなかったような早さで、友愛会は年々組織を大きくしていったのである。

## 『近代思想』の廃刊

友愛会が急成長しはじめた大正三（一九一四）年には、『近代思想』にある変化が顕著になった。自由な言論を封殺されているがゆえの、荒畑寒村や大杉栄らの雑誌刊行への意欲の衰えである。たとえば同年五月号の大杉の「智識的手淫」。

僕はもう、この『近代思想』のような、intellectual masturbation（こんな英語はあるかないか知らんが、訳すれば知識的手淫とでも言おう）にあきあきしてしまった。われわれに情欲の、しかもきわめて強烈な情欲のある以上、それは何等かの方法をもって常にもらされなければならぬ。Masturbation も時によっては必須事である。けれども僕等は、僕等に取ってのこの不自然事に、つくづく厭気がさして来た。僕等は僕等の自然事に帰らなければならぬ。（『大杉栄全集』第二巻）

『近代思想』が廃刊号を出したのは同年九月だったが、これには堺利彦が「大杉君と僕」という一文を寄せ、堺から見た大杉との立場の違いを次のように確認している。

日本の社会主義運動に三派の別が生じていた。今でもボンヤリその形が残っている。

一　温和派（あるいは修正派）

一　マルクス派（あるいは正純派）

一　直接行動派（あるいは無政府的社会主義）

これを人について言えば、安部磯雄君は右翼に属し、幸徳秋水君は左翼に属し、僕自身は中間派に属していた。そのうち、幸徳君は殺されたが、安部君と僕とはほぼ昔のままの立場で続いている。そして今日、幸徳君の立場を継承している者は、すなわち大杉栄君である。

もっとも、安部君がすでに温和派の域を脱して、国家社会主義の範囲に属しているらしく見える点もあると同じく、大杉君はすでに直接行動派の域を脱して、無政府共産主義の範囲に属しているかも知れぬ。あるいはさらに進んで個人的無政府主義の範囲に踏みこんでいるかも知れぬ。（『堺利彦全集』第四巻）

なお、二巻二十三冊（最終刊は十一・十二月合併号）の『近代思想』には、演劇関係の記事も散見される。荒畑寒村がエマ・ゴールドマンの「近代劇論」を訳していたり、山本飼山がアンドレーエフやオスカー・ワイルドについての評論を発表したり、和気律次郎がストリンドベリの評論「役者の芸術」を訳していたり、近代劇協会や新劇社の公演劇評が載っていたりするなかで、堺利彦がバーナード・ショーの『人と超人』の梗概を紹介し、やがて翻訳を連載しているのが目を引く（のちに単行本になった）。さらに荒畑の戯曲『夜の岡』が掲載（大正二年五月号）されているが、『近代思想』にピリオドを打って、大杉らは実際運動に飛び込んで行った。ここで次第に頭をもたげてきた考えが、労働者階級によって「新しい文学」は創造されなければならないし、そうなるだろうということだった。民衆芸術論から労働文学への主張である。

## 大杉栄と荒畑寒村の離反

新しい刊行物、月刊平民新聞は『近代思想』廃刊の翌月、大正三（一九一四）年十月に出た。十ページで三千部の小新聞だった。が、時事問題を扱うので市内に発行所を置けば五百円から千円の保証金を当局に払わなければならず、発行所を市外に置いても二百五十円は必要だった。このため同月新潮社から出た大杉訳のダーウィンの『種の起原』と、同社からの大杉の最初の評論集『生の闘争』の印税と有志からの寄付金とをそれに当て、発行所をまだ電灯も点いていなかった中央線の吉祥寺駅付近の民家に置いた。

が、月刊平民新聞の創刊号は即日発禁、二号も三号も全紙面が「安寧秩序」を「紊乱する」との理由で発禁になった。創刊号への弾圧に抗して、大杉栄は日の目を見なかった第二号に「秩序紊乱」という一文を書いた。

あらゆる鉄鎖と障碍物とを破毀しつつ、さらによき現在と将来とを獲得せんがために、この堪うべからざる「秩序」に叛逆する。これすなわち「秩序」の「紊乱」である。（中略）

真に自己のためなると同時に、また他の同類のためなる、もっとも美わしき激情の爆発。もっとも大いなる献身。もっとも崇高なる人類愛の発現。これすなわち「秩序」の「紊乱」である。

ああ、僕等はついに、生涯を通じてこの「秩序」の下に蠢動しつつ、その「紊乱」に従わなければならぬ。「秩序」は僕等の真の死であり、その「紊乱」は僕等の真の生である。（『大杉栄全集』第二巻）

真に生きるには徹底的な叛逆あるのみとするのは大杉の思想の核心であり、同時にこれが堺や荒畑と大杉を隔てるポイントだった。大沢正道によれば、「秩序紊乱」は日本で最初の、もっとも代表的な「アナキズム宣言」だった。

ところで、月刊平民新聞の第四号は時の司法大臣尾崎行雄や安部磯雄、堺利彦らの他の新聞に発表した文章を全面にわたって転載するという窮余の一策で出したものの、五号はまた発禁だった。やっとのことで四ページの六号を作ったもののこれもまた発禁、『寒村自伝』によれば「もう精も根もつきはてて」月刊平民新聞は大正四年三月十五日限りで廃刊になった。が、その周辺には宮嶋資夫《もとお》・麗子夫妻や、まだ早大の学生だった近藤憲二らの新世代の活動家を集めはじめていたし、このころには渡辺政太郎や村木源次郎らの古参の社会主義者も活動を再開していた。

当時、『近代思想』を舞台にした大杉と荒畑を講師としたサンジカリズム研究会のほかに、東京には二つの社会主義者の集会があった。明治期以来の社会主義者が堺を中心に集まっていた社会主義座談会と、白山上の古本屋南天堂の二階で、労働者から「白山聖人」と呼ばれていた渡辺政太郎を中心に持たれていた研究会で、村木、近藤、添田唖蟬坊、和田久太郎、水沼辰夫らがここの常連だった。渡辺政太郎は生粋の労働者階級の出身で、常連の多くは大杉とともにアナキズム運動の闘士として活躍した。が、ここまで大杉と提携してきた荒畑は、こういう傾向に距離を感じはじめていた。したがって同年十月に復刊第一号を出した第二次『近代思想』は、その第一歩から以前のような二人の強いスクラムが組まれていたわけではなかった。

宮嶋資夫を発行人とした第二次『近代思想』は復刊第一号は日の目を見たが、二号から四号まで発禁の連続、大正五年一月の四号限りで、廃刊を宣することもできないままにつぶれた。この間、大杉の経営や編集方針に対して身内から批判の声があがったが、これに拍車をかけたのが大杉の恋愛問題だった。が、これに触れる前に世界の動向を述べておく。第一次世界大戦の勃発である。

一九一四（大正三）年六月二十八日、オーストリアの皇太子がセルビアの民族主義者によって暗殺された。一か月後にドイツの支援を頼みとするオーストリアがセルビアに宣戦すると、南進を企ててセルビアを支援していたロシアは総動員を開始した。ドイツは八月一日にロシアに、三日にはフランスに宣戦し、ドイツ軍がベルギーの中立を犯して侵入すると、イギリスはドイツに宣戦した。第一次世界大戦のはじまりである。

大戦が開始されるとロシア、セルビア、イタリアを除く第二インターナショナルの各国諸党は「祖国防衛」を声明して政府の軍事費に賛成し、ここに第二インターナショナルは実質的に崩壊した。一方、中国の膠州湾《こうしゅうわん》・青島を根拠地とするドイツの東洋艦隊がイギリスの商船を威嚇しはじめるや、イギリスは日本の対独参戦を求めてきた。第二次大隈内閣は八月八日に参戦を決め、十五日にドイツに膠州湾租借地の交付を要求する期限付最後通牒を発した。その期限の二十三日正午になってもドイツからの回答はなく、日本はドイツに宣戦して作戦行動を開始した。

日本軍の青島占領は十一月の初旬だった。青島が陥落して日独間の作戦行動が一段落したと見た中国側は、日本軍の撤退を求めてきた。が、日本はこれを拒むとともに、大正四年一月七日に逆に旅順・大連の租借期間延長をはじめとする二十一か条の要求を袁世凱大総統に提出した。このニュースが伝わると中国各地で反対運動が巻き起こり、中国政府との交渉が長引いた。五月四日に閣議は対華最後通牒案を決定、六日の御前会議で正式に決めた。中国は九日に日本の要求をすべて承認したが、この日は中国では国恥記念日とされ、全国的に激しい排日運動が起きた。中国との不幸な関係は以後長くつづく。

対華交渉と並行して国内では選挙態勢が進められ、政府は予定通り大正三年十二月に衆議院を解散し、同四年の三月に総選挙を実施した。それまで内相を兼務していた大隈重信は大浦兼武農商相を専任内相に転じて選挙取締に当たらせるかたわら、大臣の地方遊説や、政府が与党の候補者に公認料を出すといった新しい選挙システムを編み出して、選挙を与党の大勝に導いた。第一次世界大戦下に行われたこの総選挙によって、憲政擁護運動以来の民衆による「政治の季節」は終わりを告げた。

## 大杉栄のフリーラブ

さて、大杉の恋愛問題。

大杉には堀保子という堺利彦の義妹に当たる妻がいたが、制度に縛られるのはナンセンスだと入籍していなかった。男女関係については自由恋愛・自由結合が大杉の持論で、堀保子・伊藤野枝・神近市子《かみちかいちこ》という大杉をめぐる三人の女性とも同様だった。

現在の福岡市に生まれた伊藤野枝は、実家の没落で小学校二年の秋に長崎の叔母に預けられたが、叔母の夫に懇願して明治四十三（一九一〇）年三月に、上野高等女学校の編入試験に合格して上京した。二年後に親同士が決めていた許婚と結婚したものの八日目に出奔、女学校の恩師でアナキズムに近づいていた辻潤と同棲し、ために辻は教職を追われた。

野枝は大正二（一九一三）年に青鞜社に参加し、同四年から平塚らいてうに代わって雑誌『青鞜』の編集責任者になったが、このことが大杉と親しくなるきっかけになった。仲間の間で大杉と野枝の関係が噂になり、堀保子が大杉を責めるようになったのである。

同年六月、大杉は小石川水道町の大下水彩画研究所のあとを借りて平民講演会の会場とし、同時にフランス語の講習会をはじめると、東京日日新聞の記者神近市子がそれらの会に顔を見せるようになった。そして市子は次男の出産のために辻潤と一緒に帰郷した野枝に替わるごとく、大杉と近しくなった。この年の十二月には大杉と市子は結ばれて、逗子に移転していた大杉は上京のたびに市子の下宿に泊まるようになったが、こういう二人の関係はすぐに同志の知るところとなって、反感を買った。同月、野枝は辻とともに帰京したが、帰京するや『青鞜』の編集にこと寄せて野枝は大杉と会った。

こうして大杉をめぐる三人の女性の関係が形成されていくことになるが、この間大杉はお互いに経済的に独立すること、同棲せず別居すること、性的関係を含めてお互いの自由を尊重することといった条件を示して同調を求めた。が、これらが受け入れられたり、実行されたりすることはなかった。のみならず、経済的に自立し得るのは市子だけで、保子も野枝も大杉に頼らざるを得なかった。とは言え、大杉にそれだけの経済力がなかったので、大杉はいつか市子の金を当てにするようになった。大正五年四月に次男を連れて辻の家を出た野枝は、保子と別居して移転していた大杉の麴町の下宿にころがり込み、その月末には売文で自立しようと次男と一緒に千葉県御宿町の旅館にこもったもののメドが立たず、六月には次男を里子に出さざるを得なくなった。その野枝を心配して訪ねて来た大杉も帰りの旅費に困り、やむなく市子に電報を打って金を送らせ、その金で二人は帰京した。市子が大杉にまとまった金を渡したのは、四度目だった。十月には大杉と野枝は本郷の菊富士ホテルに移ったが、このころには金がからんだ大杉と市子の関係は冷え込んでいた。

十一月七日、大杉は前から約束の原稿の仕上げなどのために、一か月ほどの予定で行きつけの葉山の日蔭茶屋へ出かけた。野枝もこれに同行した。市子が茶屋に現れたのはその日の夕方で、この夜は三人並んで床につき、翌朝野枝は東京に帰った。事件はその夜、正確には九日の深夜に起こった。神近市子が寝ている大杉栄の左頸部を、ナイフで刺したのである。

葉山事件とも日蔭茶屋事件とも呼ばれるのがこれで、市子は間もなく自首して東京監獄に収監され、気管に達する傷を負った大杉は十日ほど逗子の病院に入院した後帰京して、野枝の待つ菊富士ホテルに落ち着いた。ジャーナリズムがこの事件をほうっておくわけがなく、大杉はごうごうたる非難の矢面に立たされた。のみならず、大方の同志も大杉を見捨てた。堀保子が堺利彦の『新社会』に大杉との関係を断ったと公表したのが大正六年の一月号、横浜地方裁判所から市子に対する判決が出たのは三月で、とうに新聞社を退社していた市子は、それから二年間獄窓にあった。付言すれば、神近市子は戦後長く、日本社会党の衆議院議員として活躍した。

## 労働情勢

日本が第一次世界大戦に参戦したのは大正三（一九一四）年の八月だった。大戦ははじめわが国の不景気に拍車をかけたが、一年後には輸出の増加を反映して好況に転じ、日露戦争後入超つづきだった貿易は、一挙に輸出超過になった。戦争景気に乗って成り金が続出したのがこのころである。反面、大正元（一九一二）年を一〇〇としての物価指数と賃金指数は次のとおりで、労働者は生活の不安に襲われざるを得なかった。農商務省の調査による全国主要都市の平均値である。

| 年次 | 物価指数 | 賃金指数 |
|---|---|---|
| 大正三年 | 九四 | 一〇二 |

| | | |
|---|---|---|
| 同四年 | 一〇九 | 一〇一 |
| 同五年 | 一四五 | 一〇四 |
| 同六年 | 二〇〇 | 一二〇 |
| 同七年 | 二三八 | 一五七 |

世相を映してストライキの件数も激増した。

| **年次** | **件数** | **参加人員** |
|---|---|---|
| 大正三年 | 五〇 | 七九〇四 |
| 同四年 | 六四 | 七八五二 |
| 同五年 | 一〇八 | 八四一三 |
| 同六年 | 三九八 | 五七三〇九 |
| 同七年 | 四一七 | 六六四五七 |

わが国初の社会政策立法である工場法の施行は、こういう情勢の大正五年の九月だった。が、明治四十四年の制定から長くほうっておかれた上に議会審議の間に資本家側の工作によって抜け穴だらけのザル法になり、たとえば十二歳未満の年少者の就業を禁止したものの、工場法施行以前からの就業者については、十歳以上の年少者の就業を認めるという具合だった。

このころになると社会主義者にとっての「冬の時代」の水もぬるみはじめ、年初に上京した山川均は売文社に入り、堺利彦の個人雑誌『新社会』でペンをふるうようになった。友愛会以外にも労働組合が結成されはじめ、工場法施行の月には職工組合を目指して住友鋳銅所の熟練工西尾末広（戦後民社党の初代委員長）らが職工組合期成同志会を結成、翌月には活動を停止していた欧文植字工の組合欧友会が再活動し、大正七年一月に全印刷工を含めた組織に改めて活版印刷工組合信友会を設立した。信友会は大杉栄の影響を受けて、やがてもっとも戦闘的な組合になる。

友愛会の歩みも順調で、大正四年には前述のごとく各地方に支部ができたが、会長の鈴木文治の渡米問題が起きたのは同年の秋で、これはアメリカでの排日の動きと関係があった。

明治期以来増えつづけたアメリカへの、ことにカリフォルニア州への日系移民は、安くて良質の労働力として当初歓迎されていたが、ほどなく爆発的な人口増加と優秀な労働力に脅威を感じはじめたアメリカは排日に転じ、一九一三（大正二）年五月にカリフォルニア州議会が外国人土地所有禁止法案を可決、排日の動きを強めつつあった。これが日米間の外交問題になると、長く日本に宣教師として滞在していたアメリカ・キリスト教連合会の国際部長ギューリックは原因がアメリカ側の労働組合にあると考え、アメリカ労働総同盟会長のゴンパースらに接触して、日本の労働者の代表を渡米させ、アメリカ側と話し合うことが肝要だと思いついた。そこで大正三年の秋にギューリックはキリスト教連合会の特使として来日し、旧知の安部磯雄らと相談した。席上安部は鈴木の名を挙げ、その案を受けて渋沢栄一らの賛意を得た。渋る外務省を渋沢らが説得し、鈴木文治と友愛会の幹部の二人が横浜を発ったのは、同四年の六月だった。

カリフォルニア州の労働大会やアメリカ労働総同盟の大会などに出席した鈴木は、「人種、言語、宗教、国境を超越して、近代資本主義という共通の敵と闘わなければならない」と挨拶してゴンパースらを感激させた。その意味では一定の成果を挙げたのである。帰国に際して鈴木は各種労働組合の規約や綱領、歴史や記録など、今後の日本の労働運動にとって参考資料になるものを大量に収集、大正五年の一月に帰国した。渡米前には約六千五百人だった友愛会の会員は、一万人を超えていた。

同年五月、友愛会は本部の制度を改革して会計部、出版部、法律部、教育部を設け、六月には婦人部を設置して八月に『友愛婦人』を創刊、九月に鈴木文治は再渡米して、大正六年一月に帰朝した。このころには会員数三万を突破する勢いを示し、同年二月には友愛会神戸連合会が組織されて高山義三（戦後四期十六年にわたって京都市長を勤めて京都の復興に尽力、戦時中は中断していた南座の顔見世や祇園祭の復活にも力を尽くした）が主務に就き、同年五月には大阪連合会が組織されて、松岡駒吉が主務になった。松岡は友愛会の後身たる日本労働総同盟の育ての親とも言うべきリーダーになる。

## 友愛会と平沢計七

平沢計七については前にちょっと触れたが、日本鉄道株式会社大宮工場の職工になった直後の明治三十九（一九〇六）年十月、同社は国鉄（現JR各社）の前身である鉄道院に買収され、平沢は同四十二年の春に鉄道院工作局新橋工場に転勤した。ほどなく徴兵されて同十五年春に除隊になり、それからしばらくして新設の鉄道院工作局浜松工場の職工長として転任した。この間「紫魂」というペンネームで各種の雑誌に投稿したり、小山内薫を師として戯曲の習作をものしたりしていた。西田勝によれば「紫魂」とのみ署名のある『夜行軍』(『歌舞伎』明治四十四年十一月号)が平沢の活字化された初戯曲らしいが(『近代文学の発掘』参照)、浜松時代にも同人誌に戯曲を発表したと伝えられる。

平沢は大正三(一九一四)年の秋に浜松工場を退職して上京、東京府下大島町の東京スプリング製作所に就職した。それから間もなく友愛会江東支部に入り、目覚ましい活躍で同四年一月には江東支部から大島分会を分立させ、同年六月には会員が百名になったと大島分会を同支部に発展させた。その間の四月下旬、平沢は芸術座の帝劇公演で松井須磨子主演の『飯』(中村吉蔵作)を観劇、その感想を友愛会の機関誌『労働及産業』(同年八月号)に「芸術的自覚」と題して発表した。

平沢はまず日本の労働運動は日本でのみ起こる形、日本の芸術も日本でのみ生じる形をしていなければならないとして、オリジナリティーを重視する。

日本の思想家が違った国民性をもっている外国の大思想家から、自己を見出そうとあせっている間に日本の偉大な独創家が何人出た、一人だってありゃしねえじゃないか。

いつぞや俺は芸術座に社会劇『飯』を見に行った。(松井)須磨子の女主人公はその技巧の点で実に光っていた。しかし彼女は最も尊いものを持っていなかった。尊いものとは「真実」のことである。従って真実の意味の熱がなかった。観客は観客でこの悲劇を笑い興じて眺めていた。帝劇の金ぴかは金ぴかでこの暗い貧乏を嘲笑《あざわら》っていた。

俺はその皮肉から一つの真理を見出した。巷に出でよと叫ぶのが間違っているということだ。巷の人よ、芸術的自覚をせよというべきであるということだ。

徒《いたず》らに叫んで、徒らに狭い書斎で広い人生を偽り作っている日本現在の思想家を幾百千年待とうとて、彼らから偉大な芸術を出すことが出来るもんか。

俺たちが立派な芸術を作らねばならん、そうだ、巷にある俺たちが立派な芸術を作らねばならん。

どこの国の社会運動にも芸術はすばらしい力で伴い働くものだが、将来我が友愛会にも芸術の団体が出来て例会の余興に深刻な社会劇を演じて会衆に深い感動を与えたり、『労働及産業』の誌上に美しい花を咲き出で、諸君の胸に柔いしかし強い印象を刻ましむる日の来たるのを信ずる。

労働短歌会を起したのもこの意味である。この短い詩形の中に労働者の生命が籠って、その熱と力とは必ずある尊い響を起すに違いない。（「芸術的自覚」『平沢計七小説戯曲選集・一人と千三百人』より）

平沢は社会主義やアナーキズムを日本の民族的現実に根差していない「弱思想」とみなし、それが平沢をして社会主義やアナーキズムから遠去けて、独特の労使協調型の友愛会の運動を選ばせたということになるが、こういう思考が西洋の近代戯曲の影響を受けた『飯』への批判になった。平沢は借り物によらない労働者による労働芸術運動を考えていたわけで、その第一歩が労働短歌会の発足だった。同時にこのころから劇団の創設を考えていたのがよく分かる。

友愛会は会員の急増に対処して大正四年五月に本部機構を拡充し、『労働及産業』の編集にも若い相談役を加えて編集会議を構成したが、その中に早大の久留弘三《ひさとめ》、慶大の野坂参三、日大の酒井亀作らがいた。平沢計七が「社会喜劇」と銘打つ『戦闘か調和か屈服か』を発表したのは彼らが編集に関わっていた『労働及産業』の同年十一月号で、平沢と彼らとの交流がはじまった。

大正五年二月、野坂の提唱で平沢や酒井らが出席して労働者問題研究会の第一回の会合が野坂の次兄宅で開かれ、平沢が労働者の自覚を促し、社会改革を行うために演劇を利用しようと提案した。野坂が賛成、酒井が反対と意見が分かれたものの、方向としては演劇の有効性が認められた。六月に第二回目の会合が友愛会の本部で開かれ、新しく久留弘三や坂本正雄らが加わった。この会合を通じて平沢と久留とのつきあいがはじまり、やがて二人は劇団の創設を競うようになる。

前述のようにこの年の九月から工場法が施行されたが、『労働及産業』でも六月号と九月号をその特集号に当てて、会員の啓蒙に努めた。平沢もまたその六月号に『工場法』という戯曲を発表したが、工場法が実施されるだろうという近未来の話として、この法律の下でケガをした労働者の姿を具体的に描いた『工場法』は、この法律についてのどの解説よりも説得力があったのではなかろうか。

『工場法』は平沢の文才を友愛会関係者に決定的に認めさせ、雑誌掲載の一か月後に平沢は友愛会本部書記に抜擢され、主として『労働及産業』の編集を担当するようになった。以後、平沢はほとんど毎号、小説や戯曲やルポを書き、十一月には出版部長に転じた坂本正雄の後を襲って、『労働及産業』の編集責任者に就いた。

大正六年四月、惟一館で開かれた友愛会五周年大会には平沢は本部員として参加、六月号から従来の『労働及産業』の「労働文壇欄」を「労働者が労働文学を書くべきだ」として「労働文学欄」と改称した。労働文学と呼べるものは坑夫・

土工という経歴を持つ宮嶋資夫が『近代思想』の影響下にペンを執り、近代思想社が同五年一月に刊行した『坑夫』のみということで——ただし大杉栄と堺利彦の「序」を載せた『坑夫』は発禁となり、宮嶋の創作集『恨なき殺人』に収めて削除版が刊行されたのは四年後——、文壇で労働文学の気運が高まるのは、堺利彦らの紹介で宮地嘉六の『煤煙の匂ひ』が雑誌『中外』に掲載された同七年七月以降だった。

ところで、労働者問題研究会を通じて友愛会と大学生の交流がはじまり、同六年の十一月に友愛会本部で「労働者大学生連合大演説会」が開催された。これがきっかけで翌年二月に鈴木文治を会長に、北沢新次郎早大教授を副会長とする労学会が発足し、労働運動理論の確立を目指して活動をはじめた。が、会名がロシア革命を推進した労兵会を連想させると鈴木がこれを敬遠しはじめ、大正七年七月に労学会は社会問題研究会と名を改めたものの、ほどなく解消した。しかし、こういう動きの中で棚橋小虎、麻生久、山名義鶴《よしつる》らをはじめ東大その他の学生が友愛会に近づいてきて、友愛会は労資協調型の路線を変えていくのである。

## 友愛会の改革と平沢の脱退

大正七（一九一八）年四月、友愛会は大阪市で六周年記念大会を開催した。これに先立ち鈴木以下出版部長の野坂参三、会計部長の酒井亀作や平沢らの東京側のメンバーと、早大卒業後関西に移り、神戸連合会主務に就いていた久留弘三や松岡駒吉らの関西側のメンバーが出席して代議員歓迎会が開かれ、閉会後に平沢と久留の間で文学論や演劇論が交わされた。前述のようにこのころの友愛会は全国に百二十支部、会員数は三万を超えていた。

同年八月、平沢は友愛会の関東出張所書記を兼務して精力的に活動し、十月には東京鉄工組合を創立させた。これは東京地方の鉄工の横断組織で、友愛会を職業別労働組合の統一機関にしようとする東京での最初の動きだった。同じ月、棚橋小虎が友愛会に加入して関東出張所の主任になり、十一月には棚橋、麻生久、山名義鶴らが鈴木文治と懇談し、友愛会の活動に積極的に協力すると約束した。大正八年一月には平沢の奔走で友愛会の城東、亀戸、鶴東、大島の四支部が合併して城東連合会が誕生し、平沢は推されて会長になった。

平沢計七初の創作集『創作労働問題』が海外植民学校出版部から刊行されたのは、大正八年の六月だった。これには『赤毛の子』や『暴風の前』など七篇の短編小説と、『工場法』『牢から出た男』『一人と千三百人』の三篇の戯曲が収載された。友愛会が近代的な労働組合へと脱皮したのは、それからほどなくのことだった。その中心的な担い手が水曜会と呼ばれたグループのメンバーであり、とりわけ野坂参三だった。

大正六年三月、慶大卒業と同時に野坂が友愛会本部の書記になったのは前述したが、友愛会入りを決めた時、野坂は鈴木から『労働及産業』の編集を手伝うかたわら、発行予定の新雑誌の編集を担当してほしいとの要請を受けていた。『労働及産業』とは異なる理論誌にしたいというのが鈴木文治の考えで、鈴木個人の責任発行、発行所も鈴木の自宅に置かれたその新雑誌は、『社会改良』と命名されて創刊号が五月に出た。

野坂の自伝『風雪のあゆみ』第二巻によると、編集を任されたのを幸いに、労資協調路線を変えることを誌面に反映させたいと野坂は考えていた。これが本当だったとすれば、友愛会の改革は野坂の友愛会入りに端を発するということになる。

この年のロシア二月革命と十月革命の勃発は野坂にも大きな影響を与え、野坂はボルシェヴィキとその思想に引きつけられていった。ことに十月革命で力づけられた野坂は『社会改良』に連載していた「社会改良家列伝」中の一篇、「ロバート・オーエン伝」を大正七年の新年号で中断すると、鈴木文治にも秘したままマルクス主義の紹介に踏み切ろうと決意して、「マルクス生誕百年記念年号」を用意しはじめた。この年の五月でマルクスは生誕百年になるのだった。反社会主義を唱えていた本拠からマルクスの記念号をというのだから、大胆な企画だった。

三月号を記念号にすべく、野坂は原稿を依頼した。が、警察にマークされている堺利彦や山川均らに声をかけるわけにいかず、野坂が批判的だった進歩的な学者にも頼まざるを得なかった。それだけにマルクスを歪曲されるだろうと思った野坂は、アメリカで出版されたジョン・スパーゴの『カール・マルクス―その生涯と事業』をテキストに、自分でもマルクス伝と理論の概要を原稿にまとめた。が、発行までに鈴木がこの企画を知って横槍を入れ、ことに野坂の原稿の不掲載を主張した。そこで野坂は自分の原稿をボツにして、「マルクス生誕百年記念号」と表紙に刷る予定も変更し、普通号のように見せた記念号を三月号として出した。掲載されたのは安部磯雄早大教授の「マルクスを憶ふ」、阿部秀助慶大教授の「マルクス派社会主義と価値哲学」、小泉信三慶大教授の「『共産党宣言』要領及びマルクスとラッサールとの関係」、久留弘三の「我国現時の社会思想と種々相」などだった。

記念号は友愛会の内外で大きな反響を巻き起こしたが、この件以来野坂を警戒しはじめた鈴木は編集の実務から野坂を遠ざけ、『社会改良』も六月号で廃刊にした。こういう動きは前述の労学会にもおよび、これもいつしか消滅した。これに替わって野坂が一つの足がかりにしたのが、東京日日新聞の記者をしていた麻生久を介しての水曜会だった。

麻生をはじめ棚橋小虎、山名義鶴ら京都・第三高等学校の同級生を中心にした水曜会は――野坂参三によれば正確に水曜会と称したかどうか不明だという――、共同の研究目的などを持たない自然発生的なグループだったが、ロシア革命の影響を受けて、麻生らは将来の日本を労働者の国にする使命感に燃えていた。麻生に誘われ、満鉄こと南満州鉄道の調査部にいて、ロシア革命の情報を分析・研究していた岡上《おかのえ》守道や、同じく満鉄の調査部に籍を置いていた佐野学も水曜会に参加した。野坂によれば、天才的な語学力を駆使した岡上の報告によって、ロシア革命後半年ほどの時点で革命の原因や経過、労農政府の性格やボリシェヴィズム、レーニンやトロツキーなどに関する正確な知識を得たという。

岡上守道はやがて大阪朝日新聞のモスクワ特派員になり、クロポトキンの「黒」、レーニンの「礼」を組み合わせた黒田礼二というペンネームで記者としての盛名を馳せたが、水曜会の落とし児と言っていいのが大正八年の六月に徳富蘇峰の監修で、蘇峰の経営していた民友社の新時代叢書の一冊として刊行された『過激派』で、黒田礼二、麻山改介（麻生久）、片島新（佐野学）三人共著のこの本は、ボルシェヴィキの歴史を説きほぐしたものだった。タイトルは当時のジャーナリズムがボルシェヴィキを非難めかして呼んでいたのに拠っているが、ここには「過激派」をあえてはばからないとの気概がこめられていた。

ロシア革命の翌年、大正七年の米騒動では警察への配慮もあって、鈴木文治は「友愛会の会員で騒動に加わったものは一人もいない」と大見得を切ったが、事実ではなかった。野坂は群衆にまぎれて投石したし、鍛冶屋の徒弟などの経歴を持ち、同四年に友愛会京橋支部を創設した山本懸蔵は日比谷公園での市民大会でアジ演説をした後逮捕され、最終的には懲役四か月の判決を受けて下獄している。ほかにもこういう例があったと思われるが、野坂は山本と親しくて水曜会に連れ出したりしていた。野坂参三も山本懸蔵も、そして佐野学も、大正十一年七月の日本共産党の創立にかかわる。

さて、米騒動の体験は、野坂にとっても一つの転機になった。英国へ留学したいとの思いにかられるようになったのである。

早くに両親をなくした野坂は神戸の長兄に相談して八月に留学に賛成との返事をもらい、水曜会のメンバーにも話して賛意を得ると、野坂が友愛会を辞した後に棚橋小虎を友愛会入りさせることに話をまとめた。十月には野坂は渡欧準備のために友愛会出版部長を辞任し、後任に平沢計七を推して平沢が出版部長になった。前後して棚橋小虎が正式に友愛会の書記になって関東出張所主任になったが、感情的な問題もあって、平沢と棚橋がことごとく対立するようになる。この間に友愛会の改革が現実問題化し、ことに麻生や棚橋らによる鈴木排撃が焦点になった。鈴木はパリ講和会議の労働法制委員会参加のために、パリにいた。
野坂はこのあたりのことをこう回想している。

鈴木排撃問題をめぐる、棚橋や麻生との衝突などが原因だったと思うが、平沢は、極端なインテリ嫌いという定評をうるようになった。だが、わたしは、かならずしも、平沢がそうだとは思っていない。現に、平沢は、やはりインテリ出身であるわたしには、なんの反感ももたず、むしろ、わたしが友愛会にはいった当時、親切に扱ってくれたことは、以前に述べたとおりである。だから、わたしは、平沢と棚橋らとのあいだに立って、お互いの意志の疎通をはかっていたのだが、渡英の時期が迫ってきていて、それも思うようにいかなくなってきた。そのうえ、友愛会の会員たちは、平沢と同意見で、棚橋の友愛会本部入りは棚橋らの「不純な計画」を実行するためだと受け取ったこともあって、対立がいちだんと深まっていった。だが、そのころ、わたしは、最後の渡英準備のために神戸に帰ってしまっていたのである。

松岡（駒吉）は、平沢とは違って、鈴木の引退ということに異議はなかったようである。ただ、それを交渉によってすすめるべきだという主張であったらしい。

ことが思うようにすすまなくなって、棚橋は、いや気がさしたのか、仕事を投げ出して郷里に帰ってしまう。その収拾については、松岡、麻生、久留の三者が協議して、会長排斥は取り下げ、平沢を本部員からはずということで妥協し、鈴木会長の帰国後、改革案を出して、容《い》れられない場合には適当な方法を講ずることを決めて、棚橋を呼びもどした。

こうして、（大正八年の）六月にはいると、麻生が（東京日日新聞社を退社して）友愛会本部に入り、平沢に代わって出版部長に就任する。そのころになると、友愛会の下部でも、会の改革問題が広く討議、研究されて、いろいろな具体案が提起されるようになった。こうしたなかで、七月上旬、わたしは渡英してしまうのだが、その月の中旬に帰国した鈴木会長は、改革案を示されると、即座にそれを受け入れたという。それには、パリを訪れ、戦後のヨーロッパの労働事情をつぶさに見てきた鈴木自身の、考え方の前進もあったようだ。いずれにせよ、鈴木の譲歩によって、一応の危機はさけられたのである。（『風雪のあゆみ』第二巻）

八月末にロンドンに着いた野坂参三は、ロンドン大学の聴講生として大学に通いはじめた。が、すぐに講義内容に失望して退学し、労働組合や社会主義団体を訪ね歩くようになった。一方、八月三十一日から惟一館で開かれた友愛会の七周年大会では賀川豊彦を提案者とする組織改革の断行が決まり、まず会名が大日本労働総同盟友愛会と改称された（翌年には「大」の字がカットされ、大正十年には労資協調の親睦団体めいた「友愛会」が削除されて日本労働総同盟と改められた）。次いで支部組織が地方別から職業別に改組され、本部の組織も会長の独裁制から女性二人を含む二十二名の理事の合議制に改められ、従来の綱領を廃止して「生産者が完全に教養を受け得る社会組織と、生活の安定と、自己の境遇に対する支配権を要求す」という宣言と、労働非商品の原則・労働組合の自由・最低賃金制度の確立・八時間労働および一週四十八時間制度・日曜日休日など国際労働九原則と――これは鈴木が参加したパリでの労働法制委員会で決められたが、日本政府は国際労働規約を「極秘」として公表しなかった――、普通選挙・治安警察法改正・教育制度の民主化など二十項目の主張を採択した。会長には全会一致で鈴木文治が選ばれたが、このころには鈴木は社会主義者に変貌したと自認していた。友愛会は本格的な労働組合としての第一歩を踏み出すのである。

この大会の直前に出版部長を罷免された平沢計七は、城東連合会の会長としてストライキを指導したが、大正九年三月には正式に友愛会の本部員を辞任して、東京毎日新聞社の亀戸支局主任になった。インテリ幹部連との溝が深まった結果である。これに先立つ同年一月には『労働及産業』は誌名を『労働』と改めて、麻生久が編集するようになっていた。そして九月、前年の日立製作所亀戸工場争議を指導した平沢が、重役と個人的に交渉して最低条件で妥結させたのは労働運動に悪影響をもたらすとして、関東大会で責任を追及されて査問会に付されるや、平沢は城東連合会の同志約三百名と一緒に友愛会を脱退し、十月に純労こと純労働者組合を結成して主事になった。労働組合は純労働者のみによって組織されなければならないことを確認してのスタートだった。

## 日本労働劇団と労働劇団

久留弘三と平沢計七が、労働者による演劇活動に熱心だったのは前述した。その久留が大正七（一九一八）年四月に友愛会の神戸連合会主務に就くや、労働者による演劇活動は演芸会という形でにわかに具体的になり、七月に演芸部組織案が提案され、九月には演芸会の開催が検討された。この九月の会合の時に顔を見せたのが大阪毎日新聞社神戸支局勤めの記者村島帰之《よりゆき》で、早大時代は文芸協会や自由劇場の熱心な観客で、大阪毎日では演芸欄を担当するとともに労働問題にも関心のあった村島の協力もあって、日本労働劇団が誕生する。が、すぐにも実現しそうだった演芸会は、九月十八日から十日間、日本の労働運動史上最初で最大の川崎造船の従業員によるサボタージュ闘争で、中断を余儀なくされた。

この時の怠業、つまりサボタージュを示唆したのが村島で、以後、怠けることをサボると言い習わすようになったが、サボタージュ闘争の最高責任者をはじめ十六人の従業員の交渉委員中、九人までが友愛会の会員だった。その一人の職工・丹崎勉の仲間が八時間労働制になり、就業時間が減ったので芝居をやろうと声をあげ、これを丹崎が久留に話すと、久留が村島に相談した。こうして神戸連合会演芸会の話と川崎造船所の職工の活動が合流し、瀬踏みとして大正八年十二月の友愛会茶話会の席上、友愛劇団という仮称のもとに『国際労働会議』が上演された。鈴木文治がパリ講和会議の労働法制委員会に出席したことをモチーフとする友愛会の宣伝劇である。

これに勢いを得た一同は『文明の賜』と『流行性感冒』という脚本の稽古にかかった。その中の一本が翌年一月の友愛会の新年会で上演され、そして二月に川崎造船所内に日本労働劇団が誕生した。賀川豊彦、村島帰之、久我米松工場長らの役員・顧問、久留弘三の総監督、丹崎勉の舞台監督に、造船所の職工たちが座員という布陣だった。

日本労働劇団は三月に趣意書と規約を発表したが、この時には舞台監督が中井三郎となっていて、座員ではなく技芸員という呼称で女工六人を含む二十六人の名が列記された。規約によれば劇団の資金は寄付金と会員の会費でまかない、会員には一定額以上の寄付をする特別会員と、所定の会費を納める正会員とがあった。正式な旗揚げは五月に神戸劇場で持たれ、悲劇『文明の賜』、喜劇『労か資か』(徳田繁成脚色)、『木綿実行』という出し物で、中井三郎が演出したらしい。いずれも楽天的に労働者の勝利を謳うもので、松本克平の『日本社会主義演劇史』にこれらの梗概が紹介されている。

旗揚げは大成功と言えるほど評判にもなり観客の入りもよかったが、経済的にはかなりの赤字が出た。寄付金と会費では補い得ないと判断したメンバーは、造船所の休日や余暇を利用して近隣を巡業する計画を立てた。そうなれば友愛会の宣伝劇だけでは通用しないと、『金色夜叉』などを手掛けた。しかし、舞台的に無理が目立ち、加えて内部のゴタゴタで、たちまちのうちに瓦解した。松本克平は試演会と旗揚げだけで、日本労働劇団は姿を消したと断定している。

平沢計七の労働劇団に話を移す。

平沢が組織した純労働者組合は大島労働会館に事務所を置いたが、ここにはそもそも岡本利吉が創立した企業立憲協会の事務所もあって、これを開設したのもこの協会だった。

逓信省貯金局などに勤務したことのある岡本は、独学で規範経済学を樹立すると、大正八年九月に企業立憲協会を設立した。翌月、新組織社を設けて機関誌『新組織』を創刊し、その誌上で岡本は資本主義から離脱して労働者による共働自治の新組織を作りつつ、資本主義を消滅させ、終局の理想社会を実現しようという分離運動を提唱した。これに共鳴した平沢が分離運動連盟の一単位として純労働者組合と労働劇団を創立するが、この関係から岡本利吉は純労働者組合の顧問になり、一方平沢は『新組織』の同人になるとともに、大正十年六月号からその編集発行人になった。この機関誌は現存しているものが少なく、いつまで出ていたのかも不明らしいが、松本克平の調査では、平沢は同誌に戯曲『失業』（大正九年十二月号）、『苦闘』（同十一年二月号）を発表している。

大正九年十二月はじめに平沢は警視庁から九等俳優の鑑札を受け——舞台に出演するには俳優鑑札というライセンスが必要で、そのために俳優は俳優税という税金を払って警視庁から俳優鑑札を受け取った。全国的には納税額によって一等から八等までの俳優鑑札が発行されたが、東京に限って九等まであった——、七日から三日間、大島町の五の橋館で自作『失業』による労働劇団の試演会を持った。久留弘三のように労働者を俳優とすべく訓練しなかったので、既成の俳優を起用せざるを得なかった。平沢が俳優探しに奔走した揚げ句借り出したのが新派のドサ回り一座で、試演会にはこの一座が出たらしい。

この成功から自信を持った平沢は念願の労働劇団を創設して、大正十年二月末の三日間、同じ五の橋館で第一回公演を挙行した。ある意味で平沢に影響を与えた中村吉蔵が二日目の舞台を見て、その感想を「民衆娯楽の新研究」という特集を組んでいた雑誌『大観』の四月号に寄せた。

五ノ橋館といふのは五百人余り入る場末の古い寄席で、舞台は四五間位の間口しかなく、奥行も至つて浅い。舞台裏は直ぐ楽屋になつてゐますが、脚本は労働者で、文筆の経験のある平沢君の手に成つた『女社長』『血の賞与』『疵痕』（注＝『傷痕』の誤記）などといふものを三夜に分けて上演しました。作者平沢君は旅役者相手に自ら作中の役々に扮して舞台に立ちました。脚本の題材が皆労働階級の実生活から取られてゐるし、その客席に群集した見物が皆労働者なので、観客席の気分が先ず緊張する。それが反響して、舞台と観客と、互いに熱し合つて、いかにも盛んな感興の渦巻が湧き返る。一日の労働に疲労して汗と埃とにまみれてきた見物は、確《たし》かに『生命《いのち》の洗濯』をしてゐるやうに感ぜられました。民衆娯楽といふものは、矢張り斯ういふ意味のものでなければならぬ。即民衆文化のための娯楽でなければならぬとつくづくさう思いました。（中村吉蔵「劇と民衆娯楽」）

三日目には平沢の師の小山内薫に誘われて土方与志も観劇し、前述のように舞台と客席の熱い交流に感銘を受けた。五の橋館には労働者にまじって官服や私服の巡査も目立った。幕間にミカンを持って小山内のところへ挨拶に来た平沢は、官憲の圧迫で思うような芝居ができないと小山内にこぼした。後述の件に加えてこのこともあってか、労働劇団は一回の試演と旗揚げ公演だけで幕を閉じた。

## 社会講談と平沢計七の虐殺

労働劇団旗揚げの大正十（一九二一）年三月、日本鋳鋼所に争議が起こった。ここの職工が純労働者組合の中で最多数を占めていたので組合は全力で支援したが、これを後押ししたのが企業立憲協会の岡本利吉を中心に組織された消費生活組合たる共働社だった。

十月に純労働者組合が結成されるや、平沢らは新メンバー獲得のために東京毎日新聞社大島亀戸支局で労働問題講習会を開いたが、講師として招かれた岡本が外国の消費生活組合の話をし、企業立憲協会内に売店を作り、これを共働組合＝消費生活組合にしたいという計画を語ると、純労働者組合の幹部が刺激を受けて、消費生活組合を設立しようという運びになった。

ほどなく共働社を設立し、組合員四十五名の出資で大島労働会館内に販売店をオープンした。米などを安く仕入れて安価で売る共働社の事業は順調で、第一回総会が開かれた大正十年一月には、出資払込金の四分の一を労働運動基金として積み立てるまでになっていた。これを日本鋳鋼所の争議の応援に当てたほか、企業立憲協会が寄付金を募って争議を支援した。争議は労働者側が負けたものの、純労働者組合と企業立憲協会、及び共働社の争議への関わり方がそれらを疑わしく見ていた労働運動家たちの見方を変えるきっかけになり、これを決定的にしたのが翌大正十一年八月の、大島製鋼所のクビ切り反対争議だった。

ここの職工も純労働者組合員が多かったので純労が争議を指導したが、クビを切られた職工たちの工場侵入という異常事態になった中で、平沢は首謀者として逮捕された。この時にも共働社が争議団の本部になったが、大島製鋼所の争議が起きたころには、東京の月島にも純労働者組合の支部ができてその建物が月島労働会館と呼ばれ、大阪にも共働社の支部が設立されて、ブルジョアの消費組合を撲滅するといったアピールを出すほど、共働社は戦闘的になっていた。

労働劇団の活動停止は平沢が争議の応援や共働社の活動で忙殺されたことのほかに、労働週報の編集という新しい仕事が加わったことも一因だった。

弁護士山崎今朝弥の出資で思想的政治的な立場を超えて、労働者のための統一的な新聞を目指して大正十一年二月に創刊されたのが労働週報で、平沢は日本労働総同盟の松岡駒吉、黒色労働会の渡辺政之輔、東京鉄工組合の山本懸蔵、教員組合の先駆である啓明会の下中弥三郎（注＝平凡社の創立者）らとともに三十七人の編集メンバーの一員になり、やがて労働週報の編集常任になった。つまり、労働者をやめたのである。

編集常任になった平沢は労働者による労働者のための新聞たらしめる努力を払い、第一面のほとんどを「自由討論欄」という投書欄にして読者に開放したのをはじめ、「週報雑談会」なる編集者をまじえた読者サロンを開設したり、労働週報社内に人事相談所という窓口を設け、労働者の生活に関するあらゆる相談に無料で応じたりした。

「自由討論欄」のもう一つの目的というのは、それは「週報雑談会」についてもいえることであるが、総連合運動の失敗（注＝後述するが、各労働組合の全国組織化を目ざして大正十一年に起こった動き。ボルシェヴィキ派とアナーキズム派の対立で空中分解した）にこりた平沢が思想闘争は思想で、行動はともにという統一戦線の倫理とルールを労働運動の中になんとか定着させたいというものであった。そしてそれらの平沢独特の賢明な工夫は次第に効果を生みはじめ、たとえば大正一二年一月一二日夜に開かれた「週報雑談会」は、のちに「三悪法反対闘争」として知られる、大正一二年初頭の政界に強い影響をあたえた、あの労働者の全国的統一行動の起点となったのである。具体的にいうと、一月一二日夜の「週報雑談会」に集まった労働運動の闘士たちは、いわゆるボル派もアナ派も総聯合運動決裂以来の感情のしこりを越えて第四六帝国議会に上程を噂されていた過激社会運動取締法案反対のために提携して立ち上がることを決意し、そのための世話人会を発足させるに至った。そしてひとたび合意ができあがると、協同行動は雪だるま式にひろがり、遂に一月三〇日には月島労働会館に信友会・時計工組合・造機船工労組合・南葛労働協会・関東鉄工組合・関東機械工組合・芝浦労働組合・工友会・理髪工技友会・洋服技工組合・朝鮮労働同盟・水平社・関東労働同盟・日本労農同盟・日本農民組合等の代表約百名が集まり（この会で平沢は議長を務めた）、全国的な統一行動組織「過激法案・労働組合法案・小作争議調停法案反対全国労働組合同盟」を発足させるに至り、二月一一日には東京をはじめ全国各地で抗議集会や示威行進が計画されたのである。労働者と農民による全国的統一行動は大成功であった。メーデー以外に、しかもかなり高度な政治的な目的でこのような全国規模のデモンストレーションが行われたことはかつてなかったし、またその力によってすでに上程されていた小作争議調停法案すら審議未了に追い込むことができたからである。

　このように平沢が『労働週報』の記者になったということは労働運動の第一線を退いて気楽な観客席に腰を落ち着けたということではなく、まさに労働運動の護民官としてその尖端に立つことだったのである。（西田勝「純労働者作家平沢計七」『近代文学の発掘』）

　さて、労働週報の紙上でも平沢は労働劇団へのこだわりを見せたが、具体化にはいたらなかった。実現したのは社会講談である。

　明治期の政治講談に代わって大正期に社会講談が注目されるにいたるのは、主として堺利彦がこれを唱え、読み物を書いたことによる。これに火を点けたのは大正八年に創刊された雑誌『改造』だった。

『改造』が講談の芸術化を図り、民衆教化の一助ともすべく社会講談と名付けて堺利彦の『鋳掛松の話』、白柳秀湖の『藤十郎と富蔵』、上司小剣の『石川五右衛門』などを掲載したのは大正九年の七月号で、これは「改造講談号」と謳われていた。八月号には白柳の『富蔵の復讐』、九月号には荒畑寒村の『鼠小僧と蜆売』など、十月号には大庭《おおば》柯公《かこう》の『奥女中江島』や生方敏郎の『勘平の最後』ほか、大正十年一月号には堺の『一休和尚』と白柳の『郡兵衛の脱走』、同年四月号には堺の『大塩騒動』と続々と社会講談が掲載され、七月の夏季臨時号には表紙に「社会講談」と刷り込んで、堺の『巴里コンミュンの話』、宮嶋資夫の『放浪俠客・竹川森太郎』、伊藤野枝の『火つけ彦七』、生方敏郎の『彫刻師ソクラテスの犯罪』、荒畑寒村の『紀伊国屋文左衛門』など十篇の社会講談が載った。

　社会講談に刺激されて菊池寛らが文芸講談をはじめ、これが大正末期に市民権を得る大衆文芸になる一方、社会講談は昭和期のプロレタリア大衆小説につながっていくと言われるが、このころ平沢計七も自作の社会講談を口演したり、労働週報に堺や宮嶋資夫の社会講談を掲載したりした。かたわら、平沢が最後に関わった新しい雑誌に『新興文学』がある。

　大正十一年十一月に創刊され、関東大震災直前の同十二年八月号で廃刊になった『新興文学』は、地主で、財産を所有するのを罪悪だと考えていた伊藤忞《つとむ》の編集・発行人、山田清三郎の社主で、原稿料の出るプロレタリア文学の発表機関として世に出た。当時プロレタリア文学の雑誌としては政治的啓蒙の色彩が強い『種蒔く人』のみだったから、四百字詰めの原稿用紙一枚につき一円の稿料を出す『新興文学』は、当時の一流雑誌に比肩できる画期的なメディアだった。商業誌ということから一党一派に片寄らず、山田をはじめ藤井真澄、新井紀一、青野季吉、金子洋文、高橋新吉、川崎長太郎、萩原恭次郎、小牧近江、尾崎士郎、前田河広一郎らの新人や無名作家が書く一方、小川未明、加藤一夫、宮嶋資夫、平林初之輔といったすでに知られた作家や批評家も執筆した。

投稿以外に平沢が『新興文学』と関係したのはその末期で、大正十二年六月号に小説『二人の中尉』を、翌七月号に戯曲『大衆の力』を発表した。それからほどなくの九月一日に関東地方を大地震が襲い、震災のどさくさにまぎれて平沢計七は軍隊によって虐殺された。九月四日のことで（三日という異説あり）、平沢とともに九人の労働者が殺されたが——亀戸事件と呼ぶ——、真相を歪曲してこれが公表されたのは十月十一日だった。この間十人の労働者の消息を家族や友人や知人をはじめ、自由法曹団の布施辰治弁護士らが訪ね歩いたが、真相を究明しようとするもう一つのグループがあり、彼らは関係者からの聞き書きを抜粋して、大正十三年の一月にパンフレットとして発行した。種蒔き社から出た金子洋文編集・発行・印刷人の『種蒔き雑記』がこれで、その扉の裏には「転載をゆるす」との異例のコメントの記載があった。虐殺された時、平沢はまだ三十四歳だった。

## アナ・ボル論争と日本共産党の誕生

少し時代を戻す。

普通選挙運動が最高潮に達したのが大正九（一九二〇）年のはじめで、二月十一日には東京で百十一団体、数万人の普選大示威行進が行われた。運動の高まりを前にようやく野党の憲政会や国民党も普選論に踏み切って、開会中の第四十二帝国議会にそれぞれの普通選挙法案を提出した。政府は普選法案審議中の二月末に突如議会を解散し、五月十日に行われた第十四回総選挙の結果は、与党政友会の圧倒的な勝利に終わった。この選挙に社会主義者は一人も立候補しなかったのみならず、普選運動無用論が優勢になっていた。議会主義によって無産階級運動が去勢される危険があるとの判断からで、その主唱者が山川均だった。

選挙戦中の三月に戦後恐慌がはじまって東京の株式市場が暴落、地方銀行の取り付け騒ぎが広がった。不況にともなうクビ切りや賃金引き下げなどの資本攻勢が強化され、ストライキは激減して弱小組合は消滅した。それだけに残った組合員は意識も高く活動的になって、同時に労働組合の団結の必要性が痛感されるようになった。わが国初のメーデーは、そういう中で行われた。

メーデーの集会は明治三十八（一九〇五）年に「五月一日茶話会」として平民社の二階で開かれて以来、社会主義者を中心に屋内集会としては開かれていたが、屋外集会はまだなかった。屋外でのメーデー開催を発起して推進したのは信友会などの急進的な印刷労働者たちで、屋外集会を行いたいという話を耳にした古参の社会主義者服部浜次が、信友会の水沼辰夫に、運動資金が必要なら堺利彦に相談しろと教えたのが発端だった。言われた通りに水沼が堺を訪ねると、堺は五十円を提供した。堺は幸徳秋水の遺著『基督抹殺論』の印税の一部を、運動に使う条件で保管していたのである。

資金を得て勢いづいた水沼らが、友愛会や啓明会、交通労働組合など十五組合に案内状を出して参集を求め、五月一日が土曜日で参加者が少ないと見込んで、二日に上野公園でメーデーの集会を開いた。参加者は一万人を超え、治安警察法十七条の撤廃、失業防止、最低賃金法制定の三つの要求を決議した。わが国最初のメーデーで、これを契機に参加した信友会、友愛会、啓明会など九組合が、五月中旬に労働組合の共同戦線とも言うべき労働組合同盟会を創立し、やがてほとんどの東京の主要組合がこれに加わった。この労働組合の協同戦線化に刺激されて、社会主義者の間にも大同団結の動きが出てきた。

社会主義者の大同団結は弁護士の山崎今朝弥と山川均を中心に六月ころから進められたが、その後押しをしたのが山崎による平民大学の講習会だった。

これは大正六年に山崎が設けた労働者の教育機関で、講師として社会主義者をはじめ生田長江、与謝野鉄幹、白柳秀湖、宮武外骨などが関わった。この幅の広さが大同団結の受け皿としての機能を果たすとともに、対立が深まっていた堺利彦と大杉栄との間を何とかしたいという近藤憲二らの仲介があって大同団結が進められ、八月五日に日本社会主義同盟の趣意書と規約草案が発表された。

社会主義団体や労働組合、学生団体を網羅した日本社会主義同盟は弾圧を避けるために年末まで準備会の形で宣伝活動をつづけ、創立大会を十二月十日に予定していた。が、警察の弾圧で開催できそうもないことから、九日の在京有志の打ち合わせ会を急遽創立大会に代えた。十日に社会主義同盟成立の報告演説会が開かれると、昨夜出し抜かれた警察は開会と同時に解散を命じた。が、日本社会主義同盟は弾圧の中で活動をつづけ、各地に社会主義者の小グループを誕生させた。

この時の「協同戦線」に端を発するのが、近藤栄蔵と高津正道の二人のボルシェヴィキを加え、大杉栄、伊藤野枝、近藤憲二、岩佐作太郎らのアナーキストがアナ・ボル協同戦線で大正十年一月に出した第二次『労働運動』だった。これは六月の十三号までつづいたが、この間にアナ・ボル対立の芽が生じ、日本共産党結成にいたる過程がそれに拍車をかけた。

日本共産党の結成については近藤栄蔵の『コミンテルンの密使』、荒畑寒村の『寒村自伝』、それに『山川均自伝』と関係者の話が食い違い——それぞれの記憶だけが頼りなので無理もない——、詳細は不明だと言わなければならないらしい。そこで新日本文庫の『日本共産党の六十年・付　党史年表』の記述を引用する。大正十年の項である。数字は「月」。

4　堺利彦、山川均、近藤栄蔵ら、日本共産党結成のための準備委員会をつくり、宣言、規約案を作成、日本共産党暫定中央執行委員会を設立。コミンテルンは創立当初から日本共産党結成に関心と援助をよせる。コミンテルン極東書記局の招きで、五月、近藤が上海に渡って協議。

大杉栄らはこの動きを一切知らない。つまり、机を並べて『労働運動』の仕事をしながら、近藤は密かに別行動をしていたわけで、アナ・ボル協同戦線は実態としてほころびはじめていた。五月九日には神田の青年会館で日本社会主義同盟の第二回大会が開催されたが、事前に執行委員の多くが検束された上に大会は解散を命じられ、同月末には同盟に結社禁止が下った。仮に解散命令が出なくても同盟は内部分裂を来すような状態にあった。労働戦線にもこれがおよび、六月に労働組合同盟会から日本労働総同盟友愛会とその傘下の組合が脱退して分裂、つづいて第二次『労働運動』が六月発行の十三号で廃刊になった。アナ・ボル対立の結果である。

そういう六月に近藤栄蔵が上海から帰国した。コミンテルンから運動資金の一部として五千円、近藤個人への慰労金として千円、一時危篤になるほどの重いチブスにかかって入院を余儀なくされた大杉栄への見舞金として五百円——大杉は前年に上海でコミンテルンの関係者と会談していた——、計六千五百円という大金を手にして下関に着いた近藤は、東京行の急行列車を待つ間、芸者をあげて料亭で遊ぶうちに二度も乗り遅れ、芸者とともに一泊した。その揚げ句に金遣いの荒さを怪しんだ警官に踏み込まれ、近藤は逮捕されて東京に移され、警視庁で調べられるという失態を演じた。大金の出所を追及された近藤は某国から政治資金として受け取ったことを自供して釈放され、八月に個人的に高津正道ら十七人の同志を募ると暁民共産党を結成した。暁民共産党は十一月に反軍ビラを撒いたものの、十二月はじめに党員と同調者四十名が逮捕されて、あっけなく崩壊した。が、この発覚がきっかけで政府は新しい治安立法、過激社会運動取締法案の制定を急ぐ。

ところで、ボルシェヴィキに裏切られた形の大杉栄は、伊藤野枝や和田久太郎らアナーキストだけで結束を図り、大正十年の十二月に第三次『労働運動』を創刊した。前後して山川均、田所輝明、上田茂樹らが『前衛』を創刊、やがて『前衛』は日本共産党の理論機関誌と目されるようになる。主として大杉と山川との間で、アナ・ボル論争が本格化するのがこれ以後である。

その詳細はここでは措くが、論争の背景の一つに、ロシア十月革命とその後の経過に対する判断や認識に相違があったとだけ指摘しておく。一言で言えば、大杉がロシア十月革命は認めるもののその後の「社会主義国家」の建設に否定的だったのに対して、山川がこれを肯定したことである。わけてもボルシェヴィキとしての山川の立ち位置を鮮明にしたのが、「無産階級運動の方向転換」（『前衛』大正十一年七・八月合併号）だった。

この論文で山川は、「無産階級の前衛たる少数者は、資本主義の精神的支配から独立するために、まず思想的に徹底し純化した。それがためには前衛たる少数者は、本隊たる大衆を、はるかうしろに残して進出した。今や前衛は敵のために本隊から断ち切られる憂いがある。そして大衆をひきいることができなくなる危険がある。そこで無産階級運動の第二歩は、これらの前衛たる少数者が、徹底し、純化した思想をたずさえて、はるか後方に残されている大衆の中に、ふたたび、ひきかえしてくることでなければならぬ。なお資本主義の精神的支配の下にある混沌たる大衆から、自分をひき離して独立することが、無産階級運動の第一歩であった。そしてこの独立した無産階級の立場に立ちつつ、ふたたび大衆の中に帰ってくることが、無産階級運動の第二歩である。『大衆の中へ』は、日本の無産階級運動の新しい標語でなければならぬ」（『山川均全集』第四巻）と述べ、ブルジョアの政治に対して無産階級の政治を対立させるために、「いやしくも資本主義の支配と権力との発露するあらゆる戦線において、無産階級の大衆の現実の生活に影響するいっさいの問題に対して」単に否定の態度から、積極的闘争の態度に移ることが「日本の無産階級運動の、全線にわたって行なわねばならぬ方向転換」だと提言した。

ここに見られる遅れた大衆と進んだ前衛という図式、換言すれば、進んだ少数者が「大衆の中へ」入って遅れた大衆の意識を引き上げるというすぐれてボルシェヴィキ的な論旨は、プロレタリア演劇運動の中でも貫徹された。その意味ではプロレタリア演劇ないしその運動は、共産主義運動の一環だったと言って過言ではないが、こうして高まってきたアナとボルの対立は、労働組合総連合運動をめぐって一つのピークに達した。

労働組合総連合運動に火を点けたのは、大正十一年四月の総同盟系の関西労働同盟会第五回大会だった。

ちょうどこのころ、モスクワとペテルブルグで開かれていた極東勤労者大会（極東諸民族大会とも言う）に出席していた山崎今朝弥の弟子筋に当たる少壮弁護士の徳田球一（戦後に公認される日本共産党の初代書記長）や、暁民会の高瀬清らが帰国した。この極東勤労者大会には日本からの代表団とは別に、アメリカ共産党日本人支部から片山潜を団長に鈴木茂三郎（戦後に日本社会党の委員長）らも参加していた。そして片山はそのままモスクワに残ってコミンテルンの執行委員に選出され、昭和八（一九三三）年に没するまで、日本を含む世界の共産主義運動の指導に当たった。

コミンテルンの政策がわが国の労働運動や共産主義運動に直接影響をおよぼすのは徳田や高瀬らが帰国したこの時以来だと言われるが、コミンテルンの指令とも片山のそれとも言われる日本共産党結成の相談会が持たれた結果、七月十五日に「日本共産党の創立大会（東京・渋谷伊達町）。暫定規約を採択し、コミンテルンへの加盟を決議、中央委員長に堺利彦を選出」（新日本文庫・前掲書）した。前掲の山川の論文が発表されるのはこの直後だが、創立およびそれからほどなくの党員のうち、主なメンバーは次の通り。

堺利彦、荒畑寒村、山川均、近藤栄蔵、徳田球一、高瀬清、佐野学、鍋山貞親、野坂参三、山本懸蔵、北原龍雄、渡辺政之輔、鈴木茂三郎、猪股津南雄、吉川守圀、上田茂樹、西雅雄、田所輝明、高橋貞樹、橋浦時雄、国領伍一郎、河田賢治、川内唯彦、高津正道、高尾平兵衛、青野季吉、平林初之輔、市川正一・義雄兄弟。

さて、労働組合総連合のための創立準備委員会は、九月十日に神田の松本亭で開かれた。が、中央集権主義を主張する総同盟と自由連合組織を主張する労働組合同盟の対立は溶けず、そのまま同月末に大阪の天王寺公会堂で日本労働組合総連合の創立大会が開かれた。この時には総同盟は総連合を成功させる意欲を失っていた。

これをみたボル派――この時点ですでに共産党は結成されていたので共産党派――は、総同盟とアナ派との事態収拾にのりだしはしたが、それも効果なしとみるや、総同盟幹部の尻馬にのり総連合ぶちこわし路線をとることとなった。九月三十日の大会では、共産党派は、中央集権的合同論を自由連合に対置し、アナ派への非難攻撃の舞台にすることとなってしまった。アナかボルか、自由連合か中央集権か、という論争の場に総連合運動は変った。総連合の失敗と群小組合の吸収を意図していた総同盟幹部とボル派は一体となって、アナ派攻撃の場として大会を利用した。大会は全く紛糾し、解散を命じられることで、総同盟幹部やボル派の思惑どおり、総連合運動は完全な失敗となってしまった。（田中真人「アナ・ボル論争」『論争の同時代史』）

アナ・ボル論争の過程で大杉が提示したのは、進んだ少数者と遅れた大衆という山川式の図式とは逆に、進んだ大衆と遅れた知識人という図式だった。大杉はこの考えにもとづく運動論を展開し、実践した。この両者がもっとも鋭い形で対立したのが総連合運動をめぐってであり、その意味ではこの運動は単なる労働運動の進め方の範囲を超えて、日本の社会主義運動の在り方にとって一つの重要な境目になった。約一年後の大杉栄の虐殺によってアナーキズムが凋落してボルシェヴィズム一辺倒になるのを思えば、大杉のこの思考こそ大正社会主義のエスプリであり、またある意味で山川均の「無産階級運動の方向転換」は、昭和社会主義の出発点でもあったのである。

## 第一次共産党事件

前述のように、日本共産党は大正十一（一九二二）年の七月に結成されたが、当時各国の共産党はコミンテルンすなわち第三インターナショナルの各国支部という形を採っていたから、二十一箇条の加入条件の受け入れをはじめ、コミンテルン日本支部としての許可をもらわなければならず、そのために高瀬清ら二人が十一月五日から一か月間、モスクワで開かれたコミンテルンの第四回大会に派遣されて出席した。この会議で日本共産党はコミンテルン日本支部として承認されたが、同時に高瀬らはブハーリンを中心とする集団討議を経て作成されたブハーリン・テーゼ、すなわち日本共産党綱領草案を提示され、これを持って帰国したのは翌年の一月だった。テーゼは日本共産党の当面の課題をブルジョア革命と規定し、次いで日本共産党の任務として、二十二項目の行動綱領を提示していた。その一部を上げる。

政治的分野の要求＝君主制の廃止、貴族院の廃止、十八歳以上のすべての男女に対する普通選挙権、労働者団結の完全なる自由、現在の軍隊、警察、憲兵、秘密警察の廃止その他。

経済的分野の要求＝八時間労働制、失業保険その他の労働保険、工場委員による生産の管理その他。

農業分野の要求＝天皇、大地主、寺社の土地の無償没収とその国有、累進所得税その他。

国際関係の分野の要求＝朝鮮、中国、台湾および樺太からの軍隊の撤退、ソビエト・ロシアの承認その他。

この綱領草案検討のために、日本共産党は大正十二年二月に千葉県市川市の料亭で、ある工場の重役会議と称して第二回大会を開いた。が、規約の改正を行ったものの綱領の審議までいたらず、翌三月に東京・石神井《しゃくじい》の料理屋で臨時大会を持った。綱領草案を討議して「君主制の廃止」など二十二項目の当面の要求を承認したが、綱領全体についてはまたも審議未了に終わった。そうこうするうち堺利彦以下多くの共産党員が検挙された。端緒になったのは早大軍事研究団事件だった。

第一次世界大戦後の軍備制限や極東問題を討議するため、アメリカの提案でワシントン会議が開かれたのは一九二一（大正十）年の十一月から翌年の二月までだった。この会議で軍縮を余儀なくされた陸軍は、参謀本部が各大学に余剰の将校と兵器を送り込み、教育の軍国主義化を図ろうとした。参謀本部と密接な関係にあった青柳篤恒《あつつね》早大教授は、軍馬を借りて練習する乗馬学生団が指導下にあるのを利用して、これを中心に早大に軍事研究団を組織しようとした。陸軍の首脳部は早大を突破口にして各大学に拡大するのを期待したが、早大生の社会主義グループをはじめ、一般の早大生が反対に立ち上がった。

大正十二年五月十日、陸軍次官を迎えて早稲田大学軍事研究団の発会式が行われようとするや、学内には突如「早稲田を軍閥に売るな」というポスターが貼りめぐらされ、学生が会場に押しかけて青柳会長や次官の祝辞を野次り倒した。十二日には雄弁会の主導で軍事研究反対学生大会が開かれ、軍国主義や、早大を軍閥宣伝の具とすることに反対との決議をした。そこへ右翼のグループが殴り込みをかけたために会場は大混乱に陥ったが、少壮教授たちが軍事研究団の排撃を決議し、青野季吉、小川未明、秋田雨雀といった校友も暴力を攻撃した。そのために研究団は自ら解散した。

この反対闘争は日本共産党の指導で行われたと見られているが、ほどなく思いがけない飛び火をした。

事件のために捜査が身辺におよぶのを恐れた講師の佐野学が、大学内の自分の研究室に保管していた日本共産党の関係資料を、顧問をしていた鉱夫総連合会を通じて鉱夫出身の渋谷杢次郎に預けた。ところが二十日の夜、警官が渋谷宅を襲って秘密書類を押収した。渋谷は警視庁のスパイで、このころから日本共産党の内情調査にスパイを使うのが警視庁の常套手段になっていた。押収した証拠をもとに、警視総監官房主事の正力松太郎（注＝のちに読売新聞社の社長）の総指揮のもと、警視庁が堺利彦以下約八十人の日本共産党関係者を検挙したのが六月五日、第一次共産党事件である。

その後山川均らの解党主義、敗北主義が支配的になったものの、大正十三年六月から七月にかけてのコミンテルン第五回大会に日本代表として片山潜、佐野学、近藤栄蔵が出席し、日本問題委員会で日本共産党の解党決議を取り消して、党の再建を決定した。山形県五色温泉での第三回党大会で佐野文夫を中央委員長に選出し、日本共産党が再建されたのは同十五年十二月四日だった。この時には堺利彦、山川均、荒畑寒村らは無関係で、大杉栄は伊藤野枝や甥の橘宗一とともに、関東大震災直後の同十二年九月十六日に、憲兵隊の手で殺されていた。なお、一言触れておけば、日ソの国交が回復したのは同十四年の一月だった。

## 農民運動と水平運動

労働組合運動の刺激を受けて、農民の間にも同様の動きが広がっていった。大正六（一九一七）年に八十五件だった小作争議は同七年に二百五十六件、同八年に三百二十六件、同九年に四百八件、同十年に千六百八十件と激増した。

小作争議の頻発は農村問題に関心を寄せる学生を生んだ。北沢新次郎早大教授をリーダーとする建設者同盟のメンバーたる浅沼稲次郎、和田巌、平野力三、三宅正一らがそうで、彼らはそれぞれ分担地を決めて、農民運動を進めていった。中でも長野県が盛んだった。

大正十一（一九二二）年四月、神戸のキリスト教青年会館で日本農民組合の創立大会が開かれた。元日本キリスト教会の牧師で、福島県下で農民学校を開いたり農村青年の教育に当たったりした杉山元治郎が組合長に就任、宣言・綱領を起草したのは賀川豊彦で、「我等農民は穏健着実、合理合法なる方法を以て共同の理想に到達せんことを期す」と謳った。つまりは日本農民組合は初期の友愛会の農村版で、評議員に日本労働総同盟の鈴木文治、吉野作造や高野岩三郎らの東大教授、伯爵有馬頼寧《よりやす》らが顔を並べていた。妥協的な性格が強かったとは言えともかくもわが国初の農民の全国的な組織で、設立当時十五の参加組合が同十二年に三百余、同十三年には七百弱組合と急速に組織を拡大していき、組合員数も設立当時の二百三十余人から、同年年末には六百人に達する勢いを示していた。

日農こと日本農民組合創立の約半年後、大正十一年十一月には鈴木文治の呼びかけで日本農民組合関東同盟が結成されて日農に加盟、その中に社会主義を持ち込む役目を果たした。同十二年二月に神戸で開かれた日本農民組合の第二回大会では闘争性が強められて農民の代議員と労働組合員の提携が成立、労働者と共通の要求を掲げるかたわら、関東同盟にならって関西同盟が結成された。

組織の強化にともなって、日農は各地の争議を指導した。これに対して政府は大正十三年の公布を目指して小作争議組合法の制定を急いだが、これを含む三悪法反対運動——過激社会運動取締法、労働組合法とともに制定反対の運動——が盛り上がり、三法案とも結局は日の目を見なかった。

そのために政府は方向を変えて自作農創設方針を採り、大正十五年に地方団体による自作農創設維持政策を補助する自作農創設維持補助規則が公布された。農村問題をほうってはおけなくなったわけだが、一方では大正デモクラシーの波を受けた地方の文化人を中心に、郷土演劇の芽が吹いた。農村での新劇活動の例をいくつか上げる。

## 嫩葉会《わかばかい》や「町の劇場・村の劇場」など

婦人科医、安元知之《やすもとともゆき》の指導で大正十二（一九二三）年四月末に福岡県浮羽《うきは》郡浮羽町の安元の自宅の二階を室内劇場に見立て、七名の農村青年が『屋上の狂人』（菊池寛作）で第一回試演会を持ったのが嫩葉会で、安元を中心に、演劇活動に精神の慰安を求めたのが会を立ち上げたきっかけだった。会員の負担で会を運営し、会員には正会員、顧問、会友があった。嫩葉会は飯塚友一郎の提唱した室内劇の理論に拠っていて、俳優は正会員の農村青年、演出は安元知之が担当した。第一回の試演会には百人ほどの村人と、小学校の先生が三人見物に来たという。大正十三年の七月には安元邸の書斎が室内小劇場に改造されて嫩葉会室内劇場と称されたが、発足年に手掛けたのは以下のような戯曲だった。

四月＝『屋上の狂人』（菊池寛作）、五月＝『わしも知らない』（武者小路実篤作）と『屋上の狂人』、同月末日＝『父帰る』（菊池寛作）、六月末日＝以上の三本を上演、七月＝『生命の冠』（山本有三作）、十月＝『袈裟の良人』（菊池寛作）と『死後のイスカリオテのユダ』（武者小路実篤作）、十一月＝『敵討以上《かたきうち》』（『恩讐の彼方』菊池寛作）、十二月『父帰る』、『わしも知らない』、『或る日の一休』（武者小路実篤作）、『真如』（額田六福作）、『敵討以上』、『光の門』（ダンセニー作）。

十二月の公演は村の祭日を利用して二日間にわたって持たれ、小屋掛け芝居をしたいとの声に応えて、安元医院裏の畑に野天劇場が作られた。開演に際して会歌を合唱、安元が戯曲を解説した。二日間の観客は約千七百人だった。

大正十三年には前述の室内小劇場が誕生し、同十四年には村の傾斜地を利用して安元知之設計の古代ギリシアの劇場式の野天公会堂兼劇場を建てた。組織も充実して、正会員四十人は次のように構成された。

演技部＝十七人（うち男十二人）、美術部＝三人、照明部＝二人、演出部＝二人、文芸部＝四人、出版部＝二人、庶務部＝二人。

順調な歩みだったが、安元が大正十五年三月に病で倒れ、揚げ句に昭和二（一九二七）年一月に三十八歳で没したことから、嫩葉会は翌年一月の安元の追悼公演を最後に、解散した。前述以外に解散までに上演したのは、以下のような戯曲である。

菊池寛作『丸橋忠弥』、武者小路実篤作『だるま』と『野島先生の夢』、山本有三作『同志の人々』と『嬰児殺し』、倉田百三作『俊寛』、小山内薫作『息子』、ダンセニー作『アラビア人の天幕』と『旅宿の一夜』、ストリンドベリ作『より強いもの』と『犠牲』と『一人舞台』、チェーホフ作『犬』、グレゴリー夫人作『月の光』、ダヌンチオ作『春曙夢』、シング作『海へ騎り行く人々』、メーテルリンク作『タンタジールの死』、安元知之作『父を恋ふ』。選ばれた戯曲は東京の新劇団と変わらない。

現在の東京・世田谷区の二子玉川の川向こう、神奈川県高津村（現・川崎市高津区）には溝ノ口青年演劇部があった。早大政治科出身の上田久七がそのリーダーで、上田は小学校の同窓会の活用のために日曜学校を設けたり、夜学を開いたりしていた。小学校の物置には日露戦争当時に買い入れた楽器が放置されていたが、ほこりを払って大正十年二月に溝ノ口青年音楽部が設立され、これを追うように同十五年五月に溝ノ口青年演劇部が設立された。

その活動は昭和八年まで確認されている。小学校の講堂を利用して年に二、三回の公演を持ち、上田久七自作の『時の三平』や『日蓮と日朗』、『三叉路』や『橋』をはじめ、菊池寛作『真似』や『時勢は移る』、山本有三作『同志の人々』や『嬰児殺し』、武者小路実篤作『或る日の一休』や『二十八歳の耶蘇』などを上田の演出で上演した。演技部員は農民をはじめ大工、ブリキ職、電気屋、銀行員、川魚業者などさまざまで、大工は大道具の製作を、電気屋は照明をと特技を生かして舞台創造に関係した。一回の製作費は二、三十円だった。

ほかにも農村演劇は各地にあったが、中で特異な活動を展開したのが信州の「町の劇場・村の劇場」と呼ばれた郷土演劇運動だった。

これを中心的に進めた伊藤松雄は、演劇運動に相当のキャリアの持ち主だった。そもそもは早大英文科を卒業して大正二年に有楽座に籍を置いて演出を担当したことだが、やがて国民座の前身たる新劇研究会の指導に当たり、同六年には自作『廃娼運動』を上演している。同時期、生地・松本市の方言で『危急』を執筆、これは郷土戯曲と銘打つ同名の戯曲集として同九年に刊行されたが、この間に一次と二次の舞台協会や新文芸協会にも関係した。民衆芸術論にも関心を示して盛んに平民演劇論を書いたが、そういう経験が「町の劇場・村の劇場」の発起になった。

大正十年五月、伊藤は「町の劇場・村の劇場」の一番手として、上諏訪町大手町青年会の指導に乗り出し、七月に第一回公演として『息子』（小山内薫作）や『時勢は移る』（菊池寛作）などを同町の都座で上演した。演出は伊藤で、いろいろな職業の素人俳優にせりふを口移しで教えた。公演は無料で下足料五銭を取り、二日間の入場者が約三千人で、収入が約二百二十三円、大道具、小道具、鬘、新調の黒幕など支払いが約百九十四円、秋田雨雀らを招いての講演会の費用が約百四十一円で、百一円ほどの欠損は伊藤松雄が負担した。

公演後、伊藤は郷土劇のみを演じること、劇作家の養成をはじめること、装置と照明の研究生を養成すること、朗読研究をつづけることといった方針を立てて着手しようとしたものの病に倒れ、昭和二年の二月まで病床にあった。この間、伊藤は信濃毎日新聞社が募集した郷土戯曲百三十余篇に目を通し、当選作に手を入れて信濃毎日新聞紙上に発表した。

伊藤が本格的な活動をはじめたのは同年三月からで、四月に都座で第二回公演を持った。戯曲募集の当選作『雪崩』（溝口卓郎作。溝口は作家国枝史郎の実兄で医師）や、上諏訪出身の作家藤森成吉の『仇討物語』などを手掛けて、会員券として十銭取った。この時には伊藤の妻が舞台に立ったが、これが誘い水になって奥様連が出演するようになった。反面、「地芝居を禁ず」という長野県令を振りかざして、警察がことごとに口を挟んだ。

こういう動きに刺激されて富士見村に「村の劇場」が、飯田町にトカゲ座が、上町に「アルプス町の劇場」が、須坂町に演劇朗読会が誕生した。昭和二年十一月の三日間、「町の劇場」は都座で第三回公演として『街の子《ちまた》』（シュミット・ボン作、森鷗外訳）などを上演したが、このころになると「町の劇場」の来演希望の声が各地に上がり、同じ出し物で長野市、松本市、須坂町を巡演、四回公演で六千人の観客を集めた。「町の劇場」は最終的には第六回公演まで持ったらしい。

このころの素人による地方演劇は中央でも注目され、昭和二年二月には中村星湖が嫩葉会の活動を評価して紹介、農村に於ける演劇運動の進め方を示した『農民劇場入門』を春陽堂から出版し、同年十二月には飯塚友一郎の『農村劇場』が大鎧閣《だいがいかく》から刊行された。後者は農村での新劇運動の社会化という観点に力点を置き、歌垣以来の農村での芸能・演劇の沿革を説いて当時の農村演劇におよび、アメリカやソビエト（当時）の農村演劇・民衆劇場のあり方を示して、わが国の農村演劇に理論的な裏付けを試みていた。

## 宮沢賢治の「農民芸術概論」

農村演劇との関連で宮沢賢治の演劇活動や、その「農民芸術概論」に触れておく。

宮沢賢治が岩手県稗貫《ひえぬき》郡立稗貫農学校（のちの花巻農学校）の教諭になったのが二十五歳の時の大正十（一九二一）年十二月、このころ親友に送った手紙には、学校で芝居や踊りをやろうと提案して煙たがられているとあった。

これが実現したのが大正十二年五月の花巻農学校の開校式の日で、記念行事として賢治自作の『飢餓陣営』と『異稿植物医師』が、賢治が生徒を監督して上演された。さらに翌年の八月には『飢餓陣営』と改稿された『植物医師』、『ポランの広場』や『種山ケ原の夜』の自作四本が昼夜二回、二日にわたって農学校の講堂で一般公開として上演された。すべて賢治の監督、生徒の出演である。宮沢賢治は上京のたびに観劇しているから、戯曲の執筆にはこれも影響しているだろう。

『飢餓陣営』は、飢えた兵士の一隊が菓子製の大将の勲章を次々と食べていくという反戦的なテーマの一幕もので、賢治が観たとおぼしき浅草オペラの影がちらつく。『異稿植物医師』は植物医師のいい加減な処方で農民が被害を受けるが、植物医師の萎れた様子に農民たちが元気づけて帰って行くという作者自身を戯画化したようなアイロニーに満ちたドラマ、『種山ケ原の夜』は方言による郷土劇で、人間と自然の交感を夢幻的に描く。そして『ポランの広場』は童話『ポラーノの広場』の初期形態である『ポランの広場』の一部の劇化で、悪口をきっかけに山猫博士と小学生が決闘をし、山猫博士が退散させられるという話だが、ここで宮沢賢治が描いたイーハトブ地方の白つめ草が咲いた広場、空には銀河が横たわっているという設定や、公演が終わると舞台の書き割りを講堂裏の広場に持ち出して火を点け、その回りを生徒と一緒にアメリカン・インディアンのように踊り回ったというエピソードは、ジャン・ジャック・ルソーの「民衆の祭り」をストレートに想起させる。つまり、宮沢賢治もまた「民衆芸術論」のうねりの中にいたと言っていいのではないか。「農民芸術概論」もその反映の一つだと思われる。

宮沢賢治が岩手国民高等学校で「農民芸術」の講義をはじめたのは大正十五年の一月末で、三月二十日過ぎまで十一回にわたって講義した。その中の「農民芸術の興隆」という項で「何故われらの芸術がいま起らねばならないか」と問いかけ、「いまやわれらは新に正しき道を行き、われらの美を創らねばならぬ」と述べた。農民は農民自身の芸術を創造すべきだという主張で、これもまた労働者は労働者自身の芸術を創造すべきだというこの期の流れと呼応していると見るべきだろう。拙著『日本現代演劇史・昭和戦前篇』(白水社)を例外に、これまで演劇史の中で扱われたことのなかった宮沢賢治の演劇活動は、孤立してあったわけではないと思われる。

### 西光《さいこう》万吉と佐野学の解放論

部落解放運動の中核として全国水平社が創立されたのは、日本農民組合の結成に先立つこと一か月、大正十一(一九二二)年の三月だった。が、突如として出現したのではなく、前段階があった。

明治四(一八七一)年のいわゆる解放令後、特殊部落に対する差別は建前としてはなくなっているはずだった。が、実際は違って、部落の人々は社会の底辺を形成していた。明治三十年代以降、上層の部落民を中心に内部の改善運動が展開されたが、この動きは施政者側の部落対策に利用された。すなわち、日露戦争後に部落改善政策として社会政策の一環に組み込まれ、矯風事業と称して実施されたのである。が、何の成果も上げ得ず、大正期には火の消えたような状態になった。そういう中、一つの転機になったのが米騒動だった。

政府による治安政策としての融和政策に抗して、米騒動後に各地で差別糾弾の闘争が起き、部落民の自主的な解放を目指す動きが活発になった。もっとも早いのが大正九年五月に奈良県柏原部落に誕生した燕会で、燕会は西光万吉らを軸に生活改善に取り組んだ。燕会は水平社の母胎になるが、そこでその中心人物の一人で、のちにプロレタリア作家になった西光万吉について少し触れる。

奈良県柏原の浄土宗の西光寺に生まれた西光（本名は清原一隆）が非差別部落の出身であるのを知ったのは小学校に入ってからで、そこでひどい差別を体験した。その時に西光を庇護したのが上級生の阪本清一郎で、やがて二人は水平社創立に関係する。中学でも差別を受け、耐え切れずに二年生の秋に中退し、寺を継ぐべく京都の中学に入学したところ、転任して来た教師から部落出身者であるのを暴露されて退学し、画家になろうと上京して中村不折主宰の太平洋絵画研究所に通うかたわら、日本画の個人教授も受けた。そのかいあって二科に二回入選し、画商の後援者も現れたものの、部落出身者であるのを知られるのを恐れて研究所から遠ざかり、上野図書館に通いつめて二年間の読書生活に入った。これが作家活動の下地になった。上京した阪本に励まされて、社会主義関係の本にも目を通した。

その後生活苦から病床に伏して故郷に帰り、一時は自殺賛美者になったりしたが、そこからの脱出を求めて西田天香の一燈園に近付いたり賀川豊彦を訪ねたり、武者小路実篤の「新しき村」に憧れたりという遍歴を重ねてロシア革命を知り、米騒動を体験し、第一次世界大戦後のアメリカ大統領ウィルソンの民族独立の考えに影響されたりして、部落問題の新しい解決策を考えるようになった。社会主義同盟にも西光万吉や阪本清一郎、駒井善作らの柏原の友達仲間はいち早く加盟、融和主義的な部落解放運動に批判的になって村政改善に着手する一方、堺利彦、大杉栄、山川均といった社会主義者にも接近して、部落解放の理論を求めた。そういう時に佐野学の「特殊部落民解放論」が社会主義的な総合雑誌『解放』の、大正十年七月号に掲載された。

ここで佐野は自らを自らの力で解放すること、プロレタリア階級との連帯を図ることといった運動の方向を示したが、これが水平社結成に弾みをつけた。柏原部落に水平社創立事務所が置かれたのは同年の十月で、このころから西光万吉、阪本清一郎、駒井善作らは各地の青年団雄弁大会などに参加して、同志を募った。

## 水平社結成

西光万吉が書いた『よき日の為めに』という水平社創立趣意書は、大正十（一九二二）年の十二月には刷り上がっていたらしい。冒頭に佐野の「特殊部落民解放論」の第四章「解放の原則」をそのまま掲げ、次いでロマン・ロランが提唱した民衆劇の国際大会の開催を促す回状草案を引用し、最後にこう呼びかけていた。

さあ！　みんな、仕事にとりかかろう！　というロマン・ローランのような意気込みで、この運動を起こさなければならぬと思います。私どもは諦めの運命より闘争の運命を自覚せねばなりません。実に何事も今からいわれねばならないのです。お互いによき日の仕事にとりかかりましょう。（北川鉄男編『西光万吉選集』より）

また西光はこの一文でゴーリキーの『どん底』のサチンのせりふ、「人間は元来、いたわるべきものじゃなく、尊敬すべきもんだ――哀れっぽいことをいって人間を安っぽくしちゃいけねえ。尊敬せにゃならん。どうだ男爵！　人間のために一杯飲もうじゃねえか」も引用している。要するに『よき日の為めに』はロランやゴーリキーなど、戦闘的民主主義者の影響が顕著で、広く言えば大正デモクラシーの潮流の中から水平社が誕生する。同時に西光におけるロマン・ロランの影は、やがてはじまる劇作活動にも反映した。

大正十一年三月三日、京都市の岡崎公会堂で水平社の創立大会が開催され、西光万吉の書いた水平社宣言が採択された。「一、我々特殊部落民は部落民自身の行動によって絶対の解放を期す　一、我々特殊部落民は絶対に経済の自由と職業の自由を社会に要求し以て獲得を期す　一、我等は人間性の原理に覚醒し人類最高の完成に向って突進す」と記された綱領につづく宣言の一部を採録する。

兄弟よ。

我々の祖先は自由、平等の渇仰者であり、実行者であった。陋劣なる階級政策の犠牲者であり、男らしき産業的殉教者であったのだ。ケモノの皮剝ぐ報酬として、生々しき人間の皮を剝取られ、ケモノの心臓を裂く代価として、暖かい人間の心臓を引裂かれ、そこへクダラナイ嘲笑の唾まで吐きかけられた呪はれの夜の悪夢のうちにも、なほ誇り得る人間の血は、涸れづにあった。そうだ、そうして我々は、この血を享けて人間が神にかはらうとする時代にあうたのだ。犠牲者がその烙印を投げ返す時が来たのだ。殉教者が、その荊冠を祝福される時が来たのだ。

我々がエタである事を誇り得る時が来たのだ。（中略）
水平社は、かくして生まれた。
人の世に熱あれ、人間に光あれ」。（部落問題研究所『水平運動史の研究』第五巻上より）

水平社の運動は差別を伝統的ないしは歴史的な観念と見て、それを「徹底的糾弾」でなくしていけば差別もなくなるだろうという当初の考え方よりも、「部落にたいする差別は、労働者や農民の下にいっそう低い階層をおいておくことが、資本主義にとって利益だから温存されているのであり、貧困の差からくる差別などあらゆる差別がなくならなければ、部落にたいする差別もなくならないのだという反省がつよまっていった」（今井清一『日本の歴史』第二十三巻）。そしてこういう方向を中心的に担ったのが、共産党員の高橋貞樹の指導下に大正十二年に結成された全国水平社青年同盟だった。高橋らの青年同盟のメンバーは部落解放運動を無産階級の闘争の一環に組み込むことに努力し、その意味で水平運動は一つの転機を遂げていく。が、運動のこれ以後の展開はここでは触れず、話を西光の劇作活動に移す。

## 西光万吉の劇作活動

西光が戯曲に手を染めたのは大正十一（一九二二）年から翌年にかけてで、同十二年十月に京都の出版社から最初の戯曲集『浄火』が出た。六幕の『毘瑠璃王《びるりおう》』と、一幕ものの表題作を収める。そして第三作になると言われる『天誅組』を、元新国劇の劇団員、倉橋仙太郎が創立した新民衆劇学校が上演した。

大正八年に病気のために新国劇を退団し、故郷の大阪南河内の瓢簞山に引っ込んだ倉橋は、病気の回復とともに円筒形の奇妙な自宅を中心に小住宅をたくさん建て、村長になってここを文化村と名付けた。関東大震災で東京中の劇場が被害を受け、新国劇付属演劇研究所も閉鎖されたことを知ると、関西に新国劇の支えを作るべく、新民衆劇学校という演劇塾を開講した。沢田正二郎の校長、倉橋仙太郎の主宰で、学校名はロマン・ロランの『民衆劇論』から採った。また、近くに住む西光万吉らを招いて社会主義講座を開き、新民衆劇学校を新しい社会主義運動の一環にしたいとも考えていた。これを疑わしいとする説もあるが、倉橋の理想に共鳴して何人かのインテリも文化村に移り住み、演劇塾を目指す生徒も集まって来た。その中にやがて無声映画の大スターになる大河内伝次郎がいた。

この新民衆劇学校が第二新国劇と名乗って旗揚げしたのが大正十四年七月の浅草・観音劇場で、その出し物の一つだったのが前年新民衆劇公演として大阪で初演した『天誅組』だった。室町次郎と称していた大河内の、これが俳優としてのスタートだった。

が、西光が戯曲を書きはじめたとは言え、部落解放運動の中から組織的かつ持続的な演劇活動は、ついに生まれなかった。その西光が、次第に労働運動に接近する。

西光は大正十二年日本農民組合に参加し、同十三年には日本農民組合奈良県連合会を結成して、日本農民組合の常任委員に就任した。その日農が一つに統一された無産政党作りを目指して努力した結果、同十四年の十二月一日に全国的単一無産政党である農民労働党の創立大会が東京・神田のキリスト教青年会館で開かれ、浅沼稲次郎が書記長に選ばれた。が、農民労働党は即日解散を命じられ、同十五年の三月になってこれに代わる労働農民党が結成された。西光はこの二つの政党作りに積極的に加わって、労働農民党の中央委員に選ばれた。

水平運動と労働運動の急接近の結果、西光の戯曲は『文芸戦線』や『解放』などのプロレタリア文学雑誌に発表されはじめ、西光はプロレタリア劇作家の一人に数えられるようになった。が、劇作家として上昇気流に乗ったころから、西光の名が雑誌ジャーナリズムから消えた。昭和三(一九二八)年三月十五日の日本共産党への弾圧事件、いわゆる三・一五事件で治安維持法違反で検挙され、翌年四月の第一審判決で懲役五年に処せられて昭和八年二月に仮釈放で出獄するまで、刑務所暮らしを余儀なくされたためである。

とまれ水平運動が生んだ劇作家、それが西光万吉である。

## 『種蒔く人』の軌跡

プロレタリア文化運動に大きな影響を与えた雑誌『種蒔く人』の創刊は、大正十(一九二一)年の二月だった。中心にいたのは小牧近江。

小牧は明治四十三(一九一〇)年に当時衆議院議員だった父がブリュッセルで開かれた第一回万国議員会議に出席するのに伴われて、渡仏した。秋田県土崎港(現在は秋田市の一部)生まれの小牧は上京して暁星中学に通っていたが、このころは実家の経済状態が悪化して、中退していた。

パリではアンリ四世校に入ったもののここも授業料や宿泊代の滞納で放校され、小牧は働きながら夜間労働学校に通った。やっと日本大使館に職を得て勤めていた一九一四(大正三)年七月に第一次世界大戦が勃発し、その月末、小牧は生涯を決定づけられる事件に出会った。フランス社会党の指導者ジャン・ジョーレスが暗殺され、それに抗議する労働者の大デモに遭遇したのである。ジョーレスの死は小牧に平和思想を植え付け、小牧をしてバルビュスの反戦運動や、『種蒔く人』の創刊に導いた。

一九一八年にパリ法科大学を卒業した小牧は、翌年創立されたコミンテルンの執行委員になる新聞記者のボリス・スヴァリヌを介して小説家のアンリ・バルビュスを紹介され、バルビュスを中心とする反戦運動たるクラルテ運動に加わるかたわら、パリ講和会議の日本全権団の顧問になった。感銘を受けた武者小路実篤の戯曲『ある青年の夢』の一部を翻訳し、ロマン・ロランに贈呈したのもこのころだった。

小牧の帰国は大正八（一九一九）年の年末で、帰国に際してバルビュスから反戦運動の同志を糾合するようにと頼まれていた小牧が早速連絡を取ったのは、武者小路だった。が、武者小路には団体活動には入らないと断られた。

翌年の春から小牧は外務省情報部の嘱託になった。ある日、小学校の同級生だった金子洋文から勤め先に電話があって再会し、雑誌発行の相談の結果、『種蒔く人』の発刊を決めた。印刷所を秋田にしたのは東京より費用が安いからで、土崎で映画の弁士をしていた二人の小学校の級友、今野賢三に頼んで探してもらった。同人としてこの三人のほかに、小牧の叔父の近江谷友治、従弟の畠山松治郎、金子の友人の山川亮らが名を連ねた。

『種蒔く人』は大正十年二月に創刊された。表紙とも十八ページのリーフレット型の小冊子で、部数は二百。費用は小牧が月給から出した。三号で終わる「土崎版」と言われる『種蒔く人』がこれで、文芸誌の装いをしつつも、三号ともにコミンテルンの動向を載せていたのが特色で、それゆえに一部の人に注目された。前述のごとき関係から、小牧近江のところにはフランスからコミンテルンの資料が次々と送られて来ていた。

「東京版」の『種蒔く人』につながる人脈は、吉江喬松を中心に結成されていたフランス同好会が源泉になった。小牧はここで詩人や評論家として活躍する村松正俊や、佐々木孝丸を知った。そしてこの三人を急速に結びつけたのが、大正十年五月の史上二回目の、はじめて屋外でデモ行進が行われたメーデーだった。三人とも参加していたのである。

デモの後小牧は村松と佐々木を自宅に招き、『種蒔く人』再刊の話を切り出した。村松も佐々木もその場で快諾したものの、ヨーロッパのクラルテ運動を日本に移植しようという小牧の構想の大きさには、気圧された。が、ともかくやろうと話がまとまり、資金集めに着手した。秋田雨雀が相談に乗って有島武郎と関係を持ち、佐々木孝丸の線から中村屋の相馬愛蔵が援助した。小牧近江、金子洋文、今野賢三、山川亮、村松正俊、佐々木孝丸、村松の紹介による画家の柳瀬正夢、金子の友人で雑誌『解放』の編集部にいた松本弘二といった同人のほかに、民衆作家、民衆詩人、人道主義的作家による特別寄稿グループを置き、これにはバルビュスやアナトール・フランスなどの外国の作家も加わっていた。

大正十年十月に再刊創刊号が出た。が、これが発禁になった。ことあることを予想していた小牧たちは、さほど落胆しなかった。ただし、「土崎版」のように三号で終わらせたくないと思った小牧は資金に余裕を持ちたいと考え、松本弘二の勧めのままに有島武郎を訪ねた。創刊号が出たと報告すると有島は喜び、「陣中見舞い」だと梅原龍三郎の裸婦像を小牧に渡した。これを持って同郷の俳人でもある金貸しを訪ねると、絵を六百円で買ってくれた。

再刊創刊号発禁の理由は村松正俊が書いた「宣言」と、「ロシア飢饉を救え」というアピールを内容とする「思想家に訴ふ」がチェックされたことだった。「宣言」は以下の通り。

嘗て人間は神を造つた。いまや人間は神を殺した。造られたものゝ運命は知るべきである。現代に神はゐない。しかも神の変形はいたるところに充満する。神は殺されるべきである。殺すものは僕たちである。是認するものは敵である。二つの陣営が相対するこの状態の続く限り人間は人間の敵である。この間に妥協の道はない。然りか否かである。真理か否かである。

真理は絶対的である。故に僕たちは他人のい（へ）ない真理をいふ。人間は人間に対して狼である。国土と人種とは問ふところでない。真理の光の下に、結合と分離とが生ずる。

見よ。僕たちは現代の真理のために戦ふ。僕たちは生活の主である。生活を否定するものは遂に現代の人間でない。僕たちは生活のために革命の真理を擁護する。種蒔く人はこゝに於て立つ——世界の同志と共に！。（『種蒔く人』再刊創刊号より）

表紙に「飢えたる**ロシア**の為に」と刷り込み、小川未明の小説『火を点ず』、秋田雨雀の童謡『酋長と噴火』、川路柳虹の詩『飢ゑて死ぬ露西亜に』といった諸稿を載せた二号は十一月に出たが、平林初之輔の評論「現実のロシアと架空のロシア」は本文三ページ全部が削除、加藤一夫の詩『ロシア民衆に与ふ』も全部削除された。十二月の「非軍国主義」号は発禁、翌年一月の第四号も発禁、第五号からは「宣言」の「見よ」からはじまる段落が伏せ字にされ、以後もおびただしい伏せ字、削除、発禁処分を受ける中で、『種蒔く人』は「赤色プロレット・カルト・インタナショナル研究」（大正十一年九月号)、「水平社運動」(同年十二年二月号)、「無産婦人」(同年三月号)、「反軍国主義・無産青年運動」(同年七月号)、「農村」(同年八月号)といった特集を組み、広範な協力者を組織して平林初之輔、青野季吉、前田河広一郎、山田清三郎らを新たに同人に加え、社会運動と芸術運動の合一した新しい地平を目指す誌面を精力的に作っていった。

一方、ロシア飢饉の救済活動、過激社会運動取締法案反対の運動など主張に沿った行動も起こし、その一環として巡回の文芸講演会を持った。一例に大正十一年三月のそれ。

ロシア革命の理解を広めようと、神田のキリスト教青年会館での文芸講演会の開催とあわせ、同人たちによるロマン・ロラン作『ダントン』の革命裁判の場の上演を企画した。が、これは当日になって警察から禁止された。しかし、それからほどなく、地方での公演にこぎつけた。

同年八月、土崎港と秋田市でロシア飢饉救済のための文芸講演会を開催することになり、そのアトラクションとして芝居をしようということになって、武者小路実篤の『或る日の一休』の稽古にかかった。佐々木孝丸の一休、金子洋文の野武士、今野賢三の寺男というキャストで、この臨時の一座に佐々木が表現座と名をつけた。講演会は盛況で、芝居の出来も悪くなかったと佐々木は回顧している(佐々木孝丸『風雪新劇志』)

『インターナショナル』の歌が一部で知られるようになるのも、この年の秋だった。

ロシア革命五周年を記念して牛込会館で文芸講演会を開き、この時に『インターナシュナル』を歌う話が持ち上がった。小牧近江によればフランスから歌詞と楽譜を持ち帰っていて、はじめ秋田雨雀に訳詞を頼んだもののなかなかできず、佐々木に代訳を依頼したということになる。また、佐々木孝丸はジョルジュ・ソレル編の『社会主義事典』に歌詞と楽譜が載っていて、ここから訳したと回想していて話が食い違うが、ともかく浅草オペラで鳴らしたピアニスト、沢田柳吉の指導で歌を練習したという。歌いはじめは「起て、呪われしもの……」となっていた(現行の「起て、飢えたるものよ」になったのは、最初の訳詞が間延びしているとの反省から、昭和の初期に佐々木孝丸と佐野碩が最後のリフレイン以外は原詩にこだわることなく、作り直した結果だという)。

種蒔き社名での主催では禁止になるだろうとの配慮から、山田清三郎が関係していた新興文学社の名を使って開かれたロシア革命記念文芸講演会は、出る弁士が次々と中止命令を受けたり検束されたりしてまともな会にならなかった上に、『インターナショナル』の披露もできなかった(もっとも、小牧によれば、検束されながら「インターナショナル」と叫んで手を振ると、会場の隅から合唱の嵐が起こったという。もしそうなら、これが公の場での最初の披露だということになる)。

小牧近江が外務省を辞したのは大正十二年の三月で、その翌月に佐々木との共訳になるバルビュスの小説『クラルテ』が、有島武郎と関係の深い叢文閣から刊行された。当時佐々木は先駆座の創立にかかわっていたが、この刊行を機に「クラルテの会」が組織されて、小牧はヨーロッパ流の社会運動の共同戦線を推進しようとしていた。これが不可能になったのが、六月二十五日に神田の中央仏教会館のピース・サロンで開かれた「三人の会」での出来ごとだった。

これは中村吉蔵、秋田雨雀、小川未明の長年の労をねぎらうために開かれた会で、アナーキストもボルシェヴィキも垣根を越えて、二百人ほどが参集した。先駆座員による余興の後スピーチになり、平林初之輔が過激社会運動取締法案反対の決議に署名しようと提案するや、安成貞雄が「信頼しない政府に反対署名の請願などして何の役に立つのだ」とやり返したことから大混乱に陥り、この後アナーキストとボルシェヴィキがはっきり対立するようになったのである。さらに、この会の発起人の一人だった有島武郎がしばらく前から行方不明で、雨雀と親しかったから「三人の会」には出て来るだろうとの希望的観測に反して、姿を見せなかった。同月はじめ、六月九日に有島武郎は婦人雑誌の記者と心中していたのである。四十六歳。それからほどなくの九月一日、関東大震災が起きた。この地震で先駆座の土蔵劇場も崩壊したのは前述した。さて、『種蒔く人』は――

再興の努力の一方で、これまでの方針に強い反対意見が出た。平林初之輔のものだった。

出席者は、平林、青野(季吉)、中西(伊之助)のほか、金子洋文など、少数であったと記憶しています。(中略)その日は、それこそ、酒ものまないで、そのまま別れて帰ってきました。寒い晩でした。三日月が、不気味に、寒々と照らしている代々木の原を、私は、金子といっしょに帰ってきました。涙がこみ上げてきてしようがありませんでした。私はついに、声をあげて泣き出してしまいました。「洋文、このままでいいのだろうか。なにかやらなくてはならないではないか。やるだけでよいのだ。われわれだけでやろうぜ。」平林発言は、当時の党(注＝日本共産党)との事情があったようです。

そういう一幕があってのち、〝種蒔き雑記〟が、震災後の第一号(大正十三年)として出されたわけですが、それは事実上、〝種蒔く人〟の終刊号となりました。(中略)

〝種蒔き雑記〟では、かつての〝平民新聞〟にならって、読者に休刊理由をはっきりさせるために、〝種蒔く人〟・〝休刊の辞〟の文章を別にだしました。同時に、〝朝鮮人虐殺〟にも触れることにもしました。その程度ならば、金もそうかからずにすむというわけでした。
しかし、戒厳令下の東京では、思うように抗議ができないので、秋田にいた今野賢三に、〝休刊の辞〟と〝朝鮮人虐殺に抗議〟する文を書いて貫いたいといってやったところ、今野は、後世に残る立派な文を書きました。
そのうち、〝亀戸事件〟の全貌がわかってきました。それで、これは黙っておれぬというので〝亀戸事件〟に取り組むことになったのです。(中略)
それで、金子と私は、〝総同盟〟に行って、相談を持ちかけましたが、相談にのってくれたのは、加藤勘十と三輪寿壮さんでした。「〝亀戸事件〟を世に訴えることは、われわれとして考えていなかったわけではないが、今のわれわれとしては無理だ。こういう時には文士の諸君に限る。たのむ。」といって、膨大な〝亀戸事件〟にかんする〝総同盟〟の調査記録を貸してくれました。この調査がもとになって、〝種蒔き雑記〟が出たのです。(小牧近江『ある現代史』)
資金は松本弘二が提供し、この小冊子は特異な記録文学として後世に残った。これが『種蒔く人』の終わりだった。

# 第十四章　プロレタリア演劇の盛衰

## 日本共産党の解党と再建

プロレタリア文化運動に大きな影響を及ぼしたのは日本共産党とそれを巡っての動きだから、第二次日本共産党への弾圧事件である昭和四（一九二九）年の四・一六事件までの、日本共産党とその周辺の動きを先述する。

日本共産党結成の正式な報告をコミンテルンにすべくロシアに渡り、任務を果たしてモスクワに滞在していた一九二三（大正十二）年の六月下旬、荒畑寒村は第一次共産党事件の報に接した。荒畑は帰国すべくシベリア鉄道の客になり、チタで亡命して来た辻井民之助と合流して終点のウラジオストックに着いた。ここには二年前にソビエト入りしていた間庭末吉が迎えに来ていた。荒畑は間庭から佐野学、近藤栄蔵、山本懸蔵らも亡命して来ており、当地で共同生活していると知らされた。荒畑も辻井もここに合流、そうこうするうち関東大震災のニュースが流れた。荒畑が山本懸蔵と上海経由で帰国すべくウラジオストックを発ったのは、十月半ばだった。

十一月上旬に長崎に着き、次いで大阪の鍋山貞親を訪ねる過程で荒畑が知ったのは、佐野文夫、青野季吉、北原龍雄らの仮執行部をはじめ、保釈で出て来た事件の関係者や山川均を含め、荒畑を除いた党員の大勢が解党説に傾いていたことだった。荒畑はあくまでも根こそぎ解党には反対で、再建に備えて基礎的な組織は残すべきだと主張し、その結果、青野季吉、佐野文夫、徳田球一、北原龍雄、荒畑寒村による一委員会、ビューローが作られた。

しかし、当時の各国の共産党はコミンテルンの支部だったから、支部の判断では解党できず、本部の許可が必要だった。一九二四年の六月から七月にかけて、モスクワではコミンテルンの第五回大会が開かれていた。これにはソビエトにいた佐野学や近藤栄蔵も日本代表として加わっていたが、そこへ解党のニュースが届くやコミンテルンはこれを認めず、佐野学に党再建の指令を下した。佐野は上海に行き、コミンテルン極東部と協力して再建工作に着手した。

同年の年末、コミンテルン代表のヴォイチンスキーとプロフィンテルン代表のヘラーが上海に到着、解党および党再建の協議をしたいと連絡があり、ビューローの全員が翌年一月に上海に渡った。討議の結果二五年の上海テーゼと呼ばれるものがまとまった。再建の運動をすること、ビューローに労働者のメンバーを加えること、大衆的な新聞を創刊することなどがその内容で、これを基礎に大正十五（一九二六）年十二月に第二次日本共産党が結成されるという意味では、歴史的な意義を持つ。

佐野学を上海に残して他の全員が帰国し、上海テーゼを実行しようという段階になって、突如理由も告げずに青野季吉と佐野文夫がビューローを脱退した。一方、堺利彦や山川均らはビューローに加わるのを拒否したから、共産主義運動は若い世代の運動として再出発した。再建ビューローの中央委員長になった徳田球一が三十歳、最年長の荒畑寒村が三十七歳、佐野学が三十三歳、労働者メンバーとして中央委員になった間庭末吉が二十七歳、渡辺政之輔が二十五歳、北浦千太郎が二十四歳だった。

五月には労働運動推進のための方策を決める会議が徳田球一、渡辺政之輔、佐野学、ヘラーとの間で上海で持たれ、共産主義者は日本労働総同盟内にとどまるとの指令が出された。が、これを持って徳田たちが帰国した時には、日本労働総同盟は分裂していた。

## 日本労働組合評議会の結成

日本労働総同盟の分裂には、普通選挙運動がからんでいた。大正十二（一九二三）年十一月、日本労働総同盟中央委員会は普選実施後は投票権を行使するのを決定し、翌年二月の大会でこれを確認した。が、これが社会民主主義者（右派）と共産主義者（左派）の対立を激化させた。

総同盟の大正十四年三月の大会で、両派の対立は頂点に達した。大会後の中央委員会で右派が多数を占めると、関東地方評議会の解散決議を強行した。左派はこれを無視し、総同盟革新同盟をつくって刷新運動をすすめた。五月にはいると総同盟中央委員会は、解散拒否を理由に革新同盟系の三十二組合の除名を決定した。除名された組合は、日本労働組合評議会を創立した。評議会の発表では、総同盟残留組合が三五組合一万三一一〇人なのにたいし、評議会加盟組合は三二組合一万二五〇五人であった。十四年の歴史を持つ総同盟は真二つとなり、日本労働運動史上最大の分裂をまね

いたのである。(今井清一『日本の歴史』第二十三巻)

労働戦線が二分化していくころ、普選選挙法と治安維持法が成立した。前者は第一次加藤高明内閣下の大正十四年三月に成立し、二十五歳以上の男子に選挙権を、三十歳以上の男子に被選挙権を与えるというのが主な内容だった。女子は除外されていたから正確には普選選挙法ではなかったが、ともかくこれで三百三十万人だった有権者は、千二百五十万人に増えた。が、加藤内閣は普選選挙法成立の十日前に、治安維持法を成立させていた。治安維持法はこの年の一月に日ソ基本条約が調印され、日ソが国交を回復させていたこととも関係があった。当局は日ソ復興による共産主義運動の活発化を予想していたからである。

## 福本イズムの興隆と衰微

普選選挙法の制定で普選の実施が日程にのぼると、無産政党結成の動きが急になった。大正十四(一九二五)年には単一無産政党樹立の声が、労働組合や農民組合の間で高くなった。が、労働組合では前述のように大分裂が起き、労働戦線は対立の様相を深めていた。そこで日本農民組合がイニシアチブを取って同年六月に単一無産政党樹立を提唱し、八月には労働組合や農民組合、水平社など十六団体の代表が参集、大阪で無産政党組織準備協議会が開かれ、綱領などの作成作業に取り掛かった。が、委員会が総同盟の西尾末広、評議会の渡辺政之輔、水平社の高橋貞樹ら呉越同舟だったためにたちまち左右に分裂し、総同盟は十一月に無産政党組織準備協議会から脱退した。そこで残った左派と中間派が農民労働党を結成し、十二月一日に創立大会を開いた。が、農民労働党は即日禁止・解散命令を受けた。

ところで、総同盟ははじめから共産主義者を排して無産政党作りを進め、大正十五年三月に杉山元治郎を委員長に、三輪寿壮を書記長とする労働農民党を結成した。これは社会民主主義の政党を目指したもので、安部磯雄、西尾末広、松岡駒吉、賀川豊彦らが執行部を占めたが、ここにも左右勢力の抗争が生じ、同年十月には西尾ら総同盟系と安部、三輪、賀川などの右派が脱退した。そこで労農党は左派だけで態勢を立て直し、同年十二月に大山郁夫を委員長に再出発したが、同月再建された日本共産党のフラクがやがて労農党を支配するようになる。換言すれば、労農党は日本共産党の地上部の観を呈する。

一方、労農党からの脱退グループは同月安部磯雄を委員長にもっとも右派色の強い社会民主党を結成し、社民党の右傾化を嫌う総同盟の一部と日本農民組合、すなわち日農の左傾化に反対の農民運動家の一部は、三輪寿壮を書記長に同月日本労働農民党を結成した。これに先立ち十月には平野力三が日本農民党を作っていたから、大正十五年末の時点で労農党、社民党、日本労働農民党（日農）、日本農民党と四つの無産政党が日の目を見た。

さて、共産党の再建について。

これに重要な働きをしたのが、日ソ国交回復に伴って開設されたソ連大使館の書記官として来日したヤンソンだった。ヤンソンはコミンテルンとプロフィンテルンの代表を兼ねていて、党再建の資金を提供するとともに、そのための方針をも示した。そして大正十五年十二月初旬の山形県五色温泉で開かれた第三回大会で共産党が再建され、佐野文夫、佐野学、徳田球一、市川正一、福本和夫、渡辺政之輔、鍋山貞親が中央委員に選ばれ、佐野文夫が委員長に就いた。荒畑寒村は再建ビューローから脱退した佐野文夫が新党の幹部になっているのに驚いたが、昭和二（一九二七）年には佐野学、徳田球一、市川正一らの旧幹部が出獄してきたので、新指導部は再建大会の了承を彼らに求めなければならなかった。これを聞いて激怒したのが再建運動を指導して来たと自負していた徳田で、その怒りを抑えるために佐野文夫は委員長の椅子を徳田に譲った。かたわら新指導部は堺利彦、山川均、荒畑寒村らも説得したが、彼らは参加を拒んだ。

再建大会で一躍注目されたのが福本和夫である。第二次日本共産党の理論的な支柱になった福本和夫に少し触れる。

東大政治科を卒業して松江高校の教授になり、大正十一年から二年半の欧米留学中にマルクス主義を研究、同十三年に帰国した福本は山口高商の教授をしていた。若干三十歳。

福本和夫デビューのころを松田道雄はこう回顧している。

当時の学生にとって福本和夫ほど待たれた存在はなかった。（中略）

インテリゲンチアのほうから労働階級にはたらきかけねばならないという使命感が学生のなかにわきおこって、震災後一年たった大正十三年九月に、学生社会科学連合会を結成したのであった。社会科学というのはマルクス主義の隠語であったから、参加校四十六、会員千六百名の団体は、マルクス主義を原理とする集団であった。

この学生社会科学連合会が翌大正十四年七月十六日に京大の学生集会所で、京大当局と府警察部の臨席のもとで第二回大会をもった。全国五十数校から数十人の代表があつまったが、大正十三年の高等学校長会議で高等学校の社会科学研究団体は解散させることに決定して、各地で解散措置がとられていたため、高等学校や高等商業の代表は入場を禁止された。
学生のほうもそれに対応して翌日に「懇談会」を秘密にもって、全国的な討議をした。しかし、これは警察のほうが役者が一枚うえだった。この秘密会議でいろいろのテーゼをつくらせることによって、学生たちを治安維持法の最初の「適応」の対象とすることができたのである。
第二回大会を運営したおもだった学生は大正十五年一月から四月までに検挙され、「京都大学事件」(注=一般的には京都学連事件と言う)の被告となり、やがてその大部分が、大正十四年の末に再建される日本共産党のなかに吸収されていくのだった。
大正十四年という一年間は、社会科学研究を志した学生にとって、何を研究すべきかという模索の年であった。そこに福本和夫が忽然としてあらわれたわけである。(中略)
福本和夫という人物の魅力は、その新鮮さにあった。その存在も、思想も、文章もすべて新鮮であった。
福本和夫ほど学生にだけ呼びかけた社会主義者はそれまでになかった。彼は帰国した翌月にかいた論文を雑誌『マルクス主義』に投稿した。『マルクス主義』はその後、日本共産党の合法機関誌であることがわかるのだが、それも福本和夫が帰国する四か月まえの、大正十三年五月一日に創刊されたばかりだった。あたかも福本和夫の帰国を待ちうけていたかのようだった。
『マルクス主義』には山川均、青野季吉、市川正一などの当時第一級のマルクス主義理論家がかいていて、学生たちは最高の理論雑誌とかんがえていた。社会科学研究会では、まっさきに推薦された。学生社会科学連合会を指導していた新人会の理論家たちが、その編集に関係していたことからも当然だった。その内容からみても、ふつうの労働者や農民の理解しにくいものだったから、『マルクス主義』の読者は学生がほとんど全部だったに違いない。そして福本和夫は『マルクス主義』にだけ、その論文をかいた。(中略)
それは福本和夫がアメリカ、イギリス(一か月ずつ)、フランス、ドイツ(一年ずつ)で蓄積してきた成果であったろうが、学生はまったく圧倒された。エンゲルスをも批判する力をもった学者が、党の組織を示唆している。日本にかつて、これほどマルクス主義を理解し、これほどよく勉強し、しかも革命の側にたった学者がいただろうか。(中略)
福本和夫が私たち学生をとらえたのは、明治的支配こそ、われわれの敵であり、これを打ちたおさないかぎり、解放はありえないことをはっきりいったことだ。そして彼はこの敵に絶対専制勢力という名をつけた。(中略)

さきに唯物史観の全構造をあきらかにし、共産党の組織理論の世界史をのせ、ついで日本のなかで共産党をいかに組織すべきかをおしえた福本和夫が、いまプロレタリアートの正面の敵を名ざしたのである。（松田道雄『在野の思想家たち』）

福本の理論は福本イズムと呼ばれ、山川均の理論、山川イズムと対決した。福本は共産党は純化されたマルクス主義者の集団でなければならないが、現段階は結合の前の分離段階だから、徹底した理論闘争を行って、理論的相違がある部分からは組織的に離れなければならないと主張した。理論闘争による分離・結合という組織論が福本イズムの根本だったが、これは文化面にもおよんでプロレタリア文化運動を錯綜させた。

ところで、党再建に先立ち合法的機関紙として佐野学を主筆とする無産者新聞が大正十四年の九月に創刊された（月二回発行。ほどなく週刊となる）。発行資金を補助したのはヤンソンで、当初発行部数は三万と言われたものの発禁になることが多く、部数は思うように伸びなかった。

第二次共産党はそのヤンソンと手を切ったから、改めてコミンテルンへ結党の報告をする必要があった。荒畑寒村はこの辺のことをこう書いている。

ヤンソンは近々、新党の方針に関する報告のため帰国する予定で、党からも数名の責任者が派遣される。ついては私にも入露して、直接コミンテルンに（福本イズムの）反対意見を開陳しないかと勧められたのである。だが、私は現在は党外の人間であり、且つこの健康状態ではとても長途の旅行は許されないと断わると、それでは君の福本イズム批判を文書に認めて出してくれないかといわれ、これには応ずることにした。山川君もまた同様の懇請をうけ、コミンテルンに意見書を提出することは断わったが、ヤンソンに対して単に参考のために個人的意見を述べるという条件で、見解を明らかにした一通の文書を寄せた。後日、コミンテルンが福本イズムと並べて山川イズムの名で批判した文書はこれであるが、山川君の真意はもとより福本イズムと是非曲直を争うために、コミンテルンの批判を仰ごうとしたものではない。（『寒村自伝』）

徳田球一、佐野文夫、福本和夫らが一九二七（昭和二）年はじめにモスクワに着いた時、コミンテルンにはコミンテルン議長ブハーリンを主査とする日本問題委員会が特設されていた。コミンテルンが日本問題を重視していた裏にはスターリンやブハーリンらの右派と、トロツキーやジノヴィエフらの左派とのすさまじい権力闘争があった。

ロシア以外ではどこでも革命が成功していないことを踏まえてコミンテルンでは革命のために統一戦線政策を採っていて、中国では国民党と共産党の国共合体という形で実を結んでいた。が、国民党の勢力圏が拡大していくとともに共産党との間に権力闘争がはじまり、一九二七年四月には蔣介石のクーデターで中国共産党は壊滅的な打撃を受けた。これは統一戦線を指導してきたコミンテルン右派に政治的なダメージを与え、左派は中国問題で右派を攻撃していた。右派はここで左派の台頭を許してはならなかった。

こういう政治闘争のさなかに日本問題が持ち出されたのだが、むろん日本代表はこのことを知らなかった。

かくのごとき政治情況の中では、福本イズムがコミンテルンから批判されることは、目に見えていた。第一に、コミンテルン中央（スターリン、ブハーリンの右派）にとって、世界中の共産党から左派的要素を取りのぞくことが絶対の要請だった。（中略）

第二に日本の指導部がヤンソンを通じてのコミンテルン中央の指示を無視するという、民主集中制の大原則を踏み外す行為をおこなったことは、それだけで百パーセント断罪に値することだった。（立花隆『日本共産党の研究』）

コミンテルンに乗り込んだ日本代表は福本をはじめ子供のように扱われ、批判に反論すらできなかった。以後は全面的にコミンテルンのペースで進み、日本共産党第三回大会の決定事項もすべて覆された。たとえば人事。コミンテルンは渡辺政之輔、鍋山貞親、市川正一、佐野学を中央常任委員に、山本懸蔵、中尾勝男、杉浦啓一、国領伍一郎らを中央委員に選出し、福本和夫や福本イズムのお先棒をもっとも熱心にかついでいた徳田球一や日本で委員長に選ばれた佐野文夫らははずされた。コミンテルンがインテリを不信の目で見ていたことがよく分かる人選だった。

ブハーリンを中心に七月に作成された二七年テーゼと呼ばれる第二次日本共産党の新綱領は十三か条からなっていて、「帝国主義戦争の危機に対する闘争」「支那革命から手をひけ」「ソビエト連邦の擁護」「植民地の完全なる独立」「議会の解散」「君主制の廃止」といったスローガンが上位を占めていた。立花隆によれば、コミンテルンの機能が各国革命の実現援助からソ連の生存に資する各国革命運動の援助へと変わり、世界のプロレタリアートにとって自国の革命は本質的任務に入らなくなったのである。

## 二七年テーゼを巡って

訪ソメンバーが二七年テーゼを持って帰国し、モスクワ組と市川正一、三田村四郎、佐野学、水野成夫《しげお》（転向後（株）フジ・メディアホールディングスや産経新聞の社長になってフジサンケイグループの土台を築いた）、国領伍一郎、杉浦啓一らが合流して十二月に日光で拡大中央委員会が開かれて、二七年テーゼは第二次日本共産党の最初の綱領的文書として採択された。つまり、福本イズムが一瞬にして否定され、全員揃って二七年テーゼに従うことになったのである。

その一部がはじめて一般に示されたのは、プロレタリア文学雑誌『文芸戦線』の十月号に掲載された蔵原惟人訳の「コミンテルンに於ける日本無産階級運動の批判」だった。やがてプロレタリア文壇に理論家として重きをなす蔵原は東京外大ロシア語科を卒業後、大正十四（一九二五）年にロシア文学研究のために都新聞（現・東京新聞）の特派員として訪ソした。翌年十一月に帰国するや日本プロレタリア芸術連盟に参加、昭和二年の三月から『文芸戦線』の同人になっていた。

二七年テーゼの一部が訳載されてから福本失脚の風評が流れはじめ、『文芸戦線』の十二月号に福本から折衷主義者とレッテルを貼られ、長く沈黙していた山川均が「ある同志への書翰」を発表して、福本と福本イストに一矢を報いた。が、この掲載問題から同誌を機関誌としていた労農芸術家連盟（略称は労芸）は十一月に分裂し、翌十二月に山川均、荒畑寒村、堺利彦らのいわゆる合法マルクス主義者が雑誌『労農』を発刊した。日本共産党員以外の、換言すればコミンテルンを絶対視しないマルキストのグループが誕生したわけで、彼らはやがて労農派と呼ばれた。以後日本のマルクス主義は大きく二分するのである。

『労農』は政治的統一戦線の形成、組合運動の全国的統一といったことを目的に発刊され、日本共産党と対立する見解に立つマルキストが集まったものの、理論的な調整を経て結束したのではなかったから、党になることなくグループとして存在した。当初『労農』の同人は前述三名のほかに猪俣津南雄、吉川守圀、鈴木茂三郎、北浦千太郎、黒田寿男、労農芸術家連盟の青野季吉、小堀甚二（小説家平林たい子の夫君）らで、やがて佐々木更三（戦後鈴木茂三郎の後を受けて日本社会党の委員長に就任）や向坂逸郎《さきさかいつろう》（戦後日本社会党左派の理論的支柱になった社会主義協会の代表）らも加わった。

昭和三（一九二八）年から日本共産党と労農派、主として猪俣の間で二七年テーゼを巡る激しい論争が展開された。二七年テーゼが日本の革命戦略を社会主義革命に成長するブルジョワ民主主義革命からという二段階戦略になっていたのに対して、労農派は帝国主義ブロックに対するプロレタリアートの全面的対決という一段階のプロレタリア革命を提起していたのが原因で、はじめ労農派が圧倒的なポイントを挙げた。が、昭和四年以降猪俣批判に立ち上がったのが「日本資本主義発達史」などの論考を世に問うていた野呂栄太郎で、猪俣と野呂の論争は四年間つづいた。が、これ以上の詳細は措く。触れておきたいのは共産主義運動の一大プールとなった学生運動についてである。

## マルクス主義芸術研究会

林房雄、千田是也、佐々木孝丸らがマル芸ことマルクス主義芸術研究会を創立したのは、大正十五（一九二六）年の二月だった。その中心人物の一人が林で、林は「文学的回想」と題した一文で、入学したのは東大法学部政治科ではなく、新人会だと書いている。

その新人会で志賀義雄や黒田寿男らの指導のもとに共産主義運動に関わる一方、文学志望の林は『文芸戦線』に投稿をつづけていつの間にかその寄稿家になり、やがて東大内に大正十四年十月に設立された社会文芸研究会を単なる新人会の会員獲得機関ではなく、独立したマルクス主義文学の研究会にしようと発起した。

プロレタリア文学の勝利の早道は帝大生と学生聯合会の会員の中から優れた作家や評論家を養成することだ。「社会文芸研究会」の中には、既に中野重治、久板栄二郎、鹿地亘、川口浩君などの秀才が集まっている。これらの諸君にペンを捨てさせて、ビラをはらせることは運動の大局から見て、決してプラスにはならない。（中略）あくる大正十五年の『文芸戦線』二月号に『林檎』がのった。私の処女作は『絵のない絵本』であったが、活字になったのは、『林檎』の方が先である。（中略）それと前後して、「社会文芸研究会」は「マルクス主義芸術研究会」と改称された（注＝改称ではなく社会文芸研究会員が創立）。前記の会員のほかに、佐野碩、亀井勝一郎などが加わり、校外から築地小劇場の千田是也、小野宮吉、関鑑子《あきこ》、『文戦派』の山田清三郎、柳瀬正夢、佐々木孝丸、葉山嘉樹（注＝これは林の記憶違い）、ドイツから帰った辻恒彦、浦和高校を放校されて演劇運動をやっていた大河内正敏子爵の御曹司小川信一などが参加した。それぞれ、旧来のプロレタリア文学運動に不満を持ち、それに「純正」マルクス主義の背骨を通して、新風を起そうと気負い立った諸君であった。（中略）私はその年の三月末日に検挙され、「京大事件」（注＝京都学連事件）の被告の一人として京都の未決監に送られ、九月まで帰って来なかった。（林房雄「文学的回想」『林房雄著作集』第

二巻）

出獄後、林は東大を退学して作家生活に入る一方、マルクス主義芸術研究会の会員と、東大外のプロレタリア作家を結びつける仲介者のような存在になった。

## 三・一五事件

ところで、第二次日本共産党の指導者たちは、二七年テーゼを受け取るとともに、コミンテルンから強固な非合法組織を作ること、大衆の前に姿を現す日本共産党としての合法活動をし、これを非合法活動と結びつけること、無産者新聞より性格のはっきりした党の中央機関紙を出すことといった活動方針を示され、その実行を迫られていた。実行すればその結果がどうなるかは関係者は予測できた。が、それでも実行に移す。その舞台が昭和三（一九二八）年二月の第十六回総選挙、つまりわが国初の普通選挙だった。が、田中義一内閣下で行われたこの選挙は、史上まれな汚れた選挙になった。内務相の鈴木喜三郎が「腕の喜三郎」と異名を取ったほどの、悪どい選挙対策を採ったのである。

第二次日本共産党はこの普選に際してはじめて存在を一般大衆にアピールしたが、その手初めに二月一日に月二回発行の謄写版印刷で、党中央機関紙・赤旗《せっき》（アカハタと呼ぶのは戦後）を非合法に創刊した。部数は六百から八百と言われ、これは無産者新聞とは違って党員と党員候補にしか配布されなかった。当時党員は百五十人前後と言われるから、その何倍かの党員候補がいたことになる。

選挙では党員は労農党から出た。徳田球一、山本懸蔵、西光万吉、杉浦啓一、南喜一（のち国策パルプ社長）ら十一人で、労農党は彼らを含めて全国に四十人の候補者を立てた。同時に共産党を説明するために『赤旗パンフレット』が発刊され、その第一輯は次のように解説していた。

> 共産党は立派な軍隊だ。プロレタリアの軍隊である。日本共産党は今日即時に武装しなければならぬ。武器と軍隊とを持たずして革命は成就しない。革命を談ずることは武器を持つことを意味するのだ。
> 共産党は政党である。然しこの政党は議会に議席を持つことを本意とする政党ではなくて武装した軍隊であると云ふことが云へる。（中略）

天皇を叩きつぶして議会を占領すると云ふことは、繰り返して云ふまでもなく社会民主主義者のやり方と異ふのだ。即ち議会に多数党をとってやると云ふのでなく武器をとって議会の外から議会を弾圧して行くことである。即ち暴動と内乱によってである。

そこでこの暴動と内乱は必然に労働者本来の政治形態、ソビエットを生むのである」（立花隆『日本共産党の研究』より）

選挙に当選することなど眼中になく、日本共産党の存在とその主張を宣伝することに重点が置かれた。この戦術を指導し、資金を援助していたのが上海のコミンテルン極東部のヤンソンで、一か月ほどの間に三万円もの大金がコミンテルンから日本共産党に流れたという。同時にこのころから、共産党の幹部はピストルその他で「武装」するようになった。

選挙中、日本共産党は党名入りのビラを通して公然と姿を現した。ビラ撒きも決死の覚悟をともなったが、存在は広く知らしめても組織自体は秘密にしなければならなかった。が、治安当局は五色温泉での再建党大会直後から重要書類を入手し、日本共産党が再建されつつあることを察知していた。そこへ総選挙を機に日本共産党が姿を見せた。が、最高幹部の存在は摑めなかった。

総選挙の結果は政友党が二百十七人を当選させて第一党になったものの、民政党はそれよりわずか一人少ない二百十六人を当選させ、無産諸党からも八人の当選者が出た。社会民衆党の安部磯雄、西尾末広、鈴木文治、亀井貫一郎、日本労働農民党の河上丈太郎（戦後浅沼稲次郎の後を承けて日本社会党の委員長）、九州民憲党の浅原健三と労農党の山本宣治、水谷長三郎。労農党から出た共産党員は全員落選したほか、労農党の候補者藤森成吉や社会民衆党の菊池寛といった文学者は落選した。

この選挙の終盤間近、ビラだけで選挙を戦っていた徳田球一が福岡の選挙区に現れたという報に接した当局は、日本共産党の中心部が空白だっただけに欣喜雀躍、帰京しようとしていた徳田を下関で逮捕した。二月二十六日のことで、以来、徳田の非転向を貫いての獄中十八年がはじまった。が、この時点では組織的な検挙の手筈は十分ではなかった。

大検挙の準備ができたのは二月の末で、党中央に関する情報がほとんどないまま決行されたのが昭和三年三月十五日、三・一五事件である。全国で千五百人におよぶ社会主義者が検挙され（中に志賀義雄や野坂参三らもいた）、うち四百八十八人が起訴された。逮捕はその後もつづき、三月中に三千人を超えたものの、多くの幹部は検挙を免れた。しかし、同月末に逮捕された中央委員中尾勝男から押収された党員名簿が決め手になって、日本共産党は大打撃を受けた（六月には福本和夫も逮捕された）。その上、検挙された水野成夫は翌年に獄中で転向を表明、中央委員の転向第一号になるとともに、獄中の大量転向の引き金になった。

この事件は政府に大きなショックを与え、四月十日に労農党、日本労働組合評議会、無産青年同盟に解散命令を下した。日本共産党は大衆との最大の接点を失うことになったのである。

のみならず、検挙者の中に多くの学生がいたことに驚嘆した文部省は、同月十七日に新人会を解散させたのをはじめ、京都帝大や九州帝大、東北帝大などの社会科学研究会を解散させ、加えて京都帝大の河上肇、東京帝大の大森義太郎、九州帝大の向坂逸郎らの有名左翼教授を大学から追放した。さらに政府は同じ月に治安維持法の最高刑に死刑を加える改正法を第五十五議会に提出し、不成立に終わると六月に緊急勅令でこれを実施、並行的に特高警察を拡大強化し、一挙に全国組織にした。こういう厳しい状況下で、残った共産党員による再活動がはじまった。

## 四・一六事件

渡辺政之輔、市川正一、鍋山貞親、佐野学の四人の中央常任委員が三・一五の検挙を免れた。そのうち佐野は事件を知らないままコミンテルン極東代表部と連絡するために上海に渡り、ここで事件を知った。そして昭和三（一九二八）年七月に開催予定のコミンテルン第六回大会に参加すべくモスクワに発った。検挙されたものの、結核のために自宅拘禁になっていた山本懸蔵も張り込みの特高の目を盗んで姿をくらまし、モスクワに向かった。市川正一も同様だった。

市川がモスクワに行った後は渡辺、鍋山、三田村四郎が党中央として指導し、六月からはソビエトから帰国した国領伍一郎も加わった。岩田義道を中心に赤旗も発行されつづけた。が、八月に小規模の一斉検挙があり、岩田、野坂竜《りよう》（参三の夫人）などが逮捕され、十一月に砂間一良、間庭末吉らの新事務局ができるまで、赤旗は発行できなかった。

八月の検挙で党勢はどん底に落ち、その善後策をコミンテルンと協議し、運動資金を受け取るために、九月に渡辺と鍋山が上海に渡った。十月には三田村のアジトが襲われ、三田村はピストルを撃ちつつ姿をくらまして、そのまま地下から指導をつづけた。が、その翌日に国領が逮捕され、十六日には上海から帰国途中の渡辺政之輔が台湾のキールン港で警官を射殺した揚げ句、ピストル自殺する突発事件が起きた。

モスクワ入りした佐野学、市川正一、山本懸蔵、それにレーニン大学留学中の高橋貞樹は日本代表団としてコミンテルンの大会に参加、片山潜を加えた代表団は大会中に日本問題を協議し、方針を決めた。これは大会でコミンテルンの執行委員に選ばれ、モスクワにとどまった佐野学がコミンテルン常任委員会に提出して承認可決された。十月テーゼと言われるのがこれで、これが作成されていた間に、市川は高橋や間庭らと一緒にモスクワを後にした。山本懸蔵はプロフィンテルンの執行委員としてモスクワに残った。

帰国した市川は指導部の再建に着手し、市川、高橋、間庭、三田村に無産者新聞の編集部員砂間一良を加えて、中央事務局を構成した（やがて帰国した鍋山も参加）。困難な状況下で赤旗も発行しつづけて部数を八百まで伸ばしたほかに党組織を再編し、労働組合の方面では熟練のオルガナイザー三田村四郎が指導して、日本労働組合評議会に代わる共産党系の組合として昭和三年十二月末に日本労働組合全国協議会が結成された。が、翌年四月十六日の全国一斉の検挙で、日本共産党は壊滅的な打撃を受けた。四・一六事件である。

そのきっかけは四谷警察署の非常警戒網に一人の労働者がひっかかり、ひどい拷問の末に東京地方のオルガナイザーであることを自白したことだった。この男の自宅の捜索から党直属のオルガナイザーの住所が分かり、この男の逮捕によって当局は全国の組織をほぼ把握した。三月二十一日ころに砂間一良が、同二十八日に間庭末吉が逮捕された。間庭の自供でそのアパートを捜索すると、日本共産党の印鑑や党員名簿、暗号符、予算書、赤旗の全国配布図などが出てきたのである。その結果が昭和四年四月十六日の一道三府二十四県にわたる一斉検挙だった。

しかし、この時も党の最高幹部は検挙を免れ、市川正一の逮捕は二十八日、鍋山貞親と三田村四郎はその翌日に逮捕された。最高幹部は佐野学のみという状態になったのである。

その佐野が党大会を開くという理由でモスクワを発ったのは一九二八（昭和三）年の十二月末で、欧州を回って上海に着いたのは翌年の三月だった。ここで佐野は周恩来にアジトを提供され、東京の市川と暗号の手紙で連絡した。が、市川は暗号を自白していた。そうとは知らずに佐野が出した三度目の手紙が警察の手に落ち、佐野が受け取った市川からの手紙は警察からのものだった。佐野が中国の官憲に逮捕されたのは六月十六日で、ここに第二次日本共産党は消滅し、以後は武装共産党と言われる時代を迎える。

なお、この時ヤンソンに代わって上海のコミンテルン極東部にいたのが、リヒャルト・ゾルゲだった。太平洋戦争勃発直前に発覚したゾルゲ事件の中心人物である。

## 『文芸戦線』の創刊

『種蒔く人』の後身誌として大正十三（一九二四）年の六月に創刊されたのが『文芸戦線』で、小牧近江、金子洋文、今野賢三、佐々木孝丸、松本弘二、村松正俊、平林初之輔、青野季吉、前田河広一郎、中西伊之助、佐野袈裟美、武藤直治、柳瀬正夢の十三人の同人で出発、第三号の八月号から山田清三郎が加わった。

表紙は柳瀬が担当し、文芸面での共同戦線を目指しての創刊だったが、実際は『種蒔く人』時代より人脈は縮小し、同人以外の執筆は葉山嘉樹や里村欣三ら数人に過ぎなかった。

『文芸戦線』創刊の四か月後に横光利一や川端康成を同人とする『文芸時代』が創刊され、やがてこの一派は新感覚派と命名された。そして『文芸時代』が世の注目を集めはじめたのに反して、『文芸戦線』は大正十四年の一月号で休刊を余儀なくされた。ただ、休刊になった号に掲載された「万国の革命的プロレタリア著作家に檄す」という一文が、ほどなく一つの機運を作った。その一部を採録する。

千九百二十四年七月十日モスコー――世界革命の中心地であるところのモスコーに於て、コムインテルン第五回大会の代議員達と共に、ソヴェート連邦に於ける無産階級著術家の会議が開催された。この会議は満場一致を以て、各国に於ける無産階級著術家の強固なる国内的組合の必要を認め、且つそれらの各組合が、国際無産階級連盟に於て団結すべきことの必要を認めた。

この団結の前提として、この無産階級革命に於ける文学者の力の一致協力の前提として、まず必要なるものは、相互間の通信連絡である。（『日本プロレタリア文学大系』第二巻より）

これを訳して掲載したのは佐々木孝丸だが、このアピールが日本プロレタリア文芸連盟が組織される契機になった。

さて、休刊の『文芸戦線』を復刊すべく努力したのが山田清三郎と前田河広一郎で、前田河の中学時代の同窓生からの入金が、その資金になった。山田が編集した『文芸戦線』は大正十四年六月に復刊され、同十五年四月からは葉山嘉樹、林房雄、里村欣三らを同人に、同年十一月からは千田是也、佐野碩、小堀甚二らを、昭和二（一九二七）年二月には藤森成吉や村山知義を、同年三月には蔵原惟人を、四月には小野宮吉を同人に加えるというように多くの有力な新人を迎え、活発な誌面を作っていった。
その『文芸戦線』を理論面でリードしたのが青野季吉で、中でも問題になったのがプロレタリア文学の飛躍期にあって、プロレタリア文学とその運動とを峻別し、プロレタリア文学運動の意味を明確にしようとした「自然生長と目的意識」（大正十五年九月号）だった。が、「目的意識」という言葉をマルクス主義とか共産主義とかいうことと関連づけずに用いたために多くの疑問と誤解を生み、これに答えて書かれたのが「自然生長と目的意識再論」（昭和二年一月号）だった。「目的意識」とは社会主義的なものだとはっきりさせたのである。

青野の目的意識を外部から注入すべきだという論はレーニンの『何を為すべきか』を下敷きにしていて、青野は日本人としてもっとも早くそれに注目していた。ということは、福本和夫のそれへの関心と並行していたということであり、青野の二つの「目的意識論」は、福本の一連の論文と相前後して出たのである。そして福本のプロレタリア文学運動への影響は大正十四年の秋ごろから強まり、昭和二年の上半期までが絶頂期だった。プロレタリア演劇運動においても同様である。と言うよりも、プロレタリア演劇運動はその文学運動に従属し、プロレタリア文学運動は共産主義運動に従っていた。演劇の自立という点から見れば、プロレタリア演劇運動はそこからもっとも遠い地点に立っていたと言っていい。

青野の「目的意識論」が文壇にもたらした結果の一つが、「自然生長と目的意識」が発表された翌月の『文芸戦線』に、マルクス主義芸術研究会の会員の一人である谷一《はじめ》（太田慶太郎）が「外国プロレタリア文学運動の発展」を寄せ、プロレタリア文学運動と政治闘争との結合の問題を提起して、芸術運動にはじめて福本イズムを持ち込んだことだった。もう一つは村松正俊や中西伊之助らの非共産主義者が大正十五年の十一月に『文芸戦線』を脱退し、同月、日本プロレタリア文芸連盟（略称プロ連）が日本プロレタリア芸術連盟（略称プロ芸）と改称して、コミュニストによる芸術団体として再出発したことだった。

## 日本プロレタリア文芸連盟の成立

当時プロレタリア文学・芸術の陣営は、『文芸戦線』のほかに『戦闘文芸』『解放』『原始』『文党』『文芸市場』といった雑誌を持っていて、劇団としては秋田雨雀、佐々木孝丸、仲島淇三、佐藤誠也らが関係していた先駆座があった。

こういう状況下に前に引いた「万国の革命的プロレタリア著作家に檄す」が『文芸戦線』の大正十四（一九二五）年一月号に掲載されるや、山田清三郎、林房雄、佐々木孝丸、山内房吉らの間で話が出ていた反資本主義文芸の旗の下に、プロレタリア文芸家による統一的な文芸団体を組織しようという計画が焦眉の急になってきた。日本プロレタリア文芸連盟結成の動きが具体化しはじめたのが同年九月で、十月初旬に神楽坂倶楽部で発起人総会が開かれ、十二月六日に牛込・矢来倶楽部で日本プロレタリア文芸連盟の創立大会が開催された。わが国初の組織的な文学・芸術の大衆団体で、八十余人の関係者が出席したほか、決議委任状を加えると百人を突破した。

大会は佐々木孝丸を議長に選び、第一回本部委員として青野季吉、今野賢三、林房雄、山田清三郎、山内房吉ら十五人を選出した。同時に採択された綱領は次のようなものだった。（山田清三郎『プロレタリア文学史』下巻よりの引用）

一、我々は黎明期に於る無産階級闘争文化の樹立を期す。

二、我々は団結と相助の威力を以て広く文化戦線に於て、支配階級文化及びその支持者と闘争せんことを期す。

日本プロレタリア文芸連盟は文学のみならず、演劇や美術など賛同する芸術家を一つに組織した点で前例がなく、またこれが成立の意義だった。とは言え、文学部がプロレタリア文芸各誌の主要メンバーを網羅していたのに比べると、佐々木が部長になった演劇部は先駆座員のみが所属していたのと同然だし、美術部も官展の二科を洒落のめしての三科で活躍していた村山知義以外は柳瀬正夢ら数人を数えるばかりだったし、予定されていた音楽部は手付かずだった。が、日本プロレタリア文芸連盟の存在を強く一般大衆にアピールしたのは、弱体の演劇部だった。共同印刷の大争議に出動し、ストライキ参加の労働者から大喝采されたトランク劇場の活動である。

## トランク劇場の出動

徳永直《すなお》の小説『太陽のない街』（昭和四年発表）で知られる共同印刷の大争議は、操業短縮に反対の二千三百人の職工が、大正十五（一九二六）年一月十九日にストライキに突入したことがはじまりだった。会社側は翌日工場閉鎖・全員解雇で対抗し、二か月後に労働者側の敗北で終結したが、争議を支援・指導したのが日本共産党系の日本労働組合評議会だった。

争議が長引いて争議団員や家族の士気がだれはじめた時、日本プロレタリア文芸連盟に日本労働組合評議会から応援要請があり、演劇部は出動を決めると同時に、先駆座員の大部分のメンバーでトランク劇場を組織した（ただし、争議団本部の徳永が佐々木孝丸に芝居による応援を頼み、トランク劇場が結成されたという異説もある）。劇団名は上演に必要な物をトランクに詰め込み、いつでもどこへでも巡演できるところから自然発生的につけられたという（松本克平はアメリカの旅行鞄劇団、ザ・ポートマント・シアターの影響だとしている）。

出し物が『エチル・ガソリン』（長谷川如是閑作）と『或る日の一休』（武者小路実篤作）と決まり、トランク劇場は二月の末に争議団の陣営である神明会や小石川倶楽部へ出動した。佐々木孝丸、柳瀬正夢、仲島淇三、佐藤誠也、今野賢三、八田元夫、荻郁子といったメンバーで、トランク劇場で正式にデビューした八田は東大美学科の学生の一方、日本という新聞の劇評記者をしていた。

八田は出動の様子をこう書いている。

> これは実に日本の急進的なインテリの手による芸術運動が労働者の運動と結びついた最初の記録であった。文字通り一夜仕込みの稽古であり、演技も基礎的訓練を経ない素人くさい表現派まがいの演技であったが、私は自分の演劇生活の中でこの客席から受けた圧倒的な反響の感動を忘れる事が出来ない。私は演出助手、プロムプターならびに通行人の役をもってこれに参加したがこれが私の初舞台であった。トランク劇場といっても、小さなトランク二つぶらさげた丈で衣裳も佐々木の社長役が着るフロックと暴力団用の羽織はかまがある丈で、あとはその場で争議団員の羽織をぬがせて裏がえしにきたり、会場であった小石川クラブや神明クラブ《（ママ）》の裏から炭だわらを探してきてかぶるという、調子であった。佐々木の一休がかぶった坊主のかつらも、お花見用のボテかつらであったと記憶する。メイクアップも大変でたらめで、頬ぺたに魚をかいて出るもの、眉尻をエクスクラメーションマーク式に点をいれるもの、くちびるを白と赤とで市松形に紅をさすもの、等の珍風景で、装置といっても、おくれて会場へかけつけた柳瀬が、近所で大型の画用紙を買ってきて、それを黒と白との構成派風の時計にかきあげ、これを幕にはりつけて社長室の感じを出すという調子であった。（八田元夫「わが演劇的小伝」『新劇の四十年』収載）

トランク劇場の出動と時を同じくして、日本プロレタリア文芸連盟の美術部は、神楽坂で街頭即席似顔絵展を開き、街頭で似顔絵を描いて売り、売上金を争議団にカンパした。

このころ佐々木孝丸は美術書を出しているある出版社に勤務し、主として企画を担当していた。が、提案した講座の出版をしくじって責任を取って退社、浪人していた同年の夏、信州の温泉場に滞在していた青野季吉から生活費が安いので来ないかとの誘いを受けて、一家を上げてそこへ移った。そうこうするうち千田是也からの、「下界」へ降りて来てくれとの手紙が届いた。

「無産者の夕」

千田の手紙には、無産者新聞の主催でその発刊一周年を記念する「無産者の夕」というイベントが行われるが、その一切をプロ連が引き受けた、ついてはトランク劇場が中心になるので、佐々木が欠けてはラチが明かないと書かれていた。

私は、千田の手紙を青野に見せて、プロ連やトランク劇場の在り方・行き方などについて話し合った。そのうちに青野が、

「トランク劇場のような、軽便な移動劇団も甚だ結構だが、それと平行して、ブルジョア劇団に堂々と正面から立ち向かう、本格的なプロレタリア劇団を作ってはどうかね」

と云いだした。

私は忽ち青野の提言に賛成し、少なからず興奮して、その「堂々たる本格劇団」結成の案を練った。

「単にそれはプロレタリア劇団というだけでなく、思想的にも芸術的にも、新劇全体の先頭に立つアヴァン・ギャルドの劇団でなければならんし、当然、それだけの自負心をもってやるべきだと思うね。だから劇団の名前は『前衛座』としたらどうだ」

青野は、興奮したときの癖で、いくらかどもりながら、そんなことまで云ってくれた。無論私は、青野のこの意見にも賛成であった。（佐々木孝丸『風雪新劇志』）

このころ千田是也は仮面劇や人形劇に凝る一方、小山内薫から戯曲の下訳を頼まれたのをきっかけにルナチャルスキーの『解放されたドン・キホーテ』を辻恒彦と共訳したり、無産者新聞の文芸欄の編集を手伝ったりしていた。その関係で局員の北浦千太郎らと親しくなり、やがて編集局が読者の拡大と慰安のために「無産者の夕」を企画して千田と小川信一がそのマネージメントをやることに決定、そこで千田が佐々木に手紙を書いたという経緯になる。

「無産者の夕」は大正十五（一九二六）年十月二、三の両日芝の協調会館で行われ、四日には川崎公会堂でも開催されて、かなりの成功を収めた。出し物はこの催しのために久板栄二郎が書いた『犠牲者』（佐野碩演出）と『カムチャッカ行き』（小宮倉吉演出）、長谷川如是閑の『馬鹿殿評定』（千田是也演出）やアプトン・シンクレアの『二階の男』（佐野碩訳、堤正弘

演出）などで、装置は柳瀬正夢を中心に、この少し前から河原崎長十郎らの心座（後述）に関係していた村山知義が手伝った。これを機に村山は本格的にプロレタリア演劇運動に関わるが、『二階の男』は心座で演ったものをほぼそのまま移したもので、そのために花柳はるみも出演して小野宮吉や千田是也らと共演した。ただし、トランク劇場の俳優全員が出演しても人数が足らず、久板栄二郎やその夫人、小川信一の恋人だった山岸静江（のちの河原崎しず江）らも舞台に出た。この時の佐野の演出が、やがての活躍を予測させるいい出来だったと伝わる。そこで佐野碩に話を移す。

## 佐野碩のこと

佐野碩はわが国の精神病理学の先駆者、佐野彪太《とらた》の長男として生まれた。佐野学は父の末弟、つまり碩の叔父になる。今日出海《こんひでみ》と同学年だった暁星小学校は演劇関係者の子弟が多く、学芸会が盛んだった。碩もいつしかその影響を受けた。暁星中学二年修了間際に開成中学に転校したが、ここでメイエルホリドに心酔していた紀伊輝夫や太田慶太郎（谷一）らと出会い、彼らは揃って新設の浦和高校へ進んだ。

浦和高校で碩は今日出海と再会し、さらに山口忠幸（川口浩）や大河内信威（小川信一）とも知り合った。この時代の碩は音楽に熱中するかたわら寮の記念祭の余興にも熱を上げ、はじめて演出を担当した。やがて佐野碩、太田慶太郎、紀伊輝夫、山口忠幸らは浦和高校劇研究会を結成して舞台作りに励む一方、開場した築地小劇場の熱心な観客になった。

大正十四（一九二五）年、佐野碩と太田慶太郎は東大法学部に、山口忠幸は同校文学部の独文科に、今日出海は同校の仏文科に入学した。仏文科には小林秀雄や中島健蔵らがいた。一方、当時は佐野碩をリードしていたという紀伊輝夫が、この年に病死した。

入学してほどなく、元浦和高校劇研究会の中心メンバーは新劇団創設に取り組みはじめた。準備がかなり進み、旗揚げの資金作りに映画と音楽の会を催したり、俳優として舞台に立つには俳優鑑札が必要なことから、それを取得したりした。同時に林房雄の勧誘で東大組は社会文芸研究会に参加し、さらにマルクス主義芸術研究会に籍を置いた。これには千田是也や佐々木孝丸や久板栄二郎らも関わっていたことから、佐野碩が「無産者の夕」で久板の『犠牲者』を演出する運びになる。久板にとってもこれがプロレタリア劇作家としての第一歩だったが、このころには前衛座設立の機運が高まっていて、創立されると佐野碩以下全員が前衛座に入った。

## 戦線分裂時代

日本プロレタリア文芸連盟は大正十五（一九二六）年十一月に日本プロレタリア芸術連盟（略称プロ芸）と改称した。これは改称のみか組織の再編を意味していて、秋田雨雀、小川未明、壺井繁治、宮嶋資夫らのアナーキストないしは非マルクス主義者を排除し、プロ芸はマルキストのみの組織になった。同時にプロ芸の外に同人組織として独立していた『文芸戦線』も村松正俊や中西伊之助らの脱退を認め、入れ代わって千田是也、佐野碩、小堀甚二らを同人に推薦した。この裏には福本イズムの影響があり、中野重治、鹿地亘、谷一、久板栄二郎らの若き福本イストたちの発言が、プロレタリア芸術運動に重きをなすようになっていく。

栗原幸夫によれば、一種の分裂主義、極左主義という印象の強い福本イズムは、当時にあって次の点で決定的なものがあったという。

　第一にそれは、マルクス主義をはじめて全体性という性格においてとらえ、日本のマルクス主義に新しい段階をひらいた。（中略）福本主義において始めて、日本のマルクス主義は一つの世界的水準を確立したのであり、今日注目すべきは、しかもそれが疎外論を基礎に構成されていたということである。

　第二に、このような立場から、福本主義がもっとも鋭く提起したのは理論と実践との統一という問題であり、認識対象と認識主体との実践を媒介とする相互依存性の主張であった。それはルカーチやコルシュの主体——客体の弁証法の部分的な祖述にすぎなかったとはいえ、実証主義と客観主義というブルジョワ思想の代用品としてマルクス主義が迎えられていた当時の日本の思想界にとって、認識の主体が同時に認識の対象であり、同時に変革の主体になるという、この主体論的主張は、その観念性とともに新鮮な衝撃であったに違いない。

　第三にそれは、インテリゲンチャが、福本の言葉を使えば「新しい要素」として復権する道をひらいた。有島武郎の『宣言一つ』以来、インテリゲンチャをとらえて離さなかった「第四階級」にたいする罪悪感や余計者意識は、福本主義の出現によって決定的に変化した。これは労働運動の理論化を可能にし、また労働者階級へのいわれのない劣等感をぬぐい去ることによって前衛形成への人間的条件をつくりあげるうえで決定的な意味をもった。もちろんその実現形態には大きな問題が含まれていたとしても。

第四にそれは、社会主義運動をたんに資本家対労働者という枠でとらえる立場を大きく乗りこえて、一切の抑圧にたいする一切の人民の反抗の問題としてとらえる見地を確立した。労働運動から全無産階級的政治闘争へという彼の主張の意義はここにあった。（中略）

第五にそれは、全無産階級的政治闘争を一つの全体性における運動としてとらえ、経済闘争と政治闘争の分裂、イデオロギー闘争と政治闘争の分裂、等々に表現される分業的運動観を克服する道をひらいた。（栗原幸夫『プロレタリア文学とその時代』）

福本イストの最初の矢、鹿地亘による『文芸戦線』のテーゼに対する批判「所謂社会主義文芸を克服せよ」（「無産者新聞」昭和二年二月五日号）は、芸術運動の特殊性を楯にして、ここに閉じこもろうとする傾向に向けられた。が、テーゼを同人間の討論を経て書いた林房雄は鹿地の批判に首肯できず、「鹿地の『理論』を認めれば、文芸運動をやめてしまって、社会主義芸術家はすべてビラ書きかポスター描きになるよりほかはないのだから、それではとても納得できない」（「文学的回想」）と受け取り、ほかにもそう感じた文学者が多かった。

こうして福本イズム、あるいはマルクス主義への理解に溝が生じはじめ、プロレタリア芸術運動の中での理論闘争を引き起こした。その場として『文芸戦線』に新たに「相互批判」欄が設けられ、この欄などを通しての二者の対立が激化して、三月末の日本プロレタリア芸術連盟の臨時総会では佐々木孝丸と小堀甚二以外の文戦派の役員が辞任、佐野碩らの仲間の画家の村雲毅一が新たに委員長に就任し、委員を中野重治、鹿地亘、谷一、久板栄二郎ら反文戦派のメンバーが占めた。さらに六月十日、青野季吉、林房雄、今野賢三、蔵原惟人、村山知義、小堀甚二、山田清三郎、前田河広一郎、金子洋文、藤森成吉ら十六人がプロ芸を脱退、日本プロレタリア芸術連盟は分裂した。次いで十一日には前衛座の同人会議も分裂して、プロ芸派の佐野碩、小野宮吉、久板栄二郎、村雲毅一、関鑑子らが研究生二十名とともに脱退、ほぼ同時に彼らは日本プロレタリア芸術連盟付属のトランク劇場を、プロレタリア劇場と改称した。そこで前述以外のトランク劇場の主な上演記録を一まとめにしておく。これは労農党の各支部や俸給生活者同盟、消費組合などの主催で、無産者新聞の宣伝や労働争議の応援など、政治的な目的のために上演された。

昭和二（一九二七）年二月＝『犠牲者』（久板栄二郎作、佐野碩演出　大阪演芸場）。『エチル・ガソリン』（長谷川如是閑作、佐野碩・佐々木孝丸演出　巣鴨会館）。『戦闘は継続する』（久板栄二郎作、佐野碩演出。千田是也装置、大崎松菊演芸場）。

同年三月＝『戦闘は継続する』と『馬鹿殿評定』（長谷川如是閑作、佐野碩・千田是也演出、報知講堂・青山会館）。
同年五月＝『逃亡者』（ウィットフォーゲル作）と『復興記念祭』（久板栄二郎作、ともに小野宮吉・佐野碩演出　協調会館）。『逃亡者』『復興記念祭』『地獄の審判』（佐々木孝丸作、すべて小野・佐野・佐々木演出、鶴見演芸場）。『陸のつきる処』（前田河広一郎作）『進水式』（村山知義作、すべて西川光・佐々木・佐野演出　上野自治会館）。
同年六月＝『摩天閣』（ウィットフォーゲル作）『二階の男』（シンクレア作、佐野・佐々木演出　関東電気本部茶話会）。『二階の男』『地獄の審判』（千田是也・佐々木孝丸演出　関東電気千住支部）。

トランク劇場は通算十三回の公演を持った。

さて、プロ芸から脱退したメンバーは、小牧近江、小川信一、それに小堀甚二と結婚していた平林たい子らを加えると、六月十九日に労農芸術家連盟（略称は労芸）を結成し、『文芸戦線』の同人組織を解いてこれを労芸の機関誌にし、さらに前衛座を所属劇団にした。委員長は佐々木孝丸。

これに対してプロ芸こと日本プロレタリア芸術連盟は、七月に『プロレタリア芸術』を創刊した。中野重治の精力的な活躍がはじまるのはこの時からで、他に谷一、久板栄二郎、鹿地亘、窪川鶴次郎らが『プロレタリア芸術』の主要執筆者だった。コミンテルンで山川イズムとともに福本イズムが批判されたのは奇しくも『プロレタリア芸術』が創刊された月だったが、これが日本に伝えられるのはもう少し後になる。

こういう動きに先立って、プロ芸再編時に除外された小川未明は、同年五月に松村正俊、江口渙、松本淳三らのアナキストと一緒に日本無産派文芸連盟を結成していた。つまり、日本プロレタリア連盟に端を発した一つの流れは、昭和二年六月には互いに敵対する三つのそれに分岐した。大正十五年成立の日本プロレタリア芸術連盟、昭和二年五月結成の日本無産派文芸連盟、そして同年六月結成の労農芸術家連盟。

プロレタリア芸術界が騒然たる四月の末に、千田是也はかねて念願のドイツ遊学に出発した。二十二歳だった。

## 前衛座の結成と活動

前述のごとく、前衛座結成のきっかけは青野季吉の提案だった。名付け親も青野である。そして千田是也の呼び出しに応じて帰京した佐々木孝丸がトランク劇場の稽古のかたわら仲間に前衛座の構想を話し、組織化に着手した。結成の気運が高まったのが「無産者の夕」が終わった大正十五（一九二六）年十月の半ばで、佐々木をはじめ千田是也、村山知義、林房雄、前田河広一郎、青野季吉、葉山嘉樹、柳瀬正夢、佐野碩、小野宮吉、久板栄二郎、小川信一、仲島淇三、辻恒彦、佐藤誠也、山田清三郎、村雲毅一、関鑑子らを同人にし、同人の合議制で劇団を運営すること、佐々木孝丸を常任議長に、小川信一を書記長に……といった事項を決めて、旗揚げ公演の準備をはじめた。トランク劇場とは違って、前衛座はどの組織にも属さない独立劇団だった。

第一回公演には無産階級運動におけるヒューマニズムの害毒をテーマにした『解放されたドン・キホーテ』（ルナチャルスキー作、千田是也・辻恒彦共訳、佐藤碩演出、村山知義・柳瀬正夢装置）が選ばれた。ルナチャルスキーは当時ソビエトの教育人民委員だった。

公演は同年十二月六日から三日間築地小劇場で持たれ、観客は開場以来の熱狂ぶりを見せた。ドン・キホーテを小野宮吉が、サンチョ・パンサを客演の生方賢一郎が演じたほか、林房雄、久板栄二郎、青野季吉、前田河広一郎、葉山嘉樹、村雲毅一らも出演し、革命家に扮した佐々木孝丸の娘も、佐々木踏絵という名で初舞台を踏んだ。同じく革命家を演じた千田是也は衣装作りも担当し、これが四十着にもなったので自分の稽古どころではなかった。その革命家のせりふは検閲でずたずたに切られたが、舞台はおおむね好評だった。

旗揚げ公演の終了後、前衛座は演劇研究所の開設準備に着手した。六か月の養成期間中毎週月、水、金曜日の午後六時から九時までの授業で月謝三円、満十五歳以上の男女を対象に、千駄ケ谷の千田の実家近くの、幽霊が出ると評判の洋館を借りて研究所にした。課目として理論、形態、行動と大きく分けて、それぞれに演劇総論や俳優形態論、演技、演出その他の細かいカリキュラムが組まれていたが、実態が伴っていたかどうか。ここの研究生だったのちの演出家程島武夫は、教室で学んだものはほとんどないと回想している（程島武夫『情況と演劇』）。それでもここから程島のほかに藤田満雄（のちの山本安英の夫君）、平松豊彦・義彦兄弟、平野郁子らの俳優や、装置家の金須《きす》孝らが出た。

第二回公演は昭和二（一九二七）年四月末に築地小劇場でと決まり、『プリンス・ハーゲン』（シンクレア作、佐野碩訳・演出）と『手』（前田河広一郎作、千田是也演出）の稽古に入った。が、三月十四日の衆議院予算委員会で片岡直温蔵相が東京渡辺銀行が破綻したと失言した。これをきっかけに翌日から銀行取り付けの騒ぎが起きて、金融恐慌を惹起した。こういう情勢を見て警視庁は、金融資本の暴虐を暴いているとの理由で『プリンス・ハーゲン』の上演延期の命令を下した。そこで急遽プログラムを変更、ドイツへ行く「千田是也を送る会」に切り替えて、浅草オペラで鳴らした田谷《たや》力三の独唱、石井漠・石井小浪の舞踊、前衛座の『手』などを上演した。会を終えて千田が渡独したのは前述した。

六月にプロレタリア芸術連盟が分裂し、労農芸術家連盟が結成されたのも前述したが、ここで問題になったのが両派のメンバーで構成され、独立していた前衛座の処遇だった。その決着をつける前衛座の同人総会が演劇研究所の教室で開かれたのは、十一日だった。

その結果、これも前述のごとく佐野碩以下のメンバーが前衛座を脱退し、プロレタリア劇場を結成した。それからほどなく前衛座は設立された労農芸術家連盟に所属した。

第二回公演は六月二十七日から三日間、築地小劇場で持たれた。カットの上に改作して許可された『プリンス・ハーゲン』（シンクレア作、前衛座訳編、村山知義演出・装置）が出し物で、佐々木孝丸がタイトル・ロールに扮した。が、座員不足から生方賢一郎らが客演したほか、金須孝や小川信一らも舞台に出た。早大露文科在学中の吉田好正（のちの演出家で、女優の岡田嘉子と雪のカラフトの国境を越えてソビエト入りした杉本良吉）が初舞台を踏んだのもこの時である。しかし、稽古が一週間しか取れなかったから、いろいろと不備が目立った。

次いで八月五、六の両日、労農党の支部と無産者新聞支局の共同主催で前衛座の松本公演が松本座で開かれ、『二階の男』『スカートをはいたネロ』（村山知義作）などが上演された。演出は佐々木孝丸と村山。千駄ケ谷の貸家を引き払い、高円寺の佐々木の旧居へ労芸の本部と前衛座の事務所を移したのがこの前後で、新たに研究生を募って、短期の講習会を持った。鶴丸睦彦（のち民芸の俳優）や藤木貞治らがこの時の講習生だった。

九月には労農党近畿支部連合会に招かれて、大阪と京都を巡演した。『二階の男』『炭坑夫』（ル・メルテン作）『やっぱり奴隷だ』（村山知義作）を上演予定で、台本を大阪の所轄署に出したところ検閲で『炭坑夫』以外は禁止になり、やむなく村山の『カイゼリンと歯医者』と『進水式』につき替えて、再度台本を提出した。上演許可は下りたものの、二作とも検閲でズタズタにカットされた。

大阪での公演は、九月十、十一日の両日、朝日会館で行われる筈であった。

初日の十日の第一番目は『進水式』であった。この芝居は将軍カイゼルの愚かしいお山の大将ぶりを諷刺したもので、それまでにも幾度となく上演されていたし、東京の検閲では殆どノーカットで許可されていたものだ。初演のときから、主役のカイゼルはずつと私の持ち役で、いわば私の「当り役」の一つでもあった。

さて、『進水式』が終つて、二階の楽屋へ帰つた私は、暑い時分のこととて、汗ぐつしよりになつた衣裳を脱ぎ、サルマタ一つになつて、次の『カイゼリンと歯医者』に出るメークアップにかかろうとしていると、トム（注＝村山知義の愛称）が血相変えてとびこんで来た。

「おい佐々木、芝居は中止解散だ！」

「ナニッ！」

私は、労芸の委員長であり、前衛座の責任者であつた。その手前も、あつけらかんと楽屋にとどまつているわけにはいかない。で、そのまま舞台へとび出して行つた。（中略）

私はいきなり大声で、

「諸君！」

と客席へ呼びかけた。すると、一たん帰りかけていた観客が、「ワッ」と喚声をあげて舞台の方向めがけて引き返しそうになつた。その瞬間、私は警部に肩をつかまれていた。

「こら貴様！　貴様は何だ？」

警部は物凄く興奮していた。

「僕は前衛座の責任者だ、お客さんに挨拶します」

「何をいうかッ！　おい、こいつも検束だ。挨拶したかつたら本署へ来て挨拶しろ」

「よし行くとも。署長に挨拶してやる」

私もカッとなつて怒鳴り返した。それから楽屋で洋服を着、気遣つている座員たちに、

「大丈夫だ。今夜中に帰るよ」

と云い置いて、制服警官二人に護衛されながら天満署へ行つた。（中略）

も早いうべきことを云いつくした警部補と私が、黙つたまま睨み合つていると、暫くして帰つてきた警部が、手に一枚の紙片をもつて、興行取締規則第何条だか、警察犯処罰第何条だかにより、拘束二十九日に処す、と宣告し、警部補が私を室外へ連れ出した。改めてブタ箱へ放りこむためだ。（中略）

拘留二十九日は、拘留では最高のものだが、その表面の理由は、台本に指定されていないところで、カイゼルが「故意によろめいた」というのであつた。（佐々木孝丸『風雪新劇志』）

十五日の京都公会堂での公演は、無事開催されたという。が、佐々木の代役をはじめ詳細は不明。後述の事情から、前衛座名での活動は基本的にこれで終わった。

プロレタリア劇場の活動

金融恐慌の結果若月礼次郎内閣が総辞職し、昭和二（一九二七）年四月に田中義一内閣が成立した。この内閣の度重なる表現活動への干渉や弾圧に対して改正を求める動きが高まって、七月に労働農民党、労働農民新聞、無産者新聞、築地小劇場、労農芸術家連盟、日本プロレタリア芸術連盟、文藝春秋社、著作家組合、大学同人雑誌連盟、『プロレタリア芸術』の発行元たるマルクス書房など二十余団体が一丸になって検閲制度改正期成同盟を発足させ、「出版法、新聞紙法、興行法、興行取締規則の改正」「検閲機関への民間代表の参加」「削除あるいは禁止の場合における理由の公表」などを求めていくことを決議した。そういう中、北海道でのプロレタリア劇場への弾圧事件が起きた。

八月初旬、労農党北海道支部連合会の招きに応じ、『炭坑夫』（ル・メルテン作）や『軍国主義と馬鹿』（久板栄二郎作）などを函館や札幌等で上演すべく、佐野碩、平松豊彦、中村栄二、関鑑子ら十六人が北海道入りしたところ、函館公演の初日の六日に、北海道庁は全道にわたる上演禁止令を出した。プロ芸は八日付けで「同志を援けよ」とのアピールを出し、十九日には東京朝日新聞が「検閲制度の悪用」と題する社説を掲げて、田中内閣の非を問うた。が、検閲制度改正期成同盟は、その後内部的な不統一から立ち消えになった。

プロレタリア劇場の一行は北海道からの帰路、八月十八日に『逃亡者』（ウィットフォーゲル作）などを青森で上演、仙台でも公演しようとして禁止され、二十四日に帰京した。その後争議団の本部で朗読会を持ったりした後、九月下旬の二日間、労農新聞基金募集応援委員会の主催による「労農党の夕」に出演して築地小劇場で『海辺の家』（久板栄二郎作、佐野碩演出）などを上演し、十一月十二日から三日間、築地小劇場ではじめてプロレタリア劇場公演として人形劇『足のないマルタン』（プロレタリア劇場作、平松豊彦演出）と『一九二七年』（鹿地亘作、佐野碩演出）を上演した。後者は鹿地の初戯曲で、表題年の動向と、そこに視点を置いた歴史のパースペクティブをテーマにしていた。が、戯曲構成上の未熟さを指摘され、成果は十分とはいかなかった。

この公演の初日の前日に労農芸術家連盟が分裂、佐々木孝丸、村山知義、林房雄、蔵原惟人、山田清三郎、藤森成吉、辻恒彦、金須孝、川口浩ら約五十名が労芸から脱退して十二日に前衛芸術家同盟（略称は前芸）を結成、新たに前衛劇場を創立した。そして昭和三年三月にプロ芸と前芸が合同し、ここに全日本無産者芸術連盟（略称ナップ）が成立してプロレタリア劇場と前衛劇場が合同、左翼劇場を創立する運びになる。この間プロレタリア劇場の劇団活動はなかったので、前述の築地小劇場での公演が最後になった。昭和二年という年、プロレタリア芸術戦線は分裂に分裂を重ねたのである。

ナップ時代

前衛座の大阪公演が弾圧されたのは前述したが、この時に拘留された佐々木孝丸も帰京して、次回公演を十一月に持つべく、村山知義の新作『ロビンフッド』の稽古にかかった。前に触れたコミンテルンの二七年テーゼの概要が蔵原惟人によって翻訳され、これが『文芸戦線』の昭和二年十月号に掲載されたのはこういう時だった。

これは山川イズムと福本イズムというわが国の共産主義運動の二つの方向をともに批判したが、福本イズムが山川イズムを圧倒する勢いだっただけに、一般的には福本イズムの批判に力点を置いて紹介され、福本イズムは急速に影をひそめた。

この動きに棹さすように、雑誌『労農』創刊の準備をしていた山川均とその支持者の青野季吉らの労芸の一部は、『文芸戦線』に山川の日本共産党批判の論文を載せようとした。この掲載を巡って反山川派の蔵原惟人、林房雄、佐々木孝丸、村山知義、山田清三郎ら約五十人が十一月十一日に労芸を脱退したのは前述した。彼らは翌日上落合に移った佐々木の自宅を本部にすると、前衛芸術家同盟（略称は前芸）の創立総会を開催し、新たに雑誌『前衛』の創刊を決めた。この分裂に際してプロ芸は前芸支持を表明し、かくて昭和二（一九二七）年十一月の段階で、プロレタリア芸術戦線は日本プロレタリア芸術連盟（機関誌『プロレタリア芸術』）、労農芸術家連盟（機関誌『文芸戦線』）、前衛芸術家同盟（機関誌『前衛』）と三分した。

労芸の分裂で前衛座の所属が問題になった。佐々木孝丸はこう書いている。

葉山嘉樹と小堀甚二が、私のところへ物言いをつけて来た。前衛座は「労芸演劇部」なのだから、労芸が存在する以上、前衛座は労芸のものだというのだ。一応尤もな話に違いなかったが、労芸には、事実上、ある個人的な理由から、女優がたった一人残ったきりで、他の演劇部員は全部脱退したのだから、実質的には、前衛座そのものの脱退と見るべきだと、私は主張して譲らなかった。とどのつまりは、名称の問題にすぎないので、私は他の座員たちにはかった上、前衛座の名称は労芸へ返上することとし、前芸演劇部は、改めて「前衛劇場」と名乗ることにした。（佐々木孝丸『風雪新劇志』）

前衛劇場は分裂前から稽古していた『ロビンフッド』（村山知義作・演出）を、十一月十八日から四日間、築地小劇場で上演した。義賊のロビンフッドを革命的なインテリに仕立て、百姓一揆を背景にしていた。ロビンフッドは青年時代を杉本良吉が、成人してからを佐々木が演じた。分裂直後で労芸の妨害が予測されるとプロ芸のプロレタリア劇場員が、この公演を「警備」した。プロ芸も前芸も、日本共産党を支持することでは一致していて、少し前から芸術戦線の統一が問題になってもいたのである。

するとまた、プロレタリア劇場側から、この公演の共同批判会をやろうではないかと申し込んできた。私たちの方でも進んでこれに応じ、双方から、かなり沢山の人数が出席した。会場には、労農党、無産者新聞、（日本）労働組合評議会などの代表が、オブザーバーとして出席するといった物々しい批判会であった。

プロ芸側では、こうした批判会によって、前芸の「傾向」を批判し克服して、自分たちの方へ引き寄せ、合同の機運に拍車をかけようとする肚であったが、前芸の方でもむろんその肚は読みとっていて、なにくそ、こちらでこそプロ芸の「逸脱」を批判・克服してみせるぞという、互に闘志満々でのぞんだから、強情っ張り同士の押しくらで、売り言葉に買い言葉、結局、喧嘩別れのようなことになってしまって、何の得るところもなかった。

が、プロ芸と前芸は一刻も早く合同すべきであるとの意見は、この両芸術団体をとりまく他の団体からも、真面目に提唱されはじめた。

そして、無産者新聞編集局の肝煎りで（注＝ということは、日本共産党の勧めでというのと同意だった）、その年十一月二十一日、本郷赤門前の一白荘という喫茶店で、合同促進のための第一回協議会が開かれた。

出席者は、
プロ芸―中野重治、谷一、鹿地亘、森山啓、佐藤武夫、久板栄二郎。
前芸―蔵原惟人、林房雄、川口浩、村山知義、永田一脩、山田清三郎、佐々木孝丸。
無産者新聞の門屋博君が中立の立場で議長をつとめ、労農党本部からも、代表がオブザーバーとして出席した。

この会合で、両団体が合同する場合の綱領・運動方針・組織原則などが討議され、大体意見の一致を見たが、まだ、即時合同というところまでは行かなかった。（前掲書）

そういう中、二七年テーゼの紹介以来、ある種の権威を帯びてきていた蔵原惟人が昭和三年一月の『前衛』の創刊号に「無産階級芸術運動の新段階――芸術の大衆化と全左翼芸術家の統一戦線へ」を発表した。以後、蔵原は林房雄に代わる無産階級芸術運動の理論的リーダーとしての活躍をはじめるが、この蔵原論文は分裂を重ねてきた無産階級芸術運動は統一の段階になったとし、その任務は第一に「大衆に近づけ！」ということであり、第二にブルジョア芸術との闘争、第三に全左翼芸術家の統一戦線の結成だとしていた。

この提唱を受けて五回の準備会が開かれた後、三月十三日に日本プロレタリア芸術連盟、日本無産派文芸連盟、全国芸術同盟（昭和二年十二月創立＝村松正俊、松本淳三ら）、闘争芸術連盟（同三年一月創立）、左翼芸術同盟（同三年二月創立＝壺井繁治、三好十郎、高見順ら）、農民文芸会（同二年秋成立＝石川三四郎、中村星湖、白鳥省吾ら）、帝大同人雑誌連盟有志および小川未明、大宅壮一らの個人が参加して、日本左翼文芸家総連合が創立された。創立総会には出席しなかったものの、これには労農芸術家連盟も加わった。が、この総連合は後述のような事情で、数か月内に自然消滅した。

この間にも前衛劇場は以下のような公演を持った。

昭和三年一月十二、十三日＝『偽造株券』（藤森成吉作、佐々木孝丸演出）、『時は来たらん』（ロマン・ロラン作、村山知義演出　共に大阪・朝日会館）。

同年三月五日＝名古屋・御園座、七日＝京都・岡崎公会堂、八日＝大阪・朝日会館、九日＝静岡・若竹座。『勇ましき主婦』（村山知義作・演出）、『踊子になった書記の妻』（同）、『偽造株券』。この巡演は平凡社の『新興文学全集』発刊記念として、平凡社がスポンサーだった。

三月十四日＝『進水式』（村山作、佐々木演出　早稲田大学・大隈会館）。

左翼芸術戦線の統一という旗の下、前衛劇場とプロレタリア劇場が共同で演劇研究所を開設したのは、同年二月一日だった。四か月間、週二回の午後六時から九時までの授業で、佐野碩、村山知義、久板栄二郎らのほかに、小山内薫、伊藤熹朔、吉田謙吉らの築地小劇場系の演劇人などが講師として名を連ねていた。正課として理論（演劇総論、日本演劇史、演出論その他）と実習（ダルクローズ体操、発声その他）と見学（観劇、舞台稽古見学その他）があり、女優の原泉《はらせん》（のちの中野重治夫人）がここの出身者の一人である。

こうして左翼芸術戦線が統一への努力をしているさなか、三・一五事件（前述）が起きた。この弾圧を機にプロ連と前芸の合同が一挙に進み、同月二十五日に全日本無産者芸術連盟の結成に関する声明が出た。略称はナップ。ナップ（NAPF）は'Nippon Artista Proletaria Federacio'という連盟のエスペラント訳の頭文字をつづり合わせたものである。そして『プロレタリア芸術』と『前衛』を合併、ナップの機関誌として同年五月に藤森成吉の命名による『戦旗』が創刊された。

ナップ結成の声明が出ると闘争芸術連盟と左翼芸術同盟もここに合流、これが日本左翼文芸家総連合自然消滅の一因だったが、四月二十九日には本郷の帝大キリスト教青年会館でナップの創立大会が開かれた。一、プロレタリア芸術の組織的生活ならびに統一的発表、一、一切のブルジョア芸術の現実的克服、一、芸術に加わる専制的暴圧反対――というのがその綱領で、ここにナップ時代がはじまった。また、ナップの成立にともないプロレタリア劇場と前衛劇場も合同して一つの劇団になったものの、お互いに旧名を主張して譲らず、新しい劇団名が決まらなかった。

そのまま淀橋浄水場（現・新宿副都心）に近い旧プロ芸の本部をナップのそれとした大きな屋敷で――ここに中野重治、谷一、鹿地亘《かじわたる》らが合宿していた――第一回公演に選ばれた『磔茂左衛門』（藤森成吉作）の稽古に入った。そんなある日、蔵原惟人が左翼劇場という劇団名はどうかと口を切った。が、劇団員はあまり乗り気ではなかった。とは言え初日が迫ってくるとそのままではおられず、「暫定的に」との了解のもとに劇団名を左翼劇場と決めた。結果としてはこの劇団名が定着して、昭和三年から同九年まで、左翼劇場は日本を代表するプロレタリア劇団、新劇団として活躍した。

## 芸術大衆化論争

ナップ創設の直後、主として中野重治と蔵原惟人の間で行われたのが芸術大衆化論争で、これはプロレタリア芸術運動の行方に大きな影を投げかけた。

『戦旗』の昭和三（一九二八）年六月号に中野重治の「いわゆる芸術の大衆化論の誤りについて」が、翌七月号に鹿地亘の「小市民性の跳梁に抗して」が掲載され、これらに対して同誌八月号に蔵原が「芸術運動当面の緊急問題」を発表して、両者を批判したのが論争のはじまりだった。

中野はまず芸術の大衆化とは何かと問い返し、こう書いた。

芸術にとってそのおもしろさは芸術的価値そのもののなかにある。それ以外のものは付け焼刃で手妻に過ぎない。芸術的価値は、その芸術の人間生活の真への食いこみの深浅―生活の真は階級関係から離れてはない。―それの表現の素樸さとこちたさによって決定される。心がけのいいプロレタリアの芸術家はそこへ進めばいい。彼の芸術を大衆がおもしろがらないなら、おもしろさを人まねするのでなしに芸術の源泉である大衆の生活を探ればいい。(『中野重治全集』第九巻)

芸術大衆化のために他に「おもしろさ」を求めるのを批判し、いわゆる大衆芸術の周辺に大衆が群れるのは、大衆の中にそれほどにも笑いが殺され、多くの涙が溜まっているからだと中野は理解する。この立場に立てば失われた笑い、流された涙を大衆に取り戻すことができるのは基本的に政治のプログラムであり、これを抜きにして、大衆芸術の安い笑いと涙で不安と悲哀をごまかすことはできないと述べた。

中野のもう一つのポイントは「大衆の求めているのは芸術の芸術、諸王の王なのだ」と書いたように、大衆の意識は芸術の最高水準と一致すると考え、そう主張したことだった。が、これは理論化がむずかしく、中野重治の「叙情的芸術観」とでも言うべきものだったと見るべきだろう。

鹿地亘は「真に芸術が力を持つのはそれが芸術であるからだ」「過去の遺産を受け継げ。ブルジョア芸術の技術に学べ」といった言を小市民性の跳梁として排し、「我々の芸術は過去の社会を『破壊』するプロレタリアートの激情を組織化する。(中略)従って、我々の技術は只プロレタリアートに入り込むことに依つて最も合理的に解決される」と主張していた。

蔵原惟人はまず中野に対して、もっとも芸術的なものがもっとも大衆的であり、もっとも大衆的なものがもっとも芸術的なものだと考えるのは純然たる理想論・観念論だとした上で、もっとも高いプロレタリア芸術を創造し得たと仮定しても、それは百万のプロレタリアート中せいぜい五万か十万人にしか迎えられないだろうから、われわれの芸術運動には残りの圧倒的多数をアジテートし、イデオロギー的に高める重大な任務がある。しかも今のわれわれの芸術はインテリを主とする三千ないしは四千の読者・観客を持っているに過ぎないから、われわれの芸術をさらに大衆化させなければならない。そのためには大衆に愛され、大衆の感情と思想と意識とを結合して高め得るような芸術的形式を創造しなければならない。要するにプロレタリア芸術運動をプロレタリア芸術確立のための運動と、大衆のアジ・プロのための運動とに二分する必要がある。『戦旗』を芸術運動の指導機関であると同時にアジ・プロのそれとして大衆化しようとするのは誤りであり、アジ・プロのためには別の大衆的絵入雑誌を創刊すべきだというものだった。

これに対して中野重治は翌九月号の『戦旗』に「問題の捩じ戻しとそれについての意見」と題して、反論した。「いわゆる芸術大衆化論の誤りについて」は何を問題にしていたのかと改めて問い、それは制作に際してわれわれの取らなければならない根底的な態度、制作を通して、大衆の生活中の本質的なものに、どのようにして結びつかなければならないかを問題にしていたと顧みる。中野にとって、生活をまことの姿で描くことは、芸術にとって最後の言葉なのである。

……われわれは、すべての都会と農村とのなかに、また都会と農村とのさまざまな労働する場面のなかに、小作人の、なめし革工の、ドック人夫の、台所のすみで泣いている小むすめの、郵便局の窓口で思案に暮れているおかみさんのなかに、飢えと抑圧とを基調としてひろがつている生活のあらわな姿を、そしてそれらの纏《から》み合い入りまじり合うさまざまな関係を、さながらの豊富さと多様さとで描いて行くことによつてだけ大衆に結びつかなければならない。それらをそのように描くことこそが最も芸術的に制作することであり、このような態度で制作するとき初めてわれわれは、「労働する百万の大衆を目やすにおく」ということを現実にすることができる。(『中野重治全集』第九巻)

これが無産大衆と芸術との関係に対する中野の答えだった。

ところが労働する百万の大衆をいかにしてブルジョア的な読み物の洪水から護り、プロレタリア的な階級意識に覚醒させるかという問題が浮上してきた今、それが浮上せざるを得ない状況に押されて、それが政治的に解決されなければならない問題であるのを忘れ、芸術の枠の中で解決できるかのごとく錯覚して大衆芸術を主張し、芸術的プログラムと政治的プログラムとを取り違えているのが蔵原である。「プロレタリア芸術確立のための芸術運動」と、「大衆の直接的アジ・プロのための芸術運動」とに二分したのが蔵原の誤りであり、この二つを無批判的に混同してはいけないと言ったところに、蔵原の政治的闘争と芸術運動との無造作な混同があった。ここからくるのは一方では制作の大衆からの浮き上がりの危険であり、他方では制作態度の堕落のそれである。この二つは結局はプロレタリア芸術形成の道からの踏み外しである——

というのが中野の蔵原への反論だった。

これに対して蔵原は鹿地の論文とともに「芸術運動における『左翼』清算主義——再びプロレタリア芸術運動に対する中野・鹿地両君の所論について」を『戦旗』十月号に発表した。これは「一　革命前期におけるプロレタリア文化の問題」「二　プロレタリア芸術確立の為の運動と大衆の直接的アジ・プロ」「三　いわゆる小市民性との闘争について」「四　結論、左翼的言辞と日和見主義的実践」と題された四節から成っていて、「一」で蔵原は中野をこう批判した。

中野君は「労働する百千万の大衆が完全な初等教育を受け、才能に応じて特別の新教育を受け」たり「病気は医者に癒させ、喜ばしい発明が発明され」たり、「健康な芸術が生れ」たり、「三井や岩崎の身内なら赤ん坊でも頸を捩じ切ってやりたいような気持が我々の中から消え」たりすることがプロレタリア文化であると考えているらしい。そして、この文化革命を遂行する為の社会的条件（プロレタリアートの独裁）を我々が獲得するまでは、プロレタリアートは、「健康な」文化を、従って「健康な」芸術を持たないのであり、そしてそれまではプロレタリアートにとって最も有難いのは「直接的アジ」を受けることである、と。

これは百パーセントのトロツキーズムである。ここで中野君が列挙しているのは、決して言葉の正確な意味におけるプロレタリア文化の要素ではなくして、それは既に社会主義文化へと転化しつつあるところの、プロレタリア文化である。この文化は成程中野君のいわるる如くプロレタリアートの独裁によって、その条件を獲得するところの文化革命なしにはあり得ない。しかもそれはプロレタリア階級による政権獲得の後に直ちに与えられるのではなく、その国の社会が安定した後において、かなりに長期に亘る執拗な文化革命の結果として初めて与えられる。（中略）しかしプロレタリアートは、この文化、即ち社会主義文化の戸口に到達する以前に、それ独自の文化、即ち階級的な文化としてのプロレタリア文化を持ち得るし、また持たなければならない。この文化は、過去のあらゆる文化と同様に、階級的文化であり、従って階級闘争の武器であり、そしてそれはプロレタリアートの階級闘争の全期間に亘って——即ちプロレタリアートによる政権獲得の前後を通じる期間に亘って、形成される。しかしそれは歴史的に必然な、生活に耐え得る、従って百パーセントに健康な文化である。——これこそは真実の「イロハ」であるのだ。これを理解し得ないものは文化の問題において何事をも理解しないものである。それはプロレタリア文化と社会主義文化を混同することによってプロレタリア文化を否定し去ったところのトロツキーと共に、プロレタリア文化に対する清算主義として真実に戦闘的なるマルクス主義に対抗するものである。（蔵原惟人「芸術運動における『左翼』清算主義――再びプロレタリア芸術運動に対する中野・鹿地両君の所論について」『現代日本文学全集』第七十八巻）

さらに蔵原は中野が最近の国際情勢を無視しているとつづける。第一次世界大戦後、世界の資本主義は発達の第三期に入りつつある一方、ソビエトの生産力は戦前の水準を突破して社会主義的建設が進められている。この情勢を見ずして文化戦線の闘争はあり得ないにもかかわらず、中野は一般的公式をドグマ化している。ブルジョア文化との闘争における敗北主義、プロレタリア文化に対する清算主義に陥りつつあるというのである。

蔵原が中野をトロツキスト呼ばわりしたことについては、国際共産主義運動の変化があったことを勘考しなければならない。この昭和三年の夏にモスクワで開かれたコミンテルンの第六回大会で、ブハーリンと提携したスターリンがトロツキー派を最終的にコミンテルンから追放していた。同時にスターリンはブハーリンへの次の攻撃に着手、これ以後スターリンが国際共産主義運動の唯一絶対的な存在になるが、そのスターリンのブハーリンへの攻撃の根拠が、この大会で定式化された「第三期論」と言われる情勢判断だった。

蔵原が「世界の資本主義は今や発達の第三期に入りつつある」と書いた「第三期」とはこのことを指していて、それは一九一七（大正六）年のロシア革命から二三年のドイツ革命の敗北にいたる第一期、ほぼ二七年までつづく資本主義の相対的安定と再建の時期である第二期の後に、資本主義が決定的な危機を迎え、崩壊する最後の時としての第三期が現在なのだとしていた。蔵原の論文はいち早くソビエトの動き、コミンテルンの動向を反映していたものなのである。

「二」で蔵原はかつても今も、すべての芸術がアジテーションであるのを否定したことはない、だからプロレタリアートの芸術運動がつねに広い意味での政治運動であり、「芸術的プログラム」は「政治的プログラム」である。しかし、問題は芸術によるアジテーションには一定の社会的行動への直接的アピールと、かなり長期にわたって大衆の思想と感情と意志とを結合して高めるものと二種類ある。前者はそこからプロレタリア芸術が生まれるかどうかをあえて問題にしない一時的なものなのに対して、後者はプロレタリア芸術の確立に向かうものであり、そのためには芸術的習作、芸術発達のマルクス主義的研究、過去及び現在の芸術の研究などを併せて行わなければならない。『戦旗』はそのための機関でなければならない。

中野はプロレタリア芸術確立のための運動主体であるナップを、あたかも大衆の直接のアジ・プロの主体でもあり得るような誤った幻想で混乱させている。しかもこの混乱は芸術運動の世界的な動向とも対立している。芸術運動の世界的動向は大衆への直接的なアジ・プロは党、青年同盟などの宣伝扇動部に芸術家が加わってその組織のもとで行われ、プロレタリア芸術確立のための運動は、これとは別に作家、美術家、劇場人、音楽家などがそれぞれの専門別に分かれた組織として作られなければならない。ナップをこう再組織することによってのみ、芸術家の国際組織に加盟し得る条件を獲得する。

こう述べた蔵原が例示した国際組織は、インテル・アフル（国際革命美術家協会）だったが、これが結成されたのがこの年の五月だったから、蔵原の情報入手はきわめて早かった。そしてナップはここで蔵原の唱えた通り、やがて組織を改変するにいたる。

「三」で蔵原は結合の前の分離の過程は一九一九年のコミンテルンの創立と同時に終わり、世界の無産者運動は第二の段階になった。今必要なのは「痩せてゆく」ことではなくて「肥えてゆく」ことだ。だからプロレタリア的要素を「小市民性の跳梁」の中から分離して純化するという中野重治や鹿地亘の主張は、新しい運動の段階に逆行する。

こうして「四」で蔵原は中野や鹿地の所論を「左翼的言辞と日和見主義的実践」だと規定し、その方法論的基礎を悪しき福本主義に置いていると強調し、われわれの運動が国際的規模において、国際的方向と国際的組織とにしたがって遂行されることを拒否していると結論する。

この蔵原の論文で論争は終わった。中野重治は『戦旗』十一月号に「解決された問題と新しい仕事」を発表し、「解決された問題」として第一に「プロレタリア芸術の規定の問題」を上げて、プロレタリア芸術を本来的な、真実の意味におけるそれと、大衆的なそれとに分ける分け方が誤りだという点が明らかになったとする。第二は絵入雑誌の問題で、それが十一月一日に無産者新聞社から『無産者グラフ』として発刊されることになったから（これは弾圧で数号で廃刊）、すべてとは言わないが重要な解決だという。が、中野は『戦旗』がもっとも芸術的であると同時に大衆への直接的なアジでなければならないと唱えつづけてきたので、ここには明らかな無理がある。事実、中野は論争によって問題が一向に解決していないのを承知し、この論文でもそう表明していた。にもかかわらず問題は解決したとし、四・一六事件のあった昭和四年四月号の『戦旗』に「我々は前進しよう」を載せて、こう書いた。

われわれは今日《こんにち》はつきりと次ぎのように考えなければならない。

「芸術の役目は労働者農民にたいする党の思想的・政治的影響の確保・拡大にある。すなわち、労働者農民に共産主義を宣伝し、党のスローガンを大衆のスローガンとするための広汎な煽動・宣伝にある。」

したがって芸術の内容も、プロレタリアートの姿とか権力にたいする闘争とかいうぼんやりしたものでありえない。それはまさに党のかかげているスローガンの思想、そのスローガンに結びつくところの感情である。(『中野重治全集』第九巻)

中野はレーニンの「文学は今や党の文学とならなければならない」という言葉を引用して、芸術家はすべて党に、青年同盟に参加しなければならないし、そうするだろうと書いたのである。中野はこの時も、昭和五年五月に共産党に資金を提供したことで検挙された時も、まだ共産党員ではなかった。が、中野の前に、日本共産党が姿を現しはじめていたのは間違いなかった。

「芸術大衆化論争」がもつ意味は、一人の自立的な知識人革命芸術家が、ようやく現実的な意味をもちはじめた「政治の優位性」論に最後の死闘をいどんだ記録であり、その敗北と自己解体の姿にほかならなかった。日本のプロレタリア文学は、この論争以後、一本の軌条をまっしぐらにつっ走ることになる。その行手には、論争における蔵原の主張と反する多くの事実——たとえば『戦旗』を労働者・農民への直接的アジ・プロの機関にするという決定や、プロレタリア大衆文学の全面的否定、等々——がつぎつぎに現われるが、「党の思想的・政治的影響の確保・拡大」という中野重治によって規定された芸術の「役目」を、さらに労働者階級の「多数者獲得」という一点に収斂させた蔵原理論の基本的コースは、日本のプロレタリア文学運動の全歴史を通じて少しも変わることはなかったのである。(栗原幸夫『プロレタリア文学とその時代』)

プロレタリア演劇およびその運動は、全面的なプロレタリア文学とその運動の影響下にあったから、この言辞はそのままプロレタリア演劇とその運動にも該当した。プロレタリア芸術運動全体の中で革命を目指す政治運動が最優先されて上部に置かれ、芸術運動はその下に位置して、それぞれの分野で中心的な理論にしたがうべく自立性を奪われる。その時代のはじまりを告げたのが、芸術大衆化論争だったのである。

## 左翼劇場の発足

左翼劇場の旗揚げ公演は昭和三（一九二八）年四月二十一日から二十四日まで築地小劇場で開催されて『進水式』（村山知義作・演出）、『やっぱり奴隷だ』（同）、『嵐』（鹿地亘作、佐野碩演出）が上演された。当初は『磔茂左衛門』（藤森成吉作）上演の予定だったが、新派の井上正夫が大正十五（一九二六）年に初演していたにもかかわらず情勢の変化という理由で禁止になり、急遽前記の三本につき替えての公演だった。入場料は九十九銭。

が、左翼劇場が前衛劇場とプロレタリア劇場の速成の合同体だったから舞台的な統一を欠き、『進水式』と『やっぱり奴隷だ』は佐々木孝丸、仲島淇三、藤木貞治、吉田好正（杉本良吉）、藤田満雄、佐藤吉之助、平野郁子ら前衛劇場系の俳優が、『嵐』は中村栄二、西沢隆二（のちの詩人ぬやまひろし）、峯桐太郎、辛島きくらプロレタリア劇場系の俳優が中心部を占め、一種の競演のような形になった。

五月には二十日に沖電気組合大崎分室で『二階の男』（シンクレア作）を、四日後に東海堂争議応援として『炭坑夫』（ル・メルテン作、佐野碩訳・演出）を上演というように移動公演を行った。これは左翼劇場が移動部を設ける契機になった。九月二十日には無産者新聞創刊三周年記念として、報知講堂で『首を切るのは誰だ』（三好十郎作、佐野碩演出）を手掛け、約千五百人の観客を集めた。以後繰り返し上演される『首を切るのは誰だ』の初演で、また初戯曲を携えての三好十郎の劇壇へのデビューだった。

孤児同然で佐賀市に生まれた三好は九歳で三好家の戸主になり、十九歳の時の大正九年に早稲田の英文科に入学した。左翼運動に関わる一方でプロレタリア詩人としての活躍をはじめ、昭和三年二月に壺井繁治や高見順らと左翼芸術同盟を設立、その機関誌『左翼芸術』の創刊号（同年五月）に発表したのが『首を切るのは誰だ』だった。

十月末には「ロシア革命十一周年記念プロレタリア芸術祭」として『巡洋艦ザリヤー』（ラヴレニョフ作、杉本良吉訳、佐野碩演出）を取り上げるべく稽古をはじめた。杉本はこれが戯曲翻訳の手初めだった。

ロシア十月革命の時、巡洋艦ザリヤーがネバ河から冬宮に向かって撃った一弾が革命の火蓋を切ったのを仕組んだ戯曲で、『崩壊』とのタイトルでソビエトの各劇場が上演していたのを改題して手掛けようとしたのだが、開演直前に禁止になった。十二月には新労農党結党基金募集の名目で本所亀楽座で『嵐』（鹿地亘作）、『早鐘』（小野宮吉作）、『首を切るのは誰だ』（三好十郎作）を上演したが、そんな時にナップの再組織案が決議された。

## プロットの誕生

昭和三年十二月二十五日、ナップは臨時大会で、蔵原惟人の提案以来懸案になっていた再組織案を決めた。つまり、地方支部を単位とする全国的な、総合的な芸術団体にするのを決めて、名称も全日本無産者芸術連盟から全日本無産者芸術団体協議会に変えた（略称は同じくナップ）。これにしたがって昭和四（一九二九）年には次のような専門団体が誕生した。

一月＝日本プロレタリア美術家同盟（略称はA・R）
二月＝日本プロレタリア映画同盟（略称はプロキノ）
同月＝日本プロレタリア劇場同盟（略称はプロット。昭和六年十月に個人加盟を認めて日本プロレタリア演劇同盟と改称）
同月＝日本プロレタリア作家同盟（略称はナルプ）
四月＝日本プロレタリア音楽家同盟（略称はP・M）

これら諸団体の連絡協議機関として全日本無産者芸術団体協議会を設けたのである。左翼劇場の例で言うと、旧ナップ東京支部が統制していた同支部演劇部だったものが、各地方支部の演劇部を全国的に統一する縦断的な組織、すなわちプロットの、その加盟劇団ということになった。プロットは団体加盟で各地方支部から中央委員を出し、常任の執行は東京在住の常任中央執行委員会が行った。創立当時の役員は中央執行委員長＝佐々木孝丸、執行委員＝佐野碩、村山知義、中村栄二、小野宮吉、杉本良吉、松永敏、早川辰治、三木武夫（大阪戦旗座）、書記長は佐野碩で、新ナップの委員長は橋浦時雄、書記長は鹿地亘、委員が山田清三郎（ナルプ）、蔵原惟人（同）、岡本唐貴（A・R）、佐々木孝丸（プロット）、守田正義（P・M）だった。

プロット創立当時、左翼劇場（正式には東京左翼劇場）、大阪左翼劇場（戦旗座・群衆劇場・明日への劇場が昭和三年六月に合同したもので、その後同四年二月に大阪戦旗座と改称した）、金沢前衛劇場、静岡前衛座、京都青服劇場の五団体と、松本地方準備会と神戸地方準備会がプロット所属劇団で、これらの劇団の代議員が集まって年一回の全国大会が開かれ、これがプロットの最高決議機関だった。ちなみに、左翼劇場は村山知義が執行委員長で、佐々木孝丸はプロットの中央執行委員長とナップの中央協議員を兼ねていたので、左翼劇場の役員にはなっていない。ナップが臨時大会で組織変更を決めた日の夜、奇しくも小山内薫が急死した。

プロットの創立と並行して、左翼劇場は昭和四年の一月二十六日から二十九日まで、築地小劇場で第四回公演として

『ダントン』（アレクセイ・トルストイ作、佐々木孝丸・杉本良吉訳、佐野碩・村山知義演出）を上演した。
　はじめエスペラント訳によって佐々木が翻訳していたが、これが仕上がったころに杉本がロシア語訳を入手したので、全文を照合して上演台本を作った。原作はドイツの劇作家ゲオルク・ヴュヒナーの四幕もので、これをアレクセイ・トルストイが改作したフランス革命が素材の戯曲。佐々木のダントン、村山のサン・ジュスト、小野宮吉のロベスピエール、杉本良吉のデムレン、藤田満雄のフキエ・ド・デルボアといったキャストだったが、藤田の演技が好評だったのに対して杉本は評判が悪く、以後、杉本は演出に専心するようになった。四回の公演で二千二百五十四人の集客があり、入場料一円五十銭のところ九十九銭の労働者割引券での入場者が一日平均百五十人、満員で入場できなかった観客が一日につき百人ほどいた。観客層にかなりの変化があったと同時に、左翼劇場としての一体感が舞台に反映するようになった。この終演後に築地小劇場では「小山内薫追悼公演」として『桜の園』（チェーホフ作）が上演された。二つの舞台は水と油のように見えた。

　この春の第五十六議会には、死刑と無期刑を追加した治安維持法改正案の事後承認がかかっていた。これに一人反対していた旧労働農民党所属の代議士山本宣治は、衆議院が治安維持法改正緊急勅令を事後承認した三月五日の夜、東京・神保町の旅館で七生義団という右翼の団体員によって刺殺された。この事件に対して同じ日にプロット加盟を認められた京都青服劇場が、山宣こと山本宣治の労農葬前夜の十三日、宇治の山本宣治宅へ「山宣追悼劇」を持って出動し、遺族や労働組合員や農民らの前で披露した。情勢に応じて脚本を早急に作成し、それをしかるべきところに持ち込むという新しい手法をプロットが高く評価して、この方法はやがて左翼劇場の活動の中に採用された。

### 『暴力団記（『全戦』）』の初演

　いろいろな意味で左翼劇場の存在を強くアピールしたのが、昭和四（一九二九）年六月二十七日から七月三日まで、築地小劇場で上演された『暴力団記』（村山知義作、佐野碩演出）だった。もっとも、上演に際しては当局から『全戦』と改題を強要された。

　これは中国で「二七惨変」と呼ばれる事件をモチーフにしていた。すなわち、大正十二（一九二三）年二月七日、革命的職業組合の総工会を組織したばかりの京漢鉄道の労働者が、軍閥の呉佩孚《ごはいふ》の弾圧に抗してストに突入したところ、軍隊によって三十余人を殺された揚げ句に敗北した事件である。

「二七惨変」の『京漢工人流血記』という中国語のパンフレットを村山に見せ、読んで聞かせたのはのちに労働運動のリーダーになる藤枝丈夫で、村山は藤枝の中国に関する知識を借りつつ執筆した。

このころ中国では軍閥や国民党や共産党などによる権力争いが激化して、国の統一はほど遠かった。そして日本では三・一五、四・一六という二度の共産党弾圧事件を起こした田中義一内閣に替わって七月二日に浜口雄幸《おさち》内閣が成立、浜口内閣は対華外交刷新、軍縮促進、財政整理、金解禁断行などの十大政綱を発表したが、『暴力団記』の開演は浜口内閣成立の直前、そして終演一週間後に浅草の水族館で榎本健一らのカジノ・フォーリーが旗揚げした。つまり、からかい気味にマルクス・ボーイ、エンゲルス・ガールと言われたほど若者層にマルクス主義が広まる一方、一口に「エロ・グロ・ナンセンス」と囃された風潮が浸透していく時代を迎える。

さて、『暴力団記』——このタイトルで通す——は佐野碩の演出、村山知義の装置、山口淳の効果、小野宮吉の音楽効果、杉本良吉の演出助手というスタッフに、緑党の大親分に佐々木孝丸、中親分に藤田満雄と鶴丸睦彦、呉佩孚配下の宣伝部員に藤木貞治、鄭州総司令に仲島淇三、警察局長に永田脩二、全戦代表者会議議長に峯桐太郎、京漢鉄道総工会支部代表者に中村栄二と伊達信、伊達の母役に客演の岸輝子といったキャストで、ほかに暴力団員や労働者に扮する群衆が出た。

自作の演出をはじめて他人に任せた村山は、こう書いている。

さて『暴力団記』はあらゆる意味で、われわれも思いもよらなかったような成功を得ることができた。これは演出者の能力と努力に負うこと多大であった。事実、日本の新劇でこの時のように訓練された集団的演技が示されたことはなかった。代表者会議の幕切れでバリケードを築くシーンなどでは、作者である私の想像をはるかに超えた力が迫って来て、私自身も身体のふるえるのをとめることができなかった。ここまでの訓練は佐野なればこそ出来たので、彼は全くあくことを知らぬ頑張り屋だった。（中略）私はその後、仕事が困難になるたんびに、何度彼がいたらなあと思ったか知れない。（村山知義「一つの足跡」『新劇の四十年』より）

プロレタリア演劇をほとんど無視していた一般紙や雑誌も揃って好評の劇評を載せたが、中で村山を驚かせたのは久保栄のそれだった。久保に関して村山は築地小劇場の文芸部員という程度のことしか知らなかった。その久保の劇評。

『全戦』原名『暴力団記』が村山知義君の最上作であり、したがって日本プロレタリア文学中屈指の作品であることは疑いを容れない。という意味は――

（1）「二七惨変」を中心とする最近の史実そのものが、すでにプロレタリア戯曲の題材として最適のものであり、これに着眼したこと自体が、すでに作者の第一の功である。

（中略）

すなわち史実および作品に現われた中国の労働運動にたいする軍閥官僚の暴圧、また彼らの走狗となって憎むべき反動的役割を演ずる暴力団員の狂燥は、これらを当面の問題として闘争しつつある日本のプロレタリアートにたいして、最も強く呼びかけ得る。呉佩孚は、ノスケでありヒンデンブルグであると同時に、そのまま移して何々首相、何々陸相にも擬し得る。緑党は、ただちに何んとか義団である。それにもかかわらず、舞台が中国であるために、検閲の難関は比較的通過しやすい。まさに最適の題材である。

（2）ダダに発足した作者の文学的経歴の遺物は、もはやその痕跡をすら止めざる程度に揚棄されている。作者は才を恃まず奇を衒わずに、どっしり腰を据えて、ひた押しにプロレタリアト《ママ》の直面する問題を掘り下げ、砥ぎすましている。またいたずらに大衆的興味を追わず、終始一貫プロレタリア的な問題のみを展開しながら、しかも比較的意識水準の低い大衆にまでも訴え得るほど、巧妙な作劇術を駆使している。（中略）

（3）労働者と暴力団の二つのグルッぺにおいて、それぞれを代表する人物が、必要以上に個人的な色の濃さをもつことなく、と同時に必要以上にグルッぺの中に埋没してしまうことなく、ゲシタルとマッセとの、個と全体との相関関係が適宜に保たれていることも見逃してはならない。成功せる群衆劇の手法である。等、等。

では、無条件に僕はこの作品に傾倒したかというと、かならずしもそうではない。では、どこに不満をもったか？

（1）緑党の一味が狂暴なる腕力をふるって、プロレタリアートを迫害する場面が、比較的蔭になっていることである。（中略）山宣事件その他によって、右翼暴力団の無法きわまる横行をまざまざと見せつけられている日本の観衆の前では、これははなはだ物たりない。曝露戦術から言っても、アジ的効果から言っても、彼らと労働者の正面衝突が劇的行為として直接的に描かれていないのは、不満である。（「『全戦』を観る」『劇場街』昭和四年八月号『久保栄全集』第五巻より）

『劇場街』という雑誌は久保栄を編集発行人に、久保以下青江舜二郎、伊藤熹朔、高田保、八住利雄、熊沢復六ら十一人を同人に六月に創刊されたもので（約一年間つづいた）、世界のプロレタリア演劇運動を翻訳劇と演劇理論の両面にわたって紹介し、その観点からの創作の発表の場とするのが刊行の目的だった。が、前掲のごとき劇評を読んだ村山は驚いた。

（前略）しかしいずれにせよ、（久保栄は）別に目に立つ存在ではなかった。それが突如として僅か四か月のうちに、まるで、自分が左翼的演劇を批判する能力を持ち、前からプロレタリア・リアリズムを信奉している人間であるかのような態度で書いているのだから、「思いあがった人間もあるものだ」とみんな吃驚したのである。（村山知義『演劇的自叙伝』第三巻）

とまれ、久保栄の劇評は強いインパクトを左翼演劇陣営に与え、翌年四月に久保は左翼劇場に加わる。

村山の一文に出てくるプロレタリア・リアリズムは、蔵原惟人が「プロレタリア・レアリズムへの道」と題して『戦旗』の創刊号（昭和三年五月号）に発表した一文で提起した理論で、フローベルやモーパッサンらのブルジョア・リアリズム、イプセンやドストエフスキーらのプチブルジョア・リアリズムと区別して、プロレタリア・リアリズムをこう規定していた。

プロレタリア作家は何よりも先づ明確なる階級的観点を獲得しなければならない。明確なる階級的観点を獲得するとは畢竟戦闘的プロレタリアートの立場に立つことである。ワップ（全連邦プロレタリヤ作家同盟）の有名な言葉をもって云ふならば、彼はプロレタリヤ前衛の『眼をもつて』この世界を見、それを描かなければならない。プロレタリヤ作家はこの観点を獲得し、それを強調することによつてのみ真のレアリストたり得る。何となれば現在に於いて、その発展の中に於いて見得るものは、戦闘的プロレタリアート――プロレタリヤ前衛をおいて他にないのだから。

この戦闘的プロレタリアートの観点はまたプロレタリヤ作家の作品の主題を決定するであらう。彼はこの現実の中からプロレタリアートの解放にとつて、無用なるもの偶然なるものを取去り、それに必要なるもの必然なるものを取上げる。かくてあたかもブルジョア・レアリストの作品の主要なる主題が人間の生理的慾望であつたやうに、また小ブルジョア・レアリストのそれが社会的正義、博愛等であつたやうに、プロレタリヤ作家の主要なる主題は、プロレタリアートの階級的闘争となるであらう。（蔵原惟人「プロレタリア・レアリズムへの道」『戦旗』創刊号より）

以後、この理論がプロレタリア芸術全体の指針となった。

『暴力団記』を見て劇界に身を置くのを決意した一人が、松本克平である。のちの俳優座の俳優で、『日本新劇史・新劇貧乏物語』や『日本社会主義演劇史・明治大正篇』など、多くの演劇書の著者でもある。

昭和四年の春に早大英文科に入学したばかりの松本は、築地小劇場に通ううちに劇作家への夢を募らせた。そして『暴力団記』を見て左翼劇場へ入って舞台の実際を勉強しながら劇作家になろうと、選考を終えていたにもかかわらず、ツテを頼ってプロットと左翼劇場共催の村山知義宅のアトリエで開かれたプロレタリア演劇夏季講習会に参加した。講習期間は二週間で、佐々木孝丸、村山知義、久板栄二郎、佐野碩らが日本プロレタリア演劇運動史、ソビエト演劇史、戯曲論、演出論などを講義し、それに演技実習やバレエ、ダルクローズ体操などの実習、加えて秋田雨雀、藤森成吉、中条百合子（のちの宮本百合子）、井上正夫、河原崎長十郎らの課外講座と盛りだくさんのカリキュラムで、講習会を終えると三十人の受講者中、十五人ほどが左翼劇場の研究生に採用された。松本もその一人で、九月の劇団築地小劇場の本郷座公演『吼えろ支那』（トレチャコフ作）への応援出演が、初舞台になった。

十月になると『暴力団記』の成功で劇壇での地位を確立した左翼劇場の提唱で、プロットの影響下に友誼的関係にあった新築地劇団、劇団築地小劇場、心座から代表者を出し、プロットの一翼として新興劇団協議会が結成された。「新興」という言葉はプロレタリアートとほぼ同意で、このころから新興劇団、新興演劇、新興文学という言い方が一般化する。それらはプロレタリア劇団、プロレタリア演劇、プロレタリア文学と同意だったと思っていい。

新興劇団協議会の結成直後、心座が十月二十六日から四日間、本郷座で『全戦』（村山知義作、佐野碩演出）を上演した。当初は『装甲列車一四六九』（フセヴォロド・イワーノフ作）を上演予定だったが舞台稽古の前日、二十四日に上演禁止になったため、急遽左翼劇場の応援を得て『全戦』の再演となったのである。緑党の大親分を河原崎長十郎が演じた以外は、主要なキャストは左翼劇場の初演通りだった。

この時に警察は私服警官を客席にもぐりこませ、初めて観客席に手入れをした。舞台に興奮して気勢を上げる観客を次々検束したのである。以後、こういうやり方が盛んになった。

付記すれば、次の一つに該当すれば、演劇や映画の上演・上映が禁止された。

一、勧善懲悪ノ趣旨ニ背反スル虞ガアル

一、嫌悪、卑猥又ハ惨酷ニ渉ル虞ガアル

一、犯罪ノ手段方法ヲ誘致助成スル虞ガアル

一、濫ニ時事ヲ諷シ又ハ政談ニ紛ラワシイ虞ガアル

一、国交親善ニ阻害スル虞ガアル

一、教育上悪影響ヲ及ボス虞ガアル

一、前各号ノ他公安ヲ害シ又ハ風俗ヲ紊ス虞ガアル

いずれも拡大解釈が可能な項目である。

さて、十月十六、十七日の大阪・朝日会館、十八、十九日の京都・華頂会館での公演は『暴力団記』を予定していた。が、これが上演禁止になったので、大阪戦旗座と京都青服劇場との共同公演として『母《おふくろ》』（ゴーリキー原作、左翼劇場文芸部脚色、佐野碩・小野宮吉演出）と『足のないマルチン』（カスパー・ハウザー作、皆川晃改作、佐野碩演出）の三本併演に切り替えた。

帰京後十一月十八、十九日の両日、左翼劇場は前衛劇場以来の通しナンバーで第十二回公演を「労働者ニコニコ会」と称して上野自治会館で開催した。実はこれはロシア革命の十二周年を記念するための公演だったが、そう銘打てば禁止になるのが目に見えていたので、こう謳った。『莫迦の療治』（ハンス・ザックス作、久保栄訳、村山知義翻案、土方与志・仲島淇三演出）と『莫迦の療治』に『荷車』（佐々木孝丸作、小野宮吉演出）、『サム』（カスパー・ハウザー作、左翼劇場訳編、佐野碩演出）に落語や舞踊というプログラムだったが、この公演の成功から、アジ・プロ的な移動の小公演がますます重要視されはじめた。

これに先立つ十月十三日には、プロレタリア科学研究所が開設された。前身は国際文化研究所である。これはソビエトの視察旅行から帰国した秋田雨雀を中心に、蔵原惟人、林房雄、村山知義らによって設立されたもので、ソビエトを軸とするプロレタリアートの文化が国際的にいかにブルジョア文化に優れているか、またそうなりつつあるかを日本のプロレタリアートとその同盟者に紹介すること、日本のプロレタリアートの文化課題の解決、日本におけるプロレタリア文化の積極的な建設を趣旨にしていた。秋田雨雀を所長に昭和三年の十月に創立、十一月に月刊誌『国際文化』を創刊した。

その後の運動の興隆で国際文化研究所は翌年の九月に声明を出して解体し、十月に新たにプロレタリア科学研究所が設立された。秋田雨雀の所長に、中央委員に蔵原惟人、哲学者の三木清、評論家の羽仁五郎らが、書記に小川信一が就いた。そして第一部（政治、経済、社会）、第二部（歴史、哲学、教育）、第三部（文学、芸術、言語）、第四部（自然科学）の部門を設け、必要に応じて研究会が作られる一方、十一月に雑誌『プロレタリア科学』を創刊した。その後部門制や書記制は廃止されるが、ともかくこの昭和四年という年、科学の目でプロレタリア文化のあり方を総合的に研究しようという動きが生じたのは、注目すべきことだった。

## 『太陽のない街』の大ヒット

小林多喜二の『蟹工船』とともに、わが国のプロレタリア文学の代表作である徳永直の『太陽のない街』（藤田満雄脚色、村山知義演出）が舞台化され、築地小劇場で上演されたのは昭和五（一九三〇）年二月三日から十一日まで、左翼劇場の第十四回公演としてだった。これには以下のように多数の新築地劇団の俳優が客演した。

大同印刷社長＝峯桐太郎、同社専務＝仲島淇三、争議団幹部宮池＝伊達信、その恋人お加代＝山本安英・客演、加代の姉高枝＝平野郁子、争議団員萩村＝藤田満雄、赤羽製紙専務＝中村栄二、大同出版副社長＝小沢栄のち栄太郎、大川機械専務＝三島雅夫・客演、大宅女史＝細川ちか子・客演、松ちゃん＝原泉子（のち原泉）、お房＝高橋豊子・客演、おきみ＝山川好子・客演、渋坂代議士＝藤木貞治……

この公演は劇場に入り切れない観客が毎日五、六百人もいたというほど大ヒットした。場内では怒号が飛び、すすり泣きが起こり、拍手の嵐。九日間の延観客数は六千二百人弱、その六十五パーセントを労働者が占めた。二度劇場へ行ったものの満員で観劇できず、三度目にやっと見たという秋田雨雀は日記にこう書いた。

二月五日　寒い。……今日はようよう入れた。徳永直君の『太陽のない街』は脚色としては失敗しているが、事実として充分の力を持っているものだ。日本の演劇がこのようにして一度破壊されてしまう必要がある。最後に近い労働争議のスキャップを論破する場面は立派なプロカル（注＝プロレット・カルト、つまり労働者の文化教育の意味）に役立っている。高橋豊子はプロレタリア演劇には大事な俳優だ。山本安英はここではあまり成功していない。左翼劇場の俳優の特異性について面白いものを見た。（『秋田雨雀日記』第二巻）

脚色が失敗だというのは五十数か所のカット、六十数か所の検閲による訂正と関係があったかも知れない。一部にはこれは労働者世相劇で、真のプロレタリア演劇とは距離があるとの意見もあった。なお、心座に研究生として入り、左翼劇場の『暴力団記』でエキストラ出演したのが初舞台だった小沢栄ことのちの小沢栄太郎は、この時から左翼劇場に加わった。嵯峨善兵もこれが初舞台だった。

演劇のボルシェヴィキ化

『太陽のない街』は昭和五（一九三〇）年三月三日から九日まで築地小劇場で再演され、延観客数が四千人という盛況だった。そして四月四日、プロットは第二回全国大会を同劇場で開いて綱領を改定、ナップの方針に沿って「演劇のボルシェヴィキ化」を掲げ、これに即して従来の移動演劇部が独立して、東京プロレタリア演芸団が組織された。まず前者の問題。

プロレタリア文化運動のボルシェヴィキ化は、共産党員として半ば地下生活をしていた蔵原惟人が、佐藤耕一名で発表した「『ナップ』芸術家の新しい任務——共産主義芸術の確立へ」（『戦旗』同年四月号）ではじめて提起された。この論文で蔵原はここ一年ばかりの間に発表された小林多喜二の『蟹工船』や『不在地主』、徳永直の『太陽のない街』、藤森成吉の『蜂起』、村山知義の『暴力団記』などを評価し、わが国のプロレタリア芸術は巨人的な第一歩を踏み出したとする。が、真のプロレタリア芸術を確立するためには、社会民主主義的な観点から区別され、共産主義的な立場に立つ必要があるという。

いかにしてこれが解決できるか。

第一にわれわれの芸術家がわが国のプロレタリアートとその党が現在当面している課題を、自らの芸術的活動の課題とすることによって可能だ（注＝「党」は伏字になっていた）。

では党の政治的・思想的影響を確保・拡大するために芸術家は何をすべきか。

わが国の前衛がいかに闘いつつあるかを現実的に描くこと。

例へば我々があるストライキを描くにしても、我々に必要なのは、ストライキの外面的な事件の単なる報告ではない。

それ等の外面的事件の描写の中に、そのストライキが何ものによつて如何に指導されたか、その指導部と大衆との関係はどうであつたか、それの成功或は失敗は何によつて喚び起されたか、このストライキはその国の××運動に於いて如何なる地位を占めてゐるか、と云ふことを客観的に、しかも（芸術的）具象的に描き出すことが必要なのである。それが例へば、小説に於いても演劇に於いても「太陽のない街」などに欠けてゐた所である。（蔵原惟人「『ナップ』芸術家の新しい任務――××主義芸術の確立へ」『昭和批評大系・昭和初年代』より）

蔵原の要請は、つまりはナップを前衛組織にしようというのと同意で、ナップは討論らしい討論もなく、芸術のボルシェヴィキ化を受け入れた。

この方針のもとに各専門団体が大会を持ち、プロットも「演劇のボルシェヴィキ化」をスローガンにした。同月開かれたナルプ（日本プロレタリア作家同盟）の第二回大会も「文芸運動のボルシェヴィキ化」のスローガンを掲げ、プロレタリア・リアリズムの貫徹や、高級文学・大衆文学の二元的対立を克服し、プロレタリア的、革命的大衆文学の創造が望まれ、ブルジョア文学および日和見主義的文学との闘争、ことに『文芸戦線』派との闘争が強調された。ナルプとプロットはメンバー的にも重なっていたから、これらはプロットの課題でもあった。

ところで、「運動方針のボルシェヴィキ化」を掲げたプロットの第二回大会では、「吾同盟は労働者農民の国際的解放のために演劇的活動によつて闘ふ」という新しい綱領を決めるとともに、「演劇を工場・農村へ！」「プロレタリアートの刻々のスローガンを生かせ！」「職場を中心とする労働者農民劇団の結成へ！」との新スローガンを採用し、その具体策として三つの活動形態が考えられた。公演的活動、移動劇団的活動、労働者農民劇団による活動で、このうち移動劇団的活動として東京プロレタリア演芸団が組織された。話をこれに移す。

### 東京プロレタリア演芸団

左翼劇場の劇団員を中心に、東京プロレタリア演芸団が結成されたのは、昭和五（一九三〇）年の四月だった。しかし、この実体がよく分からない。

ここへ第一回の研修生として派遣された松本克平は中心メンバーは藤木貞治、前山清二、佐藤吉之助だったと書いている（松本克平『八月に乾杯』参照）。が、秋庭太郎の『日本新劇史』下巻では中村栄二、沢村貞子のほか一名の計三人で組織されたとなっており、新築地劇団から派遣された沢村貞子も自伝『貝のうた』で「構成メンバーは、当時左翼劇場の書記長今村さん（注＝中村栄二）と、若い男の俳優一名、新築地劇団から、私が加わるよう指名された」と書いている。そして村山知義の『演劇的自叙伝』第三巻では佐藤吉之助、藤木貞治、沢村貞子のほかに三島雅夫の名があがっている。さらに約二年ほど関西地方にオルグに行っていてプロットの第二回全国大会を機に帰京、左翼劇場の躍進に驚くとともに自分の居場所がなくなったように感じ、結成とともに東京プロレタリア演芸団の文芸部に自ら進んで身を置いた久板栄二郎は、こう書いている。

これは下落合に合宿を兼ねた事務所を構え、争議団や、労働者の慰安会などに出動する仕組みのものだった。主要メンバアは佐藤吉之助、藤木貞治、吉原顕人、新田万介の諸君で、必要に応じて左翼劇場から随時応援に来ることになっていた。（中略）

演芸団の仕事は地味で、野暮ったいものだった。左翼劇場のほうはジャーナリズムの脚光の中にいよいよ派手になっていった。いきおい両者の間には感情的な溝が深まった。演芸団の者は、左翼劇場側を〝街頭的で、芸術至上主義的〟だと非難した。

演芸団は、左翼劇場の方針に不満だった佐藤・藤木を中心に結成されたもので、最初からその気配が見えていた。が、私が文芸部を担当するに当たっては、左翼劇場側から、両者の意志を疎通させる役目を負わされていたのだ。ところが、演芸団の中で仕事をしているあいだに、私も佐藤・藤木らと意気投合して、ミイラ取りがミイラになってしまったのである。（久板栄二郎「ドラマの周辺を四十年・六」『新劇』一九六二年九月号）

これらを総合して判断すると、上記のメンバーはいずれも東京プロレタリア演芸団に加わっていたが、これは三人一組で活動したから、沢村が言うのはその一斑だったと思われる。事務所も沢村は築地小劇場の中にあったと書いていて、久板の記述とは異なる。が、今では確かめる手立てがない。

## 左翼劇場と日本共産党の動向

昭和四（一九二九）年の四・一六事件以後の日本共産党の動向に、簡単に触れておく。

各国共産党の上級幹部養成学校たるレーニン大学に学び、卒業後はコミンテルンの本部で働いていた佐野博がコミンテルンの使命を帯びて帰国したのが同年一月。四・一六の検挙を免れた佐野博は、モスクワで知り合ったクートベ留学生の帰国組と、共産青年同盟の二つの線を手掛かりに党の再建をさぐりはじめ、五つに分けられていた東京の第三地区の生き残り、田中清玄と連絡が取れたことから、党の再建に着手した。時に佐野博二十四歳、田中清玄は二十三歳。

七月に田中を委員長とする中央ビューローを作り、同時にテクと略称される技術部を新設して、その中に「金策係」を設けた。前月に佐野学が上海で逮捕されてコミンテルンとの糸が切れ、ここからの資金援助を当てにできなくなったからである。

一応の組織を再建した日本共産党は昭和五年一月に拡大中央委員会を開き、普通選挙になって二回目の、二月の第十七回総選挙に候補者を立てることを決定、三重県二区の上田音市を推薦候補とし、実際には立候補していない佐野学（佐野逮捕の件は記事解禁にならず、一般には知られていなかった）に投票を集中せよとの運動を展開した。二十日の投票結果は上田が三千余票、佐野が百三十票だった。

この選挙の時から行動隊が活躍をはじめた。当時は党のビラを撒くだけで逮捕されたから、公然とそれをするには防衛しなければならず、警官との衝突を予想して行動隊はナイフや樫の棒を持ち、中央委員クラスはピストルで護身するのが普通になった。田中清玄が委員長だったころの共産党を、「武装共産党」と呼ぶ所以である。

選挙に際して共産党が公然と姿を現し、警官隊としばしば武力衝突をするようになったのに衝撃を受けた政府は、二月二十六日に全国的な共産党員の検挙に着手、佐野博が四月に、田中清玄が逮捕された七月までに千五百人余を逮捕し、四百六十一人を起訴して党組織を再び壊滅状態に追い込んだ。この間の五月にナップの指導的分子、中野重治、林房雄、立野信之、壺井繁治、橋本英吉、片岡鉄兵（日本プロレタリア作家同盟）、村山知義、佐野碩（日本プロレタリア劇場同盟）、永田一脩、岡本唐貴（日本プロレタリア美術家同盟）らが日本共産党にカンパした容疑で検挙・起訴され（佐野碩のみ起訴留保）、それぞれ半年から十か月間未決に収監された（共産党シンパ事件）。この事件が新設のテクの「金策係」と関連があるのは言うまでもない。

話を佐野博の逮捕時に戻すと、佐野逮捕の後、田中清玄はクートベ帰りの岩尾定家や今本文吉らを加えて党中央を組織し直し、極左冒険主義的な軌道を修正しはじめた。そういう六月にクートベ留学から帰国したのが飯塚盈延《みつのぶ》で、やがて飯塚は日本共産党を引っ掻き回すことになる。

当時の日本共産党には特高のスパイがほぼ日常的に潜入していて、警察側はかなりの精度で党の動向を把握していた。岩尾のアジトが急襲されたのもスパイの通報からで、その線から七月に田中清玄も逮捕され、つづいて十六人の幹部たちも逮捕されて、武装共産党は幕を閉じた。田中の逮捕を知らず、飯塚が田中のアジトを訪ねて来て逮捕されたのもこの時である。

ここで、特高の中に、とんでもないことを考えた男がいる。共産党の組織原則からすると、党中央のことを下部は何も知らない。党中央が完全に壊滅してしまったいま、特高の息のかかった人間を一人残して、党中央で一人だけ生き残っているということにすれば、その男を中心に、共産党が特高の手の中で再組織されていくだろう。

この筋書きにのったのが、飯塚だった。飯塚は、この年の暮、モスクワから帰ってきた風間丈吉に会うと、こう語っている。

「七月十五日を期して党中央部員が全部逮捕された。同志ワシリエフ（岩尾定家）、クズネツォフ（今本文吉）、アリョシン（上荻原景雄）等も田中清玄と一緒に検挙せられた。自分は当時関西地方へ行っていたので偶然助かった」（風間丈吉『非常時共産党』）

他に誰もいない以上、党再建は、彼と風間が中心になってやるほかないというのである。かくして、史上最も成功した公安スパイ〝M〟の時代、すなわち非常時共産党の時代がはじまるのである。（立花隆『日本共産党の研究』）

党中央部が再建されて活動を開始したのは昭和六年の一月だったが、この間に左翼劇場は次のような公演を持った。

昭和五年十月四日〜十三日『不在地主』（小林多喜二原作、小野宮吉・島公靖脚色、佐々木孝丸演出　市村座）
同年十二月六日〜十七日『炭塵《ガス》』（三好十郎作、佐々木孝丸演出　築地小劇場）

第十七回と十八回公演である。

『炭塵《ガス》』は三好の三作目の戯曲で、新築地劇団から丸山定夫らが客演して、公演予定日を三日間延ばしたほど集客がよかった。が、一方では内容が虚無的で暗すぎるとの批判もあり、とりわけ演出の佐々木が集中攻撃された。

劇団の指導的な立場にいた数名のものから、この演出はどこに一か所もとりえがなく、『全面的に否定さるべき演出』

であるとして、メチャクチャに叩きつけられた。(中略)
あとになって分ったことなのだが、この批判会の前あたりから、『ダメ幹部佐々木の日和見主義を大衆の前でバクロし、徹底的に叩きつけろ』という指令が、地下組織から出されていたのである。(佐々木孝丸『風説新劇志』)

地下組織とは日本共産党のことで、その線を従来以上に左翼劇場に引き入れたのは、東京プロレタリア演芸団の生江《なまえ》健次(演出家蜷川幸雄夫人で女優の真山知子の父)だった。慶応劇研出身の生江は昭和三年の末に左翼劇場の文芸部に入り、同五年に東京プロレタリア演芸団に移籍、翌六年一月に日本共産党に入党したが、これを勧誘したのがスパイMこと飯塚盈延だった。したがって官憲は、日本共産党やプロットおよび左翼劇場の手の内を、十分知り得たわけである。

## 佐々木孝丸の後退

昭和六(一九三一)年一月下旬、佐々木孝丸を「査問」する左翼劇場の臨時総会が開かれて、佐々木は一例にこんな「罪状」を突き付けられた。

林房雄原作の『都会双曲線』を新築地劇団のために脚色した時、自宅では仕事ができないとそれなりの金を受け取りながら、どこにも行かずに林宅で無料で寝泊まりしたのは同志的劇団をペテンにかけた裏切りだ……。

佐々木は一言も抗弁せず、左翼劇場の執行委員会が佐々木のナップ中央協議員およびプロット中央執行委員長を罷免し、同伴者的劇団への派遣もやめて左翼劇場の平劇団員にすると提案した時、佐々木も賛成の手を挙げた。この時点で先駆座以来プロレタリア演劇をリードしてきた佐々木孝丸が後退し、村山知義、佐野碩、杉本良吉、小野宮吉らが佐々木に替わることになった。

こういう問題が起きていた一月半ば、左翼劇場は移動小劇場公演と称してアジプロ劇の見本公演を築地小劇場で持った。『そら豆の煮えるまで』(島公靖作、佐野碩演出)、『二人《ににん》羽織』(山本三吉作、山川幸世演出)、『プロ裁判』(新城信一郎作、山川演出)、『おまつり』(三好十郎作、門馬隆演出)などの出し物だった。二、三月はこれらを持って東京近郊を巡演したが、この間に風間丈吉とスパイMによる日本共産党の中央部が再建された。いわゆる非常時共産党である。

中央部が再建されて活動に入ったのが一九三一年一月。武装共産党の壊滅後半年を経てからだった。この党の活動期間は一年十か月にしかならない。それでも、戦前の共産党史においては、実質的活動期間において一番長生きした中央部である。

第二次共産党が本格的に活動したのは一年半であり、武装共産党は一年しかつづかなかった。そして非常時共産党以後の中央部は、山本正美の時代も、野呂栄太郎の時代も、宮本顕治の時代も、すべて月単位でしか存続していない。

活動期間が長かっただけでなく、活動内容、組織力においても、この時代の党がいちばんめざましいものを示している。それにもかかわらず、党中央のもっとも枢要な部分がスパイの手によってにぎられていたという点において、リンチ共産党時代についで、最も情けない革命組織だったのである。（立花隆『日本共産党の研究』）

翌昭和七年の五・一五事件の結果、戦前の政党内閣の時代は終わり、以後は軍部と右翼の台頭、経済の国家独占資本主義化が進んで行くが、非常時共産党はこういう時代の曲がり角で活動した。また、プロレタリア文化運動もナップの解散（同六年十一月十二日）からコップ（日本プロレタリア文化連盟の略称）の結成（同年十一月二十七日）という新しい事態を迎えるが、この間の日本共産党とプロレタリア文化運動との関わりを官憲がどう把握していたか、これを見ておく。出典は昭和十五年三月にまとめられた司法省調査部編の『プロレタリア文化運動に就ての研究』で、その第二編「プロレタリア文化運動と党及共青同盟」のうちの第三章、「文化運動の組織的指導」第一節「党の文化団体対策」からの引用。

第一　党の文化団体への接近

昭和五年末頃以前の日本共産党は、文化闘争の問題に対しては一定の確固たる方針を持たず、寧ろ、文学運動や演劇運動に関係すると労働者は闘争を離れて行く危険があるとの、消極的態度を持し、単に一時的便宜的に之を利用するに止って居た。然るに党は昭和五年七月中旬中央委員田中清玄以下殆んど全部、検挙の後を受け、同年十一月より、風間丈吉等を中心として、再建に着手するや、従来のセクト的組織方針を改めて、大胆に党の大衆化を図ることとし、多数者獲得を当面の目標とし、此の方針に従って、漸次、文化団体との接触を企て、党員井上某の指導の下に、作家同盟員手塚英孝は作家同盟に対し、プロット員生江健次は劇場同盟に対し夫々働きかけ、党の戦略戦術を之等の団体に反映して党の統到下《ママ》に置くことに努力を開始したが、当時は顕著な効果を揚げることが出来なかった。

然るに、昭和六年一月に至り生江は党中央部員松村の誘によって入党し、続いて党大衆団体指導係、党員入江事宮川寅雄及吉田事三村亮一の指導を仰ぐに及び、茲に、右生江及手塚の両名は本格的に文化団体と党との接触指導に当り、更に同年五月、生江を介し、蔵原惟人と党上層部との連絡成るや、愈々党の文化団体に対する指導は、積極的となった。

第二　党の文化団体指導機構

昭和五年七月中旬、田中清玄等党や中央部検挙後、昭和六年一月中旬風間丈吉、松村某、岩田義道、紺野与次郎の四名は、党最高指導部中央ビューローを組織し、（同年二月二十五日附を以て党中央機関紙『赤旗』第三十四号を発行）同年二月、党中央組織部はAB二部に分れB部に於て大衆団体フラクションの指導に当ることとなり、部長紺野与次郎の下に入江事宮川寅雄はナップ指導係責任者として、生江健次、手塚英孝等を統率して、文化各団体と党との接触指導に努力し始めた。

其の後の党の文化団体指導機構の変更は次の通りであった。

（一）同年三月（注＝二月とも）、蔵原惟人ロシアより帰国、五月上旬、蔵原と党中央部風間丈吉との連絡成り、蔵原は党中央委員会アジプロ部所属ナップ指導係員となる。同月中旬、党ナップ指導係責任者三村亮一、宮川、生江、手塚、蔵原、児玉静子等相会して協議した結果、生江に於て作家同盟員宮本顕治を、蔵原に於てプロット員村山知義を、夫々勧誘入党せしめて活動の展開を期した。

（二）六月上旬、新に党中央委員会所属の専門部として『大衆団体部』が創設され、松尾茂樹が部長となり、蔵原は三村に代って、党ナップ指導係（後に文化団体指導係）責任者の位置に就いた。

（三）同年八月中旬より九月末頃迄の分担

生江―プロット／手塚――作家同盟／宮本――戦旗社

（四）同年十月より翌七年一月迄の専門部署

生江―コップ／手塚――芸術一般／小椋広勝――科学一般／宮本――雑誌（アジプロ関係）

但し、昭和六年十二月末、波多野一郎が生江に代わって、コップ中協内党フラクキャップとなる。

（五）昭和六年十一月、コップ結成

（六）昭和七年一月、蔵原が党中央委員会アジプロ部員となるに及び、党文化団体指導係の再編成を行ひ、左の組織を作った。

（イ）フラクションビューロー（書記局）

生江、宮本、手塚

（ロ）フラクション責任者会議

小椋、村山、中野重治、波多野、平田良衛

同年三月下旬、宮本は党中央アジプロ部員となる。

同年十月三十日、所謂熱海事件による党中央部検挙。

（七）昭和八年二月下旬、同党中央委員長吉井事山本正美の主唱の下に、従来の大衆団体部を廃して、中央組織内に併合し、同時に宮本顕治は党中央アジプロ部長に就任。

昭和九年一月、大泉兼蔵等に対するリンチ事件発覚し、宮本顕治を初め関係者相継いで検挙せられ、四月以降は党中央委員としては袴田里見のみ残留し、川内唯彦等を指導して蠢動を続けたが、五月二十九日、川内の検挙により、事実上の活動は終熄し、昭和十年三月四日、最後の一人袴田検挙を以て党中央委員会は崩壊し去った。（復刻版『資料　昭和プロレタリア文化運動史』より）

ここに出て来る松村あるいは松村某こそスパイＭだった。（もっとも、立花隆の『日本共産党の研究』によれば、スパイＭは百パーセント警視庁のスパイだったというよりも、一種の二重スパイだったらしい）

この間、日本共産党のガイドラインだったコミンテルンの政治テーゼがくるくる変わった。大正十一（一九二二）年、昭和二年の両テーゼを書いたブハーリンが失脚し、また、昭和六年テーゼを書いたサハロフもトロッキストとしてスターリンに追放され、そのたびに共産党員は昨日までの主張とは別のことを言わなければならない羽目になった。結局、同七年七月十日付けの赤旗特別号に河上肇訳で掲載された三二年テーゼが指針になったが、これは天皇制の廃止を正面に掲げていた。このことはプロレタリア文化運動にも大きな影を投げかけたが、これ以前にもうひとつの政治の波をもたらしたのが、蔵原惟人の論文だった。

コップの結成

蔵原惟人の「プロレタリア芸術運動の組織問題――工場・農村を基礎としてその再組織の必要」は、『ナップ』の昭和六（一九三一）年六月号に掲載された。例によって国際文献で裏付けられ、このことによってある種の権威を備えていたが、蔵原の拠った国際文献のすべてが赤色労働組合の戦術について書かれたものだったのが特色で、蔵原は労働組合の文化政策の方針を、ストレートに芸術団体のそれに適応させようとしていたのである。

ここで蔵原は昨年春の大会でナップが「共産主義芸術の確立」「芸術運動のボルシェヴィキ化」という方針を採用したのは正しかったにもかかわらず、それが組織の問題にならなかったところに方針の一面性、中途半端性があったという。そこで企業や農村の文化サークルを基礎に芸術運動を再組織することがボルシェヴィキ化を組織問題として解決することだとし、『戦旗』の読者会や左翼劇場を支持する観客層よりもはるかに幅の広い大衆的な文化サークルは、共産党や労働組合といったプロレタリアートの基本的組織の政治的あるいは組織的影響を労働者の間に拡大し、その指導のもとに労働者を動員する補助機関だと規定する。そして最後に「日本プロレタリア文化連盟」の結成を提唱する。

今日まで我が国のプロレタリア文化運動は芸術を中心に発達してきた。併し、文化運動には他の極めて重要な部門がある。重なるものだけでも、反宗教、スポーツ、ラヂオ、教育、科学、エスペラント等を挙げることが出来る。そして、その中でも、既にスポーツ、教育、科学、エスペラント及び反宗教は不十分ながら既にその組織をもつてゐる。で、プロレタリア文化運動が、真にこの国の××主義運動の一翼として活動し得る為には、是非ともそれ等を統一する全国的中心が作られなければならない。（中略）

かくの如き文化団体の中心は、日本プロレタリア文化連盟と言ふやうな形でもたれるであらう。そして、このやうな組織の出来た場合には、ナップは自らを解体し、各同盟が独立にその連盟に参加すべきである。（中略）と同時に、この連盟は連盟加盟の各団体の独自的活動を妨げてはならぬ。各団体の内、国際組織のあるもの（文学、演劇、美術、スポーツ、反宗教、ラヂオ、教育、エスペラント等）は、この国際組織に加盟する必要がある。これまでの日本の運動には、この国際的関心が欠けてゐたやうに見える。何等かの理由をつけて、国際的組織への参加を拒否することは、完全な日和見主義である。（蔵原惟人「プロレタリア芸術運動の組織問題――工場・農村を基礎としてその再組織の必要」『ナップ』昭和六年六月号）

再組織の提唱の一方、蔵原はナップ傘下の芸術団体の中に共産党のフラクションを組織し、党の統一的な指導が可能な体制作りに尽力した。蔵原から「入党しないか」と誘われた時、村山知義は即座に応じた。その一か月後に杉本良吉も生江健次の勧誘で入党し、その年の暮れまでに中村栄二、笠川武雄、本田延三郎《えんざぶろう》（戦後に五月舎主宰の制作者、当時は鷲崎宏を名乗る）らも入党したので、プロット内の党フラクションは七人になった。本田は一九二九年五月の「労働者ニコニコ会」の時に左翼劇場入りし、やがてプロットの本部書記局長になっていた。夏から秋にかけては中野重治、壺井繁治、窪川鶴次郎らも入党して、ナルプ内に党フラクションを作った。

　古川荘一郎名で発表された蔵原惟人の「芸術運動の組織問題再論」（『ナップ』昭和六年八月号）では、一層具体的に各芸術サークルとナップ所属の各同盟との関係が論じられたが、現在も使われている「サークル」という言葉は、この論文によって一般化した。

　繰り返しての蔵原の提唱による文化連盟結成の動きは着々と進み、八月十九日に作家同盟、劇場同盟、美術家同盟、映画同盟、音楽家同盟、戦旗社、プロレタリア科学研究所、プロレタリア・エスペランチスト同盟による文化連盟中央協議会組織発起者会が発足し、二十日付けで呼びかけを発表した。が、九月に満州事変が勃発して警察の追及が厳しくなり、十一月十二日にナップを解散すると創立大会も開かないまま、同月二十七日に機関誌『プロレタリア文化』を創刊し、この日をもって日本プロレタリア文化連盟（略称コップ）の創立を確認した。プロットこと日本プロレタリア劇場同盟はこれに先立つ十月十一日に築地小劇場で第四回全国大会を開催し、コップへの加盟と名称を日本プロレタリア演劇同盟（略称は同じくプロット）と改称することを決め、個人加盟を認めるとともに、村山知義を中央執行委員長に選出した。

　さて、コップには日本プロレタリア作家同盟（ナルプ）、日本プロレタリア演劇同盟、日本プロレタリア映画同盟（プロキノ）、日本プロレタリア美術家同盟（ヤップ）、日本プロレタリア音楽家同盟（PM）、日本プロレタリア写真家同盟（プロフォト）、プロレタリア科学研究所（プロ科）、新興教育研究所（新教）、日本エスペランチスト同盟（ポエウ）、日本戦闘的無神論者同盟（戦無）、無産者産児制限同盟（プロBC）、プロレタリア図書館の十二団体が加盟した。コップは加盟団体が選出した委員によって中央協議会を組織し、これが最高機関として運動を指導した。ナルプの中央協議会協議員には中野重治、壺井繁治、中条百合子（のち宮本顕治と結婚して宮本百合子）、小林多喜二が、プロットのそれには土方与志、村山知義、小野宮吉が選出された。付言すれば、ドイツから千田是也が帰国したのは、十一月の末だった。

　コップ発足直後の昭和七年一月現在、プロットの現勢は次のようだった。

東京地方支部＝左翼劇場、新築地劇団、東京プロレタリア演芸団、東京前衛座
愛知地方支部＝名古屋前衛座、名古屋革新劇団（朝鮮語の劇団）

京都地方支部＝青服劇場
大阪地方支部＝戦旗座
兵庫地方支部＝神戸全線座
岡山地方支部＝全線座
広島地方支部＝プロレタリア劇場
宮城地方支部準備会＝前衛劇団
福岡地方支部準備会＝前衛劇団

他に支部結成の見通しのもとに東京鮮語劇団、横浜青年劇場、関西小劇場、黒石農民劇場、金沢前衛劇場、松江プロレタリア劇場、高松全線座、高知職場座などが活躍していて、同年二月に東京プロレタリア演芸団はメザマシ隊と改称した。左翼劇場の劇団員は五十四人（うち女性十三人）、新築地劇団は五十三人（うち女性十二人）、メザマシ隊が二十人（うち女性三人）で、観客組織たる演劇サークルは労働者のそれが百八十一で会員数千七百八十一人、農民のサークルが四つで三十一人、学生のサークルが二十三で四百五十五人、その他が十二で百五十八人だった。

発足したコップの前途は厳しかった。満州事変以来社会の反動化が進み、弾圧が強化されたからである。しかもコップ結成直後にソビエトのラップ（ロシア・プロレタリア作家同盟）が解散し、その指導理論だった唯物弁証法的創作方法と組織理論を、共産党が全面的に批判した。ラップの強い影響下にあったわが国のプロレタリア文化運動は、このことで揺さぶりをかけられる。

## 唯物弁証法的創作方法

左翼劇場の活動に戻れば、昭和六（一九三一）年一月のアジプロ劇集に次いで、三月二十七日から四月五日まで、第十九回公演として市村座で『西部戦線異状なし』（レマルク原作、秦豊吉訳、村山知義脚色、佐野碩演出）を上演した。第一次世界大戦の独仏戦線をモチーフにした原作は当時世界的なベストセラーで、左翼劇場に先立ち、昭和四年十一月に劇団築地小劇場と新築地劇団が競演していた（後述）。前者の脚本が村山知義のものだったが、競演の効果もあってともに大ヒットしていた。それだけに左翼劇場で取り上げるのにはためらいもあったが、脚本難ということもあって舞台に掛けた。滝沢修のパウル、小沢栄太郎（当時栄）のクロップ、佐々木孝丸のカチンスキー、伊達信のケムメリッヒその他のキャストだったが、滝沢のパウルは言わば念願の役だった。劇団築地小劇場での公演で劇団員だった滝沢はパウルに配役されたが、舞台稽古で塹壕を飛びそこねて銃剣で腹を突いて失心する事故を起こし、急遽伊達信が客演して幕を開けていたからである。

このころから滝沢は左翼劇場でも看板俳優の一人になっていて、その演技が注目の的だった。約八千人の集客があったが、それでも経済的にはかなりの赤字が出た。この公演の直前に新築地劇団が築地小劇場で『アジアの嵐』（トレチャコフ作、高田保改修、土方与志演出）を上演し、観客を奪い合ったためだった。

五月一日から十四日まで築地小劇場で「メーデー記念公演」として上海でのデモを素材にした『勝利の記録』（村山知義作、杉本良吉・佐野碩・西郷謙二演出）などを出した後、六月にはプロットの「演劇を工場・農村へ」との方針を受けて、新築地劇団の応援を得て、『太陽のない街』の九州巡演を企画した。が、熊本で上演禁止になった上に、若松沖仲士組合の玉井組の玉井勝則に頼まれて乗り込んだ若松（現・北九州市）では、一騒動あった。

若松は民政党の院外団吉田磯吉の地盤だったが、『太陽のない街』には吉田という会社のスパイが登場する。スパイの名前が若松一の大親分と同姓だというので子分たちが劇団の宿所に暴れ込み、山本安英ら数人にケガを負わせる事件が起きた。このため警察は上演禁止の措置を取った。同じ福岡県の博多では上演が許可されたので、理屈に合わない処置だった。なお、玉井組の玉井勝則は後年火野葦平というペンネームの作家になり、小説『花と竜』でこの時のことを実名で書いた。

帰京した七月十八日から八月二日まで、『恐山トンネル』（三好十郎作、西郷謙二・矢口文吉演出）と『生きた新聞』（左翼劇場文芸部作、村山知義演出）を築地小劇場で上演、後者が評判になって六千四百人余の観客を集めた。

「赤色レヴュー」と謳われた『生きた新聞』は、ドイツでの千田是也の体験談にもヒントを得たシュピレヒコールやボードヴィル、コントや落語や詩の朗読などさまざまな形式を取り入れて時事問題をアジろうというもので、この時は『プロ・スポーツ』や『フーバー景気』などの五篇が上演された。その様子を久保栄がこう書いている。

労働者が、工場の煉瓦塀に貼られた壁新聞を読んでいるうちに、その眼の前へ『生きた新聞』と染め抜いた赤い幕が張りわたされる。拍手。俺たちの新聞の内容が、これから生きた姿となって舞台の上で演じられるということを暗示した、簡潔なプロローグである。青服の道具方が、舞台転換の作業を観客の面前で行う。第一号から第五号まで、小太鼓を鳴らして舞台を通り過ぎる男によって劇の進行が報告される。

第一号。『プロ・スポーツ』この場では、青年労働者農民の反抗心を押える安全弁としてのブルジョア・スポーツと、闘争のために身体を訓練し、競技そのものの集団性を利用して大衆組織の成員獲得に役立てようとするプロレタリア・スポーツと、この二つの階級間のスポーツ精神の対立を、はっきり観客に示すことが何よりも必要であった。がここでは、単に軍事教練に悪用されているスポーツの皮相的な曝露が行なわれたばかりである。(「左翼劇場の『生きた新聞』」『久保栄全集』第五巻より)

今となっては、プロレタリア・スポーツという用語があったこと自体に驚く。

これを打ち上げて八月中、矢口文吉と門馬隆の演出した『小作人』(立野信之作)や『泥棒』(島公靖作)、『早鐘』(小野宮吉作)や『荷車』(佐々木孝丸作)といった小品に時に三好十郎の『疵だらけのお秋』を添えて川越や千葉など東京近郊を巡演し、九月には『京漢工人流血記』と改題させられた『暴力団記』(村山知義作)を持って大阪、神戸に出張公演、帰京した十月末から十一月十一日まで、コップ結成記念として新築地劇団と共同で『風の街』(キルション作、杉本良吉訳、杉本・土方与志共同演出)と『生きた新聞』の第二輯(久保栄作、村山知義『ファッショ人形』、村山作・演出『文化連盟結成』)を築地小劇場で上演した。『風の街』はアゼルバイジャンの石油の街バクーでの、英国と結託した反革命勢力とボルシェヴィキとの闘争でボルシェヴィキが勝つというドラマで、丸山定夫の指導者と小沢栄太郎の若い党員が評判になり、十五日間二十回の公演で八千二百人余の観客を集めた。松本克平によれば『風の街』は唯物弁証法的創作方法に則った戯曲で、久保栄の『中国湖南省』や村山知義の『志村夏江』、大沢幹雄の『機関庫』などは『風の街』が手本だったという。(松本克平『八月に乾杯』参照)

この公演に先立つ十月十一日にプロットの第四回全国大会が築地小劇場で開催され、これまでのプロレタリア・リアリズムに替わって「演劇における弁証法的唯物論的方法の確立」というスローガンを決めた。そしてここにも蔵原惟人の「指導」があった。『ナップ』の九、十月号に谷本清というペンネームで発表した「芸術的方法についての感想」がそれである。

蔵原は現在のプロレタリア文学が陥っているパターン化して一面的な描写を排し、「何を如何に書くか」という風に問題を提起しなければならないとした上で、こう結論した。

プロレタリア芸術は現実の現象を無差別に記録するのではなくてプロレタリアートの観点からそれを整理し、統一して再現する。しかしこの場合プロレタリアートの観点―弁証法的唯物論の方法によって、整理され統一された現実は、それが現実を認識する唯一の正しい観点であり方法である限り、現実に於ける、客観的なるものと一致し、現実の本質の表現となる。こうして初めてプロレタリア芸術は階級闘争の強力な武器として、つまり生活のプロレタリア的な認識及び組織の手段として役立ち得るのである。（谷本清「芸術的方法についての感想」『ナップ』昭和六年九、十月号）

蔵原惟人が新しい論文を発表するたびに、それがプロレタリア芸術の指針になった。

## メザマシ隊

左翼劇場は昭和六（一九三一）年十二月十七日から二十日まで、京浜地方を『全線』（村山知義作）や『プロ裁判』（新城信一郎作）を持って巡演し（『全線』は横浜と川崎では原題の『暴力団記』に再改題させられた）、次いで正月公演が待っていた。が、スタンダードな芝居作りは間に合わないと、『生きた新聞』の増大号版とも言うべき『赤いメガホン』を、第二十二回公演として築地小劇場で十二月三十一日から翌昭和七年一月二十日まで上演した。「赤いメガホン」とはドイツやフランスのアジプロ劇団の名称だったが、これを流用して「赤色ヴァラエティー」との副題をつけた。全十八景のはずが四景が上演禁止になって十四景になり、そのすべてを村山知義が演出した。

①久保栄訳編『謹賀新年』（シュピレヒコール）。②村山知義作『年が変ったが』（漫画掛け合い）。③伊達信作『霜』（詩の朗読）。④山田一作『夜なべ』（詩の朗読）。⑤八田元夫作『飢饉』（一場の劇）。⑥島公靖作『農民を救へ』（シュピレヒコール）。⑦島公靖作『口先ばかりでなく』（人形劇・人形操作は人形クラブ、現プーク）。⑧三好十郎作『工代会議』（シュピレヒコール）。⑨村山知義作『子供をめぐる』（二場の劇）。⑩島公靖作『弁当』（子供芝居）。⑪『泥棒』（鮮語劇、李春男と金鳳鐘の出演）。⑫久保栄作『デマ』（掛け合い）。⑬小野宮吉作詞、日本プロレタリア音楽家同盟作曲『プロットの歌』（合唱。P・M合唱団と左翼劇場合唱部）。⑭久保栄訳詞『トラムの歌』（P・M合唱団と左翼劇場合唱部）。

①から⑧までは東北・北海道の飢饉に関するアピールで、『トラムの歌』の「トラム」はモスクワの青年労働者劇団の名である。これらの多くは東京プロレタリア演芸団か、その後身であるメザマシ隊が移動公演で試みてきたものか、試み

るものなので、メザマシ隊に話を移す。

ドイツ滞在中、千田是也はドイツ共産党に入党するとともにドイツ労働者演劇同盟（ATBD）のアジプロ隊の一つ「赤シャツ隊」の正式メンバーとして、労働者演劇に関わっていた。イルマという愛称で親しまれたイルムガルト・クリムと結婚したのもその関係からだが、千田が日本への帰国に際して託された任務の中に、モスクワに本部がある国際労働者演劇同盟（IATB）との連絡やその極東支部の創設などがあった。

昭和六年の十一月末に帰国した千田是也を最初にプロットの使者として訪ねて来たのは佐野碩夫人で女優だった平野郁子と島公靖で、正規の連絡が鷲崎宏（本田延三郎）からあると話した。やがて本田から連絡があり、千田がプロット執行委員長村山知義以下小野宮吉、杉本良吉、中村栄二、生江健次らとの会合を持ったのは、十二月の初旬だった。千田はドイツの労働者演劇の現状や国際労働者演劇同盟のことなどを報告するとともに、当分はプロットの外にいて、東京プロレタリア演芸団などを介して、ドイツのアジプロ隊やソビエトのトラムの創造方法や労働者劇団のあり方などをプロットに伝えたいと申し出て、了承された。

翌昭和七年、IATBの提唱による「国際演劇十日間」の開催準備がはじまった。世界中の労働者演劇、プロレタリア演劇の成果や団結を二月の十日間にいっせいに示威するイベントである。参加したのは左翼劇場、新築地劇団、東京プロレタリア演芸団、東京鮮語劇団、労働者の自立劇団である東京前衛座で、ドイツのアジプロ隊がはじめた革命競争の方式にならい、築地小劇場で新作を競演しようというものだった。出し物は左翼劇場がドイツのアジプロ隊の企業内活動を描いた『文化曲馬団』（文芸部作、土方与志演出）で、東京プロレタリア演芸団が『青いユニフォーム』（島公靖作、千田是也演出）だった。

『青いユニフォーム』は「アジプロ劇団が集団的につくられていく過程を小場面、ナレーション、シュピレヒコールと歌唱などの組合せによって見せながら、専門劇団と自立劇団と観客との結びつき、さまざまの政治的・経済的な時事問題への対応の仕方を示し、自立劇団の参考に供しようとしたもの」（千田是也『もうひとつの新劇史』）で、「国際演劇十日間」の出し物の中でもっとも評判がよかった。

千田是也によれば、『青いユニフォーム』の劇中に団の名前を名乗る場面があり、東京プロレタリア演芸団では長くて野暮だからと、イルマが所属していたステッティンの「赤いめざまし」にちなんでメザマシ隊と名乗ったという。これが改称のきっかけで、二月のことだった。

メザマシ隊としての活動がはじまったばかりの三月末、隊員の一人だった沢村貞子が共産青年同盟に加入したとの嫌疑を受けて逮捕され、留置所に収容された。同月二十四日以降の、プロレタリア科学研究所の党フラクションの検挙に端を発するコップ弾圧の一端だった。

沢村貞子の夫、中村栄二は逮捕を免れて地下に隠れたが、以後六月にかけてコップの主要な活動家はおおむね検挙され、その数は約四百人に達した。蔵原惟人、中条（宮本）百合子、中野重治、壺井繁治、小川信一（大河内信威）、秋田雨雀、村山知義らがその中に含まれ、プロット関係では村山のほかに小野宮吉、島田敬一、生江健次、松尾哲次、小沢栄太郎、藤木貞治らが検挙された。

沢村の検挙と入れ代わるように、沢村が学んだ女学校の後輩になる江津萩枝が沢村の紹介でメザマシ隊に籍を置き、四月にプロット員になるとともに、小杉てるという芸名の女優として活躍しはじめた。江津は当時のメザマシ隊の様子をこう書いている。

先ず午前十時には会議が始められた。部屋の窓ぎわにテーブルが一台あって、十名前後の隊員がそれを囲んで、今日の仕事の打合せや前日の活動の報告や批判、各種連絡、弾圧への対策などが活発に討議された。皆若く飾り気ない態度なので私もすぐに同化して、自然に馴染んでいく事が出来た。

午後は隊員それぞれの仕事があって一様ではなかった。その日出動する者は部屋で演目のダメ出しや稽古、プロット員としての地区活動に外へ出てゆく者もあり、専門劇団の公演に出演する者は劇場の楽屋へ、裏方や群衆にかり出される者もあったし、自分のアルバイトに外出する者もあって皆忙しそうだった。

夕刻からは隊の制服である「青いユニホーム」に着換えて、アジプロ劇団本来の仕事である移動活動に出かけた。申込先の事情に応じて二、三人や、五、六人などの班を組み、最小限の小道具やビラ、パンフレット等の包みを抱えて、時にタクシーに乗る事もあったが、電車やバスで行く事もあった。

移動先は職場の大会や小集会、家族慰安会、ピクニック、ストライキの応援、農村移動などさまざまで、朝鮮人部落の集まりや、地下鉄やバスの車庫にもよく出動した。

レパートリーは当時はほとんど決まっていて、詩劇『俺の子供』シュピレレヒコール『女の要求』バラエティー『赤いやっとこ』など、それに闘争歌の歌唱指導や流行歌の替え唄、漫談をやる者もあった。役者としての素養など全く無かった私だが、女隊員欠乏の折りから見よう見まねでついて行った。任務が済むと主催者側から若干のカンパを貰って（築地小）劇場へ帰ったが、大てい交通費トントン程度のものだった。（中略）。この頃のメザマシ隊員は、馬場恒夫、佐山良介、金波宇（朝鮮人）、島公靖、吉原顕人、小暮忠作、大沢幹夫、若山和夫などで、ほかに新築地劇団から三好久子、三島雅夫、池田生二、左翼劇場から赤木蘭子、矢田良らが応援参加して演技の指導もやってくれていた。（江津萩枝『メザマシ隊の青春』）

五月にコミンテルンが三二年テーゼを発表、これが七月の赤旗特別号に掲載されたのは前述したが、江津萩枝によれば、メザマシ隊にプロット上部からの「脚本の組織的生産」という新しい課題が課せられたのは、このことと関係があるということになる。

七月末から八月にかけては、八・一反戦カンパの移動公演が行われた。当初、プロット東京地区の五つの地区で行われるはずだった。が、人手不足や届け出などの手違いで三か所でしか行われず、メザマシ隊も予定の演目が検閲で上演不可能なほどにズタズタにされたために、『青いユニフォーム』を再演した。これには千田是也も出演した。が、公演最終日に検挙され、警察を出てからは他のカンパニーに手を取られて、メザマシ隊の活動に直接関わることはなくなった。

その後メザマシ隊は移動公演のかたわら各劇団へ応援出演していたが、昭和九年七月一、二の両日、本所の東演芸館で『機関庫』（大沢幹夫作）と『嬰児殺し』（山本有三作）を上演した直後にメンバーの三十四人が検挙され、これを最後に活動を終えた。このころの主なメンバーは、天野晃三郎、武内武（のちの浜村純）、滝正雄、矢田良、村田修子、新田喜美枝、森道子……、みんな二十代の若者だった。

## 東京演劇集団

このころ千田是也はメザマシ隊の一方で、プロデューサー・システムのはしりである東京演劇集団の創設にも中心的に関わっていた。

ことの起こりは小山内薫在世時の築地小劇場の俳優を集め、千田の帰朝記念の公演を持とうということだった。そこで千田はプロットの了解を得ると土方与志と兄の伊藤熹朔とを主な相談相手として、昭和七（一九三二）年の一月初旬から東京演劇集団創設の準備をはじめた。発起人会には高田保（文芸部）、杉野橘太郎（研究所）、旭正秀（経営部）、時岡弁三郎

（宣伝部）、水品春樹（調査部）らが名を連ね、前年春に帰国していた世界的な舞踊家だった千田の長兄、伊藤道郎も加わった。千田は人事部の担当だった。

設立の趣旨はいろいろな理由でバラバラになっている新劇人をまとめ、小公演では不可能な音楽・舞踊・映画などの諸要素を統一した新しい演劇形式の実験を可能にすること、生活難の新劇人にラジオや映画出演への仲介をし、あるいは歌舞伎や商業演劇などの優れた才能の持ち主との交流を図ること、新しい大衆演劇の形式の模索……などが上げられ、そのための出し物として千田是也が選んだのが、一九二八年八月にベルリンで初演され、千田も観劇していたブレヒトの『三文オペラ』だった。

クルト・ワイルの楽譜は日本でもすぐ手に入ったが、脚本は向うでもまだ出版されていなかったし、上演用台本をとりよせるにはひまがなかった。

それで、ブレヒトが下敷にしたジョン・ゲイの『乞食オペラ』を、日本の俗謡や大道芸などを取り入れてブレヒト流に脚色しようという大望をおこし、これには高田保氏も大乗り気だった。

だが、手をつけてみると、これは大変な大仕事でなかなか筆がすすまず、おまけに音楽やソングの扱い方について、ブレヒトの〈異化〉的な音楽の使い方と〈浅草詩人〉高田保とのあいだに喰い違いが生じたりもして、三月末の公演までにはとても間にあいそうもなくなって来た。

そこで私が新築地文芸部の土井逸雄君や和田勝一君に手伝ってもらって急場を間にあわせることになり、ベルリンで見た初演の印象やパプストの映画『三文オペラ』のシナリオを参考にしながら、話を明治初期の東京に移し、クルト・ワイルの音楽をできるだけとりいれ、各方面からの参加希望者の見せ場も考慮にいれて、ともかくも台本らしきものをでっちあげた。しかしブレヒトの原作どおり『三文オペラ』とするのはおこがましいし、オペラそのものが日本ではパロディの対象になるほどひろまってもいないので、ＴＥＳ文芸部自由脚色『乞食芝居』というタイトルで上演することになった。（千田是也『もうひとつの新劇史』）

『乞食芝居』（土方与志演出、伊藤熹朔装置、諸井三郎・市川元・片山信四郎音楽指導編曲及作詞）は三月末に新宿の新歌舞伎座（のちの新宿第一劇場）で上演され、ドスのメ吉役の千田是也以下ピーチャム役の丸山定夫、ポリー役の細川ちか子、ジェニー役の高橋豊子、ブラウン役の前進座の中村翫右衛門らに滝沢修、小野宮吉、嵯峨善兵、小沢栄太郎らのプロット員、築地座の友田恭助、田村秋子、劇団新東京からルーシー役の東山千栄子、志水辰三郎、滝蓮子、テアトル・コメディから金杉惇郎、長岡輝子、森雅之、フリーの小杉義男、生方賢一郎、伊藤智子、浅草のレビューから榎本健一、二村《ふたむら》定一、オペラから南部邦彦、映画から月形龍之介ら多彩な面々が集まった。が、舞台成果は今一つで、終演後に高田保が手を引いた。

そこでTESの評議会を伊藤熹朔（議長）、土方与志（技術部）、杉野橘太郎（文芸部）、時岡弁三郎（調査部）、旭正秀（財政部）、西沢隆二（宣伝部）、千田（書記長）と一新し、レビュー関係者などのTESへの期待が大きかったことから藤原釜足、竹久千恵子、梅園竜子らを加えて新劇畑の木村太郎や小島正雄らとTES・BOYS、TES・GIRLSというグループを作り、手初めに五月の邦楽座でアトラクションとして『アパート協想曲』（島公靖作）を上演、次いで七月の日比谷公会堂で『グランド・ホテル』（ヴィッキー・バウム原作、島公靖脚色、千田是也演出）、八月の日比谷の野外音楽堂で『真夏の夜の夢』（シェイクスピア作、八田元夫演出）と公演したものの、試みが時期尚早で、九月に解散した。メザマシ隊の八・一反戦カンパの移動公演に参加していた千田是也が治安維持法違反容疑で逮捕され、釈放されたのは八月の末だった。この千田の不在も、東京演劇集団解散の一因だった。

## コップ弾圧

ドイツで労働者演劇に関わっていた千田是也は、一九三〇（昭和五）年の六月下旬にモスクワで開かれた国際労働者演劇同盟（IATB）の第一回会議に、その西洋書記局の一員として参加した。この会議にはソビエト、ドイツ、チェコ、スイス、ベルギー、フランス、イギリス、ノルウェー、デンマークに日本を加えた十か国が参加したが（日本は円本の印税でベルリンに滞在していた藤森成吉がプロットの代表として参加）、その拡大評議員会で一九三二年二月十五日にモスクワで国際的な演劇オリンピアードの開催を決めた。が、一日では無理だというのでこの日をはさむ十日間を「国際演劇デー」として、IATBに正式加盟したプロット傘下の劇団が革命的演劇のデモンストレーションを行うことになったのである。二月十四日から二十三日まで築地小劇場で左翼劇場が『赤い火花の人々』（村山知義作、杉本良吉演出）を、新築地劇団が『文化曲馬団』（新築地文芸部作、土方与志総指揮）を、メザマシ隊が『青いユニフォーム』（島公靖作、千田是也演出）などを競演したのがこれで、六千人余の観客を集めた。

この競演は八月十五日にモスクワで開かれるIATBの第一回世界大会と演劇オリンピアードへ向けての国内的および

国際的競争のスタートで、全国のプロット加盟劇団や支部が新しい劇団員の獲得、新しい演劇サークルの創立、舞台の芸術的成果などの目標を掲げ、それを八月十五日までにどれほど達成できたかを競争し、最優秀の劇団がモスクワでのオリンピアードに参加して、各国の最優秀劇団と競演するというものだった。

昭和七年一月の上海事変の勃発につづいて三月一日には満州国が建国宣言をし、二月の前蔵相井上準之助の血盟団員による射殺事件に次いで、三月五日には三井合名理事長団琢磨が血盟団員に射殺され、十一日には盟主井上日召が自首して血盟団事件が明らかになるという騒動の中、二十四日にコップへの弾圧がはじまった。

三月の新築地劇団の名称を借りての長野県下巡演の後（左翼劇場名では興行許可が下りない恐れがあった）、四月五日から二十四日まで、左翼劇場は築地小劇場でメーデー準備公演を兼ねた第二十三回公演として、『志村夏江』（村山知義作、杉本良吉演出）と『生きた新聞――メーデー特輯号』（久保栄・久板栄二郎作、矢口文吉・千田是也演出）を上演した。（ただし後者は上演中止のため久板作『さあメーデーだ』を途中から上演した）

『志村夏江』は貧農の娘が金属闘士になるまでの成長を追ったドラマで、平野郁子の夏江が好評だった。その平野が十六日の開演中に扮装のまま検挙され、ために翌日から細川ちか子が台本片手に代役に立った。また、村山は舞台稽古の日の早朝に戸塚署に連行され、治安維持法違反容疑で都内の警察署をタライ回しされた揚げ句、翌昭和八年十二月末に保釈出所するまで豊多摩刑務所に収監された。杉本良吉は公演初日に検挙されそうになったのを劇場中逃げ回り、最後に楽屋の窓から「諸君！　さようなら！」と叫んで姿を消して地下にもぐった。中村栄二や本田延三郎らも同時に地下にもぐったが、村山の検挙前後に沢村貞子、生江健次、小野宮吉、松尾哲次、伊達信、藤木貞治、小沢栄太郎、矢口文吉、北原幸子らプロレタリア演劇の関係者二十余人が次々と検挙され、地下にもぐったメンバーを含めて大幅な戦力ダウンを迫られた。プロットとは一線を画していた千田是也が指導部の穴を埋める形でそれに加入したのは四月の末か五月のはじめだったらしく、千田は国際連絡やアジプロ隊や自立劇団を担当する無任所に就いた。二月に中条百合子と結婚したばかりの宮本顕治は四月に百合子が特高に逮捕されたと知って地下に潜行、小林多喜二、西沢隆二、手塚英孝らのコップの活動家も、この時の逮捕を免れて地下にもぐった。

主要メンバーを失った左翼劇場は新築地劇団と共同し、「メーデー記念公演」と銘打って五月一日から二十日まで、築地小劇場で『変な機械』（島公靖作・演出）と『大里村』（和田勝一作、土方与志・西郷謙二・岡倉士朗演出）を上演したが、海軍の青年将校と陸軍の士官学校の生徒らが首相官邸を襲撃し、犬養毅首相を暗殺した五・一五事件の勃発は、公演半ばのころだった。

続く第二十四回公演として六月一日から十九日まで、同じ劇場でソビエトの農業政策の緊急課題を描いた『パン』（キルション作、東《あずま》建吉こと久保栄訳、千田是也演出）を上演した。背景に幻燈を使ったり、舞台上に小型の回り舞台を設けて場面転換するという現在でも使われている演出を千田が試み、教条的な闘士役の滝沢修と、ボルシェヴィキ役の藤田満雄の対決ともども好評だった。

この時の公演パンフレットに財政部の報告が載った。一月の『赤いメガホン』の黒字が千二百円、二月のＩＡＴＢ競演公演が黒字五百七十円、三月の長野県巡演が七百円の赤字、四月の『志村夏江』が七百三十円の黒字、五月の『大里村』などが千二百八十円の黒字、他に東京でのメーデー公演のための九州、中国、関西地方公演中止（劇場代前納、宣伝費など）による九百円の損害金があり、劇団一か月の経常費が約六百円とある。この間劇団員には正月に合計百二十五円、四月に七十五円の配分があっただけ。配分方法は自活し得る者は無配分、交通費を必要とする者には月二円から三円、劇団活動だけで生活しなければならない者には月三円から五円となっていて、総会で配分を決めた。しかし、生活費が月三円から五円では、アルバイトをしなければ生活できなかった。

『パン』千秋楽の日の午前十時から、築地小劇場の客席で第二回コップ拡大中央協議会が開かれた。警視庁はその前日に秋田雨雀、久板栄二郎、黒岩伝治らコップの幹部を検挙し、当日も開会と同時に解散を命じた。

このころ国際労働者演劇同盟の本部から、世界大会と演劇オリンピアードを十一月に延期するとの報が届き、そこで七月上旬にプロットの常任中央委員会を開いて、大会にはプロット代表だけではなく、労農サークルや自立劇団の代表、進歩的な専門劇団の代表も傍聴者として派遣する、世界大会への一般報告の執筆者、代表団の派遣は十月中旬……などの対策とスケジュールを協議した。

このスケジュールが実行されはじめた七月末に、前述のごとくメザマシ隊の活動に参加していた千田是也が検挙されて一か月近く留置場暮らしを強いられ、八月末に不起訴釈放された時には千田の担当以外の一般報告はできていたし、菊池寛、長谷川如是閑、井上正夫らによる代表派遣後援委員会も作られていて、基金の募集も順調だった。そして七月に演劇オリンピアード・モスクワ派遣・革命競争中間ゴール・プロット東京支部競演として行われるはずだった出し物が上演禁止となったために、七月二十三日から八月六日まで左翼劇場・新築地劇団共同公演として『風の街』（キルション作）を築地小劇場で再演した。この時の東京支部競演ではプロキノの『世相読本』（佐々木孝丸作）と、三一劇場の『カイゼルと兵士』（新城信一郎作）が上演された。三一劇場はプロットの指導で昭和五年九月に東京朝鮮プロレタリア演劇研究所として発足し、やがて東京鮮語劇団と名乗り、プロットに正式加盟した同七年二月から三一劇団と改称した朝鮮人のグループである。

『風の街』につづき第二十五回公演として八月二十日から九月五日まで、築地小劇場で『生きた新聞——青年の為に』（黒岩康一作、西郷謙二演出）と『中国湖南省』（久保栄作、平山隆演出）を上演した。

はじめ久保は自作を演出するつもりだったが伝染性黄疸のためできなくなり、久保が病床にあって未推敲の原稿は、佐々木孝丸と藤田満雄が手を加えて上演台本にした（後年久保は改めて推敲して雑誌発表した）。染谷格の劇評の一部を再録する。

嘗ては輝ける指導者であったが、次第に極左的な考へ方になって、先に自分が訓練した若い人達と意見が対立して、その人達への個人的な憎悪から遂にスパイにまで堕落する陳子民なる男、この男の絶望的なあがきはよく描かれてゐる。その点だけでは緊張した場面が連続して、遺憾なく表現されてゐると言ってよい。然し一方、正しい指導者とされる人々、及びそれに指導されて進む大衆の活動は不十分にしか描かれてゐない。（中略）大役は佐藤吉之助の陳子民と原泉子のその妻だが、佐藤は早口のため明瞭を欠く所がまだ残ってゐたが、いら〳〵した気持はよく現はれて、力のこもった演技である。原の妻は場あたり式の所が全然なく、着実な出来である。今度の芝居ではこの人が第一だらう。（「都新聞」昭和七年八月二十三日号。倉林誠一郎『新劇年代記・戦前編』より）

懸案の演劇オリンピアードには久板栄二郎作『北樺太油田』を出すことに決めて、千田是也の演出で稽古に入った。並行して世界大会への報告や議案を審議したり、代表決定のためのプロットの第二回拡大中央委員会を九月十八日に築地小劇場で持ったが、これは議長の挨拶に入ったところで中止・解散を命じられた。が、このことを予想して実際の審議はあらかじめ新築地劇団の俳優浮田左武郎宅ですませていたから、ＩＡＴＢの世界大会と演劇オリンピアードへの準備は一応整った。ところが『北樺太油田』が初日の九月二十日の朝になって、上演禁止になった。

そこで急遽「演劇オリンピアード派遣送別プロット共同公演」として『北樺太油田』を『勝利の記録』（村山知義作、佐野碩演出）とつき替えて再演し、『トルクシブ鉄道の建設』（ベルヒュル作、村山・久保栄補、八田元夫演出）と『村の工事場』

（大沢幹夫作、松原卓一・大岡欽治・佐野文彦・渋谷潤演出）を左翼劇場、新築地劇団、メザマシ隊、三一劇場、京都青服劇場、大阪戦旗座、横浜青年劇場、黒石農民劇場、広島小劇場、高松全線座など、三十余のプロット加盟劇団から選ばれた俳優が九月二十日から二十五日まで、築地小劇場で上演した。が、その月末に東京府への旅券申請が警視庁の干渉で一括却下された。さらに世界的な準備不足で十一月の演劇オリンピアード開催は不可能だから、時期を昭和八年五月に延期するとの指令が届いた。プロットは旅券申請却下に対する抗議をつづけたものの、この試みへの日本側の取り組みは、当初の計画からは大きく後退せざるを得なくなった。この間、プロレタリア芸術運動に大きな影響を与えていた日本共産党が、危機的な状況を迎えていた。

## 非常時共産党の壊滅

共産党シンパ事件で党の資金繰りが苦しくなり、昭和七（一九三二）年の後半になると、日本共産党は非常手段を用いて資金集めをしなければならなくなった。三・一五事件、四・一六事件の統一公判の支援や宣伝の活動費（両事件の被告総数は約百九十人）以下、四月から開始された赤旗活版化に要した費用（部数は約七千）、進行中の党直営の地下印刷所への投資、五月から着手したピストルなどの武器購入費、円タクとして営業して金を儲けるかたわら、党活動にも利用できるとして購入した三台の外車費、そして七月には党中央の自己批判とともに三二年テーゼが発表されたが、これに即した新方針のもとに党員を一致団結させ、活動の強化を図るためには党大会を開かねばならず、これにも相当の資金が必要だった。武器購入費だけで六千円、外車購入費が約三千五百円で、これだけでシンパ網から得る予定の金額を超えていた。

金がいくらあっても足らなくなり、従来からあったテク（技術部）と称する非合法活動のための組織を拡充、七月から家屋資金局と改称するとともに、犯罪まがいの方法で資金調達を図りはじめた。銀行ギャングがその一例である。

家屋資金局キャップになったのが大蔵省に勤務していた今泉善一で、それを指導したのがスパイMだった。その教唆扇動によって大森銀行ギャング事件が起きる。その前の八月下旬、今泉が中心になって白山の不動銀行襲撃の計画を立てたものの、仲間に引き入れたゴロツキに小遣いを持ち逃げされて失敗した。

このずさんさを批判したのが八月から家屋資金局事業部担当になっていた河上肇の義弟の大塚有章で、銀行ギャングは大塚を中心に実行することになった。が、今度も十月一日の決行予定日に仲間にした不良が姿を見せず、しくじった。銀行襲撃計画に際し、彼らに変装のためのメイクを指導したのが松本克平だった。ある演劇サークルを通じて芝居の稽古をするのでメイクを教えてやってくれと、三人の青年を紹介されたのである。

不動銀行襲撃に二度失敗したので銀行を大森駅近くの川崎第百銀行大森支店に変え、大塚有章が京都から呼び寄せた西代義治、前回の襲撃計画にも加わった中村経一、今泉のグループの一員の石井正義と伊藤某が計画に加わり、十月六日に決行と決めた。が、当日伊藤某が現れず、決行三時間前に石井の手下の不良、立岡正秋を一味にした。立岡はまだ学生で学生服を着ていたので、背広を買って着替えさせた。

党の車の中で変装し、それぞれピストルを持った中村、西代、立岡は車を捨て、午後三時過ぎに銀行を襲った。中村経一の二発の威嚇射撃が効いて行員は抵抗せず、西代が札束をボストン・バッグに詰め込んで逃走、タクシーのように寄って来た車に乗り込み、三人は車中で変装を解くと大森駅で降りた。代わってモーニング姿の大塚有章と訪問着を着た河上芳子（河上肇の娘）、洋装の礼装をした井上礼子（前京都市長の娘で西代の恋人）が車に乗り込み、新橋にあった党のアジトに強奪した金、三万一千七百余円を運び入れた。

奪った金のうち二万五千円を党の資金としてスパイMが受け取り、うち二千円が武器購入費として今泉に渡された。今泉はそれを九日に党と武器密輸業者との連絡役、伊藤定一に払うことになっていた。その直前に暴力団に流れたピストルの行方を追っていた神楽坂署が伊藤を逮捕し、その自供から十日に中村と西代が捕まり、松本克平も強盗幇助罪で九日に逮捕された。以後続々と関係者が逮捕されたばかりでなく、今泉の自供とスパイMの情報によって、資金局はまたたくうちに崩壊に追い込まれた。

大森銀行ギャング事件の摘発がつづく中、党中央は全国代表者会議の準備を進めていた。一年半ぶりにコミンテルンとの連絡も回復したので、その認証をもらう必要もあった。一方、党大会の準備にあたったのがスパイMだから、当局にとっては共産党関係者を一網打尽にするいい機会だった。

党大会は十月二十九日から三十日にかけて、熱海・来宮の伊藤別荘で同窓会名目で開催と決まり、地方代表団が熱海入りした。その前にスパイMの通報で党大会の開催を知った当局は、百人の部隊を編成し、潜伏させた。が、当日になって風間丈吉と会ったスパイMが場所が不安だから中止できまいかと切り出し、風間は「同志松村」との共同責任で党大会の中止を決定、党中央、各専門部、東京代表などの本隊は熱海行きを止める一方、風間の命を受けた党員一人がその旨を伝えるべく熱海に向かい、その夜は形ばかりの宴会を開いて、一同は床に着いた。

本隊が来ないのに戸惑ったのが待機していた特高で、一時は中止の声が出はじめた。が、それを抑えて決行と決まり、伊藤別荘に突入したのが三十日の未明で、その場の十余人を逮捕した。熱海事件である。

党大会に参加しなかった党中央の幹部、風間丈吉、紺野与次郎、岩田義道らも同日逮捕され、風間と一緒に「同志松村」も形だけ検挙された。だから風間はそれからも長く「同志松村」がスパイだとは気づかなかった。西神田署に検挙された岩田義道は、十一月三日に虐殺されて、三十四歳の生涯を終えた。

その後も検挙はつづき、十二月一日までに三村亮一、宮川寅雄、源五郎丸芳晴、児玉静子らの中央委員が逮捕された。検挙者は全国で千五百人を超過、非常時共産党は壊滅した。その組織化を図り、非常時共産党を戦前最大の勢力に育てたスパイMこと飯塚盈延は、検挙後はまったく別の人生を歩んだ。

## 左翼劇場の終焉

共産党関係者の検挙がつづいていた昭和七（一九三二）年十一月十日から二十四日まで、左翼劇場は第二十六回公演として『逆立つレール』（戸川静子・東建吉こと久保栄・佐々木孝丸・藤田満雄作、東演出）とシュピレヒコール『ドニエプロストロイ』（東作・演出）を築地小劇場で上演した。前者はこの年の三月に日本労働組合全国協議会の指導下に行われた地下鉄ストを描いていた。当時地下鉄は今の銀座線の浅草と神田間を走っていたが、従業員百五十余人が待遇改善などを要求してストに突入、労働者側が全面的な勝利を得た。戦後劇団民芸のリーダーになる宇野重吉《じゅうきち》が、エキストラとして初舞台を踏んだのがこの時である。

宇野は日大芸術科を中退して、夏にプロレタリア演劇研究所に入った。同期に東野《とうの》英治郎がいた。

> その時分はプロレタリア文化運動への弾圧のひどかった頃で、ろくすっぽ講義はなく、僕ら研究生は専ら公演のポスター貼りとビラ撒き、芝居によっては群衆になって出演していた。家出してそんな事をしているものだから家から金も送って貰えず、勿論借金だらけの劇団からは一銭も配当がないし、友人の家を転々とするより仕方がなかった。月島の四畳半を一ト月四円で借りている美術部員がいて、僕のようなのが入れかわり立ちかわり宿を借りた。蒲団がないので冬の寒い夜、新聞紙をかぶって寝た。（宇野重吉『新劇・愉し哀し』）

宇野は翌昭和八年、左翼劇場に入る。

その年の一月末から二月初旬にかけて、第二十七回公演『機関庫』（大沢幹夫作、東建吉演出）が築地小劇場で上演された。機関庫の労働者の闘争を描いたドラマで、大沢がこれを書こうとしているのを知った阿木翁助《あぎおうすけ》が、故郷の信州の機関庫と連絡を取って取材に協力、構成にも参加して完成させた。阿木は昭和六年八月にプロレタリア演劇研究所に入り、翌年二月に卒業して左翼劇場に加わっていた。プロレタリア演劇研究所では後年のシナリオ作家、水木洋子と同期だった。

『機関庫』終演後ほどなくの二月二十日に、共産党員として非合法活動をつづけていた作家の小林多喜二が街頭連絡中に逮捕され、築地署で虐殺された。当時は「心臓マヒ」と発表されたが、築地小劇場にもこの報が届いて大騒ぎになった。そんな中で原泉がデス・マスクを取らなければいけないと言い出し、これに賛成した千田是也と一緒に劇場を抜け出して銀座の薬局で石膏とポマードを買い、千田の家の近くにアトリエを持っていた国木田独歩の次男の佐土哲二という彫刻家を無理に伴い、阿佐ケ谷の小林宅に駆けつけた。千田は佐土の指示にしたがって歴然たる拷問の跡が残っている小林多喜二の顔にポマードを塗り、丼に溶かした石膏を右手でピシャピシャ振りかけた。今に残るデス・マスクがこれで、小林多喜二は二十九歳だった。

ところで、非常時共産党の壊滅後、党中央で生き残っていたのは中央委員の大泉兼蔵と中央委員候補の山下平治、そしてほとんどだれも知らない秘密中央委員として、岩波書店から『日本資本主義発達史講座』を刊行中の野呂栄太郎がいた。野呂が企画した全七巻の同著には平野義太郎、羽仁五郎、服部之総、大塚金之助といった共産党側に立つ経済学者や歴史学者が総動員され、このグループを講座派と呼んだ。が、野呂が共産党員であるのは党内でも秘密とされ、わずかに岩田義道とルートを持っているだけだった。その岩田が逮捕されて虐殺されるという急展開に、野呂は党再建を決意すると地下にもぐり、非合法活動をはじめた。

この動きと前後して、コミンテルンで活躍していた山本正美が前年の十二月中旬に帰国し、野呂と連絡がついたことから山本を核に中央委員会が再建されたのが昭和八年の一月だった。メンバーは山本委員長以下野呂、岩田義道と親しかった農民運動のキャリアが長い大泉兼蔵、大泉の下で活動してきた谷口直平。が、問題は大泉で、四・一六事件の余波を受けて再検挙された時、新潟県特高の勧誘でスパイになるのを承知して釈放されたのみか、立花隆によると、警視庁のスパイでもあったという。加えてスパイの三船留吉も三月下旬に中央委員になったから、再建された党中央はスパイを二人もかかえてスタートすることになる。その結果、三船の手引きで五月に山下と谷口が検挙され、幹部の検挙で三船にスパイの嫌疑がかかって、大泉に三船査問の命が下った。スパイがスパイを査問する顚末の末に三船が偽装逮捕され、その後獄中の山本正美から自分を売ったのは三船だとのレポが届いて、三船は六月中旬に党を除名された。

山本の後に委員長になったのが野呂栄太郎で、同時に宮本顕治、逸見重雄、小畑達夫が党中央に上がってきた。野呂が大泉を信頼していたのに反して、宮本顕治は大泉へのスパイの嫌疑を拭えず、揚げ句の果てに十二月の共産党リンチ殺人事件へと急展開していく。左翼劇場の動向も、日本共産党同様に最後のあがきに似たものになった。

『機関庫』につづき二月十三日から二十日まで、左翼劇場は新築地劇団と合同で浅草の水族館で『砲艦コクチェフェル（『吼えろ支那』改題）』（トレチャコフ作、岡倉士朗演出）と『全線』（村山知義作）を上演した。これは「国際演劇十日間」の記念公演としてのもので、築地小劇場を避けたのは国際労働者演劇同盟（IATB）の宣伝と、労働者自立演劇のデモンストレーションという意味をはっきりさせるためだった。

終演後、左翼劇場は同月下旬に『機関庫』による関西巡演を新築地劇団や京都青服劇場、大阪戦旗座などプロット加盟劇団と共同企画したものの、神戸は上演禁止、大阪は二日間とも右翼団体の妨害で開演途中で中止・解散させられ、満足に上演できたのは京都だけだった。

三月になって五月に延期された国際革命演劇同盟（IRTB、国際労働者演劇同盟＝IATBを改組した組織）の世界大会と演劇オリンピアードへの派遣メンバーをプロット代表として久板栄二郎と佐野碩、労農代表に宮城県または北海道から選抜された農民代表、東京または横浜の労働者代表、専門劇団に左翼劇場、新築地劇団、メザマシ隊から選んだ混成チーム……などと内定した。が、代表団がモスクワへ行ける見込みはほとんどなかった。そこで千田是也を中心に案出されたのが、モスクワにいる佐野碩のほかに、プロットの現状に詳しく、かつ、共産党シンパとして貴族仲間から「病気保養のために」外国行きを勧められている事情を逆手に取って、土方与志にモスクワへ行ってもらうことだった。この話を土方に通すと、土方は承知した。ただし、旅券交付には条件が付いていた。家族全員（梅子夫人と二人の男児）で一通のパスポートを使うこと、ソビエトには入国しないこと。家族を伴って土方が神戸を発ったのは昭和八年の四月四日、パリ、ベルリンを経てモスクワに着いたのは、五月の末だった。

もう一人の佐野はなぜモスクワにいたか。

佐野碩が憧れのソビエトへ行きたいと思いはじめたのは、昭和六年の二月ころからだった。折からベルリンにいる千田是也からIATBの総会に日本代表として出席するために早く日本を発てとの手紙が届き、左翼劇場の五月一日からの第二十回公演の出し物の一つ、『勝利の記録』（村山知義作）を杉本良吉、西郷謙二とともに演出すると、佐野は公演中の七日に横浜からアメリカに向けて出港した。離日後佐野碩は再び帰国することはなかったので、これが日本での最後の演出になった。

ロス・アンジェルスに着いたものの佐野はすぐにはドイツへ向かわず、そのために千田は六月末からのモスクワでのIATBの第一回拡大評議員総会には一人で参加した。佐野碩がベルリンに到着したのは九月の末で、千田は佐野から日本の情報を得た。

十月九日から十五日までは、国際労働者救援会（IAH）の大会がベルリンで開かれるので、佐野碩とそれに出席することにし、ちょうど揚子江の大洪水の報せが入ったので、藤森成吉氏をわずらわして、その救援を呼びかけるアジプロ劇を書いてもらい、〈ユンゲ・ガルデ（青年親衛隊）〉というベルリンのアジプロ隊の連中や中国の留学生たちを集めて私が稽古をつけ、IAHの展覧会の会場で上演して、救援金の募集をやった。（千田是也『もうひとつの新劇史』）

前述のごとく、IATBの任務を帯びて千田が帰国を決意し、ロシア革命記念日を目当ての日本人観光団に加わってイルマ夫人や佐野碩と一緒にベルリンを発ったのが十一月四日、モスクワでは千田は佐野とともにIATBの書記局を訪ねて正式の日本代表として紹介したり、今後の連絡方法を打ち合わせたりした。そして佐野碩をモスクワに残して日本に向かったのが、同月の十一日だった。

その後佐野は一度ベルリンに戻り、最終的にモスクワに定着したのは翌昭和七年の十月だった。そして十一月初旬に開始されたIRTBの拡大会議に参加し、さらに翌八年からは国際革命演劇同盟（モルト）の局員として働きはじめ、演劇オリンピアードの計画に参画する。これが佐野碩がモスクワにいた経緯の概略である。

一方、フランスへ向かう船中で佐野碩と電報で連絡を取り合った土方与志は、マルセイユに到着後パリに移り、ここで佐野の指示にしたがってベルリンの勝本清一郎に連絡した。日本プロレタリア作家同盟の一員だった勝本は、ハリコフで開催された国際革命作家同盟の第二回会議に参加するのを主目的に、ベルリンに滞在していたのである。ベルリンに着いた土方は勝本とソビエトの領事館に行き、入国ビザを取得した。この時点で土方一家の行動は非合法になったが、プロットの目論み通り土方は佐野とともに一九三三年六月にモスクワのオペレット劇場で開かれた演劇オリンピアードに参加して、プロットのメッセージを読み上げた。これが土方一家のソビエト定住のはじまりで、年末には佐野碩は念願のメイエルホリド劇場の研究員に、土方与志はモスクワ革命劇場の演出班に所属して、希望に満ちたソビエト暮らしをはじめるのである。

ところで、四月中旬にプロットは染谷格の自宅で秘密の第五回大会を開き、プロットは日本共産党の出店あるいは貯水池ではなく、独自の目的のために集まった大衆団体たることを確認、プロットの出版物に不用意に使われてきた「天皇制の顚覆」とか「プロレタリア独裁の樹立」といったスローガンを整理して、プロットを「日本の勤労大衆の文化的解放のための闘争を、演劇の分野において行おうとする超政党的な大衆団体」だと規定した。同時に病中の久板栄二郎に替わって千田是也が正式に書記長代理に任命され、定期的に杉本良吉や中村栄二らと連絡を取ったり、赤旗の配布を受けるようになった。

五月五日から二十日まで、左翼劇場は創立五周年記念・メーデー公演として築地小劇場で『恐怖』(アフィノゲーノフ作、黒田辰男・上田進・湯浅芳子・熊沢復六・左翼劇場文芸部訳、朴春明・滝沢修・峯桐太郎・泉直哉・陣竜二・牧玲子・西郷謙二演出)を上演した。上演に際し、主役の老婦人闘士の役が、一年余の留置所・刑務所暮らしを余儀なくされ、中村栄二との離婚という裁判所の条件を承知し、上申書を提出して四月中旬に釈放された沢村貞子に振られた。が、舞台稽古当日、検事局から出演したら釈放を取り消すかも知れないとの通告があって沢村は地下にもぐるかたわら、初日は翻訳者の一人が台本を持って舞台に立ち、その後病気療養中の山本安英が二日間代役したものの高熱を出して倒れ、さらに細川ちか子が代役した。脚本のカットもおびただしく、とうていまともな舞台にはなり得なかった。通算二十八回の公演、これが左翼劇場名での最後の公演になった。

昭和三年から八年まで、足掛け六年間の左翼劇場の活動は、日本共産党の影響を受けた政治の圧倒的な優位のもとに展開された演劇運動だったのが最大の特色だった。その関係で一人の理論家が絶対的な存在だったこと、プロットという中央集権的な指導機関を誕生させ、同時に自立演劇・労働者演劇を派生させたこと、コミンテルンを介して国際的な連携が強く意識されたこと、社会改革の使命感に基づいた演劇運動だったこと……などを特色として上げることができるだろう。一言で言えば、左翼劇場およびプロレタリア演劇運動は、関係者が身命を賭した空前絶後の理想主義的な演劇運動だったのである。

## 築地小劇場の改築

昭和八（一九三三）年六月十日付けの各紙は、社会面のトップで「共産党両巨頭、佐野と鍋山、獄中で転向声明」などと大々的に報じ、大反響を巻き起こした。記事によればまず佐野学が心境の変化をきたして上申書を提出し、これを読んだ東京地検思想部長の平田勲検事が佐野と鍋山貞親を話し合わせつづけた結果、両者の見解が一致して、同月七日に二人の名前で「共同被告同志に告ぐる書」という十節から成る声明書を発表したというのである。そのポイントは党と労働者大衆の関心が離れた現状を批判し、その根本的な原因の一つが、コミンテルンの政策および組織原則そのものの中にあるとしていたことだった。

それだけにコミンテルンを絶対視していた共産党員やシンパにもたらした衝撃は絶大で、赤旗は早速「スパイ的裏切者」や「天皇制権力の走狗」といった最大級の罵倒を浴びせて、二人の除名公告を載せた。そして共産党側の反論がなされない混乱の中で佐野・鍋山の転向声明書が全国の刑務所に送られると、半年後に三田村四郎、高橋貞樹、中尾勝男が揃って転向、この三人の転向声明書も配布されると七月末までに全国の共産党関係の未決囚千三百七十人のうち三十パーセントを超える四百十五人が、既決囚三百七十二人のうち三十六パーセントに当たる百三十三人が転向した。

この動きは文化界にもおよび、七月六日に河上肇の引退声明『獄中独語』が各紙に発表されたのをはじめ、秋田雨雀、片岡鉄兵、細田民樹、江口渙などの有名党員や党のシンパが続々と転向、やがて風間丈吉、田中清玄、佐野博といった各時期の共産党の最高指導者もほとんどが転向し、ビューロー時代からの中央委員で非転向を貫いているのは徳田球一、市川正一、福本和夫、志賀義雄、国領伍一郎らを数えるだけになってしまった。転向のドミノ現象はプロットにも波及し、「その第一号が村山知義であった。彼は獄中からプロット執行委員長辞任と共産党脱党届を築地小劇場宛に送ってきて我々を面くらわせた」。（松本克平『八月に乾杯』）

このころ築地小劇場はプロレタリア演劇の牙城の観を呈していたが、その改築が問題化したのは、関東大震災後に認められたバラック建築の期限が八月に切れて、本建築にするよう求められていたからである。

コップ関係者の中には築地小劇場を日本初のプロレタリア総合文化会館に……という案もあったが、コップが弱体化した現在、従来通り演劇面での利用に限る案に落ち着いた。が、プロットも弱体化した今、劇場の利用をプロットに限らず、他の新劇団にも小屋貸しする建前で改築資金を集め、これを契機にプロットと一般新劇団とのつながりを深める方針に変えて、改築準備を進めた。

この第一弾が昭和七年十二月二十七日から三十日まで、プロットの奔走で左翼劇場、新築地劇団、築地座、新東京などからのピックアップメンバーを集め、故人の演出を再現した築地小劇場での小山内薫追悼五周年記念公演の『夜の宿（どん底）』（ゴーリキー作、小山内薫訳・演出）だった。ペペルに千田是也、サーチンに薄田《すすきだ》研二、ルカに丸山定夫、クレシチに滝沢修、役者に友田恭助、ワシリーサに東山千栄子、ナターシャに伊藤智子、アンナに岸輝子、ナースチャに田村秋子といったキャストで、四日間六回の公演で二千七百五十余人の集客があり、約九万円の黒字だった。このうち五万円を小山内家に贈り、五千円を劇場の改築資金にした。

昭和八年から本格的な検討に入り、オーナーの土方与志が四月に日本を発った後は、プロット外の人員も加えた築地小劇場管理委員会の手で劇場を運営することを決め、薄田研二、伊藤熹朔、山田耕筰、河原崎長十郎、友田恭助、降松秋彦、松田粂太郎、染谷格が管理委員に就任し、二万円の改築費を募集することにした。このうち五千円は土方与志が負担した。

応募基金は一口一円と五十円の個人応募と、一口百円の団体応募があり、応募団体には改築後の劇場使用料の一割引き、稽古場の一定期間の無料提供という特典があった。

六月十四日は劇場の創立十周年に当たるので、改築の宣伝や資金作りに旧築地関係者による合同公演を持つことになり、『検察官』（ゴーゴリ作、米川正夫訳、八田元夫・水品春樹演出）と『五稜郭血書』（久保栄作、久保・千田是也演出）の上演と決まった。前者は六月十五日から二十三日まで、滝沢修の市長、薄田研二の郵便局長、嵯峨善兵のボブチンスキー、三島雅夫のドブチンスキー、三浦洋平のフレスターコフ、木村太郎のオシップ、吉野光枝のアンナ・アンドレーヴナ……といったキャストで、二十一日までの予定が大入りで日延べした。中川一政が装置を担当した後者も六月二十五日から七月二日までの予定だったが、好評で五日まで日延べした。が、初日は大野弁之助役の大森義夫が現れず、やむなく作者が大野に扮して舞台に立つというアクシデントがあったほか、共同演出の久保と千田の間に意見の相違があって、舞台成果としては今一つだった。滝沢、薄田、嵯峨、三島、永田靖、柏原徹、仁木独人、宇野重吉、山川好子、伊藤智子らの出演だった。

八月二十五日に改築工事がはじまって九月三十日に完成、劇場の壁は内外とも白色になって明るくなり、内壁は音響効果を考慮してテックス張りになった。舞台や楽屋も広くなり、照明は従来の三倍の機能を持つように改善され、スタジアム・タイプに改められた観客席は補助椅子などを出してキャパが六百人以上になり、新たにトーキー映写機も設備された。が、起工式前の七月九日の朝、千田是也は街頭で逮捕されて戸塚署に連行され、二十九日間の勾留の後早稲田署に移され、さらに年末に豊多摩刑務所へ移されて、出所したのは昭和十年の春だった。この間、千田は戯曲や演劇書を耽読して「娑婆」が恋しくなり、転向手記を書いた。五月に東京地裁から出た判決は治安維持法違反で懲役二年、執行猶予三年だった。つまり、千田是也はプロットの解散から新協劇団の誕生へといたるプロレタリア演劇の曲がり角を、社会と遮断されたところで過ごす羽目になったのである。

## 新演劇人協会

改築された築地小劇場では昭和八（一九三三）年十月五日から二十五日まで、築地小劇場管理委員会の主催で坪内逍遥訳の『新修シェークスピヤ全集』の刊行を決めた中央公論社と提携して、『ハムレット』（久米正雄演出）が上演された。久米の演出は後援した文藝春秋社の社長でもある菊池寛の指示によったが、逍遥が翻訳使用の条件として坪内士行の演出という条件を付けていたので、久米は逍遥と直談判して許可された。薄田研二のハムレット、柏原徹のホレーショー、滝沢修のポローニアス（ただし滝沢急病で初日から十五日まで佐々木孝丸の代役）、七月に榎本健一一座から新築地劇団に復帰した丸山定夫のクローディアス（この事情は後述）、三浦洋平のレーヤチーズ、山岸しづ江のちの河原崎しづ江のガートルード、新興映画のスター高津慶子のオフィーリア、山本安英の劇中劇の王妃、嵯峨善兵と浮田左武郎の墓掘り……といった配役で、招待を含む入場者は一万九百九十一人と劇場開場以来の記録だった。岸田國士の劇評の一部。

演出者久米正雄氏は、もともと英文学専攻の士であり、わけても「ハムレット」の研究に関しては自他共に許す一家の見識をもつてをられるらしく、その点、われわれも勉強になつたやうに思ふが、この公演を観る上に、一番識つておかなければならないことは、誰がこれを思ひつき、どんな範囲で人を集め、如何なる方法で準備を進めたかといふことである。言ひ換へれば、可能か不可能かを考へる余地すらなく、これをやることに決めてから、ともかく、出来るだけのことをしおふせたのだといふことである。従つて、その根本の問題にまで遡ることは、ここでは無益である。ただ「ハムレット」のいはゆる「演劇価値」といひ、「沙翁の偉大さ」といひ、ともにこれを伝へるためには、まだまだ肝心なものが欠けてゐて、これが大半の原因は、俳優の肉体的条件、文学的素養、就中その台詞に対する感覚的訓練の相違にあるといひ得よう。

が、翻つて、この公演の意義を他に求めれば、築地改築記念の儀式的公演として十分重みもあり華やかでもあり、劇場の宣伝としてはもつとも時宜に適し、その上、実際を観ると多少一般に受け容れられないところもあるにはあるが、総じて真剣な当事者一同の道楽味によつて、この舞台が、専門家にいろいろな問題を提供し、大衆には、珍しく品のいいスペクタクルを与へることに成功してゐることだ。（岸田國士「小劇場記念公演――「ハムレット」を観る」岩波書店版『岸田國士全集』第二十二巻）

築地小劇場管理委員会の公演が三本とも、ことに集客の点で好調だったこと、プロットへの監視が次第に厳しくなってきたことが要因で、この公演に関係した演劇人の間で新しい組織を作ってはどうかという話が持ち上がった。略称をSEKと言った新演劇人協会がこれである。

創設を中心的に進めたのは久保栄らしく、薄田研二は自伝『暗転』でこう回想している。

薄田が久保から話があると切り出されたのは『ハムレット』の公演中で、指定された中華料理店で待っていると久保が現れ、やおらドイツ情勢の話をはじめた。三月の総選挙でナチ党が圧勝するや九日には共産党が非合法化され、二十三日には国会で全権委任法が可決されてヒトラーの独裁政権が確立した。三月二十七日に日本が国際連盟を脱退したのにつづき十月十四日にドイツも国際連盟からの脱退を声明、日本とドイツは世界から孤立しようとしている……。

次いで久保は五月の京大の滝川事件に話を移した。

これは京大法学部の滝川幸辰《ゆきとき》教授を、文部大臣の鳩山一郎が罷免しようとしたことに端を発した。一月の第六十四議会では貴族院や衆議院の一部の議員が赤化教授の罷免を鳩山文相に求めており、三月には衆議院が「教育革新に関する決議案」を可決していた。四月には内務省が発売後十か月も経っていた滝川の著書『刑法読本』などを発禁にし、これらを理由に鳩山は京大総長に滝川の罷免を求めた。が、京大は結束して文部省に抵抗し、京大総長も滝川の処分を拒否したことから、鳩山は五月に文官分限令によって滝川を一方的に休職処分にした。教授の進退は総長の具申によるという大学自治の慣行を踏みにじったものだった。京大法学部はこの抗議に教授全員が辞表を提出、助教授・講師・助手もこれにならい、学生も教授会を支持して七月まで授業をボイコットするとともに、総退学運動を展開した。が、文部省のさまざまな収拾工作や、今回は特例で一般化しないとの文部省の言明などから辞表を撤回する教授が続出、滝川事件は大学側の敗北に終わり、以後の学問弾圧の原型になるとともに、大学転落の第一歩になった……。

久保はドイツや日本でファシズムが進行していると語り、加盟しているだけで検挙される組織や、築地小劇場がプロットの専属のようになり、いつ「敵」の攻撃を受けるかも知れないような状態の中で芝居しなければならないことなどについて、どう考えるかと薄田に聞いた。薄田は何とかしなければ……と答えた。

この久保との話し合いから新演劇人協会の準備がはじまったというのが、薄田の回想である（ただし、久保栄は死後発表された「新協劇団についての対話」で、自分が中心ではなかったと断っている）。これは「沈滞し果てた現状を打開して新しい運動の抬頭をうながし、四散した新劇人を大同団結させ、併せて新劇人の相互扶助機関にしようと意図した組織であるが、実は全く凋落したプロットに代る統一戦線組織たらしめ、プロットをＳＥＫに肩替りさせようとしたもの」（松本克平『八月に乾杯』）だったが、その創立準備に十一月三日から十五日まで築地小劇場で持たれたのが、滝沢修、嵯峨善兵、武内武（のちの浜村純）、鶴丸睦彦、伊藤智子らの出演による本邦初演の『織匠』（ハウプトマン作、久保栄訳・演出）だった。

この公演パンフレットに「新演劇人協会創立の提唱」なる一文が載っていて、こうアピールしている。

この協会は、加盟単位を個人とし、曾てそれが如何なる劇団に属したか今後それが如何なる劇団に属するかを問はず、飽く迄広く飽く迄自由に或は一つの流派に属することなく、新劇運動本来の目的を遂げさせることに邁進すべきであると考へる。（中略）

以上の様な趣旨に則り、築地小劇場改築を契機とする『検察官』『五稜郭血書』『ハムレット』の三公演を通じて不振の新劇界に幾多の刺戟と功績とを与へた多方面の新演劇人を基礎に、茲に新演劇人協会創立準備公演『織匠』を持つに至ったものである。

苦闘十有余年に及ぶ新劇運動の歴史に不断の支持と同情を寄せられた諸彦に於ても、右の如き『新演劇人協会』創立の趣旨を理解され大方の御援助をひたすら御願ひすると同時に凡ゆる演劇人が此の「新演劇人協会」に奮って参加されて、光輝あるその創立を一日も早く達成せしめられんことを切に希望する次第である。

新演劇人協会は発会式などもなくその後結成されたらしく、昭和九年元日から十七日まで築地小劇場管理委員会の主催で築地小劇場で開催された「日本新劇祭」には、「新演劇人協会賛助出演」と謳われていた。新劇史上名を残す一幕もの五本を並べての公演である。すなわち、薄田研二、柏原徹、松本克平、小峯千代子らによる『歓楽の鬼』（長田秀雄作・演出）、滝沢修、伊達信、藤川夏子、原泉らの『父帰る』（菊池寛作、久保栄演出）、久保春二と永田靖による『玄朴と長英』

（真山青果作、久米正雄演出）、薄田研二、宇野重吉、三好久子、原泉らの『嬰児殺し』（山本有三作、吉田甲子太郎演出）、前進座の市川楽三郎や坂東調右衛門、木村太郎、三島雅夫、室町歌江、三好久子らの『地蔵教由来』（久米正雄作、今日出海演出）の五本。

が、新演劇人協会は昭和八年の十二月に一年八か月ぶりに豊多摩刑務所から出所してきた村山知義がほどなく新劇団の大同団結を唱え、紆余曲折の果てに新協劇団が結成される動きの中で、自然消滅した。

## 中央劇場と『テアトロ』の創刊

昭和八（一九三三）年にはプロットはほとんど末期症状を呈していたが、明けて九年の一月にはコップ傘下の日本プロレタリア美術家同盟が、二月には日本プロレタリア作家同盟が政治偏重を自己批判して解体声明書を出した。事実上前年中に活動を終えていた左翼劇場もこういう流れの中で一層の後退を迫られ、二月に劇団名を中央劇場と改名した。言うまでもなく、「左」でも「右」でもないという意味である。改名の挨拶状に劇団員の連盟が載っている。主なメンバーは以下の通り。

演技部＝仁木独人、勝大介、滝沢修、鶴丸睦彦、仲島淇三、永田脩二、長部慶一郎、大森義夫、松本克平、前山清二、藤田満雄、藤ノ木七郎（信欣三）、嵯峨善兵、佐藤吉之助、真木順、宇野重吉、原泉子（原泉）、仲みどり、小峯千代子、藤川夏子、北彰子ほか

文芸部＝島公靖、佐々木孝丸、久保栄、安達鉄夫（阿木翁助）、牧玲子、西郷謙二、峯桐太郎、小野宮吉、杉本良吉、三好十郎、久板栄二郎ほか

他に美術部七人、照明部六人、効果部二人、衣裳部二人の名があるが、刑務所から出所したばかりの村山知義の名はない。

改名披露公演の『烟《けぶ》る安治川』（久板栄二郎作）の稽古に入ったものの、初日直前に返却されてきた台本の検閲によるカットが多くて上演を延期、急場を救うために新築地劇団と共同の築地小劇場の公演として二月二十三日から二十八日まで、同劇場で『人形の家』（イプセン作、楠山正雄訳、佐々木孝丸演出）を上演した。胸を病んで療養していた山本安英が健康を回復してノーラを主演し、滝沢修のヘルメル、原泉のリンネ夫人、松本克平のランク、永田靖のクログスタットだった。

次いで三月十九日から四月八日まで、築地小劇場特別興行として薄田研二の市九郎のちに了海を中心の『敵討以上』

（菊池寛作、青柳信雄演出）と、小沢栄太郎と滝沢修を軸とした『同志の人々』（山本有三作、久保栄演出）を上演した。改名披露までの言わば陣痛である。

四月には演劇雑誌『テアトロ』が五月号として創刊された。


創刊の直接のきっかけは、新築地劇団の文芸部員の栗原有蔵が、知り合いの慶応義塾大学生だった長谷川善次郎が思いもかけない叔母の遺産を相続して、その内の五千円を文化的に意義のある事業に寄付したいと言うのを聞き、久板栄二郎のところに同伴して現れたことから、久板が長谷川青年に演劇雑誌発刊を提案し、承諾を得たので、折しも都新聞を退社した元演芸担当記者の染谷格を編集責任者とし、演劇界の長老であり、新演劇人協会の中心でもある秋田雨雀に相談して監修者となっていただき、長谷川善次郎が発行名義人、染谷格編集長、栗原有蔵、長谷川、久板の編集部、笹原茂の事務担当でテアトロ社が発足した。

その際、秋田雨雀の発案で、綜合演劇雑誌『テアトロ』の雑誌名が決まった。綜合というのは、新劇ばかりか、歌舞伎・新派・大衆劇・喜劇・音楽劇など演劇全般にわたり、報道・議論して行く意志からであり、エスペラント語の演劇や劇場を意味するテアトロと名づけられたのは国際主義の立場を意識していたことになる。（野村喬「『テアトロ』の創刊五十周年と私の編集二十年」『テアトロ』昭和五十九年五月号）

創刊号は表紙を村山知義が担当、四六倍版（九月号まで。十月号休刊で十一月号から菊版）定価三十銭で、創刊ほどなく元メザマシ隊員で、小杉てること江津萩枝の夫である若山和夫（一夫）も編集スタッフに加わった。プロット色を薄めるべく、創刊号には藤森成吉、岩田豊雄、藤原釜足、山本安英、古谷綱武、久板栄二郎、芦原英了、村山知義、田辺若男、水品春樹らの原稿が載り、和田勝一の戯曲『たて糸よこ糸』が掲載された。

さて、中央劇場が改名披露記念公演を持ったのは五月だった。十二日から三十一日まで（異説あり）築地小劇場で上演された『斬られの仙太』（三好十郎作、佐々木孝丸演出）。永田靖、浜村純、本庄克二と名乗っていた東野英治郎ら新築地劇団員も参加しての公演で、滝沢修の仙太郎だった。

舞台を見て酷評したのが村山知義だった。

すべての政治運動の指導者達は私利私慾のためにやってゐるので、百姓はこき使はれた上に用がなくなれば昨日までの同志の手でころされてしまふのだ。維新もさう、自由党もさう、そして現在もさう、といふ虚無的な芝居だ。ファッショ的、アナーキズム的な傾向も多分にある。（中略）

この戯曲は歴史と大変違ふ。維新がブルジョアジーと農民の圧力による下士階級の勝利であることも、自由党の積極面も無視して、みな百姓と対置された武士の私利の結果と見てゐる。ドラマツルギーは卑俗劇に近づいてゐる。演出もまたさうで、歴史劇における新しいリアリズムの探究と正反対の方向へ向って、新国劇のジャンルに属する。（掲載紙不明。五月十三日付。倉林誠一郎『新劇年代記・戦中編』より）

劇評は転向を装って社会に復帰したものの、マルクス主義を捨てたのではなかったプロレタリア芸術運動の指導者としての村山知義が書かせたもので、同じ方向を向いていたはずの三好十郎が、この前年あたりからマルクス主義に疑問を感じはじめていて、「転向戯曲」として『斬られの仙太』を書いたという立場とはかなりの相違があった。三好には戯曲を『オール讀物』に売り込もうとしたように、自己史を踏まえた「大衆娯楽劇」を作った意識もあったのである。が、村山の劇評は大きな波紋を描くとともに、これを一つのきっかけに、村山は新劇団の大同団結を考えはじめて、その大合同を提唱する。中央劇場はその渦の中に飲み込まれて、この一回の公演で名前を消す。実態を失っていたプロットこと日本プロレタリア演劇同盟が解散宣言を発したのは、昭和九年七月十五日だった。

## 社会主義リアリズムの移入

昭和八（一九三三）年中のこととして、もう一つ、社会主義リアリズムの移入に触れておく。

唯物弁証法的創作方法に替わるソビエトの芸術的スローガンたる社会主義リアリズムを、わが国ではじめて紹介したのは、上田進（演劇評論家尾崎宏次の兄）の「ソヴェート文学運動の方向転換の理論的考察」（『マルクス・レーニン主義芸術学研究』昭和七年十一月）だという（栗原幸夫『プロレタリア文学とその時代』参照）。上田はこの論考の中でグロンスキーのモスクワ文学サークル代表者会議での演説の一部を紹介したが、そこでグロンスキーは作家に要求するのはただ真実を描け、それ自身弁証法的なソビエトの現実を正しく写し出すことだと主張し、こういう方向を社会主義リアリズムと呼んだ。

この新しいスローガンが日本に移入された時、ソビエト同様中央集権的な指導を行っていた日本プロレタリア作家同盟の指導部の、セクト主義を打破する方向へと働いた。この動きの中心にいたのが林房雄だった。

治安維持法違反で二年の判決を受けた林は、昭和七年の四月に刑期を終えて出所した。この期はプロレタリア文化運動はボルシェヴィキ化にひたすらだったが、この波を受けなかった林房雄は「立ち遅れの克服と日和見主義に対する闘争」を至上命令としていたナルプにとって、「立ち遅れ」と「日和見主義」のシンボル的な存在になった。

出所した林は次々と私見を発表した。一例にこういう一文。

「プロレタリア文学とは」とスターリンがいった。（中略）「プロレタリア文学とはマルクス主義の通俗的解説書だ。」これは作家にたいして、はなはだしつれいなことばだ。（「作家のために——作家の資格と任務と権利と」「東京朝日新聞」昭和七年五月十九日〜二十一日）

これに類した林の一連の発言を受けて、小林多喜二がコップの機関誌『プロレタリア文学』（同年九月号）に伊東継の名で「闘争の『全面的』展開の問題に寄せて」を書き、創造活動の軽視は政治と文化の機械的な結合に原因があるとして、政治闘争の方針はそのまま文化的闘争の方針ではあり得ないと自己反省した。

これを徹底的に批判したのが宮本顕治が野沢徹の名で発表した「政治と芸術・政治の優位性に関する問題」（『プロレタリア文学』昭和七年十月号〜昭和八年一月号）だった。宮本はここで「文化闘争が政治闘争に従属しなければならぬと云うことのレーニン的理解を発展させて行くとき、芸術、文化は党のものとならなくてはならぬ」と、政治の優位性の実践を強調した。これは約言すればすべての作家同盟員に政治家になれ、共産党員になれと要求しているのと同意で、ここからはずれるものを「立ち遅れ」「日和見主義」として糾弾することを意味していた。したがって「ぼくは文学のために一生をかける」（「作家として」）と宣言した林房雄などがプロレタリア文化運動における「立ち遅れ」「日和見主義」「右翼的偏向」の典型的な存在になり、最大の「敵」になったのである。

林は精力的に小説を発表するかたわら、コップ中央部の路線に沿った「官僚的」「棍棒的」批評に立ち向かった。たとえば中条（宮本）百合子の「一連の非プロレタリア的作品」（『プロレタリア文学』昭和八年一月号）という批評に対して。

これは藤森成吉の小説『亀のチャーリー』や須井一の小説『樹のない村』などを取り上げて、「『亀のチャーリー』は、生々したたくましい現実としてのプロレタリアートの日常に作用している革命性、そのための組織など書いていない。ましてや、一九二九年来の恐慌が一層深刻化し、資本主義の局所的安定さえ今は破れ、資本主義国家と資本主義国家との衝突の危機が切迫している現段階のプロレタリアートのピオニイルという最も革命的組織的なものにふれつつ、それを最も非組織的に非現実的に描くことによってプロレタリアートの力を背後に押しかくし、亀の子、子供、子供ずきの孤独な移民チャーリーと市民的な哀感をかなでている」(『日本プロレタリア文学大系』第六巻より)と非難した。

このころ中条百合子は日本共産党員だったから、党員作家の自覚のもとにこの批評を書いた。が、中条の入党は極秘だったから一部の関係者以外知る人はなく、こういう口ぶりが地下に潜行していた小林多喜二や宮本顕治の「口真似」のように見えたことからナルプ内に反感を生じたのみならず、林らの反発を招いた。林は早速『改造』の「文芸時評」(同年二月号)に「藤森成吉への手紙」を書いて、こう述べた。

中条百合子とは、いつたい何者です？　なんの資格があつて、この嬢ちやん婆ちやんは、ぼくたちを小ブルジョアだファッショだと正札づけ、ぼくらの努力がプロレタリアートとその文学のために、まるでゼロの効果しかもたないことをさけびたてるのでせう！(中略)

中条百合子、小林多喜二——せまい文学理解を、あやまつた政治家的うぬぼれによつて、われ一人プロレタリア作家といふ顔をし、仲間のすべての労作をめちやくちやにきりきざんで、そのあとに無をのこす——日本プロレタリア文学の発展に最悪の影響をあたへてゐる連中に、かれらの注文どほり、正面からぶつかる仕事を、いま、ぼくは仕事の予定表の中に書きいれます。

これに対して小林多喜二が『プロレタリア文化』の同年三月号に「右翼的偏向の諸問題・討論終結のために」を発表した。

彼は一体何をもくろんでいるのか？(中略)

第一の目論見はそのことによって、彼は我々の指導のボルシェヴィキ性を、同伴者作家の高さにスリ換えようとしていることとこれである。(中略)更に彼の主張は「政治」からの「文学」の遊離である。従ってあらゆる我々の作家は書斎にひっこんで、階級闘争の諸問題とは凡そ無関係なことを、ただ「書きたい放題のことを」(藤沢恒夫)書けばいいのである。かくて、我々の組織と作家が、「去勢」され、横光利一や川端康成と瓜二つに似た我々の作家が沢山輩出するであろう。（中略）

ところで、第二の目論見は、我々の作家が全体として革命的作家であるという点で統一されているにも拘らず、その中に特に「同伴者作家」の規定を持ち込み枠付けすることによって、我が同盟の組織内にそのブロック（グループ）を形成しようとしている事、これである。先きにも述べたように我々の組織内には勿論ヨリ同伴者的な作家がいるであろう。だが、それらは全体として革命的作家であるが故に、党派性ある指導によって統一、貫徹されていることが可能なのである。従って、我々の組織内に同伴者作家、農民作家云々と規定づけることは、論理的にも、組織的にも、政治的にも誤謬であり、そんなことはただ第一の目論見と第二の目論見のため以外の何等の理由からも出ていないのである。

（『日本プロレタリア文学大系』第六巻より）

これを発表した直後に小林多喜二は虐殺された。小林の死に際しては林もプロレタリア作家にとって身をもって解決しなければならない問題があると書き、「聖火をつぐ」と表明した。つまり、林房雄にしろ徳永直にしろ藤森成吉にしろ、小林多喜二・宮本顕治の路線からは離れようとしていたが、プロレタリア文学そのものを放棄しようとは考えていなかった。そして社会主義リアリズムは、小林・宮本ラインから離脱しようとしていた作家にとって、最大の援軍として日本に移入されたのである。

上田進に次ぐ社会主義リアリズム紹介の二番手が、演出家の杉本良吉だった。杉本が白浜蹴《しらはまける》（このペンネームは白は負けるのごろ遊び）という署名で発表した「ソヴェート同盟に於ける芸術団体再組織の本質的意義」である。杉本は上田の紹介を修正しつつ、キルポーチンに拠って、こう書いた。

客観的現実をば表面的にではなく、その本質的な、典型的な姿に於いて描くこと、種々の否定的、肯定的要素を描き乍らもその中を一貫してゐるところの社会主義革命の勝利の本質を明かにし、読者をば人類のよりよき未来のために、プロレタリア独裁の強化のための闘争の精神の中に教育することこそ社会主義的レアリズムの途であると述べてゐる。

（白浜蹴「ソヴェート同盟に於ける芸術団体再組織の本質的意義」『プロレタリア文化』昭和八年二月号）

「唯物弁証法的創作方法」というスローガンが教条化して、スローガンに合わせて創作されるという現象が生じ、作品がリアリティーを失ってしまうことが珍しくなっていたのである。ソビエトでの社会主義リアリズムの提唱は教条化し、官僚化した文学状況を打破する側面もあったのだが、これはまた日本のプロレタリア文化運動にも該当するところがあったから、日本への社会主義リアリズムの移入は、プロレタリア文学に係わる多くの作家に一種の「解放」を意味したのである。これが一つのエコールとして現れたのが、昭和八年六月にナルプの政治主義的・中央集権的指導方針に不信を抱いて役職を退いた長谷川進と秀島武が、黒島伝治や伊藤貞助らと図って創刊した『文化集団』で、この雑誌はナルプの方向転換と解体を先取りする形になるとともに、社会主義リアリズムの紹介に積極的に取り組んだ。

詩人の森山啓はこの雑誌を舞台に、以後社会主義リアリズムの積極的提唱者として活躍するが、こういう流れの上に徳永直の「創作方法上の新転換」(『中央公論』昭和八年九月号)が書かれた。これはキルポーチンの社会主義リアリズム論を援用しながら、蔵原惟人の「芸術的方法についての感想」を真正面から、全否定した最初の論だった。

徳永は「唯物弁証法的創作方法」を提唱した蔵原の理論を批判しつつも、社会主義リアリズムを唱えるロシアは日本とは社会的条件が違うからそれをいきなり移入してはならないと留保し、プロレタリア・リアリズムから再出発せよと主張した。これを承ける形で書かれたのが林房雄の「プロレタリア文学の再出発」(『改造』同年十月号)と「一つの提案――プロレタリア文学再出発の方法」(『文化集団』同年十一月号)で、これらはプロレタリア文学運動に決定的な影響を与えた。

前者で林は当時の状況をこう書いた。

作家同盟は、今、根本的なたてなほしと、再出発を行はないかぎり、事実上、解体してしまふであらう。いや、解体は、すでに半ば以上進んでゐる。

不振の最大原因は、困難な政治的情勢の中にある。小林多喜二のことはいふまでもなく、蔵原惟人、中野重治、村山知義、窪川鶴次郎など、経験と技術にゆたかな同盟員たちは、獄中にをり、藤森成吉、山田清三郎、立野信之、貴司山治、林房雄などは、保釈中の被告であり、鹿地亘、宮本顕治、中条百合子、川口浩、秋田雨雀、佐々木孝丸をはじめ、被告でない多くの活動分子は、再三の留置場生活を余儀なくされてゐる。作家活動の生命である出版の自由は、ほとんどなく、同盟としての集会もゆるされないために討論の機会をもつこともできない。(中略)

だが、原因は、それだけではない。同盟の中では、指導部と、作家側の根深い対立がある。この対立を、もっともっよく代表したものは、おそらく、林房雄であらう。だから、ぼく自身、それをいひだすのは、をかしいやうだが、事実は、かくさない方がいゝ。ぼくだけではない。作家たちは、同盟指導部の方針に対して、現在ではほとんどサボタージユしてゐる。最初に「右翼的並びに極左的偏向」とレッテルをはられた、林房雄、武田麟太郎、藤沢恒夫、堀田昇一、高見順、那珂孝平はいふまでもなく、病気その他を理由として、東京を去つた、静岡の橋本英吉、千葉の三好十郎、小豆島の黒岩伝治、三鷹の亀井勝一郎、飛弾の江馬修などは、それぞれ有言無言の反抗者であらう。秋田雨雀、江口渙、佐々木孝丸、立野信之、徳永直、川口浩、細田民樹、細田源吉、金親清も、現方針の賛成者ではないらしい。『人物評論』の大宅壮一、『文化集団』の長谷川進、秀島武の名は特殊であるからあげないとしても、これも賛成者とはいへない。同盟指導部は、これを、「旧い作家が、新しい労働作家に押され、ひつこんだのだ」といつてゐるが、しかし、ひつこんだのは、インテリ出身の作家だけではない。『省線電車』の黒江勇、『爆発』の安瀬利一郎、『慰問金』の阿蘇弘をはじめ、ぼくの知るかぎりでも、十名近い労農出身の新作家が、事実上、同盟をはなれてゐる。

　この実状をまへにしながら、同盟指導部は、依然として、方針を改めようとしない。（林房雄「プロレタリア文学の再出発」『改造』昭和八年十月号）

　こうして林は日本プロレタリア作家同盟は作家の同盟ではなく、半作家、半政治家の集合体だと非難した。そして「一つの提案」では一歩を進め、ナルプの解体と発表雑誌単位の分散化を提案し、これを実行したごとく武田麟太郎と手を組むと小林秀雄、川端康成、深田久弥らを誘い、広津和郎と宇野浩二を加えた七人を編集同人として、文化公論社から『文学界』を同年十月に創刊した。

　ナルプ指導部もこういう情勢を無視できず、極左的傾向を自己批判したり、文化運動の特殊性を認めたりした。そして『プロレタリア文学』（昭和八年十月号）に「創作方法に関する国際的大衆討議に参加せよ！」を巻頭言に掲げ、鹿地亘や森山啓らの論文を特集し、コップの名のもとに社会主義リアリズムに関する批評家会議を十月末に開催した。が、これは出席者が動員されたメンバーの半数にも達せず、失敗した。

　社会主義リアリズムをめぐって、ナルプ指導部もやっと重い腰を上げたかに見えた。が、文化運動のボルシェヴィキ化からコップ結成にいたる基本路線は、検討の余地なしという立場だった。これを激しく揺さぶったのが林房雄を中心とするナルプ解体の声で、声はしだいに高くなった。宮本顕治が山崎利一の名で発表した「文化・芸術運動の基本的方向の歪曲に抗して」(『プロレタリア文化』同年十一、十二月号) は林や徳永直に対する再批判だった。が、この発表直後に宮本は治安維持法違反容疑で逮捕され、コップの機関誌『プロレタリア文化』も宮本の評論が載った十二月号で、ナルプの『プロレタリア文学』は十月号で発行を停止、以後、再刊されることはなかった。その上に治安維持法の改正案が十二月開会の第六十五帝国議会に提出されることが確実になり、改正案が成立すれば従来の「国体の変革」を目的とする結社に属する人間以外に、そういう結社を支援するための結社の組織や加入者をも二年から無期の刑に処することが可能になるため、共産党の課題を自己の運動の課題とし、共産党のための多数者獲得を運動方針として掲げていたコップ加盟のすべてのプロレタリア文化団体は法の適用を承けて、そのメンバーが最高無期の刑に処せられる可能性が出て来た。

この結果ナルプを脱退する文学者が続出し、この年末には徳永直や藤森成吉らも脱退した。これに対してナルプの書記長だった鹿地亘が十二月に、国際書院から『文学運動の新たなる段階のために——宗派主義の清算と創造的任務の展開へ』というパンフレットを出してナルプ指導部の指導についてはじめて全面的な自己批判を行い、明けて昭和九年二月にナルプは拡大中央委員会を開いて、文学運動の方向転換を討議することになった。

鹿地はこの会議に向けて活動形態の分散化、政治主義の克服と政治的見解によらないプロレタリア的、革命的作家の広範な組織化などを提案した。が、事態はそういうことで収まるほど甘くなく、ナルプの第三回拡大中央委員会は鹿地の修正意見を超えて、解散を決めた。このため社会主義リアリズムに関する論議は大勢として中断され、それが論争の形を取って再登場したのは、昭和十年のことだった。

心座のこと

プロレタリア演劇との関連で、村山知義が関係したもう一つの劇団、心座のことをここで書いておく。これは村山らと江戸歌舞伎の名家、河原崎家の血を引く二代目河原崎長十郎との提携で発足した劇団で、そのそもそもを村山はこう書いている。

「心座」は一九二五年に、私と池谷信三郎とが、歌舞伎俳優の河原崎長十郎や市川団次郎(現在の市川寿美蔵)と相談して創立した劇団だが、その事を書こうとして、ハタと書き落としていたことを思い出した。

池谷信三郎は一高で、私より一年下の文芸部委員だったが、私と入れ違いにベルリンに遊んだ。そして大正十三年に帰って来たが、その時丁度時事新報社が連載小説を懸賞募集した。菊池寛、久米正雄、里見弴が選者だった。そして彼の『望郷』が一等に入選して、新聞に連載された。私はそのころのベルリンをよく知っているし、彼から、その挿絵を描くことをたのまれた。私は勇躍して、その仕事をした。（中略）

池谷から、先代左団次（注＝二代目市川左団次）の弟子で、河原崎家の御曹司である河原崎長十郎――河原崎と市川団十郎とは縁が深く、将来、団十郎を継ぐ可能性もあった人――が是非私に会いたいという話で（注＝長十郎は大正十三年十二月の築地小劇場公演『朝から夜中まで』を見て、村山の担当した装置に衝撃を受けていた）、一九二五年になったばかりのころ、新橋の吉田屋という蕎麦屋の二階で待っていると、やがて下から上って来た足音が廊下の外でピタリととまると、「ごめん蒙ります」という声がして、障子が開いた。すると廊下にかっぷくのいい青年が羽織袴でキチンと正座し、両手を突いて、お辞儀している。私はその礼儀正しさに吃驚仰天して、あわてて坐り直し、ヘドモドしたことを思い出す。

長十郎は歌舞伎界は実に封建的で、自分たちのやりたいような新しい芝居は到底やらせてくれない。歌舞伎の若い者たちの中には同じような不満を持っている者が幾人もいる。私の師匠の左団次師も、既に明治四十二年に小山内薫と組んで自由劇場の運動を起こしている。（二代目市川）猿之助、（十三代目守田）勘弥、（市川）左升、というような人たちも、それぞれ若い頃は、吾声会、黒猫座、文芸座というような劇団をつくって新しい芝居をやっている。げんに猿之助は一昨年から春秋座をつくって活躍している。私も同志の市川団次郎君と語らい、池谷さんや貴方のような新しい芸術家と組んで新しい芝居をやりたい、費用は一切私が引き受ける。左団次師の了解も得た――という話である。

私は棚から牡丹餅のような話なので、即座に引き受けた。（中略）

毎日のように、長十郎、団次郎、池谷、私と四人で会って、相談し合った。「心座《こころ》」という名前は池谷の案だった。長十郎自身には金があるとは思えなかったが、名門の御曹司だけに、いろいろの大きな御贔負《(ママ)》を持っていた。ことに新橋の「大黒屋」という大きな料亭の当主のおかみさんは大の長十郎贔負《(ママ)》で、後援してくれていた。私は長十郎のお蔭で、初めて新橋や赤坂の料亭というものにあがり、またたまには待合遊びというものを味あわせて貰った。（村山知義『演劇的自叙伝』第二巻）

河原崎長十郎は昭和七（一九三二）年の一月から二代目市川左団次の一座に籍を置いていた。左団次は歌舞伎界の革新児で、その周辺には小山内薫をはじめ岡本綺堂、岡鬼太郎、松居松葉（のち松翁）、池田大伍、永井荷風、土方与志らがいた。関東大震災の時、当時ベルリンにいた土方にいち早く東京の様子を伝える手紙を送り、土方に帰国の決意を固めさせたのが河原崎長十郎で、このことから長十郎は築地小劇場の『夜の宿（『どん底』）』（ゴーリキー作、小山内薫訳・演出、大正十三年十月）で錠前屋のクレーシチを演じたりしていた。

村山は初対面の長十郎の礼儀正しさに驚嘆したと書いているが、長十郎もまた村山を見て驚いた。黒々としたオカッパ頭に女性の帽子をかぶり、白いルパシカにズック靴を履いていて、長十郎の目には西洋の御伽噺に出て来る魔法使いの少年のように映った。その上話しはじめるとその博学多才さに圧倒された。

とんとん拍子に話が進み、心座が第一回公演を持ったのは大正十四（一九二五）年九月の築地小劇場でだった。三日間の公演で出し物は『洞《ほこら》』（立川春重作、内山鋳之吉演出。注＝江口渙作『祠』としている資料もある）、『ユアナ』（ゲオルク・カイザー作、村山知義訳・演出）、『三月三十一日』（池谷信三郎作・演出）に、村山の舞踊があった。舞踊は村山のドイツ土産。当時ダダイストの村山らしく『ユアナ』は村瀬幸子のタイトルロールが洋装、ユアナに恋する二人の男はチョン髷の旗本で、「日本」と「西洋」が融合して一つの色調を形成する……という作りだった。公演資金には池谷の懸賞金を当て、創立同人は河原崎長十郎、市川団次郎、池谷信三郎、村山知義、伊藤専一、民谷宏、内山鋳之吉、この年の春に築地小劇場で初舞台を踏んだ村瀬幸子。

旗揚げとほとんど同時に創設されたばかりの東大文芸部の機関誌『朱門』が伊藤専一の編集発行人で創刊され、これには池谷の戯曲や舟橋聖一、久板栄二郎、阿部知二らの小説や、伊藤や北川冬彦の詩が載った。つまり、心座は長十郎一派と『朱門』一派の「合作」で――そうさせたのが小山内薫だという説がある――それに村山が一枚嚙んだ。

第二回公演は大正十五年の一月二十八、二十九日に邦楽座で持たれて『落伍者の群』（ルノルマン作、岸田國士訳、池谷信三郎演出）と『孤児《みなしご》の処置』（村山知義作・演出）が出て、この時から舟橋聖一と、舟橋の勧誘で今日出海が参加、後年『侍ニッポン』の作者として知られる群司次郎正《じろうまさ》が新劇俳優を目指して加わった。村山の初戯曲『孤児の処置』は、わが国ではじめてと言われる劇場舞台奥のレンガと漆喰の壁を剝き出しにした裸舞台での上演だった。

村山はこの公演を見た林房雄や佐々木孝丸と付き合うようになり、彼らの影響を受けて社会主義関係の文献に目を通すようになった。が、池谷は終演後、心座と関係を断った。

第三回公演は五月二十七、二十八日の両日、新橋演舞場で『ユーディット』（カイザー作、久保栄訳、村山知義演出・装置）を上演した。劇評の一部。

幕が上つた。私はまづ、その舞台に喝采した。

それは、メクエルホリド《ママ》に倣つた廻旋式の階段である。それはふしぎに効果をもつて、立体的に、空間を占めて立つてゐる。

演劇の立体的な構成、空間への飛躍、愉快な運動的精神の発作……私はこの新鮮な空気を呼吸するために、用意して、大きく胸を張らなければならない。

がこの私の胸は、やがて忽ちに、却つて狭く屈まれねばならなかつた。

私は明らかに失望した。私の見たものは、寧ろ私の眺めやうと期待したものには、全く反対な所に立つものだつたといつていゝ。（中略）舞台では、河原崎長十郎を始めとした口に大きなメガフォンを宛て、埒《らち》も無い大声に、見物に向つて「お前は馬鹿だよう」と怒鳴つたのである。見物は、その凄まじい一斉の射撃を受けながら、えへうと快げに笑つて肩を揺つた。それに向つて再び、俳優は、更にいゝ気に「お前は馬鹿だよ?!」と怒鳴りつけた。（高田保「心座・村山知義」『演芸画報』大正十五年七月号）

この時は『痼疾者』（舟橋聖一作・演出）と『光秀の恋』（今東光作・演出）が併演された。今東光は今日出海の兄で、長十郎扮する光秀の相手役を、帝劇女優出身の今東光夫人、今ふみ子が演じた。ユーディットを演じた村瀬幸子はこれを限りに心座を去った。

九月末の三日間、築地小劇場での第四回公演は、当初『二階の男』（シンクレア作、佐野碩訳、堤正弘演出）と『振られ男の仇討』（トラー作）を予定した。劇団側では前者が検閲に引っ掛かるかも知れないと予想したが、これに反して『二階の男』はノーカットで上演許可が下りたのに対して、後者が上演禁止だった。結局この時の出し物は『二階の男』のほかに『ストライキ中』（前田河広一郎作、村山知義演出）、『白い腕』（舟橋聖一作、村山演出）、『兄を罰せよ』（村山作・演出）の四本になった。『兄を罰せよ』は雑誌『改造』の依頼作品で、あこがれの雑誌からの依頼に村山は欣喜雀躍した。

第五回公演は昭和二年の五月二十九、三十日に東京朝日新聞社の講堂と帝国ホテル演芸場で一日ずつ持たれ、『時は夢なり』（ルノルマン作、岸田國士訳、古沢安二郎・今日出海・堤正弘・舟橋聖一演出）と『スカートをはいたネロ』（村山知義作・演出）が上演されたが、この時から心座は二部制を取ると公表した。舟橋や今らと村山の間とに、思想的な隔たりが大きくなったためである。

村山は前年に創設された前衛劇場に、同人の一人として加わっていた。「新しい世界観」に基づく演劇運動へ村山は一歩踏み出したわけで、その結果の二部制である。このために文芸部と演出部は社会主義的演劇を演じる第一部か、これを拒む第二部かのどちらかを選択して所属し、その他の技術部と俳優は両者に適宜共通となった。第一部に村山知義と上森健一郎が、第二部に舟橋聖一、古沢安二郎、今日出海、堤正弘が、演技部に河原崎長十郎、市川団次郎、市川蝠丸、群司次郎正、井上徳二、伊藤智子、伊東裕子、山田なみ子らが属し、主事に内山鋳之吉という陣容だった。が、二部制はやはり無理で、終演後に二派が衝突、話し合いで村山が劇団を抜けた。

第六回公演は八月末の二日間新橋演舞場で持たれ、『硝子管の家』(舟橋聖一作・演出)、『飢渇』(オニール作、小林宗吉訳、今日出海演出)などが上演され、これには十五代目市村羽左衛門の娘、藤間春枝(のちの吾妻徳穂)が出演した。春枝も帝劇女優組で歌舞伎座の『沼津』出演中(同年六月)に長十郎が新劇へ出ないかと打診して、承知の返事をもらっていた。ところがこの参加をめぐって一騒動起きた。

稽古中に花柳界と芸の世界しか知らない春枝に同情した今がその余り結婚の約束をし、羽左衛門も大喜びだった。ところが両家の母親が二人の結婚に猛反対で話がスムーズに進まなくなったころ、ある新聞が二人の噂をスクープした。このことから今の母親が不名誉だと怒り、今を家から追い出した。

昭和三年の一月に、藤間春枝は新派の花柳章太郎を軸とする松竹新劇団に加わって浅草松竹座に出演した。この時はいわゆる新旧合同で歌舞伎から坂東一鶴(のちの四代目中村富十郎)が加入していた。その公演中のある日、春枝は一鶴と手に手を取って姿をくらましたのである。今日出海はそのことを間借り先に駆けこんで来た春枝の婆やから知らされた。

「一鶴と?」

「えゝ、始終部屋へ来てたでせう。あたしァあなたといふ人があるんだから、一鶴を傍へあんまり寄せつけちやいけないと言つてたんですがね……魔がさしたのね……昔の悪い病気が出たんですよ……」

(中略)翌々日向嶋の水神の待合で一鶴と春枝はつかまつた。私はのこのこと山下町(注=春枝の家)へ出向いて行つた。二階で乱れた髪を撫でつけもせず、白粉も剝がれた春枝は不貞腐れて、足を横に投げ出したまゝ、

「あたしァ斯ういふ女よ、驚いたでせう。やつぱりあなたの奥さんなんかになれない女よ」

私は一個不潔な女塊と化した春枝を不憫に思つた。涙が止め度なく流れた。
「一鶴と結婚するんだ。いゝか、今度のことを浮気に終らしちやいけないよ……」
私は斯う言ひ、自分の甘つちよろさを手痛くせめつけながらも、潔癖みたいなものが顔を外向けさした。（今日出海『青春悔あり』『小説新潮』昭和二十七年八月号）

藤間春枝と坂東一鶴の間に生まれたのが、五代目中村富十郎である。

閑話休題。この事件のためか、今日出海は以後心座に関わらなかった。今は戦後初代の文化庁長官になった。

第七回公演は昭和三年四月末の三日間、築地小劇場で行われた。この時から青柳信雄（のち映画監督）や富田常雄（後年『姿三四郎』を発表した大衆作家）や市川笑猿らが参加して、『妖怪変化と憑大異』（北村小松作、鈴木彦次郎演出）、『子供達の悲劇』（シェエンヘル作、佐藤新一訳、舟橋聖一演出）、『欧羅巴の滅亡』（イリア・エレンブルグ作、富田常雄脚色、鈴木・舟橋・富田演出）を出した。『欧羅巴の滅亡』は『トラストD・E』のことで、富田の提案で採用したもの、河原崎長十郎のエンス・ボードだった。

第八回公演は六月末の二日間、帝国ホテル演芸場で長十郎、市川団次郎、市川笑猿、坂東調右衛門、伊藤智子、伊東裕子らの出演で『孔雀』（オーケーシー作、三浦道夫訳、舟橋聖一演出）を上演した。この公演には「長十郎、団次郎渡露送別演出」と銘打たれていたように、前年の十一月にソビエトを訪問した小山内薫の橋渡しで、市川左団次一座が公式には歴史上初の歌舞伎の海外公演をソビエトで行うことになり、一行の中に長十郎と団次郎が加わっていたのである。一行が敦賀から船でウラジオストックへ向けて出港したのが七月十四日、モスクワ、レニングラード（サンクト・ペテルブルグ）で公演した後は自由行動になって、長十郎はベルリン、パリ、ロンドンで遊び――ベルリンでは千田是也が長十郎の案内役を勤めた――再び独仏を経てモスクワに戻り、十月中ここにいて各劇場を訪ね歩いた。その間にモスクワ芸術座の創立三十周年の記念日が来て、長十郎は招かれて記念会に参加した。帰国したのは十一月で、モスクワの滞在中に長十郎はすっかりソビエトの「ファン」になっていた。そのことはやがて、前進座を創立する長十郎の生涯に深い影響を与えた。

第九回公演は十一月末の二日間、築地小劇場で開催された。帰国直後で長十郎は出演せず、『第一の声』（青柳信雄作・演出）や『U9号』（富田常雄作・演出）などの番組だった。

第十回公演として昭和四年四月末の二日間本郷座で上演されたのが『トラストD・E』（エレンブルグ作、昇曙夢訳、村山知義アレンジ・演出）で、これは長十郎がソビエトで見て刺激されたことからの上演だった。村山の心座復帰第一作でもあったが、村山はすでに左翼劇場の中心メンバーになっていて、この関係から佐々木孝丸、仲島淇三、藤田満雄、佐藤吉之助、小野宮吉らの左翼劇場員が応援出演し、音楽は法政大学ジャズバンドが担当した。が、こういう長十郎と距離を生じて、終演後に舟橋聖一が退団した。

次いで長十郎はこれもソビエトで観劇した『装甲車 No. 1469』を手掛けるつもりだったものの、前述のように初日直前に禁止され、『全線』（村山知義作）につき替えた。十月末の本郷座での第十一回公演で、同月結成された新興劇団協議会にも心座は加わっていて、プロレタリア演劇の一翼を担うようにもなっていた。が、これが心座の最後でもあった。

心座は市川八百蔵（のちの八代目市川中車《ちゅうしゃ》）らによって創立され、昭和五年一月に旗揚げした大衆座の中に発展的に解消され、さらに一年後に大衆座は前進座の中に発展的に解消される。つまり、心座は結果的に前進座を誕生させることになったのである。

# 第十五章　新築地劇団

## 『蟹工船』事件

新築地劇団が創立宣言書を発表したのは昭和四（一九二九）年四月五日で、久保栄が筆を執ったその中に、「翻って演劇運動の大勢を見るに、今や蔽うべからざる新興の機運の存するにもかかわらず、なお世を挙げて滔々と反動化におもむきつつあります。あるいは名を国粋保存に籍《か》りてぜんぜん時代と逆行する古典演劇を謳歌し、あるいは口に新劇を唱えながら時代錯誤的な芸術至上主義に沈湎し、あるいは映画レヴュウ等の頽廃的アメリカニズムの傾向を無批判に取り入れて、今や演劇は時代的進展より落伍せんとする危機に瀕しております。この時にあたってわれわれは、現行社会制度のもとに許さるるかぎり、演劇と時代精神との最大限度の連絡結合をはかり、劇場を反動化の手段たらしめず、限られたる知識階級の専有物たらしめず、一般新興大衆の最も快活にして有意義なる集会場たらしめるべく、最善の努力を払わなければなりません。これこそわれわれの意志であり、目的であります」（『新築地劇団』創立宣言書」『久保栄全集』第五巻収載）との一節があった。ここに築地小劇場とも、また、前年四月に旗揚げした左翼劇場とも異なるこの劇団の基本的な姿勢があった。

宣言書には次のような連名がある。

演技部＝伊藤晃一、細川ちか子、高橋豊子、山本安英、丸山定夫、薄田研二
美術部＝吉田謙吉
文芸部＝久保栄、熊沢復六
演出部＝土方与志
経営部＝神尾耕三

土方と薄田が三十歳、丸山と久保が二十八歳、山本が二十六歳、細川が二十三歳という若さで、新劇の職業化、つまりは新劇に携わって生活できることを目指しての出発だった。

旗揚げ公演に先立って新宿の武蔵野館からの映画のアトラクションに小人数の芝居を上演してほしいとの申し入れを受けて、準備公演として横田儔《とう》、及川武夫、島田敬一、三島雅夫らの助演を得て四月十七日から二十三日まで映画の間に『心の劇場』（ニコライ・エウレイノフ作、高倉輝訳、吉田謙吉演出・装置）を上演し、その収益を第一回公演に当てた。

『心の劇場』の直前に、八田元夫が関係していた劇団第一劇場が映画のアトラクションとして武蔵野館に出演していた。この劇団にも触れておく。

第一劇場のそもそもは、アナキストからマルキストに転じた雑誌『種蒔く人』の同人だった評論家の村松正俊が日本労農党の党員になり、その外郭団体である全国芸術同盟の演劇部として組織したものだった。東京帝大の美学の先輩であり、村松と同じ方向に踏み出そうとしていた八田が左翼劇場と連絡を取りつつ、日本労農党への下からの働きかけを意図して全国芸術同盟に加入して、演劇部に籍を置いた。その中心メンバーとして元新劇協会の松原英次、三島雅夫、尾崎元喜らを迎え、築地小劇場から細川ちか子（当時知歌子）、舞台監督に山川幸世、装置に吉田謙吉を据え、築地小劇場で第一回公演に『ファウストと都市』（ルナチャルスキー作、山内房吉訳、八田元夫演出）を上演したのが昭和三年の六月二十八、二十九の両日だった。

ところが日本労農党は公演をほとんどサポートせず、製作費はシュペングラーの『西洋の没落』の翻訳で相当収入のあった村松正俊に負っていた。が、終演の翌日、村松は民政党の代議士だった父親の洋行に随行員として日本を発ったので劇団員は置いてきぼりになったのみならず、衣装代その他の支払いに奔走しなければならなかった。当然本公演の見通しは立たなかった。

そこで日労左派への働きかけを目的に、江東地区の日労系の労働組合などへ『荷車』（佐々木孝丸作、山川幸世演出）その他をレパートリーとする移動演劇を行ったが、この公演費用も出さなかったことから日本労農党と手を切り、独立した左翼劇団として再出発することになった。そして第二回公演として出したのが武蔵野館の企画嘱託をしていた森岩雄（のち東宝の重役）のプロデュースによるバーレスク『メトロポリス』（八田元夫脚色・演出）で、これは当時評判だった同名のドイツのウーファ映画を下敷きにしていた。機械に縛られていた人造人間が反乱を起こして資本家を倒す、労働者たちの赤色行進曲で幕……というわが国初の赤色レビューで、松原英次やフリーの花柳はるみや生方賢一郎、左翼劇場の伊達信や仲島淇三、舞踊家の藤田繁や堺千代子らが出演した。第一劇場はこの二回の公演で終わったが、『メトロポリス』の千秋楽に姿を見せた土方与志が八田に「後塵を拝しますよ」と声を掛けた。『心の劇場』もおそらく森岩雄のプロデュースだったろう。八田元夫もやがて新築地劇団に加入する。

正式な旗揚げ公演は五月三日から十三日までの、築地小劇場での『飛ぶ唄』（金子洋文作、土方与志演出）と『生ける人形』（片岡鉄兵原作、高田保脚色、土方演出）だった。前者の作者金子は村山知義や佐野碩から『文芸戦線』派として非難・攻撃されていたから、その起用を見ても左翼劇場と一線を画していたのが分かる。『生ける人形』は前年東京朝日新聞に連載された小説の劇化で、巧みに世をわたっていた男（丸山定夫）が資本家側に利用されるだけ利用された揚げ句に捨てられる話で、幕切れにメーデー歌の合唱が「生ける男」を包んだ。六人の同人俳優のほかに横田儔、及川武夫、島田敬一、三島雅夫、三島稠《しげる》（雅夫の父）、沢村貞子らが助演し、当時としては画期的な一回平均四百人余の観客を集め、好評で一日日延べした。学生芝居の指導を高橋豊子（当時）から受けた関係でエキストラとして出演した浮田左武郎は、千秋楽の超満員の観客の鳴り止まないカーテンコールに感激し、そのまま俳優として新築地に居着いた。

第二回公演として五月に同じ出し物で大阪と京都を巡演したが、大阪では三日間に三千人の観客を集め、京都も二日の予定を一日延ばした。このことと、帝劇専務の山本久三郎が土方と友人だった関係で、本興行を終えた月末の数日間、新築地劇団が帝劇で公演することにつながった。

第三回公演は五月二十八日から三十日まで帝劇で持ち、すべて土方の演出で『何が彼女をそうさせたか』（藤森成吉作）と『ラスプウチンの死』（前田河広一郎作）、そして『生ける人形』を再演した。『何が彼女をそうさせたか』は二年前に築地小劇場で初演され、この時は『彼女』と改題させられた上に検閲で相当カットされたが、今回は改題もなくカットも初演より少なかった。旗揚げ公演が一円五十銭と九十九銭の入場料だったのに対して、帝劇では二円五十銭、一円五十銭、九十九銭と三ランクになった。

第四回公演は六月二十六日から三十日まで帝劇で持ち、『母《おふくろ》』（ゴーリキー原作、高田保脚色、土方演出）が上演された。前記のごとくこの直後に劇団築地小劇場も八住利雄の脚色で上演したから、競演だった。新築地は山本安英の母に丸山定夫の息子というコンビ。劇評の一部を引く。

現在国際的規模にまで拡大した階級闘争に於て、小ブルジョア、インテリゲンチャは階級的に崩壊没落の過程に突入し次第に其の立脚地を失ひつゝある。彼等は何処に行くべきか？　即ち一部は無闘争無気力人種と化して階級闘争より逃避し、進歩的一部は今や急角度を描いてプロレタリアの陣営に移行しつゝある。『母』はかゝる社会状勢に適応せしめたと云ふべく、根本に於て其は決してプロレタリアートを対象としたものでなかつた。没落過程をたどりつゝある彼等小ブル・インテリゲンチャは自己の詠嘆的感傷を『母』の中に見出し、その中に自己の映像を見出した。此の限りに於て新築地劇団は成功したと云ひ得るだろう。併乍《しかしなが》らプロレタリア演劇の本願は彼等が対象でない事明白である。新築地が分裂に際して発表した宣言――大衆との緊密なる握手――は如何に実践的に解決されるか？　同劇団の大衆とは何を意味するか？　重大なる問題を内包してゐると云ふ可きである。（中略）

『母』が二十場といふ多数の場合《ママ》を割合に観客に倦かせることなく上演したのは――廻舞台を持つた帝劇を利用したとしても――成功であつた。又活動写真の並用――一方ならぬ苦心を聞いてゐる――は舞台を一層効果あらしめてい《ママ》るし、特別出演としての藤田繁、堺千代子両氏のロシア民衆としての舞踊等も築地としてのみ行へる所である。

演技として一番光つてゐるのは山本安英の『母』ペラゴヤ・ニロヴナである。（灰島五郎「『全線』『母』に就て」『世紀文学』昭和四年八月号『山本安英舞台写真集・資料篇』収載の菅井幸雄「文献による日本新劇史」より重引）

劇評のタイトル中の『全線』について一言。

これは左翼劇場が新築地劇団の『母』と平行的に築地小劇場で上演しようとしていた『暴力団記』（村山知義作）を指しているが、タイトルが刺激的過ぎると改題を強いられ、『全線』と改めて上演したもの。この成功から左翼劇場が新興劇壇に決定的な位置を占め、村山をはじめその関係者の劇界における影響力が大きくなった。新築地劇団もその波を受ける。なお、『母』上演時に隆松秋彦とともに阿部正雄が演出助手を務めた。阿部はのちの小説家久生十蘭《ひさおじゅうらん》。

『何が彼女をそうさせたか』と『牝鶏《めんどり》』（金子洋文作、土方与志演出）による大阪、京都、名古屋、松本などを回った長期の巡演後、七月二十六日から三十一日まで、第七回公演として帝劇に『作者と作者』（高田保作、土方演出）と『北緯五十度以北』（北村小松・高田保作、土方演出）を掛けた。後者は小林多喜二の小説『蟹工船』の舞台版だが、この時に「『蟹工船』事件」が起きた。

或日『宣伝』（注＝『作者と作者』の原題名）が終り、『北緯五十度以北』を始めるばかりの時になって大問題がもち上がりました。

プロット（日本プロレタリア劇場同盟）の代表として佐々木孝丸、小野宮吉、杉本良吉、佐野碩、村山知義の五人の人たちが控室に現れ、

「小林多喜二からの脚色・上演許可には、左翼劇場ならびにプロットのアドヴァイスをうける事を条件としているにもかかわらず、何の連絡もない。こんな事では幕を明《ママ》けさせるわけにはいかない」

と、強硬に主張して幕を明けさせないのです。

観客は、次の出し物がなかなか始まらないのでざわつき始め、一時間近くも待たされるとどなる声や開幕をうながす拍手口笛などが入り乱れて騒然としてきました。

（土方）与志は、元来が、神経質なうえに、その頃は、新築地の結成につづく毎月の上演で肺結核が悪化し、非常に疲れておりました。この日も、無理を押して、劇場に来ておりました。経営部の神尾耕三さんが応対に出、つづいて久保栄、隆松秋彦の二人も加わりましたが、押問答がつづいて時間がたつばかりです。一、二階席の人たちの中には、あきらめたり、怒ったりして帰る人も出てきました。三階からは怒りの声が投げつけられ、ものすごい騒ぎになりました。与志は、眉間にしわを寄せ、せかせか、せかせか、歩き廻っております。彼は、声高にやりこめるということができません。応対している三人に、どんな条件を呑んでも幕をあけるようにと伝え、結局、プロット員をオルガナイザーとして新築地劇団に受け入れるという条件でやっと幕をあけることが出来ました。（『土方梅子自伝』）


村山知義の『演劇的自叙伝』第三巻によれば、村山も帝劇へ行ったものの交渉の場には立ち会わず、楽屋の小道具部屋のようなところに座って様子をながめ、解決してから客席に回って観劇したという。この自叙伝執筆当時の昭和四十七年、ある会合で会った佐々木孝丸に小林多喜二の手紙とその内容を確かめると、脚色・上演に条件がついていたのは間違いないという。それにしても強引なやり方としか言えないが、結果的には功を奏して、八月になると新築地劇団は左翼劇場員でありプロット中央委員でもあった佐々木孝丸と峯桐太郎を、文芸部嘱託として受け入れた。

この時に客席に回って観劇した村山の劇評は以下の通り。

これは最近の我々の陣営における最大の収穫の一つである所の小林多喜二の小説『蟹工船』の増補脚色であると宣伝

されたが両者にはほとんど何等の共通点も見出せない程の雲泥の相違がある。この脚本にあるものは、興業師的な場割りとほとんど労働者に対する侮べつとさへ思はれる安っぽい上っ面な描写とである。この劇団は演出と演技がすぐれてゐると小ブルジョア層の批評家や観客に認められてゐた。だが左翼的演劇を上演し始めるや否やこの劇団がプロレタリア演劇を演出し演技するためには、まだ〳〵山程努力しなければならない未熟な劇団であることを示さざるを得なかった。ゴリキーの『母』においてもこの欠点は暴露されてゐたが今度の『北緯五十度以北』では、脚本の悪さと相まってこの欠点は完膚なく暴露された。演出はレビュウ式、場当り的であり、演技は僅に二三の俳優を除いては水平線以下である。すべてこれらの欠点はこの劇団に根深く巣食ってゐる小ブル根性から、まるで犬が子を生むやうにたやすく生まれて来たものである。プロレタリア職業劇団とは「何より先に経済」を考へる劇団ではない。「劇場愛国主義」に引きずりまはされる劇団ではない。何より先にプロレタリアートのために！（村山知義「新築地を見る」「東京朝日新聞」七月二十九日号『山本安英舞台写真集・資料篇』より）

なお、久保栄が土方与志と芸術上の意見が合わず、かつ、『蟹工船』の脚色・上演にまつわる紛議の責任を負って、この後新築地劇団を退団した。

帝劇での四回目の公演は九月二十六日から三十日までで、『偽造株券』（藤森成吉作、隆松秋彦演出）、『首を切るのは誰だ？』（三好十郎作、吉田謙吉演出）、『密偵』（マルセル・トルウ作、落合三郎訳編、香川晋・土方与志演出）が上演された。『首を切るのは誰だ？』は前年発表された三好十郎の初戯曲で、三好はプロレタリア詩人として文学的なスタートを切っていた。また、落合三郎も香川晋も佐々木孝丸のペンネームで、旗揚げ以来演出を一手に引き受けていた土方が『密偵』だけ佐々木との共同で演出したのは、過労のために胸の病が進み、療養することになったためだった。

この公演は『北緯五十度以北』の失敗を取り戻したと好評で、十月は『偽造株券』と『密偵』を持って京都と大阪を巡演し、十一月の中旬には『疵だらけのお秋』（三好十郎作、隆松秋彦演出）と『都会双曲線』（林房雄原作、落合三郎脚色、香川晋演出）を京都と大阪で上演した。前者は初期の三好の代表作で、後者は東京朝日新聞の連載小説、佐々木は高円寺の林の自宅に泊まり込んで、林と相談しながら脚色した。この間の十月、左翼劇場の提唱で新興劇団協議会が結成され、新築地劇団も劇団築地小劇場、心座、左翼劇場とともにそのメンバーになったのは前述した。同月二十四日、ニューヨークの株式市場が大暴落し（暗黒の木曜日）、世界恐慌がはじまった。そして十一月の二十七日から三十日まで、帝劇で『西部戦線異状なし』（レマルク原作、秦豊吉訳、高田保脚色・演出）の幕を開けた。本郷座での劇団築地小劇場との競演で、新築地の上演台本は検閲で約一万六百字がカットされた。

心座と左翼劇場が賛助出演した公演は、劇団築地小劇場の村山知義脚色が原作の途中の砲弾のところまでだったのに対して、物語を最後まで追っていたのが特色だった。俳優では島田敬一や細川ちか子が褒められたが、圧倒的な大入りをつづけたこの公演が、新築地劇団の帝劇公演の最後になった。十二月五日に帝劇が松竹の手に落ちて経営方針が変わったのが原因で、そこで新築地は同月十二日から十六日まで『首を切るのは誰だ?』（三好十郎作）を添えて『西部戦線異状なし』を新橋演舞場で再演し、さらにこの二本に『大臣候補』（長谷川如是閑作、隆松秋彦演出）を加えて同月二十一日から二十五日まで浅草の昭和座で上演した。はじめての浅草公演だった。

旗揚げの年を順調に終えた翌昭和五年の第一弾は一月二十二日から二月二日までの築地小劇場での『疵だらけのお秋』（三好十郎作、隆松秋彦演出）と『都会双曲線』（林房雄原作、落合三郎脚色、香川晋演出）の再演で、前者の高橋とよのお秋が絶賛された。同時にこの公演は前年七月から閉鎖されていた築地小劇場の再開時でもあった。東京朝日新聞は再開場の動きをこう伝えた。

築地小劇場がいよ〳〵復活する！

同劇場が僅に七百五十円の地代滞納のため昨年七月遂に城を明け渡し裁判ざたになつて地主籾山（半三郎）氏と抗争中のところ昨年十月和解話が進んだ事は既報の通りであるが、その後土方与志氏等が中心となつて篤志の出資者を求めて敷地を買収し経済組織を改めて再興しようと日夜努力中であつたが、今回土方氏の父の親友で、氏を我子のやうに愛してゐる京橋区木挽町六―一〇平民病院長加藤時次郎氏が一はだ脱がうといふ事になり地主側と話が円満に進み今では代金の支払期限と方法だけが残されてゐるだけでそれもこゝ一両日中には解決の見込十分となりいよ〳〵確実に小劇場が復活することになつたのである。

尚同劇場は今度は株式組織として前記加藤氏が主なる出資者となる他一般からも株を公募し従来の団体とは全然関係なく独立したものにして劇場を広く各劇団にも賃貸して経済的立場を（二字不明）てゆくことになり、このため各新劇団も一つの劇場を得る事になつた。（昭和五年一月七日号）

同紙は一月十五日号で「築地小劇場復活の喜び　きのう上海亭でめでたく正式発表」と報じた。

新築地につづいて再開場した築地小劇場に登場したのが左翼劇場の『太陽のない街』（徳永直原作、藤田満雄脚色、村山知義演出）で、新築地も応援出演したこの舞台は大ヒットした。（前述）

二月十五日から二十四日まで、本郷座で『蜂起』（藤森成吉作、土方与志演出）を上演した。病気で休んでいた土方の久しぶりの演出で、土方はこの年正月、円本ブームの印税で渡欧してベルリンに滞在、昭和七年五月の帰国までソビエトに潜入してハリコフの世界文学者大会に出席した藤森から、歌舞伎や新派の農民劇の形式を破り、新しい農民劇、新しいプロレタリア大衆劇にしてほしいとの注文を受けていた。土方は延べ登場人物が五百人を超える大群衆劇の準備を着々と進めていたが、同月十二日に警視庁から下付された台本は、四幕十七場、百七十五ページのそれから八十余ページのカット、第三幕の五、六、七場、第四幕の三、四、六場が全面カットであるのに加え、直接行動を意味するせりふや仕種も削除されていて、意味も通らなくなっていた。そのため上演を危ぶむ声のある中、土方は上演を決行した。ただし、カットのために一晩の出し物としては短くなり、ゴーリキーの『母』を添えた。第十回公演で、舞台を見た浅野時一郎はこう書いている。

演出の土方与志は原作にない歌を入れている。糸山貞家（峯桐太郎）作詞、山田耕筰作曲のその歌が、河原の対陣の場へ、重々しく舞台裏から聞えて来た時、その効果抜群、演出者の大手柄だった。（中略）

ところで、芝居はここから後がズタズタにされていた。脚本では暴徒化した農民が市野（注＝役人の名前）に迫って、十万日検地延期の書付を書かせる。そのあと、市野は山の洞穴へ逃げるが、土地に明るい農民に探し出されて、右の書付に捺印させせられる事になっているが、この件は全部カット。（中略）

結局序幕から数えて十一場目となったのが江州石部宿、名主江戸送りの場で、この場がこの芝居の大詰にもなった。作者が苦心して書いた数々の狙いが皆無駄にされてしまった末に、恐らく検閲官はこの〝泣き別れ〟ぐらいはと思ったのだろうが、この場が思いがけない効果を揚げる事になったのである。

幕が開くと宿外れの街道の場、名主達への最後の別れを惜しむべく、農民が三々五々集まって来る。そこへ上手から一人一人の罪状と名前を書いた木札を立てて、十一の軍鶏駕籠《とうまるかご》が出て来る。農民の嘆願で役人も暫く行列を留めて対面を許す事にする。親子、夫婦、兄弟、縁者の歎きの声が低く、力強く舞台に溢れる。この辺から客席が湧き始めた。

名主の中にひどく身体の弱っていた人がいて、感動に耐え切れず、急に絶命する。周章てた役人は先発を急がせ、駕籠の列は客席の怒号と悲鳴の中を花道にさしかかる。引摺られるように見送りの農民も花道へ移動を始める。悲鳴も聞える。場内は喧噪の極になった。（中略）

駕籠の中の死を覚悟した名主達の顔、送る農民の涙顔、俳優と観客の心はピッタリ一ツになって列のあとから引摺られるようについてゆく農民を、客の喚声が追っていった。この幕切れの盛り上りは、演出者にも検閲官にも、思いがけない『誤算』だったのではなかろうか。演っている役者にも意外だったろう、と私は後で思った。

農民役の佐々木孝丸、薄田研二、島田敬一はうまいし、汚吏の役の丸山定夫も時々当てる役柄でうまい筈だが、カットで仕所がまるでなくなっていた。鶴丸睦彦の狂った老農が風貌持味を生かして異彩を発揮していた。（浅野時一郎『続　私の築地小劇場』）

次公演にイワノフの『装甲列車』を予定したところ無条件の上演禁止を伝えられ、そこでかつて築地小劇場が手掛けたマルチネの『夜』と村山知義の『スパイと踊り子』に替えたもののこれらも上演不能なほどのカットを受け、もう一度久保栄の初戯曲『新説国姓爺合戦』（藤田満雄補、土方与志演出）と村山知義の『上には上』（隆松秋彦演出）につき替え、三月二十一日から三十日まで築地小劇場で上演した。『新説国姓爺合戦』は近松門左衛門の『国性爺合戦』のアンチテーゼで、国姓爺こと鄭鴻達（伊藤晃一）が台湾へ兵隊募集に来る第四幕以下に眼目があると作者は述べたが、「極めて断片的に、所々に新説の意図は輝きはするが、全体からの効果はかなり乱れてゐる」（東京朝日新聞昭和五年三月二十八日号）と評判は今一つだった。これに対して劇作家としての佐々木孝丸、すなわち落合三郎は、のちに持たなかった一種の「名声」にこのころは包まれていた。築地小劇場で四月三日から十三日まで持った『慶安太平記後日譚』（落合三郎作、土方・隆松秋彦演出）はこう評された。

案に違はず、見ごたへのある芝居だ。

何よりの強味はこの芝居の持つ大衆性であらう。作者一人がわかつた顔をして観客を突放してゐるやうなところがない。極めて平易に、わかり易く、色々な興味を投げ込みながら、由井、丸橋の陰謀をきつかけに打倒徳川を叫び、農民の解放の先頭にたつた無名の一団の英雄的行動を描いてゐる。（「東京朝日新聞」昭和五年四月七日号）

この演目での京都、大阪公演の後、五月二日から六日まで左翼劇場と合同でのメーデー記念公演も落合三郎の関係した『密偵』で、五月十五日から二十七日までの築地小劇場での新築地劇団一周年記念公演の一つにも、大衆座（後述）が旗揚げで手掛けた『筑波秘録・自由党決死隊奮戦記』（落合三郎作、土方与志演出）が選ばれた。併演は『報国七生院』（三好十郎作、降松秋彦演出）。この公演から従来の一円五十銭、九十九銭という入場料のほかに、三十銭の労働者券が設けられた。

六月十四日から二十四日まで市村座で上演された第十四回公演『吼えろ支那』（トレチャコフ作、大隈俊雄訳、土方与志・山川幸世・降松秋彦演出）も注目された。前年に劇団築地小劇場が上演していたからで、当然に二者を比較した劇評が出た。築地よりも新築地の方が演出では戦闘的になっているが、芸術的な成果は築地が優るというのが衆目の一致するところだった。この公演が市村座で行われたのは、場所が不便なことからオーナーの松竹が持て余していたことに加え、築地小劇場に財政援助していた加藤時次郎が五月三十日に没し、ふたたび地主との間に紛争が生じて六月以降は劇場が閉鎖されていたからだった。

つづいての新作『ゴー・ストップ』（貴司山治原作、藤田満雄脚色、土方演出）も市村座で八月二十九日から九月七日まで上演されたが、これは日本共産党の指導者三田村四郎をモデルにしていた。その役を薄田研二が演じ、亀戸天神の境内で暴力団と単身渡り合う場面があった。手際よく片付けて花道の七三で一度立ち止まり、だれもいないか回りを見回して足早に引っ込んだところ、プロットの指導員からその演技がプロレタリア的ではないとさんざんに油を搾られた。十一月一日から六日まで市村座に掛かったソビエトの戯曲『反響』（ベロツェルコフスキイ作、土井逸雄改作、土方演出）では、土方は蔵原惟人の提唱した「プロレタリア・リアリズム」を意識し、積極的な活用を意図しはじめた。

従来、しばしば「調べた芸術」がいはれた。プロレタリア・リアリズムがいはれた。もちろんこれは、われわれに腰の据えどころを教へる大きな功績をもつてゐた。だが同時に、従来のわれわれの能力は、この言葉の前に畏縮しがちであつたことも否まれない。堅くなる、伸びない、プロレタリア的に朗らかになりきれないところがある。

この欠陥から一歩出ることこそ、プロレタリア・リアリズムの弁証法的展開であると信じ、今度からそのために力を注いだ。そのため舞台を十分に使ひきることから、一人の俳優及び群衆を自由にダイナミックに動かすことに至るまで、

有効な方法は遠慮なく取り入れることを考へた。（土方与志「『反響』の演出では」『山本安英舞台写真集・資料篇』より）

この舞台にも左翼劇場の応援があったが、新築地劇団と左翼劇場の提携が次第に深くなる一方で、前述のごとくこの年中に劇団築地小劇場は解散した。

プロットへ加盟

昭和六（一九三一）年三月、新築地劇団は日本プロレタリア劇場同盟（略称プロット）に加盟し、次のような声明書を出した。

新築地劇団は日本プロレタリア劇場同盟第三回大会を機として、同同盟へ加盟する事を声明す。（中略）

新築地劇団は今や完全に、日本プロレタリア劇場同盟の一単位となったのである。

国際資本主義第三期に於ける日本帝国主義の一切の策動―産業合理化に依る労働者農民の生活の極度なる窮迫、新しき帝国×××の危機、社会ファシストの養成等々―のもとにあって××的日本プロレタリアートの闘争は尖鋭な逆襲的性質を帯び、遅れたる労働者農民層及婦人労働者をも××的な階級闘争の中へ捲きこもうとしてゐる。

かゝる時にあって、プロレタリア文化＝教育組織の一部を為すべき芸術団体の任務、殊に現在最も有効果敢に宣伝×動の役割をなしつゝあるプロレタリア演劇の任務は、一層重大なものとなって来たのだ。

新築地劇団のプロット加盟はそれ故に、単に新築地劇団の発展といふ事のみに、極言さるべき問題では絶対にあり得ない。既に新築地劇団の発展それ自身が、プロットの拡大強化の一つの現れである。従って今日のプロット加盟は、ますます重大な任務と目的と、それに比例する困難さになってゐるプロットの拡大強化に、直接役立つ事を目的としてゐるのである。

新築地劇団は、この重大なる任務の一部を果すべき決意を以て吾々を迎へてくれた、日本プロレタリア劇場同盟及ナップ（注＝全日本無産者芸術連盟の略称）加盟の各同盟へ固き握手と共に誓ふものである。

日本プロレタリア劇場同盟の拡大強化万歳！

ナップ協議会の旗の下に！（倉林誠一郎『新劇年代記・戦前編』より）

同月には二代目市川猿之助の新劇研究団体である春秋座が一月に上演したばかりの『アジアの嵐』（プドフキンの映画より高田保改修、土方演出）と『泥棒』（島公靖作、隆松秋彦演出）を築地小劇場で上演した。前者は帝国主義的侵略政策の蒙古に対する侵犯の模様を描いたもので、統制力と集団的訓練の成果において春秋座よりいいと評された。六千四百三十三人の入場者中、労働者が三千四百八十六人と一般客より多かった。

四月には左翼劇場と共同でプロレタリア演劇研究所を築地小劇場内に開設した（同名の研究所が昭和三年二月に前衛劇場とプロレタリア劇場の共同で設けられたことがある）。革命的劇場人の養成を目的としていて毎週二回、午後一時から四時まで授業があった。六か月の養成期間が二期に分けられ、一期のカリキュラムは以下のごとし。（　）内の数字は時間。

プロレタリア演劇理論　A総論（五）佐野碩　B各論　イ世界戯曲史（七）ギリシア時代（小野宮吉）中世期（小野）コルネイユ、モリエール、ラシーヌ時代（佐々木孝丸）シェイクスピア時代（山川幸世）自然主義時代（秋田雨雀）欧洲大戦前後（久保栄）日本戯曲史（西郷謙二）ロ戯曲作法（三）村山知義　ハ演出論（三）佐野碩　ニ舞台監督（二）隆松秋彦　西郷謙二　ホ演技論（三）中村栄二　へ舞台美術論（三）金須孝　ト劇場音楽論（一）山口淳　舞台効果論（一）山口淳　照明論（一）土方与志

他の十七時間は実習と特別講座に当てられ、前記のほかに藤田満雄、滝沢修、薄田研二、丸山定夫、三島雅夫、山本安英、高橋豊子（本名とよ）、熊沢復六、高田保、中条百合子（のちの宮本百合子）、中村翫右衛門、二代目河原崎長十郎らが講師に就き、「先生」という呼称はプチブル的だと、生徒は講師をそう呼ばなかった。

明治大学在学中に学生活動家になっていた東野英治郎がこの研究所の第一期生で、こう回顧している。

　研究所開所第一日目から二十名ほどの制服、私服の警官の立合いのうちに講義は進められていった。私服は講義内容と生徒の質問を克明にメモしている。それでも私達はそれほど苦にもしないで、中条百合子さんのモスコウの話で面白いところがあれば大声で笑ったりした。（中略）

　築地小劇場の入口の壁には、鎌とハンマーを握る労働者農民の腕が太く描かれたビラが張られ、雨ではがれて、またその上から張られて、きたないというよりは凄惨な感じがあった。

　演劇雑誌やその他の文化雑誌のアッピールは必ず「全国の労働者、農民並びにインテリゲンチャ諸君！……」という

書き出しからはじまるのである。そして研究生達はそのアッピールを読んでは胸をふるわせるのであった。この研究所では演技について教えられるということは殆どなくて、むしろ政治問題や唯物弁証法的創造方法というようなことばかり議論していた。（東野英治郎『私の俳優修業・改訂版』）

第一期生の募集人数が三十名だったから、二十名ほどの警官が授業に立ち合っていたというのには驚く。

プロット加入記念公演として五月二十九日から六月七日まで、市村座で『東洋車輛工場』（村山知義作、土方与志演出）が上演され、プロレタリア演劇研究所の生徒はこれに応援出演した。劇評は「この脚本は、名は『東洋車輛工場』といふのであるが、金属、この場合車輛工場としての産業別的な特殊性に乏しい。起重機のある舞台が出て来たとて、それだからどうといふ事にもならない」（「都新聞」六月二十五日号）とあまりかんばしくなかった。それでも八千三百人余の観客を集めたのは、左翼芸術全体が上昇気流に乗っていたからである。

『東洋車輛工場』で名古屋、京都、大阪を巡演した後、六月には左翼劇場の『太陽のない街』（徳永直原作）の九州巡演に応援出演したが、この時に騒動が持ち上がったのは前述した。

帰京後七月は『疵だらけのお秋』（三好十郎作）と『プロ裁判』（新城信一郎原作）による荏原や亀戸などの東京市内の巡演を行い、七月末から八月にかけては『上には上』（村山知義作）、『荷車』（佐々木孝丸作）、『大臣候補』（長谷川如是閑作）などによる東北、北海道公演を持ち、八月二十二日から三十一日まで浅草の金龍館で『何が彼女をそうさせたか』（藤森成吉作）を上演した。通算四十回目の公演で、これは菊田一夫が関係していた金龍館レビューの出し物の間に上演された。浅草ではエノケンこと榎本健一らによる「レビュー」と称する音楽入りのコント、いわゆる軽演劇が大流行していた。

昭和六年九月十八日に満州事変がはじまった直後の二十三日から十月七日まで、新築地劇団は久しぶりに築地小劇場で『飛行艇ラフ一号』（グレーポフ作、熊沢復六訳、土方演出）と『勤労学校』（村山知義作、土方演出）を上演した。

このころのことを東野英治郎がこう書いている。

（プロレタリア演劇）研究所も夏になった。と思う間もなく八月一日反戦デー。八・一反戦闘争の日と言われるこの日に、研究生も積極的に参加せよという指示があり、ビラ張りに動員された。一人がノリバケツを持ち手早く電柱や塀にハケでノリを塗りつけると、一人がビラ（伝単といっていた）を、これも素早く人目につかないように張りつける。（中

略)

さて、八・一カンパも終ると九月は卒業である。卒業公演は新築地劇団の『飛行艇ラフ一号』と村山知義作『勤労学校』への出演である。この公演に出演した成果を見て、各劇団へ推薦されることになっていた。(中略)

私は『飛行艇ラフ一号』ではフランスの青年将校の役で、主役の山本安英さんがスパイであると見当をつけてそのスパイのいる部屋へやってくるのだが、あまりの流麗さと甘い溶けるような脂粉の香りに、このイキな洒落気のある気取り屋の将校は遂にスパイを取り逃がしてしまうという状況である。

演出の土方与志先生から状況の説明があって、いよいよ立稽古になった。先生は新人のために自分で一通りの動きをやって見せるのが通例で、この日も先生はこの若いフランス将校の動きをやってみせたのだが、こんな洒落た芝居やスマートな演技などというものは、生れて始めてだったので、私はただ呆然と先生のいくぶんセッカチな神経質な仕ぐさを、まるで、これから自分がやる役だという実感とは別に見惚れていたのだった。

さて、一通り先生の説明が終ると、今度はいよいよ私がやる番である。途端に私は胸が早鐘を打ちはじめた。このような洒落た、イキな青年将校にたいする私の心構えはまるで出来ていなかったのである。読み合わせはよく読んだつもりだが、立稽古になって動作をするということになると、こうも自分の予想とかけ離れているものかと沁々思った。こうなると役の解釈も、プロレタリア・リアリズムも弁証法もあったもんじゃない。役をやる瞬間にそんなものは、まるで何処かへふっ飛んでしまっていた。

そうしてついに私にとって生れて始めての、芝居というものの立稽古が始まった。主役の山本安英さんが舞台中央で台詞をしゃべりながら流麗に動いている。胸をドキドキさせながら、私のフランス青年将校は部下五名を引き連れて上手で出のキッカケを待っている。キッカケどおり私はツカツカと室内にはいった。山本安英さんの顔を見て一瞬立ち止まって「失礼します」といって問いかけようとすると、そこでこのスパイ女性が濃エンに脂粉の香りと流し目を送ってくる。青年将校は一瞬まどわされかかる。

そこまできたとき、突然土方先生が荒々しく「ストップ」の声がかかった。その時の先生の言葉を記憶しているままここに引用してみよう。「岡倉君! この役者引っこめ給え!」。先生の顔はこのぶざまな役者がよほどカンにさわったと見えて、メガネに手をやったりハンカチで鼻をかんだりいらいらしながら演出助手の岡倉士朗の顔を、まるで丁稚小僧でもにらみつけるような目つきで再び「岡倉君!」と呼びつけて「代え給え!」と叫んだ。(中略)

私はそのまま役をおろされてしまった。（中略）

しかし、もう一つのチャンスがあった。村山知義作『勤労学校』である。私はこの芝居で寄宿舎のマカナイ人の役をやらせてもらうことになった。（中略）台詞も少ないし、日本の芝居でもあるので、そんなに固くならずにやれるような気がした。

しかし初日があくと経験のある他の二人と新入りの私とではやはりそこにひらきができた。その一人の秋山槐三は舞台稽古の日までよく台詞をトチッていたが、初日になると台詞をつかえながらも、それらしく演じていた。

フランス将校で失敗した私もこの日本の芝居ではどうやら卒業テストに合格したらしく、公演中に卒業を認めることと志望劇団を申しでよという研究所からの通達があって、私達十二名が新築地劇団を志望したが、多くの人達は羽振りのいい左翼劇場を志望した。（中略）

とにかく、プロットの指導方針は研究所の生徒達の間にも形式的には直ぐに浸透した。革命的演劇をわれわれの手でという意味だけが先行してしまった結果、新築地劇団志望の十二名は入団前に、何故われわれは新築地劇団を志望するかについて討論した結果、新築地劇団は左翼劇場に比較して理論的水準も低くその行動性において革命的でない。われわれ十二名の同志は新築地劇団の弱体を強化するために入団すべきである。というような現在ではとても考えられもしないようなバカバカしい意識過剰があった。

革命的スローガンをう呑みにしてしまった若いエネルギーは、演劇の何であるかも理解せず又は理解しようともせず常に政治的意識だけが先行していったのである。（東野英治郎『私の俳優修業・改訂版』）

芸術に関わる政治青年の意識がよく分かる。

十月十一日に築地小劇場で開かれたプロット第四回全国大会で日本プロレタリア劇場同盟を日本プロレタリア演劇同盟に改称するとともに——略称は変わらずプロット——、芸術創造方針としてプロレタリア・リアリズムに換えて「唯物弁証法的創作方針の確立」という新スローガンが採択された。この辺の事情は前述したが、十一月になると蔵原惟人の提唱と指導で日本プロレタリア文化連盟（略称はコップ）が結成され、その記念に新築地劇団は左翼劇場と共同で十月二十八日から十一月十一日まで、築地小劇場で『生きた新聞』第二輯（左翼劇場文芸部作、村山知義演出）と『風の街』（キルション作、杉本良吉訳、土方与志・杉本演出）を上演した。幕を開けるや大盛況で、場内は鮨詰め状態だった。その盛況に驚きながら、安部豊はこういう劇評を書いた。

此劇の中心人物で、歴史の犠牲となつて亡びて行くボルシエビイキの指導者ゴロヤンには、丸山定夫が扮して洗練した技倆を見せてくれた。メシ《(ママ)》エビイキの裏切りにより、会議に於て一敗地に塗《まみ》れ、海を渡つて亡命する夜その波止場に於て同志と別れる時に、理論的な指導を与へ、更に人情味ゆたかな言葉を残して立去るところなど、単なる勇しい闘士でなしに、人間としての指導者たらんと力《つと》めた重厚な演出が効を奏して、そく〳〵と迫り来るものが多かつた。

其次は小野宮吉の扮したバラ色の国を求める歌うたひの老人アンユーグが異彩を放つてゐた。扮装も巧みであり、演伎《(ママ)》も自然で感じがよかつた。(中略)

装置(注=村山知義)も極めて簡素で要領よく案配されてゐた。第四景の波止場など殊に上出来で、ゴロヤン一味の乗った船の動きと、帆柱のみでそれらしく見せたことなど大に推賞する価値があつた。(安部豊「『風の街』を見る」『演芸画報』昭和六年十二月号)

十五日間二十回の公演で、八千二百五十六人の観客を集めた。

このころ劇団は月給ではなく、公演収入から分配金を出していた。最高二十五円から最低七円まで。しかし、一か月七円は言うまでもなく、二十五円でも生活するのは困難だった。つまり、職業劇団としての道は遠かった。

この年最後の公演は十二月十一日から二十一日まで、築地小劇場での『伸びて行く戦線』(土井逸雄作、土方演出)。「ストライキ劇」だった。これに先立つ十一月の末、千田是也がドイツ遊学から帰国した。やがて千田は新築地劇団に身を置き、劇団の進路や運営に大きな影響をおよぼしはじめる。

## 山本安英の病臥

昭和七(一九三二)年の活動を『風の街』の関西、名古屋巡演で開始した新築地劇団は、帰郷した二月に国際演劇オリンピアード(前述)へ向けての国際演劇デーの一環として、二月十四日から二十三日まで築地小劇場で開かれたプロット東京地方所属劇団競演に『文化曲馬団』(新築地文芸部作、土方与志総指揮、新築地演出班演出)で参加した。他の参加劇団と演目は東京鮮語劇団の『荷車』(オット・ミュラー作、崔丙漢訳、李宣演出)、東京プロレタリア演芸団改めメザマシ隊の『青いユニフォーム』（島公靖責任執筆）、東京前衛座の『プロ裁判』（新城信一郎作）、横浜青年劇場の『満員』、左翼劇場の『赤い火花の人々』（村山知義作、杉本良吉演出）で、各劇団が五日間交替で公演を持ち、六千人余の集客があった。東京前衛座は城北地区の自立劇団、横浜青年劇場はプロット神奈川地方支部準備会の所属劇団、東京鮮語劇団は朝鮮人の劇団である。

三月は「汎太平洋文化団体挨拶週間」と銘打って八日から二十五日まで築地小劇場で『アメリカの仲間』（土井逸雄作、岡倉士朗演出）と『暴風』（ビリ・ベロツェルコフスキー作、熊沢復六訳、新築地文芸部改補、土方与志演出）を上演、月末から四月中旬まで『疵だらけのお秋』（三好十郎作）などによる横浜、神戸、岡山、広島、奈良、岐阜、静岡他を巡演した。

五月一日から二十日までは左翼劇場と共同でメーデー記念公演として『変な機械』（島公靖作・演出・装置）と『大里村』（和田勝一作、土方与志・西郷謙二・岡倉士朗演出）を築地小劇場に掛けたが、公演中に海軍の青年将校と陸軍士官学校の生徒らが首相官邸などを襲って犬飼毅首相らを射殺した五・一五事件が起きた。年頭からの主な事件を列記する。

一月八日＝桜田門事件（朝鮮人の青年が桜田門外で昭和天皇の馬車に爆弾を投げた）

同月二十八日＝上海事変

二月九日＝前蔵相井上準之助、血盟団員に射殺さる

三月一日＝満州国、建国宣言

同月五日＝三井合名理事長団琢磨、血盟団員に射殺さる

同月十一日＝血盟団事件（盟主井上日召自首）

コップへの弾圧がはじまったのも三月の下旬から四月の中旬にかけてで、プロットでは村山知義、小野宮吉、平野郁子、島田敬一、生江健次、松尾哲次、小沢栄太郎、伊達信、沢村貞子らが検挙され、地下に潜った左翼劇場の杉本良吉らが非合法活動をつづけることになった。

『大里村』は和田勝一の初上演戯曲だったが、この時から左翼劇場などの上演を手助けしていた八田元夫が新築地に籍を置いた。

職業劇団を目指して出発した新築地劇団がプロレタリア演劇集団に転じた結果、劇団員の生活が次第に困難になった。新築地の女優たちが「仕事クラブ」を設けたのは五月ころで、マネキン、デパートの店員、タイピスト、雑誌記者などの仕事をクラブが斡旋するようになった。また、メーデー記念公演の直前、四月十五日に六年にわたって争われた築地小劇場の借地問題の和解が成立、土方与志は土地所有権を買収した。

裁判は一、二審で敗訴しましたが、大審院では「最初、土地を借りた際に、地主は敷地内にあった倉庫を借地人に高額で買わせているが、これは権利金をとったのと同じ疑いがあるので、審理をやり直せ」と、前判決破棄。差し戻しの判決がなされ、その後の控訴審で、与志が九万円を支払って買い取るという和解が成立したのです。

築地小劇場創立以来、八年を経たこの間に、土方としては劇場、劇団両方に、相当額の資金を投入し、現金や株券等は、姑の生活保障を残すのみでしたが、すでに日本の革新的文化運動の拠り所となっていたこの劇場を守るために、裁判費用を含め、約十万円を工面しました。この時、小石川の土地の一部や、静岡県にあったかなり広い肥沃な田畑を処分したように思います。（中略）

土地、建物ともに土方与志名義となった築地小劇場は、これを機会に従来、劇場経営部の一員であった松田粂太郎さん個人に賃貸し、松田さんからさらに貸劇場として経営するたてまえになりました。

このような形式をとったのは築地小劇場に対する警察の弾圧を、いくらかでも防ごうとする配慮からでした。劇場は、小屋代を受けとって営業するだけであるから、築地小劇場そのものの運営は単なる営利事業にすぎない。政治的な色彩はないのだ、帝国憲法にも営業の自由はある、と弾圧してくる警察に対して主張したのです。（『土方梅子自伝』）

築地小劇場のために土方が投じた資金は想像を絶する。

六月一日から十一日まで、『太陽のない街』（徳永直原作、藤田満雄脚色、土方与志演出）と『大悲学院の少年達』（外《と》山《やま》俊平こと村山知義作、松原卓一・石川尚演出）を浅草の江川劇場に掛けた。この劇場はかつて「江川の玉乗り」で大衆に親しまれた大盛館である。つづいて月末の二十八日から七月十日まで、築地小劇場で東京市電の争議を描いた『交通の兄弟』（久板栄二郎作、岡倉士朗・杉原貞雄・石川尚・島田敬一演出）を上演したが、この公演を終えると、山本安英は以後悩まされることになる肺結核で舞台に出ることができなくなった。弾圧の強化とともに、劇団にとっての大きなマイナス要因である。

七月二十三日から八月六日まで、左翼劇場との共同で築地小劇場で『風の街』（キルション作）を再演した。「国際労働者演劇オリンピアデー・モスコー派遣・革命競争中間ゴール・プロット東京支部競演」として行われた公演で、新築地にとっては病気の山本安英はともかくも、丸山定夫、薄田研二、伊藤晃一、細川ちか子、高橋豊子（当時）という劇団創立メンバーが顔を揃えた最後の公演になった。それにしても半年前の初演時に八千人を超える観客を集めたのに対して、観客が二千二百八十二人と激減した。いかに弾圧が激しかったか。

ロシア革命当時を劇化したとの理由で予定の出し物が上演不許可になった結果、十月五日から二十日まで築地小劇場で急遽『東洋車輛工場』（村山知義作）を再演したが、この公演終了前後に主要メンバーに慌ただしい動きがあった。まず十月のはじめに生活苦のために丸山定夫が福田良介と名前を変えて榎本健一一座に移籍し、その妻の細川ちか子が胸を病んで病床についた。昭和八年の年頭には伊藤晃一が丸山の後を追ってエノケン一座に加入し、妻の高橋豊子は劇団に休団届けを出すと、生活の一助に自宅で子供相手の童謡舞踊を教えはじめた。

エノケン一座入りまでを丸山は「おちかはねている　そして丸山定夫は自殺した」と題して『婦人公論』（昭和八年一月号）に発表した。その一部を再録する。


僕はもう今日で九十日、朝、昼、晩、方眼紙に屈曲した線を描いている。おちかは倒れたきり動かせない右肺の尖端をこれ以上悪くしない為めの戦を続けている。熱がとれない。（中略）一と月で起上るつもりだったのだが二た月になり、三月になった。僕は、はたと困った。食いたい物をどんどん食わせろと医者はいう。

「おめえ何が食いたい？」

「何でも好いの……」

だが、もう一銭の金もない、何を食わせるのだ。本も古雑誌も売って了った。あらゆる知人友だちからも借り尽して了った。今朝は辛じて卵があった。だが晩にはもう米がない。僕は病人が眠っている間に風呂敷をポケットへ捻じ込んで青山までてくてく米を貰いに行った。銀杏の葉っぱが、往来に散り敷いていた。寒くなるなと思った。

たった一つ売る物が残っている。それは僕の身体だ、いい更《か》えれば僕の貧弱なポスタァバリュウだ。僕の小ちゃな名誉だ。僕の一番売りたくないものだ。僕は毎日思い患った。僕は役者だ。階級的な演劇の役者だ。高い意味に於て最も名声を大切にしなければならぬ役者だ、そして最もひっ迫した状勢の下にある団体人だ。その俺が今此処で身売りをするなんて事が正しい事かどうか――。

どう考えても僕個人としては損なことであった。徹頭徹尾損な事だ。あらゆる叱責、悪罵、嘲笑、憤激、痛惜が僕を知る範囲に起るだろう。止した、止した。そして今日は又、別の知人の所へ風呂敷を持って出かけた。

十月十日、がんさん（注＝丸山の愛称）は自殺をした。そして福田良介なる男が生れた。僕は福田を連れて旧友であるエノケンを訪づれた。彼は解りの好い男だ。一介の無名俳優福田の身柄を現金で買い取った。がんさんのやった事はマルクス主義者らしくなかったであろうか。僕は知らない。僕の誤謬も僕のした事も一切は誰の前にも明らかになった。僕は良くない事をしたのであろう。僕の罪は意外に大きいのであろう。僕は死んだ方が好かったのであろう。だれも僕を褒めても慰めても呉れない。僕はそれが満足だ。（中略）

浅草の常盤座で馬鹿気たギャグで人を笑わせている芝居の中に福田を見つけた人よ、こんな事もあったのです。（菅井幸雄編『俳優・丸山定夫の世界』より）

約四十年後、細川ちか子はインタビューに答えてためらいがちに当時のことをこう明かした。『悲劇喜劇』昭和四十九年五月号から引用する。

尾崎（宏次《ひろつぐ》）　昭和八年に細川さんが胸を病んで、寝てしまって、そのあと離婚ということだったと思いますが、すくなくとも丸山定夫を語れる最初の人なので、いかがですか、今日は、沈黙を破っていただいて……

細川　そうかなあ……（暫く考えてから）あたしはね、せっかくあんなふうに神様みたいになって、みんなもそれを信じている人でしょう。それをご当人もいない時になって、あたしがひっくり返すこともないと思ってきたんですよ。だから何も言わなかった。私にしてみれば、あたしの生涯のうちで、もし消しゴムで消せるものなら、消し去りたいと思うくらい、いやな思い出ばかりなの、ほんとに、いちばん不仕合せで、いちばんいやな奴との生活だったの。（中略）

尾崎　そうでしたか。ただ人間丸山ということでは、お話しになっておいたほうが……

細川　そうかしらね。でもね、あたしと暮したのは五年ぐらいですからね。築地小劇場の末期から新築地劇団へかけてですからね。新築地の結成が昭和四年だから、その一年前ぐらいかな、小山内（薫）さんが死ぬ、あのころからいっしょに暮したの。

尾崎　とすると昭和三年末から昭和八年ぐらいまでですね。私なんかは、丸山定夫が奥さんの療養費をかせぐためにエノケン一座へ行ったときいて、学生でしたが、浅草の松竹座へ追っかけて見にいったんです。エノケンの『ハムレット』でした。丸山定夫は福田良介という名で王さまをやっていました。

細川　そうなの。なにしろ一種の気ちがいとでもいいたいくらいの人でしたね。だから非常に悩まされたわね。あの

「おちかは寝ている、丸山は自殺した」という丸山の名文は当時の『婦人公論』にでたんです。あれだけみれば非常に人間愛に満ち溢れていて、あたら名優が悲しい一つの物語ですよ。けれども、あたしからみれば、その時分に新築地が左翼劇場とピッタリ密着して、事あるごとに検束者はでる。芝居は上演禁止になる。経済的には一文も入らない、もっとも苦しい苦しい時代です。もう、毎日のことのように、連日連夜、夜を徹して会議、会議、会議ですよ。非常に劇団が小児病化していたわけね、思想的に。だからもう、息がつまるようだったの。（中略）なんら思想的に目ざめてたわけでもないのに、左翼劇場からフラクション送られて、否応なしに引ずられて、だんだんそれが正しいことのように、少し格好つけている程度でしょう。その最中に私が過労と貧乏とで胸がわるくなって寝込んじゃったの。その当時の丸山定夫というのは、まったくのダラ幹。それだって無理もないのよ、自分だってべつに勉強したわけじゃないし、なんでもないんだもん。むしろそれまで貧乏な生活してきたのが、ちょっとばかしきれいな洋服が買えるようになった。築地小劇場時代には土方（与志）さんの資産で月給もらってたから、少しは洋服の一着も買えるというときだったのに、ドカンとひっくり返ったでしょう。だからね、プロレタリア芸術の運動とかなんとかいうよりも、なんとかしてのがれたい、のがれたいというのが本音よ。（中略）ほんとにあれだけの名優といわれた人なのにまったくその生活はだらしがなかったの。なんにも勉強しない。なんにもしやしないの。はじめは下っ端にいたのが、妙に理論的に勉強して、例会の席でへんにみんなに頼られて、委員長になったりするのが出てくる時代ですよ。そういう連中が、お金がなくったって、飯なんかなくったって、誠意があれば、熱意があれば芝居はやれる、てなことをいうわけよ。だけどさ、カスミたべてはやれないでしょう。あのころ、市電が八銭で、往復券を買うと十五銭だった。その十五銭が私にはなかった。まあ、そういうことでじりじりと押し出されていって、あたしが病気になったのをこれ幸い、プイッと浅草へ行ったということです。丸山は浅草の出ですからね。

尾崎　私はエノケンに聞いたことがあります。浅草オペラのコーラスで丸山といっしょだったといってました。

細川　はっきり言えば、渡りに舟だったの、美名にかくれてね。それから先はたちまちそこの踊り子さんとできて、あたしは四谷の六畳と四畳半の家で寝たっきりなんですよ。胸の病気だから絶対安静、あの人は、帰ってくると、五十銭玉を一つポイとおいて出て行っちゃうんですよ。いくらエノケンの劇団で月給もらったかしりませんけど、相当もらってたでしょう、あの時分のエノケン一座ですもの。

尾崎　座頭扱いだったんじゃないですかね……

細川　だけど、五十銭玉ポイとおいて、行ったきり帰ってこないのよ。わたしが土方さんをなぜこれほど尊敬してきたかというと、その時分土方さんが築地にお通いになる行き帰りにご夫婦で四谷の私の家へ寄って、見舞って下すって、かえりにそっと枕の下へ二十円入れてくだすったことが、何回かあった。そんなことからです。そのお金でお医者さんにもかかれたし、バターもいささか食べられたということです。

プロレタリア演劇団の活動がどんどん追い詰められていた中、十二月二十七日から三十日まで、プロットの奔走で築地小劇場で「小山内薫追悼五周年記念公演」として小山内演出を踏襲した『夜の宿（どん底）』（ゴーリキー作、小山内薫訳、水品春樹舞台監督、青山杉作演技指導、溝口三郎舞台装置）が上演された。これには新築地をはじめ劇団東京、築地座（後述）、左翼劇場などに散らばっている旧築地小劇場育ちの俳優たちが一堂に会した。ただし、病気の山本安英と青山杉作は不参加で、ナターシャを伊藤智子が、サーチンを薄田研二が替わったほか、東屋三郎の木賃宿の主人、東山千栄子のワシリーサ、島田敬一のメドヴェージェフ、千田是也のペーペル、滝沢修のクレーシチ、岸輝子のアンナ、田村秋子のナースチャ、友田恭助の役者、汐見洋の男爵、伊藤晃一のアリョーシカ、丸山定夫のルカといったキャストだった。籍は新築地にあったものの、エノケン一座からの参加になった丸山はどういう心境だったろうか。二千七百五十六人の入場者があって約九万円の収益を上げ、うち五万円を小山内家に寄贈し、五千円を築地小劇場の改築資金にした。

## 土方与志の国外脱出

昭和八（一九三三）年の一月二日から十六日まで、築地小劇場で『新しき女たち』（土井逸雄作、石川尚・岡倉士朗演出）と『羽根の生えた靴』（アウスレンデル作、昇曙夢訳、新築地文芸部改訂、千田是也・八田元夫演出）を上演した。これにも滝沢修、松本克平、信欣三《しん》（当時は藤ノ木七郎）、鶴丸睦彦らの左翼劇場員が協力出演した。この公演もハワイでの階級裁判の実態を暴いた藤森成吉の『地上楽園』が上演禁止になったために、初日の四日前に急遽出し物を替えたありさまだった。ロシア版の『青い鳥』たる『羽根の生えた靴』は、そもそも左翼劇場が上演予定していたものでもあった。また、前年暮れに募集したプロット四期生もこの舞台に出たが、その中に宇野重吉がいた。

このころになると看板は新築地であり左翼劇場ではあるものの、相互に俳優を貸し借りしなければ単独での公演が困難になりつつあった。活躍できるメンバーが減ったのは病人が続出したためでもあって、土方与志、伊藤晃一、隆松秋彦、高橋豊子、細川ちか子、赤木蘭子、山本安英らが病床にあった。エノケン一座入りした丸山を含めて、このころの陣容を書いておく。なお、この公演を機に藤森成吉が文芸部に入った。

演出部＝土方与志、隆松秋彦、岡倉士朗、依田一郎、杉原貞雄、石川尚、小暮忠作、松原卓一、小林和夫、佐川京治、宮崎総子

演技部＝薄田研二、島田敬一、丸山定夫、伊藤晃一、田村稔、柏原徹、浮田左武郎、寺田靖夫、永田靖、秋山槐三、田井輝夫、本庄克二（東野英治郎）、西康一、中江良介、池田生二、安英一、武内武（浜村純）、青木直、神尾三郎、比在郡二、山本安英、高橋豊子、細川ちか子、山川好子、三好久子、小山綾子、金田菊乃、赤木蘭子

美術部＝本木勇、田辺達、坂部絢、伊藤晃一、山崎醇之輔、井坂実、河合龍

照明部＝外山秋一、志賀直

効果部＝市川元、南秀吉

衣裳部＝川島縫子（土方梅子）、阿部清子、掛替花子、中島はるみ

文芸部＝土井逸雄、和田勝一、八田元夫、藤森成吉、古志太郎、熊沢復六、栗原有蔵、武藤直治、井上行三、瓜生元、三木道夫、大島和子

経営部＝中島圭一、佐々木マリ子

二月六日から二十日まで、エノケンのカジノ・フォーリーゆかりの浅草の水族館で『筑波秘録』（佐々木孝丸作）と『炭塵』（三好十郎作）に、『砲艦コクチフェル』と改題させられた『吼えろ支那』（トレチャコフ作）を上演した。その千秋楽の日に、街頭連絡中に赤坂で逮捕された党員作家の小林多喜二が、警視庁特高のリンチによって築地署で虐殺された。が、検閲のために新聞の報道は取り調べ中に心臓マヒで急死となっていた。享年二十九。

三月十八日から三十一日まで、築地小劇場で上演された『沼尻村』（小林多喜二原作、大沢幹夫脚色、岡倉士朗演出）は小林の追悼公演だったが、小林多喜二の死の真相がプロレタリア芸術運動の担い手たちの間で広がりはじめていたので、当局の劇場付近の警戒がいつも以上に厳しかった。そのために観劇を諦めて帰宅する観客が出るほどだったが、稽古中の十五日には演出の岡倉が検挙され（四月釈放）、俳優たちもいつ検束されるか分からない恐怖状態の中にあった。芝居を創る側も見る側も、とっくに平常心ではいられなくなっていた。

同月、ＩＡＴＢ（国際労働者演劇同盟）の世界大会と国際労働者演劇オリンピアードへの派遣メンバーと劇団が内定した

が(前述)、ビザ発行の関係で代表団がモスクワ入りするのはほとんど絶望的だった。そこで在モスクワの佐野碩以外にプロットの代表を加える必要を感じた千田是也は、左翼演劇に関わっていることから貴族社会から異端視され、「病気療養」を名目に土方与志が外国行きを勧められているのを知るや、逆手に取って土方にモスクワ行きを依頼した。

与志はこれを承諾して「病気療養とヨーロッパ演劇界の視察」を目的とした外国旅行の申請をしました。

華族社会では厄介者の与志が外国へ行ってくれるのは大歓迎で、親戚たちがパスポート許可の運動をしました。外務省は早くから許可の方針でしたが、警察関係はなんとか与志を国内で逮捕したい、また、モスクワへ行くであろうことも察知して、旅券の発行を妨害しました。二人の子供たちを連れて行くこと、しかも各人の自由行動は許さない、家族全員で一通のパスポートを使用するという条件で、ようやくパスポートを手にした時には、三日後に出航する船に乗らなければ世界大会に間に合わない状態でした。(『土方梅子自伝』)

土方一家が乗船のために東京駅から神戸へと発ったのは、四月四日だった。三田の小さな借家には、元大洲城主のお姫さまだった土方の母が一人残った。その生活費を置き土産に、土方一家の日本脱出はほとんど亡命に近かった。

これに先立ち、期限付のバラック建築だった築地小劇場の改築と劇場運営を担当すべく、土方は築地小劇場管理委員会を設置していた。薄田研二、山田耕筰、伊藤熹朔、河原崎長十郎、友田恭助、隆松秋彦、松田粂太郎、それに都新聞の演芸面を担当していた染谷格らがメンバーで、プロット外からも委員を選んだところに苦心があった。

コップ指導者の間には、当初、築地小劇場を日本初のプロレタリア総合文化会館にしようとの案があった。が、コップもプロットも弱体化し、資金的にも時間的にも無理だとなって、従来通り演劇面での運用に限る案に落ち着いて、プロット以外の劇団にも広く貸小屋するとの建前で改築資金を集めた。その第一弾が「小山内薫追悼五周年記念公演」と銘打った前記の『夜の宿(どん底)』(ゴーリキー作)で、収益のうち五千円を劇場の改築資金にしたのは前にも記した。

明くる昭和八年になって本格的な対策を練り、二万円の改築費用を募集することになった。そのうちの五千円は土方の負担とし、管理委員会の名で六月に広く挨拶状を発送した。改築基金応募規定は一口一円と五十円の個人応募と、一口百円の団体応募があり、応募団体には改築後の劇場使用料の一割引、公演準備の稽古場を一定期間無料提供といった特典があった。

六月十四日は築地小劇場の創立十周年に当たるので、これを機に旧築地関係者の合同公演を持つことになり、『検察官』（ゴーゴリ作、米川正夫訳、八田元夫・水品春樹演出）と『五稜郭血書』（久保栄作、久保・千田是也演出）が選ばれた。「築地小劇場創立十年記念改築基金募集公演」として前者が上演されたのは六月十五日から二十三日まで、滝沢修の市長、薄田研二の郵便局長、嵯峨善兵のボプチンスキー、三島雅夫のドブチンスキー、永田靖の警察署長、吉野光枝のアンナ・アンドレーヴナ、伊藤智子のマリア・アンドレーヴナ、木村太郎のオシップ、三浦洋平のフレスターコフ、松本克平のコローブキン、千田是也の憲兵他のキャストで、二十一日までの予定が大入りで二日日延べした。中川一政が装置を担当した『五稜郭血書』は六月二十五日から七月二日までの予定だったが、これも好評で五日まで日延べした。

初演に際して久保はこう書いた。

この戯曲は、現在の支配体制の礎が置かれた重要な時期であり、またブルジョア演劇が自己の反動的役割を果すために好んで取り上げる題材であるところの「明治維新」に対する、われわれの側からの芸術的解明の一つの試みであり、従来われわれの作家によって、ほとんどまったく閑却されていたこの未墾地にむかって打ち込んだ一つの小さな鍬である。現在の支配体制が七十年の昔、どういう政治的経済的要因によって打ち樹てられたか、どういう権力と権力との結びつきによって確立されたか、それは単なる資本家地主政府であるかないか、また先進帝国主義の手による最初の世界分割の過程がほとんど完了し、ただ極東のみが彼らの植民地争奪、資本の侵略の争いのために取り残されている時機に、そういう国際状勢が明治維新にどう反映しているか、これらの具体的な分析解剖のために、私は筆をとったのであるが、しかし残念なことに、私は二百六十枚を費しても、この日本の南北戦争――官賊の闘争を充分に前述の意図を生かして形象化する技術を持たなかった。ただわれわれが当面の必要から、従来のわれわれの歴史劇よりも、はるかに飛躍した発展的形態において、史実を描かなければならないということ、われわれの歴史劇とは、任意の時代の階級闘争の姿を、あれこれと取上げるべきでなく、現代のプロレタリアートおよび一般被抑圧大衆にとって最も教訓を含んだ一時期を、全人類史の合法的発展の一環として描き出す時、決して現代的テーマを描いた作品に劣らない直接的な意義と効果を持つものであるということの、一つの示唆たり得れば、作者の労力の大半は報いられたと言っていい。（「『五稜郭血書』覚え書」『久保栄全集』第六巻より）

ここには後年まとまる久保栄の「リアリズム観」が、かなりの具体性を帯びて語られている。

ところで初日は大野弁之助役の俳優が現れず、やむなく久保が大野を演じるというアクシデントがあったが、滝沢修の榎本釜次郎をはじめ佐々木孝丸、嵯峨善兵、薄田研二、永田靖、大森義夫、三島雅夫、宇野重吉、山川好子、伊藤智子らの出演。が、『検察官』の上演直後で俳優が疲れていた上に、共同演出の久保と千田是也の意見が合わず、舞台成果は今ひとつだった。

八月二十五日に改築工事がはじまって九月三十日に完成、劇場の壁の色は内外ともに白塗りになって明るくなり、内壁は音響効果を考慮してテックス張りになった。舞台や楽屋も広くなり、照明は従来の三倍の機能を持つように改善され、スタジアム・タイプに改められた観客席は補助椅子などを出して六百人以上の観客を収容できるようになった。新たにトーキー映写機も設備された。が、起工式前の七月九日の朝、千田是也は戸塚署に連行されて二十九日間の拘留の後早稲田署に移され、そのまま十二月末まで留置場暮らしを余儀なくされた上に豊多摩刑務所の独房に移され、出所したのは昭和十年の四月だった。この間に千田はいわゆる転向手記を書いた。


私自身の現在の心境とか今後の方針についても、べつに共産党に入ったり、それに盲従する気はないが「前述のような超政党的プロレタリア演劇団体の一員として、その決定にしたがいながら、今後とも無産階級・被圧迫民族の文化的解放のために働く」ということをざっくばらんに表明できたわけであった。

ただそう主張するには、私自身が共産党フラクション・メンバーの杉本(良吉)や中村と連絡をとっていたことを認めてしまったのでは、いたずらに問題をややこしくするばかりなので、それだけはずっと伏せておいた。ところが、手記を書きおえた後、取り調べに来た中川警部補から、私とほぼ同じ時期に党フラクションの全メンバーが逮捕され、私との関係を白状してしまったことを聞き、その証拠として中村栄二の手記を示されたので、そこに書かれた中村との関係だけは認めざるをえなくなった。だが中村も私が入党していないことははっきり言ってくれているので、私が大衆組織としてのプロットと日本共産党とのけじめをはっきりさせるために努力していたという事実はくつがえす必要がなかった。


一九三五年の三月十二日にはじまり三十日に終った予審訊問でも私は、そういう立場をつらぬくつもりでいたが、この時期にはもう、プロットが前年の七月に解散したことを〈風の便りに〉知っていたし、私自身も刑務所での一年半の演劇三昧（注＝演劇書を耽読していたこと）のおかげで〈忘れた歌〉をおもいだし、一時もはやく芝居を創る仕事にもどりたいと思っていたので、死んだ子の年齢《とし》をかぞえるみたいなことはやめて、例の「目的遂行ノ為ニスル行為」とやらを、自分についてだけはあっさり認め、娑婆にもどる算段をするほうが得策だと考えるようになった。（千田是也『もうひとつの新劇史』）

つまり、千田はプロットの解散から新協劇団の誕生へといたるプロレタリア演劇の大きな地殻変動期を、社会と遮断されたところで過ごさなければならなかった。もし千田が「娑婆」にいたら、この辺の動きは変わった可能性がないではないと思われる。

## 創立五周年記念公演

さて、話を昭和八年当時に戻す。

七月二十七日から八月六日まで築地小劇場で『吹雪』（陸奥五郎作、依田一郎・田辺達・浮田左武郎演出）を上演したが、これに先立つ六月十日に日本共産党の党員、佐野学と鍋山貞親の転向が各紙で大々的に報じられて社会的なセンセーションを巻き起こした。プロット関係者の驚きも大きく、その「激震」がつづいていた同月十八日の都新聞に、顔写真付きの「佐野碩、土方与志両氏非合法に入露・国際革命演劇同盟大会に正式代表で参加」という見出しの、以下のごとき記事が載った。

日本共産党の巨頭佐野学、鍋山貞親両名が獄中から日本労働運動の新見解を発表して左翼陣営に一大波紋を投げた矢先、さきに日本代表派遣を拒否されたソヴイエト・ロシヤの国際革命演劇同盟の世界大会に意外にもプロット（日本プロレタリア演劇同盟）正式代表として佐野碩、土方与志両氏が出席してゐるといふ飛電が某方面に入手した、この所謂《いはゆる》モルトと呼ぶ国際革命演劇同盟は世界各国の革命的演劇同盟を網羅して昨年十一月七日から開催される筈であり、プロットでも同年十月久板栄二郎氏等を正式代表にあげて旅券下付方を当局に迫つて拒絶されたものである、その後モルトは日本代表の不参加の故にその開会及び演劇オリンピアードの開催を延期したと云はれてゐたが、この度佐野、土方の正式参加から六月上旬遂に開会したと見られてゐる、ところで両名の旅券下付に際しては佐野は米国、土方はフランス、イタリー二国のみを許可され、而も土方は病気療養を名目としてドイツへの入国さへも厳禁されてゐただけに、彼等は全く非合法に入露したわけだが、これを知った警視庁では彼等のあまりに巧妙なカムフラージに唖然としてゐる、尚かうした事情のため佐野、土方の帰国は殆ど絶望と見らるるに至った。

その後の土方と佐野碩を先述すれば……。

土方一家がベルリン経由でモスクワに着いたのは一九三三年五月三十一日で、その翌日に国際演劇オリンピアードは開幕し、土方と佐野は日本代表としてメッセージを読み上げた。終了後も土方はモスクワに止まる決意を固め、モルト書記局員として佐野を助けて働きはじめた。夫人の梅子は東洋大学の日本語の教師になった。佐野学と鍋山貞親の獄中転向のニュースはモスクワの土方の耳にも届いた。

秋には土方はモスクワ革命劇場の演出班に所属し、佐野碩はメイエルホリド劇場の研究員になった。それからしばらくは日本との連絡も緊密につづけられたが、昭和九年の七月にプロットが解散に追い込まれてからは、連絡も途絶えがちになった。

プロット解散の一か月後、ゴーリキーを議長とするソ連作家同盟第一回大会が開かれ、日本代表として出席した土方はコミンテルンの山本懸蔵の推薦で報告演説を行った。大会の様子は一九三五年にモスコー外国労働者出版部から刊行された土方と佐野の共著『芸術は民衆のものだ』に収められたが、この大会での土方演説は日本大使館を通じて宮内省に伝達され、天皇制を批判したのを主因に九月に土方の爵位剝奪の処分が取られた。華族史上はじめてだった。

知らせを受けた土方は別に驚きもしなかったが、土方も佐野も強い関心を持たざるを得なかったのは、前記の大会が創作方法としての「社会主義リアリズム」の徹底化を図るために開かれたもので、それに逸脱するとして火の手を広げていくメイエルホリド批判だった。

わずかな例外をのぞいて演出家たちは進んでみずからの過去の誤ちを告白し、社会主義リアリズムへの忠誠を誓った。一九三六年三月一四日、レニングラード（注＝現サンクト・ペテルブルグ）においてメイエルホリドは「メイエルホリドはメイエルホリド主義に反対する」と題して演説を行なっている。このなかでメイエルホリドは自分の誤ちを認めるどころか、論理的な必然性を全く無視し、彼の形式上の手法だけを剽窃し、それを見境なく芝居に適応している〈メイエルホリド主義者〉を非難している。また彼は、自分の芝居のなかに、いくぶん観客には分かりにくい要素があることを認めながらも、まじめにそれを理解しようと努めなかった批評家を批判する。さらにメイエルホリドは、「プラウダ」で叩かれたショスタコヴィチを果敢に擁護し、彼のみならずあらゆる芸術家は実験的試みを行なう権利を有していると主張するのである。

同じころモスクワでも、「プラウダ」にあらわれたショスタコヴィチ攻撃や、その後のフォルマリズム批判記事の問題をめぐって、〈演劇労働者〉会議が開かれた。基調報告を行なったヨガン・アリトマン（雑誌「テアトル」編集者）をはじめ、先のレニングラードでメイエルホリドからメイエルホリド主義者と宣告されたラードロフ、オフロープコフなどがこぞってメイエルホリドを非難のやり玉にあげた。（エドワード・ブローン著、浦雅春訳『メイエルホリドの全体像』）

こういう動きと平行して、五月にはコミンテルンの事務局がＩＲＴＢ（国際労働者演劇同盟）の改組を決議したが、これは事実上ＩＲＴＢの解消を意味していた。その組織を信頼し、そこで働くことを喜びとしてきた土方与志や佐野碩にとっては寝耳に水の驚きだと同時に、足元を揺すぶられる大事件だった。が、事態は悪化の一方で、一九三七年になるとスターリンの独裁体制が確立し、ソビエト国内はスターリン色一色に塗りつぶされはじめた。八月はじめにモスクワ市役所に呼び出された土方と佐野が国外退去命令を受けたのも、スターリンの猜疑心によるスパイ防止政策のあらわれだった。退去の期限を少し延ばしてもらうこと、ビザをシベリア経由の日本着からレニングラード経由のパリに変えてもらうこと、できたのはこのくらいのことで、土方も佐野も当てのない旅に出なければならなかった。土方にとっても佐野にとっても、憧れのソビエト・ロシアでの暮らしは思ってもみなかった幕切れを迎えた。その後のことはまた述べる。

話をもう一度昭和八年夏以降の新築地劇団の活動に戻す。

プロットの名による最後の公演になった『吹雪』（陸奥五郎作）と『導火線』（土井逸雄作）を八月上旬に打ち上げた後、十月五日から二十五日まで築地小劇場管理委員会の主催による劇場改築記念の合同公演『ハムレット』（シェイクスピア作、坪内逍遥訳、久米正雄演出）に参加した。薄田研二のハムレット、柏原徹のホレーショー、滝沢修のポローニアス（ただし急病で初日から十五日まで佐々木孝丸が代役）、藤田満雄の先王の亡霊、七月にエノケン一座から復帰した丸山定夫のクローディアス、山岸しづ江のちの河原崎しづ江のガートルード、新興映画のスター高津慶子のオフィーリア、三浦洋平のレーヤチーズ、舞台復帰の山本安英の劇中劇の王妃……といったキャストだった。

観客総数一万九百九十人は築地小劇場開場以来の新記録だったが、プロットの専属劇場の観を呈していた築地小劇場が貸劇場として広く「開放」されたのがこの時。左翼の劇場というカラーを変えるべく、開場以来の開幕の合図だったドラの音を澄んだ音色のベルにしたのもこの時だった。が、弾圧のためにプロレタリア演劇は方向転換を迫られていて、新築地劇団も左翼劇場もこの年の後半は結局単独公演は持てなかった。

左翼劇場が中央劇場と改称したのが昭和九年の二月で、その月末に中央劇場との共同で『人形の家』（イプセン作、楠山正雄訳、佐々木孝丸演出）を築地小劇場で上演した。山本安英のノーラに滝沢修のヘルメルだった。次いで四月十日から二十二日まで、創立五周年記念として築地小劇場で『帆船天佑丸』（ハイエルマンス作、久保栄訳、八田元夫演出）を上演した。プロレタリア劇団の看板を下ろし、その意味で方向転換したとの印象を与えた公演で、同じ月、三年前の十一月に結成されたコップこと日本プロレタリア文化連盟も解散した。

このころのことを八田がこう書いている。

四月は新築地劇団の結成五周年である。私達は何とかしてこの五周年を成功裡に終らせようと、数度の準備的会合をもち、病気の全快した山本安英、ＰＣＬに籍を移した丸山定夫、病気快復後丸山と別れてこれもＰＣＬにはいつた細川ちか子、更に高橋豊子も出演し、孤軍奮闘して来た薄田と併せて創立メンバーの顔を揃え病気中であつた赤木蘭子も加わつて、ハイエルマンスの『天佑丸』を私の演出で久し振りに充実した顔ぶれでふたを開ける事が出来た。劇団全体がどうしても成功させようという一つ情熱に燃え上つていた。（中略）緊張した初日が開いた。不充分な私の演出技術であつたが、俳優の演技がものを言つてひいき目ではあろうが、見応えのある舞台になり、大入袋も数枚出せる動員成果をあげる事が出来、一時は我々を顧りみなかつた新聞劇評も筆を揃えて好評してくれた。（中略）

プロット末期の創造方法であつた唯物弁証法的創作方法は、全ソ作家同盟大会に於て批判され、社会主義リアリズムが代つて登場しているが、私も解らない乍らプロット末期の自己批判の上に立つてこの公演をリアリズムの線にのせようと努力したが、今にして考えれば批判的リアリズムの範囲を余り多く出なかつたと云えよう。しかしこの公演を機として一応沈滞した我々の舞台は、一応後退した形ではあるが、再建の第一歩をふみ出して行つたということが出来よう。

（「わが演劇的小伝」『新劇の四十年』収載）

この後劇団員の多くは五月二日から四日まで、日比谷公会堂での金曜会の公演『忠臣蔵（忠義）』（メイスフィールド作、小山内薫訳、山田耕筰作曲・演出）に出た。ここで金曜会に触れておく。

これは山田耕筰を中心とした専属の劇団員を持たない会で、演劇と音楽の融合を図り、新しい演劇形式を探求すべく日本楽劇協会内に設けられた。第一回の研究発表会はこの年の一月に新橋演舞場で開催され、山田の演出と音楽指揮で『アルルの女』（ドーデ作、ビゼー作曲、横山正幸訳、難波三十三訳詞）が上演された。舞踊家の高田せい子がアルルの女に扮し、滝沢修、高橋とよ、三好久子、細川ちか子、丸山定夫、三浦洋平らが出演した。

その金曜会が築地小劇場が手掛けた『忠義』を取り上げたのは、小山内没後六年、ばらばらになっている小劇場育ちの俳優たちを一堂に会させる山田の意図によったもので、丸山がキラを、汐見洋がクラノを、薄田研二がアサノを、御橋公がサギサカを、東山千栄子がクラノ夫人を、山本安英がチカラを演じた。一種の合同公演だったのである。左翼劇場が中央劇場と改称した記念の公演『斬られの仙太』（三好十郎作、佐々木孝丸演出）は、ほとんどこの直後の五月十二日に築地小劇場で幕を開けた。

六月は『ハムレット』で関西を巡演したが、プロットが解散したのがこのころで、新築地劇団は次のような声明を出した。

まづ、日本プロレタリア演劇同盟（略称プロット）が、今日名実ともに、解散したことを御報告申上げます。（中略）

新築地が拠つて立つところの芸術的態度の基調は、リアリズムにおかれてゐます。（中略）

新築地は、また、かかる芸術的方針のもとに結束した、演劇人の集りであり、その結合の力によつてのみ、困難な新時代の演劇の未墾地を拓きうるものであることは申すまでもありません。劇団は、この新生の第一日にあたつて、今までにない固い結束をするためある種の清掃をも惜まぬ決意をいたしております。

更に、新劇運動全般についてみれば、今日は甚しい無性格、無信念、無統一の時期であるといはれてゐます。この混沌界により高い統一を希ふ点で、新築地はそれに関するどんな意見にも常に謙虚な耳を傾けてゐるものであります。いはゆる『新劇の大同団結』は、新築地の最大の願望であります。（中略）

以上、プロットの解散と、それによる新劇界の新しい事態に直面し、わが新築地の決意を述べて、最も深い御理解と御援助をお願いする次第であります。

一九三四年六月十九日新築地劇団一同（『山本安英舞台写真集・資料篇』より）

文中に「新劇の大同団結」とあるのは、出獄した村山知義が提唱した問題だと思われる（村山知義「新劇の危機」『新潮』七月号）。この時点では新築地劇団も賛成していたものの、村山のそれがより具体的になるにつれてことは簡単にいかなくなる。「新劇の大同団結」問題とその経緯は後述するとして、その結果としての新協劇団の誕生その他いくつかをここで述べる。

## 新劇の大同団結をめぐって

都新聞が新協劇団の結成を報じたのは九月十八日だった。

先般来、村山知義氏の提案によつて、種々取沙汰されてゐた新劇の大同団結は、愈々機熟して、十七日午後実行委員長田秀雄、秋田雨雀、藤森成吉、村山知義その他各氏参集の上、中央劇場、新築地劇団、美術座を解体して新に合同新劇団「新協劇団」を組織するほか、種々次の如き具体案を発表して「我国演劇史上に一時期を劃する大事業の達成に努力する」旨の声明を発した。

日本新演劇協会を新設して「新協劇団」をこれが専属劇団たらしめる、朝鮮語の劇団三・一《ママ》劇場、移動劇団メザマシ隊、少年の為の少年劇団は依然、解体せずに同協会に加盟し、山田耕筰氏が主宰する日本楽劇協会の金曜会、創作座、テアトル・コメディ各団体は、協会外にあつて、協会と提携する。

協会は新に組織する（一）新協劇団、㈡加盟各劇団、（三）劇文学家クラブ、（四）演出家クラブ、（五）照明家クラブ、㈥音楽、効果、舞踊家クラブ、㈦プレイガイド、㈧築地小劇場管理委員会を以て組織メンバーとする。

新協劇団の俳優は二十一日午後六時、明治会館に於て発起人会を開き、解体各団中の優秀なる者のみを銓衡選抜し、凡て給料制度として生活を保証する、劇団は演技者、企画経営部長だけを以て成りたち、他は各クラブより一年交替で代表者を互選する。

これに対して十九日の東京朝日新聞は新築地劇団の反対意見を掲載した。

新劇合同の実行委員会で中央劇場、新築地劇団、美術座の三劇団が解消の上「新協劇団」を組織すると発表したが、十八日新築地劇団から、絶対反対の声があげられて、好調の合同論が怪しくなつた。新築地劇団としては初めから乱立してゐる新劇団の大同団結を目標に運動を援助してゐたのだが、築地座、テアトル・コメディ共に態度を明らかにせず、創作座は最近合同反対を通告して単独の公演を計画してゐる情勢に新築地も合同が急速に運ばれないとみて十七日の委員会にも代表を送っていなかった。ところが突然の「新協劇団」発表に現在では解消の意志のない新築地では驚いて「三劇団だけの合同には反対」の旨を早速長田秀雄氏に伝へ更めて二十日討議する筈。

二十日になっても劇団内の意見がまとまらず、二十一日には幹部の対応を不満として三島雅夫、中島圭一、西康一、山川好子、赤木蘭子、三好久子が袂を連ねて脱退し、二十日に脱退した細川ちか子ともどもに新協劇団入りを発表した。実はこの日、新築地は『タルチュフ』(モリエール作)などによる築地小劇場での公演の初日を予定していた。公演は当然延期になったが、ここにいたるまでを八田元夫はこう振り返っている。

村山知義は(昭和)八年の暮保釈で帰つて来た。久し振りの村山に、私は新橋のウォトカ屋で会うことができた。その後彼は小説を書いたり、劇評を書いたりしていたが、丁度『天佑丸』の稽古の最中、彼は面会を申し込んで来た。会つてみると演劇の建て直しに関する相談であつた。私は趣旨に賛意を表しておいたが、新築地の内部では、その提案の裏にある劇団合同に関しては反対意見が多かつた。そのよつてくる所のものは、五周年記念を契機として出来上つた劇団の再結束が、独力でやつて行けるという自信を持ち始めたからだつた。これに対して左翼劇場は滝沢(修)ほか数名の寥々たるスタツフになつていた。強力な劇団が内外から要望されていた。六月十三日の村山の提唱(注=「築地小劇場の創立満十周年」を記念して三文銀座で開かれた「新劇の今日、明日を語る会」の席上、村山が新劇団の大合同を提案した)は劇壇の力関係を一応正しく批判し、その上に立つての再編成の必要を説いたものだつたが、それを主張するに急な為『天佑丸』及び『斬られの仙太』の舞台的成功を徹底的にやつつけてしまつた。新築地は五周年記念公演の成果に対して思いがけない酷評を受けたことから、首脳部は硬化し、中堅以下は村山の提案の中にピックアップチームという一項目があつた為にそれに拘わっての強い反対が下の方から出はじめた。この村山の提唱の日私はその場で司会者を依頼され、何気なく引き受けて了つたことが劇団に対して妙な関係に私を追い込んで了つた。一週間乃至は二週間おいて大同団結の委員会は継続されたが、その間新築地の内部にはこの問題に関する賛否三派が鼎立するに至つた。強力に村山の意見を支持するものと、全く受け付けようとしないものと、理論的には村山の云うところを解し乍らも、全劇団の状態特に現在の新築地を考える場合に、機械的な合同論は危険であるから、漸進的に大同団結めざして進むべしという者とが入り乱れて、劇団総会は毎日小田原評定に終つた。（中略）私は暑さを迎えると体を弱らすのだが、この年は更に劇団内の甲論乙駁に疲れ切つて、しばらく新潟に静養すべく逃げ出して了つた。新築地入り以来何時の間にか演出の方がおもしろくなり、演出家になつて了つた私だつたが、まだ戯曲をかく意志を捨てゝしまつた訳ではなかつた。疲れを回復して、旬日、原稿紙をおもむろに開いて執筆にかゝろうとした所へ、モリエールノエンシユツタノムスグカエレとの電報である。何が何やらわからないまゝに上野駅を下りると岡倉（士朗）石川（尚）等の演出部員数名が出迎えて九月公演として、モリエールの『タルチュフ』をやる事になつたすぐ準備にかゝれとの命令である。（中略）タルチュフは丸山に定つて稽古は進行した。タルチュフや薄田のオルゴンの出来は大変いゝが、一部に何処か動揺している空気がある――大同団結を無視してこの挙に出たことは、村山達の反感をひどく買つたらしい。私や丸山の意見としては、この様な公演を通じて劇団の意見を一つにまとめ、対立を克服して劇団を挙げて大同団結に参加しようというのであつたが、稽古の間を通してもこの対立はます〳〵激しくなる。遂に初日直前三島雅夫、細川ちか子、赤木蘭子、三好久子ら六名（注＝七名の間違い）が脱退を申し出て大同団結に走つてしまつた。（中略）

六月迄はおせおせで来た公演も会議をめぐつて停頓状態になり、開店休業の築地小劇場は、電気料滞納から暗黒状態になつていた。劇場の中でやる会合は夜ともなれば楽屋の中にろうそくをともしたりアセチレンランプを持ちこんだりした為に、カーバイトから出るガスにあてられて卒倒する女優さんさえ出来て来た。私たちは脱退した俳優の後釜を探すと同時に、劇場管理委員の一人であつた薄田は電気をつける為の奔走にあたらなければならなかつた。劇団員達は結束を守つて押し通し、遮二無二初日を開けようという情熱で一つにかたまつていた。（「わが演劇的小伝」『新劇の四十年』収載）

初日を一週間延ばして九月二十八日から十月十日まで、電気の来るようになった築地小劇場で『永遠のユダヤ人』（へルマン・ハイエルマンス作、三井光彌訳、岡倉士朗演出）と『タルチュフ』（モリエール作、吉江喬松訳、八田元夫演出）を上演した。劇評を一つ。

二度も初日を延ばし、臨時加入者を得て開けた新築地の公演だが、今度の『タルチュフ』は見応へのある芝居だ、言ふまでもなく、丸山定夫のタルチュフが興味の対象で本人も意気込んでやつてはゐるが、こゝで実は自分は遅れて二幕目から入つたので、つまりタルチュフがオルゴン家へ入込む序幕は観なかつたのだが、次の幕のオルゴン家の人となつてからの彼は、偽善家、偽信者といふからには、仮面を剥がれての後は言ふ事はないが、それまではもつと多様性を見せてもいゝものだらうに、裏も表もない一本調子の悪人になつてゐる、あのツクリにももつと研究の余地がないものだらうか。

薄田研二の主人公オルゴン、山本安英の夫人、この二人が丸山と顔を合はせるとさすがに引緊つた舞台を見せる、たゞ山本の夫人は、タルチュフに口説かれる場など、これが年頃の息子、娘の母かと思はれる位の丸で娘が誘惑を受けてゐるやうな若さを出した、臨時の俳優達の中には息の合はない人があつたが、三條利喜江の召使ドリイセは異つた意味で目立つた存在だつた、この女優の雄弁にまくし立てる舞台を観てゐると、古典劇を見てゐるやうな気がしない、そして観客に時には溜飲を下げさせて儲けてるといふ役だ。

総じて皆が生真面目で固い、もう少し砕《くだ》けて湿ひを持たしてもいゝものではないか、尤も下手に砕けた喜劇になつても困るがモリエールの喜劇は、日本ではこれまで本格的に上演されてゐないらしいが、最近新喜劇などゝいふものも現れて、喜劇の研究、上演が頻《しき》りになつて来た時に、この新築地の紹介は意義があらう。（左《さ》本《もと》政治「都新聞」昭和九年十月五日号）

文中「新喜劇」とあるのは、新宿座をホームグラウンドとするムーラン・ルージュという軽演劇の集団に脚本を提供していた伊馬《いま》春部《はるべ》や斎藤豊吉らの現代喜劇を指しているが、中央公論社版の『モリエール全集』の刊行開始に合わせたにもかかわらず、思惑がはずれて大打撃を受けた。新協劇団の結成式が行われたのは、新築地の公演初日の翌日だった。新築地の大半のメンバーはこれにそっぽを向いたから、村山知義の意図は大きく崩れた。

十月二十五、二十六日の両日、新築地の主要メンバーは新橋演舞場で開かれた金曜会の舞台に立った。『お蝶夫人』（ロング原作、ディアゴーザ脚色、プッチーニ作曲、難波三十三訳編、山田耕筰演出・音楽指揮）と『ドン・ジュアン』（モリエール作、井上勇訳、藤田満雄・佐々木孝丸改訂、山田耕筰・八田元夫演出）という出し物で、前者は小沢栄太郎（当時は栄）のピンカートンに山本安英のお蝶夫人、後者は薄田研二のタイトルロール、前進座の中村翫右衛門のスガナレル、山本のエルヴィル、小沢栄太郎のドン・カルロス、東野英治郎（当時は本庄克二）のドン・アロンスといったキャストだった。そして十二月十六日から二十七日まで、築地小劇場で『蟷螂《かまきり》』（八木隆一郎作、八田元夫・米山彊演出）と『大晦日一時千金』（和田勝一作、岡倉士朗・依田一郎演出）を上演し、新協・新築地時代と呼ばれるようになる二大劇団時代の最初の年を送った。が、その拠点になっていた築地小劇場は、またも危機的な状況にあった。

### 日本新劇倶楽部

都新聞が「わが国『新劇の温室』築地小劇場は何処へ！　赤字難で全く行詰り」と報じたのは、暮れも押し詰まった昭和九（一九三四）年十二月二十三日だった。

> 故小山内薫、今はロシアにゐる土方与志氏両氏の手によつて大正十三年「演劇の実験室」として生れた築地小劇場は、常に我国新劇界の中心に立ち、一頃は左翼演劇の温室として、改築後は貸劇場として新劇史に輝かしい功績を残して来たが、改築当時の無理と各新劇団の打続く不入りのため赤字に赤字は富み最近では全く経済的に行詰るに至つた、このため債権者側から同劇場をアパートに改造する説さへ起り新劇関係者に大きな衝動を与へてゐるが、何とか破綻を救へぬものかと日本新劇倶楽部の連中は廿二日午後一時から銀座グリルで劇場当事者を招いて現状を聴いた、来る廿五日は故小山内薫氏の七周忌、この時同劇場で新築地劇団が十周年記念公演（注＝五周年の誤り）を開演してゐるのも皮肉だ、果して築地小劇場はどうなる―そして新劇団は何処へ行く？
>
> 築地小劇場は大正十三年六月土方与志氏が私財をなげうつて現在の場所に建設、同氏が劇場部主事として運営上の責任を負つてゐたが、其後同劇場の敷地も土方家が十万円で買収したもの、昭和七年《ママ》同氏が外遊するに際しては劇場運営と管理の一切を
>
> 伊藤熹朔、山田耕作《ママ》、友田恭助（さきに辞任）、薄田研二、河原崎長十郎、染谷格、故隆松秋雄《ママ》（に代つて阿部正雄）氏等

の管理委員に委託して行ったがバラック建築の期限が切れるため昭和八年九月、工費二万五千円で改築に着手、その中一万四千円を土方家から、五千円を同劇場が支払ひ、残金は工事を請負った戸塚組への負債となってゐたが、その返済工作は捗らず一方劇場、土地の名義人には土方与志氏がなつてゐるものゝ現在の小劇場と土方家とは貸渡人と借受人の関係にあつて地代として月々五百廿円を納めることとなつてゐるが一向履行されず、最近に至つて建築請負者側から今年一杯の期限をつけて劇場に対する抵当権の設定を主張して来たゝめ経営は全く行詰り、その責を負つて前記管理委員は去る六日総辞職をなし、管理権を土方家へ返したゝめ暫定的に阿部正雄氏が責任者となり、旧委員中の薄田、松田（粂太郎）氏に土方家を代表する藤井、加曾利、力石三氏が整理委員となつて打開策に腐心してゐるが、土方家委員の意向がはつきりせぬため今後の見透しがつかず、このため各劇団と小劇場との間に再三いざこざが起る有様、新協劇団、新築地とも正月公演の計画が宙に迷つた形で、両劇団とも全く途方に暮れてゐる

同劇場の当面の責任者阿部正雄氏は語る

小劇場が閉鎖するとか、アパートになるとかいふデマが飛んでゐますが、その様なことは全くありません、管理委員が総辞職をしたゝめ土方家から整理委員が出て更生の道につき苦心した結果、大体負債整理の目鼻がつくやうになりました。小劇場はまだ〳〵文化的使命を持つてゐるので、今回の整理は将来飛躍する為の準備とも云へると思ひます

整理委員の一人でもある新築地劇団の薄田研二氏は廿二日夜同劇場の楽屋で語る

劇団としては一月公演の見込が立たず弱りきつてゐますがこの劇場を根本的に建て直すにはどうしても今までのやうなルーズなことでは駄目です、劇場の経常費が月千七百円もかゝるのでは今後の見透しもつきませんが、恰度（日本）新劇クラブが出来た時ではあるし、劇場の文化的、経済的問題を皆なで考えれば何とかうまく行くと思ひます、差押へを食つて閉鎖するやうなことは先づないでせう

築地小劇場が新劇にとって、その運動にとって、いかに大きな存在だったかを痛感させられるが、この記事の中に二か所、日本新劇倶楽部のことが言及されている。これについて書いておく。

この動きが起きたのは日本新演劇協会と、当初その所属劇団だった新協劇団の誕生が一段落した十月ころからで、音頭を取ったのは岸田國士だった。

こういう記事がある。

曩《さき》に村山知義氏等の提唱によつて企図された所謂新劇の大同団結は、結局旧中央劇場、美術座、金曜会等の解散結成による新協劇団と、これを含んでの（日本）新演劇協会の成立となつて終つたが、今度はこの新演劇協会乃至新協劇団とは別に、新劇のためにあらゆる新劇人を網羅する一大集団結成の計画が提唱せられ、具体化するに至つた、この主唱者は岸田國士氏で既に二回グリル銀座に於て関係者の会合を行つてゐるが今度の計画運動と曩の大同団結との関係乃至相違に就いて聞くに曩の大同団結は、結局に於て新協劇団なる一劇団を結び、これを中心にして他の演劇団体を囲繞せしめたもの即ち新演劇協会となつたものに過ぎないとする、で今度の運動はどういふのかといふと、さうした劇団の合同を図るといふのが決して主眼でなく、新劇関係のあらゆる団体なり個人なりを集めて、芸術上なり主義なりに於て相同じく出来得ない部分は勿論仕方がないが広い意味での新劇の向上発展に資する点に於ては大いに提携協力して行かうとするものなのである（「都新聞」昭和九年十月二十八日号）

つまり、村山の提唱した新劇の大同団結が思惑はずれの小規模になった結果、芸術的また思想的な相違を超えて、新劇人の親睦を図る倶楽部を創設しようとするもので、別に言えば村山の新劇合同の穴を埋めようとしたものだった。

岸田の提唱した日本新劇倶楽部は十二月二十一日に内幸町のレインボウ・クラブで創立総会を持ち、日本新演劇協会はこの中に発展的に解消した。加盟は個人と団体があり、個人は三百名を超えてまだ増員が見こまれており、新協劇団、新築地劇団、築地座、創作座、金曜会、テアトル・コメディの六劇団と、築地小劇場とアート・ガイドの二団体が団体加盟した。アート・ガイドすなわち総合的芸術案内所は十月二十五日に秋田雨雀、岸田國士、飯塚友一郎、高田保、飯島正、染谷格、村山知義らを同人として設立されていた。商業資本の誇大な宣伝に惑わされずに優秀な演劇と映画を正しく鑑賞するために会員を募り、会員の経済的な負担を最大限に軽減した鑑賞会を催すことを目的とした団体で、戦後続々と誕生した各種の鑑賞団体の走りのような会だった。

倶楽部の幹事長に岸田が、事務長に久板栄二郎が、常任理事に村山知義、北村喜八、遠山静雄、上泉秀信、金子洋文、薄田研二、川口一郎、伊藤基彦が就いたから呉越同舟の形になった。倶楽部の中に六部門を置き、春の総会までという期限付で以下のように幹事を選んだ。

俳優クラブ＝友田恭助、滝沢修、河原崎長十郎、北沢彪《ひょう》、丸山定夫

演出家クラブ＝村山知義、園池公功、北村喜八
舞台美術家クラブ＝伊藤熹朔、田中良
照明家クラブ＝遠山静雄、八代康
音楽・効果・舞踊クラブ＝小松清、市川元
劇文学クラブ＝秋田雨雀、岸田國士、上泉秀信、永田衡吉、鈴木英輔、三好十郎、金子洋文

規約は十七条から成り、その第三条に事業として「倶楽部主催の公演・講習会・講演会・展覧会等の開催」、「演劇に関する研究・調査」、「加盟各劇団間の連絡協調、及後進劇団に対する補導」、「新しい技術者の養成」、「諸出版物の刊行等々」があげられていた。会費は個人が月額二十円、団体が同五円で、加盟には個人の場合は会員二名以上の推薦と幹事会の同意、団体はあらかじめ幹事会の資格審査を経ると決められていた。が、昭和十年十月に倶楽部の手で「新劇を育てる会」を発足させたほかにはいくつかの会合を持っただけで、同十一年には自然消滅した。しかし、この時点で岸田國士が村山知義に匹敵する「政治力」を発揮したのは、記憶されておいていい。以後、ことあるごとに発揮される戦中・戦後を通じての、岸田の一つの「資質」と見ていい。

## 新大衆劇へ

昭和十（一九三五）年、築地小劇場の電気料金滞納による閉鎖のために新築地劇団は正月公演を持てなかった。のみならず、二月に予定されていた大阪公演の準備中に、大騒動が起きた。

関西に公演の打合せに行った経営部長の柏原（徹）が、何とかして劇団の経済的危機をすくおうとして撮影所と接触した結果、まんまと一杯のせられて劇団全員軍艦に乗って、南方洋上に軍事映画のロケーションを行うという企画を引受けて了い内金を受取つて来たのであった。痩せたりといえどかつてのプロレタリア劇団である。この様なインチキ企画にのれる筈はないのだ。だが既に動揺をはじめていた劇団の一部には柏原の苦衷に対する同情も手つだつて、どうせ転向劇団だ、毒を喰らわば皿迄とこの案をのもうとする意見が幹事会の中に生じてきた。捨てゝおけないと丸山と私が反対の急尖鋒に立ち、拡大幹事会が徹宵でもたれた。もしこれをことわれば新築地対海軍の問題も出てきて、せっかくの後退保身が何にもならなくなるという杞憂論も出て大分動揺したが、結局山本（安英）、和田（勝一）、永田（靖）等が

反対論を積極的に支持し、徹宵四十八時間船に乗る乗らないの騒動は、丸山と私がPCLをおとづれて、丸山の一ケ年分の契約金を前借りして内金を返してけりをつけたのだつた。（八田元夫「わが演劇的小伝」）

後退保身の結果採用されたのが「新大衆劇」というスローガンで、この標語を掲げて二月二十二日から二十四日まで、大阪・文楽座で『灰燼』（徳富蘆花原作、藤田満雄脚色、岡倉士朗・米山彊演出）と『妻恋行』（三好十郎作、八田元夫演出）を上演した。が、公演終了後に山本安英がふたたび病臥、この年一杯舞台に立てなかった。なお、一月現在の劇団員は以下の通りで、新協劇団発足後に村山への反発から佐々木孝丸と三好十郎が新築地入りした。

演出効果部＝八田元夫、岡倉士朗、石川尚、依田一郎、米山彊、門馬隆、畑省一、市川元、加藤不味男

演技部＝薄田研二、丸山定夫、島田敬一、田村稔、柏原徹、浮田左武郎、永田靖、秋山槐三、本庄克二（東野英治郎）、中江良介、武内武（浜村純）、青木直、松村武志、勝太介、新田地作（村上冬樹）、槙村浩吉、大島龍介、山本安英、若宮美子、弘中菊乃、北原幸子、本間貞子、近江つや子、日高ゆりゑ

舞台美術部＝田辺達、本木勇、江坂実、津々浦渉、中尾辰雄、掛替花子、阿部清子、中島かの子

文芸部＝佐々木孝丸、三好十郎、土井逸雄、和田勝一、八木隆一郎、堀田嘉之助、野口活

企画部＝高山晴子、御池司、近藤強太郎

二年間獄中にあった島田が二月に劇団に復帰した。三月には袴田里見が検挙され、これで戦前の日本共産党は壊滅した。そして四月に新築地劇団は人員を整理して、二十三名にしぼりこんだ。

劇団員＝薄田、丸山、島田、田村、柏原、浮田、永田、本庄、中江、山本、弘中、本間、北原、佐々木、岡倉、八田、門馬、田辺、本木、近藤、三好、和田、土井。

以下は準劇団員。

武内、青木、喜地進、松村、新田、石川、依田、米山、加藤、津々浦、江坂、槙村、近江、日高。

築地小劇場はその後土方家が負債を全額支払い、薄田研二一人が土方家から借り受ける形に経営形態が変わった。その小劇場で五月二十五日から六月二日まで上演されたのが薄田主演の『坂本龍馬』（真山青果作、佐々木孝丸演出）で、「新大衆劇へ」とのスローガンがはっきり分かる公演になった。新国劇が昭和三年八月に、帝劇で初演したものだったからだ。七月にはこれを持って関西、北陸、中京を巡演した。

九月には薄田を中心に新劇倶楽部の事務局、各新劇団有志、築地小劇場の従業員代表らの協力のもとに進められてきた築地小劇場の経営体制の一新案が合意に達し、仁木独人、柏原徹、松田粂太郎、島田敬一、千田是也、薄田研二が新しく築地小劇場管理委員になった。新管理委員会は恒常的な劇場の支持者の組織を作るといった方針を打ち出すとともに、新劇公演では月のうち二十日間しか劇場が埋まらない現状を踏まえ、残りの日は興行資本と提携してバラエティーショーなどにも「開放」する意向を表明した。新協劇団の『石田三成』(貴司山治作、村山知義演出)が組織替えされた築地小劇場での第一弾だった。

プロットの解散から新協劇団の誕生という新劇の大きな曲がり角の時期を獄中で過ごした千田是也が、活動を再開したのもこのころだった。七月には新協劇団の関西公演に俳優として参加し(片岡鉄兵原作『花嫁学校』ほか)、映画俳優としては新興キネマの専属になった。そして新築地ではじめて演出したのが、十月二十五日から十一月四日まで築地小劇場で上演された『人生劇場』(尾崎士郎原作、村田修子脚色)だった。原作は都新聞に連載されていた評判の小説で、「新大衆劇へ」というスローガンに沿っての出し物だったのは言うまでもなく、装置は新聞で挿絵を描いた中川一政が担当した。

薄田研二の瓢太郎と丸山定夫の吉良常《きらつね》というコンビで、当初三日までの上演予定を一日延ばしたのは、病床の山本安英・藤田満雄夫妻の慰労のために、山本・藤田の後援会で観劇会を持って純益を贈ったためだった。

『人生劇場』はまた、新劇コンクールの参加作品でもあった。これに少し触れておく。

このコンクールは劇作社、劇と評論社、新演劇社、舞台社、脚本社、演劇新論社、テアトロ社という新劇関係の雑誌社七社の共同主催によるもので、当初は九月から十一月まで、日本新劇倶楽部加盟の六劇団がそれぞれのスケジュールで公演して行き、そのうちの自選の出し物一つをコンクール参加作品とする。その六つの舞台を新劇雑誌各社がそれぞれの立場と方法によって比較論評し、揃って来年の新年号で結果を発表するというものだった。

主催側の意図は活発化してきた劇団の間にいい意味での競争心を刺激して芸術的な達成を促すとともに、新劇の社会的な地位の向上に資したいというところにあった。結果的に期間が十二月まで延長されて金曜会が不参加だったが、新築地劇団の『人生劇場』以下、築地座の『秋水嶺』(内村直也作、岸田國士演出)、創作座の『死なす』(高橋丈雄作、梅本重信・加藤純演出)、『故郷』(阪中正夫作、鈴木英輔演出)、『珍客』(岡田禎子作、久保田万太郎演出)、新協劇団の『断層』(久板栄二郎作、村山知義演出)、テアトル・コメディの『お人好しの仙女』(モルナール作、飯島正訳、金杉惇郎演出)と『画家への志望』(伊沢紀=飯沢匡《いいざわただす》作、内田孝資演出)が参加で、審査側はたとえば『テアトロ』の場合、中野重治、舟橋聖一、土方正巳の外部の作家や批評家に、編集スタッフから秋田雨雀と染谷格が加わった五人で構成されていた。このうち舟橋聖一の劇評から、新築地劇団に関する部分のみを再録する。

『人生劇場』は、薄田君の瓢太郎以外に、見る可きものはなかつた。演出は徹底的な失敗である。担当者は千田是也氏で、階段舞台を試みたのはわかるが、あれでは徒らに、埃臭いだけであつた。瓢太郎が上京するところで花見客をつかつて汽車を表現したりするのも、様式主義のわるい点だけを拡大したやうなものである。これでは、折角新築地についた観客を、一度にどつとおとしてしまふと思ふ。

この芝居のイデオロギー、即ち原作『人生劇場』のイデオロギーについては、こゝに書きつゞける余地もないが、この芝居の全体的感銘としては、極めて非芸術的で、就中、学生劇のやうな部分に関しては、反動的といはれる危険性を持つものである。

脚色も上出来とはいへぬ。本来僕は脚色するには、小説中の台詞などにたよつては駄目だと思つてゐる。台詞の創造は脚色者によつてなさる可きで、「原作を生かすこと」とは「原作の中の台詞を台本にはめこむこと」では決してないのである。（中略）

俳優はいまもいつた薄田君一人だ。薄田君はすぐれた容貌の持主でもないが、やはり舞台が大きく、しつくりと、しめていく貫禄があり、この人が出てゐる間は、芝居が見られるといふものである。（中略）その他では中江良介君が、誠実にやつてゐるので好意がもてる外は特記す可きものなし（注＝中江は瓢吉役）。女優は殊にひどい。（中略）佐々木孝丸の蒟蒻和尚はもう少しどうにかならぬかと思つた。この人は、どこか舞台が高慢でいけない。丸山定夫の吉良常は平凡、島田敬一も、甚よりは吹岡早雄の方が、柄でこなせると見えるやうでは、もつと勉強の必要がありさうだ。装置はこゝも中川一政氏の由だが、築地座の中川紀元氏と同様の失敗で、画家の個性などは片鱗もなし。（「新劇コンクール所感」『テアトロ』昭和十一年一月号）

## 千田是也の新築地入り

昭和十一（一九三六）年は劇団活動が俄に活発化した。まず一月十五日から二十四日まで、築地小劇場で第七十四回公演として『渡辺崋山』（藤森成吉作、和田勝一脚色、岡倉士朗演出）と『妻恋行』（三好十郎作、米山彊演出）を上演した。『渡辺崋山』が見たくて久しぶりに初日に築地小劇場へ行ったという伊原青々園が、劇評でこう書いた。

薄田（研二）の崋山は背が高くてガッチリして、沈着で無口で口を利くと音吐が朗かで、そして武士らしいうちに文人とか学者らしい風格が見える、歌舞伎でこの役にはまるのは（市川）左団次か（中村）吉右衛門であらうが、かういふ特種な風格はこの両優に求められない。（中略）

二幕目は鮫洲の川崎屋らしい、華山《ママ》が戯れに書いた例の洒落本を愛妓に読んで聞かす件を蔭にした書き方に作者の老巧が見える、ここで尖端的な（高野）長英と温和的な（小関）三英と飄逸な（鈴木）春山と三人を出して、それぞれの人柄が鮮かに写してある、ことに丸山（定夫）の春山が役柄もさうだし、この人の持味でもあるが光つて見えた、華山《ママ》が寡言で居て場を締て居る、たゞ月野（道代）の愛妓が後幕で何かありさうだが、こゝだけではエタイが分らない

次ぎが浦賀の場で、江川方の内田が測量図をかいて居るのを、鳥居方の小笠原が迫害するといふ筋で、柏原（徹）の内田が其人らしかつた

さて、これが了《を》はるともう十時を過ぎて居た、続きを見たいけれど、まだ二幕四場ある、今夜出きつても十二時を過ぎるだらうと思つて、残念しながら割愛した、改めて見直した上で評するのが当然だが、それでは時機を失するから半分だけの所感を書く、とにかく見た眼の美しい干菓子のやうな春芝居のなかに、嚙みしめて滋味のあるこの劇の存在する事に敬意を表する。（「都新聞」昭和十一年一月十九日号）

初日とは言え、新劇も上演時間がずいぶんいい加減だったことが分かる。

二月末に二・二六事件が起きた。陸軍内の派閥である皇道派に属する青年将校二十二名が下士官や兵千四百名を率いて起こしたクーデター事件で、北一輝の指導下に昭和維新の実現を目指して、武力による国家改造を実現しようとするものだった。陸軍のもう一つの派閥統制派の台頭に反発し、第一師団の満州派遣を機に蜂起して高橋是清蔵相ら三人を射殺、鈴木貫太郎侍従長に重傷を負わせ、陸軍省、参謀本部、国会、首相官邸などを占拠して陸軍首脳に国家改造を迫った。陸軍首脳は海軍や財界がクーデターに反対なのを見て弾圧を決意、二十九日に反乱軍を鎮圧して首脳部や北一輝らを死刑に処し、皇道派の関係者を大量に処分した。この結果岡田啓介内閣が倒れて三月に広田弘毅内閣が成立したが、以後軍の政治的発言力が強化され、軍の実権を掌握した統制派は、やがての東条英機内閣で政権の座に就くことになる。つまり、日

本型のファシズムへの道を拓いたのが二・二六事件だった。

千田是也が正式に新築地劇団に加入したのは、二・二六事件の直前だった。山川幸世の新築地入りもこのころだが、当時の劇団の様子を千田はこう書いている。

その直前に幹事会の総辞職があったとかで、丸山（定夫）、島田（敬一）、柏原（徹）が幹事をやめ、薄田研二、佐々木孝丸、岡倉士朗、近藤強太郎、岡田寿、永田靖の六人が幹事会を構成していた。だが私が入るとすぐに、岡田君が幹事をやめ、私が教育部長と脚本選定委員を受けもった。

幹事会に出てみんなの話を聞いていると、いちばんさしせまっているのはやはり経済の問題、劇団員ひとりひとりの生活の問題らしく、話がそこへ行くと急に殺気がみなぎり、甲論乙駁、話は堂々めぐりするだけであった。（中略）そこへつい最近、PCL専属の丸山定夫君の斡旋で、PCLが新築地にも毎月いくらかの契約金を出すという話がまとまったわけだが、その分配方法についてまたもや議論沸騰、経営部長の柏原君が近藤君と交替したのは、どうやらそれが原因だったらしい。

だが私が入ってからの幹事会は、佐々木、岡倉、近藤、私のような〈俳優〉以外の仕事をしている人間の数が多くなり、若い岡田君や中江良介君も私たちに同調してくれるので、劇団や個人の経済を立て直すにも、いい芝居をじゃんじゃんやって、例の〈大同団結〉問題にけつまずいて世間の信用を失いかけている新築地の名誉恢復をはかるのが先決ではないかというほうへ、みんなの考えを向けることに、どうやら成功した。（千田是也『もうひとつの新劇史』）

二・二六事件の余燼のくすぶる三月五日から十三日まで、築地小劇場で丸山の初演出による『野鴨』（イプセン作、楠山正雄訳）を掛けた。柏原徹のエクダル、薄田研二のエクダル老人、永田靖のグレーゲルス、本間教子のジョルビー夫人、日高ゆりゑのギーナ、薄田研二の長女つま子のヘドウィックといったキャストだった。そして四月に島田敬一は休団して新派の井上正夫の一座に入った。経済問題が原因で、この辺のことを都新聞はこう伝えている。

新劇の職業化は久しい以前から叫ばれ、何度となく議論の的となつてはゐたが、未解決のまゝ持越され、年何回かの公演だけでは生活どころか、赤字に脅かされてゐる現状である、それ故新協劇団、創作座、テアトル・コメディの俳優はＰ・Ｃ・Ｌと団体契約を結んで、映画から生活費を稼ぎ出し、新協劇団では僅ながら月給が行き亘るやうになつたが、新築地だけは、映画会社と団体契約をせず、おまけに放送局との感情的な行きがかりも未解決のまゝに、ラヂオで遣り繰りすることも出来ない状態にあり、丸山定夫はＰ・Ｃ・Ｌ、千田是也は新興キネマの専属となつて、撮影の合ひ間を縫つて舞台に立つてゐる、又浮田左武郎は、休団の形で、築地の舞台から姿を消して半歳、ムーラン・ルージュの新喜劇で活躍、幹事長として新築地劇団を統率する薄田研二もパンのためにはやむなくＪ・Ｏ、新興等の映画に一回契約で出演し、島田敬一も薄田研二と一緒に新興の『半島の舞姫』（注＝舞踊家崔承喜の自伝映画。湯浅克衛原作、今日出海脚色・監督）に出てゐたが、それに続いて今月は明治座に出演してゐる、島田の場合は家庭的な事情から一層切実で、生活難に追い詰られて何か内職を見付けなければならず、その上弟（一三）を学校に入れたゝめ月々の相当の定収入が必要となり、新劇と生活の板挟みになつて苦しんでゐた、それを見た井上正夫は同情し幹部待遇で一座に迎へ入れやうと申出たので、島田もその温情に感激、弟が学校を了へ《を》るまで向ふ一年半新築地を休み、その間井上正夫一座に加入して、正式な座員として働くことになり、新築地劇団の幹事会に申し出るに至つた、同劇団でも島田敬一の苦しい事情を諒解、この際永年の懸案を解決しようと、改めて「生活問題対策委員会」を作り「劇団員はどうして喰べて行くか」を蒸返し、近く開かれる総会までに何とか打開の途《みち》を見出さうと協議を重ねて居る、（昭和十一年四月二十日号）

八周年記念公演として四月の二十四日から五月四日まで、築地小劇場で『洋学年代記』（貴司山治作、佐々木孝丸演出）を上演した。劇評を一つ。

これは『石田三成』に次ぐ貴司山治氏の第二作で、間宮林蔵の悲劇を中心に文化の向上のためには死を賭す進歩的な蘭学者と国の掟を真向から振りかざして阻止しようとする幕府側の人間、それにシーボルト、蘭学好きの大名島津斉彬等をからました構想雄大なもの、中々《（ママ）》野心的だし、興味ある主題だが、素材に作者は敗けて纏まりがなく、散漫なものになつてしまつたのは惜い

洋学年代記の中心人物間宮林蔵の後半生―死ぬところまで出しながら、性格がはつきりと浮彫りされてゐず、幕府天文方首席、高橋作左衛門、シーボルト等も中途半端だ、例によつて高野長英も出るが、我々はここ一年程の間に、何度この様な登場人物ばかりを見せられたゞらう、いくら御時世とは言へこの種の脚本ばかりを立てつゞけに上演されては、

演る方にしても気が変らず（薄田研二にさへ前の〈渡辺〉華山《ママ》が顔を出すのである）観る方でも狭い袋小路に追詰められて、息苦しい、「もう大抵にしといて呉れ」と云ひたくなるではないか

作者は台詞に全部現代語を用ひてゐるが、粗雑な言葉の端々が耳障りになる、それに手を加へず平気で演らせてゐるのは演出（佐々木孝丸）の責任である、演出者が適当にテキスト・レヂーして、無駄な所を苅込めば全体的にもつと纏まりが出来たであらうと思はれるし俳優の演技はリアルなものと様式化されたものが錯綜、特にガローニン（武内武）シーボルト（千田是也）ベリー（薄田研二）等の外国人の扱ひに難があつた

三幕十場の内一番まとまつてゐたのは天文台望楼の場と揚屋牢の内部、両方とも薄田研二の高橋が舞台をしめてゐる、永田の間宮も変屈家らしいところ、一徹な狂信者らしいところはよく出てゐたが、一向人物の得体が知れぬところこれは脚本の罪であらう、千田是也のシーボルトは予期した程の生彩は見られなかつた……（坊「都新聞」昭和十一年四月二十八日号）

後述のように、新協劇団が『夜明け前』（島崎藤村原作、昭和九年十一月）で旗揚げして以来、かつてのプロレタリア劇団の間に歴史劇ブームが起きていた。ストレートな現代劇が上演しにくくなった事情が背景にあり、だから高野長英のような史的人物が始終登場したのである。

『洋学年代記』はまた、「シェークスピア的潑剌さを持った新しい大衆的演劇の第一作」と銘打たれていた。千田是也新築地入りの影響の一つがこれである。

千田のシェイクスピア熱は刑務所での読書に由来していた。その戯曲の豊かさ、力強さ、複雑さに圧倒された千田は、新築地入りした二月末に外部の高垣松雄、高沖陽造、三神勲、西川正身《まさみ》、熊沢復六らに佐々木孝丸、山川幸世、岡倉士朗、土井逸雄、永田靖らに呼びかけてシェークスピア委員会を創設すると、定期的に会合を持っていた。が、劇団が前年のスランプを脱すべく矢継ぎ早に公演していたために劇団側の委員が責めを果たせず、最初の出し物に『ウィンザーの陽気な女房たち』を選び、三神と西川に翻訳を依頼したのは六月になってからだった。

こういう動きが反映しての前記のスローガンになったのだが、その六月の十二日から二十一日まで、スランプから立ち直ったと評された『守銭奴』（モリエール作、土井逸雄訳、千田是也演出）が築地小劇場で上演された。丸山定夫のアルパゴンで、客演の村瀬幸子がマリアンヌを、同じく客演の岸輝子がフロジーヌを演じた。女優陣の補強に村瀬や岸や東山千栄

子らを客演とすべく話をつけたのも千田だった。

あの時の劇評を読むと、折角公開舞台稽古までやりながら、薄田のヴァレールに台詞が入っていないで失望したというのがあった。多分第五幕だろう。アルパゴンとヴァレールの対話の内容が全然食い違っているくせに、表面はうまく運んでゆくのがたまらなく可笑しい、抱腹絶倒の可笑しさに酔えなかった人のつけた文句だろう。私にはそこも面白かった。薄田の台詞の入らない癖はいつもの事で、役柄によってはあまり気にならない。とくな人である。

アルパゴンの爺むさい鬚っ面、皺の多い長い顔、眼鏡の奥から覗く小さい眼、よれよれの服や小型の帽子がけちんぼらしく仕立てられ、先の長くとがった靴もおかしい。こういう老爺が自分の息子の恋人を嫁に欲しいと言い出すのである。フロジーヌにおだてられて気取ったポーズをとり、言われる通りに歩き回り、挙句の果てに舞台端の柱にぶつかってよろよろする。が、その老爺の引き起こす笑いの底に何か真剣なものがある。

四幕目の埋めておいた金箱の紛失を知って取り乱すアルパゴンは、『夜の宿』のルカが、主婦がナターシャを折檻する音に狼狽して、〝どうしよう、皆さん〟とオロオロするのと同じ姿だ。舞台の端から端、隅から隅と探し回り、終には客の一人一人にまで叫ぶ。が、金が戻れば恋は叶わなくてもよい結末にも、深い哀愁が残される。

今残っている『守銭奴』の第五幕目の写真は、ジャック親方（永田靖）、アンセルム（利根川春吉）、ヴァレール、マリアンヌ、書記（藤村伸二）、エリーズ（日高ゆりゑ）、フロジーヌ（岸輝子）がそれぞれその役らしいポーズをとっていて、その真中に呆然と立つアルパゴンは、首のすえ方、足の開き方、手の垂れ下り具合など特に面白い。（浅野時一郎『続私の築地小劇場』）

アルパゴンは丸山の名舞台との声が高かったが、評判の割りには一回の入場者が二百三十余人に過ぎない。つまり、五割弱の入り。もっとも『野鴨』の百三十人、『洋学年代記』の百五十人よりはよかったが、この程度の入りでは劇団の台所事情が厳しかったのは言うまでもない。ただ、『守銭奴』の成功によって、千田の劇団内での指導的立場が確立した。

七月五日に山本安英の夫で左翼劇場や新協劇団で俳優として、また脚色者として活躍していた藤田満雄が骨髄性白血病で他界した。二十九歳。

八月には第一回の決算総会が開かれた。以後「解散」まで年一回持たれたこれは、新劇運動全体の中で劇団の仕事を点検し、次年度への見通しを立てるとともに文書にして外部の批判をあおぐのが狙いで、最初の二年間の「報告・方針」は千田が書いた。演劇を大衆のものに、発展的リアリズムの採用、大衆観客を基礎に劇団員の生活保証へ……とのスローガンが掲げられたのもこの時である。加えて組織が整備された。この年の秋から新築地は第二の隆盛期を迎えるが、それを支えたのが以下のごとき陣容である。

　幹事長＝薄田研二

　幹事＝薄田、千田是也、近藤強太郎、丸山定夫、本庄克二（東野英治郎）、佐々木孝丸、八田元夫、石川尚、岡倉士朗、柏原徹、永田靖、山本安英

　常任幹事＝薄田、千田、近藤

　企画事務長＝近藤

　製作事務長＝千田

　文芸部長＝佐々木

　レパートリー委員長＝八田

　演出部＝石川、岡倉、千田、山川幸世、依田一郎、米山彊、冬木元雄、二宮吉郎

　演技部＝東野、池田生二、柏原、真木順、植村浩吉、丸山、永田、中江良介、新田地作（村上冬樹）、岡田寿、島田敬一、薄田、武内武（浜村純）、藤村伸一、光村宏、日高ゆりゑ、弘中菊乃、本間教子、山本安英、香川純枝、佐々木踏絵、志村テル子、園圭子、哲アキ子、谷江泉

　装置部＝本木勇、田辺達

　照明部＝津々浦渉、中尾辰夫

　文芸部＝土井逸雄、八田、佐々木、和田勝一、八木隆一郎

　企画事務局＝石井一夫、畑省一、釜谷義男、近藤、森信三、山崎晋

　客員＝岡村稔、利根川春吉、市川元、金須孝、篠木《しのき》佐夫《すけお》、江坂実、藤森成吉、舟木重信、熊沢復六、栗原有蔵、三好十郎、金子洋文、安達真三、折井吉雄、奥村文平、杉原貞雄、東山千栄子、岸輝子、村瀬幸子、杉村春子、月野道代、若宮美子

　製作事務長としての千田がまず担当したのは、六月十八日に六十八歳で急死したゴーリキーの追悼公演だった。大同団

結以来反目しがちの新協・新築地の両劇団がゴーリキー追悼の協同公演を持つことになり、これ自体は好評だった。が、出し物に『どん底』と『エゴール・ブルイチョフとその他の人々』が決まり、どちらがどれを演るかという話になるともたもたした。前者の集客力には定評があり、当然どちらも『どん底』を希望したからである。結局は新協が押し切って『どん底』を取り、新築地は『エゴール・ブルイチョフ……』になって千田の演出が決まった。ゴーリキー晩年のこの戯曲はロシア二月革命、十月革命、新経済政策、社会主義建設の各期を描いた四部作の第一作で（ただし未完成）、東山千栄子や杉村春子らの客演を得て、九月十八日から二十七日まで築地小劇場で上演された。新協劇団の杉本良吉の翻訳だった。

ゴーリキー追悼ということから警視庁の監視が厳しく、大幅なカットに加えて、楽屋にまで入り込んで脅し文句を言う警官がいたりした。戯曲の流れがよく分からないという声が出たのはそのためだった。『エゴール・ブルイチョフとその他の人々』が比較的短いので、在京の中国人学生が作っていた中華戯劇協会によるゴーリキーの『子供たち』が中国語で併演されたが、結果は『どん底』が七千四百三十三人の観客を集めたのに対して、新築地は三千八百二十人だった。なお、協同公演を機に新協と新築地の間に連絡協議会が設けられた。

## ヒットした『女人哀詞』

山本安英が二年ぶりに舞台に立ったのは、日本基督教婦人矯風会の主催で昭和十一（一九三六）年十月十四日の一日だけ、日比谷公会堂で上演された『スガナレル』（モリエール作、吉江喬松訳、米山彊演出）だった（『守銭奴』と併演）。マスコミは「新劇の聖女」のカムバックと報じた。つづく十一月二十五日から十二月七日まで築地小劇場で上演された『女人哀詞』（山本有三作、山川幸世演出）は、山本の見事な復調を示すと同時に、「新大衆劇へ」というスローガンを具現化した舞台になった。これは前半の二幕と後半の二幕とを分けて新派がすでに手掛けていたが、四幕通しての上演はこれが最初だった。新派が手をつけた戯曲を取り上げたところに、新築地のカラーが出た。

永らく舞台から遠ざかつてゐた山本安英が一年十カ月振りで更生の首途にどんな『お吉』になるか興味の第一はこゝにかゝつてゐる、劇場内の客席も安英フアンらしい女性が多く、芝居の最中声がかゝつたり、拍手が起つたり、何時にない華やかな風景である（中略）

お吉（山本）は案じた程の窶れもなく、元気なのは何よりだ、若い芸妓時代のお吉は柄から云つて一寸無理だ、着付も少々野暮ったく、鉄火な小股の切れ上った女といふ感じは少ない、『唐人お吉』になってから、苦労を重ね、年を取るに従って、その芸は冴えて来る……めぐり会った鶴松と又下田に舞戻り、楽い《ママ》新生活、酒に身を持崩し、鶴松には裏切られ、酔っては世を憤るお吉の気持は、淀みない演技によって適切に表現されてゐたが、時々顔を出す知性が「お吉」の邪魔をしてゐた

船大工鶴松（武内武）は生硬で、山本安英と並んだ時には余りにも未熟すぎる、ハルリス（永田靖）は全部英語の台詞を喋べらねばならないといふ難物だが、熱演すればする程可笑しいのは気の毒だつた

斎藤源之丞（薄田研二）の調べ役下役は少々カリカチユアに過ぎたが、後で高官になつてからは貫録《ママ》を見せた、お福（弘中菊乃）はそれらしい感じを出し、鶴松を誘惑するおさい（杉村春子）は相手の一本調子に災ひされて演り難くそうだつた、これ等の人々に混つて端役で出る二三の研究生の拙劣な演技が全体の纏まりを所々ブチ壊してゐた事が、毎度の事乍ら新築地の欠陥として指摘出来る

伊藤熹朔の舞台装置は、海鼠塀を基調に、黒で舞台をせめて、引緊め、鮮かな纏りを見せてゐた（坊「都新聞」昭和十一年十一月二十九日号）

杉村春子は客演である。

『女人哀詞』は一円均一の入場料金で、七千八百名の観客を集めた。九八・三パーセントの入り。総収入五千八百五十三円七十銭、総支出二千八百九十円八十五銭、純益二千九百六十二円八十五銭で、久しぶりの給料の合計が二千五百八十五円四十銭。ただし、五十円の脚本料は山本有三が辞退したので、支出の中に含まれていない。演出料も装置料も三十円だった。

昭和十一年、劇団活動は確実に上を向きはじめた。

『ウィンザーの陽気な女房たち』の初演

昭和十二（一九三七）年の一月二日から十八日まで、築地小劇場で念願の『ウィンザーの陽気な女房たち』（シェイクスピア作、三神勲・西川正身訳、千田是也演出）を本邦初演した。東山千栄子や岸輝子の客演を得たのに加え、薄田研二の長男、薄田象三《しょうぞう》もロビンに扮した。

新築地の正月特別公演はシェークスピヤの『ウィンザーの陽気な女房たち』といふ古典の大作、五幕十三場の原作を四幕十九場に苅込んで上演してゐる、新築地ではこの大作を上演するについて、昨年三月から『シェークスピヤ委員会』を作り、所謂『シェークスピヤ的方法』の研究から始めて

三神勲、西川正身の両氏が新しく翻訳にかゝり、慎重な準備と研究の後に初めて舞台にかけられたものである、この熱意と努力は充分に報いられ、千田是也の鮮かな演出に、シェークスピヤが生きてゐた当時の現世的な現実が、健康な笑ひの中にピチピチと生きてゐる（中略）

潑剌とした沙翁劇のやうな古典物は演技の巧拙をはつきり見せるリトマス液のやうなものだ、鍛へ上げた芸と修練を積まない演技は赤と青ほどの違いを見せる、永い経験が物を言つて陽気な女房になる客演の岸輝子、東山千栄子が断然押へ、日高ゆりえ《ママ》のクキックリーも饒舌でちよこまかした感じをよく出してゐた

男優の中では永田靖の太つちよサー・ジョン・フォルスタフが貫録《ママ》を見せ、ふて〲しい演技で客席の笑ひを全部さらつてしまつた、薄田研二のエヴァンス先生は目立たぬながらも地味に全体を引緊め、柏原徹のフォードもいつもなら嫌味になるところを巧みに逆用して喜劇的に生かしてゐた

古典劇の場合いつも感ぜられる劇場舞台の狭さは、どうしようもないが、舞台装置にシェークスピヤ時代の舞台を取入れてゐる、千田是也と本木勇の考案になる二つの廻り舞台を用ゐてその組合せで目新しい効果を出し、場数の多いかうした芝居を滑らかに進行させてゐる点この新機軸は充分に成功してゐると言へやう

音楽は各部門を通じて一番貧しい、予算の都合もある事だらうがもつと豊かに明るい楽の音でこの楽しい喜劇を包んでほしかつた（坊「都新聞」昭和十二年一月八日号）

装置の新機軸とはエリザベス朝の舞台の特色を取り入れるとの方針のもと、客席に突き出た前舞台、舞台中央の二重、その二重の両端の柱を中心にして設置された二つの廻り舞台、前舞台の下手の斜面から客席の左手に設けられた花道という基本構造に、二つの廻り舞台に立体的な装置を飾り、これを回転させることで場面転換をしたことを指している。前掲の劇評のように舞台は比較的好評だったにもかかわらず、千田是也は技術的な欠陥や解釈の誤謬以外に、われわれの生活の「みみっちさ」が舞台から精気を奪っていると反省した（「演出者の自己批判的感想」『演出演技ノート』収載）。入場者は約

三千五百人、千七百八十円の欠損だった。

三月公演は早くから『桜の園』（チェーホフ作、米川正夫訳）と決まっていたが、築地小劇場での本公演に先立って二月六日の一日だけ、東京女子大学昭和十一年度卒業生の主催公演として、日比谷公会堂で昼夜二回上演された。演出は青山杉作。このころ青山は新劇壇から遠ざかって松竹少女歌劇を主な仕事場にしていたが、千田の依頼で久しぶりに新劇に関係した。千田としては東山千栄子、岸輝子、村瀬幸子、杉村春子らが客員になっているのを活用して、ここに青山を加えることで小山内以来の築地小劇場の正しい継承者が新築地であるのを一つの特色にしようと密かに目論んでもいた。東山のラネーフスカヤ夫人、佐々木踏絵のアーニャ、本間教子のワーリャ、薄田研二のガーエフ、永田靖のロパーヒン、千田是也のトロフィーモフ、岸のシャルロッタ、真木順のピーシチク、東野英治郎のエピホードフ、弘中菊乃のドゥニャーシャ、池田生二のヤーシャ、加藤嘉のフィルスといったキャストで、三月五日から十五日までの築地小劇場での公演は、四千五百名弱の観客を集めた。

劇評はかつての築地小劇場の舞台と比較するものが多かった。

チエーホフは滅びて行く地主階級の人々にさへ愛情に充ちた感情をそゝいでゐるが新興階級としての商人、ロパーヒン、及び万年大学生のトロフイモーフ、十七娘のアーニヤに力点を置き、両者を対照的にはつきり浮び上がらせる──といふ解釈は現在の新劇にとつては既に常識である、我々は青山杉作の演出にそれ以上の新しい考へ方や演出方法を要求する必要はない、行きとゞいた演技指導によつて俳優の銘々が柔かいふくらみをもち、生活の影まで背負つてゐるやうな深みのある舞台、ひたひたと押して来るチエーホフ的詩情にこそひたりたいと思ふのである
だが今度の公演は我々の望みを百パーセント充たして呉れたと言へない、又しても俳優の力の不揃ひを挙げなければならないのは我々の不幸だ、『桜の園』で持役のきまつた薄田研二、東山千栄子、岸輝子、千田是也を除けば、他の連中は皆無理に背伸びしてゐる感じである、汐見洋のフイルス、丸山定夫のエピホードフ等を懐しみながら、舞台上の形骸に回想を踊らせる（坊「都新聞」昭和十二年三月十日号）

ロパーヒンに予定された丸山定夫は映画出演で出られず、日比谷公会堂での公演に出演した山本安英は体調を崩して本間教子が代役した。が、三月下旬からの関西、名古屋公演では主催者の大阪朝日社会事業団の要望で、山本は病を押して

出演した。

## 歴史劇とキノドラマ

『陸を往く船』（和田勝一作、八田元夫演出）の上演は、昭和十二（一九三七）年四月十六日から二十六日までの築地小劇場でだった。『坂本龍馬』（真山青果作）、『渡辺崋山』（藤森成吉作）、『洋学年代記』（貴司山治作）、『女人哀詞』（山本有三作）とつづけられてきた歴史劇シリーズともいうべき上演の一環で、明治時代初期の「日本の資本主義の発展期に肥りゆく郵船資本にからまる群衆劇」と銘打つ野心作だった。が、戯曲の仕上がりが遅れた上に、群衆のエキストラの質が悪く、好評というわけにはいかなかった。

五月初旬に『女人哀詞』による仙台巡演を持った後、六月一日から十四日まで劇団結成九周年記念公演として築地小劇場で『板垣退助』（佐々木孝丸作、岡倉士朗演出）を上演、これも歴史劇シリーズの一環と見ていい。浅野時一郎の感想。

明治維新物では有数の見応えのある芝居で、調査の行届いた脚本だったがそれは読まないまま見た。戦後偶然入手した新築地劇団上演台本によると、「征韓論の敗北や廃刀令を匂わせる幕と板垣遭難の場やその前の演説」が省かれて上演されたので、原作は五幕十二場、幕前を利用した場も加えると四場ぐらい増える脚本なのである。遭難の場は禁止、征韓論敗北の場は時間の関係でのカットだろう。序幕が明治三年、年を追って終幕は明治十五年、民選議院設立建白書作成から自由党総理就任まで、パイオニーアの血の滲む共闘を大筋に、板垣と後藤象次郎との友情を描いている。（中略）

薄田研二の板垣と永田靖の後藤、島田敬一の植木枝盛、槙村浩吉の片岡健吉、一場しか出ないが本庄克二（東野英治郎）の岩崎弥太郎と真木順の江藤新平、誰もが扮装も演技も立派だった。島田敬一の舞台姿は前年正月の『渡辺崋山』の小関三英以来である。この人はプロレタリア演劇時代もよく未決入りで休演し、出て来ると気持の好い舞台を見せた。（中略）そのほか本庄の二役の大江卓、加藤嘉の林有造、田村稔の木戸孝允、柏原徹の書記官、その他続々と出て来る維新の傑物に二役兼ねても間に合わず、助演が何人も出ていた。女の役で目につくのは日高ゆりゑの後藤の妻と山本安英の板垣の妻だった。（『続　私の築地小劇場』）

七月七日に盧溝橋で日中両軍が衝突し、宣戦なき日中戦争の発端になった。この事件以来新聞の論調は一変し、戦闘状況を一面に掲げて国民の戦意を煽りはじめた。

そういう七月中旬に『女人哀詞』での京都巡演を持った後、同月三十一日から八月十五日まで新宿第一劇場で『渡辺崋山』（藤森成吉作）が再演された。東野英治郎の自伝『私の俳優修業・改訂版』によれば、東野は丸山定夫の演じた鈴木春山に扮して、演技に「開眼」したという。この時キノドラマと銘打たれた『嗤ふ手紙』（衣笠《きぬがさ》貞之助・八木隆一郎作、千田是也・衣笠演出）が併演されて、これが話題になった。ここにいたるそもそもは、千田と衣笠とのベルリンでの出会いにあった。

前記のごとく千田が渡独のために東京を発ったのが昭和二年の四月の末で、五月下旬にベルリンに着くや精力的に活動をはじめた。この辺のことは前述したが、同四年の二月に前年からベルリンに映画事情を視察に来ていた衣笠が千田の下宿に移住して来て、二人は九月まで共同生活したことがあった。

その二人が旧交を温めることになったのは、林長二郎（のち長谷川一夫）、坂東好太郎、山田五十鈴という顔触れで衣笠が松竹下加茂で撮ることになった『大坂夏の陣』（昭和十二年四月封切）という映画に、淀君役に東山千栄子を使いたいので口説いてくれとの申し入れがあったことだった。

そこで千田が衣笠と何度か会ううちに、新劇の現状、その大衆化といった当面の課題を衣笠に話した。これを受けて衣笠が提案したのがピスカトールなどの実験を参考にして、映画と演劇を組み合わせるプランだった。映画は衣笠に製作費その他すべてを任せること、衣笠が関係することから松竹に掛け合ってもらって新劇の大劇場進出のきっかけをつけてもらうことといった虫のいい思惑がふくらんで、劇団を挙げてこれに取り組むことになったのである。

衣笠貞之助は『嗤ふ手紙』をこう解説した。

> 作品の骨格はドイツの表現派作家カイザーの『平行』から得たのですが、内容は全然創作劇といっていいほどに写実劇です。しかも廻り舞台を考慮に入れて、場面を三つに限定し、ぐるぐる廻して転換を速かならしめるやうに心がけました。
>
> 銀座裏に質屋を内職にしてゐる薬屋があります。勿論質屋業の方は無鑑札です。
>
> 質主は付近のカフェーの女給連が主ですが、ある日、初対面の男が馴染の女給の紹介で洋服を入質に来ます。

あとで洋服を調べると、ポケットの中から出すばかりに切手まで貼ってある手紙が出る。これが大変な手紙です。名宛人の女に届かなければその女は自殺するかも知れないといふのですから、薬屋の父親は焦慮するのです。といふのは、封筒を粗相して真黒にしてしまひ、名宛人の住所を読めなくしてしまったからなのです。

だが一方、それを受取る筈だった女は、自殺を思ひ止り牧場の兄の許で新たな恋愛に浸り、また手紙を書いた方の男は、あるレコード会社に首をつっ込み辣腕を振ひ、トントン拍子に出世してゆくといふ具合に、もう手紙のことはとうに忘れて、それぞれの生き方をしてゐるのです。然るに薬屋の父娘は、手紙のことを苦に痛み、遂に不具の娘が自殺してしまふに至るといふ筋です。

ここでは三つの生活が、運命が、交叉することなしに最後まで平行に進んでゆきます。従ってこの三つの流れを同時に演出するために、まづ舞台の両端に固定スクリーンを、中央には移動スクリーンを設置しました。

薬屋で、手紙を中心に事件が運ばれてゆく時、一方のスクリーンにはそれを受取る可き娘が、また他のスクリーンには差出した男が、同時に映写されます。……

かうして両側に写し出される場面は、映画の方で言へばオーバーラップの形で舞台の転換を助けてゆくことになってゐます。(中略)

だが最後の場では、やや大胆な試みがなされてゐます。

舞台装置の一個所をスクリーンとして、舞台に登場してゐる俳優と同じ俳優の姿が写し出され、自問自答するといふ、トーキーとの結合によってのみ可能な方法が採られてゐます。同時に、これまで劇として進行してゐた牧場とレコード会社との終結の場面が、一方は盆踊りとして、一方は祝賀会の光景として、一時に両側のスクリーンに映し出されるのです。演劇と映画が三つの流れを同時的に演出しようといふのですから、音響の処理、効果、照明等に就ては今から予断を許さぬ点が実験に当って幾多生じてくるだらうと思ひます。(千田是也『もうひとつの新劇史』より)

脚本は八木隆一郎が京都へ行って衣笠と協力、衣笠が映画を、千田が演劇の部分を担当して、七月のはじめから撮影がはじまった。薬屋の主人が薄田研二、その娘が山本安英、手紙の差出人が千田是也、受取人が日高ゆりゑ、レコード会社の社長が永田靖、その娘が客演の杉村春子、牧場主夫人が東山千栄子といった配役で、村山知義が次のような劇評を書いた。

面白かつたことは、やはり映画人が台本製作からたづさはつてゐるために、この『嗤ふ手紙』は内容もドラマトウルギーも全然映画的だと云ふことだ。（中略）

まづ第一に、主題と、その芸術的取扱ひ、筋の発展させ《（ママ）》方が、現在の興行映画の水準とテクニックに全然一致してゐるのである。新劇が興行映画的水準に引き下ろされたと云つていいのである。劇団当事者は大衆化の道だ、と云ふかも知れない。しかし、あのやうに低調な流行歌的現実に泥まみれになることが大衆化の道であろうか？　あの流行歌的現実は諷刺の対象として取り上げられてゐるのだ、といふかも知れない。なるほど筋を追つて考へて行けば諷刺されてゐる。だが芸術は理屈ではない。あの初めから終りまで鳴らしつづけられ、映画と演劇とで提供されつゞける流行歌的現実は決して諷刺的なものとして観客の感性には這入つて来ない。むしろあのキノドラマ全体の『基調』として這入つて来る。（中略）

要するに、このキノドラマは、一応映画が使はれた、しかもその映画が、映画専門家が作つただけあつて、技術的にチヤンとなつてゐる映画であつたし、演劇とのうつり変りのキツカケが間違はずにうまく行つてゐた、といふ程度にとどまつてゐる。

だが、それだけにしろ、最初の試みとしては、充分にその努力が買はれていい結果であつた。単に目先の新しさを覘《ねら》つたスペクタクルではないものに成り得たのは、恐らく、衣笠貞之助、千田是也両君の、余程の良心的な努力の結果だらうと思つて、その点、衷心、頭が下つた。（「新築地のキノ・ドラマ」『演芸画報』昭和十二年九月号）

入場者は推定で三万人、森信三の『新劇史のひとこま・新築地劇団レポート』によれば総収入千二百円、総支出七百二十九円余となっているが、これには映画の製作費は計上されていないらしい。が、これをきっかけに何人かの俳優が松竹下加茂の準専属になり、劇団の大劇場進出の糸口にもなったから、当初の目的のいくぶんかは達成されたと見ていい。が、キノドラマの試みはこれだけで終わった。

## 劇団改組

『嗤ふ手紙』の終演後、十日間にもわたるこの年度の決算総会が開かれたが、これが大いに紛糾した。大幅な劇団改組のためである。

前記のような各委員会が十分機能しなかったのを欠陥として、大幅な機構の改革と人事の配置転換を図ろうとしたものの、揉めに揉めた。やっと整理委員に一任と決まり、その委員に佐々木孝丸、薄田研二、島田敬一、岡倉士朗、千田是也が選ばれて、この五人の三日間の相談の果てに劇団改組が断行された。端的に言えば、生活保証をともなう俳優中心の集団にしようとしたのである。そのため事務部門に直接携わらない作家、演出家、装置家、照明家などは劇団の外部に置いて文芸顧問団として劇団活動に関わってもらうこととして、これまでの幹事長、製作事務長、企画事務長で構成していた常任幹事会は廃止、替わりに幹事会を隔週定期的に持ち、五人の幹事がそれぞれ書記長、企画事務長、製作事務長、レパートリー委員長、教育委員長を兼任することにした。

この改革案は昭和十二（一九三七）年九月二十七日の総会で承認され、島田敬一（書記長）、薄田研二（企画事務長）、山川幸世（製作事務長）、岡倉士朗（教育委員長）、千田是也（レパートリー委員長）が新しい幹事に選出されるとともに、佐々木孝丸、八田元夫、和田勝一、土井逸雄、八木隆一郎らの劇作家・演出家は青山杉作、藤森成吉、舟木重信、羽仁五郎、服部之聡、伊藤熹朔、衣笠貞之助、金須孝、熊沢復六、三神勲、三好十郎、中野重治、篠木佐夫、高倉テルらとともに文芸顧問団に加わり、柏原徹、浜村純、真木順らの俳優や田辺達、米山彊、依田一郎らの舞台部員が劇団から去った。「去った」と言えば聞こえはいいが、要するにクビにしたわけで、この件はやがて都新聞の「劇壇秋風帖」に「新劇最初の馘首」と題して以下のように報じられた。


「新劇の歴史に脱退、分裂、除名はあつたが未だ嘗て馘首はなかつた」といふのは改造（注＝雑誌名）の演劇子が指摘した通りだ、こゝに至るまでには相当波瀾曲折があつた訳だが、直接の原因は『嗤ふ手紙』の公演当時、千田是也が気を腐らして劇団を辞めたいと申し出たことにある、その理由は「自分は俳優として薄田、山本の芸風と合はず、演出者としては一部の俳優しか付いて来ない」要するに新築地全体の空気とうまく融和出来ないからいつそ見切りをつけた上自由な立場に立ち各方面から有能な技術者を狩集めて、以前手がけたテス（注＝東京演劇集団。前述）みたいな仕事を始めたいと思つてのことだつたのぢやが八月は偶新築地の決算期に当るので、極力千田を引留にかゝる一方彼と薄田、佐々木孝丸、島田敬一、岡倉士郎《ママ》の五人を整理委員に挙げて局面の転換を図つた、先づ俳優中心で公演本位の隊形をとるため、今まで五月蠅《うるさい》ばかりの小姑的存在だつた演出部、文芸部を解消して、外側に顧問団として置きこの際出来るだけ荷厄介なお荷物を振棄ることが職業劇団になる捷《はや》道ぢやといふ結論になつた、腹が空つたら目が眩む、目的のためには手段を選ばず、新築地が規約の第一条に掲げた「人類の進歩に必要なる文化的進歩的な演劇を創造することを以て目的とする」といふ進歩的な看板を降ろしてゞもメシが喰へるやうにといふ極端な俗論まで飛び出した時には俺は「世も末ぢや」と嘆いたことぢやつたよ、丸山定夫は「職業化して卑俗なものをやるより研究劇団としての道を歩め」といふ意見だつたが大勢はどうしようもない、頭はなくとも腕だけ達者な「職人劇団」として進むことになつたので、結局、柏原徹、武内武（浜村純）、田辺達、米山彊、依田一郎がやめてしまうたが、之が苦悩の道を共にして来た同志に対してとるべき道であらうか、お荷物を振捨てるにしてももう少し同志的なやり方があつたやうに思ふが無茶をやりをる、演劇を一生の仕事として打込んで来てゐる人間を捉へて、のびる見込みがないと烙印を捺してから追ひ出すみたいで先づこの遣り方を面白く思はない真木順が飛び出し、岡田寿がやめたいと言ひ出した、又生活を保証するため最高五十円から最低廿五円までの四クラスに分けることになつたが、大同団結が提唱された時、階級的な区別は面白くないと真向から反対したのが新築地の連中だつたのだからつく〴〵皮肉なもんぢやねエ、すると今度は階級的に気を悪くした弘中菊乃がやめ、この空気に不満を感じてゐた山本安英、日高ゆりえ（ママ）が病気と称して稽古場に顔を出さないため『土』公演の予定に差支へ、到頭五日初日の予定を九日に延ばしてしまつた位ぢや。（「都新聞」昭和十二年十月二日号）

劇団は一種危機的な状態にあったわけだが、加えて新協劇団との間でまた出し物を巡ってのトラブルが起きた。『アンナ・カレーニナ』（トルストイ原作）である。

話は前年の決算総会にさかのぼる。

熊沢復六を介してモスクワ芸術座が創立四十周年記念に『アンナ・カレーニナ』を上演するのを知った新築地は、熊沢を中心にトルストイ委員会を設けて日本でも上演すべく準備にかかり、モスクワの土方与志に上演台本が出来次第、日本に送ってくれるように留守宅を通じて手配した。その後ヴォズニェセンスキー脚色の上演台本を入手するや粗訳を頼んでトルストイ委員会で検討したが、いい脚色ではないとの結論に達して、モスクワ芸術座が正式に採用する上演台本の届くのを待つことにした。

この年の六月にモスクワ芸術座が四月に『アンナ・カレーニナ』を上演したとのニュースに接し、その紹介のされ方からヴォズニェセンスキーの脚色ではないと判断して土方からの便の届くのを待つかたわら、『アンナ・カレーニナ』を十月に上演するという予告を劇団機関誌の七月号に載せた。

　これに対して新協劇団がヴォズニェセンスキー脚色の『アンナ・カレーニナ』を杉本良吉の翻訳・演出で十月の築地小劇場で上演すると発表した。驚いた新築地はゴーリキー追悼公演以来の両劇団の演目の合理的整理について新協との話し合いを申し入れたが、新協はこれを拒否したのみならず、新築地がこの脚本を独占する権利はないなどと難癖をつけてきた。

　私にしても、この新協『アンナ』の翻訳者演出者にあげられているのが、新協・新築地の協力・融和の必要を一番よく知っているはずの、またそのために二人で協力しようと約束しあった杉本であっただけに、これはすごいショックだった。

　だが、そのころ杉本は新派の演出で忙しく（注＝杉本は井上正夫と組んで中間演劇運動の一翼を担っていた）、私もキノドラマに血道をあげたりして、ずって会っていないので、じかに会って話せばなんとかなろうと思いかえし、新協の事務所に出かけてみたが、うまく逃げられ、その腹いせに、書記局の信欣三君をやたらに怒鳴りとばしただけで引きあげて来た。そのあげく『月刊新築地劇団』の十月号に、「正義の看板」と題するつぎのような縁切り状を書いた——

「昨年の秋のシーズンにはわたし達はゴーリキイの追悼公演を新協劇団と協同で持った。だのに今年の秋は『アンナ』の上演をめぐる新協・新築地の泥仕合とやらが世間をにぎわしている——芸術の擁護が、すべての文化的集団の協力が最も必要とされているこの時期に。

　新協の〈僚友の正義〉とやらによれば、これは新築地のこの脚本にたいする縄張り根性や、不誠実に責任があるのだそうである。

　新築地はしかし、こっちが一度発表した作品は他の劇団がやる権利はないなどと争ったことはない。同じ小説の同じ脚色の翻訳を続いてやるのは一般の観客には不親切だし、今のような御時世に泥仕合めいたことをするのはやめたほうがよいと言ったまでだ。（中略）

　ともかくも新劇の〈大同団結〉とやらいう標語をもとにつくられたはずのこの劇団は、同じ新劇団にむかって、くだらぬハッタリや嘘っぱちや術策をもてあそぶのはやめたがよい。〈大同団結〉の三周年の記念に、せめて前非を悔いるがよい。」

話は別になるが――いや、けっして別ではないのかも知れぬ――私たちがモスクワ芸術座の本物の上演台本が届くのを首をながくして待っていた頃、モスクワの土方先生のほうは、モスクワ市内務人民委員会外事課から突然、滞在権利喪失を言いわたされ、数日以内にウラジオストック経由で国外に退去せよというのを、やっとレニングラード経由に改めてもらい、親子四人が、同じ処分を受けた佐野碩といっしょに、フランスの汽船でレニングラードからフランスのルアーブル港に渡り、パリに亡命するという、先生の一生のたいへんな転機にぶつかっておられたのである。（千田是也『もうひとつの新劇史』）

それにしても、モスクワ芸術座の本物の上演台本にこだわったあたり、翻訳劇の上演が「本場」のコピーだというわが国独特の演劇的風土を醸成した背景がよく分かる。

## 『土』の大成功

劇団の改組、『アンナ・カレーニナ』の上演をめぐるごたごたの最中の昭和十二（一九三七）年九月六日に、文学座が創立された。その翌日には創立総会に顔を見せていた友田恭助が召集され、一か月後の十月六日に上海戦線で戦死した。新劇俳優のはじめての戦死で、劇界は大きな衝撃を受けた。

『アンナ・カレーニナ』を新協に横取りされた新築地は、これに替わる秋の第一作として長塚節《たかし》の『土』を選んだ。千田によればこれは文芸顧問団の和田勝一の提案で、脚色は節の従兄弟の伊藤貞助が、演出は岡倉士朗が担当することになった。が、貞助が地主と小作の対立を主軸に没落していく地主に重きを置こうとしたのに対して、岡倉は小作の勘次を集中的にリアルに描くのに力点を置いた。貞助は仕上がりに不満だった。劇評を一つ。

長塚節氏の小説『土』は、私のかつて最も愛読した作品の一つである。今二十数年に近い歳月を距てゝ、舞台に上る。名作の不朽を、第一につく〴〵感じさせられた。しかも、新築地の所演は、甚だ好技である。慶賀に堪へない。伊藤貞助氏の脚色は、脚色自体として立派なものであるが、欲をいへば築地小劇場といふ廻り舞台のない、而も狭くて装置に困難な劇場といふことを考慮に入れた時、無理でももっと場面の少い脚色を取って欲しかった。あの短い舞台に二十分の幕間が連続出てくるのは、効果的に甚だしく不利である。だが、この発展性の少い、比較的了解され易い性格と、単に事件の起伏を続けて行くだけの単調な小説の脚色も、俳優連の揃った好演技に、終ひまで興味深く見せたのは大成功である。又欲を云へば切りがないが、兎に角演技にあれだけバラエティとニュアンスをつけた岡倉士朗氏の演出もほめられていゝ。

俳優としての出来は、先づ山本安英の勘次の娘おつぎである。実によく役柄をのみこんで、特に小柄も役立ち、浮き出すやうな立派な出来である。つづいて、薄田の勘次の、陰鬱な吝嗇のひねくれ者、地虫のやうに土にしがみついて、はかない希望に喘ぐ男の執拗な陰影も性格的に滲んでゐるのをとる。その他永田靖の卯平爺さん、年老の癖に元気な本庄（注＝東野英治郎）の平造爺さん、いかにも田舎々々した妙味のある新田（注＝村上冬樹）の巡査、これらが又全体に夫々《それぞれ》の色彩とアクセントをつけて、ともすれば、単調に陰鬱になる舞台を興味深く救ってゐた。日高ゆりゑの地主のおかみさん、槙村（浩吉）の作者を偲ばす小旦那も、薄いながらも何か影があり、特に与吉になる子役が、適役で、全体を通じてのローカルな感じを一人でひきしめてゐたと云ってもよい。出色のものであった。兎に角これだけ俳優の揃った好技を見せようとは、意外な位であった。（後略）（関口次郎「東京朝日新聞」昭和十二十月十五日号）

村の衆や若い者には千秋実《ちあき》や多々良純らも出ていたが、十日間十二回の公演で招待を除いて五千七百人の観客を集め、最後の四日間で入場できない観客が千人を越え、経営部が再演を約して了解を求めた。総収入四千二百八十七円余、総支出が二千百三十円弱で、二千百五十七円の収益があった。『土』の成功は岡倉流のナイーブ写実主義と呼ばれた方法を劇団の主流に押し上げた。

好評の『土』の終演後、十月末から一週間、渋谷の東横映画劇場で映画のアトラクションとして『彦六大いに笑ふ』（三好十郎作、山川幸世演出）を上演した。これは昭和十一年八月に井上正夫が杉本良吉の演出で手掛けて大評判になった戯曲で、山川の演出はそのコピー、薄田の彦六は井上に比べて線が細いと評された。

十一月七日から十五日まで、築地小劇場で観客に約束していた『土』を再演、さらに十二月十日から十六日まで同劇場で三演し、初演以来の観客は一万人を突破した。

この間の十一月二十七日から三日間、新宿第一劇場で『嗤ふ手紙』を再演し、『どん底』（ゴーリキー作、小山内薫訳、八田元夫・山川幸世演出）を併演した。ゴーリキーの追悼時に新協劇団に取られたので新築地としては満を持しての公演だったが、新協の新演出に比較して溌剌さに欠けると言われた。東野英治郎のルカに千田是也のサーチン、永田靖のペーペルといったキャストだった。
この年最後の公演は十二月十七日から二十三日まで、原題の『フロント・ページ』を『ジャーナリスト』(ペン・ヘクト／チャールス・マッカーサー作、菅原卓訳、千田是也演出)を築地小劇場で上演した。アメリカの現代戯曲である。『士』を併演。

演出の千田は劇団改組でレパートリー委員長になっていたが、やがてこれを岡倉士朗に任せ、岡倉の担当だった教育委員長に就いていた。千田が演技論に興味を持って、俳優の再教育や基礎訓練に打ち込みたいと思うようになったのである。千田の書いているところでは、その点で役立ったのは雑誌『劇作』に連載されたレオン・ブレモンの「物云ふ術と演劇」(田中千禾夫訳、昭和七年三月創刊号〜同年十月の第八号まで)、シャルル・マックスの「『身振り』研究覚書」(田中千禾夫訳、同八年一月第十一号)、コンスタン・コクランの「俳優芸術」(中川龍一訳、同八年十一月第二十一号、第二十三号〜第二十六号)、ストリンドベリの「俳優の芸術」(菅原太郎訳、同九年五月第二十七号〜第三十三号)だった。とりわけ勉強になったのは昭和十二年の四月号から十一月号まで雑誌『劇と評論』に連載されたスタニスラフスキーの『俳優修業』(山田肇・杉山誠共訳)で、『劇と評論』の休刊で連載が中断された時、千田はその肩代わりを『テアトロ』に薦めた。が、中断されたとは言え『俳優修業』は多くの演劇人に影響を与えた。

担当が変わったとは言え千田がレパートリー選びの仕事からすっかり手を引いたのではなく、新築地では手付かずのままの、欧米の現代戯曲上演のための下準備として海外新興演劇研究会を創設してその委員長になり、まずハンガリーの劇作家ユリウス・ハイの『持つということ』を十二月に上演すべく翻訳した。ところがこれは「私有財産否定劇だ」と警視庁の検閲が通らず、急いでつき替えたのが『ジャーナリスト』だった。が、舞台は不評だった。

『ジャーナリスト』原名『フロント・ページ』はかつてルイズ・マイルストンの監督によつて映画化され『犯罪都市』の題名で上映されたが(注＝昭和八年六月封切)、市伽古《しかご》の裁判所記者倶楽部を舞台に、こゝにとぐろを巻く記者生活の断片と気質を描きつゝ、商品化したジヤーナリスムと腐敗した政界にメスを入れた暴露とスリルに富んだ、アメリカ現代劇の代表的な作品の一つである

これを舞台に移す場合、アメリカ的な表現は勿論、スピードのある台詞を根本的に叩き込んで行く必要があり、このためには特に念入りな準備が必要であるにも拘らず、粗雑な稽古の跡ばかりが目立つたのは遺憾である。機関銃のやう

に火花を散らす台詞の嚙み合いがなく、徒らに大声でわめき散らす騒々しさがあるばかりで、一向に整然たるテムポもリズムも感じられなかつた

演出（千田是也）以前の基礎訓練と台詞をよく覚え込むことを俳優諸君に要求したい、電話をかける時の朗読調、一本調子のセリフについて細かく指摘するのはそれからのことにしよう

ザツな演出のため原作に用意されてある息詰るやうな個所がぼやけ平板なものになつてゐるが、それでもなほ原作の面白さは窺はれない事はない、記者達の間では永田靖のマアフイ、新田地作（村上冬樹）のマツクウが目立つたが、全体にもつと軽いユーモラスな調子が欲しい、（後略）（坊「都新聞」昭和十二年十二月十二日号）

『ジャーナリスト』はともかくとして、新築地はこの年、舞台的にも興行的にも上昇気運を摑んだと言える。東野英治郎が一舞台ごとに成長を見せたのもこのころだった。

## 『綴方《つづりかた》教室』の大ヒットと脱退騒動

昭和十三（一九三八）年早々に、劇界は大震動に見舞われた。新協劇団の演出家杉本良吉と井上正夫が主宰する井上演劇道場の女優岡田嘉子が、雪の樺太（現・サハリン）国境を越えてソ連に亡命したと五日の各紙が大々的に報じたのである。が、これは後述する。

新築地は一月中旬から『土』の大阪、京都公演を行い、大阪では五日間七回の公演で七千三百名の、京都では三日間五回のそれで四千七百名の観客を集めた。関西で関東の農村物が受けたのは、相当珍しいことだった。

帰京してすぐ『幽霊』（イプセン作、森鷗外訳）に取り組み、再度の青山杉作演出で二月五日から十五日まで、築地小劇場で上演した。舞台的にも興行的にも、これは鳴かず飛ばずだった。が、三月六日から二十日まで、同劇場で上演された『綴方教室』（豊田正子原作、古川良範脚本、岡倉士朗演出）が、驚異的なヒットになった。新築地はこの年いっぱい、『綴方教室』で明け暮れたと言っても過言ではない。

原作は鈴木三重吉の主宰する雑誌『赤い鳥』に発表された豊田正子十二歳の時の作文を中央公論社が単行本として出したもので、この時正子は十七歳、江東地区のある会社で働いていた。『綴方教室』の舞台化を企画したのは和田勝一で、脚色者としてシナリオ作家の古川を推したのも和田だった。『土』といい『綴方教室』といい、和田のカンが冴え渡った。

スタッフやキャストは原作者の住む四ッ木方面に日参してモデル調べや観察に努めた。『土』以来のナイーブ写実主義の発露である。山本安英の正子、東野英治郎の父、日高ゆりゑの母、岡田寿之（寿）の先生、加藤嘉の天野のおじさん、本間教子の天野のおばさん、正子の弟たちを野村哲男と野村史郎という子役が演じた。岩田豊雄の劇評。

近ごろは商売人より新劇の方が、企画が上手だという評判だが、『綴方教室』なぞもその一例だ。興行企画として、時下、満点であるが、芸術企画としても相当のものである。

つまりナイーブな写実主義というものを、真っ向熱心に採用したのが、今度の特色である。原作者が十二歳（当時）の少女であることが、まずそれを規定したのである。

そうして幕が開いてみると、ナイーブな写実主義の威力は、案外に強いものと、誰しも驚く。発展的写実主義なぞは、当分不用品なのではあるまいかと思わせる。

新築地のみならず、一般の新劇も、負うた子に浅瀬を教えられて、当分こちらの勉強をするのが自他共に助かるのではあるまいか。

豊田正子作古川良範構成となっているが、むしろ創意的な脚色台本と見るのが至当である。綴方朗読は、紗幕やレコードの取扱い方と共に、いささかウルさい。そんなことをしなくても、豊田正子の作文は立派に生きるはずである。

役者では、山本の正子がみごとに十二歳の少女の肉体に飛び込んでいる。推賞に値する。その弟になる二人の子役が、子供に優る写実俳優なしの理を発揮して、どれだけこの芝居を助けてるか知れない。

その次に、日高の母親がよろしい。これも推賞モノである。本庄（東野）の父親は、もう一段で写実主義入門。その他はナイーブ写実主義の落第生揃いだ。

この芝居は『どん底』を見るより面白い。あの翻訳劇のような空虚をともなった暗さは、この江東の貧民街劇には見出されない。演出上の前述の細巧を改めれば、十分長期興行に堪える性質の芝居である。（「東京朝日新聞」昭和十三年三月十一日号『岩田豊雄演劇評論集』より）

正子の弟稔坊を演じた野村哲男は、『土』の与吉に扮して絶賛された子役である。

圧倒的な好評だったにもかかわらず、千田是也は『女人哀詞』から『土』、そして『綴方教室』とつづいた大衆化路線やナイーブ写実主義、とりわけ薄田研二や山本安英の「名優主義」には反対で、劇団内で彼らの演技には水と油を感じると公表していた。やがてこれが問題になる。

『綴方教室』の後『江戸城明渡し』（藤森成吉作、山川幸世演出）と『嗤ふ手紙』の二本立てで京都公演に出ようとしていた三月二十日夜の東京駅で、京都公演に出るはずの七人の研究生が突如脱退届けを出す騒ぎが起きた。都新聞の記事。

（前略）興行的には順調な道を辿つてゐるやうに見えながら、前々から劇団内部の研究生の間に不満が募り、幹部との摩擦を続けて来たが、幹部側の圧伏も肯かず遂に研究生川原利恵子、佐々木踏絵、多々良純、田所千鶴子、千秋実、夏目銅一（のちの殿山泰司）、藤村《ママ》伸一の七名は断乎同劇団を脱退することゝなり、廿日夜西下するため列車に乗込んだ薄田研二、千田是也、山本安英等幹部に出発間際退団届と劇団員への挨拶を手交した、（中略）尚脱退組に元新築地の演出家佐々木孝丸の愛娘佐々木踏絵も参加してゐることが注目される。

脱退組の不満は昨年九月、同劇団で多大の犠牲を払つて行つた改組問題にその端を発し、その鉾先は千田是也に向けられてゐるが、その主張するところに依れば

　劇団規約の表面だけ合議制を謳ひながら薄田研二、本庄克二（東野英治郎）、千田是也、岡倉士朗、山川幸世の幹事会の独裁によつて劇団が運行され、昨年の改組によつて佐々木孝丸、八田元夫、和田勝一、八木隆一郎、土井逸雄等を組織外に置き、千田是也のみ俳優として留つたにも拘らず、俳優としてより演出家として専横を恣にし、組織の運行、人事等が悉く同氏の感情と嗜好によつて決定され勝ちで、研究生はその頤使に甘んぜねばない《ママ》のは到底我慢出来ないと言ふので、この不満は昨年十一月にも表面化し、この時は研究生の手当を月三円から五円に引上げて一先づ納まつた、然るに今度京都で上演する『嗤ふ手紙』で女給直江の役を研究生の川原利恵子がやることになつてゐたところ、演出者が

勝手にこれを客演の岸輝子に与へた為研究生側が納まらず一同脱退の決意を固めて幹事会に当つたところ、その態度が誠実を欠き、満足な解答を得られなかつたので、「腐敗した」劇団に見切りをつけ脱退届を提出するに至つたものである。

脱退組七名は廿一日にこれまでの経緯を記した長文の声明書を発表したが、佐々木踏絵、夏目銅一等は昂奮して口々

に次のやうな実状を語った

新築地は興行的に当つてゐるので表面うまく行つてゐるやうに見えますが、その内実は前進座等に比べて恥しい位、腐り切つてゐます、経済的には段々よくなり、月給制が確立して幹部俳優は最低卅五円から最高七十円まで貰つてゐますが、我研究生はたつた五円です、今度の配役問題にしても我々は当然川原（利恵子）君のものだと思つてゐたのに、突然四十五円も出演料を払つて岸（輝子）さんを連れて行くことになり、これについて説明を求めても満足な解答を得られませんでした、千田氏が岸さんを好きだといふやうな個人的な問題と劇団組織をごつちやにされては耐りません、これをキッカケに日頃の研究生養成態度の無方針、無責任に対する我々の不満が爆発した訳で、こんな状態では我々は不安な気持が募るばかりです、私共が改革的な意見を提出しても、頭ごなしに叱り飛ばされるのが落ちで、その癖劇団内部は常に無統制なので愛想をつかし、真の演劇運動に精進するために脱退しました、（昭和十三年三月二十二日号）

鉾先は千田是也に向けられていた。が、戦前の歩みを詳細に述べている千田の自伝『もうひとつの新劇史』には、この脱退騒ぎは一言も触れられていない。

騒動の続報。

研究生の不満が昂じて脱退騒ぎを演じた新築地劇団では、俳優の大部分が京都南座に出演中だつたので総会で対策を講ずることも出来ず、旅公演からの帰京を待つて去る三日幹事会を開催、続いて四日午後二時から同劇団事務所に総会を開いて協議した結果、脱退組に対して直に除名処分等の強硬手段を取らず、脱退理由が明かでないといふところから書記局宛に提出された脱退届を七人に突返して、個々面接を行った上真理《ママ》を訊き、翻意の余地があるかないかを打診してから、十日頃適当な処分を行ふことになつた

次いで劇団員の給料増額の件が提出されたが『土』『綴方教室』とこのところ黒字続きのため、新協劇団と歩調を合はして今まで最低廿五円から最高五十円までだつたのを総花的に昇給して最低を四十円に引上げ

最高は薄田研二、山本安英、丸山定夫（出演した時のみ）の九十円、千田是也の七十円、永田靖（演出部）、岡倉士郎《ママ》、山川幸世（経営部）、近藤強太郎、森信三の六十円、岸輝子が正式に劇団員となり、本庄克二と共に五十円といふところ

これで貧乏がつきものゝ新劇俳優もやっと生活の安定だけは辛うじて保てる訳だ、それでも此「国民皆税時代」に所得税を払ふのはたつた三人きりといふ淋しさである（「都新聞」昭和十三年四月六日号）

俳優のギャラがオープンなこと、また月給制が確立していたことに驚かざるを得ないが、多々良純と田所千鶴子は六月に劇団に復帰し、夏目銅一こと殿山泰司も少し遅れて復帰した。が、千秋実、佐々木踏絵、藤村伸一、川原利恵子らは五月会演劇研究所を設立し、十一月に築地小劇場で三日間、第一回試演会として『幽霊荘』（三好十郎作）、『濡れた国旗』（山本邑作）を上演した。

脱退騒動が一段落した四月二十七日から三日間、劇団創立十年記念公演の第一弾として新宿第一劇場で『綴方教室』と『子もり良寛』（高倉テル作、千田是也演出）を上演し、第二弾として五月六日から十五日まで、築地小劇場で『黴』（真船豊作、久保田万太郎演出）を手掛けた。真船豊と久保田万太郎のことは改めて書くが、創作座で真船を起用したことから深い関係だった久保田に演出を任せ、新築地とは相入れないと思われていた作家や演出家が関わっただけに、関心を持たれた公演である。東山千栄子や杉村春子も客演した。が、好評というわけにはいかなかった。

記念公演の第三弾は『ハムレット』（シェイクスピア作、三神勲・岡橋祐訳、山川幸世・岡倉士朗演出）で、五月十七日から六月一日まで築地小劇場で日の目を見た。当時新築地でハムレットと言えば薄田研二の持ち役だったが、俳優修業のやり直しに情熱を燃やしていた千田是也が名乗り出てハムレットに扮した。薄田は別に文句も言わなかったが、クローディアスを……との要請を断って、墓掘りに回った。面白くなかったのだろう。永田靖のクローディアス、中江良介のポローニアス、岡田寿之のホレーショ、石黒達也のレアチーズ、東山千栄子のガートルード、山本安英のオフィーリアその他のキャスト。因に、シェイクスピア研究の権威で、その全戯曲をはじめて個人全訳した坪内逍遥は、この三年前に没していた。新訳はこれとも関係があったろう。劇評を一つ。

（前略）この前の時（昭和八年十月の築地小劇場改築記念公演）には坪内逍遥博士のテキストだつたが今度は三神勲、岡橋祐両氏の現代語による新訳を用ひてゐる、訳文は平明だが、古典の荘重と匂ひに欠けた憾《うら》みは免れない

演出の基調をハムレットの台詞「何でもやり過ぎることは、芝居の目的に外れてゐる」に置いたやうに見受けられ、大時代な科白は避けてゐるが、身についた芸がないため素でやつて、面白味が滲み出るところまでに至らず、内にこも

る力が戯曲を突抜けてゐないので、所謂シェークスピア的潑剌さに乏しかつた
全体を通じて一番光つてゐたのは、暗に違はず千田是也のハムレットである、この古典劇に対する深い理解と水際立つた身のこなし……我国でハムレット役者を求めるならば、これ以上の適役は彼を措いて他に無いと思はれる位だ、新劇にこれだけの魅力を持つた俳優は鳥渡見当らない、殊に眼の表情にこれだけ物を言はせるのは類稀《まれ》ではないか（これは同型の石黒達也―もとの利根川春吉のレアティーズの空振りと比較すれば明かだ）（中略）
山本安英のオフイーリヤは奔放にすぎず、可憐な人形にもならずしつとりと気品を堪へてゐたが、永田靖の王クローデイアス、東山千栄子の王妃ガートルードは共に堂々たる押出しながら心の内の苦悩の影が充分に現れてゐなかつた
ポローニヤスの中江良介には滑稽味が欲しい、といふよりもつと貫禄のある俳優にやらすべきだが、丸山定夫が出ず、薄田研二が墓掘一役に逃げてゐるので他に人が無かつたのであらう、端役が貧しいため、俳優陣の手薄をさらけ出してゐた、その中にあつて亡霊の加藤嘉、ギルデンスターンの恩田清二郎の進境を認める……（坊「都新聞」昭和十三年五月二十三日号）

千田是也三十三歳のハムレットである。入場者は約六千人、二日日延べになったものの、五十円余の損金が出た。

六月十二、十三の両日、劇団の東京後援会の主催で「従軍記者慰問資金募集公演」として日比谷公会堂で『綴方教室』を上演した。日本新聞協会の後援、中央公論社、岩波書店、改造社に山本有三、久保田万太郎らの賛助によるもので、純益金四百円を日本新聞協会に贈った。この後大阪朝日新聞社社会事業団の主催で『綴方教室』を大阪と京都で計九日間上演し、次いで静岡是枝基督教会の主催で静岡市公会堂で二日間『綴方教室』を出し、七月は大阪・中座に進出して一日から七日まで『子もり良寛』と『女人哀詞』を、八日から十日まで『黴』と『綴方教室』を上演、帰京して八月二十四日から三十日まで、丸ノ内松竹劇場でも『綴方教室』を出して、次の演劇シーズンに備えた。結局『綴方教室』は三万人の観客を動員した『土』の記録を上回り、合計五万五千人を動員した。

この間の七月、千田是也は一度ドイツへ帰りたいと言っていた妻イルマの旅費稼ぎのために、『黄浦江の月』という中国戦線で活躍する砲艇隊の記録映画にスタッフの一員として参加、九月中旬まで中国にいた。千田の最大の収入源だった新興キネマは『嗤ふ手紙』の製作に夢中の間に、契約を打ち切られていた。劇団ぐるみで松竹下加茂の準専属になったのは八月で、順調だった公演に加え、経済的により強い裏打ちを得た。ＰＣＬとの映画出演の契約が切れた丸山定夫がフリ

ーになって、自由に舞台に出られるようにもなった。その一方、応召する永田靖と村上冬樹の歓送会が八月十九日に朝日クラブで開かれたように戦争の影が直接劇団にもおよびはじめ、加えて千田是也と岡倉士朗の路線を巡る対立が、次第に激しくなってきた。

## 路線を巡る対立

決算総会は八月開催が通例だったが、この年は七月二十四日から開かれた。この前後を森信三はこう回顧している。

昨年の『土』につぐ今期の『綴方教室』は順調な推移をみせていたが、岡倉の自然主義派的な現地主義（ナイーヴ写実主義）といわれる演出に批判的な千田は、岡倉の独走的な傾向と対立して指導部の混乱を招いた。薄田研二は幹事長を辞任して千田にすべてを託す決意を固めていたが、千田は幹事長を引き受けるどころか書記長をも辞任すると申出たのである。まことにおだやかではない空気が、総会以前にすでに漲っていた。

薄田はそのジレンマに陥ってひそかに私に相談をもちかけた。さらに薄田は千田の指導理論を中心に考えるべきだと主張してゆずらなかった。自分は役者であって劇団を指導する理論家ではない、ということを第一の理由に挙げていた。私はその意見に強く反対して、薄田の幹事長留任を説いた。新築地の代表者は、対外的には役者でなければ通用しない面があることを繰返して述べた。しかし内部的には千田の理論を尊重して統一を計るべきだと主張して薄田の翻意を促したのである。けれども一方の千田もまた書記長辞任の意思が堅く、幹事長とか書記長とかそんな面倒な事務的な仕事から解放されて、演出、俳優に専念したいと主張して容易にその意思をひるがえそうとする気配はなかった。劇団は分裂の危機を迎えようとしていた。その最後の時間が迫ったとき、はじめて薄田は千田の書記長留任を条件に、自分も幹事長に踏みとどまることを決意したようであった。私はそれを確認して薄田の考えを千田に伝えるべく、もう一度最後の交渉をもった。千田是也は雑務的な仕事はしないという条件を持ちだしたが、ようやく二人の妥協をみることができた。（『新劇史のひとこま』）

事態は深刻だった。

秋からの新しいシーズンは十月六日から二十三日まで築地小劇場で上演予定の『金銭』（伊藤貞助作、岡倉士朗演出）が第一弾だった。丸山以外は中国から帰国した千田是也をはじめ、劇団員総出演の舞台である。ところが開演するや大変な不評で、二十日で打ち切りという異常事態になった。貧農の息子が苦学して大学を卒業するものの、金が支配する社会に翻弄される……という物語だが、構成が弱く、突っ込み不足のご都合主義だと評された。

公演の途中打ち切りを提案したのは千田だが、稽古の時から岡倉の「ナイーブ写実主義」と、千田の「典型的葛藤を芸術的に現実感をもって描出できるような高度な芸術的空想力と構成力」を持った「新しいリアリズムの追求」という考えが、きしみはじめていたのである。

公演を途中で打ち切り次回の『武蔵野』(梅本重信作、岡倉士朗演出)の稽古に入る異例の処置が取られたが、この自然主義的な岡倉の推薦作も、千田はやると決めたからやる……という程度の関心しか持てなかった。

『武蔵野』に先立って十月二十七日から三日間、『綴方教室』の仙台公演を持ち、『武蔵野』を十一月四日から八日まで大阪で、同月九日から十一日まで京都で上演、帰京して十一月二十日から十二月四日まで、築地小劇場で『武蔵野』を出した。この間劇団にとっての衝撃は、関西公演を終えた後に山本安英が過労のために病気を再発、築地小劇場では本間教子が代役しなければならなかったことである。結局山本安英はこれ以後解散まで劇団の舞台に立てず、戦前の活躍はこれで終わる。換言すれば、岡倉士朗・山本安英の路線がこれで打ち切りになるわけで、その戦後の復活の最大の成果が、昭和二十四年にぶどうの会が初演した『夕鶴』(木下順二作)になる。戦後は岡倉と千田が一つ集団に拠ることはなかった。

このころ「劇壇に新劇景気」という記事(「都新聞」十月十九日号)が出るほど新劇団の活動が活発だったが、その反映が十二月の有楽座での新協、新築地、文学座による各劇団交替制の協同公演として実現した。東宝のバックアップによるもので、文学座につづいて十二月六日から十二日まで『ハムレット』(山川幸世演出)が再演された。もっともクローディアスに薄田研二、ポローニアスと墓掘りに東野英治郎、ホレーショーに中江良介、オフィーリアに新派俳優柳永二郎の娘の永井百合子といったように一部キャストの変更があった。そして千田是也の妻イルマにとっては、これが夫の舞台を見た最後になった。翌年二月にドイツに里帰りしたまま、二度と日本の土を踏むことがなかったからである。

『武蔵野』から『ハムレット』にいたる間に、もう一つ問題が起きていた。藤森成吉作『若き啄木』の上演見送り。藤森は岡倉の義兄に当たり、岡倉が正月公演用に藤森に依頼したものだった。

『金銭』上演中のころまでに年内の出し物は決まっていたが、正月公演はまだだった。にもかかわらず、岡倉が独断で『若き啄木』の上演準備にかかり、十月二十日には岡倉の代理で池田生二が啄木の故郷渋民村へ調査のために出発した。

やがて戯曲が仕上がると、千田や和田勝一が批判を加えて修正意見を提出した。これに対して藤森が激怒して抗議の書面を劇団に出したが、幹事会は『若き啄木』の上演中止を決定し、『土』の再々演を決めて演出を岡倉士朗に依頼した。が、岡倉はこれを拒否し、幹事会からも身を引いた。作り直すことになった『土』の演出は千田是也が引き受けた。明らかに岡倉への挑戦で、岡倉が不快に思うのは当然だった。明くる年は岡倉の演出が一本もなくなる。「重苦しい日々の連続だった」と経営部の森信三は書いている。

## 和田勝一と八田元夫の劇団復帰

明けて昭和十四（一九三九）年、一月五日から二十二日まで新演出の『土』（千田是也演出）が築地小劇場で上演された。配役が大幅に変わった上に、脚色にも手が加えられた。千田にとっては初の写実舞台で、このこともあって伊藤熹朔に装置を頼むと、熹朔は田圃に本物の土を使ったり、郊外から形のいい木や草を取ってきて、舞台にあしらった。千田はアンサンブル重視を意図していた。

脚色『土』は上乗のものとは言へないが、良心的な仕事として、敬意を表されていい。ことに、今度またかなりの加筆訂正があったことも、再演を意味あるものにした一つの功績である。

演出が、岡倉士朗から千田是也に代ったことも注意を惹く。同一の劇団で、同じ戯曲の演出者が代ることは、あまり例のないことだが、そのこと自身をいいとか悪いとか言ふのでなく、今度の場合、結果論として代りばえがあった。

（中略）

配役が殆ど変った。山本安英の病気、永田靖の応召が配役変更の原因であったが、演出者は、そのマイナスを、次善のもので埋め合はせるといふイージーな手段を採らず、初演の個個の名演技に対抗する、全体的な演技の統一を目ざして、積極的な配役変更をした事は、千田の大きな手柄であった。初演では、薄田研二の勘次と、山本安英のおつぎとが、それぞれ名演技を示したのであったが、突っ込んで考へると、この二人は、貧しい農民のタイプと思はれず、あるエクセントリックな農民の姿になってゐた。（中略）

薄田の勘次が、勘次一家の「生活」よりも、勘次の「性格」に演技のよりどころを置いたのが、その原因ではなかろうか。生活と性格と、切り離せない関係のものだけに、むづかしい問題だが、ここでは概論的に、ぼくの印象を言ってみたまでである。今度の本庄克二（東野英治郎）の勘次と、園圭子のおつぎとは、前の二人よりも未熟であったが、貧しい農民の、従ってたくさんゐる人達の、ありふれたタイプを示す方向に向ってゐたのは正しい。（中略）永田に代った薄田の卯平は、初演再演、あらゆる役を通じて第一の出来である。（染谷格『テアトロ』第六巻第二号。倉林誠一郎『新劇年代記・戦中編』より）

公演は約九千五百人の観客を集め、三千円近い黒字だった。が、以後、劇団の経済は赤字に転落していった。

公演を終えるとほぼ一か月にわたって公演批判会や各部会を開いた後、二月十八、十九、二十一日に臨時総会を持ち、昨年来の混乱を踏まえての新しい人事を決めた。幹事長薄田研二、書記長千田是也、教育委員長中江良介、演出部長山川幸世、企画事務長近藤強太郎、そして文芸顧問団から劇団に復籍した和田勝一がレパートリー委員長に就き、岡倉士朗が担当していた製作事務長に装置家の本木勇が就くとともに岡倉が幹事会からはずれた。和田とともに八田元夫も劇団に復籍、製作事務局に所属していた演出部が独立し、新たに和田、八田、千田が演出部に加わった。

新陣容で最初に臨んだのが三月十四日から二十九日まで築地小劇場で上演された『ふるさと紀行』（上泉秀信作、八田元夫演出）と『喧嘩』（豊田正子原作、村田修子脚色、石川尚演出）だった。『喧嘩』は『綴方教室』の続編である。『ふるさと紀行』を演出した八田によれば、警視庁に何度も呼び出されて書き直しを命じられた上に舞台稽古には検閲官ではない特高が来て、台本をずたずたにカットしたという。これにはテアトル・コメディ出身の長岡輝子が客演した。

上泉秀信作『ふるさと紀行』（演出、八田元夫）―創作座で数年前上演された同じ作者の『村道』は田園から東北地方のスキー場へ続いて―こゝには山の青年たちを相手に新しい農村文化を創り上げようといふ理想をもった主人のヒュッテが建ってゐる

支那事変の起った翌年の正月、事変の波はこんな山奥にまで押寄せ、山小屋の若き経営者、山添もいつ応召するかわからない、こゝへ大学の講壇を追はれた大槻信太郎がふるさとを求めて登って来る、現代への懐疑に悩む若い女、伊東明子は彼に縋って救はれようと希ってゐる――

かういふインテリと農民達が、時代の象徴的な姿で現れるのだが、四幕を通じ外へ向っての劇的な展開はなく、作者はむしろ現代の流れを描き出すため、内へ〳〵と批判の眼を向けてゐる、つまりこれは戯曲の形をとった文化時評であ

る

舞台にかけられた結果を見ると、一見消極的な、それでゐて深味のあるこれ等の人物の中に這入り込まず、上澄だけを掬って、底に流れる積極的なものを摑みそこねた感じだ

それは元大学教授、大槻の事変観、大学問題の批判に関する部分がカットされたことが、致命的な原因だらうが、一つには新築地が動きの少いこのやうな戯曲に馴れないためでもあらう、台詞がよく入ってゐないので、キメの細かいこの作品の詩情を失ったのは遺憾だった（中略）薄田研二の大槻は余りに弱々しく、長岡輝子の明子は感受性に富んだ若い女をよく現してゐた、それに反して中江良介の山添からは理想家の熱情が感じられない。（後略）（坊「都新聞」昭和十四年三月十九日号）

ここには大学を追われた教授が登場したが、この上演前後には「国家の理想」（『中央公論』昭和十二年九月号）等を発表した東大教授矢内原忠雄が教授会で言論活動を非難されて退官を余儀なくされたり（同年十二月）、大内兵衛や有沢広巳らの労農派の東大教授や助教授らが検挙され（人民戦線第二次検挙・同十三年二月）、やがて大学を休職になったり、ファシズム批判を展開していた河合英治郎東大教授が休職処分に付されたり（同十四年一月）……という事件が起きていた。

またこの公演の直前、三月九日にはわが国初の文化立法である映画法が帝国議会に提出され、四月五日公布、十月一日に施行された。その骨子は「映画製作と配給業者の許可制」、「監督、俳優、撮影技師等映画製作従事者の登録制」、「劇映画脚本の事前検閲」、「文化映画、ニュース映画の強制上映」、「外国映画の上映制限」、「違反者への罰則」で、ドイツやイタリアなどの映画国策法を参照して成案された映画法は、「国民に対する宣伝機関としての映画の重要性を重視した官僚が、映画事業に対する生殺与奪の権利を把握し、内地映画はもちろん、外国映画に対しても、一旦有事の際は企業の根底から一切を変革し得るように仕組」まれていた（田中純一郎『日本映画発達史』第三巻）。

映画法と併行して、演劇法制定の動きもあった。これを含む演劇統制を一括して述べる。

### 演劇法と演劇統制

演劇法（仮称）制定の動きが表面化したのは日中戦争勃発約一年後の昭和十三（一九三八）年八月のはじめで、六日付けの東京朝日新聞が、演劇統制が十分な効果を上げなければ、演劇法制定に進展するだろうと報じた。

映画法公布の直前、同十四年三月三十一日には「演劇の浄化と統制」に乗り出した内務省警保局の、そのための議案要項がこう伝えられた。

一、農村に娯楽を与える目的から健全にして入場料の低廉な農村演劇の普及を計るとともに、村芝居の浄化に努める。
一、巡回演劇団を組織して、国民精神総動員の運動宣伝等をやらせる。
一、歌舞伎の保存と新劇の浄化。
一、脚本検閲の統一（各府県別々の演劇の検閲を改め、中央機関で統一）。
一、国立または公立の劇場の新設。
一、演劇研究所を創設して演出、演技、脚本、装置その他の向上を図る。

十二月二十七日には文部省内に文部次官を会長に設けられた「演劇、映画、音楽等改善委員会」の初顔合わせが文部省であり、全般的委員に内務省警保局長や文部省社会教育局長らとともに和辻哲郎と小林賢一郎が任命され、演劇部門の委員（新関良三、岸田國士、河竹繁俊、長田秀雄、三宅周太郎、大橋武雄、大谷博）、映画部門の委員（谷川徹三、室生犀星、権田保之助他）、音楽部門の委員（小松耕輔、大田黒元雄、田辺尚雄、山田耕筰他）に対して文部大臣が演劇改善に関する具体的方策、文部大臣の選奨すべき映画、健全な音楽の普及に関する具体的方策について諮問が出され、来年早々から委員会を開いて研究することになった。

昭和十五年二月一日に興行取締規則が改定され、午後十時半以後の興行の禁止、特別の場合を除いて一興行五時間半といった制約に加え、鑑札制に替わる技芸者（俳優）の登録許可制が実施された。条文の一部をあげる。

第八十五条　技芸者タラントスル者ハ左ノ各号ノ事項ヲ記載シタル許可申請書正副二通ヲ警視総監ニ提出シ許可ヲ受クベシ但シ演劇、演芸ノ教授ヲ為スヲ業トスル者ニシテ警視総監ニ於テ必要ナシト認メタル者ハ此ノ限ニ在ラズ
一、本籍、住所、氏名及生年月日
二、芸名
三、技芸ノ種類
四、専属スル興行場又ハ劇団、協会若ハ教授所ノ名称及所在地、前項ノ申請者ニハ履歴書及写真（出願前六月以内ニ撮影シタル小名刺型、無帽、半身、無台紙）二葉ヲ添付スベシ

第八十六条　前条ノ許可ヲ与ヘタル者ニ対シテハ様式第一号技芸者之証ヲ交付ス
第八十七条　左ノ各号ノ一ニ該当スルモノニ対シテハ第八十五条ノ許可ヲ為サズ
一、精神病者又ハ不具畸形者ニシテ技芸ヲ為スヲ不適当ト認ムル者
二、十四歳未満ノ者ニシテ軽業、曲芸其他危険、苛酷ナル技芸ヲ為サントスル者
三、偽名其ノ他不正ノ方法ニ依リ申請シタル者
四、許可ノ取消処分ヲ受ケ一年以上ヲ経過セザル者
五、故ラニ他人ト同一又ハ紛ラハシキ芸名ヲ用ヒタル者
六、思想、素行、経歴其他不適当ト認ムル者

俳優でありつづける条件として、思想までもが問われることになったのである。

五月十日に国民娯楽の健全な発達を図るのを目的に、警視庁保安局の肝入りで結成準備が進められていた国民文化連盟の一翼として、演劇、映画、演芸、競技など各種の興行者と興行場所有者の統一組織、東京興行者協会が設立され、松竹の大谷竹次郎が会長に就いた。

九月十三日付けの都新聞は国立劇場を創設して国民演劇団を結成し、これを全国に派遣して国策の宣伝に当たらせる案があると報じた。国民演劇団は「自由な立場にある進歩的演劇人」によって組織されるが、「さきに新体制に即応して自発的解消を遂げた新協、新築地等新劇関係の俳優、演出家の起用が最も有力視されてゐる」。

この時点では後述のように新協も新築地も国策にそぐわないと「強制解散」させられていたが、それらの関係者を「活用」して国民演劇団を創設しようとしていたのは皮肉としか言いようがない。また、移動演劇団の構想が浮上しているのも注意したい。「新体制」は時の第二次近衛文麿内閣のスローガン。

十月十三日に近衛文麿総理とそのブレーンによって組織された官製国民統制組織である大政翼賛会の発会式が挙行された。大政翼賛会は文化行政にも大きな影を投げかけた。

十一月十九日付けの都新聞は、演劇諮問機関としての演劇文化更進会誕生の動きをこう報じた。

政府当局と演劇界との連絡機関とし、且《かつ》政府の演劇諮問機関たるべく松竹、東宝両社及び大日本俳優協会等の協力の

下に結成を進めてゐた『演劇文化会《ママ》（仮称）は各方面の期待と注目を集めてゐたが、愈々具体化して、名称も「演劇文化更進会」と決り、会長には柳原義光伯を擁して左の役員が決定、近く結成式を挙げる運びとなつた。（人事略）

同月二十一日付けの都新聞は演劇法上程とこう伝えた。

文部省では演劇文化の質的向上と健全なる発達を図るため、予て映画法に次ぐ第二次文化立法として演劇法制定の準備に着手し、毎金曜日に開催の演劇映画音楽等改善委員会演劇部会で官民合同により研究を進めつゝあつたが、愈々成案を得たので今月末開かれる改善委員会最後の総会に付議決定の上内務、厚生両省と連絡の下に法文化しこの七十六議会に提出する事になつた、成案の主なる内容は
▲興行者の許可制▲各種演劇の上演制限▲技術者、演出者等の登録制▲演劇の選奨▲古典演劇の保存その他演劇審議会の設置、国立演劇場の設立、国立技芸者養成機関設置等も含まれてゐる

同月二十五日付けの都新聞は国民文化連盟の結成を報じた。

警視庁保安部保安課が種々斡旋のもとに結成の準備を進めてゐる国民文化連盟は演劇、映画、演芸、競技を含む東京興行者協会と、大日本俳優協会、大日本舞踊連盟、邦楽協会、大日本長唄連盟、大日本三曲協会、演奏家協会、講談落語協会、日本浪曲協会、漫才協会、漫談協会等から成る日本技芸者協会との二つを統合して、十二月中に結成される事となつた
この国民文化連盟のうち、各部会長の諮問機関として芸能審議会を置き、これには興行者、技芸者の他に、各部門に関係を持つ作家、評論家その他全般に亘る外部の人々を役員に挙げて、国民文化連盟の総合審議会として組織される事となつた（中略）
この芸能審議会は、先に政府当局と演劇界の連絡期間として、且政府の演劇諮問機関たるべく松竹東宝両社及び大日本俳優協会等協力のもとに結成を進めてゐる演劇文化更進会と、趣旨、目的、役員も殆ど同一なので、目下結成途上にある演劇文化更進会は、この国民文化連盟に合流して協力する事になる模様である

十二月二十二日付けの都新聞は、国民文化連盟が芸能文化連盟として発足するとこう報じた。

警視庁の斡旋で結成された東京興行者協会及び技芸者協議会の両団体を一丸とする統合機関として、予て設立準備が進められてゐた芸能文化連盟（国民文化連盟）は愈々会長に酒井忠直伯が就任と決り、廿三日は午前十時から警視庁高等官食堂で警視総監以下関係者及び大谷（竹次郎）東京興行者協会長、笹川技芸者協議会長以下両会役員約七十名出席の下に会長の推戴式を挙行するが

更に廿六日午前十時歌舞伎座に於て全役員はじめ各関係官約三百名出席により発会式を行ひ、総会の後理事会を開いて同連盟内に官民関係者を委員とする技芸審議会を結成する事となつた

『中央演劇』、『劇作』、『舞台』、『新演劇』の演劇雑誌四誌が単一団体日本演劇倶楽部を結成するとともにこの四誌を廃刊し、新たに『国民演劇』と『演劇』の二誌を出すことになったのは十二月だった。

昭和十六年一月二日付けの都新聞が演劇法を準備している文部省と内務省、情報局の最終的な打ち合わせが手間取って、法案上程は今議会に間に合わないと報じた。

同月十八日付けの都新聞が日本演劇協会結成の動きを伝えた。

新体制に即応する芸術革新運動の一翼として大衆に最も接触の多い劇場付作家並に舞台美術家が、新時代の演劇を目ざして強力な団体を結成すべく、各創立委員の手で着々準備を進めてゐたが、愈々その細胞たる久保田万太郎、高田保氏等の大日本演出協会、菊田一夫、菊岡久利《くり》、水守《みずもり》三郎、穂積純太郎氏等の国民演劇協会及び舞台美術家連の三派が合流し「日本演劇協会」を創立する事になり、廿二、三日頃文芸会館に三派の実行委員が会して最終的創立準備委員会を開催し、二月上旬には大同団結の協会設立の運びとなつた

二月十八日に築地小劇場改め国民新劇場で午後一時半から日本演劇協会の発会式が挙行され、久保田万太郎が委員長に就いた。

三月に牧野書店から演劇雑誌統合による『国民演劇』が創刊された。編集発行人は牧野武夫、委員として『中央演劇』から木村富子、山口太郎、『舞台』から北條秀司、小林宗吉、『新演劇』から大島万世、羽田義朗（書記長）、外部から藤島一虎、八木隆一郎（編集長）が参加した。

日本移動演劇連盟が六月に結成された（移動演劇は一括して後述）。

演劇法を審議している関係当局は学生の劇研究団体の演劇活動を新たに検討することになったと七月十四日付けの都新聞が報じた。

演劇法の検討はこの年十二月八日の太平洋戦争の勃発で中断したが、それから一年近く経ったころの東京新聞の昭和十七年十月二十一日号に「演劇法上程又延期か」との記事が載った。（都新聞は全国の新聞は各県一紙との原則から、昭和十七年十月に国民新聞と合併して、東京新聞になった）

昭和十八年七月七日に情報局内に官民合同の連絡機関として設置されていた演劇協議会の初顔合わせがあった。演劇協議会は第一部大劇場演劇、第二部大衆演劇、第三部新劇その他の三部構成だった。

八月五日、映画資材の一元的配給機関が設けられたのにつづき、木材、釘、布、紙、ゼラチン、顔料などの演劇資材の調達が困難な一方買い溜めが横行しているとして、大日本興行協会の斡旋で許可組合として演劇興行資材施設組合を全国に設立することになり、その設立準備幹事会が歌舞伎座で開かれた。

日本演劇協会編纂の戦前唯一の演劇年鑑が同年九月に東宝書店から刊行された。定価三円五十銭に特別行為税十八銭が付いて売価三円六十八銭、発行者西村晋一、編集委員は渥美清太郎、安部豊、大山功、久保田万太郎、佐々木憲、菅原太郎、杉山誠、田中良、田島淳、西村晋一、羽田義朗で、記録、資料、演劇人総覧の三部構成だった。

すべての俳優が技芸者之証を持たなければならなかった中で、それに抵抗していた能楽五流を巡る記事。

能楽家に対する「技芸者之証」問題は梅若流が率先して交付を受け斯界に一石を投じたが（注＝梅若流は観世流、宝生流、金剛流、金春流、喜多流のいわゆる能楽五流とは別に、当時一派を立てていた）、能楽五流側はその後依然として警視庁と協力せず、旧い格式の殻に閉ぢ籠らうとしてゐるが、廿九日卅日の両夜神田共立講堂で催される筈の朝日新聞社主催、情報局後援皇軍感謝五流能楽大会を機会に警視庁当局の意嚮が闡明され、同大会の出演者に対し興行取締規則を適用、断乎出演不許可の方針に出たので、主催者側は百方斡旋に努めたが、遂に同会は中止となり技芸者之証を受けるか受けないかは能楽界当面の大問題となり成行は注目されてゐる。（中略）警視庁では能楽堂以外の臨時会場に於て一定の会員ならざる入場券を販売しての演能は、完全に興行であるといふ見解から

出演者は当然技芸者之証を持つべきであるとして、これが開会に先立つて注意を与へたにも拘らず能楽家は頑張つてこれを拒んだ結果で

技芸者之証を予期して特に従来の献金臨時能などは黙許してゐた警視庁では事態が茲《こゝ》に至つた以上今後能楽堂に於ける定例能に会員外の臨時会員を入場せしめる場合は勿論興行と見做すほか

一般能謡の教授と雖も技芸者之証の下付申請を行はぬ限り断固不許可の方針を以て臨む事となつた（「東京新聞」昭和十八年九月三十日号）

能および能楽師が「演劇」という枠の外にあったことがよく分かるが、能楽五流が技芸者之証の申請になおも消極的だったことから問題は紛糾し、能楽五流が技芸者之証を受け取ることを決めたのは、年が明けた一月の初旬だった。

この間の十月、演劇雑誌の統合が再度実施され、『東宝』、『国民演劇』、『演劇』、『現代演劇』、『宝塚歌劇』および明治四十（一九〇七）年一月以来の長い伝統を持つ『演芸画報』の六誌が十月号で廃刊、各誌協同で新しく日本演劇社を設立し（初代社長岡鬼太郎）、十一月から研究評論誌『日本演劇』と鑑賞指導誌『演劇界』が創刊された。創刊当時の二誌の発行兼印刷人は安部豊、編輯人は大山功だった。

昭和十九年二月二十五日、決戦非常措置要項第七項の高級享楽の停止に基づき、情報局が東京の歌舞伎座、東京劇場、東京宝塚劇場（略称は東宝劇場）、帝国劇場、日本劇場（略称は日劇《にちげき》）、京都の南座、大阪歌舞伎座など大都市の十九劇場を三月五日から一年間閉鎖と発表（実際は三月一日から）、同月二十日に興行刷新実施要項が発表されて、閉鎖十九劇場のうち新橋演舞場、明治座、大阪劇場、南座、名古屋の御園座などの解除が決まり、同時に演劇興行は二時間半と制限された。

四月一日に演劇脚本の検閲が全国的に統一され、内務大臣の検閲をパスした脚本は全国有効になるとともに、劇団主宰者の届け出と演出者の許可制が実施されることになった。

六月十一日付けの東京新聞は「演劇俳優初の技能調査」との見出しでこう伝えた。

映画の方では既に行はれてゐるが、演劇の方では、遅れてゐた俳優の技能審査が、今度日本芸能会の一翼として、機

構を改め新発足した日本俳優協会によつて初めて行はれる事になつた
　今年の四月以降新たに俳優にならうといふもの、また既になつてゐても技芸者証を持つてゐないものは、皆これを受けなければならない訳だ
その第一回は九日、十日両日に亘つて、新橋演舞場の正面一階（旧食堂）で挙行
審査員は（市川）猿之助、喜多村（緑郎）、曾我廼家五郎、（沢村）訥子、（市川）八百蔵、曾我廼家大磯、（市川）新之助、村田嘉久子、山口俊雄、藤村秀夫、三津田健、生駒雷遊、外崎《とざき》恵美子、日吉良太郎、市川奈寿美、市川喜美之助等大歌舞伎から巡業劇団の座長まで網羅した十六名で、このお歴々を前に、矢継ぎ早の常識諮問に答へ、簡単ながらセリフ、仕草を験されるのだから、中にアがる者があるのも無理はない
百三十名ほどの申込者のうち、八十名ほどが合格した。
演出者も技能審査されると、六月十二日付けの東京新聞が以下のごとく報じた。
　新たに大日本芸能会の一翼となつた日本演劇協会は、左の通り役員を改選、真山青果氏を会長に新発足することゝなつた
　同協会は国策演劇樹立の基本方針を審議する他、演劇行政に協力、演出者が許可制となつたので演出技能審査委員会を設けて演出者の適正審査を行ふ
「演出者の資格証明書」との見出しの六月十七日付けの東京新聞の記事。
　演劇の重要さが国家的に認められると共に、従来の放任主義は徐々に修正されつゝあり、さきに俳優協会では技能審査を行つて、俳優の質的向上を図つてゐるが、今度は内務省令による興行規則の改正により七月から演出者も許可証が必要となり警視庁管下の許可申請事務は日本演劇協会に一任されたので
　同協会では直ちに「演出者許可申請処理準備委員会」を設置、申請書類を慎重審議の上、演出者の技術的資格の証明書を交付する段取りになつてゐる

今後上映《ママ》作品は新作旧作を問はず責任ある演出者なしの上演は一切許されないので同協会会員以外の文壇、映画人、俳優、舞踊家、装置家等の将来演出に関係する人々の申請を希望してゐる。申込締切は廿日限り

「演出許可制の銓衡終る」との七月九日付けの東京新聞の記事。

七月から一斉に実施された演出許可制に就ては、その銓衡を委任された日本演劇協会で久保田万太郎、長谷川伸、河竹繁俊、伊藤熹朔、青山杉作、関口次郎、金子洋文、菊田一夫、大江良太郎、徳田純宏の諸氏により準備委員会が設けられ、三次に亘つて慎重な銓衡を行ひ、三日三会堂に於ける筆記並に懇談に依る審査を最後に、申請三百人のうち棄権者並に演出を職業とせぬ者を除き二百名を銓衡して一まづ終了した

以上、見てきたように、日中戦争から太平洋戦争の終末期までの間ほど、演劇が国家に保護・育成された時代はほかにない。むろん、国策の推進という決められた方向の中での話である。国立の劇場や研究所の構想が次から次へと打ち出された。が、それらすべてが実現しないままに終わる。当初は熱心に取り組まれた演劇法も、とうとう日の目を見なかった。巨額の製作費を必要とし、したがって大会社でしか製作できなかった映画は、会社の数が限られていた。だから法律の網をかぶせることができたのに対して、大歌舞伎から地方回りの一座まで、大劇場での公演から速成の仮設小屋での芝居まで、演劇は全体として捕らえどころのないアメーバーのようだったから、法律での統制が取れなかった。その意味でわが国の演劇は、相当したたかだったと言っていい。

## 築地小劇場二度目の改築

もう一度話を昭和十四（一九三九）年当時に戻すと、演劇人への締め付けは演劇統制以外にもあった。

もうひとつの締めつけは、裁判所のほうから来た。治安維持法違反で執行猶予になった者、出獄した者、仮出獄中の者を、保護観察審査会の決議によって、二年間（更新できる）、保護司の観察下に置くという法律ができたのはかなりまえ、一九三六年の五月のことで、はじめは治安維持法にひっかかったことのある劇団員しかその対象にはならなかった。

ところが、比較的そういう劇団員の多かった新協が〈人民戦線〉派の検挙以後、保護観察所を通じて警視庁の了解を得ようとしたのがきっかけで、保護観察所とのあいだに劇団ぐるみの関係が生じてしまった。おかげで新築地もいつの間にかそれに巻きこまれ、劇団の公演毎に保護観察所の保護司を招待し、その意見をきいたり、その斡旋で内務省の警保局や警視庁、さらに軍の情報部の連中などと懇談したりせざるをえないようになっていった。（千田是也『もうひとつの新劇史』）

劇団創立十周年の五月にその記念公演として選ばれたのが『海援隊』（和田勝一作、千田是也演出）で、千田が日本の歴史劇を手掛けるのははじめてだった。五月十二日から二十八日まで築地小劇場での公演。

創立満十年を迎へた新築地の記念公演は和田勝一作、千田是也演出『海援隊』四幕七場である。新劇の苦難にみちた道を一筋に生き抜いて、劇団《ママ》の本通に出たこの劇団に、先づ喜びの拍手を贈る

『海援隊』は数年前新国劇によつて上演された旧稿に増補改訂を加へたものだが、やはり大劇場向きの脚本であり、千田是也の演出が相当手綱を引緊めてゐるとはいへ、小劇場の舞台からはみ出した部分が大味である

七十余年前、幕末の先駆者勝海舟の薫陶を受けた坂本龍馬を中心に、土州脱藩者によつて組織された『海援隊』の中に対立する郷士出身と町人出との対立相剋をテーマにしてゐる、その上序幕では郷士と上士との摩擦を絡まして複雑味を加へてはゐるが、その狙ひは三好十郎作の『襲はれた町』や八木隆一郎作の『沼津兵学校』等にもあり、新味は薄い

（中略）

映画に行つてゐた丸山定夫が三年振りで出演、この坂本龍馬を演つてゐる、型にはまつた英雄でなく、書生風な性格をグイと摑み、しめるところをキチンと緊めてゐる点は流石である、彼が一枚加はつた為、薄田研二の近藤長次郎が、従来とすれば主役意識に災ひされ固くなり勝ちなところから解放されて、のび〳〵した好演技をみせた（中略）

結局今度の公演を通じて一番優れてゐるのは伊藤熹朔の舞台装置である、危気ない手堅い構成と角度（道具のフリ方）の面白さ、狭い小劇場の舞台を広く使つて最大限の効果を上げてゐた、ただ初日のせいか幕間の長いのには閉口した、この事だけでも改築の必要が痛感される、舞台展開の速い新しい劇場を一日も早く持ちたいものである（坊「都新聞」昭和十四年五月十七日号）

この劇評の最後に触れられている築地小劇場の改築について書いておく。

ソビエトを追われてパリに着いた土方与志は、やがてこの地で病に倒れた。そのため出費が増えて劇場の欠損を埋める余裕が土方家になくなったことと、新劇団の大劇場進出の結果小劇場の使用回数が減ってそれだけ収入が減額したこと、設備の改善を求める声の高まりといった事情が重なって前年中に改築の方針が打ち出され、前回の改築の設計者野呂英夫の案に基づき、築地小劇場管理委員会のメンバーなどを中心に討論・研究をつづけていた。ところが戦争による鉄の使用制限で鉄筋コンクリート造り案が無理になり、定員五百人の木造建てと大枠を変えるとともに、設計者も前川国男に替わった。同時に改築資金の捻出のために株式会社にする案が浮上した。昭和十三年三月三十一日付けの都新聞がこう報じた。

今度これ（注＝築地小劇場管理委員会が月々二百五十円の地代を土方家に納め、土方家から劇場を借りて経営していること）を株式組織に改めるに当たり、劇団側を代表して新協劇団から長田秀雄、村山知義、滝沢修、新築地から薄田研二、千田是也、山本安英、築地小劇場事務長松田粂太郎、外部から松竹の細谷辰雄、東宝の西村晋一、大江良太郎、杉野橘太郎の諸氏が発起人となり、資本金募集の方法に頭を捻つてゐるが

資本金十三万円のうち三分の二程度の株を両劇団で分担、残りを小劇場後援会の名の下に、広く新劇支持者、作家その他の文化人へ呼びかけて株主を募らうといふ計画で、発起人は連日理解ある資本家を歴訪、金策にやつきとなつてゐる

そのうち資金統制法などのために資本金八万円、四千株の株式組織に改め、出資者を募った。「小劇場の株割当　小株主優遇の方針」という昭和十四年七月二十九日付けの都新聞の記事。

発起人も面喰らふ程の好成績で募集を締切つた築地小劇場の株は、資本金八万円（四千株）のうち発起人引受けの八百五十株を除いて四千百六十六株に上り一千十六株の超過となつた。各方面の口説き落しに大童だつた発起人は、この成功に気をよくする間もなく今度はその割当に頭を悩まし、馴れぬ事務的な手続きに躓いて振込期日の十五日をすぎても未だ決らなかつたところ漸く廿七日に至つて左のやうに割当を決定した。

即ち築地小劇場本来の建前から出来るだけ広く文化人の支持を仰ぐこと丶して既に証拠金（五円）を納めた五百九十七

人を総て株主とし、小口を優遇するといふ趣旨に基づき、一株から四株まではそのまゝ手を付けず、五株以上四十五株までは二割削減、五十株は三割、百株以上は四割見当の削減を行はうといふことになり、株主に夫々通告したが、この決定が遅れたゝめ払込期日を八月三日に延期、従って創立総会は廿日頃になる見込みである。

築地小劇場株式会社の創立総会は八月二十日に木挽町の朝日倶楽部で開催され、取締役会長に長田秀雄、取締役に村山知義、薄田研二、千田是也、西村晋一、細谷辰雄、監査役に杉野橘太郎、取締役支配人に松田粂太郎が就任した。改築工事に着手したのが九月十日で、十一月十五日に八分通りできあがった劇場の内部機構が新劇関係者に披露された。当初の計画とは異なり資金統制法と建築制限のために一切を三万円以内で賄わなければならなかったので、従来の客席を改造して定員四百九十八人に立ち見二十二人となったほか、暖房装置も新設できなかった。舞台はホリゾントが奥へ引っ込み、間口が六間半に拡張され、前舞台の二重が可動式に変更されて、上手の楽屋を取り払って舞台袖が拡げられた。前川国男と山口蚊象の共同設計。

開場式は十一月二十二日の午後二時から挙行され、長田秀雄が開会の辞を述べたほか、久保田万太郎、菊池寛、藤森成吉、秋田雨雀、中央公論社社長の島中雄作らが挨拶した。改築を機に小山内家から清水三重三作の小山内薫のブロンズの胸像が劇場に贈られ、これは正面玄関に飾られた。が、新しく生まれ変わった築地小劇場が、その名で存続したのは、それから一年ほどでしかなかった。昭和十五年十一月一日に、国民新劇場と改称させられたからである。

## 千田是也の脱退

『海援隊』（和田勝一作）上演直後にもう一度戻る。

築地小劇場が改築準備に入ったので、好評だった『海援隊』と『守銭奴』（モリエール作、土井逸雄訳）を昭和十四（一九三九）年七月二十六日から三十日まで有楽座に掛けた。後者は初演の千田是也に替わって八田元夫の演出で、丸山定夫のアルパゴン、千田のヴァレル、薄田研二のジャック親方というベストメンバーだったが、またも丸山の一人舞台だと言われた。

この公演を終わって決算総会を持ったが、このころから経営問題で劇団の中が揺れ始めた。

『土』の初演と再演『綴方教室』等でヒットした新築地は『金銭』『武蔵野』『ふるさと紀行』等度重なる不入りに赤字が続き、五月の『海援隊』公演、七月の有楽座公演での儲けも焼石に水、昨年十一月より人件費の捻出に追はれて四ケ月分の入場税千八百円を滞納して税務署より矢のやうな催促を受け、漸く借金してこの方を納めると今度は劇団員の給料が払へず五月、六月は月給の半額を支払つた後七、八月は全然不払ひとなつて上半期の赤字は積り積つて一万二千円に上つてゐる

新秋シーズンを目前に控へながら、築地小劇場が改築中は本拠を失つた形で、公演の見通し立たず秋の予定は九月十四日から廿四日まで大阪、京都、名古屋の地方巡演（海援隊）が決定したのみである、幹事会ではこの苦境切抜け策に映画出演を考へ、企画部長近藤強太郎氏が、東宝映画と交渉を開始したが

日活で和田勝一原作『海援隊』を映画化するについて同社からもより好条件で団体契約の話が出たゝめ、東宝との折衝を一先づ打切つた、その後日活の話は重役会の内紛から一向に進捗せず立消えの形になり、再び話を戻して東宝映画の衣笠貞之助監督、大河内伝次郎主演『日柳燕石伝』、日活の辻吉郎監督、嵐寛寿郎主演『海援隊』、稲垣浩監督『宮本武蔵』の三本に助演して急場を凌ぐことゝして、更に某社と団体契約の交渉を進めてゐる

このため最初東宝映画に話を持込んだ近藤企画部長は立場を失ひ、幹事会からは負債の責任を転嫁されたゝめ病気を理由に郷里に帰つてしまつた、同氏の苦境に同情した企画部員は、経営部門にも口を出し始めた千田是也氏に対する反感もあつて「現在のやうな方針で進む限り、絶対に職業劇団としての存在は望めない」ことを理由に村上尚達、畑省一、中岡孝正の三氏が退団届を提出した

新築地では廿八日から連日総会を開催中なので個別的に慰留する一方組織を変更、企画部を解消して経営宣伝部を新設、山川幸世氏を部長に据ゑて建直しを行はうと協議を重ねてゐるが、企画部員は既に後の勤務先も内定してゐるため頗る強硬で、給料不払ひに対する不満は俳優の間にも拡がり、恩田清二郎、本間教子その他の去就が注目されてゐる

（「都新聞」昭和十四年八月三十日号）

種々のできごとが錯綜し、その間に退団者まで出ているが、この対応に今春以来二度目の改組を断行し、幹事長薄田研二、書記長千田是也、製作部長本木勇、演技部長東野英治郎、経営宣伝部長山川幸世、文芸部長和田勝一、演出部長岡倉士朗という陣容で、彼らが幹事会を構成した。岡倉士朗の復帰が注目され、演出部は幹事会とともに、解消されたレパー

トリー委員会と教育委員会の役目も背負うことになった。

九月五日には新設の南旺映画と準専属契約を結んだ。スタッフの整備が急務だった南旺映画は新協劇団とも劇団契約を締結したが、千田は当時をこう回顧している。


一九三八―三九年度の公演収入が前年度に比べてずっと少なくなり、やっと実りかけた〈職業化〉への夢がまたあやしくなり始めていたし、築地小劇場が改築工事のため約五ヶ月閉鎖され、東京で充分な本公演を持つことが困難になったり、予定されたいくつかの上演脚本の出来あがりが遅れて公演のめどがたたなかったりしていたときだっただけに、この映画出演の増加は劇団にとっても大きな救いであった。

したがって幹事会としては、映画進出を積極的におしすすめざるを得なかったのである。と同時に、このことが劇団の統一を乱したり、演劇活動の障碍になったりすることのないように、南旺映画と共同のユニット映画製作委員会に、岡倉、山川、八田などの演出部員を参加させるとか、各俳優の映画出演を幹事会で厳重にコントロールするとか、いろいろ気を遣いはした。しかしこの映画進出の結果、劇団の大部分の俳優の〈職業化〉への欲求と演出部員の芸術的意欲との間に大きな溝がつくられ、やがてそれが新劇団としての新築地の命とりになるのを喰いとめることはついにできなかった。

そういうことが直接の原因であったとは言い切れないが、『海援隊』の関西公演を了え、『空想部落』の撮影にかかり出した頃から、私も、なんとなく、劇団などというもののなかにいて、いくら頑張ってみてもあまり意味はないような気がしてきた。正式にやめたのはその翌年の二月であるが、一度そう思い始めると、新築地の仕事にはちっとも気が乗らなくなり、その後もずっと書記長の〈要職〉にあったわけだが、なにをやったのか、さっぱり憶えていない。（千田是也『もうひとつの新劇史』）

『空想部落』は南旺映画の第一回作品で、千田、小沢栄太郎、赤木蘭子らの主演、尾崎士郎の原作をシナリオ化したのが八田尚之で、八田は南旺映画の脚本部長兼製作部長に就任していた。八田尚之はやがて苦楽座（後述）の同人に名を連ねるほか、戦後は手織座（後述）の主宰者として、劇作家として、演出家として活躍する。

千田が『空想部落』を撮影中の九月十九日に、世界的な名声を得ていた舞踊家の伊藤道郎が、祖国の非常時に何かお役に立ちたいとアメリカから帰国した。道郎は舞台美術家の伊藤祐司（一時ニューヨークのラジオ・シティー・ミュージックホールの美術監督だった。その夫人が舞踊家のイトウ・テイコ）や伊藤熹朔らの長兄で、千田が道郎と再会したのは二十七年ぶりだった。

久しぶりに兄弟が揃ったのだから金婚式を迎える両親に何か捧げようと熹朔が言い出し、そこで道郎の名を世界的に知らしめたイェーツの『鷹の井戸』を道郎の演出、伊藤祐司の音楽と衣装、伊藤熹朔の装置と仮面というスタッフ、イトウ・テイコの井戸守りの鷹、伊藤道郎の老人、千田是也の若者という配役で上演しようということになり、第一部として年齢的に踊るのは無理だという道郎を説き伏せ、テイコとのデュオを加えた。題して『イトウ・レサイタル』。大阪と名古屋で公演した後、東京の軍人会館（現九段会館）で持たれたのは十二月三、四日の両日だった。この間に新築地は十一月二十三日から二十九日まで本郷座で『早春』（水木洋子翻案・脚色、石川尚演出）を特別公演として掛け、十二月はじめにこれと『息子』（小山内薫作、石川尚演出）による名古屋巡演を行って、この年を終えた。演出の石川は文芸協会で鳴らした土肥春曙の息子だが、前年の活動に比べてこの年は不振だった。

明けて昭和十五年、一月一日から十九日まで、築地小劇場で『建設の明暗』（中本たか子作、岡倉士朗演出）を上演した。新築地としては新装の築地小劇場での初公演だった。この年はまた、わが国の歴史がはじまって二千六百年に当たる、つまり皇紀二千六百年になるというので日本文化中央連盟が芸術界を総動員しての奉祝芸能祭を企画、新劇では新協劇団がトップを切って二月に築地小劇場で『大仏開眼』（長田秀雄作）を上演し、次いで三月に新築地が登場する予定だった。

この企画には千田是也、和田勝一、八田元夫が関係し、奉祝戯曲を三好十郎、上泉秀信、八木隆一郎、伊藤貞助、和田勝一に頼んでいたが、いろいろな理由で期日までに間にあわなくなり、三好の『浮標《ぶい》』と決めた。千田の脱退はこの間だった。

『大仏開眼』の上演に際し、新協は『イトウ・レサイタル』で話題を呼んだ伊藤道郎の演出、伊藤祐司の音楽、伊藤熹朔の装置、千田の賛助出演という名案をひねり出し、千田は二月二日初日の舞台に立った。が、まさにこの日、都新聞が千田の脱退をこう伝えた。

千田是也はこゝ数年新築地の書記長として劇団の職業化に努力、その手段として演技水準の低い劇団員の大量整理を断行するなど、相当思ひ切つた手段を執つた一方、演出者、俳優としてはシェークスピヤ委員会を作つて『ウインザーの陽気な女房』『ハムレット』などを上演古典の再検討を行ひ新形式のキノドラマ『嗤ふ手紙』を試みたが、劇団内に創作劇の要望が昂まり、古典劇の上演が思ふやうに出来ない状態にあつた、また劇団の中堅層石川尚、中江良介、加藤嘉、新田地作（村上冬樹）らの書記局会議は事毎に千田是也と対立、反千田的な空気が次第に大きくなつて来た、昨夏経営宣伝部員の脱退騒ぎなどもこの現れである

今年の正月公演も初め千田是也は長兄伊藤道郎を引張り出して『シラノ・ド・ベルジュラック』の上演を計画、薄田研二に主役を廻して自分は共同演出に当るつもりだつたところ、中堅層の猛反対にあつて中本たか子作『建設の明暗』と決定、これを不満として同公演中殆ど顔を見せず、幹事会に辞表を提出したもので、幹事長薄田研二はしきりに慰留につとめてゐるが、決意固く翻意は困難と見られてゐる

千田是也の脱退は二月二十日で、つづいて新協の舞台に出演した後、六月半ばころから岸輝子のアパートの隣の部屋に引っ越して、事実上の岸との結婚生活に入った。書記長は東野英治郎が引き継いだ。

強制解散へ

『浮標』稽古中の昭和十五（一九四〇）年二月下旬に、満映こと満州映画協会が新築地を満州に招いて映画を撮る話が起き、三月には具体化した。

満州に新しい文化を持込み、大陸文化の建設に役立てようと、拓務省が中心になり「開拓文化奉仕隊」を組織、文化人の視察団を派遣する他巡回演劇隊も作つて、娯楽の乏しい開拓移民村を巡回することゝなり、その先頭に井上正夫が敢然立上つたことは既報の通りだが続いて新築地、新協劇団も五月から八月にかけて渡満する希望を持ち準備を進めてゐる――

満映では新スタヂオの完成を俟つていよ〳〵日本向き映画にも手を拡げ、小泉菊枝原作『満州人の少女』の製作を決定した、この案は過般根岸寛一氏の上京により新築地の出演交渉が纏まり、主役満州人の少女に李香蘭、日本人夫人に山本安英の他薄田研二、本庄克二（東野英治郎）以下が出演することゝなり、水ケ江龍一が演出を担当、既に大内隆雄

がシナリオを執筆中だが撮影は五月頃新築地が渡満してから着手される筈である映画出演と同時に新築地は満映の手で新劇初の満州公演を行ふことゝなり大連を振出しに奉天、新京、ハルビンその他を巡演、出し物は今まで当った真山青果作『坂本龍馬』尾崎士郎原作『人生劇場』モリエール作『守銭奴』豊田正子原作『綴方教室』和田勝一作『海援隊』等が候補に上つてゐる（「都新聞」昭和十五年三月十六日号）

しかし、病気を理由にした山本安英の不出演で、映画は中止になった。

さて、『浮標』は三月二十三日から四月十一日まで、築地小劇場で上演された。初日前後を八田元夫はこう書いている。

昭和十五年の正月、私は京都で新生新派（注＝花柳章太郎を中心とする新派のグループ）の稽古中だつた。そんな一夕、河原町の飲屋に腰を下しているると、丸山定夫が、思いがけなく飄然とはいつて来た。小脇に紙包みを抱えている。「おい、それ三好の原稿だろう」といいざま私はひつたくつて了つた。――そして、夜を徹してむさぶるように一とこと一とこと嚙みしめ嚙みしめ読んで行つた。これが『浮標』との初対面。

暮の東京出発の直前、「出来上がつたよ。よんでおいてくれ、今、丸山がもつていつたが」と三好がいつていたものだつた。――これはいけるぞ、久しぶりにいい仕事が出来るぞ。旅先の私の胸はすでに希望でふくれ上り、創造的意欲が燃え上りはじめていた。

三月、急にレパートリーがつきかえになつて、新築地の四月公演は、『浮標』と決定した。火の出るような稽古がはじまつた。この脚本にほれこんでいる丸山定夫の身のいれ方も異常なものだつた。抵抗線のぎり〳〵のところで転向の間近を身にしみる思いの稽古だつた。朝八時、一人の遅刻者もなしに稽古開始、夕方七時頃まで昼飯の時間もおしんで、私などは、演出卓にすわつたまゝ、稽古の進行を睨みながらの弁当のかきこみだつた。（中略）

一と月足らずの稽古で、よく、あすこまで行つたものだと思う。総稽古は、ゆとりをもつて、大磯の丸山夫人の別荘でやつた。家の場面は、この別荘の間取りが一、二、五幕にそつくりであり、私は、庭先にビーチパラソルをたてて、ロケーションさながらの通し稽古だつた。そして二、三の海岸の場は本物の砂浜にボートを裏返して大空の下での自然の波音と松籟を音響効果とした稽古だつた。

だが、企画面は完全な立遅れだつた。ポスターもプロも出来ない。初日、六七十名の入場者を前にして、然し、気魄のこもつた幕があいた。

そして、大詰、死に行く妻にむかつて、万葉（集）の歌を狂気に読みきかせる久我五郎の姿に、ショパンのトリオのメロデイがクレッセンドに高まつて、幕がおりて来る。客席はシーンとしている。

ア、やつぱりいけなかつたのかナ、と思つた。ずつしりと幕がおりきつて、一瞬、二瞬、三瞬、それまで沈黙しきつていた百名足らずの客席が、一時に爆発したように拍手。

――それがしばらくなりやまない。私はまつしぐらに楽屋に飛びこんで行った。丸山が眼に涙を浮べながら、両手で私の右手を、骨がおれるばかり、ぎゆうつとにぎりしめた。「この勝負、どうやら、演出者の勝らしいな」三好から、そんなハガキの来た中日《なかび》には、満員、楽日になるに従つて、四百八十名の築地小劇場の客席は、連日、七百名、八百名の、すし詰の超満員だつた。（八田元夫「『浮標』上演のころ」『現代日本戯曲選集』第九巻月報）

『浮標』が「転向文学」として理解されていたことが分かる。丸山の五郎のほか日高ゆりゑの美緒、岸輝子の小母さん、東野英治郎の赤木、園圭子の伊左子、中村美穂子のお貞、西口紀代子の恵子、長浜藤夫の利男、石黒達也の比企、田所千鶴子の京子、薄田研二の尾崎、加藤嘉の浦天さんというキャスト。

新協劇団の『大仏開眼』の華々しさに引較べて、新築地の『浮標』公演は余りにも、ひつそりと静まり返つてゐる三好十郎作『浮標』、五幕は海岸に療養生活を送る妻を看病しつゝ、世の辛酸をなめながらも烈々たる信念をもつて生き抜かうとする洋画家久我五郎を中心に、惨酷なまでに現実な問題を打つけ主人公が苦しみ、のたうち廻る姿を通して、その裏にある民族的な明るさをほのぐ〵と漂はせてゐる

家と海岸の場面を交互に出し、最後、美緒の死で締括る五幕はガッシリした構成である

この作者のもの（『幽霊荘』など）につきまとつてゐた不健康ないやらしさがなく、陰気な闘病生活を扱ひながら、明るさを湛へてゐるのがよい。たゞ主人公の悩み――芸術家的な孤高精神と思想的な悩みが充分に描けてゐないので、そこを突抜ける必死の戦ひが強く響いて来ない憾みはあるが、最近の作品の中では恐らく一番いゝものであらう

舞台は八田元夫の周到な演出によつて、新築地の創作劇の通弊――きめの粗さがいつも程目立たなかつた、俳優がガラ空《あき》の客席を前に、舞台を投げず、懸命に努力してゐる姿は悲壮である

丸山定夫の久我五郎は作者が彼に嵌めて書いたのではないかと思はれる程ピッタリしてゐる、東宝映画で不安定な役ばかりしてゐる彼は、久し振りで舞台に帰着して会心の演技を見せてゐる

日高ゆりゑの妻、美緒は初めから終ひまで寝たきり、会話も禁ぜられてゐるといふ皮肉な役だが、病人らしい神経をよく出してゐた、岸輝子の小母さんは、声の瓢軽さと善人らしさで灰色の世界に色どりを添へ、本庄克二（東野英治郎）の出征する作家と共に出色の出来、石黒達也も真面目な医者らしい、彼は映画『彦六なぐらる』の田所で漸く自分のものを探り当てたやうだ、薄田研二は俗物らしさを不誠実な演技に置換へた胡魔化しである、金須尭士《たかし》の装置は手堅い

（坊「都新聞」昭和十五年三月二十八日号）

経済的には欠損で、このころは南旺映画からの月々六百円の専属料で人件費を賄わなければならなかった。加えて映画やラジオの出演は幹部に限られていた上に、そのギャラは個人の所得となって劇団経済を潤すことがなかったので、かねて中堅以下の俳優たちが外部出演のギャラを劇団に還元するよう申し入れていた。にもかかわらず幹事会が対応を怠った結果、退団者が出始めていた。そして『浮標』終演後ほどなく、中堅俳優の中心人物と見られていた新田地作（村上冬樹）が生活苦を理由に退団した。

映画は立ち消えになったものの、五月五日に『彦六大いに笑ふ』（三好十郎作、山川幸世演出）と『坂本龍馬』（真山青果作、岡倉士朗演出）による満州巡演の旅に発ち、新京（現・長春。新京放送局勤務の森繁久弥が世話をした）、吉林、ハルビン、奉天（現・瀋陽）、大連を回って六月はじめに帰京した。が、満映が後援しなかったので、ギャラは法外に安かった。観客はほとんど日本人だった。

一部で劇団崩壊が囁かれるような事態の中で、第百四十六回目の公演として『第二の人生』（里村竹三原作、八田元夫・富沢一郎脚色、八田演出）の稽古に入った。新劇初の戦争劇で、兵士が多数登場する。新築地の男優だけでは数が足らず、アマチュア劇団からの客演を求め、全員がイガグリ頭になった。主人公並川の二人の子供は作者里村の長男と長女に出演を請い、女学校を卒業した薄田の娘つま子も『野鴨』（イプセン作）のヘドウィック以来の舞台に出ることになり、宮津つま子と芸名を付けた。

次の劇評でも分かるように、かつてのプロレタリア劇団がここまで……と思わさせられる舞台である。

支那事変が始まつてから満三年、今まで戦争から眼をそらして内へ内へと沈潜してゐた新劇にとつて、戦争劇は一つの宿願だつたが、新築地が上演してゐる里村竹三原作の『第二の人生』四幕十一場は、それに答へる最初のものである原作は作者自身がモデルである並川兵六が、かつて懐いてゐた思想に敗北し、自暴自棄な身体《からだ》を故郷の酒にまぎらしてゐる最中支那事変に直面

一枚の赤紙に救はれて出征、大陸の泥濘を馬と共に進む特務兵の一人として集団と規律の下に厳しく鍛へ直されて行く過程を素朴な粘りづよい筆致で描いてゐる

作者は思想的な誤謬を犯した自分を思ひ切り卑下して必要以上に自らを責虐《せめさいな》み、わざとらしいとさへ思へる程である、八田元夫、富沢一郎の共同脚色では、思想的な経歴がほんの少しゝか描かれてゐないので、わざとらしさが無い代りに、人間的な面白さに欠けた（中略）

脚色は内地と戦場を半々に出し、環境の移るに従つて変つて行く兵六と、彼の属する分隊の集団的な性格群との噛み合せの中から発展して行く姿を描き出さうとしてゐるが、各場の積重ねが一つの方向に盛り上らず、戦場で鍛へ上げられて行く主人公の姿が明瞭に浮び出して来ない（中略）

それにしても新劇俳優が兵隊になり切れず、戦場の表現が新国劇のそれに及ばないのはどうしたことであらうか、戦闘場面は蔭になつてゐるにせよ、兵隊らしい「気合」は必要である。本庄克二の兵六は脚色に描かれた限りではひたむきな力演であり、石黒達也の弱々しいインテリ兵隊助森、槙村浩吉の江口は農村出の兵隊らしく、加藤嘉の大河原は召集解除になつて自殺する激しい性格を出して一応その役として成功してゐるが、これが纏つた一つの性格群としての面白さを醸し出すところまで行つてゐない

伊藤寿一の装置は省略法を大胆に使つた構成だが、戦場場面では現実感をそぐ嫌いがある、終りに武田の役で初日だけ出演して応召した多々良純の武運長久を祈る（坊「都新聞」昭和十五年七月十日号）

最後の一行に時代の色がよく出ているが、これが新築地劇団の最終公演だった。ほどなく弾圧されたのである。

その直前、八月九日に久しぶりの総会が開かれ、席上、山積の問題解決のために薄田研二、石川尚、東野英治郎、八田元夫、石黒達也、槙村浩吉、加藤嘉、殿山泰司、畑省一、寺田一夫、本間教子、小西綾子の十二名を委員として幹事会に替わる整理委員会の設置を決め、組織問題では民主主義的な総会第一主義を批判して幹事長（薄田）による独裁制を採択、

その下に書記局に替わる総務部、演出・演技の両部門を含む技能部、文芸・宣伝・財政を統合した企画部を置くことにした。また、新しい芸術方針として「自らを時代の流れの中心に置くことによってその中から把握し得たものを芸術的実践の中に生かし形象化し真に国民的な演劇を樹立する」ことを前提に、「真に日本的な人間を描き出すこと、民族的な、国民的な要求に答へることの出来る人間を舞台に描き出す」べきことを規定（八月十一日付けの都新聞「新劇でも新体制　国民的演劇を目指し　新築地独裁制をとる」による）、満場一致で可決した。反面、この日に岡倉士朗、山川幸世、中岡孝正の三人が芸術方針、経営方針、組織形態に反対だとして脱退届を提出したが、劇団側は三人を除名処分にした。それから十日後の八月十九日、警視庁は新協・新築地に弾圧を加えて主要メンバー百余人を検挙、残されたメンバーに「社会主義的な色彩の濃い二つの劇団は国情に適しないから解散するように」との「勧奨」を行い、これを容れた新協・新築地の両劇団が「自発的解散」を表明したのが八月二十日だった。むろんこれは検閲下の、表現に自由のなかった時代の言い方で、事実は強制解散だった。これを「新劇事件」という。

治安維持法違反で検挙された主要メンバーは以下の通り。

新築地劇団＝八田元夫、和田勝一、石川尚、薄田研二、東野英治郎、石黒達也、中江良介、池田生二

新協劇団＝秋田雨雀、村山知義、久保栄、久板栄二郎（遅れて出頭）、松尾哲次、天野晃三郎、滝沢修、小沢栄太郎、三島雅夫、松本克平、中村栄二、伊達信、信欣三、宇野重吉、細川ちか子、赤木蘭子、原泉子

無所属＝千田是也、岡倉士朗、山川幸世

『テアトロ』＝染谷格、若山一夫

この結果、『テアトロ』は第七十一号（七―八月号）で廃刊に追い込まれた。なお、新劇事件の日付を八月十九日とすることに千田是也は異論を唱えている。（『もうひとつの新劇史』参照）

記事解禁で両劇団の「解散」を各紙がいっせいに報道したのは、八月二十四日だった。

「解散」の時点で新築地の赤字は一万円を超すと見られていたから、関係者は残務整理に追われた。東野英治郎はこう書いている。

劇団が解散してその社会的地位と信用がなくなってしまうと、債権者は経営部や理論的指導者を追いかけはしなかった。売れる俳優のところへドッと押しかけてきた。まことに彼らはリアリストである。留置場へも押しかけてくるので

ある。債権者にとっては当然のことである。しかし、こんなところまで押しかけてこられると、債鬼という言葉が実感として迫ってくるものである。十カ月ばかりそこでの生活をして帰ったときには、ひどい人間不信に落ちこんでいた。

（中略）

その頃、小沢栄氏（小沢栄太郎）とよく会った。そしてこういう状態のなかでは芝居はやりたくない、というようなことを話しあった。東宝劇団（注＝東宝が経営していた大衆演劇の劇団）からも話があったがそれもことわった。そのうちに内田吐夢、田坂具隆《ともたか》氏等（注＝ともに映画監督）で京都にプロダクションを作るから来ないかという話があって二人でゆくことにした。

私は劇団の負債の半分近くをこのプロダクションから前借りして独断で払って京都へ行った。その頃出所してきた薄田研二氏宅には大勢人が集まっていて、みんなで積立てて負債を払う話をしていたが、私はそれには参加しなかった。私は独りでいたかったのである。独りで考えたかったのである。多数で意見を出しあったりすることから離れていたかったのである。

先輩、しかも育ての親である薄田研二氏の前では、どうもものが言いにくかった。そこで「僕は独りで考えてみたい。だからみんなとは行を共にしない」とだけ言って、永年世話になったこの人たちから離れていった。劇団の負債は私には判っていたから、その半分とおぼしきものを私は責任をもって片をつけた。（『私の俳優修業・改訂版』）

東野が当時の芸名、本庄克二から本名の東野英治郎に変えたのは、昭和十六年五月に不起訴になった時、内務省命令で本名にしろと命じられたからだった。時の権力は劇団の解散も俳優の芸名の変更も、意のままだった。

以上、見てきたように、新築地劇団の歩みはまことによく時代の変遷を反映している。基本的にはそれは一定の歴史的な条件下のできごとであり、繰り返されることはない。が、その中で起きた個別の問題は、今の演劇界とも関係がある。いかに時代と向き合い、どういうレパートリーを組むのか。あるいは劇団の職業化の問題。

演劇に関わるスタッフやキャストがそれのみで生活できることを職業化と呼べば、これを実現させているのは現在でも例外に属する。とすれば、一時とは言えこれを可能にした新築地の努力は、評価されていいだろう。と言うよりも、職業化が未だ困難な夢のまた夢である限り、それに向かって努力した人々の歴史を忘れてはならないのではなかろうか。今も学ぶべきことは多々あると思われる。言い古されたことではあるが、歴史はそのための大事な「教科書」なのである。

# 第十六章　新協劇団

## 新劇団大合同問題

昭和八（一九三三）年の暮れに転向を装って出獄した村山知義は、新劇の現状に鑑みて、弱体化している新劇団が個々にあるより、一つにまとまった方がいいのではないかと考えはじめた。「新劇の危機」（『新潮』昭和九年七月号）はその思いの結実である。ここで村山は進歩的な演劇の上演と、演出的に厳密に統一された上演こそが新劇の存在理由だとして、プロットをはじめ中央劇場や新築地劇団などの解散を勧め、築地小劇場をホームグランドとする唯一の職業劇団を作ることを提唱した。

築地小劇場といふ条件から、俳優は二十人乃至三十人。三十円乃至四十円の最低月給。劇団員の主力は俳優。それに経営宣伝部、文芸部各一人乃至三人。理事会はその劇団員の中から選挙された五六人。衣裳部、大道具部、小道具部、効果部、照明部等はすべて専門的職業人のグループで請け負ひ制度、一ト月二十日の常打ちで他は小屋貸し。劇団外に、広汎に人をあつめた演出家グループ、劇作家グループ、舞台美術家グループ等をつくる。これはごく自由なグループであり、劇団に配属するものではない。一種の懇親的、相互扶助的、研究的グループである。各グループから二人づつの代表者を劇団に送る。そのうちの一人づつが劇団の理事会にはいる。

村山の提案を待つまでもなくプロットは同年七月に解散するが、こういう動きと重なっていた村山の提案は大きな反響を巻き起こし、『テアトロ』は締め切り日を延期すると六月十三日に築地小劇場で開催された「新劇の危機座談会」の記録を七月号に掲載した。長田秀雄、秋田雨雀、三好十郎、村山知義、久板栄二郎、八田元夫、藤森成吉らの出席。

この座談会をきっかけに合同問題の研究会がいろいろ持たれ、その回数は二十数回におよんだ。こうして新劇団の合同が否定しがたくなったころ、村山が「新劇団大同団結の提唱」（『改造』同年九月号）を発表した。「新劇の危機」の論旨を詳細にしたもので、新劇の存在価値を「A、進歩的な、芸術的に良心的な、B、観客と妥協せぬ、C、演出上に統一ある演劇」とした上で、こう述べた。

A。大同団結と云ひ条、第一にそれが日本の新劇の最高峰となす演劇を提供すべきであるから劇団員は一流俳優でなければならず、第二に日本の新劇が当面してゐる困難な事情や、現在の所小劇場運動であらざるを得ないことから、集つた俳優の全員を包含するものではなく、ピック・アップ・チームとなること。

B。このピック・アップ・チームは無理せずまた妥協せずに観客を動員し得る程度の適当な収容力のある劇場において常打をすること。（中略）

C。この単一劇団はスタジオ劇団を持つこと。（中略）

D。単一劇団及びスタジオ劇団はいづれも俳優中心の劇団たるべきこと。（中略）

E。さてここまでくると私はもつと立ち入つてこの劇団の組織形態を考へる時期に到達したのだ。劇団は俳優中心だが、経営宣伝部員、文芸部員（これはプログラム作製、台本印刷等の純事務的な仕事をする人）のごく少数をも劇団員として置く必要があるだらう。そしてその他の演劇者はそれぞれ劇団の外部に劇作家クラブ（批評家、翻訳家等をも含み、政治的意識、戯曲のスタイル等にかかわらず、凡そ芸術的良心と情熱を持つ人々を広く含んだもの）演出家クラブ（舞台監督の問題はちよつと複雑だ。少数の専門的舞台監督が劇団員となつてしまつてゐた方がよいか、または演出家クラブに属してゐて、或る上演に対して演出家と一緒にそのときどきに決定された方がよいかに就いては研究の余地がある。）舞台美術家クラブ（これは大道具小道具衣裳等のデザイナアのみを含むので、道具や衣裳の製作裁縫を担任する技術者とは分けなければなるまい。）照明家クラブ（これは数も少いことだし、照明の操作をする人と照明のプランを作る人との職能の分化が充分に行はれてゐないから、一応一緒にここに含めてもいいし、又都合によつては分けてもよい。）効果、音楽、舞踊家クラブ（これも照明家の場合と同じ作曲家と演奏者、振付師と舞踊家、効果の設計者と操作者の問題がその特殊性に応じて考へられなければならない。）等の各クラブを組織すべきだと考へる。（中略）さてこれらの各クラブと劇団との関係はどうなるべきであるか？　一つの劇団がたとへ俳優中心の劇団であるとは云へ、俳優のみによつて動かされることはいろいろの弊害を生み易い。矢張り、戯曲家、批評家、演出家等の協力が必要だ。これらの各クラブは日本の新劇の為に情熱を有する新劇当事者のクラブであり、この劇団が日本の新劇俳優の精粋を集めた劇団である限り、両者が密接な関係にあるべきは当然である。従つて私は単一劇団、スタジオ劇団、各クラブが一つの協会を形づくるべきだと考へる。この協会を仮に日本新演劇協会と名附けよう。この協会は各クラブの内容なり形なりがそれぞれの特殊性に従つたものであるゆゑに、型に切つて嵌めたやうな組織形態とはならないだらうが、矢張り各クラブ及び劇団から選出された代表者によつて幹事会のやうなものが作られるべきだらう。一方この日本新演劇協会所属の単一劇団を仮に築地小劇場劇団と名附けるならば、各クラブは新劇に対して熱情を持つ新劇当事者の組織である以上、演劇の窮極目的たる上演活動を実現するところの築地小劇場劇団に対して集中的な関心を持つべきは当然である。かくてこの劇団へ各クラブから一定数の代表者を送つてその活動に参画させるべきこととなるだらう。そして劇団員全員と各クラブからの代表者とによつて劇団の最高決議機関たる総会が開かれることとなる。（中略）

K。さて上述の組織における公演のときの順序を略説すると、劇作家クラブから戯曲を推薦し、同クラブの代表者によつて劇団に反映され、劇団の総会で決定され、次いでその戯曲に適当な舞台装置家、照明家等がそれぞれのクラブから推薦されて同じく劇団の総会で決定されるのだ。

L。レパートリーについても一応の予想をして置かう。この劇団は上述した通り、「進歩的な、芸術的に良心的な、観客に追随せぬ、演出上に統一ある演劇」を創造提供することを目的とする。しかも当分、日本における新劇運動の代表者とならねばならない。従つて劇団としては政治的には、ただ、歴史の正しい進展を妨害する所の反動的なものを排斥する以外に積極的な主張に統一されてゐないし、また芸術上の一定のスタイルに局限されてもゐない。従つてレパートリーはそれが芸術的にすぐれ、進歩的であり、反反動的であり、反卑俗的である限り選択の範囲に入り得る。（中略）

以上で私は私の提唱の概略を述べた。この提唱の内容は細い点での相違はあれ、またはつきりとであれ漠然とであれ、既に多くの新劇当事者の抱いてゐた考へと一致したので一般的賛同を得ることができた。そこで積極的な人々との会合を重ね、各劇団のこれ迄の成果を批判して解決策がこれ以外にないことにほぼ一致したのである。しかし劇団並びに協会の具体的成立までにはなほ幾多の曲折を経るかも知れないが、私はこの問題が日本の新劇の当面する重大な問題だと考へるゆゑに、一般の積極的関心を望まざるを得ないのだ。

紆余曲折を経た揚げ句、前述のように新築地劇団は合同を拒んだものの、村山の提唱を承ける形で中央劇場の大半の俳優、三島雅夫、赤木蘭子、細川ちか子ら七人の新築地劇団からの脱退者、それに美術座の伊藤熹朔らを糾合して九月に結成されたのが新協劇団である。命名者は久板栄二郎で、「新しく協力する」という意味が込められていた。

発足当時、新協劇団は村山が新劇大合同で目論んだ通り、日本新演劇協会の所属劇団だった。が、合同の動きに新築地劇団がそっぽを向いた結果、新協劇団は村山構想とは異なり、はるかに小さな規模になった。村山の開けた穴を埋め、芸術的、思想的な相違は措いて、新劇関係の個人と団体を糾合し、新劇の発展・向上に資するのを目的として別の組織を立ち上げたのが岸田國士で、日本新演劇協会は岸田のそれ、日本新劇倶楽部にたちまち吸収合併されたのは前述した。

### 新協劇団の活動

まず劇団の陣容を書いておく。

演劇部＝仁木独人、滝沢修、小沢栄（のちの栄太郎）、伊達信、前山清二、松本克平、小杉義男、三島雅夫、御橋公、伊藤智子、原泉子（のちの泉）、細川ちか子、小野染子、山川好子、三好久子

計画部＝青柳信雄、仁木独人、沖津一郎、中島圭一、木下逸男、久板栄二郎

演技部準劇団員＝西康一、大森義夫、宇野重吉、山田実、藤ノ木七郎（のちの信欣三）、寺田靖夫、関元勝、石坂和子、中田みつる、藤川夏子、小峯千代子、赤木蘭子、小百合葉子、末広美子

村山構想にしたがって、劇団を太陽とすればこれを取り巻く衛星のごとく結成途上にあった各クラブから、一年の任期で劇作家として岸田國士、長田秀雄、秋田雨雀、藤森成吉が、演出家として村山知義と高田保が、美術家として伊藤熹朔が、照明家として篠木佐夫が、音楽効果方面から山田耕筰が劇団員になった。旗揚げ公演には秋田雨雀の提案で第二部を雑誌連載中の島崎藤村の『夜明け前』と決まり、脚色は村山の担当になった。村山はなぜ藤村の『夜明け前』だったかということを含めて、パンフレットにこう書いた。

嘉永から慶応にわたる十数年間は日本歴史において、たいへんに大事な転換期である。従ってこの時期を取扱った小説戯曲は甚だ数多いが、われわれが最も注目すべき作品は藤村氏のこの小説である。この小説の長所、特徴は次の諸点にある。

きわだった歴史的人物を主人公とせず、藤村氏の先祖とそれをめぐる人々を主人公とし、江戸、京都、水戸、長州、薩州というような、これまた渦の中心となった場所を舞台とせず、木曽の山の中の一つの小さな宿場に重点を置いたこと。このことは、この小説を表面的な出来事の羅列をこととする物語から救い、この未曾有の転換期に当面した民衆の大多数の生活の最も現実的な物語たらしめた。

そして、このことはまた、今までの歴史小説のように少数個人の意識の過程で問題を解決することなく、その基礎であり、本当に歴史を動かすものであるところの物質的経済的諸条件の分析と描写を可能にした。

主人公が一つの宿場の問屋、庄屋、宿役人を兼ねてい、従って、武士、町人、百姓の三階級のあいのこであることは、その三階級の姿を描くことを必然にした。

作者の、偏見のない、リベラリスティックな立場は、幕府、京都、国学、貿易、外国、経済、良心、階級等々の諸条件に、かなりの点まで正確に触れることを可能にしている。

数え上げたらまだまだ長所はあろう。しかし以上のような根本的な長所のゆえに新協劇団は本篇の戯曲化を企てたのである。（『村山知義戯曲集・上巻』「解説」より）

自分が演出したいのを抑え、村山は久保栄に頼んだ。村山としては、久保を劇団に加入させたい気もあった。旗揚げ公演の『夜明け前・第一部』（島崎藤村原作、村山知義脚色、久保栄演出）は、予定通り昭和九（一九三四）年十一月十日から三十日まで築地小劇場で上演された。これに先立つ十月末に、新協劇団は映画会社のＰＣＬとの提携のために調印した。

『夜明け前・第一部』の主なキャストは御橋公の青山吉左衛門、細川ちか子のおまん、滝沢修の青山半蔵、赤木蘭子のお民などで、ことに滝沢の半蔵は戦後の民芸の公演にまで持ち越す滝沢の代表作の一つになったが、脚色者の村山は歌舞伎の演技・演出に詳しい久保の演出に驚くとともに、伊藤熹朔の装置にも驚嘆した。全幕を通して一杯道具の本陣は本物通りの戸障子が嵌められ、屋根は本瓦で葺かれ、庭には本物の土が敷かれて草木で季節の推移を示す工夫があり、遣り水には水が流れていた。土間の正面奥は引戸の出入り口で、その向こうのホリゾントとの間が木曽街道だった。構成派風、表現派風の装置を得意とした村山には思いもおよばないリアルで重厚な装置だった。

劇評はなべて好評だった。ここではある座談会での中野重治の発言を再録する。

『夜明け前』は大変面白かつた。色々教へられ考へさせられる点も多かつたのですが、全体として大変よいものだつただけにいろいろ不満な点もありました。演出のリアリスティックな手法は大変よかつたのですが、あれはリアリズムではあるが瑣末主義に陥りかけてゐると思ふ。従つて一方でリアリスティックな効果の出れば出るほど一方ちよつとしたことが欠陥として感じられたのです。例へば、百姓にしても牛方にしてもその他女中なんかまで一体に江戸式であるやうな点がひどく目立つた。（中略）

脚色は大変感心しました。あゝいふ大きな原作をあれだけの短いものの中に要約して生かしたといふことには大変感心させられました。しかし、それはそれとして、書かれた脚本そのものを取出してみると、第一に半蔵の見方が不充分だつたやうに思ひます。此の芝居は半蔵が京都へ向けて出発するところが全体の結びになつてゐて、それが夜明けに向つて旅立つといふ風になつてゐる。しかし、半蔵の出発は一方では夜明けに進むことになるが、一方では夜明けから逃避することになると思ふ。といふのは、半蔵のあのやうな動揺は国学風の思想と村の実生活――つまり百姓牛方なんかの悲惨な境遇や反抗といふやうなものの反映との間のギャップから生まれて来るのだと思ふんですが、半蔵が村を離れることは、そのギャップを現実の生活の中で解決する方向ではない。これは、半蔵自身が主観的に自分の出発を夜明けに向つて進むのだと考へることは差支へないのだが、脚色者はそういふ半蔵を客観的に描かなければいけない。それから、半蔵が、宮川寛斉が絹貿易をして金を儲けることをいけないと思ひながら一方寛斉をいたはりかばつてやるといふ気持を持つてゐるやうに出てゐた。半蔵がいたはるのは差支へないのだが、脚色者も亦そこで半蔵のさうした気持を肯定してゐるやうに描かれてゐる。つまり、一人の宮川が堕落したかしなかつたかでなく、割合に弱い宮川といふ一つの性格を通して国学風のものが資本の世界支配に敗れて行くプロセスを見せることが脚色者に必要だつたのぢやないかと思ひます。（「新協劇団を語る座談会」『テアトロ』昭和十年一月号）

二十一日間で三十九回の上演、入場者が約四千五百人だから、話題のわりには今ひとつの入りだった。入場料は一円五十銭と一円。

旗揚げ公演と連続的に十二月二日から十五日まで第二回公演を築地小劇場で持ち（初日を五日とする記録もある）、ナウカ社の『ゴーゴリ全集』の完結を記念しての『イワン・イワーノヰッチとイワン・ニキーフォロヰッチとが喧嘩した話』

（ゴーゴリ作、伊馬鵜《う》平《へい》脚色、村山知義演出）と『ポーギイ』（ヘイワード夫妻作、菅原卓訳、青柳信雄演出）を上演、二本とも市川元が音楽効果を担当した。

前者の二人のイワンは滝沢修と小杉義男が演じ、脚本は村山から「日本のルネ・クレール（注＝庶民の生活を活写したフランスの映画監督）」との賛辞を呈されていた新宿の軽演劇の集団ムーラン・ルージュの作者である伊馬鵜平（のち春部《はるべ》と改名）が担当した。後者は二年前に坂東簑助（のちの八代目坂東三津五郎）が主宰する新劇場が本邦初演したもので、演出者は簑助の腹違いの兄、御橋公のポーギイ、伊藤智子のベスだった。が、二本とも世評はパッとせず、旗揚げにつづく赤字を出して、職業劇団たらんとする当初の目標があやしくなった。

## 劇団改組と久保栄の加入

劇団が改組されたのもこのころで、これを含めて村山はこう書いている。

> 新協劇団は、日本新劇倶楽部の部門としての各クラブもまだ結成されないし、暫定的に、俳優や企画経営からの幹部以外には、長田（秀雄）、村山、藤森（成吉）の三人が暫定的幹事となつてゐたが、今度劇団を拡張して、俳優や経営部以外に、各ジャンルの新劇技術者を迎へて劇団員とすることになつた。演出部に久保栄、青柳信雄、陣ノ内鎮、松尾哲次、天野晃三郎、照明部に八代康、岡田猪之輔、舞台美術部に伊藤熹朔、吉田謙吉、島公靖、伊藤寿一、橋本欣三、菊池良吉、小《お》久《く》江幸、文芸部に秋田雨雀、長田秀雄、藤森成吉、久板栄二郎、八住利雄、番匠谷《ばんしょうや》英一、鈴木英輔、伊馬鵜平、効果部に久保田正二郎（注＝朝鮮人で本名不詳）、藤井稔、宣伝部に滝村和男の諸君を迎えた。（中略）
> 困難がますますわれわれの勇気を倍加するやうでありたい。新協劇団は既に二度の公演を持ち、大衆的批判会を開き、たくさんの座談会をやった（注＝中野重治の発言を引用した座談会がその一例）。そして目下、第三公演の準備中だ。この劇団はきつとうまく行く。（村山知義「演劇時評・一応の完成（四）」「都新聞」昭和九年十二月十七日号）

『ファウスト』（ゲーテ作）を予定していた第三回公演は流れ、第三回公演とはせず特別公演として昭和十（一九三五）年三月一日から四日まで、飛行館に『雷雨』（オストロフスキー作、八住利雄訳、村山知義演出）を掛けた。この間に脱退者が相次ぎ、残ったのはほぼプロット以来の二十七人。この時は『雷雨』のほかにソビエト映画を併映したのが好評で、はじめて黒字になった。

第三回公演は四月十二日から十五日まで、飛行館で『花嫁学校』（片岡鉄兵原作、村山知義脚色、青柳信雄演出）を上演した。原作は東京朝日新聞の連載小説で、この年の十月には初代水谷八重子のヒロインで明治座でも『花嫁学校』（小出英男脚色、千田是也演出）が上演された。商業劇場で出された演目を選んだところに劇団の台所事情がうかがえるし、ある意味の「変質」もあった。それはまた川端康成の『浅草紅団《くれないだん》』のヒロインのモデルと言われ、浅草のカジノ・フォーリーで人気を博した梅園龍子や、ＰＣＬの宮野照子を客演させたことにも伺える。梅園の参加は片岡鉄兵の口利きによったが、この結果、女性の観客が増えた。

この傾向に拍車がかかったのが次の浅草公演で、五月一日から十二日まで浅草松竹座で『白虎隊饅頭』（巌谷三一作、青柳信雄演出）、『坊っちゃん』（夏目漱石原作、新協文芸部脚色、鈴木英輔演出）、『ホロロン閣下』（伊馬鵜平作、村山知義演出）の三本に、松竹楽劇団によるオペレッタ『マルメロの女学生』が併演された。『坊っちゃん』はタイトル・ロールを客演のＰＣＬの宇留木浩（細川ちか子の兄）が、マドンナを同じくＰＣＬの夏目初子が扮した。『ホロロン閣下』は美術座の第四回公演として築地小劇場で原題の『閣下よ、静脈が……』で初演された（昭和九年六月）ものの改題で、初演も村山の演出だった。

『坊っちゃん』についての劇評の一部を再録。


次の『坊つちやん』は一番見ごたえがあつた。これは見物にも受けてゐた。さういう点から見て、今度の出し物では成功してゐる。勿論原作などこゝで問題にすべきではなく、新協が浅草を狙つて、お芝居にしたいといふ所に限っての話ではあるが、うまくその的を射て、見物のうけにはまつた。脚色も簡潔で面倒くさくなくつて賑やかでいゝ。

役者もみなそれぞれ相当に人物を作り上げて上手だ。滝沢（修）の「赤シャツ」が、通俗に判りよい描出で先ず出色だ。小杉（義男）の「山嵐」も、その人物を面白く生かしてゐる。伊達信の「うらなり」は一層うまい。おそらくこれが比較すれば、最もその人物を描き得てゐようか。鶴丸（睦彦）の「狸」も達者にやつてゐる。前山清二の「のだいこ」となると、もう一倍浅草向きで受けてゐた。（桜咲太郎「浅草松竹座新協劇団見物」『演芸画報』昭和十年六月号）

『夜明け前・第一部』とは様変わりだが、浅草公演は松竹キネマ演芸部との契約によるもので、もし成功すれば年に四回くらいの浅草公演を予定していた。が、そうはならなかった。経済問題を含めて新協は大きな危機に直面していたことになる。六月公演は中止になり、以後、九月まで公演がない。この間に再燃したのが社会主義リアリズムをめぐる論議だった。

## 社会主義リアリズム論争

徳永直が「創作方法上の新転換」（『中央公論』昭和八年九月号）を発表して日本プロレタリア作家同盟（ナルプ）を批判すると、ナルプの機関誌『プロレタリア文学』が同年十月号で社会主義リアリズムの問題を取り上げ、「創作方法に関する国際的大衆討論に参加せよ」という巻頭言を掲げたほかに、鹿地亘の「社会主義リアリズムの討論から我々は何を学ぶか」と島田和夫の「同志徳永の理論的誤謬について」を掲載してナルプの正統性を説いた。この論争の発端からしばらくは、専ら文学方面での議論が重ねられた。ここではそのやりとりはカットして、論争が演劇方面に広がってからの推移に絞る。

とは言え、今、この論争を振り返るのにややうんざりするのは、旧ソビエトやマルクスやレーニンやエンゲルスへの絶対的な「信仰」と、ソビエトの一部の理論家に対する無邪気なまでの信頼がどの文章にも溢れているにもかかわらず、今やソビエトそのものが雲散霧消した現実があるからである。

さて、栗原幸夫の『プロレタリア文学とその時代』によれば、社会主義リアリズム論争は世界観と創作方法の関係をめぐる問題と、社会主義リアリズムをわが国に適応することの可否をめぐっての問題という二つの側面を持っていた。その第二の側面、プロレタリア芸術運動の再建の見通しというテーマが正面に掲げられた時、一挙に対立状況を現出した。口火を切ったのが久保栄である。

わが国への社会主義リアリズムの導入の第一人者が森山啓だが、久保が森山の社会主義リアリズム論を批判する形で発表したのが、「新劇のために」との副題を持つ「迷えるリアリズム」（「都新聞」昭和十年一月二十日から二十三日まで）だった。わが国の理論家は機械的な移入をしたばかりで問題の核心に触れていないとして、久保はまず「社会主義リアリズム」の社会主義とは思想としてのそれではないと指摘して、日本的現実、資本主義体制のもとでのわれわれのリアリズムは革命的リアリズムであり、伏せ字を避けて言えば反資本主義リアリズムだと主張する。

次いで久保は唯物弁証法的創作方法というスローガンは、哲学理論からまだ充分な分化をなし遂げ得なかった段階の見解として位置づけ、そのアンチテーゼとして社会主義リアリズムが登場したと考える。この点がやがて中野重治による反論を呼ぶ。中野は唯物弁証法的創作方法が発展して、社会主義リアリズムになると考えていた。そしてプロット時代の戯曲のあり方を振り返り、さらに語を継ぐ。

プロット時代のわれわれの戯曲から生彩をうばっていたものは、ソヴェート的語彙にしたがえば、その「社会評論性」と「無性格性」とである。海をわたって来た社会主義リアリズムの理論が、築地の扉をつよくノックしはじめたとき、人々は、にわかに政治的な興奮から呼びさまされ、口々に叫びだした。そうだ、われわれの戯曲には、性格がない、思想の骸骨が踊っているばかりだ。（たとえば、村山知義、大沢幹夫、久板栄二郎の作品。）たまたま登場人物に性格の刻印をおしたものは、「心理的リアリズム」の邪道にそれている。（たとえば、三好十郎、和田勝一、東建吉〈注＝久保栄の筆名〉。）さあ、「シェークスピア的溌剌」をもってわれわれの戯曲の「無性格性」を克服しようではないかと。（中略）

だが、われわれの仲間が、社会主義リアリズムを曲解して、性格描写を劇作の第一義と考えはじめたとき、すでに部分的リアリズムの陥穽が、われわれを待ち構えていたのである。「典型的境遇のなかに、典型的性格」を描くというエンゲルスの千鈞の重みある命題へは、決して性格描写のいとぐちからははいってゆくことができない。エンゲルスは、ハークネス女史の『町娘《シテイガール》』にたいする批評のなかで、典型的性格は、典型的境遇のなかに置かれてこそ、はじめてその本来の作用をくまなく現すということを、明らかにしている。言いかえれば、劇的境遇と性格との対立のなかで、主導的地位に立つものは、境遇であるのだ。だが、われわれの仲間は、不幸にして、劇の全体的構成の死活を制するテーマの精錬を置き忘れて、ただひたすらに形象の研ぎすましに眼を向けていたのである。（中略）

かつてのプロレタリア演劇の担い手たちの間に、リアリズムにたいする、こういう息ぐるしい混乱が見うけられる一方、飛行館のもの静かな環境にとりまかれて、「世態的リアリズム」の演劇が、細心に自己を守っている。ここで、つつましやかに脚光を浴びていったものに、真船豊の『鼬《いたち》』田口竹男の『京都三条通り』川口一郎の『二十六番館』田中千禾夫の『おふくろ』伊賀山精三の『騒音』などが数えられる。作者たちの芸術的良心の発露と繊細な筆触とによって、これらの戯曲は、一部の新劇愛好者に溺愛され、新しい現代劇の道は、ここから開かれるというような期待をつちかっているのである。この期待は、なかばは、正当であり、なかばは裏切られるであろう。（中略）

これらの作家たちは、チエホフに学ぶがよい。チエホフのリアリズムの偉大さは、彼が一見日常的な些事を描くように見えながら、千八百年代末の、農奴解放後の帝政ロシアに生きて、大きな時代的転換を閲した人びと──貴族、地主、商人、インテリゲンチヤ、農民、浮浪人などの間の「決して反覆されることのない事件と性格」を精密に描きおおせたところにある。ふたたび反覆されないものを求めてこそ、その時代のその社会の典型的境遇と典型的性格に到達する。もし、これらの作家たちが、真に「現代劇」の名に値するものを創造したいと熱望するならば、まさにこのようにして「反覆されることのない」現代的な境遇と人物的形象をつくり出し、われわれの呼吸する時代の「歴史的特質」を、作品のなかに鮮明に巧緻に浮き彫りにしなければならないのである。（中略）

われわれの反資本主義リアリズムは、決して社会主義リアリズムではあり得ない。プロレタリア作家と同伴者作家の区別づけが、すでにそれ自体セクト主義であるまでに客観的条件の成熟した国では、社会主義リアリズムは、広汎な創造的な層を指導する統一的な方法論であり得る。もし、資本主義体制のもとにおけるプロレタリア芸術運動から、広汎な反資本主義的な芸術運動への発展的な方向転換の時期にあたって、このことを正しく見きわめないならば、社会主義リアリズムがラップ（注＝ロシア・プロレタリア作家同盟）の理論よりも発展的水準に立つのにたいして、われわれの理論は、進歩的芸術の最低のレベルまで低下するほかないのである。（「迷えるリアリズム」『久保栄全集』第六巻）

やがて大作『火山灰地』を書く久保のリアリズム論の骨格がここにあるが、久保の問題提起に対して北厳二郎の名で神山茂夫が「社会主義リアリズムの批判」（『生きた新聞』昭和十年二月号）を発表し、三つの傾向が見えると警告した。一つは社会主義リアリズムという文学スローガンを社会主義的目標を追求するあらゆる文学の各国共通の一般的なものに解消し、その国の現実の発展から切り離す傾向、二つ目はこのスローガンを作家の実践および集団的生活と切り離す傾向、三つ目はこのスローガンを文学批評におけるリアリズム一般とすり替える傾向である。そしてわが国の革命運動の当面の課題がブルジョア民主主義革命にあることから、社会主義リアリズムのスローガンを掲げさせている批判的精神と批判的方法を取り入れ、プロレタリア文学の指導下における全人民的革命文学、革命的ロマンチシズムを内に含む革命的リアリズムを文学スローガンにしてはどうかと提案した。

これに対して中野重治が「三つの問題についての感想」（『文学評論』三月号）で、久保と神山に反論した。ここでは久保へのそれだけ見ておく。

私は三つの点で反対である。第一に彼はわれわれの理論を世界的・現代的水準から引き下げようとしている。彼によれば、世界プロレタリアートがソヴェート同盟で創り上げ到達した理論は世界プロレタリアートのものとならぬのである。世界プロレタリアートと人間の文学史とが到達した最高の芸術創造方法（それは原則である。）はすべての人のものとはならぬのである。ならぬわけは向うは社会主義の国であり、こっちは資本主義の国であるからである。しかしプロレタリアートと文学との発展は芸術創造方法の最新の原則をいたるところで（しかしプロレタリアートの意識的組織のないところ、ホッテントットの間などではもちろん問題にできない。）わがものとせねばならぬしまたし得るのである。「レーニン主義とは帝国主義とプロレタリア革命との時代におけるマルクス主義である。くわしくいえば、レーニン主義は一般的にはプロレタリア革命の理論と戦術であり、特殊的にはプロレタリアートの独裁の理論および戦術である」とのスターリンの言葉は今日の日本的現実を理解しそれに働きかけるために日本人にとって自分の理論とならぬであろうか。芸術における原則的創造方法がソ同盟と日本とで根本的に変らねばならぬことを久保自身ソヴェートの人たちの理論を持ち出して主張していること自身最も明らかな矛盾である。久保の創作方法論は哲学的には反映論のポンチ化である。

第二に彼は一国社会主義の建設にたいする理解において誤っている。彼はソヴェートにおける特定の生産諸関係と日本の特定のそれとの逆なことだけはいっているが、その直接な関係（この関係はプロレタリアートの立場に立って最も明瞭になるが、その他の立場に立つものも彼がものをリアリスチックに見てゆく限りある程度明瞭になる。ジードのソヴェートへの同情などは後者の一例である。）は完全に見おとされている。（中略）

第三に彼は日本の芸術運動にわが身勝手な方向転換を強いている。彼は芸術の創造方法が社会主義的リアリズムでなく反資本主義的リアリズムでなければならぬことを言葉で繰り返して、「もし、資本主義体制のもとにおけるプロレタリア芸術運動から、広汎な反資本主義的な芸術運動への発展的な方向転換の時期にあたって、このことを正しく見きわめないならば、社会主義リアリズムがラップの理論よりも発展的水準に立つのに対して、吾々の理論は、進歩的芸術の最低レベルへまで低下するほかないのである」といっている。そんな方向転換が誰によって出されてるのであろうか。彼のいう「広汎な反資本主義的な芸術運動」とは反資本主義芸術運動からのプロレタリア的ヘゲモニーの清算にすぎない。ここで反資本主義的ということはファシストから自己を科学的に分っていないことを示している。「資本主義のもとにおけるプロレタリア芸術運動」こそ広汎な反資本主義芸術運動を展開し得、それを正しく発展させ得るものであることは、弱点にみちた日本の芸術運動の過去も明らかにしているのである。（「三つの問題についての感想」『中野重治全集』

第七巻）

中野重治は社会主義リアリズムが「最高の芸術創造方法」だとしながらもその理由に言及しなかったが、久保栄がその反論として発表したのが「社会主義リアリズムと革命的（反資本主義）リアリズム」（『文学評論』昭和十年五月号）で、ここで久保は自説をより詳細に再説した。が、その末尾に以下のように新劇合同に触れていたことから、論争は新劇界に飛び火した。

私は、この蕪雑な文章が、われわれの反資本主義芸術運動の基本的方向を明らかにするために、少しでも役立つことを願っている。旧ナルプの諸君は、私がここに一端を伝えた国際的経験の上に立って、再出発することが必要である。われわれの演劇の領野においても、国際反資本主義演劇運動についての正しい理解を欠いた秋田雨雀・村山知義らの「新劇合同論」によってわれわれの方向展開の意義はまったく押し歪められ、今日の混乱を招くにいたったのである。ここでも、再出発がなされなければならない。（「社会主義リアリズムと革命的（反資本主義）リアリズム」『久保栄全集』第六巻）

この言葉を承けて松本克平が久保の「尻馬に乗って」（松本『新劇の山脈』「後書き」）村山批判を展開したのが「村山体系と進歩的演劇」（『テアトロ』昭和十年八月号）だった。ここで松本は「反資本主義リアリズム」を主張する久保の露骨なまでのエピゴーネンを演じて、「発展的リアリズム」をスローガンにすることに反対した。その反論が村山知義の「進歩的演劇のために」（『テアトロ』同年十月号）だった。ポイントを再録する。

われわれのリアリズムは、われわれに現実の諸現象を具体的に探求し、それを仔細に研究し、諸事件の渦中にあつて、芸術的諸概括の創造のために、最も豊富な経験的素材を客観化するものである。われわれのリアリズムはブルジョア・リアリズムとは異なる。現実のトリビアルな複写、解決なき記述、歪曲と卑俗化と神秘化等のリアリズムとは異なる。われ〳〵のリアリズムにはこの現実に対する明確な理解と相並んで、明日への発展のリアルな想念が含まれ、現実のうちに発展を生み出す諸条件を見出す。また発展を妨げる一切の腐敗物を暴露し現実を覆ひかくす仮面を剝ぎ取る。

われわれのリアリズムはかういふものでなくてはならず、演劇運動と統一して考へられた演劇創造の方法のスローガンとして、われわれは『発展的リアリズム』といふ言葉を採用したいと思ふ。このスローガンは、われわれのリアリズムが、ブルジョア・リアリズムと異なる基本的な点が、われわれのリアリズムは明日への発展のリアルな想念を含み、現実のうちに発展を生み出す諸条件を生み出す、といふ点であることに着目し、かういふ内容を簡単な言葉に概括したものである。（中略）

一九三四年の六月に、いはゆる新劇の大同団結の問題が提唱されたときの情勢は次のやうなものであつた。政治的文化的な全線に亘っての全般的衰退。（中略）

かういふ時期における進歩的演劇の担当者の具体的な仕事は、文化反動に抗して良心的な演劇を守り育てようとする意向を持ち、前述のやうな諸情勢を、放置することの出来ぬ「新劇の危機」として認識する点において共通する新劇関係者を広汎に包含し、それらの多様の不平不満や漠然たる意向やを組織して、それらの不平不満を系統づけ、意向を漠然たるものから明確なものへと発展させるために、広汎な芸術家、技術者、批評家の連絡親睦協議のための機関を作ること、及び、分散し、芸術的にも経済的にも充分に独立して活動し得てゐない各新劇団を、出来るだけ単一の劇団に集めて、進歩的な演劇上演のための強力な中心地を作り、しかも可能的に速かに職業劇団たらしめることにあつた。

この仕事が所謂、新劇の大同団結の運動である。

この仕事のスローガンはこの運動の具体的要求から生れるべきである。かくてそれは当然

A、進歩的な、芸術的に良心的な

B、観客と妥協せぬ

C、演出上に統一ある演劇の創造と提供

といふ三つの項目でなくてはならなかつた。そして当然世界観の一致や芸術創造方法の厳格な一致はスローガンたり得ないのである。（「進歩的演劇のために」『テアトロ』昭和十年九月号）

松本と村山との応酬に名前の出た久保が一枚嚙んだのが「リアリズムの一般的表象」（「都新聞」昭和十年十二月十三日から十六日まで）で、村山の提唱する「発展的リアリズム」とその定義は、ブルジョア・リアリズムとの根本的な差異を明らかにしないから誤りだとして、改めて「反資本主義リアリズム」をスローガンにすべき所以を説いた。これに勢いを得

たかのごとく、村山に反論された松本克平が再度村山批判を試みたのが「リアリズム強化のために」(『テアトロ』昭和十一年三月号)で、またしても松本は久保の「尻馬に乗った」。それからほどなく、こういう論のための論、空しい抽象論はうんざりだという久板栄二郎の一文が出た。「われわれのリアリズム」がブルジョア・リアリズムとどう異なるのか具体的に見えてこず、作家や俳優は煙に巻かれてしまう。芸術家は形象を通じて現実を認識するが、自分の扱おうとする素材や人物に対して肌触りを感じ、体臭を嗅ごうとしても、社会のどれだけのことも知らない。

プチブル・インテリ出身の自分について云へば、さう云ふ自分自身のことやその周囲のことは知つてゐると云へやう。故郷を農村に持つてゐる関係から、農民の生活についてもおぼろげながら認識を持つてゐる。また、曾て工業学校に学び、一二の機械工場に働いた経験があり且つ或る期間工場地帯に住んで工場労働者の日常生活に接する機会のあつた私は、工場労働者の生活についても大凡の見当がつく程度には知つてゐる。一ばん知らないのは資本主義機構の反対側のことだ。株のからくりを知らない。商工会議所を知らない。重役室を知らない。ブルジョアを知らない。将軍を知らない。官吏を知らない。大臣を知らない。……

私は今、さうした知識慾にもえてゐる。資本主義機構の様々な部面の生々とした把握なくして、どうして「資本主義の本質そのものの表現」が出来よう。だから、一時は、「知つてゐる限りのことを書かう」と云ふ消極性と経験主義に陥つたのだ。いまの私は、既に知つてゐるだけのことでは満足出来ない。新たに知りたい。知りたい意慾に身をこがしてゐる。(久板栄二郎「リアリズムに就いて」『テアトロ』昭和十一年七月号)

久板は「向こう側」を知るために『相場の秘密』『財界実話』『会社法』『破産法』など手当たり次第に読んだというが、ここには極めて率直な「告白」があり、社会主義リアリズム論争が作家に何をもたらしたかがよく分かる。本格的にリアリズムとは何かを考えさせる最初の機会になったのである。その結果が久保栄の『火山灰地』であり久板栄二郎の『北東の風』で、これらは戦前におけるもっとも良質の、「綜合的な、モニュメンタルなスタイル」を持ったリアリズムの戯曲だった。中断されたままに終わった社会主義リアリズム論争の、これらがもっとも大きな産物だったと言えるかも知れない。

なお、久板は前掲文の末尾で「我々の掲げるべき芸術スローガンにつき、『発展的リアリズム』と呼ぶべきか、『反資本主義リアリズム』と呼ぶべきか、と云ふ点での対立があるやうだが、私自身はまだ考へをまとめるところまで行つてゐない」と書いていた。以後もどちらかに決定という節目を持たず、大勢として、また、暗黙的に、新協劇団は「発展的リアリズム」というスローガンを掲げての活動にはいった。

演劇的遺産の批判的上演

劇団創立一周年記念公演として、九月二十七日から十月六日まで、築地小劇場で貴司山治の初戯曲『石田三成』（村山知義演出）を上演した。岩田豊雄の劇評。

関ヶ原の敗北の後から、捕えられて処刑されるまでの三成を書いたもので、主人公の「積極性に富める政治的素質をテーマとし、自分の生きている苦しい現代への所感を、戦国時代に仮託した」寓意史劇だと、劇場側ではいっている。しかしこれは、よほど注意しないと気がつかず、気がついてもなにかピンと来ないのは、作者の遠慮が過ぎたのか、あるいはテーマそのものに不備があったのだろうか。

だが、そういう寓意的意義を除き、単なる悲史劇と見做しても、「大将の道」を説いた芝居と考えても、この作品の興味が空しくなることはない。（岡本）綺堂、（真山）青果というような作家の仕事と大差なくも見えるからである。

作劇術的に新劇臭はほとんど発見できない。演出者もその点は、努めて避けているようだが、この作品は（二代目市川）左団次がとりあげても少しもおかしくないというところに、いろいろ問題があるのだと思う。

滝沢（修）の三成は、まず適役であろう。バイ・プレエヤアのみ多い新劇俳優の中に、滝沢のような素質は、大いに珍重されねばならない。洞窟の場では、ほとんど独白でもちきるのだが、この場が最も芸の空虚を感じさせるが、この場を最も面白く観せるように、早くなってほしい。後段に移るに従って、三成は面白くなったようだ。（中略）

三島雅夫の徳川家康の出来は、おそらく随一と言えよう。ぼくには、（五代目）中村歌右衛門の家康よりこの家康の方がよほどおもしろかった。これは脚本もよく書けているのだろうが、役者が自分のガラと力をよく生かしたからに相違ない。

新劇の役者が、家康のような外形的条件を、これだけに捉えることができたのは、偉とすべきである。声、表情、態度を通じていつも新劇の史劇に不足とされるものを、充たしている。これなら、新劇ファン以外の観客も、満足するだ

ろう家康である。（「新協劇団の『石田三成』」『岩田豊雄演劇評論集』より）

この公演を前にして、先の浅草公演に批判的だった青柳信雄らが退団した。

この一年間、新協劇団は六公演、公演回数百九、観客動員数一万八千七百四十人、一公演平均三千百二十二人という記録を残した。

十月は有楽町の日劇こと日本劇場に進出し、二十一日から『アジアの嵐』（トレチャコフ作）を上演予定だった。が、十六日にある右翼団体からソビエトのアジア政策の宣伝だとの横槍が出て種々交渉したものの、初日前日に上演中止になった。

十一月に注目すべき舞台が生まれた。十六日から二十四日まで築地小劇場で上演された『断層』（久板栄二郎作、村山知義演出）。作者の一段の飛躍が注目されたが、その裏に岸田國士の激励があった。

素材は久板のよく知るもので、元大地主の船越運平が第一次世界大戦後の好況の波に乗って産業資本家として乗り出すが、昭和恐慌の結果ついえ去るという生涯を、妻のお槇を中心にして書いていた。

久板は当時をこう振り返っている。


書きあげてはみたものの、人に見せるのが私には怖わかった。殊に旧プロット系の友人たちの眼が恐ろしかった。と云って、ひきだしの奥にしまいこむ気にもなれず、外出のときはカバンに入れて持ち歩いたのを憶えている。

あるとき、岸田先生にその話をしたところ、

「そっとぼくに見せなさい」と云われた（注＝久板は岸田を幹事長とする日本新劇倶楽部で事務局長に就き、関係のなかった二人に交遊が生じていた）。それに勇気を得て早速届けたのだが、なかなか読んでくれない。先生は丁度ある長編小説（注＝『啄木鳥《きつつき》』か）を執筆中だったのである。

「なんなら、君が来て朗読してくれるのを聞くことにしてもよい。それなら、近いうちにきっと時間をとるから」と云うことだったので、少し筆を加えたい個所もあったので一応原稿を取りもどした。

それからまた私には焦燥憂悶の日がつづいたが、ある日思いきって滝沢（修）君を訪ねた。一緒に左翼演劇を歩んで来た友人だが、滝沢君なら私の気持をわかってくれるかも知れないと思ったからである。滝沢君はその晩のうちに読ん

でくれ、翌日早速私を訪ねて来て「とてもいい。新協で取上げるように努力しよう。ぼくは運平の役をやりたい」と云ってくれた。

「トムさんにも見せなさい。トムはきっと分ると思う」……トムというのは村山知義君の愛称である。そこで、滝沢君に託してトムに読んでもらうことにしたが「トムさんもほめている。自分で演出を買って出た」という返事。私は救われたような気持ちだった。

そうこうしているうちに岸田さんから、時間の都合をつけたから来いという速達をもらい、私は原稿をかかえて飛んで行った。（中略）

岸田さんはその頃西荻窪に住んでおられた。玄関わきに書斎があり、『劇作』の人々が先生を囲んでよく研究会をやった部屋だ。

「朗読を聞いて批評することにはぼくは馴れていますよ」と先生は云われた。

私は読みはじめた。だいぶ固くなっていたものと見える。「ゆっくり読んで下さい」と度々注意された。四幕目まで読みおえたとき、夕食の知らせで中断された。私は食事を後にしても一気に読んでもらいたかったのだが、先生は座を立ちながら「久しぶりにいい作品を聞かしてもらった」

「でも、まだ五幕目が……」

「いや、ここまで聞けば分りますよ。いまの創作戯曲の水準から云って、佳作以上でしょう」

（中略）

「どこか発表の雑誌はきまってるんですか？」

デザートをとりながら先生が訊かれた。そんなことは考えてもいない旨を答えると、

「いや、ぼくに委せなさい。どこか紹介して上げよう。中央公論がいいんだが、百七十枚というと、一寸難かしいかも知れん」

最後の幕も読まないうちからそうまで云ってくれる先生の好意に、私は恐縮してしまった。それからどうなったのか、多分最後の幕を読んで、先生から何かまた言葉があったのだろうが、いまはさっぱり記憶にない。先生のお宅から荻窪駅までの暗い一本道を、宙を行くような気持で帰ったことだけがハッキリ印象に残っている。

雑誌は、中央公論はやっぱりだめで、その頃改造社から出ていた『文芸』に発表されることになった。新協劇団のほ

うは、やはり予期した通り「後ろ向きだ」「左翼誹謗だ」というような声もだいぶあったらしいが、滝沢君や村山君が説得してくれて、どうやら十一月公演に取上げる決定を見たのである。（久板栄二郎「ドラマの周辺を四十年」『新劇』昭和三十七年十二月号）

左翼陣営を含めての、このころの岸田國士の位置がよく分かる。劇評を一つ。

プロレタリア演劇の畑に育った劇作家は、従来の創作方法に対する疑問や、社会情勢の激変やから、沈滞し、煩悶してゐた。或る作家はこれまでの方針に対する機械的反撥からアナキスティックな作品をたゝきつけ、他の作家はこれまでのものに水を割つてごまかしてゐた。久板栄二郎も勿論煩悶した一人である。僕は身近にいたのでその煩悶をかなり知っているつもりである。ある時は従来の理論のうちの正しいものさへ投げ棄ててしまふのではないかと、ハラハラさせた。然しそのやうにして一年もかかつて作り上げられた『断層』は、それらの煩悶が跡をつけて、濁つたものをたくさん含んではゐるものの、新協劇団が掲げてゐるスローガン「発展的リアリズム」の線に沿ひ得る、積極的なものとなつた。発展的リアリズムの観点から、現代社会をこれほどまともに描き出した作品は、他にはなかつた。この作品は、プロレタリア演劇の畑に育つた劇作家が、スランプから立ち直つた第一歩である。多くの欠点にも拘らず、喝采を送る所以である。

『断層』については、ドラマツルギーの上で新鮮な手法のないことが指摘されてゐる。勿論これは作者の名誉ではない。然し、これまでの同じ作者の多くの戯曲が、その時その時の要求に答へることに急ぎ、全体的に見て上辷りしてゐたことを自覚した作者が、目新しさをねらはずに、質実を心がけたことは、賛成出来る道である。かつての仕事に十分その功績を認めながらも、技術の上で（友達がひを許してもらへるなら）下手くそだつたこの作者が、今度の作では、細かな点までよく気を配って一流の劇作術を獲得してゐる。その意味で僕は、世評とは反対に、さういふ点からもこの作品は、野心的なものだと思つてゐる。

（中略）演出は狂ひがなかつた。戯曲のいい所は残らず舞台に現した。戯曲をはしり読みしただけの者は、すべてを演出の手柄にしてしまつたほどである。ある時演出家は、台本に忠実である必要がないであらう。忠実でなければならない場合もある。今度の場合、台本に忠実であつたことは、大体に於ていいことであつた。

俳優では細川ちか子の節子がよかった。（中略）われわれは生きた人間を舞台に見ることが出来た。近来の最も大きな収穫の一つである。（染谷格「五劇団・一九三五年下半期」『テアトロ』昭和十一年一月号）

『断層』は十月から十二月にかけて、新築地劇団の『人生劇場』（尾崎士郎原作）、築地座の『秋水嶺』（内村直也作）、創作座の『故郷』（阪中正夫作）その他、テアトル・コメディの『画家への志望』（伊沢紀＝飯沢匡作）などとともに持たれた新劇コンクールの参加作品で、その入選作と決まった。また、抜擢で川崎を演じた宇野重吉が劇団賞を受けた。宇野の出世作である。が、九日間十三回の公演で、観客は三千人に満たなかった。劇団が五社協定（松竹、日活、新興、大都、太秦《うずまさ》の映画各社が俳優や監督のスカウト中止を申し合わせた協定）の埒外にあったPCLと準専属の契約を交わしたのは、もちろん経済問題と関係があった。

明けて昭和十一年の一月七日から十四日まで、前に上演予定されていた『ファウスト』（ゲーテ作、久保栄訳・演出）を築地小劇場に掛けた。「世界の演劇的遺産の批判的上演」という路線に沿った選択で、「リアリズムの検証」という意図もあった。伊藤熹朔の装置、江口隆哉の舞踊振付に、音楽・作曲・指揮に新人の吉田たか子（隆子とも表記）が起用された。吉田は女性作曲家のパイオニアで、わが国初の女性指揮者だった。作曲家としての吉田の本格的なデビューは昭和七年、やがてプロレタリア音楽運動に接近し、同九年三月の日本プロレタリア音楽同盟（略称P・M）の解散まで、吉田は組織活動に関わった。P・M解散後はP・M時代の仲間である守田正義とコンセール・デザミを創設したが、その守田から久保を紹介されたのが同年の夏、翌年の十二月には吉田は楽団創生を創設したが、その賛助員として秋田雨雀や山本安英らとともに久保栄も名を連ねた。このころには久保と吉田は深い仲になっていて、昭和十一年の十一月に久保は離婚、翌月から吉田との共同生活を開始して、これは吉田が没した昭和三十一年の三月までつづいた。

『ファウスト』に賛助出演して演奏したのはこの楽団創生だが、久保が音楽や舞踊を重視したのは、演劇と音楽とのアンサンブルを意図していたからである。

『ファウスト』には千田是也が客演してメフィストフェレスを演じた。浅野時一郎の観劇記。

滝沢修のファウストの幕明きの荘重な台詞、細川ちか子のグレーチヒエンの可憐な美しさ、特に私を惹きつけたのは千田是也のメフィストフェレスだった。トンボを切って机の陰から登場する最初から、動きも台詞も伸び伸びとして潤達な悪魔ぶり、昔からの癖が台詞尻や身振りに時々出るのも懐かしかった。（中略）私はこの時から千田のメフィストでメフィストのイメエジが出来てしまった。それほど印象が深かった。

築地小劇場の開場以来『ファウスト』は見たい芝居の一つだったので、久しぶりで初日を待つ気持になった。同じ思いの人もいたと見えて入りは大変よかった。後日の発表では一日の入場者の新記録、七百八十とあったのに驚いた。定員五百だから二百八十人は立見していたことになる。

この芝居で落としてならないのは装置（注＝伊藤熹朔）の美しさで、殊に街や庭の場、ファウストとグレーチヒエン、メフィストとマルテ（注＝三好久子）が恋を語る場の美しかったこと。（『続　私の築地小劇場』）

つづいて二月十日から十六日まで、築地小劇場で『マンハイム教授』（フリードリッヒ・ヴォルフ作、大野俊一訳、松尾哲次演出）を上演した。ナチス台頭期の、ユダヤ人の医者マンハイム教授一家の激変を反ファッショの立場から描いたドラマで、三島雅夫がタイトルロールを演じた。終演後ほどなく二・二六事件が起こり、以後社会は日本型のファッショで塗りつぶされていく。

## 『夜明け前・第二部』と『北東の風』

三月十七日から三十一日まで、築地小劇場で『夜明け前・第二部』（島崎藤村原作、村山知義脚色、久保栄演出）が上演された。原作の第二部は前年十一月に新潮社から刊行されていた。二・二六事件は稽古のさなかに起き、芝区明舟町の、虎ノ門の金比羅神社の裏口を現在のホテルオークラの方へ行った左側にあった稽古場まで、反乱軍の銃声が時々届いた。

キャストはほとんど第一部の通りだが、病気のために舞台から遠ざかっていた松本克平が通弁に扮してはじめて新協の舞台に出たほか、お条を築地座の解散後ＰＣＬに転じていた堀越節子が演じた。

『夜明け前』第一部で旗揚げをした新協劇団は、公演毎に鍛へられて逞しく成長した姿を、今度の『夜明け前』第二部で見せてゐる。第一部に引続き、第二部は慶応四年の二月からはじまり、舞台は四幕十一景の各場を通じて木曽街道馬籠本陣である。ガッしり組立てられた「家」をめがけて明治維新といふ大きな変動期に起こつたいろいろな社会の動きを注ぎ込ませる様脚色者村山知義と演出者久保栄は並々ならぬ努力を払つてゐる。ドラマティックでないものを劇化するところに無論無理が出来たが、『第二部』は『第一部』に較べて遥かに劇的な要素が多く、眼に見える歴史の流れがあるだけに第一部よりふくらみがあつて見た眼の面白さがあつた。

演出の久保は前回と同じくリアリスティックな手法を押しすゝめ、全舞台の隅々にまで、演出神経が細かく行き亘つてゐるため非常に気持のいゝ芝居になつた。固定した一つの場面に色々な変化を持たせ流動性さへ持たせたのは装置（伊藤熹朔）と演出者の大手柄だ。小うるさい位に小道具の配置、効果等に気を配つて目先を変へようとしたため瑣末主義に陥りかけてゐたが、芝居をより立体的に、色を豊に盛り上げた手腕は非凡、殊に最後の幕で、狂つた半蔵を囲んで清助、伊之助が座敷牢へ入れようと相談してゐる所に祭の獅子舞が闖入して来て、悲みを際立たせたところなど鮮か、音楽を豊富に取り入れたことも、ふくらみをつけるために役立つてゐた。

俳優の演技は演出の手綱でグッと引締められ、全体が大きな纏まりを見せた。半蔵（滝沢修）は第一部よりも幅が出来て、予想以上の出来、迷ひと焦燥で動きのとれなくなつた後半生をよく演つてゐた。苦悶の時に現れるギラついた科白は場合によつては曖昧になりかねないものだが、乱心の表現にはかへつて効果的だつた。お民（赤木蘭子）は第一部の方がよく、お粂（堀越節子）と清助（藤ノ木七郎）は精一杯に、暮田正香（三島雅夫）は第一部の誇張はなかつたが、はつきりしないのは脚色のせいもあるだらう。新人では大森義夫が光つてゐた。（坊「都新聞」昭和十一年三月二十日号）

結局は日の目を見なかったが映画化の話が起き、第一部を観劇しなかった島崎藤村が第二部を観た。芝居は誇張されていると思ったが、そうでなくてよかったというのが久保や村山への感想だった。

終演直前の二十九日に、思想犯保護観察法が公布された。治安維持法違反で執行猶予や不起訴になったり、出獄したり仮出獄の者については二年間（更新可能）保護司の観察下におくというもので、そのために保護観察所が設置された。

つづいて『流れ』（立野信之作、鈴木英輔演出、六月二十三日から三十日まで。築地小劇場）を上演、そしてゴーリキーの追悼公演として九月三日から十六日まで、築地小劇場に『どん底』（新協劇団文芸部校訂編輯、村山知義演出）を掛けた。前述のごとく新築地劇団との間で争奪戦を演じた出し物で、新協としては小山内薫流の演出を否定し、新しい『どん底』を作りたいという意欲作だった。

サチンの唸き声で幕が開く。陰惨な地下室の木賃宿である。早春の朝、舞台は薄暗い……いつもの『どん底』と同じ舞台（装置―伊藤熹朔―は二重床を使つて、奥深く立体的になつてゐる）だが演出と演技は凡そいまゝでとは異つたものに統一されてゐる。小山内氏の演出にはセンチメンタリズムが漂ひ、役者の持味を生かして芸術至上主義的な霧が立ちこめてゐたが、今度はヒリ〳〵するやうな剔出しだ。

俳優の発声法は全然変へられ、銘々地声を消して、種々様々な音調が雑然とした統一を持つて体当りの様な科《しぐさ》につれ吠え、わめき、語られる。演出の意図を強調するためルカ、ワシカ、ペペル、ナターシャの性格の解釈が著しく変つてゐる点が注目される。

俳優の演技は友田（恭助）、田村（秋子）、青山（杉作）、山本（安英）、汐見（洋）等の円熟した芸に較べれば荒削りだが、演出者は俳優の力倆以上のものを引き出すことに成功し、演技と凝ったメークアップは誰も彼にも認められた。人が良い爺いさんのやうにみえてその実狡猾な巡礼ルカ（滝沢修）は工夫に工夫を重ねた科白で『どん底』全体のアクセントを強めてをり、第三幕の路地でナターシャ相手に諄々と話して聞かせる長台詞も途中でだれずにユーモラスな調子を出すことに成功してゐた。この前の時も帽子屋ブゝノフをやつた三島雅夫は芸にゆとりが出て来た。友田恭助の持役、役者は大森義夫がやつてゐるが、実力以上のよさを出し切つてゐる。

男爵は松本克平、非常な苦心でこの人としてはいゝ出来であるが無理な発声法が気になつた。ひどく浪漫的かと思ふと荒つぽい。ナスチャには新人北林谷栄《たにえ》が抜擢されてゐるが、驚く程の新鮮さで迫つて来る。不敵な演技は「巧い」田村秋子のそれと全然別なナスチャを創り出してゐる。将来が楽しめる新しい女優だ。ペヽル（宇野重吉）は重厚だがもう少し颯爽としたところが望ましく、サチン（中村栄二）は難かしい役には違いないが、傍観者的な態度でこの役だけ劇に融け込んで来ないのは失敗、終章の幕切れに余韻の残らないのもこのせゐだ。巡査（伊達信）アリョーシカ（藤ノ木七郎＝信欣三）には生彩がなかつた。（坊「都新聞」昭和十一年九月十日号）

劇評で褒められている北林谷栄は、創作座を経ての新加入だった。

矢継ぎ早に十月六日から十四日まで、築地小劇場に『転々長英』（藤森成吉作、杉本良吉演出）を出した。滝沢修の長英だったが、好評というわけにはいかなかった。

「演劇的遺産の再批判」という方針に沿っての第二弾はシラーの『群盗』（久保栄訳・演出）で、十一月七日から十八日まで築地小劇場で上演された。

古典劇（翻訳物）を上演すれば芸術的にも経済的にも成功するが、創作劇の場合は少しも十《プラス》とならず、差引零《ゼロ》といふ結果を見せつけられて来た我々は今度の『群盗』公演の成功を認めるにつけても、今度こそ素晴らしい創作劇を見せて貰いたいと思ふのである。

シルレルの処女作『群盗』は所謂「疾風怒濤時代」の自由奔放な作風を代表する荒々しい作品である。今まであつた訳本は生硬で到底そのまゝ使へないので、演出の久保栄は上演向きに改訳、五幕十五場を十二景に纏め上げ、一貫した太い線で各章を貫いて乱れがない。演出者の精力的な仕事振りは、舞台の隅々にまで脈々と波打つてゐる。

古典物らしい大まかな筋の運びと長台詞の連続だが、こゝに盛られた「よりよい時代に対する期待」はまざ〳〵と現実感を以つて迫つて来るのである。女優の少い代りに男優は総出演、かうなると舞台的修業の深さ浅さがまざ〳〵と現れて、エロキューションの出来た人と出来てゐない人との喰い違ひが「アンサンブル」を売物にする劇団では珍しく目立つた。（中略）

若い義賊団の首領カアルになる小沢栄は、彼としても最近のヒットである。腐敗した社会への憤懣から自由無頼の徒になつてゐたカアルが、その生活から足を洗はうと悩む気持から復讐、愛人への恋慕が長台詞の困難に打克つて見事にこなされてゐた。もう一息のゆとりが出れば大したものだ。

シュワイツアー（宇野重吉）は颯爽としてよく、敵役のフランツ（滝沢修）は何時になく一面的、役の掘り下げ方が不足、ヘルマン（三島雅夫）シュピイゲルヘルヒ（嵯峨善兵）も全体の調子から浮いてゐた。新人山岸美代子のアマリア、純情さは出てゐたが、未だギコチない。よい素質は窺へるのだが、此次を期待したい。

伊藤熹朔の舞台装置は演出に照応するどつしりした構成、基礎舞台を巧に使つて手際のいゝ転換と今までにない立体感が出てゐた。音楽はもつと豊富に使つて貰ひたかつた。（坊「都新聞」昭和十一年十一月十二日号）

音楽は吉田たか子の作曲。『ファウスト』より上演日数も上演回数も多かったが、観客数は二千九百三十七人とかなり下回った。

十一月二十一日に東京女子基督教青年会の主催による特別公演を日比谷公会堂で持って『雷雨』（オストロフスキー作、八住利雄訳、村山知義演出）と『熊』（チェーホフ作、天野晃三郎演出）を上演——前日の二十日に築地小劇場から前衛座、プロレタリア劇場、左翼劇場などで俳優や演出家として活躍してきた小野宮吉が三十七歳で死去、昭和七年二月に検挙され、結核で保釈になって以来病床にあった――、この年最後の公演を東京童話劇協会と共催のクリスマス公演として、十二月十八日から二十九日まで築地小劇場で持った。出し物は『昆虫記』（岩佐氏寿作、村山知義演出、吉田謙吉装置、飯田信夫音楽、江口隆哉舞踊）。ファーブルの『昆虫記』に拠った仮面劇仕立てだったが、新協という劇団が子供にとって馴染みがなく、散々の不入りだった。

久保栄はこの年の新劇界をこう振り返った。

「ことしの新劇に何よりも目立った現象は、演劇的遺産の再批判のプログラムが、ようやく正当な軌道に乗りはじめたことと、それにたいして創作劇の上演が、一見いちじるしい跛行の状態にあったこととの対比である」（「新劇の回顧」『久保栄全集』第六巻）

昭和十二（一九三七）年の最初の公演は、三月十八日から三十一日まで築地小劇場に掛けた『北東の風』（久板栄二郎作、杉本良吉演出）、これにも岸田國士の助言があった。

『断層』の後に何を書くか見当がつかなくなっていた久板は、ある日岸田にその悩みを打ち明けると、岸田は「君たちの芝居には決まって労働者の争議だの貧苦などが出てくるが、そういうものを出さなくても君たちの狙うリアリズム演劇は可能ではないか。ブルジョアの一人を素材にしても、その人間を君たちの目で丸彫りすることによって、立派な社会劇ができるのではないか」と久板に言った。この言葉に勇気づけられた久板はわが国の代表的な資本家や実業家の伝記を読みあさり、鐘紡の育ての親と言われる武藤山治の生き方に興味を持った。書く気になって鐘紡の兵庫工場を取材するかたわら、経済一般、会社経営、株式……といったこれまで無知だった分野の調査や勉強を一年余つづけ、『北東の風』を書き上げた。劇団からの脚本料は十五円。『断層』は五円だった。このころ新協は劇団員に月給を払うようになっていたが、作家は新聞や雑誌で稼げると劇団内では冷遇だった。

『北東の風』というタイトルはキングスレーの詩から採られていて、武藤山治をモデルとする主人公、豊原恵太に次のようなせりふがあった。

「キングスレーという英国の詩人に『北東の風の賦』という詩がありますがね、生ま暖かい南の風よりも、烈々たる北東の風が堅忍不抜な国民を涵養すると云う意味のものですよ」

浅野時一郎の回顧。

それにしても滝沢修の豊原恵太の巧さは今もはっきり目に浮かぶ。とりわけ後ろ姿で見せる芝居に私は唸った。終幕など少し猫背を客席に向けて椅子に蹲っている。その肩をちょっと上げるだけで気持の動きを見せる。そして振返って正面切った時、威厳のある顔や穏和な目が観客を魅了する。メイクアップもうまい。恵太は信念に貫かれて行動をし、正義感の強い男性的人物に書いてあるが、間違いなくそういう人に見えた。

滝沢の印象に圧されていたが、小沢栄の副社長と三島雅夫の弟――これは財界ゴロで兄を裏切る役――と松本克平の代議士とが活躍した。その他では『断層』でも妻や妾をよく動かしていたように、『北東の風』も恵太の妻（毛利菊枝）の献身ぶりや、重役夫人達の対立が面白く描けている。序幕で社長室に抗議に押掛ける女工の一人（赤木蘭子）が、急に産気づいて男の子を産む。女工は後に豊原家の婆やになって夫人から目をかけられるが、成人した男の子は会社に反抗する職工中の闘士になり、終幕の争議団代表の一人として社長に抗議にくる。母である婆やは無知からスパイの誤解を受け阪神電車へ飛び込んで自殺する。そういう挿話も盛り込んで面白くも達者で前作同様新派じみるところが『北東の風』にもあった。多くは女を活躍させる場面である。（『続　私の築地小劇場』）

十四日間十八回の公演で四千六百二十八人の観客を集めた。

この公演に先立って三月四日付けの都新聞は松竹が新劇に各劇場を開放することになったと報じたが、その第一弾として四月二十七日から三日間、新宿第一劇場を新協劇団に提供すべく、歩興行の契約をした。出し物は『春の目ざめ』（ヴェデキント作、野上豊一郎訳、村山知義演出）と『科学追放記』（藤森成吉作、村山演出）の二本。前者は小沢栄太郎、大森義夫、北林谷栄のトリオだったが小沢も大森も少年らしくないと言われ、幻灯の使用も不評だった。後者は滝沢修のシーボルトの好評に加え、細川ちか子のシーボルトの愛人おいねも新劇女優に欠けている色気があっていいと評された。この前後から細川は財界の藤山愛一郎（戦後に外相）をパトロンにしていて、藤山はまた新協劇団に財政的な援助をしていた。

五月は井上正夫を軸とする新派と競演になった。明治座の出し物の一つに新派用に書き換えられた『北東の風』（久板栄二郎作）があったのである。対する新協は十八日から三十日まで築地小劇場での再演。ただし、『北東の風』は奇数日に、偶数日はアメリカの現代戯曲『醒めて歌へ』（オデッツ作、鈴木英輔訳・演出）という変則公演だった。

この再演時に『中央公論』の記者、堺誠一郎から久板は続編の執筆を勧められ、やがて『千萬人と雖も我行かん』として結実した。
七日に日中両軍が衝突した七月、新協劇団は次のように組織を変えた。
幹事会＝長田秀雄（長）、村山知義、杉本良吉、滝沢修、中村栄二、仁木独人、本田延三郎
事務局＝信欣三（長）、久保田正二郎
映画係＝程島武夫
レパ委係＝天野晃三郎
教育委係＝宇野重吉
レパートリー委員会＝村山（長）、秋田雨雀、久板栄二郎、久保栄、松本克平、鈴木英輔、仁木独人
教育委員会＝杉本（長）、滝沢、小沢栄太郎、松尾哲次、宇野、橋本欣三、原泉《せん》
月刊新協劇団編集部＝本田、陣ノ内鎮、栗原有蔵
そして劇団員は演出部、文芸部、企画経営部、宣伝部のいずれかに属した。
九月で劇団創立三周年を迎える新協は同月から十二月までを記念シーズンとすることに決め、第一弾として九月二十日から十月三日まで築地小劇場で『アンナ・カレーニナ』（トルストイ原作、ヴォヅニエンスキー脚色、杉本良吉演出）を上演した。上演に際して新築地劇団との間に揉めごとがあったのは前述したが、二十七日までだったのが好評で日延べになった。細川ちか子のアンナ、滝沢修のカレーニン、小沢栄太郎のヴロンスキーの三人に話を絞った脚本で、細川が新劇女優として確固たる地位を確保した。この時ヤシェヴィンを演じていた松本克平は、終演直後にまた検挙された。

友田（恭助）戦死（十月六日）の報の数日後、私は東宝映画『地熱』に坑夫監督の役で出演が決まり衣裳合わせをすませた。三好十郎が（初代）水谷八重子に書き下ろした舞台劇の映画化である。監督滝沢英輔、主演は竹久千恵子と藤井貢。新協はやっと財政が確立されて私は月給三十五円であったから、映画へ出ても出演料は本人には入らなかったが、映画手当が入るから少しはうるおうのでホッとしたトタンに、突如私は大森警察に検挙されて映画出演はお流れになってしまった。（中略）私は大森の馬込に一戸を構え女房子供があり、俳優鑑札を所持し選挙権もあり税金も払っているのにも拘らず、住所不定、挙動不審であった。だが本当の検挙理由は、私と本田延三郎（注＝戦後に五月舎のプロデューサー）が劇団の研究所でプロレタリア演劇史を講義して研究生を煽動したという嫌疑であった。つまり研究生の中に慶

大劇研の模型劇場のメンバーが数人おり、本田の書いた戯曲『漁夫納屋』を上演したりしたが、彼らが密かに慶大の先輩野呂栄太郎の『日本資本主義発達史』の研究会をやっていたのを三田警察に嗅ぎつけられて検挙追求されて苦しまぎれに、松本克平と本田延三郎の講義に刺激されて、「何かやらなければ……」と考えて始めたと自供したので私たちの検挙となったのであった。彼ら研究生たちは「もうやりません」と謝って二か月位で釈放されたが、前歴のある私らはそうはいかず、満一年の検束蒸返しとなったわけである。（松本克平『八月に乾杯』）

十一月は日支事変の影響を受けて一時中止になっていた大阪公演が復活し、中旬の四日間朝日会館で『北東の風』（久板栄二郎作）を上演した。十二月は十六日から二十二日まで、映画『どん底』との併演でその二幕と四幕を解説付きで本郷座に出した。検挙された松本克平が扮した男爵の代役に伊達信が立ったほかは、ほぼ前回通りのキャストだった。

この終演直後の二十四日、村山知義、長田秀雄、滝沢修らが警視庁特高課を訪れ、「国民精神総動員に努力する」旨を発表した。そして十二月二十八日を初日に昭和十三年二月二日まで、築地小劇場で『夜明け前』の第一部・第二部を隔日に通し上演する意欲的な公演を持ったが、開幕ほどなく衝撃的な事件が起きた。杉本良吉と井上正夫一座の女優岡田嘉子が、雪の樺太国境を越えたのである。

## 『春香伝』と『火山灰地』

杉本良吉と岡田嘉子の雪の樺太国境越えは、昭和十三（一九三八）年一月五日付けの各紙が大きく報じた。が、各紙とも二人の動機を摑めないままの推測記事で、警視庁特高一課も「厭世」からだと見なしていた。

岡田より五歳年下の杉本は、新協の演出部に籍を置くかたわら昭和十一年八月の井上正夫一座の『彦六大いに笑ふ』（三好十郎作）を手掛けて以来、新派の演出も担当するようになっていた。この関係から井上一座の岡田嘉子と親しくなったが、手に手を取ってソビエトを目指すとは、杉本の妻をはじめほとんどだれもが予想もしないことだった。事前に知っていたのは嘉子の義妹の新派の女優竹内京子だけで、竹内は二人の乗った青森行の夜行列車を上野駅で見送っていた。

入ソした二人のその後が判明したのは八日で、各紙がソ連官憲に抑留されていると伝えた。二人の国境越えが報じられるやいなや、新協劇団も井上一座もその対応におおわらわだった。新協は早速杉本の除名を決議し、劇団とは無関係だと声明した。

十日付けの都新聞は「〝恋の越境〟に冷たい現実　国境の牢獄に監禁　釈放は半年後かソ連との通謀の跡無し」と伝えたが、同じ紙面に「吹荒ぶ粛党の嵐　メイエルホリド劇団に解散命令」という記事が載っている。杉本と岡田のその後が、このスターリンによる粛清の動きと関わっていたのがずっと後年明らかになった。これを先に書いておく。

「樺太逃避行の杉本良吉氏　拷問、銃殺されていた」という見出しの、平成元（一九八九）年四月十五日付けの朝日新聞朝刊の記事。

一九三八年（昭和十三年）一月に、女優の岡田嘉子さん（八六）＝モスクワ在住＝とサハリン（樺太）の日ソ国境を越えてソ連に亡命、獄死したとされていた演出家、杉本良吉さん（当時三一）はスパイ容疑で拷問を受け、銃殺されていたことが十五日明らかになった。

ソ連で最も人気のある週刊誌アガニョーク（ともしび）最新号が、スターリン時代に反ソ活動を理由にえん罪で処刑された演出家、メイエルホリドを巡る隠された事実の一部として、明るみに出したものだ。軍国主義の日本を逃れ、ソ連で演劇の夢とコミンテルン活動を実らせようとした日本共産党員の杉本さんは、スターリンの大量弾圧・粛清の荒波にのみ込まれてしまっていたのだ。

アガニョーク誌によると、杉本さんは演出家であったと同時に、ロシア文学の翻訳に携わっていた。（中略）岡田さんは舞台を経て映画界にデビューした当時、最も人気のある女優だった。

二人は、当時の日本共産党に対する政治弾圧が激しくなったため、ソ連で文学、演劇活動をしようと決め、ソ連への亡命を決行した。

二人はモスクワまで行き、世界的に知られていたメイエルホリドと会い、その援助を受けようと思っていた。

一九三八年一月三日、国境を越えた日、二人は国境警備隊に拘束され、サハリンの当時のソ連地区の行政の中心だったアレクサンドロフスクに連行された。

ここで、ソ連秘密警察の前身である内務人民委員部に逮捕された。そして、杉本さんは数日間にわたって眠ることを許されず、立ったままでの取り調べを受け、意識がもうろうとする状態に追い込まれた。

結局、警察側は杉本さんが日本の参謀本部からソ連に送り込まれたスパイで、「日本スパイ組織の手先」との無実の罪をきせられていたメイエルホリドとともに、ソ連国内での破壊・妨害活動をたくらんでいたとの容疑をデッチ上げた。

警察側は破壊・妨害工作の目的の一つとして、「スターリンが演劇を見に劇場に来た時にテロを行うことだった」としている。

アガニョーク誌によると、杉本さんに対する取り調べは一年半にわたって続いた。その間に、一九三三年十二月からモスクワ市立革命劇場演出班にいた土方与志さんらもスパイだといったデッチ上げの調書にも署名させられた。その後、杉本さんは良心のかしゃくに耐えられず、「土方さんたちがスパイだといったのは、事実に反している。眠らされず、立ち続けで調べられ、頭がもうろうとした上での証言で、これを全面的に訂正してほしい」と警察当局に申し入れた。

しかし、この希望は全く受け入れられず、杉本さんは裁判に望みをつないだが、結局、「銃殺刑」が言い渡された。同誌では、処刑の時期や場所は特定されていない。岡田さんは越境の二年後にハバロフスクでソ連当局から「杉本氏は肺炎のため獄死した」と知らされていたという。

杉本さんは五九年になって名誉回復されている。

一方、岡田さんは四年間収容所にいたが、第二次大戦の時にはウラル南部のチカロフ（現在のオレンブルク）に送られ、病院で働いた。一九四〇年代の終わりになってやっとモスクワに移り、モスクワ演劇大学の演出部で学び、そのあと、マヤコフスキー劇場で活躍した。

四月十九日付けの同紙夕刊に続報が出た。杉本への銃殺刑の判決は一九三九年の九月二十七日、ソ連邦最高裁法廷で言い渡されたという。

半世紀ぶりに杉本の死の真相を知った岡田嘉子は「スターリンを神様と思っていた杉本がどんな気持ちで銃殺に臨んだかと思うと、胸が詰まります」と朝日新聞の特派員に感想を述べた。その岡田が老衰でモスクワ市内の自宅で没したのは平成四（一九九二）年の二月十日だった。八十九歳。岡田の死後、衝撃的な事実が明らかになった。時事通信がスクープして同年六月三十日付けの各紙朝刊が伝えたもので、岡田は拷問に近い取り調べを受けてスパイの自白を強いられ、軍事法廷で十年の刑を宣告されていた。のみならず、岡田の自白がもとで杉本も自らスパイと認め、それが銃殺につながった。杉本の処刑は十月二十日にモスクワで執行された——というものである。

ところで、『夜明け前』の長期公演を成功させた新協は、次回作に朝鮮の古典もの、『春香伝』に取り組むことになった。その準備に演出助手の安英一が京城（現・ソウル）へ先発、つづいて村山知義と仁木独人が二月下旬に朝鮮へ行き、考古学者で衣装の考証を引き受けた宋錫夏らの案内で唱劇やトーキー映画の『春香伝』を鑑賞し、新劇風に脚色された台本を入手、音楽の参考に朝鮮声楽研究会で古い歌曲を聴いた。

可能な限り現地色を出すとの基本的な方針にしたがい、古着屋や骨董屋を廻って冠物や草鞋を買い集め、当地の劇団、劇芸術研究会が『春香伝』を手掛けた時の衣装をすべて買ったほかに、主役の春香と夢龍の衣装十六枚を京城のデパートから無償提供された。京城ではかつて築地小劇場にいた洪海星が豪華船という劇団の演出家として、活躍していた。

『春香伝』（張赫宙作、村山知義演出、河野鷹思装置、天草嘉美照明、久保田正二郎効果、閔泳珪衣装デザイン）は三月二十三日から四月十日まで築地小劇場で上演された。春香に日活のスター市川春代を客演させ、その恋人夢龍を赤木蘭子が男装で演じた。劇評を一つ。

> 転向を声明した新協劇団の『夜明け前』に次ぐ公演はグッと趣をかへて、朝鮮の古い物語に取材した張赫宙作『春香伝』六幕十一場である。多くの転向が、保護色的であるのに引代へ、これはケバケバしいまでに色彩絢爛な点、警戒色的な転向とでも言ふのであらうか。
>
> 眉目秀麗な使道（郡長）の若様夢龍が美女春香と恋し合ふ仲となるが、義理、人情に挟まれて、立身出世の暁には晴れて結婚することを固く約して、悲しい別離をする。残された春香は夢龍一家に代つて着任した悪虐非道な新使道のために夜伽を強ひられるが、操を立て通して命を肯じないので投獄の上、日夜虐まれる。四年後まさに打首の刑に処せられようとする時御史（検察官）になつた夢龍が駈けつけて彼女を救ひ、悪政も晴れる――
>
> といふ百数十年前の伝奇的悲劇である。
>
> もと〳〵このやうに単純な物語なので、張赫宙の戯曲からはかなり平板な感じを受けたが、上演に当つて、演出の村山知義は、之に適当な改訂を加へ、六幕十五場のものを十一場に整理したゝめ劇的な潑剌さを加へて、予想外の面白い観物となつた。古典的な味を盛るために歌舞伎的な手法を持つて来たことは策を得たものと言へるが、充分にこなし切れず、様式化の試みが浮いて新劇的なものとうまく融合ふところまで行つてゐない。（中略）
>
> 俳優の中では三島雅夫の房子《バンチャ》が一等の出来だつた。これは狂言廻しの役をつとめるものだが、軽い身のこなし、剽軽なセリフ廻しで、彼が出てゐると舞台が生き〳〵と活気付いて来る。春香の市川春代はもつと美女であるべき筈が、思つた程ではない。序幕、見染の場に気品がなかつたのはメーク・アップのせゐであらう。『若い人』（注＝東京発声の石坂

洋次郎原作、八田尚之脚色、豊田四郎監督の映画）で成功した部分の演技が、今度は逆に邪魔になつてゐる形だが素直な彼女は素通しの媒体の如く演出の意図を現してゐる。

発声が侍女の香丹（北林谷栄）と同巧で紛らはしい。赤木蘭子の男役、夢龍は初めのうち態とらしい身振りが気になつたが、凛とした立役振り、春香の母（原泉子）にはへんにナマ〱しいところがあり、小沢栄の新官使道は房子と共に歌舞伎風な誇張が効果的だつた。（中略）各幕毎に朝鮮古来の雅楽（レコード）を用いてゐる。（坊「都新聞」昭和十三年三月二十六日号）

朝鮮の古典と真正面から取り組んだのは新劇誕生以来初だったし、日朝の関係者が対等に協力しあったのも前例がない。『春香伝』は四月末から五月上旬にかけて大阪と京都を巡演し、十月二十五日から十一月八日まで朝鮮各地を回った。京城での公演時に秋田雨雀や村山知義、張赫宙らが朝鮮の演劇人と座談会を持ち、『テアトロ』の十二月号がその記録を「春香伝批判座談会」として掲載した。京城でも三島雅夫が好評だった。

『春香伝』に次いで取り組んだのがリアリズム戯曲の巨峰、久保栄の『火山灰地』だった。原稿用紙五百枚の、二部作の大作である。第一部が『新潮』（昭和十二年十二月号）に掲載されると久板栄二郎、村山知義、三好十郎、平林たい子らがこれに言及した。ここでは野間宏の一文の一部を再録する。

『火山灰地』二部作はプロレタリア文学史、プロレタリア演劇史のなかで、二重の非常に重要な意味を持っている。その一つはこの作品がプロレタリア文学運動の敗退期にあたって書かれ、小さく分散しようとする運動の力を一つにあつめ、進行する帝国主義戦争に抵抗するに必要な日本に対する全体的な正しい認識と、前進のための退くことのない強い姿勢をあたえたということである。

その二つはこの作品がプロレタリア文学運動のなかで出された『唯物弁証法的創作方法』の誤りが国際的に明にされ、マルクス、エンゲルスの芸術理論としてリアリズム理論が提出され、国際的な芸術運動のなかで方法の問題に新しい光があてられようとする時期に書かれて、もっとも早くその方法を作品のなかで確立したということである。（中略）

当時私は大学を卒業したばかりであったが、私の友人たちはいずれもこの作品に心をとらえられ、この作品を取囲んで、そのテーマ、そこに置かれている日本の農業の問題、如何にしてファシズムにあたるかなどという問題について、

この作品の上演まで、ずっと話しつづけた。（中略）

彼（注＝久保栄）は実際にその考えを評論、リアリズム論争、社会主義リアリズム論争のなかで明にして行くのであるが、作品『火山灰地』によって、彼の考えそのものを正しく結晶させて見せるのである。マルクス、エンゲルスの芸術論として、当時発見されたマルクス、エンゲルスの書簡を基礎に出された理論の中心にあるものは、「典型的な情勢下に於ける典型的な性格を、細部の真実性をもって描く」ということであるが、久保栄は『火山灰地』によってこの理論を実行に移すのである。もっとも彼はこの理論を彼自身の言葉に直して次のように書きかえる。……典型的情勢のもとに典型的性格を描けという新たに知った芸術の定義は、それをわれわれの立場でつきつめてゆくと、生産部面を基底として、その上に綜合的な社会像を、比重を正しく描き出すということになる。（中略）

『火山灰地』のテーマは（久保栄の）『新劇の書』のなかの「『火山灰地』をめぐって」の章で「ここに描いた特殊土壌の経営の実情と、その耕地への資本の浸潤のユニックな経路と、農業技術の土地独特の発展過程を描きながら、――そういう一見ロカリティーの限られた特殊なテーマを選びつつ、しかも、その地方的なもののなかに全国的なものを、その農業的なもののなかに全産業的なものとの関連」を伝達したいと望んだといい、作者が自分で明にしているように「日本農業の特質の概括化」と言ってよいだろう。しかしこれによってこの作品のテーマを明にすることの出来るのは、やはり作者だけであって、この言葉は、この作品の創造者である作者が自分自身に向けて言う言葉として考える時意味を持つのである。私は作者の言葉を受けて『火山灰地』のテーマを次のように言いたいと思う。

「農業生産力を発展させるために大地と生物の論理を明にし、それによって新しい肥料配分を見直そうと実験を重ねる農業実験支場長雨宮は、自分の実験に忠実であればあるほど独占的な肥料会社と支配階級をまもる理論となっている恩師であり、義父である滝本博士の農業技術理論に反対しなければならず、自分の理論が唯物論そのものに移って行くほかないことを知って苦しむが、大地と生物の論理を追求する自然科学者の進んで行くコースが、仕事をすすめるうちに権力を握り権力にまもられて日本農業を支配しているものたち、逆にその支配の圧迫の下に苦しむ農民、さらに権力による弾圧によって農民の解放運動に打撃をうけて動揺をつづけるものたちに接触し、ついに支配をたち切ろうとして過去の失敗した運動に対する自己批判を内にひめて力強く立上る、農民、炭焼きの進んで行くコースとかたく結びついていることを知り、農業を貫いているものは、大地と生物の論理、自然の論理だけではないことを明にし、ついにすべてをすてて自分の実験の報告に支場長会議に出る決心をするという、働く農民とそのなかで自分を変えて積極的に社会参加を行うインテリゲンチャの関係を描くところに作者のテーマが結ばれているのである」。

このようにテーマを限定すれば、それでは雨宮一人がこの劇の主役であり、他の農民たちは従になると考えているのかという疑問がただちに出されるにちがいないが、私はそのように言っているのではない。私は劇の中軸に雨宮の自覚がすえられていると考え、この雨宮の自覚そのものを中心にしてテーマが展開されていると言っているのである。しかしこのように雨宮の自覚という風にいえば、それはまはただちにインテリゲンチャの自覚ということになってしまうおそれがあるが、私は雨宮の自覚そのもののなかに、雨宮個人の自覚、泉治郎の自覚、市橋の自覚、などすべて農民の自覚が集められて行くのを見ているのである。（野間宏「『火山灰地』創造をめぐる状況」『久保栄全集』第三巻より）

村山知義は日本の戯曲を大きく前進させたと評価しつつも、わかりにくさという欠点があると指摘した。方言が多用されている上に、久保が検閲を意識した結果でもあった。『火山灰地』は久保が書いたままが活字化されたが、そのためには伏せ字になる可能性のある表現を言い換えたり、暗示したりする作業を久保は余儀なくされたのである。たとえば「満州移民」として「出征兵士」を思わせたり、泉治郎が上川に勤めに行くというのは、旭川に入営するという意味だった。

『火山灰地』は昭和十三年の六月八日から二十六日まで第一部が、二十七日から七月八日まで第二部が築地小劇場で上演された。演出久保栄、装置伊藤熹朔、照明篠木佐夫、作曲吉田隆子、効果久保田正二郎というスタッフで、延登場人物が百六十人を超える大作だから、劇団としても文字通りの総力戦だった。関口次郎の第一部の劇評を挙げる。


今回は先づその前篇だけであるが、これだけ見ても、いかに手の込んだ、苦心の作であるかがよくわかる。執拗なまでに肉薄するテーマへの考察、各自人間性への緻密な観察、複雑なシチュエーションと場面の選び方、特にこれを舞台的に具象化するための細心な技巧——、流石に年余の時を費しただけに、その並々ならぬ作者の努力は十分尊敬に値する。唯欠点は、この作者久保栄が、息の続くまゝに、内容的な進行のリズムに対する考察が少々不足してゐるやうに感じられることだ。余りにも多くを語り、多くを盛り込むために、劇の進行がある場面停滞し、又小さな波の起伏の頻発に、主観的な迫力が却って減殺されてゐる点である。即ち省略手法と、リズミカルなアクセントの附け方に十分でないのである。その意味で第二場はよく、第四場は、明かに長すぎる。無論時間でなく、後者の描き方の小説的でありすぎる点を指すのである。前半だけで結論づけるのは危険であるが、この舞台的感覚のリズムに対する不足の点さへ補正されゝば、その主題への明晰な考察、隅々まで力の行き渡つたコンクリートな戯曲化をもつこの作は大作に乏しい我が劇壇でも異数の収穫となるであらう。

演出に就いても、この作者は、珍しく滋味をもつた繊細な神経が窺はれる。偏に作者の自重と発展とを期待し、祈つて置きたい。

俳優では矢張り滝沢（修）の雨宮が群をぬいて苦心の効果を上げてゐる。彼は性格俳優として技巧の点、現在での最高のレベルを保つてゐるやうである。続いて赤木（蘭子）の同夫人、小沢（栄太郎）の着実な態度には特に注意を惹かれた。その他原（泉）、中村（栄二）、鶴丸（睦彦）、三島（雅夫）、宇野（重吉）等主要な役々が夫々よく、宇野の朗読も立派である。菅原《ママ》氏の音楽は効果的であり、伊藤熹朔氏の装置は、いつもながら、見事で敬服に値する。（「東京朝日新聞」昭和十三年六月十七日号。倉林誠一郎『新劇年代記・戦中編』より）

つづいて第二部の劇評。

後篇を通して前篇を振りかへつてみる時、後篇において期待してゐたゞけの展開が示されず、農産実験場の雨宮場長一家だけが太い線で貫かれてゐるのに引代へ、作者がそれと同じやうに力瘤を入れてゐる部落の農民、沢の炭焼きの部分が遊離したゝめ劇的構成がいびつになり、散漫な印象を与へたのは、スケールの大きさとよき意図を備へた作品だけに惜しい。

この欠点は演出の仕方で、もつと緊密さを持たせることが出来たやうに思はれるが、作者が演出を兼ねてゐるので、作品と舞台の間の距離が無視され、持ち前の凝り性でデテイルの仕上げに没頭してゐるため、複雑な内容をます〳〵解り難いものにしてしまつた。情景の中に人物の性格と事件が塗りこめられてゐる弊は第六幕、部落まつりに最もはつきり現れてゐる。

祭りの昼間から夜中までダラダラ続く叙景の中に製線所の火事、しのの妊娠、泉一家の夜逃げ等を噂話風に運んで行くため、散漫な感じを免れず、それについて行かうとする努力のためにひどく疲れるのである。第七幕が一番纏まり後半から幕切にかけての盛上りで近来にない感銘を与へられた。

後篇は前篇程舞台に磨きのかゝつた艶がない。これは前篇から引続いて、その翌日後篇の初日を出した公演であるため通した舞台稽古も出来なかつたやうな事情に依るのであらう。演技も俳優の疲労からか前篇より幾分見劣りがした。滝沢修の雨宮聡は第五幕（製麻会社製線所）ではセカ〳〵しすぎ、照明を無視したメークアップもよくなかつたが、第七幕（自宅の書斎）では前篇の調子を取戻し、幕切れ清水美佐子の玲子との対話には胸に迫つてくるものがあつた。自殺を図る赤木蘭子の夫人は最初から調子を高めてゐゝ一本調子。

信欣三は助手青木と職工に、三島雅夫、小沢栄もそれ〴〵前篇同様に好調、女優では原泉子の女地主が群を抜いてをり、渡準造になつた五条章の自然な演技が目に留つた。（坊「都新聞」昭和十三年七月二日号）

一部・二部を通して一万七千九十三人の観客を集め、余勢をかって七月二十七日から三十一日まで、「再輯篇」として二幕カットして東劇で上演して六千五百余人の観客を動員、その直後に組織を幹事長の長田秀雄、幹事＝村山知義、久板栄二郎、滝沢修、小沢栄太郎、中村栄二、仁木独人、事務局長＝程島武夫、レパートリー委員会＝久板、教育部＝村山、文芸部＝長田と改めた。宇野重吉の出征は八月十日、その前日に長田、滝沢、小沢、赤木らが陸軍省を訪れて、戦線への慰問袋百個を献納した。

九月十七日から二十八日まで築地小劇場で『デッド・エンド』（シドニー・キングスレー作、中村雅男訳、村山知義演出）を上演して、これまで紹介された現代アメリカ戯曲の中ではよく成功させたとの評価を得、二十九日から十月五日まで、前年に前進座が初演した『初恋』（オニール原作、村山知義翻案・演出）を映画『第九交響楽』との併演で本郷座に出した。野々村潔と、宇野重吉と結婚したばかりの関志保子のコンビだった。

その後『デッド・エンド』で大阪と京都を回り、十月下旬に前述のように『春香伝』による朝鮮各地への巡演があった。ただし、市川春代が不参加のため赤木蘭子が春香を、夢龍を滝沢修が演じたほかに、北林谷栄の扮した香丹を関志保子が替わった。そして十二月十四日から二十日まで、新協、新築地、文学座による新劇協同公演、いわゆる新劇コンクールの一環として、有楽座に『千万人と雖も我行かん』（久板栄二郎作、村山知義演出）を掛けた。このコンクールは松竹に対抗して東宝が後援した。『千万人……』は『北東の風』の第二部に当たる。検閲で戯曲は方々カットされ、豊原恵太が暗殺されるエピローグは全面的な削除だった。岸田國士の劇評。

この作品は以前雑誌に発表されたものに作者が大分手を入れたらしく、それだけ全体として緊密の度を増し、前篇

『北東の風』との関連において、なるべく独立性をもたせるやう工夫されたことがわかる。主人公豊原の思想――といふよりも例の温情主義的信仰の矛盾とその蹉跌を取扱ひ、これを階級闘争の面に発展せしめず、一種の運命悲劇として、現代社会の道徳の問題に批判の眼をうつさうとしてゐる努力と配慮が感じられる点で、テーマの中心をやゝ不安定なものにしてゐる憾みはあるが、これを一個の伝記劇としてみる時、そこに、歴史的、事件的な動きを自然に劇的発展の要素とした十分見ごたへのある舞台を創造し得たことになる。（中略）

尤も、作者は、人物の戯画化を最小限度に止めようとしてゐるらしく雰囲気の描写にはリアルな観察の眼がしばしば光り、心理の追求も亦この種の作品としては相当に行はれてゐると思はれたが、演出者村山氏の欲する表現スタイルは、これら作者の企画したものと必ずしも一致したとは云へず、却って逆な方向にアクセントが強められた結果、一応原作の諷刺的な面だけは浮き出させることに成功はしたが、折角の新しい現実感――実写味は聊かそのニュアンスと重量を減じ、大劇場のための演技拡大といふ計算を別にして、私には遺憾に思はれた。

俳優の演技はもちろんこの演出方針によって一定の限界を与へられたものとみるべく、非常に効果的な白《せりふ》の云ひ方がたまに耳にはいりはしたが、結局、流露感に乏しい、機械的な、時として、くすぐったい演技が目についた。滝沢（修）をはじめ、俳優一人一人の持味の面白さ、また、その持味の生かし方には人間を捉へる頭の鍛練が手伝って、現代風俗画としての興味は甚だ深く、最も気の利いた装置（注＝伊藤熹朔）とともに、現代劇としての調子はまづ申分なく整ってゐた。

ともかく、これはこの劇の構成メンバーがその才能と精力を傾けつくしたものとして、やはり、堂々たる新劇の貫禄を見せたものである。この劇団の芸術的立場は、所謂芸術至上主義ではないところにあって、これは時局がら積極的な存在となり得るものであるし、また、私個人として、かゝる劇団の存在と健康な成長を尊ぶ意味に於て、心からこの公演に拍手をおくらうと思ふ。（岸田國士「新協劇団を観る」「都新聞」昭和十三年十二月十九日号）

協同公演は有楽座の主任、畑精力の尽力に負うところが多かった。東宝が心配した観客の入りは十八日間二十三回公演で約二万四千人。新協劇団が約九千七百人、新築地劇団の『ハムレット』（シェイクスピア作）が約八千九百人、文学座の『釣堀にて』（久保田万太郎作）と『秋水嶺』（内村直也作）が約五千四百人だった。俳優では滝沢修と『秋水嶺』の杉村春子が好評だった。

この公演の終演から五日の間を置いただけで、十二月二十六日から二十八日まで、東劇で『夜明け前』（一部二部再輯）を上演した。一部キャストが変更になったが、五回公演で八千人近い観客を集めた。ただし、稽古不足に加えて裏の技術的なミスが多く、築地小劇場の公演の方がよかったとの声が出た。しかし、昭和十三年という年、新協劇団の力が十分に発揮された年として記憶されていい。

## 『石狩川』と『大仏開眼』

昭和十四（一九三九）年一月五日、劇団の稽古場で新年会が開かれ、野々村潔と山岸美代子の結婚が披露された。入営する研究生の歓送会も兼ねていて、劇団員は小沢栄太郎の音頭で『愛国行進曲』（森川幸雄作詞、瀬戸口藤吉作曲）を合唱した。

一月二十六日には経営宣伝部の仁木独人が胃チブスで没した。三十二歳。経営部長として腕を振るった。

この年最初の公演は二月二十二日から三月十二日まで築地小劇場での『ファウスト・第一部』（ゲーテ作、久保栄訳・演出）で、滝沢修のファウスト、前回客演で千田是也が演じたメフィストフェレスは小沢が扮した。グレートヘンは細川ちか子。が、創作劇で前進し、翻訳劇で後退したと評された。

公演中の三月一日に信欣三と赤木蘭子が結婚し、二月に結婚していた中村栄二と合わせて三人の結婚を祝う会が千秋楽の翌日、京橋の富士アイスで開かれた。

四月十八日から五月五日まで、築地小劇場で『神聖家族』（久板栄二郎作、村山知義演出）を上演した。転向問題を扱った問題作だったが、古いタイプの男女の三角関係に比重を置き過ぎ、焦点がボケたと言われた。満一年の留置場生活を終えた松本克平が転向して出獄した職工の思想犯で舞台復帰したが、一年間入浴せず、日の光を浴びず、運動もしなかったためにひどい栄養失調になっていて、指の爪が和紙のようにぶよぶよに柔らかくなり、体中に湿疹ができて石鹼が使えないというアレルギー体質になっていた。以後、松本は体質が元に戻らなかった。

七月には前年の暮れに応召した下元勉が中支で頸部盲管銃創を受けて野戦病院に収容され、研究生の一人が中国戦線で戦死した。新協劇団から戦傷者や戦死者が出たのははじめてだった。

五月に揚子江の岳州で病気になり、広島陸軍病院へ移送された宇野重吉が舞台に復帰したのは、七月三十一日から八月三日まで新橋演舞場での『デッド・エンド』（キングスレー作、中村雅男訳、村山知義演出）の再演時だった。宇野について、白衣生活を終えたばかりで痛々しかったと書いた劇評がある。

九月一日にドイツ軍がポーランドに進撃を開始して、第二次世界大戦がはじまった。日本は中国との泥沼化した戦争をつづけていた。

既述のごとく、築地小劇場の株式会社化と三度目の改築が夏から具体化していたが、工事が遅れて、東宝が今年も企画していた新協、新築地、文学座の新劇協同公演、いわゆる新劇コンクールと、築地小劇場の改築・こけら落としが時期的に重なるために、新劇コンクールが中止と決まったのは十月だった。

そのこけら落とし公演に新協は『石狩川』（本庄睦男原作）を用意した。劇団の創立五周年記念公演でもあった。

当初は村山知義の脚色、久保栄の演出、伊藤熹朔の装置と『夜明け前』と同じスタッフの予定だった。ところが村山の脚色が進行中の十一月三日、稽古場での打ち合わせを終えての帰途、久保が円タクと衝突して全治二週間の打撲を負い、急遽村山が演出も担当することになった。

このころ主要な俳優が映画の撮影に追われていて——小沢栄太郎や赤木蘭子らが『空想部落』（尾崎士郎原作、千葉泰樹監督）、滝沢修、宇野重吉、赤木らが『多《た》甚古《じんこ》村《むら》』（井伏鱒二原作、今井正監督）、滝沢、赤木らが『奥村五百子』（八木保太郎脚本、豊田四郎監督）という具合——、一段落した十一月十日から『石狩川』（村山知義脚色・演出、伊藤熹朔装置、水品春樹舞台監督）の稽古にかかった。初日が二十五日だったから、新協としては「促成栽培」である。水品春樹は『千万人と雖も我行かん』の時から新協に参加していた。十二月二十五日までの公演。

原作者の本庄睦男はこの年の七月に他界していた。そこで本庄の先輩の武田鱗太郎をはじめ、本庄が命名者であり、『石狩川』の発表舞台でもあった同人誌『槐《えんじゅ》』の同人らが発企して、十一月二十九日の夜の公演をゆかりの人々を集めた「本庄睦男を偲ぶ会」とした。劇評を一つ。

　初め久保栄が演出する筈だつたが、負傷のため急に脚色者が演出を兼ねることになつたのはこの公演最大の不幸だつた。北海道をよく知つてゐる『火山灰地』の作者が手掛ければ、もつと緊密な舞台になつたゞらうと惜まれる。

　会津戊辰の戦に敗れて、仙台岩手山藩主、伊達邦夷が阿賀妻はじめ家臣の家族百六十一名と共に北海道開拓のため移住し開拓使庁から宛がはれた不毛の地、聚富から地味肥沃な当別の土地を見付けるまでの自然との闘ひを経に、緯にはまだ厳然と残つてゐる封建的な主従関係、酷しい現実の圧力を受けてひわれて来た武士の階級、新しい支配者としての

しかゝる薩長勢力が錯綜して原作は雄大な主題を展開する。（中略）

五幕九場（時間の都合で第四幕二場をカット）の脚色から喰み出してゐる幾つかの人物や事件も含めた上、これを二部に分けもつと丹念に各場を仕上げるか、或ひは原作にはない先の部分を原作者の遺志を生かす意味で書継ぐか何れにしても『夜明け前』のやうに二部作にした方がよかつたのではなかろうか。

舞台はソツがなく器用に纏つてゐるが、各場が余りに抜け目なく「お芝居」に拵へられてゐるため反つて原作の迫力が薄れてしまつたやうだ。演出も演技もなれで大した破綻を見せず、なだらかに進んで行く。これは新劇が職業劇団にまで成長してきた証拠ではあるが、大きな危機に直面してゐることも意味する。われ〳〵が新劇に期待するものは、どこまでも原作に真正面から組付いて行く気魄である。

北海道四場、仙台及び船室四場、東京一場のうち第一幕の夜明けと第二幕第二場の聚富《シップ》のお館が優れ移民群の佗しい感情が哀しいまでに漂つてゐた。第三幕の当別、オンコの大樹のある平面は、期待に反して盛上りがなく『さんさ時雨』も『夜明け前』の木曾節ほどの効果は上げてゐない。伊藤熹朔の装置はこの場と序幕で新しい舞台の奥行きを充分に見せてゐる。

滝沢修の阿賀妻謙は力演だが、表現がこわばり、小沢栄の堀盛は役柄を出すことばかりに性急で、人間味が薄い。反つて下条正巳の胡麻塩の男や三島雅夫の戸田丹治等にむしろ柔かさがあつた。赤木蘭子は北海道と仙台を結ぶ重要な役、玉目ときを生かし、大阪協同劇団から留学中の木下ゆづ子も素質のよさを見せてゐた。（坊「都新聞」昭和十四年十二月二日号）

劇評ではともかくも一般的には好評で、十二月十五日から千秋楽まで一日二回公演した。

昭和十五年の第一弾は『大仏開眼』（長田秀雄作、伊藤道郎演出、鈴木英輔演出協同、伊藤熹朔装置、伊藤佑司音楽）で、二月二日から三月十八日まで築地小劇場で上演された。四十五日間五十二回という長期公演。入場料は二円二十銭と一円十銭、日本文化中央連盟による「皇紀二千六百年奉祝芸能祭」の一環として企画された。

演出を伊藤道郎が、装置を伊藤熹朔が、音楽を伊藤佑司が担当し、千田是也が客演した事情は新築地劇団の項で触れた。「伊藤芸術兄弟の顔合わせ」が一つの売り物だったのである。後述の新劇事件の一因になったと言われる舞台だが、現在この時の上演台本を読むことはできない。

千田是也の『もうひとつの新劇史』によれば、長田は大正九（一九二〇）年四月の雑誌『人間』に発表した戯曲を、上演に際して書き直した。

ところが、改作というのは、長田さんが新協に加わって〈唯物史観〉や〈発展的リアリズム〉やらを身につけられたせいか、劇中の出来事の歴史的・社会的意味や作者の打ち出そうとするテーマはかなり明確となってはいたが、原作の抒情的・夢幻的な美しさはすっかり失われ、しかも物語の即事的・叙事的展開の美しさにはまだ到達していないという、かたくるしい、面白味のない作品になってしまっていた。

それを読んだ道郎は「これ違うじゃない。これでは僕のやることないよ」とすっかりしょげてしまった。その旨をこの公演の企画者だった村山君に伝えると、もうデカデカと宣伝してしまったことだし、長田さんのほうはなんとかこっちで納得させるから、道郎さんの気の済むように君たちでなおして、ぜひ演出を引き受けてもらってくれということだった。それで、鈴木英輔君と松本克平君と私とが、道郎のイメージをいろいろ話してもらいながら、この改作の〈改作〉をやることになった。（千田是也・前掲書）

加えて稽古の間にどんどん変わり、上演台本のようなものだったという。これが残っていないのである。観客の入りはよかった。劇評を挙げる。

芸能祭のトップを切った新協劇団の『大仏開眼』は計画当初の宣伝が度を過ぎ、お祭りの空騒ぎの如き印象を与へたが、蓋を開けた結果は準備に力を入れただけの事はあり芸能祭の収穫の一つとして銘記さるべきものを持つてゐる。とは云ふものゝ、この劇構成は必ずしも完璧とは云へず、寧ろ尠からず階調を失つてゐる。謂は大仏建立の発願から数々の失敗を経て、其開眼供養会に達するまでの経緯を、若き造仏師とその愛人の悲恋を主流として描き、それに当時の政治、宗教、経済の諸相を伴奏的に浮び上らせようとしてゐる。万葉調の「咲く花の匂ふが如き」寧楽《なら》ばかりが時代の全体でない事は当然の話だが、これでは浪漫的な大時代な悲恋物語と、社会情勢の描写との継目が少々歴然とし過ぎて居る。作者の史観の当否は別としてもそれを視覚化もせず講座風に聴覚を通じてのみ我々の脳裏に入り込ませようとするのは苦痛である。大体、長田秀雄氏の二十年前の原作に作者自身が筆を入れ、それにまた新協のヤンガーゼネレイションが改訂を加へたとあるから、その責任の帰趨は判らないが、付焼刃の印象は掩ふべくもない。

　これ等の欠点にも拘らず、この劇が我々を魅了したのは偏へにその重厚味ある絢爛の風俗描写であつて江馬務氏の考証の衣裳と伊藤熹朔氏の装置が相俟つて、今日まで何処の舞台でも再現出来なかつた奈良文化を動く絵巻として見せてくれた。従来の日本の教育の欠陥として我々は過去の時代時代の持つた文化を一つの生活として捉へる機会を与へられてゐない。一個の風俗博物館もない我国であつてみれば、それを補ふこの種の衣裳劇の教養的効果も見逃せないであらう。それかあらぬか劇団が劇と平行して奈良文化講座を催してゐるのは賢明である。

　問題の舞踊家伊藤道郎氏の演出は前触に相違してこの劇には舞踊的要素が尠く、僅かに鋳造場面、供養会参進の場にその片鱗を窺つたが、その表出が外国的なるを否めないのは、氏の教養が殆ど外国人のそれである事に依るので非難しても始まらないであらう。俳優群は大体劇が細い心理の陰翳を要求せぬので総じて無難だが、若い恋人に扮する細川ちか子は薹の立った感じあり、三島雅夫の良弁僧都は名僧智識の品格なく河内山然としてゐる。因果経の垂幕を活用し舞台転換を早め幕間が大に短くなつたのも観客には結構である。（Ｚ）。（「東京朝日新聞」昭和十五年二月六日号　倉林誠一郎『新劇年代記・戦中編』より）

客演で仲麻呂を演じていた千田是也の新築地劇団退団は、公演中の二月二十日のこと。『大仏開眼』は三月二十七日から三十一日まで、大阪の北野劇場でも上演された。

## 新劇事件とその後

千田の話をもう少し引用する。


　このまま新協に居座るつもりはちっともなかったのだが、この年の二月二十三日に、小山内（薫）先生といっしょに自由劇場をつくった二代目市川左団次が死に、新協さんが〈自由劇場回想公演〉をやると言い出したので、ついまたそのお手伝いをすることになってしまった。

　はじめはまた『どん底』をという話だったが、記念公演というといつも『どん底』が出てくるのはいかにも曲がなさすぎるし、いっそ、一九三七年の五月の自由劇場の再建声明のさい（後述）左団次が真船豊氏に委嘱した『遁走譜』を遺志を受継ぐかたちで上演したらどうかと私が提案したのがそもそものきっかけであった。

それでも当たること間違いなしの『どん底』はそのままのこすことになり、この〈回想公演〉を二回にわけ、五月十日から二十六日まで（注＝二十四日まで）は、『遁走譜』と、これも第一次自由劇場でやったことのあるヴェデキントの『出発前半時間』とを組合せてやり、五月二十五日から六月十二日までは『どん底』を出すことにきまった。そのあげく『遁走譜』の演出は、言い出しっぺの私が受け持つことになり、ついでに『どん底』のサチンの役も引きうけ、今度は演出者の村山君のきつい御注文で、新築地でやったニヒリスト・アナーキスト的なサチンでなく、大いに人道主義的なサチンを相つとめることになった。（千田是也・前掲書）

築地小劇場での「自由劇場回想・市川左団次追悼」の『出発前半時間』（ヴェデキント作、森鷗外訳、松尾哲次演出）は、左団次の演じたオペラ歌手を松本克平が演じた。松本は病気と検挙で俳優活動が恵まれなかったから、売り出してやろうという秋田雨雀や長田秀雄や村山知義らの厚意を含んだ配役だった。『遁走譜』（真船豊作、千田是也演出、伊藤熹朔装置）は小沢栄太郎の樺山源伍で、これが絶賛された。

『遁走譜』は発表当時に読み、激しい主人公の性格が左団次より、井上正夫或は滝沢修に向いてゐるのではないかと思つたが、小沢栄が見事にその役を生かして、近来見応へのある舞台になつた。千田是也の演出も奇を衒はず、この戯曲のもつ精神をひた押しゐる。九人の登場人物が強烈な主人公に弾き飛ばされてしまはず、纏まった一家の性格を作り上げたのは的確な演出と俳優のひたむきな努力との調和であらう。

植民地稼ぎを永年やって来た退職官吏樺山源伍（小沢栄）が久し振りに東京のわが家へ帰つて来たところからこの劇は始まる。亡妻の残した巨額な借財を発見していきり立つ源伍は老人らしい一国《ママ》さから生活のたてなおしを始めようとするが、父親が留守にしてゐた十年間の歳月と、時代の大きな流れは、彼と五人の子供たちの間に大きな溝を作つて、父と子は互いに理解出来ない。作者はその間に横はる溝の裂目からなま〳〵しい現代の世相をのぞかせてゐるが、小沢栄の好演技は、激しい気性のかげになつてゐるお人よしなところと、内と外に向つて虚勢を張る侘しい一面を多角的に刻み込んで一癖も二癖もある老人を躍動させてゐる。

父親に立向ふ三人の息子等のうち定春（中村栄二）信義（下条正巳）も夫々の個性をはつきり出してゐるが、末の政秋

（島田友三郎）との対照も面白く、政秋の愛人である半島人の医学生（新田喜美枝の熱演）が訪ねて来る雪の夜の場景も印象的だつた。（中略）信欣三の次男達美だけが余りに戯画化されて浮ついたのは惜しい。伊藤熹朔の装置は小劇場の舞台にしては重すぎる位ガッチリした構成でこの劇に一層の重厚味を添へた。

『出発前半時間』は開幕劇程度のもので、松尾哲次の演出だが配役に無理があり、予期した程の効果を挙げなかつた。松本克平のオペラ役者は色事師的な軟らかさがなく、滝沢修の老作曲家も凝りすぎて操人形じみた動きが気になつた。

（坊「都新聞」昭和十五年五月十四日号）

入場料は税ともに二円と一円三十銭、四月一日から入場税法が改正・実施され、九十九銭まで一割、一円から二円九十銭まで二割、三円以上は三割になっていた。もう一本の『どん底』（ゴーリキー作、小山内薫訳、村山知義演出）は五月二十五日から六月十二日まで築地小劇場で上演され、千田是也がサチンを演じたほかはそれぞれ持ち役を演じ、新劇の十八番ぶりを発揮した。

この公演中に劇団組織を改編した。

新劇の職業化を目指す新協劇団は各公演とも黒字に恵まれてゐるのを機会に一層強化、職業化のテンポを早めるため組織を変へることとなり、十日午後芝区明舟町の稽古場で総会を開いた結果従来の合議制を捨てプロデューサー制による寡頭政治を行ふことを決定した――従来の組織では総会第一主義の建前を取り、劇団員銘々が一票づつの発言権を持つてゐるため計画を実行に移す場合時間がかゝり殊に対外交渉に当つて敏活を欠く憾みがあつたので、この弊を一掃選挙に依らない少数の幹事会（秋田雨雀、長田秀雄、村山知義）の他にプロデューサー（村山知義が就任）を置き、その下に宣伝、企画、財政の各部が直属、事務局の代りに出来た総務課と共に劇団を運行しようとするものである。演出、演技、文芸、事務の各班はそのまゝ技術の研究を続けて行くが各部責任者もプロデューサーの指名に一任となつた。（「都新聞」昭和十五年六月十一日号）

ここにプロデューサーという名称が新劇史上はじめて登場し、幹事会がプロデューサーを選出し、総務課（課長滝沢修、松尾哲次）がこれを補佐することになった。総務課は宣伝（部長松本克平、次長柳沢信邦、許達、三島雅夫、伊達信、岩佐氏寿、鈴木悌二、大町文夫）、企画（部長皆川滉、次長松尾哲次、小沢栄太郎、宇野重吉）、財政（部長中村栄二、山岡力雄、山下敏殺、栗原千代）の三部から成り、ここが営業面を担当した。つまり、プロデューサーは舞台創造と経営の両面を総括し、戯曲、予算、宣伝、芸術的成果などの一切の舞台的事務の統一と進行を図る製作会議を指揮する絶対的な力を持つことになったのである。また、組織改革と同時に以下のような下半期のスケジュールも発表した。

七月〜九月上旬、南欧映画『群司大尉』に総出演
八月中旬〜九月上旬、『ステージ・ドア』築地小劇場
九月末、チェーホフ作『伯父ワーニャ』（千田是也演出）など
十月末、『石狩川』（改訂上演第一部）大阪
十二月、久板栄二郎作『日本商魂』市内

ほかにも満州公演なども予定していて、関係者は舞台活動に自信を持ち、意欲満々だった。反面、この年の五月から六月にかけて、新築地が新劇団として初の満州公演を行ったのを見て、新協は新協で新劇最初の傷痍軍人への慰問を申し出て、七月に牛込の陸軍第一病院（現・国立病院医療センター）で『息子』（小山内薫作、水品春樹演出）と『父帰る』（菊池寛作、松尾哲次演出）を小沢栄太郎、伊達信、信欣三、滝沢修、宇野重吉、原泉らの出演で上演した。

このころ上演スケジュールに変更があった。出演予定の東宝映画『石狩川』の撮影開始が秋に延期された結果、南欧映画と提携して『煉瓦女工』（野沢富美子原作、千葉泰樹監督）に総出演することになって、撮影に入った（ただし、完成した映画は検閲不許可で公開中止になった。描写が陰惨な上に、プロレタリア思想の表出が国家目的に反するというのがその理由だった）。このため『ステージ・ドア』の公演を中止、八月二十四日から九月六日まで、築地小劇場で『煉瓦女工』（栗原有蔵脚色、松尾哲次演出）を上演と予定を変えた。

一方、九月に満州公演を計画して柳沢信邦が先発し、次いで皆川滉が満州に渡って満州演芸協会株式会社と仮契約し、さらにプロデューサーの村山知義が六月から一ケ月間満州を視察、その報告を元に本契約した。満州側の希望で出し物は『遁走譜』（真船豊作）と『父帰る』（菊池寛作）と決まり、九月十日に東京を発ち、十月四日初日の大連を振り出しに、鞍山、撫順、新京、ハルビン、奉天を巡演する予定だった。これとは別に満州開拓公社などの要望で、三島雅夫、宇野重吉、松本克平、清洲すみ子、三好久子による開拓団巡演隊を編成して八月二十二日に東京を出発、二週間ほど満州各地を回る予定で皆川滉が先発していた。『父帰る』や『牝鶏』（金子洋文作）などの上演に加え、開拓団員に簡単な芝居の作り方を

教えるのも目的だった。こういう動きをまるで鼻先で笑うように、八月十九日に警視庁が新協・新築地の関係者を一斉検挙、両劇団を強制解散させた。いわゆる新劇事件である。記事解禁で各紙が事件を伝えたのは八月二十四日、検閲のために強制解散ではなく「自主的な解散」と報じられた。

この前後を松本克平はこう書いている。

昭和十五年八月十八日早朝、私は宇野重吉と二人で上野発の急行列車で長野へ向かっていた。二人とも下駄ばきに半袖シャツの軽装であった。行く先は志賀高原発哺の温泉旅館天狗の湯で、避暑がてら滞在執筆中の作家島木健作を訪ねて満州開拓村の状況をきくためであった。つまり新協劇団の満州開拓地巡演の準備であった。（中略）島木をわざわざ訪ねたのはこの春彼が創元社から『満州紀行』という本を出版し、時局便乗の大陸紀行物が多い中で彼の著作がいちばん良心的で信用できるという評判だったので、彼の助言を求めようと予め連絡した上での訪問であった。

午前中は執筆時間だというので、我々は温泉に入ったり昼飯をたべたり午睡をして待っていた。やっと島木健作が現れると続いて隣りの旅館で仕事をしていた高見順と中山義秀もやってきてビールになり、飲みながら島木の話を聞いた。（中略）今夜泊って帰れと誘われるのを辞退して日帰りで我ら二人は帰京した。

上野に着いたのは夜中の十二時近かった。明日の幹事会で島木の助言を参考にしてスケジュールを立て直そうということで宇野と別れ、終電で私は大森馬込の自宅へ帰ってちょっとウトウトしたと思ったら、ドヤドヤと八人の特高刑事に布団の回りを取り巻かれて逮捕されてしまった。

この五月に生まれたばかりの赤ん坊を挟んでわが一家は川の字型に寝ていた。箪笥や机はもちろん家中隈なく捜索され、書籍、写真、ノート、記録、資料らしいものは残らず証拠品として押収、三台のフォードにギッシリ積みこみ、その間に私は押し込まれた。キットまた長くなるに違いない。女房子供をどうやって食いつながせたらいいのか気にしながら、一年半前まで長期検束されていた大森警察署の留置場へまたまた抛りこまれたのである。（中略）午後になって本庁特高課の警部補に呼び出されて形式だけの人定訊問を受けたあと「今度は覚悟するんだな」と嚇かされた。二十日間ほど私は抛りっぱなしであった。（中略）

他方、娑婆の新協劇団は働き手を一挙に検挙されて事務処理も対策も立たず、手の下しようがなかったのである。本公演も満州公演も開拓地巡演も一切オジャンであった。僅かに検挙をまぬがれた長老の長田秀雄が劇団代表で警視庁へ呼び出されて――新協劇団はこれまで赤い線で活動してきた誤りを反省して自発的に解散する――という特高課の言いなりの声明を発表させられたのであった。そのうえ図書室の図書も機材も手っ取り早く売り払われ、事務所は閉鎖されたという。新築地も同様であった。（中略）

新協と満州演芸協会との契約金は一万円で、違約金は八千円であった。先乗りで新京に赴いていた経営部長皆川滉の元へ演出助手の加藤純が急遽飛んで一斉検挙強制解散の状況を伝え、公演中止について現地と円満解決をはかったうえ、飛行機で帰京したところを皆川も逮捕された。（中略）

長田秀雄は検挙を免れたばかりにジャーナリズムの矢面に立たされて「時の人」にされてしまった。長田、大森義夫、柳沢信邦らによって残務整理委員会が作られ、芝区明舟町二二番地の事務所と稽古場の後始末をしたあと築地小劇場へ移った。新築地も同様であった。忠臣蔵の赤穂城中のような騒ぎであったという。両劇団の被検挙者七十名、それに東京と地方の劇団後援会員を合計すれば百人を越えた。

検挙を免れた連中はチリヂリバラバラに散って行った。東宝や松竹の舞台部、日活、南旺、満映、芸術映画社、松竹と関西新派、満州新京の大同劇団、開拓団の教官、郷里へ逃げ帰った人々等、雑多であった。図書、器具、村山知義名儀の築地小劇場株券（二万円）も処分された。そして整理のすんだ時点でいつまでも釈放されない私らの所へ見舞金七十五円が届けられた。新協の私の月給と同額であった。これは出獄後長田秀雄からきいた話であるが、この七十五円の中には千駄ケ谷の司法省思想犯保護観察所の初代の市原所長からの見舞金が入っていたという。プロット以来我々はこの保護観察所の監視下におかれていたので見舞金が出たのだという。多分観察所の予算が余ったのであろう。珍しいことである。（松本克平『八月に乾杯』）

新劇事件の直接のきっかけは、『大仏開眼』がもたらした。当局の責任者、警視庁特高課第一課長の中村絹次郎がこう回想している。

しかし長田（秀雄）さんの努力にも不拘《かかわらず》両劇団が日本の進行方向に逆行した過失を犯してゐた事だけは事実で結局両劇団の依つて立つ基本的演劇理論――社会主義リアリズム――だけは何としても撃滅せねばならんと決心しそれを解散といふ荒療治をせずに済む方法も長い間私の課の懸案として研究されて来たが結局は見らるゝ様な処へ落ちつきました。

私がそれを強く決心したのは今年春の、新協が築地でやった『大仏開眼』の芝居であれは脚本も私が検閲し相当カットもしましたがさて芝居になつてからも矢張いけないと痛感しました。あれは長田さんの十何年前のロマンチックな内容の原作を村山知義、鈴木英輔、松本克平の三人が改作し鈴木の演出で結局あんなものにしてしまつたので大仏建立の裏に当時の農民と奴隷の搾取を暗示したもので昔のイデオロギーを巧妙に表現したものである事を看取しその夜の帰途バスの中でハッキリ決心しました。（中略）

両劇団とも乏しい中に仲々うまい真剣味のある芝居を観せて呉れただけに警視庁の措置を新興演劇文化の弾圧として感情的に反発する人もあらうかと思ひますがこの問題は感情的でなく冷静に客観的に考へねばならぬ事だし警視庁としては悠々たる確信を持つてやつた事です。然し過去は最早語らず壊滅した灰の中からほんたうの国民的演劇が生るれば私としても今度の事が積極的にも御奉公となつたと喜び得る訳です。（中村絹次郎「新協・新築地両劇団解散のこと」『日本談義』昭和十五年十月号）

もちろん特高課長の独断で新劇事件が起きたわけではないだろう。

事件の反響は大きかった。都新聞は八月二十五日の紙面に「新劇の再出発を聴く」という欄を設け、久保田万太郎、薄田研二、長田秀雄、北村喜八らの談話を載せた。ここでは岩田豊雄のそれを再録しておく。

今日まで新劇には二つの大きな潮流が存在してゐました。一つはその歴史的な発展過程からいつてもその面貌をどう塗り変へようとも政治的イデオロギーを持つ流れと純粋な芸術至上主義に立脚した演劇運動の流れです。前者は新劇の大衆化を、後者は有識階級を目標とするもので、果たしてどちらが新劇の本質を摑むものであるかは、永い間の実験の上で解決される筈でしたが新協、新築地の二劇団が解散した事に依つて、一応前者に属する新劇の時代的役割に休止符を打たれた事は惜しいことゝ思はれます。

然し今後の新劇の方向は、勿論国家の新体制運動に即応する以外、劇団活動は不可能である事を、今こそはつきり認識せねばなりません。それには二つの方向があると思はれます。一つは新しく生れる指導原理を出来るだけ生かして多くの人に納得させせようとする行き方、一つは新体制に入つても当然要求さる可き有識階級への演劇の慰安の要素を愈々向上さしてゆくといふ行き方で、国家が新しい文化に躍り入らうとする時、新劇が役立ち得るといふ文化的役割に変りはありません。

脚本選出に対する今後の具体的な方向は、遺憾乍ら新体制演劇の源泉となるべき脚本が生れてゐないのでなにも申せません。要は先ず作家自身の自覚に俟つ戯曲運動がその急務で、私自身としても然る後に技術的な新体制に於て、それを舞台化させる熱情も自信も持つてをります。

今後の新劇運動はかうした作家の自覚のもとによき脚本が生れてこない以上、完全な新体制運動は不可能で、かうした時にも尚且つよき脚本出でよと叫ばずには居られません。


文中の「新体制運動」とは、昭和十五年七月に成立した第二次近衛文麿内閣のスローガンだったが、八月二十六日には東京朝日新聞も「新劇更生とその方向」と題する社説を掲げ、今後の新劇団は国策の線に沿い、非常時局の打開を鼓舞する方向へ進むべきだと主張した。

九月になって新協劇団の大森義夫、大町文夫、三好久子らが日活に入社、新築地劇団の石黒達也、殿山泰司、加藤嘉、長浜藤夫、本間教子、日高ゆりゑ、中山美穂らが南旺映画の準専属になって「残務整理」のヤマを越えた。そこで新劇事件後の、何人かの足跡を追っておく。まず久保栄。

治安維持法違反容疑で検挙された者は、まず警察で手記を書かされる。俗に獄中手記と言うが、松本克平によれば警察手記と言う方が正しい。手記は罫紙を五枚重ね、その間に炭酸紙を一枚ずつ挟み、五枚に透るように硬筆で書く。同文のものを五部作るためで、これらは検事局、内務省警保局、本庁特高課、司法省保護観察所、所轄署特高課に一部ずつ保管される。

碑文谷署に検挙された久保が警察手記を書きはじめたのが九月上旬、数百枚を超えるそれを書き終えたのは十一月三十日だった。村山の手記脱稿は昭和十六年一月二十四日、千田是也は同年の一月三十日だから久保栄手記は格別に早い。これには理由があって、久保の手記を模範手記とすべく脱稿を急がせ、模範手記として活字印刷したものを関係者に配布し、取り調べの参考にしたのである。

手記の形式は第一章から二十六章までであり、一章から十四章までは本籍、現住所、ペンネーム、出生地、兵役関係、今までの検挙年月日、健康状態、資産及び生活状態、学歴関係、職業経歴、読書関係などを書き、第十五章は思想の推移過程、第十六章は社会運動の経歴、第十七章はコミンテルンに対する認識、第十八章は日本共産党に対する認識、第十九章は人民戦線に対する認識、第二十章はプロットに対する認識、第二十一章は社会主義及び発展的リアリズムに対する認識、第二十二章は新協劇団に対する認識（新築地劇団関係者は同上劇団に対する認識）、第二十三章は活動当時の客観的情勢とこれに対処すべき当面の任務に関する認識、第二十四章は今までの事件関係、第二十五章は所持品に関する説明、第二十六章は現在の心境と将来の方針を書くようになっていて、「この書式に従って記述して行くと、第二十六章に到って三段論法で必然的に、今までの読書関係も思想推移も新劇運動もすべて日本人としては非国民的活動であったという、自己批判にハメられるように仕組まれている」（松本克平『八月に乾杯』）

久保栄の手記は『久保栄研究』第十一号（昭和六十三年十一月刊）に掲載されている。

これをどう読むかは微妙でむずかしい問題だが、はっきりしているのは久保の転向は偽装転向だったことと、以後日本の敗戦まで、久保は公の活動を一切しなかったことである。その意味で久保栄は直接的な戦争責任とは無関係なきわめて稀な文学者であり、演劇人の一人になる。

久保が手記を書き終えた十一月三十日は、日本が汪兆銘政権と日華基本条約を調印し、日満華共同宣言を発した日でもあった。この前後のことを少し書いておくと、九月中旬に日本軍が北部仏印に進駐し、同月二十七日には日独伊三国同盟がベルリンで調印された。十月十二日には近衛文麿首相を総裁とする大政翼賛会が発足し、同月十九日に岸田國士がその文化部長に就任した。十月三十日には東京のダンスホールがこの日限りで閉鎖され、十一月一日には戦時統制により築地小劇場が国民新劇場と改称された。十一月十日から十四日まで、紀元二千六百年祝賀行事が全国各地で多彩に展開された。十一月二十三日には労資一体を旨とする産業報国会の政府の直接指導による全国組織、大日本産業報国会が創立され、その翌日に最後の元老、西園寺公望が九十一歳で没した。内閣情報部が廃止されて情報局が発足したのは、十二月六日だった。

検挙された二劇団の関係者のその後だが、久保の予審の開始は昭和十六年十二月六日、予審終了が同月十七日、この間の八日に太平洋戦争が勃発した。

このころ関係者は東京拘置所（現・サンシャインシティ）の独房に収監されていた。そして昭和十六年十二月二十六日に保釈金五十円で村山知義と千田是也を除く起訴組十二名が保釈出所した。裁判所から関係者に予審終結決定書が届けられたのが昭和十七年の二月四日、それからのことを松本克平の著書から引く。

我々起訴組十四名の公判は、昭和十七年六月十日から東京刑事地方裁判所第三部陪審法廷において開始され、六月二十四日、同二十六日、七月三日、同六日の五回に亘って行われた。(中略)八月十日、両劇団グループを一緒にして判決が下された。我々の出廷は二か月間、八回に及んだわけである。(中略)被告十四名の連名は左の通り。

新協グループ(七名)村山知義、久保栄、久板栄二郎、滝沢修、中村栄二、松尾哲次、松本克平。

新築地グループ(六名)千田是也、岡倉士朗、和田勝一、山川幸世、八田元夫、石川尚。

雑誌『テアトロ』編集長(一名)染谷格。

染谷格はコミンテルン・日本共産党を援助した両劇団の活動を雑誌『テアトロ』によって支持宣伝したという理由で、我々と共に起訴され新協グループに加えられた。我々十二名はすでに年末に保釈になったが、村山と千田は残され、公判直前の六月二十三日になってやっと保釈になり出廷した。(中略)左は判決と求刑(カッコ内)とである。

新協―村山、懲役三年、未決通算四五〇日(求刑六年)。久板、二年、執行猶予五年(三年)。中村、松尾、久保(五年)の三人は二年、未決通算二百日。松本、二年、執行猶予五年(三年)

新築地―千田。三年、未決通算三五〇日(五年)。岡倉、二年、執行猶予五年(三年)、和田、山川、石川の三人は二年、執行猶予三年(三年)。八田元夫一年半、執行猶予三年(二年)。

テアトロ―染谷、二年、執行猶予三年(三年)。

(中略)

驚いたことはこの判決の行われた翌日の八月十一日、早くも我々は早大グランド上にあった「帝国更新会」に赴いて入会手続を取らされたのである。これは出獄した思想犯を統合と指導するための民間団体で、世話役は模範転向者として知られた小林杜人であった。彼によってこの更新会は、内務省警保局保安課、警視庁特高部第一課、検閲課、司法省保護第三課、刑事思想書記官、大審院思想部等と相互関係にあることが説明された。裁判のすんだ我々を取締る国家の機構がこんなに沢山あり完備しており、それらが更新会を監視しているとは想像もしなかったことである。これでは蟻の這い出る隙き間も無いのである。雁字搦めであった。だがこれはまだ序の口で、これから新手の網が四重五重に張りめぐらされていることを教えられるのである。

八月十日の判決後間もなく、私と滝沢修の二人は内務省へ呼び出された。何課だったか忘れてしまったが係官は伊藤事務官と言った。国民服でヒゲを生やした、右翼のようなトゲトゲした男であった。「国家重大時局の折をも顧みず共産主義的演劇に専念するとは非国民である」と散々嚇された揚句、「改悛の情明らかであるというから当分は親心を以って善処してやる自宅で謹慎しているように」と言い渡された。彼の言葉は四十年以上過ぎた今日でも鮮明に記憶に残っている。「親心」というからには暫く映画出演を遠慮しろとしてもいうのかと希望的観測を抱いていたところ、一週間後に内務省から映画俳優の「廃業届」を提出するようにという通知が届いた。宛名は内務大臣湯沢三千男である。映画俳優の登録を剝奪するという態度に出ずに、私の方から自発的に廃業を申し出るように仕向けたのが「親心」であり「善処」であったのである。この自発的にやめさせるという手は、内務省や警視庁特高課の世間を護魔化す常套手段であった。（松本克平『八月に乾杯』）

松本克平の映画俳優の廃業届の提出は映画法（昭和十五年五月成立）が根拠だが、これに先立ち松本が舞台俳優の登録取り消し、技芸者之証を取り上げられたのは同年の十月だった。同時期村山知義、千田是也、久保栄、八田元夫、岡倉士朗らも技芸者之証を取り上げられ、業務停止、つまり、演出禁止の通達を受けた。

ところで、新劇事件の起訴組十四名のうち、一審判決後村山知義、千田是也、久保栄、中村栄二、松尾哲次が東京控訴院に控訴した。控訴審つまり二審の開始が昭和十九年二月二日で、二審の判決が四月二十四日に言い渡された。村山と久保が懲役二年、執行猶予五年、千田らは懲役二年、執行猶予三年だった。控訴審では新派の井上正夫がすすんで証人として法廷に立ち、村山と新劇を弁護した。戦時下に赤い新劇人のために法廷に立つのは、ほとんどだれもいなかった。

新劇事件の結果、わが国の劇壇から進歩的な劇団が消えた。裏から言えば、そうさせるための新劇事件だった。

新協劇団は圧倒的なマイノリティーの立場に意識的に立ち、ここから世界を見て、世界に働きかけようとしていた。しかも著しく自由が制限されていた社会制度の中でである。その意味で、この劇団の足跡はすぐれて「政治的」なものだった。が、『火山灰地』をはじめとするいくつかのリアリズム戯曲と舞台と演劇論を生み、その中で新劇の劇団として職業化を実現させた。松本克平の月給が七十五円だったというのは、平均的なサラリーマンのそれより高額だった。いろいろな面で現在とは異なる社会の中でこれを実現させた事実は、もっと声を大にして言われていい。新劇の職業化など、大勢として、今なお遠い夢だからにほかならない。

# 第十七章　築地座

## 築地座の誕生

昭和六（一九三一）年九月に解散した劇団新東京までの友田恭助と田村秋子夫妻の動きは既述の通り。その後二人は築地座を創立して俳優活動をつづけるが、ここにいたるまでを大江良太郎はこう語っている。戸板康二編『対談　日本新劇史』から引用する。

**大江**　（新東京解散を決めた）その晩、蒲田の伴田家（注＝友田の本名は伴田五郎）で夜っぴて話した。それが九月、それから翌（昭和）七年の二月が〝築地座〟誕生……。それまでの間はレパートリーを集めようというので、毎週一回ずつ蒲田へ行ったな。

**戸板**　そういう期間が実は一ばん楽しい。

**大江**　楽しいね。僕が（勤務している）松坂屋の閉店を待って蒲田へ行くと夕飯をこしらえて待っててくれた。八住利雄君も来る。その間、五郎さんとよく鷹の台に休みを利用しちゃゴルフに行ったりした。

**戸板**　そうすると劇団新東京が終って築地座が始まるまで半年ですか。

**大江**　そう。そんなことをしている間も、五郎さんは黙っていられない人だったな。弟子の、いまNHKにいる菱刈高男、臼井友三という連中が集まって来て、蒲田の家で室内劇をやらしたりしていましたよ。だから昔の〝わかもの座〟の気分だったわけね。応接間（洋間）の隣の部屋に幕を引いて、五郎さんが自分でベルを鳴らし、電気係を担当していた。あのとき久保田（万太郎）先生の『浮世床小景』をやってた。鬘を借りて来るわけにいかないので、お花見のボテを買って来て、五郎さんが自分で加工したりしてね。キャアキャア嬉しがっていたよ。そんな時が半年ぐらいあった。二月に築地座を開けるにあたって、一ばん最初にオニールの『楡の木蔭の欲望』をやりたいというので警視庁へ行った。ダメさ。許されない。それでグリボエードフの『智恵の悲しみ』をやろうとしたが、これもダメで、急遽変えたのが『冬』ですよ。

**戸板**　『智恵の悲しみ』は検閲の関係じゃないんですね。

**大江**　検閲の関係じゃない。検閲にひっかかったのは『楡の木蔭の欲望』。

**戸板**　第一回のとき、『冬』と『町の家にて』をやりましたね。（当時のパンフレットを見ながら）ここにいるメンバーっていうのは劇団員とかいうんでなしに、その時とりあえず集まった有志っていう形……

**大江**　そう。劇団新東京から来てるのは清川玉枝だとか藤輪欣二（注＝和正）君でしょう。杉村（春子）君は劇団新東京には出てなかったんだ（注＝最後の公演の八住利雄作『東京と理髪師』には客演した）。彼女は東中野に住んでて、前の旦那さんが病気してた頃だ。五郎さんが築地座の結成を発表した時に、自分も一緒に勉強したいからというのでやって来た。

大江は師匠の久保田万太郎に築地座の胎動から結成にいたるまでをその都度知らせ、『浮世床小景』上演の時も久保田を誘って一緒に見ていた。

翻訳劇の上演が検閲などの関係でむずかしくなると、築地座は一転して創作劇を中心にしようということになり、大江良太郎の提案で久保田万太郎、里見弴、岸田國士を顧問に迎えた。第一回の出し物に『冬』を選んだのは大江で、チリコフの『町の家にて』を選んだのは八住だった。

築地座結成の準備金はすべて友田が負担した。友田の実家は「伴田土地合資会社」という土地会社で、友田の長兄がきりもりしていた。友田もこの会社の出資人の一人として四百円の月給とボーナスを得ていて、これが劇団の創設費と運営費になった。

当初築地座は劇団ではなく、公演毎に出演者を集める形を取った。旗揚げは昭和七年二月の二十七、八日の両日、土日曜のマチネーを入れて三回公演として飛行館のホールで持たれ、友田や田村以下藤輪和正、伊藤正一、東屋三郎、生方明、小杉義男、中村啓太郎、伊藤智子、杉村春子、毛利菊枝、清川玉枝、瀧蓮子らが『冬』（久保田万太郎作・演出）と『町の家にて』（チリコフ作、八住利雄訳・演出）を上演した。以後、飛行館のホールは築地座の本拠地になる。これは日本飛行協会のビルで、虎ノ門から新橋に向かって田村町一丁目の交差点を左に折れると、すぐ右側に位置した。六階建てで、五階に定員六百のホールがあり、築地座の稽古場兼事務所もこのビルの三階にあった。

第一回公演のパンフレットに「新しき作者をのぞむ——築地座創立に際して」という友田恭助の一文が載った。田村秋子・内村直也著『築地座』からその一部を再録する。

新東京は言うに及ばず、築地小劇場も自分の作者をとうとう出さずに終ってしまった。これが新劇の、立派に一人立ちの出来なかった一つの大きな原因ではなかったか。古今東西の芝居の隆盛は立派な役者がいることも必要だろうが、この裏に必らずより立派な作者がいなかったことはない。築地小劇場がもう三四年の寿命があったら、必ず出していたろうに!

幸に我が築地座の誕生と機を同じうして、劇文壇方面にもその徴候があるように感じられる。我々として大いに心強く思う次第である。創作劇をできるだけ沢山やっていく考えです。しかしそれと同時に、外国の新しい作と、築地小劇場でやって再演してもいいものとを上手に織りまぜてやっていきます。

パンフレットにはこの文につづいて「築地座上演戯曲募集」が掲げられた。選者は久保田万太郎と岸田國士、枚数に制限なし、賞金なしというものだった。そのためか半年で九本の応募しかなく、そのうちの二本を佳作とした。一つが学生当時の福田恆存《つねあり》の『或る街の人』だった。旗揚げの劇評を一つ。

『冬』は原作者久保田万太郎氏の演出である。原作を読んで味わえる細緻な技巧が、今度ほどよく舞台に現れたことはないかもしれない。それほど注意が行き届いている。そしていつもの通りの下町情緒、侘し過ぎる詩というような言葉通りの作品であるとはいえ、そういうものとして『冬』は代表的なものであろう。四幕あって、四幕とも同じ座敷である。それを霙によって、好天気によって、昼と夜によって、それぞれの気分を出して飽きさせない技巧も手に入ったものである。然し先に築地小劇場の晩年、同じ人達によって上演された同じ作者の『大寺学校』と比べると、作としては『大寺学校』の方が傑れたものではなかろうか。完成という点からではなく、規模の点において『大寺学校』には流動する世相がはっきり描かれている。

次にチリコフ作『街《（ママ）》の家にて』二幕がある。これも場面は同じ部屋が二度使われるだけである。帝政時代のロシアの小都会、滅び行く人々、若干のユーモアはあっても、余りに暗過ぎる。ある意味でチェーホフよりも暗い、たまらない人生だと作中の人物が言い続けるが、その通りである。これを『風の街』等の建設期の作品と比べてみると感慨深いものがある。（染谷格「都新聞」昭和七年三月二日号『築地座』より）

終演後に出た劇評である。公演期間が二、三日と短く、普通なら新聞劇評には取り上げられない。にもかかわらず、築地座はほとんどが出た。久保田万太郎や岸田國士らが顧問であること、友田恭助や田村秋子らが関わっていることが特別扱いになったのだろう。

旗揚げ公演の総収入は千百十六円余、俳優へはギャラ替わりに一円のチケットを十枚渡し、その売上が収入になった。ただし、東屋三郎だけは別途に七十円支払った。脚本料も演出料も、装置や照明のプラン料もなし、こういう計算で四十円余の黒字で、六円二十五銭を次回公演の繰延金に、三十四円余を積立金にした。また、旗揚げと同時に研究生を募集したが、その中に中村伸郎、龍岡晋、梅本重信、堀越節子らがいた。

偶然ながら、築地座旗揚げと軌を一にして雑誌『劇作』（後述）が創刊された。友田の一文に「幸に我が築地座の誕生と機を同じうして、劇文壇方面にもその徴候がある」とあるのは、『劇作』の発刊を指していると考えられる。この雑誌に拠った劇作派と呼ばれた劇作家たちは、やがて築地座と密接な関係を持つようになる。

第二回公演は三月二十四日から二十六日まで飛行館で開催され、『カールとアンナ』（レェオンハルト・フランク作、番匠谷英一訳）と『小暴君』（里見弴作・演出）が上演された。前者の演出は倉林誠一郎の『新劇年代記・戦前編』では伊藤基彦、『築地座』の記録では伊藤熹朔となっているが、無声映画最後の力作と言われたウーファー映画『帰郷』として親しまれたもの（昭和五年四月封切）。劇評を挙げる。

レーオンハルト・フランク作、番匠谷英一氏訳『カールとアンナ』は、第三幕の終りの一部がカットせられたのを惜しむ。戦死したと思った夫が帰ってくる。妻はもう夫の戦友カールと夫婦生活をしているための悲劇——ここにこの作の主題はあるが、これのみなら、この題材の作は尠くない。戦争と地震とをおきかえただけで、久米（正雄）氏の『安政小唄』も、これを狙っているように。

しかし、この作はその発展の動機が〝性的〟であるのが異色だ。またカットせられた所も、アンナの妊娠、その妊娠を一時の過失らしくアンナの夫が見過ごそうとする。それが脚本としても一つのめっけ所だが、右のカットで普通の芝居になってしまった。（中略）

友田のカール、小杉（義男）のリヒヤートにもいう事はない。田村のアンナが割によく、瀧蓮子のその友達マリーもしなを作りすぎたが、見られるほうだ。結局、舞台装置（注＝伊藤熹朔）ががっちりしているのにもっとも点を入れよう。

第二、里見弴氏作『小暴君』は、〝山の手の子〟の小さきネロを、料理番が俎の上で鯉を料理するように、そのヤケクソな心理をきりきざんだ心理劇としていい作だった。私は『演劇新潮』の編輯者としてこの原稿を、当時切れ切れもらって読む、校正するというような事をしたので、それ程と思わなかったが、今度これを読みかえして、氏の外の小説の如く、この脚本は、氏の商売道具の心理解剖が見事につくされているのに感心した。

この小暴君・伊沢は決して無茶者のネロでない。世俗的な姉婿・日野を嫌い、その反対の頑固物・諸岡を認めるだけでもたいした頭のよさだ。その頭のいい伊沢がネロになる。そこに筋はない。が、脚本としてむずかしいその小暴君ぶりが、筋とか普通の芝居以外の意味でわれわれに訴える所が大きいから不思議である。

友田のこの伊沢は予想より上出来だ。『森林』の道化役者のようによくないにしても、〝新東京〟以来不振だったかれとして、久々に自由で奔放な演技を見せた。そう、友田は固まらずに、楽に手足を延ばした役の時に才分を出す。幕切れに泣くむずかしいしぐさも、逆に奥の方へひっくり返ってやるのが効果的だ。

田村の姉も悪くない。小宮（譲二）の秦は普通と（？）平凡すぎる。小暴君の相手として友達がいがない位だ。東屋（三郎）の日野は、この人としてはの条件づきなら見られる。小杉（義男）の諸岡は腕のある人として、これは少しぎこちない。新劇の役者にはむずかしい役だろうが。（三宅周太郎「東京日日新聞」昭和七年三月二十七日号。『築地座』より）

この時のパンフレットにも友田が一文を寄せ、作者の演出で創作劇を演じてきて言葉の大切さを痛感した。翻訳劇でも日本語になっていないものは遠慮すると述べるとともに、本当の国劇の樹立を目指したいと、築地座の向かう方向を明らかにした。なお、第二回公演は四十七円弱の赤字だった。

四月二十七、二十八日の両日飛行館で持った第三回公演には『暮春挿話』（佐藤春夫作、久保田万太郎演出）と『ママ先生とその夫』（岸田國士作・演出）を取り上げた。友田恭助も田村秋子も、本格的に岸田の演出を受けるのははじめてだった。その戸惑いを田村はこう語っている。

築地小劇場では、小山内（薫）、土方（与志）、青山（杉作）三先生の庇護のもとにあった一人の小さな役者が、築地座になると、久保田、里見両先生のように晴れがましい存在の方が、膝突き合せて、私達の当然知らなければならないことを実に数限りなく教えて下さいました。両先生はどちらかと言えば、私達を子供と慈しんで育てて下さっているということでした。ところが岸田先生の場合は、一人前の俳優として対等に向い合って下さっているということです。

内容はどうあれ、私達が築地小劇場出身の役者であるということもありましたでしょう。ところが私達は気持だけはあっても、何から何まで教えていただくつもりでぶつかったわけなんです。出発点すら全く違っていたのです。役者の読む科白を、よくその時分おっしゃった、「紋切り型だ、通俗だ」と。私達夫婦がその程度でしたから、若い役者は、なお分からなかったと思います。若い人が出来ない場合、友田が仲介の立場になり、救いの手を差し出し、手振り身振り、科白の言い回しまで教えなければならないわけです。

先生はこの方法も好まれませんでした。「友田君が教えてしまうことで一つの型にはめ込んでしまう。あの役者は今は出来ないけれど、出来ないなりに友田君とは別の人間なのだから、こうと決めて教えることは、劇団のやり方を小さく固めてしまう結果になる。そういう教え方っていうものが今までの芝居の中にはあるんでしょう」。私達は口を揃えて「もちろんそうです。気の長い話ですが、教えられて満足しなくなれば、その時自分の考えが湧いてくることに望みをかけていますす」。しかし先生は、「その教える方法をもっともっと考える必要があるね」。友田は、「先生のおっしゅることはわかるけれども、出来ない者には教えなきゃだめだ」と言いきるし、私も友田の言い分に半分同感でもあるし、といって先生のおっしゃる内容にも強くひかれはじめたのです。（中略）

先生は「舞台で役者の工夫を沢山みたい。舞台にふっと人物が現われたり、幕があいた時、そこにいる人物が、なるほど、やったなっていう人物でありたい。そうした演劇的感激は、フランスの舞台ではたしかに経験している」。また、「よいモデルをつかんでこい」とも言われた。ただし、これは大変危険が伴います。類型ではだめ、常に典型をさがすこと。（『築地座』より）

稽古を通して、田村秋子は岸田の指導方法、演劇理論にぐんぐん惹かれていった。が、公演は好評というわけではなく、加えて三千円の赤字だった。ではこのころ、岸田はどういう演劇論を唱えていたか。

岸田國士の演劇論

『我等の劇場』と題する岸田國士の最初の演劇評論集が新潮社から出たのは、大正十五（一九二六）年の四月だった。『演劇新潮』に連載した評論を中心にしたもので、構成は「演劇一般講話」「仏国現代の劇作家」「我等の劇場」「劇壇時評」「劇評」「劇作家としてのルナアル」で、「我等の劇場」は「演劇一般講話」の補遺と見ていい。この二章が岸田のまとまった演劇論であり、わが国初の体系的な近代劇論だと見なしていい。そこで『我等の劇場』からポイントと思われるところをアトランダムに再録する。

楽譜の演奏が音楽と呼ばれるやうに、脚本の演出が演劇と呼ばれる。従つて演劇の価値は、脚本の価値によつて根本的に左右されるものであります。（「脚本について」）

扨て、「戯曲の演出」を演劇とする最も狭義の解釈は、「演劇」なるもの丶本質を探究する上に極めて便利な手がかりを与へます。（中略）

途中の説明が大分長くなりましたが、要するに戯曲のもつ「美」は、文学の他の種類に於いては、求め得られない——少くとも第一義的ではない——「語られる言葉」のあらゆる意味に於ける魅力、即ち、人生そのもの丶最も直接的であると同時に最も暗示的な表現、人間の「魂の最も韻律的な響き（動き）」に在ると云へるのであります。そして此の「響き」は、或る時は『マクベス』の如く高く烈しく、或る時は『桜の園』の如く低く微かに、而も常に調和と統一の美感を保ちつ丶全篇を貫き流れてゐる。主題と結構と文体、此の三者の渾然たる融合がそこに在るのであります。そこで、人生の神秘な竪琴は、戯曲といふ楽譜を通して、舞台の上で奏でられる——といふ段取りになる。（中略）

戯曲の演出と楽曲の演奏とは、よく比較論議されますが、これは結局或る程度までの問題だと思ひます。

俳優対劇作家の関係は、演奏家対作曲家の関係よりも一層複雑で而もデリケートである。此の比較論もこ丶で長々と述べる必要はありませんが、一口に云へば、演劇に於いては、俳優と劇作家の間に、更に作中の人物といふ一個の存在が現はれる。公衆は舞台の上から三つの異なつた生命の「演出」を感受するのであります。そして此の三つの生命は、如何なる状態と関係に於いて、演劇の興味を形造つてゐるか。これは稍々分析的な見方ではありますが、演劇鑑賞の基礎知識となるべきものですから、一と通り論じて見ることにします。

先ず劇作家は、自分の「立場」に公衆を立たせようとする。少くとも作者が人生を観てゐる、その観方が見物に分かり、見物も亦その位置から人生を観ようと努める。その「立場」に対する見物の同感乃至反感は、直に劇そのものゝ興味を左右します。また、作者の「立場」が見物に分らないとなると、今度は舞台の印象が混乱して、結局、興味がもてないことになる。今度は作中の人物、これがまた直接に興味の対象になる。最も簡単な例をあげれば善人、悪人、強者、弱者、と云ふやうな概念的な批判から生れる一種の感情で、それらの人物の相互関係、又は運命に対する期待なども此の中に含まれる。これがつまり劇の（劇とは限らない。物語文学全般の）通俗的興味であります。一歩進んで、人物の性格、教養、趣味などに対するさまざまな価値感情が生れる。

次に、それらの人物に扮する俳優に対して抱き得る個人的感情、殊に肉体的条件に対する批判的興味、これは屡々その扮する人物から離れて考へられる問題であります。あの役者は丈が高いとか低いとか、顔が綺麗であるとか姿がどうであるとか、甚だしくなると、頭が長いとか口が大きいとか、さういふ印象は、必然的に劇の興味に結びついて来る。俳優の箇癖も亦看過すべからざるものであります。

以上述べたやうな興味は、厳密に云つて演劇鑑賞の内容を形造るものではないに拘はらず、実際は、かういふ興味が一般公衆の注意を惹くことになる。（中略）

上に述べた三つの異なつた生命の「演出」、作者と人物と俳優、此の三つの異なつた生命が、群衆の一人として見物の魂に如何なる交感を誘起するか、そこから果して印象の統一が得られるか、純粋な芸術的感銘が生じ得るか、かういふ問題は、演劇の本質を戯曲の本質と結びつけて考へることに依つて、やゝ満足な解決が求め得られるのであります。

舞台の上を流れる生命——それが仮へいくつの生命から成立つてゐるものであつても——その生命を一つの生命として感じ得る時に、演劇の本質的な「美」が生れるといふことに注意しなければなりません。これは俳優にとつても見物に取つても必要なことである。作者の才能、作品の価値、俳優の技倆が、或る一点で渾然と融け合つてゐる、そこには、たゞ人生の真理を語る活きた魂の、諧調《ハアモニイ》に満ちた声と姿とがあるばかりであります。それは人間のあらゆる感情の旋律であり、あらゆる心理的表示の交響楽であります。此の舞台の幻象《イメージ》（眼と耳を通じて心に訴へる一切のもの）は、見物のイリュウジョン乃至想像《イマジネエション》と相俟つて、一つの陶酔境を実現する、そこまで行けばいゝのであります。（「演劇の本質」）

われわれは、新しい傾向を追ふ前に、先ず自分のもの、自分の佳しとするものを作り上げなければなりません。日本の現代劇は、進む前に先ず存在せよといふ論者の主張も、そこから出発してゐる。われわれは、今浪漫的戯曲を書き、写実的戯曲を書いても、それはまだ完成への意義ある一歩たり得る時代に生まれてゐる。なぜなら、日本現代劇は、何十年来まだほんたうの芸術的作品を一つも生んでゐないと云へるからであります。西洋に於ける写実的演劇の行詰りは、「もう此の上佳いものが出ない」からである。日本では、何んと云つても、「まだ出てゐない」時代であります。現在、象徴的演劇その他の近代主義は、何れも完成された写実主義の上に築かれようとしてゐるのです。相反した傾向も、実は互いに好ましい影響を与へ合つてゐる、この事は前講でも述べた通りです。西洋の写実劇が、例へば日本の現代劇になつてゐると見れば見られないこともありませんが、そして日本人として、その写実主義を脱却した新傾向を開拓することも面白いには違ひありませんが、また、一方日本の現代劇に日本人の手に成つた写実劇の傑作を残して置くことも、まんざら無意義ではないやうに思はれます。たゞ、それが為めには、写実の妙境を味得して、在来の作品を遥かに凌駕する底の完成品を造り出す覚悟がなければなりません。

演出の点から云つても、写実的舞台必ずしも時代遅れではない。日本では殊にさうです。調和と統一ある舞台の現実味、これは、まだ嘗て何人《なんぴと》も完全に表現し得なかつたのであります。日本の現代劇は、演出の根本を写実に置き、その完成から出発しても決して遅くはない。徒らに様式の奇に走るのは、却つて舞台の生命を稀薄にするものであります。但しこれも亦、在来の演出から一歩も出ない現実模倣の平坦さに陥つては何んにもならない。所謂「芸の細かさ」は写実劇本来の美からはなほ数百歩の処にある。して見ると、日本に於ける「明日の演劇」は、或は西洋に於ける「昨日の演劇」であつてもかまはないことになる。要するに、われわれは、いろいろな意味での新しい演劇——新日本の現代劇を作る為めに、面倒でも、もう一度基礎工事をしなければならないのです。（「明日の演劇」）

岸田國士の基本的な近代演劇観はいい戯曲の上にいい舞台が築かれるというもので、戯曲の本質を知ることがいい舞台の創造につながるという論だった。戯曲とは何か。これを最初に問題にしたのが岸田だったが、以下の引用はこれに関わる。

「劇的文体」の完成、「舞台的対話」の洗煉、これが若い劇作家に取って、目下の急務であると同時に、一方俳優は、「台詞のニュアンス」に対して敏感な頭脳を作ること、之に決定的な表現を与へること、これ以外に、新しい演伎の出発点はもとめられない。（「未完成な現代劇」）

舞台の言葉、即ち「劇的文体」は、所謂白（台詞）を形造るもので、これは、劇作家の才能を運命的に決定するものである。

普通、「対話」と呼ばれる形式は、文芸のあらゆる作品中に含まれ得る文学の一表現に過ぎないが、これが「劇的対話」となると、そこに一つの約束が生じる。それはつまり、思想が常に感情によつて裏づけられ、その感情が常に一つの心理的旋律となつて流動することである。（中略）

これは、「自然な会話」と何も関係はない。此の「自然な会話」が、「劇的会話」と混同された処に、写実劇のおおきな病根がある。殊に日本現代劇の大きな病根がある。（「舞台の言葉」）

「劇的文体」という考えは、劇作を目指す若者に以後大きな影響を与えた。劇作派と呼ばれた若い劇作家のグループが、岸田を師匠とした背景がここにある。（注＝岸田の演劇論については拙著『最後の岸田國士論』を参照）

川口一郎のデビュー

第四回公演は五月三十日から六月一日まで飛行館で持たれ、ピューリッツァー賞を受賞した『ストリート・シーン』（エルマー・ライス作、中川龍一訳、伊藤基彦演出）を上演した。登場人物が延べ五十人とあって俳優集めに苦労し、汐見洋、御橋公、東山千栄子ら旧新東京のメンバーの客演をはじめ、中村伸郎らの研究生も初舞台を踏んだ。

次いでの六月二十五、二十六の両日、飛行館での第五回公演で岸田國士の代表作の一つ『牛山ホテル』（岸田演出）が日の目を見た。田村秋子の牛山よね、瀧蓮子の藤木さと、杉村春子の名倉やす、東屋三郎の真壁、汐見洋の三谷、御橋公の鵜瀞、毛利菊枝のおくら、マダム・ハザマのローラその他で、二日目は瀧が急病で倒れ、田村がさとを、毛利がよねに替わった。マダム・ハザマは洋画家の硲《はざま》伊之助夫人。岸田戯曲の中では唯一方言、天草弁で書かれたもので、天草弁は岸田の親友、林田英雄が指導した。仏印（現・ベトナム）のハイフォンと思しき街を舞台にしていて、「からゆきさん」と呼ばれた東南アジアへの出稼ぎ売春婦たちの生活を描いた異色作で、渡仏に際して岸田が一時この街に滞在していた体験を下敷きにしている。劇評を一つ。

築地座は図らずも傑作を生んだ。（中略）どの劇団も手をつけ得ないこの芝居――こういうものをやってこそ築地座の意義がある。役々適材適所、さすがにと、岸田氏のけい眼を思わせるが、中でも友田の写真師・岡と、杉村のおやす、御橋の鵜瀞はいずれも出色の出来で、恐らくそれぞれの当たり役となろう。ともすればキザになり易い三幕目のヴェランダで岡がおさとに向っていう長ぜりふを、友田がとつ〳〵たる方言で見事に切り抜けたのは感嘆に値し、始めて〝莫連女〟を振られて立派にコナシ得た杉村はこれを機会に新しい道を開拓すべく、これに反して東屋の真壁は努力にも拘らず柄で損をしている。四十に手の届いた男に、〝久々にそして最後に訪れたロマンチシズム〟とはいえ、このドラマは真壁の制圧されたる情熱に焦点があるのに、東屋の柄は余りにも枯れ過ぎているし、せりふも単調だ。せめて御橋ならばと思うのは欲か。東屋は兎も角主役でなくてこそ光る俳優だ。

四十度の高熱を押しての出演のためか、計画的な狙いであったのか、いずれにせよ瀧の女主人公おさとが静かな表情の少ない顔で夢見るようにポツリ〳〵と語る態度はしんみりとして、二日目に代役の田村が激情を表わし過ぎたのに比べて遥かに成功。唯難をいえば造りが少し上品過ぎた。田村はやはりおよねの方がいい。（H「東京朝日新聞」昭和七年六月二十九日号。『築地座』より）

一回が短期間とは言え、二月末に旗を揚げて以来毎月の公演だった。この後七、八月を休養に当てたが、この間に築地座は劇団の形を整えた。文芸部＝八住利雄、大江良太郎、菅原卓《たかし》、演出部＝伊藤基彦、経営部＝蔦見英、演技部＝友田恭助、東屋三郎、藤輪和正、伊藤正一、臼井友三、泉三朔、菱刈高夫、田村秋子、杉村春子、月野道代、清川玉枝、毛利菊枝、石川由紀。

事情があって瀧蓮子は座員として名を連ねなかった。

新体制のスタートは新人の戯曲で飾りたいと、そのための戯曲募集をしたものの適当なものがなく、大江が選んだのが雑誌『劇作』の第二号に発表していた川口一郎の『二十六番館』だった。

東京生まれの川口は大正十二（一九二三）年の秋に渡米、ニューヨークのコロンビア大学で演劇を専攻した。たまたま菅原卓も同じ大学の演劇科に留学中だった。川口は昭和三（一九二八）年に足掛け六年の滞米生活にピリオドを打って帰国、すでに帰国していた菅原と交遊するかたわら小山祐士や阪中正夫らを知り、やがて阪中の紹介で岸田國士の知遇を得た。阪中や小山、菅原らとともに同人になった『劇作』の創刊は築地座の旗揚げと同じ昭和七年の二月で、その第二号に滞米生活に材を得た『二十六番館』を発表した。川口は三十二歳になろうとしていた。

九月二十三日から二十五日までの飛行館での第六回公演は『秋晴』（里見弴作・演出）と『二十六番館』（川口一郎作、岸田國士演出）。こういう劇評が出た。


雑誌『劇作』による新人川口一郎氏の珍しく構成力のある骨組のガッチリした然し会話も洗練されて居ず脚本では相当退屈なものを、岸田國士氏の演出の妙味（特に三幕目、安二郎のうごかし方）と適当に音楽を挿入する事によって救い、〝人間の意志等というものを邪魔扱いにする〟、〝大都会という機械に引っかかった〟在ニューヨークの邦人の一群の陰惨な生活を描写し、機械文明の恐怖のにじみ出る雰囲気の中に表現、二幕目が殊に舞台技巧も整って面白く、東屋（三郎）の源八と清川（玉枝）のミセス原がワキ役で活躍し全体を通じて田村（秋子）の春子はドラマの中軸となってこまかい心理とその変化を立派にこなして傑作、唯結末の安二郎が自動車にフラフラと轢かれる件りは東屋の報告の言葉が徹底せざるためと、友田（恭助）が彼一流に安二郎を深刻な人間として表現しすぎたせいか、ちょっと自殺ととられる恐れあり、いずれにせよ、唐突で芸術としての議論は別としても観る者に余りに〝救われない〟感を与えるドラマである。『秋晴』は里見弴氏自らの演出だが、田村の主人公が第一芸者上りのサラリとした味が出ず寧ろ色気のある瀧（蓮子）にと思わせる位、トンボの作りも、瀧の妹に一度つかまえようとして二度目に取らせるようにして時間的にも情緒的にもユトリを作らねば無理だ。（T「東京朝日新聞」昭和七年九月二十七日号『築地座』より）

第七回公演は十月二十九、三十日の飛行館で『セントヘレナへ行ったポニー』（北村小松作、伊藤基彦演出）と『かどで』（久保田万太郎作・演出）の二本立て。後者は記録上は久保田演出となっているが、万太郎は本読みの後歯の治療で帝大病院に入院し、立ち稽古になるまで稽古場に来られなかった。そこで伊藤基彦と友田が稽古を固めていった。

『かどで』――この芝居を見てもいわゆる〝万太郎〟物は新派の役者では出来ない事がわかる。久保田氏のせん細な感情と静かなさびしいふん囲気は、矢張りこの劇団でこそ消化出来るものだ。築地座は又一つ佳作を生んだ。

〝万太郎〟物は、芝居をしてはいけない芝居である。俳優諸君は平等にそこをよくのみこんで統一がとれている。一場と二場に完成味がある。二場をあれだけ生かしたのは藤輪（注＝欣司、第六回公演以来和正改め欣司）の力でこの人近来の傑作であろう。円味のあるよい声を持っているのにいつも張り過ぎて失敗していた人、今度はグッと芸に渋味が出て来ている。

三場も東屋、三浦（洋平）、友田等の協力でよき感情を表現しているが、ただ問題になるのは最後に伊藤（正一）の秀太郎がしゃべる言葉で、「手工業」とか「機械」等の概念的な言葉だけではなく、袋物屋の職人の不安な感情を表現するにふさわしいせりふがほしかった。秀太郎が出て行ってから友田の職人独りのままで幕を下ろすのも物足りない。作者はその静けさを狙ったのだろうが、東屋の職人一がちょっとのぞきに来て秀太郎と廊下ですれ違い、けげんな顔をして友田の働いている姿をションボリ見つめているといったところで幕を下ろしてはいかが。以上は作者及び演出家としての久保田氏に対する注文である。田村のおのぶは二場がそわ〳〵して落着きがなく、伊藤（正一）は大役だが空々しい感情しか出ていない。石川（由紀）のおせんはどうも声がインテリの女である。（Q「東京朝日新聞」昭和七年十一月四日号『築地座』より）

第八回公演は十一月二十五日から二十七日までの飛行館で、三日間五回公演。『旧友』（エドモン・セエ作、辰野隆《ゆたか》翻案、築地座文芸部演出）と『土曜日の子供達』（マイスウェル・アンダーソン作、菅原卓訳・演出）。これまで装置はすべて伊藤熹朔の担当だったが、前者は松山崇の装置。後者では杉村春子がはじめて主役を演じた。

『土曜日の子供達』三幕と『旧友』一幕が第八回公演として上演された。前者はアメリカのマイスウェル・アンダーソンの作品、紐育では仲々評判がよかつたものと聞いてゐるが、如何にもアメリカ的ニホイの濃厚な作品で若い会社員、オフィスガール――サラリーマンの恋愛と結婚が鋭敏な感覚と、機知とによつて描き出されてゐる。甘美な空想を抱いて、若い愛人同志《ママ》が家庭をもつた。然し家庭は接吻と自由の楽園ではなかつた。夫は賭事に家を留守にする。細君は食事の支度と皿洗ひ、その上姉だ、父親だとうるさい訪問客。月末の勘定書は楽しい空想に最後のトゞメを刺すのだ。互いに愛しながら冷たい現実の牆壁につき当つた二人は別れ〳〵になるが、独身アパートの灰色の壁と、寂寥が再び二人を結び付ける。

かうした題材は、享楽的、個人主義的な現代日本の若い人達の共感を喚ぶものと思ふが、その掴み方、表現の技巧には日本の作家と全く色合の異つたものがある。築地座の人々はこのアメリカ的異色を実によく生かした。

杉村春子のボビイ、田村秋子のフローリイ、藤輪欣司のウイリイ、伊藤正一のリム等個々の演技の巧者なこともだがそれ以上にこの舞台の成功は演出家菅原卓のよき理解と統制の力にあつたと賞賛されてよいだらう。

『旧友』はエドモン・セエの原作を辰野隆が翻案したもの。大学時代同じやうに詩を作つてゐた親友の一人は文部次官となり、一人はあらゆる生活苦を嘗め乍ら詩作を続けてゐる。

離れ〳〵になつて、お互に深い思慕を抱いた二人が廿年ぶりで次官の官舎で逢ふのだが社会的地位の懸隔は無残に友情を蹂躙する。

一歩踏み違へれば下品な喜劇になり易い此の舞台を友田恭助の詩人はよく救つた。然しそれだけに東屋三郎の文部次官が友田に喰はれて、舞台全体として見る時は前幕に及ばぬものと云はなければならない。（飛田角一郎「都新聞」昭和七年十一月二十七日号）

菅原卓は前述のようにアメリカ留学の経験があった。中川龍一の翻訳とともに、菅原によってもアメリカの現代演劇が紹介されていくようになる。そして創立の年の最後の公演、十二月二十四日から二十六日までの飛行館での第九回公演でも、『晩秋』（三宅悠紀子作、久保田万太郎演出）とともに『金（マネー）』（マイケル・ゴールド作、中川龍一訳、八住利雄演出）という現代アメリカの戯曲が上演された。

三宅悠紀子は演劇評論家三宅三郎の妹で、胸を病んで病床にあり、観劇できなかった。同情した大江良太郎が舞台の一部をレコードに吹き込み、主演の友田夫妻と一緒に悠紀子の病床を訪ねて贈った。なお、この公演は築地小劇場の『どん底』（ゴーリキー作）とともに、「小山内薫追悼五周年記念公演」だった。

## 小山祐士と田中千禾夫のデビュー

昭和八（一九三三）年の最初の公演、一月二十日から二十二日までの飛行館での第十回公演は友田恭助の築地小劇場時代の代表作の一つ『愛慾』（武者小路実篤作、築地座演出部演出）で、好評だった。ただし、再演ものでのスタートは、新作選びに苦労した結果でもある。この時は菅原卓の提案で「モルナール小品集」（鈴木善太郎訳、菅原演出）が併演された。月野道代と石川由紀の『午後七時』、東屋三郎と毛利菊枝の『開かれぬ手紙』、堀越節子、伊藤正一、菱刈高男、片岡好子らの『嘘』、田村秋子と清川玉枝の『良人《おっと》の正体』、友田恭助と藤輪欣司の『馬車の中の男』。

創立一周年を迎えた二月は二十五日から二十七日まで、飛行館で『犬は鎖に繋ぐべからず』（岸田國士作・演出）と『正子とその職業』（岡田禎子作、伊藤基彦演出）を上演した。その記念パンフレットに岸田は次のような一文を寄せた。

今日までの新劇といふものは、大体、その結果から見て、一つの役目を果したといつてよいのです。元来、新劇の成立は、西洋劇の紹介から出発したもので、旧劇にもあらず新派劇にもあらざる国劇の樹立といふ名目は、名目としては立派でありますが、まだその緒についてゐません。ところが、西洋劇紹介の方面では、紹介の方法こそ限られてゐましたが、過去数世紀に亘る欧州劇壇の歩みを、近々十数年に圧縮して、次々と目新しいもの、画時代的なものを見せて行つたのですから、これは演る方も張合があり、観る方も飽きる筈はない。新劇は正に天下泰平でありました。

ところが、「さうは問屋が卸さない」の言葉通り、かの構成派あたりを最後として、欧州の劇壇は、新柄の発売を停止しました。こちらでは、一と通り見本を並べ終つて、これから、お客さんは、地質、値段の点検にかからうとしてゐる。新劇の方では、生憎、お客さんが、柄いきだけで、品物に飛びついて来ると思ひ、正札は、人絹を本絹並みにつけてあるのです。

かういふと、悪辣なやうですが、これまでの新劇の側からいへば、自分自身、その値段なら買ふつもりでゐたお客さんは、いよいよ、反物を取上げた。

「おや、変だわ、それ、間違つてやしないでせうね」

と、口へはまだ出さぬが、ちらりと売子の顔を見上げた。さあ、これからの応酬が見ものです。

しかし、観客諸君、安心して下さい。築地座は、私の見るところ、今、急いで正札をつけ替へてゐます。のみならず、柄いき以上に、地質の吟味にとりかかつてゐます。

国産品への着眼は、単に時代への迎合ばかりとはいへますまい。

つまり、さういう矢先でありますし、私から、築地座をはじめ一般新劇の見物諸君に、特に希望しておきたいことは、将来、新劇といふものの観方を変へていただきたいことです。これは一見無理な註文のやうでありますが、演劇といふものは、もともと、俳優のあらゆる意味に於ける魅力を基調とするものでありますから、瞬間瞬間の舞台に、刻々の眼と耳に愬へるイメエジに、かの音楽の演奏を聴くやうな、韻律美の捕捉を心がけていただきたい。芝居の筋や、思想や、演出者の新工夫や、それらは、幕が下りてから思ひ出してみればそれでいいのです。(「新劇の観客諸君へ」『岸田國士全集』第二十二巻より)

ここで岸田が、演劇の魅力の基調は俳優のあらゆる意味における魅力にあるとしてることに注意しておきたい。岸田國士論の核心だが、この点に注意を喚起した研究者や批評家はほとんどいない。

一周年記念公演の劇評を一つ。

岡田禎子氏のものは、嘗てその脚本が発表された時、菊池寛氏が、推奨の言葉を惜まなかったので、早速読んでみて、その推奨に追随したものである。まったく女許りの芝居で、甦生舎という派出婦人会の舎監がその熱愛する舎生に無残に取りのこされる心境を、その姪という女性をバイプレイヤーとして、じっくり掘り下げてみせた一幕である。まったく女許りの映画で、最近『制服の処女』というのを、僕は見たが、その中のドロテア・ウィークの扮する美しい先生が飽迄暗示的性格として描出されていることに、僕は、少なからず興味を感じた。が、この芝居において、恐らくあの役に相当する、舎監から熱愛される女性は、石川由紀という新進が極めて内輪な演技でやってみせている。その内輪なるがために、彼女の行ってしまったあとの舞台は、却ってあやしき暗示をのこすという意味で、まず成功であった。田村秋子の舎監も、杉村春子の姪も、これは本格のしっかりした出来栄えを見せて、嘗て菊池氏が推奨したこの脚本が、実際の舞台にあっても、確固たる成果を収め得たることは喜ばしい事である。

岸田氏の『犬は鎖に繋ぐべからず』は、氏が、どうです、この位なら皆様のお歯に合いますかと、しゃ脱に砕けて書いたファルスであろう――が、芝居としての出来栄えは、嘗て新派のやった時も、このたびの築地座の所演もまず、知れたものであった。一言にして言うなら、観客は、この芝居を見てでなく、岸田氏のあの快適な言葉を聴いて愉しく、一夕を笑い興じているのであった。(西村晋一「東京朝日新聞」昭和八年三月三日号『築地座』より)

築地座はジャーナリズムの上で厚遇されていたとは前に書いたが、これも終演後の劇評である。第十二回公演（三月二十四日から二十六日まで、飛行館）の『女ばかりの村』（キンテーロ兄弟作、菅原卓訳・演出）と『死とその前後』（有島武郎作、里見弴演出）もまた同様。

有島氏の『死とその前後』――歌舞伎座と左翼の演劇にあきたらない人はこゝの芝居を見るがよい。今月は新人の脚本に食いついて行きたいものがないという理由で有島武郎氏の『死とその前後』二幕五場と、翻訳物の喜劇を選んでいる。

「今頃有島武郎でもあるまい」等と一概にいうなかれ。出来上った舞台は立派に現代人の神経に響き、魂にしみ入るだけの新鮮な感覚を持つ。これは有島氏の身辺記録であり、現代の我々の眼から見ればかなり感傷に過ぎる所もある脚本だが、それを第一に救ったのは伊藤熹朔氏の詩情ある舞台装置と里見弴氏の細ちを極めた演出、そして特に賞賛したきは擬音効果（注＝岩松正智）と照明（注＝遠山静雄と小川昇）。

この芝居では波の音は、立派に一個の俳優となって居り、肺肝で死んで行く病妻のせりふや夫のせりふと渾然と融合して美しいリズムを作り、又最終場面における朝の光が如何に生々しい感覚を出していた事か。白麻の蚊帳、病妻の寝ている夏布団、これら全部の感覚が里見氏の芸術の中に往々見る不気味なふん囲気構成によって見事に統一されている（ただし夢の場面は装置、演出、俳優共に余り良い出来でない）。

現代の社会では死の問題等寧ろ笑いを買う傾向があるが、これだけ荘厳にそして生々しく死の姿をわれわれ現代人の眼前に提供して魂の沈潜を求め得るのはひとえに築地座の俳優の力である。その点終始寝たまゝの演技で立派に舞台の中心を作った田村の妻を第一に、杉村（春子）の看護婦、清川（玉枝）の老婆が推賞に値し、友田の夫は少し重味が足りないが田村によく調子を合わしている。（Q「東京朝日新聞」昭和八年三月三十日号『築地座』より）

第十三回公演（四月二十九日〜五月一日、飛行館）にはこれも友田の築地小劇場時代のヒット作『リリオム』（モルナール作、小山内薫訳、伊藤基彦演出）を出したが、辻久一に「無反省な自信に災ひされて失敗」だと評された（『劇作』昭和八年六月号参照）。『愛慾』にしろ『リリオム』にしろ名舞台の呼び声が高く観客はよく入ったが、友田と田村の評価に開きが生じはじめた上に、俳優としての努力を怠りがちな友田の尻を田村がことあるごとにひっぱたくような形になって、二人の間に溝が生じはじめた。やがての築地座分裂の下地である。

第十四回公演（五月二十七日〜二十九日、飛行館）の『十二月』（岸田國士演出）で小山祐士がデビューした。

広島県福山市生まれの小山は中学卒業後作曲家を目指して上京したが、慶大入学後は慶応劇研究会に参加して雑誌『舞台新声』（昭和二年創刊）に関わる一方、築地小劇場の熱心な観客になった。同四年に出入りしていた井伏鱒二の紹介で岸田國士の知遇を得、劇作家を志すようになった。大学卒業後は勤めながら阪中正夫、川口一郎、菅原卓といった交遊仲間と新しい雑誌を持つ相談をはじめた。『劇作』創刊のころを小山はこう回想している。

先ず同人の選考から始めたわけであるが、名前の売れた在来の演劇人は、全部拒否することにして、無名の者たちだけで始めることにした。菅原卓と菅原の実弟で、まだ慶応理財科の学生であった内村直也、岸田門下から、阪中正夫・川口一郎・矢野文夫・伊賀山精三（後に昌三と改めた）・小山祐士。『コメデア』（注＝竹下英一が出していた演劇同人誌）関係から竹下英一と安藤英男。そうした連中が中心になって、「アルト・ツキヂイズムを排撃せよ」といって、その年（注＝昭和六年）の二月に旗挙げしていた「テアトル・コメディ」で、フランス戯曲の翻訳をしていた長岡輝子と金杉惇郎の夫妻や、阪中の友人で、大阪で詩を書きながら人形劇の研究をしていた南江《なみえ》二郎や、足立勇・羽生健久なども誘い、同人が、この人はと思った新人には、その都度加わってもらうことにして、岸田先生と岩田（豊雄）先生の指導を受けて、昭和七年の三月号から創刊することに決めた。

第一号の編集のことで岸田先生のお宅に相談に行った時、「ぜひ、載せて貰いたい原稿があるんだ。俳優の台詞に関する原稿なんだけれど、僕が、一読をすすめたら、田中君という人がみごとな訳で訳して来てね……」といって、先生は書斎から部厚い原稿を出して来られた。それが田中千禾夫訳のレォン・プレモンの『物言ふ術と演劇』であった。田中千禾夫は、毛利菊枝らと共に新劇協会（文藝春秋社の経営によって昭和六年の十一月に結成された第二期の新劇協会）といっしょに、岸田國士・岩田豊雄・関口次郎が新しい俳優養成のために始めた演劇研究所の第一期生だった。私たちは、その素晴らしい原稿を読んで、早速、田中千禾夫にも同人に加わって貰った。（中略）原千代海が同人になったのは、四号の発行の頃だったと思う。原は、アテネ・フランセでいっしょだった内村直也が推薦したもので、当時の原は報知新聞に勤めていた。

十五人の同人が決まると、昭和七年の正月にその顔合わせを、新橋の検番の地階のレストランでやり、麻布の菅原の家で、第一回の編集会議をした。（中略）フランスの雑誌にあるという岩田先生の案で、目次は表紙に刷り込むこと、同人費は月額五円、基準は百二十頁で定価は三十銭、編輯発行者は菅原卓、印刷所は金杉惇郎が経営していた駿河台印刷所、発行所は岸田先生の口ききで白水社に決まったのだが、同人たちには、一抹の不安があった。それは、（大正）戯曲時代のあとを受けて、しかも、左翼だけが新劇と思われているような今日の時代に、名の無いような者ばかりが集まって作る新劇雑誌が果たして売れるであろうか、という不安であった。しかし、それだけに、大いにやり甲斐があるし、やらなくちゃいけないんだ、という自信のほうが大きかった。（「私の演劇履歴書・一」『小山祐士戯曲全集』第一巻）

小山の言うところによれば、『二十六番館』の上演以来、『劇作』と築地座は急速に接近していった。『十二月』は『十二月の街』と題して『劇作』の昭和八年四月号に掲載されたが、上演に際して『十二月』と改題された。小山はこれを初戯曲としている。この時は久保田万太郎の『短夜』が併演され、万太郎と里見が共同演出した。『十二月』は新聞劇評では好評とはいかなかったものの一般観客には受け、築地座初の大阪公演（六月十四日、朝日会館）に『小暴君』（里見弴作）とともに選ばれた。関西学園の主催だった。これを機に大阪松竹の肝入りで、築地座は文楽座で定期的に公演を持つようになる。なお岸田は『十二月』の臼井友三が演じた主人公に地球座の高須健児という俳優を起用しようとしたものの、「研究生がたくさんいるから」という友田の反対で諦めた。地球座は昭和二年に坪内逍遥門下の加藤長治の主宰で旗を揚げ、主としてシェイクスピアものやイギリスの近代戯曲を上演していたセミプロ、もしくはアマチュアのグループとも言うべきもので、高須健児とはのちの文学座の俳優、三津田健である。

大阪から帰っての第十五回公演（六月二十四〜二十六日、飛行館）で、田中千禾夫がデビューした。この時は一幕もの三本が並べられた。『嫉妬』（水木京太作、久保田万太郎演出）、『日曜日』（横道利一作、菅原卓演出）そして『おふくろ』（田中千禾夫作、川口一郎演出）。

田中は当時を回想してこう書いている。

たまたま、或る未亡人の母と大学生の息子と女学生の娘との家庭生活を知り、つつましく平凡ですが、美しい真心が豊かに通い合う親子の対話の活き活きした律動に感激しましたので、そのままそれを記録したのです。作文と私が言うのはそのためで、それを岸田先生に臆面もなく差し出しますと、読んでくれとおっしゃるので、声に出して読みました。先生は、目で読まれるより、声で聞かれるのです。他の同人たちも、自作を先生の前で朗読して御批判を仰ぐのが常で、この点、先生はすぐれた耳を持っておられたと思います。

約一時間余、聞いて下すって、母親の台詞は方言にしたらどうか、と有難い示唆をいただきました。（中略）こうして形を成したのが『おふくろ』であります。（田中千禾夫「井蛙の辧」『自伝抄Ⅳ』）

田中千禾夫は二十七歳だった。劇評を一つ。

今月の築地座は一幕物を三つ並べてゐる。三つとも写実的な作品である。三つともこゝの俳優の力量、才能にしっくり嵌りさうなものだけである。従って、どれを観ても危な気はないし、それだけ静かな気持ちで鑑賞も出来る。だが、一方から言ふと、斯ういふ安易さにつくといふことは、この種の劇団にとっての危機でもある。冒険性の欠如は発展を停止させるおそれがあるからである。

水木京太の『嫉妬』は、旧作だが古い新劇型の作品としてよく纏まった作品である。石川由紀の伊勢子が主役で、姉が病気保養に行ってゐる留守中、義兄の世話を焼きながら、酒の味などを覚えて家を明け勝ちな義兄に、姉にかはって嫉妬をするといふ娘心が主題である。石川は脚本のその妹を素直に生かしてゐた。たゞ何といふことなしに泣いてみせるやうな場面を、この芝居は採入れてゐるが、そんなテクニックはそれこそ古い新派の感傷主義で、今後の作家は心して清算しなければならぬだらう。

田中千禾夫の『おふくろ』は先月の『十二月』なんかと同型の芝居ではあるが、それよりも遥かに優れてゐる。おふくろの手一つでつゝましく育てられて来た兄妹、おふくろをも含んで此三人の家庭生活が鮮かに描き出されてゐる。変ったそれぞれの性格も面白いし、『嫉妬』のやうな安価な感傷主義もないし、健康な朗かさを、この脚本からは看取される、中村伸郎の息子は稍芸に生硬さがあるが、相当素地で行ってもよいやうなものだけに、さして目障りでもなく、田村秋子の母に申分のある筈がないし、堀越節子の娘が相当よくして、此分なら先ず築地座のレパートリーに一つの秀逸を加へたことになるであらう。

横光利一の『日曜日』が三つの中では、一番劣ってゐる。サナトリュームの生活を素描したと言へばそれまでゞあるが、登場人物のひとりだって満足に描けてゐないではないか。芝居といふものはセリフのやりとりをして、何かしら舞台が動いてをればそれでよいといふものではない。それが兎も角も観られるのは俳優のお蔭といふほかなく、此芝居でよかったのは、伊藤寿一の舞台装置だけだ。（K「都新聞」昭和八年六月二十八日号　倉林誠一郎『新劇年代記・戦前編』より）

七月に文楽座との提携による大阪公演（三宅悠紀子作『晩秋』と久保田万太郎作『短夜』）を行い、夏は休んで第十六回公演（九月二十三日〜二十六日、飛行館）を『月夜』（久保田万太郎作・演出）と『毀れた花瓶』（佐藤道子作、伊藤基彦演出）で開けた。佐藤道子は『劇作』以外の新人である。

つづく第十七回公演で『ひと夜』（久保田万太郎演出）が上演され、宇野信夫がデビューした。『生きる』（里見弴作・演出）と『二人の家』（川口一郎作・演出）との併演。次のような劇評が出た。

『ひと夜』は作者が好んで住み、好んでよく材を取るといふ浅草馬道辺の路地裏の裏長屋を舞台にして、これへ日蓮宗の行者、銭湯の主人、映画館の下足番、映画館の三味線弾き、牛屋の姐さんであるその妻、等を登場させて一寸眼先の変わった珍しい一幕物作品である。映画館の三味線弾きの妻が、変態的執拗な夫の愛をうるさがって逃げて、独身者の行者の家で夜を明かす事になり、お互に身の上話などをしてゐるうちに、この行者に浮気心を起して誘惑を試み、この誘惑に行者は遂に負けて二人は馳落の約束までする。そこへ妻を探して夫が遣つて来ると、女は待つてゐたやうにして男に飛付き、先刻の行者との仕草などはケロリと忘れたやうに、二人仲よく並んで焙烙灸などして貰いながら、呆気に取られた行者を尻目に自分の家へ帰るといふのが筋である。この行者を友田恭助がしてゐる。三十六歳といふ年齢で独身者で行者などしてゐて、他人の女房の気まぐれの誘惑に負けて、そしてこれが嘘と判つても別にどうするでもないといふ凡そ今時の人間にとつては一寸縁の遠い難しい役を、矢っ張り難かしさうにしてゐた。これは東屋三郎に演らしてみたいやうな気がした。三味線弾きの妻は杉村春子がしてゐたが、かうした役柄の女にしては奇麗過ぎる感があり、行者を誘惑して、次の時間には亭主と相抱くといふ所に、かういふ社会にかうした事件は日常の茶飯事だと思はせるやうな演技の不足があつた。併しこれは俳優の責ではないかも知れない。此役は清川玉枝などに演らしたら、もつと味が出たかも知れない。藤輪欣司の三味線弾きは変態的な所をよく出してゐたし、竜岡《ママ》晋の下足番もよかつた。東屋三郎の銭湯主人の浪花節は一寸困つた。

この『ひと夜』では伊藤寿一の舞台装置が近来にない素晴らしい出来であった。この舞台装置と相俟って、描かれた事件の内容に不足はあっても、その取扱つた世界の特異さから来る変つた印象とが、その次の『生きる』や『二人の家』を観る感興を幾分なりとも削いで、退屈なものにした事は争へぬ所であった。（左「都新聞」昭和八年十一月一日号）

『ひと夜』に見られる特異な世界への関心は、宇野の一生を通じて変わらなかった。演出の万太郎と共通項があったと言える。が、宇野信夫はほどなく商業演劇の世界へ進んだ。

十一月二十三日から二十五日まで、文楽座との提携による二回目の大阪公演を持ち、次いで二十六日、二十七日と岡崎公会堂ではじめての京都公演を持った。出し物はともに『二十六番館』（川口一郎作）と『おふくろ』（田中千禾夫作）で、左翼演劇隆盛の中で大きな反響を巻き起こした。関西でも築地座の存在が知られるようになったのである。そしてこの年最後の第十八回公演（十二月二十五日〜二十八日、飛行館）に選ばれたのが『三人姉妹』（チェーホフ作、米川正夫訳、八住利雄演出）で、杉村春子のオーリガ、田村秋子のマーシャ、堀越節子のイリーナ、泉三朔のアンドレイ、清川玉枝のナターシャ、東屋三郎のクルイギン、友田恭助のヴェルシーニン、中村伸郎のトゥーゼンバフ、黒井洵ことのちの二本柳《にほんやなぎ》寛のソリョーヌイ、龍岡晋のチェプトイキン、菱刈高男のフェラポント、佐伯秀男のフェードチク、毛利菊枝のアンフィーサといったキャストだった。堀越、佐伯、二本柳らは第二期の研究生で、第一期の研究生ともども総動員したが、築地小劇場育ち以外の俳優はロシアの匂いがしないと、好評というわけにはいかなかった。

## 『にんじん』の成功

昭和九（一九三四）年の第一弾は『アルト・ハイデルベルヒ』（ウィルヘルム・マイエルフェルステル作、築地座文芸部訳・編、八住利雄演出。一月二十七日〜三十日、飛行館）だった。文芸協会での初演（大正二年二月）以来お馴染みの出し物であり、友田恭助と田村秋子が結婚するきっかけにもなった作品である。次の劇評はこれが上演された理由とともに、築地座の動揺にも言及している。

『アルト・ハイデルベルヒ（思い出）』とは、可なり甘いものを出したと思われるが、これを選んだ事情というのは、十二月公演の時に、これと『大寺学校』と『二十六番館』の三つを観客に提示して選ばせたら、首位になったからだという。だからこれは観客の好みだと観客の側に帰して仕舞えばそれでも片付こうが、併しこの三つを選んだのは劇団側だとすると、矢っ張り劇団の方が問題になるべきであろう。友田恭助のハインリッヒ、田村秋子のケティ、共に築地小劇場時代に手掛けてそれこそ思い出のあるものであるが、今ここでの再演は、この御両人にとっても観客にとっても、勿論昔日の感慨はないものである。

再度懐しのハイデルベルヒを訪れて、旧学友達と杯を挙げて思い出に耽ろうとしたが、最早往時の青春と感激に帰る事が出来ずに嘆く其時の友田の姿には、役のハインリッヒとして以外、築地座の友田としての複雑な思い出が湧いているのではないかというような気がした。友田はハインリッヒを演じるにしては少し分別臭過ぎる。田村のケティは先ず若やいで達者なところを見せた。東屋三郎のユットナー博士は公子の教導係としては粗野に過ぎはしないか。

築地座には最近内部に円滑を欠いて動揺の兆しあり、今度の公演も順調に運ぶかどうかなどと危ぶむものありという噂を耳にしたが、無事に開いたのは結構なことで、殊にそんな空気があった故か、田村などは初日に高熱を押しての出演とさえ聞いた。併しその暗雲はこの尽で霽れたとも言えまい。この公演が済んでから、或はなんらかの形になって現れるかもしれない。劇団結成二周年、その任意公演には投票の次位になった『大寺学校』を選んだ築地座に、敢て事を好む訳ではないが、清新な空気を注入する意味では分解作用もあながち避くべきものとはすべきでなかろう。（左「都新聞」昭和九年一月三十一日号『築地座』より）

築地座動揺の原因は、前にも述べた友田と田村との間の溝が深くなり、若手劇団員の中に田村への反発が広がっていたことである。

二周年記念公演には『大寺学校』（久保田万太郎作・演出）と『田植』（岡田禎子作、伊藤基彦演出）を出した（二月十五日〜十八日、飛行館）。が、内部的な動揺が激しくなり、同月二十一日から二十五日までの文楽座との提携による第三回大阪公演（『田植』とチェーホフ作『三人姉妹』）の後の第二十一回公演（三月二十四日〜二十七日、飛行館）には、田村は出演しなかった。出し物は『春愁記』（三宅悠紀子作、久保田万太郎演出）と『父親』（山本有三作、築地座文芸部演出）で、前者は三宅の最後の戯曲になった。翌年の二月に三十一歳で他界したからである。

田村が休演した後、目覚ましい成果を挙げたのが第二十二回公演の『緒毛（にんじん）』（ジュール・ルナール作、山田珠樹訳、岩田豊雄演出。四月二十八日〜五月一日、飛行館）である。築地座での岩田豊雄の初演出で、『にんじん』を選んだのも岩田に演出を頼んだのも、岸田國士だった。
稽古に際して、岩田は岸田とともに山田訳に手を加えた。当時をこう回想している。

この演出は、私として、今までのフランス戯曲の演出とちがった興味があった。私は〝にんじん〟をフランス座で見ることは見たが（ベルト・ボヴィ初演）、ルナアルという作者も知らなければ、〝にんじん〟の価値もわからない時代で、当時のノートを見ると、田園人情劇として、ちょっと面白いというくらいのことしか書いてない。パリへ着いて匆々のころで、セリフもよくわからなかった。だから、いいかげんの見物であって、要所の記憶なぞ、全然失われているから、フランス座のコッピイなぞ思いもよらず、まったく自分の演出とするほかない。そこが不安であったが、また、力試しの興味も唆った。（中略）

この時分は、誰も稽古熱心で、読み合せだけでも、三週間ぐらい費すのを、何とも思っていなかった。友田も田村も、このようなフランス芝居には慣れないので、私はセリフを細かく分解して、考えさせ、感じさせ、味わさせるという方法をとった。それが、彼らには珍しいことらしかった。翻訳劇というものは、わからぬ個所はウノミにするという習慣を、持っていたらしかった。私は創作劇と区別を置かぬようにしてほしかった。

そういう稽古法に、真っ先に異常な熱心な反応を示してきたのは、田村秋子だった。彼女は稽古が終っても、私の側を離れず、台本を持ってきて、抜き稽古を求め、腑に落ちぬ個所を徹底的に理解しようと努め、滑かにいかぬ部分のセリフ廻しを、何度となく繰り返した。まるで、柳にとびつく蛙の情熱と意志だった。私も彼女の熱心に打たれ、また難所を着々と克服してゆく彼女の力に感心した。これは日本で最もすぐれた女優になる女ではないかと、彼女に着目するようになった。（中略）

〝にんじん〟は一応の成功だった。この稽古と公演によって、私は友田夫妻と接近することになった。都会人らしい友田と話がよく通じ合い、田村に対しては女優としての高い評価が私たちを結びつけた。（「新劇と私」『岩田豊雄演劇評論集』より）

友田のルピック、田村の赭毛（にんじん）、毛利菊枝のルピック夫人、清川玉枝のアンネットというキャスト。劇評を一つ。

この上演は近頃の感激であったばかりでなく日本の小劇場戯曲への警告であった。
生まれながらにして里子にやられたほどの不幸な少年。そのおさな心におのずと芽ぐむ親への愛情。それをいつも打ち砕いてゆく冷たい母。そのことを初めて知って自分のさびしさを語る父。そのさびしい父の心情に打たれて家族への愛を取り返す赤毛の少年「にんじん」。

こう筋だけを書くと、いま商業劇場の舞台をリードしている父性愛や母性愛物と同じ範ちゅうにいれたがる人もあろうが、その人こそこの劇を見て、真個の芸術と安価な煽情劇とを区別すべきだろう。

一体少年を主題とする劇は感傷に堕するか構成上の脆弱さを伴うかして『春の目ざめ』すらこの弊をまぬがれていないが、この『にんじん』は全くこれから脱却している。ルナールは、この少年を涙の乞食とするような戯作者的残酷さを有たない。彼はどこまでも羊の眼をもってこの少年の心意を見守るだけである。

煽情なくトリックなく淡々としてすめる水を流れさす。そして人間性の深奥にまで突き当たらせて「愛情だ！」とゆがめられた淋しい少年に叫ばせている。父と子は融け合う。家を出て行った母も帰ってくる。幕がおりる。その時始めて作者はそっとハンカチを出して眼がしらを、しかも舞台裏を向いてふいている。芸術的気品といおうか、日本風に「さび」といおうか、作者の心境と風格は至高の賛歌に値する。

日本の小劇場演劇にもこうしたものが出なければ駄目だ。現在の商業劇場の大衆劇を否定しながらその筋にも構成にも、いや本質的な人間の見方においてもどれほどの特異性があるだろうか。引合にだすのは気の毒だが、同時上演している『騒音』（注＝伊賀山精三のち昌三作、岸田國士演出）のごとき、今日の戯曲の水準から見て低いものとはいえないが、芸者を女優に、結城を背広に代えた程度の外面的相異しか受取れないのは遺憾といわねばならない。

結局、いまの小劇場演劇のふるわない原因の一つはその作家が人生的に若すぎることにあるのではなかろうか。日本ではルナールのような大家は小劇場戯曲にはそっぽを向けているのである。この不幸な現状を打開して、老成作家も小劇場へ視野を向けないかぎり小劇場戯曲は、いゝ意味でも悪い意味でも、「若さ」だけの存在となりはしまいか。

田村秋子の主役は、性を克服しようとすること、この女優の昂情時に発する鋭角的な不快音をフランス語のもつデリカにまで矯めようとする二つの努力は認めるが、歳を十五六にまでは矯めきれないし、ポケットに手をやる時腰部が見えて性を裏切るのは拙い。友田は単調に失した。頬肉をつけたのが表情を殺したのだろう。（永田衡吉「東京朝日新聞」昭

和九年五月一日号。『築地座』より）

文楽座との提携による第四回大阪公演（五月二十五日〜二十八日）と第二回の京都公演（五月二十九日・三十日、日の出会館）を『春愁記』（三宅悠紀子作）と『赭毛（にんじん）』で持って帰京、次回公演の稽古中に築地座は分裂した。若手劇団員の憤懣が発火点に達したのである。

## 築地座の分裂

各紙が分裂を報じたのは六月十二日だった。たとえば都新聞の記事。

変転常なき新劇界にあつて特異な存在を誇つてゐた友田恭助、田村秋子夫妻を盟主とする築地座は昭和七年二月に旗挙して以来、純演劇を目指して小ぢんまりとまとまつて、定期公演に、ラヂオ・ドラマに又関西出張公演に華々しい活躍を見せてゐたが内部に澱んだ不平は本年一月頃から醱酵、遂に差迫る第廿三回公演を前にして十一日爆発、友田夫妻ら四名を残して十二名（注＝正確には十三名）が脱退し、新劇団につきものゝ分裂騒動が又々持上つた。

築地座分裂の原因は例によつて組織問題であるが、同劇場は結成以来総てに亘つて友田恭助、田村秋子の独裁専制が行はれて来たにも拘らず劇団員に対する報酬は之に伴はないと云ふ矛盾があり、劇団員の間には個人主義的独裁制に反対して集団的新組織を要望する声が次第に大きくなつて、内部に、暗澹たる空気が低迷し出した時も時、盟主友田恭助、田村秋子夫妻の間に意思の疎通を欠き始め、最近に至り結婚解消問題さへ起りかけたゝめ、劇団員の友田氏に対する信頼は著るしく薄らぎ、反友田夫妻の気運は五月下旬の大阪文楽座公演に表面化しかけたが問題は帰京後に持越され、去る三日劇団員総会を開催、席上友田恭助、伊藤基彦、大江良太郎、八住利雄、内山久の五氏を委員に選出、去る八日の総会に独裁制から合議制に改めようとする集団的新組織案を提案、協議したが結局友田氏の受け容れる所とならず、劇団員十八名は分裂、遂に反友田派である演出部伊藤基彦、内山久、加藤純、文芸部八住利雄、演技部男優藤輪欣司、梅本重信、佐伯秀男、木崎豊等、女優清川玉枝、毛利菊枝、経営部都築小次郎の諸氏及び大江良太郎、伊藤熹朔等が一緒に脱退することゝなつて脱退組は十一日午後七時飛行館内同劇団事務所に於て、友田夫妻と会見、手を切ることを声明したものである。これ等脱退組は直に新しい劇団を組織、近く旗挙げ公演をするものと見られてゐるが、一方、友田恭助、田村秋子、東屋三郎、中村伸郎（杉村春子は未定）等の残留組は飽まで孤塁を守つて、代役を至急決定、来る二十三日より飛行館で行はれる廿三回公演に予定されてゐた『南の風』『ルリュ爺さんの遺言』を上演する準備を進め岸田國士氏を中心とする雑誌『劇作』同人、岩田豊雄氏等と提携して行く気運濃厚である。


劇団員の大半が脱退した中、築地座は予定通り第二十三回公演（六月二十三日〜二十六日、飛行館）の幕を開けた。以下に出し物とスタッフ・キャストを挙げる。

『南の風』（辰野隆作、岩田豊雄演出、松永津志馬装置）＝泰三（友田）、英子（田村）、高島（中村伸郎）、里子（杉村春子）、ゆり子（堀越節子）、お末（姥山富士江）、金蔵（黒井洵のちの二本柳寛）。

『ルリュ爺さんの遺言』（ロジェ・マルタン・デュ・ガール作、堀口大学訳、岩田豊雄演出・装置）＝ラ・トーリイヌ（田村）、アレクサンドル爺さんとルリュ爺さん（東屋三郎）、公証人（友田）。

後者のせりふは岸田國士の指示にしたがい、阪中正夫が紀州弁にした。また、ラ・トーリイヌは清川玉枝の役だったのを、田村が替わった。

分裂後初の公演を村山知義がこう評した。


辰野隆作『南の風』、築地座好みの作品で、例に依って友田の夫、田村の妻、それに中村伸郎の詩人高島、房州の海吹く風は南風、その南風が詩人高島を、人妻に恋させると云ふのだ。魔風、恋風、南風と云ふわけだ。筋は簡単だが、詩人の複雑且つデリケートな心理と夫妻の心理とを、とくと御覧あれ、こゝにこそ人生の最大問題があるのだとばかりの熱演だ。

これは作品について云ふことだが、ルナアルの『ヴェルネ氏』の翻案ださうだが、会話がなか〳〵気がきいてゐて、面白かった。だが思はず、ほゝゑみたくなるのはあながち作品のせいだとのみ云ふまい。友田の佐野は適材適所と云ふか、あゝ云ふ役が性格から云っても、得意なのではないかと思はされたし、田村秋子は余裕を持つてやってゐて、見てゐる方も楽々と見られてゐゝ。中村伸郎は例によって、セリフを棒暗記してゐて、それを朗読してゐる様、抑揚のないのは詩人よりも、哲学者ヅラだ。（中略）杉村春子のオールドミスは嫌味がなくていゝ。

最後の場面は照明もなかなか効果的で流石はと、一応はうなずかせるが、それだけに、いつまでも同じ様な範囲に止

らないで、もう少し他の方面をも開拓したらばと、惜しまれもする。（中略）
『ルリュ爺さんの遺言』の田村秋子の方言はアクセントが関西のアクセントになってゐない。面白味を持たせるつもりで、方言化したのだらうが、なまなかの方言はきゝづらい。友田恭助の関西言葉はうまい。東屋は一番下手だ。喜劇としては少しも面白くない。（悲劇としては勿論、少しも悲しくない。）つまり、敢えて云へば、「面白くない喜劇」「笑ひを強要する喜劇」とでも云ふか。（『テアトロ』昭和九年八月号　倉林誠一郎『新劇年代記・戦中編』より）

夏期休暇の後、新協劇団の結成式の日を初日に第二十四回公演（九月二十九日〜十月二日、飛行館）を持った。『子供の謝肉祭《カーニバル》』（サン・ジョルジュ・ド・ブリュウ作、岸田國士訳、川口一郎演出）。が、これは不評だった上に、田村秋子と編曲を担当した小山祐士が喧嘩する副産物を生んだ。

その日は阪中（正夫）が見に来てたんだ。二幕目の休憩に、演出の川口と三人で、「何か飲もう」と言って、飛行館の地下の食堂に入ったんです。すると阪中が「この芝居はつまらん。ねえ、小山、この芝居はつまらんね。やるものは幾らでもあるだろうに……」とか何とか僕に同感を求めるといった調子で、川口に当てつけるように言ったんですよ。で、僕が「ううん、いい戯曲だけど、パッとしないね」といったふうなことを言ったんです。するうちに、川口が上へあがって行った。川口が、あなたに（注＝田村秋子に）、僕らがつまらんとか何とか言ってるって言ったらしいんですよ。そんなことを知らないで、時間が来て、僕が（舞台の）袖に行ったら、いきなり、あなたが、喰ってかかられたんですよ。「内部の者が、つまらん、つまらんと宣伝しなくたって、いいでしょ」と言って。杉村（春子）さんも、あんたと一緒だ。あなたたちが、ぶつぶつ言ってることを知らないで、こっちが上がって行ったので、いきなりドヤされて……。
（田村秋子・小山祐士『一人の女優が歩んだ道』）

次回公演には小山の『十二月』の再演が決まっていたが、田村とやり合ううちにカッとした小山がやってほしくないと宣言したため、再演が流れた。以後半年ほど、小山は田村とは口をきかなかった。
分裂を踏まえて座員を募集し、二百八十余人の応募者の中から書類選考で六十人にしぼり、九月六日に三顧問の口頭試問で十八人（うち女性七人）を仮合格させ、毎週月水金の午後六時から九時まで、岸田國士、菅原卓、田中千禾夫、川口一郎、友田恭助が講師になって、訓練を開始した。

「演劇の本質」を巡って

この前後に「演劇の本質」を巡って、岩田豊雄と岸田國士の間に応酬があった。きっかけは岩田の「演劇本質論の検討」(『新潮』昭和九年八月号)で、新関良三の『演劇の本質』(改造社版『日本文学講座・10』収載。昭和八年十二月刊)を踏まえて、岩田はこう書いた。

何人も演劇の生命的根拠が「動き」にあることを、否定する筈がない。それは恐らく「心の動き」とか「体の動き」とか区分し能わざる一つの動きを、指ささねばならぬであろう。その表現方法が、心理的傾向と、感覚的傾向の二つの流れに分れ、対立を鋭くすることは、むしろ運命的であるかもしれない。

いうところの言葉派の演劇理論は、わが国に行わるることすでに十年、論理の整備と実践の着実なるにおいて、抜くべからざる堅牢な陣営を張っている。何故この派の存在がしかく強力かといえば、彼らの思想が西洋近代劇の強力なる一伝統の上に立つ自然の結果とも見られる。ポルトオ・リッシュに源を発し、ルナアルを傍流にもつ近代戯曲の一つのジャンル――即ち「心理派」の精神と手法は、正しく、深く、言葉派の人々に学ばれている。彼らの見る「動き」は「心理の動き」であり、それは必然な表現方法として、「対話」を主用さるべきである。彼らは戯曲と舞台とを通じて、「言葉」の絶対性を信じるところから、当然「動作」の劣性、二次性を主張するのである。単に動作のみならず、装置、照明、舞台的機械力に同断の態度を示し、一切のスペクタクル的効果を拒否する。この反物質的、反感覚的態度を、劇場における文学的態度と呼ぶことは、必ずしも不当でない。言葉派は戯曲派ということができ、劇場における作者の利害を多く代表している。

言葉派がわが国の劇壇にもたらした功績は、何人もこれを認むべきだろう。彼らはわが国の近代劇運動に欠けたる大きな空虚を充たした。近代劇が純正演劇(白劇)たる点に異存のない上は、その構成主体の地位を回復し、修正し、改革した彼らの業績が、尊敬さるべきは当然である。加之、それ以前に閑却された大きな近代劇精神、即ち心理劇的方法の移入ということは、演劇史上にモニュメンタルである。もし彼らの存在を欠いたら、日本の新劇運動はヨーロッパの一時期、或いは一地方的思想の伝承に終ったかもしれない。

以下、岩田は演劇美が「語られる演劇美」と同時に「見られまたは示される演劇美」の存在も許されないはずはないとして、メイエルホリド、タイーロフ、ラインハルトらの動作派の演出家の仕事に言及し、彼らは自然主義演劇に対する革命を試みたとする。が、彼らはやがて劇場の暴君となり、演出万能の時代を作り、俳優の機械化、舞台の概念化、全体性の稀欠を導いて演劇生命の阻害者になった。演劇における文学性と演劇性は二分できず、このどちらかに偏すると演劇の真実を失い、デカダンスに堕する。この点でジャック・コポーの思想に偉大な調和者、精確な本質把握者の姿を見る。が、わが国ではコポーは文学派、言葉派、小劇場の将のごとく伝えられているのは悲しむべき誤解だとして、こう結んだ。

「言葉」か「動作」か、「動作」優れるか「言葉」劣れるかの問題は、一つの「果しなき議論」と考えられる。遠い昔の根元演劇が「動作」を以て始まったことが、現代演劇の「動作」万能を約束しないように、近代心理劇の精妙な「言葉」の性能が来るべき演劇の全面をおおうだろうとは、考えられない。また「言葉」が心理的表現で、「動作」が感覚的表現と考えることも、あまりに常識的である。しかし「言葉」と「動作」を独立的に見ることは、演劇本質の認識に、決してよい態度といわれない。「言葉」と「動作」の関係は、対立的でもなく、附属的でもなく、同体的、同時的と考えられるべきだ。(『岩田豊雄演劇評論集』より)

岩田が岸田國士を言葉派としていたことは文脈から見て明らかで、岸田は早速同誌の翌月号に「演劇本質論の整理」を寄稿した。

岸田は未だかつて演劇の本質は言葉だと言った覚えも、その視覚的意義を否認したこともないとして、こうつづけた。

演劇の本質を論ずるに当り、「言葉」が主か「動作」が主かといふ問題は、岩田氏の云ふ如く、「果てしなき議論」だとは、僕は思はぬ。「動作」が主なる演劇もあり、「言葉」が主なる演劇もあり得ると考へるのが普通であらう。また、「言葉」が心理的で、「動作」が感覚的だといふやうなことも、僕は考へてゐない。(中略)

ただ、僕が、日本の現状に即した「言葉重視論」を唱へると、一方では、——いや、それは、小劇場主義者の論議であつて、大劇場を目指す演劇は、よろしく、「動作」を主とすべし——といふ説をなす人々がある。

僕は、この説を、一応、尤もだと考へる。但し、「動作」を主とするとは、抑もどういふことを云ふのか、その点で、僕は多大の懸念をもつてゐる。僕の「言葉重視論」は、最初にも述べた通り、「言葉を主とする演劇」を尊重せよといふのではない。「言葉」が主でも、「動作」が主でも、その何れの中にも含まれる「言語的表現」を、その正確さ、その錬磨の程度に於て、従来のレベルからずつと引上げなくてはならぬといふ意味である。それが従来の旧劇でも新派でもない、真の意味に於ける現代演劇樹立の要諦であるといふ意味である。

「動作の訓練」も必要であるが、それは、先ず「言葉の訓練」が、基礎的過程を終つてからでよろしい。近代演劇に於ける「動作」の殆んどすべては、「言葉」の感覚から遊離しては、何等適切な効果を生み得ないのである。それが順序である。この順序を間違へてゐたのが、今日までの新劇であつて、現在、新劇の行詰りを来たした最大原因である。

（中略）

日本の新劇も、いつまでも研究劇で安心してゐるわけには行かぬから、大に大劇場進出をやつて貰ひたいが、若し、「動作を主とする演劇」が、大劇場向きだと単純に云つてしまへるなら、今日までの新劇は、当然、大劇場向きの習練を積んでゐる筈である。

が、また、今日までの新劇を、文学的であると云ひ、実写的技術以外に能がないなどと云ふ人々があるが、僕のみるところ、文学的であつたのはある種の戯曲だけで、演出家も、俳優も、凡そ非文学的であつたと信じてゐる。しかも、厳密な意味で、演劇的であつたとは猶更云へないのだ。そして、写実的演技に至つては、わが新劇は、遂にその入口にも達し得なかつたことを注意すべきである。

今日の新劇の悩みも亦、茲にあるのである。戯曲のジャンルが、新劇当事者の頭に明瞭に区画されてゐないといふ点で、僕は、常に失望に似た気持を味はされてゐる。岩田氏は、恐らく、僕と、この点で意見を同じくする人であると思ふが、その所説中、「言葉派」と「動作派」の対立を、「文学性」と「演劇性」の対立と解し、僕が、従来「言葉」の中にさへ含まれる「演劇性」を強調した事実に触れず、「文学性と演劇性」の調和といふよりも、寧ろ、「文学性と演劇性」の本質的一致を説く僕の「純粋演劇論」に一瞥の労をも与へてくれなかつたことは、当然、僕の主張を中途半端な、又は片手落ちなものと誤認される懼れがある。（『岸田國士全集』第二十二巻より）

岸田の一文に接した岩田は「岸田兄への手紙」（『劇作』昭和九年九月号）を書き、一、二の釈明をつけつつ全面的な賛意を表して、「なによりも同感なのは『演劇の本質は言葉にあり』というごとき、偏狭な思想を抱くものでないと、貴兄自身が明言したことで、貴兄からいえば何でもないことか知らぬが、言葉といえば貴兄、貴兄といえば言葉という世間の誤解は一掃されたと思う」（『岩田豊雄演劇評論集』より）とした。つまり、岸田の演劇観がより明瞭になったわけである。

## 森本薫のデビュー

第二十五回公演（十一月二十四日～二十七日、飛行館）は一幕もの四本、『客』（辰野隆作、川口一郎演出）、『大変な心配』（クルトリーヌ作、岩田豊雄訳・演出）、『バダンの欠勤』（クルトリーヌ作、岸田國士訳、岩田豊雄演出）、『おふくろ』（田中千禾夫作、川口一郎演出）を出し、そのすべてに阿部正雄（のちの小説家の久生十蘭）が舞台監督についた。阿部も岸田の弟子筋に当たり、渡仏してシャルル・デュランのもとで勉強した経験があった。

昭和十（一九三五）年は『二十六番館』（川口一郎作、岸田國士演出）の再演と、『橘体操女塾裏』（田中千禾夫作・演出）でスタートを切った（一月十二日～十五日、飛行館）。後者は『おふくろ』の後日譚とも言うべきもので、田村秋子が名優と呼ばれる日も近いと絶賛された。

同月の二十六日から二十九日までは文楽座と提携しての五回目の大阪公演と、二月一日、二日の両日、日の出会館で三回目の京都公演を持った。出し物は『客』と『橘体操女塾裏』など。そして帰京しての第二十七回公演（二月二十三日～二十六日、飛行館）、築地座創立三周年記念公演で、森本薫が東京の劇壇にデビューした。『わが家』（岩田豊雄演出）が日の目を見たのである。

京都在住の森本と東京の劇界を結びつけたのは、小山祐士だった。

大阪生まれの森本薫は昭和五（一九三〇）年に京都の三高文科に入学、同級にのちの小説家田宮虎彦がいた。三高の文芸部や演劇研究会は山本修二や伊吹武彦らが支援していて、森本は親しく山本の指導を受けた。昭和八年に三高を卒業、京大文学部英文科に進んだものの胸部疾患で一年間の療養生活を余儀なくされ、その間に東大に入学した田宮らと同人誌『部屋』を刊行、ここに掲載された『一家風』（昭和九年二月号）と『寂しい人』（同年五月号）を読んだ小山が田中千禾夫と相談して、雑誌『劇作』のために新作を依頼した。森本が送って来たのが『みごとな女』で、これは『劇作』の同年十二月号に掲載されるとともに、森本はその同人になった。築地座が上演した『わが家』は第十二次『新思潮』の十二月号に発表され、『一家風』『みごとな女』、そして『わが家』を読んで森本の才能に注目していた岩田豊雄が、友田恭助が『わが家』の上演を希望しているのを知って、演出を引き受けた。三周年記念公演の劇評を一つ。

第一の岸田國士作『職業』(一幕)は、一つの演劇教訓といったもので、作者の演劇観がうなずける、そして、これを観て面白いのは、その思いつきな演劇的構成のためだろう。しかし何となく習作といった物足りない感じがした。第二の新人森本薫作『わが家』は、家族でありながら、お互いに遠慮し、親は子、子は親を僻目で見合い陰気な罅の入った冷たい一家を描いた好個の一幕物。堀越(節子)の若い娘、竹河(みゆき)のその母、田村のその伯母、友田のその祖父の四人芝居でそれ〴〵の性格を生かし、しまった舞台を見せてくれ、今度の記念公演一等の出来栄である。

第三の久保田万太郎作『釣堀にて』の三幕は、正月の『改造』に載ったもので、動きの少ない芝居ながら、その舞台効果は相当大きかった。

殊に、一文獅子の太鼓の音に幕が切れる第三幕はすばらしい。

演技は、男では友田、東屋(三郎)、女では田村、堀越がいよ〳〵光ってくるのが目についた。中村伸郎が病気で見られなかったのは残念だ。(K「東京朝日新聞」昭和十年二月二十六日号『築地座』より)

中村伸郎は実の父とも知らず、釣堀で隣同士で釣り糸を垂れる息子の信夫を演じていたが、急病で宮口精二が代役した。宮口は生命保険会社の給仕をしながら夜間中学を卒業、会社の同僚と観劇するうち築地座の研究生募集を知り、昭和八年九月に研究生に採用されていた。はじめてせりふのある役がこれである。終演二日後の二十八日、坪内逍遥が七十七歳で他界した。文芸協会以来の演劇の改革者であるのみならず、舞踊や文学や教育の方面でも大きな功績を残した。

次いでの第二十八回公演(四月二十七日〜三十日、飛行館)には小山祐士の『瀬戸内海の子供ら』(岸田國士演出)が上演された。つまり小山と築地座が仲直りをしたということで、小山の瀬戸内海ものの第一作、小山の故郷、福山市の方言で書かれていた。

小山は舞台をこう回想している。

田村秋子の母親はさすがにみごとであったが、広島生まれの杉村春子は、魚が水を得たように生き生きとして、その演技は精彩を放った（注＝ハイカラ堂の奥さんの役）。大阪公演の舞台では、第二幕など杉村が退場する時、盛んに拍手が涌くので、友田が満更、冗談でもないような顔つきをして、こんなことをしゃべっていた。「あんまり拍手が来るので、杉村の奴、アンコールのつもりで、ひょいと顔を出して、オペラみたいにお客に向かって、こんなふうにお辞儀をしやしないかと思って、ヒヤヒヤしてるんですよ」。それ以前に杉村は声楽家として藤原歌劇（団）の『カルメン』に賛助出演をしたことがあったのである（注＝杉村春子は元来オペラ歌手を目指していた）。役は、たしかフランスキタであったと、私は覚えている。

田村・杉村・友田・東屋が揃って好演してくれたのと、千枝子の役をやった腰原愛子という女優の美しさと新鮮さと、セクスピア（注＝シェイクスピア）の早稲田の地球座にいた、先生（注＝岸田國士）がごひいきの竹河みゆきには、人柄から来るおっとりとした品位があって、この公演は築地座のなかでも、かなり成功した演目ではないかと思う。（「私の演劇履歴書・一」『小山祐士戯曲全集』第一巻より）

文楽座との提携による第六回大阪公演を五月二十三日から二十六日まで、『瀬戸内海の子供ら』とクルトリーヌの『大変な心配』（岩田豊雄訳）と『バダンの欠勤』（岸田國士訳）で持った。が、ある日の終演後東屋三郎が脳溢血で楽屋風呂で倒れた。電話で急を知らされた東屋夫人の岸輝子が木村修吉郎夫妻とともに大阪に駆けつけると、夫は文楽座の前の小児科病院に入院していた。

三ちゃんは時々気がつくと、どうして来たのといった。自分の病気を知らないらしい。私もポーッとしていて何も分らなかった。入院料も、毎日（西園寺）公爵家へ病状を知らせていたという電話料も、三十分毎にした注射料も、四人の付添看護婦の費用も、大阪と東京と二度のお葬式の費用も何も知らない。木村修吉郎夫妻と私は、ベッド前にボーゼンと立っていた。（岸輝子『夢のきりぬき』）

西園寺公望の御落胤とも言われた東屋三郎が大阪の病院で死去したのは七月三日、四十四歳だった。倒れた東屋の『釣堀にて』の代役は宮口精二が務め、好評だった。

なお、一言触れておくと、『瀬戸内海の子供ら』はいったん第二回の芥川賞に選ばれた。が、新聞発表の後になってこの賞は短編小説が対象のはずだと選考委員の一人が気づき、結局「該当作なし」で落着した。芥川賞も同時に設けられた直木賞も、当時は文壇ですら関心が薄かった。

## 築地座の解散

六月に次の公演を予定しながら実現せず、恒例の夏季休暇の後も公演がなかった。田村秋子が出産し、舞台に出られなかったことと無縁ではなかったと思われる。「滝沢修と伊藤智子とを論じても、新協劇団論にはならない。藤輪欣司と清川玉枝を論じても、創作座論にはならない。ところが築地座の場合では、今までの所、友田恭助と田村秋子とを論じることがそのまま築地座論になり得る」（染谷格「築地座論」『テアトロ』昭和十年六月号）という関係だったからである。

田村を欠いたままやっと公演を持ったのは十月の文楽座との提携による第七回大阪公演で（内村直也作『秋水嶺』と宇野信夫作『ひと夜』）、東京ではこのうち『秋水嶺』（岸田國士・阿部正雄共同演出）を第二十九回公演としてはじめての蚕糸会館で上演した。田村は育児のためにこの舞台にも不出演だった。

内村直也のデビュー作である『秋水嶺』は、現在の北朝鮮を舞台にしたドラマで、何人かの朝鮮人が登場する。作者は彼らを差別せず、基本的に日本人と同等に扱おうとしている。朝鮮人が登場する戦前の戯曲としては異色だが、敗戦を経た現在では、このこと自体に大きな問題を抱えていたと言わなければならない。植民地主義が指弾されている今、このドラマはそのストレートな反映だったからであり、ここに出て来る朝鮮人たちは当時の日本の「皇民化政策」の生きた「見本」なのである（拙稿「植民地主義とわが国の近代戯曲」『シアターアーツ』平成九年二号収載参照）。たとえばこういう箇所。

秋水嶺鉱山の次期社長と目されている篤と、通訳兼選鉱係の朝鮮人の黄という名の青年が、朝鮮人の妻を持つ採鉱主任の山口を巡っての会話。

**黄**　私、働かないうちから給料増やしてもらいたくありません。
**篤**　じゃ何かほかに不満でもあるの？
**黄**　……
**篤**　山口さんのアンカンでも嫌いなのかい？
**黄**　……奥さんばかりじゃありません。

篤　山口さんがいやなんだね。山口さんのどこがいやなの。僕は言いつけやしないから、安心して思っていること全部話してみたまえ。

黄　私、山口さんの差別的取り扱いがくやしいのです。（ワッと泣き伏す）

篤　……

黄　（泣きながら）私だって同じ人間です。私だって日本帝国の人間です。（泣きじゃくる）

当時は植民地主義を「悪」とする考えはなかった。そういう時代の劇評である。

築地座はいい作品を取り上げた――一頃すぐれた戯曲批評を書いていた内村直也氏の処女作だが、これは北鮮の生活を背景にした堂々たる五幕の抒情詩である。

社長の甥の篤と学友の三郎とは、会社で買収した鉱山の引継ぎにやって来たが、失恋の痛手を忘れようとして、三郎だけが責任者として居残ることになった。

やがて三寒四温の襲う荒涼たる山上で、三郎は身辺の若い娘に親しみを感じたが、同時に会社が自分を山に引止める陥穽をふと思った。篤の友情を信じながらも、一使用人としての懐疑に鋭く胸を噛まれる。――題材的にも深く訴えるものを蔵しているが、文学青年的な気取りや拵え物の苦渋がなく、若々しい情感が素直に流露している佳作である。しかも北鮮生活の点描が清新な興味を加えていることも争えない。

これを演じた築地座では、友田の山口が図抜けた出来で、資本家に欺かれて半生を植民地の山奥で生きた人間を見せて遺憾がない。

黒井（注＝二本柳寛）の三郎も推賞するに足り、陰影のある陽気さをよく現《ママ》していた。中村（伸郎）の篤は四幕目ではもっと感傷的であってもよかったろう。腰原愛子はこの芝居の要求する八重として不足なく、小さい点睛を果したといってよい。

田辺（若男）の久野がまずく、三宅（孤軒）の社長が場違いなだけで、俳優は概していゝ出来だが、ひどく悪いのは中川紀元氏を煩わした舞台装置である。写実を避けたのはいゝとしても、各場面ともこの作に適わしいものではない。特に四幕目で誇大な遠近法で宴会部屋の全側面を見せたなど、まるで風刺喜劇の感があった。（後略）。（水木京太「東

京朝日新聞」昭和十年十一月七日号『築地座』より）

宴会場面の妓生《キーセン》の舞踊は、崔承嬉が振り付けた。崔承嬉は朝鮮舞踊の名手として人気が高く、大劇場でしばしばリサイタルを開催していた。

この公演で絶賛された友田恭助は、築地座の前途に楽観的だった。翌年の昭和十一年二月に第三十回公演を開くことも予告していた。ところが急転直下、二月五日に築地座は解散した。岩田豊雄はこう書いている。

それから半年も経ったころであったか（注＝『わが家』を演出してからとの意味）、築地座が突然解散することになった。ある日、友田が訪ねてきて、その旨を私に報告したので、驚いて理由を訊くと、岸田さんがそうしろとおっしゃったからと、いささか不服顔だった。

いくら岸田の命だからといって、あれだけにまとまっていた劇団を解散する法はない。もっとも、築地座としても、飛行館が使えなくなって、蚕糸会館という馴染みのない舞台で、公演したり、経済的にも経営困難であったのも知っているが、解散せねばならぬ事情ではなかった。第一、岸田がそんな決心をしたなら、私に一言相談があっていいわけである。仕事の同志として、私を無視した行為である。

私は腹を立てた。

やがて友田の名で、築地座解散の声明書が出たが、実は岸田が川口一郎あたりに意を含めて書かした文章で、まことに筋の通らないものだった。つまり、築地座の芸術的な行詰りを打開するために、一時閉鎖するという意味だったが、築地座としては岸田や私が参加して、舵をとり直した航路が、やっと緒についた時だから、ヘンな申訳だった。岸田自身は役者がどうにもならないということを、私にいったが、事実、どうにもならない二、三の役者がいたにせよ、田村秋子という目覚ましい生長を見せてる女優から舞台を奪うのは、本末転倒だった。

一体、岸田がなぜそんなことをしたか、いまだに疑問であるが、私はあまり大きな理由はなかったと考えてる。岸田のなかの理想家が、ヒステリーを起したのが、一番の原因ではなかったか。それから、座長としての友田が、彼の思うように動かぬということも、一因だったかも知れぬ。（中略）

岸田は間もなく、役者を再教育すると称して、新劇研究所を起したが、私は築地座解散の彼の態度に慊らなかったし、且つ、前の研究所（注＝新劇協会を退団した岩田が岸田や関口次郎らと一緒に開設したもの）の成果に懲りてもいるので、全然ソッポを向いた。ただの一度も、徳川（頼貞）侯邸内の一室を借りたその研究所へ、足を入れなかった。関口次郎も関係せず、岸田一人の研究所になったから、思う存分やればいいのに、半年も経つと、解散してしまった。（「新劇と私」『岩田豊雄演劇評論集』）

四年という短い間だったが、そして短期間だったとは言え、夏季休暇を除いて毎月公演を持ったのは、驚くべきことだった。翻訳劇が主流だった新劇の流れを創作劇に向かわせ、その過程で何人かの新人劇作家に光を当てた。演出家としての岸田國士や久保田万太郎や岩田豊雄を誕生させ、装置家としての伊藤熹朔や照明家としての遠山静雄も、築地座を足場にして羽ばたいていった。田村秋子という女優を育て、田村を目標にした杉村春子が女優としての活躍のきっかけをつかんだのも、友田の成熟も、俳優中村伸郎や宮口精二らの誕生も、築地座あればこそだった。そして大きく概観すれば、やがての文学座とその活躍を生み、ここから枝分かれした現代演劇協会、ここの付属劇団だった雲、雲を母胎とする演劇集団円や劇団昴といった今につながる芸術派のルーツが築地座だった。築地座の功績は非常に大きいと言って過言ではない。

なお、解散後、築地座の名前で一回だけ公演した。木々高太郎の科学ペンクラブ主催の記念の催しに招かれたもので、飛行館で『にんじん』（ルナール作、岸田國士訳、岩田豊雄演出）を田村のにんじん、友田の父親、杉村の母親、創作座で活躍していた清川玉枝の女中というキャストで上演した。昭和十二年五月のことで、これが友田恭助最後の舞台になった。

# 第十八章　創作座の活動

## 真船豊のデビュー

築地座からの脱退者が創作座を結成した事情は前述した。大量脱退にもかかわらず築地座が予定通りに公演を持ったことから旗揚げを急ぎ、昭和九（一九三四）年九月二十四日から二十六日まで、第一回公演として飛行館で『数』（岡田禎子作・演出）と『鼬《いたち》』（真船豊作、久保田万太郎演出）を上演した。旗揚げ当時の劇団員は以下の通り。

伊藤熹朔、伊藤基彦、伊藤寿一、大江良太郎（劇団主事）、小畑敏一、加藤純、片岡好子、竹越和夫、龍岡晋、梅本重信、内山皓、八住利雄、松山崇、藤輪欣司、秋間良三、佐伯秀男、木崎豊、清川玉枝、毛利菊枝、鈴木英輔、久保田万太郎、里見弴。

久保田と里見は顧問だった。この二人は築地座でも顧問だったが、友田恭助や田村秋子らが岸田國士の影響を強く受けはじめ、加えて岩田豊雄の力が次第に増してくると築地座との関係が薄くなり、これを察知した関係者が創作座との橋渡しをした。とは言え、築地座の事務所兼稽古場が飛行館の三〇三号室にあり、創作座がその隣室を事務所兼稽古場として借りたように、分裂騒ぎにともなうお互いを敵視する状態とはほど遠かった。

旗揚げ公演で一躍注目を浴びたのが『鼬』の作者、真船豊だった。

福島県の農村に生まれた真船は大正四（一九一五）年の春に上京、兄の在学していた早稲田実業に入学し、兄の影響を受けて劇場や寄席に通い、とりわけ四代目柳家小さんの落語に感銘を受けた。

小さんの話を聞いて帰ると、私は子供心にも、ひどく深刻に、人間といふものを、考へたりしたのを憶えてゐる。小さんの笑ひは、その場で笑へるものではなく、誰でも、自分が持つてゐる心の底にかくしてゐる弱点を、はつきり意識させられ、あばかれるので、思はず笑ひ出すといふ最も高級なリアリティーに徹した、どうにもならない人間の諷刺だつたと、私は今も思つてゐる。（真船豊『孤独の散歩』）

これは真船喜劇の本質にも通じるが、早大に進んだころには劇場や寄席に通うのをやめ、アイルランド文学に親しむ一方学業を放棄し、北海道の牧場で牧夫をしたり四国で農民運動に関わったりしていた。が、父の激怒にあって郷里に呼び戻された揚げ句、昭和四（一九二九）年四月から一時大阪毎日新聞社の大津支局員になった。生涯に一度の会社勤めだった。間もなく辞職して上京、筆耕で生計を立てつつ新聞社勤め以前から手を染めはじめた戯曲に本格的に取り組み、前進座の第三回公演（昭和六年八月）に採用された『島の嵐』が初上演になった。

昭和八年に三好十郎、稲垣達郎、橋本敏彦らと文学研究のグループ十日会を作り、貧困と妻の病気に苦しむ中で『鼬』を脱稿したものの、発表の当てはなかった。そこへ雑誌を出そうとしている人がいると橋本が真船に会わせたのが銀座裏で喫茶店を営む蓮見大介で、『鼬』は蓮見の新雑誌『劇文学』の創刊号（昭和九年六月）に掲載され、正宗白鳥らの称賛を受けた。次いでこれを創作座が上演、この成功で真船は一躍注目の新人になった。

『鼬』の演出に際して、久保田万太郎は大江良太郎に「新派の劇術でやる」と話した。稽古を見ているうちに、大江はその意味を納得した。せりふを細かく分析したり心理の推移を追ったりせず、演技のしどころを教えて動きの流れを円滑にする。換言すれば、素人を玄人らしく使って急所を盛り上げていったのである。劇評を挙げる。

『鼬』は、東北の農村に材をとって、気丈な老婆と意志の弱い息子、それを取巻く鼬のやうな債権者、そして同じく鼬のやうな老婆の妹がさぐり合って、人間争闘の醜さを展開する芝居である。農村劇としては描き足りないという評が方々にあった。併し私は、これは農村劇だとは思はない。作者は便宜上、農村を背景に使ったのだが、これは場面を都会にしたとて、何等価値に変りはないと思ふ。作の根本は、人間の執拗な執着性、貪婪さを扱ったものであって、例へば亡びゆく下町の大店に直しても、又あの世界を髷物に直しても、立派に成立するにちがひない。『鼬』の値打は、今までの人が手をつけかねてゐたほどの人間の醜さを、深刻に抉り出したところにあるのだと思ふ。その抉り方が、惨酷をきはめるまでに深く鋭く行はれてゐる所にあるのだと思ふ。あれから受ける感銘は、農村の出来事なるがゆゑに非ずして、結局は人間の描写の精細を極めてゐるが為であらう。

久保田万太郎氏の演出ぶりの見事なのにも、ちょっと驚いた。脚本には何と云っても舞台的に多少の欠点を散見するが、それを埋めて、舞台をグッと緊めて、看客に息をつかせず終点まで引摺って行ったのは、全く演出家の腕だと思ふ。この脚本は、演出が悪かったら、効果が非常に薄れる恐れがある。
が、それにも増して驚いたのは、俳優の巧さだった。清川玉枝といふ女優さんには初見参であったが、その叔母さんの難役を楽にこなしてゐたのには実に恟《びっく》りした。鼬の叔母さんは敵役ぢゃァない。今の世界では善良な人間だ。あれを敵役にしてやるのなら大して苦労も要るまい。型に嵌めるなら楽だ。今までにない役として、美事にやってのけたのに驚いた。それと、末広よし子（注＝美子。客演）さんの自堕落な女房にも感心した。役者としては叔母さんより楽な訳だが、前の『数』で可憐な小娘を巧くやってゐたので、その人が斯うした役を消化した所に感心したのである。（渥美清太郎『演芸画報』昭和九年十一月号。倉林誠一郎『新劇年代記・戦中編』より）

『鼬』の大成功から創作座は「真の創作劇は創作座から」「現代劇は創作座から」というスローガンを正式に掲げた。十月二十四日から二日間、第二回公演を飛行館で持ち、『馬』（阪中正夫作・演出）と『連絡船』（川口松太郎作、里見弴演出）を上演した。前者は前進座が昭和七年七月に初演していた。後者は川口松太郎の師である久保田万太郎や大江良太郎との関係から取り上げられたが、劇団のカラーに合わないと不評だった。つづく十二月十四日から十七日までの飛行館での第三回公演で、また一人新人劇作家が登場した。『京都三条通り』（伊藤基彦・鈴木英輔演出）の田口竹男。雑誌発表（『劇文学』昭和十年一月号）以前の『京都三条通り』の上演は、伊藤基彦が戯曲探しに『劇文学』の発行所である劇文学社を訪ねた時に、蓮見大介が「こういうものもある」と田口の生原稿を見せたのがきっかけだった。劇評を一つ。

旗上げ公演の鼬を見て非常に興味を覚えた私も、その第二回の公演に接するに及んで、この劇団は独立の存在を主張する権利なしと心秘かに信じたのであった。然るにその第三回公演を私は面白くみた——所感と希望の二、三を述べる所以である。（中略）

四、『京都三条通り』を選んだことはレパートリーの選定に於て賢明であるのみならず、それ自身としても意義があると思ふ。第一回公演に際して鼬を選んだことは賢明でもあり、又それ自身としても意義あるものであったけれども、その意義は『京都三条通り』とは自ら異ならざるを得ない。鼬選出の意義は日本にも真面目で、深刻で、面白い（併し少し古臭い）新劇の存することを知らしめ、新劇場人に対して新鮮な鞭韃の機縁を与へた処にあるが、この『京都三条通り』の選出は今迄にも、そして現在にも、ざらに存在してゐる微笑ましい劇を新劇団も亦選んだと云ふ点にある。斯く云へば創作座のこの脚本の選出者やそれにも増してこの劇の作者の憤怒を招くかも知れないが、実際はこの作位のものなれば、ムーラン・ルージユには今迄にざらにあつたし、伊馬鵜平君や小崎《おざき》政房君等にはこれ以上のものが多くあつたのである。勿論高等劇場の約束と、舞台機構の貧しさに制限されてゐる為めに、新劇に於けるとは自ら異つた舞台化を強いられてゐるとは云へ、彼等のファース的小規模演劇（？）には注目すべきものが存する。私はムーラン・ルージユ式演劇の意義は所謂新劇と比較すれば、娯楽性の強調にあり、所謂高等演劇に比較すれば、馬鹿臭い作意と、古ぼけた感覚と反動性のない自然らしさ—即ち或る意味の文化性の強調にあると考へ、常々面白く見、且比較的高く評価してゐるものであるが、今新劇団である創作座がこれに類似の『京都三条通り』を選んだことは愉快である。（千葉昭「創作座第三回公演をみて」『劇と評論』昭和十年二月号）

『京都三条通り』はデパートの進出で没落する個人商店の世界を描いていた。こういうものならムーラン・ルージュの舞台にざらにあるという指摘が面白い。併演の『律子と瑞枝』（水上瀧太郎作、久保田万太郎演出）は不評だった。

明けて昭和十年の一月二十九日から二月一日まで、飛行館で第四回公演を持った。ほぼ同じキャストでの『鼬』（真船豊作）の再演と『村道』（上泉秀信作、竹越和夫演出）。つづく三月二十九日から四月一日までの飛行館での第五回公演には『温室村』（梅本重信作、鈴木英輔演出）と『猪之吉』（田郷虎雄作、伊藤基彦演出）を上演、前者で北林谷栄が初舞台を踏んだ。

北林は女学校を卒業後の肺結核を療養中に『近代劇全集』などを読みあさったことから女優を志すようになり、体の回復とともに築地座の公演を見はじめて昭和九年に入座試験を受けたものの、設問のくだらなさに答案用紙を破って帰った。その後創作座の創設を知って直接清川玉枝を訪ね、了解を得て籍を置いていたのである。

五月二十八日から三十一日までの飛行館での第六回公演には『クレオパトラ美容室』（水木洋子作、八住利雄演出）、『あらし』（円地文子作、伊藤基彦演出）、『鉈《なた》』（真船豊作、久保田万太郎演出）と三本並べた。が、後年シナリオライターとして名をなす水木洋子の初戯曲も久しぶりの円地文子のそれも、すっかり真船の新作の影になった。

創作座の『鉈』は『いたち』で認められた真船豊氏の作品である点で注目せられる。

この作者は寸毫の妥協もない程冷酷に人間同志《ママ》を闘はせてゐる。二十年ぶりに帰つてきた飲んだくれの主人太作と、辛苦艱難の末にやつと我が家を取り戻したのに、その夫の突然の帰郷によつてその家を追ひ出されてゐる老婦のおまつとの精神の相闘を中心に、地主の小山、娘おきん、婿熊次を点綴して、人間相剋の姿を写し出てゐる。（中略）

しかし私はこの上演舞台を観てゐていろいろのことを考へた。作者がこのやうな現実に終始顔をそむけることのないことを私は尊敬するのではあるが、ここに描かれたこの烈しく憎み合ふ世界からは生々しい現実といふものを私はどうしても感じ得られないのである。（中略）最期の結末にいたつて俄に危激《ママ》な解決が来る為に、心が開け涙が浮ぶ程の感激が与へられるけれど、考へて見るとこれは描かれたものによつてよりもより多く作者の作劇技巧の卓抜さにその原因をおいてゐるやうな気がする。実際この幕切れの二段の技巧のうまさは息もつけない程であるが、もし理窟を云ふなら、太作は果して死んだのか死なないのか、その解決の如何によつて、この一家の喜びにも、観客の感激にも幾分の暗影がさすわけであらう。久保田万太郎氏の演出は注意がよくゆきとどいて、緊緩自在とも云ふべきであるが、最後に、つくりつけの人形のやうに格子の向ふに半裸の太作を出しつぱなしにしてあるのは観客に何か割り切れないものを与へるし、人の出入りに二三不思議な感じをいだかせる箇所があり、最期の盛り上りはあまりにも巧であるが、私個人としてはやや強調に過ぎたやうに思へないこともない。

伊藤熹朔氏の装置は、開幕の瞬間に先づ観客を圧倒する。簡素ではあるが、堂々とした威容を具へた装置は、よくこの脚本の背景を具象化したものと云ふべく、毛利菊枝のおまつはやさしい内に生活の浪にもまれた烈しさを蔵した好技であり、木崎豊の熊次は一面的な朴咄さをよく出した。小杉（義男・客演）の太作は肉体的に成功してゐるが、憎悪の対象となる傍若無人さに乏しく、藤輪（欣司）の小山は前半の一くせありげ《ママ》た所がいい、清川（玉枝）のおきんは手持ち無沙汰である。

『鉈』を見て私が圧倒されるのは、作品よりも、これを書く作者の気力にである。作者の精神力にである。結局、舞台全体に豪然と君臨してゐるものはこの作者の烈しい気力であるやうに思つてならない。

この他に創作座は『あらし』と『クレオパトラ美容室』とを出してゐる。前者は円地文子氏、役者《ママ》は水木洋子氏の作。『あらし』は『晩春騒夜』の作者がつつましくその心境をいまだに守りつづけてゐることを示してゐるが、あらはれた舞台は手法の古さと俳優の演技力の不足やで見応へのないものとなつた。『クレオパトラ美容室』は才筆でもあり、女性特有の皮肉さやエスプリは豊富であるが演劇ジャンルを異にする性質のもので、そのねらひ所が十分に表現されない

で終つてゐる観があつた。（鈴木英輔「『坂本龍馬』と『鉈』其他」『演芸画報』昭和十年七月号）

毎月公演していた築地座を意識してか矢継ぎ早に第七回公演を持ち（六月二十八日〜七月一日、飛行館）、『母親』（関口次郎作・演出）、『築地明石町』（岩名ゆき作、伊藤基彦演出）、『赤鬼』（阪中正夫作、鈴木英輔演出）と一幕ものを並べた。中で客演の三島雅夫の演技とともに、『赤鬼』がもっとも好評だった。

夏季休暇の後、九月十九日から二十五日まで一周年記念の第八回公演を飛行館で開催し、『わがまゝ』（里見弴作、竹越和夫演出）と真船豊の新作『狐舎』（久保田万太郎演出）を上演した。真船は当時をこう回想している。

ある日、（雑誌）『改造』の人が、私を訪ねて来た。斎藤三郎といふ人だつた。彼は芝居の話をした。そして『改造』に今度、戯曲を書いて貰ひたいと言つた。こんな一流の綜合雑誌に原稿が載るとは、私は夢にも考へてゐなかつたから、すつかり堅くなつた。今の時代とは違ふ。その頃の『改造』、『中央公論』と言つたら大変な見識だつたことは、ちよつと今日の時代からでは、想像がつかないことだ。

斎藤氏は、「長い大作をお願ひします。枚数はあなたの御自由に……。」と言ふのだ。

さて、私は、その日から構想にとりかかつた。橋本（敏彦）の所へ行つて、散々ベエトオヴエンを聞かせて貰つた。私は『改造』のことを、橋本に話した。橋本は「いよいよ、君は大変だぞ。」と、心配さうに云ふのだつた。

そこで、私は、この頃、ずつと自分が考へて煩悶してゐることを、橋本に打明けた。それはかういふ問題だつた。

——

『いたち』や『鉈』の上演で、つくづく気がついたのだが、私の戯曲は、どうも私の念願としてゐる文学とは違ふやうだ。どこが違ふか、といふことを発見した。それは、私の作劇術があまりにあざとすぎる。うますぎるのだ。だから外見《そとみ》ばかり前に出しやばつてゐて、その内面の、人生の真の姿や、人間の奥の深い真の魂が、表現されても、外見の形式のハデさに、……かくされて、薄つぺらになつてゐる。通俗劇ならその方がいいが、私は嫌だ。それが嫌さに、人知れず、自分で苦心してゐるのだ。——

だから、私は、『いたち』の、あのハデな評判や、『鉈』の大評判に、疑問を持つやうになつたのだ。「これは、危険だ。」と、つくづく自分で考へ出したのだ。——（中略）

私は、『いたち』の表現技術を、捨てることに決心した。そして、「人生の裏」、「人間の裏」を、今度こそ、石をノミでこまかく刻むやうに、……彫刻的な人間の姿を、出してみやうと考へた。（真船豊『孤独の散歩』）

真船としては新展開を意図していた。劇評にはこうある。

今度の記念公演に同じ作者の『狐舎』を出してゐるが、これは宛も故郷の唄である。都会的理智的な戯曲で舞台の欠陥を曝す一座には、間違ひのない出し物で、その熱演は十分な成果を挙げてゐる。そしてこの因縁深き作者と劇団とが、共に一年成長の実を示してくれたことは、まづ祝福を送りたいと思ふ。この新作は『鼬』と同じ色調の農村物であり、狐も鼬も物慾中心に蠢動する人々たるに変りはない。しかもその四幕の展開が、またかといふ感じを起させずに見物を惹きつけたのは、一に作者の進歩と演出の成功に依るものである。即ち前作ではいはば露骨な暴力で訴へようとして、新派臭い強引な手法の介在が目に立ったが、この作になるとさういふアクドさが薄らいで、がっちりした構成の下に、一杯の地力を底に潜めて描かうとする態度に出てゐる。従って、稍々類型的な嫌ある持駒も、より個性的に新しく生かされることになったのである。珍らしく汐見（洋）が客演してゐるが、その出来もさることながら一座の配役を自由にした功は争へない。特異な千代治の役を藤輪（欣司）が十分に演じてゐる如きこれである。清川、毛利、木崎等にお家の芸を発揮させた中に、都会風の女役に新進の女優三条（利喜江）を起用したのも、舞台に目新しさをもたらすに効果があった。それは勿論演出者の周到な用意と優秀な舞台装置（注＝伊藤熹朔）に負ふ所多いが、とにかく一年前に熱一つで『鼬』に当った一座が、見事に作者の進歩に副ふ技芸を以て演じさせたのは手柄である。かくて相互砥励のよき実証として、この公演は大に劇壇に誇るに足るものとなった。（水木京太「東京朝日新聞」昭和十年九月二十二日号。倉林誠一郎『新劇年代記・戦中編』より）

この年最後の第九回公演は十一月十一日から十五日までの飛行館で持たれ、『死なす』（高橋丈雄作、梅本重信・加藤純演出）、『故郷』（阪中正夫作、鈴木英輔演出）、『珍客』（岡田禎子作、久保田万太郎演出）が上演された。清川玉枝と毛利菊枝が奮闘したものの感銘が薄く、戯曲の選び方に問題があると言われた。持てる力以上の次々の公演で、息切れ状態だったのである。

昭和十一年は一月九日から十五日までの飛行館での第十回公演、『幽霊荘』（三好十郎作、伊藤基彦演出）でスタートした。本来はギリシヤ語の見つけたという意味の「ユーレカ」を名前としているが、人呼んで幽霊荘。発明家の順介（小杉義男）が経営していたものの金繰りに困って金融ブローカーの一彦（池田忠夫）に経営権を譲ったばかり……というところから幕が開く。自殺しそこねた順介の息子（河村弘二）、妊娠を隠している娘（清川玉枝）、一彦に捨てられかけている元芸者（毛利菊枝）その他、社会のどん底を生きている人ばかりが登場する陰鬱なドラマで、戦後に三好はこの戯曲を振り返ってこう書いた。

この作品が暗いのは、私という作家の性格が本来的に持っている暗い部分や暗い調子から生れたものであると同時に、右の当時の日本の暗さの故もある。かつまた、私自身が最初アナーキズムから、コンミューニズムに移り行き、更にそのコンミューニズムをも疑いはじめるに至り、遂に根本的にコンミューニズムを投げ捨てざるを得ない事を実感しはじめた頃の、いうなれば一種の煉獄のような場所で、これを書いたという事情も、この作品を暗くしている原因かもわからない。（『三好十郎の仕事』第一巻の川俣晃自の「解説」より）

観念のみが先行する体の戯曲で、いい出来ではない。この公演限りで藤輪欣司、毛利菊枝、北林谷栄らが退団した。三月二十一日から二十五日までの飛行館での第十一回公演は『鯡《にしん》』（阪中正夫作、伊藤基彦演出）と『春愁記』（三宅悠紀子作、久保田万太郎演出）の二本を上演。後者は築地座が手掛けたもので、新作不足が原因である。劇評を挙げる。

内部的な動揺を伝へられた創作座が、落着きを取戻して、世に問ふ公演は阪中正夫作『鯡』と故三宅悠紀子作『春愁記』の再演、藤輪欣司、毛利菊枝等の顔が見えず、ＰＣＬ系の小杉義男、佐伯秀男、宮野照子等の応援が目立つので、こゝに無理も多少の佗しさも感じられる

『春愁記』は一昨年分裂前の築地座が上演して、好評だったもの

演出はその時と同じく久保田万太郎、装置も伊藤寿一、清川玉枝、佐伯秀男はこの前と同じ役を配られてゐる、この作は新劇には珍らしくメロドラマがかつたもの、マシユマロのやうな柔かさに甘さと泪が味付けされてゐるためその変つた風味が珍重されたので、作品の持つ気品が危く通俗に堕することを救つてゐた、今またこれを再演することが現在

の新劇にどれだけのプラスになるかは全くの疑問である
演出は前回よりもアクがつよく、思ひ切つて、お芝居風な色に染上げてゐるので、前のやうに中途半端なところはなく、それなりに纏まりはあつたが、調子の低さは覆ふべくもなく、新劇から足を踏み滑らして、半分新派になつてしまつた、芸妓上りの母（清川玉枝）は流石出世役だけあつて楽にやりこなしてゐるが、おそろしく誇張が目立ち、卑俗な演技になつた、空木子爵（小杉義男）も新派的なわざとらしさが浮いて気品に乏しい。朝次（河村弘二）と夕次（佐伯秀男）は二人とも持味をうまく生かしてゐるために無理のない対照を示し、暮津紀子（宮野照子）は前の堀越節子から見ると見劣りがしたが、おひな（三条利喜江）は役柄を確かり捉へて、巧にこなしてゐた
舞台を観てゐる間は芝居の面白さに引ずられてゐるが、後には甘さだけが残る、面白いことは結構だが、それだけだつたら新派でも味はへる、これでは演劇の前衛を誇る新劇が新派に敗北したとは云へないだらうか
阪中正夫作『鯡』は例の方言劇で演出は伊藤基彦、稽古不足がありくと舞台に現れて纏まりが無く筋ばつてゐた……（坊「都新聞」昭和十一年三月二十四日号）

第十二回公演は四月二十七日から五月一日まで飛行館で開かれ、『翁家《おきなや》』（田口竹男作、覓五十三演出）と、初の翻訳ものとして新東京が手掛けたカタエフの『正方形』（八住利雄訳、伊藤基彦演出）を上演した。
創作座は久し振りでお得意の方言劇『翁家』三幕によつて、本領を発揮した、これは佳作『京都三条通り』の作者、田口竹男が伝統が日に日に色褪せて行く京都木屋町の雇仲居《やとな》旅館兼席貸「翁家」をめぐつて親子互に啀合ひつゝ、時代の波に押流された姿を淡彩で描いたもの、我々と非常に縁が遠い特殊な世界を描いたものだけに薄い幕を透して眺めてゐる感じでヂカに迫つて来るものはない
演出は覓五十三、全体を小器用にそつなく纏めてあるが、方言劇と言つても、手馴れた東北弁とは勝手の違ふ京都弁であるために、台詞の受け渡しが滑らかに行かないことも間々あつた、京都の雰囲気は相当よく出てゐた、これに与つて一番力のあつたのはガッシリと組立てられた伊藤熹朔の舞台装置で、浅い舞台を巧みに使つて奥行きを見せ、其の色一つからも京都が感じられた
俳優は例によつて女優さんが優れて、男優側は全部敗退、女将島野つね（清川玉枝）は矍鑠たる女将には違ひないが、

若すぎて六十一とは見えないため幕切れの崩折れるポーズがとつて付けたやうだつた、もつと没落の暗い影を曳かせた方がよい、一番の出来は仲居のおくに（三条利喜江）で、わざとらしさがなく、ふくらみがあつて適当な艶もあつた、次いで養女秀子（鈴木三重子）も巧まずに縁遠いために拗けた娘になつてゐた、これからみると要吉（木崎豊）も由造（池田忠夫）も全く生彩なく池田は台詞が一本調子、木崎は若すぎてどうしても四十男とは見えなかつた……（坊「都新聞」昭和十一年五月二日号）

六月二十日から二十三日まで飛行館で第十三回公演を持つたが、これは新派の後追いだと評判が悪かった。

青江舜二郎作『避暑地です』三幕と、真船豊作『山鳩』一幕の二本立て、先づこの並べ方に異議あり……である、『避暑地です』は、もう十年程も前に『新思潮』に発表されたものだそうで、仮令《たとへ》、上演に当つて作者、演出者が手を入れて積つた十年の埃を吹払はうとしたところで、一向我々に対する魅力にはならないのである、『山鳩』は発表されると直に新派が取上げ、歌舞伎座の本興行に上演されたもの、今までは新劇で手がけたものを新派が後から追駈るのが例であつた（鉈、人生劇場、断層）が、今度は鉈の場合と逆に商業劇場で試験済みの作品を新劇が取上げる――これも流行の「新劇と新派の交流」と云へるかもしれないが、絶対に賛成出来ない

演劇の前衛である新劇は常に商業演劇の先頭に立つて、新しい境地を開拓して行くべきであり新作品の紹介が重要な役割の一つであるにもかゝはらず、新派の後塵を拝して恬然としてゐる創作座の態度にはあきたらぬものがある

『避暑地です』は貧しい漁村の生活と、こゝに割り込んで来た都会の若い男女の生活の二つを描き、その交錯の面白味を覗つたものだが、演出（伊藤基彦）の焦点が二つに分裂したゝめ舞台の統一が欠けた、辺鄙な避暑地の雰囲気は五《う》月蠅《るさ》い位色濃く出てゐたが、この芝居の骨格をなす、浦持の旦那との交渉、都会に飛び出して行く姉妹と伯父一家との葛藤が背景に隠れてゐるので単なる雰囲気のスケッチに終つた

木崎の老人、清川のはる、池田の助衛門と鈴木（三重子）のその妻等夫々巧みに個性を出してゐたが、旧テアトル・コメデイ系の（助演の）北沢彪の小説家、牧マリの踊り子にいさゝか浚はれた形だ

『山鳩』は新派の時と同じく久保田万太郎演出で伊藤熹朔の装置、細かい部分を変へた上に歌舞伎座から見れば間口も奥行も半分以下に狭い舞台のため格調正しく細かな味はひは出てゐるが、清川玉枝、木崎豊を花柳章太郎、伊志井寛

に較べるとおそろしく幅のないことが判る、小杉義男の祖父藤助は必要以上にいじけて、無理に出すかすれ声は生理的に不愉快だ、三条利喜江の祖母おたけはミスキャスト、幕切れは清川の騒々しい演技がブチ壊しで、余韻を残さなかった（坊「都新聞」昭和十一年六月二十五日号）

レパートリーに窮しはじめているのが明らかで、終演後は活動がにわかに鈍化した。

## 終結へ

第十四回公演を飛行館で持ったのは、十一月二十六日から二十九日までのことだった。しかもパール・バックの『大地』（青江舜二郎脚色、竹越和夫演出）の脚色上演だった。創作戯曲の種が尽きたのである。この半年の空白の間、八月に伊藤基彦、清川玉枝、加藤純らが退団し、十一月になって若いスタッフや俳優を中心に再編成された。『大地』は伊藤寿一の装置、呉剣声の考証、穴沢喜美男の照明――伊藤寿一や穴沢はずっと創作座に関係していた――、木村一と吉田貢の効果、そして三人の舞台監督の一人として後の文学座の演出家、戌井《いぬい》市郎《いちろう》が関わった。

新派の名女形、初代喜多村緑郎の娘を母とする戌井は、親戚筋の縁をたどって昭和十（一九三五）年に秋田雨雀の知遇を得、創作座への紹介状を書いてもらった。この前年、新聞で築地座の研究生募集を知って応募したものの、書類審査で落とされていた。

創作座の研究所の授業は週に二、三度で夜間三時間だった。私が入所した時、先輩が数人おり、その中に現民芸の北林谷栄さんがいた。生徒は十名足らずだったが、先生は俳優の毛利菊枝さんと演出家の鈴木英輔氏が専任で、毛利さんは岸田國士の『紙風船』をテキストに〝せりふ〟を、鈴木氏は『桜の園』や『ファウスト』の〝作品研究〟を受けもたれた。もう一つ、〝発声〟の勉強にバリトン歌手の下八川《しもやがわ》圭祐氏のスタジオに通った。授業はこれだけだったが授業料がいくらだったか思い出せない。課外授業もあったから、授業料ナシということではなかったと思う。とにかく研究所通いをするようになって、私はあやふやだった目的や目標が見えてきたような気がしだした。（戌井市郎『芝居の道――文学座とともに六十年』）

『大地』は毛利菊枝が客演してヒロインを演じた。舞台を観た秋田雨雀はこう書いた。

　創作座が、その再起に際して創作劇を取りあげないで支那を題材とした小説の脚色を上演したことなぞを、それこれ問題にすべきではないと思ふ。取りあげたものは何か、またそれを何ういふ風に演出してゐるか、つまり演劇としてのアムサンブルが何の程度に出来あがつてゐたかを見てやればいゝのである。

　再起創作座の取り上げた『大地』については、私は原作を読んでゐないので、作物として充分の批判をするとが《ママ》出来ない。たゞ上演されたものとして、それを受取るより仕方がない。パール・バックといふ人は長く支那に滞在した人で、アメリカ宣教師の夫人だといふことに可なり興味がある。しかも、祖先は早くアメリカに移住した清教徒の一族らしいといふことも多少この作物を特色づけてゐはしないかと思ふ。勿論パール・バックの作家的観点は厳密な意味で「若い支那」の自覚した面に立つてゐるものではないらしい。せいぜい、宣教師的、乃至清教徒的な人道主義的態度からこの多難な半植民地的な国土を観てゐるに止るらしくも思へる。外国侵略の模様や、阿片政策に関する部分なぞは舞台にのぼせる可能性がなかつたらしい。だから、この作物は上演されたものとしては支那民族と大地との関係を観念的に、また同情的に、また風物的に取扱つてゐるにすぎない感じがする。それでも私はこの演劇を見ながら、この不幸な隣邦の遭遇してゐる歴史的な運命を時々強く感ずることが出来た。

　貧農王龍夫妻が地主大人になつてから一層多くの苦悩を体験するといふ演劇のプロットも、何か教訓的なものとして受け取られさうであつた。中国の演劇専門家呉剱声君なぞの考証助言によつていゝ舞台装置と、コスチユームとメークアップとを得てゐるが、なぜか俳優は演技にダイナミックな要素が欠けてゐた。科白が一般におそく、内発的でない、動作がにぶく適確でなかつた。河村（弘二）君の王龍も毛利君の阿蘭ももつと現実的なものを私は要求してゐた。然し第二幕の南の場面では、支那の現実性が相当濃く出てゐたやうに思はれた。私はこの場面でこそ、うめいてゐる支那の国土が私達にせまつて来なければならない筈だと思つた。最後の場面はたゞ風物的なものとしてしか残らなかつたのは実に残念だつた。然し創作座がこの作物をレパートリーに加へたことは決してマイナスではなかつた《ママ》健闘を希望する。

（「再起創作座の『大地』を見て」『テアトロ』昭和十二年一月号）

　その後また暫く活動がなく、昭和十二年三月十九日から二十三日まで、飛行館で第十五回公演を開催した。出し物は

『ウィンター・セット』（マックスウェル・アンダーソン作、創作座文芸部訳補、覚五十三・遠藤慎吾演出）

この作は、現代の生活を詩劇にまとめたといふ点で注目されてゐる脚本で、近く封切される映画『目撃者』の原作である。

外国の詩を日本語に移すことの困難はさることながら、今回の舞台は、何としてもこの劇団として荷が勝ちすぎて不成功に終ったといふより他はない。一体に調子が低く、テンポがなく、殊に一幕二場までは相当退屈させられた。演出方針に従って自由に動くだけの演技力を持った俳優が少くなり、若い人が中心になってきたこの劇団が、この脚本を選んで、まともにぶつかってゆく情熱は壮とするも、省みて手不足を感ぜず、十分に演りこなせる脚本から手がけて行くのがほんたうではあるまいか。個々の演技で目立った人もゐなかった。……（K生「東京朝日新聞」昭和十二年三月二十三日号　倉林誠一郎『新劇年代記・戦中編』より）

劇団としての魅力や力を急速に失ったのである。六月二十二日から二十五日までの飛行館での第十六回公演、創作座最後の公演には『北へ帰る』（菅原卓作、北村喜八演出）と『町人』（阪中正夫作、覚五十三演出）が上演された。前者は伊藤寿一の装置、穴沢喜美男の照明、後者は橋本欣三の装置、穴沢の照明で、戌井市郎と姫路繁が二本とも舞台監督を担当した。俳優陣は『北へ帰る』に助演した竹河みゆきと牧マリのほか、木崎豊、池田忠夫、河村弘二、桜井晃、増田順二、若杉二郎、三田一郎、小百合葉子、渡辺信子。

六月公演は創作座本来の面目にかへって、久々の創作現代劇二本立である。と言っても菅原卓作『北へ帰る』三幕は翻案（マリ・ドレスラー主演の映画『形見の傑作』と同じ原作に拠る）で不遇で死んだ天才画家の遺作をめぐって捲き起される俗物共の醜いもがきを題材に、相当巧に組立てられたお芝居だが、所々翻案の無理が目立つ。俳優の持味一つで生かされも殺されもする脚本だから、これを更に砕いて腕達者な役者に委せれば、新派やムーラン・ルージュでも一層面白く観られるのではないかと思はれた。北村喜八の演出はこの原作を幾通りにも解釈しながら、全体を太い線で貫ぬくことを忘れてゐるため、リアルな手法（第一幕）と喜劇的な部分（第二、三幕）とが木に竹を接いだ感じである。予め気持の伏線が用意されてゐないため深味に乏しく芝居が生きて来なかった。はん（牧マリ）は若すぎて十年も奉公した女中とは見えず、北国人らしい朴訥さが無い。広田（木崎豊）にはわざとらしさが邪魔をしてゐた。

阪中正夫作『町人』二幕は紀州を舞台に、金故女故にいがみ合ふ金貸父子の争ひを描いたものだが、作者の掘り下げた境地にまで手が届いてゐない、（中略）木崎豊の父親忠治は吝い我利我利の爺さんをよく現はしてゐたが、河村弘二の荘一郎は突込みが足りず、小百合葉子のひで子は「表情の下手な」といふ台詞を鵜呑みにしたのであらうか、表情が無さすぎた。（坊「都新聞」昭和十二年六月二十六日号　倉林誠一郎『新劇年代記・戦中編』より）

終演直後に新劇の商業化を主張する一派と研究的な方針を通そうとする一派とに分かれて対立し、その中で池田忠夫らが脱退した。

そしてこれが最後の公演になった。うやむやのうちに自然消滅したのである。

創作座の最大の功績は、劇作家としての真船豊を誕生させたことだろう。加えて毛利菊枝を舞台女優として成長させ、北林谷栄や戌井市郎らの演劇人生をスタートさせたのも功績に数えていいかも知れない。が、ともかく、創作劇を上演しつづけることの困難さは、この劇団の足跡に上に歴然としている。現在もまた変わらぬ問題点の一つである。

# 第十九章　テアトル・コメディ

## 特異な発足

テアトル・コメディの中心部にいたのは発足後ほどなく結婚する金杉惇郎《じゅんろう》と長岡輝子で、この二人の生活環境がそのまま劇団のカラーを形成していた。

金杉の父は貴族院議員で、晩年は慈恵医大の学長だった言わば社会的な名士だったし、長岡の父は東京商大（現・一橋大学）の教授で『クラウン・リーダー』の著者だから、生活の心配はまったくなかった。二人は中学時代からの友人でもあり、金杉が府立五中（現・小石川中等教育学校）の演劇仲間と作った演劇サークルの公演では、長岡は金杉と共演したこともあった。

このころ長岡輝子は築地小劇場の試験にパスし、父から「築地に入る前に本場の舞台を観て来い」と勧められて昭和三（一九二八）年の五月に渡仏、シャルル・デュラン主宰のアトリエ座付属研究所に籍を置いて、本格的な演劇修業をはじめた。父の逝去のために長岡が帰国したのは昭和五年の十月だったが、折から新劇界は左翼演劇の隆盛期で、長岡はその現実に違和感を持ち、どうしていいか分からないまま、ぼんやりと毎日を送っていた。

そんなとき人形座というグループからラジオドラマに出演しないかという話があった。人形座のメンバーはみな学生だった。松山嵩は文化学院の美術科の生徒で、（霊南坂教会の）日曜学校では小学生を教える私の仲間であり、十朱《とあけ》久雄（注＝女優の十朱幸代の父）、佐久間茂高、岸井良衛（のちに演劇研究家、演出家）の三人は法政の大学生で（注＝岸井は文化学院）、森雅之はまだ成城高校の生徒という、まったくの素人の集まりだった。そのラジオドラマはアンデルセンの『人魚姫』で、私は人間に変身する人魚の役だった。（長岡輝子『ふたりの夫からの贈りもの』

金杉惇郎は長岡のフランス留学中に慶大の仏文科に進むかたわら、エキストラとして築地小劇場の舞台に出ていた。が、小山内薫急死後の劇場の混乱と左傾化に馴染めず、満ち足りない日々を送っていた。その金杉がある日神楽坂で長岡と出会った。そして長岡からフランスで観た芝居の話を聞いて、その戯曲を訳してくれと長岡に頼んだ。金杉は慶大野球部の資金集めのために芝居をすることになっていた。

長岡が話したのはマルセル・アシャールの『ジャン・ド・ラ・リュンヌ（お月さまのジャン）』という喜劇だったが、長岡は翻訳を依頼されて自分にもやることがあったと気づかされる形になり、三日三晩翻訳に没頭、フランスで観た芝居の中で一番面白かったものとの注釈を付けて、翻訳原稿を金杉に渡した。

野球部の資金集めだったにしろ上演脚本が決まったことから、金杉は人形座のメンバーやその交友関係から仲間を募った。同時に一日で芝居は終わるにしてもグループ名をつけなければと、はじめはテアトル・ド・ラ・コメディ（喜劇の劇場）とした。が、「ド・ラ」とつづくのが面倒だと、だれ言うとなく、いつの間にかテアトル・コメディということになった。

文化学院の学生や卒業者が中心部にいたので、創立者の西村伊作が学院の半地下式の食堂を稽古場に貸してくれた。フランスで観て来たことから長岡輝子が演出を引き受け――長岡はわが国での女性演出家の草分けになる――、女優としても舞台に立つことになった。金杉は「水を飲んでいてもシャンパンを呑んでいるような舞台にしたい」と語り、これは以降テアトル・コメディの芝居作りの基本的な理念になった。

グループの平均年齢が二十《はたち》ちょっとと非常に若かった。慶大の野球部の投手の父が仁寿生命（現・Ｔ＆Ｐフィナンシャル生命）の専務で便宜を図ってくれたことから、公演会場は仁寿講堂になった。当時としてはゆったりしたロビーのデラックスなホールだった。野球部の資金集めということから内々のグループとして出発し、公演資金も参加者の能力に応じて割り当て、責任額をグループに収める方式を採った。このためテアトル・コメディは解散まで借金がなかった。森雅之が作家の故有島武郎の息子だから、有島一族のバックアップもあった。

「フランスの映画と芝居」と銘打って、慶応仏蘭西語会等の共催で仁寿講堂で一日一回だけの公演を持ったのは昭和六年の二月十日で、『ふもと』というフランス映画とともに『アメデと靴磨台上の諸君』（ジュール・ロマン作、岩田豊雄訳、金杉惇郎演出）と、『ジャン・ド・ラ・リュンヌ』（アシャール作、長岡輝子訳・演出）が上演された。装置は前者を宮下意無が、後者を松山崇が担当し、金杉をはじめ岡照子と名乗っての長岡輝子、溝口恵吉名の十朱久雄、森雅之、効果を担当した滝口徹らの出演で、「お月さまのジャン」と呼ばれる信じがたいほど善良で、うすぼんやりしたジェフを十朱が演じた。チケットが完売だった上に舞台も好評だったことから、一回の公演で終わるはずだったテアトル・コメディは、四月二十四日に仁寿講堂で二回目の公演を持った。出し物は『愉しき哉人生』(アシャール作、長岡輝子訳、金杉惇郎演出)。前回公演の出演者らに牧マリらが加わった。

第三回公演は六月二十五日に朝日講堂で開催され、『じゃじゃ馬馴らし』(ピエール・ヴェベル作、長岡訳、金杉演出)が上演された。これは短歌作品社等が主催した『夏のヴァラエテ』という催しに賛助出演したもので、当日は土岐善麿らの講演やサトウ・ハチローや徳川夢声らの漫談に、映画が上映された。

この公演の後、金杉惇郎は劇団宣言とも言うべき「テアトル・コメディの行くべき途」を発表した。図らずも三回も公演をつづけてきて、言わば本気になったのである。フランスの芝居だけを、それもわが国に未紹介のものを優先したいと述べているのが最大の特色で、この裏には従来の新劇がドイツとロシアの芝居に傾き過ぎたという思いがあった。同時に劇団のマークもギリシヤ演劇のコメーディアの笑っている白い仮面の両側に、赤と青を配したものに決まった。松山崇のデザインで、七宝焼の指輪にして劇団員に配った。

十月八日と九日、仁寿講堂ではじめて二回の四回目の公演を持ち、『世界で一番美しい瞳』(ジャン・サルマン作、長岡訳、金杉演出)と『自由の重荷』(トリスタン・ベルナール作、岸田國士訳、野村葉三郎演出)を手掛けた。この時は植草甚一(のちの評論家・エッセイスト)が裏方として手伝った。また、この舞台を見て東京高等学校(現・東大教養学部)の仏文科の学生だった山辺道夫が、劇団の文芸部に入った。金杉と長岡の恋も進み、結婚を意識するようになっていた。

昭和七年二月六日と七日、仁寿講堂で劇団創立一周年記念の第五回公演を持ち、一日二回『アメデと靴磨台上の諸君』(ジュール・ロマン作、岩田豊雄訳)の松山崇演出による再演と、『英語の先生』(レージ・ジニェ作、長岡訳、金杉演出)を上演した。後者で文化学院のバスケット部のメンバーだった北沢彪《ひょう》がデビューした。このころには劇団員が四十人ほどになっていて、パンフレットには次のような今日出海の一文も載った。

私は過去において、劇団の汚なさ、煩わしさを知っている。この手におえない煩雑と人事関係の神経的な折衝、いわゆる芝居者の狡猾無知、こんなことが目まぐるしく私たちの周囲に回転するのに閉口する。この点、テアトル・コメディは少なくとも芝居を理論化することなく、興行化することなく、芝居そのものを楽しんでいる姿が、私には羨ましく思える。だが船出して一年以上も経過すれば、この内部的な幸福にばかり浸っているわけにはいかない。

今少し冒険を敢行してほしい（演技的にも、舞台装置その他）、でないと小さく固まる恐れがある。金杉君にしろ、長岡君にしろ、森（雅之）君にしろ、豊かな才能を持っていることは、見物は迅《と》く了解している。テアトル・コメディが多少とも一般から好評であり、好印象を持たれているのはそののびのびした雰囲気と、それぞれの才能のひらめきと一種のタンペラマン（体質）である。これは重大なことがらで、成長へ、完成への欠くべからざる要素である。私は「心座」において、「蝙蝠座」において数度失敗してきたが、その失敗はテアトル・コメディにおいて充分補われている。だからこそ私は気息奄々たる新劇界に平然と立っているテアトル・コメディが充分に地方的一地位に甘んずることなく、堂々発展を望んでやまないのである。（長岡輝子『ふたりの夫からの贈りもの』より）

揶揄的に「お坊っちゃんお嬢ちゃん劇団」と言われながらも、テアトル・コメディに関心を持つ人が徐々に増えてきたのである。

四月二十九日、仁寿講堂で一日二回の第六回公演を開催、『英語は話すと云ふものの』（トリスタン・ベルナール作、長岡節子《みさおこ》訳、高木次郎演出）と『恋愛株式会社航路《ライン》』（クロード・アンドレ・ピュゲ作、長岡輝子訳、金杉演出）を上演した。前者の訳者はアテネ・フランセに通っていた長岡輝子の妹で、『英語の先生』以来岡美佐子という芸名で舞台に立つようになっていた。高木は劇団創立からの参加者で、これまでは演出助手や舞台監督などをしていた。

この公演に長岡輝子は出なかった。五月に金杉惇郎との結婚が決まり、準備に忙殺されたのである。

二人は予定通り東京会館で結婚式を挙げた。結婚したら芝居をやめるという条件が金杉家から付けられて、その替わり医学関係専門の印刷所を二人にやるから、その経営に当たれとの指示があった。が、金杉も長岡も芝居をやめる気はなく、毎月印刷所から一定の金をくれればすべてを主任に一任という形を取って、演劇活動をつづけた。この前後に金杉は、創作劇をも上演していくと方針を変えた。

## 飯沢匡の文芸部加入

第七回は仁寿講堂で六月二十五、二十六日の二日間三回の公演で、『懐を傷めずに』（トリスタン・ベルナール作、岸田國士訳、松山崇演出）と『芝居は誂向き』（モルナール作、鈴木善太郎訳、金杉演出）を手掛けた。後者はフランス以外の戯曲を上演した最初で、この時から長岡は長岡輝子と名乗りはじめた。ほどなく文芸部入りする飯沢匡がテアトル・コメディの舞台を観たのも、これがはじめてだった。

貴族院議員で警視総監や台湾総督を務めた伊沢多喜男を父に持つ飯沢匡は幼少のころから劇場に出入りし、中学時代は築地小劇場の熱心な観客だった。武蔵高校に進んだものの、嫌いな科目は放棄した上に胸を病んで療養生活を送るようなことが重なって、留年の末に放校になった。放校になると文部省令下の学校には行けないという規則があった。

両親を安心させるため一応は学校と称するものに通った方がよいと思って、文化学院を選んだ。文化学院は文部省令によらぬ特殊学校に属していて、丁度私が武蔵高校を放校になった年に、大学部を創設して文学部に菊池寛が部長として乗出し、輩下の横光利一、川端康成、などいわゆる新感覚派と称していた当時の文壇の新進を率いて入って来たのである。（飯沢匡『権力と笑のはざ間で』）

昭和五（一九三〇）年のことで、飯沢匡——当時は本名の伊沢紀《ただす》——はデザイナーになるべく美術科に入った。このころの伊沢を同窓の評論家の戸川エマはこう書いている。

はじめてお目にかかったのは、私が文化学院文科の三年になった春だった。その年、一年に入学した数多くの学生のなかには東京の有名私立大学に入学したのに、文化学院にきてしまった有能な人たちもあった。昭和五・六年になると、他の大学はみな配属将校がいて、軍事教練に出席しなくてはならず、それがいやさに、文部省令によっていない、従って軍事教練のない文化学院に入学した男性もあったわけである。この年美術科に入学したのが伊沢氏と私の夫となった高木（一郎）であった。

（中略）もちろん同人雑誌も盛んであったが、この一年生から数人の同人が加わり、飯沢さんは美術科であったが、高木とともに『午前午后』という同人雑誌に加わった。

（中略）東大（当時は帝国大学）にも楽に入学出来るような高等学校から、あっさり文化学院の美術科にきてしまったのだから、両家の母たちは相当驚いたらしい。ところが二人とも在学中に二科展に入選するし、『午前午后』には作品を発表する有様で、文化学院のよさをフルに利用した。飯沢さんの『画家への志望』もこの同人雑誌にのせたのが最初である（注＝昭和七年七月）。それと前後して、金杉惇郎氏、長岡輝子さんの主催《ママ》したテアトル・コメディが文化学院の一室をけい古場として使ったりした関係上、私がごく自然のなりゆきで先ず文芸部に入ってパンフレットの作成や一幕ものを訳したりしはじめた。つづいて飯沢さんたちも文芸部に入った。（「文化学院時代」『悲劇喜劇』昭和五十四年一月号）

『近代劇全集』などでモルナールの戯曲を愛読していた飯沢は、テアトル・コメディが『芝居は誂向き』（原題は『城の中の芝居』）を手掛けると聞いて、それまで馬鹿にしていたテアトル・コメディの舞台を観に、しぶしぶ仁寿講堂へ行った。

男は全員貸衣裳屋から借りて来た燕尾服を一着に及んでいる。（中略）舞台上には大きなグランドピアノがあり、白髪の執事が出て来たり、当時左翼演劇全盛時代にしては貴族的な雰囲気が出ていた。

これから貴族主催の夜会が催されるという時点で、それに呼ばれたオペレッタの作者二名（これは共作者のコンビ）と、二人が見出した天才的な若い作曲家の三人と、同じく招待された有名な女優（これは今、作曲者と恋仲）、そこに三角関係が生じるという筋だが、この共作者の二人の老人たちが、うまく立廻って一旦危なくなった作曲家と女優の間を元の鞘に戻して一件落着という、いうなら他愛もない筋なのであるが、この老人たちの策略が巧智に長けていて大いに笑わせるのであった。

もちろん共作者たちは、この作曲家がノイローゼになると、折角みつけた才能を発揮させる機会を失いドル箱を失うことになるので必死なのである。

一方、役者は色悪の腕前を発揮して女優の心をかき乱して旧の関係に戻そうとする。一方、年若く情熱家の作曲家は、二人の俳優たちの睦言を立ち聞きして絶望に陥り、自殺しかねまじき勢である。

そこで一計を案じた老作家の一人のシャンドール・ツライが二人の睦言はあれは即興劇の練習をしていたのだと作曲家を言いくるめる。しかし、そのためには実際に夜会の客たちの前でその即興劇をやらなくてはならない。

ところがその睦言たるや相当際どいもので「このうっすらとした毛」とか「この柔かい瑞々しいピンク」とか、随分と決定的な言辞を弄して、どうしてもベッドの中のやりとりとしか思えないのである。

ところが、ツライ老人は一晩かかってこの睦言をちゃんととり入れた一篇の即興劇を書き上げ、いやがる男優を脅迫して暗記させた上稽古をさせる。この稽古を作曲家が見れば睦言ではなかったと納得するわけである。

この即興劇なるものが残酷な領主が園芸の改良種に熱心な人物という設定で「このうっすらとした毛」とか「この柔かい瑞々しいピンク」とかいうのは桃の新品種の形容詞だったことになるのである。桃とは考えたものだが、高級艶笑譚的で実に面白かった。

そしてこの洒脱なツライ老人の役を故・森雅之がやったのである。（中略）

森雅之は東京の山の手育ちだけに地方訛は一切なく、このツライの洒脱さにぴったりで何ともいえぬよい味で、今までみた俳優と比較するとさしづめ築地小劇場の汐見洋といったところであった。汐見には下町風の語り口が残っていたが、森君にはまったくそれがなく酸いも甘いも嚙み分けた人生の達人というツライの役どころを美事に演じていた。

（中略）

そして実生活にはなく舞台にしかない仮構の世界の力強い面白味を体得したのであった。

それまでそういうものを僅かに映画という媒体で感じていた私だったが、目の辺り数米の先きの舞台で生きている人間が演じているその「嘘」を「実」にしてしまう面白さに私は全く感じ入ってしまった。（中略）

「日本にもこの程度の俳優が出て来ているなら日本の演劇も満ざらじゃないな」とこの時思ったのが私が新劇の道に入るきっかけとなった。（飯沢匡・前掲書）

『芝居は誂向き』一つを見ても、テアトル・コメディがいかに異色の路線を歩んでいたかがよく分かる。この舞台に触発された飯沢匡が『画家への志望』を書いて『午前午后』に発表すると、金杉が飯沢に面会を申し込んできた。金杉に会うと喜劇を書けるから大いに書けと励まされ、ほどなく飯沢はテアトル・コメディの文芸部員になった。

一方、『画家への志望』は『劇作』の戯曲評でも取り上げられ、同誌から飯沢は新作を依頼された。早速脱稿したのが『藤原閣下の燕尾服』で、これは『劇作』の昭和七年九月号に掲載された。飯沢の父が何度も入閣交渉を受け、そのたびにマスコミが騒ぎ立てたことをヒントに、大臣病患者の一家を描いた一幕の喜劇だった。そしてこれを歌舞伎俳優の集団が初演した。

雑誌が出ると飯沢は菅原卓《たかし》から電話で呼び出され、市川莚升が組織する無型劇場の旗揚げ公演の出し物の一つに、これを選んだと告げられた。莚升と言われても飯沢はまるで分からず、上演を承諾して経緯を話した金杉から、二代目市川左団次の弟だと知らされた。が、自作の初上演にもかかわらず、飯沢にはまったく感激がなかった。歌舞伎俳優の新劇運動に懐疑的だったからである。

そんなことで私は余りに期待もせず本読みに一回立会っただけで公演に出かけた。すでに本読みの時から私の歌舞伎界への蔑視が誤りでないことが立証されてしまった。つまり私が何度も繰返していったように、私の身辺ですら江戸時代の延長であったのが、歌舞伎という保守的な世界では色濃くその伝統が持ち続けられていたのである。『藤原閣下……』には乳母（通常語では「ばあや」）が登場するが、これは老女形役者の何とか左ェ門という芸名の老優がやった。その人は全く平気で歌舞伎調で山の手の「ばあや」の白《せりふ》をいい、勝手に歌舞伎調に白を直してしまうのであった。例えば「我が党に大命が降下して」という白も「我が党に大命降下なし」というのである。私は菅原氏が注意するかと待っていたが、氏は別に何ともいわなかった。菅原氏も遠慮したのか、私は最初から絶望していたから一言も注文をつけなかった。

そんなことで私はこの菅原氏が、こんな劇団のために私の作を撰んだことにも大きな疑問を持ってしまった。（飯沢匡・前掲書）

無型劇場の公演は昭和十二年九月二十七日から二十九日まで飛行館で開催された。菅原卓演出『藤原閣下の燕尾服』のキャストは市川米左衛門の藤原閣下、市川莚升のその息子、尾上梅助の女中頭などだった。が、無型劇場はこの一回の試みで終わった。

ところで、テアトル・コメディは十月八、九日と仁寿講堂で第八回公演を持った。『かくて芝居は……』（サッシャー・ギトリー作、戸川エマ訳、内村直也演出）と『友情』（ミシェル・ムルゲ作、長岡輝子訳、金杉惇郎演出）。後者はウィーンから帰国した尾高尚忠が音楽を担当し、これを機にテアトル・コメディの音楽部に籍を置いた。ほどなく尾高は長岡節子に急接近し、やがて二人は結婚した。

昭和七年最後の公演は十二月一、二日の飛行館で持たれ、『我が家の平和』（ジョルジュ・クールトリーヌ作、岸田國士訳、高木次郎演出）と『ル・トルアデック氏の放蕩』（ジュール・ロマン作、岩田豊雄訳、金杉演出）が上演された。が、はじめて飛行館のホールを使ったものの雰囲気が合わず、ここでの公演はこれきりだった。岸田國士の感想。

（前略）さて、そこで、十二月の同劇団公演であるが、一つは私の訳になる『我家の平和《ママ》』、一つは友人岩田豊雄君の名訳『トルアデック』、共に、相当の興味をもつてその二日目を見た。

『我家の平和《ママ》』は、最初から無理な出し物だと思つたが、果して、不成功。私の予想もしなかつた欠陥が眼について、ただ茫然とするより外はない。金杉――長岡のデュオは、まだこの「生活の味」をこなし切れないことが最大原因でもあらうが、少くとも、あの写実的科白の堆積から滲み出るファンテジイ、日常茶飯のビュルレスクは、「文学的に」誰でもが捕へ得る程度のものである。それを、あの程度まで逸して、どこに、俳優としての面目があらう。私が恐れたのは、ただ、柄の問題だけである。さぞ、青年らしいトリエル、淑やかなヴァランチイヌが出来上ることであらうと思つてゐただけだ。殊に、私が意外に思ふのは、あの脚本のテンポを、何故にあのろのろとしなければならなかつたかといふことだ。不必要で不都合な、つまり見当違ひの「間」をやたらにおき、ために、作者の覘つた瞬間的ユウモアが無残に沈黙の闇中に葬り去られた。最も解り易い一例を挙げれば、ヴァランチイヌが里へ帰ると云ひ出して一度室外に去り、再び「百五十フラン」をねだりに来る場面の如き、たしかト書にもあつたと思ふが、「姿が消えたと思ふと、すぐ引つ返して」来るところに、芝居でなければ味へない可笑味があるのであつて、あそこに、もぞもぞと「間」をおかれては、全く作者クウルトリイヌは泣くのである。（中略）指定があつてさへこれである。厳密に云へば、一とせりふ一とせりふ、その言ひ方と「間」の取り方に私は文句をつけたかつた。（中略）

『トルアデック』に於ては、訳者はなんと云ふか、私は、あの翻訳でこそ、あれだけに行つたといふ感が深かつただけで、ジュール・ロマンの詩的諷刺は、教師をやじる中学生のやうに浅薄なものとなつてゐた。そして、私の退屈で無遠慮にされた眼は、偶然、俳優中の一二に、今度は出てゐなかつた森雅之君の「癖」を発見して、影響の恐るべきを思つた。

最後に、私の「好きだつた」テアトル・コメディイにも、今や、直面すべき危機が到来したことを告げておかう。苟くも、今後の成長を生み、新しい劇場人たる抱負を貫徹する上からは、どこかうは滑りをしすぎた感じが濃厚になつて来た。もう一度白紙にかへつて見事なスタアトを切り直しても遅くはあるまいと思ふ。（「テアトル・コメディイの二喜劇」『岸田國士全集』第二十二巻）

昭和八年は劇団創立三周年記念公演としての『ドミノ』（アシャール作、長岡輝子訳、金杉惇郎演出）が第一弾だった。二月十日から十二日までの仁寿講堂での三日間五回の公演。ドミノに金杉、エレルに北沢彪、ロレットに長岡輝子というキャストで、次のような劇評が出た。

暗い灰色の空気に閉ざされてゐた日本新劇室の天窓を開いてテアトル・コメディが覗かせた「面白い芝居」の空気が案外さっぱりした美しさを持ってゐないことを感じるのは僕ひとりでせうか。今まで金杉さんが度々発表された「面白い芝居」の弁はよく判ってゐるのですが、それが舞台に現《（ママ）》はされた時、「面白い」といふことが非常に末梢的な部分に卑俗化（よい意味でなく）されてゐるのと、それが純粋に演劇的な「面白さ」ではなくなってゐることが判ると、「面白い芝居」必ずしも面白からずといふ懐疑的な気持を抱かざるを得ないのです。

この感じは今度の『ドミノ』を見て一層深くなりました。戯曲『ドミノ』を読んで、聡明なる伊達者ドミノの颯爽たる活躍を中心に、アシャールが劇術の才を尽して描き出した清新な演劇的香気を「面白く且愉しい」と思った僕が、あの舞台に得たものは舌打ちしたいほど焦れったい幻滅でした。それといふのは「演技第一」を提唱される金杉さんにして、「面白く」見せる演出の重点を『ドミノ』の本質におかず、その附属物においてゐるからです。アシャールの『ドミノ』の「面白さ」をそのまま表現しやうと思ふのなら、何の必要があって、ヨーヨーを染色会社の社長に持たせたり、ト書にないアメリカ映画もどきの悪くどいギャグを使ふのですか。かふした「面白さ」はしかも『ドミノ』を歪めるばかりであり、又、金杉さん自身の――「此処は俺の趣向だよ」と言ひたげな演出は、徒らに芝居を解りにくくつまらなくするのみだ――といふ言葉と矛盾しないとは言へないでせう。こんなところから『ドミノ』に入って行かうとしたのが、ああまで明確に書かれてあるアシャールの「粋さ」の片鱗だに示し得なかった原因です。（辻久一『劇作』昭和八年三月号。倉林誠一郎『新劇年代記・戦前編』より）

金杉惇郎の提唱や演劇的言辞と舞台とのギャップは、この劇団の活動に関していつも言われた。メンバーの若さということもあったろうが、四月二十九日と三十日に仁寿講堂で持たれた第十一回公演も同様である。出し物は『ルイズ』（ジャン・ジャック・ベルナール作、長岡輝子訳、高木次郎演出）と『じゃじゃ馬馴らされ』というタイトルに変えてのヴェベルの

『じゃじゃ馬馴らし』（長岡輝子訳、金杉演出）の再演、そしてモルナールの『元帥』（鈴木善太郎訳、金杉演出）という一幕ものの三本。公演に先立って、金杉ははじめて演出プランを公表した。『元帥』の一部を再録する。

主眼点

モルナアルの芝居はワルツである。美しいがしかし物静かな、賑やかだがしかし淋しい、古めかしいワルツである。彼の芝居の後には常に緑色のダニューヴ河が流れてゐるのである。

此のアトモスフェルを感じないで、彼の芝居を演出する事は冒瀆であると共に、此の特異なかぐはしい匂ひを発散出来なかつたならば、その演出はすでに失敗であると云つても過言ではない。

私は何よりも先づ此処を力点として演出のタクトを取らなければならない。従って写実的手法の中に、その浪漫的な分子に対する多少の誇張と強調を忘れてはならない。（金杉惇郎「『元帥』演出覚え書」『四季の劇場』より）

登場人物をバリトン、ソプラノ、テノール、アルト、バスといったように、声柄によって区別している。が、演出プランとは反対だという劇評が出た。

六月十日から十二日までの仁寿講堂での第十二回公演には『扇』（ゴルドーニ作、有島生馬訳、金杉演出）を出し、結婚して女優をやめた長岡節子に替わって輝子の二番目の妹である長岡春子が、これまでのその他大勢という扱いではなく役らしい役を演じるようになって、山内久子と名乗りはじめた。森雅之が肺結核で療養生活を送るようになったのも、このころからだった。

第十三回公演（イヴァン・ノェ作、長岡輝子訳、金杉演出『テディ一座』、九月二十二、二十三日、仁寿講堂）を終えると、長岡輝子は妊娠・出産のために舞台活動を休止した。また、このころ、銀座・並木通りの三喜ビルの二階に事務所兼稽古場を借り、解散までここに拠った。銀座に事務所を持ったのも、テアトル・コメディのカラーだろう。

カラーと言えば、この劇団はもっぱら翻訳劇に取り組んできたにもかかわらず老人役以外は鬘を使わないのを原則にしていて、男優も女優も数寄屋橋の角にあったヤング軒という理髪店に行って、役に合った髪形に調髪するのを常としたのもそうだろう。ヤング軒は公演ごとにパンフレットに広告を出した。

第十四回公演（十月二十九、三十日、仁寿講堂）には『近衛兵』（モルナール作、鈴木善太郎訳、高木次郎演出）と『ホテル・

エデンの林檎』（麻生竜郎作、金杉演出）を出した。後者の麻生竜郎は菅原卓のペンネームで、作品は翻案ものである。そしてこの年最後の公演は『村で唯一人の泥棒』（トリスタン・ベルナール作、高橋邦太郎訳、劇団演出部演出）と『商船テナシティ』（シャルル・ヴィルドラック作、山田珠樹訳、金杉演出）の二本立て（十二月二、三日、仁寿講堂）。バスチャンを北沢彪が、セガールを三崎寅雄が、テレーズを山内久子が演じた『商船テナシティ』には、この劇団の今年一番の収穫だという評が出た。戯曲のよさも関係したろう。

## 創作劇の上演へ

昭和九（一九三四）年は仁寿講堂での『英語は話すと云ふものの』（トリスタン・ベルナール作、長岡輝子訳、高木次郎演出）の再演と、『二人と一人』（ドン・アミエル作、山辺道夫訳、金杉演出）の上演でスタートした（一月三、四日）。劇団創立四周年記念公演で、このころの劇団同人は以下の通り。

総務部＝江坂昇
演出部＝金杉惇郎、望月達雄、高木次郎、内田孝資
文芸部＝長岡輝子、戸川エマ、山辺道夫
演技部＝阿部健、芥川玲、石川啓一、金杉惇郎、北沢彪、三木利夫、三崎寅雄、宮下意無、森雅之、杉明、大原嘉、鴻賀喬、山下登、長岡輝子、牧マリ、水口元枝、山内久子
美術部＝池上直樹、北川勇、高木一郎、宇佐美一、渡辺豁
衣裳部＝川澄公明
照明部＝藤本道雄、宮地抗一
効果部＝森島公郎、仁木武之助、内田二郎
写真部＝井上綱
企画部＝遠藤知二、川瀬健、中村重嘉
経営部＝前川篤二郎

築地小劇場に初進出した第十七回公演（四月二十四〜二十九日）の劇評を挙げる。『愉しき哉人生』の再演である。

『テアトル・コメディ』は築地小劇場に初出演して、六日間の長期公演を行った。従来のこの一座が僅か二日ばかりの公演で、所謂連中芝居をやってゐたのに比して、更に多くの新劇ファンを抱擁せんとするこの試みは、只にこの一座のためのみならず、一般新劇界のためにも喜こばしい事である。

だしものはマルセル・アシャールの『愉しき哉人生』（長岡輝子訳　金杉惇郎演出）であった。ステエヴ・パッスウルの言葉を借るならば「彼の脚本には、どれにもこれにも皆嫌な人物が出てきて、ありさうにもないシチュエーションの中でじたばたしてゐる」（雑誌テアトル・コメディ、第八号、山辺道夫訳）さうである。パッスウルが如何なる意味で嫌なといふ言葉を用ひたか知らないが、私の無智の直観をもってすれば、少くともこの戯曲には嫌な人間が出てくる様には思はれない。例へば主人公のシャルマーギュやミキは無論のこと、後見人のオオベルにしたって嫌な人間とばかりはいへない。嫌な所か、各々の人物がアシャールの涙のオプティミズムをもって塗りつぶされた所に、ストーリーの憂鬱と陰気とを超越して、随所に「愉しき哉人生」と呼びたい喜悦の存在することを否定することは出来ない。しかしパッスウルの「ありさうもないシチュエーションの中でじたばたする」といったのはけだし名評である。例へばミキのおかれたシチュエーションだって算盤をはじいて物を言へば「みんな嘘だ」といったって差支へないやうに思はれる。だがこの嘘を芝居へもってきてどこまでも真実らしく装ひ、遂に普遍妥当性をもたせてしまふアシャールの大胆にして巧妙な技巧（さうしてそれは単なる技巧ではない）には一応頭を下げてもよいやうな気がする。

さて舞台上の成績はどうだらう。金杉惇郎氏の演出には全体に戯曲のエスプリを適確に舞台化さう《ママ》とする努力は分かる。その上私がいつも僭越にも苦言を呈してゐる新劇を面白くしようとする意図のはきちがえが殆どこの演出には見出されなかったことは甚だ喜こばしいことである。

北沢（彪）のシャルマーギュは相当かへる。どことなく「詩人肌で善良で世事に疎く、何処か間抜けがしてゐて愛すべき人間である」（畏友川島順平の言葉を借りると）シャルマーギュを割りにゆったりと表現し得たが、まだ陰影に乏しいうらみがないでもない。この若い俳優に私はあまり多くを求め過ぎるかも知れないが、身体からにじみ出るペイソスとユーモアがもっと〳〵ほしい。しかし全体的にあれだけの出来ばえなら相当にほめてよいだらう。山内（久子）のこれもまた大役で完璧を求めるのは無理な話だが、アシャールの嘘を真実として生かしきれなかった恨みがある。例へば第一幕でステファンとの恋を金故と悲観して家出をする所、大詰で浮浪人達の生活にどうしても融合することが出来ないで、夜の巷へさまよひ出る所なぞ、心理描写に多くの物足りなさを感ぜざるを得なかった。

然し此女優のナイーヴな所には好感がもてたし、将来を期待されてよいと思ふ。三木（利夫）のステファン、金杉のプリッ等々には別にいふこともない。

「テアトル・コメディ」も既に十七回の公演を持った。お坊ちゃん達のディレッタンティズム芝居位だと考へられてゐたらしいこの劇団も、群少新劇団を一歩抜いて、既に一個の独立した新劇団にまで成長した。ともかくも「築地座」「美術座」「新築地」等々と同列に位すべき新劇団として批評の対象となり得たことは誠に結構なことである。この意味から率直にいふとこの一座はまだ〴〵俳優の演技といふ点に於て右の諸劇団と同列にまでいってゐないといへる。俳優の演技、俳優の芸——この修練こそ「テアトル・コメディ」焦眉の務でなければならないことを切に申上げておきたい。（『新演芸』昭和九年六月号・大山功。倉林誠一郎『新劇年代記・戦中編』より）

三月に出産した長岡輝子は第十八回公演（六月十五日〜十七日。仁寿講堂）から舞台に復帰した。『寂しい人』（ヴィルドラック作、岩田豊雄訳、高木次郎演出）と『ウィーク・エンド』（ノエル・カワード作、山辺道夫訳、金杉演出）。後者は『花粉熱』のタイトルで知られる。本邦初演。第一次世界大戦後の崩れゆく社会秩序と市民生活の推移を老劇作家（北沢彪）とその妻の老女優を軸に描いたカワードの戯曲はこの劇団に適していると言われながらも、またしても俳優の演技力不足を指摘された。

この後第十九回公演の『男の中の男』（パトリック・カーネイ作、山辺道夫訳。九月二十四、二十五日）と第二十回公演の『三角の月』（ガートルード・トンコノジー作、後藤望訳、十月二十四、二十五日）と、つづけてアメリカのリアリズムの戯曲を取り上げた。いずれも演出は金杉で、場所は仁寿講堂。ファンタジーやペーソスを大事にしてきた劇団がなぜリアリズムの戯曲を選んだのかということについて、金杉は機関誌で新しい技術を習練するためだと述べた。が、従来の路線と変わらないといいなされた。

第二十一回公演（十二月一、二日。仁寿講堂）ではじめて創作劇に挑戦した。これについても金杉惇郎は演技の勉強のためだと述べ、こうつづけた。

ではその急務を何故今迄延ばして来たか。答は甚だ簡単である。やりたいものがなかったのである。しかし先きにも述べた様に、今はそれの現はれるのを待つてゐる時ではない。

作品は、自分達で書く。自給自足でやって行くのである。（中略）

私達の創作劇は、主として都会山手の知識階級に材を取り度い。此の事は非度く偏狭に思はれるかもしれないけれども、日本の創作戯曲は、余りにも下町趣味と田園趣味に終始しすぎてゐる。社会組織の上から山手知識階級がどんな位置にあるか私は知らないが、文化の中心をなしてゐる事は否む事が出来まい、そこには最も清新な思潮がある。鋭敏な感覚がある。複雑な感情がある。（「創作劇への準備」『四季の劇場』より）

この時は『赤い屋根の下』（寺崎亨作、山辺道夫演出）、『藤原閣下の燕尾服』（伊沢紀＝飯沢匡作、望月達雄演出）、『濤声』（太田咲太郎作、金杉演出）と一幕もの三本を並べた。前年に文化学院を卒業し、東京朝日新聞社に入社した飯沢匡は三年間の仙台支局勤め時代だったから、この公演は見なかったらしい。が、折角の試みも、スケッチ程度の作品ばかりとさしたる反響もなかった。

年が明けての第二十二回公演（昭和十年二月二、三日。仁寿講堂）は『ジャン・ド・ラ・リュンヌ』（アシャール作）の再演に『手を挙げろッ！』（ベルナール・ジェルヴェイズ作、大森啓助訳、高木次郎演出）を併演、第二十三回公演（三月三十一日から四月一日。仁寿講堂）は『マルチイヌ』（ジャン・ジャック・ベルナール作、岸田國士訳、高木次郎演出）と『ドモ又の死』（有島武郎作、金杉演出）を三木利夫のドモ又で上演した。そして矢継ぎ早の第二十四回公演（五月三十、三十一日。仁寿講堂）に再度一幕ものの創作劇三本を出した。『兄弟』（後藤望作、高木次郎演出）、『涼廊』（中村正常作、金杉演出）、『運を主義にまかす男』（岸田國士作、金杉演出）。中村正常（女優の中村メイ子の父）は岸田國士門下の劇作家で小説家。劇評を挙げる。

第一の後藤望作『兄弟』一幕はおくれて行って最後の幕切れを一寸見ただけで何とも云へない。第二の中村正常作『涼廊』二場はエゲツない代物、アカ抜けがしてゐない。どうも岸田國士の亜流といったところが多分にある。長岡（輝子）のメメ子は末梢的に技巧だけにとらはれてゐる傾きがある。牧（マリ）の刀自は例によって癖はあるがまづ無難。

最後の岸田國士作『運を主義にまかす男』三場は一席のお話であり落語？　で、ほんの思ひ付きを、岸田氏一流のドラマツルギーで器用にまとめたもの。即ち「果報は寝て待て」を主義とする男と「犬も歩けば棒に当る」を主義にする男とがたまたまある日主義に反して「寝て待て」が出かけて「棒に当る」が家にゐると思はぬ金にありつくといふお話である。演出は大変成功といへるが、もう少し荒いタッチにした方が効果的だったらう。金杉（惇郎）の飛田と三木

（利夫）の底野が達者にやってゐた。（K生「東京朝日新聞」昭和十年六月四日号。倉林誠一郎『新劇年代記・戦中編』より）

劇団とともに歩む劇作家を持てない不幸がこの結果だろう。

## 金杉惇郎の死

第二十五回公演（九月三十日から十月二日。仁寿講堂）に『ペトリウス』（アシャール作、長岡輝子訳、金杉演出）を上演した後、テアトル・コメディは新築地劇団、築地座、創作座、新協劇団とともに新劇コンクールに参加した。第二十六回公演（十二月十二日〜十五日。築地小劇場）がこれで、出し物は『画家への志望』（伊沢紀＝飯沢匡作、内田孝資演出）と『お人好しの仙女』（モルナール作、飯島正訳、金杉演出）。

『画家への志望』は残念乍ら成功したとはいへない。演出に統制がない、相当に面白い脚本でありながら、惜しい。それに俳優諸君がなんとなく翻訳劇を演ってゐる感じがしたが、これはこの劇団の俳優として大いに研究の余地がある。『お人好しの仙女』は近頃愉しい芝居を見せてくれた。勿論モルナールの味を、面白さを、十分に生かし得たといふのではないが――。これを生かす為には、この劇団は演出をもう少し研究し同時に俳優諸君の芸にもっと磨をかけなければなるまい。細心な注意をもってデテールをもっと写実に、しかも軽妙洒脱にやらなければ、このデリケートなモルナアルの芝居は生きて来ないだらう。それにしても長岡輝子の仙女ルゥは一等の出来栄えであった。但し二日目だといふのに台詞がはいってゐないのは困る。（中略）北沢彪のシュボオルム博士、牧マリのカロリンは先づ無難、金杉惇郎のコンラアドは達者ではあるが、何となく安っぽく一工夫を要する。（K生「東京朝日新聞」昭和十年十二月十六日号。倉林誠一郎『新劇年代記・戦中編』より）

長岡輝子によれば、金杉は劇団の年内解散を決めていたというが、なお二回公演した。

第二十七回公演（昭和十一年二月二十一日〜二十三日。築地小劇場）＝『別れも愉し』（ジュール・ルナール作、岸田國士訳、金杉演出）と『演劇の黄昏』（アンリ・ルネ・ルノルマン作、山辺道夫訳、金杉演出）

最後の第二十八回公演（五月七日〜十日。築地小劇場）。全スタッフ・キャストを書く。

『女中あい史』（阿木翁助作、金杉惇郎演出、北川勇装置、内田孝資監督）＝おうめさん（長岡輝子）、すみれさん（豊島玉江）、お芳さん（水口元枝）、旦那様（鶴賀喬）、奥さま（牧マリ）、坊ちゃん（竹川燦太）、お嬢さん（北沢和子）、左膳さん（三木利夫）、武田君（谷隆彦）、炭屋の小僧（五百旗頭《いおきべ》克二）、魚屋（古荘邦三）、小使と称する男（十朱久雄）

『マリアンヌの気まぐれ』（アルフレッド・ド・ミュッセ作、山辺道夫訳、金杉演出、松山崇装置、宇佐美一衣裳、内田孝資監督）＝オクタアヴ（北沢彪）、セリオ（三木利夫）、クラウディオ（十朱久雄）、マリアンヌ（長岡輝子）、エルミア（吉井奈津子）、ピッポ（牧繁夫）、テイビア（五百旗頭克二）、マルヴォリオ（鶴賀喬）、旅亭の給仕（谷隆彦）、刺客（古荘邦三）、侍女（青木伊佐子）

『女中あい史』はこの年の一月に新宿のムーラン・ルージュが初演して評判になった作品で、金杉があえてこれを取り上げた意図を長岡輝子は「同じ芝居をやることによって、どちらかといえばムーラン・ルージュのドタバタ喜劇とテアトル・コメディのオーソドックスな喜劇の違いを明確にしたかったらしい」と推測している（『ふたりの夫からの贈りもの』）。ムーラン・ルージュ入りした詩人の菊岡久利の橋渡しもあった。劇評を挙げる。

『女中あい史』はこの劇団として一通り成功してゐた。作品は才のきいた脚本で、内容が生活にそくしてゐるだけに面白く見られた。しかもかつてムーラン・ルージュで上演された時よりも上品になってゐたが、芸の未熟は残念乍ら舞台を引きしめてゐない憾みなしとしない。装置は要を得てゐた。演技では長岡輝子の女中おうめが、わざとらしさはあるが一番出来がよい。演出の方法によっては効果的な最後の「自由を我等に……」の独唱は一寸耳ざわりであったが、豊島玉江のすみれが竹川燦太の得助と共に素直でよかった。三木利夫の左膳、牧マリの奥様は唯無難の程度ではえなかった。

これにくらべて『マリアンヌの気まぐれ』は退屈でたゞいたづらに美辞麗句を聴かされただけであった。『女中あい史』を選んだ劇団が、どうしてこんな芝居を選んだのか、気が知れない。脚本選定の方針があるのかないのか疑ひをもつのはおそらく筆者ばかりではあるまい。（K生「東京朝日新聞」昭和十一年五月十二日号。倉林誠一郎『新劇年代記・戦中編』より）

テアトル・コメディは五月三十一日に声明を出して解散した。このことについて金杉惇郎はこう書いている。

テアトル・コメディは昭和六年二月十日、当時の慶応の学生等を主体に純然たるアマチュア劇団として生れた。これは当時の新劇を教室の如く固苦しいものにし、俳優を尊重しようとしなかつた築地小劇場の非娯楽説演出万能主義に対抗する築地小劇場への反動的訂正的な運動であつた。従つて便宜上、築地小劇場のかつて取上げなかつた仏蘭西近代劇を取り上げたのである。

結成後五年、其の間自分等はこの信念の下に正しい新劇の為の運動をして来た。自分等は自分等の今日迄の歩みに少しも後悔をしてゐない。寧ろ、嘗て自分等が反抗し続けて来たこれらの偏狭な要素が現在に於て排撃されつゝあるといふ事実に、（それが全部自分等の力であるなどと自惚れはしないが）テアトル・コメディが一つの力たり得た事を喜びとしてゐる。所がテアトル・コメディは現在の新劇運動に疑ひを持つと云ふよりも（全然持たない訳ではないが）二ケ月稽古して僅か四日間の公演をするだけであると云ふ事が俳優を向上させ得るものであらうかといふ疑問にぶつかつたのである。

（中略）

この解散はもと〳〵自分の提案に依るもので討議の上一同の賛成を得て解散式をあげる運びとなつたものである。

（中略）

又他面的にはテアトル・コメデイは第一期的運動を終へたからとも言える。つまり築地小劇場への反動としての自分等の運動はこれで打切らねばならぬのである。いつまでも反動でゐるべきではない。自分等はまた現在の新劇のあらゆる形態に不満を持つ。不満を持つが故に新しい形態への飛躍の為に自分等は大衆の中へ入つて行かうといふのである。解散後幾年かの後自分等は一緒になるつもりである。その時自分らは新しく第二期的完成のための再出発を行ふのである。（「第二期的完成へ」『四季の劇場』）

金杉のつもりでは一時的な解散だった。が、テアトル・コメディが再発足することはなかった。ほとんどだれもが関心を持たなかったフランスのブールヴァール喜劇を精力的に、積極的に取り上げたところにこの劇団の最大の特色があった。が、それだけに孤立し、メンバーの友人・知人関係を大きく超えて、多方面から興味を持たれることはなかった。その中で長岡輝子をはじめ森雅之、飯沢匡といった人材を生んだことが、テアトル・コメディの功績だろう。中心にいた金杉惇郎はすぐ後で触れるように夭折したので、演出家としても俳優としても一般的な、社会的な認知を得るまでにいたらなかった。

さて、商業劇場に入るとの言葉通り、金杉はこの年の六月にムーラン・ルージュの文芸部員になった。ムーラン・ルージュ時代の金杉の活躍は、拙著『日本現代演劇史　大正・昭和初期篇』(白水社刊) のムーラン・ルージュの項を参照していただきたい。金杉がここから身を引いたのは、昭和十二年の三月だった。

この一方、PCLや松竹に入社したテアトル・コメディのメンバー以外の、喜劇の上演をつづけたいという主として学生だった旧劇団員を集めて六月座というグループを立ち上げ、金杉はここで演出した。やっと健康を回復した森雅之もここに出た。あい前後して友田恭助から新しい劇団結成の誘いがあり、金杉惇郎・長岡輝子夫妻と友田が森雅之の家で会談した。

そんなことがあって間もなく、金杉は蒲田の友田邸で、夜遅くまで二人で作る劇団の計画を練っていた。(中略) 男優は、友田恭助、森雅之、三木利夫、中村伸郎、黒井洵、女優は田村秋子、長岡輝子、杉村春子、牧マリ、堀越節子とある。これが東京宝塚劇場の原稿用紙に書いてあるところを見ると、(昭和) 十一年暮、東宝劇団のお正月興行の『愉しき哉人生』を演出した後か十二年のお正月のころだと思う。(長岡輝子『ふたりの夫からの贈りもの』)

しかし、このころから金杉は体調を崩しはじめていた。長岡が説得して医者に診せると大腸カタルだと言われて昭和十二年の六月に入院、八月から九月にかけては軽井沢に転地療養した。その間に森雅之が見舞いに来たが、金杉の衰弱ぶりを見て、進行していた文学座結成の話をしないまま帰った。文学座結成を新聞が報じたのは九月の半ばだった。十月に帰京するやただちに再度入院した。大腸カタルの診断だったが実は結核で、菌が体中にひろがって喉頭結核の症状を呈し、声もろくに出なくなった。

十月のある日、友田恭助の戦死がラジオや新聞に大々的に報じられ、ニュース映画には戦死直前の友田恭助の映像が、どこの映画館でも放映されたと聞いた。私は極力彼の戦死をマッコー (注＝金杉の愛称) の耳に入れないように気を配っていたが、ある朝、回診に見えた若いお医者が、

「友田恭助、惜しいことをしましたねえ」

と口走ったことから金杉は友田恭助の戦死を知った。それを知ると、それまでろくに出なかった彼が、驚くような大声で、

「チクショウ！」

と口惜しそうに叫んだ。

それから、どんどん彼の病状は悪化して、十月二十五日の未明、彼の呼吸は止まった。

「今、死ねない」

と言うのが、声にならない彼の最後の言葉だった。（長岡輝子・前掲書）

金杉惇郎は二十八歳だった。長岡輝子の以後の演劇人生は、「今、死ねない」という夫の遺志を引き継ぐ覚悟の上で展開された。

# 第二十章　文学座

## 友田恭助の戦死

築地座の解散後、その名称で『にんじん』（ルナール作）を上演したのは築地座の項で触れた。昭和十二（一九三七）年の五月だった。この公演がなかったら文学座は誕生しなかったろうと、岩田豊雄は次のように書いている。

実際、あの時に〝にんじん〟をやらなかったら、文学座があのような形で生れたことも疑わしいし、まるで生れなかったかも知れないのである。というのは、この芝居に成功してから、友田がまた舞台に色気を起したのである。そして、私も、あれだけの芝居ができる人間が揃ってるのに、プロ（レタリア）派の跳梁に任すべきではない、という気になった。（中略）

私は、芸術派の劇団を、もう一度やりたくなった。しかし、岸田（國士）と私だけで始めれば、築地座の轍を再び繰り返す惧《おそ》れがあり、彼の理想家ヒステリーを封じるためにも、もう一人の人物の参加が必要ではないかと思った。その人物は、久保田万太郎以外になかった。

久保田万太郎は創作座の後援をしていたので、作家として真船豊、俳優として同座の一団を握っていた。また、新劇の元老としての位置は、岸田にも優っていた。そのうえ、彼は友田夫妻に反感があるわけもなく、むしろ創作座の役者たち以上に、愛情をいだいていることも、私は知っていた。私は、新しい劇団は、芸術派の世界の中で、できるだけ広い間口をとるべきだと考えた。

ある日、私は友田にその構想を語った。彼は非常な乗気を示した。私は、岸田は私が説くから、久保田万太郎は君が説けといった。そして、私たちは行動を始めたが、岸田は意外なほど話に乗ってきた。久保田万太郎一派と組むということに、難色を見せるかと思ったら、大賛成だった。私は、これなら大丈夫だと思った。なぜといって、久保田万太郎の方では、岸田と共に仕事をすることに、文句をいわぬことを、見抜いていたからである。

そういう情報を、私は友田とよく交換した。（中略）

とにかく話はトントン拍子に進み、ある夕、岸田、久保田、私の三人で、築地の八百善でこの計画の最初の顔合せをしたが、この時最も愉快そうだったのは、久保田万太郎だった。彼は（岸田も同様だが）私が友田とそれ以前に画策していたことを、知らないので、酔余、今夜のうちに友田夫妻を呼んで、すべてを申し渡そうといい出した。しかし、築地まで彼らがくる時間が待ち遠しいので、双方から品川遊廓の中の小料理屋の三徳に出向いて、会うことになった。

「ええ、私たちは、これから劇団を興すことにきめました」

なぞと、海の風が吹き込んでくる座敷で、酔った久保田万太郎が、わざと切り口上を用いた。友田は予定のプログラムが進行してるのだから、大いにニコニコしていた。ただ田村秋子だけが、何か同調しない態度だった。

「では、こういう場合、どうなるんでございますか」

彼女はそんなふうな質問をして、自分の態度の未決定を示すような様子だった。私は友田と彼女とは同意見で、新しい劇団に大乗気と思っていたのに、すこぶる意外を感じた。私は田村が築地座解散のアツモノに懲りて、ナマスを吹くのではないかと考えた。そして、私は新しい劇団における友田夫妻が、何等の責任なく、ただ演技者として参加してくれればいいのだと、いろいろ説明した。

田村は結局快諾もせず、また拒否というのでもない態度で、帰って行った。（「新劇と私」『岸田豊雄演劇評論集』）

九月六日に久保田万太郎邸で新しい劇団の下相談の会が開かれ、岩田、岸田、久保田をはじめ友田夫妻、徳川夢声、真船豊、川口一郎、三輪寿三郎、向坂《さきさか》丈吉が参集した。徳川夢声は岩田が「大人の役者」がほしいと参加を打診して内諾を得、岸田や久保田も賛成して正式に参加が決まったもので、真船も岩田が直接口説いた。新しい劇団名を岩田の提案で文学座としたのは、イデオロギー偏重の左翼演劇に対して、戯曲を大事にしたいとの思いが込められていた。岩田、岸田、久保田の三人が幹事になり、当番幹事はこの順番で六か月交替とする（最初の岩田の期間はこの年いっぱい）、旗揚げは十一月に一週間、田村秋子のノーラ、友田恭助のヘルメルでイプセンの『人形の家』、新訳を森本薫に依頼すること、併演に岸田作品の中から一本と決めた。

このあたりのことを創立メンバーの一人である杉村春子は、こう語っている。拙著『女優　杉村春子』から再録する。

**大笹**　そういう話（注＝文学座を設立しようという話）が起きるのが、昭和十二年の九月ごろ。

**杉村**　ええ、八月ごろから話があって、十月に新宿の宝亭で創立総会みたいなものをやりましたよね。宝亭って、武蔵野館の隣かなんかにあった（大衆酒場）……。そのときはもう友田（恭助）さんは応召してらしたんです。

**大笹**　九月の久保田邸での相談の日に赤紙が届いて、その翌日に入隊したんです。昭和十二年の七月に日中戦争が勃発しましたから。

**杉村**　新宿のときはもう上海に行ってらしたんじゃないかな。（中略）

**大笹**　文学座には変わったメンバーが参加するんですけど、徳川夢声さんが創立に加わるんですね。

**杉村**　これは岩田先生の……仲よかったですからね。芝居は、若いものばっかりでしたってつまんない、大人もやっぱり見なくちゃならないし、大人の役者がいなくちゃというので、徳川さんお誘いになったらしいですよ。

**大笹**　友田さんが兵隊にとられて間もなく戦死、そのことから田村さんが舞台に出るのは嫌だという話になって、かなり旗揚げまでごたごたしたみたいですね。

**杉村**　どうしても田村さんお出にならなかった……。もう切符も売り出して、稽古もはじめる段階だったですからね。客演に丸山（定夫）さんも汐見（洋）さんも皆さんお出になるはずだったらしいですよ。お稽古に入ってた。秋ちゃんはどうしても嫌だっておっしゃって。お骨も何も帰らないし、鯨幕《くじらまく》っていうんですか、黒と白の幕張りますね、あれがとにかく十二月過ぎまでずーっと張ってあったんですから、お骨が帰らないから。

**大笹**　友田さんが戦死するのは昭和十二年の十月ですね。

**杉村**　ええ、十月六日です。だから、それからずーっと張ってあったんですから。秋ちゃんが出なかったら、われわれは雑魚の集まりみたいなもんですから、東宝で買ってくれるわけないですよ。大変な烈士みたいになっちゃった。文化人の犠牲第一号ですからね、友田さんは。

**大笹**　戦死はね。

**杉村**　ですからもう大変なセンセーションですよ。週刊誌には出るし、「軍国の妻」みたいになっちゃったんですよ、田村さん。嫌で嫌でしょうがなかったらしいけども、だからよけい東宝では、やっぱり田村さん出なきゃだめだってことになったんじゃないでしょうかね。

**大笹**　東宝が後援することになってましたからね、文学座の旗揚げを。

**杉村**　そうです。有楽座ですからね。もう切符も売り出してたんです。岩田先生が、切符を持って売り歩いてらしたぐらい、最初積極的だった。

**大笹**　友田さんの戦死は、どこでお聞きになったんですか。

**杉村**　友田さんのうちで聞いたんです。映画を撮っていた大船（撮影所）からの帰りに友田さんのうちへ寄ってたんです、堀越（節子）さんと。（中略）夜ご飯食べて、あたしは泊まるつもりだったから、堀越さんと三人で話してたら、そしたら、もうそろそろ夜中ですよ、ベルが鳴ったんですよ、表の。それで、お手伝いさんが行って……友田さんのうちっていうのは、この前申し上げたように、大きなおうちでしたからねえ。そうしたら、「奥さまぁ、旦那様が！」って言って、声だか何だかわかんないような声出して走ってきたの。あたしたち、広い応接間にいたんですよ。秋ちゃんが表へ出たら、どこかの新聞社の人が、「友田さんがウースンクリークで戦死した」って。秋ちゃんがね、「五郎さんが戦死したって言うのよ、あれは嘘だ……」って。ああいう瞬間ていうのは、そこに居合わせたっていうのが不思議な感じがするくらい。（中略）

**大笹**　そういうことがあって、田村さんは結局はそのまま引退みたいな形になりますね。

**杉村**　ええ。

**大笹**　で、旗揚げのプログラムも変わりますね。結局は東宝も手を引きますよね。そして三人の先生方も、これでは文学座やっていけないというんで、なんとなく引く形になるわけなんでしょう。

**杉村**　ええ、もうやる気がなくなっちゃったの（笑い）。でもあたしたち、ほかにやるところもないし、文学座が残っていくかいかないかの瀬戸際みたいになっちゃったでしょ。これがばらばらになったら、あたしたち行くところがない。ですから、なんとしてでもこれは残してもらいたいっていうことで、それを先生方に実際行動をして見てもらおうってことですよ。

そのときはっきりそう思った人っていうのはいないかもしれないけども、木々高太郎《きぎたかたろう》さんが、ずっととても力入れてくだすってたんですよね。先生は、小説やラジオドラマなんかも書いてらしたんです。それで、先生にお願いして、とにかくみんなが一つで仕事ができるように、ばらばらにならないように、先生が二回連続かなんかのラジオドラマ書いてくだすったの。それが一つのつなぎになったと、あたしはそう思うの。もうほとんど知ってる人なんかいませんよ。そりゃ、NHKの記録をずっと調べると、木々先生ので何人かそういうのに出た……文学座で出たわけじゃないですからね。

で、あたしたちがぜひ勉強したいっていうことを先生たちにわかってもらいたいっていって、錦橋閣で第一回の勉強会を、その次の年のお正月にしたんですよ。

**大笹**　昭和十三年の一月ですね。

**杉村**　ええ。そのときに、小道具だのなんだの全部自分のうちから持っていってやって、自己負担というのは一人十五円でしたね。それで、お客様、来た人にただで見てもらっちゃ悪いからっておせんべとみかん配ったの（笑い）。中村（伸郎）さんなんか、お客が来ないといけないっていうんで、自分のうちの出入りの植木屋さんから何からみんな連れてきちゃったみたいですよ。そしたら、三人の先生方はむろんですけども、里見（弴）先生だとか鏑木清方《かぶらぎきよかた》先生だとか、見てくだすった。そのときに一番よかったのは、岸田先生の『紙風船』、森（雅之）さんと竹河（みゆき）さんがやって、それがとってもよかったようですよ。

**大笹**　文学座のメンバー見ますと、もちろん築地座の流れの人たちがたくさんいるわけですが、森雅之さんなんかはテアトル・コメディから入ってくるんですね。

**杉村**　そうです。

**大笹**　テアトル・コメディというのは、長岡輝子さんと、ご主人の金杉惇郎《じゅんろう》さんがやってらした、昭和六年から十一年まで続いた劇団ですね。三津田健さんは、岩田さんが誘われたようなんですけども、シェイクスピア劇をやってた地球座という……。

**杉村**　それから菊五郎劇団にいらした。

**大笹**　六代目尾上菊五郎が主宰していた日本俳優学校の劇団にいらして、そこから岩田さんの推薦で入ってらして、三津田さんと杉村さんがルナールの『別れも愉し』をやったのが勉強会の第一回で……。

**杉村**　そうです。それから『紙風船』と、久保田先生の『四月尽《しがつづくし》』、川口（一郎）さんの『二人の家』をやったんですよ。

**大笹**　これが実質的な文学座の旗揚げですけども、勉強会みたいな形で始まって、そして、十三年の三月に飛行館で

「試演」という形で正式に出発する。

## よちよち歩きの出発

中心俳優になるべき友田恭助の戦死、そのための田村秋子の「引退」があって、文学座のスタートはまさによちよち歩きだった。都新聞が文学座の結成を報じたのは九月十二日、宝亭での第一回の顔合わせの様子を報じたのは十月四日だった。この記事によれば、文学座の組織と構成メンバーは以下の通り。

幹事＝岸田國士、久保田万太郎、岩田豊雄

総務＝久保田万太郎、（宣伝部）林　𪊲《たかし》＝木々高太郎、（企画部）菅原卓、（庶務部）三輪寿三郎、（会計部）向坂丈吉

技術＝岸田國士、（脚本部）真船豊、小山祐士、岡田禎子、阪中正夫、（演出部）川口一郎、（演技部）友田恭助、田村秋子、森雅之、中村伸郎、黒井洵、田辺若男、宮口精二、長沢史郎、菱刈高男、徳川夢声、河村弘二、杉村春子、小野松枝、白田トシ、竹河みゆき、堀越節子、（装置部）伊藤寿一、（俳優養成所）田中千禾夫

俳優が自主的な勉強会を持った錦橋閣は料理組合の事務所で、三十三畳敷きの広間があった。『四月尽』に子役として出た奥野匡は、ここの息子である。奥野は長じて俳優になる。

正式な旗揚げ公演は昭和十三年の三月二十五、二十六の両日、飛行館で行われた。二日間の三回公演。弱体集団で「公演」とするのはおこがましいと、久保田万太郎の提案で「試演」と称した。出し物と全キャストおよびスタッフを挙げる。

『みごとな女』（森本薫作、辻久一演出、松山崇装置、穴沢喜美男照明、菱刈高男効果、戌井市郎・木下利秋舞台監督）＝堀越節子、竹河みゆき、中村伸郎、森雅之、小野松枝

『我が家の平和』（クウルトリーヌ作、文学座脚本部翻案、岸田國士演出、装置・照明・効果・舞台監督は右と同じ）＝徳川夢声、杉村春子

『クノック』（ジュール・ロマン作、岩田豊雄訳、阿部正雄〈久生十蘭〉演出、文学座美術部装置、伊藤寿一美術監督、照明・効果・舞台監督は右と同じ）＝仲みどり、三津田健、田辺若男、森雅之、河村弘二、宮口精二、小野松枝、杉村春子、水口元枝、中村伸郎、竹河みゆき、小山源喜

舞台監督の戌井市郎は河村弘二とともに創作座からの参加者で、開幕のチャイムを叩いた。記録では「文学座脚本部翻案」とある『我が家の平和』は、徳川夢声の翻案だった。ただし、夢声はせりふをまるで覚えておらず、プロンプターの

付けた通りにも言わなかったので杉村春子は大困惑した。劇評を一つ。

新協、新築地とは別な流れに沿つて新劇の道を歩まうとした築地座の、これはその後身とも見られる劇団である。メムバーの大方がさうだし、それに旧テアトルコメデイの人々が加はり、徳川夢声が異彩を放つてゐる、岩田豊雄、岸田國士、久保田万太郎三人の中、今期の当番幹事、岸田國士の責任になるもので、田村秋子は不出演「未だ修業中なので」いま暫く試演の形を続けるのださうだが、謙遜の中に何か観衆を選り好みすると云つた風な空気が感ぜられる、この辺り細かい心遣ひも何回かの試演の後世間に対する逃口上にならなければ幸ひである（中略）

『みごとな女』（演出辻久一）は未婚のあさ子（堀越節子）を中心に幼馴染の収（中村伸郎）と求婚者弘（森雅之）の台詞を弄ぶ心理遊戯、役者がそれを楽しんでゐるばかりで、一向に迫つて来ない、退屈だつたてゐた

『我が家の平和』（演出岸田國士）は徳川夢声と杉村春子の夫婦掛合ひの、争へないもので漫談調を抜けきらずいさゝか立体漫才染た、身についた芸には幅もあり、堂々たるものだが、結局いつもの夢声であり杉村春子は術《て》もなく圧されてゐた

『クノック』（演出阿部正雄）は第一幕目に自動車を出さず、初めの部分を少し省略してゐる。演出は大体岩田豊雄の「巴里コメデイ・デ・シヤンゼリゼェ座の芝居見たまゝ」をそつくりそのまゝ持つて来たらしい、着つけ、科《しぐさ》等悉くその指示に依つてゐるが、誇張した演技が旧築地小劇場時代の風刺劇に逆戻りしたやうな感じを与へた

三津田健はとも角此難役を辛じて乗切り懸命な努力のあとが見えた。それにしてもこの喜劇に出て来る登場人物の、何れも乾干びて一向に潑剌としたところがないのはどうしたといふのだらう。僅かに村の若者（中村伸郎、森雅之）だけが二幕の幕切れに軽い味を添えた（坊「都新聞」昭和十三年三月二十八日号）

終演後とは言え新聞劇評が出たのは、三幹事のネームバリューと、築地座の後身との認識があったからだろう。有料入場者千二百六人、三十七円余の収益があり、半額を積み立て、残りを座員に交通費として分けた。

この時のプログラムに三幹事連名の創立の挨拶が載った。言わば文学座宣言である。

（前略）われわれは、姑息と衒学と政治主義とを排し、真の意味に於ける「精神の娯楽」を舞台を通じて知識大衆に

提供したいと思ひます。在来の因循な「芝居」的雰囲気と、徒に急進的な「新劇」的生硬の孰《いづ》れをも脱して、現代人の生活感情に最も密接な演劇の魅力を創造しようといふのであります。われわれは外に向つては、まづ今まで劇場に縁遠かつた現代の教養ある「大人」に呼び掛けたいのであります。同時に、内に於いては、名実ともに現代俳優たり得る人材の出現に力を尽したいのであります。（後略）

頭に「精神の」と付くとは言え、「娯楽」という言葉が新劇団の創立宣言で使われたのは、これがはじめてだった。

試演会の行われた三月には、岸田國士は山本有三の後任として演劇映画科が新設された明治大学の文芸科長になった。岸田は早くに国立・官立の演劇映画学校を設立せよと唱えていたから、別の形で実践したとも考えられる。また、四月には田中千禾夫を主任とする第一期研究所を錦橋閣に開所した。約三十人の研究生の三分の二が男性で、その中に青野平義や賀原《かはら》夏子がいた。授業は週に三、四日夜間に行われ、岸田、岩田、久保田の三幹事をはじめ、阿部正雄（久生十蘭）、川口一郎、田中千禾夫、菅原卓、内村直也、原千代海らが担当した。月謝は五円。

六月四日から六日まで飛行館で第二回試演が行われた。『クラス会』（岡田禎子作、久保田万太郎演出）、『父と子』（ポール・ジェラルディ作、辰野隆翻案、岩田豊雄演出）、『魚族』（小山祐士作、岸田國士演出）という出し物で、三幹事揃っての演出はこれが最初で最後だった。

最初の試演会が意外な不出来で、不幸なスタートを切った文学座は二回目に見事な立直り振りを見せた。一見ひ弱さうなこの劇団にこの底力を見出したことを先づ喜びたい、中村伸郎、堀越節子、宮口精二の座付きの働き手が休んでゐる代り、外部から東山千栄子、毛利菊枝、坂本嘉江を借て補強工作をしてゐるので自力更生とは言ひ難いが、岸田、岩田、久保田の三幹事が轡をならべて陣頭に立ち、一幕物三つの競演といふところに並々ならぬ意気組がうかゞへるのである

岡田禎子作『クラス会』（久保田万太郎演出）は中年の女ばかり七人が出る毛色の変つた作品。久々で故郷の町に帰つて来た外交官夫人を迎へて、昔の女学校時代の旧友が集まり、廿年の歳月のうつり変りの中に浮沈みした身の上話や噂話のおしやべりを女らしい細かさで描いたものだが

女優の生理的な年と技術的な年齢が不揃ひなため同級会より同窓会といふ感じで、客演の東山千栄子、毛利菊枝、そ

れから杉村春子と他の人々との間に截然と一線が引かれてある

岩田豊雄演出の『父と子』はポオル・ジェラルデイ作、辰野隆翻案の洒落れた、男ばかり三人の会話劇、母のない父と子の喰ひ違つた愛情のあつち側とこつち側を巧な話術で描出してゐる

徳川夢声の父は持味が充分に生かされて、不自然でないのがよい、漫談口調がとれ、まつとうな演技は息子をやる森雅之の手堅さとシツクリ呼吸が合つてゐた

小山祐士作『魚族』（岸田國士演出）は三つの内で一番手重いものだが、瀬戸内海に沿つた港町の旧家に漂ふ時代的な空気や性格も鮮かに書き分けられてゐる、抉り方が浅いとはいへ、細かく畳込まれた人物、事件に軟かい陰翳をつけて原作の持つ匂ひを失はず、東山千栄子、森雅之、杉村春子、毛利菊枝の類型化しない写実な好演技によつて近来にない纏まつた見ごたへのする舞台になつた（坊「都新聞」昭和十三年六月八日号）

四月から入場税法が実施され、内税十銭を上乗せした一円十銭が入場料、千四百六十人の有料観客を集め、今度も少額ながら黒字だった。前回通りその半額を積み立て、残りを交通費として座員に分けた。この時から竹河みゆきが竹河豊子と改名し、美術部に松山崇、総務部に石川穣治が入座――二人ともテアトル・コメディの出身――、七月に荒木道子が研究所に入所した。

七月から第三期の当番幹事になった万太郎が、第三回試演に自作の『ゆく年』（久保田万太郎演出、十月十七日〜二十日、飛行館）を選んだ。この時も東山千栄子らが客演する一方、万太郎の推薦で演芸通話会主事の坂本猿冠者が入座した。試演は混沌から抜け出しつつあると評された。

試演会に出演の一方、杉村春子は明治座の新派公演にも出て、『島』（川口一郎作、岩田豊雄演出）で花柳章太郎と共演した。つまり、掛け持ち出演だったわけだが、新派への出演は杉村の演技に少なくない影響を与えた。

この年最後の試演は有楽座で開催された新劇コンクールに新協・新築地とともに参加して、『秋水嶺』（内村直也作、岸田國士・阿部正雄演出）と『釣堀にて』（久保田万太郎作・演出）を上演したことだった（十二月一日〜四日）。新築地の劇団員だった岡倉士朗の劇評。

久しぶりに芝居を観た。どうも不勉強でよその芝居を観る事をしない。殊に新劇をよけいに見ないのだからけしから

ん話である。（中略）

ところが、今度文学座を見て第一にうまくなつたと思つた。新劇もこんなに迄上達したかと思つて嬉しかつた。ある意味で、新劇の技術的水準は末期の築地小劇場のレベルに迄きてゐるし或ひは幾分追ひ越してゐるのではないかとさへ見える。だから有楽座にも堂々と出られるのぢやないかと云はれゝばなる程と新劇を思はぬ所で再認識したわけだ。

ただ、その上で友邦劇団文学座に二、三注文をしたい。

『秋水嶺』は前に築地座の時上演されて、よい評判を聞かされてゐたので、脚本も読み、新築地で上演する時にはどうするかを考へた事もある。脚本を読んだ時、この感情は若い人達にはわかるが、三十を越した人にはあまり喰ひたりるものではないと思つた。作者の書いてゐる現実生活の流れと若い青年のセンチメンタルな感情の流れの交錯、がやゝもすると後者の感情におほわれて甘い気分劇になる恐れがある様に戯曲を読んで感じたのだ。

が此の舞台でも、現実生活に対する肉薄が足りないうらみがあつた。朝鮮の山の中の生活、ことに廃坑をたてなほそうとする努力と云ふものは大変なものだらうと思ふが、その真剣さと苦労とが裏付けとしてはつきりでてほしい。この実際生活のうねりが裏付けとなつて感情の波が流れてほしかつた。この事は演出では描きだせないものだらうか。

演技者は仲々うまかつたが、強て云はして貰へば、三津田氏の採鉱主任山口壱策はガラにはまりすぎて深さを失つたうらみがある、河村（弘二）氏の高木篤は馴れない大劇場にでたせいか、声と動きが幾分合はない所があつた様だが素直な芸にうたれた、森（雅之）氏の午飼にはもう少し練れたものがほしかつた。徳川（夢声）氏、杉村（春子）氏にはたゞ〳〵感服。

『秋水嶺』を見終つて、なにがなし、やゝ重苦しい物を感じた。それは内容の重さと芝居の場数との比重によるものらしい。こゝでも一ツの大きい勉強をした。（批評を書かねばならぬと云ふ立場のせいにもよるだらうが）

次の『釣堀にて』では久保田先生の独壇場にたゞたゞ感服、客席の一観客として楽しむ事ができた。作者、演出家、装置家（注＝伊藤熹朔）、（特にこの舞台装置は傑作）照明家（注＝穴沢喜美男）、演技者が気持よくのび〳〵と一杯に羽をひろげて仕事をしてゐるのがよくわかつた。（後略）（岡倉士朗「新劇の悪い手・文学座を観ながら」「都新聞」昭和十三年十二月六日号）

この時から東山千栄子と、築地座出身の龍岡晋が入座した。

『蒼海亭（マリウス）』の初演

昭和十四（一九三九）年は第二回の勉強会（一月二十一、二十二日、錦橋閣）でスタートした。当番幹事は岩田豊雄、演出はすべて戌井市郎で『田舎道』（阪中正夫作）、『プラセット』（ヴィルドラック作、内藤濯訳）、『かどで』（森本薫作）というプログラム。

このころを岩田はこう回想している。

　試演を始める前のころだったが、私は、創立幹事として、他の二幹事の対立的ないい分に挟まれ、そんなワガママばかりいうなら、座をやめると、辞表を出したことがあった。結局、二人から、別個に、強く宥められて、思い留まったが、これは、今までのようでは、いつか、破滅に向うと考えた。そして、腹を立てるのをやめて、知恵を出した。

　つまり、私の立場が、ひどく微妙だと、気がついたのである。岸田は久保田万太郎に対するよりも、私に打明けてものをいう。久保田万太郎も、岸田に対するよりも、私にものがいいやすいらしい。私は両方の考えを聞いて、取捨分別する立場に置かれてることに、気がついた。そして、幹事会が行われる場合、結局、多数決できまるのだから、岸田と久保田万太郎の意見が分かれた時に、私がどちらかを支持することによって、決議が生れるのである。私の立場は、非常にむつかしい。しかし、私の態度一つで、座を動かしていけるのである。

　半年交替の当番幹事制ということを、私がいい出したのも、そういう微妙な幹事の関係を、多少とも、ラクにするためであった、もっとも、久保田当番の時と、岸田当番の時では、演目もガラリと変り、一つの劇団として、おかしなことになるが、文学座には、それぐらいのハバを持たしていいと、思った。

（中略）文学座は三年間に亘り、十回の試演を飛行館で行ったが、この間が、私として最も座のために働いた時期であった。筆名（注＝獅子文六）の小説書きの仕事が、繁昌してきたが、私は自分の時間と精力を、主として、文学座に献げた。

　まだ年も若く、両刀使いに何の苦痛もなかった。そして、舞台上のことばかりでなく、他の二幹事があまり気にしない、経営の方面にも、心を使った。（中略）

試演時代に、私は数回演出したが、自分の当番演出幹事の時に、マルセル・パニョールの〝マリウス〟を出したのは、本懐だった。私はパリで〝マリウス〟を見損っているが、脚本を読んでみると、この種の中間文学的戯曲が日本に乏しく、紹介もされていないから、力瘤を入れて、やってみようという気になった。三津田（健）と森（雅之）が好演し、中村（伸郎）のパニスという意外な拾い物があって、当時の文学座の演技力としては、成功であった。

この時のことで、思い出すのは、岸田が〝マリウス〟を原名で上演するのを、反対したことである。

「きみ、何か、日本の名でやろうよ」

彼は、しきりに、そういった。今から考えると、不思議なことのようだが、戦争を二年後に控え、非常時の声の喧しかった当時の神経では、カタカナの洋名をそのまま出すのが、ヒヤリと感じないこともなかった。しかし、そういう神経が最も鋭敏なのは、岸田だった。それは、時局便乗ということとだいぶちがう、一つの新鮮な感覚といえるものである。岸田は新しいことに敏感で、〝マリウス〟なぞ、洋名でやるのは古臭く感じたからであろう、その少し前に、〝マリウス〟のドイツ映画が、〝黒鯨亭〟という名で来たが、それに倣って、〝蒼海亭〟という名を考え出したのは、文芸部にいた石川（穣治）という文学青年だった。（「新劇と私」『岩田豊雄演劇評論集』）

『蒼海亭』こと『マリウス』（マルセル・パニョル作、永戸《えいと》俊雄訳、岩田豊雄・田中千禾夫演出）は第五回試演で（二月二十四日〜二十七日、飛行館）、三津田健のセザール、森雅之のマリウス、中村伸郎のパニス、杉村春子のオノリーヌ、堀越節子のファニーといったキャストで、田中千禾夫も中山晶作という芸名でブラン氏を演じた。この舞台で恋人同士の役を演じた森と堀越は五月に結婚、堀越は舞台から引退した。が、やがて離婚して戦後に再入座する。

三月に第一期研究所の卒業試験があって、青野平義、小山源喜、賀原夏子ら八人が合格、準座員になった。また、五月に長岡輝子と内村直也が入座した。

第六回試演（六月九日〜十二日、飛行館）は『はる・あき』（田中澄江作、田中千禾夫演出）と『旧友』（エドモン・セェ作、辰野隆翻案、岩田豊雄・戌井市郎演出）の再演。前者は田中澄江の初長編戯曲であり、はじめての上演作品でもあった。澄江は演出担当の千禾夫と昭和九年に結婚していた。

『はる・あき』は田中澄江（旧姓辻村）の作、東京市内のミッション・スクールの教員室を舞台に春、初夏、秋の季節で画《くぎ》つた三幕ものである。
女教師と女学生ばかりの世界は去年の試演会に出た『クラス会』を思ひ出させ、女らしい細かい筆致で、おしやべりを滑かに書き分けてゐるが、作者の夫田中千禾夫の演出で舞台化された結果は、この戯曲を読んだ時のすが〳〵しさが消え失せ、ベトついたいやらしさすら感じられた
舞台に纏まつた雰囲気のないのは、登場する十五人の女優の演技水準の低さにもよるが、演出者もその非力をカヴァーするため一つの様式に押込めようとして反て作品のもつてゐるみづ〳〵しさまで涸らしてしまつた、喋り方が全部例のクリスチヤン口調で統一され、語尾の調子が全然同じである事が最も気になつた
脚本の指定してゐる年齢すら現されてゐないとあつては、世帯持と老嬢《オールドミス》の区別もつかないのは当然である、女学生の出し方もギゴチなく、歌舞伎のわたりゼリフめいた甘へ方をさせたのも失敗
月野道代の青葉月子は脚本も書足りないが、うろ〳〵と戸迷いしてゐる、十五人のうち杉村春子の校長代理だけが光り、その他では小野松枝の関先生がともかく生きてゐた、舞台装置は伊藤寿一
エドモン・セェ原作、辰野隆翻案『旧友』一幕（岩田豊雄、戌井市郎演出）。昭和七年十一月築地座当時、故人の友田恭助と東屋三郎とで上演した思ひ出を徳川夢声と三津田健が再現、これでは断然徳川夢声の貧乏詩人、佐伯鉄造が押へてゐる、年齢からくる実感もあり、初めこそ頭を振りながら喋るいつもの漫談調が気になつたが、気持の陰翳を現はす鮮かな抑揚が瑕瑾を消し、殊にリキユールをのみながら酔ひが内攻して発するあたり流石に巧だつた
相手の文部次官、三津田健はこの人物らしい肚がなく、セリフが上滑りしてうそになるところが未だしの感、これの役が徳川をもつと押してガツチリ四つに組めばこの舞台の一時間はもつと緊張して、退屈はしない筈である、舞台装置は松山崇　（坊「都新聞」昭和十四年六月十二日号）

この月には第一期研究所の第二回卒業試験が行われて荒木道子ら六人が合格、準座員になった。研究所は一応これで閉鎖された。

七月に四回目の、八月に五回目の勉強会を錦橋閣で開いた後、九月二十八日から十月四日まで、飛行館で第七回試演を開催した。出し物は『マントンにて』（長岡輝子作・演出）と『太陽の子』（真船豊作、久保田万太郎演出）。前者は長岡輝子の滞仏中の体験をスケッチ風に綴った一幕ものの初戯曲。

築地小劇場の改築が出来上るまで、新劇の大部分が映画に吸ひとられてこの秋のシーズンは文学座の第七回試演会があるきりの淋しさである。その文学座も「試演会」の気安さに安住して、力の出し惜しみをしてゐるのではないかと思はれる程消極的な態度を続け、内輪に取澄ましてゐるのは頼りない

真船豊作『太陽の子』は初演といふもの丶、既に東京発声（阿部豊監督）で映画化され、新劇座（新派）その他の手で幾度か上演の話が持上りながらその都度実現しなかつたものであるそれは『鼬』『鉈』等の農村物から『裸の町』に移る前後に書かれたもので、苦渋にみちた人間の悩みを描きながら、結末がなく——北海道の僻地に不良少年感化事業と牧場経営に専心する主人公樫戸牧男が、教会で婦人ホームを営む姉、絹子をきめつける言葉が、そつくり当嵌るやうな解決に生悟りを開くのは余りに安易である

第二幕、丘の朝は、映画でこそ優れたロケーション効果と不良少年群の描写で光つてゐたが、舞台では結末の安易さをなぞるだけでむしろ蛇足といふべきであらう

徳川夢声の樫戸は、山男と自称し、熊と綽名されるクリスチヤンが、妻の秘密に懊悩、心の痛手にうめき、のたうち廻る苦しみをよく現してゐた、久保田万太郎の演出には、新派で見かける「段取り」が持込まれ、夢声の演技にはその継目が浮くきらひはあるが杉村春子との呼吸も合つて、今までのうち最良の出来だつた

中村伸郎の助手新田にも生一本な性格の激しさがあつたが唯一の傍観者——坂本猿冠者の医者には誠実さがなく、緩急を乱した責任は大きい、森雅之の不良少年は人のよさが先に立つて映画の三井秀男に及ばず、その他の少年達はいづれも不良といふより白痴かと疑はれる程のだらしなさだつた、装置は伊藤寿一

『マントンにて』一場は長岡輝子の自作、自演出、舞台を地中海に臨む南仏にとり、平和なフランス人一家に若い日本娘の画学生を配した淡彩のスケツチである、幾筋かの気持の流れはあるが交流せず、上演用の台本としてはたよりない、例へて言へば熟し切らないメロンを二匙ほどすくつてみたやうな感じである

牧マリ（注＝客演）、三津田健等フランス人にならうと努力はしてゐるが、唯一人の日本人並子（荒木道子）との人種的な区別もあやふやである。いつそ演出を誰かに委せて、長岡輝子にこの役をやらせてみたかつた（坊「都新聞」昭和十四年十月二日号）

十一月に錦橋閣で第六回の勉強会を持ったが、同じ月、読売新聞社主催の東宝劇場での陸軍省選定行進歌発表会の音楽劇『空の勇士』に中村伸郎と賀原夏子が客演したように、戦争の影が濃くなりはじめた。第二次世界大戦の勃発は九月である。

この年最後の舞台は十二月七日から十三日までの飛行館での『売られる開墾地』（栃沢冬雄作、久保田万太郎演出）。

文学座の第八回試演は栃沢冬雄作『売られる開墾地』三幕五場、都会的な好みを身につけたこの劇団が手掛けた最初の農村劇である、那須の一寒村で理髪店を営む傍ら、コツ〳〵方言ものを書き続けてゐる無名の新人を世に出したことはほめられてよい

だが文学座がどのやうな観点からこの作品を採り上げたかゞ問題である、まさか一人前の劇団に成長するための元服的な意味からではあるまい、それならば果して農村劇を舞台にかけるに当つて充分な用意と努力が払はれたかどうか、この点についてはいさゝか疑問なきを得ない、老巧、久保田万太郎の演出を以ってしてもなほ、作品の不備を覆ひきれず、欠点はそのまま舞台に素透しで露呈してゐるからである

明治の半頃、祖父の代から耕して来た土地が不在地主の勝手な都合から売りに出される、荒地を開墾して漸く育て上げた土地を何とかして買戻さうと、金策に狂奔する小作人達の姿を、二軒の家族を対照的に描きながら浮び上らせようと試みてゐる、清作の家には娘の身売り、一方のおたみの家では家畜を手放す悲み等、悲劇的な要素を盛り込みながら、二つの部分を背中合せに並べたゞけで劇的な構成を欠いてゐる

俳優は夫々農民らしくはやってゐるが、土から生え抜いた人物は一人もゐない、ひとり杉村春子のおとらだけが劇しい性格をぶちまけて光彩を放つ、もう一役のおたみはそれを裏返したやうな人物だが、おとらの強烈さに消されず「おふくろ」的な滋味をたゝえてゐた、商業劇場のやうにスター・システムをとり、一人の女優の人気に頼るのならいざ知らず、一人二役を売物にするのならこれは邪道である

清作（三津田健）の家に三幕も費しながら、家庭的な関係の説明が足りず、先妻の子、良作（森雅之）よし子（竹河豊子）とおとらの実子みつ子（小野松枝）ちよ子（荒木道子）の現し方にもつと工夫を要する、徳川夢声の祖父治平には縊死を覚悟する切端詰つた気持が感ぜられない、それも反抗的な言葉としては面白いが、幼馴染の藤吾（龍岡晋）と二人揃つて白昼しかも人目の多い――この日はこゝを中心に小作人達のデモがあることになつてゐる――農場事務所で首を

縊ることはあり得べからざることである
おたみの長男健一（中村伸郎）は小ざつぱりしすぎてゐた
今度の舞台で最もよく農村の雰囲気を醸し出してゐるのは伊藤寿一の装置である、道具の隅々まで細心な注意が行届き、省略法を用いて効果を上げてゐる（坊「都新聞」昭和十四年十二月十一日号）

明けて昭和十五（一九四〇）年、一月下旬の錦橋閣での第七回の勉強会につづき、二月二十二日から二十八日まで飛行館で第九回試演を開催、『炬火《たいまつ》おくり』（ポール・エルヴィユ作、岸田國士訳、田中千禾夫演出）を上演した。この月の十三日に中村伸郎ははじめての子供、未熟児として生まれ、一昼夜半しか生きられなかった長男を亡くしていた。その中村の扮する父親の役に「自然の法則は未来の広い野に出て行く子孫に充分の身拵へをしてやるために、総て親達が持ってゐる生々した力のありつたけを出させるのです」というせりふがあり、中村は涙ながらに口にした。

自由劇場の運動から何等の影響も受けてゐないと言はれるポオル・エルヴイユウの『炬火おくり』四幕は、千九百一年の初演当時こそ、自然主義末期の劇壇に新風を送るものとして、一つの意義を持つたかも知れないが、これを文学座が持出したのはどのような見地からであらうか
演劇史的には充分興味はあるが現在、新劇のレツテルを貼つて通用する作品ではない、コメデイ・フランセエズでこの舞台を見た岸田國士氏は
私がフランスで見た芝居のうちこんなに見物のシユウシユウ泣く芝居を見たことはない、しかし、これがフランスの最も〝健全な見物〟なのである
と書いてゐるが、飛行館の見物――少くとも記者の周囲で、ハンケチを取出したものは一人もなく、みな無感動に、退屈さを持て余してゐる風だつた
こんなにお芝居的な道具立の揃つたフランスの新派劇が、職人的に叩き上げた役者の手にかゝれば、見物を泣かすことなんか訳はない筈だ、退屈だつたのは当日の観客が〝不健全な見物〟であつたといふより、演技の未熟と新劇的な気取りのためで
これを翻案して新派が上演すれば立派に成功するだらうと思はれる、まさに新生新派（注＝花柳章太郎を中心に、新派

の現状に飽き足らず、大衆現代劇の樹立を目指して昭和十三年に結成された新派の劇団）の二番目狂言向きの作品である『炬火おくり』は人生継承を象徴するアテネ市民の行事で、リレーされる聖火のやうな運命を、未亡人であり、母親でもあるサビイヌを中心に祖母フォンツネエ夫人から孫娘のマリー・ジヤンヌまでの三代に亘つて描いたものだが、次代に順送りになる運命の影を暗示するやう細かく伏線を張廻してあるのが煩さい。その伏線が一々定規で引いたやうに次の事件に照応してゐるのでなほ更である

演出（田中千禾夫）に当つて現作の冗漫な部分は相当カットされてゐるがそれでも未だくど／＼しい、台詞ばかりでなく人物の出入りも整理すべきであらう

俳優では又しても杉村春子のサビイヌに名をなさしめた、今度も彼女の一人舞台である（中略）愛する娘のため遺産の債券を盗み出した事を告白するあたり、脚本の見せ場を鮮かに生かしてゐた（坊「都新聞」昭和十五年二月二十六日号）

杉村春子が文学座の中心、座を代表する女優になりつつあった。

四月は紀元二千六百年祝典の芸能祭に参加して、二十一日から二十七日まで飛行館で『歯車』（内村直也作、岸田國士演出）を上演した。国を挙げての祝典に試演では礼を欠くと、「芸能祭臨時公演」と称した。新劇初の舞台中継の放送が行われたのがこの時だが、評判はよくなかった。

曾ての時代に演劇を政治の一手段となす事について強い潔癖を見せたのが此の劇団の一派の人々であり、また「文学座」と云ふ称呼にもさう云つた芸術の孤高性を含ませてあるものと考へてゐたのだが、今度の芸能祭作品と銘打った『歯車』（内村直也）は凡そ芸術とは程遠い政治劇である。

そも／＼我々は結論としては国策に従順な国民である。それは丁度議会で毎年戦時予算案が全院一致で可決される様なものであらうけれど、その予算案にしても可決されるまでには議員は幾多の質問をしたり念を押したりしてゐるのである。我々が国家の至高なる命令を受け、それに服従する迄の心理過程は終点さへ同じならそれ／＼異つてゐても差支へない筈である。この服従の心理こそ、今日の文学者の活動範囲であらねばならぬと考へるが作者の考へは異ふらしい。

作者は軍需工場を舞台にしてゐるが作者の代弁者と見えるのは最悪の役割と知りつゝ最高の製品の出来る事を従業員に命令する専務取締役である。この人物が国家の象徴として我々に映ずるならこの作品は崇高なものと云へよう。しかし

彼が「国策だ！」と絶叫する時、我々は単に時局に便乗して搾取する悪資本家の類型を眺め不快になるだけである。最も不可解なのは、この専務の理想そのまゝの人間が出て、しかもその人間が人間でなく怪物に描かれてゐる事である。（中略）これでは人間である観客は何の教訓も得ない結果になつてしまふ。やがてこの人物は郷里の旱跋《ママ》を聞き帰村して行くのだがその帰村たるや、先づ〳〵講談の世界のもので農村恐慌を蒙つた近代農村ではない。不満を挙げてゐたらキリがないが要するにそれは此の作品が服従する側から書かれず、命令する側の眼で描かれた事に起因する。

流石に劇団自身もこの作品のひどさに気付いたらしくパンフレットに「調子の低いのは万事祝典劇のため故意にした事だ」と断り自ら阿諛迎合を認めてゐるが、芸能祭主催者も同時に観客も随分馬鹿にされた話である。（中略）伊藤寿一の装置も概して不調、殊に大切な工場の釜場など研究が足りない。（Z「東京朝日新聞」昭和十五年四月二十六日号）

「Z」は飯沢匡の匿名で、このころ飯沢は三年間の仙台支局勤務を終え、朝日新聞東京本社の学芸部に籍を置いていた。それにしても、飯沢匡が「服従の心理こそ、今日の文学者の活動範囲であらねばならぬと考へる」と書いていたのに驚かされる。なお、しばしば再録している都新聞の劇評の「坊」は、同紙の演劇担当記者・土方正巳の匿名である。

四月に文学座は東宝映画と連携し、これを機に東宝映画文学座演劇映画研究所として第二期研究所を開設した。主任は菅原太郎で、岸田國士、久保田万太郎、岩田豊雄をはじめ田中千禾夫、渥美清太郎、谷川徹三、森岩雄、飯島正らが講師に就いた。

月末に八回目の勉強会を持った五月、組織が改められて幹事を監事と改称、監事が座の指導と監督に当たり、常任委員になった三津田健、森雅之、杉村春子が劇団運営に当たることになった。実質的にはあまり変化はなかったが、三幹事は幹事会を開いてものごとを決める煩わしさから解放された。同時に組織変更を一つの区切りに、文学座は次回から「公演」と名乗るようになった。

## 試演から公演へ

文学座が正式に「公演」と銘打った最初は、座にとって初のイプセン作品だった『野鴨』（森田草平訳、久保田万太郎演出）で、六月二十八日から七月四日まで飛行館で上演された。ただし、奥行きのない劇場だから二杯セットは組めないと、第一幕の「ヴェレル家」はカットされた。

脚本の選定が拙く、その点で失敗を重ねてゐた文学座が、公演と名乗る最初の出し物に、手堅くイプセンの『鴨《ママ》』を選んだことは、先づ無難と言ってよいだらう

片々たる市井描写劇に憂身をやつすより、このやうな土台の確かりした作品と取組む方がどれだけ文学座自身にとつて勉強になるか知れない、公演と名を改めても「勉強のための芝居をする」といふ試演の気持を持ち続けるとあれば尚更らである

観る方にとつて久保田万太郎の演出が一つの大きな興味であるが勉強といふ建前からすれば原型のまゝ出来るだけ忠実に上演するべきである

（中略）作品に対する解釈は極く常識的で、別段新しさはないが、語感を大切にする久保田万太郎だけに翻訳調の生硬さから救はれてゐる、全体的にみて北欧らしい陰鬱な雰囲気が稀薄であり、個々の俳優にも西洋人の体臭を感じさせるやうな厚味のある演技が見られなかつたのは残念である

森雅之のヤルマアはぐうたらなお人好しな性格を一応形に現はしてゐるがぎこちなく、妻の秘密を知つてからの苦悩が際立たない、杉村春子の妻ギイナは日本式な忍従型としてこの役を片づけ《ママ》てゐるため生彩を欠いてゐる

「正義の要求」を担ぎ廻るグレーゲルス（三津田健）はこの戯曲を解く大切な鍵だが、これをもう一つ今論議されてゐる「いやな奴」といふ風に解釈して医師レリング（中村伸郎）と対照させてみたら異つた面白さが出たと思はれる、可憐なヘードキッヒ（荒木道子）は誰がやつても難しい役だがもつと神経質なところが欲しい、徳川夢声の老エクダールが顔を出すと舞台の空気が乱されるのは困りものだ

舞台装置は久々で伊藤熹朔、この劇の内容に相応しい堅実なものである（坊「都新聞」昭和十五年七月三日号）

七月には雑誌『テアトロ』が八月号で休刊し、八月には前述の新劇事件で新協・新築地の両劇団が強制解散させられた。新劇事件に際しての文学座の立場を、久保田万太郎がこう語った。

文学座はやうやくその試演時代を脱して、七月『野鴨』からはじめて公演と称へました、といふ事が直にそれを立証してゐるやうに、今日迄文学座は大人に見せる楽き《ママ》演劇を目標として、優秀な俳優を作る事にのみその重点を置き、そ

の為の脚本を上演してきたのであります
文学座に方針がないやうに思はれたのも、又最近社会用語としての世俗的な意味を持ちはじめた芸術至上主義といはれた事も亦、かゝってよき俳優を作る為の脚本を自由に選択してきたが為めであります
文学座の成立は新協・新築地と演劇の系統も、成立の理由も全く異ってをります、解散の理由はこれを審かにしませんが
両劇団の歴史が今日の国家情勢に容れられぬといふならば、全然その建前を異にする文学座は何等その影響を持ちません
文学座の方針はどこ迄も文学に根をおろした演劇運動であってこれは我々の持つ永久不変の精神であります。この不変の演劇精神を保持しつゝ、文学座は新ら《ママ》しい今日の時代と共に、改めて楽《ママ》き演劇の為に健全な歩みを続ける事でせう
(「都新聞」昭和十五年八月二十五日号)

新劇事件とは無関係だったはずの文学座にも、やがてその影が及んだ。九月公演に予定していたメリメの『祭日の馬車』が施政者を揶揄した内容だったことから、これを手掛けたら解散させられるかもしれないとの危惧から、デュ・ガールの『ルリュ爺さんの遺言』(堀口大学訳、阪中正夫方言化、岩田豊雄演出)とつき替えられた。九月二十日から二十六日までの飛行館での第十二回公演は、『ルリュ爺さんの遺言』と『廃園』(真船豊作、久保田万太郎演出)になったのである。

新劇の残された領域の内で今まで狭く垣をめぐらしてゐた文学座が、どの様な方向に進んで行くかは興味ある問題だが、この公演はそれへの示標とはなし得ない、出し物が新劇の嵐(注=新劇事件を指す)の前に既に決定され、メリメの『祭日の馬車』が他の狂言と搗替へられた程度だからである
二つのうち真船豊作、久保田万太郎演出『廃園』三幕は海岸近くの沼に面した、ひどく荒廃した邸宅を舞台に、不動尊に憑かれた廃人、梅浦雅春(中村伸郎)とならず者の弟康志(森雅之)の奇妙な兄弟の争ひを描いたものである。この他妹(長岡輝子)と通り抜けの男(岩本昇三)が登場するだけで、古沼に発するメタン瓦斯のやうな無気味な雰囲気がおどんでゐる
作者はこの風変りな、人々の運命をねち〳〵と追求し、その象徴となつてゐる仏像の破壊によって宿命の絆から解放

して兄弟の性格を裏返しにしてみせる手際は鮮かだが、作品そのものは埃のたまつた仏像のやうに古い。これが発表されたのは昭和十三年四月だといふから時流の激しさを今さらのやうに感じた

中村伸郎の雅春は脚本の句読点を忠実に生かして入念に、森雅之の康志はやゝ粗つぽく、共に若すぎる点を除けば無難である。それにしても「雅春は初めて解放された新しい生命の喜びを感じるが反対に康志は身から出た錆とは云ひ乍ら今更の如く心悪しき者の苦痛を味ふのである」といふ勧善懲悪的なこぢつけはこの際不必要である

暗い『廃園』に比してロオヂエ・マルタン・デユ・ガアル作、岩田豊雄演出『ルリユ爺さんの遺言』三幕はおそろしく明るくて健康である、ハンス・ザツクスの喜劇を思はせる形式、作中の人物は溌剌として観るものゝ心を娯しませる単色のカーテンで仕切つた簡素な舞台も気が利いてゐるし（注＝後藤和美術）、杉村春子のラ・トウリイヌ、三津田健の二役の爺さんも大まかな動きの中にデツサンの確かな芸を見せてゐる（坊「都新聞」昭和十五年九月二十六日号）

十月は『蒼海亭』こと『マリウス』による初の大阪公演が決まっていた。が、大阪府の検閲当局の許可が下りず、代案として出したイプセンの『野鴨』も翻訳ものは絶対許可しないと却下され、やむなく公演を中止した。そして同月の十九日、岸田國士が大政翼賛会の初代文化部長に就くと新聞紙上に報じられた。

## 岸田國士の大政翼賛会文化部長就任

大政翼賛会結成のそもそもの動きは、近衛文麿の新党結成計画としてスタートした。それから大政翼賛会の発足までを、安田武は次のように書いている。

第一次（近衛）内閣の当時、軍部の横車にほとほと手を焼いた近衛は、広汎な国民層の支持による強力な新党の結成を、真剣に考えるようになったものらしい。（昭和十五年）六月二十四日、〈強力なる挙国政治体制を確立するの必要〉を声明して、近衛は枢密院議長を辞任した。八月号各誌は、こぞって「新政治体制」を特集する。七月二十二日、第二次近衛内閣が成立、情勢は一変した。この翌日、有馬頼寧《よりやす》が三木清と対談しているが、そのなかで次のようにいっている。〈新政治体制と言わないで、「政治」を除こうじゃないか。新体制は必ずしも政治許りでない。凡ゆる方面に亘って新体制が必要だ〉（『改造』時局版・9）新「党」問題は、一転或は一進して、新「政治」体制の問題に拡がり、更に拡大

して、政治・経済・文化――国民生活の全域にわたる新「体制」運動に進んでいった。（中略）

八月一日には、基本国策要綱が発表され、この国策要綱にもとづき、新政治体制確立のための新体制準備会の設置がきまって、二十六名の委員と八名の常任幹事が任命されたのは、八月二十三日の閣議においてであった。（周知のごとく、この間、七月六日の社会大衆党の解散から、八月十五日の民政党解党まで、わが国のすべての政党は、続々解党を宣言して、「新体制」呼応への各党各人なりの擬態は準備完了した。）新体制準備会の第一回は、八月二十七日に召集され、近衛の所謂「新体制声明」は翌二十八日に新聞発表された。この時から九月十七日まで、六回の準備会が開かれ、ちょうど一カ月目の九月二十七日、新体制準備会は名称を「大政翼賛会」と決定、前述したとおり、事務総長その他の〈最高人事〉が最終的に本極まりとなったわけである。発足は十月十二日であった。（「大政翼賛会文化部長のイス」『戦争文学論』）

大政翼賛会という名称が決まり、総裁に近衛文麿、常任総務に有馬頼寧、永井柳太郎、中野正剛、後藤文夫、橋本欣五郎ら、常任顧問に東条英機、風見章ら、事務局長に有馬頼寧、組織局長に後藤隆之助、政策局長に太田正孝、議会局長に前田米蔵、企画局長に小畑忠良という最高人事が決まった日は、日独伊三国同盟がベルリンで調印され、以後の日本の運命が決まった日でもあった。

では、各政治勢力は大政翼賛会に何を期待したのか。

まず軍部のうち、陸軍省軍務局長武藤章を中心とする陸軍統制派は、これにつらなる親軍新党派とともに、ドイツのナチスばりの一国一党を実現し、国家の総力を発揮できる「国防国家」を建設しようともくろんでいた。かれらの意図は、日華事変の中止どころか、対米英戦への軌道を確実にする強腰の政府の樹立と、戦争遂行国内体制の確立にあった。ヨーロッパにおけるドイツの電撃的勝利に酔い、ドイツ崇拝熱を高めていたかれらは、ドイツと歩調をあわせて世界秩序を変革すべき時期の到来を信じていた。

他方、近衛の側近である後藤隆之助・有馬頼寧・風見章らは違う夢を抱いていた。かれらは、賀屋興宣《かやおきのり》・滝正雄《たきまさお》・蠟《ろう》山政道《やままさみち》・佐々弘雄《さつさひろお》・平貞蔵《たいらていぞう》・笠信太郎《りゅうしんたろう》・尾崎秀美《おざきほずみ》・三木清《みききよし》・前田多門《まえだたもん》ら、当時の新官僚・革新的学者（自由主義者ないし過去になんらかのかたちで社会主義と関係をもった転向知識人）を参加者にした昭和研究会をつくり、革新的国策を研究し、近衛のブレーン・トラストの役割を果たしていた。かれらの新体制の構想は、大衆組織を基盤にした国民の統合をはかって軍部の戦争路線を牽制し、近代的・合理的な社会体制を建設する道をつくることだった。たとえば、その新体制案は、大東亜共栄圏の名のもとで各民族の自主と協同をうたい、国内的には、新しい国民組織の形成、統治機構の合理化、財閥独占体制の是正、教育行政の改革など、革新的プランを多くもちこんでいた。（林茂『日本の歴史』第二十五巻）

発足時の大政翼賛会は右翼や軍人から転向知識人まで、幅広い層からの寄り合い所帯で、二回目の改組（昭和十七年六月）で戦争体制を支える一枚岩的なものになる以前と以後では、会の性格やカラーが違う。が、これを一つの組織として見る傾向が今でも強い。

岸田國士が大政翼賛会の文化部長に就くまでのプロセスは、拙著『最後の岸田國士論』に譲る。が、一言だけ触れておけば、三木清の推薦によるところが大きい。

ところで、国民的な盛り上がりを見せた新体制、大政翼賛会への期待は十月十二日の発会式での近衛の綱領や宣言は発表しないとの挨拶で、冷や水を浴びせられた。加えて、大政翼賛会は「アカ」だという非難や攻撃の声が高まった。その典型が国力の拡充・運用に関する起案と調査を目的に、昭和十二年に開設された企画院の革新案だった。これは資本と経営の分離を打ち出して資本主義体制を改革し、公共的経済原理を中心にして、経営者に公的資格を与えて利潤に枠をはめ、企業に対する統制機構を設けて、その役員は政府が任命するという案だった。

この経済新体制確立要綱が昭和十五年の末に経済閣僚懇談会に出されると、小林一三《いちぞう》商工大臣（注＝東宝や宝塚歌劇団の創立者）が猛反対し、官僚の中にアカがいると非難した。十二月にはこの案は財界の主張を取り入れて資本と経営の分離はなくなり、資本家が推薦し、政府が許可した理事者を中心に経済団体を作り、これが自主統制を行うことに改められた。さらに同十六年四月には、企画院内の革新官僚グループが共産主義の背後関係があるという理由で検挙された企画院事件が起きた。これを追うように同年の十月には、アカ攻撃を受けていた昭和研究会のメンバーだった元朝日新聞記者の尾崎秀実《ほつみ》が、ドイツ人のゾルゲとともに国際スパイ活動をしていたことが発覚したゾルゲ事件が起きた（木下順二の戯曲『オットーと呼ばれる日本人』はこの事件がモデル）。

この間、昭和十六年には議会の攻撃が大政翼賛会に集中した。これに対して平沼騏一郎内相が一月末の議会答弁で翼賛会は政治活動はできないと言明した。大政翼賛会は政治のできない政府の協力機関になったのである。この結果、三月末に有馬頼寧と後藤隆之助が辞表を出し、局長や部長らもこれにつづいた。四月の第一次改組で柳川平助法相が副総裁に、内務官僚が組織局長と総務局長に就任し、改組後の大政翼賛会は内務省の御用機関になってしまった。

この第一次の改組に際して岸田國士は踏みとどまったが、では、文化部長としては岸田は何をしようとしていたか。岸田の「大政翼賛会と文化問題」(『岸田國士全集』第二十五巻収載)によれば、大政翼賛会文化部の対象は教育、宗教、科学、技術、文学、芸術、新聞、雑誌、体育、娯楽等ということになる。こういう広い範囲で「それぞれの強力な組織を作り、更にこれを綜合統一して、共同の国家目的に結びつけ、国民生活の指導推進の役割を果させると共に、それぞれの水準を世界的に高める活発な働きを奨励援助し、民族永遠の発展と飛躍とを約束」(「文化の新体制」『岸田國士全集』第二十五巻収載)しようというのが目的だった。形容しようのない大事業である。

具体的に見ればどうなるか。

それがわからない。『翼賛国民運動史』(平凡社、昭和二十九年刊)の第四章第五節「翼賛文化運動」の項に拠ってみれば、翼賛会文化部が、文化部の名において実現した成果とは、〈日本文学報国会、日本少国民文化協会、日本音楽文化協会、大日本書道報国会、日本美術報国会、日本漫画報国会、日本版画報国会、大日本写真報国会等の結成とその統制強化を行った。〉ことなのであろうか! 或はまた地方文化運動を全国的に展開し、地方翼賛文化団体の「看板」を各県庁や市役所、村役場に掲げることであったのだろうか。(中略)そして部長岸田國士自身は、一年九カ月の間、諸々方々を講演して歩き、種々の「文化」関係会合に顔を出して意見を述べ、団体の結成や大会に出席して祝辞を述べ、映画情報局総裁賞の審査委員になったり、国民芸能文化専門委員会や、良書推薦委員会や、日本児童文化協会の委員になったり、発起人になったりして、東奔西走寧日なき有様であったのだろうか。事実そのとおりであったのだ。それが翼賛会文化部長というポストに振り当てられた岸田の「仕事」であったのだ。(安田武「大政翼賛会文化部長のイス」『戦争文学論』)

都新聞の編集局次長を務めた劇作家でもある上泉《かみいずみ》秀信が文化部の副部長に就任し、そのヒキで大政翼賛会の文化部に入った演劇評論家の遠藤慎吾は、文化部の仕事をこう書いている。

創立当初の文化部は、映画、演劇、教育、宗教、地方文化組織、農村生活改善などなど色々な仕事を抱えこんで活気に溢れていた。ところが、私にはどうもなじめない何かがあった。演劇や映画の世界しか知らない私には未知の何か大きな力（それは政治的パワーであり、権力的パワーであったのかもしれない）が、大政翼賛会全体をゆさぶり、それが文化部にも時々及んでくるのである。（中略）

フランス文学育ちの岸田さんが提唱した「詩の朗読」の普及には、フランス文学者の内藤濯さんの熱心な協力を得て、随分と力を注いだ。アナウンサー、新劇俳優、詩人を集めての研究会の開催、朗読用詩集の刊行、詩の朗読のラジオ放送など、色々の企画を実現した。（中略）

素人演劇運動の展開、移動映画隊、移動演劇隊の組織などにも苦心した。岸田さんの命令で、田坂具隆、豊田四郎、渋谷実、吉村公三郎《きみさぶろう》ら当時の第一線級の映画監督と定期的会合を持つようにもした。（「署名のある本たち・6」『日本古書通信』昭和六十一年十一月号）

俳優座の誕生は文化部肝入りの詩の朗読会が遠因になる。とすれば、岸田國士がその種を蒔いたということになるが、もう一か所、遠藤慎吾の一文を引いておく。

文化部は、発足当時、部長が岸田國士、副部長が上泉秀信、菅井準一の二人だった。菅井さんは、自然科学史の権威で（戦後「鎌倉アカデミア」で一緒に教師をし、その後「専修大学」の教授になって亡くなった）、自然科学方面の担当者として文化部に入ってきたのだが、事務的に全く駄目な人であった。仕事を始めると、直ぐそれが目について、これは困ったと思った記憶がある。ところが、どういう経過でだったか判らないが、菅井さんは半年とたたない内に文化部を辞めて行った。その後長い間、副部長は上泉さん一人であった。（中略）

文化部には、も一人小場瀬卓三という演劇の専門家がいた。小場瀬君は、東大の仏文科を出たフランス演劇の研究家で年頃も私と同じ位の温厚な人物だったので、割りに気があい、素人演劇運動の仕事を一緒にやった。彼も、岸田さんが辞めた時、私と共に文化部を去ったが、その後の消息は知らなかった。ところが戦後間もなく、ヒョッコリ数寄屋橋の傍で出会ってお茶をのんだ。その時、彼が「いよいよ覆面をぬいでね。」と云って差し出した名刺には「赤旗」編集部と印刷してあった。（「署名のある本たち・8」『日本古書通信』昭和六十二年一月号）

大政翼賛会はアカだという非難・攻撃にはまるで根拠がなかったわけではないことになる。また、安田武の一文と遠藤慎吾のそれとに大きな落差があるように見えるのは、理由がある。前述のごとく大政翼賛会の変遷にかかわりなく、戦後はこの会が諸悪の根源だったとする見方が広まった結果、会の関係者が長い間口を閉じたままだったため、実情が把握しにくかったのである。遠藤が一文を発表したのは、安田の著書が刊行されたずっと後のことになる。しかしまた一方、岸田國士が辞任し、二度目の改組が行われた後の昭和十七年の暮れに翼賛会興亜局の企画部に就職したのちの作家の杉森久英は、こう書いている。

正直いえば、私は毎日翼賛会へ出勤するのが苦痛だった。
なんにも、することがないのである。たまに総裁や局長の祝辞の原稿を書いたり、講演会の起案を書いたり、部長の出張旅行のお供をしたりするほかは、自分自身の担当の仕事というものがないので、ボンヤリしていた。(『大政翼賛会前後』)

要するに、時が経つにつれて会そのものに締まりがなくなっていったのだろう。

森本薫の入座と新演劇研究会

岸田國士が大政翼賛会の文化部長に就任し、それにともない文学座を退座したのが十月で、同月にはまた新設の情報局に帝劇が徴用された。十一月には築地小劇場が国民新劇場と改称し、十二月六日から十五日まで、文学座ははじめて国民新劇場で第十三回公演の『ファニー』(マルセル・パニョル作、永戸俊雄訳、里見弴演出)を上演した。杉村春子のタイトル・ロールで、杉村には初の娘役だった。

文学座は、永年住み馴れた古巣の飛行館から、国民新劇場に進出、昨年二月上演した『蒼海亭《マリウス》』の続篇、マルセル・パニョル作『ファニー』三幕四場を取り上げてゐる、吾々も亦愛すべき女性ファニー、物判りのいゝ好々爺パニスの親方やセザール、さては潮風に逞しく成人したマリウスに再会する悦びをもつことが出来た大阪では『蒼海亭』が翻訳劇なるが故に上演を許されなかつたやうに聞いたが、舞台は仮令《たとへ》マルセイユであつても、

郵 便 は が き

おそれいりますが切手をおはりください。

101-0052

東京都千代田区神田小川町3-24

# 白 水 社 行

## 購読申込書

■ご注文の書籍はご指定の書店にお届けします．なお，直送をご希望の場合は冊数に関係なく送料300円をご負担願います．

| 書 名 | 本体価格 | 部 数 |
| --- | --- | --- |
| | | |
| | | |
| | | |

★価格は税抜きです

(ふりがな)
お 名 前 (Tel. )

ご 住 所 (〒 )

| ご指定書店名（必ずご記入ください） | 取次 | （この欄は小社で記入いたします） |
| --- | --- | --- |
| Tel. | | |

『日本新劇全史 第一巻（明治〜終戦）』について (9413)

■その他小社出版物についてのご意見・ご感想もお書きください。

■あなたのコメントを広告やホームページ等で紹介してもよろしいですか？

1. はい（お名前は掲載しません。紹介させていただいた方には粗品を進呈します） 2. いいえ

| | | | |
|---|---|---|---|
| ご住所 | 〒 電話（ ） | | |
| （ふりがな）お名前 | （ 歳） 1. 男 2. 女 | | |
| ご職業または学校名 | | お求めの書店名 | |

■この本を何でお知りになりましたか？

1. 新聞広告（朝日・毎日・読売・日経・他〈 〉）
2. 雑誌広告（雑誌名 ）
3. 書評（新聞または雑誌名 ） 4.《白水社の本棚》を見て
5. 店頭で見て 6. 白水社のホームページを見て 7. その他（ ）

■お買い求めの動機は？

1. 著者・翻訳者に関心があるので 2. タイトルに引かれて 3. 帯の文章を読んで
4. 広告を見て 5. 装丁が良かったので 6. その他（ ）

■出版案内ご入用の方はご希望のものに印をおつけください。

1. 白水社ブックカタログ 2. 新書カタログ 3. 辞典・語学書カタログ
4. パブリッシャーズ・レビュー《白水社の本棚》（新刊案内／1・4・7・10月刊）

※ご記入いただいた個人情報は、ご希望のあった目録などの送付、また今後の本作りの参考にさせていただく以外の目的で使用することはありません。なお書店を指定して書籍を注文された場合は、お名前・ご住所・お電話番号をご指定書店に連絡させていただきます。

描かれた親子の愛情は、素直に日本人の感情に訴へかけて来るのである
それに創作戯曲があれば、勿論これに越した事はないが、現在の戯曲饑饉に痩せこけた新劇にとつて、栄養価が高ければ外米の混食も必要といふものである、こゝには召集で万事を安直に片づける場面もなければ、生まなお説教もない、その代り迎合的な時局便乗劇に見られない豊醇な香りと演劇の愉しさが舞台に溢れてゐた
演出は『マリウス』の時の岩田豊雄と田中千禾夫に代つて里見弴が久し振りで行き届いた「芸」をみせる、前のやゝ粗削だつたのに比べてよく練り上げられ、柔軟性に富んではゐるが、内側からつき上げて来る力に乏しい、主役ファニーは堀越節子から杉村春子に移つた、前編の堀越の若々しい演技が目に残つてゐたので、杉村春子ではどうかと多少危んでゐたところ
今度はマリウスの子供を宿した挙句、辛い事情を告白してパニス老人の後妻になるといふ役柄で、若さだけでは押しきれない難役、杉村はこれを巧みに演じて可憐さと共にいぢらしい苦悩を全身に滲ましてゐた
中村伸郎のパニスと三津田健のセザールは持役がすつかり手に入り、諧謔好きなマルセイユ人らしい問答はやゝ西洋落語じみるが気の利いた台辞で、殊に第二幕第二場の会話のやりとりは面白かつた、森雅之のマリウスは最後の幕に姿を見せるだけ、その他の脇役陣に手薄なものを感じた
舞台装置（松山崇）で、裏表をなすパニスの店先と居間との均合ひが取れてゐないため他の家のやうに見えた（坊「都新聞」昭和十五年十二月十一日号）

好評のため『ファニー』は十八日から二十日まで、三回の公演が続演された。文学座初の続演で、座員に十五円の配当が出た。

この月は組織が少し改まり、監事は顧問になって、三津田健が座の代表になった。そして岩田豊雄の誘いで森本薫が入座した。伊賀山晶三の入座や賀原夏子、荒木道子、青野平義の座員への昇格もこの月だった。さらに新体制に即応して、『劇作』が『中央演劇』『舞台』『新演劇』といった演劇雑誌とともに廃刊になったのも十二月だった。

昭和十六年の年頭、都新聞は「今年の問題・新劇は再建されるか」との記事を載せた。

新劇の代表的な二劇団、新協、新築地の解散は昨年度に於ける最も大きな演劇史的な出来事であつた、紀元二六〇〇

年に零に帰つた両劇団が新しい二六〇一年を迎へてどのやうな第一歩を踏み出すか？　興味ある問題である――（中略）

昨年八月、警視庁の慫慂によつて両劇団が解散した時、世間一般は当局には新劇再出発の方策が決定してゐるものと期待してゐたところ、その後一向形になつて現れず、劇団のスタッフ、俳優の大部分が活動不能の状態のまゝ越年してしまつた。僅かに新協の大森義夫、大町文夫、三好久子、伊藤亮英が日活へ入社、新築地の石黒達也、殿山泰二（のち泰司）、加藤嘉、長浜藤夫、本間教子、日高ゆりゑ、中村美穂が南旺映画の準専属となつた他現在では世間から交渉を絶つてゐる

かつて両劇団の指導的立場にあつた村山知義、久保栄、千田是也、八田元夫等の活動開始が当分望めないことはハッキリしてゐるが、潰滅した新劇を誰の手で再建するかといふ事になると皆目見当もつかない有様である、当局も新劇の再出発を許すか許さぬかは指導者の人物如何であると言つてゐる通り、新劇再建の成否は懸つて指導者の人選にあり、且又最も難かしい問題である

新劇再建のために先づ動き出したのは旧新協幹事長の長田秀雄だつた。彼は中村特高課長、市原保護観察所長と同郷（鹿児島）であるところから、官庁方面の意嚮を打診しつゝ新劇再生の問題として再び大同団結を提唱してゐる、これは昭和九年の秋、新協劇団の結成に当つてなされた村山知義の大同団結とは異なり、新劇人総てを一つの劇団に吸収しようといふ窮屈なものではなく、かつての新劇倶楽部式の国民劇といふ大きな組織を作り、新協新築地を打つて一丸とし更にそれを編成したものと現在劇団活動を続けてゐる文学座、芸術小劇場その他を合流させた上、これを第一部、第二部に分け、国民新劇場を常打小屋とする一方、移動演劇も行はうとするものである

これは未だ試案の域を出ず、経済的な根拠も薄弱だが、彼はこの案を伊藤（述史）情報局総裁に持込まうとしてゐる、仮令官庁方面の諒解はついたとしても、指導部に長田秀雄が入り、右翼の新劇愛好者、田尻隼人を引張り込んだ場合、国民新劇団にどれだけの新劇人がついて行くか疑問である。人望並びに手腕の点ではむしろ舞台美術の伊藤熹朔に嘱望する向きが多いやうだ

新協、新築地の俳優が合同して滝沢修、薄田研二、小沢栄（太郎）、山本安英、赤木蘭子、三島雅夫等が一つの劇団を作るとしたら利に敏い興行会社がこれを放つておく筈はない、解散直後、松竹、東宝ともに一応色気をみせ、最近では某興行者が両社を出し抜かうと俳優の個々に直接交渉を進めてゐるが、何れも指導者の問題で行き悩んでゐる

指導者難で再建が行悩んでゐる時、帯に短し襷に長しの個人を無理に持つて来るより、大政翼賛会の文化部が自ら乗り出すべきである

岸田國士、上泉秀信等新劇に深い理解をもつ人々を部長、副部長とする同部が再建への中心勢力となつて、情報局、内務省、警視庁その他の官庁方面と連絡を取りながら、民間側のブレーンと資金を集めて着手すれば、最もスムーズに事が運ぶのではなからうか、

国民演劇の樹立が各方面から要望されてゐる今日、再生新劇がそれへの実験室ともなり、既に実行に移されつゝある移動演劇の突撃隊としての活動も期待出来るからである（「都新聞」昭和十六年一月六日号）

この記事がちょっと不可解なのは、文学座や芸術小劇場などが活動をつづけているにもかかわらず、新協・新築地の両劇団の解散によって、まるで新劇が「潰滅」したかのように解説していることである。それだけの重さを両劇団が持っていたことの反映か。

都新聞は十三日の紙面でも新劇の再編成問題を取り上げ、情報局と大政翼賛会の文化部が具体的なプランを考究中だとして、こう報じた。

両者合作による新しい演劇の設計図は――先づ卅年来親しんだ「新劇」の名を「国民演劇」に塗りかへ、各方面から集める五十万円程度の資金を基に「国民演劇集団」（仮称）を結成

この傘下に、旧新協、新築地のメンバーの他文学座、芸術小劇場、関西演劇協会、更に松竹国民移動劇団、東宝国民演劇団等を劇団単位でなく、個人として吸収する事が考へられる

これを数個の劇団に再編成、プロデューサー制をとり、夫々作者、演出家等を配属し、国民新劇場に於ける公演を交互に年四回位行ふ他八ケ月は今までの都会中心より演劇の公平な分布を目指して移動活動に主力を注ぎ一劇団を数班に分け、地方小都市から農村漁村を巡演し又東京の大劇場に於ける大合同公演も企画されてゐる

その上劇団員の映画、放送出演料は総て劇団収入とした上、平均百二十円位の月給を出せるやうにしたいといふので、集団と並行的に国民演劇研究所の設立も計画してゐるが

その発足には半年位の準備期間を置き、劇団員の再訓練を行ふから、旗挙げは早くても今秋九月頃になるものと見ら

れてゐる

以後、「国民演劇」という言葉が演劇界で闊歩するようになっていく。

さて、文学座は一月二十四日から三十日まで、国民新劇場で第十四回公演として『七福神』（武者小路実篤作、岩田豊雄演出）と『パスツール』（サッシャ・ギットリー作、林孝一訳、木々高太郎改補、久保田万太郎演出）を上演した。後者に関する劇評。

> 序幕は普仏戦争勃発の一八七〇年、パストウールがボン大学から贈られた学位を返還する四十八歳からはじまるが、開幕はまづ学生達に依つてパストウールの過去の業績を語る木々高太郎の親切な補訂も巧妙で久保田万太郎の演出は『野鴨』にみた日本の世話物的演出と近代劇との中間をいつて極めてなだらかに運ばれ、女性の登場を一人も持たぬこの劇の唯一のアクセントを為す少年ジョゼフ・メエステルが、病室に導かれてゆく第三幕の演出など心憎い用意がみられる
>
> 俳優ではなにより徳川夢声のパストウールを挙げねばならぬ、筆者は文筆と漫談以外の夢声に常に悲劇を感じてゐたが、舞台経過としてもまた二十三年を持つ至難なこのパストウール一役を得て、彼は遂によき俳優となり、特に第四幕に至つて、彼は完全にパストウールに入り込んで、滋味豊かな腹芸をさへみせて筆者の夢声俳優悲観説を覆し快い感動の涙を誘つた、他の人達も、今日尚且日本物を演じてさへ、生硬な近代劇の直訳的演技を持つ新劇俳優が多い中に極めて身についた演技で快よい
>
> 装置（宮田重雄）はまた充分信頼し得る設計で、第五幕ソルボンヌ大講堂の廊下が、やゝ前面に飾られたと思ふ以外は、手堅く且つ真摯である
>
> かくて文学座の『パストウール』五幕の上演は、多くの文化的意義を持つ一面、仏蘭西が敗れた今日、日本にこの劇の上演をみるのは、まことに感慨の深いものがある。（安「都新聞」昭和十六年一月二十八日号）

「安」の署名はのちの演劇評論家で作家の安藤鶴夫。文中「仏蘭西が敗れた」とあるのは前年六月にドイツ軍がパリに無血入場し、独仏休戦協定が調印されたことを指す。俳優としてやっと認められた徳川夢声は、東山千栄子や田村秋子ら

とともに、同月賛助座員になった。

この時の出し物で二月八日から十日まで初の大阪公演を朝日会館で持ったものの、不入りだった。二月にはまた東宝文学座演劇映画研究所を卒業した田代信子（のち、たしろ之芙子）らが入座して準座員になったが、同研究所はこれで閉鎖された。

四月二十三日から五月四日までの、国民新劇場での第十五回公演は『陳夫人』（庄司総一作、田中澄江・森本薫脚色、久保田万太郎演出）。田中澄江との共同脚色とは言え、座付き作者としての森本の初仕事である。日本と台湾の融和がテーマの作品だったから、王某という帝大法科の留学生に頼んで、台湾人の仕草や習慣などをチェックしてもらった。

内台人の融和、民族協同の種々な問題に一示唆を提示した庄司総一の新潮社文芸賞候補作品を、森本薫、田中澄江に依つて共同脚色した『陳夫人』五幕は、検閲でカットされた部分に可成り大きな破綻を生じたが

その意図するところにも意義があり、巧緻な久保田万太郎の演出と、力の籠つた伊藤寿一の装置に依つて近頃の佳作である

舞台は南台湾の五十余人からの大家族を擁する陳家で、腹違いの長男清文が内地に遊学中教会で結ばれたこの劇での唯一の内地人安子を伴つて故郷台南へ帰る事から、陳家の人々に及ぼすさま〴〵な影響が、やがて安子の忍従と希望を以て生きる愛情に依つて民族的な多くの問題を解決する

脚色はシチユエーションと事件を描く事に四幕を要し、第四幕□□（二字不明）祝ひの夜に最高頂を置いて、やゝ迫力に欠けるものゝ、極めて自由に苦渋なく肌触りの滑らかな構成がなされてゐるが大詰に至つて一挙に具体的に解決をみせようとしたところに芝居気と破綻が生じ

搗てゝ加へて幕切れの安子が傷つけられる件に至つて台詞のカットが禍ひして、印象を曖昧にしたのは惜しむべきである

俳優では『ルリユ爺さんの遺言』に於けるやうな特殊な演技ではなく安子の杉村春子が地芸に於て優れた演技をみせてゐる事と、清文の森雅之、二男景文の中村伸郎、三男瑞文の宮口精二の若き三人に持ち味の出てきた事を特記したい

持ち味に就ては多くの問題もあらうが、新劇にもさうした俳優の生れてくる事は単に排撃すべきではあるまい、要はその持ち味の生かし方にあらう、特に四幕目の中村の演技には意識する事なしに亡き友田恭助の面影があつた

この種の作品が、脚本としてゞはなく、小説の脚色に依って生れたところに、劇作家の貧困といふより、劇作家の劇作以前のものに貧困を感ぜざるを得ないのはまことに悲しむべき事である（安「都新聞」昭和十六年四月二十七日号）

好評の『陳夫人』は五月五日から七日まで続演になった。

六月初旬に『ファニー』（パニョル作）による二回目の大阪公演を朝日会館で持った後、七月三日から五日までの国民新劇場での第十一回勉強会に、『弥太五郎源七』（久保田万太郎作、戌井市郎演出）とともに『わが町』（ソーントーン・ワイルダー作、森本薫訳、長岡輝子演出）が本邦初演された。後者は三津田健の進行係、中村伸郎の医師ギブス、小野松枝のその夫人、宮口精二のジョージ、新田瑛子のレベッカ、森雅之の新聞記者ウェブ、賀原夏子のその夫人、荒木道子のその娘エミリーといったキャストだった。

初演のころを長岡輝子がこう回想している。

此の年の七月の勉強会には、国民新劇場でワイルダーの『わが町』を演出しました。こうした大道具も小道具も幕もない脚本は、世界中でこの『わが町』が最初でしたから、初めて此の脚本が『劇作』に載った時（注＝昭和十四年十一月号）、舞台の上でどの様に生き始めるのか、全く想像も出来ない事でしたので、此の演出を引き受けた時は、大変な緊張でした。お稽古場は畳だったので、チョークで書く代りに、長い棒や色々なものを、ここは大通り、ここはドラッグ・ストア、これがくるみの木と、帳面に描いて来た絵を照し合せながら置いてみたり、又豆をむいたり牛乳を受け取ったりの日常的な動作を、小道具なしでリアリティーを持たせる為にはどの程度の誇張が必要かとか、ヘリオトロープはどこに咲いていて、向日葵の丈はどの位になっているかとか、みんながそこを通る時は、ふまない様に歩いたり、段々そういう事から、何もない舞台に一面花の咲いた花壇が現われたり、寝しずまって段々明りが消えていく町をコツコツ歩くおまわりさんの足音や、遠くの踏切りをすぎる夜汽車の音などから、此の作品は、演劇にとって想像力がどんなに大事なものか、又演劇程生きる事の美しさをわかり易く教えてくれるものはない事などを、如実に教えてくれました。此の劇の中に出て来る教会の聖歌隊には、大中寅二氏の率いる霊南坂教会の聖歌隊が、毎日築地の国民新劇場に通って下ったりしたのも、今日の世相からみると夢の様な話です。（「戦前の回顧」『文学座々史』収載）

『わが町』は好評で次回公演に持ち越されるが、この舞台を新演劇研究会のメンバーが見ていた。メンバーの何人かが戦後の文学座に関わるので、この会に少し触れる。

『加藤道夫全集Ⅱ』に掲載されている鳴海四郎の「新演劇研究会のこと」によれば、発端は慶大予科で同期生の加藤道夫(のち劇作家)と芥川比呂志(小説家の芥川龍之助の長男でのち俳優・演出家)が、『素描』という同人誌を介して芥川と同級の八田徳治の紹介で知友になったことだった。二人を演劇の実際活動に結びつけたのは、慶応義塾仏蘭西演劇研究会の、昭和十五年九月末の蚕糸会館での『商船テナシチー』(ヴィルドラック作)の上演だった。仏文科の芥川比呂志が演出して出演し、英文科の加藤道夫も出演した。

この公演を通じて芥川や鬼頭哲人(のち翻訳家)らと親しくなった加藤が劇団を作ろうと呼びかけ、加藤の慶大のフランス語劇の仲間や中学関係の先輩やクラスメートを誘い――鳴海は中学で一級上、原田義人は同級生――、またアルバイト先の映画雑誌社の縁で東宝映画女優の御舟京子(のちに加藤と結婚する女優の加藤治子)を呼び入れ、御船は宝塚歌劇出身で婦人雑誌の記者だった新井八千代に声を掛けて、常時十二、三名のメンバーが定着した。

これが新演劇研究会で、アマチュアらしく劇団という名称を避けて「研究会」と名乗り、昭和十六年の四月には日比谷の松本楼で発会式らしい集まりを持った。メンバーのなかにはサラリーマンもいたので週に三、四回、日曜日以外は夜に集会を持った。場所は文学座が稽古場にしていた錦橋閣を借りた。

そのうち発表会を持つ気運が盛り上がり、出し物として検討されたものの中に森本薫訳の『わが町』があったことから、長岡演出の舞台を見た。鳴海四郎は大感激したと回想している。

新演劇研究会が一回目の発表会を国民新劇場で開催したのは同年の十一月の二日間で、『ろくでなし』(ポール・グリーン作、加藤道夫訳、原田義人・鬼頭哲人演出)、『カガヤキ号』(ジュール・ロマン作、芥川比呂志訳・演出)、『十一月の夜』(加藤道夫作・構成)の一幕もの三本を上演した。それからほどなくの十二月八日に太平洋戦争が勃発し、以後敗戦までアメリカの戯曲は上演されることはなかったので、『ろくでなし』が戦前最後のその上演になった。

昭和十七年の二月には三人のメンバーが入隊した。太平洋戦争は当初日本軍が破竹の勢いを示していた。そして七月中旬に新演劇研究会は二回目の発表会を国民新劇場で持った。『田舎道』(阪中正夫作、加藤道夫演出)と『亭主学校』(モリエール作、鈴木力衛訳)。後者で芥川比呂志は演出した上にスガナレルに扮し、他に御舟京子のイサベル、豊島稔こと鳴海四郎のアリスト、沙羅木まりこと新井八千代のリゼットといったキャストだった。が、九月に芥川、鬼頭、原田が召集を受けてグループは中心をもがれる形になり、加藤の立て直しの努力にもかかわらず、昭和十八年の一月に無期休会になった。加藤道夫が最初の長編戯曲『なよたけ』の稿を起こしたのは、それから間もなくだった。

文学座に話を戻せば、八月に初の移動演劇を挙行した。その詳細は別の章で触れるとして、文学座の場合は『おふくろ』（北條秀司作、田中千禾夫演出）や『結婚の申込み』（チェーホフ作、米山正夫訳、伊賀山晶三翻案・方言化、長岡輝子演出）などを川崎のマツダランプ（現・東芝）工場女子寮仮設舞台や横須賀の海軍病院講堂などで上演した。中村伸郎、宮口精二、森雅之、賀原夏子、荒木道子らの出演。長岡の提案で秋田弁に方言化した『結婚の申込み』が圧倒的な好評で、以後大事なレパートリーになった。

九月には『わが町』（ワイルダー作）が『砂の上』（久保田万太郎作・演出）とともに第十六回公演として再演された（十八日〜三十日、国民新劇場）。

　久保田万太郎氏が文学座のために書卸した『砂の上』は、主人公五十馬の過去二つの時代の人々が偶然に登場して、しかもこの作者としては珍しく劇的な事件が舞台の上に盛り上るにも拘らず、何らの不自然さやお芝居気が微塵も感じられず、それらの人物の登場交流が渾然と纏め上げられてゐる
　昨日よりは明日だ、といふ主題に、あきらめの詩人とされてゐるこの作者の変貌を語るかも知れぬが、過去三十年の久保田万太郎の芸術活動を貫くものは、常に変らぬこの精神である
　俳優では（徳川）夢声（五十馬）の強い個性がこの作品から遊離して、今度は何故か身に染みず、パストウールで俳優になつた夢声が、それ以前へ逆戻りの形である
　いつて返らぬ事ではあるが、五十馬は亡き友田恭助、ナルセ（猿冠者）は東屋三郎の役であらう、杉村春子のおしんと月野道代のときがよい
　装置（伊藤熹朔）は、避暑客の去つた湘南の海を持つ砂山の簡素大正時代のにほひを残したそこの古いホテルの寂しさ、それが脚本を身につけて装置自ら生活してゐるかのやうに素晴しい
　『わが町』は七月勉強会の際評者は「装置道具の力を出来るだけ少くして観客の想像力に委ねる」といふ試みに悉く疲労して、これらの試みが俳優に演劇にどれだけプラスするかを疑問としたが
　コーヒー茶碗なしに俳優がどんなに巧みにコーヒーを飲んでゐるかをみるために疲労するのは実はこの劇の正しい見

方ではなく『わが町』はこの試みのみに依つて云々される以上のものを持つてゐる

進行係（三津田健）のアメリカ流の饒舌があればこそ、同時にジョージとエミリーのラヴシーン（宮口と荒木、この二人が最も優れてゐる）も、ギブス夫妻（中村と小野）の伜の結婚に就いての会話も、そして結婚、墓場のシーンも極めて端的におほ根を剔抉して冴えるのである

演出（長岡輝子）も初演以上に行届き、『砂の上』と共に近頃愉しいレパートリイである。（安「都新聞」昭和十六年九月二十日号）

この二本は三回目の大阪公演として十一月初旬に朝日会館で上演され、その終演後に徳川夢声は文学座を退座した。生活を支える映画の仕事で多忙になったのが、主な理由だった。この間の十月十八日に東条英機陸相が現役のまま組閣し、東条内閣が成立した。したがって大政翼賛会の総裁も東条が兼ねた。

十二月三日から十五日まで、国民新劇場で第十七回公演として『佐宗《さそう》医院』（植草圭之助作、長岡輝子演出）と『結婚の申込み』（チェーホフ作、伊賀山晶三翻案・方言化、戌井市郎演出）が上演された。太平洋戦争の勃発はその間の八日。その日、座では芝居をするかどうかで大騒ぎになった。が、一応、観客が来たら幕を開けると決めて楽屋で待つうち、百人ほどの観客が来た。以後も毎日観客が絶えず、予定通りに公演を終えた。『結婚の申込み』は戌井の本公演初の単独演出だった。

## 情報局と「情報局劇団」

昭和十七（一九四二）年、文学座は二月十三日から二十二日まで、国民新劇場で『黄塵』（上田広原作、伊賀山晶三脚色、森本薫補訂、田中千禾夫演出）を手掛けて活動をスタートさせた。文学座が戦争に協力した第一作。

戦ふ兵隊とその占領地にゐる難民との間には、戦ふこと以外に二つの民族の将来といふ大きな問題が横たはつてゐる

これは日支事変第二年目の早春、陽泉に進んだ鉄道隊の上田広の小説『黄塵』を脚色（伊賀山晶三）したものである

全く対蹠的な性格をもつ二人の中国人と鉄道隊の班長上野とによつて、この劇は発展して行くが、兵隊の彼等に投げる温かな愛情よりも、支那民衆の迎合と懐疑の方が浮き上つてゐる

これは兵隊の表現の難しさではなくて、休止間の戦場に一抹の笑ひを盛り込まふとした為の挿話によつて劇の中心がづれて行くためである

それとこの劇では日支人ともに日本語を使ふが、それが案外不自然でなく行はれるのは中村（伸郎）、森（雅之）、杉村（春子）等の巧な表現力によるもので、却て兵隊が支那人に話しかける言葉の中に相当むづかしい字句を使つてゐるのが遥かに気になつた、兵隊同士の会話と毫も変りのない生硬な日本語を支那人に向つて語るといふのは心なき業である

これは演出（田中千禾夫）で蔽ひ切れない脚色の不備で、もつと平易な会話を用意すべきであつた、総じて会話が劇的になり切れなかつたのは、例へば「問題は、つまり……」といふやうな大雑把な方法を採つてゐるからで、「問題は」といふ問題を嚙みくだかなくては、劇のツヤは出ない筈である

俳優では前記の三人の外に三津田健の上野が持ち味で人の好いところは出せても、班長といふ兵隊にはやはり成り切れないうらみがあつた

装置（伊藤寿一）は一ぱい道具で、最後の幕「黄塵吹き荒ぶ日」の効果を巧みに生かしてゐた（山沢種樹「都新聞」昭和十七年二月二十三日号）

杉村春子は舞台の印象をこう語っている。

『黄塵』の舞台で、いちばん強烈に残っているのは、ラストシーンの幕ぎれね。部落にいた人たちがみんな立ちのいてっちゃったあと、だれもいなくなったそこの民家みたいな小さな家に、日の丸の小さい旗が立っている。そこへ黄塵が吹いてくるんですよ、だれもいないとこにね。（中略）戦後中国へ行って黄塵にあったらあのとおりなんです。いま考えてもぞーっとするみたいな、空虚なだれも人がいない舞台、一面によどんだ黄色の照明がね、その黄塵の照明というのがとてもすてきだったんですよ。伊藤寿一さんの装置でしたが、まったくあのとおりなんです。空が真暗になるようなすさまじい黄塵が吹いてきてね、なにか戦争のやりきれなさみたいなものを感じさせたみたい。戦争も撃ち合いも、なにもないんだけれども、中国の家に日本の紙の旗がたったひとつ残っていて、風がピューピュー吹くなかで空が暗くなってね。（杉村春子・小山裕士『女優の一生』）

この公演が終わったころ、情報局から文学座に、新劇団を統合して情報局劇団というべきものを創設するから、参加しないかとの打診があった。岩田豊雄の言。

その企ては、大衆作家の某と、演劇関係の情報官の某との間に生れたことを、私は知っていた。同じ演劇課の情報官でも、必ずしも、賛同していない者があることを、知っていた。だから、前述の二人の野心であり、そんなものを問題にする必要はないと、考えていた。

そのうちに、大衆作家の某が、私の家を訪ねてきた。そして、その企てに、文学座が賛成するかどうかを訊したが、私は不賛成を述べた。(中略)

それで済んだと、考えていたら、文学座の座員が、青くなって、相談にきた。情報局劇団に参加しない劇団は、解散させるということを、聞いてきたというのである。容易ならぬことになったと思って、私は、さっそく、重要座員と協議会を開くことにした。

私たちは、稽古場の錦橋閣に集った。外面は洋館で、内部は畳敷きの広間になっている二階は、震えるほど寒かった。冬の快晴の日だったが、もう、炭の入手難で、火の気は一切なかったのである。私たちは、窓側の日向を求めて、外套を着たまま、話し合った。

久保田顧問は、差支えがあって、結局、私と座員とが、相談をするのだが、座員といっても、森本薫以外は、創立以来の役者ばかりだった。

「きみたちは、どうする? 情報局劇団へ行くか」

私が訊いても、誰も返事しなかった。私たちは、そのころ、幹事の役を去り、顧問の格なのだから、命令的なことはいえないから、自分の考えだけを、述べるほかなかった。

「ぼくは、こうなったら、自発的に、文学座を解散する方がいいと思う」

しかし、今度も、誰も返事しなかった。ややあって、森本薫が発言した。

「それよりほか、しかたがないでしょう」

やがて役者たちも、しだいに、口をきき出したが、腹のたつほど、態度が曖昧だった。しかし、解散説に賛成する者も一人もなかった。

「私たちは、とにかく芝居をやっていたいので……」

一番年長で、温厚な役者が、呟きのような言葉を洩らした。情報局劇団入りも、やむをえないという口吻だった。

私は、非常に意外な気がした。新劇というものは、同志的な集りだと思っていたのに、すっかり裏切られたような気がした。（中略）

文学座の会合で、この時ほど、気持の悪い、心寂しいことは、一度もなかった。

幸いにして、情報局劇団の企ては、ムリ押しが災いして、実現されなかった。（「新劇と私」『岩田豊雄演劇評論集』より）

前述のように、これは新劇事件以後の、新劇再編をめぐる動きの一つだった。

ここで情報局について書いておく。

昭和十五年七月に第二次近衛文麿内閣が成立すると、新体制運動とともに政府情報機関による情報活動と啓発宣伝活動の強化を意図した近衛は、各省の情報機関を統合して内閣情報部機構を強化するのを重要政策として、八月に伊藤述史を内閣情報部長に起用、同時に内閣情報部の機構改革を閣議決定した。十二月六日に情報局官制とこれに関連する各種勅令が公布され、初代総裁伊藤述史以下の人事が発令されて、情報局が発足した。庁舎は小林一三の紹介で東宝経営の帝劇を使うことになり、帝劇は九月十日限りで公演を打ち切り、十二月にここに情報局が開設された（情報局は昭和十七年に三宅坂の参謀本部跡に、昭和十九年に内務省の五階に移った）。

組織と機能は次のごとし。

情報局には総裁官房及び五部が置かれ、官房は局全体の庶務、局内外の連絡に関する事務をとる。各部の部長は勅任情報官をあてた。その事務を簡単に述べてみると、第一部は企画、情報、調査、第二部は新聞通信、雑誌出版物、放送等報道に関する事項、第三部は対外報道、宣伝及び文化工作に関する事項、第四部は検閲及び編輯に関する事項、第五部は対内文化、宣伝に関する事項を所管していた。

情報局の職務は、官制によると第一は、「国策遂行の基礎たる事項に関する情報蒐集、報道及び啓発宣伝」であり、第二は「新聞紙その他の出版物に関する国家総動員法第二十条に規定する処分」である。（中略）第三は「電波による放送事項に関する指導取締」である。当時ラジオ放送が宣伝の最も有効な手段の一つとなって来たので、情報局は国内及び対外放送の内容について指導、取締を行うことにしたのである。第四は「映画、蓄音器レコード、演劇及び演芸の国策遂行の基礎たる事項に関する啓発宣伝上必要なる指導取締」であり、国策国政に関する啓発宣伝に映画等の協力を求めて万全を期せんとしたものである。（『言論統制文献資料集成』第二十巻『戦前の情報機構要覧』）

演劇に直接関係があった一つは第五部第二課で、前掲書から業務の概略を引用する。

（一）演劇法制定の事務
文部省内演劇映画音楽等改善委員会の答申に於て演劇法制定の要望があり第五部第二課に於ても文部、内務両省と協力本法案作成の会議を情報局内に於て頻繁に開催し本法案作成に邁進している。
（二）大日本演劇協会（仮称）設立の事務（略）
（三）「国民演劇集団」（仮称）の結成竝に指導に関する事務
所謂「国民演劇」樹立の為之が推進力となるべき国民演劇集団（仮称）を結成し芸術小劇場、文学座及昨年解散を命ぜられた新協劇団、新築地劇団中の有志等を打って一丸とした団体を作り附説の強力なる指導育成機関に於て不断に訓練を与へつつ数個の劇団として公演を行はしむる案であって目下大政翼賛会とも種々協議中である。
（四）移動演劇に関する事務（略）
（五）素人劇の指導に関する事務（略）
（六）演劇改善に関する指導の事務（略）
（七）演劇関係各団体との連絡事務（略）
（九《ママ》）演劇関係各種調査事務（略）

仕事の一部は大政翼賛会文化部と重なっていた。また、岩田豊雄が「情報局劇団」と呼んだものは、これを見れば国民演劇集団（仮称）だったことが分かる。

情報局は昭和二十年五月までに四回組織を変更した。演劇担当部門の部長は川面隆三、橋本政実、赤羽穣、加藤祐三郎らが務めた。

## 『富島松五郎伝』の初演

昭和十七（一九四二）年中の文学座の活動に戻る。

『黄塵』が開幕して間もなくの二月十五日にシンガポールが陥落した。が、四月十八日に東京、名古屋、神戸などが米軍による初空襲を受けた。東京は高田馬場近辺が空襲され、当時杉村春子の自宅は東中野にあったから、杉村は空襲のザーッというものすごい音を耳にした。杉村の夫で慶大医学部の講師だった長広岸郎は以前から胸を病んで寝たっきりで、これから空襲があったらどうしようかと話し合った時、長広は杉村に「俺を置いて逃げろ」と言った。

当時、国民演劇樹立の声が高まり、国民精神の発露ということが叫ばれるようになっていたが、こういう動きが岩田豊雄をして歌舞伎への関心を高めさせ、中でも時代物の悲劇性に演劇美を見させた。そういう岩田のアンテナに引っ掛かったのが岩下俊作の小説『富島松五郎伝』で、森本薫に脚色させると五月六日から二十一日まで、国民新劇場の舞台に掛けた。無法松と呼ばれる人力車夫を賛助座員になった丸山定夫が演じ、杉村春子の吉岡良子、森雅之の吉岡大尉と熊吉、奥野匡の吉岡敏雄、中村伸郎の青年時代の敏雄、三津田健の尾形重蔵といったキャストだった。

> 岩下俊作氏の小説『富島松五郎伝』は逞しく美しい日本の人情に溢れた愛すべき作品である、小説の脚色が屢々その時々の御都合主義で脚色者の選択が為されてゐる中に、これは脚色（森本薫氏）も演出（里見弴氏）そして俳優もこの作品に深い愛情を感じて取り上げてゐるところになにより成功の鍵がある
>
> 松五郎の息子に対する情愛の変化の描写に難はあつても、きめの細かな脚色は、原作を巧みに消化して新しい創作に迄高められ、大詰には松五郎が坊ん〳〵の生長した敏雄に脈を取られて死ぬなど、一概に作劇の定跡とはいひ切れぬ脚色者の原作に対する愛情が感じられる
>
> 演出も『たのむ』の作者といふ単なる思ひつきの選定ではなく隅々にまで気配りが行き届いて、心憎い迄に精緻を極め、この演出者の選定もまことに当を得たものである
>
> 俳優では賛助座員となつた丸山定夫の松五郎が、杞憂した不健康さもなく適材でよき人情を現し、杉村の良子も殊更な仕科なしに、美しさにやゝ難はあつてもこれは原作よりも寧ろ生き〳〵としてをり、他の俳優もよい

たゞ三幕目祇園太鼓の件は無理からぬ事だが、舞台で丸山自身が太鼓を打つ事に依つて効果が弱まる。音の効果は蔭で出して丸山には太鼓を打つ姿だけを凝らしたかつた

これらの一丸となつた原作への愛情は不逞無頼とか、無法とか松五郎に与へた世間の評価に対する抗議となつて、やがてしみじみと日本的な人情で我々を包む、愛すべき佳作である（安「都新聞」昭和十七年五月十二日号）

好評で集客がよく、座員一人当たり三十六円の配当があった。制作費は六千四百十円で、劇場費二千七百六十円、舞台費二千五百七十四円、文芸費六百十円だった。また、舞台の好評から『無法松の一生』と題して映画化され（伊丹万作脚色、稲垣浩監督、阪東妻三郎と園井恵子の主演）、昭和十八年十月に封切られるやこの年度最高の興行収入をあげた。大映太《うず》秦《まさ》の作品で、大映は四二年に戦時統合のため新興キネマ、大都映画、旧日活の製作部門を合併して、大日本映画製作として創設されていた。初代社長は菊池寛。

なお、公演中の五月十三日に、杉村春子の夫長広岸郎が没した。杉村は休演することなく、未亡人になる良子を演じつづけた。

六月三十日の大政翼賛会の第二次改組を機に岸田國士は文化部長を辞任、後任にドイツ文学者の高橋健二が就いた。近衛文麿や後藤隆之助らと一高時代の同窓だった山本有三の推薦で、岸田とともに遠藤慎吾や小場瀬卓三らも辞任した。

文学座は七月中旬に十三回目の勉強会を国民新劇場で開いた後、同月二十六日から八月三日まで、二回目の移動演劇を秋田県の花岡鉱山、岩手県の赤石鉱山、福島県の高玉鉱山などの講堂で持った。三津田健の隊長で杉村春子、龍岡晋、中村伸郎、田代信子、新田瑛子、梅香ふみ子らの参加、出し物は『春雷』（伊藤章三作）、『地底の花嫁』（菊田一夫作）、『家族』（川口松太郎作）で、菊田や川口の作品を持って回ったところに、観客への配慮があったと言うべきだろう。

九月十八日の都新聞は新劇俳優と映画の関係をこう報じた。

まず映画圏では東宝がP・C・L当時映画俳優引き抜き防止の紳士協定から既成映画俳優に依存出来ず、汐見洋、丸山定夫、御橋公、小杉義男、生方賢一郎、嵯峨善兵、北沢彪、三木利夫、藤輪欣司、伊藤智子、清川玉枝、その他を専属として発足、ほかに元新協劇団と契約して、ユニット作品『恋愛の責任』『初恋』などを製作したが、最近では文学座と団体契約を結んで第一回作品『母の地図』には映画での新人森雅之、中村伸郎が新鮮な空気を送り、（市川）猿之

助の衣笠（貞之助）作品『阿片戦争』に青山杉作が久し振りに俳優として登場するが、元新協、新築地の入社はない。

松竹映画では京都の撮影所に小沢栄が小沢栄太郎と改名して入社、本庄克二が本名の東野英次《ママ》郎となり、ほかに鶴丸睦彦、殿山泰二、大町文夫、弘中菊野《ママ》が入社、大船撮影所には『木石』で一躍スターとなつたがその後年余に亘る闘病を終えて健康を取り戻した赤木蘭子がこれも本名の信《しん》千代となつて『女の手』の撮影中、ほかに翼賛会文化部から転じた異色の遠藤慎吾が入社、第一回作品として『隻手に生きる』が候補に上つてゐる。

大映は大量の新入社で、まず薄田研二の高山徳右衛門、まだ撮影に入らないが山本安英、ほかに永田靖、石黒達也、恩田清二郎、高橋正夫、伊東亮英、新田地作改め村上済州（注＝のち冬樹）、長浜藤夫、篠塚亜矢子、木下ゆづ子、原泉改め中野政野、本間教子改め武田サダ、仲みどり、小峰千代子、園圭子らが既に『大阪町人』『独眼龍《ママ》政宗』『思ひ出記』『新雪』『お市の方』『海猫の港』などに活躍してゐる。

一方演劇団では農山漁村文化協会の移動演劇隊、瑞穂劇団に宇野重吉、信欣三、川瀬杏助、三好久子、中村美穂、北林谷栄、田所千鶴子がおり、井上演劇道場には三島雅夫、下条正巳が入座、芸術座（注＝初代水谷八重子が主宰した第二次の新派の劇団）に加藤嘉《よし》、東宝演劇研究会に清洲すみ子、志賀夏江、（古川）ロッパ一座に伊達信といふのが現在の分布だが、ほかに滝沢修の今後の去就が注目されてゐる。

昭和十七年十月一日から都新聞は国民新聞と合併して東京新聞になったが、その日の紙面には俳優の楽屋用の洗顔石鹸の十月分の配給が、昼夜二回興行の出演者に三個、一回興行の出演者に二個、休演者と新劇、研究劇団員に一個に決まったという記事が載った。文学座の創立五周年記念公演『鶉《うずら》』（真船豊作、久保田万太郎演出）はそういう時世の十月一日から十五日まで、国民新劇場で持たれた。

山で育つた野人の遠山大助は、六十三年の間自分の言葉を唯の一度も理解されず、そして誰一人にも褒められたことがなかつたが、或夜横丁の飲食店で知らぬ人によつて褒められ、生れて初めて自分といふものを認識する。大助の妻は教養の低い女教員あがりの、饒舌で虚栄の強い女である。大助は三十五年の間此女と生活を続けたが、それは恰も吹雪を避けて物蔭に蹲まり、死なうか生きようかと思案してゐる鶉も同然な生活である。戦地から帰つた息子の洋一は斯うした父親の轍を踏むまいと、雪の中の桃の花のやうな清浄な配偶者静枝を得て、洋々とした人生に旅立つて行く。大助は一旦死なうとさへしたが、若い息子共の希望に輝くかしまだちを見送つてから急に心が明るくなり、そして最初褒めてくれた人との再会で決心がつき年来希求してやまなかつた故山の雪の中に帰る、といふのが大体の内容である。

大助には森雅之が扮し、如何にも妻の為に苦労をし続け、世の人からも構はれないやうな、何となく無力なお人よしの人物を如実に表現して抜群な技倆を見せた。無為無策の人間のやうでありながら、息子に人生観を説いたり、又は妻が息子や娘に利己的な説法をする時など、ズバリと名言を浴せて横暴な妻の頭を押へたりする当意即妙さは、如何にも自然で、而も権威があり快よかつた。おそらく同人の傑作といふべきであらう。杉村春子の妻織子はよく喋り、よく演じたが、総体に薬が強すぎたきらひがあり、どちらかといふと、登場の度毎に看客をも悩ますていの演技であつた。一本調子で、そして余り耳障りのよくない声の加減もあつたが、もつと台詞に抑揚と変化とをもたせたら此うらみは救はれたであらうやうに思はれた。宮口精二の洋一は純情で、さも鶉の生活を去つて行くやうな青年に見立て好感をもてたが、欲には今すこし父に対しての同情の態度を見たかつた。三津田健の知らぬ人は、初めから突拍子もなく大助を褒めるので、聊か不安に思はせたが、見てゐるうちに善良さが判り、其人生観にも真理があるので安心した。これは演技に幾分上辷《うわすべ》りがあつたからであらう。東山千栄子の谷川夫人や賀原夏子の洋一の妹や、梅香ふみ子の静枝など別段仕どこもないだけに挙げる程の事もない。

最後に褒めたいのは舞台の装置（注＝伊藤熹朔）である。あの狭い舞台を極めて象徴的な道具建で広々と気持よく見せたこと、而もどの場面にも近代的の匂ひがあり、物資節約の時局に善処した標本の如くにも感じられたが、それがすこしも厭な感じでないのみか、却つて良き効果を奏したので、一種清新な感覚を起さしめたのである。まづ近来にない面白い演劇であつた。（安部豊『演芸画報』昭和十七年十一月号）

『鶉』は好評で集客がよく約七千人。十月末に大阪の朝日会館でも公演したがこれも興行成績がよく、東京公演のみで座員に七十円、準座員に三十五円の配当があった。

この年最後の公演は十二月一日から十五日まで国民新劇場で持たれ、『女ばかりの村』（セラフィン・A・キンテーロ、ホアキン・A・キンテーロ作、菅原卓訳、長岡輝子演出）と『町の音』（久保田万太郎作・演出）を上演した。後者は情報局の委嘱作品だった。

久保田万太郎作『町の音』は暗くさみしい雪の夜の町中に舞台をとりながら、登場人物の一人一人が戦争に依つて動いていく自分達の生活を、しみぐ〵と肯定してゐる明るい作品である

国民演劇として、情報局の委嘱にこたへたこの作品は、飽く迄殊更な主題をとり上げず、一貫した久保田作品として、さり気なく提出して登場人物の一人に、戦争のお陰でホンモノのモノをいふ世の中が来たといはせてゐるが、この毅然たる信念は羨望に堪へない

俳優は喜多村（緑郎）と花柳（章太郎）も考へられるが、東山（千栄子）のおふさも予想以上によく、杉村のおつるの酔態など勿論新派でなく、矢張り新劇には珍しい芸で、中村（伸郎）の常次郎も素直な実感を持つ、それに梅香（ふみ子）の玉ずしの女房が意外な掘出しものである

静かに町中に生活を営む二家族の絡み合ひが、本来廻り舞台を要求するこの作品のニユアンスを切断して、透き切れの出来たのは惜しい

キンテーロの『女ばかりの村』は今更出てくる作品ではなからう。《ママ》『町の音』のいろどりでの明るい翻訳劇ならほかにある筈である（安「東京新聞」昭和十七年十二月六日号）

## 『北京の幽霊』と『田園』

昭和十八（一九四三）年。まず同年の出来ごとを挙げておく。

一月一日　東京日日新聞と大阪毎日新聞が題字を毎日新聞に統一。

一月十三日　内務省と情報局がジャズなど英米楽曲約千種の演奏（レコードを含む）を禁止して一覧表を配布。

二月　英米語の雑誌名が禁止され『サンデー毎日』は『週刊毎日』と改題。以後『キング』が『富士』などに。

三月　軍と情報局の圧力で『中央公論』連載中の谷崎潤一郎の小説『細雪《ささめゆき》』発表禁止。

四月六日　東京六大学リーグ廃止。

同月十八日　連合艦隊司令長官山本五十六がソロモン群島上空で戦死。

五月二十九日　アッツ島の守備隊二千五百人全滅。

六月三日　衣料簡素化の新体制要綱決定、男子はカーキ色の国民服、女子は元禄袖。

七月一日　東京都誕生（都政実施）。

八月三十一日　文化学院強制閉鎖。
九月八日　イタリア無条件降伏。
同月二十二日　女子挺身隊、二十五歳未満の未婚女子の動員決定。
同月二十三日　理工系以外の学徒徴兵猶予制限撤廃。
十二月一日　第一回学徒入隊（学徒出陣）。
この年敵性語使用禁止で野球の「ストライク」は「よし一本」などに変更された。婦人のズボン、モンペの常用がはやり、陸軍省の決戦標語「撃ちてし止まん」を大書したポスターがいたる所に貼り出された。
文学座のこの年最初の公演は、二月二日から十六日まで国民新劇場での『北京の幽霊』（飯沢匡作、長岡輝子演出）。飯沢の文学座への戯曲提供は長岡と森本薫の奨めによった。
飯沢はこの戯曲を書いた動機を岩波新書のイギリス人宣教師クリスティの『奉天三十年』と、オスカー・ワイルドの短編『カンタヴィルの幽霊』を読んだことだと書いている。

ワイルドはアメリカ大使の一家に進歩的、合理的、科学主義者としての性格を与え、英国伝来の旧弊な習俗と対比させ、英国を笑っているのである。これからヒントを得て、日本軍占領下の古都北京に日本の麦酒会社の技師たち一家がやって来て、清朝時代の由緒ある古屋に住むことにして、そこに住みついてる清朝宮廷の官女と弟の宦官（生殖器を人為的に切り取られている大奥の役人）と敗残兵の三人の幽霊との交流を描き、中国人の栄誉を守る筋にしたのである。（『権力と笑のはざ間で』）

文中「清朝宮廷の官女と弟の宦官」とあるのは舞台の都合でこうなったという意味で、元の戯曲では宦官の兄弟の指定。作者は徳川夢声と龍岡晋を想定していたものの夢声が退座し、日本の技師夫人に予定していた杉村春子が兄の役にまわることになった。そこで女言葉に改めたが男言葉の名残があり、杉村の機嫌がよくなくて作者と衝突したと前掲書で書いている。劇評を一つ。
不親切なものと思ひ込んだ飲食店で、カラにした茶碗に思ひ掛けなく茶をつがれた時の人情は少し時間を経て反省す

ればなんだ当りまへぢやないかと思つたりもするもの丶、しかし心楽しいものである
生硬な表情で奥歯にもの丶挟まつた演劇ばかりみせられてゐるけふこの頃、飯沢匡作『北京の幽霊』四幕の登場は、予期しない茶をつがれた時の楽しさのやうに、近頃稀な明るく温い演劇である
全然実感を伴はぬこちこちの写実劇に窒息しさうになつてゐる今日、この作品は北京の幽霊屋敷に移つた麦酒会社の技師長一家と、西太后に使へた、女官と宦官そして重慶軍兵士の幽霊との交流が、美しい情感と実感を以て描かれ、よき芸術が決して露骨にその精神を現さないやうに、この作品も亦うつかりすると聞き逃がしてしまひさうなよきニュアンスに富んだ作品で
さり気ない諷刺と諧謔に包まれてはゐるが、厳粛な批評と微塵も無理のない日本精神を見逃してはならない
演出（長岡輝子）は人間と幽霊との交流を巧に消化しようと苦心して、照明（穴沢喜美男）などまことに見事だが、杉村、龍岡（晋）の清朝の幽霊をもつと能の演出にして、森（雅之）の重慶軍兵士の幽霊などもつと狂言の風格を持つといつた演出の道楽気があつてもよからう、その他でも意外に消極的な演出である
装置（伊藤熹朔）は飾りツぱなしの青銅の屋根が重い深味をみせ、荒れ果てた序幕の支那室など一景だけでは惜しいやうな装置であつた
俳優は東山（千栄子）の夫人も久振りで無理のない本役で、その他の人達も皆よく、久振りで、全く久振りで文学座の人達を青年に戻らせた作品であつた（安「東京新聞」昭和十八年二月五日号）
劇評ではまったく触れられていないが、『北京の幽霊』は戦争中の中国を舞台にしながらも、飯沢匡が国策および当時の日本人を批評的に見ていたのが察せられる異色の戯曲なのである。公演は大入りで、座員に七十二円の配当があった。
なお、終演後に荒木道子が退座した。
二月末から三月はじめにかけて移動演劇として秋田・岩手の両県で『驟雨』（岸田國士作）や『鶉』（真船豊作）を上演、帰京した四月一日から十八日まで国民新劇場に『勤王届出』（丹羽文雄原作、森本薫脚色、岩田豊雄演出）を掛けた。原作では女性が一人も登場しないが文学座ではそうもいかず、森本が三人の女性の役を作った。この時は三月一日から実施された入場税法の改正で、指定席二円八十銭のうち一円五銭が、自由席二円のうち七十五銭が入場税だった。

> 嘗ての文学座試演会での髷物『弥太五郎源七』は、薄暗い舞台にその輪郭がぼかされてゐたが今度の『勤王届出』では、極めて稚拙な線が明瞭に浮き出し、刀が差せてゐなかつたり、裃を着てゐる間が持てなかつたり、意図した演出（岩田豊雄）と思はれる五幕目の散切の変化も、人形浄瑠璃文楽座の新作物ぢみた、時代色を意図した演出ならば、東七郎の娘朋世（田代信子）の近代女性宛らの台詞のいひ方にも混乱がある
>
> これには脚色（森本薫）の特に女の台詞がこなれてゐず、扮装も台詞と調和してゐない、この不調和は東七郎（三津田）妻まき（杉村）松井（坂本〈猿冠者〉）などと他の若い人達との演技にもあつて、統一された演出とはいひ難い
>
> 内容は出せる力を持ち乍ら髷物としての表現が不手際なために、結局中途半端に終る新劇の演技の貧困を、久振りに露呈した所演である（安「東京新聞」昭和十八年四月四日号）

この劇評への岩田豊雄の反論が、七日付けの東京新聞の芸能面に載った。岩田は刀の差し方も裃の着方もしかるべき指導を受けて研究したので言われるように無様ではなかったこと、演出も生硬だと言うのなら認めるが、混乱とは見当違いであること、脚色もよく芝居にした功は買わなければならないと主張した。が、視点や書き方は違え、他の劇評でも好評ではなかった。

四月に田代信子が座員に、丹阿弥谷津子《たんあみやつこ》が準座員になった。

六月一日から二十日まで、国民新劇場で上演された『寿の町』（田口竹男作、久保田万太郎演出）は、今年から新劇も参加が認められた情報局主催の国民演劇コンクールの参加作品だった。これは前述の国民演劇樹立の動きと関係がある。

国民演劇という名称の下に演劇の分野を取り払い、昭和十六年から市村羽左衛門一座、尾上菊五郎一座、中村吉右衛門一座、市川猿之助一座、松本幸四郎一座、大阪歌舞伎劇団、全新派、井上正夫一座、新生新派、芸術座、前進座、新国劇、曾我廼家五郎一座、古川緑波一座、松竹家庭劇などをコンクールに参加させ、優秀舞台に情報局総裁賞（三千円）や情報局賞（千円）を贈り、同時に国民演劇の脚本を募集することになったのである。同年は松本幸四郎一座の『春の霜』（宇野信夫作・演出）が情報局総裁賞を、翌昭和十七年は尾上菊五郎一座と中村吉右衛門一座の合同公演『菅原伝授手習鑑《てならいかがみ》』がこの賞を受けていた。

さて、『寿の町』。岩田豊雄に反論された「安」こと安藤鶴夫の劇評。

如何なる時代にあつても、どんな現象の前に晒されても、厳として揺ぎのない作品といふものは極めて稀である、殊に山本元帥の戦死、アッツ島山崎部隊の玉砕といふ大事実の感動の前と後とでは——大東亜戦争の真ッ只中に在るといふ覚悟の上では、そのやうな違ひがあつてはならぬ事であらうが、はツきり凡ゆるもの丶感じ方が違つてくるのは事実である

文学座が情報局国民演劇（選奨）に初の参加作品たる田口竹男作『寿の町』三幕は、めでたき人々のみの登場で、無理のない小柄な愛すべき作品だが、舞台が三幕目（昭和十七年春）に至ると、この作品の今日に主張するものが俄にふらついてくるのは否み難い（中略）

筆者は最近親友を失つたが、自分にも意外な程その死に対して感動が弱かつた、共に戦争とは関係のない祝ひ（注＝劇中の母親の米寿の祝い）であつたり、病死であつた為めだと思はれる。（ママ）『寿の町』のめでたき人々の祝ひにケチをつけるのは気の毒だが、この題名で示してゐるやうな町は既に今日一つもない筈である

にも拘らず一応ついていけるのは優れた演出（久保田万太郎）と装置（伊藤熹朔）の力で、俳優は前回『勤皇届出（ママ）』の操り人形然とした演技と異なり、三津田、中村、宮口、賀原（夏子）など生彩を放ち、特に田代信子が素直で美しい演技をみせる（安「東京新聞」昭和十八年六月八日号）

『終身年金』（ガブリエル・デンヴィリエ作、原千代海訳、田中千禾夫演出）との併演だったが、約二百円の赤字が出た。岸田國士が顧問に復帰し、北城《きたしろ》真記子が研究所に入所したのも六月だった。

七月末から八月はじめにかけて、『結婚の申込み』（チェーホフ作、伊賀山昌三翻案・方言化）や『家族』（川口松太郎作）などによる北海道への移動演劇公演を持った。余市や網走ではシュピレヒコール『進め一億火の玉だ』を宮口精二、龍岡晋、長岡輝子、南美江（当時は南波美江）らの出演で上演。

八月四日に舞台美術家の金須孝が三十九歳の若さで他界した。

十月一日から十八日までの国民新劇場での第十五回公演『田園』（真船豊作・演出）は、記録では真船の作・演出となっているが、実は新劇事件で演劇活動を禁止されていた千田是也の覆面演出だった。これは文学座の顧問に復帰した岸田國士の配慮だったと思われる。と言うのも、大政翼賛会文化部長としての岸田國士を回想して、遠藤慎吾がこう書いているからである。

度胸と云えば、新劇団解散事件（注＝新劇事件）で検挙され、まだ警察の留置場に拘留されていた劇作家の久板栄二郎君に、堂々とお金を届けた勇気にも驚いたことがある。今の若い人には判るまいが、軍部と右翼が幅を利かせていた当時の社会環境の中で、左翼関係事件で留置場にいる人間に金品を贈るのには相当の勇気がいった。（中略）

新協、新築地両劇団の関係者は、何とか留置場を出られてからも、酷しい社会的制約を受けていた。演出者は演出を許されず、俳優はラジオは勿論、映画にも舞台にも出演できなかった。それを大変憂慮した岸田さんは、「彼らは、特殊の技能を持った有為の人材である。これを眠らせておくべきではない」というのを表向きの理由にして、彼らの社会的復活を計ろうとした。

私は、岸田さんの命を受けて、当時警視庁から情報局に移っていた友人の千賀《せんが》彰らを語らって、内務省や警視庁の役人をも加えた会議を開いた。（中略）

この会議が、どれだけ役に立ったのかははっきりしないが、それから暫くして、新協、新築地劇団関係の俳優達の映画出演だけは許されるようになった。（「署名のある本たち・6」『日本古書通信』昭和六十一年十一月号）

『田園』は国民演劇コンクール、国民演劇選奨の参加作品だった。これはこの年からシステムが変わり、未上演の新作戯曲を対象とする第一部と古典を対象にした第二部に分けられ、『田園』は第一部の五劇団八作の参加作品のうち、前進座の『不沈艦撃沈』（平田弘一作、平田兼三郎演出）とともに情報局賞を受けた。因に、第一部の情報局総裁賞は該当作なし。『女優の一生』で杉村春子は当時をこう語っている。

すごく当たったんです。楽の日には、千二、三百名もはいったんですからね、あの国民新劇場に。おもしろかったですよ、この芝居は。千田さんの演出がなかなかよかったですからね。そのころは、もう若い人はどんどん出征していったんです、学徒出陣で。三男になる男の子の俳優は、この芝居がすんだらすぐ応召していったんですよ。それが応召する役だったんですよ。赤い襷《たすき》をかけてね。大阪でこの芝居が楽になったときに、その子はそのまま戦争にいっちゃうんですよ。バスまで見送る芝居に、もうみんな、たまらなくなっちゃってね。そのまま南で死んでしまいました。

劇評を挙げる。

> 文学座が『寿の町』に次ぐ国民演劇（選奨）参加作品『田園』四幕は不幸なる作家真船豊が思ふさま高らかに歌ひ上げた故郷の歌である。こゝにはいつもの真船作品につきまとう懐疑や、暗い影や、酷たらしい姿は微塵もなく、心を洗ふに足る素朴、澄明な交響楽である、悲劇でも喜劇でもなく、殊更な筋も持たずに、幕毎に新しい人物の登場に依り、次ぎ次ぎに時代の動きがこのよき渡瀬一家に石を投じて、四楽章ともいふべき美しい方言のさま〴〵な音を奏でる
>
> 時に危惧したこの劇の時代的な古さも、脚本で示されてゐなかつたものを、今度の上演で昭和十四年頃とはつきり指定されたにも拘らず、この渡瀬一家は大東亜戦争の真ツ只中にある今日に在つて、尚恐らく揺ぎのないよき人々であらう事迄も想像されて、上演に先立つて感じたやうな不安は全く一掃されてゐる
>
> 刻々推移し、起る幾多の現象の中に、昨日書かれたものが既にけふ古くなる作品の多い中に昭和十四年の晩秋から初冬といへば、王精衛の新生支那建設声明の前後といふ時代を描いてゐるにも拘らず、登場人物の今日の在り方、成長の姿をさへ考へさせる体《てい》の作品といふものは得難く、また今日実際さうしたものだけが必要である
>
> 同時に演出（真船豊）も生き生きとして脚本の苦渋もなく鮮明を極め、演技は序幕がこなれてゐない欠点はあるが、中村（伸郎）の父、森（雅之）、杉村の久三夫婦など東京へ連れて来たいやうなよき人々をはじめ、菅（文代）の道子、田代（信子）の和子、宮内（順子）の末子、賀原（夏子）の郵便局長の妻、助演の武田サダ（注＝本間教子）の村長の妻その他、東山（千栄子）の母にやゝ疑問があるのを除いて、配役の妙を発揮してゐる
>
> 装置（伊藤熹朔）も大黒柱を中心に、四つの角度からこの一家を描かうとした作者の意図を生かした的確な構成で、たゞ転換の時間を考慮してか、四幕目の隠居家を前面に押し出して飾つたのは舞台を浅くみせて惜しい
>
> 脚本、演出、装置、演技、照明（穴沢喜美男）をも含めて近頃での力作である（安「東京新聞」昭和十八年十月六日号）

前述のように十月に演劇雑誌の統合があり、『演芸画報』をはじめ六種の演劇雑誌が十月号で廃刊になり、各誌が協同で新しく日本演劇社を設立、ここから研究評論誌の『日本演劇』と鑑賞指導誌の『演劇界』を十一月一日から発刊することになって、岡鬼太郎が日本演劇社の初代社長に就任した。ところが十月二十九日に岡が七十一歳で没したので、その後を久保田万太郎が襲った。

## 移動演劇と『鳥獣合戦』の上演

昭和十九（一九四四）年になると移動演劇に終始したが、これに触れる前に主なできごとを挙げておく。

二月二十九日　決戦非常措置要綱に基づき東京の歌舞伎座、東京劇場、大阪歌舞伎座、京都・南座など十九劇場が三月五日（実際は一日から）休場。

三月四日　宝塚歌劇団がこの日限りで休演。ファン殺到、警官が抜刀整理。

同月五日　警視庁、高級料理店八百五十店、待合芸妓屋四千三百店、バーや酒屋二千店を閉鎖。

同月六日　新聞の夕刊廃止。

四月一日　第二次決戦非常措置令により演劇の興行時間が二時間半に、映画は一時間四十分に（平日三回、日曜四回）。閉鎖中の明治座、新橋演舞場、梅田映画劇場、大阪の中座、角座は再開。

六月六日　連合軍、ノルマンジー上陸開始。

同月十五日　米軍、サイパン島に上陸。十九日、マリアナ沖海戦、日本海軍、空母・航空機の大半を失う。

七月七日　サイパン島の守備隊三万人玉砕、住民の死者一万人。

七月十日　情報局、中央公論社と改造社に自発的廃業を指示、両社月末解散。

同月十八日　東条内閣総辞職。

同月二十二日＝小磯国昭内閣成立。

八月一日　砂糖の家庭用配給停止。

同月四日　学童の集団疎開第一陣が上野出発。

九月十八日　満十七歳以上の男子を兵役に編入決定。

十月二十四日　レイテ沖海戦。

十一月二十四日　米軍のB29約七十機が東京を空襲。

さて、軍事保護院の主催による傷病軍人慰問の四回目の移動演劇が新年早々に持たれ、中村伸郎、宮口精二、森雅之、龍岡晋、賀原夏子、田代信子、南美江、宮内順子らの班は『太平洋の風』（八木隆一郎作、田中千禾夫演出）を上演しつつ鳥取県、島根県、山口県、福岡県を回り、宮口精二、龍岡晋、長谷川葉らの班は『結婚の申込み』（チェーホフ作、伊賀山晶三翻案・方言化）を上演しつつ熊本県、鹿児島県、大分県、広島県などを回った。

五回目の移動演劇は貯蓄奨励のために前回と同じキャストで『太平洋の風』を二月中旬に愛媛県で上演、三津田健、中村伸郎、龍岡晋、南美江、丹阿弥谷津子、田代信子らによる『笑ふ村』（金子洋文作・演出）を同月中旬に愛媛県、徳島県、高知県などで上演した。

六回目の移動演劇は優良農村感謝激励の名目のもので、三月二日から八日までシュプレヒコール『一粒の米』で茨城県下の農村を巡回、九日から十六日まで『太平洋の風』を茨城県や福島県の農村で上演、十七日から二十二日まで『結婚の申込み』を福島県の農村で上演した。

七月の七回目の移動演劇は決戦食糧配給確立のための大都市対象の公演で、同月二十一、二十二の両日、日比谷公会堂で久保春二や田辺若男らのくろがね隊と森田博らの劇作隊との合同で『勝利の糧』（都築益世作、島公靖演出）を上演、二十四日、二十七日、二十九日、三十日は横浜、名古屋、神戸で『歓呼の町』（森本薫作、戌井市郎脚色、青山杉作演出）を三津田健、賀原夏子、宮口精二、久保春二、南美江、新田瑛子、田代信子らの出演で上演した。『歓呼の町』はそもそも映画のシナリオで、松竹大船が木下恵介の監督、東野英治郎、上原謙、信千代らの出演で製作し、同年六月に封切っていた。疎開問題を扱った最初の劇映画だった。東京公演の後『歓呼の町』は『勝利の糧』との併演で八月に広島や仙台や新潟で上演され、『勝利の糧』は同月高松や京都で上演された。

八月のもう一本の出し物は『我等何をなすべきか』（平田弘一作、金子洋文演出）で、三津田健、龍岡晋、久保春二、田辺若男、宮口精二、賀原夏子、菅文代らの出演で広島県下や千葉県を回った。が、男優不足で賀原らは髭を付けて男装して舞台に出た。これは八月三十一日と九月一日に日比谷公会堂でも上演されたが、最終日は青野平義が応召したため、戌井市郎が代役した。

この年最後の八回目の移動演劇として十二月一日から十日まで、三津田健、龍岡晋、南美江、宮内順子、新田瑛子らによる『山がら物語』（北條秀司作）と『ほとけ』（栃沢冬雄作、戌井市郎演出）を持って、徳島・高知の両県を回った。杉村春子の移動演劇への参加がないのは映画を撮っていたためで、昭和十七年五月から昭和二十年二月に封切りになったものまで、杉村は八本もの映画を松竹や東宝や大映などで撮影していた。むろん国策映画。杉村春子は一方で映画女優でもあった。

この年の本公演のうちの一本は、五月一日から十五日まで国民新劇場で上演された『怒濤』（森本薫作、久保田万太郎演出）で、森本が座付き作者になってはじめてのオリジナル、細菌学者北里柴三郎の評伝劇だった。

欠損覚悟の公演だったが好評で十六日から二十日まで五回続演になり、なお客足が落ちないので二十一日から二十九日まで、さらに十回の続演になった。計三十四回の公演で、観客は一万八千人に及んだ（もっとも警戒警報の発令で二十一日は公演不能、二十日の夜も途中で打ち切った）。はじめて国民新劇場に来た観客も多かった。岩田豊雄は劇団の実際的な要求で森本の才能が折れたり曲がったりするのを危惧してそう言うと、森本は「新劇の岡本綺堂になりたい」と答えた。

キャストは森雅之の北里柴三郎、杉村春子の妻富子、田代信子の娘善子、三津田健の長谷川泰、宮口精二の梅本清作、南美江のその妻貞子、中村伸郎の喜多一郎など。

『怒濤』は、描かんとするところを平明にすら〳〵と述べてゐて、しかも時代の感覚から離れてゐない、この功績は、作者森本薫のものであらう。伝記を描く戯曲は、題材の選択、構成の仕方などが中々難しく、失敗しがちなものだが、『怒濤』は、面倒な心理葛藤や複雑な性格の発展を採りあげることを避けて、事件的な挿話を巧みな脚本技巧でつないでゐる。中々かしこいまとめ上げ方である。

そのために、深味が足りない感があつて、もつと心理や性格をつつこんで書いて貰いたかつたといふ気もするが、さうすれば、反って色々の破綻が出来たかもしれず、「文学座」が上演するといふことを頭に置いた場合は、かういふ行き方が一番賢明なのかもしれない。

俳優の中では、宮口精二の扮した北里博士の助手が一番印象に残つた。最近での当り役だと思ふ。今まで、此人を巧い役者だと思つた事はなかつたが、この役を見て、地味ではあるが、特殊なワキ役をやる人として将来に大きな期待が持てるやうな気がして来た。（遠藤慎吾「『怒濤』その他」『日本演劇』昭和十九年七月号）

終演後に北城真記子が研究生を退き、金子信雄が演出研究生になった。

第二十七回の本公演『鳥獣合戦』（飯沢匡作、戌井市郎演出）は、十月十三日から十一月一日まで国民新劇場で上演された。飯沢匡の言うところによれば、記録では「戌井市郎」の演出になっているが、実際は飯沢や長岡輝子や伊藤道郎らが相談しながらまとめたもので、「大東亜の理念」などと政府が振りかざす「流行思想」を批判しようとしたものだから、情報局が上演に難色を示した。それに対して久保田万太郎と森本薫が情報局に陳情に行き、上演を取り付けてきたという

（『権力と笑のはざ間で』参照）。が、飯沢の諷刺精神は意図通りには伝わらなかった。

上演以前、その性格に疑問を持たれた問題劇、飯沢匡作『鳥獣合戦』六幕は、意外にも凡庸な演出（戌井市郎）に逃げた結果、『北京の幽霊』の作者から期待された才気さへ影が薄く、神経質になればいくらでもさまぐ〳〵な聯想を喚ぶ諷刺や寓意を孕み作ら、寧ろその詮索が滑稽な思ひ過ごしに思へる程反って平板な、愉しさのないお伽劇に終始した諷刺や寓意が遠慮してゐたり、そのため主題への照応が不明確な事も手伝つて、どちらが勝つても負けてもたいした関心の持てない鳥獣合戦に終ったところに大きな弱点がある

中村（伸郎）の蝙蝠の博士、杉村（春子）の梟の大使はいゝが、森（雅之）の鼠と三津田（健）のモルモット以外、鳥獣の特性を生かした演技もなく、なにか全員が妙にひづんでゐる、『田園』『怒濤』と正攻法で相次ぐ戦果を収めた文学座が、この奇襲作戦に潰えたのは惜しまれる（安「東京新聞」昭和十九年十月二十一日号）

終演後、七月に再婚していた長岡輝子と向坂丈吉が退座した。

十一月十日から十六日まで七回目の大阪公演として『怒濤』を朝日会館で上演し（その後森雅之が退座）、十二月一日から十日まで、『山がら物語』（北條秀司作）と『ほとけ』（杤沢冬雄作）による八回目の移動演劇公演（徳島・高知両県）を行った。この年、文学座は移動演劇に明け暮れたと言っていい。

## 『女の一生』の初演

昭和二十（一九四五）年。まず主なできごとを挙げる。

二月四日〜十一日　ヤルタ会談開催。対独戦後処理やソ連の対日参戦などを決定。

同月十九日　米軍、硫黄島に上陸、三月十七日守備隊全滅。

三月九日から十日にかけて東京大空襲。江東地区全滅。二十三万戸焼失、死者十二万人。国民新劇場、明治座など焼失。

四月一日　米軍、沖縄本島に上陸。六月二十三日守備隊全滅。戦死九万人。一般国民死者十万人。

同月五日　小磯内閣総辞職。

同月七日　鈴木貫太郎内閣成立。

同月十二日　米大統領ルーズベルト死去。副大統領トルーマン昇格。
同月二十八日　イタリアのムッソリーニ銃殺、六十一歳。
同月三十日　ヒトラー、ベルリンの地下壕で自殺、五十六歳。
五月八日　トルーマン米大統領、日本に無条件降伏を勧告。
同月二十四日　米軍B29機が東京を大空襲、つづく二十五日の空襲で歌舞伎座や新橋演舞場など焼失。
七月十日　米機動部隊、東北、関東各地を空襲。
同月二十六日　対日ポツダム宣言発表。
八月六日　B29、広島に原爆投下。死者十四万人。同地に滞在中の移動演劇隊、桜隊が被爆、丸山定夫ら九人死去。
同月八日　ソ連、対日宣戦布告。北満・朝鮮・樺太に進攻開始。
同月九日　B29、長崎に原爆投下。
同月十四日　御前会議、ポツダム宣言受諾を最終決定。昭和天皇が戦争終結の詔書を録音。
同月十五日　正午、戦争終結の詔書を放送。鈴木貫太郎内閣総辞職。敗戦で全国の娯楽興行は二十一日まで停止、演劇場は月末まで休業。

この年も文学座は九回目の移動演劇で活動開始、『海はあかね雲・レイテ湾』（菊田一夫作、金子洋文演出）、『棒押し』（亀《かめ》屋原《やばら》徳作、戌井市郎演出）、『結婚の申込み』（チェーホフ作、伊賀山昌三翻案・方言化）などを一月中旬から二月末まで、東京や新潟県や長野県などで上演した。

このころには旗揚げ以来の積立金が一万円に達していたが、二月には錦橋閣が戦災にあい、一時渋谷にあった賀原夏子宅を事務所にしなければならなかった。

森本薫が『女の一生』を書きあげたのは二月の中旬で、これは久保田万太郎の演出で四月十一日から十三日までと十五日、続演の形で十六日に渋谷の東横映画劇場で上演された。続演を含めて十四回の公演で、これが東京における戦前最後の新劇の劇場公演だった。

開演までを戌井市郎がこう書いている。

**三・一一**　（中略）国民（新）劇場は焼けたし、（中村）伸郎は皆に極力疎開をすゝめている。（中略　新田）瑛子が来て、皆が簡単に東京を離れて行く気でいることをなじる。またぐらつく。
三・一四　大編隊機本土に接近しつゝあり、という情報を早速戸を開け放して跣足のまゝ閾の上に立って大声で怒鳴つた。（中略）公演再開論に全然乗れなくて沈んだ気持で、何も手につきかねていた矢先のこととて、この情報は、いよいよ決定的な宣告を下されたものの如く却ってそのことに対するふんぎりはついたと思つた。そして今日、内務省の玄関で森本に最初に言う言葉は自分としてはやはりこの話に乗り兼る、と言う卒直な表明であつた。ところが、森本は僕より先に来ていて菅原（太郎）氏と話をして出て来た。どうだつたと訊くと、やはり情報局はこの際くじけないでやつたらどうかと言っている、劇場については東横（渋谷東横映画劇場）がどうか……、そしてこの東横（注＝現・TOHOシネマズ渋谷）を使うことに関して東宝の間島（三喜夫）君が君に会ひ《ママ》たがっているそうだ――森本は静かに報告してくれた。頭に重たくかかつていたものが一枚々々剝がれて行くようだつた。
（移動演劇）連盟へ諒解を得なければと言うと、（伊藤）熹朔さんがいま情報局へ来ていた、と言うので二人で一諸《ママ》に熹朔先生に会い、公演再開のことを伝へ《ママ》た。やつたらいいだろう、と明解な返事だつた。これではつきり僕自身の気持もぐいっと転換してしまつた。さ、今度は久保田先生のとこだ。と勢ひ《ママ》立つように内務省の玄関を出た。綱町の先生宅。今日の経過報告。私はやることに賛成だ、渋沢（東宝会長）さんに電話しとこう、と先生自ら電話をかけ渋沢（秀雄）さんと話をして下さつた。どうやら東横劇場獲得は順調に行きそうだ。（中略）
三・一五　銀座東宝本社に行く。
　間島君から瀧村和男氏に紹介して貰う。瀧村氏は、久保田先生からのお話もあり、やりたいとは思うが、会社としては全ての興行が不振の折柄最初からかなりの赤字を予想しての公演は一寸持てない、概ねの諸経費はどの程度のものか、と訊かれた。僕は予算の額を切り出す前に、この公演はどんなことがあっても敢行しなければならないのだから座としては出演費、脚本料演出料等不用につき他の仕込み一切会社で負担して貰いたい、若しそれが駄目ならば手打公演も考えているからその時は小屋代を安くして欲しい旨伝へ《ママ》た。瀧村氏は文学座に損はさせたくない、予算を最少限にきりつめて何とかやる方法を考へ《ママ》ようと言う希望の持てる返事だつた。
三・一七　東宝間島氏より、女の一生公演の件は渋谷東横映画劇場にて四月十一日より十五日まで毎日二回公演に、決定の連絡あり。尚予算の中に劇団人件費は含まず興行成績が良いときは若干の配当がある由。（『女の一生』日記」『日本演劇』昭和二十四年三月号）

公演の様子も戌井の日記から再録する。

**四・一一**　牛車ひきの子は昨夜豪雨を衝いて帝劇から東横まで大道具を搬んで来た。大道具はかなりひどい破損の仕方だつたが、道具方が塗り直したり障子を張りかへ《ママ》たりして、どうやら開演までには間に合うらしかつた。十一時半に警報が出た。正午過ぎに解除になつた。舞台稽古らしいことは殆んどしずに、一時半を期して幕を開けた。七分の入りで予期以上の成績だ。演技時間はかなり長く三時間十五分を要した。五時前終演。（中略）

＊　初日が開いた。二回公演のところ、この日は一回だけ完演出来た。

**四・一二**　警報で起床、八時半編隊だ。晴《ママ》てはいるが雲がかゝつて飛行機は見えない。落下音の震動を感じる程だから此間より近いところに来ているらしい。正午解除、三時間は長い。今日も公演は一回客の入り良からん。

**四・一三**　（中略）午前中偵察機の侵入で警報が出ていたが十一時解除となり、けう《ママ》初めて定刻0時半に幕が開いた。が、四幕目（栄二が刑事に引かれて行く場）の幕が下りると再び警報だ。又、偵察。解除後つづきをやつて六時まで二幕目（けいの女中時代）までやれた（注＝二回目の公演が二幕目まで上演できたという意味だろう）。入りがいゝので一日日延べ確定。ルーズベルト大統領急死。

**四・一四**　（中略）今朝、宮内（順子）来る。昨夜（空襲で自宅を）やられたとのこと。疲れきつている。一諸《ママ》に劇場へ行く。

森本の家も杉村の家も危かつたらしく、杉村の家は裏まで焼けて来たのをようやく喰ひ《ママ》とめたとのこと。一睡もしていない。開演時間が来ても宮口精二のみ現は《ママ》れず。交通機関の支障あることは事実なるも若しやと思う。楽屋の事情の為本日休場。

＊　森本は宮口万一の場合を慮り伸太郎の代役を覚悟し、杉村と終日稽古をしたと言う美談？　あり。幸《ママ》宮口は無事であつた。

**四・一五**　今日は又どういうのだろう。一階と二階とも空席のないつまり方だ空《ママ》襲で人心が動揺せぬ証左とも言うべきか？　これが最後の芝居という気持でやる方にも見る方にも通じて、劇場は斯く意外な現象を呈しているのではないか。昨日ですら、客は入口に詰めかけていたのだ。

＊　この夜京浜地区に被害あり。
**四・一六**　南美江計二《ママ》の娘（和子の役）現はれ《ママ》ず。新田瑛子代役。森本上衣を脱ぎ舞台廊下の障子の蔭でプロムタアをやる。千秋楽。センチにならないで何だか暴れたいような気持。
＊　舞台がどういう風に進行し、客の反応はどんな工合だつたか、という記録がないのは私自身の心がたゞ警報に気をとられていたからと言うことになり慚愧に堪えぬ。『女の一生』とはこんな芝居だつたのかと感じたのは終戦後の公演に於てではなかつたか。とにかく公演は終つた。
**四・一八**　総会。久保田先生宅。先生から皆に公演の労をねぎらは《ママ》れる言葉あつて、そして一応これでわれわれは自由になろう。そして時節を待つて又集ろう。きつと、その時は来る。だからそれまでお互いの身体を大事にしよう……。では、再た会う日まで……。杉村、梅香（ふみ子）あたりがくづれ出して男の方に影響して来た。先生は頭を引いてむつと口を結んで居られた。森本は下を向いて僅かに口を開けていた。（「同前」）

『女の一生』はまさに空襲の合間を縫って上演され、多くの観客を集めた。

ところで、『女の一生』は、若き日の魯迅を描いた太宰治の小説『惜別』とともに、日本文学報国会からの、大東亜共同宣言の作品化という委嘱に応えたものだった。

日本文学報国会は国策の周知徹底、宣伝普及を主目的に、情報局の指導により昭和十七年五月に創設された。会員数は約四千人で、会長に徳富蘇峰が、事務局長に久米正雄が就き、小説、劇文学、評論随筆、詩、短歌、俳句、国文学、外国文学の八部会で構成されていた（昭和十八年に漢詩・漢文が加わる）。主な事業として三回にわたった大東亜文学者大会の開催、『愛国百人一首』などの選定、建艦運動の一助としての小説集の刊行、文芸報国運動の講演会などがあった。

また、冒頭に「大東亜各国ハ協同シテ大東亜ノ安定ヲ確保シ道義ニ基ク共存共栄ノ秩序ヲ建設ス」と謳った大東亜共同宣言（五原則）は、昭和十八年十一月に日本をはじめ中国、満州、タイ、フィリピン、ビルマ（現・ミャンマー）の代表が参加した大東亜会議で採択された。

この宣言が発表されるや日本文学報国会は各部会の幹事会を開き、創作による文化的協力案をまとめた。情報局が当初から積極的に後押ししたが、最多の執筆希望者がいたのは小説部会だった。劇文学部会も討議を重ねたものの希望者が多くはなく、昭和十九年五月十七日に所属の全会員に執筆依頼状を郵送した。

その依頼状は劇文学部会長（武者小路実篤）の名前で出されたザラ紙二枚の文書である。大東亜五原則の戯曲化に関する箇所だけを引用してみよう。

大東亜復興途上の歴史的偉観として、闡明せられた大東亜五大宣言を戯曲化することの意義に就ては全員諸氏の等しく認められる事と存じ、敢て細々と御説明申上げません。形式、内容、時間等一切御自由と致します。五原則全言に亘る内容を持つものも勿論結構でありますが、原則中の一項を主題とせられても差支えはありません。（中略）

このときの劇文学部会新役員決定で、森本薫ははじめて文報劇文学部会の幹事に択ばれた。ところでここに引用した劇文学部会からの執筆勧誘状は、久保栄宛のものを使わせてもらった。久保栄にまで勧誘状がいった事実から、おそらく執筆勧誘が劇文学部会全会員のもとに送られたらしいと推測できる。久保はもちろんこの勧誘にのらなかった。（中略）

五原則の文学作品化問題はその後、文報の改組、文学総蹶起大会、勤労動員などに追いまくられて、一時ほど機関紙にとりあげられることも少くなった。ふたたび話題になるのは四四年のおわりからだ。（中略）しかし四四年の暮には次の作家に依嘱することが決定した。『文学報国』一九四五年一月一〇日にはその詳細が報告されている。

小説――
「共同宣言」全般に亘るもの　大江賢次
「共存共栄」の原則　高見順
「独立親和」の原則　太宰治
「文化昂揚」の原則　豊田三郎
「経済繁栄」の原則　北町一郎
「世界進運貢献」の原則　大下宇陀児
戯曲――
商業劇　関口次郎、中野実、八木隆一郎
新劇　久保田万太郎、森本薫

この一一名の依嘱作家たちが、どういう意図で五原則の文学化に従おうとしたか、この顔ぶれには、時局便乗的な感じはない。しかし火野葦平や日比野士朗らが択ばれずこういった人々がチェックされたことは、情報局や大東亜省の深謀遠慮だったかもしれない。もっともこれらの依嘱作家のうち実際に書き上げたのは、小説では太宰治、戯曲では森本薫のふたりに過ぎなかったらしい。（尾崎秀樹「大東亜共同宣言と二つの作品」『近代文学の傷痕』）

太宰は五原則の第二項・独立と親和と第三項の文化昂揚をテーマにしたが、『女の一生』は全般にわたっているというのが尾崎秀樹の見解である。

問題は『女の一生』は初演台本と、戦後に作者が改定した再演台本、さらに作者没後の戌井市郎が補綴した三演以降の上演台本に少々あるいは捉え方では相当の差異のあることで、これほどテキストが一定しない近代戯曲は例がない。その変遷は初演台本をはじめて活字化した『シアターアーツ』（国際演劇評論家協会日本センター編集、晩成書房発行の平成八年３号『女の一生』特集号の各論参照）に譲るとして、同号掲載の戌井の「『女の一生』の五十年」によれば、初演に際して検閲でカットされたのは、章介のせりふ「世の中は悪くなったよ。市電のストライキ、炭坑の争議、銀行襲撃……」とある中の「銀行襲撃」一か所だけだったという。その上で触れておきたいのは、そもそも国策遂行の目的で書かれたはずの『女の一生』が、その枠の中に収まり切らないものだったことである。この点も『シアターアーツ』の前掲号や拙著『ドラマの精神史』収載の「森本薫と戦争」を参照していただきたいが、伸太郎夫婦のやりとりを一つだけ挙げておく。

**けい**　ああ、苦しい。（帯をゆるめて）私はね、日本のえらい政治家や軍部の連中が、もっと下の権兵衛や太郎兵衛……いいえむこうのですよ。むこうの権兵衛や太郎兵衛ともっとぴったり結びついてなくちゃだめだと思うんです。そうすりゃ対支政策が変ったからどうの、支那の政府が変ったからって、一々騒ぎたてなくてもいいじゃありませんか。

**伸太郎**　しかし、支那問題は金だと放言してはばからないような、お前の一面的な思い上り方をみていると俺は我慢がならなくなるのだ。いいかね。民族と民族の問題はお互いの文化と伝統を尊重することなくして解決の出来るわけはないのだ。

『女の一生』（久保田万太郎演出）の全キャストを挙げておく。

布引けい＝杉村春子、堤しず＝賀原夏子、長男伸太郎＝宮口精二、次男栄二＝中村伸郎、長女総子《ふさこ》＝梅香ふみ子、次女ふみ＝菅《すが》文代、けいの娘知栄＝新田瑛子、その少女の頃＝宮内順子、しずの弟章介＝三津田健、野村精三＝龍岡晋、職人井上＝戌井市郎、女中清＝高沢俊子、栄二の娘和子＝南美江（ただし十六日は新田が代役）、栄二の娘華枝＝此島千沙子、栄二の娘洋子＝長谷川葉、刑事＝椎野英之。

男優が入隊したり退座したりで、当時の文学座には研究生の椎野を含めて、男は前述の人々しかいなかった。職人になる男優がいなくて、舞台監督の戌井が扮した。

安藤鶴夫が新聞劇評を書いたが、掲載予定日は空襲のニュースのために載らなかった。戦後のこれを含む一文から劇評のみ再録。

……文学座が渋谷へ出た。疎開作業の行はれてゐる町中に、たゞ題名に誘ひ込まれてきたと思はれるやうな行儀の悪い観客や、舞台の悪条件と闘ひ乍ら、これは今年の新劇最初の公演であり、北陸へ疎開してゆく文学座が東京へ暫く袂別の公演であるといふこの感慨の方に、寧ろ舞台の成果といふ事より――東京の町にいま桜が咲いてゐるやうないとしい感動を受ける。

……明治、大正、昭和の三代を通じて、それ〴〵の戦争を背景に、少女から老境迄を描く森本薫作『女の一生』といふ主題と、絶えず揺曳させてゐる支那問題といふ二つの主題の結びつきがこなれ切れず、部分的には優れた多くの個処や、新派あたりでも取り上げたさうないゝ意味の面白さはあり乍ら、意外に迫力が稀薄なのは公演条件の如何とばかりはいへない。

……登場人物もやゝ型にはまり、随つて杉村春子はじめ俳優陣にも特に取り立てゝ手柄とすべき事もなく、演出（久保田万太郎）は極めて手堅く克明だが野心的ではない。（「〝女の一生〟前後」『日本演劇』昭和二十年六・七月合併号より）

入場税が二十割に上がり全階自由席の入場料は四円五十銭、うち入場税が三円だった。

このころ文学座は日本移動演劇連盟から集団疎開を勧められ、石川県の小松市へ移る話がまとまりつあった。同地には中村伸郎の父が創立した小松製作所（現・コマツ）があり、ここが頼りだった。疎開と最後の移動演劇は以下の通り。

五月初旬に三津田健、中村伸郎、宮口精二、龍岡晋、戌井市郎、金子信雄、中村信成、菅文代、新田瑛子、長谷川葉ら

が小松市に疎開、杉村春子、賀原夏子、南美江らは東京に残り、森本薫は京都へ帰った。同月二十七日の小松での『太平洋の防波堤』（八木隆一郎作、戌井市郎演出）などから十回目の移動演劇がはじまり、これには杉村や賀原も合流した。六月四日敦賀までの巡演。

十一回目の移動演劇は六月二十六日の富山県の農村からはじまり、七月九日の福井県の農村での公演まで、六月三十日と七月一日を除く毎日、富山県、石川県、福井県の各地を回った。出し物は『進撃の朝』（久里原一登《くりはらかずと》作、中村伸郎演出）や『海の音』（中江良夫作、戌井市郎演出）など。久里原一登は栗原一登（のちの日本児童演劇協会会長）で、女優の栗原小巻の父である。そして最後の第十二回目の移動演劇は『いろはにほへと』（北村寿夫作、中村信成演出）や『進撃の朝』などを出し物に、七月二十日から八月九日まで石川県や富山県の町村をほぼ毎日巡演した。この間、八月一日に富山市が大空襲を受けたために公演を中止、その後に予定していた町村での公演も中止になった。そして同月十四日の石川県那谷寺《なたでら》での永田部隊野外での公演の後、十五日の公演を予定していた石川県釜清水村（現・鳥越村釜清水）の小松製作所分工場で、開演前に戦争終結の玉音放送を聞き、一行は公演を中止して小松市へ帰った。戦前の文学座の公式な活動はこれで終わる。その足跡をどう考えるか。

答えは単純ではないだろう。

# 第二十一章　芸術小劇場と文化座

## 北村喜八と芸術小劇場

劇団築地小劇場での北村喜八の活動についてはその項で書いたが、この劇団が自然消滅したのが昭和五（一九三〇）年の秋だった。同年の十一月、北村は女優の村瀬幸子と結婚した。これに先立つ同年四月、北村は新設の文化学院の文芸科（科長菊池寛）の講師になり、演劇の講座を開講した。

翌年の四月からは日大の芸術科で教鞭を執るかたわら東大へも出講するようになり、さらに昭和十一年二月に北村演劇研究所を設けた。これらがそれぞれ芸術小劇場の母胎の一つになって、翌十二年の十月に芸術小劇場が結成された。

劇団の目指す方向は自然主義リアリズムを超克することだとして、北村はこう書いた。

　では、時代的にして且つ芸術的に高度な具象化を経た新しい様式とは、如何なるものであらうか。わたしはそれにたいして、リアリズムの上に立ちながら、「分り易い」且つ「単純化」された形において現実を再組織し、それを通して、高く深く、より真実なるリアリテイを表出する舞台を考へる。かかる舞台がもつ高度にして新しき様式こそ、わたしの夢想してゐるものなのである。

　一切の不必要なデテール、一切の挟雑物《（ママ）》を排除し、必然性をもつたただ必要なもののみで組立てられたものであり、俳優の演技にしても必要なもののみの連続であり、かかる簡潔なものを通してより強いリアリテイを輝き出させようといふのである。

　そこにわたしは自然主義以降の高度なリアリズムを見る。それは、現実描写と絶縁することなく、而もその本質的なものを抽象《アブストラクト》し、それを舞台で再組織しつつ、より強く真実なるリアリテイを表出しようとするのであるから、「表現的

リアリズム」とでも名づけたいものである。（「演劇の新しき様式への探求」『劇と評論』昭和十二年一月号）

このころは前述の社会主義リアリズム論争を通してリアリズム観が深化し、舞台的にもそれが反映しはじめていた。が、演劇的なリアリズムはまだまだ未熟で、新しい課題でさえあった。にもかかわらず、早くもそれを超克しようという動きが出てくる。巨視的に見れば、新劇は今にいたるまで、この二つの動きの交錯を繰り返してきたと言っていい。

劇団結成のきっかけは、堀内敬三らとともに音楽担当で関わることになった貝谷和昭（バレリーナの貝谷八百子の兄）が、活動資金を引き受けると口にしたことだった（ただし、旗揚げ公演以外は北村が私財を注ぎ込んだ）。正式な演出・文芸部員は北村喜八、小畠元雄、戸川エマ、西村アヤなど。

旗揚げ公演の『椿姫』（デュマ・フィス作、高橋邦太郎訳、北村喜八演出、吉田謙吉装置、遠山静雄照明）は結成から二か月後、十二月二日から八日まで築地小劇場で持たれた。

新劇の高度化を目指して旗挙げした芸術小劇場、新協、新築地がとつくの昔に卒業したやうな顔をしてゐる境地に立帰つて再び出発した主宰者、北村喜八の若々しい熱情の前には一応頭が下がるものゝ「取残された」感じは免れない、この劇団が「モラル批判の社会劇」と銘打つデユーマ・フイスの『椿姫』五幕は、形式的には兎も角、原作を改変することなしに、演出だけで内容的な新しさを盛ることは困難だと思はれる（中略）

上演された『椿姫』はマルグリートの恋愛悲劇にも徹せず、演出（北村喜八）のメスは十九世紀中葉の貴族達の腐敗、汚辱された生活を抉り出してもゐない、村瀬幸子に百姓、女工の生活を経て娼婦椿姫と呼ばれてゐる女主人公マルグリート・ゴーティエの強烈な体臭を望むのは無理としても、この人の持味である純情すら引出せないのは相手役のアルマン（三輪孝一）の無技巧……ギクシヤクとぎごちない二枚目振りにも責任がある

セン・ゴオダン（木崎豊）ド・ジレエ伯爵（鶴賀喬）ド・ブルヴィル（三浦洋平）の貴族達は何れもはげつちよろけた薄汚れが目立ち（衣裳、メーキアツプだけでなく演技の隅々に）それと対照的な一組ギユスターヴ（鮎川由紀夫）ニシエツト（荒木歌子）にも健康な新興階級的な潑剌さが見当らないためモラル批判の手掛りを失つてゐる

北村喜八の所謂表現的リアリズム（末梢的な形式に拘らず内容的にはリアルな）は皮肉にも衝立や紗を使つた舞台装置にだけ具象化されてゐるが、これと目新《ママ》しいものではない

この劇団が第一回公演として新劇の名に於て『椿姫』を取上げたところに最初にして最大の違算があったと言ふべきであらう（坊「都新聞」昭和十二年十二月五日号）

客席はガラガラだった。

第二回公演は昭和十三年の二月十日から十二日まで飛行館で開催され、アメリカの現代劇『化石の森』（ロバート・E・シャーウッド作、北村喜八・花本修・寺島信夫訳、北村演出）を上演した。アリゾナ砂漠を背景にしたインテリ向きのメロドラマで、今回の演出は戯曲に忠実たることを方針にしたので、「表現的リアリズム」との関わりが不明だとの評が出た。三浦洋平、長浜藤夫、小宮譲次、村瀬幸子、村井喜代らの出演。

五月三十日から六月一日までの飛行館での第三回公演は、『むかしの女』（富沢一郎作、牧井伸平演出）と『高粱《こうりやん》一家』（田口竹男作、北村喜八演出）の創作劇二本。これらに水品春樹が舞台監督として関係したが、終演後に三浦洋平、村井喜代らが脱退した。これを報じた都新聞の六月十九日号の記事によれば、公演中に「内部的な動揺」が起こったという。『劇団芸術小劇場小史』は「北村に対する小さな不満がつみ重なった結果」だとしている。

劇団に残留した第一回公演以来のメンバーは、北村・村瀬夫妻と、鶴賀喬、高木良市のほか、第一期研究生の井沢淳（注＝のち映画評論家）、山口純一郎、田島義文だけが実戦力であり、これらの者が、いや応なしに劇団の中核として、その再建に当らざるを得なくなり、第二期以後の研究生とともに、分裂後劇団に参加した数名を加え、やっと第四回公演にこぎつける訳である。（『劇団芸術小劇場小史』）

『紋章』の上演

十一月二日から六日までの築地小劇場での第四回公演は『紋章』（横光利一原作、松田伊之介脚色、北村演出）。芸術小劇場の代表作になった。

過去に三回の公演を持った芸術小劇場は今度の第四回公演に俄然大きい飛躍を見せた、その陣容に、その演技に全く大きい躍進振りをみせた横光利一原作、松田伊之介脚色『紋章』六幕は僅《わづか》二三の小さい難を除けば、何処といつて遺憾を思はせるところがない、六幕とも切りはなして考へれば、一幕づつは完成されたいゝ幕である、然しその六幕を貫ぬくものに何か不足したものを感じる

（中略）原作を読まないからそれが原作の罪か脚色の罪かは知らないが、見終つた後に感じるものは六幕の『紋章』といふ首飾りには細い糸が断れ断れに通されてゐるといふことである、その点何か整理調節されないものを感じる

演出に北村喜八は臭味のない腕をみせ、脚色者松田伊之介は又手堅い劇作術を示してゐる、臭味といふのは新劇臭のないこと、手堅いといふのは新派にみる甘さのないことである、かうして劇としての『紋章』は新劇に近く、新派に遠く、それでゐて、その何れでもない面白さを持つてゐる

雁金の鶴賀（喬）は新派に陥ちる一歩手前を危く渉りつゝ熱で押してゐた、敦子の村瀬（幸子）は楽々として成功してゐた、然し曾て《ママ》は婚約同士だつた雁金と敦子の間にそれらしい何かゞ感じられないのは雁金が余りにも独学者過ぎ敦子が又余りにも貴族的でありすぎた両者の欠点である

山下の藤輪（欣司＝客演）は着物の間は白足袋が似合ひさう、大詰の洋服になつてからは山下らしかつたが近代人の無気力さには成功しても近代人の事に当つて激する強さの一面がない、これはこの人の持味でもあらうが俳優としての育ちでもあらう、田島（義文）の早坂、水上（勉）の杉生、副士（勝衛）の教育会長、田辺（若男）の村田博士と多々羅（の二役）、夫々に成功してゐる

装置は何か手を省いた様なところが見えたが、無理に小さくならず、内容とよく調和してゐた、ともあれ芸術小劇場は三回の試演時代を経てこゝに見事セリ上がつた感じがする（僥「都新聞」昭和十三年十一月六日号）

十一月二十八、二十九の両日、朝日会館で『紋章』による初の大阪公演を持ったのも、東京での好評ゆえだった。入場料は東京・大阪ともに一円で、ほかに十銭の入場税がついた。この年の四月一日から支那事変特別税として入場税が制定・実施され、一律に一割の税金がかかっていた。

第五回公演は昭和十四年の二月九日から十三日まで、築地小劇場に『河口』（青江舜二郎作、北村演出）を掛けた。開演に先立ち、北村は装置担当の吉田謙吉とともに、秋田の連隊に入隊していた青江を訪ねた。『河口』が秋田を背景にしていたことからの取材旅行で、少尉になっていた青江は正月のことでもあり、二人を郷里の郷土料理でもてなした。

『河口』は『紋章』につづいて評判になったが、第二期の研究生から抜擢して大きな役につけた水上勉が稽古中に腸チフスで急死し、その役に新築地の加藤嘉に客演を頼まなければならなかった。ほかにも新築地の弘中菊乃やPCLに在籍していた伊藤智子や三条利喜江も客演したので、『河口』の好評は劇団としてもろ手を挙げて喜ぶわけにはいかなかった。

前回の『紋章』を境に芸術小劇場は質的に飛躍を遂げたやうだ、『紋章』公演を見てゐないので余計にその生長振りが強く感じられる、その代り、こゝ生抜きの俳優は極《ごく》軽い役ばかりで、主な出演者は東宝映画、新築地からの寄集めであるため、顔触れから元の創作座を思ひ出す、芸術小劇場としては新しい俳優の養成に力を注ぐべきであらう

青江舜二郎作『河口』は秋田土崎港を舞台に、そこで船会社を経営する加賀谷家が数年前の経済恐慌の余波を受けて、ギリ〳〵と自ら崩壊して行く——地方財閥の没落を描いた四幕五場の力作である、気力を失つた老主人夫婦（田辺若男と小百合葉子）長男の未亡人（弘中菊乃）消費癖のある派手な孝子（伊藤智子）二度目の結婚に破れて投身自殺をする悦子（三条利喜江）寺の梵妻《だいこく》になつた隆子（村瀬幸子）の三姉妹を中心に、消極的な人間の描写に力を入れてゐるが、それと対蹠的な積極面の突つ込みが足りない、演習召集でやつて来た大学講師高遠行一（加藤嘉）の「現実社会に即した新しいヒユーマニズム」は何のことやら解らず、高遠に対する青美の気持の変化も佐々木信子の一本調子でギゴチない演技では一向に感じられない、これは外国映画のポーズをそのまゝ引写しにしてゐる常套的な北村喜八の演出にも責任がある、その他宗教運動を捨てた住職（小宮譲次）や現実的な青年で青美の婚約者（鶴賀喬）番頭久助（木崎豊）も中途半端で空々しい作りものになつた、装置の吉田謙吉は現地までスケッチに出かけたゞけあつてよく行届いた舞台を見せてゐた（坊「都新聞」昭和十四年二月十三日号）

客演者に支えられての一応の好評は、劇団員で固めた次の公演で早くも崩れた。第六回公演（四月十一日から十六日まで、築地小劇場）は『裸の町』（真船豊作、北村演出）。破産した夫婦（鶴賀喬と村瀬幸子）と金貸し（田辺若男）という真船らしい人物設定のドラマだったが、鶴賀がミスキャストだと言われた。そして矢継ぎ早の第七回公演（六月二十七日から七月三日、築地小劇場）は『白衣の人々』（キングスリイ作、井沢淳翻訳・翻案、北村喜八演出）。

せい〴〵概念的なアメリカ人にしかなれない演技力を知ってか、翻訳でなしに翻案にしたのは賢明だと云はねばなら

ぬが、しかし舞台は原作よりコクのないものになって、翻案が十分にこなされてゐない恨みがつきまとってゐた。
　ともあれ、舞台はぐん〳〵引ずって行く程の迫力はなかったが、物が物だけに（注＝ピューリッツァ賞の受賞作品だという意味だろう）最後まで相当に面白く観られた。演技では村瀬幸子の桂子が先づ無難な出来で、鶴賀喬の外科医速水は、その努力は買ふが、努力だけの効果が出てゐないし、台詞廻しなどもっと研究の余地がある。小宮譲次の森博士は、今まで彼の舞台では一等の出来である。伊藤智子の看護婦はミスキャストと云はざるを得ない。何しろ年齢的に見て、この純情な娘役をこなすだけの演技力は彼女にないらしい。転換を考慮した吉田謙吉氏の装置はいつもながら気がきいてゐてよいが照明はミニチュアセット迄作って研究した照明としては甚だ味気ないものだった。（K生「東京朝日新聞」昭和十四年六月二十七日号　倉林誠一郎『新劇年代記・戦中編』より）

この年は下半期の公演はなく、八回目の公演を持ったのは、年が明けた昭和十五年の一月二十一日から三十日までの築地小劇場での『キュリー夫人』（エーヴ・キュリー原作、川口篤・河盛好蔵《かわもりよしぞう》・杉捷夫・本田喜代治訳、北村喜八脚色・演出）。半年間公演がなかったのは築地小劇場の改築が延びたのが一因で、この間に北村はこの脚色に没頭した。原作本はわが国でもベストセラーになっていたが、脚色は五幕二十場、上演時間が五時間半という長編になった。

　ベスト・セラーズの一つとして、多くの人々に読まれてゐる『キユリー夫人伝』を舞台化したら？といふ企画は、新劇関係者の誰もが一応考へるところだらうが、その技術的な困難さの故に手を出しかねてゐた、芸術小劇場が勇敢にこれを採り上げたことは、伸びつゝある劇団の旺盛な行動精神の現れであらう、『白衣の人々』の翻案から世界的な女性科学者の伝記劇への進路《コース》は肯けないこともないが、企画の根底に芸術的な意欲よりも、女学生目当の「知性」の安売り的商売意識が横たはつてゐるやうな気がする
　原著はキュリー夫人の次女エーヴが、母親の苦難にみちた輝かしい生活を綴つたものだが、脚色（演出と共に北村喜八）はマリーの巴里留学から始まつて、ピエールとの結婚、夫妻の協同研究によつてラヂウムを発見するところをヤマに、不慮の災難で最愛の夫を喪ふが、その痛手にも屈せず、独力で研究を続ける晩年から死までを細かく廿場に割つて跡づけてゐる、原著から受ける感銘は、この偉大な女性のたゆまぬ究理への熱情であることは勿論だが、母への慎ましやかな愛情が、この伝記にしつとりと潤ひを添へたことによつて一層強められてゐることは否めない

この甘さをどう処理するかゞ一番難かしい点だが、それを意識しすぎて原著の持味に水を割つたやうなものが出来上つた、後半劇が進行するにつれて力がぬけ、五章第二場ラヂウムの研究所の茶話会で無理に纏まりをつけやうとして素材の羅列に終り、結末が散漫になつた

伝記劇の通弊で、或程度仕方がないが、各場面毎にそれまでの経過を思ひ出の形で説明しながら筋を売つて行くやり方が一層感銘を薄める、それを補ふために紗を使つたり、波蘭《ポーランド》の思ひ出にクーリクの舞踊を挿入したり、或ひは階段教室と墓地を連行的に出したり、あの手この手を用ひて演劇的に盛り上げようと努めてゐるが

これが自ら□（一字不明）ふやうな「演劇の古い形式の無視による新しい演劇形式の探求」だとしたら、これ等の新しい試みは悉く失敗だつたと言はざるを得ない

舞台化のもう一つの困難は外国人になることの難かしさである、この場合少くとも波蘭人と仏蘭西人との人種的な区別が出なければならない、ゼスチユアも銘々勝手で、無表情なピエール（鶴賀喬）と父親（小宮譲次）の昔の新劇そのまゝの大袈裟な身振の間には全然統一がなく、徒らに混乱があるのみ、台詞も生硬な講釈口調が多く耳障りだつた

中心人物、村瀬幸子のキユリー夫人も完全に「偉大な女性」になり切つてはゐない

廿五歳から六十七歳までの魂の発展を描くにはもつと細心な注意を払つて原著からの手がかりを見出すべきであらう（例へばラヂウム火傷で痙攣する手の表情等）

舞台装置は向井潤吉と吉田謙吉、色彩感のみづ〴〵しさといふ点で戸外の場面は成功してゐるが、室内になると絵画的要素だけでは追付かず、劇場の廊下に飾られた向井氏の装置原画の方を楽んだ《ママ》（坊「都新聞」昭和十五年一月二十六日号）

このころ創立メンバーの一人である森芳介が二年間のフランス留学から帰国して、演出文芸部に籍を置いた。五月二日から八日までの築地小劇場での第九回公演は『河口』（青江舜二郎作）の再演。これには新築地劇団を退団してフリーになった新田地作（のちの村上冬樹）や、新興キネマを脱退した映画俳優らが結成した第一協団の青野由美、PCLの伊藤智子らが客演し、森芳介も演出助手に就いた。

昭和十五年は前述のように「皇紀二千六百年」に当たるというので奉祝芸能祭が開催されたが、第十回公演（九月十二日～二十五日、築地小劇場）はその参加作品だった。『美しき家族』（北村喜八作・演出）。

芸術小劇場の芸能祭公演『美しき家族』は私にとってはなか〳〵面白い芝居だった。久しぶりに芝居を見て興奮したといふ感情だった。しかし面白いといふ意味は必ずしもよいと云ふ意味ではないかも知れないし、興奮した感情といふのは、必ずしも芸術的に興奮したといふのではなかったかも知れない。併し私は今、古い意味でのよい芝居とか芸術的な興奮なぞといってゐる暇はない。たゞ興奮する芝居、魂をゆすぶる芝居をみせてくれゝばそれで十分満足するのである。さういふ意味で『美しき家族』は心にとまる芝居だった。

この劇団の公演中で（勿論私の観た範囲内で）一番傑れてゐたと思ったのは『河口』であった。『河口』には作者の時代へ対する情熱がひし〳〵と感ぜられた。併し書かれた時代が時代だけに、今からみると時代的なギャップが感ぜられて、直接的に身に迫ってくるものが薄かった。それにくらべると今度の『美しき家族』は今日の切実な問題をテーマとしてゐるだけに、直接的に私達の心を打ち魂をゆすぶるものがあった。（中略）

村瀬（幸子）の美代の演技は圧巻である。特に後になるほど身についた自然の演技が好ましい。木崎（豊）の正則は役をよく理解してゐるし、相変らずうまいが、この理解とうまさが、すべったり、誇張に流れてともするとくさくなる懼れがある。小宮（譲次）の信次郎も序幕はいけないが後になるほど学者らしい風貌をだしてゐる。しかしエロキューションは大いに研究の余地があらう。水原（注＝北原文枝の誤植だろう）の美智子はやりにくい役だがなか〳〵に潑剌としてゐるし、牧（マリ）の早苗はやはり修業が物をいふ。ともかく舞台成果には色々の難もあるが、芸術小劇場の再出発として記念すべき舞台であり、今後の新劇の方向を示唆した公演であったといへる。（大山功『東宝』昭和十五年十月号。倉林誠一郎『新劇年代記・戦中編』より）

この公演は芸能祭奨励賞を受けた。また、女中の一人として中村美代子（のち俳優座）が初舞台を踏んだ。大山の劇評の中に「再出発」とあるのは、この公演の直前に新劇事件（前述）が起こったことと関係がある。

芸術小劇場は文学座とともにこの事件を免れたが、新劇事件を機に解散させられた新協、新築地の俳優やスタッフの一部が芸術小劇場に加わって来た。北村の文化学院での教え子で、東宝の有楽座の元支配人、当時吉本興業に在籍していた畑精力が同社の林弘高と北村の間を橋渡しし、林から北村に経済面は引き受けるから検挙されなかったメンバーの面倒を見てはどうかとの申し出があり、北村がこれを承知した。そこで新協劇団の下条正巳、島田友三郎、清洲すみ子、新築地劇団の中江良介、加藤嘉、殿山泰二（のち泰司）、久松保夫、田所千鶴子らの俳優と、新築地の演出部にいた下田貞夫らが芸術小劇場に加入した。ただし、当局の圧力が吉本興業にかかって林が経済援助を停止したので、上記の人々は四か月ほどでフリーになり、以後は個人が客演の形で芸術小劇場と関わったが、彼らが劇団員として参加したのが第十一回公演（十一月二十三日〜十二月四日、国民新劇場）の『篝火』（菅《すが》感次郎作、北村演出）だった。築地小劇場は十一月のはじめに国民新劇場と改称していた。

> 芸術小劇場は郵便配達をしながら劇作に精進してゐる舞台の新人、菅感次郎の『篝火』四幕を世に出した、日本文化中央連盟の芸能祭脚本に準入選となり、改作した作品は雑誌テアトロで一等当選となりながら不運にも上演の機会に恵まれなかつたのを四度書直して今度の上演台本に仕上げたのだといふ
>
> 芸術小劇場はこの作者を育て上げ今後も彼の作品を上演することを約束してゐるが、人材払底の劇作家陣に一人の新人を加へ得たことは悦ばしい。
>
> 『篝火』は東北の山間にある小さな温泉宿の没落をこゝに出入する人々を通じて描きつゝ、山師の喰い物になつてゐた廃鉱を村の青年達の共同作業によつて再建するといふ郷土色豊な方言劇である
>
> 作者はこの主題の展開に精一杯の力を出しきつて、挿話風に織込まれた村の出来事を整理し、手際よく纏めるだけの余裕に欠けてゐる、このためのゴタつきは経験の浅い作者よりも老練な演出家（北村喜八）の責任であらう
>
> ぐうたらな入り婿（小宮譲次）がインチキな博労（清水元）に乗せられて廃鉱に手を出したゝめ温泉宿を手離す破目になり、悲観した揚句投身自殺まで図つた女主人、お民（村瀬幸子）が心機一転、青年団の勤労作業の助力を得て鉱山の再建に乗出す筋と地主の土蔵放火事件が綯まぜになつてゐる他に跛の馭者（加藤嘉）と運転手（久松晃）のお蔦（水原邦子〈注＝彩子の誤記〉）に対する恋愛等が絡み合つてゐるためやゝ纏まりがつかない、（中略）
>
> 俳優の演技水準がちがひすぎるので舞台に統一を欠くが村瀬幸子のお民はズバ抜けてゐる、小百合葉子のおぎん、磯村千花子のおやす、木崎豊の島田巡査等も無難だが、応援出演の長浜藤夫、殿山泰二、加藤嘉等旧新築地系の連中は流石にたゝき込んだ芸が光る、吉田謙吉の舞台装置は手堅く、東北の色と古びた温泉宿のさびが出てゐる（坊「都新聞」昭和十五年十一月二十八日号）

昭和十六年は一部キャストを替えての『篝火』の改定再演で活動を開始し（一月四日〜十五日、国民新劇場）、つづく第十

三回公演に『一切黙霖』（知切《ちぎり》光歳作、程島武夫演出）を国民新劇場で上演した（二月一日～十二日）。勤王の僧宇都宮黙霖を主人公とする連作の第二部で、木崎豊の主演。演出の程島は新協劇団員だったが新劇事件で劇団が「解散」、北村の依頼で演出に当たった。『美しき家族』とともに、当時呼び声が高かった国民演劇への一つのアプローチがこれだった。

四月一日から三日まで大阪の朝日会館で『美しき家族』を再演し、五月末からアメリカの在留邦人をモチーフにした『血』（鴇田《ときた》忠元作）の上演準備に取り掛かった。が、日米関係が微妙な折から、在米邦人は日本人としての自覚を持つべきだというテーマがアメリカ側の誤解を生み、在米邦人の立場をむずかしくするおそれがあるとの外務省の申し入れで、公演が中止になった。

第十四回公演（七月六日～二十日、国民新劇場）は『虞美人草』（夏目漱石原作、桜田常久・石川常夫脚色、北村喜八演出）。これも国民演劇への志向を示した舞台で、新田地作（のち村上冬樹）の甲野欽吾、村瀬幸子の妹藤尾、弘中菊乃の母、永井智雄の宗近一、志賀夏江の妹糸子、田辺若男の父、久松晃の井上孤堂、小宮譲次の小野清三、田島義文の友人浅井といった配役だった。同志社大学時代にアマチュアの演劇活動をしていた永井智雄（のち俳優座）は、演技座というグループを経ての参加だった。

十月二日から五日まで大阪の朝日会館で『篝火』（菅感次郎作）を再演してこの年の公式な活動を終えたが、この間、研究所試演会以外に何回かの特別公演を持った。このうちの二本を上げる。

『奥村五百子』（北村喜八作）＝村瀬幸子のヒロインで三月六日に共立講堂での「戦時下女性音楽と演劇の夕」で上演。奥村五百子は愛国婦人会の創立者。なお、奥村五百子はそのタイトルで東京発声映画製作所で映画化され（八木保太郎脚本、豊田四郎監督）、前年六月に杉村春子の主演で封切られていた。

『いろはにほへと』（北村寿夫作、木村弘演出）と『新穀感謝』（田郷虎雄作）＝十一月二十二日に日本文化中央連盟主催の「新穀感謝祭奉献芸能の会」の催しとして、軍人会館で上演された。前者は皇紀二千六百一年芸能祭制定作品、後者は日本文化中央連盟制定の「宣誓劇」。

さて、昭和十七年、年頭に試演会を持った後、六月十一日から十九日まで、前年中止になった『血』（鴇田忠元作、北村喜八演出）を第十五回公演として国民新劇場で上演した。既に太平洋戦争がはじまっていたから、上演が許されたのだろう。

米国にゐる一日本人上流家庭の、二世令嬢の恋愛をめぐる悲劇であるが、その悲劇をまき起したものは日本人と米人の体に流れてゐる血の違ひであるといふのが此戯曲の焦点である

併し脚本の構成は遠いイプセン劇を見るやうである、令嬢の恋愛が壊れる辺りは書き足らず、演出のせつかちに「家庭悲劇を民族問題」に高揚しやうとあせり過ぎた形である

かういふ劇は俳優に「演技の緻密性」があつてこそ、演劇としての発展性が期待されるのである。その点で今度の俳優演技は余りに拙劣で、舞台が米国であるとも思へない、母親に扮する村瀬幸子の凡技は意外でもあり

下条正巳の叔父は、誤つた二世教育を是正しやうとする熱のある人間としては達者だが、どこか軽率で腹の見えすいた人物に終つてゐる

米人に扮する俳優のキザなこと、軟弱な日本人二世、最後に令嬢の自殺等々……この創作戯曲は余程手を加へなければ時代のテムポに追ひつけない（お「都新聞」昭和十七年六月十九日号）

七月十日から十三日まで大阪の朝日会館で『血』を再演し、九月二十一日から二十四日まで、短期公演と称して『蕩児帰る』（アントレ・ジイド原作、山口純一郎脚色・演出）と『湿原の一夜』（真船豊作、程島武夫演出）を国民新劇場で上演した。

十月三十一日から十一月十一日まで、国民新劇場で持たれた第十六回公演『印度』（田郷虎雄作、青山杉作・北村演出）は、芸術小劇場として最大規模の公演になった。延べ八十人を越す人物が登場した一種の楽劇（菅原明朗音楽、青山圭男振付）で、だから北村は演出の一方に松竹少女歌劇で腕を振るっていた青山杉作を起用した。が、意図はよしとするものの、見るに堪えないと評された。

昭和十八年。一月二十二日から三十一日まで、第十七回公演として国民新劇場で『幻燈部屋』（火野葦平原作、久板栄二郎脚色、北村喜八演出）を上演した。結局これが東京での公式な公演の最後になった。

脚色者の久板は新劇事件に連座した後、昭和十六年の年末に保釈出所し、その身元保証人だった松竹の重役城戸四郎の助言で、翌年の冬から映画のシナリオの勉強のために松竹大船撮影所に在籍していた。戦前に映画化されたシナリオは一本だが、戦後に『大曾根家の朝』（木下恵介監督）や『わが青春に悔なし』（黒沢明監督）など、多くの名作を書いた。

『幻燈部屋』は激動の時代を生きる三兄弟の話で、長男を映画界から客演の安部徹が、次男を日大芸術科での北村喜八の教え子で、映画俳優になっていた客演の三原純が、三男をこの時から劇団に加入した若見茂が演じた。父に客演の鶴丸

睦彦、母に村瀬幸子という配役。脚色がよく、最近の収穫だと評されたものの、村瀬を除いて演技レベルが低いと言われた。

二月中旬に『幻燈部屋』は大阪の朝日会館でも上演されたが、これが芸術小劇場の本公演の最後だった。本公演と断るのは、七月と十二月に研究所試演会などが行われたためだが、解散宣言も出さないままに、いつしか自然消滅した。『劇団芸術小劇場小史』はその原因として、男子劇団員が次々と出征して行ったこと、戦時下の文化運動としての移動演劇に北村が批判的で、芸術小劇場のみこれに参加しなかったことから、情報局などから陰に陽に圧力を加えられたことなどを上げている。出征した俳優のうち、この年の一月に鶴賀喬がニューギニアで戦死したほか、五人が同じ運命をたどった。

芸術小劇場はあらゆる意味で北村喜八・村瀬幸子夫妻のものだった。しかし、活動として何かを残したということはない。北村が唱えた「表現的リアリズム」も、持続的に追求されたことはなかった。と言うよりも、かなりの戦死者を出したことでも分かるように、劇団そのものが戦争の犠牲になったと言った方がいいかも知れない。

## 井上演劇道場

後述のような経緯から、戦前は文化座は新派の一グループだと見られていた。が、戦後は新劇団だと認知される。だからここで戦前の活動に触れておく。が、まず書かなければならないのは、井上正夫が率いた一派、井上演劇道場のことだ。ここからの脱退者が文化座を旗揚げするからである。

これまでにも井上正夫については折々言及したが、確認しておきたいのは井上が新派の俳優として異端児、あるいは革新派だったことである。

さて、井上演劇道場の発足は昭和十一（一九三六）年四月だった。ここにいたる三年間を、井上はこう振り返っている。

昭和八年、九年、十年の三年間は、実によく舞台を働いた年でした。休んだ月というのはせいぐ〵二月ぐらいなもので、或る時は河合（武雄）、喜多村（緑郎）の大一座に加わり、或る時は私が座長となった一座で、又或る時は（市川）猿之助、（片岡）我童、（卒村）亀蔵、（沢村）田之助、（坂東）蓑助などという歌舞伎の人々と、一座したりして、東京の大劇場は勿論のこと、東京に出ていないときには大阪、京都、名古屋などに客演するという有様で、殆んど席の温まる暇もないほど働き通したものです。（中略）

その頃の新派劇は何処で開けても大入り続きの盛況でした。で、新派で蓋を開けさえすれば間違いないというわけで、殆んど毎月東京の舞台に新派の出ない月はなかった。甚しいときには、東京の大舞台を二個所も新派が占めたことも再々あるのです。度々旧の人（注＝歌舞伎俳優のこと）と一座したというのも、旧の人だけの一座よりも、新派が加わった方が確実性があったからではなかったでしょうか。

そんなに働き通していながら、何も仕事らしい仕事を残していないというのは、あまり忙しく次から次へと働かせられるので、落着いて企画を検討するなどという余裕がなかったせいでしょう。又一つには、何をやっても客が来るという気安さから、ついイージーゴーイングな気持に堕していたのでもあったでしょう。今顧みて、私は恥かしいと思うのです。（井上正夫『化け損ねた狸』）

その井上が自省の時を持ったのは、昭和十年の暮れに初代水谷八重子との共演で新興キネマの映画『大尉の娘』（中内蝶二原作）の撮影に入ってからで、久しぶりに舞台を離れて商業演劇界を外から見ると、ろくに稽古もしないで次々と舞台を開けている現状に比べて、演出家の統率の下、一つの舞台をじっくり仕上げていく新劇の創造姿勢を羨ましく感じ、腰を据えた仕事をするにはいい演出家と提携することだとの思いを固めて、予定されていた昭和十一年一月の明治座公演に村山知義の起用を決めた。井上正夫が独立一座の方向をはっきりさせるはずだと報じた「甘すぎる花柳物《かりゅうもの》、新派と新劇の中間を」という見出しの都新聞の記事（同十年十二月十二日号）には、次のような井上の談話が載った。

私は元々新派の出ですし、新派とずつと一緒にやつて来ましたが、今のまゝの新派の行き方では満足出来ません、ハツキリ云ふなら喜多村、河合、花柳（章太郎）等といふ人達の間に挟まつて花柳物は出来ないのです、（中略）一体新派の出し物は甘すぎます、こんなものばかり演つてゐたら今に大衆から見捨てられるに違ひないと以前から私は考へてゐましたが、観客は私が考へた程辛いものを要求してゐないらしい、見捨てられるどころか益々盛んになつて行くことは結構ですが、私はこの行き方に満足出来ません、幸ひ松竹の方でも独立の一座を認めて呉れたので、この際大いにハリ切つてゐる次第ですが、幸ひ新劇的なものと甘い新派的なものとの中間を覘つた——難しいにはちがひないが——現代劇をやつて行きたいと思ひます、（中略）

此の間新協劇団の『断層』を二度観ましたが、実に感激しました、私はあの真面目さをみると勿体なくて罰があたる

と思ひました、あゝいふ芝居が経営的にうまく行かず、甘い一方の芝居でメシが食へるなんてまるで矛盾してゐるぢやないですか

談話中の『断層』の演出者が村山である。

井上が新派からの独立に意欲を燃やした明治座の昭和十一年一月興行は井上以下初代水谷八重子、竹久千恵子、森赫子《かくこ》、沢村田之助らの新旧合同公演で、五本の出し物のうち『海鳴り』（亀屋原徳作、村山知義演出）が井上の新しい仕事だった。開演に先立ち、村山が新聞のインタビューにこう答えている。

井上さんがこの前語つてゐたやうにこの演出も新派と新劇の中間を狙つて新派のいゝ所は残し、全体的に新派の誇張や不自然さ、押しつけがましいところを無くし而も大劇場向きに強調するところは強調して行くつもりです、（「都新聞」昭和十年十二月二十八日号）

井上の目指した新しい方向の演劇を中間演劇と呼ぶが、これらの記事から判断すると、その命名者は井上自身だったと考えられる。

井上の二十年ぶりの女形、難破して死んだ息子が帰って来ると信じているという設定の老母、その息子の許婚を八重子が演じた『海鳴り』は好評を博し、中間演劇はいいスタートを切った。そしてこの時新協劇団の仁木独人の紹介で、築地小劇場の表方をしていた佐佐木隆が井上の文芸部員として籍を置いた。やがての文化座の創立メンバーの一人で、その佐佐木と結婚する鈴木光枝は井上正夫の弟子として、師と行をともにしていた。

三月には井上が演劇道場を作ると新聞が伝え、四月の明治座では井上をはじめ梅島昇、藤村秀夫、中江良介、山口俊雄、森律子、岡田嘉子らによる「新派の男女優合同」と銘打つ興行が幕を開けた。井上一座のカラーが薄められていたわけだが、出し物の中では『人生劇場』（尾崎士郎原作、亀屋原徳脚色、村山知義演出）の評判がよかった。井上の瓢太郎、中江の瓢吉、藤村の吉良常《きらつね》というキャスト。岡田嘉子は前月から井上一座に加入していた。

この公演中の二十一日、井上演劇道場の道場開きが新協劇団の稽古場で行われた。結成当時を鈴木光枝がこう振り返っている。

この四月の二十一日に「井上正夫演劇道場」が、村山知義の肝煎りで芝明舟町の新協劇団の稽古場の一部を借りて名乗りをあげた。井上が、一門の中堅や若手の役者をもっと勉強させなくては、アンサンブルをもっと考えていかなければ、ということから始められたものであった。だから井上演劇道場は、松竹傘下の井上正夫の研究機関として発足したものなのである。

劇界にとって革命的とも言えるこの井上演劇道場が結成された当時の座員は、山口俊雄と山田巳之助という井上の直弟子と、岡田嘉子、市川紅梅（現翠扇《すいせん》）、竹久千恵子など二十数名、そのなかには日本俳優学校の一期生だった荒木玉枝と織田政雄、その後で二枚目を新しく募集した時に山形三郎、中尾隆一、さらにその少しあとから関西新派の山村聡など、文化座創立の結成メンバーになった人たちが加入した。（中略）

井上道場のカリキュラムは、大体文芸部の蜂野豊夫が作製《（ママ）》し、先生には村山知義はもちろん、八田元夫、遠藤慎吾、都新聞の文化部長だった上泉秀信、作家の中野重治氏ら。それに詩の朗読とかダルクローズ体操とかがあった。スタニスラフスキーの『俳優修業』を勉強したり、体操の基礎訓練をしたり（鈴木光枝・ほんちえいき『女優と妻と母と』）

引用書の共著者である元朝日新聞記者で演劇評論家のほんちえいきは、『海鳴り』などの作者、亀屋原徳の息子である。井上演劇道場の運営費は井上のポケットマネーを当てた。生活難から新築地劇団の島田敬一が井上一座に入座したのも四月だった。

五月は東海地方を巡演、六月は初代水谷八重子を加えて歌舞伎座の幕を開け、『断層』（久板栄二郎作、村山知義演出）、『夜中から朝まで』（益田甫作、千田是也演出）その他を手掛けた。

八月の明治座でまたひとつ井上の傑作が生まれた。『彦六大いに笑ふ』（三好十郎作、杉本良吉演出）。三好は昭和十年から四年間、東宝の前身の一つである映画会社のＰＣＬにシナリオライターとして在籍したが、その間の産物である。三多摩自由党員の生き残りである彦六を井上、妾のお辻に岡田嘉子、娘のミルに竹久千恵子、息子の彦一に山口俊雄という配役で、井上の彦六が絶賛された。新協劇団の杉本良吉がはじめて演出したこのころから、中間演劇という呼称が定着するようになった。松竹少女歌劇団から岡田嘉子に勧められて井上演劇道場に加入した岡田の義妹竹内京子（注＝岡田の夫、竹内良一の妹）は、顔合わせの日に、岡田が異常なまでに杉本に関心を寄せているのを目撃した。

初代水谷八重子を加えた十一月の明治座でも異色作が生まれた。『熊の唄』（八木隆一郎作、杉本良吉演出）。これは左翼演劇畑を歩いて来た八木の初の大劇場用の戯曲で、アイヌの男（井上正夫）と流れ女（水谷八重子）の交流を描いて、評判を取った。十二月も同じ一座で明治座に出たが、このころには岡田嘉子と杉本良吉が深い仲になっていた。

昭和十二年、一月は井上演劇道場は水谷八重子の芸術座と合同で関西地方を巡演し、二月は歌舞伎座での「新派創立五十年祭」に合流した。新派の創立五十年とは明治二十一（一八八八）年の大阪・新町座での角藤定憲《すどうさだのり》の壮士芝居の旗揚げを新派のはじまりとするもので、新派の開祖が角藤だという「通説」がこの時から一般化する。総勢百七十六人の新派俳優が一堂に会したこの公演で、井上は水谷八重子と『真実一路』（山本有三原作、村山知義脚色・演出）を共演した。

五月の明治座公演でも井上がチャレンジ精神を発揮した。三月に新協劇団が滝沢修の主演で上演したばかりの『北東の風』（久板栄二郎作）を、同じ杉本良吉の演出で出したのである。この劇評。

何分営業舞台である。慾をいへば労働争議に出る職工や、その頭のトミに尖鋭分子がほしい。それに五幕八場の原作から、工藤（原作では豊原）の弟と村雲の事件をカットしてゐる。だから原作至上主義からいふと、幾分微温的ではある。勿論（築地）小劇場程純粋でない。しかし、去年のこの作者の『断層』の場合以上にこの作をとり上げた井上正夫の勇気は認めるべきである。彼も若い年でないだけに、これこそ実に近頃いふ所の革新であらう。彼が中間演劇を持出して以来の最も大きな、のるかそるかの仕事だからである。

しかも、井上の工藤は、あの沢山のせりふを新派臭井上臭なくいひこなし、特に舞台の英雄とならず、平淡に原作の人間を出してゐる点が新しい。最終の幕切れにピッチを上げ、工藤の急迫した心状を、「議会へ」の叫び声でいって幕にする所は、身についた、立派な実力が自然に流露する。あの「議会へ」の声や幕切れには井上の天分が閃めいてゐる。

勿論、武藤山治を思はせるメークアップはうまい。また岡田（嘉子）の夫人も悪くない。山口（俊雄）の横倉は不十分だが、優良でないまでも、兎に角新しい演劇の方式と内容とに努力してゐるのは認めたい。（三宅周太郎「井上正夫革新」『続演劇巡礼』より）

水谷八重子の芸術座と合同の六月の東劇公演に『地熱』（三好十郎作、杉本良吉演出）を出したのもこの延長線上のことだし、これはそのままの座組みで七月の大阪歌舞伎座公演に持ち越された。が、この大阪公演限りで井上演劇道場と芸術座との合同公演はピリオドが打たれた。

十一月の明治座では井上演劇道場は新派の本流と合同し、新人の戯曲を取り上げた。北條秀司《ひでじ》の『華やかな夜景』（村山知義演出）。菊田一夫とともに戦後の商業演劇界に君臨する北條にとって、これは新国劇が手掛けた『表彰式前後』（昭和十二年二月）に次いでの自作上演である。

十二月は井上演劇道場は新宿第一劇場に出て、『彦六大いに笑ふ』（三好十郎作、杉本良吉演出）や『江東の侠児』（中野実作）などを出した。再演の『彦六大いに笑ふ』では岡田嘉子が彦六の娘役に回り、『江東の侠児』では杉本は「宗谷海三」という偽名で演出した。岡田と杉本の関係を知り、岡田が杉本に冗談めかして「一緒にソビエトへ行こう」と話しているのを小耳にはさんだことのある竹内京子は、宗谷海峡を連想させる「宗谷海三」という偽名に、胸騒ぎを覚えた。同月二十七日、岡田と杉本は竹内京子の見送るうち、上野発の夜行列車で青森に向かった。二人が雪深い樺太（現・サハリン）の国境を越えてソビエトに入ったのは昭和十三年の一月三日で、各紙が越境事件を大々的に報じたのは、五日だった。新協劇団の事件への対応は前述したので、井上のそれを書く。

このことは井上正夫にとっても青天の霹靂だったが、嘉子の場合は思想的な背景は考えられないとして、できることなら呼び戻したいとの方針を立て、七日の朝に井上は警視庁の特高一課を訪ねて、再び舞台に立たせたいと要望を述べたが、何らかの処置を取らなければならないと言われて帰った。

岡田嘉子を失って痛感したのは、岡田に替わる女優がいないことだった。初代水谷八重子を除けば結局は相手役を得られず、それだけ中間演劇路線は発展を阻まれた。以後、井上は原則として新派の本流と合同し、その中で中間演劇を上演していく形を採った。以下のごとき舞台である。新作のみ列記する。

昭和十三年
三月『屋根裏の弁護士』（明治座　北條秀司作　遠藤慎吾演出）
五月『大関・大ノ里』（明治座　鈴木彦次郎作　村山知義演出）
七月『豪雨』（歌舞伎座　北條秀司作　村山知義演出）
九月『人生劇場吉良常・新版残侠篇』（歌舞伎座　尾崎士郎原作　村山知義脚色・演出）
十一月『焔の人』（明治座　八木隆一郎作　八田元夫演出）
十二月『子供の四季』（明治座　坪田譲治原作　上泉秀信脚色・演出）

昭和十四年
七月『海の星』（明治座　八木隆一郎作　村山知義演出）
十月『日柳燕石《くさなぎ》』（明治座　古川良範作　村山知義演出）
十二月『彦六なぐらる』（明治座　三好十郎作　村山知義演出）
昭和十五年
一月『閣下』（明治座　北條秀司作　村山知義演出）
三月『生きている狩野』（明治座　三好十郎作、村山知義演出）

中間演劇の存続にとって、村山知義との提携がいかに大事な要素だったかよく分かる。その井上にとって岡田嘉子を失ったことに続いての衝撃は、八月の新劇事件で村山が検挙されたことだった。前掲書で井上正夫は「これではもう井上商店は破産の憂き目をみるより他はないのです」と書いている。

ところで、井上と水谷八重子が共演した『閣下』は、北條秀司がサラリーマン生活に終止符を打ち、劇作家として独立したオリジナル戯曲の第一号だった。その北條が村山検挙で肩を落としている井上のために執筆したのが『天高き日』（園池公功《きんなる》演出）で、拓務省の後援で十月の明治座で上演された。

話の発端は満州の開拓村を視察して、だれかに移民奨励劇を書いてもらいたいとの拓務省の興行会社への申し入れで、松竹では井上演劇道場が適当だとして井上のマネージャー蜂野豊夫に話を通し、蜂野と井上が相談して、『閣下』が好評だった北條秀司に荷を下ろしたものだった。

北條と蜂野は三月に満州へ行き、「移民の父」と言われた満州国政部事顧問、東宮鉄男《とうみやかねお》中佐をモデルに書き上げたのが『天高き日』。井上も北條も戦後にこの「宣伝劇」を書いたことに反省を迫られたが当時は別、これは昭和十六年一月の名古屋・御園座でも六月の大阪歌舞伎座でも上演された。また、初演が好評だった『海の星』は『十日間の人生』と改題されて松竹大船で映画化され、井上は田中絹代を相手にこれを撮った（渋谷実監督、四月封切）。井上にとっては久しぶりの映画で、この年井上は数えで還暦を迎えていた。

このこともあって撮影中に井上は大谷竹次郎と会い、舞台出演の回数を減らしたいと申し出て、容れられていた。体力的なこともあって、意に添わない脚本にまで手を出したくないとの理由だった。その意味では昭和十六年十月の新橋演舞場の公演は、井上が自負するものの一つだった。初代水谷八重子との顔合わせで『わが愛の記』（山口さとの原作、八木隆一郎脚色、久保田万太郎演出）、『赤道』（八木隆一郎作・演出）、『鬪魚』（丹羽文雄原作、川村花菱脚色・演出）というプログラム。分けても『赤道』は国民演劇コンクールで情報局賞を受賞した注目作で、三島雅夫、宇野重吉、信欣三らもこれに客演していた。

ただし、井上正夫が舞台出演を減らしたことは、演劇道場生にとっては生活基盤にヒビが入ることと同意だった。そこで井上は自分が出演しない時は、道場生を芸術座に参加させることが多くなった。しかし、井上演劇道場としての出し物はない。このことに道場生の不満が次第に高まってきた。井上はこう書いている。

その年の暮頃から、道場の若い座員達の間に、私に対する不満の空気が燻りはじめたのです。彼等は私にもっと積極的に演劇活動をやれというのです。（中略）彼等としては、私が年に数回しか舞台に出ず、あとを八重子の芸術座に委ねるといったことにも不満があったらしい。そうかといって、以前のように私が毎月舞台に出るというようなことはできんし、そうなれば自然と意に満たないものへも出演しなければならなくなる。若い連中のはやる演劇欲は当然でもあるし、私にもその気持はよく判るのであったが、理想と実際との喰い違いを説いて、私は暫く静観するように求めて置いたのです。（中略）

しかし、血気にはやる若人たちには、私のこの説得が老境的沈滞としか見えなかったのでしょう。明けて昭和十七年の二月、私の一座が明治座で出演中のことです。十三日に演劇道場の総会が開かれたのですが、その席上山村聡以下八名の若い座員たちは、道場の方針改革要求を私に対して提出し、即時実行に移ってほしいと迫るのでした。勿論、それが容れられるわけはないのです。そこで彼等はその場で脱退を声明し、明治座の興行打上げと共に袂を分つことになったのでした。（『化け損ねた狸』）

ただし、剝き出しの感情の激突の末の決別ではない。二月二十五日に脱退した後、翌日揃って井上の所へ挨拶に行った。文化座を結成した後も、脱退者は井上正夫を「恩師」として敬っていた。

これ以後も井上は一座を存続させた。が、老境という心境に陥っていたから、中間演劇の勢いはそがれた。と言うよりも、ここで一応のピリオドが打たれた。しかし、中間演劇という考えは戦後に民芸を退団した芦田伸介が口にしたように以後も時々浮上したし、今も消えているわけではない。それだけの幅と新しさを持っていた。

最後に井上のことで触れたいのは、前にもちょっと書いておいたが、検挙された村山知義の弁護をすべく井上が法廷に立ったことだ。治安維持法違反の被告の弁護だから、当時としては非常な勇気がいった。

尾崎宏次の調査（『蝶蘭の花が咲いたよ』収載）によると、井上の出廷は昭和十九年の二審前で、井上は村山の二審の弁護に立った。その一部を再録する。答えているのが井上。

問　新協劇団をどう思うか。

答　私は一個の俳優であり、思想的問題は少しも解らない。しかし、私は村山はじめその劇団の人達の芸術に対する熱心さ、真面目さに感心した。そして、新協劇団の芝居を、あの当時に於ける日本の演劇のなかで一番芸術的に立派なものだと思っている。（中略）

最後に村山個人について一言述べさせていただきたい。先にも述べた通り、私と彼とは、相当永く、また親しい付合いである。お互の真心をさらけだして全身でぶつかってゆくのでなければよい芸術はできないものである。（中略）私も長い間日本の芝居のために極力働いてきたが、身体も昨今だいぶ衰えてきて、殊に冬は肺気腫のため、舞台に出るのに困難を感じてきた。私の芝居生活ももう晩年だとしみじみ感じている。こういう国家の重大時期、よい芝居が最も痛切に要求されている時期に際し、なんとかして老骨に鞭うって、私が今までやったどの芝居よりもいい芝居をやってから舞台を去りたいと思う。そういう仕事をしないでは死にきれない気持である。そして、その仕事は、村山が演出してくれなければ絶対に駄目なのだ。（中略）御寛大なる御処置を心から懇願する次第でございます。

村山に対する懲役二年、執行猶予五年の控訴院判決が出たのは昭和十九年の四月だったが、同年十一月の明治座での井上一座と芸術座の合同公演で、『慈母観音』（工藤恒作）が上演された。工藤恒とは執筆も演出も禁止された村山知義の変名で、井上正夫があえて起用したものである。

## 文化座の旗揚げ

井上演劇道場を脱退した山村聡、山形三郎、中尾隆一、高柳清保、山川徹、鈴木光枝、荒木玉枝、高原筆子、文芸部の佐佐木隆の九人が文化座を結成したのは、昭和十七（一九四二）年の二月二十六日だった。文化座という劇団名もこの日に決めた。文化がよくなければ国家は駄目だということ、いい文化がないところにいい芸術はないという考えが座名の由来で、井上演劇道場以来の三好十郎への信頼が、メンバーの精神的な絆だった。

旗揚げの出し物は三月初旬に『武蔵野』（梅本重信作）と決まった。道場時代から佐佐木隆の指導で自主稽古してきたのがこれを選んだ理由だった。とは言え、新作ではない。昭和十三年に新築地劇団が手掛けていたもので、それも承知で選んだのは、創立メンバーには新派の劇団だという意識がなかったからでもある。そしてこのころ、三郎の兄で東宝劇団にいた山形勲と、光枝の兄の政弘が、家業のかたわら鈴木泰友と名乗って宣伝部員として加入した。また、女優不足から中尾の恋人で、資生堂に勤めていた河村久子が狩り出され、これがきっかけで河村は女優になった。

稽古と並行して座報の編集も進められ、創刊号に以下のような「御挨拶」が掲載された。「文化座宣言」である。

私たちは、文化という言葉を、民族の熱情の発揚の場として、理解して居ります。
演劇もまた、その意味で使命を果さねばならないのであります。しかし現在あるがままの演劇の姿を省みますとき、そこには、あまりにも多くの問題が未解決のまま横たわって居り、本来の正しい姿から未だあまりにも遠いのを、慨かずには居られません。私たちは文化の責任者として、現実の困難さがどれほどのものであろうとも、それを開拓して行かねばならない責任をひしひしと痛感するものであります。
恩師井上正夫先生は、実にそれを目標とされて居りました。いろいろの経緯から私たちは、先生の演劇道場を去らなければなりませんでしたが、その真意は、どこまでも、先生の意思の継承発展に他なりません。
私たちは、どんな悪条件のもとに置かれようとも、常に若さのまことを傾けて現実と取組み、常に微力の最善をつくし、そうすることによって、刻一刻に道を見出し、歩一歩に力を哺くみつつ、演劇を通しての文化的使命を全うしたい念願なのであります。（『劇団文化座五十年史』より）

第一回公演は四月十四日から十九日まで、国民新劇場で予定通り『武蔵野』（佐佐木隆演出）を上演した。

『武蔵野』は克明な劇的構成を持った地味で潤ひのある力作だが、初演当時既に積極性に乏しく、登場人物の時代的性格の稀薄を非難された作品で、文化座がこれを旗揚げ公演に取り上げた意図は、好意的に解釈しても、例へば所謂中間演劇として当然この程度の作品は商業劇団に於ても起用すべきであるといふ表示か、或は一杯道具であるといふ条件、或は女優中心の脚本とかいふ、極めて消極的な御都合主義以外、何等積極的な主張を観取する事は出来ない。いまわれわれは、昭和九年代のこれらの登場人物が、今日どんな事を考へ、どんな事をしてゐるかを知りたいのである（敢て年代に拘泥るわけではないが、これは余りにも昭和九年代の人々であり過ぎる）そして文化座創立の精神は、斯る要求を満してわれ〳〵をプラスするところにある筈である。

十七日夜のツボを外れた笑ひで満された満員の観客席は、大半当日売りの観客層とは思へないが、文化座が如何なる観客層を目標としてゐるかも疑問である。個々の演技は勿論危気など微塵もなく、寧ろやゝ楽しんでノビてゐる程だが、発子に扮した河上（注＝河村）久子は特に新鮮な演技で期待される。（安「都新聞」昭和十七年四月十九日号。倉林誠一郎『新劇年代記・戦中編』より）

「大半当日売りの観客層とは思へない」との指摘があるが、座員が切符を賢明に売り歩いての集客で、その結果、わずかながらも黒字になって、座員に五十円の配当が出た。井上正夫も観劇し、山形勲のことを「大名の禄高を背負っているいい役者だ」と褒めた。ただし、鈴木光枝は終演後に盲腸炎で入院・手術し、半月ほど病院にいた。

五月初旬から中旬まで、文化座は「大東亜戦完遂翼賛選挙貫徹」のキャンペーンとして、日本移動演劇連盟の依頼で、『梅咲く村』（金子洋文作）や『大東亜築く力だこの一票』（伊馬鵜平のち春部作）などによる東京府下の巡回公演を行った。演出はすべて佐佐木隆。七月から八月にかけても『弾丸行進曲』（伊馬鵜平作）や『野の声』（八木隆一郎作）による移動演劇公演を全国各地で行い、十月の第二回公演で、はじめて三好十郎の戯曲を取り上げた。

## 文化座と三好十郎

二回目の東京公演を十月十六日から二十九日まで国民新劇場で持ち、『三日間』（三好十郎作、佐佐木隆演出、以下断りがなければ演出は佐佐木隆）を上演した。『斬られの仙太』（昭和九年）以来左翼陣営を離れた三好は次第に現状肯定派に、換言すれば体制寄りになっていたが、これはそれを一歩進めた戯曲で、三好は座報にこう書いた。

わが兵士達の戦う姿は、強く美しい。この様な強さや美しさは、どこから生れて来たものかと思います。すると、や

っぱり、国民の一人ずつとしての彼等の日常生活、又、それを取巻き培っている国民生活を捜して行く以外に無いのです。(中略)

『三日間』は、かかる現代日本人の中の十七八人の人達の日常の姿をさぐり、出来得べくんば、それらの人々の真の強健さをさぐり当て、つかみ出して来ることに依って、国の歩みを、その根深い所で確認し強調しようとする私の念願から発した貧しい努力の一つであります。

これと言って捧ぐべきものを持たぬ私は、この作品を、謹しんで、わが将兵諸氏に捧げたいと思います。(「『三日間』に添える私信」『三好十郎の仕事』第二巻より)

『三日間』は雑誌編集者で経済評論を書いている及川(山村聡)、東京の下町の鉄工場の長男の桑原(千秋実・客演)、秩父の農民の伊吹(山形勲)と、育ちも生活環境もまるで違いながらも軍隊でよくウマが合い、除隊後の今も交流がある三人の三日間の様子が描かれている。その中でかつて社会主義運動に加わっていた及川が、親友で大学で教鞭を執っている多田(山形三郎)に、戦場で敵兵を殺したのを踏まえてこう語る。

俺が突き殺したのは、俺だ。シミジミとそう思った。敵も味方もありゃしない。悲しいのは人間と言うもんだ。そう思うと……国の事も、国のみんなの事も自分の一生の事もいっぺんに、電気に打たれたように思い出した。……ありがたかった。日本に生れたことが、しんからありがたかった。(中略)それまでは、正直言って俺あ殺さなければ殺されるからと言う気持だった。しかし、それ以来、そんなビヨビヨした気持は卒業しちまってグングンやれた。もっと端的に、焼けるように、敵が憎くなった。するとその気持に全身をまかせて、どこまでだって突込んで行けるんだ。それでよいと言う確信が持てた。……それ以来、自分で言うと変だけど、俺は兵隊としてよく戦って来たと自分で言える。それから、聖戦と言う事が言えるようになった。

いろいろな意味で「正直」であろうとした三好の姿がここにある。

十一月二十日から年末まで、文化座は『寒駅』(三好十郎作)や『村と兵隊』(阿木翁助作)などによる大阪の浪花座や八千代劇場での関西公演を持ち、年が明けた昭和十八(一九四三)年も『村と兵隊』や『朝』(小川丈夫作)を持って姫路、岡山、倉敷、大阪、京都などを巡演した。この間に中尾隆一が応召し、演出部に吉田勝彦が入った。
昭和十八年三月二十四日から三十日まで、国民新劇場で『寒駅』と『おさの音』を上演した。ともに三好十郎の戯曲で、後者には「軍事保護院後援」のタイトルが付き、日高ゆりゑが客演した。

三好十郎の一幕物『寒駅』と『をさの音』――おなじ作者の作品を二つ並べてみると、別箇な作品とは思へない共通な血の繋がりがあるのは興味ある事である。共に戦争を背景にしてゐるが、嘘のない実感があり、極めて清潔な愛情に充ちてゐる。

『寒駅』は先年共立講堂でみた時は、山村聡の徹三がやゝ無頼漢じみてゐたが、今度はすっかり素朴で逞しく、日高ゆりゑのお篠も身体中で演技してをり、その他の人々も東北弁がすっかりこなれて、臭くやればいくらでも新派に出来るこの作を、飽く迄新劇の演技で努力してゐるのもよい。

『をさの音』では山形勲の盲目の帰還兵が『寒駅』の駅長のいやみとは別人のやうに清純で非常によい演技で、山形三郎の弟、河村久子の許婚も素直に生活が感じられた。山村の儀八は脚本にも演出にも疑問がある。佐々《（ママ）》木隆の演出は二作共によく消化して、きめがこまかく、効果（吉田貢）も神経が行き届いてゐた。伊藤寿一の装置は特に『寒駅』が優れてゐる。（安「東京新聞」昭和十八年三月二十八日号。倉林誠一郎『新劇年代記・戦中編』より）

初日の開く前の昼間、国民新劇場の舞台で佐佐木隆と鈴木光枝が結婚式を挙げた。光枝は既に身籠もっていた。
四月から五月にかけては佐佐木隆の故郷である秋田県下を大政翼賛会秋田県支部の主催で『故郷の雨』（阿木翁助作）などを持って巡演し、帰京した七月九日から十八日まで、国民新劇場で『俺は愛する』（三好十郎作）を手掛けた。その千秋楽の日に鈴木光枝が女児を出産、三好が上演中の戯曲に因んでその子に「愛」と命名した。これが長じて女優になる佐々木愛である。
『俺は愛する』には帰還兵士役の号令で、舞台の俳優と客席の観客が一緒に体操をするシーンがあった。

土管を二つ転がした丈の装置らしい装置のないむき出しな舞台、いつもの幕の前から観客席との間も全部使って、客席も舞台の一部にしようとした装置（伊藤寿一）――三好十郎作『俺は愛する』は、かうした大胆な舞台として、幾多の問題を語らうとする。

共同耕作地として原ッぱを提供、自分達も勤労奉仕をし乍らしかも私利のためには摑み合ひをしてまでその原っぱの争奪をする人間、庶務課のカードに記入する残業の歩合が、実際に支給される額と違ってゐたり、ほんたうに大切な産業のためにだけある筈の石炭や銅線が、どうしたわけかどし〱入ってくるラジオ工場（一応作の精神をこなしてゐる演技陣の中に、この面は工員津田に扮した野尻徹の臭い演技で作者の意図が濁されてゐる）、いま一切が公事であると主張する作者は、かうした奇怪な現象を目の前にみて遂に激怒する。

之は三好十郎の純粋な面と不逞な面、よいものと悪いものとが混沌として交錯し、作者の怒りには心から同感出来ても根底になにか暗いものが流れてゐて、からりと明るく「俺は愛する」といふ結論にはついてゆきかねる。疑問はこの作品の形式にもある。一例はこの劇の観客は、出征の歓送野球試合の前に、ラジオ工場の工員達と一緒に、体操する事を舞台から要求される。かういふ具体的な形式で、舞台と客席とを一つにしようとする事なども三好十郎の理想主義だが、少く共私は、客席で体操をした後には、今度はまたどんな要求をされるかといふ不安で、それ以後の舞台に対した事は事実である。これは問題だ。

そしてもう一例は、幕を開けっぱなしであるために、この形式では例へば暗転中の俳優の動きなども、どこからどこ迄が企図した演出（佐々《ママ》木隆）なのかといふ一種の観劇被害妄想の如き負担もあって無駄に観客を疲れさせはしないか――この作品に対する答案はいろいろな意味で興味深い。（安「東京新聞」昭和十八年七月十三日号。倉林誠一郎・前掲書より）

出産を控えていたから、鈴木光枝は秋田県下の移動演劇にも、この舞台にも出られなかった。

九月は『寒駅』などによる東北地方の鉱山の慰問公演に出発、帰京した十月二十日から十一月三日まで、五回目の東京公演を国民新劇場で持った。『おさの音』の再演と『獅子』の初演。ともに三好十郎と佐佐木隆のコンビの仕事で、後者は没落した家を再興するために、将来を約束した男のいる娘の思いを察しないまま、村の地主の息子との結婚話を強引に進める「国策おかか」と呼ばれる中年の紋を、鈴木光枝が演じた。大詰めは満州で農事指導をしていて、そこへ帰る圭太郎（山形三郎）の後を追い、娘の雪（河村久子）が家を捨てる。薄々事情を知っていて、紋の進める結婚話に反対だった父の吉春（山形勲）が、それを祝って里神楽の獅子を舞うというものである。戦後にもたびたび上演される文化座のレパートリーになるが、初演の時には父が賛成しているとは言え、娘の家出は「今日では穏当ではない」という劇評が出た（「東京新聞」昭和十八年十月二十七日号）。

この年、浜村純が入座し、山川徹と高原筆子が没した。

昭和十九年。上半期は『虹の輪』（八木隆一郎作）などで移動演劇公演に明け暮れたが、詳細な記録は不明、七月七日から十八日まで国民新劇場で『おりき』（三好十郎作）と人形劇『心の大空』（鶴丸睦彦作・演出）を上演した。前者は鈴木光枝の主演だったが、稽古が大変だった。

『おりき』は情報局の委嘱作品で、そういう性格から戦争遂行体制への協力が建前としてあった。八ケ岳を望む信州の富士見高原が舞台で、出撃を控えた海軍中尉が死んだ母の思い出の地のここを訪ね、おりきに出会って別れるまでのこれという物語のない作品ながら、出撃する中尉に日本はこれでいいとの安心立命を与えるのがおりきで、珍しく稽古場に姿を見せた三好から、光枝はおりきはグローブのような手をした農婦だと聞かされていた。感じとしては理解できても、具体的にどう演じればいいのか分からない。一幕ものとしては長い二時間を超える芝居で、しかもほとんど出ずっぱり、さらに手こきの千歯を使って本式に麦こきをしながら長ぜりふを言わなければならず、自分も息子を戦地に送ったり戦死させたりしながらも、村人たちのよろず相談を一手に引き受け、最良の判断を下すような農婦である。東京生まれの、華奢な鈴木光枝にとっては存在そのものが遠い。以下は光枝の聞き書きに基づく拙著からの再録。

隆の厳しい注文を受けつつ、考えれば考えるほど手が出ない。そうこうするうち総ざらいの日になり、四ツ谷クラブの大広間に三好をはじめ演劇関係者が見守る中で、幕があがった。が、農作業をしながらの長ぜりふの途中、光枝はいきなり声をあげて泣きはじめ、その場にしゃがみ込んでしまった。驚いた三好が激励したり煙草をすすめたりしたものの光枝は答えることすら出来ず、稽古場が凍りついたようになった時、三好に促された浜村純が、やおら『ひえつき節』を唄いはじめた。

日向の民謡である『ひえつき節』は、このころはまだ一部でしか知られていなかった。その唄を文化座のメンバーが覚えたのは二年前の九州への移動演劇の時で、以来、ことあるごとにこの唄が座内で唄われていた。それを『おりき』に取り入れて、流れ者の炭焼きから教えられたという設定で、農作業をしながら思わず知らずおりきが口ずさむことになっていた。

今、その『ひえつき節』が大広間に流れ、それは全員の合唱になった。唄の二番が終わった時、光枝は「すみませんでした」と詫びを言って立ち上がり、長ぜりふのはじめからやり直した。光枝の目には周りの一切が見えなかった。（拙著『女優二代・鈴木光枝と佐々木愛』）

舞台には地付きのままの麦を買い上げ、麦畑を再現した。装置は伊藤熹朔。サイパン陥落の日と初日が重なり、この日は公演を中止して、一日置いての上演になった。その劇評。

聞き逃がす程にさり気なく清く尊い暗示と反省にみちた三好十郎作『おりき』は、すが〳〵しい信濃高原の風にも似て、滋味と潤ひに溢れ、愈々厳しい戦局の最中に在って尚且堪へ得る佳品である。

一老婦おりき（鈴木光枝）の存在は、百万遍の大声叱咤の号令に勝り、しかも自分で自分の大きさを知らぬ有難い日本の母である。そしていま日本が要求してゐる人間は実にこの『おりき』にほかならぬ。次第に淡々たる詩に近づいたこの作者の、所謂一幕二時間六分といふ至難な構成から、多少運びに序破急を欠いたにもせよ、強く逞しい階調をひき出した演出（佐々木隆《ママ》）は、真摯に喰ひ下った俳優の努力と共に十分に買はれてよい。（安藤鶴夫「東京新聞」昭和十九年七月十一日号　倉林誠一郎・前掲書より）

集客もよく、五百人定員の劇場に倍以上の観客を詰め込んだ日もあった。『三日間』『寒駅』『おさの音』『俺は愛する』『獅子』『おりき』と、このころが文化座と三好十郎の最初の蜜月時代だったが、傾向としては次第に国策に沿って行くものになった。なお、この公演までに山村聡が応召した。

十一月二十日から十二月三日まで国民新劇場で七回目の東京公演として『牛飼いの歌』（和田勝一作）を上演したが、これが戦前最後の東京公演になった。昭和二十年三月の東京大空襲で国民新劇場が焼失し、ここで予定していた三好十郎の『峯の雪』の公演が流れた揚げ句に、六月に満州へと向かったからである。

文化座の満州行きは文学座が小松市に疎開したような、劇団疎開と関係がある。

文化座ははじめ北海道や沖縄への疎開を希望したが実現せず、そのうち東京新聞の文化部長をしていた土方正巳から満州へ推薦するという話が舞い込んだ。拓務省の満州開拓政策の一つとして日本の劇団による満州各都市への巡演計画が立てられて、拓務省から東京新聞社が委嘱され、同社の担当者が文化座を選んだという経緯である。

文化座は疎開を兼ねてこれを引き受けることにして、満州芸能社と三か月の契約を結び、六月十日に東京駅から新潟に向かった。一行は演技部の山形勲、山形三郎、浜村純、幸田宗丸、西康一、田中正雄、初代水谷八重子の芸術座にいた今村緑郎、鈴木光枝、荒木玉枝、河村久子、村井静子、岡笑子《えみこ》、佐藤美津子、文芸部の劇作家の押川昌一、演出部の佐佐木隆、吉田勝彦、根本久の十七人で、鈴木光枝は娘の愛を親族に預けての旅立ちだった。渡満に際して、佐佐木は五百円、鈴木光枝は三百円というこれまでよりも高額の月給を受け取っていた。

新潟には着いたものそれから十日間、一行は足止めを食った。港にはたくさんの機雷が投下され、航路を慎重に見極めなければ出港できなくなっていたのだ。乗船してもまた五日間、船客は船にカンヅメになった。船には「大陸の花嫁」と言われた満蒙開拓団に嫁いで行く娘たちも乗っていた。引率していたのはプロレタリア文学の闘士と称された葉山嘉樹で、葉山は長女とともに満州の開拓村へ移住しようとしていた。

やっと出港した船は機雷を避けるべく陸沿いを進み、五日目に北朝鮮の清津に着いた。「大陸の花嫁」たちと別れて満州の首都、新京（現・長春）の土を踏んだのは翌日だった。早速ホテルで満州芸能社の歓迎会が開かれたが、この席でパイ酎を飲み過ぎた吉田勝彦が、ホテルの三階から転落死する事故が起きた。『おりき』の公演で、前から頼んでいた調布の農家から本物の麦を大八車に積んで劇場まで運び、舞台に仕込んだのが吉田だった。

満州では『獅子』（三好十郎作）と『虎の皮』（八木隆一郎作）が出し物として予定されていて、森繁久弥がアナウンサーとして勤めていた新京放送局で稽古をした。新京公会堂での初日を開けたのは七月二十日で（注＝八月一日という異説あり）、二十五日までの新京公演の後ハルピン、牡丹江、チャムス、奉天（現・瀋陽）、撫順、大連、鞍山、安東を巡演することになっていた。

八月八日にチャムスでの公演を終えて列車で翌朝奉天に着いたが、車中の深夜、どこの国のものとも知れない戦闘機の飛来に遭って、肝をつぶした。やがてそれがソ連の飛行機だったと知って、驚愕した。ソ連は日ソ中立条約を一方的に破棄し、八日に対日宣戦を布告するやただちに実力行動に出ていたのである。

ソ連の参戦で九日の軍への慰問公演につづいて、十日の奉天公演も中止になった。このころにはソ連の動きも知れ渡って、市中は騒然となっていた。一行は奉ビルホテルに泊まっていたが、ここも関東軍の軍人たちでごった返すようになったので、座員たちは家族を朝鮮に疎開させた満鉄（南満州鉄道株式会社）勤務の佐佐木隆の大学時代の親友の、社宅に移った。ここで八月十五日を迎え、玉音放送を聞いたのである。

一行の満州からの引き上げは後述するとして、ここでは一つだけ書いておく。

文化座は井上演劇道場からの脱退者によって結成され、したがって新劇とは一線を画していたが、これまで見てきたように、実際的な活動は当初から新劇と見ていいものだった。その立場に立つと、次第に戦争協力へと傾斜して行った三好十郎と深く提携することで、文化座もまた戦争協力の度を高めて行ったと言わなければならない。満州へ渡ったのはその象徴だったとも言える。

戦後、三好は戦前の行為を深く反省した。文化座はその三好と再度行を共にしたが、戦後の三好の一文を再録してこの項を終える。


さきの戦争中にしても、そうでした。戦前も戦争中も私の思想は戦争に賛成せず、私の理性は日本の敗北を見とおしていたのに、自分の目の前で無数の同胞が殺されていくのを見ているうちに、私の目はくらみ、負けてはたまらぬと思い、敵をにくいと思い、そして気がついたときには、片隅のところでではあるが、日本戦力の増強のためのボタンの一つを握って立っていたのです。

これは、私の恥です。私が私自身にくわえた恥です。私の本能や感性が、私の精神と理性にあたえた侮辱です。肉体が精神をうらぎり侮辱することができるほど、私の肉体と精神は分裂していたということです。これは、まさに人間の恥辱のなかの最大の恥辱でありましょう。こんな恥辱をふたたびくりかえさぬように、私はしなければならない。私はそうするつもりです。たぶん、そうできるだろうと思います。（昭和二十七年「抵抗のよりどころ」『三好十郎の仕事』第三巻より）

# 第二十二章　苦楽座および桜隊、芸文座や俳優座など

## 苦楽座の足跡

徳川夢声、薄田研二、丸山定夫、藤原釜足、八田尚之を同人とする苦楽座が結成され、関係方面に挨拶状が送られたのは昭和十七（一九四二）年の七月初旬だった。もっとも、このころ薄田研二は本名の高山徳右衛門を名乗っていた。新劇事件で検挙され、半年あまり牛込署に留置されていた薄田は、執行猶予で釈放された後も技芸者之証がなかなか交付されず、生活に窮するようになっていた。見かねたある保護観察所の所長が間に入り、映画は大映の社長永田雅一が、舞台は川村花菱が身元引受人になることで技芸者之証を受け、同時に大映の専属になった。この時から本名に変えたのである。藤原釜足も飛鳥時代の政治家と芸名のオンが同じで恐れ多いと難癖をつけられ、昭和十五年から敗戦時まで、藤原鶏太と改名していた。したがって挨拶状には高山徳右衛門とあり、藤原鶏太とある。

薄田の自伝『暗転』によれば苦楽座結成の推進者は八田尚之で、南旺映画の重役だった八田と映画の仕事で知り合った薄田の自宅を八田が訪問、芝居をしないかと誘ったのが発端らしい。その後薄田は大映の映画のロケに発ち、帰宅したら八田尚之からの使いが来て、新宿の某所に呼び出された。出向くと徳川夢声と丸山定夫と八田がいて、劇団名と旗揚げの演目を決めればいいまでにお膳立てができていた。そしてその席で劇団名が決まったという。徳川夢声も同様の回想を残しているから（「原爆新比翼塚」『オール読物』昭和二十八年八月号参照）、八田尚之が中心的に動いたと考えていいだろう。

その苦楽座の動向を含めて、八月一日付けの東京日日新聞に「新劇団多彩な旗挙げ」という記事が載った。

映画統制から映画俳優の舞台転出は今春来の著しい現象で坂東好太郎の報国劇団、長谷川一夫の新演伎座、川浪良太郎一座、鈴木澄子一座、森静子一座がそれ〴〵健全娯楽の旗印で簇出したが、こんどこれとはまた異なつた新しい国民

演劇創造の旗印の下に演劇活動が活発に展開されて来た
その第一は徳川夢声、薄田研二、丸山定夫、藤原鶏太、八田尚之が苦楽座を結成、年四回都下大劇場出演計画のもとに準備を急いでゐる
次には珊瑚座の結成がある、この劇団は黒龍会、紫山塾等の支持をうけて顧問には頭山秀三、長谷川伸、横光利一、菊池寛の諸氏が並び、第一回公演を先日国民新劇場に挙げ菊岡久利作『大東合邦論』を脚本校閲葛生能久、演出横光利一という珍しい陣容で上演した。また小夜《さよ》福子を中心に万代《よろずよ》峰子、園みゆき、藤井貢、岸井明、伴淳三郎の旧宝塚系と映画畑の俳優が劇団「新生家族」を結成してゐる。

文中に小夜福子の名があるが、女優のいない苦楽座のメンバーがまず声を掛けようとしたのが小夜福子だった。小夜は宝塚少女歌劇団の男役スターとして人気を博して昭和十六年五月に退団、翌年五月に宝塚の代表兼演出家の東郷静男と結婚し、女優としての活躍が期待されていたのである。

この記事に出てくる珊瑚座に徳川夢声が関係していた。珊瑚座とは太平洋戦争中の珊瑚海海戦に因んでの命名で、民族的色彩が強かった。『大東合邦論』は七月二十三日から二十八日まで国民新劇場で上演され、夢声は外崎《とざき》恵美子を相手に熱演して、観劇した長谷川伸に褒められていた。ただし、夢声は十月中旬から翌年の一月中旬まで、日本放送協会の委嘱で「南方慰問」に出掛けたために、苦楽座の旗揚げ公演には不参加だった。同座の第一回公演は十二月三日から二十日まで新宿大劇場で持たれ、『見知らぬ人』（真船豊作・演出）、『生れた土地』（森本薫作、下田貞夫演出）、『玄関風呂』（尾崎一雄原作、八田尚之脚色、佐々木孝丸演出）が上演された。真船作品は記録では作者の演出になっているが、実際は千田是也が手掛けた。千田も新劇事件の被告だったから演出するのを禁じられていて、名前が表に出せなかった。

旗揚げまでに小夜福子参加の話は消え、小夜に替わって加わったのが園井恵子だった。園井も宝塚少女歌劇団の出身で、主に男役として活躍していた。宝塚在団中から映画や舞台に出ていたが、宝塚退団直後に出演した東宝映画『南から帰った人』（菊田一夫原作、昭和十七年五月封切）で丸山定夫と共演したのが、苦楽座参加の下地だったと思われる。とまれ旗揚げ公演には同人のほかに園井恵子、万代峰子、沢村貞子、原泉（当時中野政野）、望月美恵子（のち優子）、仲みどり、鶴丸睦彦、長浜藤夫らが出演した。

『見知らぬ人』五幕（真船豊作並演出）を見てゾッとした。人間の醜い面が終始執拗に曝け出されてゐるばかりでなく、主人公が狐つきになる残酷な始末で終ってゐる。その人物の性格の追求の仕方が念入りであればあるほど、劇的構成や会話がうまければうまいほど、余計異常的で不気味になり、決して快よく楽しめない、作者は「これは喜劇である」と判《ママ》ってゐるが、かういふ劇は喜劇といふよりも寧ろ奇劇と呼びたい。出演俳優は銘々個性の強い演技力を陳列し、特に丸山定夫の鮫川忠助、高山徳右衛門の権内、鶴丸睦彦の鹿村良行、望月美恵子のお民等の異色が眼立つ、総じて性格の把握が明確でない。（中略）

『生れた土地』一幕（森本薫作、下田貞夫演出）は、放送劇用脚本のまゝ乱暴に舞台へ放り出されてゐる上に、俳優の浅い演技が寄り集まって、演劇神経の鈍さを露呈してゐた。『玄関風呂』四幕（尾崎一雄原作、八田尚之脚色、佐々木孝丸演出）は貧乏作家の家庭生活を描いたムーラン劇のスケッチ劇だが軽すぎる。偶然かも知れないが、今度は『見知らぬ人』が丸山の出し物、『生れた土地』が高山の出し物、『玄関風呂』が藤原の出し物といったやうに、苦楽座同人三人が夫々一本づつ出し合ってゐる。もし故意にさうしたのだったら自慰的なわるい道楽だ。折角これだけの顔触れが集まったのだから（四十男ばかりで青年がゐないのは寂しいが）お道楽視されないやうに、渋い演劇をジックリと見せて貰ひたい。

（伊「東京新聞」昭和十七年十二月十七日号。倉林誠一郎『新劇年代記・戦中編』より）

第二回公演は昭和十八年の六月三日から十八日まで邦楽座で開催された。倉林誠一郎の前掲書では初日が二日になっているが、次に引く『夢声戦争日記・三』の記述で分かるように、三日が初日だと考えられる。

六月一日（火曜）邦楽座、舞台稽古。アッツ島玉砕話で、稽古の合間もちきり。（中略）

こういう時に、喜劇の稽古などしているのは、よろしくないのではないか？

集客はひどく悪かった。

この夜は楽屋泊り。

二日（水曜）『夢の巣』舞台稽古。

丸山（定夫）君は、メーキャップすると、あの顔で少年らしくなるから妙。禿げ頭の老人に扮した私と、大喧嘩するのであるが、丸山君の意気の良さ、本当に喧嘩してるような気がしてくる。

クシャミというものは、中々むずかしいもの、どうしても自然に出るようなクシャミにならない。それから老人が、むせび泣いてから号泣するところ。これもうまく行かない。
三日（木曜）邦楽座初日。昼夜興行。昼八分の入り、夜六分の入り。夜の方が良いと予想していたが意外である。私の老人が、ニセ気絶で引っくり返ると、園井恵子嬢の下宿の娘が、かけつけて介抱するのだが、その熱演たいしたもの。芝居とは云え、一寸悪くない気もちだ。
火事騒ぎで、カマさん（藤原鶏太）の熱演、電蓄を背負うところで、ドスンとなって壊してしまう。
クシャミ、うまく行かない。（中略）
五日（土曜、晴、曇）山本（五十六）元帥の国葬で、今日は芝居お休み。
芸能文化連盟の席、芝西久保通にあるので、吾等一同邦楽座横に勢揃いして、四列縦隊となって行進、――至極だらしの無い行進ぶり、芸人諸君諸老としては、斯んなものか。（中略）
所で、この国葬のため苦楽座公演の四日目の土曜日という書入れがフイになり、私たち同人にとっては、経済的大打撃であるのである。

同人全員が顔を揃えたこの公演の出し物は『狸村会議』（八田尚之作・演出）、『文吾きたる』（亀屋原徳作、下田貞夫演出）、『夢の巣』（三好十郎作、里見弴脚色・演出）。

第一の八田尚之作『狸村会議』は、主人公の村長が登場するまでの前置きが長く、役場の若い職員と村会議員たちとの対立を描いた前半と、村長と村会議員との和解を描いた後半とに劇がはっきり二分され、平凡な村役場描写劇云ひ換れば苦楽座々員紹介劇に終っている、兎にも角にも、楽しめない村の人たちが多い
第二『文吾きたる』は故亀屋原徳の放送劇用脚本『従兄弟』の改題舞台化で、有閑を戒めたお説教劇としては奇智に富んだ作劇だが、結局丸山の話術の妙だけが印象に残る
『夢の巣』は三好十郎が、苦楽座のために書下した上演時間二時間半の『夢たち』を演出の里見弴が半分に縮めて改題したもの、一幕物で二時間半とは随分長いが、同じ縮めるにしても、半分にして作者の意図を無くしてしまふのは、前進座の『耕す人』以上の作家の悲劇だ

結局、場末の安宿の合部屋を背景にした三好のくどいくらゐ克明な人間描写は、変貌して単純な人情美談劇に堕し、高山、丸山、徳川、藤原等同人四人の夫々違つた剽軽な持味の陳列と、宝塚から飛びこんだ園井恵子の真摯な演劇道修業の態度だけがあとに残る

大道易者の嘘が初めから底を割つてゐる不手際や、安宿の女主人が高利貸から借た《ママ》金を二人の止宿人が貯金をはたいて返済したり、応召や満洲開拓地行きがあつたりして結末となる安易さに、余計底を浅くしてゐる（伊「東京新聞」昭和十八年六月九日号）

この公演は宣伝費天引きの劇場、大道具、小道具、衣装が松竹持ち、脚本料、演出料、出演料などを苦楽座が負担する松竹との歩興行だったが、結果は出演料を払えなかった。出演は同人のほか毛利菊枝、柳谷寛、石黒達也、薄田つま子、園井恵子、永田靖ら。劇評が亀屋原徳を故人としているのは、昭和十七年の三月に他界していたからである。また、「前進座の『耕す人』云々」は、同年の六月に、前進座が新橋演舞場での公演の出し物の一つに情報局の国民演劇脚本募集の第一回応募作で、情報局総裁賞を受賞した『耕す人』（秋月桂太郎作）を上演したものの、興行時間の関係で原作を半分にカットしたため、作意が消し飛んだことを指している。

第三回公演は昭和十九年一月二日から二十三日まで国民新劇場で催され、『永遠の天』（菊岡久利作、金子洋文演出）を上演した。原作は宮崎滔天の『三十三年の夢』で、徳川夢声の滔天、高山徳右衛門の宮崎弥蔵と桃中軒雲右衛門、五十嵐静江の雲右衛門夫人、石黒達也の陳白と内田良平、藤原鶏太の孫逸仙、遠藤巌の金玉均、多々良純の犬養毅、丸山定夫の泣男、園井恵子の芸者留香といったキャストで、孫逸仙こと孫文と滔天との人間的な交流を通して、中国と日本との関係を考えようとする菊岡の野心作だった。が、不評の上に極端な不入りで、欠損を負担しなければならない同人は頭を抱えた。千秋楽の翌々日から邦楽座に『無法松の一生』（岩下俊作作、森本薫脚色、八田尚之演出）を掛けたのは（一月二十五日〜二月七日）、このことと関係があったろう。公演は劇場の買いだった。

タイトルが変わっているものの、これは丸山定夫を加えて文学座が昭和十七年に初演した『富島松五郎伝』で、今回は映画撮影の関係から前半の一週間を丸山が、後半を高山徳右衛門が無法松こと松五郎を演じた。前述のように、『無法松の一生』という題は映画が先行し、これでは園井恵子は阪東妻三郎の無法松を相手に吉岡大尉夫人を演じていた。つまり、初演舞台と映画版の出演者が苦楽座に在籍していたことから、『永遠の天』の欠損を埋めるべく企画されたものだろう。

丸山の無法松、園井の吉岡大尉夫人というコンビの舞台は、思惑通り当たった。が、夢声の日記によれば、公演中に園井恵子が苦楽座脱退を申し出たことがあったらしく、次回公演が四月に予定されてもいたが、これらはともに流れた。四月の公演が見送られたのは、苦楽座の移動演劇態勢への移行と無関係ではなかったかも知れない。

## 桜隊結成

『夢声戦争日記・四』によれば、徳川夢声が苦楽座移動演劇団長の腕章を受け取ったのは昭和十九年二月十七日で、夢声以下、高山徳右衛門、藤原鶏太、遠藤巌、嵯峨善兵、水谷正夫、多々良純、園井恵子、薄田つま子、薄田ルミ子、仲みどり、池田よしゑ、島木つや子らで移動演劇を開始すべく、茨城県の勝田に着いたのは同月の二十二日だった。この旅で夢声は苦楽座創立以来はじめての、百円のギャラを受け取っていた。帰京は二十九日。以後、苦楽座の本公演はなくなり、『無法松の一生』による同人以下の一座での二回目の移動演劇が浜松からスタートしたのは、十一月十七日だった。巡演は十二月二十一日までつづき、静岡、岡崎、名古屋、豊橋、金沢、小松、福井、高岡、新湊、富山、岐阜、関、土岐津、岡山、倉敷、福山を巡り、最後に『無法松の一生』の舞台になった小倉に乗り込み、連続十二日間の公演を持った。苦楽座から苦楽座移動隊への編成替えは、この巡演に発つ前に丸山が発起したらしい。丸山を慕って苦楽座に入座した池田生《せい》二《じ》が、こう語っている。

この巡演に発つ前、丸山さんは移動演劇連盟事務局長の伊藤熹朔さんを訪ねて、苦楽座の移動演劇を作るから、準専属で仕事をさせてほしいと相談に行ったんです。伊藤さんは喜ばれた。丸山定夫、園井恵子、永田靖、などという有力メンバーが加わるんですから、園井恵子さんは宝塚歌劇団出で人気がありましたからね。

そこでさくら隊を結成することになるんですが、『獅子』（作三好十郎）を持って歩くことになって、この稽古に盛岡の繋《つなぎ》温泉へ行くことになりました。というのは園井さんが盛岡出身で、すすめてくださったのです。丸山さんは劇作家三好十郎を非常に尊敬していました。

おカネもあったのです。苦楽座がさくら隊になって再出発するというんで、徳川、藤原、薄田さんが、小倉での収益金から三千円を移動隊結成基金としてくださったんです。当時のカネですからたいしたカネです。（中略）

昭和一九年一二月三一日に上野を発ちまして、元旦に盛岡へ着きました。先に帰っていた園井さんが迎えてくださって、馬橇に乗って行きました。川っぷちに一軒ある湯治《とうじ》旅館でしてね、ひっそりとしてお客さんはほかにいないんです。われわれさくら隊の者ばかりですね。演出の八田元夫さんも行きましたから、十日間稽古をしました。湯につかってはゆっくりした気分になって、丸山さんも久しぶりにのんびりしていました。稽古は『獅子』と『虎の皮』(作八木隆一郎)でした。(新藤兼人『さくら隊散る』より)

池田の話では、苦楽座は前述の巡演を最後に解散したことになる。こうして苦楽座移動隊が結成されて、丸山以下、永田靖、槙村浩吉、池田生二、多々《たた》良純、水谷正夫、小谷三重三、高山象三(薄田研二の長男)、園井恵子、仲みどり、利根春江(当時)、島木つや子、八田元夫、土方浩平ら十七人が参加した。昭和二十年一月に日本移動演劇連盟に準専属劇団として加わり、同月二十四日から二月三日まで、『獅子』と『太平洋の防波堤』(八木隆一郎作、八田元夫演出)による神奈川県下の巡演公演を行った。

次いで同じ出し物による広島地方への巡演が決まり、二月二十日から三月二日まで移動演劇活動を展開、四月に帰京した。この間の三月に東京大空襲があり、四月一日には米軍が沖縄本島に上陸、五月二十四日から二十五日にかけても東京が大空襲されるというような情勢になって、日本移動演劇連盟は連盟所属の専属、準専属、加盟の各劇団を劇団ごと疎開常駐させることを決め、苦楽座移動隊改め桜隊は広島駐留になった。前回の広島公演の実績のほかに、丸山が俳優としてのスタートを切ったのが広島だという因縁もあった。

それまでの隊長の永田靖と多々良純が応召して丸山が隊長になり、事務長の槙村浩吉、田辺若男、水谷正夫、池田生二、高山象三、遠山静雄、園井恵子、仲みどり、島木つや子、羽原京子、森下彰子、それに槙村夫人の小室喜代と島木の母の笠絅子《りゅうけいこ》が衣装係兼世話係として加わって、一行十四人が広島市堀川町の日本移動演劇連盟の中国出張所兼寮に着いたのは、六月二十二日だった。

予定していた山口地方巡演は空襲のため中止になり、七月六日に『獅子』などによる島根、鳥取両県の移動演劇活動に出発、広島の宿舎に帰ったのが十六日だった。それまで空襲を免れていた広島も、それが今日か明日かという切迫した空気に満ちていた。そこで槙村が連盟本部から派遣されていた駐在員に早く疎開先を手配してくれと頼んだもののラチが明かず、次の巡演計画も空白だった。

七月下旬、槙村は家族の疎開先が空襲されたとの新聞記事を見て沼津へ発ち、つづいて田辺若男、遠山静雄、水谷正夫も仕事のメドが発たないと帰京した。それから間もなくの八月六日午前八時十五分、太平洋のテニアン島から飛び立ったエノラ・ゲイ号から、リトルボーイと呼ばれた原子爆弾が投下された。約四十秒後、原爆は細工町十九番地の島病院の真上で爆発した。桜隊員九人がいた寮は、そこから一キロ以内にあった。彼らは朝食を終えたばかりだった。

寮は爆風のためにたちまち倒壊、島木つや子、森下彰子、羽原京子、笠絅子は倒れた建物の下で焼かれ、後日白骨となって発見された。丸山は寮の下敷きになって一時気を失っていたが、正気を取り戻して逃げ出した。が、途中で再び気を失い、気がつくと鯛尾臨時収容所にいた。やがて東京から駆けつけた八田元夫と槙村浩吉に見つけ出され、宮島口の寺に移された。そこで二人の看護を受けつつ、非常な苦悶のうちに没した。公式な死亡届は八月十六日の午後十時半。四十五歳だった。

高山象三と園井恵子は庭に投げ出された後隣町の知人宅にたどり着き、そこで八日に上りの復旧一号列車が出るという話を耳にした。神戸に園井のファン一家がいたのでそこへ行こうと列車に乗り込み、六甲のその家へ落ち着いた。が、十日ごろから高山の体に異変が生じ、二十日に高山は二十一歳の生涯を閉じた。無傷だった園井も十七日ごろから極端な食欲不振と発熱に苦しみはじめ、二十一日に三十一歳の一生を終えた。仲みどりは臨時収容所に運ばれたものの八日にそこを抜け出して、上り復旧一号列車に乗って東京の自宅へ帰り着いた。一週間ほどいた間にかっての左翼劇場の仲間、水木洋子らにまた芝居をやりますからよろしく……といった文面の手紙を出した。が、水も飲めない食欲不振やひどい脱力感に襲われて、十六日に東大病院に入院した。三十六歳で死亡したのは二十四日で、死因は世界ではじめて名付けられた原子爆弾症だった。

なお、長期にわたる徳川夢声らの尽力で、東京・目黒区の天恩山五百羅漢寺の境内に、桜隊の原爆殉難碑が建てられたのは、昭和二十七年だった。

### 芸文座の創設

従来の東宝映画撮影所劇団部が伊藤基彦を主事に、新たに芸文座を創設したのは昭和十八（一九四三）年の十月はじめだった。東宝映画の俳優を中心にはするものの、一定の座員を持たず、作品ごとに出演者を集める一種のプロデュース体で、武者小路実篤、里見弴《とん》、久保田万太郎を顧問として、第一回公演を帝劇で開催したのは十月三十日から十一月七日までだった。出し物は『三笑』（武者小路実篤作、里見弴演出）で、滝沢修、草村公宣、汐見洋、青山杉作、清水将夫、花沢徳衛、北沢彪、轟《とどろき》夕起子、北林谷栄、三戸部スヱらの出演だった。中でも三年ぶりに舞台に立つ滝沢の「更生」が注目の的で、東京新聞の安藤鶴夫は「武者小路実篤作『三笑』五幕六場は、私を敬虔な心にしてくれた、静かな落着いた大人の世界に誘《いざ》なはれ、よい人間になりたくて仕方がなかった」と書きはじめた劇評で、舞台はむろん、滝沢修のこともまた「圧倒的に素晴しい」と褒めた（十一月二日号）。これに対して毎日新聞の劇評は作品に辛い点をつけたが、この毎日の劇評に共感しつつ安藤のそれに反発して、大井文雄はこう書いた。

確かにこの芝居は見る人をして、敬虔な感情を起こさしめ、よい人間になりたくてしようがないやうな意欲を湧きたゝせる面を持つてゐるとはいへる。しかし深く考へるとこれは実に皮肉な甘つたるい考へ方といはざるを得ない。少くとも筆者にはさう思はれてならないのである。三人の老芸術家がお互に敵愾心に燃えながら永遠に高い芸術に思ひをはせ、その息子達が海鷲となつて宿敵米英を撃滅しようとする国民的感情も十分共鳴出来るものではあるが、いかにもそれが現実から遊離してゐて作者のいきり立つた独りよがりとしか感ぜられないのである。作者の浮世の荒浪を少しも知らないお坊ちやんらしい観念性しか感ぜられないのである。卒直にいへばこの舞台に対しては（東京新聞の）安氏の如くに深い感動をおぼへもしなければ浄化敬虔された気持にも駆りたてられることなく、寧ろ反対に馬鹿〳〵しい気持ちにさへなるのである。

（毎日新聞の）久氏はこの点に関して次ぎのやうに述べてゐる。「三人の老芸術家が本当の仕事、立派な芸術と高言するものは、結局芸術至上主義的な物を指すのであつて、今日の意識を皮膚には感じながらも、魂ではとらへれ《（ママ）》てゐない。……総じて作者の思想も本質的には前進を認めることは出来ないのであつて、結果の如き馬鹿笑ひ、馬鹿躍りであらう。

筆者もまた久氏のこの言葉に同感する。（「劇評の混乱」『日本演劇』昭和十八年十二月号）

大井は『三笑』は「武者小路宗の人には批評を超越して無条件に有難がられ、さうでない人には寧ろ有難迷惑といはれさうなもの」だと述べ、評価の違いが「根本的に演劇のあり方に就いての相違混乱であるとすれば、それは許容する事の出来ない由々しい大事」だと結んだ。

第二回公演は昭和十九年の二月十八日から二十七日まで帝劇で持たれ、『頼山陽』（真山青果作、里見弴・巌谷三一演出）

が上演された。タイトルロールを滝沢修が演じたのをはじめ杉村春子、永田靖、清水将夫、木崎豊、進藤英太郎、北沢彪、若井喜和子、三戸部スェらの出演だった。

> 真山青果作『頼山陽』四幕六場は、紀綱の弛緩、士風の頽廃、風俗の爛熟した所謂濁る田沼時代に青春期を持った山陽が、封建の制度に反抗、金縛りになつた古い道徳の亡霊と戦つて、座敷牢の中に一切の拘束、愛着から離れて、日本の真髄を探求すべく日本外史の稿を起すに至る迄の若き日の山陽を描いたもので
> 志士たり史家たる山陽のこの仕事が恰度明治維新を創る先駆を為したやうに、これは青果作品一連の維新史劇へ繋がる愛国作品であり、作者独特の強い自我がこゝでは日本外史執筆といふ国家的な大事業に結ばれる主題に今日的な意義もあるが
> 父春水、母静子、妻と子、そして叔父杏坪、友豊州などに依つて、外側から山陽を描かうとした作劇に、どんな一節にも葛藤を配慮されてゐるとはいへ、之でもか〳〵式の執拗さが、反つて逆に平板にさへ感じられ、個性の強さが息苦しく、また脚色時代にあつた昭和六年の作とはいへ、青果史劇の中でも特に優れた作品とはいひ難い（中略）
> 滝沢の山陽、杉村の静子は寧ろ当然の成功で論ふ事もなく、永田の杏坪も決して悪くはないのだが、演技の足取りが常間で活け殺しの工夫が未熟である、若井喜和子の妹お十は背後に生活を持つた好演技でよくこの大役を仕了せ、清水将夫の春水にはなにより優れた風格があり、ために清水の登場する第四幕が白眉であつた（中略）
> 装置の遠山静雄は久振りの力作であつた（安「東京新聞」昭和十九年二月二十一日号）

文中「脚色時代にあつた」というのは、真山青果が亭々生《ていていせい》と名乗って主として新派の脚色ものを書いていたことを指すが、芸文座はこの二回の公演で終わった。

## 俳優座の創立

東京新聞が俳優座の結成を報じたのは、昭和十九年の一月三十日号だった。

> 新劇壊滅のあと思ひ〳〵の職場に散つた新劇人は多く映画界で活躍してゐるが、今度「苦楽座」「芸文座」と鼎立し

て老練演技者九人より成る「俳優座」が旗揚げすることゝなつた
同人は青山杉作、遠藤慎吾、東野英治郎、小沢栄太郎、東山千栄子、岸輝子、田村秋子、村瀬幸子、信千代（注＝赤木蘭子）の九人で遠藤、信を除いては、何れも築地小劇場初期の出身者である（注＝ここで言う築地小劇場とは小山内薫の関係していたそれだと思われるが、そうだとすれば東野と小沢も無関係）
最初大政翼賛会文化部の詩歌朗読研究会で度々顔を合わすうち劇団結成の話が持上り、九人の中遠藤、東野、小沢、信等が松竹大船の映画に出演してゐる関係から話が具体化したもので
「この九人ならば今までの劇団でもう懲り〳〵してゐる変な政治的野心や個人的名誉に煩はされず利己心を捨てゝ日本演劇の捨石になることが出来る」と見極めをつけた上で名乗りを挙げたものである
始めは技術の錬成場として地味な道を選び、演技の習練を中心として演出戯曲に対する研究を始め、四月末頃内輪の試演会を行ふ予定だが、公演は年二回、旗挙げ公演は早くも秋になる見込み
その他移動演劇への協力、素人演劇に関する研究、後進俳優の養成等が計画されてゐる、同人のうち田村秋子は友田恭助氏の戦死後、舞台を遠ざかつてゐたのでその返咲きは注目されるが、彼女は
「暇があつたら皆様と御一緒に勉強を始めないかと誘はれましたので、お仲間に加へて戴くことになりました、十年近くも舞台に出ませんのでまるきり自信がありません、何かひどく臆劫《ママ》な気持です」
と語つてゐる。

前述のように、大政翼賛会文化部の詩歌朗読研究会は、岸田國士が推進していた。だから俳優座の結成は岸田が遠くで種を蒔いていたことになる。岸輝子の回想では、東山、村瀬、遠藤とともに築地小劇場で詩の朗読会があった帰路、食事をした。その席で芝居の話に花が咲き、ふと獄中の千田是也からグループを作って芝居の稽古をしていろという指示があったのを思い出して、勉強しようよと声を掛けた。そこで青山、東山、村瀬、田村、遠藤らの仲良しメンバーが岸のアパートに集まって勉強をしていた。そのうち田村は疎開したが、遠藤の紹介で東野、小沢、信らも加わり、千田是也も出獄したので、本格的な稽古をする段取りになったという（「俳優座のおこり」『俳優座史』）。
同文によれば、「俳優座という名のいわれは、戦時下であり、自分たちのやりたい芝居を正面きってやれるという状勢ではなかったので、まず日のてるまでは一人一人が腕をみがくという、つつましい看板で、まず俳優だけで集まろうとい

う、単純な素朴な話し合いから俳優座と名づけた」という。が、いずれにしても、詩歌の朗読研究会が火付け役だった。ただし、前掲の新聞記事にも二月十日の創立に際しての挨拶状にも、千田是也の名は出てこない。新劇事件の被告として表立った活動が禁止されていたからだが、千田の参加は暗黙の了解だったので、千田を加えた十人で俳優座を創立したということになる。

予定より遅れて第一回の試演会が国民新劇場で持たれたのは、八月五、六の両日だった。『皇軍艦《みいくさぶね》』（佐古少尉作）、『金切君の受難』（飯沢匡作）、『日本の河童』（伊藤貞助作）、『波止場の風』（北條秀司作）、『祖国』（遠藤慎吾構成）という出し物で、演出はすべて俳優座演出部（実際は青山杉作と千田是也の演出）。土方正巳の観劇記。

> 俳優座の第一回試演会は、何れも移動演劇への試みとして五つの出し物が選択されてゐる。そのうちで最も成功したものは、笑劇と銘打つた伊藤貞助作『日本の河童』である。インチキ行者（青山杉作）に利用された河童が、散々悪行を重ねた末、村の純真な青年男女（小沢栄太郎と村瀬幸子）と村長（東野英治郎）に土性骨を叩き直されて翻然と目覚め、お国のため敵アメリカの潜水艦退治に太平洋目指して出発するといふ他愛のない筋。初めこの作品を脚本で読んだ時には、部分的に民話風な泥臭さを感じたが、上演されたものは、大人の童話として鮮かな色彩で仕上げられ、俳優座演出部のなかに凡庸ならざる造型感覚の持主がゐることを示した。（プログラムには演出・俳優座演出部とのみあつて個人の名前が出てゐなかつた）
>
> 近頃余りにしかつめらしく装つたものが多すぎる中で、これくらゐ傍若無人な芝居は、ちよつと類が少い。河童に扮した岸輝子が、「怪演」とより形容のしようのない思ひ切つた演技振りを発揮して一向にテレた気色なく、観客の胆を奪つたのは痛快だつた。（中略）
>
> 『波止場の風』（一幕四場）は、他の移動演劇団が既に何度か上演し、先頃ラジオでも古川緑波と榎本健一が放送したことがあり、特にこの劇団のために書卸されたものではない。まともな現代劇で、移動演劇を観に来るお客をたつぷり娯しませるには手頃な作品である。作者（北條秀司）は常套的な新派劇に堕すことを極力警戒しつゝ父娘の偶然な邂逅といふありふれた題材を扱つてゐる。塩加減一つでどうにでもなるこの作品をある高さにまで引上げたのは、何と言つても小沢（栄太郎）、東野（英治郎）、信（千代）三人の卓抜した演技力である。粗末な道具、不充分な効果にもかゝらは《マヽ》ず、彼等の的確な演技は、北鮮の侘しい旅館の夜更けから朝までの時の流れに二人の海員としての過去の経歴を見事に

浮び上らせて余すところがない。（中略）
飯沢匡作『金切君の受難』は仁輪加狂言といふ銘が打つてある。鈍重型の工員、一喜一憂型の女、逆上型の詩人と三つの型を打出して教訓的宣伝の役目を果さうといふ狙ひらしいが、作者の意図するところも分明せず、それを受取つた劇団にも、何か勘ちがひがあるやうに見受けられた。縫ぐるみの犬に口をきかせるだけの才覚があるのなら、何故三人三様のメーキヤツプと衣裳に、もつと大胆な試みをして形式を変へなかつたのであらう。仁輪加狂言といふからには、当意即妙の即興劇風な面白さと明快に割切れた主題が欲しいものである。
詩は移動演劇で活用すべき一つの武器である。『皇軍艦』は新作能そつくり、そのまゝ新しい形式に嵌め込んで詩劇としたもの。謡曲の古典的な調子が不思議に邪魔にならず、新しいシユピレツヒ・コールの型の創造に成功した。動きも工夫されて面白かつたが「一天俄かに鳴動して、雷光雷鳴虚空にとどろき」以後はげしい動きで全体を盛上げれば、より効果的だつたらう。
詩の朗読『祖国』は、塩野簡三の祖国讃歌を中心に、兵士の、母の、工員、農夫、砿夫《（ママ）》、女駅手の職場の歌を順々に朗読して、それ等を一貫した主題の上に構成しようと試みてゐる。今後難かしいことを覚悟で主体的な詩の朗読の研究を続けようといふのならば、基本的な発声法の勉強から始めて欲しい。細かな感情の陰翳の表出に腐心するより、声の鍛練による声量の方が先決問題だからである。（「俳優座の試演会を観て」『日本演劇』昭和十九年九月号）
観客はすべて招待で、制作費は東野英治郎と東山千栄子が五百円ずつ出した。
九月二十一日から週三回、三か月の俳優養成講習会を開いた。講師は青山杉作、千田是也の一番上の兄の伊藤道郎《みちお》、その下の兄の伊藤熹朔、遠藤慎吾、山田肇らで、青山にあった伊藤道郎主宰の大東亜舞台芸術研究所のスタジオを会場とした。芸術小劇場以来の村瀬幸子が同人になった関連でこの講習会という名目での生徒募集に応じた中村美代子の話によれば、中村のほかに矢代静一、佐野浅夫、三木のり平、中村俊一、加藤道子、七尾令子ら三十余人が集まったという。のちの喜劇俳優三木のり平は本名を田沼則子という。「則子」は「ただし」と読むのだが、役所でもてっきり女性だと判断して、田沼則子には赤紙が来なかった。佐野は一日しか在籍しなかった。翌日に赤紙が来たからである。
この講習会を終了した十人余の研究生を中心に、移動演劇団の芙蓉隊が創設されたのは昭和二十年の二月だった。「芙蓉」とは富士山の美称で、芙蓉隊誕生と前後して、座員は静岡県の御殿場に集団疎開した。御殿場の東山に芸名の由来になった東山千栄子の別荘があり、青山の家もそこにあったのが御殿場が選ばれた理由である。中村俊一、成瀬昌彦、白浜研一郎、中村美代子、川上夏代、桑原澄江、三戸部スヱら芙蓉隊のメンバーも御殿場に来て、農家で合宿生活した。その一人劇作家の矢代静一は、当時をこう回想している。

　昭和十九年にぼくは早稲田の第二高等学院というのに入ったんですよ。ぼくは一高に行こうと思ってたんだけど、あの当時は普通数え年で二十一で兵隊に行くはずだったの、それが戦争が負けそうになったら二十歳で兵隊に取られる、十九で兵隊に取られるっていうふうにどんどんなってきたのよ。それでぼくは昭和十九年に満十七だったんだけど、これであと中学に一年いて卒業したとたんに兵隊に取られちゃうんじゃつまんないと思って、あのころ四年終了《（ママ）》で受験できたから四年でいちばん遊べるとこはどこかなと思ったら、早稲田があのころ文学青年の巣でしょう、だから早稲田受けて入って、すぐ休学届出して、それで俳優座の研究生になったの。ちょうど十九年に俳優座ができたときでね。

　そしたら千田是也先生が「君は芝居を書いたり演出したいそうだが、役者をやらなきゃだめだよ」て。よく考えてみたらさ、男の役者はみんな兵隊に取られているからいないわけだよ。それが「みんな手をかせ、芋がいく」という（注＝『芋が往く』）（笑）。食料増産の劇で、栗原小巻のおとうさんの栗原《（ママ）》一登の書いたもので、「主役だぞ、矢代」っていうから、「千田先生、どうもありがとうございます」と。台本が届いて見たらね、リアリズムなんですね、農村演劇で。で、芋なんだよ、ぼくは（笑）。（中略）

　目と鼻と口だけしかあいてないぬいぐるみの芋の格好で上手から下手へただ走るだけなんだよ。（中略）

　そしたらさすがに千田さんも、ちょっと矢代がかわいそうだなと思ったのか、「こんどは、いい役つけてやる」といって、菊地《（ママ）》寛の『父帰る』の新二郎って次男の役をもらったの。おとうさんが東野英治郎でおかあさんが岸輝子、長男が永井智雄、姉さんが中村美代子で、これが移動演劇隊っていうけど、どさ回りですよ、ずっと牛車に揺られてね、バスも汽車もなくなるころだからね。それを小学校の校庭の仮設舞台なんかで一所懸命やってたら、ある日東野さんが「ちょっと来い」ていうんで、「なんですか」ていったら、「おまえは自意識が強すぎるからとても役者にはなれない。やめて早く本でも何でも書け」と。それでも戦争が終わるまで一年ぐらい、どさ回りやったね。（矢代静一作『絵姿女房』『弥々』プログラム座談会　平成五年五月地人会公演より）

芙蓉隊の隊長は遠藤慎吾、日本移動演劇連盟の準専属劇団になり、メンバーは連盟から月給をもらって主として関東地方の農村を回った。中村俊一と成瀬昌彦はやがて出征した。そして八月十五日。移動中の芙蓉隊は高崎にいた。

敗戦を知ったのは高崎駅だった。着いたばかりの列車から人々が飛降りて駅の構内へ走っていく。車掌と運転士も口々に戦争は負けた。戦争は終ったと叫びながらプラットホームを走っている。列車は何時に出発するのかと車掌にきいても、いつのことかわからないという。

汽車は煙をはいたまま立往生している。その晩、旅館のラジオの前で玉音放送をきいた。まったく拍子抜けした気持だった。（東野英治郎『じゃが芋の皮のむけるまで』）

千田是也は御殿場にいた。が、家にラジオがなかったので玉音放送は聞かなかったが、ラジオ番組に出ていた東山千栄子から近々天皇の放送があると聞かされていた。

徳川夢声の日記から。

十四日（火曜　曇）

（中略）

放送局文芸部を訪ねる。ここでも原子爆弾の話だ。今夜は防護団全員当直の命令が出ていると言う。

やがて、副部長がいつもと至極違った表情で現れて、

「今夜、六時からの演芸は中止」

と、言う。はて？

部長は蒼ざめきった顔色で現れた。二人とも今まで重大会議に列席していたのであろう。

これまで観察すれば、もう長居は無用、私は外へ出た。

新橋駅へ行く途中で、情報局の御役人に会った。背の高い、肥った美丈夫だった彼が、爺さんの如くに痩せて、力なく歩いていた。

「あなたにも大活躍をして貰おうと思って、素敵な計画があったんですが、だめになって了いました」

と溜息と共に彼は言う。本当は未だ役所にいなければならないのだが、同役が皆放送局へ行って了ったあと、一人でいるのは、寂しくてやりきれなくなり、これから鎌倉へ帰るところだ、と言う。

（頭山）秀三氏との会見、放送局打診、情報局役人の態度、これらから判断して、日本は降伏と確定したこと、今夜の放送で何等かのそれに関する発表があることを予想した。（中略）

果せるかな、夜九時の報道劈頭に、明日正午重大発表がある旨放送された。（後略）

十五日（水曜　晴　暑）

（中略）

八時三十二分、一旦、警報は解除されたが、再びブザーが鳴り出した。

……霞ケ浦ニアリシ敵二機ハ、目下鹿島灘ニアリ（以上十一時四十分）

正午までは、あますところ僅かに二十分なのに、まだこんな放送が行われている。もしかしたら、とっくに談判は決裂しているのではないか？

その時、陽は輝いたり曇ったり、なんとなく物々しい気配である。油蟬が、ジジジと何か呟いている。

……東部防衛司令部、横須賀鎮守府司令部発表。1、敵艦上機二百五十機ハ三波ニ分レ二時間ニ亘リ、主トシテ飛行場、一部交通機関、市街地ニ対シ攻撃ヲ加ヱタリ。2、十一時迄ニ判明セル戦果、撃墜九機、撃破二機ナリ（以上十一時五十五分）

あと五分しかないのにこの始末だ。一体どうなってるんだろう。（中略）

コーン……正午である。

――コレヨリ畏クモ天皇陛下ノ御放送デアリマス、謹シンデ拝シマスルヨウ

――起立ッ！

号令が放送されたので、私たちは其場で、畳の上に直立不動となる。

続いて「君が代」の奏楽が流れ出す。（中略）

曲は終る。愈々、固唾をのむ。

〇

玉音が聴え始めた。

その第御一声を耳にした時の、肉体的感動。全身の細胞ことごとく震えた。（中略）

何という清らかな御声であるか。

有難さが毛筋の果てまで滲み透る。

再び「君が代」である。

足元の畳に、大きな音をたてて、私の涙が落ちて行った。

私など或る意味に於て、最も不逞なる国民の一人である。その私にして斯くの如し。（中略）

これで好かったのである。日本民族は近世において、勝つことしか知らなかった。近代兵器による戦争で、日本人は初めてハッキリ敗けたということを覚らされた。勝つこともある。敗けることもある。両方を知らない民族はまだ青い青い。やつと一人前になったと考えよう。

とは言え、今日の私は、言いようもない悲しみが、密雲の如く閉じている感じだ。

吾家の庭を見ても、今迄の庭とはまるで違って見える。今年の百日紅が、ちっとも花をもたないということまで改めて寂しく眺めるのであった。（『夢声戦争日記・七』）

# 第二十三章　移動演劇

## 農山漁村文化協会の設立

移動演劇の構想は昭和十四（一九三九）年三月の段階で内務省警保局にすでにあったが、これと並行して産業組合中央会、帝国農会など十九の団体と、農林省、拓務省、厚生省が主体になって、農山漁村に文化の息吹を伝えることを目的にした協会設立の動きがあり、有馬頼寧らの発起で農山漁村文化協会が設立されたのが同年の十二月だった。この協会の事業として従来の講習会や講演会や新聞雑誌などの発行のほかに、映画、ラジオ、レコード、農村劇などの娯楽面も担当することが加えられ、村芝居の指導・浄化を主旨に農村演劇隊が結成されて、山形市近郊の農村で村芝居の代表者五十人を集め、はじめての演劇講習を行ったのが同十五年の八月だった。講師は農山漁村文化協会の坂井二朗や新協劇団演出部の天野晃三郎らの四人。が、天野は講習会終了直後に所属劇団が解散させられる羽目に会う。新劇事件だ。

そして九月には移動演劇団の走りになる宝塚音楽奉仕隊が結成された。

同月二十七日に歌劇団の雪組から選ばれた初音《はつね》麗子、糸井しだれら二十人によって結成された宝塚音楽奉仕隊は同日ただちに活動を開始、川崎のマツダ工場で音楽と舞踊を指導した。次いで十月十一日に十人を一班とする花組の三浦時子らが、東京・大手町の市民体操場で丸の内のサラリーマン相手に歌を指導という具合に活動をつづけ、以後、宝塚音楽奉仕隊は宝塚唱歌隊から宝塚歌劇移動隊と改称・発展し、やがて日本移動演劇連盟に参加した。

これと同時に、株式会社東京宝塚劇場の社内に於て、本格的の移動演劇隊を組織して、農村・漁村・工場等の娯楽並びに文化施設の比較的不備な個所に出動し、演劇・演芸・音楽・舞踊を通じて、国民文化の昂揚をはかり、大東亜建設の精神の涵養並びに国民的娯楽の供給をなし、国民厚生運動の一翼たらんとする熱烈な要望が起り、幾度かの協議の後、遂に東宝移動文化隊は誕生したのである。

そして厚生省、文部省、内務省、情報局、産業組合、帝国農会、産業報国会、勤労者演劇研究会、精神本部等と緊密なる連絡の下に、その指導をうけ、自動的に並びに受動的に随時活動するといふ方針を定め、一方、数度の座談会を開き、具体的な移動隊の編成と活動準備に入った。

東宝移動文化隊といふ名称は、株式会社東京宝塚劇場傘下にある、東宝劇団、東宝舞踊隊、東宝古川緑波一座、東宝名人会、東宝榎本健一一座、宝塚少女歌劇団が、それ〴〵臨時移動活動をなす場合に概括的に用ひることを建前とし、移動演劇の内容を豊富にするといふ意図を示してゐる。（松原英次「東宝移動文化隊の記録」『移動演劇運動とその反響』収載）

東宝移動文化隊の初登場は十月十九日の日比谷公会堂での東京市主催の「市民健全慰安劇と映画の夕」で『田植唄』（武井一男作、松原英次演出）を上演したことで、高橋豊子（のちとよ）、一の宮敦子、石黒達也、長浜藤夫、加藤嘉《よし》らが出演した。『田植唄』は素人演劇普及のために日本文化中央連盟が懸賞募集した当選作。以後の活動は引率者だった松原英次の前掲文に譲る。

農村への移動公演の経費は農村負担額を百五十円から二百円程度と想定し、公演料五十円、往復の交通費と宿泊費を主催地の負担とするのが原則だったが、十一月になると移動演劇の火が燃え盛った。「進軍する移動演劇」という見出しの都新聞の記事を再録する。

健全なる娯楽を勤労大衆へ送らうといふ声に応じて立上つた移動演劇運動は各所に展開され十五日夜から十六日にかけて、三つの移動劇団が出動、新しい方向へのスタートを切つた、十五日夜は井上正夫の演劇道場の人々が共立講堂で催され、拓務省後援「三越更生演劇の夕」に、東宝国民演劇団が産組中央会館講堂の「産組中央会設立三十周年記念の夕」に出演、十六日は松竹国民移動団が日比谷大音楽堂で開かれた東京市の「市民勤労慰安の会」の野外劇に初出演して、それ〴〵素晴しい成果をおさめ愈々この移動運動の責任を重からしめた

なほこれら移動演劇の今後のスケジユールは、井上演劇道場は十六、七日の両日昼夜二回、海仁会横須賀集会所及び廿一日共立講堂に於て愛国婦人会主催「勤労者慰安の会」に出かけ、松竹国民移動劇団は廿三日軍人会館に産報全国結成大会に出演する他東宝国民演劇団は十九日滝野川区民慰安会を済ませた後農村へ出発するなど、多くの予約があるが、

他に井上演劇道場の指導を受けた栗原紡績アマチュア劇団は廿日軍人会館に、事故に依り歿した「工場勤労者慰安の会」に大島万世作『故郷』を以て出場するなど移動演劇は愈々活発な運動を続ける事となつた（「都新聞」昭和十五年十一月十七日号）

ここに出てくる東宝国民演劇団は東宝移動文化隊と同一だが、東宝につづいて松竹が創設した松竹国民移動劇団の活動の様子を、同じ記事から再録しておく。

松竹国民移動劇団は十六日午後一時ゆるい秋の陽を一杯に浴びた日比谷大音楽堂に於ける東京市主催「市民勤労慰安の会」で、颯爽たる旗挙げを行つた
気を揃へて全員国防服を着た溌剌たる青年俳優が、古い歌舞伎の殻から脱皮して、新しき演劇への出発に、身も心も溢れるやうな明るい喜びと希望に元気一杯だ、午前十時から早くも入場券売場の前に四五十人が集まつて、さしもの大会場も八分の入り
上泉秀信作、程島武夫演出の『雷雨』と真山青果作、村崎敏郎演出の『楠公桜井駅』が、伊藤熹朔の折衷式装置の協力を得て、野外劇らしい簡素さで見事な舞台を見せた
この劇団らしいのは費用が明かに公表されてゐる点で、舞台装置、衣裳、小道具、効果その他一切を含んで、東京近郊で一日或は短期間の場合は一日当り最高約二百五十円、十日間の場合は約二千円、一ケ月約四千八百円といふ計上だが、交通費宿泊費はこの他である（同前）

松竹国民移動劇団は十一月一日に結成された。潮崎佐一と倉光俊夫の劇団責任者、広瀬和夫の劇団専務、市川団八、市川女太郎、石橋寅雄、沢村紀久三郎、中村竹弥、松本武蔵、坂東慶昇、渚はるみ、枝村作子、杉馨子、山崎槙子らのメンバーで、やや遅れて程島武夫が演出技術の嘱託として加わった。
松竹国民移動劇団の最初の大きな仕事は中国大陸の「皇軍慰問」で、潮崎佐一を団長とする一班と、石橋寅雄を団長とする二班、男十二人女五人、竹本一人の計二十二人で、昭和十六年一月十二日に東京駅を発った。第一班の出し物は『水泥棒』（真船豊作、程島武夫演出）、『仮名手本忠臣蔵』の五、六段目、レコード舞踊の『藤娘』や『越後獅子』など、第二

班は『修禅寺物語』（岡本綺堂作、村崎敏郎演出）や『断髪女中』（獅子文六原作、伊田和一演出）、レコード舞踊などだった。第一班は蘇州、杭州、上海などを、第二班は漢口、武昌、九江などを回り、長崎港に帰着したのは三月十七日だった。

こうして移動演劇が盛んになるにつれて、情報局が指導と取り締まりに乗り出した。

工場、鉱山、農山漁村等に於ける生産戦士の生活に密接な関係のある移動演劇団や素人演劇の取締方針樹立の為め情報局では十七日午後同局会議室で飯塚友一郎、田郷虎雄、大島万世、柳田国男氏の作家をはじめ産組、産報、青少年団協調会、大政翼賛会、内務省文部省等の各関係者を集めて移動演劇素人演劇協議会を開催したが

▼素人演劇や移動演劇団の上演は生産能力を阻害する場合が少なくないからこの注意が必要である

▼これ等演劇の上演は慰安のみを目的とせず吾国古来からの精神たる「集ひの精神」で行はるべきである

▼素人演劇の上演は移動演劇団の出て行はれる傾向があるがこれは排除する必要がある

等極めて有益な意見が提出されたので情報局ではこれ等を今後の移動演劇や素人演劇の指導方針に反映させると共に今後更にこの種の協議会を開催し具体策樹立に努めることになつた。（「都新聞」昭和十六年三月二十日号）

以後、日本移動演劇連盟創設への布石が着々と打たれ、六月に連盟が発足した。

## 日本移動演劇連盟の誕生

日本移動演劇連盟は情報局が大政翼賛会文化部、内務、文部、陸海軍、厚生、農林などの関係各省と協力し、従来の興行会社、産業報国会、産業組合など各団体が個別的に各地に派遣していた移動演劇隊は内容の指導も配給方法も統一を欠くとして、各団体を統合して内容の指導と配給の一元化を図るべく設置されたもので、委員長に岸田國士大政翼賛会文化部長が、事務局長に舞台美術家の伊藤熹朔が就任、参加団体は劇団側から松竹国民移動演劇隊三班、東宝移動文化隊一班、新興演芸部一班、吉本興業の近代劇場一班、関西松竹一班の七班で、産業報国会、産業組合中央会、大日本青少年団の三団体を通じて派遣されることになった。近代劇場とは大正十四（一九二五）年に金平軍之助らによって旗揚げされた劇団で、このころは吉本興業の準専属になっていた。吉本興業はこれを核に吉本移動演劇隊を結成する。

六月九日に大政翼賛会大会議室で日本移動演劇連盟は発会式を行った。連盟は調査、配給、教育、製作、宣伝出版、庶

務、会計の七部門で構成され、事務局は結成を強力にバックアップした東京日日新聞社に置かれ、関西支部は大阪毎日新聞社内に設けられた（両社は昭和十八年一月一日に題号を毎日新聞に統一）。また、連盟は「皇国民トシテノ自覚ト矜持ヲ以テ行動スヘシ」など五項目の「移動演劇訓」を持っていた。これを踏まえて伊藤熹朔は移動演劇のあり方をこう書いている。

……移動演劇運動は単なる演劇運動ではなく、広汎な使命を帯びた国民文化運動であることを、先ず最初にハッキリして置かなければなりません。もちろん、演劇運動を中心として活躍するものではありますが、それのみに終始する訳ではない。これには大体三つの目標が考へられます。健全娯楽の普及、国民的信念の昂揚、国民文化の樹立、この三者を目指して移動演劇は展開されるべきであります。（『移動演劇十講』）

移動演劇は娯楽のための演劇をある所へ持って行く、というだけではなかった。次の引用は金平軍之助を隊長とした吉本移動演劇隊のケースだが、どの移動演劇隊も同様だったと思われる。


出発に先きだち、（昭和十六年の）六月末日から今月初めにかけて、東日青年学校講堂で連日に亘り、学科と演技、両面の指導を受け、殊に炎天下では団体訓練も受けた。

「とに角、みなさんが、二人以上で道を歩く時は、必ず足を揃へて下さい。唯それだけでいいのです」

この言葉を、私は今もつて忘れない。不思議に強く深く心に響いてゐるのである。私達が新らしく《(ママ)》はじめるこの運動は、舞台から客を歓ばせることよりも、感心させる名演技よりも、まづ、二人で道を歩いたならば、その脚を揃へる。その単純、素朴な日常茶飯の一事からたくましく芽ばえる。まづ、足並を揃へる精神からだと。

午後二時卅五分、国民服の揃ひに身を固めた私達は曇り陽さす「新潟」駅に着いた。

「気をつけッ、お出迎への方に対し敬礼。頭《かしら》中ッ！」

軍隊生活を一度も経験したことのない自分だけれど、習つたまゝを、人混みのプラットホームが「初日の舞台」だと思ひきりどなる。と、いさゝか自分の大きな声にカーッとなつたやうなあがり気味。本当は少し恥しかつた。素顔でなければなんでもないのだけれど。

「早速ですが、幹部の方の宿は、こちらで、普通の役者さんは……」

「一寸、待つて下さい。私達の一行には差別待遇は困るんです」

出迎への方と最初に交はした問答。

整然と隊列をとゝのへ、宿まで徒歩十町、小憩。三時半に宿を出て、今日第一夜の会場である金比羅通りの「第一劇場」といふ小屋で、四時に荷ほどき開始。

六尺に三尺の張りもの六枚を一組にした大道具を五組。衣裳、かつら、小道具、幕、電気照明器具など入れた六つの荷物。計十一個を十三人が、いつでも開幕出来るまでに準備を終つたのが、正に五時廿分。

自分として一番気になつてゐたことが、一時間廿分で出来る。

こゝは新潟市でも場末らしく、おまけに小雨で、何んとなく心細い。

一度宿に帰り食事、楽屋入り六時。

所で、自分達はこんなにもはりきつてゐるのに客の入りが思はしくない。おまけに、期待してゐた産業戦士の姿がない。不安の裡に、やつと七時近く開幕。

「いよう、色男つ、早くやつてくれ」

とたんに、この弥次である。これが、あんなにも期待したこの仕事の最初の客の声なのである。女、子供、年寄りが多く、たまに男を探せばかぶりつきに寝てゐたり、中には二合瓶を持つたのもゐる。しかも入りは二百五十位。

みんなの蒼ざめた顔の心の、気配がずんと隊員間に感じられる。

「開会に先き立ち、国民儀礼を致しますから、皆さんも御起立下さい」と、主催者の声。

「フーン」ざわ〳〵、ざわと客の意外らしい騒音。

「宮城方向に向つて戴きます」

すると「何んだこれは東京から余興が来たんぢやないらしいぞ」といふ気配が客席に明らかに感じられて来た。

期せずして、我々の間には、こんな客にこそといふ反動的な緊張心が起つて来た。それでそれからの三時間半といふもの夢中で演り、汗ぐつしよりになつた。

「国民儀礼」で、びつくり、とたんに緊張した人達に菊田一夫氏作『カナリヤ軒』で、相当以上に笑はせ、「漫才」で更に親しませ、最後の棟田博氏作『短髪器』七景で微笑ませ、泣かせ、閉会につぐ「聖寿万歳」奉唱の時は、まつたく見違えるやうな場内風景になつてしまつた。僅か四時間足らずで、自分達は外科医でもないのに、人間の型がこんなにも変はれるものなのだらうか。入りも四百になる。「御苦労さーん」「ありがたう」をいふ別人のやうな、しかも真実こもつた帰る客の声である。実演の力を今更ら痛感する。（金平軍之助「移動演劇巡演記」『移動演劇運動とその反響』収載）

隊員は団体訓練を受けた後、国民服を基にした制服にゲートル、リュックサックという姿で「出動」した。

団体に限られた主催者の、連盟を通しての申し込みで移動演劇隊が出動したが、公演費、会場費、食費、宿泊費は主催者の、旅費、荷物運搬費は移動演劇連盟の、舞台用諸費と人件費は劇団の負担、入場料は無料だった。全額ではなかったにせよ、また、連盟を通しての間接だったにしろ、国策に添うという枠の中で国家からはじめて演劇に対して助成金が出たわけで、こういう例は戦前は十五年戦争中だけのことだった。

さて、八月には文学座も移動演劇を開始し、九月には連盟の専属劇団とするのを想定して移動演劇団、くろがね隊が結成された（昭和十七年四月に正式に連盟の専属劇団になった）。久保春二、鳥居正、寄山弘、長浜藤夫、清洲すみ子、原芳子、佐々木踏絵らのメンバーで、十月に情報局の委嘱作品『狸』（真船豊作）や宣誓劇『増産へ！』などを持って北海道へ出発した。

昭和十七年になると一月九日から十五日まで、連盟主催の移動演劇総合公演が国民新劇場で開催された。情報局賞を受けた『灯消えず』（松崎博臣作、金子洋文演出）と幻灯報告の『移動演劇とは』（市川女太郎と清水元の解説）、宣誓劇『大東亜戦争』、籠寅《かごとら》移動演芸団の軽演芸『世紀の進発』が毎回上演されたほかに、吉本移動演劇隊や松竹国民移動劇団第一班、同第二班、東宝移動文化隊などが日替わりで出し物を並べた。

そして二月には農山漁村文化協会の所属劇団として瑞穂劇団が結成され、同月二十一日に産業組合会館講堂で結成披露公演として『由仁村駐在所』（中江良夫作・演出）が上演され、宇野重吉、信欣三、田辺若男、北林谷栄、田所千鶴子、中村美穂らが出演した。新協劇団当時の宇野や信らの後援会の会員だった倉林誠一郎（戦後に俳優座劇場の代表兼制作者）は、瑞穂劇団の結成とともに農山漁村文化協会の職員になり、瑞穂劇団を担当した。

日本移動演劇連盟が発足して丸一年になる六月二十日から三十日まで、瑞穂劇団の第一回公演として『左義長《とんど》まつり』（知切光歳作、久保田万太郎演出）が国民新劇場で上演された。文学座の座付作者だった森本薫の劇評。

この劇団が故意か偶然かしらぬが解散した新協の中堅どころを集めて、割合にイキの合ったところで真直な熱情と相当な技倆を発揮してゐるところは、近頃続出の羊頭狗肉劇団とは雲泥の差で、宇野重吉の己れを生かした余韻のある演技と、ゲテ物ながら北林谷栄の鬼面人を驚かすていの芝居は一見に値する。たゞし皆がこれでゆくなら演技の正道は地を払ふだらう。(「東京朝日新聞」昭和十七年六月二十七日号。倉林誠一郎『新劇年代記・戦中編』より)

瑞穂劇団が強制解散させられた新協劇団の中堅を集めて結成されたことは注目される。解散させられた劇団の、しかも検挙された宇野や信らが出演し得たのは、岸田國士が移動演劇連盟の委員長だったからだと思われる。

連盟発足一周年の時点で移動演劇団は瑞穂劇団、松竹関西移動劇団、松竹国民移動劇団第一班と第二班、宝塚歌劇移動隊、吉本関西移動劇団、吉本移動演劇隊、新興移動演芸隊、籠寅移動演芸隊、東宝移動文化隊と専属のくろがね隊があり、他に新生新派、藤蔭会舞踊奉仕隊、文学座、本流新派、前進座、関西歌舞伎俳優協会、市村羽左衛門一座、市川猿之助一座、大谷友右衛門一座、井上演劇道場、新鋭劇団、千草会舞踊奉仕隊、文化座、芸術座(水谷八重子一座)、松竹国民座などが移動演劇に臨時参加し、約一年で全体として千七百一回の公演を行い、百四十一万人余の観客を動員した。この時期に全国各地で盛んになった素人演劇が、戦後すぐの自立演劇運動、職場演劇を開花させる下地にもなった。

瑞穂劇団は秋に二回目の東京公演を行うべく真船豊の『田園』を候補作として作者との交渉に臨んだが、真船が許可を与えなかった。交渉を担当したのは演出部の天野晃三郎で、その不調を伝えるべく香川県下を巡演中の劇団の後を追って西下、その帰路の車中で病気があらたまり、十一月四日に東京の自宅で没した。『田園』不許可で秋の公演は流れたが、その話を聞いた真船が瑞穂劇団に新作の『北斗星』を提供し、これが翌昭和十八年の一月六日から十四日まで、国民新劇場で上演された。

前後二回の満洲訪問に依る真船豊の所産、情報局委嘱『北斗星』三幕は、従来の真船作品にみられた特異な人間探究に反して、極めて素朴な感動に充たされ、こゝでは人間の醜悪な面が微塵もなく、よき人々の生きる事の感動が寧ろ単調な程執拗に語られてゐる、私は真船豊をしてもつとほかの満洲を語つて貰へる事を期待してゐたので、作品の出来不出来は別にして意外な感さへあつた

そしてこれは脚本自体に対する意外であつたが作者自身の演出に依る瑞穂劇団の所演をみて、もう一つ意外であつた事は脚本の蔭にひそめられた音が鮮やかに鳴り響き、作者自身の演出の場合屢々陥いる欠点がなく、見事な和音を奏し

た事である

演技のこまかさは近頃稀にみる優れたもので、宇野重吉の若い団長生野と北林谷栄のその妻清子など、すつかり北満の開拓村で生活し切つてゐる、特に清子が団員の花嫁として渡つてきた光子に語る第三幕の一節は、北林と共に三戸部スヱの花嫁が素晴らしい実感を以て愛情と感動に満ち充ちたよき演技をみせた

この幕切れ近くに屋台を上手へ引いて、舞台一面の星空と地平線をみせ、闇の中での夫婦の会話も静かな中に生きる事の強く大きな感動が惻々として迫つた

台詞の起伏よりも、こまかな心の動きに克明な演出があつて、丹念な稽古の効果が観取《ママ》される。伊藤熹朔の装置も小細工がなく、よき人々の登場するこの劇にふさはしい愛情があつた（安「東京新聞」昭和十八年十月十日号）

絶賛の演出は実は千田是也の覆面演出、天野の追悼として祝祭劇『吾等勝てり』（天野晃三郎演出）が併演された。前出のほかに信欣三、草村公宣、川瀬杏助、浜田寅彦、木村鈴吉らの出演だった。

## 日本移動演劇連盟の社団法人化

連盟が社団法人として再出発することになり、設立総会を大東亜会館で開いたのは昭和十八（一九四三）年の一月だった。会長に東京商工会議所会頭の藤山愛一郎が就任、理事長に星野靖之助、常務理事に上泉秀信と伊藤熹朔が就き、岸田國士も理事の一人として、大谷竹次郎や渋沢秀雄らとともに名を連ねた。基本金が二十七万円で、うち最高の五万円を産業報国会、松竹、東宝、毎日新聞社などが出した。

態勢が全体に強化され、ますます重い任務を負わされた移動演劇の行方に一つの影を投げかけたのは、瑞穂劇団の分裂だった。

農山漁村文化協会所属「瑞穂劇団」の指導者宇野重吉と信欣三は新協劇団時代から共に手を携へて移動演劇運動に入つた仲だが地方の移動活動と都会の劇場公演について意見の相違を来たし、それに感情問題が絡まつたゝめ遂に爆発宇野重吉は北林谷栄、中村美穂、草村晶英、岩清水幸代、三戸部スヱ等八名を引連れて脱退するに至つた

移動演劇連盟と農山漁村文化協会では、問題の解決に乗出した結果、瑞穂劇団は残留組の信欣三、川瀬杏助、三好久

子等を中心に徹底的な改組を行ひ、脱退組の宇野重吉等八名は移動演劇連盟が身柄を引取って将来専属にすることゝなつてゐるが、それまで暫く休養する予定である（「東京新聞」昭和十八年五月十一日号）

六月三日に日本移動演劇連盟関西支部が発会式を行い、同月二十日から二十九日まで、邦楽座で移動演劇東京特別公演が開催され、連盟の専属劇団と松竹国民移動劇団の出演に加え、伊藤熹朔の計らいで宇野や北林らの瑞穂劇団からの脱退者もこれに特別参加した。岸田國士の『かへらじと』の上演がこの時である。

久藤達郎氏作『たらちね海』四幕六場は、海に夫を奪はれた寡婦の頑強な制止にも拘らず、その子は執拗に海に憧れる——海を憧憬する脚本は古今東西に甚だ多いが、この作品は海を憧憬するなどといふ生易しいものではなく、我々が父親を信ずるやうに海を信ずる逞しい精神が全篇を貫き、その子一郎にとつて海はまた父の如く厳しく深い愛情に充ちてゐる

かうした作者の海に対する強い信念が、我々が海に対して持つ今日のさまざまな感動と結びつき、かういふ人達と生活をしたいやうな、よき登場人物のみに依つて、素朴で美しい抒情の中に我々を包んでくれる

この作品はト書にさへ「しいゝり泣く」だの「うろたいて」などといふ作者の人柄を思はせる仮名遣ひが、自ら流露してゐるといふ微笑ましい方言劇で、第三幕の沖に出た小船からの後半に作劇の難はあるが、演出（里見弴）はよくこのト書的な雰囲気をとらへて呼吸してゐる

俳優では東宝にゐた大泉滉の一郎が素晴しく勘のいゝ演技をみせ、他の子供達ものび〳〵と舞台で生活してゐる、加賀見照子の母親もなにより柄で得をしてゐるし、宇野重吉の校長先生、千秋実の巡査、北林谷栄の老婆などもよいが、ほかに中村美穂の松前へ行く女が一寸した役で注目される、装置（北川勇）も佳作、照明はもつと凝りたい。

岸田國士作『かへらじと』二幕は松竹国民移動劇団のために書卸した脚本で、予備少佐の物語が暗転になつてからの件と、元へ戻つた件とが改訂されてゐるが、第二幕の幕切れの演出（佐々木孝丸）なども何故か原作と変更されてをり、意外な程うす暗い作品になつてゐる。

俳優ではまたしても兵隊役者（尾上）多賀昇の志岐が傑出、（中村）竹弥の大坪、北林のふくもよい、が台詞の粒が立たなかつたり、酷く臭い芝居をする者がゐるのはこの真摯な公演を汚してゐる

移動演劇がかうした形で東京特別公演をする事の是非は別として、移動演劇隊に対する我々の清き一票は、彼等の不断の努力に贈る都市人の賞与でもあらう（安「東京新聞」昭和十八年六月二十三日号）

『風俗時評』以来八年ぶりの岸田の戯曲『かへらじと』（『中央公論』昭和十八年六月号掲載）は、「日本移動演劇連盟のために」と付記されている。タイトルは当時のスローガンに使われた楠木正行《くすのきまさつら》の歌「かへらじとかねて思へば梓弓なき数にいる名をぞとどむる」から採っている。

前掲の劇評によれば、上演台本は雑誌掲載のものとは違うらしい。が、この戯曲が軍部で問題になった。兵隊は国のために、天皇のために死ぬのが当然だとされていた時代に、子供のころに負わせた傷で戦場に行けない友のために、友情のために個人的に死ぬ若者に焦点を当てていたのが理由で、戯曲を掲載した中央公論社が改造社とともに情報局によって昭和十九年七月十日に自発的廃業を指示され、同月末に両社が解散した一因になったと言われる。

なお、公演中に二度目の召集を受けた宇野重吉は、千秋楽に舞台で観客と一緒の壮行会が持たれた後、佐倉の近衛歩兵連隊に入隊した。宇野は北ボルネオで敗戦を迎えた。

連盟の十月の理事会で劇団の内容整備と隊員の厚生を考慮して、来年度から従来の一回の出演料百二十円を三百円に値上げすることが決まった。また、十一月二十八日から三日間、吉本移動演劇隊、東宝移動文化隊、くろがね隊による東劇での東京公演が持たれ、宣誓劇『決戦の誓』（伊藤熹朔演出）、『枳殻《からたち》』（前田喜朗作、久保田万太郎演出）、『馬は言ふ』（栃沢冬雄作、金子洋文演出）などが上演された。これに対して移動演劇の公演と一般の公演は区別すべきで、移動演劇は東京で公演すること自体間違っているという劇評が出た（村崎敏郎「移動演劇東京公演評」『日本演劇』昭和十九年一月号）。

一方、大政翼賛会東京都支部では「米英撃滅貯蓄強調運動」に協力して都区部で初の移動演劇の巡回公演を持つことになり、連盟専属のあづさ隊（昭和十八年三月結成、旗一兵隊長以下十四名）とほがらか隊（同年四月結成、磯崎淳隊長以下十五名）のほかに東宝移動文化隊と吉本移動演劇隊が参加して、十二月一日から二十日まで三十五区の公会堂や国民学校、各種の集会所などを巡演した。これに先立ち十一月十九日に移動演劇連盟が改組され、常務理事の上泉秀信と企画部長の田郷虎雄が退職して企画部は解消、事務局制に戻すことになって総務、業務の二部とし、新たに審議室が設けられた。いろいろな面から見て、昭和十八年中が移動演劇のピークだったと思われる。

瑞穂劇団の第三回公演が国民新劇場で持たれたのは昭和十九年の二月十日から二十日までで、『高原農業』（伊藤貞助作、里見弴演出）が上演された。これは信欣三と浮田左武郎の出征を祝う公演でもあり、信千代や藤輪欣司らが客演した。

同月二十五日に政府は決戦非常措置実施要綱を発表して歌舞伎座など全国主要十九劇場、高級映画館の閉鎖などを通達したが（のち一部解除）、劇場閉鎖の結果従来の一般演劇が移動演劇に移ることが必至になって、移動芸能および移動演劇運動が見直されることになった。


　さきに発表された興行刷新実施要綱で〝戦ふ芸能〟の進路が明示されたが、既存の移動芸能団のみならず、大劇場を締出された一流劇団、演芸団、音楽団等を移動公演に動員、国民士気の昂揚、戦力の増強に資するため情報局内に「移動芸能動員本部」を設け、これによつて移動芸能を一元的に統括し更に積極的に活用することゝなつた、この移動芸能動員本部は

　関係官庁より臨海軍省、軍需省、農商省、運通省、厚生省、内務省、情報局、需要者側として産報、中央産業会、各統制会、翼賛会、提供者側の各興行会社、芸能文化連盟、移動演劇連盟、音楽文化協会の各代表者

を以て委員会を構成し、毎月一回協議会を開催して移動芸能の計画的動員、配給の調整、内容の指導などに関し基本方針を決定するが本部としては今回の非常措置によって大劇場を閉鎖された劇団或は演芸団、音楽団を適正に活躍するやう組織させると共に、移動芸能に参加する劇団、演芸団の経費についてはその芸能団や所属興行者の負担としないことになつてゐる

「移動芸能動員本部」の開設に伴ひ、日本移動演劇連盟では新たに特別事業部を設置、元昭和演劇取締役、文化奉公部長北野良平氏が所長に就任した。移動演劇連盟特別事業部の最初の仕事としては既報廿五日から十日間東京都商工経済会主催で新国劇が都内に出動、続いて四月上旬から四、五回に亘つて液体燃料緊急確保推進本部、産報共催で新潟、秋田、北海道方面に演芸団三班が動員されるが、その活動は早くも各方面から期待されてゐる（「東京新聞」昭和十九年三月二十四日号）

文中「昭和演劇」とあるのは籠寅演芸部と松竹が提携して作った昭和演劇株式会社のことで、その創立は前年の、昭和十八年二月だった。

三月末に移動演劇隊ほがらか隊ははやぶさ隊と改称し、松竹少女歌劇団は解散して松竹芸能本部女子挺身隊を結成した。

時局が緊迫度を加えるとともに移動演劇の新態勢が論じられはじめた。たとえば田郷虎雄の「移動演劇の新態勢」（『日本演劇』昭和十九年四月号）や同誌の同号に掲載された花森安治《はなもりやすじ》（注＝大政翼賛会宣伝部員。戦後『暮しの手帖』を編集・刊行）の「新らしい移動演劇の進発」。そして『日本演劇』同年の五月号の特集「移動演劇の課題」。最大の論点は既存の一流劇団が移動演劇態勢に移行した時、連盟の動かす移動演劇隊がこれらとは違うという矜持を持って、自己の道を歩いて行けるかどうかという点にあった。

このころ、東宝移動文化隊を松原隊と、松竹所属の加盟劇団を八雲隊と改称して連盟の専属劇団にする一方、瑞穂劇団を専属にした。契約制による準専属劇団としては文学座、舞台座、珊瑚座（徳川夢声が関係していたのとは別の、関西新派と吉本興業の俳優の混成グループで、桜隊と広島で同じ寮に宿泊していたが、昭和二十年八月はじめに厳島に集団疎開して被爆を逃れた）、桜隊、芙蓉隊などがあった。十一月には移動演劇連盟の理事長の星野靖之助が退職して阿子島俊治がその後を継ぎ、津田弥吉が総務部長に、寺田太郎や旗一兵《はたいっぺい》（戦後に演劇評論家として活躍）らが主事に就任した。

昭和二十年になると空襲の激化とそのための交通の杜絶で、移動演劇はスケジュールの消化が困難になった。連盟では広島に中国出張所を、名古屋に東海支部を、仙台に東北支部を、長野に長野出張所を開設したものの四月から専属、準専属、加盟の各劇団の集団疎開を進め、六月に左のように完了した。

芙蓉隊（準）＝静岡県御殿場町、遠藤慎吾ら十五人。
文学座（準）＝石川県小松市、三津田健ら十五人。
瑞穂劇団（専）＝長野県三水村、中江良介ら二十五人。
桜隊（準）＝広島市堀川町、丸山定夫ら十四人。
珊瑚座（準）＝広島県厳島町、浜田秀三ら十五人。
舞台座（準）＝山形県上ノ山町、道岡敏ら十四人。
松原隊（専）＝愛知県稲沢町、松原英次ら十三人。
はやぶさ隊（専）＝名古屋市南区、横田儔ら十四人。
あづさ隊（専）＝札幌市南一条、吉岡勇ら十五人。
吉本隊（加）＝仙台市通町、金平軍之助ら十五人。

くろがね隊と八雲隊は東京にとどまった。しかし、その活動は米軍の空襲が全国におよぶとともに、次第に退潮を強いられた。桜隊の広島での駐留の長期化と、原爆による隊員の死去が、図らずもその末路を象徴していると言っていい。

さて、一言で言って、移動演劇は戦争体制の落とし児であり、国策の鏡だった。演劇と政治が一枚の紙の表裏のような関係だった。ただし、ここでは触れなかったこの時期に盛んになった素人演劇とともに、広く国民に演劇と接する機会を提供し、影響を与えた点では空前絶後だと言うべきかも知れない。

なお、日本移動演劇連盟は戦後もしばらく戦前の形態・陣容のままで存続した。ただし、戦後はＧＨＱ（連合国軍総司令部）の命によって、民主主義演劇の確立という旗を掲げていた。



編集部注＝本書の引用箇所には、一部現在の人権意識と照合して不適切な表現が含まれている部分がありますが、本書の歴史性・文化性を考慮し、そのまま掲載しました。

著者略歴
一九四一年大阪生まれ。
早稲田大学第一文学部卒。
演劇評論家。
主要著書
『日本現代演劇史』（全八巻　第一巻「明治・大正編」でサントリー学芸賞）
『新日本現代演劇史』（全四巻　別巻一）
『花顔の人　花柳章太郎伝』（大佛次郎賞）
『女優二代』（読売文学賞）
『最後の岸田國士論』（芸術選奨文部科学大臣賞）他
現在サントリー学芸賞、朝日舞台芸術賞選考委員。

日本新劇全史　第一巻（明治〜終戦）

二〇一七年八月三〇日　印刷
二〇一七年九月一五日　発行

著者 ©　大《おお》笹《ざさ》吉《よし》雄《お》
発行者　及川直志
印刷所　株式会社理想社
発行所　株式会社白水社

東京都千代田区神田小川町三の二四
電話 営業部〇三（三二九一）七八一一
　　 編集部〇三（三二九一）七八二一
振替　〇〇一九〇―五―三三二二八
郵便番号一〇一―〇〇五二
http://www.hakusuisha.co.jp

乱丁・落丁本は、送料小社負担にてお取り替えいたします。

株式会社松岳社

ISBN 978-4-560-09413-6

Printed in Japan

# 人名索引

《か行》

〈か〉

《さ行》

〈さ〉

《た行》

〈た〉

### 《な行》

#### 〈な〉

《は行》

〈は〉



〈ひ〉

《や行》

〈や〉



〈ゆ〉



〈よ〉

《ら行》

〈ら〉



〈り〉



〈る〉



〈れ〉



〈ろ〉



《わ行》

〈わ〉

# 演目索引

《か行》

〈か〉



〈き〉



〈く〉



〈け〉

**《な行》**

**〈な〉**



**〈に〉**



**〈ね〉**



**〈の〉**



**《は行》**

**〈は〉**



**〈ひ〉**



**〈ふ〉**

《ら行》



《わ行》

# 事項索引

《さ行》

〈さ〉



〈し〉

## 《た行》

## 《な行》

〈な〉



〈に〉

《ま行》